重庆市志

主　修　唐良智

主　审　陆克华

总编辑　刘文海

重庆市地方志编纂委员会

重庆市志
农特产品志

重庆市农业农村委员会
重庆市地方志办公室 编纂

中国农业出版社
北京

《重庆市志·农特产品志》编纂委员会

主　　任：路　伟　刘文海
副 主 任：詹仁明　夏小平　文明维　唐双福　岳发强　侯文余
　　　　　陈　勇　袁德胜　杨　宏　刘文华　高兴明　刘保国
委　　员：唐洪军　刘作华　赵培江　柏在耀　黄君一　洪国伟
　　　　　汤　明　程　渝　殷　智　李孝勇　李　勇　叶海燕
　　　　　艾　丰　韩以政　金　延　白　洁　马　平　向品居
　　　　　任　军　曾卓华　康　雷　王　波

《重庆市志·农特产品志》主编、副主编

主　　编：路　伟　刘文海
副 主 编：杨　宏　夏小平
执 行 主 编：李　勇　殷　智

《重庆市志·农特产品志》编委会办公室

主　　任：李　勇　殷　智

成　　员：曾维露　王武坤　商勇强　尹用国　兰建平　谭　勇
　　　　　郭水平　司逸澈　陈欣如　方　玲　张继凯　袁光耀
　　　　　何　琳　牛媛媛　马天太

《重庆市志·农特产品志》编纂人员

总　　纂：曾维露　殷　智

分　　纂：尹用国　兰建平　谭　勇　郭水平　方　玲　张继凯
　　　　　袁光耀　刘超全　陆德清　司逸澈　陈欣如

区（县）参编人员（排名不分先后）

周伟华	熊道静	刘元喜	李正文	李薇薇	邹　强	苏武斌	杨　蓉	刘　辉
董跃海	卢　磊	王　鑫	易　辛	陈　静	顾　维	白　娟	胥文怀	王清春
何晓伟	彭朝洪	唐　榕	张嘉义	刁莉华	张伟俊	苏家奎	官　建	潘　晓
吴修明	廖诗佳	陈如寨	宋德福	刘志兰	宋　敏	李　伟	夏　旌	吴　平
曹长科	吴文艳	王建国	熊　婷	张永荣	吴成英	严奉成	冯明伦	熊友中
张保山	令狐清扬		李继耕	秦海深	蒲德超	罗国伦	梁　明	唐可玲
胡　涛	李　林	张义君	李启波	杨谊昌	谢　平	胡世方	吕玉奎	罗　毅
蒋心宇	刘百书	周贤文	付世军	蔡　军	陈义嘉	姚朝富	雷登华	尹祖山
蒋　斌	冉　勇	杨　光	杨佳佳	付德明	向凤群	范永洋	范　淳	张立中
雷永进	杨仕文	杨光霞	谭　锋	龚家槐	钟学坤	胡曙光	向华清	唐　娅
王清刚	张文元	张安平	陈永春	秦大提	江彬彬	聂广楼	钟　宇	冉文俊
莫秋红	吴春燕	何建平	陈　成	牟俊洁				

《重庆市志·农特产品志》审查验收人员

凡 例

一、《重庆市志·农特产品志》（以下简称"本志"）以马克思列宁主义、毛泽东思想、邓小平理论、"三个代表"重要思想、科学发展观、习近平新时代中国特色社会主义思想为指导，遵循中国共产党和国家的路线、方针、政策及法律法规，坚持辩证唯物主义、历史唯物主义观点和实事求是的原则，系统、客观地记述重庆特色农产品情况，力求达到思想性、科学性和资料性的统一。

二、本志记述的行政区域范围为重庆市被设为直辖市后的行政辖区范围。

三、本志记述的时限上限为所记述产品的发端时间，下限为2018年6月，个别农特产品的记述为保持其完整性适当下延。

四、本志记载重庆直辖市范围内的农特产品，即具有特色的初级农产品和加工农产品，按照农特产品的属性设篇章节，以节为记述的基本单位。体裁采用述志、图、表、录等，以志为主。

五、本志采用规范的现代语体文记述。文字、数字、计量单位、记年方式及标点符号等均按照国家标准或规范执行。按照旧俗，面积单位保留"亩"。

六、本志由重庆市农业农村委员会和重庆市地方志办公室共同编纂完成，资料主要来自重庆市农业农村委员会和各区（县）有关部门。

| CONTENTS | 目 录

第一篇 粮 油

第二篇 畜 牧

第三篇　蔬　菜

第四篇 水 果

第五篇 水 产

第六篇 茶 叶

第七篇　中药材

综　述

重庆市位于中国内陆西南部、长江上游地区，是集大城市、大农村、大山区、大库区于一体的直辖市。全市面积8.24万平方千米，辖38个区（县）（26区、8县、4自治县），截至2018年，常住人口3 102万人。处于亚热带季风性湿润气候区，长江横贯全境，与嘉陵江、乌江等河流交汇。

重庆种养业历史悠久，是全国重要的粮油、蔬菜、畜禽、水果、中药材、蚕桑、烟叶等农产品生产基地。重庆涪陵榨菜与法国酸黄瓜、德国甜酸甘蓝并称"世界三大名腌菜"。奉节脐橙是中国"四大名橙"之一。梁平柚曾获全国柚类金江杯，是中国"三大名柚"之一；长寿柚多次被评为"国优水果"。2019年，重庆市木、竹、藤、棕、草和粮食、果蔬、肉类、中药、饲料、烟草及其他食用类农产品加工拥有绝对的产业优势。

一、自然地理条件较为优越

重庆地理坐标为东经105°17′—110°11′、北纬28°10′—32°13′，东西长470千米，南北宽450千米。耕地面积3 657.6万亩*。市域内江河众多，长江干流自西向东横贯全境。以长江干流为轴线，汇集嘉陵江、乌江、綦河、大宁河等大小支流上百条，河流切穿山地形成众多峡谷。河流大部分为降水补给型，夏季降雨较丰，径流量大，秋末至翌年春季径流量小。全市水资源量多年均达567.8亿立方米。地貌结构复杂、类型多样，以山地为主，地势起伏大，东部、南部、东南部地势高，西部地势低。西北部华蓥山—巴岳山以西为丘陵地貌，是重庆市内主要农业生产地区之一。华蓥山—方斗山之间为川东平行岭谷区，以丘陵、低谷为主，是重庆市最大的农业生产区。东北部大巴山区以中山为主，是重庆市主要的林业资源区。东部、东南部和南部以中低山为主，石林、地下河、溶洞等喀斯特地貌明显，是重庆市重要的林业资源区。重庆属于典型的亚热带季风性湿润气候，春早夏热，秋雨冬暖，降水充沛，空气湿润，雨热同季，四季宜农，中低山区立体气候明显。在特殊的地质、地貌、气候和水文等条件作用下，形成了水稻土、紫色土、黄壤、石灰岩土、新积土、黄棕壤、棕壤、山地草甸土8大类土壤。

二、农业生产历史悠久

重庆早在距今2 000多年前的巴国时期，就已"土植五谷，牲具六畜"，开始种植桑蚕、麻、茶叶等。秦汉时期，重庆地区的农业在兴修水利方面有所发展。农村已经开凿陂塘含蓄水源、灌溉农田，进行综合利用，开始使用推广新型的铁制农具。平坝地区广泛种植水稻，江州"县北有稻田，出御米"，并有余粮远济黄河下游。汉朝时期，已经养殖猪、鸡、鸭、鱼，种植莲藕、菱角、柑橘、荔枝等，江州成为巴蜀地区物资集散的水码头，农副产品远销外地。唐宋时期，农耕地的开垦已从平坝和河谷地带推进到丘陵山区，创造了修建梯田的先进方法。唐代出现了梯田，宋代即有"田为山崖，难计顷亩"的记载。水稻、小麦成为主要粮食作物，茶叶、水果、油桐、桑树、中药材等经济作物被普遍种植。在长江沿江台地一带开始种植双季稻。明清之际，来自湖南、湖北、江西、广东的大量移民

---

*　亩为非法定计量单位，1亩≈666.7平方米。——编者注

进入川东，带来了较为先进的生产技术和甘薯、柑橘、柚子、白猪等特色品种。粮食生产迅速发展，水稻面积不断扩大。重庆及其周边地区的稻米"外贩又运下江，络绎不绝"。

鸦片战争后，帝国主义势力日渐深入中国内地。1891年，重庆开埠，持续了数千年的自然经济开始解体。农民纷纷扩大桑蚕、麻类、药材、猪鬃等的生产，农产品商品率提高，商品性生产有所发展。20世纪30年代，以商品生产为目的的近代农场在重庆出现，但传统农业仍占据主导地位，封建土地所有制束缚着社会生产力的发展。抗日战争后期，重庆经济开始严重衰退，农业生产处于落后状态。

1949年，中华人民共和国成立后，重庆大力兴修水利，整治恢复旧渠堰，实施山湾塘、小水库和机电提灌等工程，农田基本建设大规模推进。同时，致力于农业科技推广和耕作技术改革，加大农机站建设，着力推广粮油作物先进技术及增产措施。加强农业机械应用，引进和使用改良农具等，农村生产力得到解放。

改革开放以来，党中央于1982—1986年连续出台5个指导"三农"（农业、农村、农民）改革发展的"一号文件"，掀开了农业农村改革发展新篇章。重庆作为全国第一个经济体制综合改革试点的大城市，在农村进行了以家庭联产承包责任制为中心的经济体制改革，改革了人民公社"政社合一"、农副产品统购包销的计划经济体制。1983年，重庆进行市、地合并，遵循经济规律，重视经济效益和市场需求，多渠道搞活农副产品流通，大力调整农村产业结构和农业生产布局，极大地调动了广大农民的生产积极性，农村经济发展实现历史性飞跃，农村面貌发生深刻变化。积极引导农业走城郊型、生态型发展路子，大搞开发性农业，促进农业规模经营发展，不断提高现代化水平。农村开始由自给半自给的自然经济向商品经济较大规模地转变，由传统农业向现代农业转化，农村经济全面发展。1986—1997年，重庆市农业结构调整坚持走"两个稳定、三个发展、一条路径"（即稳定粮食、稳定蔬菜生产；发展乡镇企业、发展畜牧业、发展林果业；以拳头产品、名优特新产品和骨干企业为龙头，实行农工商经营的路径）的农村经济的发展路子。

1997年，重庆设为直辖市，按照"改造提高第一产业，壮大优化第二产业，加快发展第三产业"的思路，全市农业农村经济快速发展。根据重庆农业资源禀赋，按照"决不放松粮食生产，积极发展多种经营"的方针，重庆市委、市政府制定了《重庆市综合农业区划》（1987—1999年），把农业"三大工程"（即300万亩冬水田综合开发工程、200万亩坡瘠地综合改造工程、"菜篮子"工程）列为20世纪90年代农村经济发展的重要任务和战略措施，大力推广农业"三绝"（即再生稻、半旱式栽培、稻田养鱼），发展"三高"（高产、高质、高效）农业，探索农业产业化经营。20世纪90年代后期，全市实施农业农村经济结构调整，启动实施"三百工程"（即2001年启动农业产业化百万工程、2003年启动百个经济强镇建设工程、2004年启动百万农村劳动力转移就业工程），坚持"多予、少取、放活"方针，落实"一免三补"政策。

进入21世纪以来，在党中央的高度重视和关怀下，2004—2018年连续出台15个指导"三农"工作的"一号文件"。特别是党的十八大以来，党中央进一步加强和改善党对"三农"工作的领导，提出并贯彻新发展理念，勇于推动"三农"工作理论创新、实践创新、制度创新，农业农村发展取得了历史性成就、发生了历史性变革。

重庆市深入贯彻党中央、国务院关于"三农"工作的系列决策部署，纵深推进农业农村改革发展。2006年，重庆市推进产业扶贫，实施"千百工程"推进社会主义新农村建设。2008年，启动农业部、重庆市共建统筹城乡现代农业示范区建设，2009年，启动农业部、重庆市共建重庆国家现代畜牧业示范区建设。2012年，重庆市第四次党代会提出大力发展特色效益农业，"四化"（即工业化、城镇化、信息化、农业现代化）同步发展。重庆市委、市政府推出一系列推进农业发展、农村改革的重大举措，迈开了重庆农业现代化建设步伐，农业农村经济持续健康发展，农业生产条件逐步改善，农业结构不断优化，农业农村改革纵深推进，优质农产品快速增长，农业现代化水平有较大提高，农业生产稳步发展。

　　2017年7月以来，重庆市全面贯彻落实党的十九大关于实施乡村振兴战略的重大决策部署，切实把产业振兴作为乡村振兴的物质基础，坚持绿色兴农、质量兴农、品牌强农，大力实施农业品种、品质、品牌建设工程，做优做强"多品种、小规模、高品质、好价钱"的现代山地特色高效农业，推动榨菜、生态畜牧、生态渔业、茶叶、中药材、调味品、特色水果、特色粮油、特色经济林等优势特色产业蓬勃发展，农业绿色化、优质化、特色化、品牌化发展步伐加快。2018年，重庆市农林牧渔业总产值2 052.41亿元（其中农业产值1 292.68亿元，林业产值101.14亿元，畜牧业产值520.05亿元，渔业产值100.39亿元，其他产值38.15亿元），绝对额比改革开放之初增长56倍，比建直辖市之初增长3.8倍。

三、农业资源禀赋优良

（一）粮油

　　重庆市农作物品种繁多，据1995年统计，全市栽培作物品种共4 000余个，其中粮食作物品种856个，蔬菜品种417个，果树品种2 237个，其他经济作物品种1 000余个。1998年，开展品种试验，审定通过水稻、玉米、小麦、大豆、油菜、马铃薯等粮油作物品种418个。2001年，重庆建立主要农作物品种引种机制，开始从相邻省份引进审定品种，2001—2011年，共引进审定粮油作物190个。2018年，重庆市粮食播种面积3 026.77万亩，粮食综合单产356.60千克/亩。粮食总产量1 079.34万吨，油料产量63.7万吨。

（二）蔬菜

　　重庆市蔬菜资源丰富，主要有根菜类、白菜类、甘蓝类、芥菜类、绿叶菜类、葱蒜类、茄果类、瓜类、豆类、薯芋类、水生菜类、多年生菜类、食用菌类、野生菜类14个大类84种。先后从国内外引进青花菜、紫花菜、松花菜、生菜、芥菜、紫菜、冰菜、菜心、芥蓝、角菜、莼菜、节瓜等多种特色蔬菜品种。2018年，重庆市蔬菜种植面积、总产量、总产值分别达73.92万公顷*、1 932.73万吨、559亿元。

（三）果树

　　全市果树主要有柑橘、李、梨、桃、枇杷、葡萄、猕猴桃、龙眼、杨梅、草莓、蓝莓、果桑、板栗、核桃、银杏、枣、樱桃、柿、杏、荔枝等20余个种类，其中柑橘品种资源尤为丰富。2018年，水果产量达431.27万吨。其中，柑橘种植面积22.67万公顷，产量315万吨。建成全国优势柑橘种苗产业，打造奉节脐橙品牌种植区。以巫山脆李、涪陵龙眼、荔枝等为主的伏淡季水果种植面积22.67万公顷，产量250万吨，综合产值310亿元。

（四）茶叶

　　重庆市茶园栽培茶树品种有60多个，主要由无性系茶树良种、四川中小叶群体种、云南大叶茶三大部分组成，其中地方群体品种主要有南川大茶树、江津大茶树、綦江大茶树、武隆大茶树等。20世纪80年代，重庆市主要推广适制红茶的无性系良种，如蜀永系列、黔湄系列等。90年代，开始大量发展福鼎大白茶、南江1号、巴渝特早、乌牛早、名山白毫等名优绿茶新品种。根据市场需求，又先后引进金观音、碧香早、黄金茶等茶树良种以及安吉白茶、黄金芽、紫娟等特色茶树品种。2018年，重庆市茶园种植面积5.72万公顷，总产量4万吨。建成永川、南川、秀山3个区（县）茶叶综合示范区和荣昌、万州、巴南、江津、酉阳5个茶产业重点区（县）。

---

　　* 公顷为非法定计量单位，1公顷 = 10 000平方米。——编者注

（五）中药材

重庆适宜种植中药材的土地资源与气候资源丰富，现有药用资源5 800余种。其中药用动物158科381种，药用矿物41种。在库区中草药资源品种中，载入《中华本草》2 896种，收入《中华人民共和国药典》（2005年版）502种，收入《四川中药材标准》（1987年版）143种。重庆市中药材总蕴藏量163万吨，总产量120万吨。药用植物资源分布比较集中，主要分布在秦巴山区和武陵山区，开州、武隆、巫溪、巫山、奉节、城口、石柱、南川、武隆、江津等中药材大区（县）。2018年，重庆市中药材种植面积14万公顷，产量66万吨，综合产值440亿元。

（六）林业

据2015年普查结果，重庆市林木蓄积量1.97亿立方米；林地面积6 551万亩，森林面积5 562万亩；活立木蓄积量1.98亿立方米。全市有自然保护区53个，其中国家级自然保护区6个。市域内分布有高等植物6 000余种，其中国家Ⅰ级重点保护野生植物9种，主要有珙桐、银杉、红豆杉、伯乐树、水杉等；国家Ⅱ级重点保护植物39种，主要有楠木、香樟、鹅掌楸、连香树等。国家Ⅰ级重点保护陆生野生动物11种，主要有豹、云豹、黑叶猴、林麝、金雕等；国家Ⅱ级重点保护陆生野生动物47种，主要有红腹锦鸡、长耳鸮、斑羚、大灵猫、小灵猫等。2018年，重庆市森林覆盖率达48.3%。累计建成笋竹基地28.2万公顷、木本油料基地13.47万公顷、中药材基地8.13万公顷、花椒基地9.47万公顷、林下经济基地34万公顷、苗木花卉基地2.67万公顷，生产供应苗木4.5亿株，生产花椒、林果、竹笋等初级林产品330余万吨。

（七）畜牧业

重庆拥有丰富的地方畜禽遗传资源，地方畜禽遗传资源区域性明显，畜禽遗传资源结构较为丰富。已收录入志的有猪、黄牛、水牛、山羊、鸡、鸭、鹅、兔、蜂9个品种52个畜禽遗传资源；引入畜禽遗传资源28个。国家级、市级畜禽遗传资源（含培育品种）共有21个，主要包括猪遗传资源6个，即荣昌猪、合川黑猪、渠溪猪、盆周山地猪、罗盘山猪、渝荣Ⅰ号猪配套系；牛遗传资源3个，即涪陵水牛、巴山牛、川南山地黄牛；山羊遗传资源6个，即板角山羊、渝东黑山羊、川东白山羊、酉州乌羊、合川白山羊和大足黑山羊；禽遗传资源6个，即城口山地鸡、大宁河鸡、麻旺鸭、南川鸡、四川白鹅和渝西乌鸡配套系。2018年，重庆市出栏生猪1 758.22万头、肉牛54.49万头、山羊447.04万只、家禽2.13亿只。全市肉类总产量182.25万吨。禽蛋产量41.46万吨，牛奶产量4.89万吨。

通过多年努力，已培育出三峡土鸡、重庆三峡土鸡、三峡土鸡蛋、重庆三峡土鸡蛋、三峡土猪肉、重庆三峡土猪肉、三峡羊肉、重庆三峡羊肉、三峡牛肉、重庆三峡牛肉、三峡蜂蜜、重庆三峡蜂蜜等具地方特色的优良畜禽产品。

（八）渔业

重庆市有江河鱼类183种，其中分布在长江干流148种，綦河79种；嘉陵江138种，涪江114种，渠江99种；乌江117种，大宁河78种，任河51种，酉水86种。重庆市区域内常见淡水生物有473种。2018年，重庆市大力发展名优品种混养、单养，名优水产养殖面积和产量稳步增加，鳖、虾等高附加值产品发展迅猛，建立鱼菜共生示范基地9个，稻田综合种养示范基地26个，部级水产健康养殖示范场190家，水产品总产量52.96万吨。

（九）农产品加工

农产品加工对延长产业链和价值链，促进农民分享加工流通增值收益，推动农村一、二、三产业融合发展具有重要意义。重庆的农产品加工亦有悠久的历史，其中的"百年老字号"品牌如永川豆豉、江津米花糖、忠州豆腐乳、合川桃片等，在市内外享有盛名。据相关部门统计，截至2017年年底，重庆市农产品加工企业达2.4万家，从业人员超过70万人。重庆市农产品加工企业中已获得"中国驰名商标"称号的产品有29件，获得"中国名牌产品"称号的产品28件，获得"重庆市著名商标"称号的产品385件，获得"重庆市名牌"称号的产品405件。重庆市规模以上农产品加工企业有200多家，但这些能在全国"叫得响"的农产品加工品牌中，能以品牌带动加工产业做大的却不多。2018年，重庆市农产品加工业产值为2 894亿元。为了进一步培育壮大农产品加工龙头企业和品牌，重庆市人民政府办公厅于2018年12月印发《关于促进农产品加工业发展的实施意见》，以推动农产品加工业发展。

2019年，重庆市规模以上农产品加工企业细分行业中，总产值排名前8位的木竹藤棕草、粮食、果蔬、肉类（三峡土猪肉、重庆三峡土猪肉，三峡羊肉、重庆三峡羊肉，三峡牛肉、重庆三峡牛肉）、中药、饲料、烟草、其他食用类农产品加工业比重一直较为稳定，前3个行业合计占比约45%，拥有绝对的产业优势。重庆市规模以上农产品加工企业实现营业收入2 406.93亿元、同比增长9.7%，完成出口交货值57.56亿元、同比增长4.9%，其中棉麻、粮食原料酒、果蔬、皮毛羽丝加工业分别同比增长454.8%、77.4%、68.5%、26.5%。粮油、榨菜、畜牧和调味品等主导产业初步形成产业集群，各类要素加快向优势产业、优势区域聚焦。

四、农产品质量安全和品牌建设

20世纪80年代，全国农业在保障农产品数量供给的同时，开始向改善农产品品质和提高农业生产效益方向发展。1992年，国务院作出发展高产、优质、高效农业的决定，全国农产品质量安全工作开始起步。2001年，农业部实施"无公害食品行动计划"，对农产品质量安全实施从农田到餐桌全过程管理，全国农产品质量安全工作全面开展，重庆农产品质量安全工作进一步加强。

2002年，重庆市绿色食品协会成立，农业部环境质量监督检验测试中心（重庆）、农业部蔬菜质量监督检验测试中心（重庆）通过农业部组织的国家级验收，重庆市农业系统建立了通过省级计量认证的种子、肥料、农药、兽药、饲料和牛奶等产品质量监督检验机构。2004年，重庆市农产品质量安全中心成立，明确将农业标准化作为农业和农村经济工作的一个主攻方向。重庆市相继实施了重庆市农业标准化体系建设工程、重庆市农业标准制修订计划，组织开展国家级和市级农业标准化示范县建设、农产品质量安全县创建、"三品一标"（"三品"即无公害农产品、绿色食品、有机食品；"一标"即地理标志农产品）基地示范县创建、菜篮子产品生产标准化创建、"三园两场"（"三园"即蔬菜标准园、水果标准园、茶叶标准园；"两场"即畜禽养殖标准化示范场、水产标准化健康养殖场）标准化创建等标准化示范创建活动。2006年，《中华人民共和国农产品质量安全法》正式施行，农产品质量安全步入依法监管的轨道。2009年，重庆市农业委员会设立农产品质量安全监管处。2012年，重庆市37个涉农区（县）的农业行政主管部门（含单设的畜牧业行政主管部门）建立了农产品质量安全监管工作机构，重庆市832个涉农乡（镇）建立了农产品质量安全监管站。2018年，重庆市政府出台《关于加强农产品品牌建设工作的意见》，进一步推进质量兴农、品牌强农，发挥品牌引领作用，推动农业供给侧结构和需求侧结构升级。

2018年，重庆市种植业产品、畜禽产品、水产品例行监测总体合格率分别为97.2%、99.4%、98.6%，主要农产品综合抽检合格率达98.1%。当年，重庆市成功创建质量安全县3个，石柱土家族自治县被评为"全国有机农业示范基地县"。2019年，重庆市又成功创建"质量安全县"5个。重庆市有效期内"三品一标"产品累计3 866个，其中无公害农产品2 421个，绿色食品1 280个，有机食品117个，农产品地理标志48个。有效期内重庆名牌农产品累计437个。潼南柠檬、江津花椒、巫山脆李、南川方竹笋等20个特色农产品的生产区（县）被认定为重庆市第一批特色农产品优势区。涪陵榨菜、

奉节脐橙、荣昌猪、永川秀芽、巫山脆李的区域品牌价值分别为147.32亿元、28.74亿元、27.7亿元、18.65亿元和13.34亿元，其中涪陵榨菜多年保持中国农产品区域公用品牌价值第一位，奉节脐橙、涪陵榨菜、荣昌猪入选"全国100个农产品品牌"名单。

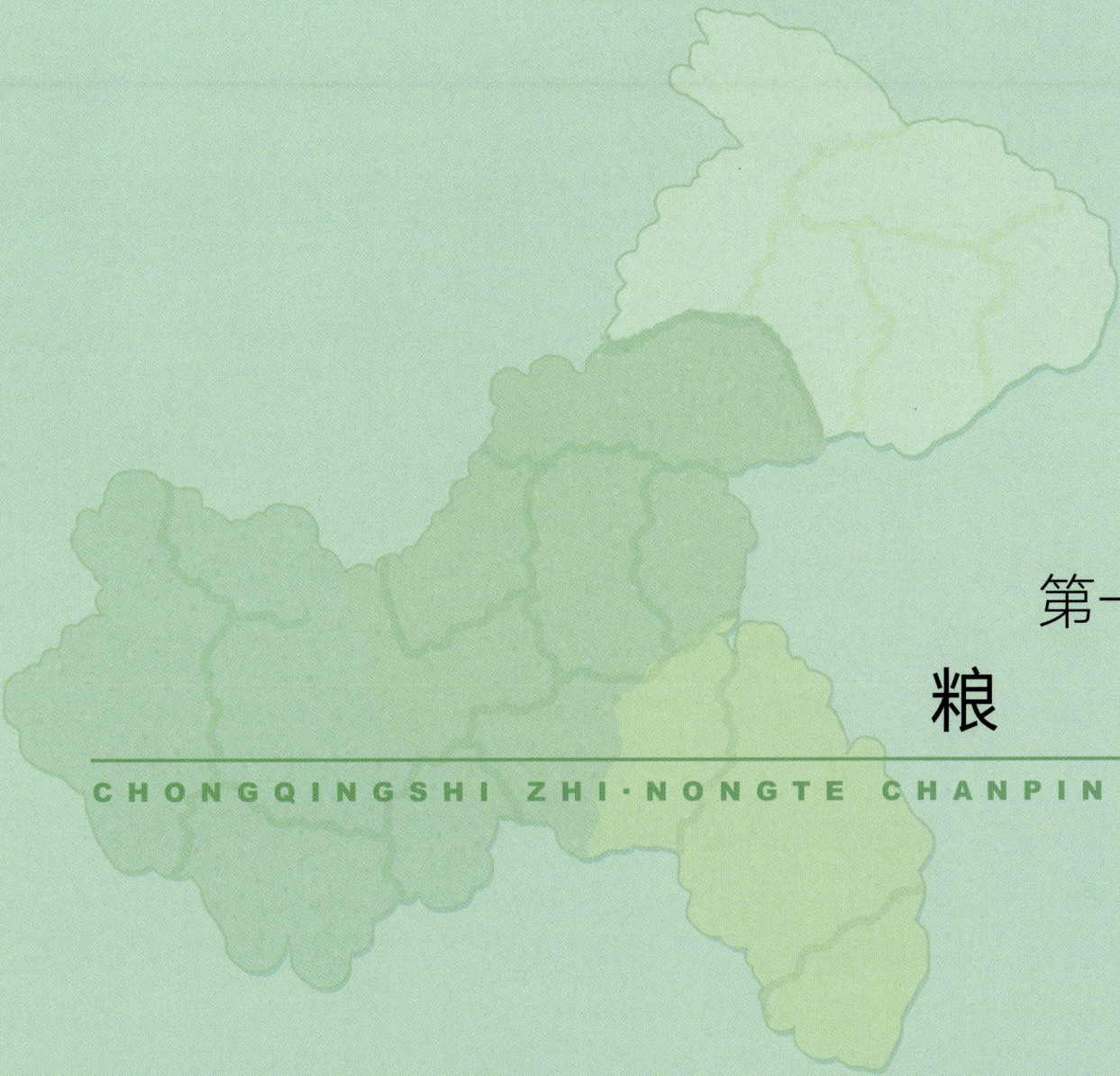

第一章
谷 物 类

第一节　万州罗田大米

　　罗田大米，产于重庆市万州区南部高山区域的罗田镇，该镇水稻栽培历史悠久，最早可追溯到西汉时期。罗田大米具有天然的色泽美、食口性好、无污染、无杂质、味香醇等特点。2011年，万州罗田大米获第十届中国优质稻米博览交易会"优质产品"称号。同年，获得无公害农产品认证。2013年，登记为农产品地理标志。其米质达国标优质1级，民间素有"贡米"之说，其产地素称"鱼米之乡"。

一、产品特点

　　罗田大米的生长期达180天以上，能充分吸收土壤精华，因此谷粒饱满，味道甜美。米外观阴色透明，心腹白较少，有清香味，蒸煮后米饭油亮，米粒膨胀均匀，味浓郁香，口感柔软有弹性；从内在品质看，罗田大米的垩白粒率≤10%，垩白度≤1%，胶稠度≥50毫米，直链淀粉含量13%～22%；从安全要求角度看，罗田大米符合国家《绿色食品　稻米》(NY/T 419—2014)、《绿色食品　农药使用准则》(NY/T 393—2013)、《绿色食品　肥料使用准则》(NY/T 394—2013)的要求。

二、产地环境

　　万州区罗田镇位于重庆市东南部边陲，万州区城南部，距万州主城86千米，东靠齐耀山与湖北利

川市谋道镇，南与利川市建南镇接壤，西与走马镇交界，北与龙驹镇相邻。全镇辖区面积81.7平方千米，海拔高度为800～1 200米。综合条件十分优越，属于典型的南方山地气候生态环境，水稻生长期间光照充足，气候温和，雨量充沛，空气清新，昼夜温差大。该地域属亚热带季风湿润带，年均气温15.8℃，极端最高气温为39℃，极端最低气温−5.3℃，年均日照数1 484.4小时，年均降水量1 243毫米；土壤以中性为主，紫色土，深厚肥沃，通透性能好，pH5.5～7，有机质含量1.2%～2%，具有较好的保水、保肥能力，非常适宜优质水稻的栽培和生长。万州罗田大米地域保护范围位于北纬30°29′—30°35′，东经108°32′—108°37′。同时，境内有长江水源的磨刀溪河，总水域面积为4 247亩。

三、历史渊源

万州罗田大米栽培历史悠久，西汉即有大规模种植。据清朝乾隆年《万县志》记载："万州罗田古镇出好米，其米粒青如玉、晶莹剔透、味浓米香……"长期以来，产区的稻农有种植大米的习惯，群众有着浓厚的稻米情结。由于地理环境特殊，该地历来是川鄂两地边贸商品交易的集散地，楚文化和巴文化的交融点，因此民族特色浓郁，历史文化深厚。

万州罗田大米是该地区农村经济发展的主导产业，也是千家万户农民实现脱贫致富的主要来源。从20世纪80年代初期以来，当地政府不断引进、研究、筛选出优质稻新品种，推广杂交水稻，使产量、品质呈直线上升。

万州罗田大米经历了由农家自食向商品粮转化，由零星分布种植向成片大规模商品化生产转化的过程，现已呈现出发展规模大、品质高、效益好的良好格局。近年来，当地党委、政府把万州罗田大米产业发展作为立镇之本，通过农业结构战略性调整，在资金、人员、政策上给予支持和倾斜，专题研究部署了打造"万州罗田大米"产业发展工作，强力推进万州罗田大米的品牌建设，并制定了万州罗田大米"十三五"产业发展规划。

四、产业发展

为了让万州罗田大米走得更远，当地政府制定了《无公害水稻标准化生产技术规程》，还与重庆市科研院校建立了良好的科技合作关系，开展了选种育苗和大规模种植的科学研究与试验示范，形成了一套完整的万州罗田大米丰产高效种植技术，并严格按《绿色食品　稻米》（NY/T 419—2014）农业行业标准执行。罗田镇政府从源头上建立了"万州罗田大米"质量监控体系，水稻生产有全程台账，实行档案化管理，将管理的触角延伸到种植业生产管理的每一个环节，形成了从田间到餐桌的全程质量控制系统。从而保证了优质稻谷的绿色属性、安全属性。

万州罗田大米采取"公司＋基地＋农户"和"产、加、销一体化"经营模式，农业部门不断引进新技术、筛选新品种，选出了适应本区域气候生态条件的优质高产水稻品种，推广旱育稀植、精确定量栽培、测土配方施肥、病虫害绿色防控等科学种植技术。充分利用科技下乡，新型农民技术培训等活动，深入田间地头，采取多种形式，向广大稻农传播先进的种植技术，推广使用先进的农业机械，帮助稻农抓好病虫害防治和田间肥水管理，实现了优质高产。重庆融田米业有限公司建立了优质水稻良种良法示范基地，并同农民签订优质水稻种植与收购合同，同时，培育了一大批种植专业大户、专业村和流通大户，产品销往湖北、湖南、重庆及周边区（县）。

万州罗田大米种植区涉及天生社区、马头社区、中山社区、梓桐村、六合村、长堰村、三溪村、新华村、折岩村、龙坝村、枫香村、阳河村、阳坪村、谷山14个社区和行政村。地域范围保护规模为2 100公顷，年产量15 000吨，远销到周边省、市、区（县），产品供不应求，销售价格达每千克10元，比普通大米高出1倍。

五、荣誉认证

2011年，万州罗田大米获第十届中国优质稻米博览交易会"优质产品"称号。同年，获得无公害农产品认证。2013年，登记为农产品地理标志。

第二节　涪陵龙潭贡米

龙潭贡米，主产于涪陵区龙潭镇，周边乡镇也有较大面积种植，该地区海拔600米以上，气候独特，土壤肥沃，山清水秀，适宜水稻的种植生长，被重庆市列为优质稻种植基地。

龙潭贡米颗粒饱满、色泽油浸、清香滋润、营养丰富。在重庆、贵州等省份享有盛誉，曾远销前苏联、越南等国家。"龙潭"牌大米商标已经国家工商行政管理总局注册，是重庆市名牌农产品。

一、历史渊源

"贡米"是中国古代封建社会时期，由盛产稻米的地方精心种植当地优质稻米，收获后挑选敬奉给当时的皇帝或者重要地方官臣享用的大米，也称"御米"。

龙潭贡米出产于涪陵区龙潭镇。最早，涪陵所产的贡米被称为"神仙桥贡米"，产自涪陵龙潭境内一座始建于道光年间，名为"神仙桥"的石拱桥边的峡谷中，因当时的地方官员用此地所产大米向朝廷进贡而得名。

据传，200多年前，一富有的何姓人家迁居于此，并在此开荒垦地，以山间泉水灌溉田地种植水稻，产出的米油润光泽，味清香扑鼻，做出的饭香气宜人，食之糯而不沾，色泽光亮，且口感脆软滋润。何姓人家因长期食用该地域所产大米和蔬菜，家族人丁兴旺，均享高寿，乃至五世同堂。其好似神仙一般的田园农耕生活，深受世人向往。

以涪陵区龙潭镇为核心的原涪陵县龙潭区（现坪上区域）所辖区域生产的优质大米统称为龙潭大米。

二、产地环境

龙潭贡米产地地处四川盆地和盆边山地过渡地带的武陵山脉，地形属坪上低山带坝地貌，地貌组合为：低山占50.0%，丘陵28.9%，平坝、台地、山原占21.1%。地势东南部边缘较高，中部低山浅丘带坝，西北部坪上边缘直下高斜坡过渡，水

稻种植集中于海拔 600 ～ 800 米的区域，有无工业污染的环境优势。属亚热带东南湿润季风气候，四季分明，年均气温 16 ～ 18℃，无霜期 317 天，日照 1 248 小时，年积温 5 200 ～ 5 600℃，常年降水量 1 000 ～ 1 400 毫米，属二、三熟过渡区域。片区植被良好，森林面积 48.27 万亩，覆盖率达 43.7%。土壤主要为侏罗纪泥质页岩风化而来的紫色土，土层深厚，有机质丰富，矿质养分含量高，土壤有机质含量平均达 23.8 克/千克，碱解氮、有效磷、速效钾含量平均达 128 毫克/千克、26.2 毫克/千克、125 毫克/千克。

龙潭贡米产区的地形地势较为平缓，稻田类型主要为梯级农田类型中的榜田和冲田，其中榜田面积占 75% 左右，冲田 20%，其他 5%。区域内有中型水库 5 座，小型水库 69 座，山坪塘 4 502 口，渠道 2.1 万米，提灌站 18 座，水利工程总蓄水量为 10 744 万立方米。通过农业综合开发，区域内已建成高标准农田 8.2 万亩。

三、产业发展

龙潭贡米产区涵盖涪陵区龙潭镇、青羊镇、同乐乡、大顺乡、蔺市镇堡子片区、马武镇惠民片区。总辖区面积 584.9 平方千米，耕地总面积 30.8 万亩，其中稻田面积 16.53 万亩，龙潭镇核心产地面积为 4.45 万亩。龙潭贡米稻谷的产量在 500 ～ 550 千克/亩，整个贡米产区优质稻谷的总产量在 8.3 万吨左右，核心产区总产量为 2.2 万吨左右。

主要采取"普通农户 + 种植大户 + 合作社 + 龙头企业"的产业化经营模式。截至 2017 年年底，龙潭贡米产区的普通农户数为 5.2 万户，认定并登记在册的水稻种植大户 128 户，面积 1.13 万亩。水稻种植专业合作社 21 个，家庭农场 6 个。市级重点龙头企业 2 个，分别是重庆市龙潭米业有限公司和重庆渝妹儿米业有限公司，占龙潭贡米年加工总量的 95% 以上。

四、品牌认证

"龙潭"牌大米闻名于周边 10 多个区（县、市），独占市场鳌头。龙潭大米清洁、卫生，外观质体油浸，入口清香，口感滋润，营养丰富，2002 年，被中国粮食行业协会授予"放心米"荣誉称号，选入"中国名优产品"名单，2004 年，荣获"中国著名畅销品牌"荣誉称号。

"龙潭大米""渝妹儿"先后被认定为重庆市名牌农产品，"龙潭大米"大米商标已于 2002—2003 年在国家工商行政管理总局注册商标，被打造为区域公共品牌。2009 年，涪陵全区通过重庆市无公害农产品产地认定；先后通过无公害农产品认证的大米品牌 5 个，龙潭大米被认证为绿色大米和有机大米。

第三节　北碚中华糯小米

中华糯小米，产自北碚区静观镇中华村，有数百年历史。小米颗粒细小，洁白均匀，食之细腻滋和、品味纯正、口感细腻、爽口化渣。注册商标"蓓胜"牌中华糯小米。2015 年 6 月，获得国家无公害农产品认证；2016 年 9 月，入选由国际慢食协会在意大利都灵举办的第十一届"大地母亲·品味沙龙"活动中中国的 60 种优质食材。

一、产地环境

中华村的中华山为静观镇最高点，海拔800米，是糯小米的种植基地。全镇年平均气温17.4℃，年均无霜期319天，年平均降水量1 070毫米。种植基地内土壤主要为黄壤和水稻土2大类，并有少量零星分布的紫色土。其中黄壤占89.7%，是保存得较为完好的亚热带地带性土壤，普遍具有黏或砂等特性，水稻土占7.4%，具有土壤疏松，通透性好等特点，利于糯小米生长。

二、品质特点

中华糯小米是种植了几百年的传统品种，种子年年留存，流传至今，没有从外引进其他品种。中华糯小米颜色呈乳白色，千粒重4.14克，味道清香，品味纯正，糯香回甘。据《本草纲目》记载，小米"治反胃热痢；煮粥食，益丹田，补虚损，开肠胃。"常食小米有益五脏健康、充津液、壮筋骨、长肌肉等诸多益处，特别适合老年人滋补和产后妇女身体的恢复。中华村糯小米由农户自留种，不施用化肥、农药，按照无公害农产品种植要求，以传统种植方式种植，绿色健康，营养丰富，品质优良。

三、种植技术

中华糯小米生长周期为130天，每年3月初至4月中旬播种，播种前翻耕播种土壤。播种时每亩用人畜腐熟粪水1 000 ~ 1 500千克兑生态肥25千克作为基肥；播种方式是用锄头打窝，每窝丢小米种子10 ~ 20粒。播种40天后匀苗、补苗、定苗。待补苗成活后正常生长时施追肥1次，追肥亩用尿素5 ~ 7千克，同时除草；除草方式是人工扯草或用铲锄铲草，不使用除草剂。除草持续至6月中旬，直到把草除尽为止。整个生产过程按照无公害绿色食品生产规程进行，7月中旬至8月初是小米的收割时间。

生产技术路线：轮作倒茬—精细整地—施肥—选种—种子处理—播种—田间管理—收获储藏—包装运输。目前抗小米锈病的品种有黄平糯小米、施秉红小米、当地糯小米等。

（一）轮作倒茬

小米不宜重茬连作，否则病害严重。杂草多，土壤中的营养要素消耗量大，易造成"歇地"。因此，选择合理的轮作倒茬易于小米丰产丰收。较为适宜作为小米的前茬作物依次是大豆、马铃薯、甘薯、麦、玉米等。为配合"小米鲊"生产，拟用荞麦、鲜糯玉米与小米轮作倒茬。

（二）精细整地

冬季深耕可以熟化土壤、改良土壤结构、增强土壤保水能力。加深耕层利于小米根系下扎，使植株生长健壮，从而提高产量。冬季深耕一般在20厘米以上，结合冬耕最好1次施入基肥。在冬季整地中要作好深翻、保墒工作，以保证小米发芽出苗所需水分。

（三）施肥

基肥在播种前结合深耕整地1次施入，一般以农家肥为主。如将磷肥与农家肥混合沤制作为基肥效果最好。种肥在小米生产中已作为一项重要的增产措施而被广泛使用。氮肥做种肥一般可增产10%左右，但用量不宜过多。尿素作种肥时用量以7.5千克/亩为宜。追肥以纯氮2～3千克为宜，分别在拔节期施"座胎肥"，孕穗期追施"攻粒肥"。在小米生育后期叶面喷洒磷肥和微量元素肥料也可促进开花结实和子粒灌浆。在生产中逐步推广测土施肥并建立专家系统。

（四）播种

主要选用当地的糯小米。小米在播种前进行种子处理，处理的方法有晒种、浸种等。播种期与播种方式：该地一般在3月上旬至4月上旬播种为宜，种植方式以点播为主。播量与密度：小米播量一般为0.8～1千克/亩，深度3～3.5厘米。旱地每亩留苗一般4万～5万株。

（五）田间管理

小米幼苗籽粒较小，种子所含能量物质不多，如果出现干旱，容易造成田缺苗而断垄，因此要加强田间管理。一般在出苗后2～3片叶时查苗补种，5～6片叶时间定苗。蹲苗促壮：在水肥条件好、幼苗生长旺的田块应及时蹲苗促壮。蹲苗方式主要为2～3叶时控制肥水、深中耕等。中耕除草：小米的中耕管理大多在幼苗期、拔节期和孕穗期一般2～3次。第一次中耕应结合间定苗进行，掌握浅锄、细碎土块、清除杂草的技术。第二次中耕在拔节期间，并结合灌水追肥进行。中耕要深，同时培土。第三次中耕在封行前进行，中耕深度一般以4～5厘米为宜。中耕松土除草的同时要高培土，以促进根系发育防止倒伏。

（六）收获储藏

小米收获期一般在腊熟末期或晚熟期最好。这时的颗粒饱满，含水量低，品质好，质量高。小米脱粒后及时晾干籽粒，含水在13%以下时精选分级，包装入库。

第四节　长寿三合米

长寿三合米，重庆市长寿区特产，正在申报农产品地理标志保护。三合米号称"御米"，产于明月山与大洪湖之间的三合、芦池等历来以生产优质大米而闻名的村，具有独特地域性。

一、产地环境

长寿三合米产区位于明月山北边底部，再往北是铜罗山，"两山夹一槽"，人们常称为"三合片区"，辖4个行政村（芦池村、黑岩村、三合村、五龙村），海拔550米左右，年均气温16.5℃，年降水量1 200毫米。共有耕地面积8 200亩，水田面积为3 010亩，土壤为黄泡泥田，灌溉水源以山泉水为主。

二、种植情况

受农村劳动力外流、种粮收益低等因素影响，长寿三合米种植面积已由巅峰时期的3 000余亩萎缩到2017年的1 650亩，总产量765吨左右，上市销售比例仅32%，其余多为农户自用或赠送亲朋。稻谷价格在3.0 ~ 3.8元/千克，大米销售价格在6.0 ~ 7.0元/千克，较长寿区其他地区高出30%左右。

三、发展规划

2018年，长寿区打造长寿三合米品牌。除原三合米产区外，将八颗、葛兰、石堰、海棠等街（镇）海拔和气候相近、大米品质相似的区域，一并纳入三合米产区统一打造。预计水稻种植面积将增加到1万亩以上，产量突破5 000吨。

同时，将采取"龙头企业＋村集体经济组织"的发展模式，引入重庆清迈农有限公司、重庆穗花食为天粮油有限公司等粮油龙头企业，共同参与长寿三合米品牌建设，利用龙头企业的资金、设备和销售渠道，助推长寿三合米更好地发展，让"三合御米"重现往日光辉。

第五节　江津石蟆硒米

石蟆硒米，重庆市江津区特产，2016年通过有机认证，2017年完成富硒农产品的认证，并获"中国贡米"称号。江津区水稻常年种植面积68万亩，且具有优异的自然富硒禀赋，土壤硒含量适中，分布合理。

一、产地环境

江津区位于长江中上游，在三峡库区尾端，四面高山环抱，境内丘陵起伏，地貌以丘陵兼具低山为主，分平阶地、丘陵地和山地，其中丘陵占78.2%，低中山占

21.8%。地质结构为"川东褶皱"和"川黔南北构造带"的过渡地带，属亚热带季风气候，光照充足，气候温和，雨量充沛。日照时数年均1 207.9小时，常年平均气温

18.2℃，年平均降水量为1 034.7毫米。江津区聘请了一批科研院所和知名高校的专家，对当地的长寿现象进行了广泛深入的调查研究，在"富硒江津·长寿之乡"硒资源开发利用新闻发布会上，中国科学院公布了江津土壤的检验报告，江津区硒及高硒土壤占比90.21%，土壤硒含量为0.049 3 ~ 3.112毫克/千克，平均含量0.318 7毫克/千克，远高于世界土壤硒平均含量（0.2毫克/千克）。

2012年，江津荣获"中国长寿之乡"称号，百岁老人122人，占全市的10.7%，是全市百岁老人最多的区（县）。

二、历史渊源

中国水稻原产南方，从石器时代开始，大米一直是长江流域及其以南地区人民的主粮。唐、宋

以后，南方一些稻区进一步发展成为全国稻米的供应基地。江津位于重庆市西南部，是重庆市重点规划建设的六大区域性中心城市之一，是长江上游重要的航运枢纽和物资集散地。自南齐永明五年（487年）建县，已有1 500余年历史，历来是川东地区的粮食产地、鱼米之乡。

江津积极培育江津硒米品牌，"石蟆硒"即江津硒米代表品牌。

三、品质特点

选用达到国家《优质稻谷》标准2级以上的优质水稻品种生产的石蟆硒优质大米，入口清香，松软适中，爽滑可口，具有较佳的适口性和较好的商品性。

四、生产情况

生产石蟆硒米的江津区三关水稻专业合作社自有水稻种植基地2 600亩，田面平整，耕层深厚，土壤肥沃，灌溉水源有保障，农田基础设施完善，无土壤障碍因素。

2015年开始，三关水稻专业合作社积极参与开展农业社会化服务，为周边农户提供育秧、机耕、机插、施肥、机防、机收的水稻生产全程社会化服务，既帮助当地农户解决耕种收的问题，又有效保证了粮食生产安全，提升了大米品质，截至2017年年底，服务面积累计超过2万亩。带动周边农户5 000余户实施代耕代种8.5万亩，每户增收1 100元，解决农村富余劳动力5 000人以上。

2015年，为提高品牌综合实力，三关水稻专业合作社与北京机械研究所合作，在基地建立起农业物联网溯源体系，做到从基地种植、原料采购、加工生产、储存运输再到销售都可以全透明化运作，完全可视、可溯源、可公开、可查询，每一道工序都全程控制，接受社会大众监督，以确保消费者随时掌握农产品的生产、加工和物流等环节的相关信息。

五、荣誉认证

2015年，石蟆硒水稻种植已通过ISO9001质量管理体系认证。2016年，水稻与大米均通过有机认证。2017年，水稻与大米完成了富硒农产品的认证，并获"中国贡米"称号。

六、质量技术

（一）品种

国家《优质稻谷》标准2级标准以上的优质水稻品种。

（二）种植区域及生态条件

海拔190～420米，土壤属棕紫泥亚区，pH4.5～6.5，光照充足，平均气温18℃。

（三）栽培技术

大田亩用种量1千克，采用地膜覆盖保温育秧，秧龄30～40天。机械化栽插，亩栽1.1万～1.2万穴，基本苗2.4万左右。大田以有机肥为主，氮、磷、钾肥配合施用，亩施纯氮10千克，氮、磷、钾比例为1∶0.5∶0.5；重底早追。浅水栽秧，深水护苗，薄水分蘗，够苗晒田，后期忌脱水过早。重点做好稻瘟病、纹枯病、稻螟、稻飞虱等病虫害防治。

七、质量特色

（一）特征

江津石蟆硒米外观指标见表1-1-1。

表1-1-1　江津石蟆硒米外观指标

项目	指标
色泽	白
米型	长、椭
味	清香
口感	松软、爽滑

（二）含量（100克含量）

江津石蟆硒米营养指标见表1-1-2。

表1-1-2　江津石蟆硒米营养指标

项目	指标
蛋白质/克	7.8
能量/千焦	1 513
脂肪/克	1.2
硒/微克	5.8
碳水化合物/克	78.6
钠/毫克	3

（三）安全要求

产品安全指标必须达到国家对同类产品的相关规定。

第六节　江津"硒浦"大米

"硒浦"富硒大米，是重庆市硒浦农业开发有限公司按照传统农耕模式和有机标准种植的富硒大米，产区位于云贵川大娄山余脉的江津南部山区四面山镇、柏林镇等地，采用原生态、有机种植技术。"硒浦"富硒大米，源于高山，颗粒呈长型，米质幽香，口感适中，软糯度好，余味清香，被江津区授予"江津十大富硒农产品"荣誉称号。

一、产地环境

江津区四面山、柏林等镇位于江津区南部山区边陲，东与贵州省习水县接壤，南高北低，海拔高度800～1700米，相对高差在1450米左右，是江津区境内面积最广的典型山区镇。该地区远离城市，无工业污染，自然生态环境佳，且境内土壤富含硒元素。

重庆市硒浦农业开发有限公司基地位于四面山镇、柏林镇，公司依托当地富硒资源，自建生产基地2000余亩，按照有机标准种植生产的"硒浦"富硒大米、富硒SOD大米等系列大米自投放市场以来，深受消费者青睐。其中，富硒SOD功能性大米成为江津区实施最新农科技术的高品质大米，为"米中新贵"。

二、产品特点

寿乡硒米、功能性SOD大米、寿乡米，米质优、口感佳，长期食用可以有效补充利于人体健康长寿的"硒"元素，具有抗癌防癌、排毒养颜、增强免疫力、预防心脑血管疾病等功效。

三、生产加工

2016年，重庆市硒浦农业开发有限公司自筹资金，建设2000余亩有机种植基地，年产160万斤优质富硒稻。2018年，公司承接"国家优质粮食工程示范基地"项目，计划在3年间将规模扩大至3000亩以上。

"硒浦"富硒大米以传统模式生产，加工成品不抛光，不含任何添加剂，保持了米质的原生态。

第七节　合川凤山大米

凤山大米，重庆市合川区的特产，2014年，经国家工商行政管理总局商标局核准注册为地理标志商标。

一、历史渊源

地处合川西北部龙多山台地的凤山地区，因油沙土质且光照充足，水稻品质优良，所产的凤山大米口感好，素有"米中贡品"之称，是古时官商大户的专供米。抗战时期，凤山大米主要供应重庆，为当时的国民政府用米。2018年，以凤山村、凤凰村为中心，建成1万亩的生产基地，凤山大米畅销川渝市场，反响良好。

二、产品特征

外观紫黄色，口感极好，营养丰富，集东北大米和泰国香米优点于一身，备受消费者青睐。

三、产地环境

凤山大米产于合川区三庙镇，全镇面积109.85平方千米。该镇始建于北宋乾德年间，位于合川区西北部，距合川城区36.5千米，国道212线横穿境内，深浅丘混合地貌。镇内水源充足，拥有合川区第二大水库——白鹤水库（中型水库）。凤山村及周边的万亩水稻品质远高于合川区周边地区的大米品质。凤山大米以凤山村、凤凰村1 500多亩核心基地为主轴，辐射三庙镇周边村及周边镇（燕窝、龙凤、隆兴）等。

凤山村、凤凰村地处龙多山山脉浅丘台地，海拔400米左右，光照时间长，昼夜温差大，常年平均气温在17℃左右，年降水量950～1 050毫米，日照1 316小时/年，无霜期360天。土壤为遂宁组母质紫色土，含有硒等多种稀有微量元素，生产出的大米品质特优。

四、产业发展

基地生产主体为普通农户，达2 000余户，有1个专业合作社，有凤牌和凤仙2个大米加工厂，日加工大米80吨。其中凤牌大米加工厂有日本进口色选机1台。

凤山大米产地属白鹤水库灌区，修建有九块田（地名）一、二级提灌站1座，日提水2 000方，水库灌区西干渠及支渠已整治27.4千米；内有山坪塘92口，已经整治山坪塘87口；村级公路38.7千米，已硬化28.5千米；人行便道18.2千米，已硬化8.5千米。

五、商标认证

凤山大米辖区内2个加工厂分别注册了"凤牌"和"凤仙"2个商标；2013年，经国家工商行政管理总局商标局核准注册为地理标志商标。

第八节　南　川　米

南川米，明朝贡米，南川区特产，农产品地理标志。

2015年，"中国杂交水稻之父"袁隆平到南川考察，食用南川米后随即题字"南川米好"；2016年，南川米被中国优质农产品协会评为"2016年中国十大最好吃米饭"；2017年，南川米被评为"重庆十大农产品区域公用品牌"。

一、产区范围

南川米产地主要分布在东经106°54′—107°27′，北纬28°46′—29°30′，东起南川区的山王坪镇、水江镇、骑龙镇；南接合溪镇、古花镇、大有镇、庆元镇、头渡镇、金山镇、德隆镇；西临神童镇、石莲镇、南平镇、兴隆镇、大观镇；北到太平场镇、乾丰镇、石溪镇、冷水关镇、民主镇及南川中心地域的东城街道、南城街道、西城街道、木凉镇、白沙镇、黎香湖镇、河图镇、石墙镇、中桥乡、楠竹山镇、鸣玉镇、峰岩乡、福寿镇、三泉镇，共34个乡（镇、街道），全区统一生态环境条件下，生产区域达40万亩。

二、历史渊源

南川米种植历史悠久，据《南川志》记载，"涪州出好米，尤宾化最盛……"宾化即现今南川。史料记载，明朝万历年间，宾化县每年都要向皇家贡奉"宾化贡米"200担*。随着历史的发展，南川米

---

　　* 担为非法定计量单位，1担＝50千克。——编者注

的名气、品质及生产规模都已得到长足的发展壮大，到2018年，"南川米"生产区域已遍及34个乡（镇、街道），种植面积40万亩，常年产量18万多吨，南川米加工龙头企业3家，先后有6个大米产品获绿色食品认证，其中"金佛山"牌金佛山贡米和"冬水田"牌大观米获有机食品认证。

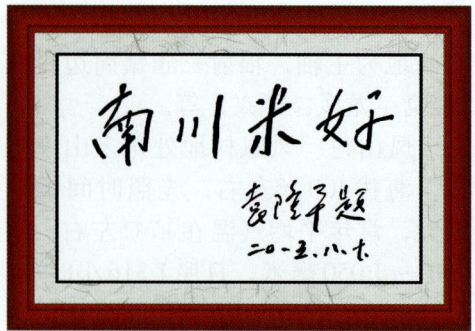

三、生态环境

（一）土壤地貌情况

南川境内山岭纵横，河谷幽深，地形呈东南向西北方向倾斜。北部系平行岭谷区，南部属娄山褶皱地带。最高海拔2 251米，最低海拔340米，昼夜温差大。水稻生产土壤为沙溪庙组、蓬莱镇组及须家河组等成土母质发育而成的紫色土和矿质黄泥土，土壤pH4.5～6.5，富含氮、磷、钾等多种营养元素和微量元素，宜种作物面广。

（二）水文情况

全区水域面积6.7万亩，其中河流4万亩，水库1.4万亩，坑塘0.01万亩，沟渠1.8万亩，堤坝水工建筑0.2万亩。境内江河纵横，有大小河流58条。塘库和江河能满足水稻用水需要。且水稻用水水质于2006年通过绿色食品水稻用水质量标准检测，水质良好，无影响水质的其他因素。

（三）气候情况

南川属典型的亚热带湿润季风气候类型，气候温和，年平均气温16.6℃，年最高温度39.8℃，最低温度3℃；年降水量1 185毫米，雨量充沛；年日照1 279小时；全年无霜期320天。生态环境优良，森林覆盖率达53%。

四、生产技术

（一）产地选择与特殊规定

南川米产地选择在生态环境条件良好的重庆市南川区境内，生态条件良好，远离污染源，并具有可持续生产能力的农业生产区域。产地环境符合《无公害食品产地认定规范》（NY/T 5343—2006）的规定。以土壤肥沃，有机质含量高，具有较好的保水、保肥能力的田块种植为宜。其生产技术规程按地方标准《南川优质稻标准化生产技术规程》（DB500119/T 2—2016）执行。

（二）品种选择

优质稻选用优质高产、抗病性强、抗逆性好、适应性广、品质指标能达到国颁三级优质米标准以上的水稻优质良种，应符合《优质稻谷》（GB/T 17891—2017）标准，种子检验按《农作物种子检验规程　总则》（GB/T 3543.1—1995）执行。

（三）生产过程管理

1.播种育秧

（1）播种方式。因地制宜选择水稻机插育秧、旱育秧和地膜湿润秧田育秧。

（2）种子处理。每亩稻田备优质杂交稻种子1～1.25千克，播前处理种子，在晒种、选种的基础上浸种消毒，用56℃左右温汤浸种5分钟，或用70%甲基托布津可湿粉1 000倍液或50%多菌灵可湿粉1 000倍液浸种1～2天，将稻种捞出用清水清洗干净后，再用36～38℃的温度催芽至"粉嘴谷"。包衣稻种可播干谷。

（3）育秧。旱地育秧选地势平坦、背风向阳、土层深厚肥沃、前作没有种植过茄科类作物的旱地壤土。湿润育秧选择浅泥脚肥沃水田作秧田。每亩本田需净苗床面积为机插育秧3～4平方米、旱育秧12～14平方米、湿润育秧22～28平方米。秧厢质量要求达到平整，四角分明，沟沟相通。每亩本田备规格为200厘米×0.014厘米的地膜，机插育秧3～5米、旱育秧13～15米、湿润育秧25～30米。机插秧育苗每亩本田约需16个秧盘育苗，需备过筛的肥沃疏松干壤土50千克加入具有消毒、调酸、化控、营养作用的水稻壮秧剂0.5～0.8千克，充分拌和后备用。每亩本田备水稻旱育秧多功能壮秧剂1千克。在日平均温度稳定通过10℃时开始播种，海拔500～750米地区选择在3月16—25日播种；海拔750米以上地区选择在3月26日至4月5日播种。

（4）苗床管理。播种至出苗前盖严地膜，膜内温度控制在35℃以内；1叶期控制在25℃左右，2叶期温度控制在25～30℃，晴天白天揭膜炼苗，晚上盖膜。揭膜炼苗应先揭开两头、次揭一边、最后全揭。炼苗期间如遇低温寒潮天气，应覆盖地膜保温。旱育秧出苗前保持苗床土湿润，出苗后至2.5叶期须控水降湿防病。当出现苗床土干发白或旱、晚秧苗叶尖无水珠或秧苗开始卷叶时，应选晴天下午揭膜灌足水。2叶1心期每亩苗床施清水粪500千克加尿素2.5～3.0千克，移栽前5～7天撒施尿素2.5千克。

2.栽插

（1）本田整地。早翻耕稻田、耙平。做到肥足、田平、泥熟、水浅、无残茬，保持浅水栽秧。

（2）秧苗处理。插秧前用75%三环唑可湿粉剂800～1 000倍液浸秧或喷雾。

（3）栽插期与密度。4月下旬，秧苗达4～5叶时开始栽秧，每亩本田栽1.0万～1.1万窝，基本苗杂交稻2万～3万苗，常规稻4万～5万苗。

（4）栽插方式。主要分为机械化插秧和手工栽插。机插秧要在移栽前1天起好秧苗，栽插后及时补苗。手工栽插主要分为等距宽行窄株条栽和宽窄行栽插2种方式。插秧的质量标准是：插得浅，行株距直，每窝栽插苗数匀，秧苗不飘、不浮，少植伤。

3.施肥

施肥原则为增施有机肥，稳定氮肥和磷肥用量，补施钾肥，采用前促中稳后保的施肥方法，每亩施化学纯氮8.0～10.0千克、五氧化二磷3.0～5.0千克、氧化钾3.0～4.0千克。禁止使用未经国家或省级农业部门登记的化学和生物肥料，禁止使用重金属含量超标的各种肥料（包括有机肥料和矿质肥料）。

（1）基肥。稻田翻耕前每亩施用腐熟人畜粪便或秸秆还田2 000千克，移栽前1天结合耙田施40%水稻复合肥20千克、硫酸锌1千克。

（2）追肥。栽后8～10天每亩稻田施40%水稻专用复合肥10千克，尿素8.0～10千克。拔节后根据苗情长势施用穗肥，长势差的每亩施尿素5～6千克，氯化钾5千克。长势一般的施40%复合肥5～6千克，氯化钾5千克。长势好的只施用钾肥。

（3）水浆管理。湿润立苗，浅水分蘖。当田间苗数达预期穗数的80%时即开始脱水晒田，多次轻晒。晒田时，放水落干，待沟内无水3～5天后，再上新水，保水2～3天后，再放水落干，如此往复2～3个回合，直到倒2叶露尖。进入稻穗形成期以后，结合控制无效分蘖及预防干旱，一般宜采用深水层灌溉，但水层深度不宜超过15厘米，维持时间7～15天。此后保持浅水层。灌浆结实期后，坚持"干干湿湿"，待沟内水自然落干后再上新水，防止后期早衰。

4.病虫草害防治

水稻主要病害有螟虫、稻秆潜蝇、稻纵卷叶螟、稻飞虱、纹枯病、稻瘟病、稻曲病。主要采取3种防治措施。

（1）物理防治。利用害虫的趋性，进行灯光诱杀或性激素诱杀等。在示范区采用频振式杀虫灯或太阳能杀虫灯诱杀害虫。采用人工薅锄或拔除杂草，同时拔除病虫危害植株。或者采用人工捕杀害虫。

（2）生物防治。注意保护和利用天敌，维护天敌种群多样性；优先使用推广生物农药；在水稻苗返青后至孕穗期实行稻田养鸭，可有效控制稻田前期杂草和水稻基部虫害；稻田养鱼可有效抑制水稻基部虫害、杂草和纹枯病。

（3）化学防治。加强田间调查，及时掌握病虫草害的发生动态和发生趋势，严格按制定的防治指标，在防治适期施药，宜一药多治或农药合理混用。水稻前期一代螟虫、杂草宜采用农药加载体（细土或细砂、肥料）撒施方法，全田均匀施药。有限制地使用具有"三证"（即农药生产许可证、农药登记证、农药标准）的高效、低毒、低残留农药品种，严格按照《农药安全使用规范总则》（NY/T 1276—2007）、《农药合理使用准则（一、二、三、四、五、六、七、八、九）》（GB/T 8321.1—2000、GB/T 8321.2—2000、GB/T 8321.3—2000、GB/T 8321.4—2006、GB/T 8321.5—2006、GB/T 8321.6—2000、GB/T 8321.7—2002、GB/T 8321.8—2007、GB/T 8321.9—2009）的要求，控制施药量与安全间隔期。在同一个水稻生长季节，避免重复使用同种化学合成农药及其复配剂。无公害稻米生产中禁止使用高毒、高残留及影响稻米质量的农药及含有上述农药的混配制剂。

5.收获

（1）适时收割。为了保证优质稻米质不受影响，宜在稻谷黄熟时选晴好天气收割。提倡采用机械收割，减少落粒损失。

（2）烘干。不同品种要分收、分晒，采用晒席逐步阴干，或采用机械化低温烘干，防止在水泥地上暴晒。水分含量按《稻谷》（GB 1350—2009）执行。

6.运输储藏

运输工具应清洁、干燥、有防雨设施，严禁与有毒、有害、有腐蚀性、有异味的物品混运和储藏。入仓3个月后加工上市。储藏期间应翻晒1～2次。

五、品质安全

（一）外在感官特征

良好的生态气候环境条件和特殊的水质土质条件，奠定了南川米米粒圆润油浸，心腹白极少或无，经蒸煮后米饭滋润，清香味浓，饭粒完整。

（二）内在品质指标

南川米内在品质良好，经检测，水分、不完善粒、杂质、糠分、碎米总量、带壳稗粒、黄粒米等均在允许指标范围之内，色泽、气味、口味等正常。

（三）安全要求

南川米生产、加工，严格按无公害农产品大米标准《绿色食品　稻米》（NY/T 419—2014）等农业"三品"（无公害农产品、绿色食品、有机农产品）质量标准执行。

六、标识规定

南川米主要包括南川区优质稻加工载体——重庆市南川区储备粮有限公司、重庆市南川区金禾米业有限责任公司、重庆万库粮油有限公司所生产加工的"金佛山"牌金佛山贡米、金佛山口优米、金佛山油米;"冬水田"牌大观米、冬水田油米;"油沙"牌小油沙米;"金佛山"牌南川米、南川福寿米、南川河图米、南川窑湾米、南川布谷缘米等产品。包装上按生产企业名称,注明生产企业、QS、无公害农产品标志、绿色食品标志、有机食品标志、南川米标识、生产日期、生产批号、保质期等。无公害大米、绿色食品大米和有机食品大米严格实行平行生产分离生产方式,不同仓储、不同加工时间、不同运输方式等。

第九节　綦江花坝糯玉米

花坝糯玉米,产于綦江区石壕镇,无公害产品、绿色食品,地理标志商标。产品现已广销到重庆、贵州等地,很受消费者的青睐。

一、品质特征

花坝糯玉米品质优、皮薄、籽粒洁白如玉、糯中带甜、口感细腻、易消化、营养丰富。一般亩产鲜糯玉米800千克左右,并突破了以往品种多数用途单一,仅供直接鲜食的局限性,除作为鲜食外,可加工成熟食食品和速冻食品,现可加工成糯玉米粉、面等。

二、生产地域

花坝糯玉米,种植于重庆市綦江区石壕镇万隆山上,平均海拔约1400米,是生产高山反季节鲜糯玉米的最佳环境。其产地人烟稀少,土地肥沃,青山绿甸无污染。生产期间,严格按"三化"生产种植和技术要求把关。2008年,糯玉米种植地被认定为无公害蔬菜产地。其核心是綦江区石壕镇万隆村的花坝糯玉米,由綦江区万隆村李公坝糯玉米专业合作社生产,合作社成立于2007年,2010年申办为市级专业合作社,主要从事京科糯2000、渝糯的种植、销售,打造出纯天然、营养价值高的"花坝糯玉米"品牌,是綦江区农产品开发的一枝奇葩。专业合作社成立之初,社员仅69户,2018年,发展壮大到社员381户,种植面积从300亩发展到3000余亩,年产糯玉米2400吨,年均纯收入3万余元。

三、品牌认证

2010年4月,获国家工商行政管理总局"花坝"牌商标。

2011年7月，花坝糯玉米获得绿色食品商标认证。

2016年，获地理标志商标，万隆村获"全国一村一品专业示范村"荣誉称号。

2017年，石壕镇获"全国一村一品示范镇"荣誉称号。

四、产业发展

2018年，綦江区石壕镇充分利用该镇海拔高的特点，把糯玉米作为农业产业化重点项目来抓，在香树村、万隆村建设了成片集中规范种植示范基地4 000亩，形成了全镇种植糯玉米上万亩，错季糯玉米超过3万亩，让种植农户户均增收800元以上。花坝糯玉米已经成为当地调整农业产业结构，实现农民持续稳定增收的高效产业。

第十节 綦江横山大米

横山大米，因主产于綦江区的横山镇而得名，注册有"横巨"商标，取得了中国国内、欧盟有机双认证。横山被定为重庆市"绿色稻米"生产基地，横山生产的"重庆市绿色稻米"已经通过无公害认定，被重庆市评为"放心大米"。

一、人文历史

横山大米，历史悠久，远近闻名，早在清代就是宫廷贡米。据清道光六年（1826年）《綦江县志》载："横山治东三十华里，山势绵亘，基土多平田，甚产嘉谷"。康熙年间，横山大米就被纳为贡米进献朝廷，横山被誉为"贡米之乡"。

二、品质特征

横山大米性干味香，色泽油润、晶莹剔透、滋润可口、具有健脾养胃、益精强志、聪耳明目之功效，称誉为"稻米之首"，享有盛誉。

三、产地环境

綦江区横山镇位于城区东北部约20千米，辖6村63个村民小组。此地海拔650～800米，气候较同海拔一般地区温暖，而比丘陵、平坝凉爽，昼夜温差较小，延长了水稻的灌浆、成熟期，使其糊精和支链淀粉含量增加，又无高温湿热现象，加之土温日差较大，白天有利于养分的积累，夜间减少呼吸消耗。横山镇水稻种植面积13 000亩、单产475千克、总产6 175吨；重庆重粮健康产业股份有限公司"横山贡米"取得中国国内、欧盟有机双认证，有机稻2016年种植80亩，2017年、2018年各种植200亩；区农业综合开发项目实施修路、沟渠、围栏，安装有杀虫灯、诱虫板等绿色防控设施；有机大米销售单价22～28元/千克，一般贡米销售单价10～15元/千克。2002年，成立了綦江县横山优质稻产销协会。2004年，被农业部列入"农民专业合作组织部级示范社"名单，2005年，被重庆市农业局命名为首批市级示范农民专业合作组织，2006年，被中国科学技术协会、财政部评为"科普惠农兴村"先进单位，2007年，被中国科学技术协会、财政部定为"科普惠农兴村服务站"示范单位。2012年4月，成立了重庆市綦江区横山优质稻股份合作社，以"横山贡米"的名称面市。

四、品种特性

主要选用宜香优2115，此品种在横山已小规模（百亩级）种植3年以上，具有米质优、口感好、生育期适中、抗病性强等特点。经过近3年优质新品种的筛选，泰优390表现熟期早、产量高、品质优；兆优5455表现熟期适中、产量高、品质优、整精米率高；"野香优"系列表现熟期早、需肥少、抗逆性好、产量适中，大米腹白少、透亮、油浸、食味性极佳，是一个超越"泰国米"品质的最有潜力替代品种。

五、栽培技术

栽培上改常规施肥为配方施肥，改病虫害分散防治为统防统治，改用稻草还田，改用机耕或免耕；以减施或不施化肥、增施农家肥和秸秆还田为重点，配合稻田养鸭生态种养模式，打造全新的"横山贡米"生产技术规程。其主要指标包括：亩栽1万窝、2万粒谷，亩施农家肥500千克、稻草全部还田，亩投放鸭苗10只，减少病害滋生环境、增强田间通透性；少用或不用农药、辅之以杀虫灯、性诱剂等成熟技术控制虫口数量，按50亩/盏的标准配置佳多牌频振式杀虫灯，按3个/亩的标准于水稻苗期放置螟虫性诱剂诱捕二化螟和大螟；稻田养鸭还具有中耕除草的作用，可达到改善稻田生态环境之目的。

六、荣誉认证

"横山贡米"已取得国内、欧盟有机食品双认证，"横山贡米"地理标志商标正在申办中。

第十一节 大足邮桥香米

邮桥香米，产于重庆市大足区，重庆市著名商标，"重庆名牌产品"，获得第九、十、十一届中国优质稻米博览交易会组委会颁发的"金奖大米"奖牌。邮桥香米被北京中绿华夏有机食品认证中心认证为有机大米，被中国绿色发展中心认定为绿色食品A级产品。

一、产品特征

由于特殊的土壤和气候条件，大足区内所生产的稻

米不仅产量高，而且米质很好，蒸煮出的米饭香甜可口。20世纪八九十年代，大足生产的"宝顶"牌大米、"天山"牌大米畅销重庆主城区及贵阳、昆明等大城市，"大足米"一度占领云贵川许多城镇米市。90年代，大足农业科技人员引进种植常规香稻香粘一号和杂交稻K优926等优质香型品种，示范推广面积上万亩获得成功。6月，当人们进入香稻田间，阵阵清香扑面，沁人心脾，令人陶醉。

大足先后打造出"邮桥香米""香山米""渝米香""长粒香""特香米""万家香""见二娃"等10余个大米品牌。产品严格按《绿色食品 稻米》（NY/T 419—2014）进行加工生产；产品品质优良，米粒整齐饱满、粒清如玉、晶莹如珠，米香浓郁，甜香糯软、饭味清香、口感软滑；产品富含人体所需的各种氨基酸、脂肪酸、矿物质、纤维素和丰富的B族维生素，不仅好吃，而且营养丰富。

二、产业发展

进入21世纪，人们对稻米品质要求更高。一些专业生产经营水稻的农业企业如重庆邮桥米业集团公司应运而生。重庆邮桥米业集团有限公司成立于2003年，注册资本863.79万元。2016年年末，公司总资产达2.02亿元，销售总额6.18亿元，年加工大米10.5万吨。

2004年，公司陆续在三驱、智凤、高升、中敖等镇（街道）转包农民田地5000余亩，建立起绿色有机米生产基地。

2010年，又在三驱镇水星村铁桥村转包土地2500亩，利用窟窿河清泽水源和沿大足区三驱镇现代农业园区岸优质的土壤，引进四川农业大学与宜宾市农业科学院联合研制的"宜香优2115"等宜香系列香型优质稻品种，获得高产高品质稻米产品，得市场及专家认可。

2015年，公司在高升镇建设村转包土地1000亩，利用该镇胜光水库生态环境秀美、水土无污染源的良好自然条件，种植生产优质水稻。

生产上，采取"公司+基地+农户"的生产模式，实行"定品种、定收购"的订单农业方式。基地生产实行全程机械化作业，减少繁重复杂的手工劳动，降低人工成本。同时投入大量资金，购买先进的生产及深加工设备，发挥加工和销售完整产业链的优势，增强实力，增加效益。

三、荣誉认证

2010年，"邮桥牌香米"成功注册，并被评为重庆市著名商标。12月，邮桥牌邮桥香米一举获得第九届中国优质稻米博览交易会组委会颁发的"金奖大米"奖牌。同年，邮桥香米被北京中绿华夏有机食品认证中心认证为有机大米。

2011年和2012年，邮桥香米参加第十届、十一届中国国际农产品交易会，两次获"金奖大米"称号。

2015年，邮桥香米被农业部优质农产品开发服务中心选入《2015年度全国名特优新农产品目录》。

2016年，"渝米香大米""香山米"经中国绿色食品发展中心审核后，被认定为绿色食品A级产品。

2017年，邮桥香米被重庆名牌农产品评选认定委员会认定为"重庆名牌产品"。

第十二节 梁平大米

梁平区种植水稻的历史悠久，为国家商品粮基地县、全国粮食生产大县、全国水稻高产示范县。该区生产的"高粱山"牌有机香米米粒饱满、晶莹剔透、米饭香醇可口，2018年，荣获中国有机产品认证证书，获重庆市农业技术推广总站、重庆市农业技术推广协会联合举办的首届"三峡杯重庆十大好吃大米"评选第一名等多项荣誉；生产的"冷沙米""蟠龙米"，获得"重庆市著名商标"及"重庆品牌农产品"称号。2018年，分别获得"三峡杯重庆十大好吃大米"第三名、第五名。

一、产地环境

梁平区被誉为"蜀东粮仓"，位于四川盆地东部平行峡谷区的三峡库区，属亚热带湿润季风气候，四季分明，气候温暖，雨量充沛，日照偏少。主要气候特点是春季气温不稳定，初夏多阴雨，盛夏炎热多伏旱，秋多绵雨，冬季暖和，无霜期长，湿度大，云雾多。

据梁平区气象站1952—2018年的气象资料分析，梁平区气候有几个特点。

第一，热量丰富，无霜期长。年平均气温16.6℃，年太阳总辐射能量83.5千卡*/平方厘米，生理辐射能42.6千卡/平方厘米。最热7月，平均27.3℃，最冷1月，平均5.4℃。极端最高气温40.1℃，最低−6.6℃，无霜期269天。

第二，雨量充沛，但分布不均。年平均降水量1 262.1毫米，但季节分布极不均匀，春季占27%，夏季占41%，秋季27.2%，冬季最少，仅占4.8%，并有"雨热同季"的特点。

第三，雨日较多，日照偏少。年平均雨日为154.1天，占42%，最多年达179天。秋雨连绵，对小春播种不利，相对湿度81%，年平均日照1 336.4小时，适宜水稻生长发育，特别适宜有机食品的生长发育。

全区土壤以灰棕紫色水稻土、红棕紫色水稻土、老冲积黄泥水稻土、灰棕紫泥土和红棕紫泥土5个土属为最多，约占86.12%。耕地有机质为1.55%，全氮0.096%，全磷0.078%，全钾2.14%，碱解氮86ppm（全称parts per million，百万分率），速效磷4ppm，速效钾84ppm，平均pH6.9。

二、历史渊源

梁平水稻栽培历史悠久。据《梁山县志》记载，梁平水稻种植历史可追溯到远古时期。品种主要有八十早、二般早、青秧、早黄秧、迟黄秧、半边粘、须须粘、大小酒谷、成都麻壳等。生育期：早

---

* 卡为非法定计量单位，1卡 ≈ 4.186焦耳。——编者注

熟品种110天；中熟品种125～140天；晚熟品种140～150天。早熟品种产量低，成熟早；中熟品种产量高，且抗病虫能力强；晚熟品种产量高，且抗病虫能力强，生育期长。

2018年，通过梁平区农业农村委员会每年的主导品种选定、"好吃大米"评定、品种展示等活动，根据通过国审（含渝审定）或认定的杂交水稻良种，选择了丰产性好、抗逆性强、生育期适中且口感好的丰优香占、川优6203、宜香优9303、深两优5814、渝香203、宜香优2115、忠优78、Y两优1号、Q优8号、科优21及渝香优等数十个优质水稻良种。按照不同品种的表现特性，制定新的栽培技术，探索新的栽培模式，探索宽窄行模式，改变原来等行栽培的传统模式，大力发展机械化插秧。

三、产业发展

梁平米主要有"高梁山"有机香米、"冷沙米"、"蟠龙米"。这3种品牌优质稻米先后在安胜镇、蟠龙镇、铁门乡3个乡（镇）建立种植基地。

（一）"高梁山"有机香米

"高梁山"有机香米为梁平米中唯一荣获国家有机产品认证证书的品牌产品，是由历届梁平区委、区政府和广大人民群众的不懈努力，拼搏而来的。品种发展经历了由资本家和地主经营、集体统一经营、承包经营到"农业发展公司＋专业化合作社＋农户"的组织化程度变革。

2013年，梁平区农业委员会将特色效益农业专项切块资金15万元安排给重庆米之源农业发展有限公司，开发有机水稻全程远程视频监控物联网技术运用系统1套。该系统同时并入梁平区农业委员会信息中心总监控系统，按照生产现场信息公开原则规定，对有机水稻生产的投入品、中间生产环节、生产流程、生产工艺等实施全程远程视频监控。在500亩有机稻生产区域内，按每50亩安装1个摄像头，每20亩安装温度、光照、水分、热量自动传感器，建立视频监控室，包括硬盘、录像机、显示器、光纤网络等，建立健全了有机香米生产投入品、中间生产环节、生产流程、生产工艺的制度。2015年，生产有机优质稻米150吨，实现产值200万元。

"高梁山"有机香米，其色如玉、形如梭、香如脂、绵软可口。高梁山有机香米实行"稻＋蛙""稻＋鸭""稻＋鱼"生态种植模式，严格遵循自然法则生产：不施化肥——采用绿肥还田和撒施牛粪发酵物料的培肥方法；不用农药——运用灯光诱捕、蛙鸭除虫等生态物理防虫技术；不喷除草剂——实施放鸭除草和人工除草；不施调节剂——创新"高光富氧"模式实施水肥温光综合调控。

（二）"冷沙米""蟠龙米"

"冷沙米""蟠龙米"为梁平县瑞丰米业有限公司于2010年注册"鑫瑞福"品牌系列产品。企业坚持以"公司＋基地＋合作社＋农户"的农业产业化经营模式，精选蟠龙镇有机稻基地种植，产地海拔820米，年平均气温15℃，年降水量1 200毫米，四面环山，昼夜温差大，气候宜人，田地肥沃，无工业污染。稻田全部用牛耕，以施农家肥、人工除草的方式进行。稻田灌溉用的是海拔1 200米高山山顶涌出的泉水，水质弱碱强钙，益于人体，为生态好米提供了高品质水源。其生产的"冷沙米""蟠龙米"米粒饱满、晶莹剔透、米饭香醇可口，2018年，荣获首届"三峡杯重庆十大好吃大米"称号。

四、荣誉认证

梁平"高梁山"有机香米荣获2018年中国有机产品认证证书，重庆市农业技术推广总站、重庆市农业技术推广协会联合举办的首届"三峡杯重庆十大好吃大米"第一名。

"冷沙米""蟠龙米"是梁平县瑞丰米业有限公司先后与梁平县内10余乡镇村组签约种植。经重庆市农业委员会认定无公害农产品产地2 680公顷，农业部农产品质量安全中心认定无公害大米12 000吨。2014年，瑞丰米业斥资500万元成立重庆知稻生态农业有限公司，聘请市级水稻种植专家团队指导，倾力打造最具梁平特色且高端的蟠龙"冷沙米"，该产品已于2017年获得绿色食品认证。2017年，重庆知稻生态农业有限公司在梁平区安胜乡流转良田1 500余亩建设绿色水稻种植基田，全过程严格按照国家标准绿色水稻种植规程执行，该基地产品也已经获得绿色食品认证。

五、质量检验

根据北京中绿华夏有机食品认证中心对"高粱山"有机香米的检测，"高粱山"机香米农药残留成分为零，各项指标均达有机大米标准，9项指标达部级一级，是色香味俱佳、品质与安全同在的特优产品。

梁平县瑞丰米业有限公司是重庆盐业集团、重庆永辉大区、成都永辉大区、重庆中石化、高等院校等的供应商，同时还是重庆军粮供应渝东区唯一供货商；"鑫瑞福"品牌产品市场遍布于重庆主城及20多个区（县）的200多家超市，并辐射四川、湖北、广州等地。

第十三节 丰都栗子贡米

栗子贡米，重庆市丰都县特产，地理标志商标。栗子大米产于丰都县栗子乡，种植历史悠久，以独有的"一家煮饭，四邻闻香"品质特征而远近闻名，民间相传，其在清朝即为贡米。栗子大米品质优，据农业部稻米及制品质量监督检验测试中心检测，达部颁一级优质米标准，2015—2017年，均获国家有机大米认证。

一、产地环境

栗子乡地处丰都县南部山区，海拔300 ~ 1 425米，地势南高北低，三面环河，一面悬崖，48座古寨独立成寨。光照时间长，昼夜温差大，所产大米品质优、口感佳，经中国农业部稻米及制品质量监督检验测试中心鉴定，与泰国顶级香米相当。

栗子乡峰峦耸翠，绿树成荫，山清水秀，没有任何工业源污染，自然水灌溉，生产的农产品都纯天然、无污染，生态环境、土壤环境、水环境和大气环境符合有机产品生产条件，经深圳谱尼测试中心检测，土壤、灌溉水重金属和农药残留均符合国家相关标准规定和限值。

二、历史渊源

栗子出好米，最早的文字记载可以追溯到南朝。南朝道士陶景弘所著《真诰》载："丰都山上树木水泽如世间，但稻中粒几大。味如菱。其余四谷不尔，但名稻为重思尔"。另据考证，康熙十三年（1674年），云南王吴三桂率部路过丰都，知县等人骑马前往栗子陈拱坝和暨龙火烧岩各备大米300担。吴三桂品尝后，感觉此大米饭香浓郁，熟透的米粒规则向上，非同一般，极为赞赏。从此以后，丰都县衙每年都将栗子米作为贡米送往朝廷，栗子贡米因此而得名。

三、品质特点

栗子大米主产在海拔800米以上的高山区域，米粒细长洁白，长宽比大于3∶1，感观晶莹，口感绵软醇香。据农业农村部稻米及制品质量监督检验测试中心检测：透明度1级，碱消值7，胶稠度84，直链淀粉含量18%，蛋白质含量8.1%，维生素B_1 0.3毫克/克、B_2 0.06毫克/克、E 1.54毫克/克，钙263毫克/克，锌4.9毫克/克，铁16.8毫克/克，与泰国顶级香米品质相当。

四、荣誉认证

2013—2014年，获有机大米转换认证（根据国家相关规定，连续3年按有机方式种植并且每年的检查审定都合格，第三年才颁发有机产品证书）。

2014年，重庆市首届"最受欢迎土特产"评选，获"重庆特产名片"称号。

2014年，第八届中国国际有机食品博览会上获得该届博览会主委会颁发的最高奖项"产品金奖"。

2015年，第九届中国国际有机食品博览会获有机大米"食味金奖"、第十六届中国绿色食品博览会金奖；"禾汇九亩"栗子大米被评为"重庆名牌农产品"；首届（2015）中国"优佳好食味"品评争霸赛获金奖。

2016年，第十届中国国际有机食品博览会再次获有机大米"食味金奖"。

2017年，栗子大米成为博鳌亚洲论坛年会指定的专供产品；在广东云浮·罗定稻米节暨名优农产品产销博览会上，获"好味稻"优质大米金奖。

五、产业发展

栗子乡的自然条件得天独厚，盛产优质大米。元朝以来，栗子的农民背米上硝洞湾，下莲花洞，进城销售，历史悠久，名声远扬。2010—2012年，丰都县农业技术推广站在栗子乡开展按有机方式种植水稻，生产高品质、无化肥和无农药污染的栗子大米试验工作。

2013年，丰都县政府通过招商，引进重庆禾汇农业发展集团有限公司，传承栗子大米原生态种植方式（有机种植），挖掘栗子大米文化。在栗子乡海拔800～1 200米区域流转耕地2 450亩，与农户合作2 550亩，按照《有机产品 第1部分：生产》（GB/T 19630.1—2011）国家标准生产栗子大米。同年，丰都县政府聘请中国农业科学院水稻研究所金连登教授为技术顾问，牵头制订《有机水稻种植技术规范》并指导其实施。

2014年，栗子乡有机水稻生产基地获重庆市农业委员会授予"栗子乡现代农业示范园区"称号。同年，农业部稻米产品质量安全风险评估实验室在栗子乡建立国家农业行业标准《有机水稻生产质量控制技术规范》（NY/T 2410—2013）应用推广示范基地；栗子乡申报"创建全国有机农业示范基地"获中国绿色食品发展中心批准。

2016年，以栗子大米为主的丰都全县有机农业示范基地通过农业部绿色食品管理办公室组织的专家组现场验收。丰都县获得"全国有机农业示范基地"证书和标牌。

2015—2017年，"禾汇九亩"栗子大米获中绿华夏有机食品认证中心"有机食品"认证。

六、专用标志

栗子大米地理标志产品保护范围内的生产者，可向丰都县农产品协会提出使用地理标志商标的申请，经该协会审核、批准并公告。"禾汇九亩"有机栗子大米证书为重庆禾汇农业发展集团有限公司持有并专用，中绿华夏有机食品认证中心和重庆市农产品质量安全中心对有机标识使用行使监督权。

七、质量技术

（一）品种

丰优香占、宜禾香2号、玉针等适应性广和抗性强的国家二级以上优质稻品种。

（二）立地条件

丰都县栗子乡海拔800～1 200米保护区域的梯田，森林覆盖率≥65％，有沟、堑、山脊等天然隔离或屏障，区域内无平行生产。

（三）生态环境

远离工矿区，无污染源。土壤、灌溉水源、空气质量等生态环境符合《有机产品　第1部分：生产》（GB/T 19630.1—2011）国家标准。

（四）栽培技术

1.育秧方式

旱育秧或旱育抛秧，严禁水育秧或湿润育秧。

2.播种期

4月上旬。

3.种子处理

（1）晒种。播种前晒种1～2天，

（2）浸种。晒种后用温水（40℃）浸种12小时后播种。

（3）播种。严格按旱育秧或旱育抛秧技术规程操作。

4.移栽

（1）底肥。亩施经腐熟处理后施农家有机肥500千克、菜饼肥50千克、草木灰50千克。

（2）移栽。当秧苗达4叶1心时即可移栽，按14厘米×20厘米规格，每窝2～3苗。

5.追肥

于秧苗成活返青后，亩施500千克清猪粪水（未使用过配合饲料），浇泼于稻田。

6.病虫草害防治技术

（1）虫害防治。太阳能杀虫灯诱杀；每亩呈梅花形放置15张粘虫"黄板"。

（2）病害防治。喷施辣椒水溶液、石灰水溶液、草木灰水溶液防治病虫害。

（3）草害防治。人工除草。

7.收获

收获时单打单晒，不得与其他栽培方式的稻谷混合堆晒。

8.注意事项

有机稻种植区必须有独立的排灌系统。隔离区至少间隔8～10米。有机稻种植田块和常规种植田块之间须建立缓冲带。

第十四节　武隆鳅田稻

鳅田稻，产于重庆市武隆区，即在同一块稻田既种水稻又养泥鳅，形成"水稻护鳅、鳅吃虫饵、鳅粪肥田"的天然食物链。2017年2月，国家标准化管理委员会将鳅田稻种（植）养（植）列为第九

批国家农业标准化示范项目，并以国标委农（2017）15号、16号文件正式给重庆市武隆区比丰水产养殖专业合作社下达《国家水稻种植标准化示范区任务通知》，项目建设重点为"生态农业标准化示范"。

一、产品特色

鳅田稻，顾名思义为鳅、稻共生，一田两用。采用传统栽植和养殖方式，不施化肥、农药，人工除草，所产稻谷为原生态、绿色食品；并采取传统加工工艺，不抛光、不打蜡、不加香。故鳅田稻生态大米"色泽晶莹、味道清香四溢、口感爽而不腻"。

二、产地环境

鳅田稻示范区位于重庆市武隆区凤来乡，与涪陵区同乐镇和南川区水江镇相邻。全乡耕地3.2万亩，其中水田1.8万亩。属于典型的浅丘地形地貌，林地覆盖率达57%，主要耕地集中在海拔570～920米，地势平坦、开阔，非常适合优质水稻种植，且无污染源。

（一）土壤条件优良

武隆区凤来乡素有"鱼米之乡"的美誉，属"武隆粮仓"。土壤肥沃，熟化程度高，耕作层较厚，土壤保水保肥。土壤中砷、汞、镉、铅、铬五大重金属含量低于国家规定标准。经西南大学土壤检测测定，人体必需的微量元素铁、锌含量较高。

（二）种植水稻的水质好

不仅水资源好，全乡有小型水库4座，含有大小山平塘300余口，而且山林溪沟地表径流水丰富，积雨面积达数十平方千米。

（三）种植水稻气候适宜

凤来乡属于亚热带湿润季风气候，气候湿润、四季分明。年平均气温15～18℃，最高41.7℃，无霜期285天。年降水1 000～1 200毫米，空气相对湿度为83%，年日照1 316.2小时，适合优质水稻种植和稻田养殖。

（四）周边环境优良

凤来乡方圆50千米无工业污染源。

三、历史渊源

"贡田湾"地名的由来：据高楼刘氏族谱记载，明弘治十二年（1499年），高楼人刘秋佩考中进士后进京为官，南方人吃不惯北方面食，常从家乡带米进京。刘秋佩为感谢座师（进士主考官）的提携之恩，将家乡所产之米送给恩师品尝。恩师食之感觉甚好，于是又进贡给皇宫，故有"贡米"之说。消息传回高楼刘秋佩家乡，刘家的田地遂改称"贡田湾"，现为凤来乡高楼村贡田村民小组。

返乡人士陈明亿从小听大人讲"贡田湾"和"贡米"的故事，既感怀刘秋佩的知恩图报，又痛惜这种传统种植技术的失传，于是便邀几位志同道合的朋友，于2012年在凤来乡姜家溪租地100余亩试种。

以前种植"贡米"的稻田内，黄鳝、泥鳅和鲫鱼都很常见。后来人们为追求高产量，大量施用化肥、农药，致使黄鳝、泥鳅几乎灭绝。鳅田稻就是对以前种植技术的继承和发展，实行泥鳅、鲫鱼的放养，采取物理防治水稻虫害和泥鳅共生的生物防病虫害技术。

第一年试种的水稻品质很好，但产量非常低下。他们便在市级专家团队的技术指导下进行品种和技术改良，并于2013年在该乡狮子、高楼2个村流转稻田300余亩进行示范种植。示范种植的水稻亩产达到400多千克的正常产量标准，颗粒饱满，加工出的大米色泽晶莹、味道清香四溢、口感爽而不腻。亩产泥鳅近50千克。示范种植成功后，便把该米命名为"鳅田稻"生态大米。

2014年11月，鳅田稻生态大米参加中国西部（重庆）国际农产品交易会，获"消费者喜爱产品"的称号。同年创办了"凤来谷"电商网站，注册"凤来谷""鳅田稻"2个商标。

2015年开始在凤来乡推广种植。2017年，承担国家标准化管理委员会国家水稻种植标准化示范区任务。

四、生产措施

（一）生产模式

鳅田稻采用"龙头企业＋示范基地＋专业合作社＋种植大户"的种（植）养（殖）生产模式。管理环节上实行"五统一"：统一供种、统一技术标准、统一管理、统一加工、统一销售。

（二）生产技术

1.田地选择

选择在水源条件较好，排灌方便，田块相对集中，海拔500～900米低中山地区推广。土壤肥沃，空气清新，生态安全。周边无工厂，无汞、镉、铅、铬、砷等重金属污染；灌溉水源保障设施配套齐全，背风向阳，光照充足，昼夜温差大，远离城区、工矿区、交通主干道、工业园区和生活垃圾场等。环境空气质量达《环境空气质量标准》（GB 3095—2012）二级标准的规定，符合《绿色食品　产地环境质量》（NY/T 391—2013）绿色食品产地环境技术的要求

2.种子选择

选择外观品质、食味品质较好的优质杂交水稻品种或常规品种。稻谷质量符合GB 1350—2009的要求。

3.开挖鱼沟、鱼凼

每亩开挖稻田10%的鱼沟、鱼凼；稻田蓄水20厘米以上；加固田埂。

4.育秧

采用绿色生态育秧方法，苗床禁止使用化学合成肥料。

5.栽插密度

适合鳅田稻养殖的双行水稻栽培法，即严、稀、浅、勤、精的栽培技术体系。采用人工宽窄行栽插，亩栽1万窝左右。

6.肥料

符合中华人民共和国农业行业标准《绿色食品　肥料使用准则》（NY/T 394—2013）的规定，按照A级绿色食品允许使用的肥料种类和使用原则投入肥料。油菜饼肥、农作物秸秆等堆沤发酵的有机肥，根据土地肥瘦程度，每亩施40～60千克做底肥；选择活性生物有机肥料追肥，全生育期共分4次喷施叶面，禁用化学合成制剂。

7.农药

符合中华人民共和国农业行业标准《绿色食品　农药使用准则》（NY/T 393—2013）的规定，按照A级绿色食品允许使用的生物源农药、矿物源农药和有机合成农药中的低毒、低残留农药，遵循使

用准则，严禁使用剧毒、高毒、高残留或具有"三致"毒性（致癌、致残、致突变）的农药。推广应用病虫害绿色防控技术和生物防控技术，实行人工除草，养鳅养鱼生态除草，禁用化学合成制剂除草。每10亩安装1台太阳能杀虫灯、每亩50张粘虫板、10个诱捕器。

8.泥鳅放养与饲料投喂

放种前用生石灰消毒。插秧前施足腐熟的有机粪肥繁殖培育天然饵料，促进泥鳅摄食生长。水稻插秧返青后开始放养泥鳅，苗种规格以长3～5厘米，每亩放养密度1万～1.5万尾。可投喂谷糠、麦麸等饲料，日投喂量一般为泥鳅体总重量的4%～5%。

（三）加工包装

1.稻米加工选择

选择自建独立、封闭、清洁、专业的有机大米加工厂。建厂质量标准符合《食品安全国家标准 食品生产通用卫生规范》（GB 14881—2013）的要求，并按《有机产品 第2部分：加工》（GB/T 19630.2—2011）绿色产品标准精细加工，严格执行国家ISO9001质量安全检测标准，确保米质清洁不受污染。

2.包装销售

选择生态环保包装，4千克为真空包装，5千克为布袋包装。严格按《有机产品 第3部分：标识与销售》（GB/T 19630.3—2011）有机产品标准要求包装销售。

（四）销售模式

武隆区比丰水产养殖专业合作社创办"凤来谷"电商平台，后加入京东、淘宝等电商平台，农场直供，自产自销、线上线下相结合，实行会员销售模式。

（五）推广情况

鳅田稻在凤来乡狮子、高楼村示范成功。根据市场供需情况，逐步在凤来乡的高寿、福寿村，庙垭乡双桥村，白云乡莲池村和火炉镇万峰村推广种植。2017年，种植面积达2 000亩。

五、相关研究

（一）组建专家团队

聘请重庆市农业技术推广总站三级推广研究员郭凤为首席专家，由郭凤邀请市、区、乡专业技术人员组成鳅田稻种植专家团队。

（二）制定技术规范标准

由首席专家郭凤申报立项，组织制定符合重庆市农业地方标准的《鳅田稻种植技术规范标准》和《加工生产标准》。

（三）选育鳅田稻特色专用品种

2017年，引进13个优质水稻品种进行对比观察，筛选生命力强、抗压性高、产量有稳定性的品质优良的适合种（植）养（殖）的水稻品种；2018年，又引进优质特种稻品种10个进一步对比观察，筛选出1～2个品种为鳅田稻特色专用品种。

六、示范项目

（一）引进筛选鳅田稻主推优质稻品种

引进8～10个优质稻及特种稻品种进行比较试验，筛选出米质优、适口性好的鳅田稻特色专用品种。

（二）集成示范鳅田稻绿色生产标准化技术

开展"稻＋鳅"绿色生产关键技术集成研究，示范推广鳅田稻绿色生产标准化技术规范，探索形成鳅田稻有机生产标准化技术。

（三）开展鳅田稻A级绿色食品产地及产品认证

完成鳅田稻A级绿色食品产地及产品认证、有机食品产地及产品认证，安装稻田生产监控系统，建立鳅田稻产品质量安全可追溯系统，确保鳅田稻生产过程质量安全。

（四）建设鳅田稻绿色生产标准化示范区

建设高效核心示范区300亩，大力推广优质稻绿色生产标准化技术、泥鳅高效养殖技术，基地水稻亩产达400千克以上，泥鳅亩产达60千克以上，亩纯收益达2 000元以上，带动周边农户建立鳅田稻绿色生产标准化示范区3 000亩。

（五）开展鳅田稻绿色生产标准化技术培训

培训科技骨干和标准化示范大户和农户1 374户，培训绿色水稻生产管理人员500人（次），培养机收、机插、机烘技术骨干50人，印发技术资料1万份。

七、荣誉认证

2013年12月，鳅田稻示范区被重庆市农业委员会命名为"农业生产经营信息化示范基地"。

2014年1月，鳅田稻生态大米参加中国西部（重庆）国际农产品交易会，获"消费者喜爱产品"称号。

2017年2月，国家标准化管理委员会将鳅田稻种植列为第九批国家水稻种植标准化示范区项目，并以国标委农（2017）15号、16号文件给武隆区比丰水产养殖专业合作社下达《国家农业标准化示范区任务书》。同年9月，重庆市农业委员会、市科学技术委员会组织专家对鳅、稻进行科研成果转化验收。

第十五节　忠县大米

忠县大米，绿色食品A级产品、"重庆名牌农产品"，获国家商标注册，主要包括"龄童"大米、"西厢阁"牌大米、官坝香米、晨帆生态大米等优质米。

一、产地环境

忠县辖区面积2 187平方千米，属亚热带东南季风区山地气候。四季分明，雨量充沛，日照充足。≥10℃年积温5 787℃，年均温18.2℃，无霜期341天，日照时数1 327.5小时，太阳总辐射能83.7千卡/平方厘米，年降水量1 200毫

米，相对湿度80%。全县共有4个土类，7个亚类，19个土属、66个土种、78个变种，常见有水稻土、冲积土、紫色土、黄壤土。

忠县优质水稻产区主要集中在官坝镇，石黄镇，新立镇华福村，野鹤镇白寺（四方山）、清和、蝴蝶、愉幸4个村，石宝镇咸隆（四方山）、灯塔、临乡、长青、光辉5个村，白公街道镇梅坝等地。上述地区海拔较高，日照充足，生态完整，动植物种类丰富，土地肥沃，交通方便，水利设施完善。其中，官坝、石黄2个镇，野鹤、石宝2个镇交界的四方山以及白石镇梅坝，为贡米产地。

二、历史渊源

据史料记载，唐开元年间，县民以麸金、绵绸、文刀、苏薰席、稻米等作为贡品进贡朝廷。宋代，县民以官坝、石黄、四方山、梅坝稻米作为贡品进贡朝廷。此后，上述4地被县民视为贡米产地。据清道光《忠州直隶州志》载："忠州水稻有名梁山早，芝麻早，飞蛾早，六月黄，红边早，百日早者，至雪白，修长则为香籼，俗名茅香。其黏者为秫，谷呼糯，有贵阳糯、芝麻灰糯、寸角糯、红边黏、半边黏之名。"

据民国《忠县志》载："稻约可分为糯稻、粳稻两类。糯稻俗呼'酒谷'，有大糯、小糯、白糯、油糯、洋糯、慈糯、贵阳糯、芝麻灰糯、寸角糯、红边黏、半边黏等种名。粳稻俗称'粘谷'，有梁山早、芝麻早、飞蛾早、六月黄、红边早、百日早、桂阳黏、西洋黏、大红黏、马尾黏、乌脚黏、晒白黏、盖帘黏、青冈黏、三百黏等种名。忠县滨大江，两岸之农田，以地势低，热度高，稻之成熟期较早，而米粒小质燥，不如产自山田者，其粒大而质纯也。县属巴营乡之梅坝、杨坝、戴家坝等处所产之米特别质良，优于县中各地焉。"

1949—2003年，忠县种植水稻品种有中农4号，中农34号等24个。2003年后，推广的优质水稻品种有超香1号、超香2号、赣晚籼19、宜香1577、Q优1号、辐优802（即超香1号）、D优527、Ⅱ优21（即富优1号）、Q优6号、K优88、Y两优1号、深两优5814、C两优华占、宜香2115等。

三、基地建设

1986年，忠县被四川省人民政府列为商品粮基地县。1991年被纳入"八五"期间国家级商品粮基地县序列，1993年完成基地建设。2000年，在巴营乡梅坝、咸隆乡四方山建高档优质稻基地6.67公顷。2001年，开发出"猫耳山""梅坝""巴王台"等优质大米品牌，并获得国家商标注册。2002年，忠县实行"订单农业"。2004年，高档优质水稻基地扩大到巴营、大岭、咸隆、善广等7个乡（镇），种植面积3 333.33公顷。2009年，忠县被评为"全国粮食生产先进县"。2015年，实施2个部级万亩水稻高产示范片和1个市级水稻万亩高产示范片，共建立3个千亩核心示范片和3个百亩攻关示范片。其中，部级示范片面积1 355.2公顷，平均亩产681.6千克，比示范片外水稻平均亩产增产21.7%。

2018年，忠县境内有重庆市6家企业，分别在四方山（石宝、野鹤两镇）、梅坝（白公街道）、官坝镇、石黄镇、新立镇华福村、善广乡、黄金镇大岭建立优质大米（硒米）基地。与此同时，还有4家企业采取"公司＋基地＋农户"的模式建立订单农业种植基地。

四、产品特点

（一）"龄童"大米

颗粒饱满、色泽光亮，营养丰富、口感舒适，食用时发出沁肺怡人的香味。其中"梅坝"贡米经农业部农产品质量安全监督检验测试中心检验，富含硒和天门冬氨酸、苏氨酸、异亮氨酸、亮氨酸、络氨酸、苯丙氨酸、组氨酸、赖氨酸、精氨酸等16种氨基酸；"天山雪米"经新疆生产建设兵团环境保护科学研究所认证为有机产品。

（二）"西厢阁"牌大米

具有营养丰富、米质晶莹剔透、口感柔韧细腻、气味清香上口之特点。

（三）官坝香米、官坝大米

颗粒饱满、米粒均匀、色泽光亮、醇厚绵长、芳香四溢。成饭食味清淡略甜、绵软略黏、芳香爽口，饭粒表面油光艳丽，剩饭不回生。

（四）石黄"储玉"牌大米

颗粒饱满、米粒均匀、色泽透明、口感清香，过夜米饭香软。

（五）晨帆生态大米

颗粒饱满，质地坚硬，色泽清白透明；饭粒油亮，香味浓郁，口感清香略甜，软糯又有嚼劲；有丰富的蛋白质、脂肪、维生素、矿物质等营养物质；横断面呈扁圆形，颜色白色透明的较多，也有半透明和不透明。

（六）神米小硒（欣喜全家）高硒锌优质米

稻米外观晶莹剔透，阴色油浸。米饭香软可口、有嚼劲、回味香甜浓郁、易消化。高含有机硒锌，硒含量200～300微克/千克，锌含量在18～20毫克/千克。经湖北恩施土家族苗族自治州食品药品检验检测中心检测，有机硒达80%以上，达到富有机硒食品要求。

五、荣誉认证

2010年6月，"龄童"大米获国家工商行政管理总局商标注册。2013年3月，"龄童"大米加工通过国家质量管理体系认证。2016年10月，龄童米业生产的"天山雪米"经新疆生产建设兵团环境保护科学研究所认证为有机产品；11月，取得国家粮食局颁发的粮食收购许可证。2017年8月，"龄童"贡米经中国绿色食品发展中心审核，被认定为绿色食品A级产品。

2012年10月，"西厢阁大米"获中国无公害农产品认证。2013年8月，"西厢阁油米"获"重庆名牌农产品"称号；2016年9月，"西厢阁特米"获"重庆名牌农产品"称号；2017年10月，"西厢阁"贡米被重庆市名牌农产品评选认定委员会评选为"重庆名牌农产品"。

2016年1月，忠县石黄正来大米加工厂及无公害水稻经农业部农产品质量安全中心审定，获"无公害农产品"证书。

2017年8月，晨帆生态大米正式注册为"晨帆"商标。

2017年10月，"官坝"香米、"官坝"贡米被重庆市名牌农产品评选认定委员会评选认定为"重庆名牌农产品"。

第十六节　忠州阴米、汤圆粉

忠州阴米、汤圆粉，产于重庆市忠县 [唐贞观八年（634年），唐太宗赐名忠州，民国二年（1913年）设忠县，因而历史上又称忠州]，生产历史悠久。忠州阴米属忠县特产糯米，形似珍珠，色泽如玉，质地尊贵；忠州汤圆粉具有糯性强、粉粒度细、精度高、粉色白、膨胀性能好、本味清香、营养品质高、风味特征好等特点。二者均获中国绿色食品认证及"重庆老字号""重庆市著名商标"称号。

一、产地环境

忠县地处渝东平行岭谷褶皱带长江三峡库区腹地，长江横贯东西。属亚热带东南季风山地气候，温热凉寒，四季分明，降水丰沛，日照充足。成土母质以侏罗系为主，土壤多为夹沙土，黏沙适宜，土壤肥沃。糯稻主产区海拔500～1 000米，特别适宜优质水稻生产，一季中稻，全生育期150天左右。主要栽培品种为当地传统优质农家糯稻品种——猪毛糯和忠糯一号，属忠县特产糯米，形似珍珠，色泽如玉，质地尊贵。

二、历史渊源

（一）"红才子阴米"、"良玉"牌东坡阴米

明嘉靖乙丑年（1565年），忠州才子周希毕中进士，把忠州汤圆带给同科学子品尝，获得盛赞。因周希毕喜欢红色，忠州汤圆被称为"红才子汤圆"。此后，忠州内进京赶考的学子在临考前常吃一碗"红才子汤圆"以图吉利，吃"红才子汤圆"中头名状元的说法由此传开，"红才子汤圆"由此成为渝东片区的传统名吃。制作"红才子汤圆"的糯米也被称为"红才子糯米"，县民精心择选，以泉水浸泡，文火武火交替蒸煮，阴润慢干，形成独具特色的"红才子阴米"，常煮给分娩后的妇女和即将远行的亲人或尊贵的客人吃，以表爱心与祝福。

明清时期，有县民将糯米煮熟，阴干后用油炒爆，食用时加入红糖泡熟，供分娩后的妇女食用。也有在食用时加入荷包蛋和醪糟，使美味和滋补效力倍增。因制作方法首先在州城之东流传，县民把这道美食称为"东坡阴米"。亦有县民相传，"东坡阴米"为北宋大文豪苏东坡（苏轼）为产后体虚的夫人王弗专门研究的食补疗法。北宋嘉祐四年（1059年）冬，苏东坡在忠州拜谒东坡（州城之东，因白居易在此植树种花而得名）期间，亲做"东坡阴米"分享给官员和百姓。从此，"东坡阴米"在官府和百姓间广为流传，成为忠州特产和传统美食。

（二）"良玉"牌汤圆粉

明朝二品夫人秦良玉（1574—1648年）自小喜吃当地糯米加工制作的汤圆和阴米等糯米食品，在忠县鸣玉溪畔创办食品作坊，制作汤圆粉。20岁嫁给石柱宣抚使马千乘为妻后，仍开食品作坊制作汤圆粉、阴米等食品，用于家人食用和犒劳将士，"良玉汤圆"由此在军内外广泛传开。县民常用当地产

糯米制成干汤圆粉，装入袋中，作为春节、生孩子等喜事和对外交往的礼品，成为县内团圆文化的载体和传统名吃，深受人们喜爱。

据民国《忠县志·工商业联合会（总商会）志》载，糯米、汤圆粉、阴米、米花、豆腐干为忠州知名特产。忠州传统的汤圆粉经过选料、配料、淘洗、浸泡、再次淘洗、滤水、磨浆、沥水、瓣晒等环节的处理，可即食即用，亦便于保存，是县民过年时的席上珍品。民国时期，县城内有制作汤圆粉的作坊厂家10余家。民国初年，县民周善礼拜忠州城区老街"良玉食坊"何玉田为师，学成汤圆粉制作工艺。后周善礼独立门户经营良玉食品分店谋生，即"良玉食品铺"。周善礼传周文江，后周文江将良玉食品的工艺传给其子周武登和儿媳王万兰。1994年，重庆源源龙脉食品有限公司的前身忠县明珠食品厂开始规模生产汤圆粉。2002年，忠县明珠食品厂注册"良玉"商标，2007年，王万兰收购忠县明珠食品厂，将其改造为重庆源源龙脉食品有限公司，吸纳老技术工人，以良玉汤圆粉独特的传统生产技艺生产汤圆粉。同年，获QS生产许可认证。

（三）"西厢阁"牌阴米及汤圆粉

民国二十八年（1939年），时任忠县县长蒲殿钦以北城公园面积狭小，势难扩张，且地高不便游览，乃觅城西鸣玉溪上晒经坪另建公园，名曰"西山公园"。在公园西边堡上建造一壮丽的亭阁，登亭阁一览，屏山之水历历在目。可睹白少傅、陆宣公、太保诸祠，可观长江航船、江边垂钓，斯园亭阁，诚忠州胜景。游人常到亭阁休闲，凭栏眺望，慕称"西厢阁"而得名。

忠县人民自古喜欢吃汤圆，且自作自食。忠县粮食局建立后，1952年，开始采用人工石磨磨汤圆粉供应居民，将此产品定名为"西厢阁"汤圆粉。1991年正式注册，产品受到消费者喜爱，销量逐年增大，供不应求。

三、生产工艺

（一）"良玉"牌东坡阴米和"红才子阴米"制作工艺

"良玉"牌东坡阴米和"红才子阴米"的加工需经23道工艺才能完成。部分基本工艺介绍如下。

1.选料

糯米外观要求色泽白色、正常、均匀一致，气味正确，无异味；水分要求在14%以下，防止陈化粮、霉变现象发生。

2.清理（关键控制点）

在清理过程中，要保证包装内原料无陈化粮、霉变的粮食；根据汤圆粉的工艺流程，在清理时，必须清理出无关的东西，确保产品的质量。

3.淘洗

将米淘洗干净，通过淘洗可以去除灰分及糠分，增强阴米的质量。

4.泡

将淘洗后的米用泵抽入浸泡池中（采用地下无污染水源），浸泡过程中，温度可根据需要而变化，冬天在6～9℃。

5.蒸熟（关键控制点）

蒸熟是整个生产工艺中非常重要的环节。

6.阴干分粒

将蒸熟出的糯米摊凉、收汗、除湿、阴干、搓散分粒。阴干分粒的关键是掌握好收汗除湿的火候。

7.筛选

3层筛选将阴干的阴米。

8.成品包装（关键控制点）

将筛选出的阴米成品装包、计量、封口。

9.库存

成品包装后，验收入库。

（二）"西厢阁"阴米制作工艺

糯米—清理—淘洗—浸泡—蒸煮—缩汗—离散—热风干燥—计量—包装—检验—入库—成品。

（三）"良玉"牌汤圆粉制作工艺

选用颗粒饱满、无陈化、无霉变、无杂质、无杂色的糯米和大米作原料，经过原材料配备系统（根据糯米的黏稠度配置糯米和大米的比例）、浸泡系统（根据气候的温度和湿度掌握浸泡时间）、磨浆系统（使粉粒细度适中）、压榨及干燥系统、防氧化变质系统、成品分装储存6大系统和选料配比、清理浸泡、研磨、压滤、烘干、防质变、化检、包装、储存9大环节，21道工序制作而成，用搓淘除去黄曲霉和沙砾等有害物质，再浸泡、滤水、磨浆、沥水、掰晒、搓粉、细晒、阴干、防氧化、装袋、送检、打包送入仓库储存或送进超市销售。

1.选品种

主选忠县特产糯稻猪毛糯、忠糯一号，种植、收割、运输、储存都严格按绿色食品相关技术规程操作。

2.选料

选用颗粒饱满、无陈化、无霉变、无杂质、无杂色的糯米和大米作原料。

3.配料

依照不同地域、不同品种、不同黏稠度的糯米加配一定比例的大米，是良玉汤圆粉区别其他产品品质的关键。

4.淘洗

选择上好井水将配好的糯米和大米反复搓淘，除去黄曲霉和沙砾等有害物质。

5.浸泡

将洗净的糯米、大米放入井水中浸泡，按温度不同浸泡6～72小时。

6.再次淘洗

将浸泡好的糯米、大米再次搓淘，除尽杂质。

7.滤水

将淘洗好的糯米、大米装在簸箕里把水滤出待磨。

8.磨浆

加井水将糯米、大米放入石磨细磨成浆，装入白色的棉布袋里扎好。

9.沥水

将浆袋挂上沥水，压上重物排除水分残留。

10.掰晒

将汤圆面掰成小块，放在竹筛上摊开，用白色纱布搭遮晾干，防止太阳直照变色和灰尘杂质进入。

11.搓粉

汤圆面八成干时，用手搓细成粉。

12.晒

将未干的细粉继续用纱布搭遮阴干。

13. 防氧化

在摊晒的汤圆粉中置放铁器防氧化，这几乎贯穿于制作的全过程，在晾晒过程中尤为重要。经过这个环节，煮出的汤圆才不会变红。

14. 装袋

将完全晾干后的汤圆粉按一定标准重量装入食品专用内袋封口，再装进外袋封存。检验：取样送入检验室检验，检验合格后才能成为产品。

15. 检验

取样送入检验室检验，检验合格后才能成为产品。

16. 打包、储存

将检验合格的产品装进防潮运输袋，送入仓库储存或送进超市销售。

（四）"西厢阁"牌汤圆粉制作工艺

糯米—清理—淘洗—浸泡—碾磨—压滤—烘干—计量—包装—检验—入库—成品。

此外，传统生产工艺为手工，主要设备有水缸、石磨、布口袋、吊水干、吊水袋、篾席、篾筛、撮箕、簸箕、存储坛等。

四、产品特点

（一）"良玉"牌东坡阴米和"红才子阴米"

系优质糯米加泉水适度浸泡、蒸煮至熟，阴干露晒而成。中秋至翌年"清明"为最佳生产时间。产品外观品质，米粒粗圆，形似珍珠，色泽如玉，晶莹剔透，颗粒均匀，阴色油润。产品营养品质，100克东坡阴米含能量1 455千焦，蛋白质5.7克，脂肪为0，碳水化合物79.6克。产品风味特征，可蒸、煮、炒、炸。蒸、煮、炒时散发出淡淡清香。膨胀性强，煮时需加水7～10倍。

（二）"西厢阁"牌阴米

以无公害纯糯米为原料，采用传统工艺精制而成，色泽油润，颗粒均匀，味道纯正，食用方便，营养丰富，具有滋润补肾、润肺、健脾的保健功效，也有清热解毒、清火解暑、清胆养胃之功效。以其阴米入粥，则晶莹剔透。细品慢尝，唇齿生香；如嚼美味，如饮琼浆。既清且补，调和阴阳；品色纯正，绿色健康。

（三）"良玉"牌汤圆粉

采用忠县当地绿色食品糯稻基地糯米为原料，具有糯性强、粉粒度细、精度高、粉色白、膨胀性能好、本味清香、营养品质高、风味特征好等特点。用冷水或20～30℃温水拌和均匀，不粘手，不粘盆，不荤汤，口感细腻，实用方便。蒸、煮、煎、炸均可，膨胀性强，煮时需加水10倍左右。煮大汤圆时，内加汤圆芯子；煮小汤圆时，可加鸡蛋、醪糟、红糖等配料；炸时可拌红糖和芝麻。营养品质，100克忠州汤圆粉含能量1 455千焦，蛋白质5.7克，脂肪为0，碳水化合物79.6克。

（四）"西厢阁"牌汤圆粉

以优质无公害纯糯米为原料，采用传统水磨工艺与现代先进设备加工精制而成。具有糯性强、粉粒度细、精度高、粉色白、膨胀性好、口感细腻的特点，使用水拌和均匀，不粘手、不粘盆、不浑汤，是老少皆宜的绿色食品。

五、产品销售

"良玉"牌东坡阴米和"红才子阴米"年产2 000吨，主要销往北京、上海、广州、重庆、四川、湖北、贵州等地。

2011年，"良玉"牌汤圆粉技改扩能，年产3 000吨，网销全国。主销重庆、四川、湖北、贵州等地。

"西厢阁"牌汤圆粉年产5 000吨，产值3 000万元，主要销往重庆市各区（县）、湖北省、四川省、贵州省、云南省。

六、荣誉认证

（一）"良玉"牌汤圆粉所获荣誉

2010年，"良玉"牌汤圆粉获中国绿色食品认证。

2011年，"良玉"牌汤圆粉通过"重庆名牌农产品"评定。

2012年，"良玉"商标被认定为重庆市著名商标；"良玉糯米"获中国绿色食品认证。

2013年，"良玉"牌汤圆粉续获中国绿色食品认证。

2015年，"良玉"牌食品被重庆市人民政府评定为"重庆老字号"特产。

2016年，"良玉"牌汤圆粉生产技艺被重庆市人民政府列入非物质文化遗产名录；"良玉"品牌成立时间被国家相关部门确认为1868年。

2017年10月15日，"良玉汤圆粉"传承技艺作为重庆代表性非物质文化遗产，由重庆市政府支持拍摄纪录片，在重庆电视台农村公共频道首播15分钟，继而在腾讯视频等媒体播放。

（二）"西厢阁"牌汤圆粉及阴米获得荣誉

1."西厢阁"牌汤圆粉所获荣誉

1991年，获四川省人民政府"优质产品"称号。

1992年，获四川省首届巴蜀食品节银奖。

1994年，获四川省名优特产品博览会银奖。

2001年，获"重庆市名牌农产品"称号。

2014年8月，获"重庆名牌农产品"称号。

2."西厢阁"牌汤圆粉、阴米同时获得的荣誉

2013年6月，"西厢阁"牌汤圆粉、阴米获中国绿色食品认证；同年8月，"西厢阁"系列产品获"重庆老字号"称号，"西厢阁"商标被认定为重庆市著名商标。

2014年7月，"西厢阁"牌汤圆粉、阴米获"重庆特产"名片；同年11月，"西厢阁"牌获中华老字号史记证书。

2017年1月，"西厢阁"商标续展认定为"重庆市著名商标"。

（三）"良玉"牌东坡阴米和"红才子阴米"所获荣誉

2013年，"良玉"牌东坡阴米、"红才子阴米"获中国绿色食品认证；"良玉"牌东坡阴米获"重庆名牌农产品"，并入选《2013年度全国名特优新农产品目录》，成为全国阴米行业中首个唯一获得"名特优新"称号的产品。

2014年，"良玉"牌东坡阴米获"全国名特优新农产品"称号。

2015年，"红才子阴米"等3个产品获"重庆名牌农产品"称号。

2016年，"良玉"牌东坡阴米、"红才子阴米"续获中国绿色食品认证；"良玉"牌东坡阴米续获"重庆名牌农产品"称号；"红才子"被评为重庆市著名商标。

第十七节 石柱三星香米

三星香米，是重庆市石柱土家族自治县三星乡以独特的土壤、气候、水源等自然资源种植香稻，通过精加工制成的香米。三星香米半透明，光滑油润，腹白小，非糯性，营养丰富，具有高钙、高锌等特点，获得国家绿色食品认证。

一、产地环境

三星香米生长在海拔800～1 200米的区域内，气候温和。稻谷生长在层层叠叠的梯田里，通风透光，很少有病虫害，一般不用农药，无农药残留；每年"清明"前后播种，至"小满"开始移栽，国庆节前后收获。正宗的三星香米是在特定的土壤和水质环境、气候中孕育出来的，产地环境独特，主要在石柱土家族自治县三星乡。

二、产品特点

三星香米米质优良，精米率66.5%，无色，半透明，光滑油润，腹白小，非糯性，营养丰富。具有高钙、高锌等特点。

三、历史渊源

石柱香米的文字记录首见于清乾隆年间的《石柱厅志》，"悦来寺院稻米香"。然而民间相传石柱香米盛于明朝，经久不衰，流传至今。

三星乡历史悠久，相传盘古开天辟地，刹那间，天上三星半月，地上巨龙冲天，巨龙化为海拔1 400米高的龙骨寨，三星半月下沉为三星场上三山鼎立的独特风景——三星半月场（有碑曰：一龙扫春秋，三山割半月），置场于清乾隆年间。1942年7月，石柱土家族自治县与丰都县调整边界，设立三星乡（乡公所驻三星半月场）。2001年7月，撤销三星乡、五斗乡、三树乡，新设三星乡，行政区域为102平方千米6个村，39个村民小组，4 347户17 131人。水田18 000多亩，一直是石柱土家族自治县粮食主产区。

2015年，三星乡再塑"三星香米"品牌，种植规模为500亩，产量为30余吨。

四、生产情况

（一）生产流程

1.原材料与设备

（1）原材料。三星香米的原材料是经过严密筛选的优质稻谷。

（2）设备。由传统生产用的碾盘、砻磨、碓窝过渡到打米机，发展为现代化的烘干塔、剥壳机、筛选机、包装一体的自动生产设备。

（二）加工工艺

1.技术改进

初期，大米加工一般经过3道工序，即选择稻谷、砻谷、碾米。一台老式稻谷加工设备要完成从原料到成品的加工。随着设备、原材料、技术手段等条件的改变和进步，以及产品规格质量要求的不同，工序发生相应的调整和改变，开始对产品进行改进和深度加工。从原料到成品需要15道工序，即原料选择、去杂、去石、磁选、砻谷、筛选、碾米、分级筛选、抛光、色选、定量包装等。

2.产品包装

大米成品历来用编织袋包装，经过封袋后，一般可储藏半年，但3个月后便难以保持米质原香味。编织袋每个约50克，值1.2元。后期随着技术手段等条件的改变和进步，采用真空包装袋，抽真空后，保质期能达1年，还能保证米质原香味。真空包装袋每个约重40克，值1.6元。

（三）规格质量

1.成品规格

用编织袋包装时，规格以50千克、25千克为主。随着社会进步，人们对保鲜、保质的质量要求提高了，采用真空包装袋以后的规格以2.5千克、5千克和10千克为主。

2.质量检验

所有出厂产品均需检验员检验认可，出具出厂检验报告单。经检验不合格，禁止运销。由石柱土家族自治县食品药品监督管理局到厂按批抽样，集中评定。产品也分批抽样，送到重庆市食品药品监督管理局检验。

五、发展状况

（一）规模化种植

三星香稻种植在三星乡6个村，种植区内有18个村民小组600多农户2 000多稻农，形成区域化布局，集中成片产业带，良种普及率达95%以上，是石柱土家族自治县最大的香米种植产区。

三星香米实现了合同种植、订单生产，形成了合作社、种植大户、香农紧密结合的香米生产网络，建立完善了"合作社＋基地（种植大户）＋农户"的风险利益共担共享的产业化经营机制。石柱土家族自治县顺德农业合作社被授予县级"农业产业化龙头企业""市级示范社"荣誉称号。

截至2017年，三星香稻种植面积为3 000亩，产量1 500吨，产销成品香米900吨，实现产业总收入720万元。

（二）现代化生产

三星香米企业通过近几年的发展，基本生产条件得到了极大的改善和提高。香稻生产实现了机械化作业，香米生产实现了去杂、去石、磁选、砻谷、筛选、碾米、分级筛选、抛光、色选、定量包装自动化、现代化，正逐渐向现代化食品工业转变。

（三）规范化管理

三星香米企业在大力引进先进设备、工艺改造传统生产的同时，特别注重产品质量，从原料加工至产品出厂，都严格执行《稻谷》（GB 1350—2009）、《大米》（GB/T 1354—2009）标准工艺工序和质量要求，实施生产全过程质量监控，实现了规范化管理。

六、相关研究

（一）研究团队

2015年，石柱土家族自治县农业委员会专业技术人员会同三星乡农技人员进行香稻栽种密度、施肥、收获等方面的试验和研究。

2016年，香米产业受石柱土家族自治县委、县政府重视，由县政府牵头成立了县校合作基地，由西南大学农学与生物科技学院教授作三星香米专业指导，常驻三星乡，为香米产业选出优质品种，严格把关三星香米的栽培、施肥、收获。

（二）原料和栽培

三星香米的原材料是经过品尝、试验对比、严密选种而出的优质稻谷。2015年，为了探索适应三星乡区域种植的优质高产、抗性较强的香米品种，为三星香米产业大发展提供科学依据。对多个品种的香米进行试验，对比各个品种的亩有效穗、穗实粒数、千粒重、亩产量，并邀请各界人士对各个品种的口感、米香色泽等进行品尝比对，选出优质三星香米以推广种植，发展大户。

（三）加工和营养

2015年，顺德农业专业合作社引进烘干塔，供有需要的农户统一烘干，大大减少了劳动成本，减少了霉变稻谷的产生。2016年，顺德农业专业合作社斥资引进先进加工流水线1条，解决了碎米、黄米过多的问题。

2016年，重庆市食品药品检验检测研究院对三星香米的营养成分进行测定，每100克香米含蛋白质12.7克、

脂肪0.9克、碳水化合物72.8克、钠2毫克、硒1.6毫克、钙47.1毫克、锌9.38毫克以及热量1 348千卡。

（四）质量和销路

三星香米从原料加工至产品出厂，都严格执行《稻谷》（GB 1350—2009）、《大米》（GB/T 1354—2009）标准工艺工序和质量要求，实施生产全过程质量监控，实现了规范化管理。石柱土家族自治县顺德农业专业合作社"三星香米"牌香米通过了国家绿色食品认证。"三星香米"牌香米畅销重庆，并通过网络销售至全国各大、中、小城市。

（五）改进和发展

顺德农业专业合作社每年选购多种优质品种培育香米进行试验，对比各个品种的亩有效穗、穗实粒数、千粒重、亩产量，并邀请各界人士对比各个品种的口感、米香、色泽等，选出优质三星香米以推广种植，发展大户，以求更好地满足各界人士的需求。

七、荣誉奖项

2018年，石柱土家族自治县创建国家食品安全示范城市"示范种植基地"。同年，三星香米获首届"三峡杯重庆十大好吃大米"第二名。

八、新闻报道

2016年，重庆卫视《红岩本色》栏目，拍摄15分钟的专题片《"米"书记》。

2016年，重庆市《当代党员》改革视点推出专刊《三星米事》。

有上百家媒体报道过三星香米，其中有部级媒体中国报道网、中国民族网、中国农业信息网等。

第十八节　秀山"天人丰"稻米

"天人丰"稻米，产于秀山土家族苗族自治县，因米粒饱满、口感纯正、营养丰富，获得无公害农产品认证，被评为"重庆名牌农产品"，并获得"中国著名品牌"荣誉称号。深受广大市民的认可和喜爱。

一、产品特点

秀山"天人丰"稻米是经过原料清理、破壳、去糠去碎、抛光、色选等工序生产出来的二级优质稻米，"天人丰"牌稻米晶莹剔透、颗粒饱满、细长圆滑、浓郁米香、软硬适中、外观更亮、口味更好。

二、产地环境

秀山土家族苗族自治县属亚热带湿润性季风气候，气候温和，无霜期长，日照充足，雨量充沛，有利于水稻的生长。同时种植基地处在地势平坦，水源充足，排灌良好，土壤肥沃，有机质含量较高的清溪场镇、隘口镇。

三、荣誉认证

重庆天人农业股份合作社种植基地成功打造了秀山优质粮油高产示范基地，合作社负责人吴洪吉被农业部授予"2012年度全国种粮大户""重庆市种粮标兵""秀山县科普工作先进个人"等荣誉称号。"天人丰"牌稻米于2014年获得无公害农产品认证；2017年，被评为"重庆名牌农产品"，在全国优质品牌调研推广活动中，获得"中国著名品牌"荣誉称号。

四、栽培技术

（一）基地选择

"天人丰"牌水稻产地的空气质量、灌溉水质量、土壤质量均达无公害水稻生产质量标准要求，水稻栽培集中区域空气清新，水质纯净，土壤未受到污染。

（二）品种选择

用通过国家或地方审定并在当地示范成功的优质、高产、抗性强的杂交水稻品种。

（三）育苗移栽与管理

1.育苗

（1）苗床。苗床选择背向阳、地势平坦、土壤肥沃、排灌方便的旱地或稻田。

（2）配制育苗营养土。每亩提前10～15天准备过筛细菜园土，加磷肥或复合肥，再加细牛粪或猪粪水，混合均匀后堆沤在避雨的地方。在播种前用营养土加壮秧剂混合均匀后作底土。

（3）播种。在秧盘摆放好后，将营养土均匀撒至秧盘，然后播种。

2.移栽与管理

（1）提高整地质量。做到田要平，草要旋耕下去，土壤泥浆要沉淀，作业不陷机，保持薄水栽秧。

（2）确定合理基本苗。适宜基本苗，有利于塑造高光效群体，改善群体质量，提高产量和品质。

（3）合理控制栽插深度。

（4）查苗补缺。栽后1～2天要及时补上缺穴苗，确保匀苗生长。

（5）加强肥水管理。

（6）综合防治病、虫、草害。"天人丰"牌稻米生产贯彻"预防为主，综合防治"的植保方针，从稻田生态系统出发，综合考虑有害生物、有益生物及其他中性生物等环境的多因子，协调农业防治、生物防治和化学防治。

（四）原粮收购标准

1.地域要求

原料必须是重庆天人股份合作社水稻生产地（或合同指定地点）按生产技术规程生产的等级内原粮。

2.防止污染

稻谷在翻晒过程中不得造成二次污染。

3.品种要求

原粮品种是在指定的地域生产栽培，符合要求的国标二级以上稻谷标准品种。

4.质量要求

（1）水分。含水量不超过12%，秋季收购不超过13%。

（2）净度。杂质和破碎不超过1%，无霉粒。

（3）纯度。品种纯度必须在95%以上。

（4）成熟度。糙米率达90%以上。

五、工艺流程

（一）工艺流程

原料清理—低温烘干—轻轧—砻谷分离—厚度分级—多机轻碾—抛光—分级色选—电子计量—包装—入库。

（二）包装

"天人丰"牌稻米分别采用纸袋包装和无毒塑编袋包装。

六、发展状况

秀山"天人丰"稻米主要由重庆天人农业股份合作社生产、销售。重庆天人农业股份合作社自2012年成立以来，以粮油种植、加工、储藏销售为主营业务，先后购买了"东方红"拖拉机、"久保田"联合收割机、"常州亚美柯"钵体育苗插秧机和"三久""一鸣"烘干机等先进设备，积极推广集中育苗、机播、机防、机收等先进种植收割技术。采取了良种覆盖、秸秆还田、测土配方施肥和病虫害绿色防控等措施，实现了700亩粮油基地内"无撂荒地、无空闲地、无杂草、无重大病虫危害"的"四无"管理目标，成功打造了秀山优质粮油高产示范基地。为延长产业链条，提高农产品附加值，2014年，修建了占地2万余平方米的粮油加工厂，购进了日产60吨稻米和日产10吨菜籽油的生产加工设备，加工基地种植出的稻谷和油茶籽，现已发展成为秀山土家族苗族自治县最大的粮油合作社，年产稻米7 000多吨。

第十九节　酉阳贡米

酉阳贡米，产于重庆市酉阳土家族苗族自治县花田乡，宋代英宗皇帝时开始贡入朝廷受用，素有"贡米"之称，经国家工商行政管理总局商标局地理标志商标核准注册为有机食品品牌。

一、产地环境

酉阳贡米产于重庆市酉阳土家族苗族自治县花田乡境内，地区平均海拔800米，年平均气温15℃左右，常年雾霭笼罩，土地肥沃，水质优良，生产基地属于典型的喀斯特地貌，300平方千米内无任何污染。该地域土层深厚，有机质含量高，光照充足，气候温和，雨量充沛，昼夜温差大，日照长达14小时以上，独特的气候条件充分满足了花田贡米优质水稻生长发育的需要。因此颗粒饱满，外壳金黄，米质馨香四溢，非常可口，在渝东南市场享有很高的声誉。

二、历史渊源

酉阳土官第九世冉戴朝为巩固土官地位，讨好朝廷，在元延祐七年（1320年），仁宗卒、英宗即位时，借向朝廷敬献楠木、朱砂、锦缎贡物之机，特意将武陵山珍——花田米专随奉上。宋英宗食之大喜，当即钦定花田米今后要贡入朝廷受用，并宣冉戴朝进宫授为宣武将军，改授酉阳等处军民宣慰司宣慰使，使土官变成土司。土司制度和朝贡制度在当时对加强朝廷与地方政权的联系，促进地方政权的巩固以及地方经济、社会、文化发展起到了不可代替的作用。如今，这些都已消逝在历史的烟尘中。酉阳楠木、朱砂、锦缎等贡品也渐渐成为了历史。唯有酉阳贡米伴随着"黄杨扁担软溜溜，挑担白米下酉州"和"花田米，米田花，好米出在齐何家，齐何二岩地土美，岩脚龙泉灌千家"等民歌民谣传承下来，刻印在人们的心中。

三、发展状况

（一）注册商标

注册了"桃源贡米"和"桃花源贡米"2个普通商标，获得了国家工商行政管理总局颁发的"酉阳贡米"地理标志商标；成功将花田贡米申报成为酉阳土家族苗族自治县第一个有机食品品牌。

（二）制定发展规划

根据土壤、水、水稻样品的检测结果，酉阳邀请了西南大学权威专家进行实地考察，召开专家评审会进行讨论和科学规划，提出了发展花田有机贡米的思路。

（三）加大对贡米的宣传

通过网络、电视、户外广告、县城公交车车身广告宣传，在《重庆日报》《酉阳报》等报刊进行专版报道，请重庆电视台拍摄制作了《贡米之路》和《一粒花田米的自述》2张宣传光碟，并在酉阳公众信息网开设了专栏宣传。

四、品牌效益

2013年2月，酉阳贡米经国家工商行政管理总局商标局核准注册。酉阳贡米商标在助推酉阳花田乡经济发展、促进农民增收等方面成效明显。

（一）米价上升

贡米稻谷从原来的1.2元/斤上升到3.5元/斤，贡米成品从以前的3元/斤上升到25.8元/斤。核心基地从以前的2 000亩扩大到5 000亩，核心基地年产稻谷1 250吨，实现总产值750万元，米农户均增收达15 000元。

（二）有机技术全面推广

选种、育秧、田间管理、施肥、病虫害防治、除草、收割、加工等环节都严格按照有机米标准化进行。西南大学农学与生物科技学院的水稻专家每月到花田乡为干部职工和米农进行技术培训。酉阳贡米以

农家肥取代化肥，以稻鸭共作技术取代除草剂，以频振式太阳能杀虫灯取代农药杀虫，实现了有机米生产技术操作流程。确保了从田间到餐桌的食品安全产业链条。

（三）市场运作规范

工商部门定期或不定期对市场上的酉阳贡米进行监管查处。花田乡注册成立了酉阳县花田米业有限公司，实行公司运作，规范市场，加强体系建设（建设酉阳贡米产业化的质量安全体系、技术支撑体系、市场营销与创意体系），挖掘酉阳贡米的文化内涵，延长产业链，提高酉阳贡米的品牌影响力和综合附加值。

第二十节　万盛夜郎贡米

夜郎贡米，有机农产品，全国名特优新农产品。夜郎贡米种植基地位于万盛经济技术开发区金桥镇金堰村，该村有着悠久的种植历史和良好的气候条件。夜郎贡米凭借良好的品质和香甜的口感，成功入选2013年度全国名特优新农产品目录（粮油类）。

一、产地环境

（一）地区环境

夜郎贡米种植基地共124亩，其中水稻种植面积53亩，为连片稻田，其余为绿化、山坪塘和荒地。地处万盛经济技术开发区的最北部，离万盛城区18千米，周边无工业企业、医院等污染源。基地旁有1座小型水库，引水渠在每块稻田都留有引水口，可以按生产需要补水和排水，基本不受洪涝和干旱的影响。

（二）自然环境

基地海拔高度700～990米，属立体状丘陵地区，常年平均气温15℃，森林覆盖率高，无水土流失，自然灾害少。基地属四川盆地亚热带湿润季风气候区，气候温和，年平均降水量1 280毫米。基地从一条山岭的顶端向下延伸，东、西、南三面为天然林地、荒地、土崖和少量居民，北面与常规农田相邻。

二、历史渊源

汉武帝元鼎六年（公元前111年），夜郎入候，封夜郎王。当时人们在现在的万盛经济技术开发区金桥镇金堰村开垦了大量的"雷鸣田"（即梯田，靠打雷下雨来耕田、种植水稻之意）。后来，人们渐渐开始新建农田水利，通过挖沟引水灌溉。后因该地区生产的稻米颗粒饱满、香糯可口，得到了夜郎王的青睐，被夜郎王指定为贡米，专供夜郎王及其家属食用。每年稻米秋收后，村民都会挑选最好的部分呈给夜郎王，"夜郎贡米"的称呼也由此而来。

三、生产管理

（一）种苗管理

1.品种选择

2018年，夜郎贡米选用中国水稻研究所、湖南金健种业有限责任公司培育的优质水稻品种"中健2号"。

2.晒种

浸种前选晴天晒种1～2天，每天翻动3～4次。

3.筛选

筛出草籽和杂质，提高种子净度。

4.选种

用密度为（1.08～1.1）×103千克/立方米的黄泥水或盐水选种。捞出秕谷，再用清水冲洗种子。

5.浸种消毒

把选好的种子用1%石灰水在室温下浸泡3天。

6.催芽

将浸泡好的种子在温度30～32℃条件下破胸。当80%左右种子破胸时，将温度降到25℃催芽，要经常翻动。当芽长5毫米左右时，降温到15～20℃，晾芽6小时左右，方可播种。

（二）育苗前准备

1.秧田地选择

选择无污染的地势平坦、背风向阳、排水良好、水源方便、土质疏松肥沃的地块做育苗田。

2.苗床规格

育苗床宽1～1.5米；床长10～20米；拱棚高0.5～0.8米，步行道宽0.3～0.4米。

3.床土配制

每平方米施过筛经充分腐熟的农家肥10～15千克，与备好的过筛床土混拌均匀，床土厚度0.1米左右，床土pH4.5～5.5。

（三）播种

1.播期

根据长期种植经验，一般在3月开始播种。

2.播量

每平方米播芽种150～175克。

3.覆土

播后压种，使种子三面入土，然后用过筛细土盖严种子，覆土厚度5～10毫米。

（四）耕整地

1.修建条田

整地前要清理和维修好灌排水渠，保证畅通，实行单排单灌。

2.泡田

4月上旬放水泡田，打好田埂。

3.耕翻地

耕深15～25厘米；采用耕翻、旋耕、深松及耙耕相结合的方法。将田块整平耙细，做到田内高低不过寸，肥水不溢出。

（五）移栽管理

1.秧苗标准

选择秧龄30～35天，叶龄3.5～4.0片，苗高11～14厘米，根数9～10条的秧苗移栽。

2.插秧时期

根据种植经验，一般5月开始插秧。

3.插秧规格

行穴距为30厘米×15厘米，每穴2～3棵基本苗。

4.插秧质量

拉线插秧，做到行直、穴匀、棵准，不漂苗，插秧深度不超过3厘米，插后查田补苗。

（六）水分管理

1.护苗水

插秧后返青前灌苗高2/3的水，扶苗护苗。

2.分蘖水

有效分蘖期灌3厘米浅水，增温促蘖。并实行整个生育期浅水管理，9月初洒水。

3.晒田

有效分蘖中期前3～5天排水晒田。晒至田面有裂缝、地面见白根、叶挺色淡，晒5～7天后恢复正常水层。

4.护胎水

孕穗至抽穗前，10～20厘米活水护胎。

5.开花灌浆水

抽穗开花期，灌5～7厘米活水。

6.黄熟初期开始排水

（七）病虫害和除草管理

夜郎贡米种植基地内水稻主要的病虫害是稻瘟病和象甲虫，主要采取悬挂黄板、杀虫灯和使用苦参碱、枯草芽孢杆菌防治。基地采用人工除草的方式除草。

（八）施肥

移栽后，通过泼洒的方式对稻田第一次施肥（沼液或经过堆沤发酵的有机肥）。7月底8月初进行第二次施肥。

（九）收获脱谷储藏

1.收获时期

根据种植经验，一般在8月底9月初收获。

2.脱谷

稻谷水分达15%时脱谷，脱谷机转速550～600转/分，脱谷损失率控制在3%以内，糙米率不大于0.1%，破碎率不大于0.5%，清洁率大于97%。

3.储藏

基地设有专用仓库储藏，温度控制在16℃以下，稻谷水分14%～15%，空气湿度60%～70%。

三、加工工艺

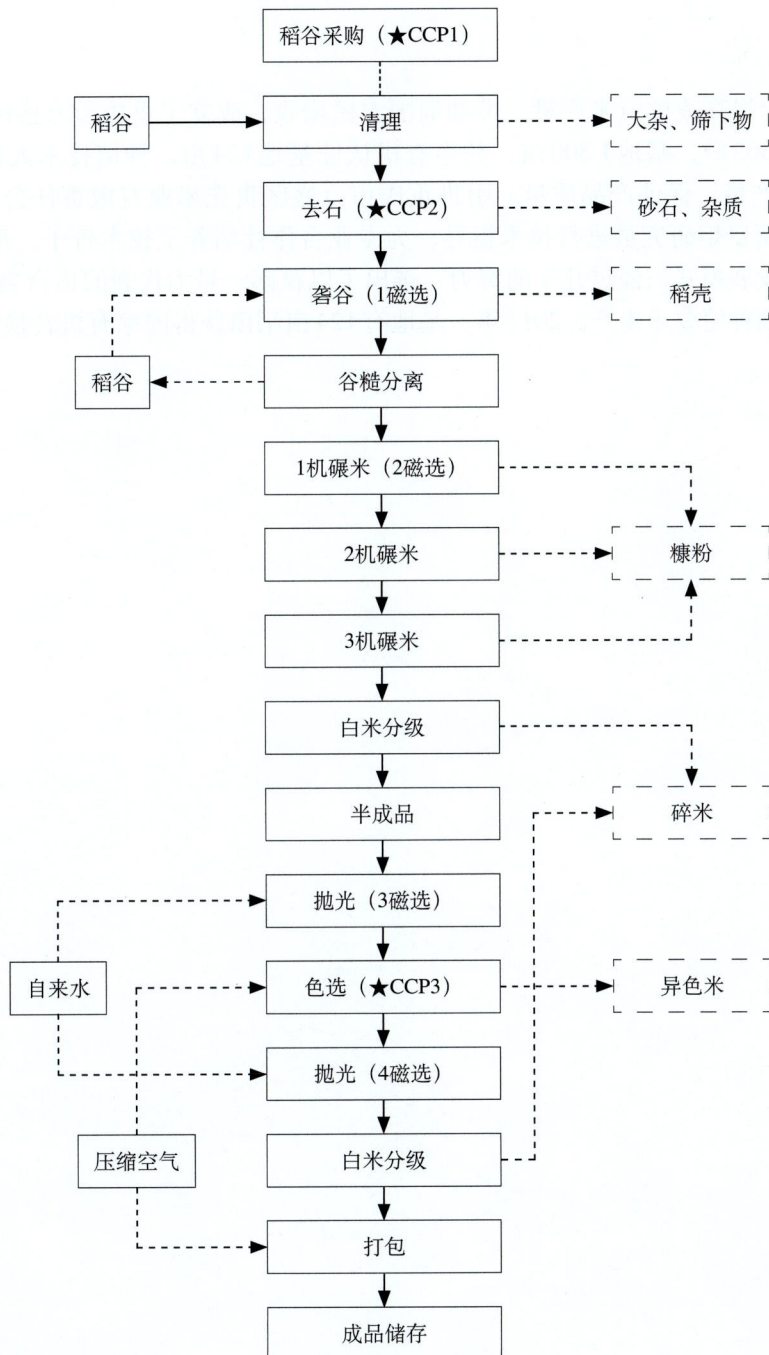

备注：——▶表示工序流程，－－▶表示副产品，□□□▶表示原料（水/压缩空气），□□□□▶表示返工工序及返工点。

四、质量技术

第一，感官特性：洁白、饱满。

第二，理化指标：水分≤14.5%。

第三，卫生指标：黄曲霉毒素 B_1≤10微克/千克、赭曲霉毒素A≤5微克/千克、无机砷≤1.5毫克/千克、铅≤0.2毫克/千克、镉≤0.2毫克/千克、汞≤0.02毫克/千克、双对氯苯基三氧乙烷≤0.05毫克/千克、六氯环己烷≤0.05毫克/千克。

五、发展状况

2007年9月，为提高夜郎贡米产量，带动周围农民增收，成立了重庆市万盛区夜郎水稻种植专业合作社，有社员户305户，基地1 300亩，其中有机认证基地124亩，种植技术人员人4名。为增加社员收入，提高水稻产量，保证产品质量，引进重庆市万盛区贵先米业有限责任公司加工、销售产品，聘请中国水稻研究所罗炬研究员进行技术指导，为专业合作社培养了技术骨干。形成了"专业合作社＋基地＋公司"的发展模式。经过几年的努力，选出了以夜郎一号为代表的适合当地生产的优良品种，并严格按照有机水稻种植要求生产。2011年，基地有124亩稻田获得国家有机转换认证。

第二章
油　料

第一节　潼南崇龛油菜（籽）

潼南崇龛油菜（籽），重庆市潼南区特产，中国生态原产地保护标志产品。产区遍布崇龛镇，扩大至整个潼南区。2018年，全区油菜种植面积已达27.74万亩，崇龛油菜种植3万余亩，油菜品种达50余个。

一、产地环境

崇龛镇位于潼南区西北部，距潼南中心城区30多千米，浅丘地貌，海拔247～368米，琼江河27.35千米穿境而过，年平均气温17.9℃，年平均降水量974.8毫米，年平均无霜期335天。土壤类型为紫色冲积土母质发育的潮紫砂泥土及遂宁组石灰性紫色土发育的红棕紫泥土，pH6.7～8.1，有机质0.92％～2.03％，碱解氮87～174毫克/千克，有机磷12～18.7毫克/千克，速效钾81～385毫克/千克，自然环境无污染，自然条件非常适宜油菜的无公害生产，有助于高品质油菜籽的形成。

二、历史渊源

潼南崇龛是世界著名的油菜老产区，油菜栽培历史可以追溯到16世纪初，已有500多年。据《潼南县志》《潼南农业志》等文献记载，崇龛建镇已有1 400多年，种植油菜已有500多年。

民国时期，油菜种植面积不大，种植采用育苗移栽和踩窝直播2种方法。中华人民共和国成立后，仍实行育苗移栽和直播方法种植，1985年前，播面不大且单产较低，多为直播种植；以甘蓝型的川油

2号、川油9号、西南302、3-42、矮架早等品种为主。一般在"秋分"后、气温在20℃时育苗,"霜降"至"立冬"前后移栽;当地黄(矮)油菜品种要在"寒露"后、气温在15～18℃时育苗,"立冬"至"小雪"前后移栽。直播则比育苗移栽的迟半月左右播种,出苗后,早匀苗、早定苗,稀株密植。菜油中的芥酸、硫苷等有毒有害物质含量高,品质较低。1986年后,推广了秦油2号、中双1号、渝油12、渝油18号、万油17、胜利油菜等品种,产量逐渐提高。2002年,开始大面积种植油研9号、渝油18、渝黄1号等高产量、高含油,低芥酸、低硫苷的"两高两低"优良新品种。

三、品质特点

潼南崇龛油菜(籽)中品质最好的要数渝油28号,以崇龛油菜为代表的油菜籽一直采用无公害栽培技术种植,是无公害的优质商品,榨出的菜油浓香极致,1 000米外可闻,被当地农民称为香菜油或者土菜油。具有软化血管、延缓衰老、降脂减肥等功效。是烹调用油之佳品,越来越受到广大市民的喜爱。

四、生产情况

潼南崇龛油菜籽的基地始建于2002年,被潼南县人民政府列为全县7个农业产业化"十万工程项目"的重点实施乡(镇),并大力开展"渝黄1号"等新品种的示范工作,重点示范渝黄1号新品种1 000亩。经历了2002—2008年、2008—2017年2个发展阶段,极大地推动了崇龛油菜的生产和发展。据《重庆统计年鉴2017年》表明,到2017年,崇龛镇主要种植渝油28、庆油1号等油菜35 270亩,菜油产量5 414吨。

五、专用标志

潼南崇龛油菜(籽)原产地标志产品保护范围内的生产者,可向重庆市潼南区质量技术监督局提出使用原产地标志产品专用标志的申请,经重庆市质量技术监督局审核,由国家质量监督检验检疫总局批准并公告。潼南崇龛油菜籽的法定检测机构由重庆市质量技术监督局负责指定。

六、质量技术

(一)品种

渝油28、庆油1号等。

(二)立地条件

区域内海拔≤500米,地下水位不太高的平肥地,沙壤土到黏壤土,pH5～8,有机质≥1%。

(三)栽培技术

1.选用良种,培育壮苗

(1)选用良种。崇龛镇主要选用适合当地的高产、抗病虫、抗逆性强的渝油28、庆油1号等油菜优良品种。

（2）整好苗床。选择通风向阳、土壤肥沃疏松、排灌方便的地块为苗床地，整地达到"平""细""实"。

（3）适时播种。发芽温度16～22℃，幼苗出叶温度在10～15℃。

（4）苗床管理。3叶期结合定苗追好苗肥，及时防治病、虫、草害，确保壮苗移栽，栽后早发。

2.适时移栽，配方施肥

（1）施足底肥。一般亩用有机肥2000千克，45%的高效复合肥25～30千克，硼肥0.5～1千克，结合整地深施。

（2）适时移栽，合理密植。每亩定植7000株左右。

3.田间管理，适时收获

（1）早施追肥。苗前期肥在定苗时或5片真叶时，亩施5～6千克尿素；苗后期亩施高效复合肥8～10千克，及时追施苔肥，科学打顶，巧施花肥。

（2）合理排灌。根据油菜的需水特点，因地制宜，及时排灌。

（3）病虫害防治。严格控制用药量，选用高效低毒低残留农药。如25%溴氰菊酯3000倍液、40克保得＋20克万灵兑水喷施，每隔5～7天喷1次，连喷2～3次。

（4）适时收获。全田植株的角果有2/3现黄，为油菜的收获最佳时期，其菜籽含油量和产量最高。

七、质量特色

（一）感官特色

生育期215天左右，幼苗半直立，叶色深绿色，株高190厘米左右，分枝类型为匀生，单株有效角果数400个左右，每角粒数18粒左右，千粒重3.8克左右，抗倒性较强。

（二）理化指标

菌核病发病率3%左右，病毒病发病率0.5%左右，籽粒含油量43.0%，芥酸含量0.0%～0.2%，饼粕硫苷含量21.54～23.69微摩尔/克。

（三）安全要求

产品安全指标必须符合食品安全国家标准。

第二节　武陵山茶油

茶油，重庆武陵山区特产，其中"琥珀茶油"通过了SC食品生产许可、油茶籽有机认证，生产的"琥珀"牌茶油及系列产品获得国家有机产品认证、"重庆名牌农产品"称号及全国有机产品金奖。

一、历史渊源

相传在元末，朱元璋被陈友谅的军队追杀到建昌（今江西苑溪村）的一片油茶林，正在油茶林中采摘的老农急中生智，把朱元璋装扮成采摘油茶果的农夫，使他幸免一劫。朱元璋深切地称老农为救命"老表"。老表见朱元璋遍体是伤，就用茶油帮他涂上。不几天朱元璋就觉得身上伤口愈合、红肿渐消，于是他高兴地称此油茶果是"上天赐给大地的人间奇果"。他在老表家休养了一段时间，便秘的毛病也有了好转，得知这是每天吃茶油的缘故。从此。朱元璋与茶油结下了不解之缘。朱元璋统一天下后，将江西茶油定为皇宫御膳用油。

全球油茶籽油产量的90％以上来自中国。早在公元前100多年，汉武帝时期，中国就开始栽种油茶，至今已有2 000多年历史。油茶生长在中国南方亚热带湿润气候地区的天然无污染的高山及丘陵地带，主要产区在中国的湖南、江西、广西、重庆等14个省（自治区、直辖市）。2008年，全国共有栽培面积约4 500万亩，年产油茶籽100万吨，产油茶籽油27万吨。近十多年，茶油产业发展很快，2018年，中国油茶种植面积为6 724亩左右，油茶籽产量达263万吨。茶油是中国政府提倡推广的纯天然木本食用植物油，也是联合国粮食及农业组织首推的卫生保健植物食用油。

二、产地环境

茶油是油茶籽油的俗称，又名山茶油、山茶籽油，是从山茶科山茶属植物的普通油茶成熟种子中提取的纯天然高级食用植物油，色泽金黄或浅黄，品质纯净，澄清透明，气味清香，味道纯正。

油茶分布在低纬度、低海拔的土层深厚的中低山丘陵地区。以酉阳、彭水、秀山为主的渝东南油茶产业优势集聚区，山区气候属亚热带向暖温带过渡类型，夏凉冬冷，雨量适中，生态环境良好。海拔800～1 000米，年平均温度为14～21℃，积温为4 250～7 000℃，年降水量1 700毫米左右，相对湿度82％，土壤pH5～6.5，十分适合油茶的生长。

三、产业发展

我国油茶主产区集中分布在湖南、江西、广西、重庆等14个省（自治区、直辖市）的642个县（市、区）。其中，湖南是茶油产量所占份额最高的省份。

重庆地貌以丘陵、山地为主，坡地面积较大，属亚热带季风性湿润气候，气候温和，适宜油茶生长。油茶作为重庆优良的乡土树种，油茶产业是重庆启动较早，也是初见成效的木本油料产业之一。2008年，国家启动发展油茶产业，重庆即被列为14个重点发展省份之一。2010年以来，重庆结合退耕还林、石漠化综合治理、造林补贴试点等重点工程项目，在酉阳、彭水、秀山、梁平、忠县、石柱、涪陵等重点区（县）发展油茶等木本油料，取得了初步成效。2016年，全市油茶林基地面积达54万亩，试花挂果的面积达13.17万亩，油茶籽产量达4 675.8吨，茶油生产能力达2 500吨、产量1 082.2吨，总产值1.28亿元。参与油茶产业发展的企业、造林大户、专业合作社达上百家，农户12万余户。初步建立了以渝东南彭水、酉阳和秀山为中心的油茶产业基地和茶油加工厂，创立了"琥珀""福道""英棋""苗嫂"等茶油品牌，其中以"琥珀茶油"产量最大。重庆市油茶产业呈现出快速健康发展的良好势头，正逐渐成为山区人民致富的支柱产业。

重庆油茶产业发展受到重庆市政府的高度重视。2015年，重庆市政府办公厅印发了《关于加快木本油料产业发展的实施意见》（渝府办发〔2015〕172号），明确了重庆市木本油料的发展重点及目标。

2016年，油茶等木本油料作为重庆8个百亿级农业产业项目之一，被纳入重庆市"十三五"经济社会发展规划；2016年、2017年共落实市级资金6 520万元，推进重庆市油茶高产示范园建设。

四、品质特征

山茶油提炼自野生木本油科植物果实，是世界四大木本植物油之一。中国茶油的食疗双重功能优于橄榄油，除了2种油脂的脂肪酸组成及油脂特性、营养成分相似外，茶油还含有橄榄油所没有的特定生理活性物质——茶多酚和山茶苷（即茶皂苷，或称茶皂素）。茶油的高贵品质符合人们崇尚自然的心理、提高生活质量的要求，为当今食用油中的精品。

在渝东南武陵山区，有大量野生油茶树，当地人习惯每年采果榨油。油茶树生长在环境优良的山区，种植过程中不打农药，不施化肥，其种子压榨出的茶油是纯天然的木本食用植物油，其不饱和脂肪酸高达85%～97%，比橄榄油还高，具有很高的营养价值和经济价值。以前，当地榨油坊多采用传统的土法榨油，即将茶果脱壳，直接榨成粗加工产品，不仅杂质多、气味重，许多指标不符合现代食用油标准。重庆琥珀茶油有限公司等生产企业生产的茶油，则采用现代化全封闭低温压榨、纯物理精炼和无菌灌装生产线，在传承古法榨油精髓的基础上，运用现代加工技术，对茶果进行物理压榨、多层过滤，并建立"可追溯质量管理体系"。生产的茶油色泽金黄或浅黄，品质纯净，澄清透明，气味清香，味道纯正。

第三章
其　他

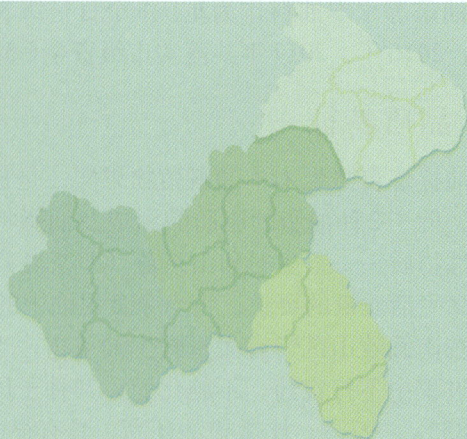

第一节　武隆高山马铃薯

武隆高山马铃薯，农产品地理标志产品。属茄科一年生草本植物，一年一季或一年两季（冬、秋）栽培。

一、产品特点

武隆高山马铃薯茎块扁圆形，皮黄白，口感好，有特殊香味，无腐烂、无异味、无病虫害。块茎一般含淀粉15%，糖类1.5%，蛋白质2%，矿质盐类1.1%和丰富的维生素B_1、B_2、B_6及泛酸等。还含有禾谷类粮食所没有的胡萝卜素和抗坏血酸，营养价值高，既可当主粮，也是优良蔬菜。

二、产地环境

武隆区地处渝东南，云贵高原大娄山皱褶带与武陵山系交汇地区，以山地为主，一般相对高差在700～1 000米。区境最高海拔2 033.3米，最低海拔160米。武隆高山马铃薯集中产于乌江两岸和芙蓉江两岸的半高山地区，包括火炉、沧沟、桐梓、土地、接龙、后坪、仙女山、黄莺、巷口、文复、浩口、大洞河、白云等10多个乡（镇）。

（一）土壤地貌情况

武隆高山马铃薯生产地域范围区域地层为灰岩、石灰岩，土壤为黄壤，pH5.5～6.5，有机质含量为2.6%～3%；生态环境优越，土壤、农用灌溉水和空气质量好，无工业"三废"污染。

（二）水文情况

武隆区内水系十分发达，乌江干流由东向西横贯全境，流程达80余千米，芙蓉江、大溪河、木棕河、长途河、石梁河等12条支流与乌江汇合，形成武隆境内乌江水系。武隆境内各类水资源除乌江外合计21.7亿立方米，其中地表水径流量20.8亿立方米。产区农业灌溉水主要靠地表径流或蓄水，降水量季节性丰富。农业灌溉用水泥沙含量5%～20%，矿化度<1克/升，灌溉水温根据该区自然特点并结合作物生长期，可以得到合理调节，水质符合国家农田灌溉用水质量要求。

（三）气候情况

属于亚热带季风气候类型，主要特点是：气候温和，雨量充沛，四季分明，春雨、夏旱、秋绵、冬干，云雾多，日照少，无霜期较长，立体差异显著。年平均气温10～17℃，年降水量1 094.4毫米，无霜期210～260天，空气相对湿度74%～83%。

三、历史渊源

马铃薯于17世纪中叶由荷兰人传入中国，在中国已有300多年的栽培历史。武隆高山马铃薯种植历史悠久，《武隆县志》（1994年版）记载，1980年，开始收购部分马铃薯外销香港，1984年，收购193.78万斤。武隆高山马铃薯经过上百年的历史变迁，才取得了今天的成就。

（一）品种演变

20世纪70—80年代，武隆高山马铃薯的主要品种有马尔科、滑石宝、米拉、白大洋芋、红大洋芋、疫不加、乌洋芋、猪大头；到了90年代，武隆高山马铃薯当地品种主要为米拉、马尔科，并开始从湖北省引进原原种扩大繁殖；2000—2010年，引进鄂薯1号、鄂薯3号、鄂薯5号进行示范推广；2011—2018年，引进并大面积推广鄂薯5号、鄂薯8号、鄂薯10号、鄂薯11号、青薯9号、渝薯5号、渝薯7号，其中鄂薯5号、青薯9号、渝薯5号、渝薯7号的质量表现令人满意。

（二）技术改革

早期的马铃薯种植技术只是简单地整地、施肥、平作，产量不佳。经过几十年的技术变革，武隆高山马铃薯种植技术得到了改变：大力推广脱毒马铃薯良种；减少复合肥的施用量，减少尿素施用量；改平作为起垄栽培、改常规施肥为配方施肥、改晚疫病见病防治为预防为主专业化防治。改良后的马铃薯栽培技术不仅提高了马铃薯的产量，而且对改善环境也起到了一定的作用。

（三）衍生产品

武陵山腹地流传着一句古话："穷山恶水石旮旯，红苕洋芋苞谷粑；要想吃顿白米饭，除非婆娘生娃娃。"20世纪60—70年代，马铃薯是武隆主要的粮食作物，武隆马铃薯除了直供当地外，还远销香港。随着杂交水稻的大力推广，马铃薯逐渐由主粮过渡为蔬菜，鲜食的马铃薯减少，马铃薯的加工品越来越多，如马铃薯淀粉、洋芋粉、薯片等。

四、生产情况

（一）品种选择

选择武隆当地品质优、产量高、适应性广、抗病性强、商品性好的脱毒马铃薯品种。种子质量要求纯度≥96%，薯块整齐度≥80%。严格挑选种薯，以幼龄和壮龄块茎做种，淘汰薯形不规整、表皮粗糙老化及芽眼凸出、皮色暗淡等性状不良的薯块。

（二）种薯处理

提倡整小薯播种。若要切薯，先将种薯放在阳光下晒2～3天（每天3～4小时），剔除病薯，种

薯顶芽向上放在台面上，按薯块上芽眼分布，每块的下端保留2～3个芽眼。在靠近芽眼处纵切，每个薯块重20～40克（不小于20克），一般纵切成2块即可。为防止切刀传病，应用35%的来苏水或5%的高锰酸钾浸泡切刀，最好2把刀交替使用。

（三）熟制安排

实行"间套一熟制"种植，即种植春薯，行间套玉米，秋季可于茬口后种植十字花科蔬菜，入冬翻地，让土地充分接受霜雪冰冻，有利杀死土传病虫源，同时有利于土壤分解，提高地力。

（四）播种

1.播种期

"立春"前后播种，高山地区春前播，低山地区春后播。

2.备基肥

亩用腐熟有机肥1 000千克、氮磷钾复合肥25千克拌匀待用。

3.播种方法

宜于晴天早晨或下午进行，阴天可整天播种，雨天不宜播种。沿土地坡向按1.2～1.2米双行开沟，沟距1尺*，沟深15～20厘米，将备好的薯种按窝距30～40厘米摆于沟内，然后将备好的基肥均匀撒施于薯种上，最后回土起垄（回填土厚度为10～15厘米即可）。行内于茬口种植单行玉米。

（五）田间管理

中耕、除草和培土：幼苗出土5～10厘米时第一次中耕，深度10厘米左右，结合除草。现蕾时第二次中耕，宜较上次浅，且离根系远些，以免损伤匍匐茎，影响结薯。

（六）施肥

施用肥料应按照《绿色食品　肥料使用准则》（NY/T 394—2013）要求。收获前20天，植株封行或开花后不再进行根际追肥。

根据马铃薯成苗快、幼苗速长的特性，以及需肥特点和规律，马铃薯施肥应坚持重施底肥、早施追肥、增施钾肥、以有机肥（含沼液）为主、化肥为辅的原则，禁用硝态氮肥。

在施足底肥的基础上看苗施用追肥，主要施用尿素肥，一般亩用量为30千克，追肥结合中耕除草分2次进行，每次为使用量的50%。

（七）采收

马铃薯在生理成熟期收获产量最高，即植株上部生长停止，中、下部叶片发黄时。但可根据块茎长势和市场需求提早收获、分批收挖或一次全收。大面积收获后，薯块要摊晾1天，以增强薯皮的木栓化程度，减少皮伤。同时收后块茎要防止雨淋和长时间阳光暴晒。

---

　　* 尺为非法定计量单位，1尺≈0.33米。——编者注

采收后分级，用于上市的马铃薯要求匀称、无损伤、色泽正常、外形美观，储藏于干净、通风、阴凉的房间，堆放厚度小于30厘米，搬运途中要轻拿轻放，防止损伤。包装品干净卫生，无毒、无霉、无控制指标残留等。

五、发展状况

2017年，武隆区马铃薯种植面积19.81万亩，产量3.61万吨。武隆马铃薯始终坚持优质、安全、严把关原则，使武隆高山马铃薯广受好评。武隆高山马铃薯大部分进驻重百、永辉等重庆当地大型超市，来自韩国、新加坡、荷兰等国家的产品订单络绎不绝，供不应求。

六、相关研究

（一）马铃薯病虫害研究

1.主要病虫害

（1）晚疫病。晚疫病是马铃薯生长期的主要病害之一，多雨年份发生严重，一般在开花前后出现症状。

症状特点：在叶尖和叶缘上出现水渍状小斑，病斑在叶面有白色稀疏的霉轮，在叶背面更为明显。

防治方法：选用抗病品种，选用无病种薯。适时喷药防治。开花前后加强田间检查，发现中心病株后，立即对全田喷药防治。可选用70%代森锰锌可湿性粉剂500倍液和25%甲霜灵可湿性粉剂800倍液交替喷施，每隔7～10天喷施1次。

（2）病毒病。病毒病发生于马铃薯成株期，感染病后的植株表现为植株矮小，叶片变小皱缩、卷曲变形，叶片上出现深浅不匀病斑，叶片、叶脉及叶柄上产生暗褐色坏死斑点。重病株全株叶片上产生坏死斑，叶片严重皱缩并由下向上逐渐枯死。

防治方法：选用脱毒马铃薯种薯是生产上最有效的办法。

（3）环腐病。马铃薯开花以后症状明显，表现为全株萎蔫及薯块发病，顶部叶片变小，叶缘内卷，产生黄色斑块，严重时全株枯死。病薯外皮发软，切开后维管束变为乳黄色，呈半环状或环状，用手挤压流出乳黄色菌液，同时皮层易剥离。经过储藏后薯块症状更明显。可由带菌种薯在切块过程中通过切刀传染，由伤口入侵。病源细菌侵害维管束引起全株症状。

防治方法：严格检疫，严防调运病薯，防止伤薯、病薯入窖；切块时，认真挑选种薯，可选无病小薯留种，防止切刀传染，可用5%石灰水、高锰酸钾或福尔马林溶液擦刀。

（4）二十八星瓢虫。俗称"花媳妇""花大姐"，是一种半球形的小甲虫，背部有28个小黑斑。二十八星瓢虫主要为害马铃薯的叶片，发生严重时可将整片马铃薯叶吃光，仅留下网状叶脉。

防治方法：在卵孵化盛期到幼虫未分散前对叶面喷药防治，可用90%敌百虫800～1 000倍液喷雾。

（5）地下害虫主要有蛴螬、地老虎、金针虫等，危害根和根茎部，受害处呈较整齐的切口，薯块常被咬出凹坑或啃去皮层。防治方法：施用充分腐熟的有机肥，合理施肥可使根系发育较快，苗齐苗壮，增加抗虫性；利用成虫的趋光性，用黑光灯诱杀；发生期用90%敌百虫800～1 000倍液浇灌。

2.病虫害防治措施

（1）防治原则。按照"预防为主、综合防治"方针，坚持"农业防治、物理防治、生物防治为主，化学防治为辅"的原则。

（2）农业防治。把好种薯关，选择无病、抗病品种；及时清除田间病株、病薯，控制发病中心。

（3）合理施药。大力推广生物农药。使用药剂防治应符合《绿色食品　农药使用准则》（NY/T 393—2013）要求。严格控制农药用量和安全间隔期。

（二）马铃薯药用研究

1.补气
马铃薯性平味甘，含有丰富的钾，有人类的"第二面包"之称，是补气佳品。

2.健脾
含有龙葵素，有毒，但适量的龙葵素能减少胃液分泌，有和胃调中、健脾的功效。

3.抗衰老
土豆有抗衰老的功效。它含有丰富的维生素B_1、B_2、B_6和泛酸等B族维生素及大量的优质纤维素，还含有微量元素、氨基酸、蛋白质、脂肪和优质淀粉等营养元素。

4.护肤美容
土豆有呵护肌肤、保养容颜的功效。新鲜土豆汁液直接涂敷于面部，增白作用十分显著。土豆对眼周皮肤也有显著的美颜效果。将熟土豆切片，贴在眼睛上，能减轻下眼袋的浮肿。

七、荣誉奖项

2008年，武隆高山马铃薯登记为农产品地理标志。

第二节　巫溪洋芋

巫溪洋芋，巫溪县的主要粮经作物，农产品地理标志登记保护产品，地理标志商标，巫溪县马铃薯区域公用品牌。巫溪县先后获得重庆市"无公害马铃薯产地县"整体推进认证和"中国绿色生态马铃薯之乡"称号，通过"国家级马铃薯种植综合标准化示范区"验收，巫溪洋芋取得重庆市名牌农产品认证、入选国家名特优新农产品名录，被农业农村部推荐为重庆市唯一"中国欧盟互认地理标志农产品"。

洋芋学名马铃薯，又称"地蛋"、土豆、洋山芋等，属茄科多年生草本植物，块茎可供食用，是全球第四大重要的粮食作物，仅次于小麦、稻谷和玉米。马铃薯原产于南美洲安第斯山区，人工栽培历史最早可追溯到大约公元前8 000年到公元前5 000年的秘鲁南部地区。目前，马铃薯主要生产国有中国、俄罗斯、印度、乌克兰、美国等。中国是世界上马铃薯总产量最多的国家。2015年，中国启动马铃薯主粮化战略，推进把马铃薯加工成馒头、面条、米粉等主食，马铃薯将成稻米、小麦、玉米外的又一主粮。

一、历史渊源

据《巫溪县志》记载，洋芋自清代以来在巫溪县境内就广为种植，渐为农家主食之一，与玉米、红苕合称境内主产"三大坨"。民国三十四年（1945年），巫溪县政府粮食调查表载，丰年产量为35.2万担（原粮）。1949年，种植面积为12.1万亩，总产3 870吨（折合细粮），到1988年，巫溪洋芋在巫溪县粮食作物中产量仅次于玉米，名列第二。巫溪县常年种植洋芋面积30万亩以上，鲜薯产量达45万吨以上。2018年，巫溪县马铃薯种植面积增加到48万亩，鲜薯产量达70万吨，居粮食作物之首，产品远销广州、武汉、成都等地，淀粉出口韩国、日本。洋芋丝、洋芋片、蒸洋芋、烧烤洋芋等成为人们日常生活菜肴。

二、产品特征

巫溪县独特的垂直分布地貌和富钾土壤类型、广泛分布的水系和优良的水质、独特的立体气候、充足的光照、较大的昼夜温差和独特的栽培管理形成了巫溪洋芋独特的品质特征：巫溪洋芋表皮光滑，淡黄带灰，略有光泽；切面平滑，色泽淡黄；蒸煮后口感酥软，细腻，微糯，淡香。巫溪洋芋干物质含量20.0%～23.5%，淀粉含量14.0%～19.2%，还原糖含量0.16%～0.25%，粗蛋白质含量1.5%～2.6%。

三、生产地域

巫溪县地处大巴山东段南麓，东邻湖北，北傍陕西，南依长江，西通重庆市。巫溪县耕地面积4万公顷，其中洋芋种植面积达2万公顷且通过无公害产地认定，常年产量45万吨。巫溪洋芋农产品地理标志保护地域为巫溪县辖区内全部30个乡镇，种植区域立体分布在海拔400～1 600米地段。

四、自然环境

巫溪洋芋的特性主要取决于独特的土质地貌、特殊的光照、适宜的温湿度和水质控制。

（一）独特的地貌和土质

巫溪县地貌以山地为主，占93%；地形东、西、北高，中南部低，最低海拔175.5米，最高海拔2 796.8米，最大相对高差2 621.3米，一般相对高差在500多米，属典型的中深切割中山地形，有明显的垂直地带性和独特的喀斯特地貌。巫溪县地貌类型主要表现为切割强烈，崇山峻岭连绵不断，悬崖峡谷随处可见；土壤类型有黄壤、紫色土、石灰土、水稻土和潮土5个大类，其中黄壤和紫色土占耕地面积的80%以上，这2类土壤抗蚀力强，保水保肥性好，适宜种植玉米、薯类作物。土壤平均有机质含量35.5克/千克，全氮1.65克/千克，全磷0.53克/千克，全钾18.9克/千克，碱解氮115.2克/千克，有效磷5.1克/千克，速效钾123克/千克，表现为少氮、富钾、缺磷。独特的"垂直分布"地貌和"富钾"土壤类型造就了巫溪洋芋独特的内外品质。

（二）优质的水资源

巫溪县有大宁河、汤溪河等15条主要河流，均属长江水系。大宁河流域占巫溪县大部分地区。年均降水总量56.6亿立方米、地表径流量34.6亿立方米，地下水储量约为14.5立方米。境内溪河均发源于巫溪县内的大巴山南麓，大宁河流域控制大部分地区。因巫溪县大集镇和工矿企业稀少，水资源没有受到污染，且森林覆盖率高，素有"山清水秀"的美称，水质检测指标达到集中式生活饮用水地表水源地二类标准。广泛分布的水系和优良的水质，给巫溪洋芋创造了良好的水资源环境。

（三）独特气候条件

巫溪属亚热带暖湿季风气候，立体气候明显，气候温和，四季分明，光照充足，雨量充沛，年平

均气温低山为14.8℃，中山为11℃，大于10℃积温为4 600℃。独特的立体气候、充足的光照、较大的昼夜温差是形成巫溪洋芋口感和内在品质的主要因素。

五、生产方式

巫溪洋芋特定的生产方式也是影响其产品品质的重要因素。

（一）产地选择

土壤和气温直接影响巫溪洋芋的产品品质。为确保巫溪洋芋的品质，应选择海拔在400～1 600米，抗蚀力较强、保水保肥性好、速效钾含量高的黄壤或紫色土。

（二）品种选择

巫溪早在20世纪70年代就开展了马铃薯脱毒繁育工作，通过不断引进和筛选品种，形成了以米拉、鄂薯系列为主推品种的脱毒良繁体系。选择优质高产、抗病性强、商品性好、适应市场需求、具有巫溪洋芋品种特征、重50～75克的单个健康薯块做种。

（三）生产过程管理

栽培上以"薯—玉—苕/菜"模式为主，复种指数高，洋芋生长小环境好。

1.播前准备

（1）备种薯。提前1～2个月备好种薯，让薯块自然打破休眠。

（2）整地。提前清理前作残株，深耕翻晒，播种前耙细，耕层疏松。

2.播种

（1）播种期。随品种、气候、耕制等不同而适当调整。海拔400～1 200米及相近地区于12月下旬至翌年2月上中旬播完，海拔1 200～1 600米的高山地区于2月中旬至3月上中旬播完。

（2）播种量。依据品种、土壤肥力、施肥水平、播种期及所用种薯规格来定。一般亩播种量120～150千克。

（3）播种方法。窝播，窝深8～10厘米。

①种植密度及规格：与玉米套作，一是中型复合带开厢（行距1.67米），每一复合带双行玉米套双行洋芋，洋芋窝距27厘米，密度3 000株/亩；二是行距1～1.17米、株距40厘米小型复合带开厢，密度大小可视品种、地力、施肥量和播期而定。就同一品种而言，一般春播稍稀，秋播稍密。

②播种顺序：整地—开厢打窝—施复合肥—摆种薯—盖腐熟农家肥—覆土起垄，覆土厚度一般以10～15厘米为宜。

3.施肥要求

多年试验资料表明：每生产1 000千克巫溪洋芋需N 5千克、P_2O_5 2.2千克、K_2O 9千克，三者之比约为2∶1∶4。结合其需肥特性、土壤供肥，目标产量2 100～2 500千克鲜薯块，推荐配方施肥量为：亩施充分腐熟的农家肥2 000～2 500千克，N 8千克、P_2O_5 4千克、K_2O 12千克。

施肥方法：农家肥和磷肥全部作种肥施入；氮肥60%作种肥，40%作追肥；钾肥60%～70%作种肥，30%～40%作追肥（现蕾封垄前）施入。

4.田间管理

（1）苗前管理。播后出苗前如土壤水分不足，影响出苗，应及时补浇1次透地水，不要漫灌，也不要浸灌，用桶和瓢泼浇。注意检查地下害虫发生和危害情况，一经发现及时防治。即将出土时，结合中耕浅锄浅培土，亩用清粪水1 000千克兑尿素7.5千克追1次芽苗肥（闷头肥）。

（2）苗后管理。现蕾封垄前，视植株长势，结合浅耕培土，叶面喷施0.4%磷酸二氢钾。若植株长势过旺，造成田间荫蔽，可采取打尖、摘花蕾、摘除弱小枝病残枝和下部老黄叶等，改善田间通风透光条件，降低田间湿度，集中养分供应块茎生长，利于增加产量。或在花期结合晚疫病预防，可亩用15%多效唑50克兑水喷雾，控制地上部分生长。

5.病虫害防治

（1）防治原则。遵循"预防为主、综合防治"的植保方针，坚持以"农业防治、物理防治、生物防治为主，化学防治为辅"的无害化控制原则。施用农药严格执行《农药安全使用规范总则》（NY/T 1276—2007）和《农药合理使用准则（一、二、三、四、五、六、七、八、九）》（GB/T 8321.1—2000、GB/T 8321.2—2000、GB/T 8321.3—2000、GB/T 8321.4—2006、GB/T 8321.5—2006、GB/T 8321.6—2000、GB/T 8321.7—2002、GB/T 8321.8—2007、GB/T 8321.9—2009）的规定。不得施用国家明令禁止的高毒、高残留、高三致（致癌、致畸、致突变）农药及其混配农药。

（2）农业防治。前作收获后及时翻耕晒垡，清除病株残渣，选用健康种薯，生长期加强中耕除草，清洁田园，减少病虫源数量，经常进行田间检查，及时清除病株、病叶，并带出田外深埋或烧毁。

（3）物理防治。可采黄板诱蚜，安装杀虫灯，使用性诱剂等诱杀害虫。

（4）化学防治。晚疫病：现蕾期于中心病株出现前亩用72%克露可湿性粉剂500倍液预防1次，间隔7～10天后，亩用687.5克/升银法利悬浮剂50毫升再施1次即可。

（四）产品收获

待地上部茎叶50%落黄、块茎停止膨大后，根据鲜薯上市或交售、储藏时间适期收获。收获前1周杀秧，收获的鲜薯要先充分摊晾后方可分级包装、储藏。收获时轻拿轻放，避免损伤。

（五）生产记录要求

详细纪录产品生产地点，土壤耕作茬口，所使用农机具，所施用肥料名称、施肥方式、施肥时间、施肥量，施用农药名称、施药方式、施药时间，产品收获、仓储、销售等项目的日期、方式、数量等。

（六）产品分级、包装及运输

1.产品分级

根据巫溪洋芋单薯重量和外观情况，可分为6个等级。

（1）一级货。单薯重150克以上，表皮光滑、马铃薯薯形好、马铃薯芽眼浅、无泥土、马铃薯无虫口、马铃薯无机械伤、马铃薯无青头、马铃薯无脱皮。

（2）二级货。单薯重量125～150克以上薯形较好，无脱皮、马铃薯无泥土、马铃薯无虫口、马铃薯无机械伤、马铃薯无青头。

（3）三级货。单薯重量在100～125克，表皮光滑、马铃薯无脱皮、马铃薯无泥土、马铃薯无机械伤、马铃薯无青头。

（4）大统货。单薯重量在100克以上到最大为大统货，无机械伤、马铃薯无腐烂、马铃薯无青头、马铃薯无脱皮。

（5）统货。单薯重量在50～100克，无机械伤、马铃薯无腐烂、马铃薯无青头、马铃薯无脱皮。多作种用薯或烧烤。

（6）小货。单薯重量在50克以下的所有次货统称小货。

2.包装

在包装方式上采用箱式包装和袋式包装2种，实行分级包装，包装材料执行无公害农产品包装质量标准。

3.储藏及运输

不与有毒有害物质混装储藏和运输，储藏和运输防水、防晒、防冻。

六、质量安全

产地、生产过程及安全要求执行无公害农产品标准规定：《绿色食品　薯芋类蔬菜》（NY/T 1049—2015）、《无公害食品　马铃薯生产技术规程》（NY/T 5222—2004）、《无公害农产品　种植业产地环境条件》（NY/T 5010—2016）。

七、标识规定

（一）标志使用

凡在巫溪洋芋地理标志保护地域范围内的生产经营者均可使用地理标志，但必须向巫溪县农业技术推广中心提出申请，填写规范的《农产品地理标志使用申请书》，签订《农产品地理标志使用协议》，同时提供生产经营者资质证明、生产经营计划和相应质量控制措施、规范使用农产品地理标志书面承诺以及其他必要的证明文件。

（二）地理标志的标注

标志使用人在产品包装上统一使用农产品地理标志图案，标注"巫溪洋芋"字样、等级、重量和产地。

八、品牌认证

2004年12月，"巫溪洋芋"首次取得无公害农产品认证。

2007年11月，取得巫溪县无公害马铃薯产地县整体推进认证。

2011年7月，获得国家工商行政管理总局地理标志商标注册30类、31类。

2011年9月，获得农业部农产品地理标志登记保护。

2015年7月，获"重庆名牌农产品"称号。

2017年11月，入选全国名特优新农产品名录。

2018年8月，再获"重庆名牌农产品"称号。

九、宣传活动

2013年，在巫溪县召开中国马铃薯大会。

2014年，在巫溪县召开全国马铃薯晚疫病预警与防控培训会。

2015年，在巫溪县召开亚太地区晚疫病预测与防治国际研讨会。参加国内各级农产品展销会，让大家知晓巫溪洋芋。

中央电视台农业频道、《重庆日报》、华龙网等各大媒体制作专题片，撰写专题材料，对巫溪洋芋进行宣传报道。

十、产业发展

在生产发展上，一是依托巫溪洋芋的品牌效应，致力于发展马铃薯产业。2017年，生产马铃薯原原种4 200万粒，2018年达6 000万粒，已建成原种扩繁基地1万亩、良种繁殖基地10.2万亩、两薯淀粉基地7 800亩，年产原种1.5万吨、良种15万吨、鲜薯70万吨，成为西南地区最大的脱毒种薯生产基地、重庆市主要的种薯供应基地、重庆市最大的优质商品薯生产基地。二是生产规模不断扩大、水平不断提高、产量及效益不断增加。巫溪县种植面积由退耕还林前的32万亩恢复发展到40万亩，通过大面积推广"一推三改"集成栽培技术以及马铃薯全程机械示范应用，平均单产水平由不足1 000千克提高到1 500千克左右，产品价格由800元/吨上升到1 000～1 200元/吨，农户亩增收效益300元以上。

在产业打造上，随着马铃薯种植面积扩大，马铃薯加工业也逐年发展壮大，有大型马铃薯淀粉加工厂1个，年加工量达1万吨，巫溪县18家小作坊年均加工鲜薯7.5万吨，同时每年约有4万吨菜用薯调出县外，马铃薯商品化率逐步提高。同时，马铃薯从原来的以蔬菜和饲料为主的单一消费逐步转变为人们的主粮食物，特别是以马铃薯为主的种植区农民，将鲜马铃薯加工成干薯块、薯片、淀粉等产品后保存或销售，更好地发挥了马铃薯精深加工的效益。

第三节　城口洋芋

洋芋，学名马铃薯，原产于南美洲安第斯高山区。城口县地处大巴山腹地，城口洋芋是城口县第二大粮食作物，农产品地理标志。城口洋芋营养丰富，富含镁、钾、铁等矿物质和多种维生素，氨基酸含量高，口感好，可直接作蔬菜和主食，或制成休闲食品，亦可加工成淀粉作为工业原料，或用作饲料。

一、产地环境

重庆市城口县位于亚热带季风气候区，气候温和，雨量充沛，日照充足，四季分明，冬长夏短，昼夜温差较大，适宜洋芋的种植。城口县内耕地土壤多属山地黄壤，有机质含量高，土壤酸碱度呈微酸性至中性，部分地区为轻壤土和沙壤土，钾含量高，适合洋芋生长发育。城口洋芋个头大，是优质食用品，色泽鲜，表皮光洁，品质好，耐储存。城口县境内多山地，沟壑纵横，地形地貌复杂多样，海拔最低481米，最高2 686米，构成复杂的土地特色，既可生产商品洋芋，又可择地生产种芋；远离工业城市，无环境污染，适宜生产绿色健康农产品。

二、历史渊源

据传，洋芋是在17世纪中叶引入中国的。城口盛产洋芋，种植历史悠久。《城口厅志》载："厅境嘉庆十二三年始有之，其种不知所自。一亩可收数十石（1石等于59.2千克），胜谷数十倍。县人世代种植，是城口主要粮食作物。家喻户晓，乃生活中主要食物。"城口洋芋在种植中只施农家肥，不用化肥和农药。

三、荣誉认证

城口洋芋具农产品地理标志登记保护，自查产地环境和产品质量，符合国家强制性技术规范要求，相关方面亦符合农产品地理标志登记要求。2013年，被农业部批准为农产品地理标志。

四、品质特点

外在感官特征：长椭圆形，薯形规整，大中薯率高，芽眼浅且少，表皮光滑；口感软，细腻，淡香，微甜。内在品质指标：城口洋芋蛋白质≥2.5%，淀粉≥14.7克/100克，铁≥1.16毫克/100克，钙

≥13毫克/100克，硒≥$4.2×10^{-3}$毫克/千克，营养丰富，粗纤维、维C、维生素B_1、维生素B_2含量较多。

五、生产情况

城口洋芋地理标志地域保护范围为城口25个乡（镇、街道）。核心区在厚坪、治平、东安、河鱼、高观、咸宜、明中、周溪、左岚、高楠、沿河、北屏、岚天、双河14个乡（镇）；一般分布区在修齐、明通、鸡鸣、蓼子、巴山、龙田、高燕、坪坝、庙坝、葛城、复兴11个乡（镇、街道）。原统一生态环境条件的生产区域20万亩，常年产量2.4万吨左右。2010年以来，城口县农业农村委员会引进推广优良种薯，防治疫病，实施测土配方施肥技术，使产量大幅度提高。2012年，洋芋种植面积1.13万公顷，产量超过30万吨。城口县久益农业发展有限公司从事洋芋精深加工和销售，是城口县内第一家洋芋精深加工企业，年加工洋芋精粉2500吨，生产粉丝、粉皮约850吨。

六、专用标志

《城口洋芋控制技术规范》明确了登记产品的地域范围、独特自然生态环境、特定生产方式、产品品质特色及质量安全规定、标志使用规定等要求，经农业农村部公告成为国家强制性技术规范。生产者遵照执行方可获贴"地理标志产品"标签。

七、质量技术

保护区内黄壤、轻壤土和沙壤土有机质含量高，土壤酸碱度呈微酸性至中性，皆可种植城口洋芋。对洋芋生产地点、土壤耕作茬口、使用农机具、施用肥料名称、产品收获、销售等环节要做记录。生产过程中只使用农家肥，不使用化肥和农药。6—7月收获上市。根据鲜薯上市或交售、储藏时间适时收获。轻拿轻放，避免滑皮。销售时按规定包装。

八、质量特色

（一）感官特征

城口洋芋品种以鄂薯5号、凉薯97号为主，产出洋芋长椭圆形，薯块芽眼较浅，表皮光滑，白皮白肉，适宜鲜食菜用。

（二）内在品质指标

城口洋芋营养丰富，尤以粗纤维，蛋白质，铁，维生素C、维生素B_1、维生素B_2的含量为丰。

（三）安全要求

产地、生产过程及安全要求执行无公害农产品标准规定。

第一章 猪

第一节 荣昌猪

荣昌猪，中国著名的优良地方品种，中国百强农产品区域公用品牌。荣昌猪因原产于重庆市荣昌县而得名，还有"荣隆猪"之称，盖取荣昌、隆昌2县所产之意，属于肉脂兼用型。中心产区位于重庆市荣昌县和四川省隆昌县，主要分布在荣昌县、隆昌县东境以及泸县北部四周各县，西及荣县，东逾巴县（现巴南区），南至合江，北上安岳，纵横约20县，在重庆市其他区（县）都有一定数量的群体分布，并推广到云南、贵州、湖北、西藏、青海等省份。

一、历史渊源

荣昌猪天生拥有一副黑色的眼圈，为其增加了很多神秘气息。从早期地区猪种分布来看，除荣昌隆昌，周边地区几乎都是黑色皮毛的猪，即使是野猪，也没有这样的外部特征。中国一些著名的专家、学者对荣昌猪的起源进行过长时间的探讨。

20世纪30—40年代，畜牧科技工作者余得仁撰文《荣隆白猪来历之探讨》记载："……湖南永州人，多集中于荣，隆两县接壤之荣隆场，盘龙场，仁义场，河包场，双和场，许家滩，周兴场，鱼箭场，鱼箭滩，石碾乡等九场，形成一自然区域。又考湖南永州人至荣，隆年代，在明末清初，其他广东，湖北，江西则在康熙或雍正年间，是永州人较早……"作者又根据移民原籍有无白猪，或途经之地有无白猪，以及中国白鬃之产销及集散市场等，得出推论性的结论："综上各方面记载，皆证明湖南为产白猪之省份。又据贵州省农业改进所畜牧兽医系主任程绍迥：荣隆，湖南白猪，其体型外貌色泽等，均无显著差异，惟头部略较长小耳。据此证明，荣隆两地白猪之祖先，必系发源于湖南之白猪也。"

1941年，中国畜牧学开拓者许振英撰文《养猪研究总报告》（载1984年东北农学院《许振英教授论著选集》第10页）记载："荣昌及隆昌之东部乃白猪发源地，面积约以安富镇为核心，划20里半径之周圈。此圈之四周为黑白花猪区，约占十县"。后来田学诗、黄谷诚等根据古昌州遗址发掘出土的文物、昌州建制变迁史料，并走访了移民后裔，考证其族谱记载，结合现在湖广花猪与荣昌猪遗传距离

的测定资料，认为荣昌猪起源于古昌州，起源时间至少在16世纪60年代以前。400多年来，以适应性强、配合力好、遗传性能稳定、瘦肉率较高等优点驰名国内外。

1957年，荣昌猪被载入英国出版的《世界家畜品种及名种辞典》，成为国际公认的宝贵猪种资源。农业部在"七五"规划中将荣昌猪列为国家级重点保护的优良地方猪种。2000年8月，农业部又确定荣昌猪为全国保护的19个猪品种资源之一。荣昌猪历经数代繁育，饲养区域不仅扩大至周边川渝10余县（市），而且推广到国内20多个省份，并实现批量出口，跻身中国推广范围最广，影响力最大的"三大名猪"之列，被誉为畜牧行业中的"国宝"。

二、产品特点

（一）外貌特征

荣昌猪体型较大，除两眼四周或头部有大小不等的黑斑外，其余皮毛均为白色，也有少数在尾根及体躯出现黑斑或全身纯白的。人们按毛色特征分别称为"金架眼""黑眼膛""黑头""两头黑""飞花"和"洋眼"等。其中"黑眼膛"和"黑头"约占一半以上。荣昌猪头大小适中，面微凹，耳中等大、下垂，额面皱纹横行、有漩毛；体躯较长，发育匀称，背腰微凹，腹大而深，臀部稍倾斜，四肢细致、结实；鬃毛洁白、刚韧；乳头6～7对。

（二）生产性能

1.产肉性能

日增重313克，7～8月龄体重80千克左右。据2006年测定，荣昌猪屠宰率为69%～73.8%，瘦肉率42%～46%，腿臀比例29%。荣昌猪肌肉呈鲜红或深红色，大理石纹清晰，分布较匀，24小时、96小时储存损失分别为3.5%、7.2%。股二头肌熟肉率为67.7%。背最长肌的含水率为70.8%，脂肪3.2%，蛋白质24.8%。每克干肉发热量为5 725千卡。

2.繁殖性能

公猪初次发情期为62～66日龄，4月龄进入性成熟期，5～6月龄时可开始配种。成年公猪射精量为210毫升左右，精子密度为0.8亿/毫升。母猪初情期平均为85.7（71～113）日龄，发情周期为20.5（17～25）天，发情持续期4.4（3～7）天。初产母猪产仔数（7.35±0.21）头，断奶成活数（6.4±0.1）头，窝重（78.21±3.03）千克；3胎及3胎以上产仔数（11.08±0.17）头，断奶成活数（9.7±0.2）头，窝重（102.2±0.6）千克。

3.鬃毛

荣昌猪的鬃毛以洁白光泽、刚韧质优载誉国内外。鬣鬃一般长11～15厘米，最长达20厘米以上，一头猪能产鬃200～300克，净毛率90%。

三、发展简史

在中华人民共和国成立前30多年，荣昌猪就已运销川东、川南、川北的20多个县（市），以及湖北、云南、贵州等省份。中华人民共和国成立后推广范围进一步扩大，除遍及四川省内90余个县（市）外，还推广至全国24个省（自治区、直辖市），年销量一般在10万头以上，其中种猪2万头左右。

1987—1988年，2年销往县外的仔猪总数超过100万头，其中荣昌种猪约10万头。近年来，随着荣昌猪声誉的提高，外销数量增加很快，远在西北边境的新疆、内蒙古也派人前来调运荣昌仔猪。

20世纪80年代初，荣昌县开始引进外种猪与荣昌猪进行简单杂交，荣二元仔猪得到了国内养殖户的普遍认可，仔猪外销量逐步增加，到90年代末，荣昌常年外销仔猪100万头以上。为适应市场变化，在原荣二元、荣三元杂交猪的基础上，重庆市养猪科学研究院利用地方优良猪种——荣昌猪的优良特性，结合外种猪的优点，采取三系配套模式，应用常规选育与分子遗传、信息技术等育种新技术，历时9年艰苦攻关，培育出了肉质优良、适应性强、繁殖性能好、瘦肉率适中、市场竞争力强的配套系猪——渝荣1号猪配套系。新品系、新配套系的研究提高了荣昌猪的生产性能，迎合了市场的需求，为荣昌生猪产业在现阶段的发展提供了坚实的基础。

为妥善保护荣昌猪资源。2000年，重庆市养猪科学研究院在荣昌建立重庆市第一个畜禽遗传资源活体保护场——重庆市畜牧科学院荣昌猪资源保护场，对11个荣昌公猪血源、150头优秀荣昌母猪进行重点保护。2005年，荣昌县政府又建立了1个拥有15个公猪血源、300头优秀荣昌母猪的资源保护场——重庆市荣昌猪资源保护场，并在此基础上，在峰高等荣昌猪主产地建立了4个荣昌猪资源保护区，保护区基础群种猪达6 000头。2006年，重庆市养猪科学研究院更名为重庆市畜牧科学院，该院还建立了荣昌猪基因保存库。

四、荣誉认证

1957年，荣昌猪被载入英国出版的《世界家畜品种及名种辞典》，1972年，被纳入"全国育种科研协作计划"，1984年，被列入"全国著名地方良种猪"，1985年，被列为国家一级保护品种，1987年，荣昌猪国家标准颁布，2000年，被列入第一批国家畜禽品种保护名录，2001年，建立国家级资源保种场，2006年3月，西南地区首个部级种猪质检机构"农业部种猪质量监督检验测试中心（重庆）"通过国家计量认证评审。2007年，成功培育出渝荣I号猪配套系，2008年，建立国家级资源保护区，同年，"渝荣I号猪配套系"被农业部遴选为80个主导品种和50项主推技术之一予以推介发布。渝荣1号猪配套系是中国第一个以优良地方猪资源为基础培育的，并通过国家畜禽遗传资源委员会猪专业委员会审定的三系配套的猪配套系。

2012年4月，重庆市荣牧科技有限公司成立，专门从事以荣昌猪为原材料的系列产品研发、销售。2012年，成功注册"荣昌猪"地理标志商标。2013年1月9日，农业部与重庆市人民政府在荣昌县签订共建国家级重庆（荣昌）生猪交易市场建设协议。农业部副部长陈晓华与重庆市委常委、常务副市长马正其签订部市合作备忘录，并为"国家级重庆（荣昌）生猪交易市场"揭牌。

2014年，重庆荣昌现代畜牧业（生猪）科技创新与集成示范基地被列入农业部国家农业科技创新与集成示范基地建设名单。2015年1月，荣牧荣昌猪肉获绿色食品认证。同年11月，荣牧荣昌猪肉分别获得第十三届中国国际农产品交易会、第十六届中国绿色食品博览会金奖和全国食鲜猪肉奖。同年12月，荣昌猪品种资源保护与开发利用获国家科学技术进步二等奖。

2017年，荣获"中国百强农产品区域公用品牌"，品牌价值以27.70亿元名列全国地方猪种品牌榜首。2018年，入选国家质量监督检验检疫总局第一批生态原产地保护产品。

五、新闻事件

（一）赛猪会

1988年4月，荣昌举办了别开生面的"赛猪会"，全国有十多个省份的代表光临大会，有19家新闻单位报道了赛猪盛况；各地来电、来函、来人求购荣昌仔猪者。"赛猪会"在20世纪80年代属国内首例。据统计，在首届赛猪会之后，荣昌猪的销量翻了一番。

截至2017年，荣昌已成功举办了4届赛猪会。

（二）猪之歌

2005年4月，荣昌县政府致北京世纪飞乐影视传播有限公司一封公函信，希望将网络风行的歌曲——《猪之歌》转让给荣昌，作为中国重庆畜牧科技城的城市形象推广歌曲。

当地媒体大幅报道这件事，随后引起了中央台的报道。之后，荣昌县政府决定悬赏征集"猪之歌"。通过几个月的征集，在近100首候选歌曲中选出了《猪儿啰啰啰》为作荣昌猪"猪之歌"。

（三）猪邮票

2007年1月5日，国家邮政局在荣昌举行"丁亥年生肖（猪）邮票首发式"。憨态可掬的荣昌猪妈妈带着5只顽皮可爱的小猪，登上了全国生肖邮票，憨厚的荣昌猪形象随邮票走进千家万户。这套猪年生肖邮票名为"家和万事兴"，以表现中国传统的"和"文化，即"和谐""和睦""和为贵""和气生财"。

邮票图案中同时出现5只小猪，这在中国已发行的生肖邮票中是前所未有的，也表达了传统吉祥文化中的"五福临门""五子登科"等含义，与2008年北京奥运会5个福娃相映成趣。

（四）年猪节与刨猪汤

2007年1月6—31日，荣昌举行首届"年猪节"，推出了精彩的传统屠业祭祀、宰年猪庖丁大赛、"猪之歌"演唱表演、吃刨汤等一系列活动。在春节前后，荣昌各大酒楼同时推出了一道传统菜——刨汤。这一年，招待外地客人最高的礼仪是现场杀1头荣昌猪，煮成一锅刨汤。客人到荣昌也以吃到刨汤为荣。一道菜就是一个品牌、一种形象，也蕴涵着一种文化。截至2017年，荣昌已连续举办了10届"中国荣昌猪年猪节"活动。

第二节　合川黑猪

合川黑猪，重庆市地方畜禽遗传资源一级保护品种，地理标志产品。合川黑猪是在特殊的自然环境条件下，经过长期选育形成的生猪地方品种。据《合川县志》记载，合川黑猪起源于当地"泥猪""刺猪"，距今已有1 600多年的历史。据2009年调查，有合川黑猪母猪1.72万头，成年公猪51头，后备公猪32头，家系11个。主产于重庆市合川区渠江和涪江以北、嘉陵江两岸，以合川区钱塘、沙鱼、隆兴等镇为核心产区，分布于合川及与其接壤的铜梁、潼南、武胜、广安等地。

一、产品特征

据《重庆市畜禽遗传资源志》记载，合川黑猪体型中等偏大，体质健壮，被毛黑色，鬃毛粗长刚韧。头方正，额长，有少而深的横向皱纹，耳中等偏小，下垂略前倾，嘴筒长直，口叉深。背腰宽而稍凹，腹较圆而下垂，后驱欠丰满，四肢较短，后肢多卧系，乳头6～7对。

二、历史渊源

合川黑猪历史悠久，距今已有1 600多年的历史。根据《合川县志》记载，合川黑猪是由"泥猪""刺猪"在产区特殊的自然环境条件下，经产区养猪农民长期的生产实践，不断选育而成。据《重庆市志》第六卷记载，分布于合川等地的黑猪是一个古老的地方品种，其适应性和抗逆性比其他猪种好。

在合川黑猪的选育过程中，民间流传着"异地选公，就地选母"的选种经验；1996年版《合川县志》中记载了合川黑猪种猪个体选择的要领是："前开后阔，稀毛白皮，口大肋深"；据合川区钱塘、沙鱼等镇的老人介绍，他们的祖辈就养黑猪，而且流传着选种谚语："嘴筒子齐、嘴叉子深、耳朵中等大小、耳包硬、单背脊、前夹开、后脚伸、肚皮椭、毛稀皮薄"；1996年版《合川县志》中记载，黑猪种群的选择范围不广，在品种内选用优良个体留种用，配种的原则是"三不配"，即：近亲不配，过老过小不配，缺陷相同的不配。经过长时间的选育，合川当地黑猪的品质和生产性能不断提高。

20世纪80年代后，由于瘦肉型猪生产的兴起与发展，外来良种公猪的引进和杂交肉猪生产的发展，合川黑猪在数量上有所下降，主要用作经济杂交的母本，用于纯繁的比例急剧减少。2009年5月调查结果显示，合川区30个镇（街）有合川黑猪母猪1.72万头，成年公猪51头，后备公猪32头，家系11个（表2-1-1）。

表2-1-1 合川区合川黑猪母猪数量分布及群体结构

基础母猪数/万头		家系数/个
总数	主要分布镇（街道）及数量	总数
1.72	钱塘镇：0.39	11
	沙鱼镇：0.19	
	双槐镇：0.16	
	隆兴镇：0.07	
	太和镇：0.06	
	云门街道：0.13	
	龙市镇：0.08	
	铜溪镇：0.05	
	其他乡（镇）：0.59	

三、生产性能

合川黑猪具有肉质鲜美、性成熟早、繁殖力高、抗逆性强、鬃质优良等稳定的遗传特征和优良的表型性状。

（一）体尺情况

2006年，合川黑猪调查小组对合川黑猪主产区钱塘、沙鱼当地农村饲养的合川黑猪测得体尺情况如表2-1-2。

表2-1-2　合川黑猪体尺情况

性别	样本数/头	指标	体重/千克	体长/厘米	体高/厘米	胸围/厘米	胸深/厘米	腿臀围/厘米	腹围/厘米	胸宽/厘米
公	15	均值	112.26	117.28	67.85	97.90	48.30	94.70	127.54	32.46
		标准差	6.71	6.12	1.21	2.94	2.81	3.83	3.70	1.09
		变异系数	5.98	5.22	1.78	3.00	5.82	4.04	2.90	3.36
母	60	均值	148.51	149.02	72.96	125.50	46.57	91.89	136.50	30.55
		标准差	7.70	11.49	3.68	12.92	4.52	6.42	13.88	2.68
		变异系数	5.18	7.71	5.04	10.29	9.71	6.99	10.12	8.77

从表2-1-2可以看出，除合川黑猪母猪的胸围和腹围的变异系数为10.29%和10.12%，略大于10%外，合川黑猪母猪其他体尺指标的变异系数均小于10%；公猪体尺指标的变异系数均小于6%。合川黑猪体尺体型一致程度较高，具有较高的遗传稳定性。

（二）繁殖性能

成年公猪体重（112.26±6.71）千克，体长（117.28±6.12）厘米，体高（67.85±1.21）厘米；成年母猪体重（148.51±7.70）千克，体长（149.02±11.49）厘米，体高（72.96±3.68）厘米。母猪初情期平均为94.5（75～120）日龄，在农村中，公猪出生后45日龄有爬跨行为，5～6月龄开始配种，母猪5月龄开始配种。母猪产仔年限一般为5～6年，公猪配种年限一般为6～7年。母猪初产（253头）产活仔数平均为（8.76±2.01）头，42日龄窝重（82.10±8.70）千克，3胎及3胎以上母猪（281头）产活仔数平均为（10.64±1.28）头，42日龄窝重（104.00±11.5）千克。

2008年，合川黑猪调查小组对合川区合川黑猪主产区农户饲养的合川黑猪母猪的繁殖性能进行新的调查统计。繁殖性能情况如表2-1-3。

表2-1-3　合川黑猪繁殖性能

胎次	窝数	指标	总产仔数/头	产活仔数/头	初生个体重/千克	初生窝重/千克	42日龄窝重/千克	断奶成活率/%
初产	253	均值	9.16	8.76	0.92	8.83	82.1	89.81
		标准差	2.01	1.31	0.14	1.12	8.70	11.71
		变异系数	21.94	14.95	15.22	12.68	10.60	13.04
经产	281	均值	11.04	10.64	1.04	10.81	104.00	90.21
		标准差	1.89	1.28	0.15	1.21	11.52	10.05
		变异系数	17.12	12.03	14.42	11.19	11.08	11.14

（三）肥育性能

2006年，重庆市合川区畜牧站在合川黑猪中心产区钱塘、沙鱼等地选取12头合川黑猪，统一送到农业部种猪质量监督检验测试中心（重庆）进行肥育性能指标测定。

合川黑猪在前期代谢能2.8兆卡/千克，粗蛋白13.0％，后期代谢能2.6兆卡/千克，粗蛋白11.5％的营养水平下，体重20～90千克日增重为552.0克，饲料转化率为3.87。达90千克体重时的日增重的变异系数略大于10％，说明该性状具有比较高的遗传稳定性（表2-1-4）。

表2-1-4 合川黑猪生长肥育性能情况

样本数/头	指标	日增重/克	料肉比
12	均值	552.00	—
	标准差	65.32	3.87：1
	变异系数	11.83	—

（四）胴体性状

在前期DE2.82兆卡/千克，CP14.04％，后期DE2.85兆卡/千克，CP11.84％的营养水平下，育肥猪日增重（552±65）克、饲料转化率（3.87±0.45）。体重达（89.80±2.90）千克时，屠宰率（72.09±1.39）％、平均膘厚（3.45±0.37）厘米、皮厚（0.50±0.06）厘米、胴体瘦肉率（42.87±2.20）％、眼肌面积（19.69±1.92）平方厘米、后腿比例（25.94±1.39）％、肌肉pH（6.02±0.20）、肉色评分（3.79±0.64）、大理石纹评分（3.14±1.84），肌纤维细［直径为（72.55±4.04）微米］，肌肉脂肪含量（8.70±6.86）％，肌肉呈鲜红色，大理石纹清晰、分布较均匀，肌肉中氨基酸等含量丰富，具有肉嫩多汁、肉香味美的特性。

2006年，重庆市合川区畜牧站在合川黑猪中心产区钱塘、沙鱼等地选取12头合川黑猪，统一送到农业部种猪质量监督检验测试中心（重庆）进行胴体品质指标测定。

从表2-1-5胴体品质性状指标的变异系数看，平均膘厚和6～7肋皮厚的变异系数分别为10.73％和12.00％，略大于10％；其余胴体品质性状的变异系数均小于10％，其中眼肌面积的变异系数为9.75％，其余各项指标的变异系数均小于6％，具有较高的遗传纯度和稳定性。

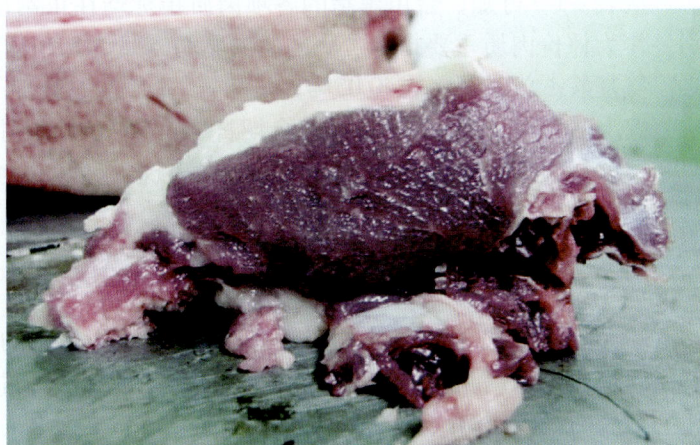

表2-1-5　合川黑猪胴体性状情况

样本数/头	指标	宰前活重/千克	屠宰率/%	平均膘厚/毫米	胴体重/千克	胴体直长/厘米	眼肌面积/平方厘米	6~7肋皮厚/毫米	后腿比例/%	瘦肉率/%
12	均值	85.60	72.09	34.50	61.70	90.90	19.69	5.00	25.94	42.87
	标准差	3.30	1.39	3.70	2.70	1.30	1.92	0.60	1.39	2.20
	变异系数	3.86	1.93	10.73	4.38	1.43	9.75	12.00	5.36	5.13

（五）肉质性状

2006年，重庆市合川区畜牧站在合川黑猪中心产区钱塘、沙鱼等地选取12头合川黑猪，统一送到农业部种猪质量监督检验测试中心（重庆）进行肌肉品质指标测定。测定结果如表2-1-6、表2-1-7。

表2-1-6　合川黑猪肉质性状情况

样本数/头	指标	肉色评分	大理石纹评分	pH1	pH24	滴水损失/%	肌肉剪切力/千克	失水率/%	肌内脂肪含量/%	肌纤维直径/微米	肌纤维密度/（个/平方毫米）
12	均值	3.79	3.14	6.02	5.66	3.29	2.59	14.04	8.70	72.55	203
	标准差	0.20	0.71	0.08	0.07	0.30	0.32	0.78	6.86	4.04	13
	变异系数	5.28	22.61	1.33	1.24	9.12	12.36	5.56	78.85	5.57	6.40

表2-1-7　合川黑猪肌肉氨基酸含量情况

种类	天冬氨酸	谷氨酸	组氨酸	苏氨酸	脯氨酸	酪氨酸	蛋氨酸	异亮氨酸	苯丙氨酸
均值/%	6.74	10.61	3.46	3.30	2.86	2.59	2.15	3.54	3.08
标准差/%	0.51	0.80	0.26	0.23	0.17	0.23	0.17	0.26	0.21

种类	丝氨酸	甘氨酸	精氨酸	丙氨酸	半胱氨酸	缬氨酸	赖氨酸	亮氨酸
均值/%	2.83	3.33	4.92	3.88	0.81	3.78	6.45	5.78
标准差/%	0.19	0.20	0.34	0.25	0.04	0.29	0.49	0.43

从表2-1-7可知，合川黑猪的各项肉质指标均在正常范围之内，肉色评分为3.79，pH1为6.02，特别是作为评价肉质重要指标之一的肌内脂肪含量为8.70%，肌肉内含有常见的17种氨基酸，其中人体必需氨基酸占总氨基酸的40.05%，呈味氨基酸占32.38%，表明合川黑猪具有优良的肉质品质。

综上，合川黑猪20~90千克全期日增重552.0克，饲料转化率3.87%，瘦肉率42.87%，肉色评分3.79，pH1为6.02，肌内脂肪含量8.70%，表现出良好的生长发育和产肉性能，其肉质优良，遗传性能基本稳定。

（六）鬃毛特性

2006年，重庆市畜牧科学院养猪研究所对合川黑猪的鬃毛特性进行测定和分析，发现合川黑猪猪鬃品质仅次于荣昌猪，具有毛干粗长、机械强度大、耐腐蚀、耐高温和柔韧性强的特点，是制作各种猪鬃制品的优质原料（表2-1-8、表2-1-9）。

表2-1-8　合川黑猪猪鬃特性

性状	平均数	标准差	变异系数
直径/微米	292.65	59.94	20.48
长度/厘米	11.03	0.52	4.71
断裂强度/%	1 676.17	264.22	15.76
伸长率/%	31.92	8.10	25.37

表2-1-9　合川黑猪猪鬃在不同物理条件下机械性能变化

时间	40% H_2SO_4		80% H_2SO_4		40% NaOH		100℃烘箱		100℃沸水	
	断裂强度/cN	伸长率/%	断裂强度/cN	伸长率/%	断裂强度/cN	伸长率/%	断裂强度/cN	伸长率/%	断裂强度/cN	伸长率/%
30分钟	2 262	40.49	2 220	41.09	604	35.99				
1小时	1 585	36.59	2 046	41.69	417	28.54	2 414	4.79	1 845	31.54
2小时	1 529	35.09	1 717	32.99	285	20.99	2 086	4.79	1 825	32.12
3小时	1 301	40.79	1 614	32.99	268	20.51	2 043	4.2	1 842	32.25
4小时	900	29.69	1 512	29.99	233	19.62	1 812	3.59	1 798	32.28
5小时	481	8.39	1 057	21.89	39	16.84	1 753	2.99	1 785	33.01

（七）猪皮特性

2006年，重庆市畜牧科学院养猪研究所和西南大学合作对合川黑猪的猪皮特性进行测定和分析，试验随机选取成年猪各10头，屠宰剥皮后测定猪皮的面积、厚度、拉伸负荷、拉伸强度、断裂负荷、断裂应力和断裂伸长率等指标（表2-1-10）。结果表明，合川黑猪猪皮表现出较好的机械性能，适宜加工制作各种猪皮产品。

表2-1-10　合川黑猪猪皮机械性能情况

	背部	颈部	臀部	腹部	平均
断裂应力/（N/平方厘米）	70.80±37.78	60.34±34.36	139.29±22.94	62.05±22.38	84.23±44.56
断裂负荷/N	313.69±209.36	249.79±176.21	605.72±118.44	150.57±61.48	339.38±227.09
拉伸强度/（N/平方厘米）	87.52±28.74	66.53±37.11	149.52±20.82	73.81±17.35	95.42±42.81
猪皮厚度/厘米	0.41±0.10	0.37±0.09	0.45±0.11	0.24±0.06	0.37±0.12
断裂伸长率/%	64.60±29.96	65.91±28.40	48.11±14.96	65.89±6.01	60.88±23.15
拉伸负荷/N	378.82±183.73	274.69±189.48	656.83±151.08	181.58±59.94	383.05±235.35

四、杂交优势

2008年，合川黑猪调查技术组对合川区合川黑猪主产区农户饲养的合川黑猪母猪与外种公猪杂交的繁殖性能进行定点观测。合川黑猪作母本，与长白猪和约克猪进行二元杂交，观测结果表明，合川

黑猪与外种猪杂交的优势明显，其二元杂种猪的生产性能、瘦肉率和饲料转化率明显提高。适应粗放的饲养管理，具有适应性强、肉品质好、鬃毛质量好、配合力好等优点，特别适合农户散养和小规模饲养。

二元杂交繁殖情况见表2-1-11。

表2-1-11　二元杂交繁殖情况

杂交方式	胎次	窝数	指标	总产仔数/头	产活仔数/头	初生个体重/千克	初生窝重/千克	断奶成活率/%
长×合	初产	1	均值	10.90	10.41	0.94	9.89	90.61
			标准差	1.81	1.74	0.15	1.57	5.43
	经产	53	均值	12.28	11.87	1.16	13.74	91.36
			标准差	1.79	1.43	0.11	1.79	4.62
约×合	初产	50	均值	10.02	10.36	0.92	9.60	90.46
			标准差	1.74	1.62	0.14	1.59	5.36
	经产	62	均值	12.48	11.82	1.21	14.28	91.46
			标准差	1.59	1.38	0.13	1.71	4.68

表2-1-11显示，在以合川黑猪为母本的二元杂交中，长×合杂交、约×合杂交经产窝平产活仔分别为11.87、11.82头，比合×合（10.64）分别多1.23头和1.18头，且杂交仔猪的断奶成活率均有提高，长×合组达91.36%，约×合组达91.46%，分别比合×合高1.15%和1.25%；经产初生个体重长×合比合×合高120克，约×合比合×合高170克，初生个体重分别比合×合提高了11.54%和16.35%，杂交优势明显。

二元杂交育肥性能见表2-1-12。

表2-1-12　二元杂交育肥性能

杂交方式	样本数	指标	初始重/千克	末重/千克	日增重/克	料肉比
长×合	10	均值	19.02	90.02	617.40	3.38：1
约×合	10	均值	21.49	91.50	622.43	3.36：1

表2-1-12显示，以合川黑猪为母本的二元杂交（长×合、约×合）后代，其料肉比均有所降低，分别为3.38：1、3.36：1；日增重均有较大幅度的增加，分别为617.40克和622.43克，分别比合×合提高了11.85%和12.76%。

二元杂交胴体性状情况见表2-1-13。

表2-1-13　二元杂交胴体性状情况

杂交方式	样本数	指标	宰前活重/千克	屠宰率/%	眼肌面积/平方厘米	瘦肉率/%	后腿比例/%
长×合	6	均值	91.40	70.27	29.82	54.34	26.77
		标准差	2.90	1.26	1.75	2.30	1.28
约×合	6	均值	88.50	72.34	30.99	54.87	28.83
		标准差	3.50	1.32	1.93	2.51	1.54

表2-1-13显示，合川黑猪做母本，分别与长白猪和约克猪进行二元杂交，长×合、约×合杂交后代瘦肉率有较大提高，分别为54.34%和54.87%；此外，屠宰率分别为70.27%和72.34%，眼肌面积分别为29.82平方厘米和30.99平方厘米，后腿比例分别为26.77%和28.83%。杂交优势明显。

五、荣誉认证

2006年10月，合川黑猪经审定，成为重庆市级畜禽遗传资源。2009年，合川黑猪入选重庆市地方畜禽遗传资源一级保护品种目录。2009年3月，发布《合川黑猪重庆市地方标准》，同年6月实施。2011年，合川黑猪活体和非活体注册地理标志商标。2017年，建成重庆市合川区合川黑猪遗传资源保护场。

六、发展概况

截至2018年，已建成重庆市合川黑猪遗传资源保护场1个，合川黑猪扩繁场3个。发展合川黑猪养殖大户146家。存栏合川黑猪母猪1.23万头，合川黑猪公猪41头。2009—2017年合川黑猪生产情况见表2-1-14。

表2-1-14　2009—2017年合川黑猪生产情况

年份	合川黑猪母猪存栏数/万头	合川黑猪出栏数/万头
2009	1.72	16
2010	1.68	15
2011	1.64	15
2012	1.67	15
2013	1.62	14
2014	1.54	13
2015	1.41	12
2016	1.36	10
2017	1.23	8

第三节　潼南罗盘山猪

罗盘山猪，重庆市潼南区特产，地理标志产品。潼南罗盘山猪俗名"毫杆猪"，因主产于重庆市潼南区境内的罗盘山地区而得名，是经过长期的自然选择和人工选择，逐步形成的适应当地生态环境和饲养条件的地方品种。

潼南罗盘山猪体型中等偏大，体质健壮，皮毛全黑，鬃毛粗长刚韧，头中等大，额部横行皱纹较浅，嘴长而稍尖，耳中等偏小。猪肉肉色鲜红，肌肉间脂

肪纹路明显，肉质细嫩，口感好。

一、产地环境

罗盘山猪原产地位于重庆市潼南区境内的罗盘山地区，主要分布于重庆市潼南区境内。潼南罗盘山猪的产区位于东经105°31′4″—106°00′20″，北纬29°47′33″—30°26′28″，地势以浅峰地带为主，平坝较多，海拔高度为300～450米，相对高度多为50～100米。产区气候属亚热带湿润季风气候，雨热同季，降水充沛，冬暖春早夏热秋凉，全年适合农作物生长，但日照少，阴天多，湿度大，冬季多云雾，并常有干旱、洪涝、低温、阴雨等灾害天气。年平均气温17.9℃，最低气温−3.8℃，最高气温42℃，年平均霜期5.5天，年平均降水量为974.8毫米，年平均日照时数为1 228.4小时。产区水资源丰富，涪江、琼江贯穿全境。沙溪庙母质占25.3%，土质有机质含量平均为1.35%，全钾含量2.55%，速效钾含量丰富，平均为96ppm，速效磷含量低，平均为3ppm，碱解氨含量75ppm。适合农作物生长，主产水稻、小麦、玉米、红薯、生姜，农民有大量使用生姜叶、红薯藤、米糠、麦麸养猪的习惯。据当地村民介绍，罗盘山下的农户历来喜欢到罗盘山上购买母猪饲养，普遍反映从罗盘山上购买的母猪不仅耐粗饲，而且好饲养，繁殖能力强。产区位于潼南区南部，是潼南最偏远的地方，与外界交流少，相对封闭的环境形成了独特的品种资源。

二、历史渊源

潼南罗盘山猪历史悠久，最早可追溯到乾隆年间。彭氏家族在乾隆年间从湖南迁至罗盘山地区，开始饲养罗盘山猪。据《彭氏家谱》记载，"彭氏由彭城传到江西宜春（隐源山口），至明初有的子孙由卢陵迁居湖南祁阳区，至清乾隆甲戌年落业川东罗坪山。以种稻、麦、姜、养猪、蚕桑为业"。据《潼南区志》记载："1954年12月，复兴乡乐平农业社率先建起第一个集体养猪场"。

当地农民长期习惯种植生姜和红苕，粮食较少，养猪主要用生姜叶和红苕藤，很少用粮食，"红苕既作人食，又是好的饲料，有'红苕半年粮'之说"，把红苕定为"精料"。据1993年版《潼南县畜牧志》记载："罗盘山猪，在民国初年就广为存在""罗盘山猪耐粗饲，当地群众喜用生姜茎叶作饲料，食欲旺盛，抗病力强，适宜吊架子饲养方式"。1954年4月，潼南县县长许白瑞还以"建农副字第144号"发布布告："为了继续提倡农村养猪事业，进一步发展农业生产，改善农民生活，特布告下列数事：一、为了饲养肥猪的需要，农民用少量的粮食是必要的，允许的，但应本着节约精神，尽量少喂粮食多利用各种豆秆、猪草等掺杂配合使用""穷不丢猪，富不丢书"。在罗盘山猪核心产区保留至今的一座古庙中，当地村民自发组织雕刻了"猪王菩萨""猪王"，与"土地神""观音菩萨"等神仙享受共同供奉，据当地长者回忆，当初是因为"村民历来习惯饲养当地黑猪，黑猪是村民主要的经济来源，世世代代离不开黑猪，供奉猪王就是希望菩萨保佑村民养猪不生病"。由此可见，当地有长期饲养当地黑猪的习惯，罗盘山猪就是在大量使用生姜叶和红苕藤等青粗饲料的情况下，经过产区养猪户和民间兽医长期选择培育，逐步形成的能适应当地自然气候环境和粗放的饲养条件、体型外貌一致、生产性能相似、遗传性能稳定的地方猪种。

三、品质特点

潼南罗盘山猪具有抗病力强、耐粗饲、合群性强的特性，饲养过程也避免了人工饲料添加剂、催长剂等。无激素、无药物，是"菜篮子"中的放心肉和绿色肉食。

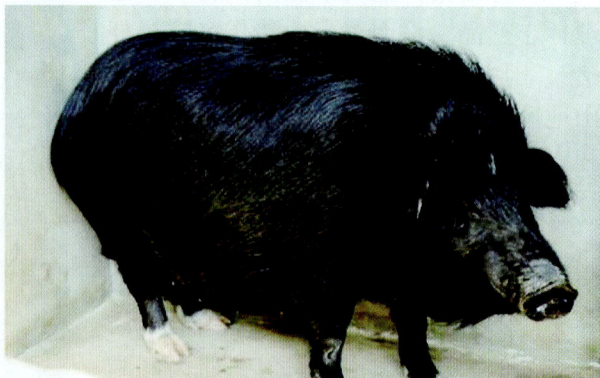

（一）外貌特征

体型中等偏大，体质健壮，被毛全黑、粗长，鬃毛粗长刚韧。头中等大，额部横行皱纹较浅，嘴长而稍尖，耳中等偏小；体躯窄深，背腰稍凹陷，腹大下垂，臀部稍倾，后躯欠丰满，四肢较短，多卧系。乳头6～7对。

（二）肉品特征

1.感官特征

猪肉肉色鲜红，肌肉间脂肪纹路明显，肉质细嫩，口感好。pH（6.08±0.09），干物质（27.35±1.4）%，肌纤维密度（237±15）个/平方米，肌内脂肪含量为（3.47±0.36）%。

2.生理生化指标

分别对16头猪的11项相同指标进行测定，各项指标为：肛温平均39.7℃、脉搏平均62次/分钟、呼吸次数平均21次/分钟、白细胞（Wbc）总数平均$20.2×10^9$/L、红细胞（Rbc）总数平均$9.3×10^{12}$/L、红细胞（Rbc）压积平均45.5%、MCV（fL）平均57.7、Hb含量（pg）平均17.2、Hb浓度平均313克/升、白蛋白平均47.2克/升、蛋白量平均88.2毫克/毫升。

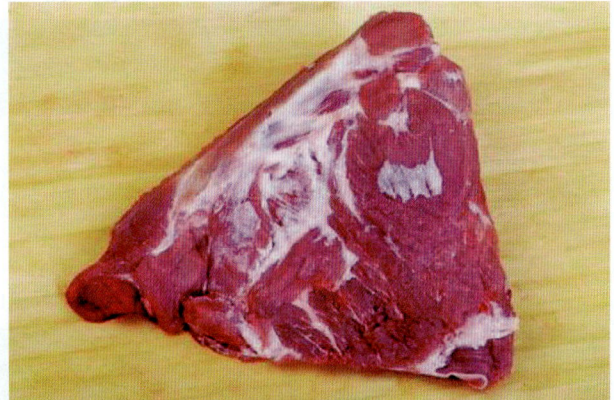

3.营养价值

猪的肉质鲜美、滋味浓郁、营养丰富，具有强体、滋补作用。与家猪相比，罗盘山猪肉蛋白质含量高，以粗蛋白为主，热量高，脂肪含量低，以瘦肉为主，胆固醇含量比家猪低29%，并含有多种微量元素和17种人体必需的氨基酸。罗盘山猪肉含有较高的亚油酸和亚麻酸，特别是人体所需的亚油酸，含量是家猪的2.5倍，可降低血脂，有利于动脉硬化所致的冠心病和脑血管硬化性疾病的防治，对人体肠道出血症也有明显的疗效。亚油酸能促进脂溶性维生素的吸收和减少胆固醇在血管壁的沉积。同时，亚油酸有抗凝、抗血栓和抗组织细胞氧化的作用。常吃亚油酸含量高的野猪肉，对于高血脂、高血压、动脉硬化有良好的抑制作用。罗盘山猪肉符合现代食品营养的需要，备受人们青睐。

四、生产性能

（一）繁殖性能

2006年，对新胜镇10头公猪61头母猪进行调查，在农村饲养条件下，罗盘山公猪性成熟一般为4～5月龄，初配体重50～60千克，配种频率约10次/周。农村条件下一般采用本交方式，公猪一般利用年限为2～3年。罗盘山母猪发情周期为（21±0.4）天，发情持续期2～4天，妊娠期（114.5±1.1）天，窝平均产仔（11.7±0.8）头，初生个体重（1.08±0.24）千克，断奶仔猪成活数（10.8±0.9）头，断奶仔猪成活率（96±3.6）%，母猪一般利用年限7～9年。

（二）肥育性能

据农业部种猪质量监督检验测试中心（重庆）2006年测定，12头罗盘山猪，体重20～90千克，在前期代谢能2.8兆卡/千克、粗蛋白13.0%的营养水平，后期代谢能2.6兆卡/千克、粗蛋白11.5%的营养水平下，日增重为（564±53）克，饲料转化率为（3.39±0.17）。

（三）肉质性状

2006年，农业部种猪质量监督检验测试中心（重庆）对屠宰时体重（91.2±3.2）千克的12头罗盘山猪的肉质性状进行评定测定（表2-1-15、表2-1-16）。

表2-1-15　罗盘山猪肉质性状

项目	样本数	肉色评分	pH1	pH24	肌肉剪切力/千克	肌内脂肪含量/%	滴水损失/%	失水率/%	大理石纹评分	干物质/%	肌纤维密度/（个/平方厘米）	肌纤维直径/微米
均值	12	3.8	6.08	5.49	3.06	3.47	3.42	14.05	2.1	27.35	237	67.02
标准差		0.2	0.09	0.03	0.24	0.36	0.39	0.76	0.1	1.4	15	2.69

表2-1-16　罗盘山猪肌肉氨基酸含量

项目	天冬氨酸/%	谷氨酸/%	组氨酸/%	苏氨酸/%	脯氨酸/%	酪氨酸/%	蛋氨酸/%	异亮氨酸/%	苯丙氨酸/%
均值	7.24	11.25	3.74	3.29	2.95	2.93	2.31	3.81	3.31
标准差	0.26	0.40	0.13	0.13	0.09	0.08	0.11	0.14	0.10

项目	丝氨酸/%	甘氨酸/%	精氨酸/%	丙氨酸/%	半胱氨酸/%	缬氨酸/%	赖氨酸/%	亮氨酸/%
均值	3.09	3.60	4.98	4.36	0.88	4.14	6.94	6.25
标准差	0.10	0.11	0.17	0.14	0.02	0.17	0.26	0.23

五、质量技术

（一）地域范围

罗盘山猪地理标志产品地域保护范围包括潼南区的新胜镇、小渡镇、卧佛镇、五桂镇、太安镇、塘坝镇、寿桥乡、田家乡、别口乡、柏梓镇、崇龛镇、双江镇、花岩镇、梓潼街道、桂林镇、龙形镇、上和镇、古溪镇、玉溪镇、群力镇、宝龙镇、米心镇22个乡（镇、街道），地处海拔212～450米的平坝地带。东到上和镇石镜村，南到太安镇渔溅村，西到崇龛镇临江村，北到米心镇。

专用标志使用。潼南罗盘山猪地理标志产品保护范围内的生产者，可向重庆市潼南区质量技术监督局提出使用地理标志产品专用标志的申请，经重庆市质量技术监督局审核，由国家质量监督检验检疫总局批准并公告。

（二）安全要求

根据罗盘山猪的现有条件，采取保种户和保护区相结合的农户保种方法，对罗盘山猪的优良性状加以保护和提高，在保种区实行群选群育。产品和安全指标必须达到国家对同类产品的相关规定。

按《无公害食品　畜禽饮用水水质》（NY 5027—2008）保证水源水质。

按《无公害食品　畜禽饲料和饲料添加剂使用准则》（NY 5032—2006）使用饲料及饲料添加剂产品。

按《无公害农产品　兽药使用准则》（NY/T 5030—2016）使用兽药并严格执行休药期。

按《畜禽屠宰卫生检疫规范》（NY 467—2001）做好屠宰前的检疫、宰后检疫及检疫检验。

六、养殖方式

罗盘山猪耐粗饲，当地群众喜用生姜叶、红苕藤作饲料，以青粗饲料为主，混合饲喂或添加少量玉米粉等单一粮食饲喂，很少采用全价配合饲料饲养。在当地农村饲养条件下，出肥期一般在8～12个月，出肥体重100～120千克。母猪以散养为主，每户饲养1～10头居多，母猪主要以青粗饲料饲喂，少量添加单一粮食，日喂2餐，圈舍都是石板或水泥地面，管理比较粗放。随着饲料工业的发展，产区群众养猪除饲喂自家种植的青绿饲料和粮食作物外，对后备期母猪供给优质的配合饲料，尤其注意蛋白水平、维生素、钙和磷等营养物质的平衡。母猪妊娠初期，细心照料，防止母猪流产或胚胎早期死亡；怀孕后期，注意添加喂料的质和量，保证胎儿的后期发育。对哺乳母猪和仔猪添加优质蛋白质饲料。

产区农民在长期的养猪生产实践中，不断选育当地生猪，民间流传着"异地选公，就地选母"的选种经验，对种猪个体选择的要领是"前开肯吃，后开肯长，奶头多产仔就多"，母猪选择以体型外貌、生长发育和乳头数为主要选择依据。

七、生产发展

1976年，罗盘山猪产区内有罗盘山猪1万头以上，公猪50多头。20世纪80年代以来，罗盘山猪产区大力推广瘦肉型猪，外来良种公猪的引进和杂交肉猪生产的发展，使罗盘山猪在数量上下降很快，主要用作经济杂交的母本，用于纯繁的比例急剧减少。1983—1998年，潼南县畜牧兽医局先后进行长白猪、约克猪、杜洛克猪等外种猪和罗盘山猪的杂交实验，以罗盘山猪为经济杂交母本，以长白猪或约克猪为父本生产二元或三元杂交商品猪，杂交效果较好。2004年，潼南县境内有罗盘山猪2 000头左右，2006年，潼南县境内有罗盘山猪母猪826头、成年公猪6头、后备公猪12头，数量急剧减少，特别是用于纯繁的母猪数量很少。2006年3月3日，潼南县人民政府办公室下发了《关于加强罗盘山猪地方品种保护工作的通知》，明确划定潼南县新胜镇、小渡镇、卧佛镇、五桂镇、寿桥乡、塘坝镇、太安镇7个乡（镇）为罗盘山猪遗传资源保护区，对罗盘山猪的保种实行补贴，每头母猪额外增加100元补贴，每头公猪每年4 000元保种经费，配种免费，为罗盘山猪优良血缘的保留和发展起了重要作用。2007年开始，国家先后出台了一系列优惠发展政策，极大地促进了农户饲养生猪的积极性，潼南县又出台了对罗盘山猪的保种补贴政策，保种罗盘山公猪10头，每年每头公猪补贴4 000元保种经费，母猪数量迅速增加。2017年，潼南区饲养罗盘山猪母猪1 500余头，年出栏商品猪2万余头。

八、荣誉认证

2012年，潼南罗盘山猪获得农业部农产品地理标志认定。

第四节　丰都渠溪猪

渠溪猪，重庆市地方畜禽遗传资源保护品种。渠溪猪原名渠溪黑猪，因原产于重庆市丰都县的渠溪河流域而得名。渠溪猪是重庆地方猪品种资源的组成部分，具有耐粗饲、抗逆性强、肉质品味好、肠衣质量好、配合力强、猪皮品质优等特点。2006年，重庆市农业局《关于公布2006年重庆市畜禽品种审定结果的通知》确定名称为渠溪猪。2009年5月，通过国家畜禽遗传资源委员会猪专业委员会对

渠溪猪遗传资源的现场鉴定，专家组认为，渠溪猪符合《畜禽新品种配套系审定和畜禽遗传资源鉴定办法》关于猪遗传鉴定条件，同意上报国家遗传资源委员会审批。2009年3月，重庆市农业委员会《关于公布重庆市地方畜禽遗传资源保护名录的通告》将渠溪猪列入畜禽遗传资源二级保护名录。

一、历史渊源

据《巴国·巴人·巴文化》记载："巴人有古朴凝重的民风，历来崇尚勇武。他们住干栏式房屋，楼上居人，楼下养畜，傍水而居"。鱼豢《魏略》亦云："氐人俗能织布，善田种，畜养豕、牛、马、驴、骡"。春秋末至战国初期，巴民族处于强盛时期，畜牧业发展较快，据《华阳国志·巴志》记载"其地，东至鱼复，西至僰道，北接汉中，南极黔涪（当时丰都归属涪）。土植五谷，牲具六畜"。到东汉时期，进入封建社会，汉初封建统治者实行安民利民政策，让老百姓休养生息，并发展养猪生产。1992—2008年，由四川省文物考古研究所、重庆市文物考古所等多家科研单位组成的考古队，在丰都县汇南、镇江等地的古墓群发掘出土汉代"陶猪""陶猪圈"等文物，陶猪体型外貌近似渠溪猪，表明汉代时期丰都地区已普遍圈养猪，并有渠溪猪的原始体型。另据1991版《丰都县志》记载，"民国前期，丰都肠衣主销重庆、万县、沙市、宜昌、武汉""民国二十七年（1938年）高家镇、社坛等地猪瘟大流行，死亡率高"，说明在民国时期，丰都养猪业已十分兴旺。

上述史料证明，渠溪猪系丰都地区的古老地方品种，在汉代，渠溪猪的体型特征已经形成，其饲养历史在汉代以前，距今已有1 800多年历史。

二、品种特征

渠溪猪起源于野猪，因原产于重庆市忠县、丰都县等地的渠溪河流域而得名。渠溪猪属中熟品种，肉质好，肉味香浓，肉质风味独特，其肌纤维细密，大理石花纹明显，肉味特殊，香浓可口；肠衣质量特别好。渠溪猪在极端不良的自然环境和饲养条件下，也有良好的适应能力和抗逆性，能适应高、低海拔环境；抗寒、耐热和耐湿性好，抗病能力强，耐粗饲、耐饥饿（对低营养水平的耐受力强）。在同一环境条件下育肥，低营养水平日粮的日增重、屠宰率比中等营养水平日粮还高，且料肉比低。

渠溪猪体型中等偏大，体质细致健壮，全身被毛为黑色，粗而稀。头大小适中，耳朵小，略向两侧延伸，嘴筒长而尖，口叉深、额面皱纹少，由几条粗大皱褶组成，形似古钱币样的图形，体躯较窄，背腰平直，腹大松弛下垂不拖地，臀部较倾斜，大腿欠丰满，四肢粗短而结实，多卧系。乳头排列整齐，一般有6～8对。

三、生产性能

（一）体重和体尺

2006年，丰都县畜牧局调查了渠溪猪核心产区的61头成年渠溪猪（50头母猪，11头公猪）的体重和体尺。结果显示，除母猪的体重和公猪的体高变异系数较大外，其他指标较一致。从整体上来看，渠溪猪体型中等偏大（表2-1-17）。

表2-1-17　农村饲养条件下成年渠溪猪体重、体尺

| | 母猪 | | | 公猪 | | |
| | 50/头 | | | 11/头 | | |
	平均数	标准差	变异系数	平均数	标准差	变异系数
体重/千克	116.2	19.8	17.04	89.6	4.8	5.36
体长/厘米	137.8	11.7	8.49	115.6	8.6	7.44
胸围/厘米	129.7	11.3	8.71	102.2	5.7	5.58
体高/厘米	67.0	4.1	6.12	58.3	7.0	12.01

（二）繁殖性能

2006年，丰都县畜牧局调查了渠溪猪核心产区社坛镇、仁沙乡125头渠溪猪的发情情况、种猪利用年限等指标。结果显示，在农村饲养的小母猪多在3～4月龄开始发情，发情周期为19～21天，发情持续期为2～3天，发情症状明显，适配期4～5月龄。妊娠期为113～116天，母猪头胎总产仔数平均不少于7头，产活仔数平均不少于6头；母猪3～7胎窝产总仔数平均不少于9头，窝产活仔数平均不少于8头。使用年限6～8年，个别高达10年，产仔旺盛期为2.5～3.5岁，5～6月龄开始配种。

公猪2月后就有爬跨行为，4月龄后开始初配，性旺盛期为1～1.5岁，使用1～2年后阉割育肥。

2006年2—10月，丰都县畜牧局在社坛镇、仁沙乡对渠溪猪产仔等有关情况的调查结果显示，渠溪猪繁殖力中等。32头母猪头胎平均产仔数（7.6±1.6）头，125头母猪三胎及以上平均产仔数（10.3±1.9）头，平均产活仔数（9.5±1.6）头，仔猪平均初生重0.7～1.2千克，初生窝重（10.5±0.7）千克，单月断奶个体重（5.2±0.5）千克，双月个体重（13.8±1.1）千克（表2-1-18）。

表2-1-18　渠溪猪繁殖性状

参数	头胎产仔数/头	三胎及三胎以上产仔数/头	初生个体重/千克	初生窝重/千克	断奶个体重/（千克/断奶日龄）
平均数	7.6	10.3	0.7～1.2	10.5	5.2（30）13.8（60）
标准差	1.6	1.9	—	0.7	0.5（30）1.1（60）
变异系数	21.05	18.45	—	6.67	9.62（30）6.96（60）

（三）肥育性能

在正常饲养管理条件下，渠溪猪42日龄仔猪个体重不少于5.1千克，120日龄后备公、母猪体重不少于25千克，成年公猪体重不少于90千克，成年母猪体重不少于95千克。

生长育肥猪（20～90千克），在前期（20～60千克）日粮含消化能11.7～12.9MJ/千克、粗蛋白质14.0%～15.0%，后期（60～90千克）日粮含消化能11.9兆焦耳/千克、粗蛋白质11.8%～13.5%

的条件下，全期日增重不少于360克。在体重80～90千克屠宰时，屠宰率不低于68%，第6～7肋间背膘厚不高于59毫米，胴体瘦肉率不低于34%。

2006年4月，按照重庆市种猪调查总体方案的要求，丰都县畜牧局从渠溪猪核心产区随机选取26头渠溪仔猪送至农业部种猪质量监督检验测试中心（重庆），集中测定肥育性能、胴体性状和肉质性状指标。结果显示，12头渠溪猪在前期代谢能2.8兆卡/千克，粗蛋白13.0%，后期代谢能2.6兆卡/千克，粗蛋白11.5%营养水平下，20～90千克日增重为（564±53）克，饲料转化率为（3.39±0.17）。特别是在低营养水平日粮育肥情况下，更体现出渠溪猪的优势（表2-1-19）。

表2-1-19　不同营养水平对渠溪猪（60～90千克）育肥效果

组别	粗蛋白质/%	消化能/（兆卡/千克）	日增重/克	料肉比
低营养	11.5	2.6	667.43	3.369：1
中营养	13.0	2.8	606.00	3.720：1

（四）胴体性状

据农业部种猪质量监督检验测试中心（重庆）2006年测定，渠溪猪的胴体性状如表2-1-20所示。渠溪猪的屠宰率和胴体瘦肉率较高，分别达72.81%和40.16%。除6～7肋膘厚、三点均膘厚和眼肌面积的变异系数较大外（分别为13.56%、15.49%和19.79%），其余胴体品质性状指标的变异系数均小于10%，群体一致性较高。

表2-1-20　渠溪猪的胴体性状

样本数	统计量	结束体重/千克	宰前体重/千克	胴体重/千克	屠宰率/%	6～7肋膘厚/毫米	胴体直长/厘米	三点均膘/毫米	眼肌面积/平方厘米	左半胴体瘦肉率/%	后腿比例/%
12	均值	89.1	85.2	62.0	72.81	5.9	88.8	38.1	21.32	40.16	25.88
	标准差	1.3	1.6	1.4	1.17	0.8	2.7	5.9	4.22	3.52	0.73
	变异系数	1.46	1.88	2.26	1.61	13.56	3.04	15.49	19.79	8.76	2.82

（五）肌肉品质

据农业部种猪质量监督检验测试中心（重庆）2006年测定，渠溪猪的肉质性状统计如表2-1-21所示。综合渠溪猪的各项肉质指标认为，渠溪猪肌肉品质良好。尤其肌纤维直径较小，肌纤维密度较大体现了渠溪猪肉质细嫩。另外，渠溪猪的各项肉质指标的变异系数均小于10%，群体一致性较高。

表2-1-21　渠溪猪的肉质性状分析

样本数	统计量	肉色评分	pH1	pH24	肌肉剪切力/千克	肌内脂肪含量/%	滴水损失/%	失水率/%	大理石纹评分	干物质/%	肌纤维密度/（个/平方毫米）	肌纤维直径/微米
12		3.8	6.39	5.51	2.93	3.19	2.71	14.29	2.00	25.95	240	66.58
	S	0.2	0.06	0.07	0.29	0.48	0.17	0.83	0.20	2.39	22	2.30
	变异系数	5.26	0.94	1.27	9.90	15.05	6.27	5.81	10.00	9.21	9.17	3.45

（六）肌肉氨基酸测定

据农业部种猪质量监督检验测试中心（重庆）2006年测定，渠溪猪的肌肉氨基酸含量统计如表
2-1-22所示。17种氨基酸中，谷氨酸最高，达12.93％。含量最少的是蛋氨酸和半胱氨酸，分别为
2.62％和0.85％。谷氨酸是一种重要的鲜味物质，有增强香味的作用，不仅能增强食品风味，对动物
性食品还有保鲜作用，这也进一步证明了渠溪猪肉质鲜美。另外，17种氨基酸的变异系数均在5％以
下，说明渠溪猪氨基酸组成稳定，个体变异小。

表2-1-22 渠溪猪肌肉冻干样中17种氨基酸含量分析

氨基酸名称	均值/%	标准差/%	变异系数/%
天冬氨酸	8.51	0.37	4.35
谷氨酸	12.93	0.20	1.55
组氨酸	3.97	0.08	2.02
苏氨酸	4.07	0.06	1.47
脯氨酸	3.35	0.07	2.09
酪氨酸	3.12	0.05	1.60
蛋氨酸	2.62	0.06	2.29
异亮氨酸	4.30	0.08	1.86
苯丙氨酸	3.64	0.06	1.65
丝氨酸	3.33	0.05	1.50
甘氨酸	3.74	0.04	1.07
精氨酸	6.02	0.09	1.50
丙氨酸	4.93	0.10	2.03
半胱氨酸	0.85	0.02	2.35
缬氨酸	4.62	0.07	1.52
赖氨酸	7.83	0.13	1.66
亮氨酸	7.00	0.13	1.86

（七）猪皮特征

2006年，西南大学和重庆市畜牧科学院测定了渠溪猪等5个重庆地方猪猪皮的面积、厚度、拉伸
负荷、拉伸强度、断裂负荷、断裂应力和断裂伸长率。共测定10头渠溪猪结果表明，渠溪猪皮张面积
大、厚度均匀、机械强度高且断裂伸长率高，特别适合制作高档猪皮革。渠溪猪猪皮品质各项指标见
表2-1-23。

表2-1-23 渠溪猪猪皮品质测定表

主要指标	统计量	背部	颈部	臀部	腹部	整体
面积/平方厘米	均值			15 004.35		15 004.35
	标准差			870.51		870.51
	变异系数			5.80		5.80
厚度/厘米	均值	0.5	0.4	0.55	0.27	0.43
	标准差	0.08	0.04	0.09	0.06	0.13
	变异系数	16.00	10.00	16.36	22.22	30.23

（续）

主要指标	统计量	背部	颈部	臀部	腹部	整体
拉伸负荷/N	均值	485.53	307.3	511.65	191.33	372.21
	标准差	260.84	128.42	127.43	115.93	212.39
	变异系数	53.72	41.79	24.91	60.59	57.06
拉伸强度/（N/平方厘米）	均值	95.96	80	97.11	70.63	85.78
	标准差	45.07	36.5	34.97	41.22	40.5
	变异系数	46.97	45.63	36.01	58.36	47.21
断裂负荷/N	均值	449.44	285.13	467.66	155.18	337.73
	标准差	253.51	127.3	136.48	126.28	210.6
	变异系数	56.41	44.65	29.18	81.38	62.36
断裂应力/（N/平方厘米）	均值	88.54	74.5	89.74	55.51	76.91
	标准差	43.31	36.33	37.72	43.49	41.97
	变异系数	48.92	48.77	42.03	78.35	54.57
断裂伸长率/%	均值	57.87	65	43.62	75.78	60.78
	标准差	27.83	27.46	10.65	19.95	25.13
	变异系数	48.09	42.25	24.42	26.33	41.35

（八）生理生化指标测定

2008年2月，重庆市畜牧科学院测定15头渠溪猪，肛温平均38.1℃，脉搏平均67次/分钟，呼吸次数平均22次/分钟；白细胞（Wbc）总数平均26.34×109/升，红细胞（Rbc）总数平均79.5×1 012/升，红细胞（Rbc）压积平均50.7%，MCV（fL）平均61.8，Hb含量（pg）平均16.7，Hb浓度平均262克/升，白蛋白平均38.17克/升，蛋白量平均90.41毫克/毫升。

（九）利用情况

1.杂交优势

据《丰都县志》（1977年版）记载，高镇、新建、包鸾、新城、社坛等地进行过渠溪猪的杂交品种组合测定。结果显示，以渠溪猪作为母本，长白猪、约克猪作为父本，其二元杂种猪的生产性能，特别是瘦肉率和饲料转化率明显提高（表2-1-24）。

表2-1-24　渠溪猪杂交猪品种测定比较表

品种组合	测定头数/头	始重/千克	末重/千克	全期测定		饲养天数/天	日增重/千克	每增重1千克消耗		屠宰率/%	瘦肉率/%
				净增重/千克	与本地猪比较			混合饲料/千克	青料/千克		
本地×本地	16	5.6	55.15	49.56	100	435	0.11	2.25	19.4	71.7	35.1
长白×本地	6	8.5	93.65	85.15	191.2	390	0.27	1.12	11.8	66.1	48.5
约克×本地	6	6.6	89.4	82.8	164.5	441	0.19	1.16	18.3	70.5	43.8

随着饲料条件和饲养技术的改善，渠溪猪母本与外种公猪杂交的后代生产性能有显著改善。据丰都县畜牧局1998年试验测定：5头长白公猪与渠溪猪母猪的杂交后代，在中等营养水平饲养条

件下，由（20.8±3.1）千克饲养到（96.6±5.5）千克需要108天，其阶段日增重（642.37±10.2）克，料肉比3.31∶1。平均96.6千克屠宰，其胴体瘦肉率（50.92±4.63）%，屠宰率（71.67±4.59）%。

渠溪猪具有耐粗饲、适应性强、抗病力强等特点，当地农民多以渠溪猪为经济杂交母本，以长白猪或约克猪为父本进行二元或三元杂交生产商品猪，杂交后代育肥期增重较快，适应性强，杂交优势比较明显，长×约×渠平均日增重719克，料肉比3.15∶1；约×长×渠平均日增重693.4克，料肉比3.22∶1；长×渠平均日增重656克，料肉比3.14∶1；约×渠平均日增重631克，料肉比3.12∶1。长×约×渠屠宰率72.86%、瘦肉率58.6%；约×长×渠屠宰率71.80%、瘦肉率57.40%；长×渠屠宰率70.96%、瘦肉率52.36%；约×渠屠宰率70.04%，瘦肉率52.7%。

2.保种及提纯

2004年，丰都县畜牧兽医局在丰都县社坛镇陈家岩村建立渠溪猪保种场，选择血缘比较纯正的公、母猪各50头。2005—2013年，不断提纯、保种。2014—2017年，每年向丰都县、周边区（县）、市外提供纯种渠溪猪2 200头。

3.肠衣利用

渠溪猪的肠衣质量远近闻名。其产品皮薄、韧性好、透明度好，颜色白，小肠平均长度15.36米。民众有利用肠衣灌香肠的习惯，每年需要大量的肠衣用来灌香肠。据丰都县志记载，民国前期，丰都肠衣主销重庆、万县、沙市、宜昌、武汉，在客户中有较高的评价。1963年，外销猪肠衣22 889根。1976年，外销猪肠衣47 362根。1985年，外销猪肠衣117 500根。

四、生产发展

（一）育肥猪生产情况

1949年，渠溪猪存栏55 300头。1951年，丰都县渠溪猪存栏81 140头，出栏57 852头。1952年，丰都县渠溪猪存栏122 300头，出栏76 330头。1958年，人民公社实行生猪集中养殖，县办万头养猪场，区、社办千头饲养场，饲料严重不足，管理差，疫病多，1960年，存栏量仅25 000头。1962—1966年，贯彻"公有公养，私有私养，公私并举，以私养为主"的养猪方针，1966年，生猪饲养量上升到19.61万头，出栏11.69万头（表2-1-25）。

表2-1-25 部分年度渠溪猪生产情况统计

年份	存栏数/万头	出栏数/万头
1949	5.53	—
1951	8.114	5.785
1952	12.23	7.633
1958	2.5	—
1966	19.61	11.69

20世纪70年代后，丰都县开始改良猪品种，虽然生猪存栏量不断增多，但纯种渠溪猪数量逐步减少。1985年起，丰都县大面积推广科学养猪新技术及"双推五改"技术，推行杂交育肥、人工授精等技术，为了发展瘦肉猪，强制淘汰大量公猪，使渠溪猪种群数量下降，当时出栏的商品猪多为杂交猪。1998年，开始推广"洋三元"，为了追求经济效益，淘汰了大量渠溪猪，使渠溪猪数量进一步下降，出栏的商品猪主要是瘦肉猪。

（二）母猪、公猪存栏情况

据丰都县畜牧局的调查统计，1976年，丰都县有渠溪母猪16 984头，公猪247头。1986年，丰都县有渠溪母猪23 516头，公猪37头。1996年，有渠溪母猪17 845头，公猪23头。2006年，丰都县有渠溪猪母猪5 142头，公猪11头。其中核心产区的社坛、仁沙、崇兴、三元和双龙场5个乡（镇）有渠溪猪存栏母猪1 526头，公猪7头。2008年，丰都县有渠溪猪母猪5 158头，成年公猪42头，后备公猪26头，血缘9个，其中核心产区的社坛镇、仁沙乡、崇兴乡、三元镇、双龙场乡5个乡（镇）有渠溪猪存栏母猪1 663头，成年公猪26头，后备公猪26头。

随着城镇化发展加快，农村地域向城镇地域的转化以及非农产业的发展，大量农村人口向城镇迁移，养猪业出现集约化、专业化养猪场。这些养猪场都饲养"洋三元"，渠溪猪主要是农户用来作母猪，与瘦肉型公猪杂交生产商品猪。2018年，只有少部分农户饲养渠溪母猪和公猪，大部分农户饲养的是杂交母猪，导致渠溪猪存栏数量急剧下降。据2018年丰都县畜牧兽医局统计，丰都县仅有渠溪猪母猪3 122头，公猪38头（表2-1-26）。

表2-1-26 部分年度渠溪猪母猪、公猪存栏情况统计

年份	母猪/头	公猪/头	后备公猪/头
1976	16 984	247	—
1986	23 516	37	—
1996	17 845	23	—
2006	5 142	11	—
2008	5 158	42	26
2018	3 122	38	—

第五节　涪陵黑猪

涪陵黑猪，涪陵特产，地理标志产品。主要分布在重庆市涪陵、黔江、垫江、丰都、万州等区（县）。涪陵黑猪是以盆周山地猪为种质资源，由重庆市畜牧科学院、重庆市畜牧技术推广总站、涪陵区畜牧兽医局、重庆海林生猪发展有限公司4个单位联合培育的新品种。2012年1月，经国家工商行政管理总局商标局认定为地理标志商标。2016年1月，"海聆业""大木山"涪陵黑猪产品商标成为重庆市著名商标。

2016年11月，涪陵黑猪肉被重庆市畜牧业协会、四川省畜牧业协会评为首届中西部优质食材一等奖。2017年11月，涪陵黑猪获得农业部颁发的无公害农产品证书。

一、产地环境

涪陵黑猪主产地涪陵区位于三峡库区，地处四川盆地和山地过渡地带，区域内多分布山地、丘陵、河谷、平坝等，土壤、水温气候条件多样，使涪陵黑猪对自然生态环境具有较强的适应性。涪陵区内

盛产稻谷、玉米、红薯、豆类等作物，米糠、麦麸等农副产品多，饲草资源丰富。在喂养方法上，当地老百姓一般在架子猪阶段喂大量青绿野生饲料，后期用玉米、红薯及粮食副产物催肥，使涪陵黑猪形成了耐粗饲、沉脂力强的特性，其猪肉更加细嫩，风味口感俱佳。

二、产品特点

涪陵黑猪被毛为黑色，部分猪额头、脚趾、尾尖有白毛，体型中等，头较轻，嘴较长，腹大下垂，臀部较倾斜，8月龄母猪平均体长135.7厘米，体高66.7厘米，体重62.9千克。8月龄公猪体重可达52千克，体长116.6厘米，体高58.6厘米。在农村饲养条件下，4月龄开始发情，6月龄配种。仔猪42日龄断奶窝重59.2千克，平均窝产仔9.8头，屠宰率73.27%，饲料转化率3.69 : 1，日增重502克。涪陵黑猪有产仔性能好、抗病力强、耐粗饲料、耐热耐寒，适合生长在海拔150～1 500米的河谷、平坝、丘陵地带等特点。涪陵黑猪猪肉大理石花纹明显，肉香浓郁、细嫩、风味口感好、肌间脂肪含量适中，滋糯、有嚼劲。

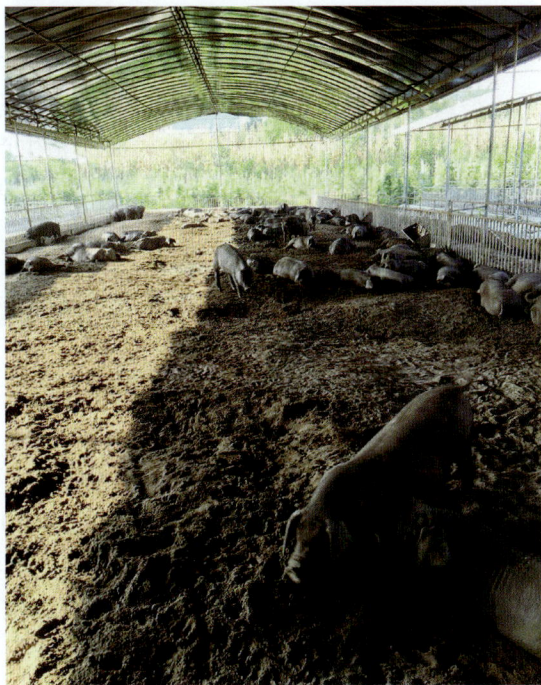

三、历史渊源

重庆、四川等地养猪历史悠久。1975年，巫山大溪乡新石器时代遗址发掘出猪左下颌齿骨和陶制猪头，证实该地区在距今约5 000年时就已饲养家猪。据1934年《四川农业月刊》记载："四川猪种可分为黑白两种"。黑猪依据来路与体型分为"坝子猪""山猪"2个支系。长江两岸各县及四川西昌和毗邻的黔、滇一带所养的猪统称为"山猪"。据1977年四川地方猪种资源联合调查结果，将四川盆地周边的宜宾、达州、巴中、涪陵、广元、黔江、万县等地区数十个区（县）的地方猪种统一归并后命名为"盆周山地猪"。1977年，重庆、四川约有盆周山地猪种猪10万头。20世纪80年代后，由于瘦肉型猪生产的兴起与发展，大量引进外来良种公猪进行经济杂交，导致盆周山地猪数量减少，特别是用于纯繁的母猪数量急剧减少。据重庆市对盆周山地猪分布区域统计，存栏数从2004年的8.2万头，降到2006年的5.3万头，到2012年仅有3.1万头。为加大对盆周山地猪种质资源的保护和开发利用，涪陵区于2014年建立了盆周山地猪保种场。2014年10月，由重庆市畜牧科学院、重庆市畜牧技术推广总站、涪陵区畜牧兽医局、重庆海林生猪发展有限公司4个单位签订四方合作协议，联合以盆周山地猪培育配套系涪陵黑猪新品种。

四、生产情况

2014年，涪陵黑猪被涪陵区委、区政府列为涪陵区3大特色效益畜牧产业进行大力推广发展。至2018年，已建立起"盆周山地猪"资源保种场和涪陵黑猪原种场各1个，常年存栏涪陵黑猪Ⅰ系、Ⅱ系、Ⅲ系能繁母猪1 000余头。近年来，涪陵黑猪生产以规模养殖为主，主要的饲料由玉米、豆粕、麸皮、青饲料草粉加工而成，喂养1年以上出栏，体重达100千克左右。

涪陵区大力推广涪陵黑猪生态养殖模式，在涪陵区南沱、同乐、珍溪、蔺市、清溪等乡（镇）建立了生态养殖基地，主要推广沙地种养循环模式和移动猪舍养殖模式。沙床种养循环模式：采用金属标准化配件建成养殖大棚圈舍，利用长江天然河沙作猪舍垫料，充分吸附猪群的排泄物并降解，猪群

出栏后，猪舍改为果蔬、牧草种植大棚，消纳粪污净化猪舍，大棚果蔬、牧草收割后，再还原养猪。周而复始，循环使用。移动猪舍养殖模式：采用钢架可组合、配件可拆卸的设计思路，将钢材、塑料等配件组装成悬空式猪舍，配套建设移动式粪污处理设备。移动式猪舍可在粮田、果园、菜地等需要有机肥料的地方，灵活确定猪场规模的大小和养殖的数量，可现场组合、可拆卸，不破坏土地，实现种养结合生态友好的生产模式。涪陵黑猪采取"公司＋农户"或"合作社＋农户"方式养殖。2017年，涪陵区涪陵黑猪出栏3.6万余头。

涪陵黑猪产业开发坚持产业融合发展的模式，建成了黑猪养殖、果菜种植、生猪屠宰、肉食品加工、冷鲜肉配送、直营销售、饲料加工和体验旅游的全产业链条。至2018年，已注册"涪陵黑猪"企业商标5个，有种猪育种场2个，商品猪生产基地8个，种养结合果蔬基地3个，年屠宰能力达5万的屠宰场1个，肉食品加工厂2个，可储存1000吨鲜肉的冻库2个，冷链配送车2辆，电商运营中心2个。涪陵黑猪产品销售途径有仔猪销售、种猪销售、肥猪销售、腌腊制品销售、鲜肉超市专柜和鲜肉专卖店销售。共在涪陵、长寿、丰都、成都、永川、江津、垫江、广安、井研等地建直营专卖店或合作超市150多个，涪陵黑猪产品深受消费者喜爱。

第六节　忠县美健达生猪

忠县美健达生猪，重庆名牌农产品。该生猪是利用长白猪、大白猪和杜洛克猪，通过三元杂交而培育生产的优质瘦肉型商品肉猪。2013年10月，"美健达"商标成功注册。2015年11月，美健达生猪被农业部认定为无公害农产品，同时，生猪养殖场所在地拔山镇苏家村被重庆市农业委员会认定为无公害生猪产地。2017年10月，美健达生猪被重庆市农业委员会认定为重庆名牌农产品。

一、产地环境

生猪产地位于忠县拔山镇。地处拔山向斜的平坝区，浅丘地貌，海拔500米左右，属亚热带东南山地季风气候，其主要特点为温热凉寒、四季分明，降水丰沛，夏多冬少，日照较长。产区无工业污染源，适宜发展绿色生态畜禽养殖业。

二、品种特点

忠县美健达生猪是利用长白猪、大白猪和杜洛克猪，通过三元杂交而培育生产的优质瘦肉型商品肉猪。2014年6月，从四川铁骑力士集团绵阳种猪场引进新加系原种长白母猪，新加系约克母猪、新加系杜洛克公猪157头。新加系长白、约克母猪是加拿大高产母猪的品种之一，以母性能力、性情、使用寿命和多产能力而闻名，且具有胴体品质好、饲料转化率高、经济效益好等特点。所产的仔猪出生时体型较大，因母猪泌乳性能较好，断奶仔猪体重普遍较重，具有非常理想的平均日增重、饲料转化率和瘦肉率。忠县美健达生猪具有瘦肉率高、生长快、饲料报酬高等优良特性。

长白猪：原名兰德瑞斯猪，原产于丹麦、加拿大，为世界著名瘦肉型猪品种。该猪种全身被毛白色，头狭长，耳大前倾，肩胛较轻，背腰长，肋骨较多，体躯深长，后躯发达，呈楔状流线形体型。胴体瘦肉率65%左右，该种猪可作生产优质肉猪的第一杂交母本或父本。

大约克夏猪：又称大白猪，原产于英国的约克夏郡。毛色全白，头长，颜面宽而呈中等凹陷。耳薄而大，直立。体躯伸展良好，胸深广，肋开张，背腰平直或稍呈弓形，腹充实而紧凑，后躯宽长而丰满，四肢较高，坚实有力。瘦肉率65%左右，该种猪可作生产优质肉猪的第一杂交母本或父本。

杜洛克猪：原产于美国东北部，由美国的3个猪种杂交育成。该种猪被毛呈红棕色，颜色深浅不一，从金黄色到棕褐色均有。头小而清秀，耳中等大，略向前倾，耳尖稍下垂，面微凹，体躯宽厚，全身肌肉丰满，后躯肌肉发达。腹紧凑，背稍弓，四肢粗壮、结实，蹄呈黑色多直立。胴体瘦肉率65%以上，该种猪用作三元杂交的终端父本。

每100克健达生猪肉的营养成分为：热量320千卡，蛋白质29克，脂肪8克，碳水化合物4.80克，胡萝卜素16微克，维生素E48毫克，硫胺素0.37毫克，核黄素0.18毫克，维生素A8微克，钠76.8毫克，钾188毫克，锌1.77毫克，铜19毫克，镁12毫克，铁1毫克，锰0.23毫克，磷142毫克，硒6.87微克，胆固醇79毫克，钙17毫克。

三、历史渊源

20世纪80年代初，忠县引进瘦肉型良种公猪，与当地母猪杂交，生产杂交商品猪，在一定程度上促进了忠县的生猪生产的发展；1986年，忠县加入四川省第三批商品猪瘦肉型基地建设行列，全面开展以长白猪、约克猪为父本、当地母猪为母本的生猪二元杂交生产，因当地母猪品质低劣，商品猪的质量始终不高，二元杂交的瘦肉率仅为48%。1989年，忠县加快商品瘦肉型猪基地后续建设工程进度，开展三元杂交试点示范。1999年，忠县正王种猪繁殖场成立，该场是重庆首批洋三元示范场之一。

洋三元肉猪是以长白猪（L）、大约克夏猪（Y）、杜洛克猪（D）3个优秀的国外瘦肉型猪种，按一定的杂交组合模式交配出的，生产的仔猪是育肥最理想的优质商品瘦肉型肉猪。其生产模式为：先用大约克猪和长白猪杂交，生产洋二元母猪（大长YL或长大LY），再用杜洛克公猪与洋二元母猪杂交，生产洋三元仔猪（杜长大DLY或杜大长DYL），然后育肥。这是全世界生产应用最广泛、生产模式最简单、品种组合最优、经济效益最佳的优质瘦肉猪生产技术。美健达生猪是利用长白猪、大白猪和杜洛克猪，通过三元杂交培育生产的优质瘦肉型商品肉猪。

四、生产发展

（一）养殖设施及技术支撑

养殖场占地5.33公顷，共建有21栋圈舍及附属设备房（含1栋检验室、1栋药品室、1栋参观销售舍、1栋隔离舍）。总占地圈舍面积12 500平方米，办公区及仓库等配套设施3 500平方米，分娩栏舍160套，限位栏舍352套，保育栏舍112套，育肥栏舍84个，公猪及空怀栏舍30个。与西南大学荣昌校区、重庆市畜牧科学院养猪研究所合作，有多名资深畜牧专家、教授作技术指导。养殖场有高级兽医师1名、大学本科以上学历的相关技术管理人才5名，负责生产管理；有员工25人。

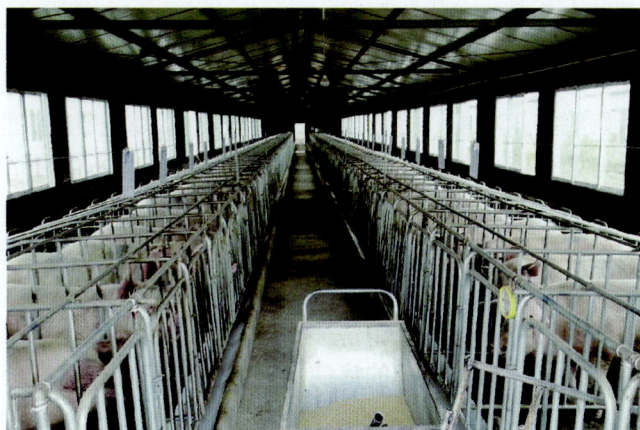

（二）养殖规模

2014年6月，养殖场建成投入运行，养殖规模为种猪600头、年出栏商品猪15 000头，存栏母猪488头，常年存栏商品猪4 700头。圈舍面积12 500平方米，办公区及仓库等配套设施3 500平方米，粪污处理设施设备完善，其

中沼气厌氧消化灌 2 200 立方米，站外沼液储存池 8 000 立方米，沼液输送管道 13 000 米，有机肥加工车间 1 栋、饲料加工车间 1 栋。2015 年 11 月，养殖场所在地拔山镇苏家村被重庆市农业委员会认定为无公害生猪产地。

（三）养殖技术

2014 年 7 月，引进新加系原种长白母猪，新加系约克母猪、新加系杜洛克公猪。组建基础种猪群（纯种猪群），为组建生产种猪群提供父本和母本，保持公猪群不少于 6 个血缘，避免生产种猪群的近亲交配。采用长大和大长杂交组合，选留优秀个体组建生产种猪群（洋二元母猪）。再用杜洛克猪和生产种猪群杂交，生产洋三元优质肉猪。

（四）生产流程

采用以 7 日制为生产节律的全进全出 4 次转群 5 阶段饲养生产工艺，把猪群分为空怀配种期、妊娠期、产仔哺乳期、仔猪培育期、育肥期 5 个生产阶段。按空怀配种期—妊娠期—哺乳期—仔猪培育期—育肥期的流程，实行工厂化流水线生产，确保猪肉的肉质品质，从而生产绿色生态猪肉。

1. 配种妊娠

对通过查情确定已发情的母猪，按照配种方案选定公猪后，进行人工授精或本交配种。在 18 ～ 21 天和 35 天左右进行 2 次查情。对未受孕的母猪进行复配，将确定受孕的母猪转入妊娠舍管理。

2. 产仔哺乳

将妊娠母猪在产前 7 天转入产房，做好接产准备工作。在分娩过程中，做好仔猪擦身、断脐、剪齿、断尾等接产事宜，保证仔猪在出生 2 小时内吃上初乳。对难产母猪要及时安全地处理。为选留的洋二元种仔猪称重、编制耳号、记录系谱等，记录档案资料。仔猪 3 日龄开始饮水，5 日龄开始补饲，21 日龄断奶，28 日龄转入保育舍。

3. 仔猪培育

仔猪断奶后，饲料更换要逐步过渡，防止因饲料骤然更换造成仔猪应激。转入保育舍 1 周后，逐渐过渡到自由采食，70 日龄左右完成保育期饲养，体重在 30 千克以上转入育肥舍。

4. 肉猪育肥

在育肥期间，做到合理分群、自由采食、自动饮水、温度适宜、保持清洁，让育肥猪在舒适、生态、绿色的环境中健康成长，以提高肉猪的肉品品质，满足消费者的口味，适应市场需求。

（五）生产管理

1. 采用先进的物联网与互联网技术，实施智能化管理

主要有三大系统。

（1）生猪养殖智能信息管理系统。以猪为核心，利用互联网把与猪相关的各项资源整合起来，实现智慧、轻松、快乐养猪，并实现网上交易；规范养猪的生产流程；该系统能智能预警提示，有分娩、断奶等提示功能，提高全场的生产效率；能轻松管理猪场、提高猪场的生产业绩（包括生产性能指标、母猪繁殖能力分析、成活率、PSY 分析、全场存栏结构分析等）。

（2）智慧生产环境监测系统。通过智能传感器在线采集养殖场环境信息（氨气、空气温湿度、光照强度等），根据采集到的环境参数自动控制风机设备，实现养殖场的智能监测与科学管理。

（3）远程视频监控系统。可实施远程猪只监控、配种监控、分娩监控、远程诊疗、员工管理、防盗监控、电子商务及销售。

2. 实行科学合理的疫病免疫程序，确保质量安全

选用具有环保特性的饲料添加剂，不使用有毒有害物质和禁用的药品、饲料原料及产品，合理使

用兽药，严格执行休药期，定时驱除体内外寄生虫，定期对圈舍、场内道路、设施设备进行严格消毒，定期抽血送检，确保优质洋三元肉猪的生物质量安全。

3.建立健全规章制度

（1）做到三位一体（即电脑、台账、栋卡均相符），推进标准化养殖流程。

（2）严控质量安全、保证生态环保。严把质量关、生产安全肉，依托美健达无公害猪肉产品认证，按照无公害管理规定，对原材料、饲养标准、养殖环节等方面加强管理及监控，整个生产环节不添加任何违禁药品、兽药等。同时，严格按重庆市农产品质量安全追溯管理平台的要求记录，保障美健达无公害猪肉的食品安全。

（3）严格实施《美健达生猪养殖场动物防疫管理制度》。认真做好口蹄疫、蓝耳、圆环、伪狂、细小等免疫工作，严格执行免疫操作程序，确保免疫质量。

（4）严格执行消毒制度。设有消毒室、更衣室、淋浴室、隔离舍等。养殖大门设有车用消毒池，配备高压冲洗机2台，人员进出消毒通道，2天更换1次消毒液。场内圈舍每天消毒1次，场内通道及周边区域每周定期消毒1次，可根据实际需要调整。严格执行人员进出养殖场管理制度，非生产区人员一律严禁进入生产区。严格落实无害化处理制度，对猪只无害化处理做好详细记录。

（六）销售情况

2015年起，美健达生猪销往忠县、梁平、垫江、长寿、涪陵、达州、广安、遵义等地；2016年，进入忠县部分单位机关、学校的食堂；2017年，进入忠县胡燃连锁超市，共28家连锁店全面推广销售。2015—2016年，销售美健达生猪9 998头，实现销售收入2 410万元。2017年，销售生猪8 600头，销售收入2 000万元。

五、荣誉认证

2013年10月，"美健达"商标成功注册。2015年11月，"美健达生猪"被农业部认定为无公害农产品，同时，重庆美健达生态生猪养殖场所在地拔山镇苏家村被重庆市农业委员会认定为无公害生猪产地。2017年10月，"美健达生猪"被重庆市农业委员会认定为重庆名牌农产品。

第七节　忠州土猪

忠州土猪，是利用起源于忠县渠溪河流域的中国优质地方猪种渠溪猪，与引进的优秀外种猪血缘进行改良培育得出的猪品种。

一、历史渊源

渠溪猪由当地野猪经历代驯养而来。生活在渠溪河流域的当地野猪，经过渠溪河流域人民在特定的自然地理条件下进行的自然交配选择和人工选择，逐步形成具有一定优良特性的原始优良地方品种。

渠溪猪主要分布于忠县、丰都、涪陵的渠溪河流域，相邻的彭水、武隆等地也有少量分布。20世纪80年代初，忠县开始引进瘦肉型良种公猪，与当地母猪杂交，生产杂交商品猪。1986年，忠县全面开展以长白猪、约克

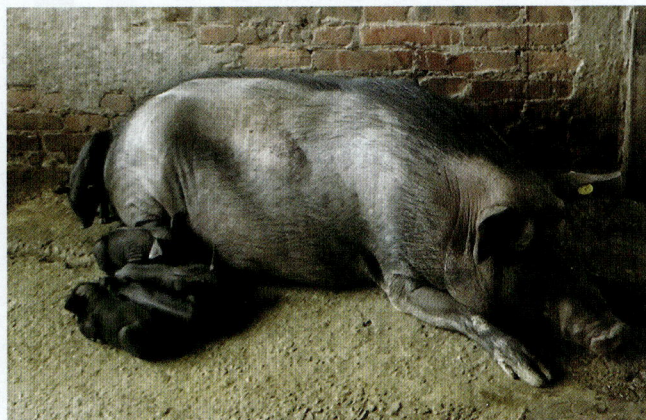

为父本，当地母猪为母本的生猪二元杂交生产。1989年，忠县开展三元杂交试点示范。2005年，重庆市组织开展畜禽遗传资源调查，渠溪猪引起有关部门的关注和重视，2006年，经重庆市畜禽品种审定委员会审定通过，确定为重庆市的优良地方品种。

2012年3月，忠县正王种猪繁殖场改制为重庆美健达农业开发有限公司，与重庆市畜牧科学院养猪研究所、西南大学建立战略合作，联合研发和培育忠州土猪，至2016年，获得初步成功，同年2月，取得"忠州土猪"商标注册。

二、品种特点

忠州土猪是以中国地方猪种渠溪猪和太湖猪为母本，以引入国外的巴克夏猪和杜洛克猪为父本，通过杂交选育而成的品种。是采用绿色生态养殖模式生产的具有绿色、肉质鲜嫩、香味浓郁、蛋白质含量高等优点的极品猪肉产品。通过科学的杂交改良技术，忠州土猪既保留了中国地方猪种适应性强、耐粗饲、肉质好的特点，又改进了其生长慢、瘦肉率低的不足。忠州土猪采用舍饲和放养相结合的养殖方式，让其在绿色生态环境中呼吸清新、无污染的空气，自由运动，充分享受阳光，接近猪群的自然生存状态。以野生植物的果、叶、茎、根为主要饲料，丰富猪群食谱，提升猪肉的肉质品质，符合消费者"崇尚自然、追求健康、注重环保"的消费观念。

忠州土猪肉胆固醇低、无饲养激素、无病毒残留，肉质鲜嫩、口感细腻、肥而不腻、味道鲜美，具有极高的营养价值。忠州土猪肉品质自然、绿色健康、生态环保。

（一）渠溪猪

渠溪猪起源于野猪，因原产于重庆市忠县、丰都县等地的渠溪河流域而得名。渠溪猪属中熟品种，肉质好，肉味香浓，肉质风味独特，其肌纤维细密，大理石花纹明显，肉味特殊，香浓可口，肠衣质量特别好。渠溪猪在极端不良的自然环境和饲养条件下，也有良好的适应能力和抗逆性，能适应高、低海拔环境；抗寒、耐热和耐湿性好，抗病能力强，耐粗饲、耐饥饿（对低营养水平的耐受力强）。在同一环境条件下育肥，低营养水平日粮的日增重、屠宰率比中等营养水平日粮还高，且料肉比低。

渠溪猪的外貌具有野猪特征，体型中等偏大，体质细致健壮；全身被毛为黑色，粗而稀；头大小适中，耳朵小、略向两侧延伸，嘴筒长而尖，口叉深；额面皱纹少，由几条粗大皱褶组成，形似古钱币样的图形。体躯较窄，背腰平直，腹大松弛、下垂、不拖地，臀部较倾斜，大腿欠丰满。四肢粗短而结实，多卧系。乳头排列整齐。

（二）太湖猪

太湖猪体型中等，被毛稀疏，黑或青灰色，四肢、鼻或黑色或为白色，腹部黑色或紫红，头大额宽，额部和后驱皱褶深密，耳大下垂，形如烤烟叶。四肢粗壮、腹大下垂、臀部稍高，胴体瘦肉率约为40%。太湖猪早熟易肥，肉质鲜美独特。胴体瘦肉率38.8%～45%，肌肉pH6.55，肉色评分接近3分。肌蛋白含量23%左右，氨基酸含量中天门冬氨酸、谷氨酸、丝氨酸、蛋氨酸及苏氨酸比其他品种高，肌间脂肪含量为1.37%左右，肌肉大理石纹评分为3分。

（三）巴克夏猪

英国最古老的培育猪种，肉质优良，盛产雪花瘦肉，其中前肩雪花肉的质量优势尤其显著，从而使其在世界养猪的豪华型品种格局中占有重要地位。巴克夏猪以"黑毛六白"为品种外貌的标示之一，适合国内市场上对极品黑猪肉的需求。巴克夏猪的主要用途：巴克夏猪与中国地方猪杂交，形成具有中国特色的精品鲜肉的主力军，瘦肉的量与质兼优；巴克夏公猪与杜洛克母猪杂交，生产具有国际特色的精品瘦肉，以供发达地区西餐嫩煎和烤肉之需；纯巴克夏肥育猪放牧于果园、田间等绿色环保生态环境之中，可生产出精品雪花猪肉。

（四）杜洛克猪

毛色棕红，体躯深广，胸宽深，背腰略呈拱形，腹线平直，四肢粗壮强健，结构匀称紧凑，肌肉发达，头大小适中、较清秀，颜面稍凹、嘴筒短直，耳中等大小，向前倾，耳尖稍弯曲。

忠州土猪每100克猪肉的营养成分为：热量300千卡，蛋白质34克，脂肪7克，碳水化合物3.80克，胡萝卜素16微克，维生素E52毫克，硫胺素0.57毫克，核黄素0.28毫克，维生素A12微克，钠56.6毫克，钾188毫克，锌2.77毫克，铜21毫克，镁14毫克，铁1毫克，锰0.35毫克，磷156毫克，硒6.87微克，胆固醇42毫克，钙19毫克。

三、生产情况

（一）生产环境

忠州土猪养殖场位于重庆市忠县拔山镇苏家村5组和高阳村，圈舍面积3 000平方米，放养场80公顷，生产设施设备完善，场地存栏母猪120头，年可出栏忠州土猪2 600头。

养殖场主要水源为3口地下水井，日可提供10立方米纯净山泉水。主要粮作物为红薯、玉米等。忠州土猪养殖场周边无工厂、少居民，忠州土猪呼吸的是经山林净化过的且含有较高富氧离子的空气；行走于深山老林，每天在山间运动，逍遥快乐地生长，育肥出栏时间在13～18个月。

（二）养殖技术

1.择优组建核心种猪群

对体型外貌符合忠州土猪品种特征、生产性能优秀、肉品品质良好的种猪个体，选留组建为核心种猪群，为杂交组合提供父本和母本。保持公猪群不少于5个血缘，避免近亲交配。

2.筛选最优杂交组合

根据"优—优组合"的原则，通过对杂交后代的综合评定，筛选出生产性能优秀、肉品品质良好、符合消费者口味、适应市场需求的土猪生产最优杂交组合，用于大量生产优质土猪。

3.实施生态绿色养殖

按照"崇尚自然、追求健康、注重环保"的原则，采取舍饲和放养相结合的养殖方式，将土猪置于绿色生态环境中，呼吸清新、无污染的空气，自由运动，充分享受阳光，接近猪群的自然生存状态，以野生植物的果、叶、茎、根为主要饲料，丰富猪群食谱，显著提升猪肉的肉质品质，从而生产绿色生态猪肉。

4.保障生物质量安全

实行科学合理的疫病免疫程序，选用具有环保特性的饲料添加剂，不使用有毒有害物质和已禁用的药品、饲料原料及产品，合理使用兽药，严格执行休药期，确保优质土猪的生物质量安全。

（三）饲养管理

1.配种妊娠

对通过查情确定已发情的母猪，按照配种方案选定公猪后，进行人工授精或本交配种。在18～21天和35天左右进行2次查情。对未受孕的母猪复配，将确定受孕的母猪转入妊娠舍管理。

2.产仔哺乳

将妊娠母猪在产前7天转入产房，做好接产准备工作。在分娩过程中，做好仔猪擦身、断脐、剪齿、断尾等接产事宜，保证仔猪在出生2小时内吃上初乳。要及时、安全地处理难产母猪。为选留的种仔猪进行称重、编制耳号、记录系谱等，纪录档案资料。仔猪3日龄开始饮水，5日龄开始补饲，21日龄断奶，28日龄转入保育舍。

3.仔猪培育

仔猪断奶后，饲料更换要逐步过渡，防止因饲料骤然更换造成仔猪应激。转入保育舍1周后，逐渐过渡到自由采食，70日龄左右完成保育期饲养，体重在20千克以上转入放养场。

4.生态放养

放养场最好选择水果林地，用篱笆或塑料、铁丝网等围起来，适当种植一些猪爱吃的优质青饲料、牧草。放养场内设置补饲区、控制分配圈和隔离圈、后期调理圈等。放养密度控制在5头/亩，并根据放养猪的体重、数量和放养场内牧草长势，合理、有效地分区放养。转入放养场2周内完成放养的初期驯化，第一个月内早、中、晚各补饲1次，以后过渡为早、晚各补饲1次。保证猪只饮水和自由运动，避免淋雨或暴晒。放养猪到80千克体重后，上市前对要销售的猪调节体况，主要是对体型偏肥的猪只控制补料，以此来调理猪肉中的营养成分、芳香物质。

5.疫病防控

严格按照免疫程序及时做好疫病免疫，定时驱除体内外寄生虫，定期对圈舍、场内道路、设施设备严格消毒，定期抽血送检，对死猪进行无害化处理，对进出场人员和车辆严格消毒。

（四）产量及销售

2015—2016年，忠州土猪销售1 417头，实现销售收入458万元。2017年销售1 700头，销售收入突破500万元。2015年起，忠州土猪销往忠县、梁平、垫江、长寿、涪陵、达州、广安、遵义等地；2016年，进入忠县部分机关单位、学校的食堂；2017年，进入忠县胡燃连锁超市。

第八节　云阳桑叶猪肉

桑叶猪肉，重庆市云阳县特产，中国农业品牌产品。桑叶猪肉是采用大巴山的土猪与国外的巴克夏种猪杂交，培育出的新品种——桑巴黑猪，用高蛋白饲料专用桑叶饲养出来的产品。桑巴黑猪的产区位于三峡库区，环境优越，四季分明，适宜各种动植物生长繁殖。桑叶猪肉，来自深山，源于自然，肉糯清香，肥而不腻。

一、历史渊源

云阳县自古就有种桑养猪的传统，但都局限于小规模的家庭作坊式种养，在农民家庭收入中的占地也不大。自改革开放之后，农民种养方向的转变以及劳动力的转移，使种桑养猪逐渐退出人们的视线。重庆市奎博农业发展有限公司与重庆奎竣农业股份有限公司合作，实施种养结合，研发"桑科一号"高蛋白饲料专用桑种植、利用桑叶养猪技术。重庆市奎博农业发展有限公司采用大巴山的土猪与国外的巴克夏种猪杂交，培育出新品种——桑巴黑猪。桑叶猪肉是用高蛋白饲料专用桑叶饲养出来的桑巴黑猪肉。

二、品质特点

桑叶猪肉，来自深山、源于自然，是以玉米、大豆、麸、风干发酵桑叶进行营养搭配，不添加任何违禁药物饲喂出来的桑巴黑猪肉。猪肉色泽自然、肉质紧实、肉糯清香、肥而不腻。现代研究表明：桑叶具有抗应激、抗衰老、增强肌体耐力，调节肾上腺素功能等效果。是原卫生部确认的"药食同源"植物。用桑叶养出来的猪肉经原农业部食品质量监督检测中心等相关部门检测，主要营养成分中蛋白质比普通猪肉高44.5%，氨基酸高24.7%；脂肪比普通猪肉低47.6%，胆固醇低45.5%。桑叶猪肉通过桑叶功能转化，解

决了普通猪肉不能解决的高脂肪、高胆固醇等问题，具有高蛋白质、高氨基酸、低脂肪、低胆固醇的优点。

三、生产情况

重庆市奎博农业发展有限公司位于三峡库区云阳县水口镇，是将猪、沼、桑种养结合的农牧企业，猪场占地206亩，建设种猪场1个，种猪舍25栋、面积11 231平方米，附属配套面积10 250平方米，沼气池1 200立方米，污水处理池2 100立方米，达到环保要求。建桑叶猪商品基地10个乡（镇），年出栏桑叶肥猪2万头以上；开设"天生云阳奎博桑叶猪肉"销售店10个；并与四川德阳种猪繁育基地，四川达州及南充、贵州、江西、河北唐山等地的企业合作。高蛋白饲料专用桑种植基地主要分布于重庆云阳、开州等地，种植面积达13 000亩以上，帮助桑农脱贫致富，促进了当地地方经济发展。

（一）生产规范化

桑叶按照高蛋白饲料专用桑种植技术标准种植，适时收储；依照生猪生产国家标准、地方标准，制定科学规范的奎博桑叶猪饲养管理规程及饲养工艺与技术参数，建立、完善了规范完整的养殖档案，配备与饲养规模相适应的畜牧兽医技术人员，严格遵守饲料、饲料添加剂和兽药使用规定，生产过程实行信息化动态管理。

（二）防疫制度化

按照《生猪养殖场防疫技术规范》标准规定，完善防疫设施，健全防疫制度。并按国家规定开展免疫监测等防疫工作，科学实施生猪疫病综合防控措施，对病死猪进行无害化处理。

（三）桑叶加工标准化

建立鲜桑叶收购制度，实现鲜桑叶收购规范化，确保收到优质鲜桑叶。严格把控鲜桑叶加工流程，切实提高干桑叶粉品质。

（四）产品系列化

桑叶猪肉产品从鲜销到成品销售，已研制出奎博太尔香麻香肠、腊肉等系列产品，极大地满足了国内外消费市场的需要。

四、质量技术

（一）饲料标准

产品质量卫生方面执行国家现行有关卫生标准。在质量标准（理化、卫生、感官）方面，按国标和行业标准执行，上报当地技术监督局和卫生防疫站认可审查备案。

根据桑叶猪肉特点，参照国内外同类产品有关技术指标，结合国家食品卫生标准，拟定标准如下。

1.原料

生产本产品所用原料应符合国家饲料安全卫生规定。

2.感官指标

色泽一致，无发霉变质、无结块及异味。

3.水分

不高于13.0%。

4.加工质量指标

（1）粉料粒度。99%通过2.5毫米（8目）分析筛，没有通过1.25毫米（16目）分析筛的不大于10.0%。

（2）混合均匀度。变异系数不大于10.0%。

5.桑叶发酵饲料主要卫生指标

桑叶发酵饲料主要卫生指标见表2-1-27。

表2-1-27　桑叶发酵饲料主要卫生指标

项目		指标
黄曲霉毒素B_1/（微克/千克）		≤10
总砷/（毫克/千克）		≤2
铅/（毫克/千克）		≤5
汞/（毫克/千克）		≤0.1
镉/（毫克/千克）		≤0.5
杂菌率/%		≤0.1
致病菌（肠道致病菌和致病性球菌）不得检出		—
大肠菌群/（MPN/100克）		≤400
霉菌总数/（CFU/克）		≤$2.0×10^4$

6.桑叶生物饲料主要营养成分指标及适用阶段

桑叶生物饲料主要营养成分指标见表2-1-28。桑叶生物乳猪全价饲料适用于10～30千克的猪，桑叶生物仔猪全价饲料适用于30～60千克的猪，桑叶生物中、大猪全价饲料适用于60千克以上的猪。

表2-1-28　主要营养成分指标及适用阶段

产品名称	指标					
	粗蛋白质 ≥	粗纤维 ≤	钙	总磷	氯化钠	赖氨酸 ≥
桑叶生物乳猪全价饲料/%	18.5	4.0	0.7～1.2	0.50	0.3～0.8	1.23
桑叶生物仔猪全价饲料/%	18.0	5.0	0.7～1.2	0.50	0.4～0.8	1.18
桑叶生物中、大猪全价饲料/%	13.0	6.0	0.5～0.9	0.30	0.3～0.8	0.60

7.卫生指标

按国家《饲料卫生标准》（GB 13078—2017）中相应的规定执行。

8.净含量及允差

每袋（2.5±0.037）千克，（5.0±0.075）千克，（10.0±0.15）千克，（20.0±0.20）千克，（40.0±0.40）千克，（50.0±0.50）千克，但平均偏差应大于或等于零。

（二）养殖标准

生态猪质量执行国家现行有关标准。

1.种猪繁殖性能指标

种猪繁殖性能指标见表2-1-29。

表2-1-29　种猪繁殖性能指标

指标名称	指标数值
基础母猪断奶后第一情期受胎率/%	≥85.0
分娩率/%	≥96.0
基础母猪年均产仔窝数/（窝/年）	≥2.1
基础母猪平均每窝产活仔数/（头/窝）	≥10.5
断奶日龄/天	≥28.0
哺乳仔猪成活率/%	≥92.0
基础母猪年提供断奶仔猪数/（头/年）	≥20.0
成年母猪年淘汰（更新）率/%	≥30.0
公猪年淘汰（更新）率/%	≥50.0

2.生长育肥期性能指标

生长育肥期性能指标见表2-1-30。

表2-1-30 生长育肥期性能指标

指标名称		指标数值
仔猪平均断奶体重（4周龄）/（千克/头）		≥7.0
仔猪保育期（5～10周龄）	期末体重/（千克/头）	≥25.0
	料肉比/（千克/千克）	≤1.8
	成活率/%	≥95.0
生长育肥期（11～25周龄）	成活率/%	≥98.0
	日增重/（克/天）	≥650.0
	料肉比/（千克/千克）	≤3.0
170日龄体重/（千克/头）		≥90.0

3.猪场整体生产技术指标

猪场整体生产技术指标见表2-1-31。

表2-1-31 猪场整体生产技术指标

指标名称	指标数值
基础母猪年出栏商品猪数/头	≥20.0
商品猪出栏率/%	≥160.0
全期存活率/%	≥91.0

4.桑叶基地采用的质量标准

桑叶卫生方面执行国家现行有关卫生标准（表2-1-32）。

表2-1-32 桑苗质量指标

级别	苗径/（φ/毫米）	品种纯度/%	根系	危险性病虫害
一级	φ≥7.0			
二级	7.0＞φ≥5.0	量≥95.0	主根完整，根长≥100毫米	未检出法定检疫对象
三级	5.0＞φ≥3.0			

五、荣誉认证

2017年，"天生云阳"区域农业品牌经国家工商行政管理总局批准注册。桑叶猪肉是"天生云阳"区域农业品牌保护范围内的产品。

第九节　巫溪阴条岭野猪肉

巫溪阴条岭野猪肉，重庆名牌农产品，第十八届中国绿色食品博览会金奖产品。阴条岭野猪是经过人工驯化改良的一个野猪品种，是特种野猪。阴条岭牌野猪肉以巫溪县阴条岭国家级自然保护区命名，是中国绿色食品认证产品，重庆名牌农产品。获第十八届中国绿色食品博览会金奖，被评为重庆市2017年消费者最喜爱的猪肉品牌。

阴条岭野猪基因稳定。公、母猪可长期做种繁殖而基因不变，因形似野猪，故取名为特种野猪，开发前景极为乐观。用纯种公野猪与家母猪杂交的后代都是特种野猪。特种野猪一般分为含50%野猪血缘和含75%野猪血缘。特种野猪的形体和纯种野猪非常接近，但毛色主要取决于家猪的品种毛色。

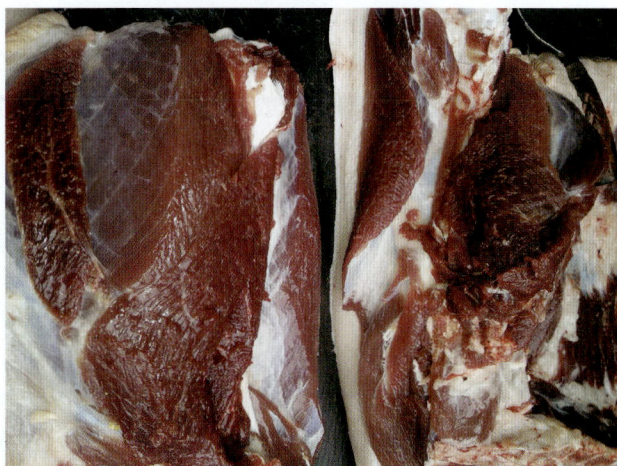

一、品质特征

野猪仔猪刚产下时身上有条纹，长大后猪毛呈黑色或褐红色，头和腹部较小，耳小，尾比家猪短，嘴较家猪长，毛密，蹄黑色，性格较温驯，公猪行动比家猪敏捷。同等体积比家猪重10%，野猪背膘薄、瘦肉率比家猪高出53.5%。经专家用剪切力与家猪比较，证实其肉比家猪肉鲜嫩（剪切力只有家猪的50%～61%）。吃生食，耐粗食、日饲量仅为家猪的1/3，合群性强、抗病能力比家猪强。年产仔2.25～2.5胎，每胎8～16头。

野猪及特种野猪肉质鲜嫩香醇，野味浓郁，瘦肉率高，膘肉较少，口感好，营养丰富。具有脂肪含量低（仅为家猪的50%）、胆固醇含量低、蛋白质含量高、氨基酸组成丰富、鲜味氨基酸含量高、亚油酸及亚麻酸含量高等特点。含有17种氨基酸和多种微量元素，亚油酸含量是家猪的1.5～2.5倍。

二、产地环境

巫溪地处大巴山东段南麓，具有海拔高低悬殊的立体气候优势、森林植被覆盖率很高的生态优势、近乎零污染的自然环境优势。巫溪是一个农业大县，立足于资源优势，走现代农业之路，努力提高阴条岭野猪肉的生产能力，大力发展野猪产业。这是适应消费绿色化、产品多样化和农产品全方位竞争时代到来的趋势。巫溪县林地面积19.27万公顷，是耕地面积的6.3倍，林业资源极为丰富，养殖野猪具有巨大的发展潜力。

三、生产情况

（一）驯养

纯种野猪的本性中既有胆小、易惊的一面，又有好斗的一面。野猪视力较差，但嗅觉和听觉异常灵敏，生人及陌生的声音在20米以外就能让纯种野猪感觉不安。2只同性野猪同圈容易引发咬斗，解

决这一矛盾最好的办法是将公、母2头野猪同圈饲养，这样野猪既不易受惊，又非常安定和谐。此外，要有比较固定的饲养人员，平时多与野猪接触，饲养人员进出栏舍喂料、清粪或打针时，动作要平缓，以免让野猪受惊、奔窜。一般经过驯化的纯种野猪能很快适应环境的变化，过不了多久，就会同家猪一样温驯、听话。

（二）繁殖

纯种野猪的性成熟期较长，约1年半。母猪发情极具季节性，绝大多数在"冬至"前后，其余时间一般不发情或极少发情。采取早断奶、人工催情、推迟配种等手段，可使纯种野猪每年成功繁殖1.5～2窝，窝产崽6～10头。公野猪一旦性成熟，可长年配种，有很强的配种能力，1头公野猪每年可配250～300头母猪，约产3 000头特种野猪。因为纯种野猪皮厚毛多，不易散热，夏天配种时间应选择在早上5点以前和晚上9点以后，配种之后还应避免公野猪立刻喝冷水。

纯种野猪采取自然交配方式，在配种之前，应将已经发情的母猪放进相邻圈舍，使公、母猪互闻气味，互相熟悉，然后再用高锰酸钾溶液洗净母猪的外阴，放进公猪的圈舍中配种。

母野猪怀孕中、后期，应单圈饲养，谨防受惊冲撞，饲养员还应与其增加接触，为后期的接产和护理做准备。

四、产品加工

（一）屠宰

1.屠宰条件

阴条岭野猪实施定点屠宰，每年在气温低于8℃时开始，屠宰的野猪重量在160～200斤。巫溪县隆耀定点屠宰肉食加工有限责任公司是巫溪县唯一一家屠宰企业，卫生条件好，有先进的屠宰设备及管理模式。巫溪县长贵养殖有限公司与巫溪县隆耀点屠宰肉食加工有限责任公司签订屠宰加工委托协议。

2.屠宰技术

严格按国家《生猪屠宰操作规程》（GB/T 17236—2008）实施。

（1）宰前要求。健康良好，并有兽医《检验合格证书》。临宰前应停食静养12～24小时，宰前3小时充分喂水。应将待宰猪喷淋干净，猪体表面不得有灰尘、污泥、粪便。送宰猪应经检验人员签发《宰前合格证》。送宰前经过屠宰通道时，应按顺序赶送，不得脚踢、棒打。

（2）刺杀放血。从电麻致昏至刺杀放血，不得超过30秒钟。刺杀放血刀口长度约5厘米。沥血时间不得少于5分钟。

（3）脱毛编号。放血后的猪屠体应用喷淋水或清洗机冲淋，清洗血污、粪污及其他污物。按猪屠体的大小、品种和季节差异，控制浸烫水温在58～63℃，浸烫时间为3～6分钟，不得使猪屠体沉底、烫老。浸烫池应有溢水口和补充净水的装置。经机械脱毛或人工刮毛后，应在清水池内洗刷浮毛、污垢，再将猪体提升悬挂、修割、冲淋。用变色笔在每头屠体的耳部和腿部外侧编号，编号字迹清晰，不得漏编、重编。

（4）开膛、劈半。挑胸剖腹，沿腹部正中线自上而下剖腹，摘除内脏各部位器官。将经检验合格的猪胴体去掉头、尾，沿背脊正中线将猪胴体劈成两分体。

（二）储藏

1.储藏条件

有完善的熏炕车间，有250立方米的冷藏库。

2.储藏技术

野猪在1～6℃自然条件下屠宰，熏炕后放入冷藏库，冷藏库常年温度调制1～8℃，野猪腊肉不结冰。

（三）加工流程

屠宰—猪肉分割—腌制—熏炕—烧洗—烘干—分割—检验—抽真空—检验—装盒。

五、生产经营

（一）生产

巫溪县长贵养殖有限公司主要从事野猪驯养、繁殖，产品加工、销售。现有员工15人。现有圈舍面积2 200平方米，加工厂房350平方米，冷库250立方米，年存栏野猪950头，年加工野猪肉450头28吨。

（二）销售

采取线上线下销售模式。线上通过互联网销售（微店、淘宝店）。线下与各土特产专卖店合作，以批发的模式提供给土特产专卖店。

（三）经济效益

阴条岭野猪活猪销售价格为20元/斤，腊肉产品58～88元/斤（按部位区分），野猪肉经济效益显著。

六、荣誉认证

阴条岭野猪肉是以巫溪县阴条岭国家级自然保护区命名的特色农产品。2013年9月，申请"阴条岭"牌野猪；2016年1月，阴条岭野猪肉通过中国绿色食品认证，中国绿色食品A级产品。同年9月，阴条岭野猪肉通过重庆名牌农产品认证。荣获2017年第十八届中国绿色食品博览会金奖。是重庆市2017年消费者最喜爱的猪肉品牌。

第二章
牛

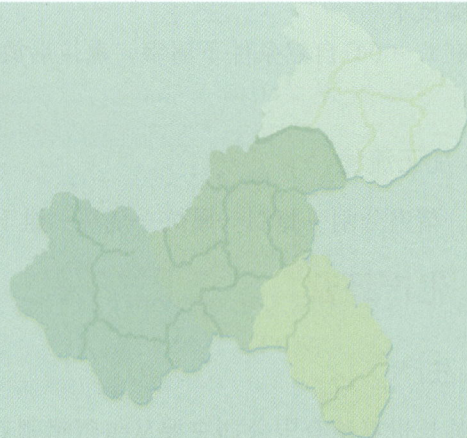

第一节　涪陵水牛

　　涪陵水牛，地理标志产品。涪陵水牛是中国著名的役用型地方水牛品种，具有拉力大、耐粗饲、抗病力强、繁殖性能好、适应性强等优点，为中国"四大名水牛"之一。涪陵水牛于2009年被农业部纳入国家畜禽遗传资源品种名录，2013年注册为国家工商行政管理总局地理标志商标。

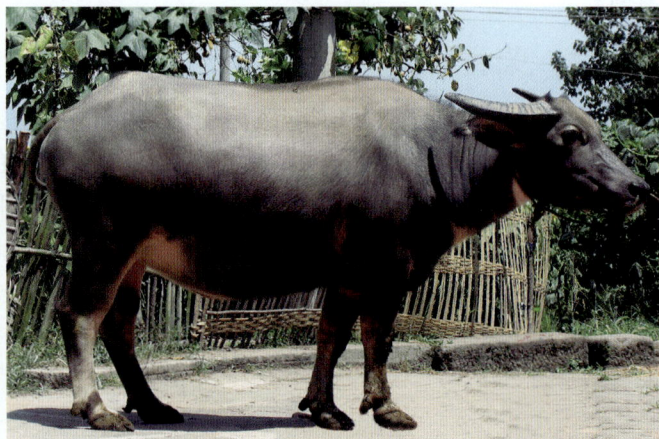

一、产品特点

　　涪陵水牛结构紧凑，体型较大，体躯略短，前胸开阔，背腰宽平。被毛多为青色与黄褐色，个别有芦花色和白色，稀发薄皮有光泽。头方正，嘴粗短，角呈八字或盘型。四肢粗壮，蹄黑色，多呈木碗形，也有剪蹄和踏蹄。尾根粗、尾细长。

二、产地环境

　　涪陵水牛广泛分布于涪陵区及周边南川、垫江、丰都等区（县）。产区处四川盆地和盆地山地过渡地带，重庆市的腹心地区和三峡库区。境内地势以河谷丘陵为主，横跨长江南北，纵贯乌江东西，属典型的低山、丘陵地区。地势大致呈东南高西北低，海拔119～2 033米。产区属亚热带湿润季风性气候区，总的特点是：四季分明，热量充足，降雨充沛，季风影响突出，年平均气温17.9～18.5℃，年平均无霜期317天，年均降水量1 072～1 094毫米。

三、生产性能

涪陵水牛早期生长发育速度较快，哺乳期日增重平均为620克，周岁时的平均日增重达600克，成年水牛平均体重470千克。

四、发展状况

随着农业机械不断发展，涪陵水牛的役用功能在农业生产中不断弱化，因此其生产量呈逐年下降趋势，2017年年末，涪陵区存栏涪陵水牛1.7万头。

五、荣誉奖项

2009年，涪陵水牛被农业部纳入国家畜禽遗传资源品种名录。2013年3月21日，注册为国家工商行政管理总局地理标志商标。

第二节 丰都肉牛

丰都肉牛是丰都县特产，地理标志产品，重庆名牌农产品。丰都县立足"国家农业科技园区、特色农产品优势区、农村产业融合发展示范园"定位，坚持把肉牛产业作为乡村振兴和脱贫攻坚的主导产业来抓，举全县之力建设"中国肉牛之都"。经过多年的不懈努力，已基本形成了集牧草种植、良种繁育、生态育肥、屠宰分割、精深加工、粪污利用、商贸物流和科技研发于一体的肉牛全产业链，实现了与肉牛相关联的一、二、三产业广泛联动、深度融合。

丰都肉牛于2010年注册为国家工商行政管理总局地理标志商标第31类。2011年，通过清真食品认证；2011年10月，通过绿色食品认证；2012年8月，通过有机食品认证；2014年10月，获得出口食品生产企业备案证明；2015年，通过重庆名牌农产品认证，同年获得"中国驰名商标"称号。丰都已成为国家级外贸转型升级基地（牛肉）、国家唯一的出口牛肉质量安全示范区、全国首个以肉牛为主导产业的国家农业科技园区。

一、产品特点

丰都县当地黄牛属于川南山地黄牛，体较矮，肌肉丰满，具有耐粗饲、行动敏捷、善于山地田间耕作、持久耐劳、不怕酷热寒冷、容易调教等特点。成年公牛体高115.9厘米，体重323.2～380千克；母牛108.1厘米，重260～299千克，阉牛116厘米，体重321.9～379千克。近年来，通过品种改良，引入西门塔尔牛、安格斯牛等优质肉牛的冻精，开展二元和三元杂交改良，肉牛生产性能得到极大地改善。在饲养上，采用天然谷物饲养，科学配方，人饮水源、沙床牛舍、音乐牛栏、保洁按摩，使丰

都肉牛肉质细嫩、香味突出、大理石纹十分漂亮。产品核心竞争力为：100%谷物饲养，更营养；100%的2～3岁青壮公牛，更细嫩；100%优质肉牛品种，更美味；100%来自标准自养牧场，更放心；100%从牧场到餐桌全产业链，更安全；72小时排酸、排毒，更健康。

二、发展历史

丰都县位于三峡库区腹地，是传统农业大县，黄牛自古作为农耕役用。丰都自古有养牛的传统，长期以来基本以农户散养为主。自2000年开始，西南大学、重庆市畜牧学科院等院校相继与丰都开展合作，组织专家到丰都从事肉牛科研，指导农民科学养牛，肉牛养殖由此逐步成为山区农民脱贫致富、库区移民安稳致富的好门路，农民养牛的热情日益提高，养殖规模逐渐扩大，为丰都县肉牛产业发展壮大奠定了良好基础。

2008年，为破解库区产业空虚难题，加快扶贫开发进程，丰都县委、县政府在充分调研、反复论证的基础上，决定把肉牛作为农村经济发展的支撑性产业来抓，出台系列政策，实施多项举措，全力打造"中国南方肉牛之乡"。到2013年，丰都县肉牛养殖规模、屠宰加工量、科技水平等多项指标跃居全国或重庆市前列，肉牛产业发展取得了历史性突破。

2014年，丰都县委、县政府出台了《关于加快建设中国肉牛之都的实施意见》，调整发展战略，转变发展思路，推动丰都肉牛产业进入扩大规模、提升品质、丰富内涵的转型发展新阶段，产业内动力、带动性进一步增强，附加值进一步提高，产业发展步入持续、健康的良性轨道。

三、生产情况

（一）肉牛品种

以西门塔尔杂交牛为主，也有当地黄牛、安格斯牛等。西门塔尔牛原产于瑞士阿尔卑斯山区，不是纯种肉用牛，而是乳肉兼用品种。由于西门塔尔牛产乳量高，产肉性能、役用性能也很好，是乳、肉、役兼用的大型品种。西门塔尔牛在引进后，对黄牛的改良效果非常明显，杂交一代的生产性能一般能提高30%以上。

（二）养殖规模

丰都县形成"规模牛场＋家庭牧场＋散养农户"养殖格局。已建成规模化标准化万头牛场2个、千头牛场4个、百头牛场39个，成为产业发展的主力军。建成经济效能高、环境可承受、技术易推广的20～50头规模的肉牛家庭牧场931个，成为产业发展最具活力、最可持续的增长力量。通过龙头企业和专业合作社的示范带动，丰都县2.1万肉牛散养农户已成为产业发展的坚实基础。

（三）饲草饲料

依托南方独特的地理环境和丰富的资源优势，实施草畜配套工程，保障肉牛饲草饲料供给。利用137万亩天然草地草坡自由放牧，建成皇竹草、甜高粱等人工牧草连片种植基地6万亩，每年实现5万吨秸秆、25万吨酒糟等农工业副产物的饲料化利用。

（四）屠宰加工

从德国、美国等国家引进全套自动化屠宰及加工设备，建成屠宰厂3个，年屠宰肉牛能力达15万头。应用安乐屠宰、恒温分割等精细化屠宰分割技术，严格把控宰前检疫、预冷排酸等四大关键控制点，精细化分割达16个部位300余个品种。

建立"牛源基地优质化、检疫监控系统化、终端管理规范化、产品追溯全程化"的质量监控体系，应用自主创新的牛肉预处理等工艺，年精深加工牛肉产品15万吨，产品涵盖冷冻调理、熟食产品、休闲食品、西式牛肉4大类100余个品种，实现了牛肉中高端产品全覆盖。

四、加工技术

（一）产品分割

1. 牛柳

牛柳也叫作牛里脊，分割时先剥皮去脂肪，沿耻骨前下方把里脊剔出，然后由里脊头向里脊尾逐个剥离腰横突，取下完整的里脊。修整时，必须修净肌膜等疏松结缔组织和脂肪，保证里脊头完整无损，保持肉质新鲜，形态完整。

2. 西冷

西冷也叫作外脊，主要是背最长肌。分割时先沿最后的腰椎切下，再沿眼肌腹壁侧（离眼肌5～8厘米）切下，在第12～13胸肋处切断胸椎，最后逐个剥离胸、腰椎。修整时，必须去掉筋膜、腱膜和全部肌膜，保持肉质新鲜，形态完整。

3. 眼肉

眼肉主要包括背阔肌、肋最长肌、肋间肌等。其一端与外脊相连、另一端在第5～6胸椎处，先剥离胸椎，抽出筋腱，然后在眼肌腹侧距离为8～10厘米处切下。修整时，必须去掉筋膜、腱膜和全部肌膜，同时，保证正上面有一定量的脂肪覆盖，保持肉质新鲜，形态完整。

4. 上脑

上脑主要包括背最长肌、斜方肌等。其一端与眼肉相连，另一端在最后颈椎处。分割时剥离胸椎，去除筋腱，在眼肌腹侧距离为6～8厘米处切下。修整时，必须去掉筋膜、腱膜和全部肌膜，保持肉质新鲜，形态完整。

5.胸肉

胸肉即牛胸部肉，在剑状软骨处，随胸肉的自然走向剥离，取自上部的肉即为牛胸肉。修整时，修掉脂肪、软骨、去掉骨渣，保持肉质新鲜。

6.肋条肉

肋条肉即肋骨间的肉，沿肋骨逐个剥离出的条形肉即为肋条肉。修整时，去净脂肪、骨渣，保持肉质新鲜，形态完整。

7.臀肉

臀肉也叫"尾龙八"，主要包括半膜肌、内收肌、股薄肌等。分割时沿半腱肌上端至髋骨结节处，与脊椎平直切断上部的精肉即是臀肉。修整时，去净脂肪、肌膜和疏松结缔组织，保持肉质新鲜，形态完整。

8.米龙

米龙又叫"针扒"，包括臀股二头肌和半腱肌，又分为大米龙、小米龙。分割时均沿肌肉块的自然走向剥离。修整时必须去掉脂肪和疏松结缔组织，保持肉质新鲜，形态完整。

9.黄瓜条

黄瓜条也叫"会牛扒"，即分割时沿半腱肌上端至髋骨结节处与脊椎平直切断的下部精肉。修整时，去掉脂肪、肌膜、疏松结缔组织和肉夹层筋腱，不得将肉块分解而去除筋腱，保持肉质新鲜，形态完整。

10.牛腱

牛腱分为牛前腱和牛后腱。牛前腱取自前腿肘关节至腕关节处的精肉，牛后腱取自后腿膝关节至跟腱的精肉。修整时，必须去掉脂肪和暴露的筋腱，保持肉质新鲜，形态完整。

（二）包装

1.纸箱及装箱规格

包装纸要求坚固、清洁、干燥、无毒、无异味、无破损，每箱净重25千克，超过或不足者只准整块调换，不得切割整块肉。不同部位的肉严禁混箱包装。

2.包装操作规范

西冷：将两端向中间轻微骤拢卷包，保持原肉形状。

牛柳：将里脊头拢紧，用无毒塑料薄膜包卷，牛柳过长时可将尾端回折少许包卷。眼肉、上脑：用无毒塑料薄膜包卷，保持原肉形状。

臀肉、膝圆、米龙、黄瓜条、牛前柳：用无毒塑料薄膜逐块顺着肌肉纤维卷包。

牛腩：将肋骨迹线面向箱的底部，用无毒塑料薄膜与上层肉块隔开。

牛胸：用无毒塑料薄膜间隔，摆放平整无空隙，底部与上部肉块的摆放方法均是带肋骨迹线的一面朝外。

牛腱：用无毒塑料薄膜分层间隔，牛腱的腹面向箱底。

牛前：用无毒塑料薄膜包装，带肌膜的一面朝外，装箱要求平整无空隙。

五、产品质量

丰都肉牛（牛肉）产地和产品生产过程，严格遵循《食品安全国家标准 鲜（冻）畜、禽产品》（GB 2707—2016）、《鲜、冻分割牛肉》（GB/T 17238—2008）、《预制肉类食品质量安全要求》（SB/T 10482—2008）的相关规定。

牛肉中富含蛋白质、肌氨酸、维生素、亚油酸、卡尼汀等营养物质和钾、铁、镁、锌等多种微量元素，营养价值高。

（一）肌氨酸

牛肉中的肌氨酸含量比其他食品都高，这使它对增长肌肉、增强力量特别有效。人在进行运动训练的头几秒钟里，肌氨酸是肌肉燃料之源，可以有效补充三磷酸腺苷，从而使人在运动训练中能坚持得更久。

（二）维生素B_6、维生素B_{12}

牛肉含有较高的维生素B_6和维生素B_{12}。维生素B_6，可使人体增强免疫力，促进蛋白质的新陈代谢和合成，从而有助于紧张的运动训练后身体的恢复。维生素B_{12}对细胞的产生至关重要，而红细胞的作用是将氧带给肌肉组织。维生素B_{12}能促进支链氨基酸的新陈代谢，从而为身体供给进行高强度运动训练所需的能量。

（三）卡尼汀

牛肉中卡尼汀和肌氨酸的含量比鸡肉、鱼肉中的含量都高。卡尼汀主要用于支持脂肪的新陈代谢，产生支链氨基酸，是对健美运动员增长肌肉起重要作用的一种氨基酸。

（四）钾和蛋白质

钾是大多数运动员饮食中比较缺少的矿物质。钾的水平低会抑制蛋白质的合成以及生长激素的产生，从而影响肌肉的生长。牛肉中富含蛋白质，4盎司瘦里脊就可产生22克一流的蛋白质。

（五）亚油酸

牛肉富含结合亚油酸，是潜在的抗氧化剂，可以有效对抗举重等运动造成的组织损伤。还可作为抗氧化剂保持肌肉块。

（六）锌、镁、铁

锌也是一种有助于合成蛋白质、促进肌肉生长的抗氧化剂。锌与谷氨酸盐和维生素B_6共同作用，能增强免疫系统。镁则支持蛋白质的合成、增强肌肉力量，更重要的是可提高胰岛素合成代谢的效率。铁是造血必需的矿物质。牛肉富含铁质，比鸡、鱼的铁含量高。

（七）丙氨酸

丙氨酸的作用是使饮食中的蛋白质产生糖分。如果人对碳水化合物的摄取量不足，丙氨酸能够为肌肉供给所需的能量。

六、产业发展

至2018年，丰都县已全面形成了从牧草到餐桌的肉牛全产业链，肉牛产业的综合生产能力和整体效益得到了明显提升。丰都县已累计培育、引进、扶持肉牛及其关联产业企业34家（其中国家、市级龙头企业5家）、专业合作组织31家，年种植牧草6万亩、生产饲料10万吨，年存栏肉牛16.98万头、出栏9.74万头，年肉牛屠宰加工能力15万头、牛肉精深加工能力10万吨，发展牛肉特色餐饮店30家，实现肉牛综合产值近100亿元。

在产业发展的过程中，通过直接参与、带动就业以及订单种养、"三金"增收、金融扶贫、股权改

革、"变废为宝"等模式，直接提供工作岗位2 000余个，间接带动上万人就业，辐射带动2.1万农户参与到肉牛一、二、三产业及关联产业各环节，肉牛产业对养殖肉牛的农民的增收贡献率达18%左右，其中2 300余建卡贫困户每年户均增收3 000元以上。

构建了"首席专家＋县级科技特派员＋乡镇技术员＋村社指导员"4级联动科技服务体系，丰都县350名专兼职技术人才全面参与到人工冻配、疫病防控、生态环保等肉牛产业发展各环节中。

为推动产业持续有力地发展，丰都县政府出台《丰都县肉牛养殖奖励扶持办法》，每年预算肉牛产业发展专项资金2 000万元，主要用于产业发展的科技研发、品牌打塑、宣传推介、基础配套，以及新型经营主体在品种改良、母牛保险、母牛产犊、县外购牛、粪污处理等关键环节的奖励扶持，充分激发了产业发展内生动力。

七、荣誉认证

2010年2月，丰都肉牛注册为国家工商行政管理总局地理标志商标第31类。2011年6月，通过清真食品认证；2011年10月，通过绿色食品认证；2012年8月，通过有机食品认证；2014年10月，获得出口食品生产企业备案证明；2015年7月，通过重庆名牌农产品认证，同年8月，获得"中国驰名商标"称号。

丰都肉牛产品先后获得ISO9000、ISO22000、HACCP（全称Hazard Analysis and Critical Control Point，危害分析的临界控制点）、ISO14000等农业规范体系认证。

第一节　涪陵渝东黑山羊

渝东黑山羊，涪陵区重点发展的四大畜牧特色效益产业品种，地理标志产品。渝东黑山羊属肉皮兼用型地方优良山羊品种，2001年，被收录入《全国畜禽品种引种指南》；2006年5月，通过原重庆市畜品种审定委员会审定，同年，渝东黑山羊资源保种场在涪陵建立；2009年5月，通过国家畜禽遗传资源管理委员会羊专业委员会现场审定；2009年10月15日，农业部发布第1278号公告，成为国家级畜禽遗传资源。2013年，渝东黑山羊获国家工商行政管理总局地理标志商标的使用权。

一、产区分布

渝东黑山羊分布于涪陵、武隆、丰都以及周边的黔江、彭水等区（县）和贵州省少数区（县）。据2008年调查，重庆市存栏渝东黑山羊13.40万只，基础种羊群6.03万只，其中能繁殖母羊3.89万只，种用公羊0.31万只。

二、产地环境

渝东黑山羊中心产区位于重庆市涪陵区、丰都县和武隆县等区（县），产区地处四川盆地和盆地山地过渡地带，重庆市的腹心地区和三峡库区，境内地势以河谷丘陵为主，横跨长江南北，纵贯乌江东西，属典型的低山、丘陵地区。地势大致为东南高西北低，海拔119～2 033米。产区属亚热带湿润季风性气候区，总的特点是：四季分明，热量充足，降雨充沛，季风影响突出，年平均气温17.9～18.5℃，年平均无霜期317天，年均降水量1 072～1 094毫米。

三、产品特点

渝东黑山羊具有毛色纯黑、攀登山坡能力强、采食力强、耐粗饲、抗病力强、适应性强、易管理等特点和生长发育较快、繁殖力强、屠宰率高、肉质细嫩、板皮品质好等优点。

（一）外貌特征

渝东黑山羊全身被毛黑色，成年公羊被毛较粗长，母羊被毛较短；头呈三角形，中等大小；鼻梁平直，两耳直立向上；多数公、母羊有角和胡须；头颈躯干结合紧凑，后驱略高于前驱，腰背平直，胸较宽深，肋骨开张，臀部稍有倾斜；后肢结实，蹄质坚实，尾短直立。

（二）生产性能

渝东黑山羊初生重：公羔1.62千克，母羔1.48千克。断奶重：公羔9.73千克，母羔9.06千克。渝东黑山羊成年体高：公羊（61.1±5.29）厘米、母羊（57.53±2.66）厘米。成年体重：公羊（39.51±8.31）千克、母羊（34.31±6.41）千克。公羊5～7月龄性成熟，母羊4～6月龄开始发情，母羊一年四季均可发情，但多数在春秋季节，怀孕期平均150.5天，初产母羊产羔率136.37%、经产母羊产羔率194.37%；羔羊断奶成活率94.52%；哺乳期日增重（68.16±15）克。12月龄屠宰率平均为48.35%、净肉率评价为38.88%。

四、发展状况

渝东黑山羊是涪陵区重点发展的四大畜牧特色效益产业之一，近几年，涪陵区通过退耕还林、石漠化治理、南方草地建设等项目支持，使渝东黑山羊特色产业取得了快速发展，至2017年，建有原种场2个，产业园1个，常年存栏30只以上扩繁场（户）121个。2017年，涪陵区存栏渝东黑山羊2.3万只，出栏2.9万只。

五、荣誉奖项

2009年，渝东黑山羊被农业部纳入国家畜禽遗传资源品种。2013年3月21日，渝东黑山羊获国家工商行政管理总局地理标志商标的使用权。

第二节　大足黑山羊

大足黑山羊，国家级畜牧遗传资源保护品种。重庆大足区自古产山羊，有黑山羊、白山羊、麻山羊等品种，以养殖黑羊山为主，占90%以上。2006年6月，大足黑山羊经国家工商行政管理总局注册为"大足黑山羊"集体商标，同年通过重庆市无公害农产品产地认定。2009年被列入国家级畜牧遗传资源保护名录，注册成为重庆市地理商标，通过无公害农产品认证。

一、产品特点

大足黑山羊一直由大足区人民自发封闭繁育。毛色纯黑、个体大、繁殖率高，是一个遗传一致性好的优良肉山羊种群，其繁殖性能为国内肉山羊种群最高之一，被养羊专家称为"养在深闺人未识"的宝贝。主要特性：一是繁殖率高，平均胎产仔2.7只，最高1胎产6只；二是生长发育快，羔羊双月体重10千克，12月龄体重达35～40千克，6～8月龄屠宰率43.5%，净肉率31.9%；三是适应性强，食生好，耐粗饲，多以绿草树丛叶为食，善攀岩，耐高温湿热气候，抗病力强，适应性广，体型中等，四肢健壮发达，肌肉丰满。全身皮毛乌黑发亮，皮张细密，厚薄均匀，富有弹性，肉质细嫩，膻味小，适宜烤、煎、蒸、炖，深受市民喜爱。

二、发展历史

据《四川劝业道置劝工统计表》载，清宣统二年（1910年），大足有山羊1 189只。1942年，《大足畜产概况表》载，大足有山羊4 452只。县志记载，1949年，大足县出栏山羊1.1万只，之后逐年上升，1962年达7万只，成为当时的主要饲养牲畜。

2004年，中国畜牧兽医学会养羊学分会理事赵有璋、西南大学副校长张家骅教授等专家教授在大足铁山镇及周边地区进行考察、调研及性能测定后，一致认为：大足黑山羊是一个优良的肉山羊地方品种，具有繁殖力强、成活率高、体型大、肉质好的特点，是国内不可多得的高繁殖、高产品种基因库，极具保护和开发价值。2004年7月，重庆市三峡牧业（集团）有限公司投资50万元，在铁山建立黑山羊扩繁场。

2005年，大足承担国家级黑山羊标准化示范区建设项目，重点在季家、铁山、珠溪等6个镇（街道）推广建立漏缝式高床圈舍，实施农户360户，饲养黑山羊1 800只。2005年年末，大足县山羊养殖量达5万只，其中规模饲养种羊6 000余只，繁殖推广黑山羊1万余只，同时选育出优良黑山羊种羊220只，向渝北区黑山羊种场提供种羊105只，以展示大足黑山羊的优势，为西南大学的专家提供生产优能测定及基因研究。

2006年9月，农业部畜禽遗传资源普查专家组许尚忠、杜立新、李慧芳一行到大足考察大足黑山羊。专家组查阅了大足黑山羊遗传资源普查资料，实地考察了黑山羊繁育种羊场，听取了畜牧部门的汇报，充分肯定大足黑山羊为高繁殖性的优质山羊基因资源。专家组建议，第一，进一步加强大足黑山羊种群遗传资源的动态保护和利用，开展系统的品种选育研究工作，制定选育目标、育种规范和饲养规范。第二，继续开展肉用与提高繁育性能研究。第三，大力引进企业，开展黑山羊产业化开发利用，加大基础研究力度，扩大种群规模。第四，争取各级政府大力扶持，加强统一规划和落实，为品种审定奠定坚实基础。同年，由西南大学动物科学学院承担，大足县畜牧兽医局、县科学技术委员会、重庆市三峡牧业（集团）有限公司等单位参与实施"高繁殖率大足黑山羊品种保护及培育"市科技攻关项目。通过2年的实施，该项目于2008年顺利通过专家验收。

三、生产情况

2005年，大足县出栏黑山羊3.3万只；2007年，出栏4.3万只。2011年，大足县黑山羊种羊繁殖

场达15家，存栏黑山羊4.23万只。2013年，存栏8.74万只；2014年，存栏10.75万只；2015年，存栏12.06万只；2016年，存栏15.03万只；2017年，存栏17.02万只。

2010年，为保护黑山羊资源，重庆大足现代农业发展有限公司成立重庆腾达牧业有限公司，专门建立国家级黑山羊保种场。保种场年存栏繁殖母羊1 500余只，出栏羊羔1万余只。2015年，大足区注册成立黑山羊养殖公司12家，年存栏黑山羊2万余只，并采取"公司＋基地＋合作社＋农户"生产经营模式，带动黑山羊产业发展壮大及农民增收致富。

四、产品认证

2006年6月，大足黑山羊经国家工商行政管理总局核准注册为"大足黑山羊"集体商标，同年，获得重庆市无公害农产品产地认定。2009年10月，大足黑山羊通过国家畜禽遗传资源委员会鉴定，成为国家级畜禽遗传资源；2014年，大足黑山羊被列入国家级畜禽遗传资源保护名录。

第三节　酉州乌羊

酉州乌羊，无公害山羊产地农产品。酉州乌羊（山羊）产业是酉阳在特色效益农业发展过程中确立的主导产业。

一、地域范围

酉州乌羊主产地为酉阳青华山（武陵山系）及其山脉延伸的周边地区。位于东经108°18′25″—109°19′02″，北纬28°19′28″—29°24′18″。中心产区位于酉阳土家族苗族自治县境内以青华山及其延伸山脉为主的喀斯特地形地貌区。主要分布在酉阳土家族苗族自治县内的板溪镇、龙潭镇、铜鼓乡、板桥乡、楠木乡、桃花源镇、李溪镇、涂市乡。

二、养殖历史

1993年，酉阳土家族苗族自治县畜牧局对酉州乌羊的调查显示，该羊形成于20世纪初（走访调查产区时，很多老农都介绍，饲养这种羊已有几代人的历史了）。

三、品质特色

酉州乌羊全身皮肤为乌色，眼、鼻、嘴、肛门、阴门等处可视黏膜为乌色，脸颊有2条黑线，全身被毛白色，1条黑色背线，两眼圈为黑色。成年公、母羊平均体重分别为36.4千克和31.2千克，平均体高分别为63厘米和54.8厘米。母羊5～6月龄开始发情，妊娠期146～150天。公羊5～6月龄性发育成熟，一般利用年限为5年。成年羊屠宰率为48.0%～50.0%，净肉率为35.0%；成年羊屠宰率可达52.0%，净肉率为36.5%。

四、营养价值

西州乌羊具有特定的观赏价值、经济价值，以及潜在的保健及药用价值。早期有部分农户认为，西州乌羊有"乌桃子"（阴户为乌色），是不吉利的象征。但该羊羊肉清香、细嫩，鲜味比其他山羊浓厚，具有滋阴补肾、强身健体、提神等功效，产妇或体弱多病者常用乌羊肉及汤滋补身子，因此当地老百姓又称之为"药羊"。对乌羊肉质营养价值研究的初步结论为：肉质细嫩多汁，营养成分丰富，其蛋白质与氨基酸组成及必需氨基酸含量优于酉阳境内的其他山羊品种，4种鲜味氨基酸（谷氨酸、赖氨酸、天冬氨酸、丙氨酸）除丙氨酸外的含量均明显高于酉阳境内的其他山羊品种。

五、遗传性状

西州乌羊遗传表型特征明显且稳定。其RAPD（全称Random Amplified Polymorphic DNA，随机扩增多态性染色体）研究分析，乌羊群体内的遗传相似系数为0.953 4，说明个体间指数变幅小，表型遗传稳定。"西州乌羊"已成为国家级畜禽遗传资源。

六、产业发展

1986—2004年，酉阳土家族苗族自治县山羊养殖以农户个体养殖为主。1991年，存栏、出栏量分别为22万只和9.5万只。2005年，山羊产业开始被纳入特色产业发展范畴。当年存栏、出栏量分别为30.8万只和19.6万只，之后规模不断扩大。至2015年年末，山羊存栏、出栏量分别达32.6万只和37万只。

酉阳作为重庆山羊产业发展的重点区（县），紧紧抓住良繁体系、养殖基地、链条延伸等关键环节，打造"产、加、销一条龙，科、工、贸一体化"的全产业链格局，全力打造中国"南方羊都"。引进和培育了山羊养殖、加工、销售的市级龙头企业2家，县级龙头企业26家，专业合作社171个。2016年8月，第十三届中国羊业发展大会在酉阳顺利召开。

七、产品认证

酉阳土家族苗族自治县获无公害山羊产地认定13个、无公害山羊产品认证12个。

第四节　武隆板角山羊

武隆板角山羊，地理标志产品。武隆板角山羊是武隆区经过长期人工培育和自然选择下形成的一个地方优良品种，在武隆区有悠久的养殖历史。该品种适应武隆山区的自然生长环境，抗病力强，是典型的皮肉兼用型山羊。

武隆板角山羊具有体型大、产肉多、板皮质量好、繁殖力强、抗病力强、适应性强、性成熟早、寿命长、耐粗饲等优点，深受山区养殖户喜爱。因有1对大而扁长的角而得名。

一、产区分布

武隆板角山羊主要分布在仙女山、火炉、沧沟、双河、文复、桐梓、接龙、白马、江口等中、高山地区。2013—2016年，武隆县乐丰畜禽养殖专业合作社在沧沟乡大水村香樟林建成武隆板角山羊保种繁育场保种基地。

二、产地环境

武隆区有草山草坡173.64万亩，其中可利用草地面积154.9万亩。分布广泛，主要分布于海拔

600～1 200米的中山、低中山区，集中在羊角、巷口、桐梓、火炉4个片区及和顺、白马、大洞河等乡（镇）。草地类型分为3类、7组、14型。武隆区草地植被随不同地形、海拔、气候条件的变化而呈现出有规律性的分布。一般丘陵、低山为零星闲隙草地，交错分布于耕地间隙中，主要草本植物有荩草、芒、莠竹、鸡眼草、早熟禾、野豌豆等，平均亩产可利用鲜草931千克。低中山、中山和部分浅丘主要是山地疏林草地类草地，以芒、白茅为优生植物，伴生黄茅、莠竹、地瓜、葛等，平均亩产可利用鲜草713千克。中

山以山地灌丛草地类草地分布较多，山地草丛草地类草地大部分也集中在中山，主要植被有白茅、荩草、马唐、野古草、狼尾草、牛鞭草等，平均亩产可利用鲜草757千克。海拔1 400米以上地区主要是山地草丛草地类草地，主要草地植被有芒、白茅、黄茅、早熟禾、拂子茅、莠竹、荩草、葛、野豌豆、鸡眼草，平均亩产可利用鲜草1 202千克。高山灌木草地生长季节为5—12月，低山地带为3—12月。武隆区可供山羊采食的牧草有200多种，植被盖度80%～90%，非常适宜发展草食牲畜。

三、历史渊源

据《武隆县志》记载，武隆区饲养山羊已有1 500多年的历史。武隆板角山羊产地境内山势陡峻，沟狭谷深，海拔500～1 500米以上。地势起伏很大，一般坡度在25°以上。乌江水深流急，水源丰富。板角山羊从海拔数百米的沟谷到2 000米以上的山坡都有分布，以分布于边缘山地的体格最大，品质最好。具有体型大、长势快，产肉多、膻味轻、皮张面积大、质量好等特点，适应性强，自古以来为人们所喜爱，故此，板角山羊的形成是人们长期选育和自然选择的结果。

从该品种集中产区的自然条件看，都是交通闭塞的沟谷山地，品种较为原始。武隆板角山羊是山区发展草食牲畜，以草换肉的重要山羊品种资源。20世纪70年代，农业部、对外贸易部、中华全国供销合作总社把武隆县列为全国山羊板皮的基地之一，对外贸易部曾拨专款扶持。1978—1981年，武隆辖区内年平均养殖山羊18万只左右，出售板皮5万余张，向社会提供羊肉100余吨。

四、体貌特征

武隆板角山羊被毛大多数为白色，少数为黑色和杂色。公、母羊均有角，角型宽而扁长，向后弯曲扭转。公羊分外雄壮。公、母羊均有胡须，体躯呈圆桶形，后驱高于前身。背腰平直，四肢粗壮，前肢如柱，后肢微弯，骨骼坚实，蹄质坚硬，行动敏捷。头面清秀，眼球微红，明亮有神，耳略长，向前倾斜。乳房球形，繁殖力、抗病力、适应性强，耐粗饲。

五、生产性能

（一）繁殖性能

公、母羊全年均可繁殖。母羊初情期为4～5月龄，适配年龄10月龄，初产母羊产羔率107.50%、经产母羊产

羔率196.25%，母羊发情周期为17～23天，平均为20天，发情平均持续时间为51小时，孕娠期为145～155天，平均151天，母羊利用年限为6～8年。公羊初情期为4～5月龄，性成熟期为6～8月龄，适配年龄为12月龄，全年均可配种，利用年限为4～5年。

（二）生长发育性能

用初生、2月龄、6月龄、12月龄、成年公、母羊的体重、体长、体高和胸围表示板角山羊的生长发育性能。在舍饲条件下应符合表2-3-1的规定。

表2-3-1 板角山羊各年龄段体重和体尺指标

月龄	性别	体重/千克	体长/厘米	体高/厘米	胸围/厘米
初生	公	2.14±0.25	26.51±1.51	26.98±1.83	27.85±1.89
	母	2.11±0.28	26.22±1.53	26.55±1.60	27.60±1.92
2	公	8.76±2.02	45.22±6.91	41.65±5.70	49.09±7.47
	母	8.28±1.28	43.18±3.83	39.88±2.91	47.48±4.26
6	公	19.39±4.61	55.00±3.76	46.76±3.98	60.07±4.44
	母	18.25±3.40	54.06±3.41	46.66±3.44	59.34±3.38
12	公	36.40±5.04	69.86±5.13	59.47±4.46	76.07±4.99
	母	26.95±4.03	59.38±4.30	54.17±4.30	66.85±6.10
成年	公	45.19±5.03	71.29±5.32	72.76±9.44	82.75±7.16
	母	35.73±6.07	70.18±4.71	57.41±3.77	77.91±5.25

（三）肉用性能

中国医学认为，羊肉能助元阳，补精血，疗肺虚，益劳损，是一种滋补强壮药。羊肉性热，宜冬季食用。羊肉味甘、性温，入脾、胃、肾、心经；温补脾胃，可用于治疗脾胃虚寒所致的反胃、身体瘦弱、畏寒等症；温补肝肾，可用于治疗肾阳虚所致的腰膝酸软冷痛、阳痿等症；补血温经，可用于产后血虚经寒所致的腹冷痛。中国古代医学认为，羊肉是助元阳、补精血、疗肺虚、益劳损、暖中胃之佳品，是一种优良的温补强壮剂。

武隆板角山羊肉质细嫩，膻味轻，内脏脂肪和肌肉脂肪适度，极富营养价值，适于鲜食。武隆碗碗羊肉和羊肉汤锅以武隆板角山羊肉作响当当的招牌来招引顾客。当地农村还有用麦芽、谷芽和炒熟的盐水豆喂羊催肥的经验，使阉羊增重更大，积脂更多。把屠宰后的整个胴体连同板油一起腌渍风干，制成腊肉，便于保存较长时期，随食随取，另有风味。

用成年板角山羊屠宰前活重、胴体重、屠宰率、净肉重、净肉率和胴体净肉率表示板角山羊的肉用性能，在放牧加舍饲条件下应符合表2-3-2的规定。

表2-3-2 板角山羊成年羊肉用性能

月龄	性别	屠宰前活重/千克	胴体重/千克	屠宰率/%	净肉重/千克	净肉率/%	胴体净肉率/%
成年	公	35.92±5.18	17.23±3.25	47.72±3.50	13.54±2.83	37.46±4.01	78.35±3.48
	母	29.67±2.07	12.18±0.53	41.10±1.14	9.2±0.33	31.07±1.14	75.59±1.36

（四）板皮性能

板角山羊皮具有科研价值。据《武隆县志》记载，国防科学技术委员会曾用武隆辖区板角山羊皮做原子爆炸防污染反应的实验，结果证明其具有抗辐射污染能力。板角山羊皮板面平整，厚薄均匀，质地结实，油性足，致密度高，延伸率大，抗张力强。成年板角山羊公羊板皮面积为（6 575.8±629.12）平方厘米，母羊板皮面积为（6 266.0±584.9）平方厘米。

六、等级评定

武隆板角山羊等级评定标准参照重庆市板角山羊地方标准。

（一）等级分类

以综合评分方法评定等级，分特级、一级、二级3个等级，种羊的综合评定以个体品质为主，参考系谱进行等级评定。

（二）评定依据及等级标准

以体型外貌、繁殖性状、生长发育性状为评定依据。

1.体型外貌等级。

按表2-3-3、表2-3-4内容进行板角山羊体型外貌等级评定。

表2-3-3　板角山羊体型外貌鉴定评分标准

项目		评定标准	评分	
			公	母
外貌	毛色	全身被毛短密贴身，毛色全白而有光泽	14	14
	外形	体躯近似圆筒状，公羊雄壮，母羊清秀	6	6
	头	头中等大，额微凸，鼻梁平直，竖耳，有角，角型宽而略扁，向后弯曲扭转，公、母均有胡须	12	12
体躯各部	颈	公羊粗短，母羊中等，与肩结合良好	6	6
	前躯	胸部深广，肋骨开张	6	6
	背、腹部	背腰平直，腹部发育良好且较紧凑	6	6
	后躯	较前躯略宽，尻部宽且倾斜适度，臀部和腿部肌肉丰满，肷窝明显；母羊乳房基部宽广、方圆，附着紧凑，大小适中，呈梨形，有效乳头2个，乳头匀称对称	10	12
	四肢	四肢匀称，刚劲有力，系部紧凑强健，关节灵活，蹄质坚实，无内向、外向、刀状姿势	18	18
发育情况	外生殖器	公羊睾丸发育良好，左右对称，富有弹性，适度下垂；母羊外阴正常	8	4
	羊体发育	肌肉结实，膘情中上	6	6
	整体结构	各部位结构匀称、紧凑，体质结实	8	10
总计			100	100

表2-3-4　板角山羊体型外貌等级划分

等级	公羊 / 分数	母羊 / 分数
特级	95 以上	95 以上
一级	85 ~ 94	85 ~ 94
二级	80 ~ 84	70 ~ 84

2.繁殖性状等级

公、母羊繁殖性状等级评定分别按表2-3-5、表2-3-6进行。

表2-3-5　板角山羊公羊繁殖性能评定标准

等级	3月龄、6月龄	12月龄、18月龄		
	同胞数 / 只	爬跨间隔时间 / 分钟	射精量 / 毫升	鲜精活率 / %
特级	≥ 3	≤ 2	≥ 1.2	≥ 90
一级	2	2 ~ 5	1.0 ~ 1.2	85 ~ 89
二级	1	≥ 5	≤ 1.0	80 ~ 84

表2-3-6　板角山羊母羊繁殖性能评定标准

等级	3月龄、6月龄	12月龄、18月龄
	同胞数 / 只	窝产活羔数 / 只
特级	≥ 3	≥ 3
一级	2	2
二级	1	1

3.生长发育性状等级

板角山羊体尺、体重等级评定按表2-3-7进行。

表2-3-7　板角山羊生长发育性状评定标准

月龄	等级	公羊				母羊			
		体重 / 千克	体高 / 厘米	体长 / 厘米	胸围 / 厘米	体重 / 千克	体高 / 厘米	体长 / 厘米	胸围 / 厘米
6	特	25	53	60	68	22	50	58	62
	一	22	50	57	64	20	48	56	60
	二	19	46	55	60	18	46	54	59
12	特	41	63	74	80	30	58	63	72
	一	38	61	72	78	28	56	61	69
	二	36	59	69	76	26	54	59	66
成年	特	50	81	76	89	41	60	74	82
	一	48	76	74	86	38	58	72	80
	二	45	72	71	82	35	56	70	77

4.综合评定

根据体型外貌、生产性能及系谱资料，对板角山羊进行综合评定（表2-3-8）。

表2-3-8 板角山羊个体品质综合等级评定标准

体重体尺		特级			一级			二级	
繁殖性能	特	一	二	特	一	二	特	一	二
体型外貌	特	特	特	特	一	一	一	一	二
	一	特	一	一	一	二	二	二	二
	二	一	一	二	一	二	二	二	二

（三）种羊鉴定规则

种羊鉴定阶段划分为：6月龄、12月龄和成年3个阶段。

出售的种羊年龄应在6月龄以上，其综合评定等级为公羊≥一级，母羊≥二级，健康无病并附有种畜合格证。

七、荣誉认证

2013年7月，武隆板角山羊注册为地理标志商标。2013年12月，武隆板角山羊保种繁育场保种基地成为南方羔羊育肥生态养殖技术示范区。

第五节 巫溪板角山羊

板角山羊，渝东地区的一个优良地方山羊品种，巫溪板角山羊被注册为地理标志产品，主产于巫溪、城口。早在清朝年间，巫溪就已开始饲养山羊，100多年来，经过农民的粗放饲养、自然繁殖和自然淘汰，山羊的种群数量逐渐扩大。当地群众有选择白色、体大的山羊饲养、繁殖的习惯，经过长期的驯化养殖和不断选优去劣，逐渐形成了遗传性能稳定、繁殖力高、抗病力强的优良地方板角山羊品种。2018年2月，巫溪板角山羊取得地理标志商标。

一、品种特点

（一）外貌特征

巫溪板角山羊被毛粗硬无绒毛，多为白色，黑色个体较少。公、母羊均有角，角型宽大而扁长，向后两侧捻转弯曲或向左右两侧外展或向上伸出，头略长，两耳中等大小，平直稍向后方，鼻梁平直，额微圆突，眼褐色光亮，成年公、母羊都有胡须、体躯呈圆桶形，腰背平直，前低后高，臀部倾斜，肋骨开张，腹部较大，尾短，呈三角形，四肢粗壮坚实有力，蹄质坚硬，呈淡黄色或灰褐色，各部匀称，结合良好。

（二）生长发育特点

据测定，巫溪板角山羊周岁，公、母羊各项体尺指标达到成年羊的90%以上，公、母羔2月龄平均日增重分别为157.1克和174.2克，2～12月龄日增重为86.9克和114.6克，从初生到2月龄的日增重最快，2月龄至周岁以前的日增重较快。

（三）生产性能

1.繁殖性能

公羊4～5月龄就有性欲，6月龄即可配种。母羊初情期在5～6月龄，6～7月龄即可配种繁殖，发情周期为18～23天，发情持续期为2～3天，妊娠期为146～153天，双羔率占55%，春秋是产羔旺季，中低山区可年产2胎。

2.产肉性能

产肉性能较好，屠宰率较高，周岁羊达51.8%，成年母羊达52.8%，成年阉羊达55.35%。

3.板皮性能

山羊板皮质量好，有光泽，富有弹性，质地细密、面积大。据测定干皮，周岁羊皮达3 800～4 000平方厘米，重量为0.41～0.74千克，厚度0.2厘米；成年羊皮达4 900～7 300平方厘米，重量为1.1～1.7千克，厚度0.21厘米。

二、饲养管理

巫溪板角山羊采食力强，耐粗饲，各种青草、树叶、灌木、枝叶及各种农作物的嫩绿枝叶，均为板角山羊的最喜草料。灵活好动，喜欢群居，适应性强，在海拔200～3 000米的地方皆能正常生长发育和繁殖。春、夏、秋以放牧为主，适当补饲，冬季多为舍饲。抗病力强，不易发生重大传染疫病。

三、发展概况

巫溪县境内的山羊多为农户自养自食，少有出售，养羊业时兴时衰。民国二十九至三十一年（1940—1942年），年均存栏9.7万只。1949年年末存栏2.18万只，出栏1 200只。中华人民共和国成立后，山羊养殖呈恢复性发展。1950—1960年，年均养羊量维持在10万只左右。1961年后，山羊生产迅速发展，1966年年底，存栏14.26万只。1966—1976年，山羊养殖量有所下降，1976年，存栏13.16万只。

党的十一届三中全会后，巫溪县的山羊养殖再度迅速发展。1979年5月，巫溪县被国家列为山羊板皮出口基地，同年，巫溪县山羊存栏17.94万只，为历史最高水平。

1981年，巫溪县板角山羊被列入中国畜禽品种志。1983年12月，巫溪县获对外经济贸易部授予的"山羊板皮出口产品品质优良"荣誉证书。1984年，巫溪县建设产值达万元以上商品生产骨干项目基地，建立了前河、长渡、胜利、天星、后河、万古、长桂等46个山羊生产基地乡。

1986年4月，巫溪县被对外经济贸易部确定为山羊板皮生产基地县。

1987年，开展板皮基地建设。1990年，山羊存栏由建设前的8万只增加到12万只，增长50%，3年共出栏14万只，产肉140万千克，山羊板皮14万张。养羊总收入700万元。改造草场5 000亩，修建羊舍2.2万平方米，发展养羊生产大户2 000个。在巫溪县建立了13个山羊板皮生产基地乡，在基地乡内，以发展养羊大户和专业户为主，对养羊大户和专业户，在资金、物资、种源、技术等方面优先给予重点扶持。

1992年，开展山羊品种选种选配，鉴定选留巫溪当地板角山羊种公羊156只。做到用优良种公羊配种，提高了山羊配种的受胎率和羔羊成活率，增大了山羊个体。在金盆、半溪、天元3个技术示范乡，南江黄羊为父本、巫溪当地板角山羊为母本杂交改良，全年杂交配种1 080窝，受胎率都在86%以上，产杂交羔羊975只，成活858只，成活率88%。

1992—2001年，通过开展板角山羊繁育体系建设和养羊大户的培养，山羊生产整体呈持续发展趋势，2001年，巫溪县养有板角山羊16.8万只。

2002年，巫溪县板角山羊被列入重庆市地方畜禽品种资源保护名录。同年，确定山羊母本选择板角山羊、川东白山羊，父本选择波尔山羊为巫溪县生产所用品种。

2005年，巫溪县畜牧兽医局围绕畜牧业结构调整，狠抓板角山羊选育和山羊示范小区建设工作。完成了市级草食牲畜"百万工程"——巫溪板角山羊小区保种建设项目及板角山羊种羊场扩建项目，确立菱角红岭村、中梁石锣村、天星万林村为县域"千只山羊"养殖、保种小区。为养殖小区示范户引进板角山羊种母羊1 420只。同年，按照重庆市山羊生态养殖小区生产技术规范要求，对养殖小区规模养羊户的羊舍进行全面、彻底的改造，设置了粪污处理设施，对确定的80户示范户修建了沼气池，指导123户改造羊舍167间。在养殖小区内，采取"公司＋农户"的运作模式，利润实行"三七"分成，农户占70%，公司占30%，并实行合同制管理，公司负责羊舍设计，饲养技术指导，牧草种子供应及组织购进种羊，农户负责饲养管理，利用自己的草资源和土地种植牧草。全年出栏山羊25万只。

2007年，通过重点调查和抽样调查相结合，基本弄清板角山羊状况，巫溪县内有板角山羊18.6万只，其中公羊1.1万只，能繁母羊11.3万只。同年，完成了三峡库区板角山羊项目建设的前期规划和厂场设计。

2008年，巫溪县有板角山羊20.6万只，其中公羊1.1万只，能繁母羊8万只。

2009年，建成重庆市三峡库区板角山羊保种场。建有种羊生产区、饲（草）料加工储存区、技术服务区、粪污处理区以及办公生活区。新建种羊舍502.2平方米，改建种羊舍201平方米，建设运动场1 000平方米，配套建成饲料加工房和仓库250平方米，青贮池200立方米、蓄水池及沉淀池200立方米，种植牧草80亩，完成水、电、路、粪污处理建设，购进设施设备15台（套），购进板角山羊种羊250只。巫溪县选育板角山羊2 130只，3个板角山羊种羊场建种草养羊基地村87个，新建圈舍8.3万平方米，种植牧草8 540亩。

2012年，新发展山羊养殖户5 136户，其中培育了存栏能繁母羊150只以上的山羊养殖大户37个；新发展山羊专业村31个，基地村64个。

第六节　合川白山羊

合川白山羊，重庆市畜禽遗传资源保护品种，地理标志产品。合川白山羊是在自然环境条件下，经过长期选育形成的山羊地方品种，据合川县志记载，已有400多年的历史。

一、品种特征

合川白山羊体型较大，结构匀称，体格健壮。被毛全白，毛粗，无绒毛，皮肤白色，公、母羊大多数有角，有胡须。体质结实，结构匀称，体格中等偏大，体躯成长方形。头大小适中，额宽平；公、母羊大多数有角，公、母羊均有胡须，角细，角呈倒八字；耳向两边平行。颈部细长，无褶皱，无肉垂。躯干成长方形，胸宽深、肋骨拱张、背腰平直。四肢粗壮结实、长；蹄质多为黄

色，部分为黑色。尾粗短。被毛全白，毛粗，无绒毛，公羊有较长的额毛，头、颈、肩、臂、背瘠及后腿膝部均被毛覆盖，而母羊毛短。公、母羊包括（羔羊）鼻镜、嘴唇、会阴处多有豌豆大小的黑斑。

合川白山羊属肉皮兼用的优良地方品种，具有适应性强、耐粗饲、易管理、繁殖力强、配合力好、生长发育较快、产肉性能好、抗病力强等优良特征。合川白山羊与南江黄羊、波尔山羊杂交优势明显，其杂交商品羊的生产性能，特别是瘦肉率和饲料转化率明显提高，适应粗放的饲养管理，具有适应性强、肉品质好、配合力好等优点。

二、历史渊源

合川白山羊是一个历史较久的地方品种。据县志记载，已有400多年的历史，1579年（明万历七年刊。刘芳馨著《合川志》）就有"牛、马、羊、猪、犬"等畜记载，并在县城"北门外设有猪羊市场"。在1910年新编版《合川志》中对山羊的毛色做了进一步的描述："合川山羊毛色呈现白色，肉是滋补品"。据史料记载，合川出口羊皮在清代就已开始，新中国成立后一直受外商青睐。山羊是产区农民经济收入的主要来源之一。民间流传有"接个媳妇喂头羊，婆婆抱孙羊儿长，养羊为孙添衣裳，不添衣裳存私房"的歌谣。

民间养羊户按照"异地选公，就地选母"的方法，选择"体型外貌好、体重大"的个体作为种羊，"先选一张皮，后选四只蹄，再选五官和身体"；配种做到"三不配"，即"近亲不配，过老过小不配，缺陷相同的不配"，不断选育当地白山羊，并选留优良个体留种用，长期的自然选择与人工培育形成了合川白山羊。2006年，合川白山羊作为地方新品种上报，经重庆市畜禽品种审定委员会审定通过正式命名。

三、生产性能

成年母羊体重（40.5±3.5）千克，体高（60.9±3.7）厘米，体长（64.3±4.0）厘米；成年公羊体重54.9±4.4千克，体高（66.3±3.9）厘米，体长（70.3±4.7）厘米。母羔平均出生重2.35千克，双月断奶平均重12.5千克，阉割的公羔重达17千克。阉割公羔哺乳期平均日增重244克，母羔平均日增重169克。6～8月龄公、母羊平均屠宰率分别为53.6%、55.0%，净肉率分别为41.8%、41.0%，公羊骨肉比为1：3.2，母羊骨肉比为1：3.7。双月屠宰时，其板皮面积平均为2 534平方厘米。板皮具有粒面细致，厚薄均匀，皮层紧密、抗张力强的特点。

（一）体尺、体重情况

合川白山羊初生时，公、母羔羊平均体重分别为2.73千克、2.35千克。阉割公羔哺乳期平均日增重244克，母羔平均日增重169克。双月断奶时分别为13.8千克、12.5千克。据2006年合川白山羊调查小组调查，在当地农村饲养水平下，合川白山羊体重体尺情况见表2-3-9。

表2-3-9　合川白山羊成年体重、体尺

阶段	样本数	指标	体重/千克	体长/厘米	体高/厘米	胸围/厘米
公	21	均值	54.9	70.3	66.3	82.3
		标准差	4.4	4.7	3.9	4.3
		变异系数	8.00	6.60	5.80	5.20
母	37	均值	40.5	64.3	60.9	74.5
		标准差	3.5	4.0	3.7	4.9
		变异系数	8.60	6.20	6.00	6.50

（二）产肉情况

2006年，合川区畜牧站对12月龄合川白山羊公、母各15头进行屠宰测定（表2-3-10）。在农村分散正常饲养条件下，双月断奶公、母羊的屠宰率分别为52.78%、53.85%。比成年母羊高2.3%；双月断奶公羔的肉脂比为38.3∶1；母羔为24.87∶1；周岁羊的肉脂比为10.88∶1；周岁母羊的肉脂比为12.01∶1；成年母羊的肉脂比为6.41∶1。周岁母羊的净肉率为37.01%，成年母羊净肉率为36.18%，比双月羔羊低5%~6%。

表2-3-10　12月龄合川白山羊屠宰测定表

公母	样本数	指标	宰前活重/千克	胴体重/千克	屠宰率/%	左侧胴体					
						总重/千克	净肉重/千克	肥肉重/千克	骨重/千克	净肉率/%	肉骨比
母	15	均值	25.64	12.03	47.04	6.43	4.40	0.46	1.30	68.28	3.39
		标准差	1.28	1.10	2.21	0.64	0.49	0.11	0.16	1.14	0.33
		变异系数	4.99	9.14	4.69	9.95	11.13	23.91	12.31	1.66	9.73
公	15	均值	35.47	17.76	50.08	9.49	6.64	0.441	2.155	69.98	3.11
		标准差	1.43	0.76	0.88	0.54	0.42	0.11	0.23	1.28	0.34
		变异系数	4.03	4.27	1.75	5.69	6.32	25.00	10.67	1.82	10.93

（三）肌肉品质

2006年，西南大学荣昌校区对合川白山羊肌肉常规成分进行测定（表2-3-11）。

表2-3-11　合川白山羊肌肉常规成分

样本数	指标	水分/%	干物质/%	粗蛋白/%	粗脂肪/%	粗灰分/%	燃烧热/（卡/克）
6	均值	71.23	28.78	20.19	4.54	1.04	5 873.70
	标准差	3.61	3.61	0.86	0.33	0.05	322.15
	变异系数	5.00	12.50	4.20	7.20	4.80	5.40

2006年，西南大学荣昌校区对6头合川白山羊的眼肌面积进行测定，结果为（15.32±3.37）平方厘米。

（四）板皮品质

合川白山羊在2月龄屠宰，板皮面积已合乎收购标准，据资料，成都科学技术大学（现四川大学）高分子材料系曾对合川白山羊板皮品质进行分析，在2月龄屠宰时，面积平均为2 534平方厘米，板皮品质抗张力强度与成年羊板皮无明显差别，具有粒面细致，厚薄均匀，皮层紧密、抗张力强的特点，质量达到中上等水平，在制革过程中易于控制，成品革粒面光滑细致，适宜制高级皮革，是出口创汇的拳头产品；其中2月龄干皮最厚部位为颈部，平均为0.82毫米，最薄为背部，平均为0.49毫米，两部位厚度比差为59.76%。

据有关史料记载，合川在清代就已开始出口羊皮。中华人民共和国成立后，合川外贸部门将山羊板皮命名为"三江牌板皮"对外出口。1964年，出口山羊板皮24.07万张，1980—1984年，连续5年达

57.49万张。据统计，1949—1978年，合川共向国家交售合川白山羊板皮184.5万张。1975年，交售板皮94 214张，其中特级皮占4.5%，甲级皮占62.4%。1979年，重庆畜产品进出口公司在铜溪对15只2月龄断奶羔进行屠宰测定，平均板皮面积为2 728.9平方厘米，干皮平均重370克，15张皮中，一级皮占93%，5月14日，对城关牛羊店宰杀的3 302只羔羊进行板皮测定，其中一级皮占91%。1987年，农牧渔业部、对外经济贸易部、中华全国供销合作总社联合批准确定合川为国家山羊生产基地。

2006年，西南大学荣昌校区对合川白山羊羊皮公、母各2张进行测定（表2-3-12、表2-3-13、表2-3-14）。

表2-3-12　母羊皮测定结果

样本数	指标	厚度/毫米	拉伸负荷/N	拉伸强度/Mp	断裂负荷/N	断裂应力/Mp	断裂伸长率/%
2	均值	0.518	145.662	71.245	142.518	69.698	42.106

表2-3-13　公羊皮测定结果

样本数	指标	厚度/毫米	拉伸负荷/N	拉伸强度/Mp	断裂负荷/N	断裂应力/Mp	断裂伸长率/%
2	均值	1.153	117.141	27.324	110.767	25.956	104.464

表2-3-14　公母羊皮平均值

样本数	指标	厚度/毫米	拉伸负荷/N	拉伸强度/Mp	断裂负荷/N	断裂应力/Mp	断裂伸长率/%
4	均值	0.835	131.401	49.285	126.642	47.827	73.285
	标准差	0.449	20.167	30.057	22.451	30.930	44.094

（五）繁殖性能

合川白山羊性成熟早，双月龄断奶母羔的卵巢上可见比绿豆稍小滤胞2～3粒，一般2.5～3.5月龄开始发情，5～8月龄开始配种，初产母羊发情持续2～2.5天，经产母羊发情持续2.5～3天。发情无明显的季节性，一年四季均可发情配种，发情周期19～22天，平均为20.4天。怀孕期145～153天，平均为150.3天，一般2年产3胎，2009年5月，对合川白山羊繁殖性能的最新调查统计表明：初产母羊产羔率136%（78窝），经产母羊产率257%（157窝），母羔平均出生重2.35千克。

母羊利用年限一般为5～7年，个别优秀者可利用14年。公羔羊出生30天左右就开始爬跨小羔，一般公羊在6～8月龄、体重达25千克以上开始配种，1只公羊每年可配种母羊80～120只，公羊的利用年限一般为3～5年，个别优秀者可利用10年。

四、饲养管理

分散农户饲养山羊较粗放，以青粗料为主，根据山区、丘陵、平坝条件不同，有3种饲养方式：山区多利用林间草地放牧，白天把羊赶上山，任其自由采食，傍晚时赶回；丘陵地区多采用拴牧，拴

在田边地角或林间果地等小块草地上，每天换1～2个地点，夏天炎热时把羊牵回家拴在阴凉处，并补饮食盐水，到下午阴凉时，再牵出拴牧，傍晚牵回；平坝区以圈养为主，人工割草饲喂，冬季利用空闲地种植牧草，喂给青贮苕藤、菜叶、胡豆壳等草料。合川白山羊性情温顺，易管理。

羔羊出生后1～3天单独饲养，每天人工辅助喂奶6～8次，在能独立自由行走后，再与母羊放在一起，自由吃奶，在10天左右羔羊开始模仿吃青草。作为商品羊的公羊在40～50日龄时阉割，母羊不阉割，2月龄断奶。分散饲养的商品羊在断奶后就出售，规模饲养的在体重达20千克以上才出售。体型较好的母羊留作种用，窝产羔羊3只以上的羔羊由人工补喂牛奶，交替哺乳，保证羔羊哺乳均匀，提高羔羊成活率。

五、生产情况

2005年，合川白山羊存栏达1.67万只，其中能繁母羊6 452只，用于配种繁殖的核心群成年公羊54只，成年母羊1 720只。

2017年年末，合川白山羊存栏达1.89万只，其中能繁母羊存栏8 351只，公羊存栏323只，用于配种繁殖的核心群成年公羊254只，成年母羊5 720只（表2-3-15）。

表2-3-15   2017年合川白山羊数量分布及群体结构

总数 / 万只	分布地域	分布数量 / 万只
1.89	太和镇	0.54
	铜溪镇	0.68
	盐井镇	0.21
	双凤镇	0.18
	草街镇	0.12
	大石镇	0.15
	隆兴镇	0.01

至2017年，建成重庆市市级资源保护场1个，发展保种户132户。2017年，合川区存栏1.89万只，出栏商品肉羊2.53万只（表2-3-16）。

表2-3-16   2009—2017年合川白山羊种羊存栏情况

年份	种羊存栏数 / 只	其中	
		基础母羊 / 只	成年公羊 / 只
2009	16 700	4 652	286
2010	17 350	7 700	325
2011	17 430	7 900	325
2012	17 620	795	327

（续）

年份	种羊存栏数 / 只	其中	
		基础母羊 / 只	成年公羊 / 只
2013	17 480	8 130	329
2014	17 800	9 700	330
2015	18 300	8 200	325
2016	18 430	8 630	325
2017	18 900	8 351	323

六、荣誉认证

2006年10月，审定为市级畜禽遗传资源。2010年8月，重庆市质量技术监督局发布《合川白山羊》地方标准，于2010年11月1日实施。2012年3月，"合川白山羊"地理标志商标获准国家工商行政管理总局商标局注册。

第四章
鸡、蛋

第一节　城口山地鸡

城口山地鸡，俗称"城口土鸡"，地理标志产品，国家级畜禽遗传资源，产于重庆市城口县。城口山地鸡是具有独特外貌特征和生物学特性的地方优良鸡种，体型中等，羽毛有黑、褐、白、黄4种色。肤色有白、乌2种，脚、胫为青色。具有耐粗饲、适应性强、抗病力强、觅食能力强、适宜野外放养、散养等特点。成年公鸡平均体重不低于2 200克，母鸡不低于1 700克。其蛋内质浓稠，蛋黄金色饱满。2009年9月，城口山地鸡登记为农产品地理标志。同年10月，农业部公告城口山地鸡为国家级畜禽遗传资源。

一、品质特点

（一）体貌特征

城口山地鸡成年公鸡羽毛黝黑发亮，尾羽上翘微弯，少量梳羽、蓑羽夹有火红花羽，头大小适中，虹彩为铜黄色，冠尖9～13个，冠、耳叶、肉髯均为红色。成年母鸡头小清秀，背腰较平直，臀部丰满，冠尖7～11个，相对较浅，冠、耳叶、肉垂以红色为主，虹彩为铜黄色。

（二）生产性能

在正常饲养条件下，成年公鸡平均体重不低于2 200克，母鸡不低于1 700克。母鸡开产日

龄不大于180天，体重不大于1750克，高峰产蛋周数不低于30周。500日龄入舍母鸡产蛋数，白皮鸡不低于100个，乌皮鸡不低于80个。其中合格种蛋数，白皮鸡不低于80个，乌皮鸡不低于60个，平均蛋重不低于51.9克，蛋壳为浅粉色。公母比例1：（10～1）：12，500日龄平均种蛋合格率不低于80%，平均受精率不低于90%。受精蛋平均孵化率不低于85%，平均健雏率不低于95%，成活率不低于90%。成年公鸡屠宰率不低于86%，母鸡不低于88%。半净膛重公鸡不低于1800克，母鸡不低于1500克。

（三）营养价值

城口山地鸡肉质紧实细嫩，肉味鲜美，汤汁醇厚，营养丰富。具有高蛋白、低脂肪、滋补性强的特点。蛋清较稠，蛋黄色深。

二、产地环境

城口是国家级大巴山自然保护区，为北亚热带湿润性季风气候，特点是四季分明，气候温和，雨量充沛，日照较足。地处秦巴山区富锌富硒地带，林地资源丰富，构成了独特的自然地理环境。农户周边有大片荒山草场，有大量天然青饲料和昆虫等动物性饲料供鸡啄食，配合部分粮食喂养，为培育城口土鸡创造了条件。

三、历史渊源

城口山地鸡历史悠久。据《城口县志》记载："城口建制于秦……境内家禽饲养历来以鸡为主，鸡群结构以当地土鸡中居之。"清道光甲辰年（1844年），《城口厅志》第十八卷物产志载有土鸡功用、习性、特点、肉质风味等内容。山大沟深，产区封闭。农人一靠养鸡挣油盐钱；二是喜食鸡肉，有"无鸡不成席"之说，老、弱、孕体常以母鸡炖汤补养。亦有以土鸡馈赠亲友之习。

四、养殖情况

城口山地鸡属于肉蛋兼用型地方优良鸡种，以农户散养为主，全天候放牧，以五谷杂粮、野草、虫蚁为食，一般最少养殖6个月以上才出栏。

2006年，经重庆市畜禽品种审定委员会审定。2007—2009年，制定了5个技术规范，建起2个资源保护场、4个二级选育场、60个种鸡扩繁户，并划定6个保护区。2009年，通过国家畜禽遗传资源委员会家禽专业委员会现场鉴定。2008年，获得"重庆市无公害山地鸡产地县"称号。

2011年，城口山地鸡饲养量达600万只，年出栏500万只，市场价格在60元每只左右，实现产值3亿元。2012年，城口山地鸡饲养量1000万只。2017年，城口山地鸡出栏5000万只，产值30亿元，成为全国最大的天然生态山地鸡养殖场。

五、荣誉认证

2006年，重庆市畜禽品种审定委员会将城口土鸡正式命名为城口山地鸡。2009年9月，登记为农产品地理标志。同年10月15日，农业部发布第1278号公告：城口山地鸡成为国家级畜禽遗传资源。

六、专用标志

城口山地鸡地理标志保护范围内的养殖者，可向重庆市城口县质量技术监督局提出使用地理标志产品专用标志的申请，经重庆市质量技术监督局审核，由国家质量监督检验检疫总局批准并公告。城口山地鸡的法定检测机构由重庆市质量技术监督局负责指定。

七、质量技术

（一）品种

在城口县东安、河鱼、岚天、治平、高观、北屏6个划定的保种区选育的山地鸡种鸡、种蛋。

（二）养殖区域

在城口山地鸡农产品地理标志保护范围内的24个乡（镇），地理坐标东经108°15′18″—109°16′43″，北纬31°37′25″—32°12′13″。

（三）养殖要求

以青饲料、昆虫为主饲料，辅以粮食喂养。野外放养、散养。质量控制技术规范编号为AGI2009-07-00176。

产品安全指标必须达到国家对同类产品的相关规定。

第二节　巫溪大宁河鸡

大宁河鸡，地理标志产品。大宁河鸡是巫溪土鸡经人工选育而成的一个肉蛋兼用型地方鸡种，俗称"土鸡"。为巫溪县主要饲养品种，占全县禽类产业的95%以上。2006年，巫溪县大宁河鸡被列入重庆市畜禽遗传资源保护名录。2009年10月，大宁河鸡通过国家畜禽遗传资源委员会鉴定，确定为国家级畜禽遗传资源。2010年，"大宁河鸡"注册地理标志商标。

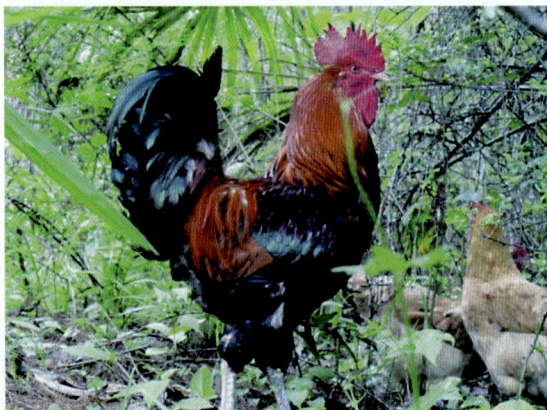

一、品种特性

（一）体貌特征

大宁河鸡体型中等，结实紧凑，体态清秀，头中等大小，单冠直立，冠、肉髯、耳叶为红色。公鸡羽毛鲜艳，副翼羽、主尾羽和大镰羽呈黑色带金属光泽，梳羽、蓑羽呈红色或金黄色镶黑边，胸羽有黑色、红色2种；母鸡羽色以淡黄、麻黄为主，少量白羽、黑麻。喙有黄色、黑色2种，胫为青色或黄色，皮肤白色。

（二）生产性能

成年公鸡、母鸡平均体重分别为2.32千克和1.86千克。母鸡开产日龄190天左右，开产体重为1.3～1.6千克，开产5周进入产蛋高峰，春、秋季节产蛋率高，一般粗放饲养条件下，年产蛋量为110～150枚，高者可达170枚，蛋重为45～52克，蛋壳以粉色为主，部分为浅褐色。成年公鸡一般150～170天打鸣，平均全净膛为64.8%，胸腿肌重736克。成年母鸡平均全净膛为65.2%，胸腿肌重613.45克。大宁河鸡是国家级畜禽遗传资源品种，具有适应性强、耐粗饲、抗病力强、遗传性能稳定、产蛋性能高和蛋品质好、肉质嫩香等特点。与同类产品相比，具有明显的价格优势。

二、发展概况

民国三十三年（1944年），巫溪县养鸡7万余只。1949年，巫溪县养有11万余只，1981年，养有31.99万余只。所产鸡肉以自食为主，鸡蛋多有出售。

20世纪80年代，部分农民不再满足于分散养殖、自产自销的简单养殖方式，开始尝试小规模（100～200只）养殖，并逐步扩大规模，形成家禽养殖业，成为早期的土鸡养殖"专业户"，并带动周围一批农户养殖。1988年，巫溪县养鸡44.5万余只，产值105.19万元，低中山区比高寒地区饲养量大。

20世纪90代，巫溪县畜牧兽医局把"大上家禽"作为巫溪县域畜牧业发展的重要方针之一，指导养殖户引进新技术、新方法、新品种，扩大养殖场，从小规模、小群体发展成中小型养殖场。县域养鸡进入稳步发展期，商品率也逐渐提高。1998年，养殖20～50只的有3 441户，51～100只的有230户，101～200只的21户，200只以上的6户，牧业产业化在全县已具雏形。同年，巫溪县存栏由1990年的43.8万只增加到68.27万只，出栏由13.4万只增加到68.92万只（表2-4-1）。

表2-4-1　1991—2000年大宁河鸡存、出栏统计

年份	1991	1992	1993	1994	1995	1996	1997	1998	1999	2000
存栏/万只	41.59	38.77	39.63	39.74	49.53	57.75	68.1	68.27	70.68	71.06
出栏/万只	17.48	21.36	19.93	22.28	25.51	31.23	68.01	68.92	72.45	75.88

2001年，巫溪县年末存栏鸡71.16万只，其中蛋鸡45.54万只、肉鸡25.01万只；出栏74.78万只，其中蛋鸡31.54万只，肉鸡2.14万只；鸡肉产量528吨，占禽肉总产量560吨的94.29%；鸡蛋1 325吨，占禽蛋总产量1 350.5吨的98.11%。

2002年，巫溪县年末存栏鸡81.5万只（专用型蛋鸡25.4万只，专用型肉鸡13.88万只，兼用型鸡42.22万只），占禽类83.89万只的97.15%；出栏80.6万只（专用型肉鸡26.5万只，兼用型鸡54.1万只），占禽类出栏82.1万只的98.17%；屠宰64.1万只（专用型肉鸡18.1万只，兼用型鸡46万只），占禽类总量65.2万只的98.31%；鸡肉产量1 008吨（专用型肉鸡331.7吨，兼用型鸡676.3吨），占禽肉产量1 039吨的97.02%，其中鸡鸭21吨，鹅肉2吨；鸡蛋产量1 405吨，占禽蛋产量1 435吨的97.91%。

2004年，巫溪县建立了环宁、七星、桂花、水田、邓家、黎坪、三宝、大包、白果、红光、高竹、鸳鸯12个年出栏土鸡1万只的土鸡养殖专业村，鸡年存栏1～49只的有8.01万户，共存栏26.97万只，年存栏50只以上的有39户，共存栏4 900只。

2005年，巫溪县委、县政府在《关于"三农"工作的决定》《关于农业产业化的实施意见》和"十一五"规划中，都将大宁河鸡列为重要特色产业予以发展。县、乡两级还成立了特色产业领导小组和办公室，制定了规划和考核细则，落实了目标任务，并纳入巫溪县全年目标考核。同年，巫溪县畜牧兽医局开展巫溪县土鸡种质资源调查，初步弄清了县内土鸡分布情况及现存数量。巫溪县开始推广

当地土鸡孵化—山地圈养技术。在前河、长渡、菱角、上磺、朝阳洞建成5个优质土鸡养殖示范小区，发展示范养殖大户42户，共出栏土鸡5.42万只。

2006年，巫溪县委、县政府在长桂、天星、大河、宁厂、徐家、白鹿、乌龙、鱼鳞、下堡、中梁、天元、土城、胜利、朝阳洞、通城、双阳、兰英、城厢18个乡（镇）建立大宁河鸡遗传资源保护区。同年，巫溪县开始大力发展林下养鸡业，新建大宁河鸡种鸡场1个（朝阳洞乡）和孵报场（点）48个，建设土鸡养殖示范小区10个（凤凰水浪沟、朝阳骆家、兰英松花、西安、乌龙中坪、徐家大宝、城厢花栗、五新、北门、宁厂邓家土鸡养殖小区），发展示范养殖大户42户。通过建立种鸡场、设立保种区、开展良种繁育，使品种纯度得到提高，基础群已达1.36万只，群体饲养规模45.6万只，年出栏商品鸡22.9万只，蛋产品1650吨。

2007年，建大宁河鸡品种资源保护场1个、大宁河鸡苗孵报点62个，向巫溪县饲养户提供大宁河种鸡1680套、鸡苗124万羽。鸡规模化养殖发展速度加快，涌现出了一大批规模化养殖场（户）。年出栏5万只以上的有14户，出栏1万只以上的有14户，出栏100只以上的有1120户。大宁河鸡创产值4000万元，实现利润2400万元，户平获利1.2万元。

2008年，巫溪县委、县政府出台政策，将大宁河鸡作为巫溪县特色畜牧产业发展的重点内容，并从资金、政策、技术上予以倾斜。在朝阳洞乡新建了一个大宁河鸡保种场。在尖山、朝阳、凤凰、宁厂、乌龙、下堡等地建成10个年出栏5万羽雏鸡的孵化场。在菱角乡桂花村、城厢镇环宝村、城厢镇渔渡村、尖山镇八佳村、大河乡上游村、徐家镇窑湾村、凤凰镇七星村、朝阳洞乡朝阳村、塘坊乡金龙村、下堡镇下堡村建成年出栏5万只商品鸡专业村10个。

2009年12月，巫溪县畜牧兽医局同意成立兰英乡大宁河鸡保种基地养殖协会。同年，新建2个大宁河鸡保种场（存栏种鸡1200只，年产大宁河鸡苗10万羽）、30个大宁河鸡孵育中心、1个涉及18个乡（镇）的资源保护区和1000个资源保种户（存栏大宁河鸡50万只）。在菱角乡凉水村、中梁乡石锣村、兰英乡兰英村建成3个林下养鸡示范村，培育了1000户规模养殖大户。巫溪县饲养大宁河鸡总量达150余万只，年出栏100万只。

2010年，在菱角乡三坪村2社建设千万羽大宁河鸡繁育场1个。巫溪县域已有大宁河鸡资源保护场1个，市级大宁河鸡种鸡场1个，县级种鸡场及孵化点75个。资源保护场规模2000只，市级种鸡场规模3万只以上，县级种鸡场规模1000只以上，巫溪县种鸡规模达10万只以上，基本能保证大宁河鸡产业发展和供种需要。同年，巫溪县饲养大宁河鸡768.6万只，比2009年增长120.6%；出栏444.3万只，比2009年增长124.7%。巫溪县常年存栏大宁河鸡100只以上的养殖大户达4560户。

2011年，全年发展林下养鸡产业乡（镇）30个，发展土鸡养殖村186个，其中新发展大宁河鸡专业村8个，新建土鸡养殖村57个，新发展土鸡规模养殖户200户；建成种鸡场1个（年产鸡苗1000万羽），新建保种户386户，扩繁户2015户。巫溪县存栏土鸡246.5万只，出栏500.4万只。

2012年，新发展土鸡专业村30个，基地村100个，新（扩）建各功能室28.56万平方米，发展3000只以上的蛋鸡养殖场4个，分别是尖山乡蛋鸡养殖场（3万只蛋鸡），古路镇古路村钟小勇蛋鸡养殖场（1万只蛋鸡），蒲莲乡兴鹿村李友平蛋鸡养殖场（1万只蛋鸡），塘坊镇的周兴权蛋鸡养殖场（3000只蛋鸡）。大宁河鸡产业覆盖巫溪县30个乡（镇）。巫溪县出栏大宁河鸡1215万只，产值达5.5亿元。

三、饲养管理

大宁河鸡原产于巫溪县内中岗、田坝、尖山、朝阳洞、文峰、塘坊、菱角、凤凰、胜利、长桂、天星、宁厂、大河、乌龙、鱼鳞、徐家、白鹿、通城、兰英、双阳、花台、天元、土城、中良、下堡、上磺、古路、丰灵、蒲莲、城厢30个乡（镇）。当地农户饲养大宁河鸡以散养为主，一般让鸡自由觅食青草、昆虫、蝇蛆，早晚适当补充少量的玉米、稻谷等，部分农户利用庭院、果园、竹林或树林将其围栏饲养并补喂粮食，实行林下生态养殖。

四、荣誉认证

2006年6月，巫溪县大宁河鸡通过了重庆市畜禽品种审定委员会审定，成为重庆市地方畜禽品种，列入重庆市畜禽遗传资源保护名录。2009年10月，大宁河鸡通过国家畜禽遗传资源委员会鉴定，确定为国家级畜禽遗传资源。同年，巫溪县被重庆市确定为大宁河鸡无公害生产基地。2010年4月，大宁河鸡成功注册地理标志商标。2011年3月，成功申报注册地理标志商标。同年，重庆市将巫溪县确立为国家级地方品种资源保护县、全国生态畜牧养殖基地县。

第三节 南 川 鸡

南川鸡，重庆市地方品种，地理标志产品，中国农产品区域公用品牌。南川鸡是由南川地区长期自然选择和人为选择形成的地方特色鸡种，是南川区特色畜牧产业之一。南川鸡分乌皮乌脚和白皮粉脚2个系，具有抗逆性强、耐粗饲、生产性能优良、产品风味独特等优点，鸡体格较小、肌肉强健、肉香味美、蛋肉兼用。鸡肉烧好后肉汤透明澄清，脂肪团聚于汤汁表面，香味浓。

一、品质特色

南川鸡是由南川地区长期自然选择和人为选择形成的地方特色鸡种，具较高遗传同质性，遗传性能稳定，抗病力强，适应强，繁殖率高，肉质鲜嫩。南川鸡以体型小，鸡肉细滑，骨小，鸡汤鲜、香，低脂肪、高蛋白、低胆固醇等特点著称，属肉蛋兼用型鸡种。成年南川鸡羽毛黄、红色，皮肤白色，母鸡羽毛淡黄或麻黄，肤色以白色为主，头部清秀，凤头占20%左右，成年公鸡体重约1.71千克，成年母鸡体重1.58千克，母鸡年产蛋量80～140枚，蛋重42～53克。

二、历史渊源

南川鸡养殖历史悠久，据《南川县志》记载，南川地区养殖的鸡历来为土种鸡。民国年间的民众婚后头胎生育，主人必办"月米酒"，亲友俱送鸡、蛋等祝贺，还有金佛山金鸡传说等深厚的文化底蕴，此民间习俗延续至今。

三、生产管理

（一）育雏要求

1.温度

保温是育雏成败的关键，育雏期适宜温度为：第一周32～35℃，以后每周下降3℃，4周以后开始脱温，此后舍内温度以保持在25℃左右为最好。供温可采用育雏伞、地坑、烟道及火炉、煤气炉等加温设备。

2.湿度

雏鸡需要在干爽的环境中饲养，适宜的湿度为10日龄前60%～70%，10日龄后50%～60%。鸡体对温度的感觉与湿度有关，夏季越湿越热，冬季越湿越冷。

3.通风

通风是为了减少舍内的有害气体及尘埃密度，补充新鲜空气，保持舍内的气流速度，并调节舍内的温度和湿度。一般要求舍内氨气浓度低于2×10^{-7}，以人走进鸡舍，眼睛、鼻子不会受到刺激为适度。具体做法是，先提高舍内温度，再开窗（或排气扇）通风片刻，等舍内温度降到要求的温度以下时即关闭窗户（或排气扇）。如此反复通风数次，即可达到目的。

4.密度

1 ～ 30日龄，地面或网上平养为每平方米30只左右；多层笼养（配负压通风系统）为每平方米46 ～ 60只。30日龄后放养。

5.光照

进雏后第1 ～ 2天实行通宵照明，其他时间都是晚上停止照明1小时，即保持23小时光照时间。光照强度的原则是由强变弱。1 ～ 2周龄时，每平方米应有2 ～ 3瓦的光量（灯距离鸡群2米左右）。从第3周龄开始改用每平方米0.7 ～ 1.5瓦的光量。

6.饮水

网上平养或地面平养可采用饮水盅及水槽饮水，阶梯式笼养可采用水槽或乳头饮水设备，但1周龄内应用饮水盅饮水。务必保证饮用水的清洁卫生，并注意保证鸡只有足够的饮水位置。

7.饲料

对仔鸡可选择厂方信誉度高的品牌饲料，脱温的鸡放养山上后可选用玉米，稻谷等农作物作饲料。

8.灭蝇、鼠

应尽量降低鸡粪的湿度，且保证清除鸡粪的时间不超过1周。在饲料中适量添加杀蝇的药物（如每吨饲料添加250 ～ 500克蝇得净预混剂），可大大减少苍蝇的数量，必要时可投放药物灭蚊灭蝇。

9.消毒卫生

鸡转出鸡舍、上山场地后应及时清场消毒。

（二）育雏管理

1.制定好入苗计划

计划内容应包括饲养的品种、数量、入苗时间、所需的鸡舍及设备、饲养人员、饲料、添加剂、药物、疫苗、水电及适当的流动资金等。

2.做好入雏前的准备工作

入苗前应将鸡舍及所有用具反复冲洗消毒后，再检查所有设备及用具是否已经完全准备好。在计划入雏前24小时左右对鸡舍预温，使鸡舍温度达到28℃左右，保温伞下或火坑地面上温度达到32 ～ 35℃。夏季炎热，可不用提前预温。入雏前应依饲养鸡群的数量准备好充足的雏鸡料，准备好育雏期间需要接种的疫苗及预防性药物。

3.选雏

应选择健康的雏鸡，标准是：精神活泼、两眼有神、毛色纯正统一、绒毛整洁、脐部收缩良好、外观无畸形或缺陷、肛门周围干净、两脚站立着地结实且行走正常、体重达到标准。

4.注重雏鸡的饮水和开食

将挑选好的雏鸡放入育雏舍后，先让其休息片刻，开食前2小时喂1次0.01%的高锰酸钾水（有助于胎粪排出、清理胃肠）。以后供给3% ～ 5%的白糖水，也可在饮水中添加水溶性多种维生素及抗生素类药物（如恩诺沙星、多西环素、红霉素等），以减少应激反应，提高雏鸡抵抗力。同时注意饮水位置是否均匀及足够（每只雏鸡饮水器边长1.5 ～ 2.0厘米），高度是否适中。饮水后开食喂料（通常要求在24 ～ 36小时内进行，最迟不超过48小时），每天喂5 ～ 6次，并要有足够的光照以刺激食欲。每只鸡料槽边长要有2.5 ～ 5厘米。注意每天清洗和消毒饮水器，并及时更换足够的新鲜的饮水。

5. 雏鸡饲养

育雏阶段每天加料5～6次，每次加量以让鸡只全部吃干净为宜，料桶空置一段时间后再加下1次饲料。这样可以引起鸡群抢食，刺激食欲。6～10日龄断喙，可用烙铁或专用断喙机将上喙切去1/2，下喙切去1/3，可预防啄癖，减少饲料的浪费。最好在断喙前后2～3天内，在饮水中添加水溶性多种维生素及抗生素类药物，以减少应激反应。20日龄后，每周每百只鸡供给500克干净细沙，以增强消化功能，刺激食欲。同时做好育雏期间的免疫接种。雏鸡饲养至30日龄后放养。

（三）成年鸡饲养管理

南川鸡养殖方式以林下养殖、散放为主，利用林地和房屋前后空地，让鸡自由觅食，早晚补以少量的玉米、小麦、稻谷和其他杂粮。

1. 饲料

鸡群转到山上（经消毒过）后，应用青饲料和稻谷拌少量的中鸡料，以过渡到玉米等农副产品。

2. 预防应急

转鸡前后应用水溶性多种维生素及抗生素类药物饮水3～4天，以减少转鸡及换料的应激反应，控制并发感染。

3. 消毒

用刺激性较低的消毒剂（如拜洁、百毒杀、高效碘或优氯净等）对鸡群进行带鸡喷雾消毒，每周2～3次。

4. 去势

公鸡饲养到50～60日龄可阉割，这样容易育肥，肉质细嫩，味道鲜美。去势前需停料半天，手术后为每只鸡注射青霉素、链霉素7万～8万单位，预防感染。

（四）免疫接种及疫病防治

1. 制定合理的免疫程序

根据品种特点、日龄大小、母源抗体水平、疫苗类型及每场疫病的发生情况来决定。

2. 免疫接种具体应用

注意疫苗接种日龄、接种品种、生产厂家，接种方式应基本固定，尽量少用饮水方式（因免疫效果不稳定）。接种前应将所有器具清洗，注射器具要高温灭菌。免疫接种要有管理人员监督执行，并做好接种记录。

3. 常见鸡病防治

主要预防支原体病、鸡白痢、禽霍乱、传染性鼻炎、大肠杆菌病及球虫病等。常用药物有诺氟沙星、环丙沙星、恩诺沙星、红霉素、金霉素、多西环素、卡那霉素、庆大霉素及各种抗球虫药。应特别注意抗球虫药一定要交叉用药，不能长期使用单一类抗球虫药。

（1）用药原则。做好隔离、消毒、免疫接种等各项预防措施。

（2）投药注意事项。针对高发时期选用不同的预防药物。用药务必用足一个疗程。尽量应用饮水投药。严格控制药物的用量。注意药物配伍禁忌，不可盲目联合用药；不可使用违禁药物。

（五）生产记录

建立生产记录档案，包括进雏日期、进雏数量、雏鸡来源，放养殖日期。做好每日生产记录，包括死亡数、死亡原因、存栏数，温度、湿度、免疫、清毒、用药、喂料量，鸡群健康状况，出售日期、数量和购买单位。各项记录应保存2年以上。

四、发展概况

南川鸡主要产区分布在大有镇、乾丰乡、东城街道办事处、南城街道办事处、西城街道办事处、南平镇、神童镇、石莲乡、大观镇、兴隆镇、木凉乡、白沙镇、土溪乡、太平场镇、河图乡、水江镇、石墙镇、中桥乡、骑龙乡、铁村乡、鱼泉乡、金山镇、头渡镇、德隆乡、合溪镇、庆元乡、古花乡、鸣玉镇、峰岩乡、冷水关乡、民主乡、石溪乡、福寿乡、三泉镇34个乡（镇、街道）。建有大有镇、兴隆镇南川鸡种鸡场2个，扩繁场4个，存栏种鸡8万只。2010年起，南川区推广"公司（种鸡场）＋基地＋农户"和

"511（1位农户1次饲养土鸡500只，年饲养1000只）"产业发展模式。南川鸡饲养6个月后，部分土鸡作商品用，母鸡以产蛋为主，饲养2～3年后淘汰作商品鸡用，户平均年收入1万元以上。产品主要销往重庆主城及相邻的四川、贵州等地。

2015年，南川鸡存栏460万只，出栏750万只，生产鸡蛋3812吨，产值达3.98亿元。

五、产品荣誉

2006年，经重庆市畜禽品种审定委员会审定为重庆市地方畜禽品种。2008年，注册"金福雉"商标；2009年，被列入重庆市地方畜禽遗传资源保护名录一级保护名录；2010年，登记为农产品地理标志；2011年3月，南川鸡、南川鸡蛋注册地理标志商标。2012年，在中国农产品区域公用品牌价值评估中，"金福雉"南川鸡品牌价值达1.77亿元，荣获"2012最具影响力中国农产品区域公用品牌"畜牧水产类第一。

第四节　涪陵增福土鸡

涪陵增福土鸡，地理标志产品。增福土鸡是重庆市涪陵区畜禽养殖业的一张名片，其肉质细嫩、鲜美，深受广大消费者的喜爱。自2006年以来，增福土鸡产业得到了涪陵区委、区政府的高度重视和大力支持，为做大增福土鸡产业、打造增福土鸡品牌奠定了坚实的基础。

一、产品特点

增福土鸡是在涪陵区增福乡等地农民饲养多年的地方土鸡品种的基础上，通过选育提纯而来的。具有5个显著特征：红冠（冠子红色、直立、有光泽），绿耳（成年鸡耳朵有明显的绿色），黄羽（公鸡鸡头红羽、毛色光泽），乌皮（全身鸡皮乌黑），黑脚（脚杆细黑，脚爪外排）。增福土鸡适应性好，抗病力强，具有肉质细嫩，骨小肉丰，脂肪适中，肉质鲜美，鸡味浓，口感好，风味独特等特点。

二、产地环境

增福土鸡主要分布在涪陵区增福、新妙等12个乡（镇），核心区位于涪陵区增福乡。增福乡位于涪陵区西南边陲，地处涪陵、巴南、南川3区交界处，面积81.89平方千米（其中耕地44 620亩，森林7万亩）。增福乡沟壑纵横，海拔208～892米，森林覆盖率达57.21%，自然生态环境好，境内无工厂，游江河穿境而过，为饲养增福土鸡提供了优良的地理条件。

三、养殖方式

增福土鸡以中小规模散养模式为主，放养于山间林地、桑园、果园，吃五谷杂粮、青草昆虫，饮山涧泉水。鸡苗孵化出来后，喂45天的小鸡饲料，之后一直喂水稻、玉米、红苕、黄豆、青草、蔬菜等，一般情况下饲养6个月以上就可出栏上市销售。

四、发展状况

2017年，涪陵区增福乡共有农户5 695户，其中增福土鸡养殖户3 535户，占总户数的62%以上。有年出栏万只以上的养殖大户5户、年出栏1 000只以上的农户42户，全年出栏土鸡50余万只，为农户增收1 000万元。有鸡苗孵化户4户，年孵化鸡苗30万只。有土鸡运销专业户5户，年运销土鸡35万余只。2017年，投资285万元在增福乡黄龙村修建的增福土鸡原种场建成投产，年可孵化鸡苗100余万只。同年，增福乡农业总产值2.4亿元，其中增福土鸡产值就达5 200万元，占农业产值的21.6%。

五、荣誉认证

2009年4月，获国家工商行政管理总局"增福土鸡"注册商标。2012年12月，获国家工商行政管理总局"增福土鸡"地理标志商标使用权。2014年1月，获重庆市工商行政管理局"重庆市著名商标"称号。2014年1月，通过中国绿色食品发展中心绿色食品认证。2016年11月，获首届中西部优质食材一等奖。

第五节　潼南七彩山鸡

潼南七彩山鸡，重庆市潼南区特产，地方名特优产品。潼南七彩山鸡养殖始于1999年，产区位于潼南花岩、双江、新胜等地。具有"无台风、无冻害、无检疫性病虫害"3大山鸡养殖生态优势。且采用七彩山鸡良种雏鸡做鸡种，所养山鸡用途广泛，既有观赏价值，又有旅游狩猎价值，还有药用食疗价值等。山鸡是"野味之王""动物人参"，是集食用、药用、皮用为一体的珍禽；其肉质鲜嫩，清香可口，营养丰富，在世界上久负盛名。

一、产品特性

（一）体貌特征

潼南七彩山鸡羽毛华丽、七彩斑斓，尾羽十分美观，体型大。雌雄有明显区别。雄山鸡头羽青铜褐色，两侧有白色眉带；脸部皮肤裸露，呈绯红色，头顶上两侧各有一束黑色闪蓝的耳羽簇，羽端方形，颈部金属绿色，下部有一不完全的白色颈环；胸部铜红色有金属反光；上背黄褐色，带黑色斑纹，下背及腰浅蓝灰色，腰侧羽毛栗色，带黑色横斑，腰部黑褐色；尾长，尾羽黄褐色黑斑纹，喙灰白，趾、脚灰色，有短距。雌山鸡头顶米黄色间有黑褐色斑纹；脸淡红色，颈部淡栗色，胸部沙黄色，尾羽褐色，有黑色横斑，尾比雄山鸡短；喙灰褐色，脚趾灰色，无距。

（二）经济价值

潼南七彩山鸡用途广泛，既有观赏价值，又有旅游、狩猎价值，还有药用食疗价值等。山鸡肉质鲜嫩，清香可口，营养丰富，在世界上久负盛名。山鸡肉的蛋白质含量高（25.6%～27.1%），脂肪含量低（0.98%）。水溶性维生素含量高，氨基酸含量高。在中医食疗上，具有补气、祛痰止喘、清肺止咳功效，是深受人们喜爱的野味食品，具有很高的经济开发利用价值。

（三）生产性能

潼南七彩山鸡有广泛的适应性，在南方能耐40℃高温。同时，在规模化养殖条件下具有很强的抗病能力，一般不发生疾病。七彩山鸡性成熟迟，季节性产蛋，9～10月龄性成熟并开始繁殖，公山鸡比母山鸡性成熟迟1个月左右。性成熟时公山鸡体重1.5～1.8千克，母山鸡体重1.3～1.6千克。每年3月开始产蛋，可持续到9月中下旬，年产蛋80～100个，蛋重30～38克。商品山鸡只要环境温度适当，便可实现常年产蛋繁殖。种母鸡利用年限2年，种公鸡3年。小鸡苗经过3个月的饲养，公山鸡体重达1.2～1.5千克、母山鸡重达1.0～1.2千克，即可上市销售，料肉比3.8：1。

二、产地环境

潼南区隶属重庆市，位于重庆西北部，地处渝蓉地区直线经济走廊；具有"无台风、无冻害、无检疫性病虫害"3大山鸡养殖生态优势。具有盆地浅丘地貌，地势平坦，海拔300～450米；亚热带湿润季风气候，气候温和，热量丰富、雨量充沛、日照充足、四季宜养。

三、发展历史

潼南是重庆乃至中国的七彩山鸡新产区。潼南七彩山鸡学名环颈雉鸡，俗称"野鸡"、美国山鸡、龙冈鸡，它的祖先是中国雉鸡，100多年前，美国驻上海领事从中国引进了雉鸡28只送到美国放养，经过多年驯化、选育而成七彩山鸡，并在全世界推广，发展很快。20世纪80年代后期，中国从美国内华达州引进七彩山鸡饲养繁殖，其生产性能良好。

1999年，潼南花岩镇水桥村党总支书记向秀清从福建引进种鸡，建立"向大姐七彩山鸡养殖场"。在该场的带领下，经过多年生产，养殖规模越来越大，在西南地区享有较好声誉。山东卫视专程到潼南录制了电视片《彩色的山路》，介绍向秀清发展七彩山鸡的历程，在中央电视台中文国际频道中连续播出；同时，重庆电视台国际频道、科技频道也相继转播。该片播出后，全国各地客商纷纷来电来函咨询了解养殖七彩山鸡的相关情况，并有部分客商到潼南联系购买种鸡和商品鸡。

四、养殖条件

（一）鸡舍选址

选择地势干燥，向阳通风，利于排水，水源充足，空气新鲜无污染，远离居民生活区，离交通主干道1千米以外的安静地区建造鸡舍。

（二）种鸡舍的结构与设备

种鸡舍由房舍和大网室组成，其比例为1：（10～20），网室高度以1.8～2米为宜，网室地面有一定斜度以利于排水。设备应配有饮水器、料桶、产蛋箱、捕鸡网等。

（三）雏鸡舍的结构与设备

雏鸡舍应保暖、通风良好，便于清洗消毒，宜采用密闭式网（笼）育雏。设备应配有育雏架、育雏网（笼）、供暖设施、围栏、饲槽、饮水器等。

五、饲养技术

（一）种山鸡饲养

种山鸡一般分为繁殖准备期（1—2月），繁殖期（3—8月），换羽期（9—10月），越冬期（11—12月）4个阶段。

1.繁殖准备期

鸡群临近繁殖时，整修网场禽舍，调整鸡群，选留发育整齐，体质健壮的山鸡作种用，公母配比为1：6，日粮蛋白质水平约提高到18%。

2.繁殖期

提高日粮水平，蛋白质在20%左右，青绿饲料比例可占日粮的30%，增加钙的含量；延长光照时间，每天除自然光照外，要延长3小时光照；饮水保持清洁，饮水器每天清洗1次，每周消毒1次；5月以后要注意防暑降温，防止阳光直接照射，采取遮阴搭棚、种树、洒水等防暑降温措施；加强卫生防疫保健，用具、场舍要经常保持清洁，勤除粪，定期消毒，减少疫病发生。

3.换羽、越冬期

调整鸡群，淘汰病弱山鸡，雌雄分开饲养，日粮蛋白质含量降低到16%，做好禽舍的防寒保温工作，越冬期日粮能量提高到11.68兆焦/千克，蛋白质含量降低到15%。

（二）育雏期饲养

1.育雏前的准备

（1）鸡舍消毒。引进山鸡前要用石灰粉刷圈舍墙壁，用3%的烧碱水喷洒地面，舍内按每立方米用高锰酸钾14克、水14毫升、福尔马林28毫升密闭熏蒸消毒36小时，然后打开门窗通气。

（2）准备饲料、药物和疫苗。雏山鸡应选用营养价值高，易于消化，适口性好的饲料，准备好消毒用具、消毒药、抗生素、维生素和疫苗等。

2.雏山鸡饲养管理

（1）严格保温。育雏温度随雏鸡日龄增长而降低。1日龄山鸡的育雏温度为36.5～37℃，2日龄为36℃，3日龄为34～35℃，以后每3天降温1℃，环境温度过低时夜间不降温，28日龄后可全部脱温。一般可以通过观察舍内山鸡的分布来掌握施温，雏山鸡分布均匀表明育雏温度适合，雏山鸡靠拢或挤成一堆则表明温度低，要及时加温。

（2）湿度适宜。育雏室相对湿度为65%。1～4日龄由于育雏温度高，可向地面喷水增湿。湿度适宜时，雏山鸡羽毛蓬松，精神状态良好，宜于生长。

（3）通风和光照。在保证育雏温度的前提下，要特别注意通风换气，使育雏室内空气清新，无臭、无烟、无霉味，随时保持良好的气体交换。雏山鸡1～3日龄24小时光照；3～7日龄18小时光照；2周龄后自然光照。

（4）合理饲养密度。育雏密度大小直接影响雏鸡的生长发育。1～2周龄，1平方米饲养50～60只；3～4周龄，1平方米饲养30～40只；5周龄，1平方米饲养20只；6～7周龄，1平方米饲养15只。

3.精心饲喂

（1）饮水。雏山鸡出壳12小时后初次饮水，用与育雏室温度相同的开水，冷后加抗菌素和3%～5%的葡萄糖，1天后改为常用水，自由饮用。

（2）开食。初饮水后2小时用全价颗粒破碎料引导开食。

（3）喂料。用边高2厘米的盘装料，每小时喂1次，勤添少喂，逐日增加饲料量并减少喂料次数。一般1～2周龄每天喂6～8次，3～4周龄内每天喂5次。4周龄后每天喂3～4次。喂料、换水时操作要轻，保持环境安静，少惊吓，防止飞逃。

4.及时断喙

七彩山鸡常相互啄斗，到2周龄有啄癖现象发生。防止啄癖的有效方法是断喙。第一次断喙在21日龄左右，用断喙机断掉喙的1/3。第二次是在7～8周龄转群时补断喙。断喙的操作要轻盈，不出血，烙痂要完整，并做好断喙应急处理。

5.适时分群

根据雏鸡的强弱状况适时分群饲养，对弱鸡要加强营养和管理。

6.保持圈舍卫生，做好疫苗接种

每日清扫圈舍并消毒，每周1～2次带鸡消毒。舍内谢绝参观，让雏山鸡生长在一个无污染的环境中。饲养人员要经常观察雏鸡群的生长状况，做好疫病防治。制定合适的免疫程序，注射疫苗防疫。

（三）育成期饲养

七彩山鸡饲养至8周龄后转入育成阶段。这个阶段的鸡群比较健壮，生命力强，较容易饲养。除日常调整密度，增加饲槽等饲养管理外，还应注意如下几点：

1.提前给种用雄山鸡增加光照

雄山鸡比雌山鸡晚成熟1个多月，因此在育成后期要提早增加种公鸡的光照，以加速性成熟，在母鸡开产后能尽早配种。

2.营养安静的环境

山鸡很容易受惊，因此应避免任何生人或动物等不良因素使其感到紧张而造成窒息死亡。

3.设置栖架

山鸡尚存野性，一般在8～10周应按每15只设1米栖架。

第六节　武隆凤羽鸡

武隆凤羽鸡，武隆区优良的地方品种类群，是采用放牧加补饲的生态养殖方式，利用山地特殊的自然生态条件，经过长期的封闭选育形成的肉蛋兼用型地方优良品种，具有绿色无公害的特点。

一、产品特色

武隆凤羽鸡以生态放养为主，生长在山地、林地和菜园，以觅食野草、杂粮和昆虫为主，适量补充精料为辅。武隆凤羽鸡血缘来源相同，未与其他品种杂交，种质特征明显，遗传性能稳定，分布区域连续。耐粗放，耐粗饲，耐高温高湿环境，抗逆性强，适应性强，抗病力强。产蛋量高、孵化率高，觅食能力强，适宜野外放牧散养。外貌特征一致，产蛋和产肉性状稳定。

（一）体貌特征

武隆凤羽鸡体重较轻，毛色主要为黑色，肤色以白色为主，偶见黑色，肉色为白色。胫、脚多为青色、灰色，也见白色。成年公鸡外观威武雄壮，羽毛油亮，背长而直，胸骨长直，胸肌发达，尾羽上翘，头大小适中，冠、耳叶、肉垂均为红色，喙多为蜡青色，稍弯曲，单冠直立中等大小，冠肥润、组织柔软光滑，冠尖7～9枚，冠均为红色。成年母鸡体形清秀，背腰较平直，臀部丰满而广阔，尾羽上翘，胫、脚少见毛，腿及胫较短，头较小，冠、耳叶、肉垂均为红色，单冠直立相对较浅，冠均为红色，偶见肉丛冠。

（二）品质特点

武隆凤羽鸡是山地特殊生态环境的产品，肉质细嫩，肉味鲜美，汤汁醇厚，营养丰富，具有高蛋白、低脂肪、滋补性强的特点。蛋清较稠，蛋黄色深。经测定，武隆凤羽鸡肉质相关指标如下：胸肌的肌苷酸含量为2.56～3.87毫克/克，赖氨酸含量为2.88～3.25毫克/克，苯丙氨酸含量为0.66～0.75毫克/克，蛋氨酸含量为0.44～0.52毫克/克，苏氨酸含量为0.77～0.83毫克/克，异亮氨酸含量为1.01～1.42毫克/克。亮氨酸含量为1.52～1.69毫克/克，缬氨酸含量为0.78～0.85毫克/克，必需氨基酸总量为10.02～13.13克/100克，肌内脂肪含量为0.71%～1.91%。

二、产地环境

武隆凤羽鸡地理标志地域保护范围为武隆区的火炉镇、桐梓镇、仙女镇、土地乡、沧沟乡、文复乡、石桥乡、浩口乡、巷口镇的蒲板村和车盘村、白马镇的凉水村、赵家乡、和顺镇、黄莺乡等地。地处乌江下游，武陵山与大娄山结合部。境内多深丘、河谷，以山地为主。独特的自然地理环境和封闭的深山区自然条件，产区灌木林地、草山草坡宽广，对优质地方鸡的培育和发展提供了优越的物质基础和自然条件。

三、历史渊源

武隆人民历来有"养鸡挣油盐钱""无鸡不成席"等传统，有以当地鸡为礼品赠予亲朋好友的习惯，老、弱、孕、产妇常以母鸡炖汤为食，滋养身体，民间常用公鸡祭祀、辟邪。武隆人民积累了丰

富的选育经验，经过长期封闭的自繁、自选、自养，培育出了具有独特外貌特征和特性的地方品种。

武隆凤羽鸡历史悠久，武隆区文物管理所藏品档案中记载，1981年，于武隆县发掘出的三国时期的"陶子母鸡"陶器，说明在三国时代，武隆人民就已经开始养鸡了。据《武隆区畜牧志》记载："鸡、鸭、鹅是武隆县农家的传统副业，特别是养鸡，农村中家家户户都喂养，主要喂养本地土种黑鸡、花鸡、麻鸡等""鸡以本地黑鸡为主，也有芦花鸡、麻鸡等，据1985年年末统计，全县有鸡26.32万只"。据1994年《武隆区志》记载，"传统养鸡花费不大，操劳不多，农村几乎无户不养"。

四、生产要求

（一）场址选择

养鸡场选址应符合当地政府和畜牧行政主管部门制定的畜禽养殖规划布局（适养区）要求，场址应选择地势高燥、背风向阳、排水方便、无污染、供电和交通方便的地方；放牧地应选择地势高、土壤干燥、水源足、排水方便、环境幽静的草地、河谷、林地、果园等阳光充足的地点，尽量远离稻田和棉田，减少农药及残留物污染，保证自然生态环境质量良好。

（二）鸡舍建设

1.育雏舍的建设

要求室内地面为水泥地面，有窗户和地窗。使空气流通、采光充足，并做好网床或鸡笼。以立体式3层为宜，网床的多少以养鸡的数量来定。

2.成年鸡舍的建设

可建造塑料大棚鸡舍或改造旧建筑物为鸡舍。鸡舍两边滴水檐高1.5米左右。顶盖茅草，鸡舍建筑面积按8～10只／平方米计算。棚舍内外放置一定数量的料槽和饮水器。

3.运动场与放养林地的建设

一般每亩林地放养150～250只。放养规模一般以每群1 500～2 000只为宜。林地遮盖面积以达到70%为宜。将庭院林地用尼龙网围起来，每隔2～3米打1根桩柱，将尼龙网捆在桩柱上，靠地面的网边用泥土压实。

（三）引种要求

鸡苗应来源于原种鸡场或指定的、获得《种畜禽生产经营许可证》的武隆凤羽鸡种鸡场。鸡苗须经产地动物防疫检疫部门检疫合格。当地畜牧兽医部门应指派兽医工作人员到场监督检查，并根据当地疫病流行情况加强免疫。严禁从鸡病疫区引进鸡苗。

（四）饲料、水、兽药使用

1.饲料及饲料添加剂使用

按《无公害食品　畜禽饲料和饲料添加剂使用准则》（NY 5032—2006）执行。

2.生产和生活用水

应符合《无公害食品　畜禽饮用水水质》（NY 5027—2008）规定。

3.兽药使用

按《无公害农产品 兽药使用准则》（NY/T 5030—2016）执行，禁止使用《食品动物禁用的兽药及其它化合物清单》（农牧发〔2002〕1号）中所列药物品种。

（五）卫生制度

1.对人员的要求

工作人员应定期体检，取得健康合格证后方可上岗。生产人员进入生产区时应淋浴消毒，更换衣鞋。工作服应保持清洁，定期消毒。鸡场兽医人员不准对外诊疗动物疾病，鸡场技术人员不准从事对外养鸡技术工作。

非生产人员一般不允许进入生产区，特殊情况下进入需经淋浴消毒，更换防护服后方可入场，并遵守场内的一切防疫制度。

2.环境消毒

保证场内场外环境清洁卫生，及时清除废物品，定期对鸡舍及其周围环境消毒，消毒程序和消毒药物的使用等按《无公害食品 畜禽饲养兽医防疫准则》（NY/T 5339—2006）执行。

3.鸡苗引进

坚持自养自繁的原则。在引进武隆凤羽鸡前应调查产地是否为非疫区，并有检疫证明。鸡苗运输车辆应事先彻底清洗消毒，在装、运过程中不得接触其他禽类。鸡苗引入后至少隔离饲养30天，在此期间观察、检疫（验），确认为健康者方可合群饲养。

（六）疫病预防

根据《中华人民共和国动物防疫法》及其配套法规的要求，结合当地疫苗监测实际情况，按照科学的免疫程序对鸡苗进行免疫接种。使用的主要疫苗有：马立克氏病火鸡疱疹病毒活疫苗、H5N1亚型禽流感灭活苗、新城疫弱毒活疫苗、禽流感—新城疫重组二联活疫苗、新城疫—传支二联活疫苗H52、新城疫—传支二联活疫苗H120、传染性性法氏囊病中等毒力活疫苗B87、鸡痘鹌鹑化弱毒疫苗、禽霍乱灭活疫苗等。

（七）饲养管理

1.育雏期的饲养管理

雏鸡在进入育雏舍前，要对育雏舍消毒，安装鸡舍设备。

雏鸡出壳后早开水，开水后12小时开食。7～10日龄断喙。

（1）室内温度。0～1周龄为35～32℃，2～3周龄为31～24℃，4周龄为23～20℃，也可在1周龄后每天降1℃。

（2）室内相对湿度。10日前为60%～65%，10日之后为55%～60%。光照时间：头5日可保持每天23小时光照，5日后为17小时光照（包括自然光照）。

（3）饲养密度。1～2周为20～30只／平方米，3～4周15～20只／平方米，4周以后8只／平方米（表2-4-2）。

表2-4-2　武隆凤羽鸡育雏期饲养密度

日龄	饲养方式		
	地面平养/（只/平方米）	网上平养/（只/平方米）	笼养/（只/平方米）
0 ～ 7	45 ～ 50	50 ～ 55	55 ～ 60
8 ～ 21	25 ～ 30	30 ～ 35	35 ～ 40
22 ～ 35	15 ～ 20	20 ～ 25	25 ～ 30
36 ～ 42	12 ～ 15	15 ～ 20	20 ～ 25

2.育成期的饲养管理

雏鸡饲育30日后，进入育成期的饲养管理。育成期间可采用笼养、网上平养或地面平养；也可采用放牧方式自然放养，根据放牧地的坡度、植被情况及季节确定放养密度（表2-4-3、表2-4-4）。育成期使用育成期饲料，自由采食和饮水，放牧宜采用定时饲喂。饮水器具应每天清洗、消毒。育成期光照宜采用自然光照，有条件的封闭式种鸡场可实行8小时固定光照，光照强度为10 ～ 20勒克斯。

表2-4-3　武隆凤羽鸡育成、产蛋期饲养密度

周龄	饲养方式		
	地面平养/（只/平方米）	网上平养/（只/平方米）	笼养/（只/平方米）
7 ～ 13	10 ～ 12	12 ～ 15	15 ～ 20
14 ～ 17	8 ～ 10	10 ～ 12	12 ～ 15
18 ～ 25	6 ～ 8	8 ～ 10	10 ～ 12

表2-4-4　自然放养密度

类别	植被好/（只/亩）	植被中等/（只/亩）	植被差/（只/亩）
坡度在15° ～ 25°	80 ～ 100	70 ～ 80	60 ～ 70
坡度在25° ～ 35°	70 ～ 80	60 ～ 70	50 ～ 60
坡度在35° ～ 40°	60 ～ 70	50 ～ 60	40 ～ 50

3.产蛋期的饲养管理

产蛋期种鸡采用笼养，商品鸡可采用笼养、网上平养或地面平养方式，也可采用放牧的形式饲养。鸡群开产后，鸡群产蛋率达5%时，每周应延长光照0.5 ～ 1小时，增加至16小时后恒定不变，光照强度为20 ～ 30勒克斯；同时改换产蛋期饲料。

4.鸡蛋的收集管理

收集鸡蛋前，应对盛放鸡蛋的蛋托、蛋箱消毒。每天上、下午应各收集鸡蛋1次，集蛋时，将破蛋、砂皮蛋、软壳蛋、特大蛋、特小蛋、畸形蛋、脏蛋单独存放，标记清楚。对用药期内的蛋应另外用不同颜色的蛋托、蛋箱存放。鸡蛋的包装、运输、储存应符合国家有关规定。

（八）种公鸡选育与人工授精

1.种公鸡选择

第一次，在6～8周龄时选择，选留发育良好，冠髯大而鲜红者，淘汰有缺陷者。第二次，在17～18周龄时选择（转群时），选留体形、体重符合标准，外貌与品种相符。第三次，在21～22周龄时根据精液品质选择。最终公鸡选留比例为人工授精1∶（25～30），自然交配1∶（10～12）。

2.种公鸡培育

自出雏开始，公鸡就单独饲养（平养、笼养、放牧均可）。实行人工授精的，17～18周龄转入单笼饲养，按期测定体重，监测均匀度，参照城口山地鸡种鸡标准确定饲料用量。

3.人工采、受精

公鸡隔天采精1次或每周连续采精3天（每天1次），休息1天。母鸡每4～5天输精1次，输精剂量为原精液每只每次0.025～0.03毫升。一般在下午3时以后输精，输精时输精管插入输卵管2.5～3厘米。输精后的第三天开始收集种蛋。

（九）检疫、出栏与运输

1.检疫

鸡苗和肉鸡及鸡蛋销售前应根据国家和地方有关规定检疫，检疫合格后方可出售。

2.出栏日龄、体重

母鸡上市日龄为180～210天，体重达1.60千克以上；公鸡上市日龄为180～210天，体重达2.25千克以上。

3.运输

商品鸡出栏前6小时停喂饲料，出栏前2小时停喂水。抓鸡、装笼、搬运、装卸过程动作要轻，以防挤压和碰伤。运输设备、车辆在装前卸后应彻底清洁、消毒，装运及运输过程中不能接触其他动物，运输途中不能在城镇和集市停留。

（十）养殖档案管理

建立生产档案。做好生产管理、疫病防治、出场销售等记录。记录应真实、完整、齐全，资料保存期为2年以上。

1.生产记录

包括品种、进雏日期、进雏数量、雏鸡来源、饲养责任人、饲养日期、日龄、存栏数、温度、湿度、饲料来源、名称、鸡健康状况、标识情况、繁殖记录、养殖代码等内容。

2.疫病防治记录

包括检疫、免疫、兽药来源、名称、使用时间、用量、消毒日期、鸡发病、诊疗、死亡和无害化处理情况等内容。

3.销售记录

包括销售日期、数量、购买单位等内容。

五、发展状况

武隆凤羽鸡是重庆市优良地方鸡资源群体之一，为保护这一地方优良品种，武隆区已在巷口镇凤山村建成一个市级土鸡繁殖育种中心，可存栏土鸡种鸡1万套、年提供鸡苗100万羽。并在巷口、仙女山、火炉等12个乡（镇）共建立种鸡场18个，武隆区培育土鸡养殖大户100户，带动形成产业示范园21个、示范带3个。

六、产品荣誉

2010年，"武仙"牌武隆土鸡被国家工商行政管理总局评定为注册商标。2014年，"武隆黑鸡新品种选育"被评定为重庆市科学技术成果。2015年，制订了《武隆凤羽黑鸡》企业标准。2016年，"凤头土鸡纯系选育及产业化开发"被评定为重庆市科学技术成果。

第七节　秀山土鸡

秀山土鸡，地理标志产品。原产地为重庆市秀山土家族苗族自治县，位于武陵山腹地，山清水秀，气候宜人，是土家族、苗族的聚居地。千百年间，土家族人、苗族人繁育出了一种神奇的土鸡，它们被放养在青山绿水间，采食五谷杂粮，虫草雨露。"丛林法则"使得它们能"远走高飞"百余米，被当地人誉为"飞鸡"。

一、产品特性

秀山土鸡毛料扎实，胸平、屁股小、脚黑，个头均匀，每只鸡体重相差约150克。因被放养在青山绿水间，采食五谷杂粮，虫草雨露，运动量大，擅长飞行，活泼好斗，使得其肌纤维细长，肌肉间脂肪含量丰富，比普通肉鸡更耐咀嚼。

（一）体貌特征

秀山土鸡母鸡羽毛麻黄，以浅黄色羽毛为主，羽毛致密紧贴，羽色光亮；公鸡羽毛为红色或棕色，单冠直立，鸡冠鲜红。母鸡产蛋期冠色加深，体躯呈梭形较窄长，头小清秀，颈长，皮薄呈白色，部分呈灰色，脚细长，胫呈白色或灰色，脚趾细长，爪锋利。

（二）生产性能

成年公鸡体重（1 480±420）克，成年母鸡体重（1 360±270）克，年产蛋120～150枚。2010年，根据重庆市畜牧科学院测定，初生重，公鸡（35.77±2.58）克，母鸡（34.69±2.43）克；30日龄，公鸡（121.05±28.56）克，母鸡（105.34±26.82）克；140日龄；公鸡（1 635.00±181.32）克，母鸡（1 179.33±124.35）克；成年体重，公鸡1 710克，母鸡1 460克。

（三）营养成分

秀山土鸡以散养的方式养殖，其所饮用的水均来自附近的山泉，吃的食物是周围的植物和小虫子，所以肉的营养价值比较高。通过比较分析，秀山肉具有独特营养和风味。秀山土鸡肌肉氨基酸总量高于北京油鸡、狼山鸡、崇仁麻鸡、泰和乌鸡和萧山鸡；必需氨基酸含量高于北京油鸡、狼山鸡和萧山鸡，与泰和乌鸡持平；鲜味氨基酸含量高于北京油鸡、狼山鸡、崇仁麻鸡、萧山鸡、白耳鸡和固始鸡；肌苷酸含量高于所有地方鸡种。

二、产地环境

秀山土家族苗族自治县位于重庆市东南部，武陵山脉中段，为渝东南重要门户。境内山河纵横，森林密布，土家族、苗族世世代代繁衍生息于此。秀山土鸡养殖场远离城镇、化工厂、居民区，鸡舍间的距离保持在20米以上，避免疫病的传染。水源及环境无污染，场地内有翠竹、果园绿树遮阴，有草地利于土鸡活动。

三、发展状况

秀山土家族苗族自治县以创新龙头企业带基地、基地带农户的土鸡养殖经营模式，建立利益同享、风险共担的新机制，探索出水果林下养鸡、中药林地里养鸡、茶叶地里养鸡、玉米地晚期放养土鸡、速丰林下养鸡、灌木丛养鸡等多种林下养鸡的成功模式。

秀山坚持走"绿色+生态""科技+市场""土鸡+土鸡蛋"发展之路，大力培育林下生态土鸡养殖示范基地。有年出栏20万只以上土鸡示范园10个，年出栏1 000只规模示范户5 000户，年出栏500只以上养殖户3万户。

四、荣誉认证

2010年，"秀山土鸡"成功注册为地理标志商标。2017年，"秀山土鸡"商标被认定为重庆市著名商标。秀山土家族苗族自治县被认定为"重庆市无公害土鸡产地县"。

五、养殖场地

（一）场地选择原则

1.远离城镇、交通干线、化工厂、畜禽贸易场所、屠宰厂、肉联厂、医院、居民区
避免疫病的传染，有利于防疫。
2.有遮阴条件
场地内宜有翠竹、果园等绿树遮阴及草地，以利于鸡只活动。
3.有水源，环境及水源无污染，符合卫生要求
4.场地内要独立自成封闭体系
用塑料网、铁丝网、竹片、木栏或砖砌围墙等围住，能阻挡鸡只钻出或飞出又能防止野兽的侵入。
5.鸡舍布局合理
鸡舍间的距离保持20米以上，便于隔离防疫。
6.生活区和饲料室位置
应在整个场址的入口，在地势高燥，通风，出水畅通，交通方便的地方，必须与饲养区隔离开。

（二）鸡场布局

合理测算放牧运动场面积，较大的地块，可以根据饲养数量将其隔离成若干小块。生活区与养殖区要用隔栏分隔，以利于消毒防疫。

鸡舍以坐北朝南、三面围墙的敞篷状为宜，以利通风避暑。地面用三合土硬化，防止老鼠打洞，地面可以铺上3～5厘米的粗沙，供鸡沙浴使用。光线暗的应安装玻璃瓦，达到明亮采光的目的。

（三）鸡舍建设

用铁皮板、木板、竹子和塑料等材料制成。将竹子去掉1/3后可作为简单的食槽。在散养鸡舍内或

鸡舍外墙边防雨的地方设置补料料桶或食槽。料桶用绳子或铁丝吊起来，防止鸡晚上到桶上栖息。舍外及散养区域内根据鸡的活动范围设置补料食槽，食槽上方必须有遮阴避雨设施。定点放置自动饮水器，保证鸡能饮到清洁水。饮水设备不能放到鸡舍内，防止水溢出，污染舍内环境。

六、饲养管理

（一）放养密度

一般1亩场地养100～120只，每千只鸡配备2份牧草地，以便轮牧。每群鸡300～500只。以1个舍为1个饲养区为宜。

（二）调教

青年鸡调教包括喂食饮水、远牧、归巢、上架的调教等。以喂食为例，调教前应使其有一定的饥饿时间，然后用敲盆或吹哨来训导和调教。最好2人配合，另一人在前面吹哨子开道并抛洒饲料，喂料的动作尽量使鸡看得到，以便使鸡产生听觉和视觉上的双重感应，让鸡跟随哄抢，形成条件反射，按饲养管理制定定时投喂。

（三）做到"五勤"

放鸡时勤观察。观察鸡的行动状况，健康鸡总是争先恐后地向外飞跑，病弱鸡则行动迟缓或不愿离舍。

清扫时勤观察。观察粪便是否正常。

补料时勤观察。观察鸡的精神状态。

晚上关灯后勤观察。听鸡的呼吸是否正常。

采食时勤观察，发现病鸡及时隔离和治疗。

（四）防害治病

预防兽害。采取措施，防止黄鼠狼、鹰等天敌捕鸡。

做好免疫注射。主要防治马立克、新城疫、法氏囊炎和鸡痘。

若在果园内放养，喷洒农药杀虫时，要使用生物农药或分区施药分区饲养。

第八节　长寿鸡蛋

长寿鸡蛋，重庆市无公害产地农产品。长寿区是重庆市最大的蛋鸡养殖基地，蛋鸡养殖历史近40年，现常年存栏量600万只左右，生产的鸡蛋远销国内各省份。2006年12月，长寿区获得重庆市无公害蛋鸡产地县（区）认定，生产的"绿花"牌鸡蛋通过了农业部无公害农产品认证。

一、发展概况

长寿农村历来有喂散养鸡的习惯，长寿从1983年开始推广发展适度规模养鸡。1984年，天台乡罗岩村开始饲养笼养蛋鸡，当时的长寿

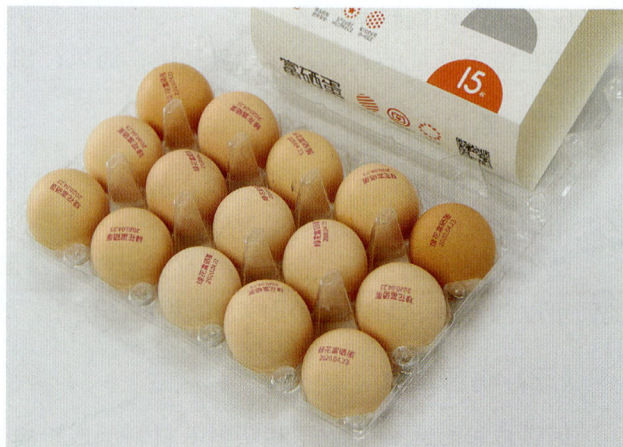

县畜禽服务公司派专业技术人员进行技术指导。1991年，天台乡笼养良种蛋鸡户28户，4 668只；1993年，达341户72 445只，1994年，586户25万余只，天台乡笼养蛋鸡的迅猛发展带动了邻近乡镇的养鸡业发展。

1994年，长寿县实施笼养蛋鸡工程项目，在天台乡、葛兰镇、付何镇建立3个笼养蛋鸡基地，年末笼养蛋鸡存栏45万只。1995—1997年，承担了"重庆市百万只笼养蛋鸡工程"项目。1995年，长寿县笼养蛋鸡存栏51万只，1996年，长寿县笼养蛋鸡存栏147万只，1997年，长寿县笼养蛋鸡存栏182万只。2001年，长寿县笼养蛋鸡存栏185万只，禽蛋产量19 020吨。

随着百万只蛋鸡工程的顺利实施，长寿区的畜牧业结构以大力发展笼养良种蛋鸡为突破口，着力建立"优质、低耗、节粮"城郊型畜牧业。2002年，畜牧业产值4.07亿元，禽蛋产量21 975吨（其中鸡蛋产值20 065吨）。年末存栏家禽355万只（其中笼养蛋鸡195万只）。在天台、葛兰、付何、合兴、新市、双龙等乡（镇）发展笼养蛋鸡181.28万只，形成了沿渝巫路10千米的禽蛋产业带。以笼养蛋鸡为主的养鸡业已成为长寿区畜牧业经济的一大支柱产业。

截至2017年年末，长寿蛋鸡已经发展到594万只，鸡蛋产量5.1万吨。蛋鸡存栏500只以上的规模养殖场达640户，其中万只以上蛋鸡场105户。

二、品种及特点

（一）"鲜喔喔"谷物蛋

全程选取当季新鲜的亚麻籽、大豆粕、一级优质玉米、杂粮杂豆等天然粮食作为原料。玉米、大豆、小麦等杂粮按6∶2∶2的黄金搭配，给母鸡均衡营养，让鸡蛋更加营养和美味，每枚鸡蛋蛋清黏稠，凝聚力好，蛋黄自然橘黄色，呈半球形，不易分散。每100克鸡蛋中富含天然卵磷脂1 500毫克。

（二）"绿花"儿童蛋

是根据婴幼儿及低龄儿童生长发育的特点，针对0～12岁儿童研发的一款鸡蛋产品，富含儿童成长和智力发育所需的DHA等营养元素。"绿花"儿童蛋DHA含量是普通鸡蛋的12倍、虾的5倍、墨鱼的3～4倍，更含有维生素A和维生素B_{12}等多种儿童生长发育所需的维生素，有助于儿童智力发育和保持视力健康。

（三）"绿花"杂粮蛋

在蛋鸡产蛋期，以玉米，大豆、小麦和谷物为饲料主要原料，以橘皮、辣椒、苜蓿草等为饲料辅料，按蛋鸡所需营养成分科学配比，以提供每只鸡每日所需营养。

(四)"初生源"初生蛋

初产蛋产自初产母鸡开产期前30～60天。初产蛋重量一般为35～45克。每只初产蛋鸡平均要积蓄3～9天的营养才能产下1枚小小的初产蛋。蛋黄色深，蛋清黏稠，无激素和抗生素，胆固醇低，味道鲜美，含丰富的维生素、氨基酸和人体所需的各种微量元素，与普通鸡蛋相比，等重的初产蛋营养含量相对要高得多。常食初生蛋，能增加营养、增强体质，是老少皆宜的理想营养佳品。

(五)"蛋小双"双黄蛋

双黄蛋是指鸡产生了1个卵黄之后，"控制中心"没有收到信号，又产生1个卵黄。"双黄"是由2个卵细胞同时成熟并一起脱离滤泡被纳入输卵管，在输卵管各部依次被蛋白、壳膜和蛋壳等物质包裹而形成的。双黄蛋里蛋清占28%，蛋黄占72%。双黄蛋的2个蛋黄一样大小，其营养价值可能比单黄蛋多1倍。

三、荣誉认证

2006年12月，长寿区获得重庆市无公害蛋鸡产地县（区）认定。2009年，长寿注册的"渝寿""绿歌"等品牌鸡蛋产品通过农业部无公害农产品认证和重庆市无公害农产品产地"认定。2016年，重庆市长寿区标杆养鸡股份合作社生产的"绿花""鲜喔喔""蛋小双"等品牌鲜鸡蛋、重庆市长寿区俊超家禽养殖专业合作社等生产的鲜鸡蛋产品通过了农业部无公害农产品认证和重庆市无公害农产品产地认定。

第九节　合川石丫鸡蛋

合川石丫鸡蛋，合川特产，重庆名牌农产品。石丫鸡蛋是在重庆市合川区特定环境下，经过特别的养殖技术和严密的监测手段生产出来的鸡蛋。鸡蛋呈天然玉米黄色，蛋清细嫩，蛋黄疏松散口，蛋品安全健康，是一款不可多得的高端蛋品。2005年，获得农业部绿色食品A级认证，是重庆市第一个通过绿色认证的产品，2012年，获得"中国驰名商标"称号，2014年，获得有机食品认证，第八届上海有机食品博览会产品金奖。

一、产品特点

石丫鸡自然采食，饲料不含激素，蛋有自然清香，蛋有黄颜色为天然玉米黄色（饲喂玉米后出现的自然颜色），与普通农家鸡蛋相比，蛋黄颜色偏淡。蛋清细嫩、蛋黄疏松爽口。

二、产地环境

石丫鸡养殖于风景秀美、空气清新、无污染的石丫山。石丫山位于合川龙多山脉，山势挺拔峻秀，峰峦起伏，逶迤飞腾，宛若龙蟠，故名龙多山。龙多山历来为佛教、道教名山及川中风景游览地，海拔619米，是绝佳的蛋鸡养殖地，在石丫山千亩松林间，母鸡以全放养模式养殖，每天在松林间漫步，吃的是有机玉米，饮的是山泉水，因此被消费者戏称为"越野鸡"。

养殖场距离城镇40千米以上，无工矿企业，无污染水源，在交通十分不便的山顶上，森林覆盖率达90%，饮用水为100米以下深层纯净水。空间、空气、水源、生态等共同组成一个最优的蛋鸡养殖环境。

三、历史渊源

传说在800多年前，龙多山脉石丫山上就已出现大规模的散养鸡，有歌谣这么唱："龙多出水女儿碑，女儿梳头破瓦窑，永兴黄桶二郎庙，石丫斗笠鸡公叫，鸡公厕屎大石桥，大石五尊鸭嘴闹"。后来，在钓鱼城战争中，合川为钓鱼城军民提供了大量鸡及鸡蛋。民国时期，卢作孚民生轮船公司在远航时也会采购一些石丫山产的鸡蛋作为营养补充品。

"石丫鸡蛋"品牌创立于2003年，最初养殖规模只有1 000只鸡，年产值10万元。2005年，注册"石丫"商标并创建了"石丫"牌无公害鸡蛋、"石丫"牌绿色鸡蛋、"石丫"牌绿色玉米等品牌。2008年6月，获得"重庆市著名商标"称号。2009年10月，通过重庆市名牌农产品认证。同年11月，获得"重庆市农业产业化龙头企业"称号。2010年，获得"全国蛋鸡标准化示范养殖场"称号。同年12月，投资500万元，建立合川区太和镇有机蛋鸡养殖示范场，该养殖场总面积1 228亩，其中森林992亩，耕地236亩，存栏有机蛋鸡1万只。2011年，获得"全国绿色食品示范企业"称号。2012年12月，获得"中国驰名商标"称号。2014年3月，通过有机食品认证。2014年4月，投资1.5亿元，建立合川区龙市镇100万只现代化蛋鸡养殖场，引进德国先进蛋鸡养殖设备，结合现代网络技术，打造数字化，智能化的蛋鸡养殖场。2014年5月，获得第八届中国国际有机食品博览会产品金奖。

四、饲养管理

（一）饲料原料选择

严格按照有机食品、绿色食品等生产要求选择相关原材料。石丫蛋鸡所需的粮食主要原料玉米、大豆都来自有机、绿色种植基地。从源头上保证了蛋鸡吃的粮食原料质量安全的可控性、可操作性，杜绝蛋品有农药残留。不添加任何添加剂（不使用食用色素增加蛋黄颜色，不使用增稠剂增加蛋清浓度，不使用食用香精增加蛋品香味，不添加其他添加剂增加蛋鸡产蛋率。不添加铁、硒等元素人为打破鸡蛋营养平衡），从原料质量上保证了蛋品无激素、无重金属残留。蛋鸡放养，每亩不超过30只。除饲喂优质粮食外，鸡还可以吃虫子、青草和其他有益元素，所以产品更优秀。

（二）鸡苗选择

蛋鸡选用当地优质土鸡（有机蛋鸡品种），抗逆性强。鸡苗全部来自无疫区。

（三）生产流程控制

按照农业农村部绿色、无公害、有机食品生产要求制定生产规程，经农业农村部相关认证部门批准认定后，按生产规程制定相关的生产管理、监控、监测措施。

第一，蛋鸡除疫苗免疫外，从不投喂兽药，有效保证了蛋品无药物、无抗生素残留。

第二，采用淘汰生产法，凡是生病的蛋鸡，在生病初期一律淘汰，进行无害化处理，保证蛋鸡群的健康状态和无病环境，使产蛋鸡群始终处于健康生产状态。

第三，建立可追溯系统，从对饲料（玉米、大豆）种子的选择，饲料的生产以及生产过程对土壤、水、环境监测以及饲料收获、储藏都有记录和对应编码。在养殖中对鸡苗、粮食来源以及蛋品来自哪栋鸡舍、第几排、第几笼都有记录和对应编码，编码最终体现在打码上。从鸡蛋上的编码可以追溯到这只蛋是由哪只鸡产的，这只鸡吃的是哪个地块生产的粮食，饲养过程是怎样的。

第四，生产过程中不使用化学合成的农药、化肥、生产调节剂、饲料添加剂等物质。

五、品种及特点

（一）石丫松针鸡蛋

富含糖类、粗蛋白、粗脂肪、多种氨基酸和多种微量矿元素、多种维生素、生物黄酮类物质、精油、叶绿素、不饱和脂肪酸、酶与辅酶等活性物质。

（二）石丫有机蛋

富含糖类、粗蛋白、粗脂肪、多种氨基酸和多种微量矿物质元素、多种维生素。

（三）石丫无公害鸡蛋

不含激素、抗生素，营养丰富，口感细腻。

（四）石丫绿色鸡蛋

蛋白质高，脂肪低，口感清香。

六、生产技术

（一）育雏

选用当地1日龄土鸡，按常规方法育雏至8周龄。

（二）放养前准备

1.鸡场环境选择

符合《绿色食品　产地环境质量》（NY/T 391—2013）的规定，有可食饲料资源（如昆虫、饲草、野菜等）的山地、林地、草场及草山草坡。

2.放养面积

单个鸡场不小于2万平方米，放养蛋鸡500只。

3.使用开放式鸡舍

每舍养500只。鸡舍采用高架栖息结合发酵床技术，既保证蛋鸡远离粪便又及时通过发酵处理粪污废弃物。

4.放前山场消毒

于放养前1周用石灰对山场消毒。

5.搭建产蛋窝

每5只鸡设1个产蛋窝，规格为宽30厘米，高37厘米，深37厘米。产蛋窝建于避光安静处，窝内放少量麦秸或稻草。

6.安装设备

安装冬季供暖设备；安装无害化处理设备，以高温堆肥处理。

7.建设防兽害设备

放养区周围设置1.5～2米高的铁丝网或尼龙护栏。

（三）放养管理

第一，每日天明，蛋鸡自行外出觅食，天黑回巢。此时，鸡任意采食山间野草、昆虫，饮用山间泉水。

第二，归巢时，每只鸡需一次性补充玉米豆粕等粮食50克。

第三，每年3—5月搜集松针花粉及松针嫩叶，制成松针粉保存，每日每只蛋鸡饲料中添加1～2克松针粉。

第四，安装诱虫灯，增强蛋鸡动物性蛋白的摄入。

第五，每日观察蛋鸡行为和外貌，发现有病态的立即淘汰。

第六，及时收集蛋品，防止蛋品接触污染物。

第七，按时预防疫病。

第八，做好生产记录。原料来源及投喂记录，产品出入库记录，销售记录，粪污处理记录等相关记录，记录保存5年以上。

（四）产品质量

第一，产品由第三方权威检查机构按有机食品标准检测。

第二，符合有机食品生产过程管控，达到有机食品质量标准。

第三，外观及口感达到农村土鸡蛋标准。

第四，具备松针粉营养性功能。

七、发展状况

石丫鸡蛋是合川特产、重庆名牌产品，产品远销全国各地，现建有无公害、绿色、有机的3个蛋鸡养殖场，2014年，投资1.5亿元在合川区龙市镇建设100万只现代化蛋鸡养殖场，实施生态循环农业，采用"蛋鸡—有机肥—生态种植（玉米、水稻、水果、蔬菜等）"的生态循环农业模式。通过清洁化生产，将养殖场产生的粪污收集后集中处理，与农田回收的作物秸秆混合后加工为有机肥料，用于生态农业种植，生产的玉米、水稻、黄豆等有机农产品用于蛋鸡饲养，形成一个完整的生态循环系统。

已建立企业整套标准规范体系。在重庆畜牧技术推广总站及合川区畜牧站等部门的指导下，建立了各环节、各岗位的技术标准48项、管理标准65项、工作标准212项，确保标准"结合实际，适用性强，简明易懂，可操作性强"；形成了养殖设施化、生产规范化、记录系统化、防疫制度化、粪污无害化、监管常态化的质量标准可追溯的管理体系，获得"全国标准化示范场"称号，产品已通过无公害、绿色、有机食品认证。

2017年，组建桑叶蛋开发团队，利用优质植物蛋白资源——蛋白桑，开发节粮型蛋白桑饲料及功能型桑叶蛋，建设蛋白桑育苗基地200亩，计划推广蛋白桑种植2万亩。

第五章
鸭、鹅、兔

第一节　酉阳麻旺鸭

麻旺鸭，地理标志产品。麻旺鸭因原产区位于重庆市酉阳土家族苗族自治县麻旺镇而得名，主要分布于酉阳土家族苗族自治县酉东水网地区，是在武陵山区相对隔离的亚热带季风气候的自然生态条件下，因原产地农民的长期选择而形成的种质特征、特性明显的小型蛋鸭。麻旺鸭具有体重较轻、开产日龄早、产蛋量高、适应性较强、耐粗饲、耐高温高湿环境、抗逆性强等优点宜于稻田及河谷饲养，具有很高的研究、开发和利用价值。

一、产品特性

（一）体貌特征

成年麻旺鸭体型小，形体紧凑，颈细长，头目清秀。公鸭头部和颈上部羽毛为墨绿色，有金属光泽，颈中部有白色羽圈，背部羽毛为褐色或黑色，尾羽为黑色，镜羽为墨绿色、褐色；母鸭羽毛以浅麻为主，少量深麻。胫、喙呈橘黄色，部分公鸭喙呈青色。爪黑色或黄色。雏鸭绒毛以黄色为主，头顶、背部、翅部和尾部毛根有褐色或浅褐色。

（二）生产性能

在正常饲养条件下，雏鸭出壳平均重不少于35.0克，60日龄公、母体重分别不少于740克、800克，成年鸭公、母体重分别不少于1 100克、1 350克。平均开产为110日龄，平均产蛋不少于240个，蛋壳颜色以玉白色为主，平均蛋重不少于65.3克。在100日龄时屠宰，屠宰率公鸭不少于85.0%、母鸭不少于84.0%，半净膛重公鸭不少于850.0克、母鸭不少于820.0克。公母配比为（1：20）～（1：25），核心群种蛋受精率不少于91.0%，受精蛋孵化率不少于92.0%，雏鸭30日龄成活率不少于92.0%。

二、地域范围

麻旺鸭地理标志地域保护范围包括麻旺、龙潭、涂市、泔溪4个乡（镇），辖36个村。主要分布于龙潭、涂市、腴地、泔溪、酉酬、后溪等乡（镇），东边连接酉酬镇、酉水河镇、湖南龙山的李椰镇、秀山的石提镇，南边接秀山县的榕溪乡、官庄乡，西接铜鼓乡，东接毛坝乡、黑水镇。

三、生产发展

为了加大麻旺鸭保护和开发力度，发挥产业促农增收作用，酉阳已建立集麻旺鸭保种、选育、养殖示范、加工、肉蛋产品开发为一体的产业链。已建立麻旺鸭种场2个，养殖示范场6个，其中市级示范社1个，专业合作社2个。

已建立20万只加工量的酱板鸭加工厂1个。2012年，饲养出栏量达73.9万只。同年，麻旺鸭获地理标志产品登记保护，品牌知名度和产品增值大幅提升，产值达0.9亿元，带动2.4万人增收，助推酉阳地方经济发展。2018年，酉阳从产品精深加工入手，开发肉类熟制品和蛋系列产品，申报绿色和有机食品。

四、产品荣誉

2006年，麻旺鸭经重庆市农业委员会批准为重庆市地方品种。2009年，申报为国家畜禽遗传资源。2012年，注册为地理标志商标。

第二节　梁平肉鸭

梁平肉鸭，重庆市梁平区特产，地理标志产品。梁平肉鸭历史悠久，产区位于重庆市东部的梁平区，东临万州区，南接忠县、垫江，西连四川大竹，北倚四川达县、开江。梁平区33个乡（镇）年生产规模达2 000万只，年产量2万吨。梁平肉鸭蛋白质含量高，脂肪低，富含人体必需的氨基酸、脂肪酸和矿物元素，集营养、保健、养生于一体，是优质的肉类食品。加工后的卤烤鸭，肉质细嫩、味香不腻、色泽鲜美。

一、产品特征

梁平肉鸭由北京肉鸭与四川麻鸭杂交而成，背毛黑白分明，俗称"花边鸭"。梁平肉鸭体型大，呈长方形，公鸭头大，眼圆，喙中等长、较宽厚、呈橘黄色，颈粗稍短，胸部丰满，腹部深广，前胸高举，后腹稍向后倾斜并与地面约呈30°，翅较小，尾短而上翘，腿短而有力，胫、蹼呈橘红色。母鸭

腹部丰满，腿短粗，蹼实厚，羽毛丰满。在一般饲养条件下50日龄活重可达3.0千克左右。半净膛屠宰率公鸭为86%，母鸭为87%；全净膛屠宰率公鸭为76%，母鸭为77%。梁平肉鸭蛋白质含量高，脂肪低，富含人体必需的氨基酸、脂肪酸和矿物元素，集营养、保健、养生于一体。

二、生产发展

梁平有饲养水禽的传统。早在唐朝，肉鸭养殖就是农民的主要养殖活动。1949—1992年，梁平肉鸭以农户散养为主，养殖量常年维持在50万～150万只。1992—2015年，梁平肉鸭被列为梁平"十五""十一五""十二五""十三五"农业农村发展规划。1992年，梁平县被列为四川省水禽基地县，水禽饲养量的发展突飞猛进，至1995年，水禽饲养量达500万只。梁平区委、区政府历年都把水禽作为畜牧业发展的基础产业。2005年，重庆市发展和改革委员会从市级资金中拨款100万，建设肉鸭良种繁育体系，水禽饲养量达到历史最高。2006年，出栏水禽1 000万只，其中肉鸭出栏812万只。至2017年，共建成梁平肉鸭良繁中心1个、良种扩繁场8个，新建、扩建标准化规模养殖场和养殖小区653个，规模养殖户2 896户，梁平肉鸭生产基地乡（镇）22个。已形成1 000万只稻—鸭混养基地，梁平区规模养殖比重达59.6%，梁平肉鸭年出栏量稳定在700万～1 200万只。

梁平肉鸭是梁平农业经济的重要支柱产业和特色优势产业，已形成了"龙头企业（公司）＋养殖专业合作社＋养殖基地（小区）＋养殖农户"的梁平肉鸭产业发展模式，以及产加销一体化的产业链。养殖有肉类品种当地麻鸭、成都麻鸭、连城白鸭、北京鸭、樱桃谷鸭、澳洲狄高鸭，还有蛋类品种金定鸭、麻鸭、绍鸭，全都是商品化、工厂化、规模化、现代化养殖。形成肉鸭产业化经营体系，取代过去以私人散养、产蛋为主的传统模式，促进了梁平肉鸭产业发展。梁平"张鸭子""谢鸭子""文鸭子""胡鸭子""姜鸭子""梁平周皮蛋""福德牌咸鸭蛋"等产品销往全国各地，甚至远销到日本、美国。

2008—2018年梁平区家禽存出栏量统计见表2-5-1。

表2-5-1 2008—2018年梁平区家禽存出栏量统计

年份	家禽存栏量/万只	肉鸭存栏量/万只	家禽出栏量/万只	肉鸭出栏量/万只
2008	307.49	221.15	645.02	556.12
2009	322.86	245.56	752.72	670.99
2010	330.20	281.16	900.91	703.69
2011	441.92	287.52	1 013.68	841.21
2012	485.66	311.94	1 125.62	902.47
2013	509.40	325.90	1 184.50	954.10
2014	533.30	339.80	1 231.70	976.50

（续）

年份	家禽存栏量/万只	肉鸭存栏量/万只	家禽出栏量/万只	肉鸭出栏量/万只
2015	552.30	35.19	1 269.90	1 010.30
2016	557.40	353.50	1 307.20	1 031.10
2017	396.30	242.60	923.00	652.80
2018	395.96	248.16	932.99	651.99

三、荣誉认证

2007年，"张鸭子"被重庆市人民政府授予"重庆名牌产品"称号；2008年，梁平肉鸭获得无公害产地整体认定县；同年，"张鸭子"商标被重庆市工商行政管理局认定为"重庆市著名商标"；2009年，"张鸭子卤烤鸭"通过"重庆名牌农产品"认证；2010年，"张鸭子"被授予"中华老字号"称号；2011年，被农业部授予"肉鸭标准化生产示范县"称号；同年，"张鸭子卤烤工艺"被录入重庆市市级非物质文化遗产项目名录；2012年，"张鸭子"荣获"中国驰名商标"称号。

四、饲养技术

（一）产地选择

梁平境内气候温和，冬水田、河流、库塘等面积宽广且无污染源。梁平境内共有33个乡（镇）315个行政村，梁平肉鸭的产地环境质量必须符合《无公害农产品 产地环境评价准则》（NY/T 5295—2015）的要求。

（二）品种选择

梁平肉鸭由北京肉鸭与四川麻鸭杂交而成，背毛黑白分明，俗称"花边鸭"，性情温驯，在一般饲养条件下50日龄活重可达3.0千克左右。

（三）生产管理

梁平肉鸭在生产过程中必须严格按照《梁平县无公害肉鸭养殖操作规程》操作。生产过程中饲料和兽药的使用必须符合《无公害食品 畜禽饲料和饲料添加剂使用准则》（NY 5032—2006）和《无公害农产品 兽药使用准则》（NY/T 5030—2016）。为了保证梁平肉鸭的品质特色，尤其要注重以下5个环节。

1.育雏期的饲养与管理

第一是畜舍要做好消毒和预温；第二是抓好雏鸭的饮水和开食；第三是要掌握好育雏期的温度、湿度、光照、通风换气、饲养密度等。

2.中鸭的饲养与管理

第一是合理分群；第二是更换中鸭饲料；第三是抓好强次育肥。

3.疾病预防

严格按照肉鸭的生长规律，做好各种预防注射。及时剔除发现的病鸭，隔离治疗。疾病预防用药符合《无公害农产品 兽药使用准则》（NY/T 5030—2016）要求，所有兽药在兽医指导下使用，严格执行休药期。

4.产品收获

肉鸭生长到3千克左右即可适时出栏。

5.生产记录

鸭场饲养出栏的每批肉鸭都应有完整的记录。记录内容应包括饲养的肉鸭品种、进雏日期与数量、饲料来源、饲喂量、鸭舍温度、饲养密度、免疫、卫生消毒、发病、兽药使用等情况。记录档案保存期2年。

五、专用标识使用

梁平肉鸭地理标志产品保护范围内的生产者，可向重庆市梁平区畜牧技术推广站提出使用地理标志产品专用标志的申请，经该站审核同意并签订责任书后方可使用。

第三节　荣昌白鹅

荣昌白鹅，地理标志产品，国家第一批生态原产地保护产品。荣昌白鹅由四川白鹅选育而成，是全国著名的优良地方鹅种，已有360年历史。素有"鹅中来杭"之称的"荣昌白鹅"是荣昌区的传统养殖品种，也是效益畜牧业中的重要产业。荣昌白鹅已成为荣昌区继生猪产业之后的又一优势特色产业。荣昌区是荣昌白鹅的发源地和主产区，随着品种的选育和推广，广泛分布于全国10多个省份。

一、品种特征

荣昌白鹅全身羽毛洁白，体质结实，外形俊美，具生长快、产蛋量高、体重大、繁殖力强、产绒量高等特征，是中国优良地方鹅种。荣昌白鹅是由四川白鹅的精心选育而成，荣昌饲养白鹅的历史可追溯到20世纪60年代。

二、生产性能

荣昌白鹅属于中型鹅种。成年鹅体重一般为4.3～5千克，年产蛋量为60～80枚，高产鹅可达年产100～120枚，60日龄前，日增重可达50克，肥肝平均产量为350克左右。荣昌白鹅羽绒

质量好，是加工羽绒服装的上等原料，其裘皮价值极高，是高档裘皮制品的重要原料。屠宰后每只鹅可拔毛150克左右，产绒60克左右。

三、品牌建设

用荣昌白鹅加工制成的荣昌卤鹅是荣昌一绝，具有悠久的历史，是"湖广填四川"时引入、演变而成的。经过荣昌的客家人300多年的不断适应和改进，荣昌卤鹅集粤菜和川菜所长，既有粤菜和潮汕菜注重的用料选料和味尚清鲜、油而不腻的特色，更有川菜调味多变、口味清鲜、醇浓并重、适

应性强、麻辣浓郁的地方风味，有"中国名菜"和"重庆市名特小吃"称号。培育出了"小罗卤鹅""张鹅儿""三惠鹅府"等10余家荣昌卤鹅的知名品牌，构建起了覆盖全国的连锁及电商销售网络，年销售荣昌卤鹅300万只，实现产值3亿元。

1988年，荣昌罗德建创立"小罗卤鹅"品牌，开始经营以荣昌白鹅为原材料的卤鹅加工、销售。2016年，小罗卤鹅年销售量达216吨，年销售额1 210万元。

2012年始，荣昌区按照"一镇一品"或"多镇一品"的规划布局，在双河街道、清江镇、清升镇规划打造荣昌白鹅标准化规模化养殖基地。2012—2016年，荣昌区安排项目资金120万元，支持基地养鹅企业进行标准化改造和粪污治理等。

四、产业发展

荣昌在双河街道和清江镇规划打造白鹅基地，依托西南大学荣昌校区及重庆市畜牧科学院的科研教学优势，建立白鹅科技专家大院，为荣昌白鹅的饲养管理、疫病防治、新技术推广提供技术支撑。至2018年，荣昌区内共有规模化养鹅场45个，专业合作社5个，主要分布在峰高、双河、清江等镇（街），其中有西江月、安邦等3个种鹅场和孵化场，每年可向重庆市内外提供种鹅苗800万羽以上。

荣昌白鹅常年出栏量保持在150万只以上，加上周边隆昌、泸县、宜宾等区域，年出栏量可达1 000万只。荣昌白鹅养殖带动了加工业的发展，荣昌区内有白鹅屠宰加工企业8家，屠宰加工能力达1 500万只。

2014年，荣昌区畜牧兽医局争取项目资金55万元，开展荣昌白鹅的选种选育。已培育出荣昌白鹅新品系，四季产蛋，有效解决了四川白鹅产蛋的季节性导致的卤鹅原材料短缺的技术难题。2016年，荣昌白鹅新品系种鹅达3 000只，荣昌区孵化种鹅苗能力达800万羽。

2016年，荣昌区有标准化养鹅场63家，其中年出栏1万只以上规模养鹅场13家。有养鹅专业合作社6个，入社农户4 165户。荣昌区存栏鹅107.4万只，出栏176.7万只。

五、产品荣誉

2012年，荣昌白鹅成功注册地理标志商标；2018年，获国家质量监督检验检疫总局第一批生态原产地保护产品。

第四节　石柱长毛兔

石柱长毛兔，地理标志产品。石柱长毛兔是德系长毛兔与上海嘉定长毛兔、浙江巨高长毛兔等长毛兔品系杂交个体，经过6世代纯种选育培育出的具有重庆地方特色的长毛兔新品系。2012年，经商标局核准，"石柱长毛兔"正式注册为地理标志商标。

一、品种特征

石柱长毛兔头呈虎头型。耳大直立，耳尖一撮毛。眼

球较大,单眼视野190°,眼球粉红色。体躯微曲呈弓形,颈肩结合良好,与躯体协调,背腰平直,腹大于胸,臀部丰满。四肢强壮有力,肢体端正,趾—跖形成伏卧状,行走自如。被毛丰厚,分布均匀,粗毛外露,毛丛结构良好。公兔体质健壮,性情活泼,反映迅捷。母兔面貌清秀、性情温驯。体型中等,产毛量高,适应性强,料毛比低,养殖效益高。所产兔毛具有长、松、白、净等特点。兔毛生长速度快,粗毛含量高,毛丛结构好,不缠结。兔毛颜色雪白,手感柔和,

深受各地客商喜爱。长毛兔适宜的环境温度为5～25℃,气温超过30℃时,采食量减少,产毛量下降,0℃以下营养消耗多,也影响产毛量。

二、产地环境

石柱长毛兔主产区位于石柱土家族自治县境内,辐射区域涵盖重庆万州、忠县、丰都、彭水以及湖北利川等毗邻区(县、市)。石柱作为石柱长毛兔主产区,养殖长毛兔有得天独厚的自然优势。石柱土家族自治县属亚热带欠湿润季风环流气候,气候温和、雨量充沛,年平均气温为16.4℃,发展长毛兔产业具有得天独厚的发展优势。草地资源丰富,石柱土家族自治县天然草场面积9.28万公顷。当地自然环境适宜多种优质牧草的种植,现有牧草品种140多种,其中黑麦草、红三叶、白三叶、苜蓿等优质牧草0.33万公顷。

三、发展历史

石柱长毛兔生产发展经历了3个阶段。

(一)第一阶段(1983—1990年)

德系长毛兔饲养阶段。为发展长毛兔生产。石柱土家族自治县人民政府于1983年从德国引进世界知名品牌——德系长毛兔360多只,建立了"石柱县德系长毛兔原种场"。采取纯种繁育方式,向广大养殖户提供德系长毛兔商品兔。经过几年饲养,广大养殖户发现,德系长毛兔体型小(平均体重3.5千克)、粗毛含量低(粗毛率平均不到4%),在三峡库区高温高湿的环境下饲养,兔毛极易缠结。这些缺点导致养殖户饲养效益低下,也不符合20世纪90年代初期服装潮流的发展需要。

(二)第二阶段(1991—2006年)

为适应服装潮流的发展需要,石柱土家族自治县先后从上海嘉定、浙江新昌、嵊州、宁波等地引进粗毛型长毛兔1 000多只,开展了粗毛型长毛兔的繁育推广工作。经过近10年的饲养发现,这些长毛兔虽然体型较大(平均体重4.5千克以上),粗毛含量较高(粗毛率12%以上),但遗传性能很不稳定,种兔在农户家庭的饲养条件下极易退化。于是,从1998年开始,石柱土家族自治县选择以重庆市畜牧技术推广站及西南大学为技术依托单位,开展了长毛兔选育工作。将德系长毛兔与国内粗毛型长毛兔杂交,从杂交后代中选择理想个体,经过6个世代的选育,最终培育出了具有石柱特色的长毛兔地方新品系——石柱长毛兔。2006年,石柱长毛兔被重庆市畜禽品种审定委员会认定为重庆市长毛兔地方新品系〔(渝07)新品种证字第01号〕。

（三）第三阶段（2007至今）

石柱长毛兔繁育推广阶段。石柱长毛兔培育成功后，石柱土家族自治县建立了重庆市白玉石柱长毛兔良种扩繁场，专门从事石柱长毛兔繁育推广工作。经过近10年的繁育推广，石柱土家族自治县共向县内外推广石柱长毛兔35 500多只。

四、饲养管理

（一）种公兔的饲养管理

1.饲养要点

（1）喂给充足的蛋白质饲料。如豆饼、花生饼、油菜饼、鱼粉、豆叶草等饲料，可大大加强种公兔性机能，提高精液品质和受胎率。

（2）喂给足够的矿物质。饲料中缺乏矿物质，精液形成不正常，活力差。可在精料中配以2%～3%的骨粉、蛋壳粉或贝壳粉，1～2克食盐。

（3）喂给充足的维生素。如青草、胡萝卜、大麦芽、菜叶等饲料，对精液的质量有良好的提高作用，尤其对小公兔的性器官发育有着重要的作用。

（4）适量增加种公兔饲料量。种公兔在配种前20天及配种期，应适当增加饲料用量。每天早、晚配种2次者，需增加饲料喂量25%。

2.管理要点

第一，尚未达到配种年龄的公兔，不要用来配种，否则会影响公兔的发育，造成早衰，同时，受胎率也不高。

第二，初配青年公兔实行隔日配种办法，即配种1次，休息1天；成年公兔1天可配种2次，连续2天，休息1天。如果连续使用，会降低种公兔的配种能力和使用年限。

第三，公兔笼和母兔笼要保持较远的空间距离，以免异性刺激，影响性欲。公兔笼要经常消毒，保持清洁卫生，防止发生生殖器官疾病。配种时作好记录，严防乱配，以免使整个兔群品质退化。

（二）种母兔的饲养管理

1.空杯（休产）期的饲养管理

母兔空杯期，应多喂优质青绿饲料和少量的混合饲料，使母兔维持中等膘情，不肥不瘦。上一个繁殖期产仔多、膘情差的母兔，在配种前15～20天前应加强营养，恢复其体况，促进发情，提高受胎率。

2.妊娠母兔的饲养管理

（1）先青后精。这种方法适用于膘情较好的母兔，即在妊娠前期1～12天以青饲料为主，到妊娠15～20天后，加大精料喂量，满足胎儿生长发育的需要。

（2）逐日加料。对第一次怀孕受胎的青年母兔，从妊娠初期开始，逐渐增加精料，比空杯青年母兔多10%～20%，这样才能保证母兔本身和胎儿的同时生长，提高仔兔成活率。

（3）高水平饲养。对膘情差的母兔，应在空杯期把膘抓上去，妊娠期的营养水平也应略高于其他母兔，以满足母兔本身和胎儿的生长需要，防止流产和死胎。

（4）加强产前管理。无论采取哪一样饲养方式，到临产前3～5天都要多喂嫩绿的青饲料，减少精料，并注意饮水，以防便秘和乳腺炎。

（5）加强妊娠后管理。母兔胆小怕惊，敏感性强，笼舍要保持安静，不要轻易捕捉或大声喧闹，母兔在妊娠后15～20天易流产。

（6）加强产后管理。母兔分娩后对没有拉毛或拉毛不干净的母兔，要把乳房四周的毛拉干净，以刺激其乳腺分泌和利于仔兔吃奶。产后3日内，母兔每日服0.5克长效磺胺片，以预防乳腺炎和仔兔黄尿病的发生。

（三）哺乳母兔的饲养管理

1.检查哺乳情况

在哺乳期内，要经常检查母兔的哺乳情况。母兔泌乳旺盛，仔兔才能吃得饱、睡得香；母兔不愿喂奶时一般要人工辅助喂奶，训练3天后，母兔就会自动喂奶；母兔无奶，可给母兔喂豆浆、米汤、红糖水、鲜蒲公英等多汁饲料，也可喂给催乳片，每日2次，连服3～4天，还可以用鲜蚯蚓（用开水泡白）捣碎拌糖饲喂，均有良好的效果。

2.加喂饲料

哺乳期间，除喂给优质的青绿多汁饲料外，还应增加蛋白质含量较高的混合饲料和矿物质饲料，并按照仔兔的日龄和粪便排出情况，随时调整母兔饲料的用量。

3.定时喂奶

母兔产仔后的哺乳时间，可采取每天2次，即早晚各1次，中间间隔12小时；也可采取1天定时喂奶1次的方法，随着仔兔日龄的增加，母兔的哺乳次数也要随之增加。

（四）仔兔的饲养管理

从出生到断奶的小兔为仔兔。

1.早吃奶、吃足奶

仔兔出生后若能在3～6小时内吃到初乳，而且吃饱，则生长发育好，体质健壮，生命力强；若母兔奶汁不足，仔兔吃不饱，不仅病多，而且死亡率高。

2.早补饲

仔兔出生12天左右睁眼，一般在15天左右就要逐渐引诱仔兔采食优质青饲料和精料，让仔兔逐渐由吃奶过渡到吃饲料。由于仔兔消化器官发育尚不全，如果不及时补饲，断奶后突然喂给大量的饲料，极易造成仔兔死亡。

3.过好"断奶关"

实践证明，30天断奶，仔兔成活率为60%；40天断奶，仔兔成活率为80%；45天断奶，仔兔成活率为88%；60天断奶，仔兔成活率为92%。从母兔的健康和仔兔消化系统发育综合考虑，仔兔最佳断奶时间为40～45天。

4.仔兔断奶方式

若全窝仔兔生长发育均匀，体质健壮，可采取一次断奶。若全窝仔兔体质强弱不均匀，可采取分期、分批断奶，即体质强壮的仔兔先断奶，体质弱的延迟几天断奶。仔兔断奶的最初几天最好保持原有的兔笼，以防止环境改变，使仔兔不适应。

（五）幼兔的饲养管理

从断奶到3月龄的小兔为幼兔。幼兔生长发育快，食欲旺盛，消化力强，但对疾病的抵抗力和对环境的适应能力差，很容易得病，且死亡率极高。

1.断奶后

仔兔断奶后，往往有1～2天精神不安，所需营养物质也全部由采食的饲料来满足。一般幼兔都比较贪食，所以在饲喂时，特别要做到定时定量，少给多添，并注意保持饲料的多样化，补充适量的矿物质，给足清洁饮水。在管理上，每笼放4～5只幼兔，每天可让幼兔运动2～3小时。

2.2月龄的幼兔

2月龄的幼兔正处在换毛期，新陈代谢旺盛，需要的营养物质较多，但其消化机能尚不能适应新的饲料条件，从饲料中吸取的营养物质尚不能满足其生长发育和长毛的需要，故不能剪毛过早，否则，极易造成幼兔应激死亡。40～45日龄断奶的幼兔，应在70～80天剪胎毛。冬春季节，要选择晴朗的中午剪毛，剪毛后要注意保暖，并精心饲养和管理。

3.4～6月龄的兔

4～6月龄的兔为育成兔，也叫中兔和后备兔。这时抗病力已大大增强，采食量增加，生长发育快，死亡率较低，若在育成期间给予良好的饲养管理条件，能增大兔的体型，提高兔的产毛量。

第六章

蜂　　蜜

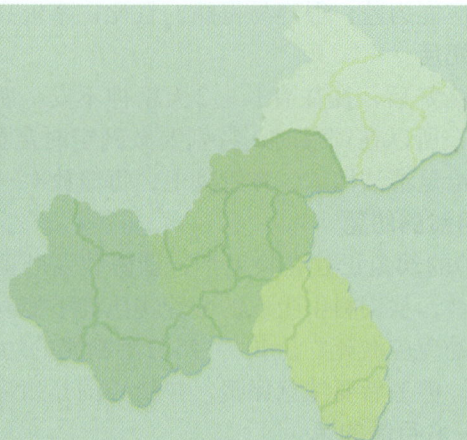

第一节　南川金佛山中华蜂蜜

　　南川金佛山中华蜂蜜，南川区特色农产品之一，大部分产区在金佛山国家级自然保护区内，生态环境优良，蜜源植物种类多，并有许多药用植物蜜源，产品具有极佳的品质。南川金佛山中华蜜蜂为地理标志产品，具有适应性强、飞翔迅速、嗅觉灵敏、善于利用零星蜜粉源等特性，是中国中蜂资源中的优良地方品种。

一、产地环境

　　南川境内最高海拔2 251米，最低340米，立体气候明显。境内的金佛山国家级自然保护区面积1 300平方千米，原始风貌浓郁，自然生态独特，生物资源珍贵集中，有植物330科1 607属5 656种，其中药用植物达4 180种，蜜源植物2 000余种，是天然的动植物基因库，是中华蜜蜂（简称中蜂）的核心保护区。

　　主要蜜源植物有油菜、刺槐、柑橘、杜鹃属、乌桕、荆条、乌泡、香薷、枬木等植物。可以生产药用特种蜜的植物有白玉簪、紫玉簪、玄参、细毡毛忍冬、防风、盐肤木、刺龙苞、大蓟、川续断、川党参等10余种，特别是玄参种植面积达2万亩。得天独厚的自然生态环境，孕育出具有特殊形态指标、良好的生物学特性和较强生产性能的蜂种——南川金佛山中华蜜蜂。

二、产品特点

　　南川金佛山中华蜜蜂是中国中蜂资源中的优良地方品种，具有适应性强、飞翔迅速、嗅觉灵敏、善于利用零星蜜源、群势强、产蜜量高等优良性状和生产性能，有着独特的遗传性状和较高的育种价值，是一个优良的基因库，其遗传资源是一种珍贵的生物种质资源。

南川区中华蜜蜂体色以黑为主，间以黄黑色。从形态上看，仍为东方蜜蜂的指名亚种，属华中型。具有群势强、产量高的优良性状和生产性能，群势常年可维持8～10脾足蜂，部分大型卧式蜂箱的群势可达16脾。蜂王产卵力强，子脾成片整齐、造脾力强，造脾整齐。活框饲养的中华蜜蜂，年平均每群可产蜂蜜30～35千克，最高可达75千克。

土蜂蜜色泽深、口味独特、香甜味浓，含有多种能被人体直接吸收的微量元素，对人体健康价值高，是药引的首选蜜，堪称"蜜中精品"，同时由于酿蜜周期长、蜜源稀少，也被誉为"蜜之珍品"。蜜色泽金黄、口味独特、纯净无杂，含有丰富的有机酸、蛋白质、维生素、酶和生物活性物质等多种营养成分，具有润肠、润肺、解毒、养颜、增强人体免疫力等功效。

金佛山中华蜂蜜产于优越的生态环境，其营养更加全面，是消费者所追求的天然健康养生品，具有强身健体、增强免疫力，抗菌防腐，调节神经系统、改善睡眠，养肝护肝、改善肝功能，改善肠胃功能、治疗便秘，抵抗疲劳、提高体能，补血养气、改善贫血和促进儿童生长发育等功效。

三、产品荣誉

2007年，南川区被中国养蜂学会授予"中华蜜蜂之乡"称号，成为全国第二个、西部第一个"中华蜜蜂之乡"。

2008年，"中国养蜂学会中华蜜蜂种质资源保护与利用基地"在南川挂牌，南川区成为中国养蜂学会中蜂科研基地。金佛山中华蜂蜜通过了无公害农产品产地整体认定。

2011年3月，南川金佛山中华蜜蜂成功注册为地理标志商标。

2012年11月，在南川举办了首届中华蜜蜂产业发展论坛（中国西部）暨重庆市蜜蜂文化节，南川金佛山中蜂知名度及品牌价值逐年提升。

2008年，蜂农夏和全获得"亚洲优秀蜂农"称号；广英福获得2011年度"神内基金农技推广奖"。

四、技术改进

南川区的中蜂养殖主要依托金佛山，分布于金佛山周围的12个乡（镇），海拔800～2 000米，立体气候明显，蜜源种类繁多，蜂蜜品质优良。

为了生产更优质的蜂蜜，增强市场竞争力，走蜂业持续发展之路，南川从2014年开始推行一项新的取蜜工艺。第一步，在大蜜源来之前，全部清脾，尽可能将缺蜜期补饲的残余白糖清除；第二步，取蜜时采用2次分离摇蜜法，先将抖蜂后的蜜脾放入第一个摇蜜机里，摇出尚未酿造的花蜜和未封盖的蜂蜜，再取出蜜脾，用刀割开封盖部分的蜡盖，最后放入第二个摇蜜机里摇出封盖蜜，成熟的封盖蜜才能作为商品蜜出售。此法虽然使蜂蜜产量下降20%～30%，但质量得以保证，浓度可达42波美度，现已得到越来越多蜂农的认可和采用。

五、发展状况

2007年，南川区委、区政府开始把中蜂产业打造成南川的一大特色产业；2008年，南川区饲养中蜂3.2万群，主要分布于头渡、德隆、三泉、鱼泉、水江等乡（镇）。2015年，蜂产品产量1 000吨，蜂蜜平均售价在160～300元/千克，产值达2亿元。养蜂农户平均每户收入达2.17万元，其中纯收入达10万元以上的养蜂户达40多户。

2018年，南川有蜂农4380户，其中有100群以上的养蜂大户30户，养蜂专业合作社近20个，发放养蜂证545个。南川区饲养中蜂11万群，产中蜂蜜1300吨，包括玄参蜜、洋槐蜜、山花蜜等近10个品种。蜂蜜平均售价在160～300元/千克，产值2亿元以上，养蜂农户平均每户纯收入约3.88万元。直接或间接解决山区农民近3万人就业。中蜂产业的发展不仅为广大消费者提供优质蜂产品，更大的贡献是为农作物授粉，已成为山区农户增收致富新的增长点。

第二节　长寿蜂蜜

长寿蜂蜜，重庆市长寿区独具特色的地方特产。刚采收的长寿蜂蜜颜色黄褐透亮，在低温下存放一段时间后，会逐渐形成沙粒状的小结晶，但不是大冰块，颜色也随之变化。长寿蜂蜜名扬各地，深受市场青睐。长寿区青山绿水，果树绿茵，30多万亩的柑橘基地，20万亩的水果基地和10万亩的蔬菜基地等为长寿蜂提供了充足而优良的花源，全年花源不断，长寿蜂采蜜时间长，蜂蜜多而精制。长寿地区年产蜂蜜400余吨，产值8000余万元。

一、产地环境

长寿区龙河镇盛产柑橘、蔬菜，气候温和湿润，有4万多亩的柑橘园，9000多亩油菜，3000多亩花类蔬菜等，是养蜂的理想场所。但渡镇内的黄草山森林公园森林覆盖率80%，最高海拔788米，景区面积达14452.5亩，林地面积达7874亩，梨园1000亩，更有各类花草数千亩，是养蜂的理想之地。洪湖镇、万顺镇与西山一脉相承，也是养蜂的好地方。

二、品质特点

刚采收的长寿蜂蜜颜色黄褐透亮，在低温下存放一段时间后，会逐渐形成沙粒状的小结晶，但不是大冰块，颜色也随之变化。长寿蜂蜜品种多样，有油菜花蜜、洋槐蜜、夏橙蜜、西瓜蜜等。

三、历史渊源

长寿蜂蜜是重庆市长寿区独具特色的地方特产，起源于清朝光绪三十四年（1908年），已有百余年的历史。分中华蜂蜜和西方蜂蜜两大品种。

第三节　城口蜂蜜

城口蜂蜜，重庆市城口县特产，地理标志产品。城口有数百年养蜂历史。城口中蜂为纯生态野山蜂，定栖深山密林，采集山花药草。其酿造的野生蜂蜜，色泽金黄，细腻如绸，味浓香醇，口感清爽，有特殊的中药材香气，含葡萄糖、蛋白质、维生素和多种能被人体直接吸收的微量元素，具有丰富的营养价值和保健功效。在重庆市内远近闻名，颇受消费者喜爱。

一、产地环境

城口野生蜂蜜产于重庆市城口县所辖24个乡（镇），核心区集中在东安、河鱼、岚天、北屏、厚坪、龙田6个乡（镇）。地理坐标为东经108°15′18″—109°16′43″，北纬31°37′25″—32°12′13″。海拔高度为481.5～2686米。城口县境内有重庆大巴山国家级自然保护区，具有典型的生物多样性，蜜源丰富，四季均能提供丰富蜜源。主要蜜源有野桂花、油菜、刺槐、乌桕、杜鹃花、白刺花、五倍子、香薷、野菊花等，还有大量高山山花、名贵珍稀中药花草。

二、品质特点

不同蜜源植物花期：油菜3—5月，野桂花10月至翌年2月，刺槐5月，乌桕、杜鹃花6月，白刺花4—5月，五倍子8—9月，香薷8—10月，野菊花10月至翌年2月，五味子4月。蜜源不同，蜜颜色各异，油菜花蜜乳白色，槐花蜜白色，百花蜜黑黄，药蜜深褐色。城口野生蜂蜜主要为百花蜜，呈琥珀、浅琥珀、黄绿色，因季节、蜜源不同颜色各异；透明，无杂质、无气泡；具有中药材香气；味道浓厚香醇，口感绵润，手感细腻。

蜂蜜状态呈黏稠流状，有弹性，透光性强，口味独特，香甜味浓。城口因蜜蜂酿蜜周期长，蜂蜜纯净无杂，含丰富的有机酸、蛋白质、维生素、酶和生物活性物质等多种营养成分，有润肠、润肺、解毒、养颜、增强人体免疫力、调理内分泌等功效，被誉为"蜜之珍品"。

三、历史渊源

城口农民在清道光年间就开始养蜂取蜜。《城口县志》记载，野生蜂蜜历来为私商贩运的大宗土特产品之一。民国三十四年（1945年）收购量为600担。20世纪70年代以前，采用木质圆桶饲养或方桶饲养，经长期饲养驯化，形成外貌特征、生物学特性比较一致的土蜂品种。其蜂蜜香甜味浓，口味独特。有益气补中、解毒祛病之功，为药引首选，堪称"蜜中精品"。20世纪80年代，万县地区畜牧局养蜂专家到城口考察，改革传统养蜂，推广中蜂活框饲养，促进养蜂生产发展。近年，城口县委、县政府将养蜂列入特色产业，以大巴山蜜蜂专业合作社为载体，由业主投资牵头领办与农民饲养形成经济共同体。

四、生产情况

城口野生中蜂长期桶养，蜂蜜产量不高，常年在30～50吨。20世纪80年代，逐步推广活框饲养，产量逐年上升。2008年，城口县蜂群4.15万箱，产蜜150吨，产值450余万元。蜂蜜成为当地农民经济收入主要来源之一。近年来，随着旅游业、观光农业的发展，蜂蜜作为旅游产品，价格攀升，产品

热销，部分农户通过养蜂致富。养蜂业已成为城口农村庭院经济发展的特色养殖项目。

五、荣誉认证

2010年，城口蜂蜜登记为农产品地理标志，注册为地理标志商标。

六、专用标志

城口蜂蜜地理标志保护范围内的养殖者，可向重庆市城口县质量技术监督局提出使用地理标志产品专用标志的申请，经重庆市质量技术监督局审核，由国家质量监督检验检疫总局批准并公告。城口蜂蜜的法定检测机构由重庆市质量技术监督局负责指定。

七、质量要求

养殖选择抗病力强，能度过寒冷冬季的城口野生中蜂品种。蜂箱坚固耐用，尺寸结构合乎蜜蜂生活习性。

养殖区选择海拔1 100～1 500米处，水源清洁、方便、无任何污染，坐西朝东、背风向阳、视野较宽的台地，避免太阳直射、西晒中蜂。

成品蜂蜜制作遵循的程序：原料检验—选料配比—熔化—投料—加热—粗滤—精滤—浓缩—中间检验—成品搅成—统一规格—成品检验—灌装—入库。

八、产品标准

果糖和葡萄糖（克/100克）≥60，蔗糖（克/100克）≤5。符合《绿色食品　蜂产品》（NY/T 752—2012）标准。

第四节　武隆白马蜂蜜

武隆白马蜂蜜，地理标志产品。白马蜂蜜又叫"土著蜂蜜"，中医称"处方蜜"，属纯天然优质蜜。以重庆市武隆区白马山原始森林为蜜源地，蜜源地内生长有多种珍贵药用植物，武隆区当地中华蜜蜂（土著蜜蜂）以白马传统蜂蜜酿制技艺天然酿造的蜂蜜，富含多种珍贵药用成分，是地道的纯天然、无污染的绿色保健品，具有润肠、润肺、防腐、解毒、滋润脾肾等功能，味道甜润且回味无穷，是人体滋补强身之佳品。2009年12月，白马蜂蜜通过有机食品认证。2012年8月，登记为农产品地理标志。2017年，白马蜂蜜生产基地被重庆市文化委员会授予"第三批非物质文化遗产生产性保护示范基地"称号。

一、产品特点

明朝李时珍在《本草纲目》记载，土著蜂蜜（中医称"处方蜜"）入药之功有五：清热也、补中也、解毒也、润燥也、止痛也。生则性凉，故能清热，熟则性温，故能补中。甘则和平，故能解毒；柔而润泽，故能润燥；缓可以去疾，故能治心腹、肌肉疮疡之疼，和可以致中，故能调和百药，而与甘草同功。

白马蜂蜜产自世界自然遗产地武隆喀斯特地貌核心区，分布在武隆区12个乡（镇）。在国家级自然保护区内，土著蜜蜂在未受污染的蜜源植物中采集处方花蜜，以野菊花、金银花、五味子、续断、千里光等上百种野生中药材花蜜为多，经中华蜜蜂在蜂巢内充分酿造而成，是不经任何人工加工的纯天然野生源蜜。白马蜂蜜波美度在41度以上，未结晶的蜜呈琥珀色或褐色，半透明液状，常温在10度以下形成结晶，气味清香，具有蜜源植物的花香气，味道鲜美，口感甜润，略有刺激味，结晶蜜属纯天然优质蜂蜜的独特表现。白马蜂蜜符合《蜂蜜》（GH/T 18796—2012）、《食品安全国家标准 蜂蜜》（GB 14963—2011）中有关的26项指标。

白马蜂蜜的食用性和药用性较其他蜂蜜更强。白马蜂蜜含有大量易于吸收的果糖、葡萄糖、多种氨基酸、维生素（维生素A、维生素B_1、维生素B_2、维生素B_6、维生素D、维生素E、维生素K等）、矿物质（钙、镁、铁、钾、钠、锰、铜、镍等）、酸（过氧化酶、转化酶、淀粉酶、乙酰胆碱等）、芳香物质、泛酸、天然色素等。其中维生素B_2含量比葡萄、苹果高出10多倍，产热量是牛奶的4～6倍。富含维生素和微量元素等180多种营养成分。具有清热解毒、益气补中、降血压、降血脂、提高人体免疫之功效，为蜜中上品。

二、产地环境

白马蜂蜜主要产自被原林业部专家誉为"中国南方生物基因库"的白马山。包括巷口、白马、赵家、大洞河、白云、和顺、羊角等12个乡（镇）。植被面积24万亩。海拔高度250～1 950米，属亚热带季风气候区。南北长20.5千米，东西宽17.8千米。地域面积2万公顷，蜂群1.2万群，产量60吨。

三、历史渊源

据史料记载，白马山土蜂养殖起源于明朝，至今有600多年的养殖历史。古时候，当地百姓虽然居住在白马山地区，虽有大片天然蜜源地，却没有养蜂的习惯。据说，在明朝洪武年间（1368—1398年），一位太医见此地花繁锦簇，野蜂飞舞觅食，却看不见人家养蜂，觉得万分可惜，于是就向当地土著山民传授中原养蜂酿蜜技术，土蜂养殖技术从此在白马山区落地根。

明、清两代，白马山土蜂蜂蜜酿造技术逐步发展，所产蜂蜜以天然、药用功效强而知名，在四川、贵州周边地区享有盛名。在白马镇农民中，养蜂成为重要的家庭副业，甚至出现了以养蜂为业的家庭。据《武隆县志》记载，到1940年年末，在白马镇范围内，养蜂户达415户，养蜂9 762桶。

中华人民共和国成立后，白马镇民间养蜂技术虽有传承，但没有大的发展，直到20世纪80年代，白马蜂蜜的价值逐步得到认可，传统养殖技术再度兴起。在当地政府的引导下，白马镇的养蜂业逐步发展。1986年，土蜂养殖达1.1万桶；2004年，发展到1.69桶。2012年，武隆县"白马蜂蜜"登记为

农产品地理标志。农产品地理标志地域土著蜜蜂保护规模为常年蜂群1.2万群，年产蜂蜜60吨，蜂群活动区域2万公顷。

四、生产情况

（一）场地选择

养蜂地选择生态环境优美、外界隔离条件好、蜜源植物丰富，有野菊花、千里光、五倍花、金银花、续断、鸡跨花等野生中药材，无污染，历年病虫发生少，集中连片，便于规模化饲养生产的区域。环境符合有机食品产地环境技术条件（不施用农药、化肥），水质好，生物多样性。有机蜜源地大多处于原生态状态，环境空气质量应符合《环境空气质量标准》（GB 3095—2012）所规定的一级标准。

（二）蜜蜂品种选择

中华蜜蜂，又称中华蜂、中蜂、土蜂，是东方蜜蜂的一个亚种，是中国独有的蜜蜂当家品种。中华蜜蜂有7 000万年进化史，耐低温、出勤早、善于收集零星蜜源，对保护生态环境意义重大。

（三）生产过程管理

白马蜂蜜生产按有机食品生产规定，采集纯天然蜜源酿蜜，科学使用纯植物药源防治蜜蜂病虫害，严禁使用抗生素蜂药，饲养过程中必须严格按照《蜜蜂饲养技术规范》（NY/T 1160—2006）和有机食品生产操作。

（四）产品采收

蜂蜜采收流程：采蜜—过滤—储藏—消毒灭菌—检测—罐装—成品。

1.采蜜

每年8—9月，割封盖蜜，即成熟蜜。蜜脾100%封盖时采蜜。

2.过滤

采收的蜜脾堆放在过滤器里多次分流过滤。

3.储藏

过滤的蜂蜜用国家规范允许使用的食品塑料桶装好并立即加盖储藏。

4.消毒灭菌

将储藏的液状蜜放入消毒柜里24小时消毒灭菌。

5.检测

用折射仪测浓度并送国家权威机构做全部指标检测。每采蜜1次，必须送检1次。

6.灌装

灌装检测合格的蜂蜜。

7.成品

灌装瓶必须按规定加贴标识，方可出售。

五、质量安全

（一）外在感官

未结晶的蜜呈琥珀色或褐色，半透明液状。常温在10℃以下形

成结晶，气味清香，具有蜜源植物的花香气，味道鲜美，口感甜润，略有刺激味。

（二）内在品质指标

产品符合《蜂蜜》（GH/T 18796—2012）的规定：果糖和葡萄糖≥60%，蔗糖≤5%，酸度≤4%，羟甲基糖醛≤40%，淀粉酶活性4a。

（三）安全要求

白马蜂蜜严格执行《蜂蜜》（GH/T 18796—2012）标准。养蜂场地用生石灰消毒，距养蜂场10千米内无任何工厂。蜂箱蜂具用乙醇消毒和高温处理，病虫防治使用纯天然植物药源。

（四）包装

蜂蜜的包装应符合《蜂蜜》（GH/T 18796—2012）的有关规定，所有的包装材料应保持清洁、卫生、干燥、无毒、无异味，符合食品卫生要求。

（五）储存

成品仓库必须清洁，干燥、通风。成品堆放必须垫有木板，离地10厘米、离墙20厘米以上，成品不得与其他物品同仓存放。

（六）运输

运输配置专门的蜂蜜运输车，保持车辆的清洁、卫生。运输前做认真检查，桶盖盖牢，无渗漏，标签牢固，标注清楚。在运输途中要避免日晒雨淋。堆放时批次分明，堆码整齐，注意防热，通风良好。

六、荣誉认证

2009年，武隆县蜜园蜂蜜专业合作社被授予国家"星火计划"重点项目"中蜂养殖示范场"称号；同年12月，武隆县"大梁山"牌土著蜂蜜通过国家有机食品认证。2012年，"白马蜂蜜"获得农产品地理标志登记证书；同年，白马蜂蜜获中国绿色食品博览会产品畅销奖。2016年，白马蜂蜜被评为中国西部（重庆）国际农产品交易会"消费者喜爱产品"。2017年，重庆市文化委员会授牌武隆县蜜园蜂蜜专业合作社"第三批非物质文化遗产生产性保护示范基地"；同年，张明超、张梅被重庆市文化委员会授予"第五批市级非物质文化遗产项目代表性传承人"称号。

七、专用标志

在"白马蜂蜜"地理标志产品保护范围内，在取得农产品的相关生产经营资质情况下，能够严格按照规定的质量技术规范组织开展生产经营活动。具有地理标志农产品市场开发经营能力的生产者，使用农产品地理标志，应当按原生产经营年度与登记证书持有人签订《农产品地理标志使用协议》，在协议中载明使用数量、范围及相关的责任义务。

第五节　忠县蜂蜜

忠县地理位置优越，气候温和，适宜蜜蜂生长和繁殖，境内蜜源丰富，农民有养蜂的传统习惯。蜜蜂养殖是忠县传统的养殖业之一。

一、蜜源

（一）蜜源种类

忠县蜜蜂的蜜源丰富，种类主要有油菜花、柑橘花、桉树花、南瓜花、茶花等。

油菜花是忠县蜜蜂春繁和采粉的主要蜜源，数量多、分布广，加之海拔高度差异，呈现出流蜜期、利用期长的特点，流蜜期在4月上旬至5月上旬。油菜花分布地区在早春时有寒潮现象，中高山地区气候较好，中蜂和意蜂每群可产蜜10～20千克。柑橘花是忠县蜂蜜的重要蜜源。桉树花是辅助蜜源，流蜜期在9～10月，一般受9月"排班雨"的影响，流蜜量不大。南瓜花是重要的辅助蜜源，主要分布在海拔300～1 000米区域，流蜜期在5月上旬至8月上旬，时间较长，气候较好，群产2.5～5千克。茶花分布在海拔800～1 000米，分布零散，流蜜期在8月下旬至9月下旬，群产蜜5～7.5千克。

（二）蜜源分布

柑橘蜜源主要分布在拔山、新立、双桂、花桥、永丰、黄金、涂井、石宝、东溪、新生、任家等乡（镇）。该区域以忠县民康种蜂场为代表，利用柑橘蜜源，发展以西蜂（意蜂）为主的蜂产业。油菜花、槐花、荆条花、野山花、枇杷花等蜜源主要分布在黄金、汝溪等镇，发展以中蜂为主的蜂产业。

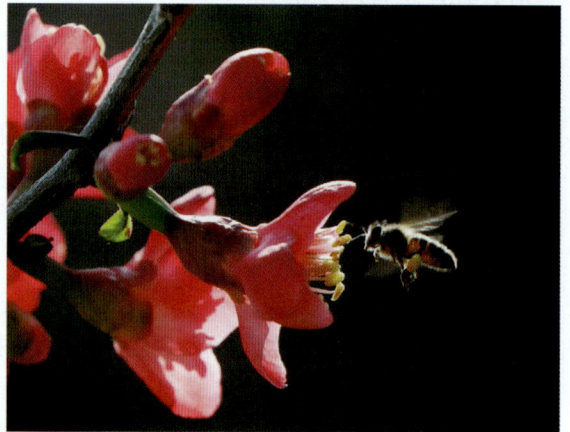

二、蜜蜂品种

忠县蜜蜂数量较多，全县有蜂群27 565群，品种有中蜂和意蜂，中蜂占60%，意蜂占40%。

（一）中蜂

中蜂原产于中国大陆，属东方蜜蜂种的中华蜜蜂品种，个体较小，呈灰色。主要有工蜂、蜂王和雄蜂。具有其他蜂种远不能及的适应山区生态条件的优良生物学特征，嗅觉特别灵敏，采集勤奋，善采山区零星分散蜜源；育虫节律性很强（即无外界蜜粉刺激蜂王不产卵、工蜂不育虫），节省饲料，能顺利度过灾害天气和外界蜜源中断时期；行动敏捷，飞行速度快，能巧妙躲避胡蜂、燕雀等天敌和暴风雨的袭击；个体抗寒力强，能充分利用早春、初冬气温较低时的蜜粉源；抗蜂螨、孢子虫、美腐、麻痹、死蛹、卷翅和白垩病力强，故为山区养蜂的当家蜂种。

（二）意蜂

意蜂原产于地中海北岸亚平宁半岛，属个体较大的黄色蜂种。1989年11月，忠县畜牧兽医局从浙江省平湖引进浆蜂种王4只，1990年春、夏繁殖浆×本杂交一代蜂，1990年12月至1991年4月，正式开展丫浆杂一代蜂与当地蜂越冬、春繁和春蜜春浆等生产性能的对比试验。1990—1991年，忠县畜牧改良站成立技术小组，组织技术培训和技术指导，实施对比试验示范、输送虫卵法、王浆优质高产等配套技术措施。1991年，蜂农从浙江农业大学引进浆蜂蜂王5只，同年，推广浆杂一代蜂养殖。

三、历史渊源

《直隶忠州志》载："蜜饼又名香山饼，以蜂蜜、麦面、香油为之，白居易在郡创制，惟州人世守其法，能制之，外邑不能造也，东坡肉元修菜可鼎足焉。"白居易任忠州刺史期间还首创了香山蜂蜜酒，距今已有2 000多年历史，足见忠县蜂蜜在唐代就有较为成熟的技术。县民建有专业（或业余）蜂场，采取蜂群排列、分蜂并群、四季管理、防治敌害等技术开展圆桶旧法养蜂获取蜂蜜。

四、饲养管理

20世纪50年代末，忠县仅饲养中蜂，均采用古老简陋的竹编圆篓或木制圆桶，立于院内墙洞、檐下（平坝、丘陵、低山）或户外向阳、干燥、背风处（中、高山区），定地粗放饲养（即春季任其自然繁殖发展群势，自然分蜂或交替蜂王，人工召回分蜂群）。炎夏给予简单遮阴，寒冬给予外包装保温，春、夏、秋3季不定期用燃烧艾蒿等方式向蜂团熏烟，并打扫桶底、蜡肩数次。

春末至夏初或夏、秋两季驱蜂、毁脾、割蜜1～2次。产蜜量低：群均年产蜜仅3～4千克和副产物蜂蜡150克左右。质量不高：蜜中混有花粉、蜡屑、幼虫体液等杂质。管理难度大，蜂群发展缓慢：无法避免分群时未被召回、外界缺蜜时相互打斗而发生蜂群飞逃。

1974年后，推广普及杂优利用、远交复壮、强群越冬、早春快繁、转放4～5个主要蜜源、综合生产利用、综合防治病虫等饲养技术。1985年，开始推广应用人工养王、分蜂、换王、造脾、并群，奖饲繁殖，组织强群采蜜小群繁蜂，控制分蜂热，防止飞逃起盗，防治巢虫、胡蜂，转地追花夺蜜等饲养技术。

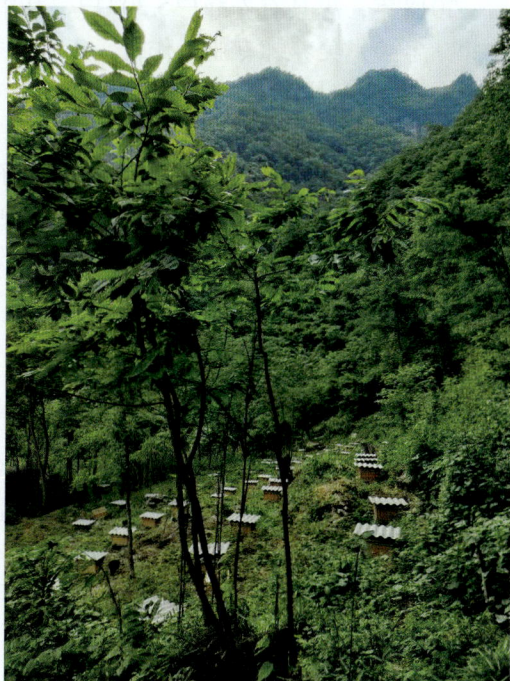

五、生产发展

1974年3月，忠县革命委员会多种经营办公室、忠县农林局革命领导小组、忠县商业局革命领导小组联合下发《关于大力发展蜂生产的意见》。至1980年，忠县发展蜂群3 770群。1982年，忠县养蜂10群以上的9户，共养蜂125群，总收入2 886元，户平均收入320元。

1983年，忠县有中蜂5 706群，其中活框方箱饲养56群，年产蜜5千克/群。1984年，开始推广中蜂科学饲养技术，忠县有13个乡19个村推广中蜂科学饲养技术，推广蜂群925群，产蜜56.6吨，净增蜂蜜46.5吨，净增产值18.1万元，增加授粉效益362万元，涌现出科学养蜂典型户11个。

1991年，推广浆杂一代蜂800群。至1992年，2年共增收王浆1.66吨，直接经济增益（王浆增益）达23.18万元，间接经济增益（为农作物、经济作物、牧草等传花授粉增益）463.54万元，两项共增益486.72万元。

1992年，忠县有蜂8 100群，其中中蜂7 150群、意蜂950群，产蜜95吨、王浆210千克、花粉600千克。1995年，蜂存栏9 789群，产蜜205.8吨。1997年，蜂存栏8 932群，产蜜176吨。1999年，存栏10 288群。

截至2018年年底，忠县发展中蜂16 539群，意蜂11 026群，年产蜂蜜605吨，王浆2.17吨，花粉1.82吨。

六、产品开发

1982年以前，忠县的蜂产品只有利用中蜂和意蜂直接生产的蜂蜜和副产物蜂蜡。1985年4月，忠县养蜂协会与忠县教育局联合开办忠县长江花粉食品厂（万县地区首家蜂产品加工厂）。在西南农业大学食品系的指导下，采用蜂花粉、蜂蜜为原料，经发酵（破壁）、提取等工艺，于1987年1月投入批量生产。主要生产"花粉精健美口服液""花粉健美酒"和"花粉香槟"等产品，1988年，产"花粉健美酒"20吨、"花粉精健美口服液"10万盒，年产值80万元，产品畅销四川省内外。同年5月，"花粉健美酒"和"花粉精健美口服液"获四川省科学技术委员会"1988年重大科技成果奖"。

2018年，忠县有养蜂户5 307户，其中饲养30群以上规模的养蜂户有57家。忠县橘城养蜂专业合作社、忠县华美养蜂专业合作社、忠县天香养蜂专业合作社和忠县槐花养蜂专业合作社共有入社成员648户，其中贫困户72户、残疾人65户。注册有"胡幺妹""山蜂""蜂千味""鹏涛"蜂蜜商标4个，拥有固定资产456万元，年产值751万元、年利润250万元。合作社实行"统一管理、统一技术、统一包装、统一销售、统一分红"五统一的运行模式。

忠县蜂产品品种齐全，主要有蜂蜜、蜂花粉、王浆、蜂蜡等。其中蜂花粉、王浆、蜂蜡等产品以业主自主销售为主。蜂蜜除业主自主销售外，有3个养蜂专业合作社和1个家庭农场将经过冷藏等工艺处理的蜂蜜分装后贴牌销售。

第六节　云阳"精灵子"蜂蜜

"精灵子"蜂蜜，云阳特产，重庆老字号。"精灵子"商标创于1997年。三峡库区是"精灵子"蜂蜜的核心蜜源地，地处长江上游，与陕西、湖北、四川接壤，面积达1万多平方千米。亚热带湿润气候区，分布着170多种珍贵的蜜源植物，占整个中国优质蜜源植物总量的68%。

一、产品特点

中华蜜蜂又称中华蜂、中蜂、土蜂，是东方蜜蜂的一个亚种，属中国独有蜜蜂品种，是以杂木树为主的森林群落及传统农业的主要传粉昆虫。

中华蜜蜂有善于利用零星蜜源植物、采集力强、利用率较高、采蜜期长及适应性、抗螨抗病能力强，消耗饲料少等意大利蜂（简称意蜂）无法比拟的优点。2006年，中华蜜蜂被农业部列为国家级畜禽遗传资源保护品种。三峡库区具有良好的生态环境，是中华蜜蜂优质繁衍地，是"精灵子"蜂蜜卓越质量的保障。

纯净天然的"精灵子"蜂蜜，由中蜂或意蜂采集三峡库区稀有的野生狼牙刺、有机柠檬及高山上的洋槐树等优质蜜源植物的花蜜，在蜜蜂体内充分酝酿而成。云阳"精灵子"蜂蜜无添加、无移除，原汁原味，原料低温储存，严格按照科学工艺纯净灌装。

二、产地环境

"精灵子"蜂蜜原产地蜜源基地位于云阳县人和、巴阳、栖霞、故陵、南溪、江口、石门、上坝、泥溪、耀灵以及奉节县甲高、安坪、长凼、朱衣、草堂和巫山县福田、官渡、庙宇、铜鼓，双庙等20多个乡（镇）。地理坐标为东经108°24′—110°11′，北纬30°29′—32°12′。东面和南面与湖北省利川市、神农架林区相邻，北面与陕西省镇坪县相邻，西面与四川省达州市相邻，属秦岭大巴山南麓，三峡库区腹心，境内山地面积占土地面积的88%以上，最高海拔2 200米。该区域立体气候明显，属

亚热带季风气候,春早,夏热,秋凉,冬暖,四季分明,无霜期长,雨量充沛,日照时间长,为油菜、紫云英、白刺花、洋槐树、柑橘树、脐橙树、柠檬树、枇杷树等蜜源植物提供了良好的生长环境。该区域土壤中有机质含量1.1 ~ 2.93,pH6.5 ~ 7.8,土壤中农药残留量、重金属含量均符合国家标准,区域内无污染企业,为"精灵子"蜂蜜的生产提供了优良的生态环境。

三、历史渊源

晋常璩《华阳国志·巴志》记载:"周武王伐纣,实得巴蜀之师……茶、蜜……皆纳贡之",由此证明,在3 000多年前,三峡地区就已将蜂蜜作为贡品进献给朝廷。三峡库区是国家级生态涵养区,高天净土,远离污染,是令人神往的"花的海洋、蜂的王国"。这里有上千年的养蜂传统,一代代淳朴的农民呵护蜜蜂辛勤采蜜。

四、生产情况

(一)产品加工工艺流程图

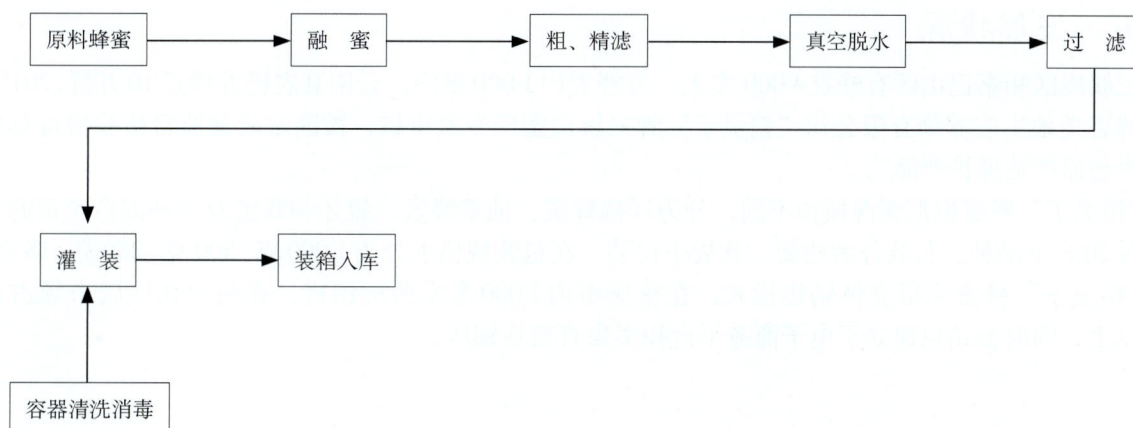

原料蜂蜜 → 融蜜 → 粗、精滤 → 真空脱水 → 过滤 → 灌装 → 装箱入库

容器清洗消毒 → 灌装

（二）产品加工操作规程

1.原料收购

收购原料蜂蜜，必须进行检验，检验项目包括色泽、形态、味道以及含水量、含糖量、羟甲基糠醛和酶值等。

2.产品加工

（1）取蜜选蜜。按照生产计划从原料库取蜜。对原料蜜的色泽、气味、水分含量、蜜种、淀粉酶值（鲜度指标）、农药残留等指标再次逐一进行严格检测。其中淀粉酶值要求在8以上。

（2）融蜜解晶。采用蒸汽管道或者水浴的方式加热蜂蜜，使已经结晶的蜂蜜能够从桶内倒出；将粗粒结晶蜜置于夹层锅内，加温到（40±5）℃，边加热边开动搅拌器搅拌，使蜂蜜受热均匀，加速解晶。

（3）粗、精滤。趁蜜温尚未降低时，用60目的滤网粗过滤，除去蜂蜜内的死蜂、幼虫、蜡渣等杂质。再用120目的滤网精滤过滤蜂蜜。

（4）真空脱水。通过真空泵脱水，使蜂蜜中的水分大量蒸发，达到浓缩的目的。

（5）产品检验。项目包括蜂蜜的感官和水分。通常通过调节蜂蜜的流量和真空度来实现。

（6）内包消毒。严格按照相关规定，使内包装材料达到消毒要求。

（7）成品检验。冷却的浓缩蜂蜜经搅拌直接抽样，然后按照《蜂蜜》（GH/T 18796—2012）要求检验水分、蔗糖、还原糖、淀粉酶值、羟甲基糠醛、微生物等项目。

（8）蜂蜜分（灌）装。检验合格的成品蜂蜜，由贮蜜罐输送至分装车间，用灌装机分装。蜂蜜分装应符合卫生标准，防止受到细菌和真菌的二次污染。用电磁感应封口机封口，封口前要擦拭干净瓶口边缘的蜂蜜残液。封盖后，还应再一次开盖，检查锡箔纸是否封严。

（9）包装入库

①贴标签：要确保标签与蜜种相符，喷码清晰无误。

②装箱：每种规格的产品都有对应的箱子包装，不能混装，箱口必须封严。箱体胶带封口居中，平整无褶皱。

③入库：蜂蜜的成品库要求高燥且通风良好，库温不能超过20℃，相对湿度不能超过70%。成品按先后顺序，分日期、品种入库码放。

（三）质量标准

"精灵子"系列蜂蜜产品执行《蜂蜜》（GH/T 18796—2012），此标准除对感官要求更严格外，对水分、酸度、羟甲基糠醛及淀粉酶活性等指标有限量要求。

五、发展状况

三峡库区和秦巴山区有蜂农4 000多人，养蜂大户1 000多户，云阳县农民养蜂近10万群。2015年，重庆蜂谷美地生态养蜂有限公司"精灵子"牌三峡白蜜经专家审核，被国家质量监督检验检疫总局评为"生态原产地保护产品"。

"精灵子"蜂蜜根据蜜源植物不同，分为洋槐蜂蜜、油菜蜂蜜、狼牙刺蜂蜜及多种混合花蜜的三峡白蜜等20余个品种。包装分为瓶装、软袋小包装。在包装规格上分为1 000克、500克、250克、18克等。

"精灵子"蜂蜜采用立体销售模式，在重庆市内2 000多家药房销售，在药房连锁店市场占有率40%以上，同时公司也建立了电子商务平台和多家直营连锁店。

六、荣誉认证

三峡白蜜和洋槐花蜂蜜分别获"生态原产地保护产品"称号。2016年，"精灵子"商标被评为"重庆老字号"。2017年，"精灵子"洋槐花蜂蜜通过了国家绿色食品认证。

第七节　石柱老深山蜂蜜

石柱老深山蜂蜜，是在优美环境、优质蜜源地（五倍子、刺老苞、乌梅、野党参等）直接建立的中华蜜蜂（简称中蜂，土蜂）养殖基地，严格按质量管理体系实施饲养管理、取蜜、加工、包装及储存等全过程而生产的高品质蜂蜜。2016年，石柱"老深山"品牌荣获"供销金融杯2015—2016中国合作经济年度成就奖30佳农民合作社产品品牌"称号。

一、产品特点

石柱老深山蜂蜜结晶细腻、色泽金黄、晶莹剔透，芳香诱人、望而生津、味醇悠长，是原生态、纯绿色的康养佳品。系列产品有：老深山黄金蜜，老深山黄连花蜂蜜，老深山石柱土蜂蜜等。

二、产地环境

研究表明，纬度28°—38°、海拔1 000～3 000米、温度适宜且稳定、相对湿度70%～90%、光照时间长、山地地形、生态环境好为中蜂养殖的七大黄金指标，养殖地符合条件愈多，愈适宜饲养中蜂。石柱土家族自治县位于重庆东部、长江南岸、三峡库区腹心地带，县境内群山连绵，重峦叠嶂，峰坝交错，沟壑纵横，以中、低山为主，兼有山原、丘陵。地势东南高，西北低，呈起伏状下降，顺北东、南西向近似平行排列的方斗山、七曜山纵贯全境，形成"两山夹一槽"的主要地貌特征。最高海拔1 934.1米，最低海拔119米。石柱土家族自治县有独特的地理优势，具备七大指标，是中蜂养殖的最好区域。

三、历史渊源

石柱土家族自治县，是中华蜜蜂的发源地之一，其养蜂历史可追溯到人类最早采集野生蜂蜜的时代。按文献记载，石柱养蜂约有1 000多年的历史。土家族人将野生中蜂逐步驯养为家养中蜂，经历了原始采集蜂蜜和人工饲养蜜蜂2个阶段。

（一）原始采集蜂蜜阶段

石柱土家族人在漫长的采集野蜂实践中，开始对树洞或其他地方所发现的蜂群略加照看，由采摘野蜂巢发展到"原洞养蜂"。割蜜人用烟火驱散蜂群。用炭火加宽蜂洞，再用泥草、牛粪涂抹洞口，留一小孔容蜂出入，在树干上刻痕为记，以示蜂窝有所归属。

（二）人工饲养蜜蜂阶段

为了便于割蜜，人们开始移养蜜蜂。移养是蜜蜂由野蜂变成家蜂的过渡阶段，土家族人砍下附有野生蜂窝的树干（原始天然蜂窝），放在屋檐之下，蜜蜂生活在半野生状态中。后来，将移养后的半野

生状态的蜜蜂诱养到仿制的天然蜂窝或代用的木桶蜂窝中，再逐渐过渡到木桶养蜂。石柱至今多地还保留着原始的驱蜂取蜜法和原洞圆桶养蜂法。

四、发展概况

根据《石柱县志》记载，石柱历来有养蜂的习惯，1949年，石柱县土法饲养中蜂5 096群；1957年，6 580群。1976年，开始引进西蜂；1977年，社队企业局成立，组建6个养蜂专业组，人员13人，养蜂156箱（西蜂），同时开始西蜂饲养技术，用于中蜂饲养，使全县中蜂饲养技术有较大提升。1985年，石柱土家族自治县饲养中蜂8 082群，年产蜂蜜5.2万千克。

2010年，石柱土家族自治县饲养蜜蜂18 276群，总产值1 630万元，其中中蜂11 000群，饲养20群以上的大户210户。

经过多年的发展，石柱中蜂产业已覆盖全县33个乡（镇、街道）、179个行政村，蜂农5 000户。已培育和建成布局合理、管理科学的中蜂养殖基地10个，中蜂家庭农场170多个，30群以上的养蜂大户800多户，形成了中蜂产业点面结合、线片相连的规模基础，石柱土家族自治县饲养总量达8万群。

五、生产管理

石柱老深山蜂蜜严格按规定程序生产。一是养蜂人员全部为经过专业培训的专业工人。二是蜜蜂品种为中华蜜蜂（简称中蜂、土蜂）。三是养蜂全过程科学管理，将全年的饲养管理分为7个关键管理环节：春季繁殖期管理、春季流蜜期管理、度夏期管理、秋季流蜜期管理、取蜜管理、越冬期管理、病虫害防治管理。同时，根据24个节气，再细化为48个节点进行科学管理，每个环节均有科学、严格、细化的管理要求和具体标准。四是禁止使用任何药物，所有环节都禁止使用任何药物（中华蜜蜂具有抗病、抗寒、抗暑能力），若发现个别蜂群感染病情，立即隔离或销毁。

六、生产流程

1.选择良好环境和丰富优质蜜源区域作为养蜂基地

"好山，好水，好花，才能酿出好蜜"。选择生态环境好、蜜源丰富、海拔较高（1 000～3 000米）、区域较大的原始无人区作为养蜂基地。

（1）环境选择。每个基地都必须对纬度、海拔、地形、温度、湿度、光照、生态环境7个指标进行全面、综合的考评筛选。

（2）蜜源要求。一年春四季中每季应有1种或多种主要优质蜜源和辅助蜜源。如木本类的五倍子、刺老苞、乌范、黄荆条、山乌柏、洋槐、椿子、杜鹃、栾树等；草本类的地范、苕子、紫苜蓿、白刺花、薰衣草、紫云英等；中药材类的黄连花、党参、白术、桔梗、野菊、藿香、厚朴、黄檗、金银花等。

（3）水质要求。高山溪谷的自然清泉，清澈透明、清冽甘甜。

2.选择优质的中华蜜蜂种蜂

选择群势强的中华蜜蜂原种，作为交叉父本和母本群，采用人工育王与人工授精技术培育种蜂王，参照现行中华蜜蜂饲养管理技术规范繁育种蜂群。

3.严格科学的饲养管理

一是蜂箱必须是天然的无毒、无异味的天然木材或食品级塑料材质，使用前必须消毒，二是严格实施全年7个关键环节的饲养管理。

4.严格清脾

在春季和秋季大流蜜期到来之际，必须将蜂巢内的存蜜全部清理干净，确保所产蜂蜜纯正优质。

5.坚持刮脾、压榨取蜜方式

一是取蜜用具必须是304不锈钢材质，所有用具都要经过物理消毒处理。二是只刮取酿造成熟的封盖蜜，并在存储桶上标明基地名称及所取蜜的蜂箱编号。三是集中在经过SC认证的生产车间压榨。

6.严格生产、包装管理过程

一是不人为添加和减少任何成分，确保原生态品质；二是按照SC生产流程要求过滤、灌装、封盖、贴标、打码、装箱；三是包装材料、包装方式、保管方式全部按优于国家标准的标准执行。

七、产品标准

所有产品出厂时都必须经过严格检验，执行《食品安全国家标准 蜂蜜》（GB 14963—2011）标准，并确保每项指标优于国家标准。

第一章
根 菜 类

第一节　涪陵胭脂萝卜

涪陵胭脂萝卜，重庆市涪陵区特产，地理标志产品。涪陵胭脂萝卜心皮全红，故又名红心萝卜，其肉质根近葫芦形、少数圆柱形，组织致密，辣味小，质脆嫩，适宜加工。以涪陵胭脂萝卜为原料制作的泡菜、酱腌菜及宴席雕花、工艺菜，色泽艳丽、清香爽口。涪陵胭脂萝卜富含红色素，其含量、品质、溶解性比其他红萝卜好，色价比国家标准高10倍以上，各项理化指标均符合萝卜红色素国家标准，安全无毒，是提取天然红色素的好原料。

一、产地环境

涪陵区地处四川盆地和盆边山地过渡地带，重庆市中部、三峡库区腹地，位于长江、乌江交汇处，地势以丘陵、台地为主，海拔最高1 977米，最低138米，多在200～800米。属中亚热带湿润季风气候，常年平均气温18.1℃，年均降水量为1 072毫米，无霜期317天，日照1 248小时。多雾、少日照、雨量适中，土壤以紫色土为主，富含铁元素，适宜涪陵胭脂萝卜生长。

二、历史渊源

相传，天宫中西王母那聪明伶俐、性格刚强的小女儿——瑶姬，过不惯天宫中寂寞的生活，更受不了天规的约束，羡慕人间的劳动和幸福生活，她常邀约12个姐妹悄悄来人间到处游玩。一次，正逢大禹治水，她们在天空中发现群山万座的巫山境内的长江里有12条蛟龙作乱，害得百姓不宁。瑶姬见状，动情于民，决心惩治蛟龙，为民除害。在涪陵上空，她觉得随身携带的衣物较多，不便与蛟龙搏斗，便扔掉了一些衣物，轻装来到巫山，用雷劈死了作乱的蛟龙。扔掉的衣物中有一盒胭脂，落到现在的涪陵城郊数里外，那胭脂是瑶姬的心爱之物。消除水患之后，瑶姬又发现巫峡航道复杂，过往船只常因碰到暗礁而沉江，而且巫山一带的人民疾病甚多、生活贫困，她便一心为当地百姓驱赶虎豹、为人民谋取丰收，就这样，她俯视滔滔长江，长守巫山，一去不回了。

天长日久，12个天女的身躯化成了一座座山峰，她们就是长江三峡中闻名天下的巫峡十二峰。瑶

姬化作神女峰坐落在最高处，身躯不减那当年修长，像一位亭亭玉立的少女，每天第一个迎朝霞天边出，最后一个送晚霞天际落。

胭脂经过日晒雨淋，渐渐地与涪陵城郊的土壤结缘，有了生命。秋末冬初，竟变成了胭脂萝卜。胭脂萝卜没有等到主人回来，便安心在涪陵城郊落户，一代一代地生长，学它的主人为民造福，成为百姓的好蔬菜。

涪陵胭脂萝卜的文字记载始见于民国十七年（1928年）的《涪陵县续修涪州志》（时间下限至宣统三年，即1911年），在"风物志·物产"中称"萝卜一名莱菔，有红、白、胭脂三种"，胭脂萝卜即红心萝卜。20世纪70年代，在全国蔬菜品种资源调查中被确定为涪陵特产；80年代末，四川省发布了萝卜品种"涪陵胭脂萝卜（涪陵红心萝卜）"的地方标准；90年代初，《四川蔬菜品种志》明确记载为涪陵地方品种。1982年，四川省涪陵市酿造厂承担商业部下达的科研任务"利用红心萝卜提制食用红色素"，成功提制出红色素粉末制品，属国内首创；1983年，通过技术鉴定；1984年，被列为商业部重点科研项目；1986年，国家标准局颁布《食品添加剂　萝卜红》（GB 6718—86），2010年开始执行新标准《食品安全国家标准　食品添加剂　萝卜红》（GB 25536—2010）。1998年开始，涪陵区农业科学研究所收集了红心萝卜种质资源100余份，于2007年育成涪陵红心1号、2号、3号常规品种，恢复了涪陵胭脂萝卜皮红肉红的品种特色，实现了胭脂萝卜人工育成品种"零"的突破；于2011年育成胭脂红1号、2号杂交品种，基本实现了"又红又大"的育种目标，保持和巩固了涪陵区在胭脂萝卜育种领域的领先地位，近年研究提出了胭脂红1号高产制种配套技术，大幅度提高了制种产量。

三、品种特点

中国萝卜肉质根皮色主要有白、红、绿3种，肉色主要有红、白2种。生产上最常见的是白皮白肉的白萝卜，红皮白肉的品种在中国南方栽培较多，绿皮红肉的心里美类萝卜在中国北方栽培较多；而心皮全红的萝卜则为涪陵独有。中国农业科学院蔬菜花卉研究所主编的《中国蔬菜品种资源目录》（第一册）录入萝卜品种资源1 187份，其中注明皮色、肉色均为红色的资源有12份，重庆市涪陵区农业科学研究所于2000年引入鉴定，鉴定结果为有8份属绿皮红心的心里美萝卜，有2份属红皮白心的红皮萝卜，只有来自涪陵的2份具有红皮红肉的显著特点。另外，2种红色肉质萝卜化验分析结果显示，涪陵胭脂萝卜色素含量是北方心里美萝卜的8倍，色素产量是心里美的4倍。

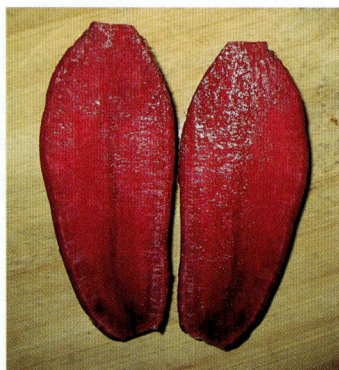

涪陵胭脂萝卜有100多年的栽培历史，主产重庆市涪陵区，邻近市（县）及四川、贵州和云南等省份有零星栽培。近年来，涪陵区农业科学研究所将涪陵胭脂萝卜引入国内其他省份试种，都出现肉质根色泽变淡，甚至不着色以及品质变劣、商品性降低的情况，表明涪陵是胭脂萝卜的最适栽培区。

四、发展状况

涪陵胭脂萝卜主要产于涪陵区江北、江东、蔺市、清溪、龙桥、石沱、同乐等（乡、镇、街道），常年种植面积7 000亩左右，年产量8 800吨。涪陵区现有红色素提取深加工厂1个，年产红色素10吨左右，腌制加工企业2个。

五、开发利用

（一）泡菜

长期以来，涪陵胭脂萝卜主要作为泡菜食用，既是涪陵人民喜爱的传统菜品，也是涪陵人民馈赠远方亲友的特色佳品。用胭脂萝卜做主料制作的泡菜，着色自然、艳丽，食之脆嫩爽口，在重庆、四川颇有盛名。以胭脂萝卜辅料制作泡菜，俗称"打盐水"，可使菜品呈红色，增加美感，刺激食欲，故民间有以胭脂萝卜馈赠亲朋好友的习惯。近年，随着交流的增加，外地居民逐渐认识到涪陵泡菜源自天然本色，消费群体、地域日趋扩大。

（二）红萝卜干

以胭脂萝卜为原料加工的特色风味食品——红萝卜干着色自然，不含任何合成色素，深受特色食品商家和消费者的青睐。将优质胭脂萝卜洗净、天然风干、密封于传统瓦罐腌制入味，即制成红萝卜干，其特点是色泽艳丽、绵而不硬、脆而不烂、味香爽口，备受欢迎。胭脂萝卜收获后余下的幼嫩叶片及心叶，以传统方法制作成干盐菜，同样具有脆嫩、清香的特点，亦颇受市民喜爱。

（三）萝卜红色素

色素提取是涪陵胭脂萝卜综合开发的重要内容之一。涪陵胭脂萝卜富含的萝卜红色素属于花青素类色素，主要着色物质是天竺葵素的葡萄糖苷衍生物，较同系列色素具有较好的化学稳定性、储藏稳定性及耐热性。萝卜红食用天然色素可用于酸性食品、日用品、医药保健食品等的加工制作，发展前景十分广阔。随着研究的不断深入，萝卜红色素必将应用于越来越多的领域中。

萝卜红色素生产尚存在许多不足之处，萝卜红色素的生产缺乏系统化研究，而萝卜异味如何除去也是萝卜红色素生产面临的重大难题之一。萝卜红色素的系统化生产、去除萝卜异味的综合性方法、对萝卜红色素的生产开发，涪陵胭脂萝卜的产品增值道路仍在探索之中。

六、技术要求

（一）品种

涪陵红心1号、2号、3号；胭脂红1号、2号。

（二）栽培条件

土壤条件：选择阳光充足、排灌方便的沙壤土，土层深40厘米以上，地力中等以上。

（三）栽培技术

适期播种：在三峡库区一带，以8月下旬至9月上旬播种为佳。

种植密度：株行距33厘米，每亩6 000窝，每窝2株。

适时定苗：第一片真叶展开时间苗；直到"大破肚"时，每窝选留健壮苗1株。

科学施肥：每亩施有机肥2 000千克作基肥。追肥2～3次，以前轻、中重、后轻为原则。

中耕除草：视情况中耕1～2次，在各生长时期及时清除杂草。

适时采收：作泡菜食用和加工萝卜干，宜在现蕾前采收；作为色素加工原料，可割薹打顶、延后采收。

第二节　北碚磨上萝卜

北碚磨上萝卜，生长在海拔600～800米的北碚区龙凤桥街道凤凰村，有数百年历史，因质嫩化渣、甜爽细腻、口感独特而美名远扬。是在无污染的生态自然环境中培育成功的富含丰富营养成分的新品种，含有丰富的硒元素，对人体健康大有益处。2013年，北碚磨上萝卜登记为农产品地理标志，

2014年获得绿色食品认证。

一、种植历史

《北碚区志》《龙凤桥镇志》均有关于碚上萝卜的记载。据《重庆市北碚区志》记载，北碚区碚上地区在20世纪50年代就开始大力发展蔬菜，60年代引进了涪陵沙罐萝卜、隆昌萝卜等一系列萝卜品种，从70年代起建立种子基地。后来，当地居民通过长期种植，逐渐从粉团萝卜和酒罐萝卜的杂交品种中选育出了一个地方萝卜品种。该品种具有质嫩化渣、甜爽细腻、口感独特等特点，深受广大市民的喜爱，当地人根据其产地将其命名为碚上萝卜。2005年，龙凤桥碚上蔬菜基地成功通过了重庆市无公害蔬菜产地认证，成为北碚区第一批获得无公害认证的蔬菜基地之一。为了更好地推动碚上萝卜的发展，2010年，成立了重庆碚上蔬菜专业合作社，并聘请西南大学多位蔬菜专家为技术指导，帮助合作社制定发展规划和品种选育。近年来，碚上萝卜的发展先后得到了市、区各级领导的关怀。在2016年农产品展销会上上萝卜得到了广大消费者的一致好评。

二、产地环境

（一）地域范围

碚上萝卜农产品地理标志地域保护范围包括北碚区龙凤桥街道的凤凰村、龙车村和天府镇五新村、中心村4个村，南到龙车村，北到五新村，地理坐标为东经106.24°18′16″—106.30°12′24″，北纬26°27′39″—29°30′36″。面积333公顷，年产量3万吨。

（二）土壤及地貌

碚上萝卜种植区地处中梁山脉分化出的东边龙凤桥碚上地区山脉，深丘浅山地貌，以背斜低山区、两山一岭两碚地形为主，中宽谷连区，一湾一坝，顺斜坡地势，人造梯田颇多，等高线窄长田块，坡缓窄谷带坝。成土母质主要由侏罗系的紫色泥岩、页岩、砂岩以及少量的黄色页泥岩和三叠系的灰岩、钙质页岩、粉砂岩风化发育而成。土壤一般以紫色土、冲积土和黄壤土为主，土壤肥沃。

（三）水文

由于北碚区碚上地区海拔较高，加上当地气候条件较好，光雨热同季，因此仅依靠自然降雨即可满足萝卜生长。大旱季节抽取地下水灌溉。根据国家农业行业标准《农用水源环境质量监测技术规范》（NY/T 396—2000）判定，碚上萝卜种植范围水质的综合污染数为2级，属清洁水平，适宜生产优质上萝卜。

（四）气候

碚上萝卜种植区域属典型的亚热带温暖湿润季风气候。年平均气温18.6℃，大于10℃的活动积温高达5 979.5℃，无低温冻寒。夏热冬暖，春长秋短，四季分明，光雨热同季，日照充足，暖季光照多，光合潜力大，全年太阳总辐射量87 108卡/平方厘米，全年日照时效达1 006.2小时，无霜期达359

天，年总降水量为1 173.6毫米，春、夏、秋、冬降水量分别为全年的25.4%，41.3%，27.8%，5.5%，年平均相对湿度81%。基地内森林覆盖率38.9%，空气清新，无工业污染。

三、生产方式

礃上萝卜农产品的生产总原则是按标准进行，实行专业化生产，专业化监督，产业化模式，社会化服务。

（一）产地选择与特殊内容规定

礃上萝卜基地于2005年成功申报无公害蔬菜基地，2008年续报。产地环境质量符合国家卫生标准。种植基地选择在海拔高度550～700米，地势平坦、排灌方便、土层深厚（耕作层深度不低于30厘米）、土质疏松、富含有机质、保水、保肥性好的沙壤土为宜。

（二）品种选择与特定要求

上萝卜是当地居民通过长期种植，从粉团萝卜和酒罐萝卜的杂交品种中选育出来的。

（三）生产控制

选择地势平坦、排灌方便、土层深厚、土质疏松、富含矿物质养分和有机质，保水、保肥性好的沙壤土。前作以瓜类、豆类和葱蒜类为宜，避免与十字花科蔬菜连作。产地符合《无公害农产品　种植地产业环境条件》（NY/T 5010—2016）的规定。

礃上萝卜生产过程严格执行《无公上害礃萝卜生产技术规程》的要求。以农业、物理和生物防治为基础，按照病虫害的发生规律和经济阈值，科学使用化学防治技术，有效控制病虫危害。使用药剂防治符合《农药安全使用规范总则》（NY/T 1276—2007）和《农药合理使用准则》所有部分的要求。

（四）采后处理

根据市场需要和成熟期及时采收、包装、运输。严格执行农药安全间隔期。采用纸制箱、塑料箱、塑料袋、捆扎带等材料包装。包装材料应无毒、无害、清洁，并符合相关标准要求。同一批货物的包装件应装入品种、等级和成熟度一致的萝卜产品。

（五）产品特色

礃上萝卜扁梨形、长7～9厘米、粗10～12厘米、单重0.6～1千克，皮肉均为象牙白，光滑细腻，生食爽脆回甜、熟食细嫩化渣。通过检测发现其维生素C≥20毫克/100克，纤维素≤22%，干物质≥5.5%，可溶性糖≥8.5%，品质极佳。

礃上萝卜维生素C比白粉团萝卜高26.5%，比春不老萝卜高9.6%；纤维素比白粉团萝卜低29.0%，比春不老萝卜低23.0%；可溶性糖比白粉团萝卜高11.1%，比春不老萝卜高11.0%；锰、硒含量明显高于白粉团萝卜和春不老萝卜，口感明显优于一般萝卜（表3-1-1）。

表3-1-1　礤上萝卜与白粉团萝卜、春不老萝卜生化成分对照

品种	白粉团萝卜（对照1）	春不老萝卜（对照2）	礤上萝卜
维生素C/（毫克/100克）	18.1	20.9	22.9
纤维素/%	27.9	25.7	19.8
干物质/%	6.12	6.21	6.0
可溶性糖/%	8.11	8.12	9.01
钙/（毫克/千克）	624.2	439.8	134.0
铁/（毫克/千克）	11.2	15.8	8.4
锰/（毫克/千克）	1.8	3.4	62.0
锌/（毫克/千克）	2.9	2.9	2.4
硒/（毫克/千克）	—	—	$2.96 \times (10\sim4)$

注：—表示未检出，硒检出限为$2.5 \times (10\sim4)$毫克/千克。

第三节　合川青草坝萝卜

青草坝萝卜，重庆市合川区特产，农产品地理标志，无公害农产品。青草坝萝卜细颈、大肚、独根，外形像砂罐，俗称"砂罐萝卜"，其皮薄色艳，质地脆嫩；肉白味甜，深受消费者喜爱，在重庆市内外享有较高的知名度。早在20世纪初，青草坝萝卜就颇有盛名，远销广安、渠县、重庆等地。青草坝萝卜栽培历史悠久，适宜鲜食、加工，承载着浓厚的农耕文化，以其为原料加工而成的青草坝萝卜卷传承百年，于2011年被列入重庆市市级非物质文化遗产项目目录；2013年，青草坝萝卜登记为农产品地理标志。

一、产地环境

青草坝萝卜种植区位于重庆市合川区龙市镇青坝村，海拔200～250米，地处渠江边一、二级阶地，地势平坦，土壤以潮土、冲积土和黄壤为主，成土母质主要是近代河流冲积物，矿质养分较丰富，宜种性广。青草坝萝卜种植区域属典型的亚热带湿润季风气候，年平均气温18℃，大于10℃的活动积温高达5 364℃，无低温冻寒，夏热冬暖，春长秋短，四季分明，光雨热同季，日照充足，暖季光照多，全年日照时效达1 288.7小时，无霜期达324天，年总降水量为1 131.3毫米，春、夏、秋、冬降水量分别为全年的24.7%、41.9%、27.5%、5.9%，年平均相对湿度83%。森林覆盖率39.5%，空气清新，无工业污染。青草坝萝卜产区在渠江岸边，灌溉条件十分优越，水质的综合污染数为2级，属清洁水源。

二、历史渊源

青草坝萝卜种植历史悠久。据当地百岁老人高百诚回忆，其祖上种植青草坝萝卜始于清乾隆四十一年（1776年）前后。1924年，大户李九成组织农民大力种植青草坝萝卜，用船运往重庆及江浙一带贩卖，一举成为当地有名的富翁。民国时，青草坝年年都在禹王庙做庙会，庙会上就用青草坝萝卜做菜吃斋。同时还要评选"萝卜大王"，谁家的萝卜最大最重，就是"萝卜大王"，要搭台唱戏以庆贺丰收，据说有位叫孔合川的人，家里曾种出个10多斤重的大萝卜。重庆作为"陪都"时期，一架美国军机曾被日军击落于青草坝，死里逃生的美国飞行员在青草坝农户家养伤，对青草坝萝卜喜爱备至，后国民政府派人到青草坝接盟军飞行员时也将青草坝萝卜带回重庆，使青草坝萝卜在重庆声名大振，成为抢手货，连蒋介石也点名要吃渠河二郎滩下的青草坝萝卜。

人们赞誉"青草坝的萝卜煮腊肉，不放油盐都好吃""青草坝，萝卜大，不放油盐吃得下""青草坝，立冬萝卜小人参"。以至于青草坝至今还流传着这样一首儿歌："萝卜红、萝卜白，说起萝卜都晓得；萝卜香，萝卜甜，萝卜出来快过年。"

三、荣誉认证

2011年，以青草坝萝卜为原料的青草坝萝卜卷被列入重庆市市级非物质文化遗产项目名录。2013年7月，青草坝萝卜登记为农产品地理标志。2015年，重庆市合川区青坝萝卜种植股份合作社等生产单位对青草坝萝卜开展认证，青草坝萝卜成为无公害农产品；2017年，重庆市合川区砂罐萝卜种植股份合作社对青草坝萝卜申请绿色认证，已通过环境监测，青草坝萝卜产品抽样符合绿色食品要求。

四、品质特点

青草坝萝卜个大、皮红、肉白、汁浓、味甜，可作水果生吃，可加工为萝卜卷、风干萝卜等，生食微甜、爽口、无辣味，熟食甘甜、细嫩、化渣，加工后风味浓郁，回味悠长。青坝萝卜含有丰富的糖分、维生素、无机盐、植物纤维等人体所必需的营养成分，还含有淀粉分解酶，能提高人的食欲、促进消化，有较高的食用价值和药用价值，素有"土洋参"的美誉，是馈赠佳礼。

外在感官特征：青草坝萝卜细颈、大肚、独根，外形像砂罐，长9～14厘米，粗7～12厘米，单重0.3～0.8千克，皮为胭脂红色，肉为象牙白，切面光滑细腻。

独特内含成分：青草坝萝卜维生素C20.2毫克/100克，锌1.4毫克/千克，硒0.015 2毫克/千克，铁0.26毫克/100克，锰0.052毫克/100克，钙41.54毫克/100克，钾328.8毫克/100克。

五、生产情况

青草坝萝卜常年栽培面积2 000亩，产量6 000吨，产值1 000万元以上，有集生产、加工和销售于一体的股份合作社2家，是青坝村农户的主要经济收入来源。

1990—1992年，合川区蔬菜站对青草坝萝卜提纯复壮，使其外观更加整齐。

1998年，建设无公害蔬菜基地，严格控制农药化肥施用，禁止使用高毒、高残留农药，2002年，通过了重庆市无公害蔬菜基地认证。

2012年，建立了重庆市合川区青坝萝卜专业合作社。2015年，编制了合川区无公害食品青坝萝卜生产技术规程地方标准，进一步规范了青草坝萝卜栽培技术和留种技术。2017年，合川区蔬菜站开展青草坝萝卜提纯复壮。

六、专用标志

青草坝萝卜地域范围内的生产经营者，在产品或包装上使用已获登记保护的农产品地理标志，须向重庆市合川区龙市镇农业服务中心提出申请，并按照相关要求规范生产和使用标志，统一采用产品名称和农产品地理标志公共标识标注方法。

七、质量技术

（一）品种

当地特产的青草坝萝卜品种。

（二）立地条件

保护区为重庆市合川区龙市镇青坝村，地理坐标为北纬30°16′22″—30°17′28″，东经106°33′52″—106°34′12″。位于渠江一、二级阶地上，土壤以潮土、冲积土和黄壤为主。

（三）栽培技术

1.整地开厢

前茬作物收获后及时整地，深耕炕土，深耕25厘米以上。施足基肥，肥土混匀，打碎、耙平。2米开厢种5行，沟深15～20厘米。

2.种子消毒

按种子质量的0.3%使用25%甲霜灵可湿性粉剂拌种，或用10%磷酸三钠溶液浸种15～20分钟，清洗后播种。

3.播种

播种适期为8—9月，播种量为每亩0.4～0.8千克。种植密度为每亩种植5 000～6 500窝，行距35～40厘米，株距25～30厘米。

4.田间管理

（1）间苗定苗。萝卜间苗的原则是"早间苗、晚定苗"。幼苗有2～3片真叶时第一次间苗，每窝留2～3株；有5～6片真叶时第二次间苗，每窝留1株。

（2）除草与培土。可选用中耕或除草剂除草。间苗的同时可中耕除草，生长期间需除草2～3次，封行前最后一次中耕并培土。除草剂宜选用吡氟氯禾灵、禾草克、吡氟禾草灵等。

（3）水分管理。浇水根据作物的生育期、降雨、温度、土质、地下水位、空气和土壤湿度状况而定。忌田间积水，久雨注意排水防涝。

（4）施肥管理。按《肥料合理使用准则　通则》（NY/T 496—2010）规定执行，优选测土配方施肥、营养诊断配方施肥，收获前10天不再施肥。

①基肥：基肥量应占总肥量的70%以上。每亩施4 000～5 000千克腐熟人畜粪、磷酸二氢铵10千克、硫酸钾3～5千克，肥土混匀，打碎、耙平。

②追肥：幼苗期，每亩追施人畜粪500～800千克或尿素5千克，兑水浇灌；叶片生长盛期，每亩追施复合肥8～10千克；肉质根快速膨大期，每亩追施高磷钾肥复合肥20～30千克。

（5）病虫害防治。按照"预防为主，综合防治"的植保方针，坚持"农业防治、物理防治、生物防治为主，化学防治为辅"的原则。

①农业防治：适时播种，合理轮作，深翻炕土，加强栽培管理，培育健壮植株，中耕除草，及时摘除病残体，集中无害化处理。

②物理防治：田间安装杀虫灯，诱杀地下害虫和鳞翅目害虫等；挂粘虫板诱杀蚜虫、蚊蝇类害虫等。

③生物防治：保护利用病虫害天敌，优先使用生物药剂。

④化学防治：防治原则按《农药安全使用规范总则》（NY/T 1276—2007）和《农药合理使用准则（一、二、三、四、五、六、七、八、九)》（GB/T 8321.1—2000、GB/T 8321.2—2000、GB/T 8321.3—2000、GB/T 8321.4—2006、GB/T 8321.5—2006、GB/T 8321.6—2000、GB/T 8321.7—2002、GB/T 8321.8—2007、GB/T 8321.9—2009）执行。蔬菜常用农药按要求使用，不得使用蔬菜生产中禁止使用的化学农药。

5.采收

采收适期为播后90～110天，肉质根充分膨大成熟后及时收获。

6.环境、安全要求

农药、化肥等的使用必须符合国家的相关规定，不得污染环境。

八、质量特色

（一）感官特色

青草坝萝卜感观指标见表3-1-2。

表3-1-2　青草坝萝卜感观指标

项目	指标
根形	细颈、大肚、独根，外形像"砂罐"
色泽	皮为胭脂红色，肉为象牙白，切面光滑细腻
须根	表面较光洁，须根少，根尾细小
肉质	肉为象牙白，切面光滑细腻，生食微甜、嫩脆、清香、无辣味，熟食微甜、化渣、爽口

（二）内含成分

青草坝萝卜内含成分检测指标见表3-1-3。

表3-1-3　青草坝萝卜内含成分检测指标

检测项目	指标
水分/%	94.4
可溶性糖/%	0.02
维生素C/（毫克/100克）	20.2
锌/（毫克/千克）	1.4
硒/（毫克/千克）	0.015 2
铁/（毫克/100克）	0.26
锰/（毫克/100克）	0.052
钙/（毫克/100克）	41.54
钾/（毫克/100克）	328.8

（三）安全要求

产品安全指标必须达到国家对同类产品的相关规定。

第四节　合川太和胡萝卜

太和胡萝卜，产于重庆市合川区太和镇境内，是重庆市地方知名特色农产品，农产品地理标志。太和胡萝卜种植历史悠久，距今已有200余年。太和胡萝卜为多年驯化的地方品种，肉质根长圆柱形，表皮呈红色、色泽鲜亮，味道香甜，品质极佳，深受市场欢迎。

一、产地环境

太和胡萝卜种植区地处涪江沿岸的冲积坝，海拔高度202～206米，地理坐标为北纬30°06′35″—30°01′57″，东经106°02′27″—105°58′48″；种植土壤为冲积沙壤土，土层深厚疏松，通透性良好，湿润肥沃，矿物质十分丰富，富含钾、硒等营养元素。宜种性广，为太和胡萝卜的生长提供了得天独厚的地质条件，是太和胡萝卜色泽鲜亮、须根少、外形整齐匀称，无分叉、无瘤结的重要因素。太和胡萝卜种植区域属典型的亚热带湿润季风气候。年均日照1 316小时，年均气温18℃，无霜期331天，大于10℃的活动积温高达5 364℃。四季分明，夏热冬暖，春长秋短，暖季光照多，日照充足，冬季无低温冻寒，夜间土壤温度回暖较快。空气清新，无工业污染，气候非常适合胡萝卜生长。太和胡萝卜种植区域年降水量在1 100～1 400毫米，基地地处涪江沿岸，一年四季水源丰沛，土壤湿润，通透性好，灌溉条件十分优越。同时，根据国家农业行业标准《农用水源环境质量监测技术规范》（NY/T 396—2000）判定，太和胡萝卜种植范围水质的综合污染数为2级，属清洁水源。

二、历史渊源

胡萝卜在宋元时期由伊朗引入中国，并逐步发展出中国生态型——长根型。太和胡萝卜就是胡萝卜长根生态型的典型代表。太和胡萝卜种植历史悠久。据调查，太和镇涪江沿岸的富金坝、米市坝、小河坝、长流坝、鱼箭坝等地曾经广泛种植胡萝卜，当地农民祖祖辈辈一直种植这个地方品种，已有二百余年时间。史料记载，合川太和在清末已出现胡萝卜的规模栽培基地，并于民国初年辐射到合川三江流域的各个冲积河坝，享誉当时的重庆。著名史学家张森楷（郭沫若的老师、重庆合川籍举人）1917年主编的《合川县志》曾记载合川县种植胡萝卜的盛况："……县属凡河岸沙土皆种之为年节品届时舟载如梭盛行重庆而丰都一带尤视为奇珍云。"由于太和胡萝卜甜度高，脆嫩化渣，又不易买得，在物质匮乏时代，重庆人往往不轻易舍得吃，只在过年期间办酒席或招待客人时用，久而久之，重庆地区就有了广为流传的民谣——"胡萝卜，蜜蜜甜，看到看到要过年"也有了"离了胡萝卜不成席"的说法。

胡萝卜在民间有"土人参"之称，常吃胡萝卜对眼睛有好处。合川最有名的长寿老人侯喻君，也就是活了124岁的离欲上人（1868—1992）就特别喜欢吃太和胡萝卜。民国二十四年（1935年）7月，教育家陶行知在中共中央南方局的支持下，来合川草街乡古圣寺办育才学校。一日，他从早至晚都在教学、读书，不曾休息，至黄昏时，两眼忽昏眩不能视，急请郎中，连治数天，无法治愈。后遇正在家乡的离欲上人。离欲上人诊之曰："君病食疗可也，用太和胡萝卜、猪肝炒食，可愈。"陶行知按法食之后，双眼逐渐恢复如常。

三、荣誉认证

太和胡萝卜色泽艳红，味道脆甜，非常符合四川人和重庆人的口味，长期以来一直受到川渝各地市民的追捧。大规模生产奠定了太和胡萝卜的产业地位，使得该产品享誉重庆及周边的四川省武胜、南充等地。2002年，对太和胡萝卜提纯复壮，使产品品质得以优化提高，进一步扩大知名度。太和胡萝卜先后在中国重庆名优农产品展销会和重庆市首届蔬菜博览会展出，获得社会各界一致好评。2014年，获农业部颁发的农产品地理标志登记证书（农业部公告第2179号）。

四、品质特点

太和胡萝卜为多年培育的地方品种，其肉质根长圆柱形，长25～30厘米，横径2.5～3.5厘米，单根重150～200克；表皮呈红色、色泽鲜亮，较光滑，须根较少；肉红色，心柱黄色、较小；味道香甜，风味浓郁，生食脆嫩，熟食化渣；不易老化。品质极佳，深受市场欢迎。

经检测，太和胡萝卜内含营养物质十分丰富。富含胡萝卜素、维生素、可溶性糖和粗纤维等，其中，维生素B_1、可溶性糖均高于其他胡萝卜，粗纤维略低于其他胡萝卜。

五、生产情况

太和胡萝卜实行标准化生产，专业化监督，产业化经营，社会化服务。生产方式有3种。一是专业合作社生产；二是种植大户生产，有专业大户18户；三是一家一户种植。栽培方式全部采用露地生产，选用农户自留种，实现集中规模化种植。实行轮作，前茬一般种植地瓜、菜用玉米或瓜类蔬菜。太和胡萝卜病虫害发生较少。偶尔发生黑斑病和黑腐病；主要虫害有蚜虫、偶见根蛆（种蝇）。贯彻"预防为主，综合防治"的植保方针，采用农业、物理、生物防治，科学配合使用化学防治，合理使用无公害农药，达到生产安全、优质无公害蔬菜产品的目的。基地内安装了太阳能杀虫灯。

在计划经济时代，太和胡萝卜的生产规模超过12 000亩，产量超万吨，走水路运输到重庆朝天门、沙坪坝等地销售，深受市民欢迎。

20世纪80年代初，随着农村土地改革的深入，土地实行包产到户，合川各地胡萝卜种植面积逐步缩减，仅在太和镇小河村、米市村、富金村（现为长流村）保留5 000余亩规模种植。2001年，重庆市农村工作办公室给予专项资金200万元扶持太和胡萝卜产业发展，为小河、米市、富金、长流等胡萝卜生产基地修建道路，解决了生产上的后顾之忧。2002年，合川县蔬菜站开展太和胡萝卜提纯复壮，使太和胡萝卜的产量和品质得到大幅提高。由于太和胡萝卜品质好，销路畅通，太和胡萝卜保持常年种植5 000亩，每年为农户增收约2 000万元，成为重庆市合川区独具特色的地方优势农产品，地方政府重点发展的"一镇一品"农产品，实现农户致富增收的一大支柱产业。

六、专用标志

太和胡萝卜地域范围内的太和胡萝卜生产经营者，在产品或包装上使用已获登记保护的太和胡萝卜农产品地理标志，可向重庆市合川区蔬菜技术指导站提出申请，并按照相关要求规范生产和使用标志，统一采用太和胡萝卜和农产品地理标志标识标注方法。

七、质量技术

（一）品种

多年培育的合川区特产地方品种。

（二）立地条件

重庆市合川区太和镇小河村、米市村、长流村、晒金村。

（三）栽培技术

1.地块
选择地势平坦、排灌方便、土层深厚、土质疏松肥沃、富含矿物质养分和排灌条件优越的沙壤土。

2.整地开厢施基肥
深耕晒土，翻耕深度30厘米左右。每亩施入腐熟有机肥3 000千克、尿素10千克、过磷酸钙30千克、硫酸钾7.5千克，肥土混匀，耙细整平。平厢厢宽90～100厘米，长度因地而定；高厢栽培一般厢高15～20厘米，厢距50～60厘米。

3.播种
播种期7—8月；一般条播每亩用种量为0.8～1.0千克；撒播每亩用种量为1.5～2千克。

4.田间管理
（1）间苗定苗。出苗后及时揭去覆盖物，1～2片真叶时第一次间苗，保持株距3厘米左右；3～4片真叶时第2次间苗，保持株距6厘米左右；5～6片真叶定苗，株距为10～15厘米。每亩留苗3万～4万株。

（2）中耕除草。结合间苗，在行间浅锄，可疏松表土，除草保湿。定苗至封行前，于雨后或浇水后中耕2～3次。

（3）培土。一般在肉质根膨大前期、定苗后25～35天培土，结合除草进行，用土盖住根部，以防"青头"根。

5.肥水管理
（1）浇水。幼苗期适当浇水，保持地面见湿见干；叶生长盛期，适当控水蹲苗；肉质根肥大期，保持厢面湿润；忌田间积水。

（2）施肥。太和胡萝卜生产施肥以有机肥为主，控氮、稳磷、增钾。生长期间一般追肥1～2次。

6.病虫害防治
太和胡萝卜病虫害发生较少。偶尔发生黑斑病和黑腐病；主要虫害有蚜虫、偶见根蛆（种蝇）。病虫害防治贯彻"预防为主，综合防治"的植保方针，采用农业、物理、生物防治，科学配合使用化学防治，合理使用无公害农药，达到生产安全、优质无公害蔬菜产品的目的。

7.采收
适宜采收期为11月下旬至次年2月下旬。肉质根充分膨大成熟方可采收。

八、质量特色

（一）感官特色

太和胡萝卜肉质根长圆柱形，长25～30厘米，横径2.5～3.5厘米，单根重150～200克；表皮呈红色、色泽鲜亮、较光滑，须根较少；肉红色，心柱黄色、较小；味道香甜，风味浓郁，生食脆嫩，熟食化渣；不易老化。

（二）理化指标

太和胡萝卜富含胡萝卜素、维生素、可溶性糖和粗纤维等，含胡萝卜素≥1.16毫克/100克，维生素C≥21.6毫克/100克，维生素B_1≥0.064毫克/100克，维生素B_2≥0.018毫克/100克，可溶性糖≥6.01%，粗纤维≤1%。

（三）安全要求

产地环境条件符合《无公害农产品　种植业产地环境条件》（NY/T 5010—2016）的规定，产品质量安全符合《无公害农产品　生产质量安全控制技术规范　第3部分：蔬菜》（NY/T 2798.3—2015）。

第五节　永川临江儿菜

临江儿菜，永川及周边区（县）广泛种植的一种秋、冬蔬菜。种植面积约6 000余亩。2013年，临江儿菜获得地理标志商标认证。

儿菜，学名"抱子芥"。在粗大的根部上，环绕相抱着一个个翠绿的芽苞，如同无数孩子把娘围在中间。一母多子，这也是它叫"儿菜"的来由。儿菜的特点是幼苗生长到一定阶段，从叶腋处长出的芽不断膨大，以至以膨大的芽块代替，每个芽块100～200克，每株生有芽块菜15～20个，呈宝塔形，非常美观。儿菜质地柔嫩，鲜食清香略带甜味，味道鲜美，营养丰富，吃法多样，炒、烩、炸、涮、凉拌、作汤、腌泡均可，是宴宾席上的美味佳肴。

一、产业发展

临江儿菜是由永川区临江镇新集村的农技师张学海于20世纪70年代初由南充引入、选育的一个重庆儿菜地方良种。在选育过程中，张学海提出了"提纯复壮"技术，即对原种优中选优。因为常规品种容易退化和变异，如果原种不优中选优，那培育出来的产品的品质也不会好。经过10多年的执着付出，张学海成功选育出了丰产优质、植株矮健、儿牙肥大、遗传性能稳定的临江儿菜，单株产量由原来的1.5千克提高到5千克，最高达7.5千克，亩产量由3 000千克提高到4 000～6 000千克，每亩增值796元。1994年，临江儿菜种子顺利通过重庆市农作物品种审定委员会的审定，成为继"川农1号"儿菜之后的第二个地方儿菜良种，开始向全国几十个省份推广，种植面积超过1 000万亩，张学海也因此被誉为"儿菜大王"。

二、产品特征

儿菜是茎用芥菜的变种——芽用芥菜，为二年生低温长日照作物，其特性与茎用芥菜相似，生育期150天左右，种子发芽适温为20～26℃，幼苗生长适温为20℃左右，腋芽膨大期需要气温保持在10～15℃，茎包形成后可耐−7℃低温。主茎短缩肥大，茎上腋芽发达，抽生早，其膨大分枝形成的

塔状儿芽为主要食用部分，短缩肥大的主茎亦供食用。儿菜单株儿芽有20～30个，其中8～15个儿芽发育特别肥大，最大单株单个儿芽可达250～800克，平均单个重300克左右，儿芽总重4～5千克。中部以下儿芽肥大，上部靠顶端儿芽偏小。单株短缩主茎连顶端儿芽约重1.5～2.5千克，全株净重3～6.5千克，最大株重为6～8千克。植株叶片披散，株幅55～75厘米，外叶16～18片，浓绿色，叶柄宽而扁平，儿芽着生于叶腋间，利去外叶，儿芽开展度40厘米，高26～30厘米，大儿芽长16～20厘米，宽3～7厘米，嫩绿白色，儿芽顶端圆饨，两侧稍下凹，呈扁圆。

三、生产地域

临江儿菜产于重庆永川临江镇及周边陈食、大安、五间等镇（街）道。地理坐标为北纬29°14′、东经105°57′；年均气温18.3℃。临江儿菜种苗遍及川东南，推广到全国12个省份百余个县（市）种植，长江流域适宜种植栽培。

四、生态环境

临江儿菜生产区域位于长江上游北岸，属于亚热带季风性湿润气候，植被茂盛，森林覆盖率高。产区土层深厚，质地疏松、透气，蓄水、保肥能力强，富含钾、镁、钙、锌等多种微量元素，有机质含量丰富，pH适宜，光照充足，水源丰富，极适宜临江儿菜的种植。由于产地气候及地质条件独特，培育出的临江儿菜具有品种纯正、儿芽个大、产量高、品质脆嫩细腻、清香可口等特点。

五、生产方式

除了特殊的地理条件和气候因素外，特定的生产方式也是影响临江儿菜品质的重要因素。

（一）适时培育壮苗

儿菜高产栽培的关键环节是选择播期。播期过早、温度较高会导致出现抽薹；播期过迟则出现易发病、经受不住霜冻、腋芽少而小的情况，使儿菜的产量以及品质受到不同程度的影响。考虑到儿菜苗期具有较强的耐热性，在较长的生长期内，可以结合实际情况提前播种，一般在8月下旬至9月上中旬进行。

在选择苗床与播种的过程中，应该选择病虫害较少的田块，并结合实际情况，将其做成宽1.2米、沟深20厘米、厢面上铺2厘米左右过筛细土的苗床。在浇透过程中，主要采用800倍液的多菌灵和辛硫磷水，结合标准要求，将消毒灭菌的土壤和种子均匀撒在苗床上，同时铺设薄薄一层细土。

在苗期管理过程中，播种之后，为了避免出现暴晒、暴雨的情况，可以增设小拱架盖遮阳网，提供湿润环境，傍晚时揭去即可。菜苗出土后，采用1000倍液的甲基托布津喷施1次，并结合实际，出真叶后间苗1～2次，将弱苗拔掉，避免小苗徒长。通过彻底根除蚜虫，保证壮苗培养。另外，要重视猝倒病防治工作，充分浇水，以便于日后的起苗。

（二）整地定植

以前茬非十字花科作物或者为水旱轮作的地块，或者土质疏松肥沃的地块为佳。

一般来说，每亩施2500千克腐熟农家肥、50千克过磷酸钙以及50千克三元复合肥，保证均匀化撒肥，然后翻耕。

在整厢定植施足底肥之后，开挖深度为25厘米左右的围沟，其中厢沟深15～20厘米，按照4米的距离开厢处理。幼苗长至3～5片后移栽真叶，根据规范要求，实现每厢定植8行，株距40厘米左右。完成后，保证定根水浇足。

（三）田间管理

1.中耕除草

在儿菜生育期，需要中耕除草2～3次，用手扯掉窝边杂草。

2.肥水管理

儿菜生长过程中需肥量较大。除了基肥之外，还要在定植缓苗的基础上用少量人畜粪追肥，保证提苗定植30天，在此基础上出现菜茎基部膨大情况后施入开盘肥。结合需求，每亩用稀粪水兑20千克尿素浇施，然后结合实际情况，前期轻施肥1～2次，中期重施肥，后期看苗补肥。在此过程中，一定要重视田间水分管理问题，避免出现营养生长过旺和空心问题，保证产量得到提升。

3.病虫害防治

在儿菜生长过程中，前期主要防治蚜虫、立枯病、猝倒病等，后期主要防治病毒病、软腐病、霜霉病以及蚜虫等。

（1）防治病毒病。发病前或者初期阶段，使用20%病毒A可湿性粉剂400～600倍，或者结合实际，选择1.5%的植病灵乳剂1 000倍液，每隔10天左右喷洒1次，连续进行2～3次。保证此期间的田间管理，同时增施磷、钾肥，以有效提升农作物的抗病害能力，保障其健康生长。

（2）防治猝倒病、立枯病。在初期阶段，采用75%百菌清可湿性粉剂1 000倍液，或者70%甲基托布津可湿性粉剂800倍液，按照要求喷液，间隔10天左右，连续2～3次。

（3）防治霜霉病。初期采用64%杀毒矾可湿性粉剂800倍液或者25%的甲霜灵可湿性粉剂，按照要求喷施，间隔10天左右，连续2～3次。

（4）防治蚜虫。主要通过喷施50%辟蚜雾以及10%毗虫琳可湿性粉剂2 000倍液防治。

4.采收与加工

儿菜从播种到采收需150天，儿芽膨大期气温保持在8～15℃，采收期随播种早迟和冬季低温长短而定。在翌年1—3月，当儿芽突起，超过主茎顶端，完全无新叶，呈罗汉壮重叠，即完全成熟，可以采收，此时高产、优质、商品率高。如需推迟采收，应将菜叶折弯盖心，保护儿芽鲜嫩、不劣变。

第六节　綦江赶水草蔸萝卜

綦江赶水草蔸萝卜，因用稻草编织"草蔸"蔸种而得名，种植历史可以追溯到明末清初。已注册为地理标志商标，成功申报为"重庆名牌农产品"。

一、种植历史

据綦江县志记载，赶水地区广种草蔸萝卜，至今已有400多年的种植历史。赶水草蔸萝卜形圆个大，色白，品质细嫩，味甘甜，有化渣功效，被誉为"草根人参"，在清朝年间就是宫廷贡品，传有"头戴翡翠冠，外披彩霞衣，身如洁白玉，根似人参须"的赞美诗句。

二、发展状况

中华人民共和国成立后，赶水草蔸萝卜受到了各级人民政府的关注。1953年，赶水草蔸萝卜获得綦江和江津地区"地方土特产"称号；1959年，草蔸萝卜被四川省列为地方土特产。在万盛等地很受

消费者喜爱，价格比普通的圆白萝卜高1倍以上价还供不应求，20世纪90年代，种植区域慢慢扩大到东溪、扶欢、安稳、郭扶等地和万盛、南川、江津等周边地区，但品质和风味还是不如赶水当地产的好吃。通过标准化的无公害栽培管理，2009年，赶水当地无公害蔬菜专业合作社的负责人王天明经綦江驻京办事处，将赶水草兜萝卜卖到了北京中南海。从此，这些萝卜每年都要销往北京，身价倍增。2018年，主要由重庆市綦江区双石蔬菜股份合作社组织生产管理，合作社有成员645户，主要分布在赶水镇的石房、铁石垭、双丰、双龙等行政村，辖26个村民小组，社员入股645股，股金1041万元，年产量1500吨，产品收获、上市销售的时间集中在12月至次年1月。

三、荣誉称号

2011年9月，赶水草兜萝卜获第十届中国国际农产品交易会金奖；2012年12月，通过绿色食品认证；2013年10月，綦江区蔬菜协会申报注册为地理标志商标；2015年，成功申报为"重庆名牌农产品"。

第七节　璧山儿菜

璧山儿菜，重庆市璧山区特产，地理标志产品。作为"中国儿菜之乡"，璧山栽培儿菜历史悠久，以丁家街道为核心产区。儿菜具有耐储藏、颜色翠绿、肉白细嫩、质优清香、纤维素高，矿物质、维生素含量丰富等优点。获农业农村部无公害农产品产地认证。

一、产品特点

璧山儿菜商品性佳、长势强、叶色深绿、侧芽肥大、扁圆、白头、呈宝塔型、嫩脆不发红，营养丰富，纤维素高，矿物质、维生素含量丰富，适合保鲜和长途运输。其中每100克含胡萝卜素2.38毫克、硫黄素0.06毫克、核黄素0.18毫克、烟酸0.8毫克、抗坏血酸80毫克，对防治高脂肪、高血糖效果明显，是冬春"刮油菜"中的佳品。儿菜具有芥菜的清香，但口感却要好很多，其品质细嫩，味道鲜美，吃法多样，炒、烩、炸、涮、凉拌、做汤、腌泡均可，是宴宾席上的美味佳肴。甘甜而不带苦味，肉脆少筋，不带残渣。色彩漂亮，外叶碧绿，内心洁白，切成薄片，绿白相间。

种植简便，经济效益高。儿菜只需在水稻收割后，开沟撬厢，实行免耕，每亩只需2个工。栽培省力省工，可充分利用冬闲田种植1季儿菜，实现亩产2000千克以上，亩产值2000元以上的效益。

粮菜双收，优势互补。实施水稻儿菜轮作，可保证水稻和儿菜双丰收、互补。由于种植水稻的土壤长期淹水，病菌受到有效的抑制，为种植儿菜提供了有利条件，可使儿菜种植少施农药，减少农药污染。儿菜种植由于施用有机肥，使土壤疏松、肥沃，种植水稻时就可以少施肥甚至不施肥，而且水

稻生长根系发达、健壮，从而使水稻、儿菜丰收，互补双赢。

销售期长，促产业壮大。早熟品种使儿菜可以提前1个月上市，通过保鲜、储藏，可使儿菜由12月初供应至次年的4月底，供应周期达5个月。

二、产地环境

璧山儿菜主要产于以璧山区丁家街道为核心区的周边街镇。该区域属长江上游亚热带湿润区，地处川东南平行褶皱区，属华蓥山脉向南延伸的低山丘陵区，适宜儿菜生长和规模种植。

璧山儿菜是璧山区传统的蔬菜栽培特色品种，20世纪60—70年代，由丁家蔬菜种子老板李海钦从南充引进。当时儿菜个头小，种植面积不大，主要用于自食。由于种植面积不断扩大，经过近30年的定向选育，提纯复壮出较好的早、中、晚熟地方品种。现有品种"早富1号"可提前1个月上市。种植面积发展到近4万亩，成为璧山农业的一个优势产业。

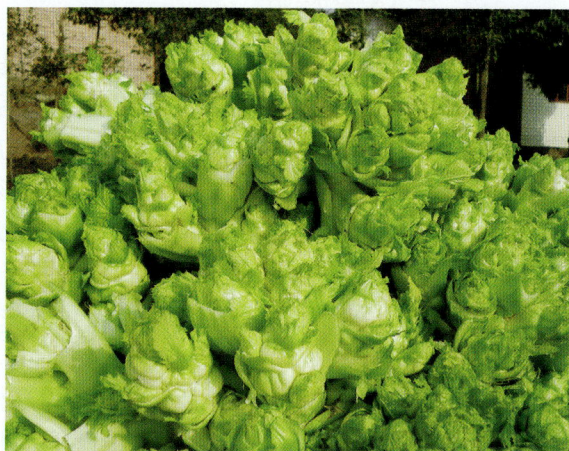

三、发展状况

（一）种子发展

经过定向选育、提纯复壮出较好的地方品种，其商品性佳、长势强、叶色深绿，侧儿芽肥大、扁圆、白头、呈宝塔型、嫩脆不发红，亩产可达2 000～5 000千克，产值2 000～5 000元。由于有较高的经济价值，璧山种子行业不断壮大，在丁家街道成立的璧山区蔬菜种子协会，发展会员有100多户，种子繁育商100多家，早熟儿菜种繁育商10多家。年产儿菜种子1万多斤，销往重庆、云南、贵州、四川、湖南、湖北、浙江、广东、广西、西藏、新疆、青海、甘肃13个省（自治区、直辖市），200多个县，种植面积达50万亩。

（二）销售渠道

璧山儿菜主要通过菜贩开拓市外市场，2009年，中央电视台少儿·军事·农业频道《致富经》栏目报道后，促进了璧山儿菜销售渠道的多元化，重庆市外的市场不断扩大。在重庆、云南、贵州、四川、上海、江苏、浙江、北京和广东等20多个省份的农贸市场都有销售，外销的璧山儿菜占了整个市场份额的60%以上。2011年，儿菜通过粗加工，运往上海包装销售60吨，2012年，包装销售100吨。

璧山儿菜注册为地理标志商标后，种植面积逐年扩大，市场不断拓展，品质不断提升，面积已近6万亩（其中丁家2.3万亩），涉及7个镇（街道）3万余农户9万余人。2015年，璧山儿菜总产12万吨，总产值1.8亿元，户平增收2 000余元。

四、荣誉奖项

2006年12月，璧山县丁家镇抱子芥（儿菜）1 000公顷获重庆市无公害农产品产地认定。

2007年5月，璧山县申报儿菜42 000吨，获农业部农产品质量安全中心无公害农产品认证。

2011年11月，璧山儿菜注册为地理标志商标。

2014年，璧山丁家"璧莹"儿菜获绿色食品A级产品认证。

第八节　永川黄瓜山脆姜

黄瓜山脆姜，永川区的主要特色经济作物，全区种植面积达3 000亩。

一、生物学特性

生姜属浅根性作物，地下茎即根茎，既是产品器官也是繁殖器官。种姜发芽出苗后，由茎基部膨大形成母姜。母姜块小节密，两侧着生的腋芽可萌发2～4株苗，为一次分枝，其基部膨大形成一次姜球，称作子姜，其上部出土后成为地上茎；子姜上的侧芽继续萌发出第二次分枝，又形成二次姜球，称作孙姜。如此继续，可发生多达5次以上的分枝和姜球，直到收获。

生姜在整个生长过程中对水分要求较为严格，既不能干，又不能涝，始终保持土壤湿润即可；姜耐阴，不耐强光，在花荫下生长良好。一般在5月后需搭架用遮阳网膜遮阴；生姜以沙壤土栽培最好，黄瓜山脆姜多做埂子姜，为便于筑埂，用壤土或黏壤土栽植；姜对土壤酸碱性较为敏感，以pH5～7的中性或微酸性土壤为宜。姜亦是一种需肥量大的作物，栽培上要求具有较高的施肥水平，氮和钾对产量的影响最为显著。

二、人文历史

已有100多年悠久历史的黄瓜山脆姜，种植于黄瓜山脉一带，基地主要分布在五间、吉安、仙龙、何埂及南大街街道办事处。受黄瓜山独特的气候、土壤环境的影响，生产出的仔姜具有含粗纤维少、入口姜味浓、脆、嫩、形状和色泽好的特点，近几年生产面积较大。2018年，黄瓜山脆姜销路好、经济效益高，常年种植面积达2 000余亩，是永川区地方特色蔬菜，也是黄瓜山特产的一张名片。2018年，黄瓜山脆姜积极申报了"永川十佳特色农产品"的认证。

三、品质特征

永川区黄瓜山脉独特的地貌、土壤类型和气候环境，光照充足、昼夜温差大和独特的栽培管理使黄瓜山脆姜形成独特的品质特征，具有姜味浓、脆、嫩，纤维素含量低，色泽好的特点。

四、生态环境

永川市位于重庆西南部，长江上游北岸，属于亚热带季风湿润气候，气候温和，雨量充沛，光照充足、较大的昼夜温差是形成黄瓜山脆姜独特口感和内在品质的主要因素。

黄瓜山地处永川南部，因山脉似黄瓜而得名；黄瓜山脉一带辖区包括南大街办事处、吉安、五间、仙龙、何埂等镇（街道），种植区域海拔在200～500米。壤土、黏壤土占80%以上，保水、保肥性好，适宜种植生姜作物。辖区内森林覆盖率高，水资源丰沛，圣水湖、卫星湖自流灌溉，水资源没有受到污染，为黄瓜山脆姜生产提供了良好的水资源环境。

五、生产方式

除了有特殊的地理条件和气候因素外，特定的生产方式也是影响黄瓜山脆姜产品品质的重要因素。

（一）品种选择

1. 重庆白姜

重庆地方品种，较耐热，分枝能力较强。根茎掌状，皮黄白色，嫩姜品质脆嫩，纤维少，辛辣味较轻。单株根茎重500克左右。从定植到收获约120天。

2. 乐山生姜

四川乐山地方品种，又叫乐山竹根姜，耐热，不耐旱、涝和强光，抗病力强。叶鞘基部紫红色，根茎扁平、呈掌状，皮浅黄色，肉黄色。单株产量450克，从定植到收获150天。

（二）栽培季节

3月上中旬开始催芽，4月上中旬定植。

（三）整地及土壤消毒

1. 土地准备

选土层深厚、土壤肥沃、近水源、排水透气性好的地块，清除前茬作物的残渣，充分整地，将土块弄碎；土壤湿度保持在50%～60%，轻轻攥住、松开马上分散的程度，施足底肥。

2. 施药

按照20～30千克/亩用药量，将98%棉隆颗粒剂均匀撒在土壤表面（不能同时使用生物肥）。

3. 翻地

深翻30～40厘米深土壤，使土壤与棉隆颗粒充分混合，同时保持良好的通透性。

4. 补水

翻地后根据土壤湿度补水，土壤含水量保持在60%～70%（即抓起一把土壤捏成团，离地1米高松开落下能散），如湿度不够，用水管补水。

5. 覆膜

采用开沟压膜方法，使撒过药的土壤密闭，避免气体外泄；密闭时间根据地温情况而定，一般密闭20～30天，如果时间允许可以，可以一直密闭到栽种前15～20天，不能采用透气地膜，必须采用4毫米以上塑料膜。

6. 揭膜通风透气

揭膜时先把四周揭开，通风半小时后再全部揭去覆膜。通风7～10天，通风期间翻土1～2次。

7. 补水

揭膜后在地里多处取土样观察，看土壤中是否还有没完全反应的白色小颗粒，如果有需要，用大水漫灌土壤1次，再翻土，充分敞气，如果灌溉条件不适合，需要适当增加换气时间，中间多翻1次土壤。

8. 发芽试验

在定植以前，取少量土壤放置在容器中，保持一定的湿度，将容易发芽的种子（白菜、萝卜种等）放入做试验，正常发芽土壤可以种植，不能发芽则继续通风换气。

（四）施肥、旋耕

土壤消毒后，亩施腐熟有机肥1 000 ~ 1 500千克，优质复合肥150 ~ 200千克（N ：P$_2$O$_5$ ：K$_2$O=15 ：15 ：15），耕地时用深耕锄深翻入土，翻地深度为40厘米以上。对选好的土地深耕20 ~ 30厘米并反复耕耙，充分晒垡，然后耙细作畦。

1.埂子姜

在"雨水"节气开始挖沟筑埂。埂子长4米左右（不宜太长），高25 ~ 34厘米，埂基宽26 ~ 30厘米，姜沟宽10 ~ 13厘米，连沟带埂40厘米左右。姜沟中间略高，两头略低，以防积水。埂要筑紧实，筑好后用地膜遮盖（防雨水冲刷）备用。

2.平畦姜

开33厘米深的厢沟，株行距为（17 ~ 26）厘米 ×（36 ~ 66）厘米。

3.窝姜

按株行距33厘米 ×33厘米、窝深25厘米打成错窝。不论用哪种栽培方法，整地时都要考虑方便田间管理操作和夏季搭棚遮阴。

（五）种姜处理及定植

1.种姜处理

选块大肉厚，表皮光滑，不干缩，芽完好无损伤，无病虫且无冻伤的健壮姜块作种。2月下旬至3月上旬晒干种姜表皮后消毒，然后催芽。一般用温床催芽，或用炉灶余热（薰姜灶）催芽。在催芽时，应保持20 ~ 28℃的温度，前期控制温度20 ~ 22℃，中期25 ~ 28℃。后期22 ~ 25℃，相对湿度70% ~ 80%，约20天便可出芽。

2.定植

定植前，整地开厢，平畦栽培1.5米包沟开厢，每厢种3行；沟栽按行距55 ~ 60厘米开沟，沟宽25厘米；将催芽的姜种分成35 ~ 50克的小姜块，每块姜种上留有1 ~ 2个壮芽。一般在5月上、中旬晴天定植。平畦栽培，行距55厘米，株距20厘米，亩植6 500株。定植后，在姜种上施少许腐烂的渣肥，再盖3 ~ 4厘米细土，然后施定根水，覆盖薄膜，促芽迅速生长。

（六）田间管理

幼苗出土后及时揭膜，苗高13 ~ 16厘米后施肥增土，促进植株生长。以后间隔15 ~ 20天施肥培土1次，前期宜淡，中期宜浓，后期施肥量适当减少，每次施肥可加适量氯化钾、草木灰或复合肥。6—7月气温高，旱情渐重，应勤施、淡施腐熟人畜粪水，使嫩盖生长健壮，提高品质和产量。

1.培土、追肥

进入6月上旬，生姜幼苗开始发棵，姜苗发棵75%后第一次培土，培土时亩追施复合肥50千克；第一次培土时轻培土，适当覆盖有机肥，培土高度约1 ~ 2厘米；约6月底7月初，姜苗发第3棵时第二次培土，复合肥50千克，此次培土为重培土，盖住姜苗红头，以后生姜进入快速膨大期。

2.遮阴

5—6月为多雨季节，理沟排水，促进嫩姜生长。6月底、7月初第二次培土后，重庆进入伏旱天气，搭架遮阴，保持生姜正常生长。

3.第三次培土

约15 ~ 20天后，进入7月中下旬，完成第三次培土，此次培土也为重培土。以后每间隔半月，视生姜长势连续培土。

（七）采收

嫩姜一般于8月上旬至9月上旬采收，亦可根据市场行情适时采收。采收过早，品质好，产量低。老姜必须在"霜降"到来之前采收，否则受冻引起腐烂。

（八）病虫害防治

1. 姜瘟病

第一，选择无病菌土壤或种过水稻的地块种植。第二，到无病区选种。第三，浸种催芽定植时及时剔除带病种块。姜种切口蘸草木灰下种。第四，一旦发病应及时拔除发病的植株，并用5%的石灰水或用50克高锰酸钾，兑水50千克对土壤消毒。第五，药剂防治。用78%姜瘟宁可湿性粉剂浸种半小时、闷种6小时，或用40%福尔马林100倍液浸、闷种6小时；齐苗期用78%姜瘟宁可湿性粉剂300倍液灌窝，或用1 000单位农用硫酸链霉素可湿性粉剂或1 000单位新植霉素3 000倍液灌窝，或用90%三乙膦酸铝可溶性粉剂300倍液灌窝。每10～15天灌1次，连续2～3次。

2. 姜螟

及早扑灭姜螟成虫，捉除幼虫，或在一、二龄的幼虫期施药毒杀。此虫从5月初即可见幼虫为害，以姜苗分枝盛期的7、8月为盛期。防治以在幼虫低龄期施药效果较好。幼虫期可用除虫菊脂类农药50克兑水300～400千克喷杀，或用速杀灭丁50克兑水400千克，在傍晚喷于姜苗心叶，待药液流到茎部，就可毒杀姜螟幼虫。

六、产业发展

一是依托"黄瓜山脆姜"品牌效应，结合不断扩大的调味品加工产业需求市场，经济发展生姜产业，不断满足市场的需求。二是生产规模不断扩大，产量及经济效益不断增加。黄瓜山脆姜常年种植面积5 000亩，永川区种植规模3万亩。力争在3～5年内实现生姜产值突破10亿元。

第九节 潼南罗盘山生姜

罗盘山生姜，重庆市潼南区特产。栽培始于唐朝，历史悠久，产区位于潼南罗盘山一带。罗盘山生姜驰名古今，具有表皮金黄、色泽鲜艳、肉质肥嫩、粗壮无筋、甜辣适口、入菜不馊、易于存窖等特点，故有"甜香辛辣九山姜，赛过远近十八乡，嫩如冬笋甜似藕，一家炒菜满村香"之美传。潼南罗盘山生姜于2011年11月注册为地理标志商标。

一、产地环境

罗盘山生姜出产于新胜镇罗盘山山脉一带。因最早种植在潼南区新胜镇罗盘山上而得名，罗盘山海拔537米，其区域物产丰富，具有山区气候特点，身在此山，云雾缭绕，鸟语花香，气候宜人，四季分明，光照充足，降水充沛。境内土壤为紫红色泥岩发育而成的壤土、沙壤土、粉沙土，宜水稻、生姜作物轮作，微酸性沙质土种出的生

姜质量上乘。

二、历史渊源

潼南区是著名的生姜老产区，其历史可以追溯到618—907年。据《潼南县志》记载，罗盘山生姜在唐朝时被列为贡品。千百年来一直因其深受人们欢迎，被产地农民自发种植销售。1995年，潼南县农业局成立课题组，进行"生姜高产、高效综合丰产栽培技术研究"，并荣获重庆市农牧渔业丰收奖三等奖。1999年，潼南县委、县政府重视蔬菜产业化基地建设，先后两次下发文件抓此项工作。后将罗盘山生姜研发重新提上重要的议事日程。2002年8月，潼南县新胜镇为了积极、稳妥地走农业产业化经营之路，带领姜农实现规模化、集约化经营，逐步带动五桂、卧佛、塘坝等相邻镇乡发展生姜产业，形成以新胜盘山姜为拳头的万亩生姜产业基地，成立重庆市潼南县盘山农业有限公司，专门发展罗盘山生姜。区（镇）党委、政府通过大力对外宣传，打造"盘山姜"品牌，吸引了外地农副产品加工企业（公司），不少公司对罗盘山姜十分青睐。位于重庆石桥铺石新路的重庆大同食品有限公司加工外销的"么哥·泡子姜"原料也独钟盘山姜。2018年，罗盘山生姜远销东南亚国家和港澳地区。

三、荣誉认证

2003—2006年，罗盘山生姜连续被评为重庆名牌农产品。2003年，罗盘山生姜因其具有芽口长、细、白、脆的产品质量性状，被重庆市确认为无公害蔬菜。

2011年11月，罗盘山生姜获得农产品地理标志登记证书。

2014年，罗盘山生姜获农业部"全国名特优新农产品"称号。

2015年5月，获国家质量监督检验检疫总局准予使用生态原产地保护标志。

四、品质特点

（一）产品品质特色

罗盘山生姜形如手掌、姜指长，皮白肉淡黄，表面光洁晶莹，脆嫩微辣，香鲜味浓。

（二）内在品质指标

罗盘山生姜粗蛋白含量＞1.1%，粗纤维含量＜8.5%。

（三）产品质量安全规定

潼南罗盘山生姜产地环境符合《无公害农产品　种植业产地环境条件》（NY/T 5010—2016）的规定。产品质量符合《绿色食品　薯芋类蔬菜》（NY/T 1049—2015）标准。

五、生产情况

"罗盘山生姜"作为潼南特色蔬菜，其基地始建于2002年，潼南县产业化办公室批准建立生姜基地5 000亩，以后经历了2002—2006年、2007—2011年、2011—2017年3个发展阶段。到2017年，潼南区新胜、塘坝、小渡、卧佛、五桂、太安6个镇（街）的生姜种植面积达4.5万亩，年产量达10万吨，年产值达6亿元，占潼南区农业产值的7.6%，成为"一棵菜养活3万人"的主导产业；在区境内主要分布在新胜、塘坝、小渡、卧佛、五桂、太安6个镇（街）。东到小渡，南到五桂，西到新胜，北到塘坝，地理坐标为东经105°04′52″—105°53′04″，北纬29°49′01″—29°0′57″。根据重庆市无公害蔬菜（生姜）标准生产，推广"统一供种、统一育苗、统一技术、统一标准、统一品牌、统一销售"的经营策略，严格控制施用化肥，禁止使用高毒、高残留农药，实行规范的商品化清洗、分选和包装处理，让消费者吃上放心生姜。

六、专用标志

潼南罗盘山生姜地理标志产品保护范围内的生产者，可向重庆市潼南区质量技术监督局提出使用地理标志产品专用标志的申请，经重庆市质量技术监督局审核，由国家质量监督检验检疫总局批准并公告。潼南罗盘山生姜的法定检测机构由重庆市质量技术监督局负责指定。

七、质量技术

（一）品种

乐山竹根姜等。

（二）立地条件

保护区内海拔≤500米，土壤质地为壤土、沙壤土、粉沙土，土层厚度35厘米以上，pH 6～7.0，有机质≥1%。

（三）栽培技术

1.精选姜种、培育壮芽

（1）精心选种。选用姜块肥大、丰满、皮色光亮、肉质新鲜不干缩、不腐烂、未受冻、质地硬、无病虫的健康姜块作种。严格淘汰姜块瘦弱干瘪、肉质变褐及发软的种姜，要求种姜块重达50～70克。

（2）晒姜困姜。3月上旬选晴天9点左右，将精选的姜种放在阳光充足的土地上晾晒，晚上收进屋内，重复2～3次，姜皮发白发亮，种姜晒困结束。在晒困过程中，应注意病症不明显的姜块，经晒、困失水后，严格淘汰表皮干瘪皱缩，色泽灰暗的姜块，确保姜种质量。

（3）杀菌消毒。对选好的姜种消毒灭菌。

（4）炕姜催芽。对精选、晒、困、消毒后的姜种，利用灶台、温室、电热毯等避光催芽。

催芽温度掌握在22～25℃，并注意前高后低；待姜芽生长至1厘米左右，且未生出白根时，按姜芽大小分批播种。

2.整地

整地原则：清除田间杂草后，通过人工或机械深耕（深度达30厘米以上）炕土，欠细耙平、土壤颗粒直径不超过0.3厘米，土壤上松下实，开沟深度30厘米，沟距50厘米。

3.适期播种、合理密植

（1）适期早播。地温稳定在15℃以上时开始播种。

（2）合理密植。根据地块肥力合理密植，一般行距60～65厘米，株距18～22厘米。

4.田间管理

（1）适时遮阴。姜较耐阴，不耐强光，在5月以后应及时为姜田遮阴，促进姜苗健壮生长，用遮阳网覆盖遮阴，早盖晚揭，晴盖阴揭。

（2）及时排水。苗高13～16厘米时开始施肥培土，共培土3～4次，5—7月多阴雨，应及时理沟排水，避免水淹，减少病虫害。

（3）肥水管理。施肥原则：根据测土配方科学施肥，以腐熟的农家肥或者商品有机肥为主，因地制宜加入适量专用配方肥。

首先轻施提苗肥、重施分枝肥、补施膨大肥；其次应根据天气、土壤质地及土壤水分状况及时浇水和雨后及时排水。生姜进入旺盛生长期，需水量增多，要始终保持土壤的湿润状态；最后应根据生

姜生长情况，及时分次培3~4次土，确保生姜不露出土面，促进姜块迅速生长。

5.病虫害防治

（1）农业防治。合理轮作、及时清洁田园、选用抗（耐）病品种，培育壮苗，根据土壤检测制定科学合理的配方施肥方案，加强科学肥水管理。

（2）物理防治。合理应用黄蓝板、杀虫灯、性诱剂等诱杀害虫。结合田间管理，发现虫卵块或幼虫群后及时捏杀或摘除纱窗叶。

（3）生物防治。保护、利用天敌，使用生物源农药，防治病虫害。

（4）化学防治。使用低毒、低残留、广谱、高效农药，控制用药次数和间隔时间，注意交替使用农药。

6.采收上市

采收原则：蔬菜采收上市必须严格执行农药安全间隔期。并经定性检测合格后才可上市销售。

（1）采收。仔姜茎粗1.2厘米以上后，可随市场需求情况陆续采收。

（2）整理。保留生姜鳞片1~2寸*，切去多余外叶并用清洁水清洗干净，使之无沙石、泥渍、泥土。

（3）分级。去除机械损伤、病虫斑生姜，并按其大小分级包装。

（4）包装。包装材料应使用国家允许使用的材料，用于包装的容器应按产品规格大小设计，要求整洁、干燥、牢固、美观、无污染、无异味、内壁无尖突物、无虫蛀、无腐烂、无霉变，不会对产品造成二次污染。每批生姜出场上市应有标签，标明品名、等级、产地、生产者姓名、规格、重量、采收日期、执行标准等。

7.运输、储藏

（1）运输。运输工具清洁、卫生、无污染；装运时做到轻装、轻卸，严防机械损伤；严禁与有毒有害物质混装。运输时应防冻、防晒、防雨淋，注意通风散热。

（2）储藏。储藏应置于阴凉、通风、清洁、卫生的环境下，严防曝晒、雨淋、冻害、有毒物质的污染和病虫害的危害。存放时应堆码整齐，防止挤压等造成机械损伤，堆码时包装箱距地面20厘米，距墙30厘米。

八、质量特色

（一）产品品质特色

罗盘山生姜形如手掌、姜指长，皮白肉淡黄，表面光洁晶莹，脆嫩微辣，香鲜味浓。

（二）内在品质指标

粗蛋白含量＞1.1%，粗纤维含量＜8.5%。

（三）产品质量安全规定

潼南罗盘山生姜产地环境符合《无公害农产品 种植业产地环境条件》（NY/T 5010—2016）的规定。产品质量符合《绿色食品 薯芋类蔬菜》（NY/T 1049—2015）标准。

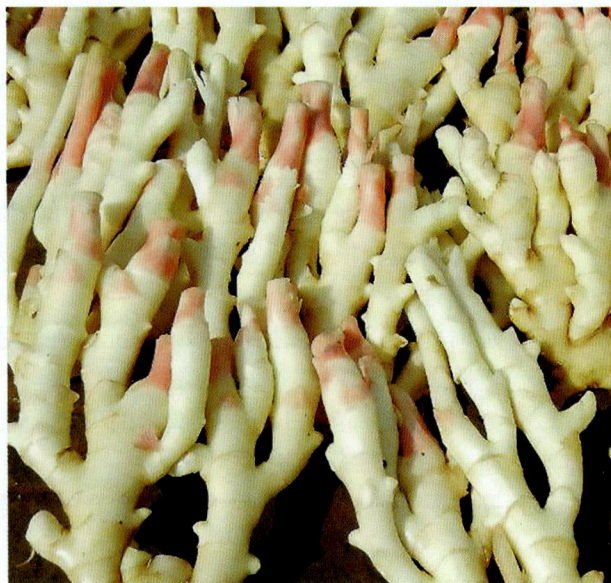

---

* 寸为非法定计量单位，1寸≈3.33厘米。——编者注

第十节 潼南萝卜

潼南萝卜，重庆市潼南区特产，地理标志产品。潼南萝卜产区遍布潼南区，具有"无台风、无冻害、无检疫性病虫害"三大萝卜种植生态优势。且采用适宜潼南独特自然生态环境的抗病性、抗逆性强，丰产、商品性好的"抗病博士""超特新""特新白玉春""幕田迎秋""抗病白金"等优良品种，所产萝卜表皮光滑、肉质紧密、脆嫩、微甜，煮熟后香味浓郁、细嫩化渣、滋润回甜。

一、产地环境

潼南位于重庆西北部，地处渝蓉地区直线经济走廊，中亚热带丘陵地带，是"中国西部绿色菜都"，全国无公害农产品生产示范区。

潼南属亚热带湿润季风气候区，气候温和、湿润，热量丰富。无霜期长，四季分明，降雨充沛，溪河纵横，水源充足。涪、琼两江横贯潼南县域东西，大小溪河73条。多年平均水资源总量6.11亿立方米，过境水资源量155.7亿立方米，地下水资源储量约为4 517万立方米，水质洁净，排灌便利。具有无台风、无冻害、无检疫性病虫害三大共同优势和冬暖春早、夏热秋凉的特点。土壤以紫色土壤为主，涪、琼两江沿岸则以灰棕潮土和紫色潮土为主。pH5.5～7.5，酸碱度适中；土壤较肥沃，土壤有机质含量平均为1.35%，全钾含量2.55%，速效钾含量丰实，平均为96ppm，速效磷含量低，平均为3ppm，碱解氮含量75ppm，适宜周年生产优质的潼南萝卜。

二、历史渊源

潼南区是重庆市4个核心蔬菜基地之一，其萝卜栽培始于民国，有70多年历史。据《潼南县农业志》记载，民国三十五年（1946年）由四川省农业部门引进，当时分来潼南作秋播的有花菜薹、萝卜等16种蔬菜，春播的有四季豆、茄子等11种蔬菜，可是种植者少，未得到很好推广。中华人民共和国成立后，白菜、萝卜、四季豆等20种蔬菜得到普遍种植推广。据《潼南县农业志》记载，潼南萝卜潼南县种植分布广泛。

三、荣誉认证

潼南萝卜于2012年8月3日注册为地理标志商标；2015年5月25日，获国家质量监督检验检疫总局准予使用生态原产地保护标志。地理标志地域保护范围为潼南区桂林、上和、玉溪、米心、双江、梓潼、别口、崇龛、柏梓、太安、花岩、龙形、古溪、宝龙、群力、小渡、新胜、塘坝、卧佛、五桂、寿桥、田家22个乡（镇、街），这些乡（镇、街）地处海拔212～450米的平坝和浅丘地带。东到上和镇石镜村，南到太安镇渔溅村，西到崇龛镇临江村，北到米心镇，地理坐标为东经105°31′41″—106°00′20″，北纬29°47′33″—30°26′28″。凡属该区地域保护范围内生产的萝卜，均可使用潼南萝卜地理标志公共标识。

四、品质特点

潼南萝卜表皮光滑、个大、色白、无公害、肉质紧密、脆嫩、微甜、无苦味、无糠心、无黑心，煮熟后香味浓郁、细嫩汁多化渣、滋润回甜，是中国萝卜的佼佼者，被人们誉为"人参"，在北京、辽

宁、吉林、黑龙江、四川、贵州、广西等地均走俏市场。其营养丰富，长期食用可以补充人体营养、促进新陈代谢、健康益智；入肺、胃经，能消积滞、化痰热、下气、宽中、解毒，治食积胀满、咳嗽失声、肺痨咯血、呕吐反酸等。潼南萝卜具有很强的行气功能，还能止咳化痰、除燥生津、清热解毒、利便。潼南萝卜可增强肌体免疫力，并能抑制癌细胞的生长，对防癌、抗癌有重要意义。潼南萝卜中的B族维生素和钾、镁等矿物质可促进胃肠蠕动，有助于体内废物的排出。常吃潼南萝卜可降低血脂、软化血管、稳定血压，预防冠心病、动脉硬化、胆石症等疾病。潼南萝卜是老幼皆宜、馈赠亲友之佳品。

五、生产情况

1999年，潼南县成立蔬菜办公室，大力发展萝卜生产，建立蔬菜基地1万亩。以后经历了2002—2012年、2013—2015年、2015—2017年3个发展阶段。到2017年，潼南区已种植萝卜8 000公顷，年产量45万吨、年产值达9亿元，占潼南区农业产值的11.5%，成为"一棵菜养活4.5万人"的主导产业；在区境内，琼、涪两江沿岸为潼南萝卜主产区，产量占总产量80%以上。潼南萝卜基地利用无工厂污染的优势，根据农业部无公害萝卜标准生产，推广"严格选地，严格生产管理，有机肥，生物药，预防为主，综合防治的植保方针，严格执行农药安全间隔期，根据市场需要和生育期及时采收、包装、运输"等原则，严格控制施用化肥，禁止使用高毒、高残留农药，实行规范的商品化清洗、分选和包装处理，让消费者吃上放心萝卜。

六、专用标志

潼南萝卜地理标志产品保护范围内的生产者，可向重庆市潼南区质量技术监督局提出使用地理标志产品专用标志的申请，经重庆市质量技术监督局审核，由国家质量监督检验检疫总局批准并公告。潼南萝卜的法定检测机构由重庆市质量技术监督局负责指定。

七、质量技术

（一）品种

抗病博士、超特新、特新白玉春、幕田迎秋、抗病白金等。

（二）立地条件

潼南萝卜地理标志产品保护范围内海拔≤500米，土壤质地为壤土、沙壤土。土层厚度60厘米以上，pH6～7.0，有机质≥1%。

（三）栽培技术

1.地块选择

选择地势平坦、排灌方便、土层深厚、土质疏松、富含矿物质养分和有机质、保水、保肥性好的沙壤土。以前作种植瓜类、豆类和葱蒜类的蔬菜地块为宜，避免与十字花科蔬菜连作。

2.播种管理

(1) 播种。播种时选用品种纯正、粒大，充实饱满的种子，以提高发芽势，促幼苗健壮。萝卜用种量因品种和播种方法而异，播种深度约为1～1.5厘米，不宜过深，播后用铁耙轻搂细土覆盖种子，亩用种量90克左右。

(2) 播种期。播期安排在当地气温稳定于12℃以上的时期内，早春萝卜于1月上、中旬至3月中旬播种；露地秋冬萝卜于8月中下旬到12月均可播种。

(3) 播种方法。多采用干籽直播，每穴1～2粒。播种要均匀，覆土厚度约1～2厘米，播种后稍加镇压，镇压后，温度低时，应覆盖地膜。出苗4～5天后，及时破膜引苗，进行第一次查苗，发现缺苗断垄，应及时补种，以保证全苗。行窝距（30～40）厘米×（15～20）厘米，亩栽9 000～12 000株。

3.田间管理

(1) 匀苗。播种4～5天，幼苗出土后查苗补种。子叶展开时间苗1次，每穴留1株苗。出现第2～3片真叶时第二次间苗，每穴留1株苗。

(2) 追肥。第一次追肥在播种后12天左右，出现2～3片真叶时用清粪水加1千克硼砂/亩追施提苗肥，离根部2～3寸处浇施。以后根据墒情追肥。

4.病虫害防治

积极贯彻"预防为主，综合防治"的植保方针。以农业、物理和生物防治为基础，按照病虫害的发生规律和经济阈值，科学使用化学防治技术，有效控制病虫危害。禁止使用国家明令禁止的高毒、剧毒、高残留农药及其混配农药品种。使用药剂防治应符合《农药安全使用规范总则》（NY/T 1276—2007）和《农药合理使用准则》所有部分的要求。

5.采后处理

根据市场需要和生育期及时采收、包装、运输。必须严格执行农药安全间隔期。

(1) 包装。采用纸制箱、塑料箱、塑料袋、捆扎带等材料包装。包装材料应无毒、无害、清洁，并符合相关标准要求。同一批货物的包装件应装入品种、等级和成熟度一致的萝卜产品。

(2) 预冷。必须对需中长期储藏和长途运输的萝卜预冷，在短时间内把萝卜体温降到0～5℃，以利于储藏和运输。

(3) 储存。临时存放必须选择阴凉、通风、清洁、卫生的地方，严防日晒、雨淋、受冻，防止有异味物质和有毒物质的污染和病虫害侵染。中长期储藏保鲜应在冷库中进行，库温保持在0～5℃，相对湿度90%～95%。不得与有毒、有异味物品一起储藏，并采用无公害保鲜剂处理，库内堆码应保证气流均匀地通过。萝卜出售时应基本保证品种果实具有原有的色、香、味。

(4) 运输。装运时做到轻装、轻卸，严防机械损伤。运输工具应保持清洁、卫生、无污染；长途运输时，应使用冷藏车或冷藏集装箱，运输中注意防冻和通风散热，避免日晒、雨淋。

八、质量特色

（一）感官特色

皮肉颜色为白色，叶色为绿色，根形为长圆筒形，根直径为7厘米左右，根长度为28厘米左右，根重为1千克左右。

（二）内在品质指标

维生素C含量＞10%，粗蛋白含量＞0.4%，可溶性糖含量＞2.0%。

（三）质量安全规定

产地环境条件应符合《无公害农产品　种植业产地环境条件》（NY/T 5010—2016）的规定。产品质量符合《绿色食品　根菜类蔬菜》（NY/T 745—2012）标准。

第十一节　荣昌盘龙生姜

盘龙生姜，荣昌特产，地理标志产品。以仔姜为珍品，深受消费者喜爱，在重庆市内外享有较高的知名度，90%以上销往重庆、成都、内江、厦门、扬州、汕头、广州等地，部分精品仔姜还远销到日本。到2017年，荣昌盘龙生姜种植规模近2万亩，产值达4亿元，占荣昌区生姜的60%以上。

一、产地环境

盘龙镇地处荣昌区西北部，与四川省隆昌市、内江市东兴区接壤，是古昌州州府所在地，距荣昌主城区32千米，距成渝高速路入口16千米，距重庆市112千米。盘龙镇辖12个村、4个社区，地域面积126平方千米，以浅丘为主，地势起伏平缓。气候温和，光热充足，雨量充沛，土壤肥沃，适宜于盘龙生姜种植，适宜种植的面积在5万亩以上，且多数属于农业区，土壤、灌溉水和空气未受到污染，具有大规模发展无公害生姜、绿色生姜的有利条件。

二、历史渊源

根据历史记载，1949年之前，盘龙的农户分散，生姜零星种植，面积150亩左右，亩产500～1 000千克。中华人民共和国成立之后，随着生姜食用、药用价值的深度挖掘和人们生活水平的提高，生姜产业被逐步重视，获得发展。1980年以来，农用地膜开始在农业各类生产中推广应用，荣昌盘龙生姜种植户最早将其用于生姜种植。地膜覆盖有利于保温、保湿，使生姜的播种时间提前。正常情况下，生姜从每年5月开始播种，10月开始采收，用了地膜覆盖技术后，2月就可以播种，6月就可以采收。如此一来，还未进入伏旱与姜瘟病高发期，生姜采收就已基本结束。2003年5月，盘龙镇长岭村以生姜种植为依托，成立了荣昌县盘龙长岭仔姜专业合作社。合作社以传授技术、服务群众为宗旨，致力于生姜种植产业的推广和发展。盘龙生姜种植户与科技人员在生产中还摸索、总结出一套仔姜连作高效技术，将过去1亩6 000窝的密度增加至每亩1.5万～2.0万窝，从每年换地到同一块地连种20年以上，亩产保持在2吨左右。因盘龙生姜上市早，价格高，亩平产值多年保持在2万元以上。

三、荣誉认证

盘龙生姜2006年成功注册"昌州"商标；2007年，盘龙"昌州"牌仔姜被认定为重庆名牌农产品。2010年，成功注册"盘龙长岭"商标。2014年，"盘龙生姜"分别获得地理标志商标和绿色食品双认证；2016年，成功入选"全国百家合作社百个农产品品牌"；2017年，"荣昌盘龙生姜"通过国家生态原产地产品认证。

2010年，成立盘龙万亩生姜科技示范园；2012年，获批"市级现代农业园"。

四、品质特点

盘龙生姜主栽品种为乐山白姜和重庆白姜，具有生长快、色白质嫩，清香可口，爽口化渣，粗纤维含量低，含硫量少等特点，仔姜表皮非常薄，肉质细嫩，口感清脆，姜的辛辣感没有老姜强，同时又多了一丝甜味。特别适合鲜食、腌制泡菜、酱菜；既是很好的佐料、调味品，也是很好的医疗保健品。

五、生产情况

盘龙生姜的栽培方式有地膜姜、大棚姜、窝子姜、种姜等，以地膜埂子姜最具特色，面积已发展到近2万亩、产量4万吨，成为荣昌区第一个规模在万亩以上亩纯收入超过万元的特色种植业。建有盘龙生姜市级农业园区1个、农业部农村生姜（设施）标准园1个。建立了产地简易交易市场1处、生姜育苗中心1座、200吨容量冷藏库1座、质量安全检测点1个，生姜产业链逐步建立。

六、专用标志

荣昌盘龙生姜地理标志产品保护范围内的生产者，可向荣昌盘龙生姜地理标志产品保护申请者——荣昌区盘龙镇农业服务中心提出使用地理标志产品专用标志的申请，经盘龙镇农业服务中心审核、批准才准使用。荣昌盘龙生姜的法定检测机构由重庆市质量技术监督局负责指定。

七、质量技术

（一）品种

荣昌盘龙生姜主栽品种为乐山白姜和重庆白姜。

（二）立地条件

荣昌盘龙生姜宜选择土层深厚、土壤疏松肥沃、排灌方便的微酸性壤土。

（三）栽培技术

1.休耕养土

在盘龙生姜收完后，半年内不栽种其他任何作物，让姜地休息，恢复地力。养土期间应及时除草、开沟排水、集制有机肥。打通姜土四周边沟，深度50厘米，宽30厘米，尽量排干土壤中的水分。

2.深翻炕土

栽种盘龙生姜的前几年，每年的中秋节前后翻耕1次，深度在1尺以上，炕土2个月以上，利用强烈的阳光暴晒、风化、消毒，创造有利于根系生长的疏松、肥沃、干净的土壤条件。

3.多施有机肥

作为底肥，结合深翻施用，亩施各类腐熟优质农家肥5 000千克以上。选择加入复合肥、油枯等50千克。

4.开厢筑埂

做埂子的时间一般集中在头年的10—12月。将已整好的姜地，按2.1米开厢，做成高厢，其中厢面净宽1.5米，人行道宽0.6米。厢面呈龟背形，长度依土块的具体情况确定。在厢面上横向开短沟，

长度与厢宽等长,沟深23～27厘米,沟底宽13厘米,埂底宽17厘米,连沟带埂30厘米,埂面宽10厘米。埂切面微带倾斜,呈板凳脚状。

5.高密度栽培

每亩栽种1 000沟左右,株距8～10厘米,每沟可放姜种15～20块,亩栽植1.5万～2.0万块,用种量达500～700千克。此栽植密度比常规栽培方式高1倍以上,用种量高50%左右。播种后,全园浇透水1次,土壤湿度达70%。

覆膜。封草完毕后,对种植畦面覆膜。

6.加强管理

(1)揭膜。田间出苗70%以上,日间温度高于25℃,揭去地膜。

(2)除草。揭膜15～20天后,人工除去田间杂草。

(3)培土。结合施肥、中耕和除草进行。用铲锄分4～5次将姜埂铲平,把人行道的泥土铲在行子里,最后使人行道变为深沟,深达硬土层,与姜土的边沟等深。

(4)追肥。苗出齐后,亩施腐熟粪水1 000千克,20天后再施1次。喷施叶面肥0.2%磷酸二氢钾,每隔15天1次。培土时将追肥覆盖。

(5)水分管理。生姜土壤相对湿度应保持在60%～70%。春季干旱较严重,应注意及时灌水,保持土壤湿润。4月后雨水较多,应注意排水,以防积水腐烂根茎。

(6)防治姜瘟病。发病初期及时选用5%硫酸铜、5%漂白粉、石灰水等灌根,每穴0.5～1升。

(7)防治姜螟。5月上旬观察新叶,如发现孔眼、网状,防治第一次,实行挑治效果好。半个月后再喷1次。可用52.25%农地乐乳油或4.5%高效氯氰菊酯乳油1 500～2 000倍液喷雾,或1.8%阿维虫清1 500倍液喷雾。

7.早收仔姜

每窝达地面3根姜苗,地下长出2个分枝,姜拇指17～20厘米长时可开始采收仔姜。盘龙生姜可于5月下旬至6月上旬开始陆续采收上市,7—8月采收完毕。每窝可收仔姜150～200克,高产的达300～400克。此时的仔姜色泽好、外观美、品质好,用途广,深受消费者喜爱。

第十二节　丰都脱毒生姜

脱毒生姜,重庆市丰都县特产,2010年开始种植并快速发展。

生姜是食药同源蔬菜,用途广泛,在丰都广为种植且历史悠久。但是,生姜为无性繁殖作物,病毒侵染是生姜种性退化的重要原因。由于病毒长期在体内积累,使姜的优良性状退化,生长势减弱,导致大幅度减产和品质下降,抗逆性降低。据调查,生姜因病毒病危害,一般减产5%～45%,给姜产区造成严重的经济损失。应用脱毒姜种生产可有效避毒增产。

一、产地环境

丰都县属东部季风型农业气候大区,海拔、地貌差异大,引起水、热的再分配和垂直变化,形成多层次的立体农业特点,可分为五个农业气候区。

丰都县内年平均降水量1 087.1毫米,最多年达1 479.4毫米(1982年),最少只有789毫米(1981年)。常年大雨始于4月中旬,结束期一般在10月中旬。总体上降水量充沛,但时空分配不均,表现在年际变幅、季节变化悬

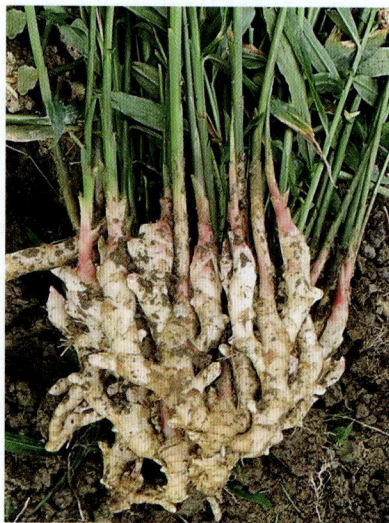

殊,地域差异大;冬季不到全年的7%,夏季却占全年的35%～40%,春季略多于秋季;夏半年占全年总降水量的73%～79%,冬半年均在27%以下。地域分布上,山区多于沿江,长江以南多于长江以北。

丰都县内自1959年以来,年均日照数为1 311.3小时,最多年为1 568.5小时（1978年）,最少年只有940.5小时（1982年）。

二、历史渊源

传统种植的生姜为非脱毒生姜。非脱毒生姜属于长期无性繁殖的农作物,容易感染病毒等病害,而且随着无性繁殖代数的增加,植株上病原物含量越来越多,植株受害越来越严重,产量一代不如一代,严重影响了农户的种植效益。脱毒生姜种植效益是非脱毒生姜的3倍。

在中国,食用姜的历史相当悠久,流传着很多名人和姜的故事。

《神农本草经》记载:"干姜,味辛温,主胸满咳逆上气,温中止血,出汗,逐风湿痹,肠癖下痢,生者尤良,久服去臭气,下气,通神明。生山谷。"传说,神农尝百草,以辨药性,误食毒蘑菇昏迷,苏醒后发现躺卧之处有一丛青草,神农顺手一拔,把它的块根放在嘴里嚼。过了不久,肚子里"咕噜咕噜"地响,泄泻过后,身体全好了。神农姓姜,他就把这尖叶草取名"生姜",意思是它的作用神奇,能让自己起死回生。

《论语》记载孔子说过"不撤姜食,不多食"。即每次吃饭,他都要吃姜,但是每顿都不多吃。南宋理学大师朱熹在《论语集注》中,进一步阐释了孔子食姜的嗜好,说姜能"通神明,去秽恶,故不撤"。

《史记》中有"千畦姜韭,其人与千户侯"的记述;北魏贾思勰编的《齐民要术》里有"种姜第二十七"篇;元朝《王祯农书》中也详细描述了生姜栽培、储藏的方法及用途。

21世纪初,丰都开始种植脱毒生姜。2005年,丰都县科技特派员陈双全开始接触生姜种植,在社坛镇地坝嘴村流转土地20亩,种上生姜,但由于没有经验,在出太阳的时候给生姜浇水,导致20亩生姜全被蒸死,损失达7万余元。2006年,陈双全不气馁,流转水田60亩,但由于生姜带有病毒,加上种植经验缺乏,又失败了,亏损7万元。陈双全开始总结失败经验,并四处查阅资料,请教丰都县农业委员会专家,了解了脱毒生姜具有不损苗、耐高温等特点,于是他开始种植脱毒生姜。2007年,陈双全通过种植脱毒生姜,收入9万余元,大大增加了继续种植脱毒生姜的信心。2008年,陈双全在名山街道冯家坝村流转土地30余亩,到四川喜玛高科科研所购买4万元脱毒生姜种苗,开始大规模种植脱毒生姜,当年纯收入30余万元。陈双全不仅传授种植技术,还对前来学习的农户开展生产管理、组织销售等方面的帮助。被评为丰都县科技特派员后,陈双全有了更大的动力,截至2018年,陈双全已带动丰都县百余农户种植脱毒生姜致富。

2011年,落户丰都包鸾镇的重庆现代农业基地基础设施建设项目完工,占地150亩,当年向农户提供第一批脱毒生姜种苗。2016年,包鸾镇还引进重庆市雨泪农业科技有限公司,在花地堡村发展脱毒生姜特色产业种植,进一步扩大种植面积。2018年,基地有智能化多功能温网室大棚2 900平方米,并与中国农业科学院、重庆文理学院、乐山农业科学研究院、四川喜玛高科等科技院所的合作,其主打产品脱毒生姜种苗不仅带动了丰都县和包鸾镇农户规模化种植,产品还成功销往重庆各地和海南、广西、福建等10多个省份,部分产品还销往国外。

三、品质特点

与普通生姜的显著区别是脱毒生姜不带病毒。脱毒生姜生长势较强,株高60～90厘米,开展度40厘米,分根10～16,茎淡绿色,基部紫红,叶色翠绿,形似谷叶,长20～25厘米,宽2.5～3厘米。姜块呈掌状,姜球数8～12个,姜球上部鳞片呈淡红色,色泽鲜亮,外形美观,单株重0.5～1

千克，一般亩产5 000千克，辛香味浓，纤维少，质地细嫩，营养丰富。据重庆市农产品质量安全中心检测：每100克中含能量172千焦、水分87克、蛋白质1.3克、脂肪0.6克、膳食纤维2.7克、碳水化合物7.6克、胡萝卜素170微克、维生素A_1 28微克、硫胺素0.02毫克、核黄素0.03毫克、烟酸0.8毫克、维生素C4毫克、钾295毫克、钠14.9毫克、钙27毫克、镁44毫克、铁1.4毫克、锰320毫克、锌0.34毫克、磷25毫克、硒0.56微克，尚含促进消化液分泌的姜辣素等成分。

四、产品繁育

脱毒生姜种分为原原种（试管苗）、原种（由试管苗繁育）、商品种（由原种扩繁，用于大田生产）。

（一）脱毒生姜原原种生产

脱毒生姜原原种即脱毒生姜试管苗，系重庆市雨泀农业科技有限公司与四川喜玛高科农业生物工程有限公司、重庆文理学院合作，采用植物组织培养技术繁育。

2010年，四川喜玛高科农业生物工程有限公司以莱芜大姜为母本种源，经过茎尖脱毒、植物组织培养，培育不带病毒的脱毒生姜试管苗1万株，按照《脱毒生姜种姜（苗）病毒检测技术规程》（NY/T 404—2000）检测试管苗，结果显示不带病毒。

2011年，重庆文理学院以竹根姜为母本种源，为重庆市雨泀农业科技有限公司培育出不带病毒的脱毒生姜试管苗1万株。

（二）脱毒生姜原种

2011年，重庆市雨泀农业科技有限公司在丰都县包鸾镇花地堡村建立脱毒生姜原种、商品种繁育基地。脱除病毒彻底的试管苗经炼苗后移栽入连栋钢架大棚防虫网室内，防虫网规格≤60目。连栋钢架大棚防虫网室1栋共840平方米，栽植四川喜玛高科农业生物工程有限公司以莱芜大姜为母本种源培育的脱毒生姜试管苗1万株，当年初冬收获脱毒生姜原种520千克。

2012年，用连栋钢架大棚防虫网室栽植，由重庆文理学院以竹根姜为母本种源培育的脱毒生产试管苗1万株，当年11月收获脱毒生姜原种650千克。

2011—2017年，累计生产脱毒生姜原种22 500千克。

（三）脱毒生姜商品种

2012—2013年，重庆市雨泀农业科技有限公司在丰都县包鸾镇花地堡村的单体钢架塑料大棚内生产脱毒生姜商品种，2012年，产脱毒生姜商品种5 560千克；2013年，产6 280千克。

2012—2017年，累计生产脱毒生姜商品种226万千克。

五、生产情况

2013年，在包鸾镇示范种植脱毒生姜30亩，总产165吨，平均单产5.5吨。

2014年，在包鸾镇、董家镇示范种植脱毒生姜152亩，总产596吨，平均单产3.92吨。

2015年，在包鸾镇、董家镇、龙孔镇示范种植脱毒生姜624亩，总产2 265吨，平均单产3.63吨。

2016年，在包鸾镇、董家镇、龙孔镇、双路镇、理明寺镇种植脱毒生姜1 487亩，总产5 532吨，平均单产3.72吨。

2017年，丰都县推广面积达3 395亩，总产12 500吨，平均单产3.68吨。

六、产品销售

脱毒生姜产品包括仔姜（嫩姜）和老姜2类，仔姜作鲜食蔬菜，老姜用于菜肴调味。销往重庆、涪陵、万州等批发市场和区（县）批发市场。

脱毒生姜种销往海南、广东、福建、湖南、贵州、重庆等10多个省（自治区、直辖市）的生姜种植区。

七、质量技术

（一）品种

脱毒莱芜大姜、脱毒竹根姜。自留种连续使用时间不超过3年。

（二）立地条件

丰都县境内海拔175～1 400米的农耕区域。

（三）生态环境

远离工矿区，无污染源。土壤、灌溉水源、空气质量等生态环境符合《绿色食品 产地环境质量》（NY/T 391—2013）标准。土层深80厘米以上，土质疏松肥沃，有机质≥1%，质排水良好的沙壤土、壤土，pH5～7，忌连作，应间隔3年再种植。

（四）栽培技术

1.精细整地，施足底肥

选择土地肥沃，土层疏松，土层深厚，灌溉条件良好的沙壤土，近3年应没有种植生姜、茄科、十字花科植物或种植过以上植物应无大面积发病区域；每间隔9.5米开大厢，厢面之间挖主干排水沟，排水沟宽度为50厘米，深度为60厘米；平地土块平整后，四周挖输水沟渠，排水沟宽50厘米，深60厘米。

入冬年前，施腐熟有机肥2 000～3 000千克/亩，优质复合肥150千克/亩（N：P_2O_5：K_2O=20：10：10），硼、锌、镁等微量元素施2千克/亩，耕地时用深耕锄翻入土壤，深度40厘米以上，耕深耙实。

2.精心选种，适期早播

播种前10天左右，取出脱毒种姜晾晒1～2天，选择块大、皮色好的姜块做种催芽，催芽温度控制在21～25℃。地膜覆盖生姜的最佳播种期在3月中、下旬，行距60～65厘米，株距20厘米，亩栽5 500株左右，每亩用种姜量约300千克。

3.科学管理，促进生长

播种后20天，快出姜苗时采用遮阳网遮阴，6月上旬至下旬幼苗期适当追肥，亩施尿素25千克。"立秋"前后亩施复合肥50千克，钾肥50千克。9月上旬以后，根据苗情，亩追施尿素10～15千克，钾肥15～20千克。

4.综合防治病虫害

姜瘟病是一种毁灭性病害，应以综合防治为主，即轮作换茬，选用未感染姜瘟病的脱毒种，必

要时用氯化苦熏蒸土壤；排水防涝；药剂防治可用药肥素、生姜宝、克菌康等1 000倍液灌根。生长期主要虫害有姜螟虫、甜菜夜蛾等，要及时搞好虫情测报，在大面积发生前做好药剂防治，可用80％敌敌畏800倍液或90％敌百虫800倍液，或敌杀死2 000倍液喷洒，每7～10天防治1次，交替用药。

5.适时收获，提高效益

根据市场行情，仔姜收获时间为8—9月，用于调味的老姜收获时间在初霜前后。

第二章
茎菜类

第一节　涪陵青菜头

涪陵青菜头，是以重庆市涪陵区为核心产区，在丰都、垫江、长寿、南川、武隆等区（县）与涪陵邻近区域均有生产的特色农产品，地理标志产品。涪陵青菜头的栽培始于清道光年以前，历史较悠久，其产区主要位于以涪陵为中心的长江、乌江海拔800米以下沿江地区，是国内青菜头种植生产最适生态区，具有"皮薄筋少、质量脆嫩、菜形美观、营养丰富"等固有特点，无论以煮、炒、腌、泡等方式调制食用均鲜香可口，深受各地老百姓喜爱。涪陵青菜头系采用早、中、晚熟配套"涪杂"系列杂交种及配套标准化无公害栽培技术所生产的具显著区域特色的优势农产品。2014年，涪陵青菜头被认定为重庆市蔬菜"第一品牌"。2017年，其品牌价值评估为24.38亿元。

一、产地环境

数百年来，涪陵以其特殊的土壤、气候、环境和人文条件，孕育出了独具品质的涪陵青菜头。

（一）土壤地质状况

以重庆市涪陵区为核心的最适青菜头种植生产基地，在地质构造上，属川东弧形褶皱带与川南黔北南北构造带相接触的过渡地区。立体结构明显，地形变化大，地质构造多变。区境周围群山环绕，区内以为河谷、丘陵，低山、平坝、台地等，海拔最低为138米，最高为800米，是其主要特色。土壤为灰棕紫泥土、红棕紫泥土、矿子黄泥土、黄色石灰土为主。土质较肥沃，土层内富含多种微量元素，pH微酸性，为青菜头的生长提供了优良的物质基础。

（二）气候条件

涪陵区青菜头种植生产基地属中亚热带季风气候，四季分明，热量充足，降水丰沛，季风突出。

气候四季特点为：春早，常有"倒春寒"；夏长，炎热，旱涝交错，伏旱频繁；秋短，凉爽而多秋雨；冬迟，无严寒，雨水少，常有冬干。

该区域秋季气温较高，一般旬平均气温在15℃以上，有利于青菜头播种后出苗生长；冬季旬平均气温在6～16℃，有利于青菜头瘤茎膨大和营养物质的累积；冬末初春时节，青菜头收获时，少雨、无严寒且极少冰冻。这种"高—低—稳"的气候条件，有利于涪陵青菜头的生长、瘤茎快速膨大和营养物质在膨大茎中的均衡积累。同时，该区常年全年平均气温18.1℃，无霜期317天，日照1 248小时，年均降水量1 072毫米，属少有的秋冬季多雾、寡日照区域。

（三）生产基地环境

产地环境质量符合《绿色食品 产地环境质量》（NY/T 391—2013）的规定。生产基地应选择在排灌方便、土层深厚、疏松、肥沃且远离十字花科蔬菜的灰棕紫泥土、红棕紫泥土、矿子黄泥土、黄色石灰土等地块，海拔在200～800米的地区种植。同时，基地附近没有污染源，并远离医院、垃圾场和主要交通要道（100米以上）；空气质量符合《环境空气质量标准》（GB 3095—2012）；垃圾和城市污染物符合《生活垃圾综合处理与资源利用技术要求》（GB/T 25180—2010）和《农用污泥中污染物控制标准》（GB 4284—1984）；灌溉水符合《农田灌溉水质标准》（GB 5084—2005）。

二、历史渊源

涪陵因乌江古称涪水，巴国先王多葬于此而得名。2 000多年前，巴国在此设郡，秦、汉、晋时设枳县，自唐以来一直为州所在地。中华人民共和国成立后为涪陵地区；1996年，撤涪陵地区，设涪陵市（地级），下辖2区1市3县；1998年，重庆直辖后改设涪陵区。

涪陵是青菜头的起源地或原生起源地之一，也是把青菜头作为时令特色鲜食蔬菜，进行大规模市场开发与应用的"领头羊"，更是闻名中外的以青菜头为原料、进行精深加工产品——"涪陵榨菜"的发祥地。

青菜头，学名茎瘤芥，属十字花科云薹属芥菜类蔬菜的一个变种。大约在19世纪中叶以前，在川东沿长江河谷地带分化而成，因时间较晚且是区域性"小作物"而文字记载较少。清道光二十五年（1845年），德恩修、石彦恬等撰成《涪州志》12卷，该书"物产"卷载："又一种名包包菜，渍盐为菹，甚脆"。这是关于茎瘤芥（俗名"包包菜""青菜头"）最早的文献记载，并将其归入青菜类。在当时或更早期，青菜头作为"鲜食蔬菜"的种类之一，在民间或平常人户家已广为人们所利用。

民国十七年（1928年）8月，王鉴清等主修、施纪云总纂《涪陵县续修涪州志》成书付梓。该书对涪陵青菜头、涪陵榨菜的相关描述："近邱氏贩榨菜至上海，行销及海外，乡间多种之""青菜有包有薹，盐腌，名五香榨菜"。说明在这之前，涪陵的乡间农家就已广为种植、生产青菜头。

民国二十五年（1936年）1月，国立四川大学农学院毛宗良教授等，利用学校放寒假到涪陵、丰都等地区考察柑橘和榨菜，回校后做学术报告。4月，在《川大周刊》4卷28期上发表《柑橘与榨菜》一文，确认涪陵榨菜（俗名"青菜头"）为芥菜的一个变种，并用拉丁文命名。同年，在《园艺学刊》第2期发表《四川涪陵的榨菜》一文。

民国三十一年（1942年），金陵大学教授曾勉、李署轩对青菜头进行科学鉴定，认定它属十字花科云薹属芥菜种的一个变种，并给予植物学的标准命名。鉴定结论和命名得到国际植物学界认可，一直沿用至今。

三、荣誉认证

2014年，涪陵青菜头被评为地理标志产品类"2013年度中国最具成长力商标"；2014年，涪陵青菜头被认定为重庆蔬菜"第一品牌"。同年，重庆市涪陵区被评为"中国绿色生态青菜头之乡"；2017

年，涪陵青菜头品牌评估价值达24.38亿元。

四、品质特点

涪陵青菜头最好的品种应属重庆市渝东南农业科学院于2006年、2013年培育出的青菜头杂交种涪杂2号和涪杂8号（均通过重庆市品种审定和国家非主要农作物品种登记）。其品质除符合《绿色食品　芥菜类蔬菜》（NY/T 1324—2015）的要求和达到国家对同类产品相关规定外，还具有以下典型特征。

（一）外在感观特征

单个青菜头的质量应达250克以上，青菜头呈近圆球形、扁圆球形或纺锤形，无长形和畸形，不带短缩茎、薹茎和叶柄，无病虫害、机械损伤和冻伤；表皮浅绿，肉质白而厚，质地嫩脆。

（二）内在品质指标

富含蛋白质、糖、维生素以及钙、磷、铁等微量元素。其中，水分≥93％，空心率≤5％，粗蛋白≥2.2克/100克，粗纤维≤0.6克/100克，粗脂肪≤0.5克/100克，钙≥40毫克/100克，维生素C≥20毫克/100克，铁≥1.2毫克/100克等。

五、生产情况

16—18世纪中叶，青菜头在涪陵长江沿岸有零星种植，是时主要作鲜食蔬菜和泡菜食用，直到1898年"涪陵榨菜"诞生之后，青菜头种植才逐渐形成集中成片规模种植。2008年，涪陵区委、涪陵区人民政府，确立了涪陵榨菜产业发展"加工鲜销两轮驱动"的产业发展思路，实行"两条腿"走路，即在做大做强精深加工——涪陵榨菜的同时，大力发展青菜头鲜销拓市；并出台相关政策，鼓励菜农、专业合作社和种植大户生产早、晚市青菜头，政府各部门及乡（镇、街道），每年都到全国各地为青菜头鲜销拓市。2010年，涪陵青菜头注册为地理标志商标。

涪陵青菜头种植涉及23个乡（镇、街道），16余万农户60余万菜农，建立了涪陵青菜头鲜销、生产加工各具特色的无公害、标准化种植基地。2017年，涪陵青菜头种植面积达72.4万亩，产量159.6万吨，外运鲜销涪陵青菜头53.5万吨，实现涪陵青菜头种植纯收入为12.7亿元，人均种植纯收入1 966.7元。

六、生产技术

涪陵青菜头一般采用"播种育苗移栽"，其关键生产技术如下。

（一）选用良种

目前主要选用"涪杂"系列杂交种和常规良种永安小叶。

（二）培育壮苗

1.苗床准备

苗床选用近3年来未种过十字花科蔬菜，且土层深厚、质地疏松、富含有机质，地势向阳，排灌方便，远离其他十字花科蔬菜的地块作苗床地。

2.苗床消毒

每亩苗床施生石灰150千克与床土混匀，也可用50%的多菌灵可湿粉剂（根据需要选择）600倍液或70%的甲基硫菌灵（根据需要选择）500倍液进行喷雾处理。

3.育苗方式

可在遮阳棚或露地育苗。有条件的地方可采用工厂化育苗。露地育苗要有防雨、防虫、抗旱或遮阴设施。

4.适时播种

一般在9月上旬至中下旬播种，即"白露"到"秋分"之间播种。其中，早市青菜头生产用涪杂2号，可在8月下旬播种，晚市青菜头（第二季）用涪杂8号，在10月上旬播种。每亩苗床用种量400～500克。播种后，厢面撒草木灰或沙土盖种，播种后如遇晴天，要用遮阳网、秸秆等覆盖遮阴。

5.肥水管理

施肥应符合《绿色食品　肥料使用准则》（NY/T 394—2013）的规定。一般在幼苗长出2～4片真叶时追肥，亩用腐熟的稀薄沤肥2 000千克，3～4千克尿素（根据需要选择）施提苗肥。如遇干旱，施肥应结合抗旱进行，适当增加施肥次数，降低肥料浓度。

6.安全用药

采用农业物理综合技术措施，以预防为主，综合防治。优先使用农业物理技术防治蚜虫、菜青虫等。在此基础上，化学农药选用一要符合《农药安全使用规范总则》（NY/T 1276—2007）；二要符合国家农药合理使用准则（一、二、三、四、五），即：《农药合理使用准则（一）》（GB/T 8321.1—2000）、《农药合理使用准则（二）》（GB/T 8321.2—2000）、《农药合理使用准则（三）》（GB/T 8321.3—2000）、《农药合理使用准则（四）》（GB/T 8321.4—2006）、《农药合理使用准则（五）》（GB/T 8321.5—2006）。

（三）适时移栽

当幼苗具有5～6片（早市青菜头4～5片）真叶时，就应及时移栽。根据品种特性、气候条件和土壤肥力，一般株行距为30厘米×33厘米，每亩定植6 000～7 000株，早播者宜稀，晚播者宜密；肥土宜稀，瘦土宜密；株型疏散宜稀，株型紧凑宜密。栽后即施定根水，促进幼苗成活。

（四）肥水管理

根据青菜头甚至需肥规律，施肥应符合《绿色食品　肥料使用准则》（NY/T 394—2013）的规定；同时，坚持"前期轻施，中期重施，后期看苗补施"的原则。

1.底肥

有机肥与无机肥相结合。在中等肥力条件下，结合整地每亩施用腐熟有机肥或农家肥3500千克加25%的榨菜专用肥（根据需要选择）50千克，再深翻土壤。

2.追肥

栽后15～20天，每亩用5千克尿素兑40～50担腐熟的清淡人畜粪水第一次追肥；栽后45～50天，每亩用18千克尿素兑70～80担腐熟的人畜粪水第二次追肥；栽后75～80天，每亩用尿素2～3千克兑40～50担腐熟人畜粪水第三次追肥。追肥应考虑土质、气候等，若遇干旱应降低肥料浓度，增加施肥次数；土壤湿度较大，应减少粪水用量，增加干肥；耐肥强品种，尽量控制化肥用量；需肥量较大品种，应适当增加化肥用量。

（五）适时收获

根据市场行情，肉质茎膨大达150克以上时，涪陵青菜头就可以择株采收，以获取更好的经济效益。

七、技术研究

（一）青菜头研究历史及队伍

20世纪30—40年代，涪陵县建设科农场、县立乡村师范农事部、县农业改进所，间或有科技人员进行榨菜栽种密度、施肥、收获、加工等方面的试验和研究。

1953年，西南农林部责成西南农业科学研究所、西南农学院、江津园艺站和涪陵县农业技术推广站共同组成榨菜工作组，深入涪陵、丰都等主产区总结民间生产经验，收集和整理品种资料，并对其生物学特性和栽培技术等进行研究。其后榨菜工作组的领导体制虽有改变，但工作一直持续到1957年。

1959年，涪陵专区农业科学研究所（驻原涪陵县世忠乡）成立后，设有专职农业科技人员研究茎用芥菜（主要是茎瘤芥）。

1981年1月，涪陵榨菜研究所成立，隶属涪陵地区供销社，以城西东方红榨菜厂作实验基地。

1982年1月，涪陵榨菜研究会经2年多筹备正式成立，有会员69人。该会吸收热爱榨菜事业并具有一定榨菜生产知识的科技工作者、干部职工和菜农为会员，是一个学术性与科普性相结合的科技团体，受涪陵县榨菜公司和县科学技术协会双重领导，下设栽培、加工工艺、加工机具、经营管理4个研究小组，分别承担相应的科研课题。

1983年10月，涪陵地区农业科学研究所成立榨菜研究室，专门从事榨菜作物研究。

1995年8月，涪陵市（县级市）在涪陵地区农业科学研究所成立涪陵榨菜研究所，实行"一班人马，两块牌子"，进行榨菜作物研究。

2011年5月，经重庆市发展和改革委员会批准，榨菜品种改良栽培技术重庆市工程实验室在涪陵区农业科学研究所挂牌。

2011年11月，经国家发展和改革委员会批准，南方芥菜品种改良与栽培技术国家地方联合工程实验室在重庆市涪陵区农业科学研究所挂牌。

2014年1月，经重庆市科学技术委员会批准，重庆市芥菜工程技术中心在重庆市渝东南农业科学研究院挂牌成立。

（二）青菜头研究

民国二十一年（1932年），《涪陵县立乡村师范学校一览·本校实施报告》所载《榨菜》一文，是最早对榨菜（原料）生态、种植、加工进行详细记载的科技文献，并提出榨菜（原料）是普通青菜的变种。

民国二十五年（1936年）1月，国立四川大学农学院毛宗良教授到涪陵考察榨菜，认为涪陵榨菜（原料）是芥菜的变种。回校后作了学术报告，同年在《园艺月刊》第二期发表《四川涪陵的榨菜》一文。

民国二十八年（1939年）起，由四川省立教育学院（西南大学的前身）等单位组成的榨菜工作组对榨菜（原料）的生态、品种栽培进行研究，并对威胁最大的"毒素病"等进行试验研究。

1961年8月，由中共涪陵地委多种经营领导小组主编（何裕文执笔）的《涪陵榨菜》一书由四川人民出版社出版。

1965年，国家科学技术委员会将榨菜研究作为国家科研项目下达给西南农学院。同年，在原搜集标本资料的基础上，发现和鉴定了良种——蔺市草腰子。70年代初期，开始推广蔺市草腰子，至1978年，涪陵地区栽种面积已达4.6万亩，并为河南、山东、广西、湖南等省份引种，亦表现良好。

20世纪70年代，涪陵地区农业科学研究所在提纯复壮蔺市草腰子的过程，采用单株系选法，获得了新的高产株系和杂交品系，以及由三转子选育的耐病品种63001。

1974年，李新予从1954年开始的茎瘤芥病毒病研究获得成果，总结出"茎瘤芥（青菜头）病毒病

流行程度测报法"。

1975年，陈材林等根据榨菜全形加工质量要求，经过3年的探索，总结出茎瘤芥栽培"六改"技术方案，1978年，在涪陵县大面积试行。因该成果获得显著经济效益，于1979年获四川省科技成果三等奖，后又获涪陵地区科技成果推广一等奖。

1982年以后，涪陵地区农业科学研究所、重庆市农业科学研究所对芥菜品种资源进行深入鉴定研究，至1983年，已取得一些重要成果，其中包括对榨菜（原料）植物学中文名称的确认。

（三）1984—2018年的主要创新性成果

1.茎瘤芥起源分类研究

研究证明了中国西北地区是中国芥菜的起源地，西北地区是芥菜的原生起源中心或起源中心之一。四川盆地是芥菜的次生起源及多样化中心。

在对全国主要芥菜种质资源鉴定的基础上，提出了芥菜类蔬菜分4大类16个变种的新分类系统；明确了茎瘤芥为十字花科芸薹属芥菜种16个变种之一，中文名称为"茎瘤芥"。茎瘤芥于18世纪中叶以前，由叶芥在川东长江沿岸河谷地带分化形成。

2.茎瘤芥种质资源搜集鉴定

"六五"时期至"八五"时期，先后在全国范围内搜集、整理了芥菜、茎瘤芥种质资源，编写了《中国芥菜品种资源目录》。目前，涪陵地区农业科学研究所拥有中国芥菜种质资源1 000余份，其中茎瘤芥种质资源150余份。

3.茎瘤芥生长发育规律研究

明确了茎瘤芥属长日照低温植物，瘤茎必须在旬均温在16℃以下才能正常膨大，品种播期和施氮量是影响瘤茎空心的主要因素；研究探明了茎瘤芥生育期光温综合反应敏感性、产量与生境敏感性及其主要性状的相互关系；初步探明了茎瘤芥阶段发育特性及其与环境条件（温光）的关系；研究明确了茎瘤芥各生育时期农艺性状间的关系。

4.茎瘤芥主要性状遗传规律及现代生物技术应用研究

明确了茎瘤芥叶片缺刻与刺毛、瘤茎蜡粉、种子粒色等具有指示标记性状的遗传行为；探明了茎瘤芥主要数量性状的遗传变异特点的研究。目前正在研究芥菜（含茎瘤芥）遗传资源ALFP分子标记分类及核心种质构建、茎瘤芥种质资源遗传多样性分析及其杂种优势研究和茎瘤芥远缘杂交、小孢子培养、植株再生遗传转化体系建立等项目。

5.茎瘤芥新品种选育

从20世纪60年代至80年代初，通过地方品种资源的发掘鉴定和选育，先后培育出三转子、63001、蔺市草腰子、永安小叶、涪丰14等优良品种并在大面积生产上应用，实现了四川省和长江流域榨菜产区几次品种的更新换代。2018年，永安小叶和涪丰14仍为四川、重庆榨菜产区的主栽品种。

从1991年开始，利用芥菜型油菜不育系欧新A为不育源，培育了22个各具特色的茎瘤芥胞质雄性不育系，并于2001年元月在全国率先选育出杂交新茎瘤芥新品种涪杂1号，通过了重庆市农作物品种审定委员会的审定，填补了我国芥菜类蔬菜优势育种的空白；后续品种涪杂2号、3号、4号、5号、6号、7号、8号也于2006—2013年间培育成功并通过市级审定。2018年，这些各具特点的杂交品种被大面积推广应用，初步实现了榨菜原料生产的品种杂交化。目前，正在研究茎瘤芥杂交新品种的熟性育种，力争实现榨菜原料作物"早中晚熟"和适宜"轻简高效栽培"品种的合理配套。

6.茎瘤芥栽培技术研究

20世纪70年代，研究提出了适应当时当地榨菜"全形加工"的"六改"栽培技术并在大面积生产上应用，极大地提高了榨菜原料作物的产量和质量。杂交种问世后，先后研究提出了涪杂1号、2号、3号、4号、5号、6号、7号、8号高产优质栽培技术、制定了"茎瘤芥（榨菜）无公害规范化生产技术规程"；同时提出了涪杂1号、2号、3号、4号、5号、6号、7号、8号的秋季制种技术并应用于大面积生产。

7.茎瘤芥养分吸收规律及施肥技术研究

完成了茎瘤芥同化产物积累分配规律和氮、磷、钾等主要养分吸收规律的研究；研究了茎瘤芥主要种植土壤的肥料效应和施肥原理，提出茎瘤芥优质丰产施肥技术；开发出了高、中浓度榨菜专用肥配方并进入工厂化生产阶段。

8.茎瘤芥主要病害发生危害规律及综合防治研究

通过多年研究，首次明确了茎瘤芥病毒病的主导病原种群为TuMV（芜菁花叶病毒），占61.99%；其次为TuMV和CMV（黄瓜花叶病毒）等的复合侵染；占23.78%；明确了茎瘤芥病毒侵染的关键时期为苗床阶段6叶期以前，萝卜蚜和桃蚜是病毒病的主要传播媒介；提出了病害调查分级和病情程度的划分标准；建立了病害流行程度预测预报模型；提出了以早期治蚜防病为重点的茎瘤芥病毒病综合防治技术并大面积推广应用。

研究提出了茎瘤芥根肿病的病原菌为十字花科芸薹属根肿菌并鉴定了其生物学特性，作出了侵染循环图；在病害发生危害规律研究及产量损失测定的基础上，制定了病害分级标准；提出了茎瘤芥根肿病综纺技术并在生产上应用。

完成了茎瘤芥霜霉病的初步研究，建立了茎瘤芥霜霉病抗性评价体系；提出了茎瘤芥霜霉病的分级标准与抗性型划分标准；筛选出了抗霜霉病的茎瘤芥育种材料。

9.榨菜加工新技术研究

完成了逆料袋装方便榨菜微波杀菌工艺、降低盐渍榨菜用盐指标及加速熟化的研究，并与涪陵榨菜集团和原涪陵榨菜科研合作开展了方便菜包装改革的研究。2018年进行青菜头储藏保鲜技术的试验研究。

（四）部分获奖科技成果

榨菜优良品种蔺市草腰子、63001，1978年，获四川省科学大会荣誉奖

茎用芥菜病毒病流行程度测报及综合防治，1979年，获四川省人民政府重大科技成果三等奖

榨菜良种蔺市草腰子提纯复壮，1988年，获四川省农牧厅农牧技术进步三等奖

芥菜新变种的发现和芥菜分类研究，1994年，获四川省科技进步二等奖

茎瘤芥优质丰产施肥原理及技术研究，1997年，获四川省科技进步三等奖

茎瘤芥胞质雄性不育系选育及杂种优势利用研究，2005年，获重庆市科技进步一等奖

榨菜杂交种涪杂2号选育及高效安全栽培技术集成与推广应用，2016年，获农业部全国农牧渔业丰收奖成果奖二等奖

第二节　永川莲藕

永川莲藕，2012年获得农业部农产品地理标志认证，作为永川区首个农产品地理标志，极大地推进了永川区优势特色农业产业发展。永川莲藕以肉洁白、肉厚、质脆、水分多、富甜味，营养丰富，经济价值高而深受大众喜爱。又因重庆永川独特的亚热带湿润季风气候，永川莲藕淀粉含量比常规莲藕高出2～3倍，炒食粉脆，炖汤易粉；加工成藕粉，常作病后滋补品；莲子为滋补食品。藕节、莲子、荷叶皆可入药，用途十分广泛。永川莲藕已获得重庆名牌农产品、重庆市著名商标、绿色食品的认证；2017年被编入全国名特优新农产品目录。

一、人文历史

永川历史悠久，古为梁州属地。唐大历十一年（776年）置县，至今已有1 200多年的历史。2018年，重庆市永川区种植永川莲藕13 000多亩，年产3万吨左右。主要分布于南大街街道办事处、卫星湖街街道办事处、吉安镇、临江镇等地，其中以南大街八角寺十里荷香生态农业园区重庆华辰生态农业发展有限公司为代表，已种植及带动周边连片种植近5 000亩的莲藕基地，年产莲藕1万多吨，年总收入达4 000多万元。永川莲藕的种植是历史上农耕文化与现代农业文化相结合的产物。永川莲藕荷花凭借艳丽的色彩、风姿绰约的风采，成为乡村旅游的热点。

二、产品特征

永川区气候温和，风力小，气压低，水资源丰富，水质优良，土壤肥沃，利于营养物质的积累，为莲藕提供了良好的生长环境，使永川莲藕表面平滑、硬实；藕体呈圆筒形，表皮黄白色，色泽均匀一致；藕肉洁白、肉厚、质脆、水分多，富甜味，可生食。它的营养丰富，用途广泛，经济价值高。每100克鲜藕中含干物质5克、淀粉7克、粗蛋白质1.19克，淀粉含量比常规莲藕高出2～3倍。永川莲藕的特点是炖汤易粉，炒食回甜。

三、生产地域

莲藕基地位于永川区陈食镇、南大街街道办事处、卫星湖街街道办事处、来苏镇、吉安镇、临江镇、五间镇、何埂镇、仙龙镇、朱沱镇共10个乡（镇、街道）所属莲花塘村等98个行政村，城区南部城乡接合部，黄瓜山脚宽谷区，临江河流域中上游，海拔高度在120～350米。保护范围的地理坐标为东经105°44′—106°1′、北纬28°48′—29°28′，建设面积19 546公顷，产量达23万吨。

四、生态环境

（一）土壤地貌情况

莲藕主要基地位于黄瓜山背斜，临江河中上游，属浅丘地貌，东西高，中间低，中部地势平坦开阔，相对高差小。土壤以红黄壤土为主，pH5.5～7.5，矿质营养丰富，自然肥力高，非常适合种植莲藕。

（二）水文情况

莲藕基地内地表水资源丰富，永川水源地临江河流经园区，有关门山水库（中型）1座，小二型水库2座，山平塘78口，石河堰1道，水量充沛，且没有工业污染，水质清澈、纯净，是理想的农业用水，水资源保持良好，可保证基地的农业灌溉用水。莲藕产区主要引用符合《农田灌溉水质标准》（GB 5084—2005）规定的关门山水库里的水和临江河水。

（三）气候情况

永川莲藕生长所处的自然环境属于亚热带湿润季风气候区，平均气温18.2℃，最高气温39℃，最低气温2℃。年平均降水量1 042.2毫米，平均日照1 298.5小时，年平均无霜期317天。气候生态适宜莲藕生长。

五、生产方式

（一）产地选择

莲藕生产基地选择生态环境优良，水源充足、地势平坦、排灌便利，集中连片，具有常年保持5～30厘米深水层的水田。产地环境符合《无公害农产品 种植业产地环境条件》（NY/T 5010—2016）的规定。

（二）品种范围

选用渝莲系列莲藕品种。

（三）生产过程管理

永川莲藕生产以有机肥为主，生产过程必须严格按照《莲藕栽培技术规程》（NY/T 837—2004）操作。生产过程中农药和肥料的使用必须符合《肥料合理使用准则 通则》（NY/T 496—2010）和《农药合理使用准则（一、二、三、四、五、六、七、八、九）》（GB/T 8321.1—2000、GB/T 8321.2—2000、GB/T 8321.3—2000、GB/T 8321.4—2006、GB/T 8321.5—2006、GB/T 8321.6—2000、GB/T 8321.7—2002、GB/T 8321.8—2007、GB/T 8321.9—2009）。

（四）产品收获及产后处理的规定

在主藕形成3～4个膨大节间时开始采收青荷藕，时间为定植后100～110天。叶片（荷叶）开始枯黄时采收老熟枯荷藕。采收时，应保持藕支完整、无明显伤痕。要求不同品种单独采收、单独运输、单独储藏、单独加工、单独包装，防止与普通莲藕混杂。

（五）生产记录要求

永川莲藕生产的全过程要建立生产记录，全面记载并妥善保存生产情况、病虫害发生情况、技术措施、肥料的使用情况，以备查阅。

六、产品质量

（一）产品品质特性

1.外在感官特征
永川莲藕表面光滑、硬实；藕体呈圆筒形，表皮黄白色，色泽均匀一致；藕肉洁白、肉厚、质脆、水分

多、富甜味，可生食；藕身精壮，主藕5～7节，长120厘米左右，单支重4～6千克，孔小肉厚，比重大。

2.内在品质指标

永川莲藕营养丰富，每100克鲜藕中含干物质5克、粗蛋白质1.19克、淀粉7克，还有维生素B、维生素C和无机盐类等。

（二）产品质量安全规定

明确登记产品市场准入所遵循的国家强制性技术规范名称、具体内容和相关法律法规规定。永川莲藕严格执行《无公害农产品　种植业产地环境条件》（NY/T 5010—2016）标准的规定。

（三）包装

包装材料应符合食品包装卫生要求，应清洁、无毒、无污染、无异味。

（四）运输

运输工具应符合食品卫生要求，干燥清洁。运输过程中应采用防雨布遮盖，防止包装箱潮湿。当湿度高于25℃时应采用冷藏车运输。

（五）储存

永川莲藕应储存在通风、阴凉、干燥、清洁的仓库内，不得接触和靠近有腐蚀性或易于发潮的货物，不得与有毒、有害、有异味的物品堆放在一起。

七、标识规定

符合条件的单位和个人，可以向登记证书持有人申请使用农产品地理标志：生产经营的农产品产自登记确定的地域范围；已取得登记农产品相关的生产经营资质；能够严格按照规定的质量技术规范组织开展生产经营活动；具有地理标志农产品市场开发经营能力。使用农产品地理标志，应当按照生产经营年度与登记证书持有人签订《农产品地理标志使用协议》，在协议中载明使用数量、范围及相关的责任义务。

第三节　合川龙牙百合

合川龙牙百合，是经多年培育而来的重庆市合川区特色菜用百合。地下鳞茎可食用，可鲜食、可加工，其营养丰富，是蔬菜中的珍品，又具有较高的食疗保健价值，是一种食药兼用的高档农产品。合川龙牙百合作为优质种球，常年销往重庆江津、湖南邵阳等地。

一、产地环境

合川龙牙百合种植区地处平缓丘陵地带，海拔在350～800米。合川龙牙百合喜温暖湿润环境，日光充足的地方、略荫蔽的环境更为适合。以土层深厚、肥沃、疏松，排水良好的沙壤土或腐殖质土为好，最忌硬黏土。在半阴半阳，微酸性的土质地块上生长良好，土壤pH5.5～6.5。地理坐标东经105°58′37″—106°40′37″、北纬29°51′02″—30°22′24″。种植区域属典型的亚热带湿润季风气候，年降水量在1 100～1 400毫米，年均日照1316小时，年均气温18℃，无霜期331天，夏热冬暖，春长秋短，四季分明，暖季光照多，日照充足。根据国家农业行业标准《农用水源环境质量监测技术规范》（NY/T 396—2000）判定，合川龙牙百合种植范围内水质的综合污染指数为2级，属清洁水源，适宜生产优质的合川龙牙百合。

二、历史渊源

合川龙牙百合由当地野生百合培育而来，人工栽培始于清末，已有至少上百年历史。最初人工栽培以合川草街镇桂林村、双凤镇保合村等丘陵山地农户房前屋后零星栽培为主。1985—2010年，随市场经济发展，合川龙牙百合在草街镇桂林村龙潭一带得以大规模栽培，种植基地一度发展到近2 000亩。草街镇桂林村所产合川龙牙百合鳞茎个大、瓣长、肉厚、色泽乳白至微黄，有侧看似弯月、正看似龙牙的典型特征，且病虫危害少，是优质的百合种球资源。合川龙牙百合种球采收时节，外地客商云集桂林村，产品多远销到"中国百合之乡"湖南邵阳，邵阳龙牙百合始于合川龙牙百合。种球销售价格10 ~ 18元/斤，农户亩收益达1.5万元左右。2011年，在双凤镇塘湾村等地有大户开展规模化栽培。2015年，重庆市合川区技术推广站在草街镇桂林村采购种球，在渭沱镇、隆兴镇、肖家镇等地开始推广栽培。产品除做种球用，也有部分产品鲜销到北碚等地供食用。常年种植约1 000亩。

三、品质特点

合川龙牙百合鳞茎球形，个大，横径约4.5 ~ 8厘米，鳞片披针形，无节，白色，瓣长、肉厚、色泽乳白至微黄，侧看似弯月，正看似龙牙。

合川龙牙百合每百克中含水分65%、碳水化合物23.8%、总膳食纤维5.9%（其中果胶4.8%、蛋白质4%、脂肪0.1%、水分1.1%、钙0.9%、铁0.09%、热量132千卡），是绿色保健食品。

四、生产情况

合川作为龙牙百合的最适宜种源地，种球质量优秀。种植的百合产品多作为种球销往重庆市内外。2018年，在海拔400米左右的适宜区域，重点在草街、双凤、隆兴、渭沱、盐井等镇（街道）推广栽培，依托有意愿的农户或蔬菜种植企业示范推广。目前，合川龙牙百合种植规模约1 000亩，亩产量1.5 ~ 2吨，亩产值2万 ~ 5万元。除作为种球销往重庆市内外，合川龙牙百合也作为鲜食蔬菜销售，另有种植大户在2011年后开始发展百合干、百合粉等深加工，经济附加值远远高于一般农产品。

五、质量技术

（一）品种

多年驯化的龙牙百合品种。

（二）立地条件

合川区海拔350 ~ 800米，土壤pH5.5 ~ 6.5，土层深厚、肥沃、疏松，以排水良好的沙壤土或腐殖质土为宜。

（三）栽培技术

1.选地

合川龙牙百合应选地势高燥、排水畅通、土质疏松、肥沃的沙壤土地块种植。前茬以豆科、瓜类

或禾本科作物为好。

2.整地开厢施基肥

深翻炕土，每亩施腐熟有机肥2 500 ～ 3 000千克、过磷酸钙25千克，或以三元复合肥100千克作基肥。翻地后开厢，按1.5 ～ 2.0米包沟开厢，沟宽20 ～ 30厘米，沟深20 ～ 30厘米。

3.土壤消毒

可每亩撒生石灰50千克左右。

4.选种与消毒

选种时宜选用色泽鲜艳、抱合紧密、根系健壮、无病虫的种球。一般采用50%多菌灵500倍液浸种消毒。

5.播种

播种适期为9月中旬至10月下旬。亩用种量350 ～ 400千克。

6.田间管理

加强中耕除草，确保田间无杂草。出苗后干旱时应及时浇水，雨季确保排水畅通。一般在齐苗期、壮苗期、摘花期追肥3次，施肥以有机肥为主，适度补充硼肥。5月中下旬，苗高40 ～ 50厘米时打顶摘心。花蕾初现或花序刚形成时摘除花蕾。

7.采收

菜用百合宜青收。"夏至"到"小暑"前，百合下部1/3的叶片变黄时，可青收。加工用百合宜黄收，"大暑"前后，百合2/3的叶片变黄时采收。留种用百合宜枯黄收，"立秋"前后，百合叶片已完全枯黄，并进入休期，即可采收作种。百合一定要"抢晴干收"。

8.环境、安全要求

农药、化肥等的使用必须符合国家的相关规定，不得污染环境。

六、质量特色

合川龙牙百合鳞茎球形，横径4.5 ～ 8厘米，纵径3.5 ～ 6.5厘米，鳞片披针形，无节，瓣长3 ～ 5厘米，肉厚、色泽乳白至微黄，侧看似弯月，正看似龙牙。

第四节　铜梁"绿油坡"豆芽

"绿油坡"豆芽，重庆市铜梁区的高品质豆芽，其生产方式标志着豆芽行业从原始小作坊生产向现代科技及大工业生产模式的转变，体现了现代农业标准化、规模化、信息化、设施化和高档化的发展方向。由于豆芽生产不受季节和自然气候条件限制，一年四季均可稳定供给市场，满足人们日常生活消费需求。在确保百姓菜篮子安全、调节蔬菜市场淡季供应、平抑蔬菜市场价格等方面起到重要作用，已被北京等大都市列为当地政府蔬菜战略储备的主要品种之一。

一、产地环境

豆类芽菜生产对环境和水质的要求高，工厂化生产豆类芽菜的场地周边不能有环境、水源、空气等任何污染源，水质符合饮用水标准，水温保持在17℃左右。通过所在地区域环境质量现状及环境空气质量、地表水环境质量、地下水环境质量、声环境质量、生态环境等的环评、验收，符合标准。

二、产品特点

"绿油坡"豆芽主要包括黄豆芽、绿豆芽两大类，2018年已推出10余个品种。其中黄豆芽包括活体黄豆芽、箱装黄豆芽、捆把黄豆芽、盒装精品小精黄、盒装精品黄豆芽等；绿豆芽包括箱装绿豆芽、干绿、盒装精品绿豆芽等，以满足市场对豆类芽菜的多样化需求。其产品具有以下特点。

（一）原料优

绿豆优选自内蒙古科尔沁草原无公害种植基地，黄豆来自东北黑土地无公害种植基地的芽豆，保持原生态果实的芳香，优质的原料是产品质量的基本保障。

（二）选料精

所有原料均通过严格的层层筛选，以保证豆芽籽粒大小整齐，颗粒饱满，色泽明亮，发芽势强。

（三）品相正

通过四川盆地云雾山优质水源及先进生产技术、设备孵出的绿油坡豆芽，芽体茎白芽绿，色泽纯正，大小、长短适中。

（四）口感好

"绿油坡"豆芽清香脆甜、柔嫩多汁，富含人体所需的氨基酸、蛋白质、维生素等营养元素，风味鲜美，品质上乘。

（五）品质高

"绿油坡"豆芽不仅出厂前须进行严格质量合格检验，还定期将产品送至重庆出入境检疫检验中心、重庆市食品药品监督局等权威机构进行质量检测，并取得合格报告，使"绿油坡"豆芽成为重庆市农产品中为数不多可以直接进行食品质量安全追溯的品牌产品。此外，"绿油坡"产品配送全程采用专业冷链运输，确保了豆芽达到销售终端时的品质和安全。

三、历史渊源

豆芽菜作为中国传统的优质蔬菜，因其口感嫩脆，营养丰富，风味鲜美，深得人们喜爱。

中国人食用豆芽的历史可追溯到先秦时期，距今已有2 000多年。在漫漫的历史长河中，勤劳的中华儿女祀天乞巧，种豆为芽，世代传承，把豆芽菜的生产及食用融入中华饮食文化的瑰丽画卷之中，被西方称为中国食品的"四大发明"之一。

豆芽菜的生产技术与食用方式早年由中国传入日本以及新加坡、泰国等东南亚国家，后来又辗转传到西欧和美洲大陆，受到世界各地人民的青睐。

进入21世纪，中国经济、社会的飞速发展，人民对美好生活的追求，使人们高度关注食品营养和食品安全，传统小作坊式的豆芽生产方式逐步被大工厂化的生产模式所取代，现代生物科技、机械动力、自动化控制以及产品标准化的运用，将豆芽菜生产推向一个新的高度。

四、生产情况

"绿油坡"豆芽生产线做到：生产规模大型化，生产流程自动化，生产技术现代化，生产工艺标准化。

（一）生产工艺

"绿油坡"豆芽生产采用具有国内外先进水平的设施及全自动生产流水线（其中，7项设备及工艺在2008—2010年，获得中华人民共和国国家知识产权局的实用新型专利证书），在引进国内外先进技术的基础上，结合重庆本土生态环境特点，形成由灭菌系统、孵化系统、清洗包装系统、冷却系统和计算机控制系统构成的栽培管理技术，全程机械化封闭作业，水温、室温、湿度、物流冷链保鲜等全程微电脑全自动控制，是一项成熟的工艺技术，成为国内领先的工厂化豆芽菜生产工艺流程，于2012年由重庆绿油坡蔬菜有限公司独家引进，落户重庆铜梁。

（二）生产标准

"绿油坡"豆芽严格按农业农村部行业标准《绿色食品 芽苗类蔬菜》（NY/T 1325—2015）、重庆市农业农村委员会《重庆市豆芽生产技术指导规范（试行）》以及渝农发〔2015〕111号文件具体要求组织生产，确保"绿油坡"豆芽成为生态、绿色、高品质的"放心豆芽"。

（三）生产流程

"绿油坡"豆类芽菜产品按照国家和行业豆芽卫生标准，通过原料筛选—清洗—浸豆—灭菌—培育—采收—脱壳—预冷—质量检测—包装—保鲜—出库等38个工序严格把关，再经冷链运输直达市场终端。由于生产流程严密，质量管理严格，确保了豆芽的一流品质。

五、荣誉认证

重庆绿油坡蔬菜有限公司于2013年注册"绿油坡"商标。2013年11月，"绿油坡"豆芽顺利通过农业部中国绿色食品发展中心严格的检测、审核，得到绿色食品认证，获颁绿色食品证书。

2014年，"绿油坡"黄豆芽、绿豆芽获评为"重庆名牌农产品"。2015年，被中国西部（重庆）国际农产品交易会评选为"消费者喜爱产品"。2017年，"绿油坡"豆芽蝉联"重庆名牌农产品"称号。

六、市场情况

绿油坡高品质豆芽投放市场后，社会价值十分明显：

第一，体现了现代农业产业化发展方向。"绿油坡"豆芽菜工厂化生产项目的顺利投产并供应市场，标志着重庆市豆芽行业从原始小作坊式生产向现代科技工业化生产的转变，体现了重庆市菜篮子基地建设向标准化、设施化、现代化和信息化发展的方向。

第二，实现了食品安全生产的过程监控。绿油坡工厂化豆芽生产流程严密、质量管理严格，从原料—水源—生产—配送均严格按国家和重庆市农业农村委员会《重庆市豆芽生产技术指导规范（试行）》执行，从根本上确保了豆芽品质，为重庆市民提供绿色、健康的放心豆芽。

第三，豆芽作为蔬菜的一个品种，是老百姓餐桌上的一道家常小菜。以物美价廉、营养保健、口感清爽而深受消费者的喜爱，更是重庆的火锅、凉面等不可或缺的配菜，因此，豆芽产品的消费市场巨大。绿油坡豆芽的商品特征、营养品质、质量安全等与传统生产的芽菜相比，发生了很大变化，自上市以来，深受市场欢迎，销量稳步增长。

第四，"绿油坡"豆芽主要销往重庆市主城及周边区县、毗邻重庆的四川区县。四川、重庆的各大农贸市场、大型超市、机关团体、学校等，最高日销售量达80余吨。

第五节 垫江藠头

垫江藠头，地理标志产品。藠头（又名长把藠）属百合科葱属多年生宿根草本植物，是人们喜爱的佐餐菜品，主要取食其膨大的茎。

落户垫江的加工企业重庆恒利食品有限公司生产加工的"荞头"牌盐渍、甜酸藠头不仅参加了多届重庆市优质农产品展示活动，广受国内消费者赞誉，同时闻名日本、韩国。自2002年出口日本、韩国以来，每年出口量以20%的速度增长，深受国外朋友的欢迎和喜爱，是重庆市主要的藠头产品之一，2018年，加工能力为3 000吨。

一、人文历史

藠头在垫江种植历史久远，农民有着丰富的种植经验，规模化种植始于20世纪90年代初期。生产加工的"荞头"牌盐渍、甜酸藠头闻名日本、韩国，藠头种植规模也随之逐年扩大。垫江坚持走"公司＋基地＋农户"的路子，创建标准化出口示范基地，把好生产第一关。2005年，实现集中成片种植基地2 000余亩，截至2018年，垫江县种植面积达5 000余亩，为垫江藠头生产发展及农村产业结构调整作出了较大贡献，同时对垫江县出口创汇、解决富余劳力就业等起了积极的作用。2014年3月，获得国家工商行政管理总局商标局批准、签发核定使用商品（第29类）腌制蔬菜及核定使用商品（第31类）新鲜蔬菜"垫江藠头"地理标志证书。

二、品质特征

垫江藠头为多年生草本百合科植物的地下鳞茎，叶细长，开紫色小花，嫩叶也可食用。成熟的藠头个大肥厚，洁白晶莹，辛香嫩糯，含糖、蛋白质、钙、磷、铁、胡萝卜素、维生素C等多种营养物质，是烹调佐料和佐餐佳品。

干制藠头入药可健胃、轻痰、治疗慢性胃炎。据《神农本草经》记载，藠头"治金疮疮败，轻身者不饥耐老""治少阴病厥逆泄痢，及胸痹刺痛，下气，散血，安胎"。如此好吃又治病之物，世间实为难得。

三、生产地域

藠头适应性广、抗逆性强、耐寒性强、耐热

性和耐旱性中等、不耐涝、分蘖性强，1个鳞茎可分蘖成15～20个。生长期265天左右，最适宜土壤为沙壤土。垫江县高峰镇、普顺镇、长龙镇、白家镇为主产区，其余乡（镇）亦有零星种植。

四、生产方式

垫江藠头在种植生产上由垫江藠头种植专业合作社统一生产种植技术标准，严格按《藠头无公害生产操作规程》进行规范化种植生产。

（一）范围

《藠头无公害生产操作规程》规定了无公害蔬菜藠头的产地环境条件要求、栽培技术、病虫害防治方法。

《藠头无公害生产操作规程》适用于无公害蔬菜藠头生产。

（二）引用标准

《农药安全使用规范总则》（NY/T 1276—2007）、《农药合理使用准则（一、二、三、四、五、六、七、八、九）》（GB/T 8321.1—2000、GB/T 8321.2—2000、GB/T 8321.3—2000、GB/T 8321.4—2006、GB/T 8321.5—2006、GB/T 8321.6—2000、GB/T 8321.7—2002、GB/T 8321.8—2007、GB/T 8321.9—2009）、《无公害农产品　种植业产地环境条件》（NY/T 5010—2016）。

（三）产地环境条件要求

生产基地的选择要远离"三废"污染区，其水、土、气等环境条件应符合《农田灌溉水质标准》（GB 5084—2005）和《环境空气质量标准》（GB 3095—2012）等国家标准，保证无公害蔬菜产品的持续生产。

基地内地势平坦，交通便利，排灌方便，排灌分渠，避免串灌。

收获后要及时清洁田园。

（四）栽培技术

1.品种选择

"长把藠"。

2.栽培方式

露地直播、条沟式栽培。

3.整地作畦

选择沙性壤土，于播种前除草翻耕，平整土地后，1.5米开厢（含0.3米的人行便道），开挖定植沟。沟间距30厘米，沟宽10厘米，深10厘米。

4.适时播种

最适播种时期为9月上、中旬。选择健壮藠头鳞茎作种，于沟两边单个藠种并排下种，间距10厘米，深8～9厘米；下种时切忌过浅，将种子完全覆盖并稍压紧，浇足定根水。

5.田间管理

（1）施肥

①底肥：亩用腐熟有机肥1 500千克、尿素5千克（或碳铵20～25千克）、过磷酸钙40～45千克、西洋牌复合肥10千克充分混匀，于下种前施于定植穴内，施后即覆土，厚度不超过1厘米。

②追肥：第一次在出苗后（苗高3厘米左右）亩用腐熟有机肥1 000千克、尿素5千克（或碳铵10千克）、硫酸钾10千克，充分混匀后施于幼苗基部，以促进藠苗生长、鳞茎分生；第二次可视苗情在2

月下旬至3月上旬亩施人畜粪1 000千克，以保证鳞茎膨大期的营养供给。

（2）中耕除草、适时培土。藠头播种完毕后，于晴天按亩用药，用云南产"扑草净"160克兑水90斤化学除草1次。翌年二三月，结合中耕人工除草1次；"立夏"至"小满"，结合人工除草培土。培土是令藠头优质、高产、高效的一项关键性措施，要连续进行2～3次。

6.采收与储藏

（1）适时采收。地上部叶子有1/3枯黄，地下藠头横径1.0～2.2厘米，即月上、中旬收获为宜。

（2）储藏方法

①沙贮法：选择地势阴凉干燥、利水通风、管理方便的地方，挖深15厘米左右，坑的形状、大小根据地形和种子量而定，坑底要平，将种子平放1层，厚2～3厘米，再覆1层细沙土，厚3～5厘米，如此重复2～3次，注意层数不应太多，高出地面部分要用细沙土覆盖并稍加镇压。

②摊凉法：选择阴凉避雨、通风干燥处，将选留的藠头种子均匀摊放，厚度不宜超过5厘米，并注意经常检查温度，温度过高即时翻堆防止烂种。

③在土留种法：即藠头采收时，根据种子需要量选择长势较好的地块不收挖，留于土中至下季播种栽植时再开挖移栽至本土。

（五）病虫害防治方法

1.农业防治

一是选择无病区的健壮藠头鳞茎作种子。

二是轮作，对连续种植2～3年的土壤轮作换种。

三是开沟排水，降低田间湿度，特别是防止土壤的内滞水。

四是重视科学配方施肥，改变重氮肥，轻磷、钾肥的思想，增加钾肥的施用量。

2.化学防治

严禁使用高毒、高残留农药，注意选用高效、低毒、低残留农药。藠头苗期虫害以蓟马为主，可用10%吡虫啉或2.5%菜喜防治；病害以霜霉病和炭疽病为主，霜霉病可用60%灭克锰锌防治，炭疽病可用25%使百克乳油或80%炭疽福美防治。藠头进入膨大期后禁止施用农药，以降低农残、提高藠头产品品质。

五、食用方法

藠头的吃法很考究。鲜品切片或切成丝炒肉，味道独特，但更多的还是用来腌制。个大、色白的可按各人喜好腌成酸、甜、辣等口味，不但色泽晶莹鲜亮，而且馨香沁人，令人闻而生津不止；品质稍差的则拌入辣椒剁碎，腌成藠头辣子，是开胃、佐餐、顺气的佳品。

第三章
叶 菜 类

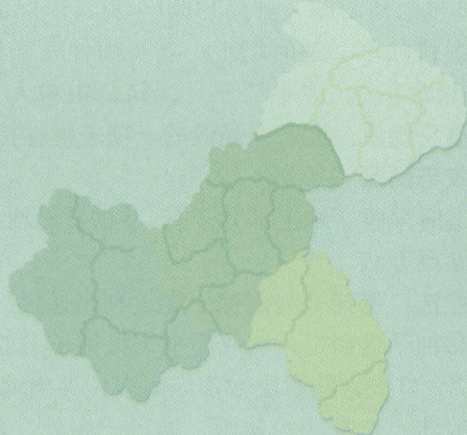

第一节　大渡口跳磴火葱

　　跳磴火葱，重庆市大渡口区跳磴镇的经济作物，地理标志商标，绿色食品A级产品，是以跳磴镇特殊土壤（页岩地）和丰沛地下水种植产出的火葱。

　　火葱属葱科葱属植物，植株高30～44厘米。鳞茎聚生，矩圆状卵形、狭卵形或卵状圆柱形。鳞茎外皮红褐色、紫红色、黄红色至黄白色，膜质或薄革质，不破裂。叶为中空的圆筒状，向顶端渐尖，深绿色，常略带白粉。栽培条件下不抽薹开花，用鳞茎分株繁殖，但在野生条件下能够开花结实。原产于亚洲西部。在中国南方较为广泛地栽培，欧洲和亚洲的一些地区也有栽培。

一、人文历史

　　跳磴镇种植火葱可追溯到20世纪70年代。种植基地位于沙沱、山溪、石盘和金鳌等村。在跳磴镇，村民把葱作为主要作物，冬种火葱，夏种四季葱，一年四季，"葱葱"而过，种葱成为村民主要的经济渠道。以前，跳磴农民种葱，种植规模小、技术水平低，加上销路不畅等因素，火葱一直处于自产自销的状态。石盘村村民自家种的葱吃不完挑去卖，要走近3千米，再乘公交车进城，早上天不见亮就出门，要下午四五点钟才能回家，所以只有少量农民把种葱当作一种副业来尝试。随着餐饮业的发展和人们生活水平的提高，火葱需求量大增，价格也不断上涨，跳磴镇种植火葱的农民越来越多，种植面积也逐渐扩大。

　　当地农户沿袭祖辈的种植技术，结合"绿色食品"标准化种植技术规程，采取绿色防控措施，再培以农家肥，加上区域内沙泥土壤、海拔适宜及气温偏低等特点，产出的火葱具有葱头颜色鲜红、辛香可口、个头圆大均匀、卖相好的特点。

二、品质特征

　　火葱是在特殊的土壤和水质环境、气候中孕育出来的，产区面积不是很大。跳磴镇地处水源丰富的长江边低山丘陵，属湿润的亚热带季风性气候，土壤为沥水性好的页岩地，大渡口区跳磴镇沙沱村、石盘村、山溪村、金鳌村长江沿岸地带产出的跳磴火葱有独特的品质特征：葱头颜色鲜红、辛香可口、个头圆大均匀。在其他区域种植产出的火葱品质就相对较差。

三、生产方式

"有了品牌，品质必须要有保障，不然就会砸了自己的牌子。"重庆市大渡口区沙沱蔬菜股份合作社原理事长范治初介绍，合作社要求火葱种植的每一个环节都要实施统防、统治，农户必须严格施行精品化的种植模式，并听从专家在科学施肥、科学灌溉、病虫害综合防治等方面的统一指导。跳磴火葱实行从"土地到餐桌"的全程质量控制。专业合作社严格按照农业农村部规定的绿色食品生产技术标准和技术规范，指导、督促种植户在选种、生产管理等方面层层把关，火葱从种到收的所有生产操作都有详细备案，符合绿色食品各项指标要求。合作社建立了农残检测室，聘请专人专业从事农残检测，每天入户抽检火葱农残，确保为市民提供新鲜、安全的放心葱。

四、品牌认证

2010年，跳磴火葱通过"三品"认证，通过国家农业部检测，被认定为"无公害农产品"。

2013年，经国家工商行政管理总局商标局认定，"跳磴火葱"成功注册地理标志商标，开始远销四川、贵州等地。

2017年9月，经中国绿色食品发展中心审核，被认定为绿色食品A级产品。

五、产业发展

2004年，村民范治初任沙沱村村支书，当年7月，在他的倡议下，跳磴镇沙沱村、石盘村、山溪村、金鳌村4个火葱主产村联合起来，成立了重庆市大渡口区沙沱蔬菜股份专业合作社，吸引了1 745户农户积极入社。

合作社先后集资70万元，兴修20多个洗菜池和抗旱灌溉池，修通了15千米产业道路；投资20余万元购置了77盏太阳能杀虫灯。另外，合作社还请来专家进行技术指导、定期开展培训。在合作社的引领下，跳磴火葱产业进一步提档升级，统一注册了"跳磴火葱"商标，并于2013年注册为地理标志商标。

六、销售渠道

跳磴镇加强了火葱种植基地的公路建设，每村每社都修通了公路，不但引来了外地商贩收购火葱的货车，还开通了公交车，方便农民自产自销。该镇培育了13个运输大户为火葱销售经纪人，让全镇1 745户农户不再为销路犯愁。以前火葱挑出去卖都卖不起价钱，现在通过经纪人，不出门就可卖个好价钱。

跳磴火葱年年参加重庆市的农产品展销会，已成功进入重庆新世纪、重百、永辉等超市，远销到了贵州、四川、湖南等地。跳磴火葱种植面积5 000亩，年产量17 500吨，年产值达5 000多万元。

第二节　合川红油香椿

合川红油香椿，合川区的特色蔬菜，无公害农产品。食用部分是香椿树的嫩芽，具有"叶面光滑、色泽鲜艳、香味浓郁、卖相突出"的特点。合川各地历来喜欢在房前屋后栽植红香椿，2018年，合川

区栽培面积5 000余亩，其中以铜溪镇皂角村种为代表的合川红油香椿规模化种植最早，栽培面积最大，经济效益最明显。合川红油香椿上市早，比川渝各地的香椿芽早上市7～15天，产品远销北京、深圳、上海、南京等20多个大中城市。

一、产地环境

合川区位于长江上游地区，重庆西北部，境内嘉陵江、渠江、涪江三江汇流，溪河纵横。合川属浅丘地区，土质肥沃，宜种性广。属亚热带湿润季风气候，四季分明，雨热同季，昼夜温差大。年平均气温18.1℃，年平均降水量1 112毫米左右，全年总日照时数2 730小时。铜溪镇皂角村距离合川城区8千米，呈北高南低态势；海拔最高处300米，最低203.5米；土壤为砂质，透气性好；土壤呈中性，pH6.5～8.5；土质肥沃，富含铁、锰、锌等多种矿物，为香椿生长提供了独特的气候与地质条件，极适合合川红油香椿的生长。

二、历史渊源

中国人食用香椿的历史可追溯至汉代。传说早在汉朝，香椿曾与荔枝一起作为贡品，深受宫中喜爱。香椿气味芳香，风味独特，为历代名人所赞颂。合川红油香椿已有600多年的栽培历史，产品深受世人青睐，明、清时期，红头香椿即已成为宫中贡品。至清朝晚期，当地香椿树已繁衍近千亩，年产数万斤。中华人民共和国成立以后，香椿的栽培面积有所减少。2001年，合川区大力扩展香椿的生产面积，发展香椿的多种经营，当年依托退耕还林政策，利用合川红油香椿的根系发苗，在铜溪镇皂角村集中栽培560亩。合川红油香椿保持只采顶芽，不采侧芽的采摘方式，使其品质更为嘉良。其独特之处在于刚采下的顶芽香椿具有丁香花的清香。良好的经济效益激起了农户的种植积极性。2015—2017年，先后引进山西、山东、四川大竹、重庆等地红香椿种苗，对比发现，合川红油香椿头茬发芽时间明显早于其余品种。

三、荣誉认证

2016年5月，经农业部农产品质量安全中心核定发放无公害农产品证书，产品符合无公害农产品相关标准要求，准予在产品及产品包装标识上使用无公害标识。

四、品质特点

合川红油香椿具有"叶面光滑、头大抱拢、红润光亮、香味浓郁"的特征，种植过程中不使用化肥和农药，是无公害、绿色食品。其香气类似丁香花。香椿含香椿素等挥发性芳香族有机物，可健脾开胃，增加食欲。含有维生素E和性激素物质，有抗衰老和补阳滋阴的作用，故有"助孕素"的美称。香椿具有清热利湿、利尿解毒之功效，是辅助治疗肠炎、痢疾、泌尿系统感染的良药。香椿的挥发气味能透过蛔虫的表皮，使蛔虫不能附着在肠壁上而被排出体外，可用治蛔虫病。香椿含有丰富的维生素C、胡萝卜素等，有助于增强机体免疫功能，并有润滑肌肤的作用，是保健美容的良好食品。

合川红油香椿发芽早，头茬嫩芽在"立春"后半月左右即可采摘。香椿嫩芽呈紫红色，色泽光亮，其头大抱拢，呈小径1～2厘米，大径6～8厘米的锥形，椿叶长椭圆形，单芽重20克左右。

内在品质指标：每100克含蛋白质6.67克、粗纤维1.7克、钙58.7毫克、胡萝卜素184微克、维生素C45.8毫克、维生素E6.95毫克。

五、生产情况

自2001年规模化栽培合川红油香椿以来，基地规模、市场竞争力均逐步扩大。2004年，产品首次远销北京，农户效益喜人，推动规模进一步扩大。2014年，合川区栽培面积扩展到3 000余亩，其中铜溪镇皂角村集中栽培面积达1 500余亩，并成立重庆市龙游椿芽种植股份合作社，入社社员137户，注册"渝龙游"商标。合作社远赴上海、南京等地闯市场，使合川红油香椿远销国内20多个省、市，品牌效益初步形成，名声远扬。2016年，皂角村生产的合川红油香椿被认证为无公害食品。2017年，皂角建成3 000亩无公害合川红油香椿示范基地，并带动太和等地大户及脱贫村共同发展，合川区面积达5 000余亩。

2015年，合川区蔬菜站安排资金扶持香椿合作社发展，完善皂角香椿基地运输道路和香椿交易场。铜溪镇政府支持修建的交通干道已动工，将进一步放大皂角香椿基地的区位优势。2018年，重庆市退耕还林项目已计划新发展椿芽种植1 000余亩，进一步扩大合川红油香椿规模。重庆市龙游春芽种植股份合作社的香椿采后处理及加工建设项目已通过论证，采后加工项目建成后可对鲜销的香椿芽进行预冷加工和短期储存，提高商品性，深加工第三茬椿芽，开发干制椿芽、椿芽酱等产品，延长产业链条，增加椿芽的产值。

六、专用标志

合川红油香椿保护范围内的生产者，凡产品质量达到无公害农产品、绿色食品等质量标准，可向重庆市龙游椿芽种植股份合作社提出使用"渝龙游"商标的申请，双方协商一致，经商标局备案，可授权使用商标标识。

七、质量技术

（一）品种

合川红油香椿地方品种、红油香椿。

（二）立地条件

合川区内海拔≤400米，pH5.5～8，土层深厚、排水良好、有机质含量较高的沙质壤土。

（三）栽培技术

1.栽植建园

密植亩植2 900株左右，稀植700株左右。

2.矮化整形

在栽植后从苗木20厘米左右的位置剪去主干，促发下部的侧枝，保留2～3个一级侧枝，侧枝达30厘米后，将顶梢掐除，保留10厘米左右的枝桩，以促进二级侧枝的萌发，以后每年春季进行同样操作，连续4～6年，就能形成多头状灌丛式的树体结构。

3. 施肥与灌水

定植前将有机肥每亩4 000～5 000千克翻入土壤中，采芽高峰季节，每月施有机肥2 000千克。干旱季节，每10～15天需要浇水1次，保持土壤湿润。梅雨季节，要及时开挖排水沟，防止积水。

第三节　巫溪高山大白菜

巫溪高山大白菜，巫溪县祥胜食用菌股份专业合作社生产，已取得国家无公害农产品认证，获得"重庆名牌农产品"称号。该产品品质优良，适口性好，深受广大消费者喜爱。巫溪高山大白菜富含维生素B、维生素C以及钙、铁、磷等元素，微量元素锌的含量也非常高。中医认为白菜性微寒无毒，经常食用具有养胃生津、除烦解渴、利尿通便、清热解毒之功效。

一、产地环境

大白菜的生长要求光照、水分、二氧化碳充足，土壤肥沃疏松、通透性强，土壤的pH在6.5～7.0最好。巫溪高山大白菜生长区在中高山，属亚热带季风暖湿区，年均气温18.2℃，无霜期345天，全年≥10℃的积温5 694℃，年日照时数1 640小时，年降水量1 057.6毫米，光照充足，自然水体丰富。

巫溪县祥胜食用菌股份专业合作社位于巫溪县胜利乡胜利村，蔬菜基地海拔高度在1 200米以上，属典型的高山地区。生产基地排灌方便，土壤是肥沃松软且富含有机质的壤土类地块，土壤pH6.5～7，生态环境优良，空气质量清新，非常适宜种植高山大白菜。该合作社生产经营错季蔬菜300公顷，建有农副产品烘干房、蔬菜保鲜储藏室等。合作社机构健全，章程完善，与巫溪、巫山、奉节、云阳、开县等的农贸市场客商建立了长期、稳定的合作关系，与巫溪县教育委员会签订了校园配送协议，促进了当地农民增收，极大地调动了广大农民的种菜积极性，促进了胜利村蔬菜产业的可持续发展，带动贫困户快速脱贫致富。

二、历史渊源

白菜是中国原产蔬菜，有悠久的栽培历史。据考证，在我国西安半坡原始村落遗址发现的白菜籽距今约有6 000～7 000年，《诗经·邶风·谷风》中有"采葑采菲，无以下体"的记载，说明距今3 000多年前的中原地带，对于葑（蔓青、芥菜、菘菜，菘菜即为白菜之类）及菲（萝卜之类）的利用已经很普遍。到了秦汉时期，这种吃起来无滓而有甜味的菘菜从"葑"中分化出来；三国时期的《吴录》有"陆逊催人种豆菘"的记载。南齐的《南齐书》有"晔留王俭设食，盘中菘菜（白菜）而已"的记述（《武陵昭王晔传》），同时期的陶弘景说："菜中有菘，最为常食。"唐朝时已选育出白菘，宋时正式称之为白菜。大白菜原

产地中海沿岸和中国。由芸薹演变而来。以柔嫩的叶球、莲座叶或花茎供食用。栽培面积和消费量在中国居各类蔬菜之首。20世纪70年代后，中国北方栽培面积也迅速扩大。大白菜与另一种十字花科植物青菜的幼株（又称小白菜），成为中国居民餐桌上必不可少的美蔬。巫溪种植大白菜历史悠久，品质极佳，2016年，通过重庆名牌农产品认证。

三、品质特点

巫溪高山大白菜富含蛋白质、脂肪、多种维生素和钙、磷等矿物质以及大量粗纤维，可用于炖、炒、熘、拌以及做馅、配菜。巫溪高山大白菜除供熟食之外，还可以加工为菜干或制成腌制品，山东日照的"京冬菜"就是用白菜制作的名闻全国的地方特产。大白菜益胃生津，清热除烦，水分含量约95%，热量很低。一杯熟的大白菜汁能提供几乎与一杯牛奶一样多的钙。所以很少食用乳制品的人可以通过食用足量的大白菜来获得更多的钙。大白菜中铁、钾、维生素A的含量也比较丰富。另外，大白菜中还含有丰富的粗纤维。

四、技术要点

巫溪高山大白菜生产基地应选择地势较平坦、排灌方便、肥沃松软且富含有机质的壤土类地块，土壤pH6.5～7。前茬以葱蒜类作物为最好，其次是瓜类和豆类作物，应避免白菜类作物，更不能连作。

（一）播前准备

1.品种选择

应选用抗病、优质、丰产及抗逆性强、商品性好的品种。

2.种子质量

应符合《瓜菜作物种子 第2部分：白菜类》（GB 16715.2—2010）中的规定。

3.用种量

育苗移栽每1平方米苗床用种1.5～2克。

4.施肥整地起垄

前茬作物收获后，清洁田园，每亩施入优质腐熟有机肥5 000～6 000千克、明申有机肥料30千克、过磷酸钙30千克为基肥，微耕机耕翻后耙细、整平起垄。垄距60～65厘米，垄高15～20厘米，垄下设排水沟。

（二）播种

1.播种时间

6月底开始育苗。

2.播种方法

前茬作物未收获时应育苗移栽。育苗床长度12～15米，宽度1～1.5米，每1平方米苗床施入腐熟有机肥20千克、过磷酸钙30克，并与床土充分混合拌匀，浇水后耙平。床土厚度应达15厘米。在床土内划深0.8～1厘米平行沟，种子均匀播于沟中，然后耙平沟面。

（三）田间管理

1.育苗移栽定苗

苗龄18～20天，幼苗具有5～6片叶时，将2～3株一起带土移栽，缓苗后5～6天，定苗留1株。

2.定苗要求

群体整齐健壮、无病虫害。定苗在8叶前结束。

3. 中耕除草

应在白菜封垄前中耕除草3次。第一次在移栽前1天，第二次在定苗后5～6天，第三次在定苗后15～20天。中耕时应对垄面浅锄去草。

（四）追肥

1. 追肥要求

应按照大白菜需肥规律，实施平衡施肥。选用的肥料应达到国家有关产品质量标准，不能使用工业废弃物、城市垃圾及未经发酵腐熟、未达到无害化指标的人畜粪尿等有机肥料。

2. 施用时期及方法

（1）莲座期。定苗后当幼苗长到8～10片叶时开始追施莲座肥。每亩于植株间施入腐熟有机肥1500千克。

（2）结球期。结球期追肥2次。第一次在莲座叶全部长大，植株中心幼小球叶出现卷心时，每亩于行间沟施有机肥45千克、尿素15千克。15～20天后第二次追肥，每亩顺水施入有机肥30千克。

（3）浇水

①发芽期：播种后从幼苗出土到幼叶拉十字期间遇高温干旱，应及时浇1次水，浇水量以床土不干裂、保持湿润为原则。

②幼苗期：从幼叶拉十字到8片叶形成期间，移栽前2～3天浇1次水，浇水量以床土保持湿润为原则。

③莲座期：追施莲座肥后，浇1次水，浇水量以满垄沟水为原则，以后浇水以地面见干再浇水为原则。

④结球期：追施第一次结球肥时，浇1次水，以后每隔5～6天浇1次水，浇水量均以满垄沟水为原则。收获前7～10天停止浇水。

（五）病虫害防治

1. 病虫害防治原则

预防为主、综合防治。应优先采用农业防治、物理防治、生物防治，配合使（施）用农药防治。使（施）用农药应严格执行《农药安全使用规范总则》（NY/T 1276—2007）和《农药合理使用准则（一、二、三、四、五、六、七、八、九)》（GB/T 8321.1—2000、GB/T 8321.2—2000、GB/T 8321.3—2000、GB/T 8321.4—2006、GB/T 8321.5—2006、GB/T 8321.6—2000、GB/T 8321.7—2002、GB/T 8321.8—2007、GB/T 8321.9—2009）的规定。

2. 农业防治

（1）应选用抗（耐）病优良品种。

（2）实行轮作倒茬，加强中耕除草，清洁田园，降低病虫源数量。

3. 物理防治

将长10～20厘米木板或硬纸板涂黄色，其上涂一层凡士林或机油，每亩放20～30块黄板于菜田，以诱杀蚜虫；或张挂铝银灰色或乳白色反光膜避蚜传毒。

有条件者应利用防虫网种植。

4. 生物防治

应创造有利于天敌生存的环境，释放天敌，捕杀害虫。

五、质量安全

高山大白菜产地和生产过程及安全要求，严格按照无公害农产品行业标准的规定执行：《无公害

农产品 种植业产地环境条件》（NY/T 5010—2016）、《绿色食品 甘蓝类蔬菜》（NY/T 746—2012）、《环境空气质量标准》（GB 3095—2012）、《无公害农产品 生产质量安全控制技术规范 第3部分：蔬菜》（NY/T 2798.3—2015）、《绿色食品 农药使用准则》（NY/T 393—2013）。

第四节 巫溪高山包包菜

巫溪高山包包菜，也称巫溪高山结球甘蓝，巫溪县祥胜食用菌股份专业合作社生产，通过国家无公害农产品认证，获得"重庆名牌农产品"称号。该产品品质优良，清脆略甜，适口性好，深受广大消费者喜爱。结球甘蓝，为十字花科植物甘蓝的茎叶。

一、产地环境

甘蓝喜温和湿润、充足的光照。较耐寒，也有适应高温的能力。生长适温15～20℃。肉质茎膨大期如遇30℃以上高温，肉质易纤维化。对土壤的选择不很严格，但宜于腐殖质丰富的黏壤土或沙壤土中种植。甘蓝的幼苗必须在0～10℃通过春化，然后在长日照和适温下抽薹、开花、结果。巫溪高山结球甘蓝生长区在中高山，属亚热带季风暖湿区，年均气温18.2℃，无霜期345天，全年≥10℃的积温5 694℃，年日照时数1 640小时，年降水量1 057.6毫米，光照充足，自然水体丰富。

巫溪县祥胜食用菌股份专业合作社位于巫溪县胜利乡胜利村，蔬菜基地海拔高度在1 200米以上，属典型的高山地区。生产基地排灌方便，土壤是肥沃松软且富含有机质的壤土类地块，土壤pH6.5～7，生态环境优良，空气质量清新，非常适宜种植高山包包菜。该合作社生产经营错季蔬菜300公顷，建有农副产品烘干房、蔬菜保鲜储藏室等。合作社机构健全，章程完善，与巫溪、巫山、奉节、云阳、开县等地的农贸市场客商建立了长期、稳定的合作关系，与巫溪县教育委员会签订了校园配送协议，促进了当地农民增收，极大地调动了农民的种菜积极性，促进了胜利村蔬菜产业的可持续发展，带动贫困户快速脱贫致富。

二、历史渊源

甘蓝类蔬菜起源于地中海沿岸，由野生甘蓝演化而来。早在4 000年以前，野生甘蓝的某些类型就在欧洲东南部被利用。后逐渐传至欧洲各国栽培，经过长期的人工栽培和选择，演化成不同的变种。到9世纪，甘蓝已为欧洲各国广泛种植供食用。16世纪传入北美洲。现已成为世界上许多国家，特别是欧洲、北美洲各国的主要蔬菜。据《本草拾遗》记载，甘蓝是西土蓝，阔叶可食。甘蓝在巫溪种植历史悠久，属于老百姓常种的蔬菜，因为巫溪特殊的地理环境、气候条件和生态环境，巫溪高山甘蓝品质极为优良。

三、品质特点

甘蓝是世界卫生组织曾推荐的最佳蔬菜之一，也被誉为天然"胃菜"。其所含的维生素K_1及维生素U，不仅能抗胃部溃疡、保护并修复胃黏膜组织，还可以保持胃部细胞活跃旺盛，降低病变的概率。

一杯抱子甘蓝所含的纤维质可达7.5克，是纤维质的最佳蔬菜来源之一。各种甘蓝均是钾的良好来源。结球甘蓝含极丰富的维生素A、钙和磷。《本草拾遗》记载，甘蓝"补骨髓，利五藏六腑，利苯节，通经络中结气，明耳目，健人，少睡，益心力，壮筋骨。治黄毒，煮作菹，经宿渍色黄，和盐食之，去心下结伏气"。甘蓝菜含有维生素K，维生素K为维持骨骼密度发挥着重要的作用。甘蓝菜、菠菜等含有叶黄素。叶黄素作为抗氧化剂，可有效防止视网膜黄斑退化。经常吃这2种蔬菜，还可使白内障的发病率减少40%。

四、技术要求

（一）育苗

1.育苗方式

根据栽培季节和方式，可在阳畦、塑料拱棚、温室、露地育苗。有条件的可采用电热温床、工厂化育苗。露地育苗要有防雨、防虫、遮阴设施。

2.品种选择

早春塑料拱棚甘蓝、春甘蓝选用抗逆性强、耐抽薹、商品性好的早熟品种，夏甘蓝选用抗病性强、耐热的品种，秋甘蓝选用优质、高产、耐储藏的中晚熟品种。

3.种子质量

符合《瓜菜作物种子 第2部分：白菜类》（GB 16715.2—2010）的要求。

4.用种量

每亩用种50克左右。

5.种子处理

（1）干燥处理。播前晾晒种子，一般放阴凉处风干，禁忌曝晒。

（2）种子消毒。用50℃温水浸种20分钟，然后在常温下继续浸种3～4小时。每100克种子用1.5克漂白粉（有效成分），加少量水，将种子拌匀，置容器内密闭16小时后播种，可防黑腐病、黑斑病。

（3）催芽。将浸好的种子捞出洗净，稍加风干后用湿布包好，放在20～25℃处催芽，每天用清水冲洗1次，当20%种子萌芽时，即可播种。

6.育苗床准备

床土配制。选用近3年来未种过十字花科蔬菜的肥沃园土与充分腐熟的过筛圈陪肥按2∶1比例混合均匀。将床土铺入苗床，厚度10～12厘米。

7.播种

（1）播种期。早春塑料拱棚甘蓝11月下旬至12月上旬，春甘蓝12月下旬至翌年1月下旬，夏甘蓝4月上、中旬，秋甘蓝6月下旬至7月上旬。

（2）方法。浇足底水，水渗后覆1层细土（或药土），将种子均匀撒播于床面，覆土0.6～0.8厘米。露地夏、秋季育苗也可用干籽播种。

（二）苗期管理

1.温度

巫溪高山包包菜苗期温度管理指标见表3-3-1。

表 3-3-1　巫溪高山包包菜苗期温度管理指标

时期	白天适宜温度/℃	夜间适宜温度/℃
播种至齐苗	20 ~ 25	14 ~ 16
齐苗至分苗	12 ~ 17	6 ~ 10
分苗至缓苗	18 ~ 22	14 ~ 16
缓苗至定植前10天	15 ~ 18	10 ~ 12
定植前10天至定植	12 ~ 15	8 ~ 10

2.间苗

分苗前间苗1 ~ 2次，苗距2 ~ 3厘米，去掉病苗、弱苗及杂苗，间苗后覆土1次。

3.分苗

当幼苗2叶1心时分苗。按10厘米行株距在分苗床上开沟，座水栽苗。

4.分苗后管理

缓苗后锄划2 ~ 3次，床土不旱不浇水，浇水宜浇小水或喷水，定植前7天浇透水，1 ~ 2天后起苗囤苗，并以低温炼苗。

露地夏、秋季育苗，气温太高可采取浇水、遮阴等方法降温。要防止床土过干，同时防暴雨冲刷，及时排除苗床积水。分苗后要适当遮阴，有条件的可扣20 ~ 30目尼龙网纱防虫。

5.壮苗标准

植株健壮，株高12厘米，茎粗0.5厘米以下，6 ~ 7片叶，叶片肥厚蜡粉多，根系发达，无病虫害。

6.定植前准备

（1）前茬。为非十字花科蔬菜。

（2）整地施肥。露地栽培采用平畦，塑料拱棚亦可采用半高畦。

基肥品种以优质有机肥为主。在中等肥力条件下，结合整地，每亩施优质有机肥（以优质腐熟猪厩肥为例）5 000千克，尿素8.7千克，过磷酸钙50千克。

（3）定植期。早春塑料拱棚甘蓝2月上、中旬，春甘蓝3月中旬至4月上旬，夏甘蓝5月下旬至6月中旬，秋甘蓝7月下旬至8月中旬。

（4）方法。按行株距要求开沟，座水栽苗，或培土后立即浇水。地膜覆盖的挖穴座水栽苗。结合浇定植水时，可用磷酸二氢钾1 000倍液加保得生物液肥1 000倍液灌根，促生根、保苗、苗匀苗壮。

（5）密度。早熟种4 000 ~ 6 000株，行株距33 ~ 40厘米见方；中熟种2 200 ~ 3 000株，行株距（50 ~ 60）厘米×（40 ~ 50）厘米；晚熟种1 800 ~ 2 200株，行株距60厘米×（50 ~ 60）厘米。

（6）定植后管理。定植后，要加强田间管理，及时查苗补苗。

7.缓苗期

定植后4 ~ 5天浇缓苗水，随后中耕结合培土1 ~ 2次。

8.莲座期

通过控制浇水而蹲苗，早熟种6 ~ 8天，中晚熟种10 ~ 15天，结束蹲苗后要结合浇水，每亩追施尿素10.9千克。

9.结球期

保持土壤湿润。结合浇水追施尿素6.5千克，硫酸钾4千克。结球后期控制浇水次数和水量，以免裂球。

（三）病虫害防治

各农药品种的使用要严格遵守安全间隔期。

1.物理防治

（1）设置黄板诱杀蚜虫。用废旧纤维板或纸板剪成100厘米×20厘米的长条，涂上黄色油漆，同时涂上1层机油，挂在行间或株间，高出植株顶部，每公顷挂450～600块（30～40块/667平方米），当黄板粘满蚜虫时，再重涂1层机油，一般7～10天重涂1次。

（2）利用黑光灯诱杀害虫。

2.药剂防治虫害

（四）采收

叶球紧实后亦可采收上市或储藏。

五、质量安全

高山结球甘蓝产地和生产过程及安全要求严格按照中华人民共和国无公害农产品行业标准的规定执行：

《无公害农产品　种植业产地环境条件》（NY/T 5010—2016）、《绿色食品　甘蓝类蔬菜》（NY/T 746—2012）、《环境空气质量标准》（GB 3095—2012）、《无公害农产品　生产质量安全控制技术规范　第3部分：蔬菜》（NY/T 2798.3—2015）、《绿色食品　农药使用准则》（NY/T 393—2013）。

第五节　石柱莼菜

石柱莼菜，石柱特产，农产品地理标志产品。莼菜属多年生宿根水生草本植物，为国家一级保护水生植物，也是一种珍稀名贵的蔬菜，营养丰富，具有防病治病、抗癌美容等多重作用，素有"水中人参、植物胎盘"之美称。石柱生态环境得天独厚，所产莼菜营养丰富，优质滋补，享有"天生天养、食之瑰宝"的美誉，产品畅销国内外，成为石柱土家族自治县农产品出口创汇的窗口和名片。2013年，石柱莼菜被农业部纳入《特色农产品区域布局规划（2013—2020年)》。

一、产地环境

石柱莼菜基地土壤环境质量符合《土壤环境质量标准（试行）》（GB 15618—2018）中的二级标准，水源质量达到《地表水环境质量标准》（GB 3838—2002）Ⅲ类以上标准。莼菜对生长环境的要求非常严苛，适宜生长气温在13.3～27℃，水温22～25℃，微酸性、有机质含量高、氮素供应充足、土层深厚，表土结构良好、土体柔和、具有30厘米厚淤泥层的脱钙沼泽性或脱沼泽性潜育型水稻土，水质要求无污染。石柱莼菜生长区以中高山为主，兼有山原、丘陵，属亚热带季风湿润气候，多年平均气温16.4℃，平均降水量1 285毫米，常年日照时数平均1 333小时。水资源充足，各类水库33座、大小溪河75条，常年流水不断，水质清洁。适宜的气候条件、特殊的地形地貌以及丰富的耕地资源和水资源，有利于莼菜的生长。

二、历史渊源

莼菜，古时为贡品，至今已有1 600多年的历史，具有深厚的历史文化。《晋书》记载"莼菜鲈脍、王爵慕之"；元代黄复生的《莼菜》"被人绣满水仙裳，地轴天机不敢藏。水谷冷缠琼缕滑，翠铀清缀玉丝香。江湖美味牵情久，京络思归引兴长，欲剪吴松缝不得，谩拖秋思绕诗肠"；《齐民要术》记载，"魏，性纯而易生。种以浅深为候，水深则茎肥而叶少，水浅则茎瘦而叶多。其性逐水而滑，故谓之药菜，并得葵名。"石柱莼菜人工规模种植始于1991年，当时在农业部下派干部徐杰林（黔江地区科技专员）的倡导和指导下，在四川省水产局的大力支持下，由县水电局水产站引进良种8 000多千克试种，获得成功，并迅速发展。2018年，石柱莼菜种植基地已成为国内外最大的莼菜基地。

三、品质特点

莼菜有"植物锌王、水中人参"的美称，是多年生宿根水生植物，耐寒、喜温、怕热。莼菜为江南四大名菜之一，药食两用，具有保健作用。早在明代，李时珍就已将莼菜作为一味药物，用于外敷，治恶疮痈疽（莼菜茎叶捣烂外敷，可治一切痈疽疔疮）。据日本报道，莼菜叶背分泌的一种类似琼脂的黏液，含大量的多糖，对实验动物的某些移植性肿瘤有抑制作用。

莼菜含有多糖、蛋白质、18种氨基酸、多种微量元素，如锌、硒、铜、铁、钙等。莼菜各营养组分中，糖所占比例约为干重的50%，其中主要为莼菜多糖。莼菜多糖：为一种由D-半乳糖、D-甘露糖、L岩藻糖、L-果糖、L-鼠李糖、D-木糖、D-葡萄糖醛酸和D-葡萄糖胺8种糖等组成的复合多糖。其独特的组成和结构令其对细胞的有丝分裂有明显的抑制作用，因而具有抗癌活性。莼菜多糖能明显增加巨细胞的吞噬功能，有效增加体液和细胞的免疫功能。同时在莼菜多糖和蛋白质的作用下，血清中的胆固醇、甘油三酯、低密度脂蛋白含量和动脉粥样硬化指数得以有效降低，而高密度脂蛋白有效升高，从而降低血脂和血糖，并且效果显著。莼菜中含有18种氨基酸，包括人体必需的8种氨基酸。这些氨基酸直接或间接参与脂肪代谢、消除肾及膀胱功能的损耗、组成血红蛋白与血清、参与胸腺及脑下腺的调节以及代谢等，调节松果体、乳腺、黄体及卵巢，防止细胞退化，促进脾脏、胰脏及淋巴的功能。锌被誉为"生命元素"，而莼菜是一种强富集锌植物，同时具有很强的将无机锌转化为有机锌的能力。这些有机锌进入人体后，参与300多种酶的合成，并直接参与机体发育、骨骼生长、免疫机能、蛋白质和核酸代谢、智力发育；同时能有效避免侏儒症、不育症、免疫功能降低、白血病、急性心肌梗死、低蛋白血症等；可保护肝脏、提高机体抗肿瘤因子能力、提高抗感染能力。在锌和酶的联合作用下，细胞生命的平衡得以有效维持，细胞膜的结构与功能得以有效保护，并且能抑制细胞凋亡、延长细胞寿命、维护生殖机能。

四、生产情况

石柱土家族自治县莼菜在地面积1.4万亩，产量1.4万吨，标准化种植面积7 500亩。建成国家级出口莼菜质量安全示范区，于2013年被农业部纳入《特色农产品区域布局规划（2013—2020年）》。2015年，莼菜产地成为国家级出口食品农产品质量安全示范区，2017年，石柱获评国家农业综合标准化示范县。

（一）基地稳步扩大，质量大幅提升

2017年，通过加大对莼菜产业的政策扶持力度，计划新增莼菜2 000亩，至2018年4月，已新增1 000余亩。加大标准化莼菜基地的建设，每年整合农综、效益农业、扶贫等项目资金3 000多万元，对所有50亩以上的莼田全部计划建成标准化基地，严格按质量标准生产。同时，与西南大学合作建立了良种繁育基地和提纯复壮的优良莼菜种源基地，一年提供优质种苗3 000多亩，提升莼菜品质。

（二）品牌不断创建，产业链条延伸

石柱莼菜已获地理标志产品认证，"海涟"商标获得了有机食品认证。"百年潘婆婆""石柱莼"商标成功注册并投入使用；加大了精深产品的研发，莼菜美容系列产品——补水驻颜植物面膜、洁面啫喱、爽肤水、保湿乳液、修复精华液、眼霜成功上市，"莼养""莼芯""莼锌""莼葆""颈霜"等10种产品已研发成功；饮料"莼宝""莼养"成功上市；保健养生产品及药品产品正在研发。莼菜鲜品产品远销日本、韩国、新加坡等国家，年出口莼菜700余吨，年创汇300余万美元。加工产品在广州、湖北、郑州、重庆等地签约区域经销。

（三）"三产"逐步融合，综合效益提升

以冷水镇八龙村莼菜基地为核心，整合周边旅游资源，打造以莼菜文化为主题的中国首家莼菜农业公园，建成后每年可吸引游客120万人次，拉动旅游增收5亿元，"三产"融合，实现年综合产值30亿元。每年定期举办"莼菜文化节"，开展莼菜采摘比赛、烹饪大赛、产品展销、主题摄影展、篮球运动会、田园观光避暑休闲之旅等系列活动，以带动第三产业为发展。石柱莼国际康养体验度假区将依托莼菜独特功能，充分发挥"莼菜+"效应，集成健康、生命科技和预防医学，走全域康养度假之路，探索一、二、三产业融合发展之路。

五、技术要求

（一）生长条件

1.土壤条件
海拔1 200米以上，水源充足，排灌方便，有机质丰富，理化性状好，pH5.5～6.5的微酸性土壤。

2.水体条件
水质清澈、洁净、无污染，能见度不小于50厘米，水位深浅适宜，能灌能排或常年缓流水不断。进排水口对角设置，以便注排水时水体充分交换。

3.田块建设
田埂高60～100厘米，底宽70厘米，顶宽35厘米，同时加固外侧。

（二）莼菜定植

1.栽种季节
秋季和春季均可。最好春季移栽，一般在"清明"前后。

2.选种要求

选择3年以上8年以下无病、无伤、健壮的水中茎作为种源，随挖、随栽，剪成有2~4个节位、15~20厘米长的茎段，每节具饱满芽1个。

3.栽种密度

宽窄行栽植，宽行行距1米，窄行行距20~25厘米，将水中茎段斜插或平栽（即两头按入泥中，露出芽头）。

（三）田间管理

1.水层管理

栽植前后保持10~20厘米的浅水层，有利于其生根成活，出苗后，水位需加深到30~40厘米。到夏季植株生长旺盛时，水位逐渐加深到60~100厘米。到秋季，水位逐渐下降到30~40厘米，冬季休眠期保持30厘米左右的浅水层即可。水位不宜猛涨猛落，一次涨落10厘米为宜。

2.施肥技术

每年冬、春根茎萌芽前（距离第一次采收不少于20天），根据田块肥力情况适量施肥，每亩施用腐熟饼肥（先将饼肥捣碎，兑水沤制2~3个星期即可）50千克。

3.病虫草害防治

坚持以"农业防治、生物防治为主，化学药物防治为辅"的无害化控制原则。

（1）农业防治。一是及时添换清水，保持水质清澈透明。二是每年莼菜萌芽前及生长期间，应及时拔除杂草、捞除田螺等有害生物。三是田间植株拥挤，生长势减弱时，须适时更新换代。一般5~8年必须换种，可采取隔行拔除一部分，或者全田拔除清塘，选粗壮、无病虫害的种茎重新栽植。四是在冬前铲除田埂及周边杂草残茬，减少金花虫越冬基数。五是椎实螺等可在每年莼菜萌芽前亩撒6~8千克茶籽饼防治（养鱼田禁用）。莼菜萌芽，椎实螺大都集中在莼菜田四周和流水口时，及时捞除。

（2）生物防治。每年3—4月，每亩莼田放养重量为1斤左右的草鱼、重量为2两*的鲤鱼各3~4尾（具体以不发生水质浑浊为宜）以除草、灭螺，11月采收后，将鱼捕起。

（四）采收方法

在莼菜田里手工采摘带卷叶的嫩芽，要多掐嫩叶芽尖，芽上叶尖与叶柄整齐，叶柄节5毫米长，去掉过长的、多余的、节间长的叶柄，必须带花蕾采摘，尽量不要采摘单叶或只有叶柄而无卷叶的莼菜嫩芽。采摘时间应掌握在卷叶基本长足，但尚未散开时连同卷叶和嫩芽一起采摘。采得过嫩，花工大、产量低、效益差；采得过老，卷叶松散，纤维和单宁成分增加，苦涩味重，品质低劣。具体掌握在5—7月每隔2~3天采摘1次，8—10月每隔5~10天采摘1次。

（五）加工技术

1.莼菜产品加工工艺流程

清洗、高温杀青、冷却、分级、保鲜、成品检测、产品包装、入库。整个加工过程用水必须符合《生活饮用水卫生标准》（GB 5749—2006）国家饮用水标准，整个生产流程必须符合水产品加工国家

---

* 两为非法定计量单位，1两=50克。——编者注

卫生管理规定。

2.清洗

用清水漂洗收回的的鲜莼菜，以清除杂物和泥沙等。

3.高温杀青

当天采摘的莼菜经清洗后必须当天进行杀青处理，超过24小时未杀青的鲜莼菜不能再用。

杀青锅炉将其蒸汽输入铝锅中将水冲开后，再将莼菜鲜品倒入开水中2～3分钟，待莼菜转浅绿后，即可捞出。

4.冷却

将杀青后的莼菜迅速捞出，放入流动水的冷却池里迅速降温，莼菜冷却即可捞出，放在分级筛中分级。

5.分级

莼菜分级标准符合《莼菜》（NY/T 701—2003）和《出口莼菜检验规程》（SN/T 0627—2014）的规定。莼菜分级标准见表3-3-2。

表3-3-2　石柱莼菜分级指标

项目	指标			
	一级（AS 级）	二级（BM 级）	三级（C 级）	四级（D 级）
卷叶尺寸/毫米	≤ 25	≤ 40	≤ 55	≤ 65
尾茎长度/毫米	≤ 8	≤ 10	≤ 12	≤ 15
叶片带芽率/%	100	≥ 90	≥ 80	—
形态	形态基本均匀，茎叶长短一致，叶片卷曲，无破叶、散叶，组织滑嫩、有胶质感，无粗纤维			
杂质	无黑节、老梗、单梗及其他杂质			

6.保鲜

分级后的莼菜要经过保鲜处理，保鲜有许多方法，目前多采用食用冰醋酸保鲜（用3%的冰醋酸溶液保鲜）。

7.产品检测

测定各个指标是否符合标准，每批产品必须检测合格后才能包装。

8.产品包装

将不同等级的加有保鲜液的莼菜用瓶、袋、罐或塑料桶包装，包装必须在真空无菌条件下进行，然后加上外包装，贴上注册商标，打上生产日期。

9.入库

计件、入库，等待外销。

第六节　彭水香椿

香椿，又名"香椿芽"，重庆市彭水县特色蔬菜。因香椿含有大量的芳香物质，具有特殊的香气，自古就被视为蔬菜中之珍品，深受人们喜爱。

一、历史渊源

香椿属于楝科落叶乔木。起源于中国，在公元前369至公元前286年即有香椿的记载。是中国特有的树种，从辽宁省南部到华北、西北、西南、华中、华东等地均有分布，主要分布在黄河和长江流域之间，具有菜、材两用的特点。传统的香椿栽培大多处于零散状态，主要作物为林木栽培，附带采摘嫩芽作为蔬菜。

中国民间食用香椿芽约始于汉代，从20世纪70年代末开始采集香椿种子用于培育和人工栽培试验研究。重庆市各区（市、县）都有分布的特色乡土树种。彭水苗族土家族自治县早在20世纪80年代初就与四川和重庆的林业科研院所合作，通过近20年的培育，培育出香椿矮化密植型树种，更有利于采摘食用。

二、产品特性

（一）生物学特性

1.根

香椿的根系发达，但一年生苗木的侧根粗大，主要水平分布在25厘米以上的耕层内。

2.茎

香椿树干高大挺直，可达10～30米。一年生实生苗木一般高度为0.6～1.4米。香椿顶端优势极强。在适温下，主枝的顶芽先萌发。顶芽达4～5厘米后，其下邻近少数的侧芽才萌动，且缓慢生长。顶芽采摘后，侧芽生长加快。香椿嫩芽是一年生枝顶芽和侧芽刚萌发出来的新梢和嫩叶。

3.叶

子叶椭圆形。初生叶对生，多为3对小叶组成。真叶互生，为偶数羽状复叶。冬季落叶。枝条顶端由鳞片包裹，内含很短的嫩茎和未展开的嫩叶。春季枝条顶端萌发，嫩叶生长展开，初为棕红色，逐渐长成绿色叶片。

4.花

香椿为聚伞形或圆锥形花序，顶生或腋生。花为两性花，花萼短小，花瓣5枚，5枚发育正常的雄蕊和5枚退化的雄蕊互生，子房5室、卵形，每室有胚珠2枚。5—6月开花，花具芳香气味。

5.果实种子

果实为蒴果，有5心室。果实10月成熟，由5角状的中轴开裂。种子椭圆形，扁平，有膜质长翅，红褐色。自然储藏条件下，发芽力可保持半年左右，千粒重10～15克。

（二）生长发育周期

香椿为落叶乔木，具有菜、材两用的特点。菜用香椿采用矮化密植栽培技术，实生香椿树从栽植后2～3年开始采摘椿芽，5～6年前为营养生长期，7～10年可开花结实。菜用香椿因连年多次采收嫩梢，摘除顶芽，树势弱，一般不开花。保留顶芽的香椿树，5月下旬至6月中旬开花，10月中下旬种子成熟。

露地种植的香椿树每年的3月春芽萌动，4月采摘椿芽，6～8月为苗木的迅速生长期，10月下旬落叶后进入休眠期，休眠期为4～5个月。

温室种植的，在露地培育苗木，待休眠后温室假植，1—3月采摘椿芽。

（三）类型与品种

1.类型

香椿依芽苞和幼叶颜色可分为红香椿和绿香椿。红香椿的主要品种有红油椿和黑椿，红香椿树皮灰褐色，初出幼芽绛红色，有光泽，香味浓郁，纤维少，含脂肪多，品质佳。绿香椿的主要品种有青油椿和薹椿，树皮绿褐色，椿芽嫩绿色，香味淡，含油质较少，品质稍差。

2.彭水主要品种

彭水红椿。

（1）组织鉴定单位。重庆市林业局。

（2）鉴定时间。2006年10月。

（3）编号。渝S-SITS-TC-007-2006。

（4）主要特点。叶嫣红而肥厚，梗油亮而脆嫩，味芳香而浓郁，食之满口溢香，嚼之味长无木质化，在古代作为贡品，献给皇宫受用，故有"黔州贡椿""森林食品之冠"之美名。

（5）适生环境。香椿是喜温树种，适宜温暖湿润、季节温差和昼夜温差大的环境，凡年平均气温为8～23℃，绝对最低气温在-25℃以上，极端最高气温在35℃以下，年降水量为500～2 000毫米的地区，香椿都能生长。但以年平均气温12～16℃，绝对最低气温在-20℃以上，年降水量为600～1500毫米的地区生长最好。

三、产地环境

彭水地形差异大，海拔高度为190～1600米，最低处海拔仅190米。地势西北高、东南低。地貌为构造剥蚀的中低山地形，整个地形地貌呈北北东向延伸，成层现象明显。气候属中亚热带温润季风气候类型，雨量充沛，四季分明，山地立体气候特征十分明显。多年平均气温17.6℃，最高年平均气温18.3℃，最低年平均气温17.0℃，极端最低气温-3.8℃，极端最高气温44.1℃（1953年8月19日），高山与低谷气温相差10～14℃。多年平均降水量为1 224.0毫米，最大降水量为1 600.9毫米，最小降水量为最大降水量的57%，适宜香椿生长环境。

四、质量技术

（一）温度

香椿主要分布在亚热带至温带地区，适应性广，在8～25℃的地区均可栽培。种子发芽适温20～25℃。在日均温8～10℃时顶芽萌发；12℃时嫩叶展开，但生长缓慢；15℃时春芽抽生加快，易木化，使春芽品质降低。香椿枝叶生长适温16～25℃，最适温为20～25℃。气温低于8～10℃或高于35℃，枝叶停止生长。香椿的光合适温为22～24℃。成龄大树耐寒能力强，能耐-20～-27℃低温。而一年生实生苗木，若木化程度低，耐寒性就差，主干一般在-10℃被冻死。

（二）光照

香椿喜光，忌强光，一年生实生苗的光补偿点为1 100勒克斯，光饱和点为30 000勒克斯，光照过强（>40 000勒克斯）光合速率迅速下降，表现忌强光的特性。

（三）水分

香椿喜湿，耐旱，怕涝。幼苗期最适土壤湿度为85%左右。土壤干旱，生长缓慢。土壤渍水，呈徒长症状，易发生根腐病。故雨后应及时排水防涝。

（四）土壤

成龄树对土壤质地要求不严，喜土层深厚肥沃的石灰质土壤。在瘠薄的砂石山地或黏重的土壤上均能生长，但生长缓慢。幼龄苗木对土质要求较为严格，以轻壤土或沙质壤土为圃地较为适宜。对土壤酸碱度适应范围较宽，pH5.5 ~ 8.0。

五、品质特点

香椿芽，是香椿树的嫩芽，被称为"树上蔬菜"。每年春季"谷雨"前后，香椿发的嫩芽可做成各种菜肴，它不仅色鲜味明，营养丰富，而且具有较高的药用价值，是保健、食疗佳品。据检测分析，每100克香椿头中含蛋白质9.8克、钙143毫克、维生素C115毫克，均列蔬菜中的前茅。另外，还含磷135毫克、胡萝卜素1.36毫克，以及铁和B族维生素等营养物质。有助于增强机体免疫功能，并有很好的润滑肌肤的作用，是保健、美容的良好食品。此外，它含有的维生素E和性激素物质，有抗衰老和补阳滋阴作用，对不孕不育症有一定疗效，故有"助孕素"的美称。

近代医学研究证明椿芽能清热解毒、健胃理气、润肤明目、杀虫。主治疮疡、脱发、目赤、肺热咳嗽等病症，也是辅助治疗肠炎、痢疾、泌尿系统感染的良药。

（一）保健食谱

香椿的吃法很多，以"谷雨"前后食用为佳，过了5月中旬，其纤维老化，营养价值也会大大降低。

1. 香椿炒鸡蛋

香椿250克，鸡蛋5枚。将香椿洗净，下沸水稍焯，捞出切碎；鸡蛋磕入碗内搅匀；油锅烧热，倒入鸡蛋炒至成块，投入香椿炒匀，加入精盐，炒至鸡蛋熟而入味，即可出锅。此食品具有滋阴润燥、泽肤健美的功效。适用于虚劳吐血、目赤、营养不良、白秃等病症。常人食之，可增强人体抗病、防病能力。

2. 香椿拌豆腐

豆腐500克，嫩香椿50克。豆腐切块，放锅中加清水煮沸。沥水，切小丁装盘中；将香椿洗净，稍焯，切成碎末，放入碗内，加盐、味精、麻油，拌匀后浇在豆腐上，吃时用筷子拌匀。此食品具有润肤明目、益气和中、生津润燥的功效。适用于心烦口渴、胃脘痞满、目赤、口舌生疮等病症。

3. 煎香椿饼

面粉500克，腌香椿头250克，鸡蛋3枚，葱花适量。将香椿切成小段，用水将面粉调成糊，加入鸡蛋、葱花、料酒，与切段香椿拌匀；平锅放油烧热，舀入一大匙面糊摊薄，待一面煎黄后翻煎另一面，两面煎黄即可出锅。本食品具有健胃理气、滋阴润燥、润肤健美的功效。适用于体虚、食欲缺乏、毛发不荣、四肢倦怠、大便不畅等病症。

除了最常见的香椿煎鸡蛋、香椿拌豆腐、煎香椿饼外，还可将香椿芽洗净，加盐捣碎，再加点辣椒、香油，味鲜香辣。用稍腌过的香椿芽裹鸡蛋面糊油炸，蘸花椒盐食用，味胜海鲜。将香椿芽和大蒜一起捣成稀糊状，加上适量油、盐、酱、醋和凉开水，做成香椿蒜汁，用来拌面吃，也很有风味。

（二）适用人群

一般人群均可食用。

香椿可作为辅助治疗肠炎、痢疾、泌尿系统感染的良药。

香椿为发物，多食易诱使痼疾复发，故慢性疾病患者应少食或不食。

（三）食用原则

香椿含有硝酸盐和亚硝酸盐，且含量远高于一般蔬菜；香椿中的蛋白质含量高于普通蔬菜，还有

生成致癌物亚硝胺的危险，故而食用香椿具有安全隐患。

首先，选择质地最嫩的香椿芽。

第二，选择最新鲜的香椿芽。

第三，焯烫除去硝酸盐和亚硝酸盐。

第四，速冻之前也要焯一下。

第五，腌制椿芽的时间长一些。

总而言之，嫩芽、鲜吃、焯烫、慢腌，就能保证吃香椿的安全。

六、储藏要求

由彭水苗族土家族自治县林业科技推广站开展香椿芽保鲜试验，研发香椿芽真空保鲜产品，在储藏的香椿芽中选芽体粗壮、无病伤的香椿芽，去除芽基部的老梗，捆成0.25～0.5千克的小把，装入食品保鲜袋内，放入-18℃的冰柜内冻结储藏。使用这种保鲜方法，可使香椿芽供全年分次食用，随用随取。食用时先解冻，清洗干净就可加工食用。注意：保鲜前不要清洗香椿芽。

七、生产情况

彭水苗族土家族自治县在20世纪80年代初就与四川和重庆的林业科研院所合作，开始利用速丰林、长防林工程和世界银行贷款香椿白花泡桐等林业重点程发展香椿4万亩。通过近20年的培育，红椿已进入成熟利用时期。2018年以来，彭水苗族土家族自治县林业科技推广站主持实施了重庆市林业科技项目——香椿芽快速繁殖项目、香椿定向培育项目及香椿丰产栽培项目等，完成了国家林业局下达的第六批香椿标准化建设项目，彭水在朗溪乡、龙溪镇建立矮化密植香椿芽基地6 000亩，年产香椿1 200吨，产值1 200万元。香椿芽基地建设作为彭水特色经济林的代表，突出了其地域特色，在生产、储藏、加工等方面都有了长足的发展，已研究出了适合当地的高效栽培技术，利用现代农业技术，提高了香椿芽的品质和产量。

2012年，彭水苗族土家族自治县在龙溪镇漆树村香椿基地内成立了重庆市香椿科技专家大院，通过专家大院科技平台组织成立了香椿系列产品研发团队，研发香椿芽蔬菜深加工系列产品，使香椿芽的附加值得到更大提升。2016年，百业兴食品牌香椿被重庆名牌农产品评选认定委员会认定为"名牌农产品"。2017年，被农业部评为"全国名特优新农产品"。研发有"冷藏香椿""香椿酱油"和"香椿酱菜"等产品，其中"香椿酱菜"于2017年12月5日获得重庆市食品药品监督管理局颁发的生产许可证。

八、安全要求

产品安全指标必须达到国家对同类产品的相关规定。

第四章
果 菜 类

第一节　合川湖皱丝瓜

合川湖皱丝瓜，重庆市合川区特产，农产品地理标志。据考证，合川区丝瓜的栽培始于明代万历年间，距今已有五六百年历史，栽培历史悠久。产区具有生产优良丝瓜品种的天然优势。栽培用合川区当地丝瓜良种，所产丝瓜质地细密嫩脆，微甜、清香、回甘，口感细腻化渣，不易老化，特易去皮，品质佳。获得农产品地理标志登记保护，入选《重庆蔬菜品种志》《四川蔬菜品种志》《中国蔬菜品种资源目录》，并编入部分农业院校教科书。

一、产地环境

合川湖皱丝瓜种植区位于嘉陵江、渠江、涪江三江沿岸和浅丘区域，具有无台风、无冻害、无检疫性病害、无环境污染的优势，土质为冲积坝特有的矿物质丰富的肥沃土质，灌溉水资源便利，气候为夏热冬暖，春长秋短，四季分明，暖季光照多，日照充足、无霜期长的亚热带湿润季风气候。种植的湖皱丝瓜为地方传统优良品种。

二、历史渊源

合川区是重庆著名的丝瓜老产区，其栽培历史可以追溯到16世纪的明代万历年间。《合州志》明万历七年就有合川种植丝瓜的记录；《重庆蔬菜品种志》《四川蔬菜品种志》《中国蔬菜品种资源目录》中都有合州丝瓜的记录。2002年，重庆市合川区丝瓜研究所以合川湖皱丝瓜为母本，成功培育出杂交良种春使、虎霸、皱皮998。2003年，重庆市农业科学院以合川湖皱丝瓜为自交系，成功培育出新优品种春帅。2012年，进一步培育出早帅、早春丝王等良种丝瓜。2015年，培育出精品早帅。常年有重庆市九龙坡区等地商人前往合川区种植基地收购合川湖皱丝瓜种子。

三、荣誉认证

合川湖皱丝瓜于2014年获农产品地理标志登记保护。

四、品质特点

合川湖皱丝瓜生长势强，为中晚熟品种，具有耐热性。果实长圆筒形，浅绿色，表皮有深绿色条斑，密生白色短茸毛并有皱褶。单嫩瓜重300～500克。纵径约25厘米，横径约5厘米，横截面近圆形。果肉白色，厚约2.5厘米。耐储性极佳，不易老化，特易去皮，品质好，质地细密嫩脆，微甜、清香、回甘、口感细腻化渣。果实富含蛋白质、可溶性糖等营养成分，粗纤维较低，硬度高。经检测，其硬度≥7.6千克/平方厘米，可溶性糖≥3.0克，粗纤维≤7.8克，蛋白质≥0.21克。果实除鲜食外，成熟后的丝瓜络可制作抹布、鞋垫等，干净卫生，环保天然；可药用，有清凉、利尿、活血、通经、解毒之效。

五、生产情况

合川湖皱丝瓜作为重庆合川传统特色蔬菜，于20世纪六七十年代开始在太和镇大面积种植，此后逐步发展到合川30个镇（街道），形成了太和镇、南津办、云门街道等地千亩丝瓜标准基地。2017年，合川区种植湖皱丝瓜已达1万亩，产量达3万吨，产值6 000万元。

20世纪90年代初，原合川兴农蔬菜良种场开始以合川湖皱丝瓜为母本，繁育丝瓜良种。后改建的合川丝瓜研究所，在云门、钓鱼城街道办事处等基地建成丝瓜良种繁育基地200亩，年繁育丝瓜良种种植面积可达5万亩。

湖皱丝瓜基地利用肥沃的土壤、丰富的水资源、优良无污染的地理环境，根据无公害蔬菜生产要求，推广安全、高效、低毒、低残留生物农药，使用天然环保有机菌肥，应用杀虫灯、粘虫板、性诱剂等无公害防控措施，采用一套标准化生产技术规程，严格控制施用化肥，控制农药安全间隔期，禁止使用高毒、高残留农药，让消费者吃上放心菜。

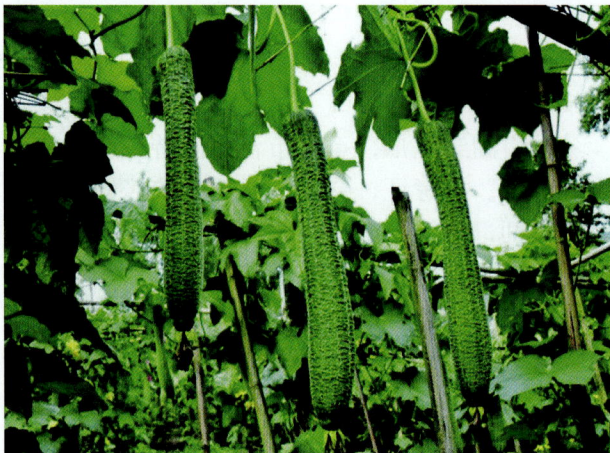

六、专用标志

合川湖皱丝瓜地理标志产品保护范围内的生产者，可向重庆市合川区蔬菜技术指导站提出使用地理标志产品专用标志的申请，经重庆市合川区蔬菜技术指导站审核，由重庆市合川区农业委员会批准并公告。

七、质量技术

（一）品种

合川湖皱丝瓜。

（二）立地条件

合川湖皱丝瓜地理标志产品保护范围内海拔200～400米，土壤质地为紫色土、黄壤土、潮土，土层厚度25厘米以上，pH5～8，有机质含量1.3%～3.54%。

（三）栽培技术

1.整地开厢施基肥

定植前7～10天，早熟栽培1.33米开厢，普通栽培2米开厢，以深沟高厢栽培，每亩施腐熟人畜粪3 000千克，堆肥3 000千克，过磷酸钙50千克，氯化钾20～30千克。早熟栽培将肥料与窝内土壤混均覆盖地膜。

2.播种适期与育苗

早熟栽培于1月中旬至2月上旬利用电热温床。亩用种量300克。普通栽培于2月下旬至3月上旬利用小拱棚保温育苗，亩用种量200克。种子应浸种催芽并用营养钵育苗。

3.适时定植，合理密植

在气温稳定10℃以上定植。苗龄35～40天，2叶1心时定植。大棚早熟栽培于2月中下旬定植，地膜小拱棚早熟栽培于2月下旬至3月上旬定植，普通栽培于3月下旬至4月上旬定植。一般早熟栽培亩栽2 000～2 500株，双行单株或单行双株栽培。普通栽培亩栽550～650株，单行双株。

4.搭架整枝

早熟栽培双行单株，一般搭"人"字架；单行双株搭平架，或利用大棚架作支架；普通栽培搭平架，丝瓜5片真叶时引蔓上架。整枝一般只留主蔓，去侧蔓，4～5瓜摘心，留顶部侧芽。侧芽留3～4瓜摘心，再留顶部侧芽。

5.肥水

第一次追肥一般于缓苗后进行，亩施稀人畜粪水1 000～2 000千克，或复合肥10千克；第二次追肥于开花初期或第一个瓜坐稳后进行，每亩施腐熟的人畜粪水2 500～3 000千克，或尿素15千克加复合肥15千克混施。以后每采收2次，施肥1次，以水肥为主，人畜肥与适量化肥交替使用。

6.采收

大棚早熟栽培于4月底5月初，地膜小拱棚早熟栽培于5月中旬，普通栽培于5月下旬，当瓜身饱满、皮色呈现品种特性、瓜重500～1 000克、花蒂尚未凋落时及时采收。

7.环境、安全要求

农药、化肥等的使用必须符合国家的相关规定，不得污染环境。

八、质量特色

（一）感官特色

合川湖皱丝瓜感官指标见表3-4-1。

表3-4-1　合川湖皱丝瓜感官指标

项目	指标
果形	长圆筒形，整齐
色泽	果皮浅绿色
果面	有深绿色条纹，密生白色短茸毛并有皱褶
果肉	白色，种子少，质地致密、脆嫩、细腻化渣，清香、微甜

（二）理化指标

合川湖皱丝瓜理化指标见表3-4-2。

表3-4-2　合川湖皱丝瓜理化指标

项目	指标
可溶性糖/%	≥3.0
蛋白质/%	≥0.21
粗纤维/%	≤7.6
硬度/（千克/平方厘米）	≥7.6
单瓜重/克	300～500
单瓜长/厘米	25～30
单瓜横径/厘米	4～5

（三）安全要求

合川湖皱丝瓜的安全指标必须达到国家对同类产品的相关规定。

第二节　合川乌筋四季豆

合川乌筋四季豆，合川区特色农产品，主产区域位于合川区钓鱼城街道办事处渠口村，云门、南津街、铜溪、太和等蔬菜基地，生产区域地势平坦，土壤以潮土、冲积土为主。合川乌筋四季豆嫩荚籽粒饱满，豆荚熟食无筋、细嫩、柔软，清香可口，深受消费者喜爱，在合川区内外享有较高的知名度。

一、产地环境

合川乌筋四季豆主产区位于钓鱼城街道办事处渠口村、南津街办事处临渡村、太和镇富金村、晒经村等地，地处三江沿岸，位于渠江、涪江一、二级阶地上，成土母质主要是近代河流冲积物。土壤以潮土、冲积土为主，土壤母质组成复杂，矿质养分较丰富，宜种性广。合川乌筋四季豆种植区域属典型的亚热带湿润季风气候，年平均气温18℃，无低温冻寒，日照充足，全年日照时效达1 288.7小时，无霜期达324天，年总降水量为1 131.3毫米，空气清新，无工业污染。种植区多位于江河溪流岸边，水源条件好。种植基地海拔高度在200～250米，地势平坦、土质疏松、排灌条件优越。因此该产区适宜生产优质的合川乌筋四季豆。

二、种植历史

在20世纪80年代以前，合川各地就有种植乌筋四季豆的习惯。2000年后，乌筋四季豆生产面积有了较大发展，由200～300亩发展到3 000～4 000亩。产品主要销售至合川市场，远销重庆、广安等地市场。

三、荣誉认证

2005年，获得重庆市无公害蔬菜基地认证。

四、品质特点

合川乌筋四季豆为长荚果，豆荚颜色为淡紫红色或深紫红色，嫩荚籽粒饱满，豆荚熟食无筋、细嫩、柔软，清香可口。

合川乌筋四季豆富含蛋白质、钙、铁、维生素B、多种氨基酸等。常食，可加速肌肤新陈代谢，促进脂肪代谢，有效提高免疫力，有抗肿瘤作用；还是一种高钾、低钠食品，适合心脏病、动脉硬化、高血脂和忌盐患者食用。

（一）外在感官特征

合川乌筋四季豆为长荚果，荚长18 ～ 23厘米，粗0.8 ～ 1.2厘米，嫩荚籽粒饱满，豆荚颜色为淡紫红色或深紫红色。单荚重15 ～ 20克。

（二）独特内含成分

嫩荚约含蛋白质6%，纤维10%，糖1% ～ 3%，是一种难得的高钾、高镁、低钠食品。

合川乌筋四季豆的营养成分见表3-4-3。

表3-4-3　合川乌筋四季豆的营养成分

营养素	含量（每100克）	营养素	含量（每100克）
碳水化合物/克	2.40	热量/千卡	17.00
蛋白质/克	2.60	脂肪/克	0.20
维生素A/微克	87.00	纤维素/克	1.30
维生素E/毫克	—	维生素C/毫克	12.00
硫胺素/毫克	0.01	胡萝卜素/微克	520.00
烟酸/毫克	0.80	核黄素/毫克	0.54
镁/毫克	20.00	钙/毫克	30.00
铁/毫克	0.80	锌/毫克	0.47
铜/毫克	0.07	锰/毫克	0.60
钾/毫克	200.00	磷/毫克	38.00
钠/毫克	1.80	硒/微克	5.60

五、生产情况

合川区乌筋四季豆常年栽培面积6 000亩，产量1万吨，产值5 000万元以上。

2004年，合川区建设无公害蔬菜基地；2005年，钓鱼城街道办事处渠口村获得重庆市无公害蔬菜基地认证。

2014年，重庆市合川区渠口坝蔬菜种植股份合作社成立，进一步规范了合川乌筋四季豆栽培技术和留种技术，使合川乌筋四季豆的产量和品质都有了较大的提升，产品更是不愁销路，种植户亩产值达万元以上。

六、质量技术

（一）品种

合川乌筋四季豆。

（二）立地条件

合川乌筋四季豆为合川区特色农产品，主产于合川区渠江，涪江一、二级阶地上，成土母质主要是近代河流冲积物，土壤以潮土、冲积土和黄壤为主，土层深厚、松软、腐殖质多、矿质养分较丰富，排水良好，宜种性广，水源条件好。

（三）栽培技术

1.整地开厢

深耕炕土，施足基肥，深沟高厢，1.3米开厢，沟深15～20厘米，后覆地膜。

2.种子消毒

选粒大饱满，无虫蛀和病斑的种子，日晒1～2天，按种子质量的0.3%使用25%甲霜灵可湿性粉剂拌种，或用10%磷酸三钠溶液浸种15～20分钟，清洗后播种。

3.播种

春菜豆直播在2月下旬至3月上旬，育苗在2月上中旬，秋菜豆直播在7月下旬至8月上旬；每厢2行，株距20～25厘米，每窝3～4粒，每亩播种量3.5～4千克；播种前苗床浇足底水，播后盖0.5厘米营养土，适量浇水。

4.田间管理

（1）中耕除草。结合追肥，在插栈前和初花期中耕、除草1～2次。

（2）插栈引蔓。一般苗长到30～40厘米时插栈引蔓。

（3）水分管理。不缺水不浇水，久雨注意排水防涝。

（4）施肥管理

①施足基肥：每亩施用腐熟有机肥1 500～2 000千克、蔬菜专用复合肥60千克翻入土中。

②追肥：追肥2～3次。收获前10天不再施肥。

（5）病虫害防治。按照"预防为主，综合防治"的植保方针，坚持"农业防治、物理防治、生物防治为主，化学防治为辅"的原则。

5.采收

豆荚外形圆润饱满、外表有光泽、种子显露时采收，一般情况下，开花后10～15天采收。

6.环境、安全要求

农药、化肥等的使用必须符合国家的相关规定，不得污染环境。

第三节　綦江辣椒

綦江辣椒，地理标志商标。具有肉厚、籽多、味辣、硬度适中、抗病能力强等特点。加工产品"饭遭殃"远销北美洲、东南亚等国外市场，"饭遭殃"正宗原生调料鲜辣椒酱入选重庆市首届"我最喜爱的20大重庆名牌农产品"，"饭遭殃"辣椒酱制作工艺被列为綦江区非物质文化遗产。2018年，綦江辣椒成功创建首批重庆市特色农产品优势区。

一、人文历史

綦江区种植辣椒历史悠久，自1999年将辣椒产业作为主导产业培育以来，历经近20年的发展，全区辣椒主栽品种从单一的加工型朝天椒常规品种，发展到现在多元化的优良杂一代品种系列，并根据市场需求，搭配鲜销、干制、酱制等不同用途的品种，产出的辣椒品质优、产量高、效益好。

二、产地环境

綦江区地势南高北低，以山地、丘陵为主，山地约占总面积70%，丘陵约占30%，海拔在188～1973米，属亚热带湿润气候区，具有冬暖、春早、夏热、秋阴等特点，阴天多，日照少，雨量充沛，温、光、水地域差异大，年平均气温18.8℃，平均降水量1 070毫米，年均无霜期344天，适宜的海拔、土壤、气候为綦江区规模化发展辣椒产业提供了良好的自然条件。綦江区采取"专业合作社+基地+农户"的生产销售模式，形成了一批集中连片的綦江辣椒生产基地，重点布局在东溪、永新、三角、隆盛、郭扶、丁山等10个乡（镇）。2018年，綦江区辣椒种植面积达7万亩，建成标准化种植基地1.5万亩。

三、种植品种

利用綦江立体气候明显的优势，始终坚持因地制宜、科学布局的辣椒产业发展原则，在海拔400米左右发展菜椒、湘辣7号，海拔600米左右发展博辣丰收3号、湘辣7号，海拔600米及以上发展艳椒425，海拔1 000米左右发展菜椒。在品种选择上早熟、晚熟优良品种搭配，有效延长了辣椒上市时间，减少销售压力。在发展加工辣椒的同时，綦江区还积极发展观赏性辣椒，培育出不同株型、颜色品种30余种，年产观赏性辣椒3万余盆，极大地提高了辣椒的效益。

四、经营体系

綦江辣椒采取"专业合作社+基地+农户"的生产销售模式，形成了一批集中连片的綦江辣椒种植基地。截至2018年，綦江区已发展辣椒专业合作社26家，其中部级示范社4家、市级示范社3家，入社农户达3.1万户，发展种植大户120户，参与社会化服务的组织6家。成立綦江辣椒产业联合社，建立"联合社+村社集体经济组织""联合社+农户"等生产模式，促进辣椒产业的快速、健康发展。

五、产品加工

綦江拥有重庆市目前唯一的专业食品工业园区——重庆（綦江）食品工业园区，为发展辣椒精深

加工提供了平台和空间，是重庆市规模最大的鲜辣椒食品生产加工基地之一。基地具有进出口自主经营权，并在全国30多个省、市建有销售网络。生产的"饭遭殃"系列产品有正宗原生（鲜辣椒酱）、糍粑海椒、特色榨菜、特色豆豉、风味酸菜、红烧肉调料、火锅底料等30余种产品，并通过了国家ISO9001质量管理体系认证和国际食品安全管理体系（HACCP，Hazard Analysis Critical Control Point）认证。

六、科技支撑

种植方面，为不断丰富綦江辣椒品种体系，綦江区农业农村委员会与重庆市农业科学院建立了长期战略合作关系，合作的"艳椒系列干制辣椒新品种选育与应用"项目获得华耐园艺科技奖。积极推广现代物联网技术，建成辣椒全自动温控大棚1000亩。2011年以来，公司与西南大学食品科学学院合作，已具有较强的自主研发能力，使传统工艺与现代化生产技术有机结合，新产品持续开发，老产品换代升级，产品质量、安全得到保证，绿色、环保元素得以充分展现。有6个产品获得国家外观专利，3个产品获得国家实用新型专利，2个产品获得国家制备方法专利，具有较强的自主创新能力和知识产权保护能力。

七、质量控制

綦江辣椒采取统一供种、统一标准、统一服务、统一基地、统一宣传、统一营销的"六统一"模式，有效确保了产品品质。由重庆市綦江区红钥匙辣椒专业合作社联合社在重庆科光种苗有限公司购优良种苗，统一提供全区2万亩标准化示范基地种子，从源头确保綦江辣椒品质。近年来，綦江区每年年均投入资金1.3亿元，建成标准化辣椒种植基地2万亩、标准化育苗基地308亩。经过多年探索，綦江区总结出了一套优质、高效的加工型辣椒栽培技术，制定了綦江区辣椒标准化生产技术系列标准，实现了辣椒产量和品质的双提高。

八、品牌建设

2013年，"綦江辣椒"被国家工商行政管理总局商标局核准注册为地理标志商标（商标注册号12922453）。"饭遭殃"特色榨菜、"饭遭殃"正宗原生调料（鲜辣椒酱）、糍粑海椒获得绿色食品认证。"饭遭殃"辣椒酱制作工艺被列为綦江区非物质文化遗产。2018年，重庆当地泡椒原料市场60%以上为綦江辣椒，綦江鲜椒直销重庆主城区双福农产品市场、重客隆连锁超市、永辉连锁超市等，年销售额达2亿元以上，綦江区被重庆市农业农村委员会列为"农社对接"试点区（县）。

第四节　綦江东溪米黄瓜

东溪米黄瓜，主产于綦江区东溪镇的三正村。

一、种植历史

相传，一龙姓农民从湖广入川，又由璧山迁到东溪镇紫街，试种随带的黄瓜。起初是自种自食，由于种植的黄瓜质量好、产量高，种植面积得以逐步扩大。2003年，东溪农村产业结构调整后，三正村的桥沟河两岸种植米黄瓜达3000多亩，形成了具有特色的东溪米黄瓜基地。

二、自然条件

东溪米黄瓜产地位于重庆市綦江区东溪镇境内，属亚热带季风湿润气候，冬季温和，夏季炎热。年平均气温约18.8℃，最高气温为44.2℃，最低气温为−9℃，年均降水量1078.6毫米。产地区域地貌类型主要为山地丘陵，地层以侏罗系中的中下统自流井组，土壤多为pH微酸性的沙土，土壤有机质、全氮含量较高，矿物质养分含量丰富，肥力较高。

三、品质特点

特殊的生产场地和土壤条件及自然气候，决定了东溪米黄瓜的特定品质。农历三月下旬左右，春季应市菜罢市，夏季应市菜正在发芽长苗，人们正处于缺乏鲜菜的时节，东溪米黄瓜此时应市。这种黄瓜个头不大，无刺，长四五寸，直径三四厘米，棒型直且短，大小均匀，具有皮薄、肉嫩脆、味香甜的特点，无涩味，口感比其他黄瓜好得多，生食、凉拌、煎炒均宜，具有清热止渴、解毒、美容、减肥等功能，深受人们欢迎。

栽培技术方面，除了早育苗（"惊蛰"）、勤管理、不上栈外，大体上与其他黄瓜种植方法相同。

据检测，东溪米黄瓜每百克含有水分约96.5克，热量12.5～15千卡，蛋白质0.6～0.65克，脂肪0.11～0.2克，碳水化合物2.5～3.63克，纤维素约0.7克，钙14～16毫克，镁12～13毫克，钾146～148毫克，维生素约C2.8毫克，叶酸7～14毫克，维生素A约74毫克，同时还含有糖类、多种氨基酸和胡萝卜素等矿物质。与其他黄瓜相比，东溪米黄瓜含丰富的丙醇二酸、黄瓜酶等活性物质和大量的维生素E。

东溪米黄瓜正在申报地理标志商标。

第五节　垫江蜜本南瓜

垫江蜜本南瓜，重庆市垫江县特产，垫江县第二大特色蔬菜品种，"全国名特优新农产品"、地理标志产品。在垫江县得天独厚的自然地理环境下栽培出的蜜本南瓜口感细腻、香甜如蜜，不仅营养丰富，而且具有多种食疗保健作用，深受广大消费者喜爱。

一、历史渊源

垫江素有种植南瓜的习惯，据民国时期《垫江县志》卷十物产篇瓜之类记载：……嫩食甘滑，老尤甜，和小豆煮食甚佳。村中遍种，味甘温无毒。

垫江蜜本南瓜于20世纪90年代末从山东省引进种植，有近20年种植史。蜜本南瓜不仅易于栽培，且产量高、效益好。"十二五"期间，垫江大力发展蜜本南瓜生产，蜜本南瓜产业先后被纳入垫江县农业和农村经济发展"十二五""十三五"规划，并写入《垫江县志（1986—2005）》和《垫江年鉴》，已发展成为垫江县第二大蔬菜支柱产业，重庆市最大的蜜本南瓜生产基地。

二、荣誉认证

垫江县区域产品"黄哥"蜜本南瓜于2013年12月获得国家级绿色食品认证；2014年1月，重庆市

江滨果蔬专业合作社、重庆市桂花岛瓜果专业合作社、垫江县宇珂食用菌种植专业合作社生产的"垫江蜜本南瓜"被农业部列入《2013年度全国名特优新农产品目录》；2014年11月，重庆市江滨果蔬专业合作社推出的"黄哥"蜜本南瓜获得第十五届中国绿色食品博览会金奖；2016年11月，垫江县果品蔬菜管理站在国家工商行政管理总局成功将"垫江蜜本南瓜"注册为地理标志商标。

三、品质特点

垫江蜜本南瓜为槌锤形，瓜纵径36～40厘米，瓜横径12～15厘米，瓜顶端膨大，少数瓜底端略有弯曲，单瓜重2～4千克，耐储运。嫩瓜和老瓜均可食用，成熟瓜表皮橙黄色，有浅黄色花斑，肉色橙红色，果肉细密甜糯。2012年，垫江县农业委员会委托西南大学科技成果转化中心对蜜本南瓜的食用、保健及医疗价值进行技术研究，研究表明，蜜本南瓜不仅营养丰富，还具有多种食疗保健作用，尤其作为一种防治糖尿病的特效营养保健食品倍受人们青睐。有降血糖、降血脂、防治癌症、解毒促肝肾、抗氧化、护视力、辅助治疗前列腺炎等功效。

四、生产情况

垫江蜜本南瓜于20世纪90年代末引进种植，经济效益十分显著。垫江县委、县政府把发展蜜本南瓜产业提上重要议事日程，先后纳入了垫江县农业农村经济发展"十二五""十三五"规划。通过加大政策资金投入，建设了蜜本南瓜育苗中心，实施了蜜本南瓜品种比较、错季栽培、储藏试验研究，开展了蜜本南瓜品牌创建、市场营销开发、储藏库建设、加工流通企业引进、专业合作社组建、经纪人培育以及无公害产地认定、绿色食品认证、地理标志登记保护等工作，使其从小小的农产品迅速成长为垫江县内优势特色产业。

2017年，垫江蜜本南瓜种植面积达10万亩，产量20万吨，产值达亿元。种植区域主要分布在垫江县白家、包家、鹤游、坪山、永平、三溪、裴兴、砚台、新民、沙坪等20个乡（镇）。其中白家、包家、鹤游、坪山等镇集中、连片种植规模最大，多数村已成为蜜本南瓜生产专业村。

垫江蜜本南瓜以鲜销为主，产品销售经历了由瓜农送货到市场零售、批发—外地客商到产地收购—垫江当地经纪人同外地客商联合收购运销—垫江当地瓜农组建专业合作社或蜜本南瓜产业协会联合收购运销的发展过程，蜜本南瓜的贩销队伍不断扩大，销售渠道不断拓宽。2018年，专业从事垫江蜜本南瓜贩销的人员达100余人，90%以上产品销往重庆主城及四川、云南、湖北、河北、上海、广东、广西、西藏、新疆、青海等省份，形成了一个比较固定的销售网络。主要品牌有"黄哥""岳大妈"等。

垫江蜜本南瓜加工企业有重庆糕美糕食品有限公司、重庆市妙相源食品有限公司、重庆市佳佳乳业有限责任公司等，年加工蜜本南瓜原料5 000吨，生产蜜本南瓜面条、蜜本南瓜馅料及南瓜月饼1 000吨。

五、专用标志

垫江蜜本南瓜地理标志产品保护范围内的生产者，可向垫江县果品蔬菜管理站提出使用地理标志产品专用标志的申请，经垫江县果品蔬菜管理站审核，由国家工商行政管理总局批准并公告。

六、质量技术

（一）品种

选用广东省汕头市金韩种业有限公司生产的"金船"牌蜜本南瓜。

（二）立地条件

保护区内海拔320～850米，土壤质地为黏土、壤土、沙壤土，土层厚度60厘米以上，pH6～7.5，有机质≥0.9%。

（三）栽培技术

1.播种育苗

2月下旬至3月上旬，将种子消毒、催芽（露白）后播种，先铺1层地膜，然后设小拱棚（即覆盖天膜）。幼苗抽出2～3片真叶，可揭膜炼苗，选晴暖天气移植。

2.整地定植

种植地先翻耕耙平，然后起垄挖好定植窝，将腐熟有机肥5～10千克、复合肥0.2～0.3千克与等量泥土混合施于窝底，施后回填土壤。当苗龄30天，瓜苗2叶1心时，选晴天带土定植于垄上，用稀薄人畜粪浇足定根水。栽植规格为单行单株，株距1.3～1.5米，行距3米，亩植150株左右。瓜苗定植后，用60厘米宽的地膜沿栽植行方向覆盖于栽上瓜苗的土垄上，覆膜后从瓜苗处的地膜上挖一小孔亮出瓜苗。

3.田间管理

缓苗成活后，根据天气和土壤情况酌情浇水，植株倒蔓匍匐生长前中耕除草1～2次。当瓜苗长至5～7片真叶时摘心，促使倒蔓抽生侧蔓，采用1根主蔓、2根一级侧蔓和1根二级侧蔓整枝。主蔓留2～3个瓜，侧蔓留1～2个瓜，头瓜或畸形瓜全部摘出。

4.产品采收

移栽后90天左右，当瓜皮转黄被蜡粉时，选晴天上午用果剪摘瓜，轻摘轻放。

5.病虫害防治

主要虫害是黄守瓜危害幼苗。苗子移栽成活至倒蔓前，用生石灰撒施在幼苗基部周围或者用适量草木灰施于叶片上防治黄守瓜虫害。

七、质量特色

（一）感官特色

垫江蜜本南瓜为棒槌形，瓜顶端膨大，少数瓜底端略有弯曲。成熟瓜表皮橙黄色，有浅黄色花斑，肉色橙红色，口感细腻，香甜如蜜。

（二）理化指标

单瓜重2～4千克，每100克蜜本南瓜中含总糖4.77克、蛋白质1.68克、氨基酸52.34毫克、纤维素1.00克、抗坏血酸19.73毫克、β-胡萝卜素4.34毫克、总酚0.31克、类黄酮0.26克、钾496.63毫克、钙23.67毫克、镁16.50毫克、磷46.89毫克、钠1.31毫克、铁0.59毫克、锌0.22毫克。

（三）安全要求

垫江蜜本南瓜严格按照《无公害农产品 种植业产地环境条件》（NY/T 5010—2016）和《绿色食品 瓜类蔬菜》（NY 747—2012）标准生产，保证产品质量安全。

第六节 石柱辣椒

石柱辣椒是在石柱土家族自治县独特的气候和土壤条件下生产的辣椒产品，"重庆名牌农产品"，农产品地理标志产品。2006年2月，时任重庆市人民政府市长王鸿举为石柱辣椒题名"石柱红"。

一、产品特点

石柱辣椒油分重、香气浓、色泽鲜艳。其中主要辣椒品种——石辣一号辣度高，其干椒耐煮（3～5小时）且不破皮，是制作卤菜（如鸭脖）的最佳原料。

二、产地环境

石柱土家族自治县属中亚热带湿润季风区，海拔高度175～1 934米，立体气候十分明显。年平均气温16.4℃，昼夜温差15℃左右；年降水量1 126.6毫米，60%以上降雨集中在5—9月，年均相对湿度80%；年日照时数1 333.3小时，有利于辣椒干物质的形成。石柱土家族自治县亚热带常绿阔叶林下的地带性黄壤、黄棕壤及紫色土，有机质含量丰富（2.15%），以微酸性和中性土壤为主，适宜辣椒生长。

石柱辣椒每年"雨水"前后播种，"立夏"前后移栽，以躲避8月高温伏旱对辣椒开花结果的影响；种植区域主要集中在海拔800～1 200米区域，使所产辣椒油分、香气、色泽更佳。

三、发展历史

据《石柱县志》和《石柱县供销合作社志》记载，石柱历来种植辣椒，民国时期，除自食外，每年还运销万县等地，1965年曾出口斯里兰卡。

2001年，石柱土家族自治县开始辣椒规模种植和产业化发展。

2002年，组建了第一个辣椒专业合作社——三益乡辣椒专业合作社，注册了国内首个以辣椒命名的商标——"三益"牌辣椒。2003年，石柱土家族自治县政府成立了"辣椒产业化生产领导小组"，并聘请西南农业大学教授林德清为辣椒生产技术顾问，推行辣椒标准化生产，制定并发布实施了《无公害辣椒生产技术规程》《无公害食品辣椒》地方标准；在悦崃、三益2个乡（镇）建立了辣椒良种扩繁基地500亩，新建4个泡椒加工厂和部分烘炕设施；2003年，10月，成立了"县

辣椒生产办公室"。2004年，16个乡（镇）规模种植辣椒，基地面积突破10万亩；与西南大学和重庆市农业科学院合作，实施"科技兴椒"战略；成立县辣椒行业协会，加强行业内部自律管理；保护椒农利益，试行最低保护价收购并规范市场秩序。2005年，引进试种杂交良种成功，辣椒产量突破10万吨，并通过了无公害农产品产地（辣椒）认定和无公害农产品认证；招商引进重庆德庄实业（集团）有限公司、重庆小天鹅投资控股（集团）有限公司、重庆三九火锅底料厂、重庆怡留香食品有限公司加工辣椒调味品；首次举办中国·重庆辣椒订购会，与重庆、成都、武汉等地30多家企业建立长期供货关系，基本形成了"产、加、销"一体化发展格局。

2006年，规范产业发展，试行"业主建基地"，实行辣椒"订单"生产；试行最低保护价以上统一指导价收购，全县统一辣椒收购价格；试行行政监管与行业自律相结合的市场管理，石柱土家族自治县工商局核发"辣椒收购经营执照"，实行"定点、定人、亮照、挂牌"收购。

2007年，推广辣椒杂交良种、集中育苗和标准化栽培。10月，重庆市人民政府副市长马正其召集市级有关部门和石柱土家族自治县四大班子主要领导、相关部门负责人专题研究石柱辣椒产业发展，并提出争创"全国辣椒生产第一县"和建成"重庆火锅原辅料生产加工基地"的目标和要求。年底，石柱县委、县政府在组织调研小组对辣椒产业进行专题调研后，作出了"做大做强辣椒产业助推城乡统筹发展的决定"，并提出"举全县之力做大做强辣椒产业"。

2008年，进一步完善发展机制，形成了企业及专业合作社积极参与的"业主建基地"机制、最低保护价以上统一指导价收购的"价格统筹"机制、业主自筹与财政资金平衡配套的"风险保障"机制和政府监管与行业自律相结合的"市场管理"机制。

2009年，试行辣椒商业保险2 940亩，增强辣椒生产抵御自然风险的能力。

2010年，石柱辣椒基地面积达30万亩，推广辣椒商品化育苗383.6亩。石柱土家族自治县被中国调味品协会授予"中国调味品原辅料（辣椒）种植基地"称号。

2011年，加强基地建设，打造千吨村11个、五百吨村50个、百吨组98个；与西南大学合作，开展石柱红辣椒及其系列调味品辣度分级及辣度标定。

2012年，示范推广自育辣椒品种石辣1号、石辣3号、石椒5号5 780亩，结束了辣椒杂交良种全部依靠外调的历史。

四、辣椒科技

2004年，石柱县提出了"科技兴椒"战略。通过多年的努力，不断将新技术引入辣椒生产加工，提高了辣椒产业科技水平。

（一）辣椒科研

2007年与重庆市农业科学院合作成立了重庆市农业科学院石柱辣椒研究中心（后更名为石柱县辣椒研究所），开展辣椒育种、品种对比试验和各种栽培试验示范，培育出了拥有自主知识产权的石辣、石椒系列辣椒品种18个，其中石辣1号、石椒5号已通过重庆市农作物品种审定委员会审定，集成了《石柱红辣椒标准化生产技术手册》；建立三级辣椒良种繁育体系和"南（海南）北（辽宁、山西）中（本县）"互为补充的良种繁育基地，实现了辣椒良种自繁自供和品种区域化布局。同时，与中国科学院南京土壤研究所、重庆市特色效益农业产业技术体系调味品创新团队（种植技术推广试验站、病虫害试验站）合作，开展辣椒连作障碍缓解试验并取得了较好的效果，促进石柱辣椒产业持续发展。

（二）种植技术

2004年，开始辣椒配方施肥，推广使用$N : P_2O_5 : K_2O=15 : 12 : 18$的辣椒专用复合肥。
2008年，首次推广辣椒穴盘育苗30万张。

2009年，在低海拔的西沱片区推广辣椒冬育苗和早春栽培，实现了5月青椒上市。

2011年，推广生物有机肥与辣椒专用复合肥配方施肥，进一步优化了配方施肥技术。推广辣椒病虫害绿色无公害防治技术，发放使用粘虫板10万张、性诱捕器400套。推广"椒—粮""椒—经""椒—菜"间（套）作轮种植模式。

2014年，推广辣椒漂浮盘基质育苗技术，辣椒壮苗率、移栽成活率大幅度提高。

（三）加工技术

石柱辣椒以干制加工为主。因气候原因和习惯，其传统干制方法是在阳光下晾晒。在规模种植的情况下，合作社收购鲜椒的数量十分巨大，无法以传统方式晾晒，只能人工烘干。最初烘干时，使用烟道式竹楼平炕，通过烟道产生的热量将辣椒烘干，其燃料为燃煤。2007年，委托重庆市农业科学院农机研究所研究改进燃煤灶，设计出了列管式风机平炕，煤烟气在室外排放，只将热风送入原来的烟道，解决了烟道漏气对辣椒的污染。

2009年，与南充首创公司合作，研究、试制出3条燃煤自动热风循环（辣椒）烘干机生产线并投入使用，率先在国内实现了辣椒机械化干制加工，节省了干制加工成本、提高了干制加工效益，减少了使用传统燃煤烘炕方式的过程中煤气、粉尘对辣椒的污染，提高了干椒质量。随后，烘干机生产企业不断改造烘干生产线，形成了第三代自动热风循环（辣椒）烘干机生产线。

2012年，定制、引进辣椒去柄机25台，随后全面推广，实现了辣椒机械去柄。

2015年，引进色选机完成干椒除杂（质）分选，提高干椒质量，满足不同企业和消费者的消费需求，促进了产品销售。

2017年，对燃煤自动热风循环（辣椒）烘干机生产线进行天然气或生物质能源改造，彻底解决了燃煤对周围环境的污染。

五、产业状况

2018年，石柱土家族自治县33个乡（镇、街道）中有24个辣椒基地乡（镇、街道），163个村种植辣椒，基地面积30万亩，年产鲜辣椒27万吨以上，产业产值15亿元以上。成立县辣椒行业协会，培育了35个辣椒专业合作社，拥有45个会员单位。坚持标准化生产，制定并发布实施了《石柱辣椒产地环境条件》《无公害食品辣椒生产技术规程》《石柱辣椒农药使用规范》《石柱辣椒肥料使用规范》等17个地方标准。建立县、乡（镇）、村三级科技培训推广网络，开展辣椒标准化生产技术培训；推广辣椒商品化育苗和漂浮式育苗、肥球育苗技术，推广地膜覆盖、有机肥与专用复合肥配方施肥、规范化移栽等实用生产技术，推广辣椒病虫害绿色防控和统防统治，农户种椒效益达到种粮（水稻、玉米）效益的2～3倍。

培育了以谭妹子为代表的26家当地辣椒加工企业，并引进重庆德庄、小天鹅、怡留香、香水火锅、喜悦来、毕兹卡6家企业，生产干辣椒、泡椒、火锅底料、豆瓣等调味品，年加工能力5

万吨、加工产值5亿元以上，2008年，入选农业部首批全国农产品加工创业基地名单。

注册了石柱红辣椒集体商标和石柱红（鲜椒）证明商标，生产的辣椒产品获得了无公害农产品认证、A级绿色食品认证、有机产品认证和农产品地理标志登记。石柱红鲜辣椒畅销重庆、湖北、台湾，远销新加坡；石柱红辣椒干销往湖北、重庆、四川、辽宁、陕西、宁夏、广东等国内10多个省份，以石柱红辣椒为原料的调味品畅销全国各地并出口东南亚和欧美等地。石柱红辣椒干被认定为"重庆名牌农产品"，石柱红辣椒商标被认定为"重庆著名商标"。

第五章
食用菌类

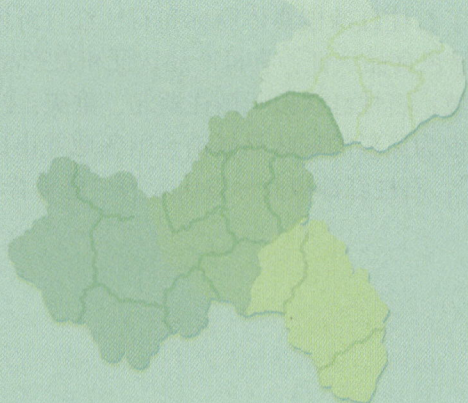

第一节　万州闽万杏鲍菇

　　"闽万"牌杏鲍菇，重庆闽万菌草食用菌技术有限公司的产品。该公司位于重庆市万州区高峰镇，工厂化厂房占地28亩，标准化示范大棚基地70亩，是福建省对口支援企业、重庆市农业产业化龙头企业。公司为重庆市最早工厂化全天候生产杏鲍菇的企业，日产杏鲍菇5～8吨，产品荣获农业农村部无公害农产品及绿色食品证书，产品销售辐射重庆全域及周边省市。

一、产品特点

　　杏鲍菇又名刺芹侧耳，因其具有杏仁的香味和菌肉肥厚如鲍鱼的口感而得名。杏鲍菇根据子实体形态特征大致可分为5种类型：保龄球形、棍棒形、鼓槌形、短柄形和菇盖灰黑色形，其中保龄球形和棍棒形在国内栽培中较为广泛。

　　闽万杏鲍菇跟其他杏鲍菇一样，形态属棍棒型，子实体单生或群生，菌盖宽2～12厘米，初呈拱圆形，后逐渐平展，成熟时中央浅凹至漏斗形，表面有丝状光泽，平滑、干燥、细纤维状，幼时盖缘内卷，成熟后呈波浪状或深裂；菌肉白色，具有杏仁味，无乳汁分泌；菌褶延生，密集，略宽，乳白色，边缘及两侧平，有小菌褶；菌柄偏心生或侧生。

　　闽万杏鲍菇菌肉肥厚、质地脆嫩、营养丰富、味道鲜美、口感极佳。闽万杏鲍菇含有大量的蛋白质、糖类和多种维生素，据测定，蛋白质含量高达25%，脂肪1.4%，粗纤维6.9%，灰分6.9%。在蛋白质中有人体必需的18种氨基酸。此外，还含有多种矿物质元素。经常食用杏鲍菇，可降低人体血液中的胆固醇含量，且有明显的降血压作用，对胃溃疡、肝炎、心血管病、糖尿病也具有一定的预防和治疗作用，并能提高人体免疫力，增强抗病能力。

二、产地环境

　　杏鲍菇是一种分解纤维素、木质素、蛋白质能力较强的食用菌，各种农副产品"下脚料"中的碳源和氮源都能吸收利用，以阔叶树木屑、玉米芯等为最佳，适量添加麦麸、米糠、玉米粉等辅料提高

氮含量。菌丝生长阶段，培养料含水量为60%～65%，最适温度20～26℃；子实体生长发育期，空气相对湿度以85%～95%为宜，温度调控在10～25℃，15～18℃为最适宜。菌丝生长阶段不需要光线，但需要新鲜空气，出菇期给以500～1 000勒克斯的光照或散射光，加强通风换气。通风不良，菌丝生长缓慢，原基分化延迟，菇蕾萎缩。菌丝生长阶段培养料最适pH6.5～7.5，出菇期pH5.5～6.5。

进入21世纪后，国内杏鲍菇的生产发展十分迅速，基本上都是工厂化栽培。重庆闽万菌草食用菌技术有限公司利用先进的设施和设备，在相对封闭、保温的杏鲍菇车间内，智能调控杏鲍菇生长的温度、湿度、通风、光照、二氧化碳等，形成适合生长的最佳环境条件，从而形成一套完整的现代化、标准化的食用菌生产管理体系，实现闽万杏鲍菇全天候的周年化生产。

三、种植历史

重庆闽万菌草食用菌技术有限公司于2008年12月落地万州，其创始人范雄在福建省对口支援三峡库区的工作中，被万州区政府招商引资引入万州创办闽万公司，并担任总经理及法人。自2008年以来，范雄充分发挥公司的优势和自身专业特长，立足本职，致力于万州区特色食用菌产业及主打产品杏鲍菇产业链的发展，努力打造有万州特色的食用菌农产品。

杏鲍菇是一种优质食用菌，世界各国都非常重视杏鲍菇的开发。意大利、法国、印度等国先后进行了杏鲍菇的栽培研究。1958年，Kalmar首次进行栽培试验；1970年，Henda在克什米尔高山上发现杏鲍菇并进行段木栽培；1971年，Vessey分离培养出杏鲍菇菌种；1974年，Cailleux利用子实体上菌褶分离获得菌种；1977年，Ferri进行商业栽培。

福建三明真菌研究所从1993年开始对杏鲍菇菌株选育，生物学特性和栽培进行系统研究，并向全国推广应用。1998年，日本正式将杏鲍菇列入可供商业栽培和销售的菇种。泰国、美国、日本、中国台湾省采用调温、调湿的自动化生产工艺生产，实现了工厂化生产。2018年，杏鲍菇已推广应用到全国各地，中国生产的杏鲍菇鲜菇和盐渍菇产品已出口到海外。

四、发展现状

随着全球食用菌产业的快速发展和跨境国际贸易的不断加快，食用菌已成为人类三大食物结构（植物性食物、动物性食物、菌类食物）的重要组成部分，有"二十一世纪健康食品顶峰"的美誉。

杏鲍菇在重庆的日消费量为50～70吨，重庆消费市场的杏鲍菇生产潜力还较大。

重庆闽万菌草食用菌技术有限公司与重庆市农业科学院、福建农林大学等院校合作，根据渝东北区域的地理及气候条件，不断探索培育适合区域种植的新品种、最具经济效益的先进种植技术及资源生态循环的再生利用。2017年，在重庆市食用菌推介会做主题发言，获得重庆市农业委员会、重庆市农业科学院及业界的高度好评；将菌包出菇后的菌渣制作成有机肥、育苗基质等研究成果更是为农户带来实惠，广受赞誉。

五、生产工艺

闽万杏鲍菇的生产工艺有7个环节。

（一）母种制作

选用优质、抗逆性强、商品性好的品种分离孢子，采用普通PDA（全称Potato Dextrose Agar，马铃薯葡萄糖琼脂）或PSA（全称Potato Sucrose Agar，马铃薯蔗糖琼脂）培养基，使用试管培育。

（二）原种制作

培养基采用小麦、木屑、麸皮，用瓶装经高压灭菌后接母种培养。

（三）栽培袋制作

配料使用木屑、玉米芯，麦麸、轻钙，含水量65%～67%，pH7.0，按栽培配方将各原料逐一置入拌料机内充分混合，加水搅拌均匀，采用17厘米×35厘米、厚5丝的聚丙烯塑料袋。使用立体冲压装袋机装袋，每袋装干料500～550克。装袋时在料中央打孔，孔径20毫米，套上塑料套环、塞好棉塞后进行高温高压灭菌。

（四）接种

灭菌后将菌袋移入消毒过的冷却室内冷却，至料温降至25℃左右时，选用适龄菌种，按照无菌操作要求接种。接种人员穿戴干净、消毒了的衣、帽、鞋和口罩，通过风淋室清洁后进入接种室。接种前，双手和菌种袋外壁用75%乙醇擦洗消毒，袋口用酒精灯火焰封口，用灭菌的接种工具除去菌种表面老化菌种块。

（五）发菌培养

培养室应洁净无尘，进风扇和排气扇均应装置过滤网。培养室的温度控制在22～25℃，空气相对湿度控制在60%～70%，保持空气新鲜，避光发菌。发现污染菌袋，及时处理。接种30～40天，菌丝长满菌袋。

（六）栽培管理

将菌袋横排放于专用网格架上进行立架墙式栽培。开袋催蕾需取下套环棉塞，清除老化菌块，袋口保持原状，然后将菇房温度降到12～15℃，空气相对湿度85%～95%，增加光照强度，刺激原基的形成，光照强度控制在300～500勒克斯，二氧化碳浓度控制在0.12%～0.15%。一般6～8天开始长出菇蕾。之后疏蕾，保留2～3朵，选择向袋口伸长、菇盖圆形的菇蕾。菇房温度控制在14～17℃，空气相对湿度应控制在90%～95%，若湿度不够，可用地面喷水、空间雾水增湿。每天应根据生长情况通风多次，每次4～6分钟，菇盖较小多通风，菇盖较大少通风，保持空气新鲜，二氧化碳浓度调至0.2%～0.3%，光照强度控制在150～200勒克斯。

（七）采收及采后处理

当菌柄长度达10～15厘米，菌盖近平展、直径与菌柄直径基本一致时，及时采收。采收后放入2～5℃冷藏库内预冷，预冷4～8小时。

六、荣誉认证

2012年，荣获农业部无公害农产品及无公害农产品产地证书。
2014年，荣获农业部绿色产品证书，并被评选为"重庆名牌农产品"。
2014—2018年，被评为"重庆名牌农产品"。
2017年，获得"重庆市著名商标"称号。同年，再次通过绿色食品验证。

第二节 黔江羊肚菌

羊肚菌是一种珍稀食用菌品种，因其菌盖表面凹凸不平、状如羊肚而得名。黔江羊肚菌是在黔江区以人工栽培为主、以野生为辅的优质羊肚菌产品。野生羊肚菌在黔江区分布广泛，涵盖区内海拔350～1 500米的各土地类型。其资源丰富，包括黑脉、梯棱、粗柄等类型，颜色有黑色、棕色、黄色、米黄色、米灰色等，采收期为3月中旬至5月下旬。

一、产品特点

羊肚菌，又名草笠竹，是一种珍贵的食用菌和药用菌，常用于治疗食积气滞、脘腹胀满、痰壅气逆喘咳。黔江羊肚菌结构与盘菌相似，上部呈褶皱网状，既像蜂巢，也像羊肚。黔江羊肚菌以重庆市黔江区佳德源菌业股份合作社从当地野生资源中自主分离培育的"武羊1号"为代表，该菌株在分类学上的地位待定，菌丝适宜生长温度比黑脉宽泛、人工栽培气生菌丝和菌霜比黑脉少、出菇比黑脉早5～7天、出菇密度大、幼菇米灰色、中期黄棕色、成熟期棕黑色、中大型菇、柄基较粗、菌帽圆锥形、肉不分层（黑脉菌肉分里外2层）。

黔江羊肚菌粗蛋白20%、粗脂肪26%、碳水化合物38.1%，还含有多种氨基酸，特别是谷氨酸含量高达1.76%。人体中的蛋白质是由20种氨基酸搭配组成的，而羊肚菌就含有18种，其中8种氨基酸是人体不能制造的，但对人体来说非常重要，所以被称为"必需氨基酸"。

二、历史渊源

羊肚菌，因其菌盖表面凹凸不平、状如羊肚而得名，是一种珍稀的食用菌品种，在黔江又叫"阳鹊菌"，是土家族人民的"冬虫夏草"，民间有"年年吃羊肚、八十照样满山走"的说法。

2015年以来，随着返乡创业青年曾凡平在黔江区大面积带动种植羊肚菌，使黔江区羊肚菌产业迅速发展起来。

2017年3月，黔江区委、区政府决定将以羊肚菌为主的食用菌产业，作为该区扶贫攻坚的特色产业着力打造，并出台了相关扶持政策。7月11日，黔江区羊肚菌产业技术协会正式成立。到2018年年底，黔江区16个乡（镇）发展羊肚菌产业，羊肚菌规范种植面积近4 000亩，其中设施大棚3 100亩，涉及水田、五里等26个乡（镇），种植业主（大户）达69户。黔江区在羊肚菌发展过程中，采取基地建设和多种套作模式（"菌—菜""菌—稻""菌—瓜果""菌—桑—姜"），提高土地利用率，亩产值超过1.5万元，成为名副其实的山区农业特色高效产业。2018年，黔江区羊肚菌亩产200斤，总产量40万斤，鲜菌价格稳定在100～150元/斤，干菌价格超过1 000元/斤，农业产值超过4 000万元。羊肚菌已销往全国，出口欧洲。

三、品种特性

（一）羊肚菌

菌盖近球形、卵形至椭圆形，高4～10厘米，宽3～6厘米，顶端钝圆，表面有似羊肚状的凹坑。凹坑不定型至近圆形，宽4～12毫米，蛋壳色至淡黄褐色，棱纹色较浅，不规则地交叉。柄近圆柱形，近白色，中空，上部平滑，基部膨大并有不规则的浅凹槽，长5～7厘米，粗约为菌盖的2/3。子囊圆

筒形，（280～320）微米×（18～22）微米。孢子长椭圆形，无色，每个子囊内含8个，呈单行排列。侧丝顶端膨大，粗达12微米。

（二）小顶羊肚菌

菌盖狭圆锥形，顶端尖，高2～5厘米。基部宽1.7～3.3厘米，凹坑多长方形，蛋壳色。棱纹黑色，纵向排列，由横脉连接。柄乳白色，近圆柱形，长3～5厘米，粗11～20毫米，上部平，基部稍有凹槽。子囊（210～250）微米×（15～20）微米。孢子单行排列，（22～26）微米×（12～14）微米，侧丝顶端膨大，直径达11微米。

（三）尖顶羊肚菌

菌盖长，近圆锥形，顶端尖或稍尖，长达5厘米，直径达2.5厘米。凹坑多长方形，浅褐色，棱纹色较浅，多纵向排列，由横脉相连。柄白色，长达6厘米，直径约等于菌盖基部的2/3，上部平，下部有不规则凹槽。子囊（250～300）微米×（17～20）微米，孢子单行排列，（20～24）微米×（12～15）微米。侧丝顶部膨大，直径达9～12微米。

（四）粗柄羊肚菌

菌盖近圆锥形，高约7厘米，宽5厘米。凹坑近圆形，大而浅，浅黄色，棱纹薄，不规则地相互交织。柄粗壮，淡黄色，长约10厘米，基部粗5厘米，稍有凹槽，向上渐细。子囊圆柱形，有孢子部分150微米×18微米。孢子8个，单行排列，椭圆形，无色，（22～25）微米×（15～17）微米。侧丝无色，顶部膨大。

（五）小羊肚菌

菌盖圆锥形至近圆锥形，高17～33毫米，宽8～15毫米。凹坑往往长形，浅褐色。棱纹常纵向排列，不规则相互交织，颜色较凹坑浅。柄长15～25毫米，粗5～8毫米，近白色或浅黄色，基部往往膨大，并有凹槽。子囊近圆柱形，有孢子部分约100微米×16微米，孢子单行排列，椭圆形，（18～20）微米×（10～11）微米。侧丝顶部膨大。

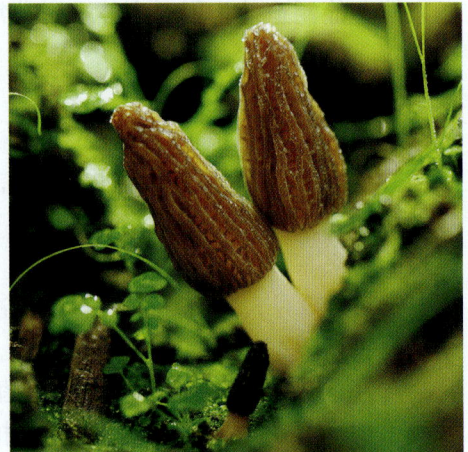

四、生产情况

羊肚菌于1818年被发现。黔江于2015年开始人工栽培羊肚菌，至2017年，栽培面积达2 000余亩，亩产100～150千克。2017年，该菌株由重庆市黔江区佳德源菌业股份合作社在五里乡五里社区种植，获得产地和产品绿色认证。该菌株在良好栽培条件下，单产可达300千克/亩以上，在低平区可作早菇栽培，春节期间上市。

2018年，重庆市璞琢农业开发有限责任公司加工厂安装了4台热泵烘干机，还建有1个大型冻库，解决了由于黔江区羊肚菌产业发展迅速，但烘干设备不健全，制约了羊肚菌产业发展的问题。公司菌种销往黔江区内10余个乡（镇），以及石柱、涪陵、武隆、彭水、贵州、湖北咸丰等地，干菇分别销往广东、福建、四川等地，保障羊肚菌产业持续健康发展。

（一）种植条件

1.温度、湿度

羊肚菌属低温高湿型真菌，3—5月雨后多发生，8—9月也偶有发生。生长期长，除需较低气温外，还要较大温差，以刺激菌丝体分化。菌丝生长温度为21～24℃；子实体形成与发育温度为4.4～16℃，空气相对湿度为65%～85%。为此，栽培时间应在11—12月。

2.日照

微弱的散射光有利于子实体的生长发育。忌强烈的直射光。

3.土壤

土壤pH 6.5～7.5为宜，中性或微碱性有利于羊肚菌生长。羊肚菌常生长在石灰岩或白垩土壤中。在腐殖土、黑或黄色壤土、沙质混合土中均能生长。

4.空气

在暗处及过厚的落叶层中，羊肚菌很少发生。足够的氧气是羊肚菌的生长发育必不可少的。

（二）栽培料配方

木屑75%、麸皮20%、磷肥1%、石膏1%、腐殖土3%。

棉籽壳75%、麸皮20%、石膏1%、石灰1%、腐殖土3%。

玉米芯40%（粉碎）、木屑20%、豆壳15%、麸皮20%、磷肥1%、石膏1%、糖1%、草木灰2%。

农作物秸秆粉74.5%、麸皮20%、磷肥1%、石膏1%、石灰0.5%、腐殖土3%。培养料的料水比为1：1.3，含水量宜为60%。

（三）栽培技术

1.熟料脱袋栽培

按料水比1：1.3拌好料后堆积发酵20天。采用17厘米×33厘米聚丙烯或聚乙烯塑料袋装料，每袋装料500～600克，在100℃条件下灭菌8小时，即可接入菌种。采用两头接种法，封好袋口，置于22～25℃下培养30天，菌丝可长满袋。菌丝满袋后5～6天，即可栽培。

2.室内脱袋栽培

菇房消毒后即栽培。先在每层床面上铺塑料薄膜，其上覆盖3厘米厚的腐殖土，拍平后将脱去塑料袋的菌棒逐个排列在床上，每平方米床面可排17厘米×33厘米的塑料菌袋40个。排完菌棒后轻喷水1次，即覆土3～5厘米，表面盖2厘米厚的竹叶或阔叶树落叶，保持土壤湿润，1个月后可长出子实体。南方地区3月10日至4月20日出菇最佳。

3.室外脱袋栽培

选择光照为三分阳七分阴的林地作畦。畦宽1米，深15～20厘米。整好畦后喷水或轻浇水1次，用10%石灰水杀灭畦内害虫和杂菌。脱袋排菌棒和出菇管理方法与室内栽培相同，只是底层可不铺塑料薄膜。注意畦内温度变化，防止阳光直射。

4.室外生料栽培

在室外选择三分阳七分阴或半阴半阳、土质疏松潮湿、排水良好的场地，挖深20～25厘米的坑。坑底用水浇湿，将配好的栽培料加水拌匀，在底层铺一层料，压平后为4～5厘米厚，每平方米用菌种12厘米×28厘米2袋，掰成核桃大小菌块，均匀撒在料上，用薄层细腐殖土覆盖。再在其上铺第二层料，厚4～5厘米，压平后再以同法播种。播完后用疏松腐殖土覆盖，厚度为3～5厘米，上盖一层阔叶树叶。盖完后洒水，在树叶上搭盖一些树枝。

（四）栽后管理

羊肚菌喜湿，生长环境必须保持湿度。在室外栽培，冬季尤其是早春，雨水较多，温度合适，则菌丝体、子实体生长良好。如早春遇干旱，必须适时浇水。早春在几周之内有 4～16℃ 的温度，能刺激羊肚菌子实体的形成；如果这时温度变化剧烈（低于 4℃ 或高出 16℃），会影响子实体的发育。总之，在早春使羊肚菌的栽培环境保持适宜的温度和湿度，是栽培成功的关键。

五、发展状况

2017 年，黔江全区羊肚菌种植租地面积 2 000 余亩，设施面积达 908.91 亩，共发展种植户 33 户；2018 年，实现产量 40 万斤，实现产值 4 000 万元。主要生产基地分布在水田、五里、阿蓬江、金洞、蓬东、石会、沙坝等 16 个乡（镇、街道）。

2017 年，黔江区委、区政府提出将以羊肚菌为主的食用菌产业打造为黔江农业支持产业，出台《关于加快食用菌产业发展的通知》，明确了支持该区食用菌产业发展的相关政策和基本规划，2017 年，整合 1 400 万元，支持食用菌产业发展。组建了区食用菌产业发展领导小组和办公室。成立了羊肚菌产业技术协会，在协会的积极配合下，推动开展了阻镉技术试验、羊肚菌政策宣传和兑现，承办采摘节等活动。与重庆市农业科学院建立合作关系，并就在黔江建立重庆市农业科学院黔江分院（主要涉及蔬菜、食用菌产业）达成初步意向；与吉林农业大学李玉院士的团队就食用菌科技支撑体系建设进行充分沟通并达成合作意向。

第三节　永川香珍

永川香珍，永川区独有气候环境条件下生产的食用菌，永川主要的特色效益农业产业，地理标志商标，永川食用菌区域公用品牌。主要品种为秀珍菇，另有竹荪、香菇、双孢菇、茶树菇、猴头菇、木耳、平菇、金针菇、鸡腿菇、银耳、大球盖菇等品种为补充。已通过无公害、绿色、有机食用菌产品认证 12 个。2017 年，双孢蘑菇获得农业部"全国名特优新农产品"称号；茶树菇、大球盖菇、双孢蘑菇、草菇获"重庆名牌农产品"称号。

食用菌是可以食用的大型真菌，即人们常说的"蘑菇"。食用菌在分类上属于菌物界真菌门，多数属担子菌亚门，少数属于子囊菌亚门。世界上能大面积人工栽培的食用菌有 70 余种，永川香珍种植品种有 10 余个。产品中蛋白质、维生素、氨基酸、矿物质、膳食纤维素含量高，无淀粉、胆固醇，低糖、低脂肪，富含多糖体，是一种具有营养价值和保健功能的绿色食品。

一、人文历史

据《永川志》记载，20世纪70年代，来苏、青峰等镇开始种植食用菌，在多年的种植过程中，逐步形成了具有永川地方特色的食用菌系列产品，因种植的食用菌菇形好，菇肉厚实，菇香浓郁，口感鲜嫩，被誉为"永川香珍"，从而大面积种植。2006年，"永川香珍"种植面积1 000余亩，总产值2 800万元。2017年，种植规模1.2亿袋，总产量6万吨，总产值6.6亿元，解决农民就地从业2 000余人。永川已成为重庆最大的食用菌生产基地。推广了"稻—菌""菜—菌""林—菌""桑—菌"等生态循环种植模式4 000余亩，利用食用菌整选后剩余的废菇养殖生态鱼1 000余亩，并注册了"蘑菇鱼"品牌。

二、品质特征

永川区特有的春早、秋迟、冬暖、无霜期长，雾多、风小、日照短，空气湿润、阴雨多的气候特点，使孕育出的永川香珍高蛋白、低糖、低脂肪、无淀粉、无胆固醇、维生素多、氨基酸多、矿质元素多、膳食纤维素多，富含多糖体、稀有元素，具有提高机体免疫力、抗衰老、增强免疫力、抗肿瘤和防心血管疾病等药用价值。正是永川独特的自然环境和人文因素的紧密结合，造就了永川香珍菇肉厚实、香味明显、营养价值和保健价值高的独特品质，是一种具有营养价值和保健功能的绿色食品。

三、生产地域

永川香珍生产地域的自然地理范围为东经105°38′—106°05′，北纬28°56′—29°34′，总面积1 576平方千米。永川香珍生产地域的行政区划为辖区内全部23个镇和街道。

四、生态环境

永川位于重庆西部，介于成都、重庆两大城市之间，辖区内云雾山、黄瓜山、阴山、箕山等5条低山山脉呈东西—西南走向，呈"川"字排列。区境地貌以浅丘和山地为主，最高海拔1 025米，最低海拔200米。永川区属中亚热带湿润季风区，气候湿润，雨量充沛，四季分明。具有春早、秋迟、冬暖、无霜期长，雾多、风小、日照短，空气湿润、阴雨多的特点。永川区四季分明，冬季65～112天（由南部到北部统计，下同），夏季97～133天，春季82～98天，秋季66～98天。无霜期长，年平均无霜期324天。热量丰富，地区差异明显，全年平均气温15.4～18.2℃，南北相差1～2℃，立体差异2～3℃。雨水充沛，年平均降水量1 033.7毫米。全年日照偏少，夏季日照偏多，年平均日照时数1 248.2小时，占可照时数的28%。

（一）气候适宜

永川香珍需要多湿、寡日照的气候环境，永川区域雾多、风小、日照短，空气湿润、阴雨多的独特气候条件满足了永川香珍对气候环境的特殊要求。

（二）温度适宜

永川香珍菌丝体对温度的要求多在25℃左右，出菇温度在20℃左右；永川区年平均无霜期324天，全年平均气温18.2～15.4℃。独特的温度条件十分适宜川香珍的生长需求。

（三）水分适宜

永川香珍菌丝生长期要求的空气湿度是60%～70%，出菇空气湿度是80%～95%；永川区雨水

充沛，年平均降水量1 033.7毫米，湿度大，独特的湿度条件充分满足了永川香珍对水分的需求。

（四）光照适宜

永川香珍菌丝生长期不需要光照，出菇需散射光。永川区年平均日照时数1 248.2小时，全年日照偏少，独特的寡日照气候条件满足了永川香珍对光照环境的特殊要求。

五、生产方式

（一）栽培季节

1.自然温度出菇

9—10月制袋，当年10月下旬至翌年5月出菇。

2.高温季节出菇

1—3月制袋，5—10月出菇。

（二）栽培基质

栽培基质中不允许加入农药。化学添加剂的种类、用量和使用方法应符合《无公害食品　食用菌栽培基质安全技术要求》（NY 5099—2002）和《食用菌栽培基质质量安全要求》（NY/T 1935—2010）的规定。其他要求也应符合《无公害食品　食用菌栽培基质安全技术要求》（NY 5099—2002）和《食用菌栽培基质质量安全要求》（NY/T 1935—2010）的规定。

1.棉籽壳培养基

棉籽壳83%，麦麸15%，石膏1%，石灰1%，含水量60%±2%。

2.木屑培养基

杂木屑78%，麦麸20%，石膏1%，石灰1%，含水量60%±2%。

3.混合培养基

棉籽壳58%，杂木屑20%，麦麸20%，石膏1%，石灰1%，含水量60%±2%。

（三）制袋

1.拌料

根据配方，先将各种原料（干）混合均匀，再按料水比1∶（1.1～1.3）充分拌料，使配方的含水量为60%～70%（用手紧握料，指缝间有水珠但不下滴）。灭菌前pH6.0～7.0。

2.装袋

选用聚丙烯或高密度聚乙烯塑料袋。将栽培基质装入聚丙烯或高密度聚乙烯塑料袋，松紧以培养料紧贴袋壁为度，料面平整；料袋外壁培养料应擦净；封口采用塑料套环，加塞棉塞、封口膜或者报纸。规模化生产时宜采用机械装袋。装料应在6小时内完成。

（四）灭菌和接种

1.灭菌

装料后应立即灭菌。高压灭菌时采用压力0.11MPa、温度121℃工艺，此工艺条件下容积4～6立方米的灭菌时间保持5小时；常压灭菌时应在4小时内温度达100℃，并保持16小时。

2.接种

接种室、接种箱应清洁、干燥，并用药物消毒剂、紫外线或臭氧消毒。接种时料温应冷却到28℃以下。每瓶（袋）栽培种宜接栽培袋25～30袋。

（五）培养

1.培养室要求

培养室应保持清洁、干燥、遮光、通风，保温性能好。

2.培养方法

（1）采用层架式发菌。将菌袋逐层横放在栽培菇架上。

（2）采用堆叠发菌。将料袋靠在一起，从地面起逐层堆放，高3～4层。

3.培养管理

培养室温度控制在20～22℃，堆温控制在23～25℃，同时避免±5℃以上的温差。空气相对湿度控制在65%～70%。整个发菌期间应避光培养，适时通风换气。接种后5～7天检查1次，发现污染的料袋，要及时捡出，并立即无害化处理。培养周期：在20～22℃的环境下培养至菌丝长满全袋，并进一步培养30天左右至生理成熟。

（六）出菇

1.菇房（棚）要求

菇房（棚）应清洁、通风、有散射光，并能控温、保湿，具备补光条件。

2.菌袋排放

使用立体网架栽培时，立体栽培架设置在菇房两边。中间为主通道，宽1.5米；在主通道垂直方向，每隔1米搭1排（3～4根）立柱，柱间距1.5～2米；柱上再搭3～4层层架，层高～0.8米，总层高1.7～1.9米，四周通道宽0.7米。层架式栽培时，培养架摆放方法同立体网架栽培。底层和中层叠6～7个菌袋，顶层叠3～4个菌袋，袋口朝两侧操作道。室内不设菇架的，菌袋叠放不超过7个。

3.出菇温度

温度范围15～28℃，最适宜温度20～25℃。

4.出菇管理

当袋口菌丝吐黄水或出现菇蕾时，可以开袋进行出菇管理。开袋时沿着料面割掉薄膜，敞开袋口露出料面。同时要关闭菇棚门窗保湿。待秀珍菇原基形成菌柄时通风。当60%～70%菌袋的菇蕾菌柄长度达3～4厘米时通小风，菇棚气温保持在18～22℃，直至子实体达到采收标准。秀珍菇需要一定的冷刺激才能出菇，无论是自然季节生产还是高温季节生产，都需要降低菇房环境温度，应对秀珍菇菌包采用冷刺激催蕾出菇。

（七）病虫害防治

1.主要病虫害

病害以黄枯病、木霉、毛霉和链孢霉为主，虫害主要有菇蝇、菇蚊。

2.主要措施

投入生产前，保持生产环境清洁、卫生，装袋场地、接种场地等场所使用前1天用清水冲洗，再喷洒浓度为5%的石灰水；在生产前，用灭菌气雾消毒剂对接种场地、菇棚进行空气消毒；工作人员操作前，生产工具要用酒精烧灼、擦洗；通风孔和门窗封装高密防虫网，或安置杀虫灯诱杀成虫；如菌袋感染杂菌，应及时清除出菇棚后焚烧或深埋。

（八）采收与分级

1.采收时间

及时采收达到采收标准的菇体，采大留小。采收时，用剪刀或直接用手抓住菇体轻轻扭转，将达

到采收标准的菇体采下，未达到采收标准的留在菌包上继续生长，达到采收标准后接着采收。菇棚温度保持25℃，24小时内即可完成本潮次菇的采收。

2. 分级

按菇体形状、大小、开伞程度，分为AA级、A级和B级。

3. 包装运输

采下的菌菇进入冷藏库预冷后，用聚乙烯塑料袋和泡沫箱包装，冷藏运输车运输。

六、质量安全

产地和生产过程执行以下规定：《食用菌菌种生产技术规程》（NY/T 528—2010）、《食用菌菌种检验规程》（NY/T 1846—2010）、《食用菌菌种中杂菌及害虫的检验》（NY/T 1284—2007）、《食用菌栽培基质质量安全要求》（NY/T 1935—2010）、《无公害食品 食用菌栽培基质安全技术要求》（NY 5099—2002）、《绿色食品 食用菌》（NY/T 749—2018）、《绿色食品 产地环境质量》（NY/T 391—2013）、《绿色食品 食品添加剂使用准则》（NY/T 392—2013）、《绿色食品 农药使用准则》（NY/T 393—2013）。

七、标识规定

1. 标志使用人

凡在永川香珍地理标志保护地域范围内的秀珍菇生产经营者，均可使用永川香珍地理标志。先向永川区食用菌行业协会提出申请，填写规范的农产品地理标志使用申请书，并签订农产品地理标志使用协议，同时提供生产经营者资质证明、生产经营计划和相应质量控制措施、规范使用农产品地理标志书面承诺以及其他必要的证明文件后方，可使用永川香珍地理标志。

2. 地理标志的标注

标志使用人在秀珍菇产品包装上统一使用农产品地理标志图案，标注"永川香珍"字样、等级、重量和产地。

八、品牌认证

2018年7月，注册为地理标志商标。

2017年，双孢蘑菇获得农业部"全国名特优新农产品"称号；茶树菇、大球盖菇、双孢蘑菇、草菇获"重庆名牌农产品"称号。

九、产业发展

2012年，永川区委、区政府提出了将食用菌产业作为永川农业的主导特色产业来抓，建设成为重庆市最大的食用菌生产基地。通过几年的努力，永川区工厂化生产基地面积达到1 000余亩，有温控厂房150亩，连栋大棚300余亩，钢架大棚1 200亩，冷藏库1万平方米，设施设备500台（套）。

第四节　城口黑木耳

城口黑木耳，产于重庆市城口县，在20世纪初就小有名气。木耳的口感细嫩，风味独特，肉厚质软，营养丰富，是饮食中的佳肴，医学保健上的珍品，被喻为"肠道清道夫"。含有人体必需的多种氨基酸和维生素，有清热润肺，抗癌强身等功能。同城口茶叶、生漆、党参、天麻等农特产品闻名国内市场。已经取得绿色食品认证和产品原产地无公害食品认证。

一、产地环境

城口县位于长江上游地区，地处川、陕、渝交界处。城口县曾获"中国生态气候明珠""大中华区最佳绿色生态旅游名县""中国天然富硒农产品之乡"等称号。黑木耳乃寄生于青杠木上的真菌，随自然气候生成。城口属北亚热带山地气候，立体气候特征突出，十分适合椴木黑木耳生长。

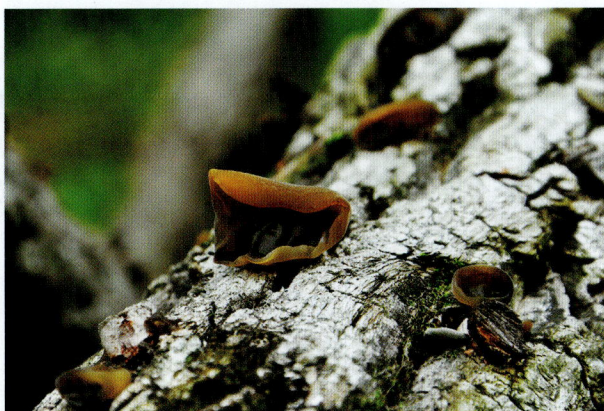

二、历史渊源

城口黑木耳历史源远流长，民众采撷、加工、自食或销售黑木耳因沿成习。彼时皆为野生。至20世纪90年代，部分乡民试行以青杠椴木为菌材，人工种植黑木耳，取得经验后不断推广。人工黑木耳产量逐年有增。2011年，城口开始试行黑木耳岩青杠椴木栽培，从陕西省聘请来专业技术人员，引进陕耳3号试种，选用35～40年轮、直径10～15厘米的岩青杠树作菌料。经几年试种示范，有了整套成功的生产技术和经验，推广后深受种植农户喜欢，成为他们脱贫致富的一个门路。

三、荣誉认证

城口黑木耳已获得绿色食品和原产地无公害食品认证。

四、品质特点

城口黑木耳为木耳属食用菌，子实体胶质；成圆盘形，耳形或不规则形，直径2～6厘米。长于青杠椴木上，形似人耳，两面光滑，黑褐色，半透明。黑木耳质软味鲜，滑而带爽，营养丰富。富含糖类及氨基酸、维生素、矿物质等，每100克黑木耳含蛋白质10.6克，脂肪0.2克，热量306千焦。有益气、充饥、轻身强智、止血止痛、补血活血等功效。还具一定抗癌和治疗心血管疾病作用。富含多糖胶体，有良好的清滑作用，是矿山、纺织工人的重要保健食品。

五、生产情况

城口县素为菌类植物种植、销售大县。城口黑木耳品质佳、口味好、营养丰富，与茶叶、生漆、党参、天麻等农特产品一起远销成都、重庆、武汉等地。至20世纪90年代，城口县农户开始试推黑木耳岩青杠椴木栽培技术，取得较好效益。木耳干品年产常在15～20吨，其中野生约5吨，销售收入300万～400万元。皆散装销售，未加工包装。2011年，重庆市城口县推广黑木耳岩青杠椴木栽培技术，大受种植农户欢迎。产品质优、味好、产量高、单耳多、抗灾害性气候能力强。2017年，城口县9个乡（镇）10个村农户中，有400余人从事黑木耳生产，下种30吨，使用岩青杠椴木料2 000吨，开始产出鲜耳。预计3年可产干耳60吨。在经营模式上，双方实行合同式合作，企业向农户统一提供优质菌种、传授种植经验、规定技术标准，最后统一按当地市场价格回收产品、加工包装销售。

六、专用标志

城口黑木耳地理标志产品保护范围内的生产者，可向重庆市城口县质量技术监督局提出使用地理标志产品专用标志申请。经重庆市质量技术监督局审核，由国家质量监督检验检疫总局批准并公告，城口黑木耳法定检测机构由重庆市质量技术监督局负责指定。

七、质量技术

（一）品种

椴木黑木耳。

（二）立地条件

城口黑木耳地理标志产品保护区内海拔≤500米，土壤质地为黏土、壤土、砾石土、沙壤土，土层厚度60厘米以上，pH6～7.8，有机质≥0.9%。选用35～40年轮、直径10～15厘米的岩青杠树作菌料。

（三）栽培技术

将培养好的栽培种接到椴木上。接种有木屑菌种接种法、枝条菌种接种法和散堆排场法3种。出耳管理要保证耳场的温度、湿度、光照和通气条件，其水分管理是增产关键。

八、质量特色

（一）感官特色

城口黑木耳色泽黑褐，质地呈胶质状透明，薄而有弹性。味甘，性平，有小毒。褐色子实体略呈耳形，湿润时半透明，干燥时为革质。

（二）理化指标

干湿比为1∶10以上，灰分为3.0%～6.0%，粗纤维≤6.0%，杂质≤0.5%，含水率≤12%，粗蛋白≥7.0%，总糖≥22.0%，脂肪≥0.1%，允许净含量误差为其规格规定净含量的2%。

（三）卫生指标

每千克木耳中，砷≤1.0毫克，铅≤2.0毫克，镉≤1.0毫克，总汞≤0.2毫克。

（三）安全要求

城口黑木耳地理标志产品安全指标达到国家对同类产品的相关规定。

第五节　城口香菇

香菇，又名香菌，是一种食用真菌。香味独特，味道鲜美，有较高营养、药用价值，能降低人体中的胆固醇，预防维生素C缺乏病和佝偻病。城口县出产野生香菇和人工种植香菇。城口香菇品质佳、口味好，以朵大、质嫩、肉厚、香浓、营养丰富著称。20世纪初就销往成都、重庆、武汉等地。2018年，在新加坡、马来西亚也深受消费者欢迎。

一、产地环境

城口县地处渝、川、陕交界处，属北亚热带山地气候，温度、水分、营养物质、空气、光线、土壤酸碱度皆适合香菇生长。城口香菇，香味独特，味道鲜美。

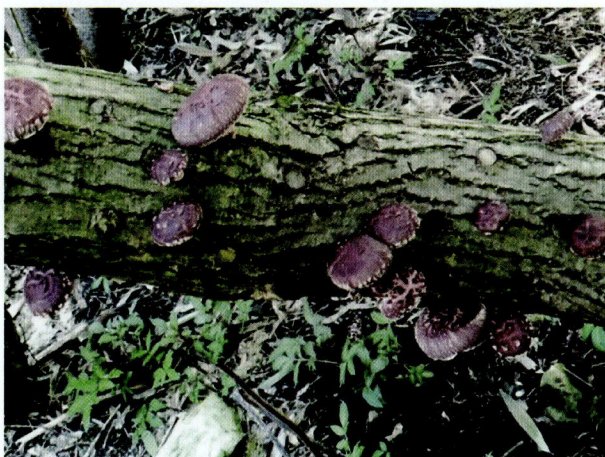

二、历史渊源

清道光年间，《城口厅志》中就有关于香蕈的记载。城口历来是香菇产销旺地，且全部是野生香菇。与茶叶、生漆、党参、天麻等土特产齐名。至20世纪90年代，部分乡农户开始以岩青杠椴木栽培香菇，推广种植技术，人工香菇产量逐年增加。2017年，城口县试行香菇岩青杠椴木专业栽培，从陕西聘请技术人员，引进先进技术种植。选用35～40年轮、直径10～15厘米的岩青杠树作菌料，经数次试种示范，取得了一整套成功经验，深受种植农户喜欢。所植香菇不亚于野生香菇。

三、品质特点

城口香菇子实体单生、丛生或群生，子实体中等大至稍大。菌盖直径5～12厘米，有的可达20厘米；幼时半球形，后呈扁平至稍扁平；表面菱色、浅褐色、深褐色至深肉桂往有深色鳞片，边缘常有污白色毛状或絮状鳞片。菌肉白色，稍厚或厚，细密，具香味。幼时边缘内卷，有白色或黄白色绒毛，随着生长而消失。菌盖下面有菌幕，后破裂，形成不完整的菌环。老熟后盖缘反卷，开裂。

干香菇食用部分占72%，每100克食用部分中含水13克、脂肪1.8克、碳水化合物54克、粗纤维7.8克、灰分4.9克、钙124毫克、磷415毫克、铁25.3毫克、维生素$B_1$0.07毫克、维生素$B_2$1.13毫克、烟酸18.9毫克。鲜菇除含水85%～90%外，固形物中含粗蛋白19.9%，粗脂肪4%，可溶性无氮物质67%，粗纤维7%，灰分3%。香菇含丰富的维生素D原，香菇多糖能提高细胞活力，增强人体免疫功能。

四、生产情况

20世纪90年代以前，城口香菇均为野生香菇，常年产量10吨左右。至20世纪90年代，部分乡的农户开始以岩青杠椴木栽培香菇，逐步推广种植技术，人工香菇干品年产量15～20吨，销售收入300万～400万元；野生香菇年产量6吨左右，产值120万元。2013年，北屏乡北屏村实施市级科技集中推广项目——青杠树枝木屑袋料栽培香菇技术示范点，财政投资30万元，种植面积200亩，亩产香菇1 200千克。2017年，城口县栽培香菇10万余袋，产量10万千克以上。

五、专用标志

椴木香菇地理标志产品保护范围内的生产者，可向重庆市城口县质量技术监督局提出使用地理标志产品专用标志的申请，经重庆市质量技术监督局审核，由国家质量监督检验检疫总局批准并公告。椴木香菇的法定检测机构由重庆市质量技术监督局负责指定。

六、质量技术

（一）品种

椴木香菇。

（二）立地条件

椴木香菇地理标志产品保护区内海拔≤500米，土壤质地为黏土、壤土、砾石土、沙壤土，土层厚度60厘米以上，pH6～7.8，有机质≥0.9％。选用35～40年轮、直径10～15厘米的岩青杠树作菌料。

（三）栽培技术

砍伐菇树最好选在冬季，椴木干燥后，断面出现裂纹，含水量约为40％～45％时，就可人工接种。堆叠方式有井字式、条码式、复瓦式。每隔1月要上下调换位置1次，反复排放上下菇木，错开通风。场地通风条件较好，菇木容易干裂，在出菇期间特别注意加强水分管理，空气湿度保持在80％～90％，菇木含水量以50％～60％为适宜；如遇天晴不雨，每天早晚各喷水1次，尽量加大温差和湿差。如菇木过于干燥，可将菇木浸水12～24小时，然后集中用塑料薄膜覆盖，保温、保湿，每天通风3次。出菇期间，为保持菇场空气新鲜，须把菇木周围杂草清除干净，保证菇场通风透气。菇蕾长出后，温湿度适宜，约经7～10天就可采收。采下的香菇即时烘干。将鲜菇按大小、厚薄和干湿度不同分开，排放在烘干装置上，用40～45℃缓慢烘烤，使水分逐渐散失；菇体慢慢变软后，将温度逐渐升高至60～65℃，直至烘干。掌握好温度最为重要，过高易焦，过低难干。在种植香菇过程中注意防治病虫害。

七、质量特色

（一）感官特色

城口香菇肉质结实，口感良好，香气浓郁。特级：4～6≥3剪柄，菌盖圆整，大卷边，白色，裂纹深，花纹自然，菌褶，整齐，米黄色。一级：4～6≥2剪柄，菇形圆整，大卷边，花纹自然，白色，菌褶整齐，呈米黄色。二级：3～7≥2剪柄，卷边，菇形圆，裂纹浅，茶褐色，菌褶整齐，不倒伏，米黄色。

（二）理化指标

水分≤13.0％，糖分≥40.0％，粗蛋白≥15.0％，粗纤维≤6.0％，灰分≤7.0％。

（三）安全要求

椴木香菇地理标志产品安全指标达到国家对同类产品的相关规定。

第六节　云阳泥溪青杠黑木耳

泥溪青杠黑木耳，云阳县特产，种植历史悠久，产区位于三峡库区，生态涵养区。地处七曜山原始林区。黑木耳肉质肥厚，细腻柔嫩，滑嫩爽口。荣获中国国际农产品博览会金奖等荣誉。

一、产地环境

云阳县泥溪镇地势呈"两河三大片"，沟壑纵横，属中山深丘地貌，东西延伸17.5千米，南北相距

9.7千米，属中山深丘，东、中部低，田少地多，地形为向斜切割方山，北斜低山地貌。山脉多呈陡峭式连绵状，起伏不大，但沟壑纵横，土地类型属紫色土，海拔高度为188～1 290米，平均海拔550米。

水资源丰富，水质良好无污染，境内大溪河、泥溪河2条常流河穿境而过，水光山色，溪河纵横，溪水清澈见底，鱼虾成群。

泥溪镇属云阳县内低山谷地温暖区，四季分明，气候温和，雨量充沛，常年平均气温16℃左右，年降水量1 175毫升，无霜气约300天，境内气候宜人，空气清新，山川秀美，自然环境别具一格，被誉为"原始自然生态乡"，特别适宜黑木耳种植生产。

二、产地选择

黑木耳基地植被良好，空气清新，水质洁净，排灌便利，水源充足，基地附近5千米内没有大型工矿企业、垃圾处理场等可能的污染源。

三、品种选料

结合泥溪海拔、气温和季节，"冬至"开始砍树，以树龄7～8年、直径7～12厘米的小径大叶青杠树再生树为最佳，一般耳木锯成1.2米的树段，两头断面涂上石灰水，以防杂菌入侵，起架晾晒1～1.5月，至失去三四成水分后备用接种。

四、生产接种

在2～3月开始接种，用16毫米手电钻、打孔机或空心冲子打孔，密度一般掌握在穴距4～5厘米，行距6～7厘米，穴的直径1.4～1.6厘米，深入木质部2～2.5厘米，行与行之间的穴要排成"品"字形，即梅花形，点种时要做到3个字：早、密、深，需要注意的是钻好孔的耳棒若未点种，千万不能淋雨。

菌种要选择长满菌袋、无污染、无老化的菌种。树棒钻孔后，一般用漏斗放入菌种种粒，塞紧后用木盖封好钻孔口子。

种好后的树棒依次序平放在地面上，半月左右上下翻动1次，地里不宜有太旺盛的草，因养菌大约需2个月，6月底或7月初就有耳芽露出棒面。

五、病虫防治

发菌期间最容易发生绿霉、毛霉、白边有霉、裂褶菌、截头碳团等；起架后容易侵入的杂菌有朱红菌、杂色云芝、皱皮革、牛皮箍等多种杂菌，容易发生的害虫有以蚊，小马陆、潜蝇、线虫等。

做到以下几点，就可以大幅度减少上述病虫害：

选择有充足日照的场地。

在上堆发菌前要严格做好烧毁场内及场周围的枯枝落叶，并不得让带有杂菌和害虫的杂物入场。

段木切段后，随即在两头断口涂上石灰水。

控制好接种时段木的湿度，严格保护好段木和树皮。

在接种和起架前在场地及场周围撒足菜籽饼或石灰粉。

把好发菌关，注意通风换气，适时翻堆耳木发菌良好，抵抗杂菌入侵。

发现杂菌和害虫及时处理，绝对不得污染场地及周围环境。

六、技术管理

（一）生产管理

有耳棒长出耳芽就开始竖棒，竖棒为"人"字形，而且要留有人行通道，竖棒后就开始架喷水带，有自然雨水就停止浇水，主要浇水时间是秋天后。如浇水时温度高就早晚浇，浇水时不要长时间淋于棒面，要有间隔性，保持耳片湿润。

耳片成熟后就可以采收，耳片需在树棒上晒干才可收摘，如浇水期收获木耳，每一批采收后需养菌20天才可再浇水。采收后的木耳经过晾晒，放置在阴凉干燥处保存。

耳芽展开，边缘稍卷变软，肉质肥厚，耳根收缩，腹面见到少量白色孢子粉。一旦木耳成熟，应及时采收，防止腐烂变质。

1.采收时间

采收前2天停止喷水，当耳片晒至八成干，趁早晨耳片潮软之时采摘。

2.采摘方法

用手指捏住耳根，稍加揪动，即可采下，采时不留残根，以防溃烂。小耳芽要保留。

3.去杂质

清除杂草、砂石、流耳和留失耳等。

4.秋收

到10月初，秋耳停止生长时，应1次采光成耳，耳木平摆场地越冬。

5.晾晒

木耳应选择阳光充足的晴天晾晒，在专门的晾晒场晾晒或者搭起离地面1米左右的高支架，上铺茅席、竹帘或尼龙纱网，上面放薄薄1层木耳，不许翻动，晒干即可。

（二）入库质量

黑木耳共分1级、2级、3级，色泽、气味、拳耳、流耳、杂质等方面通过握、听、闻、看等方式进行感官检验；用游标卡尺测量耳片中间的厚度分级（标准：1级≥1毫米，2级≥0.7毫米，3级<0.7毫米）；以网孔直径为3厘米、2厘米、1厘米的网筛判断等级标准（1级≥3厘米，2级≥2厘米，3级≥1厘米）；杂质标准（1级≤0.3%，2级≤0.5%，3级≤1%）；1级、2级木耳不应有拳耳、留耳、薄耳。

色泽、气味、杂质、耳片厚度等方面均合格的产品中，利用不同型号的自动筛选器筛选，不能通过3厘米网眼的木耳为1级品，不能通过2厘米网眼的木耳为2级品，不能通过1厘米网眼的木耳为3级品，筛选后分装。

经质检部检验合格后，由包装生产工作组运送至仓库，保管员清点交验确认。库房储存：事先用二氧化碳熏蒸库房，要求通风、干燥，地上垫枕木，上放木耳袋。防吸潮、防霉变、防虫蛀。禁止与有毒、有挥发性的物质混存。

（三）出库、运输要求

1.出库

销售部向仓库保管员提出调货申请，完成申请报告单的审批后，清点交货种类、型号、规格、数量，填写木耳出库单，经运输人员签字确认，并做好出库登记。

2.运输

木耳在运输过程中要注意防压、防雨淋、防潮。严禁与有毒、有挥发性物品混装同车运输。

3.生产记录

要求列表，做好生产记录及产品出入库记录。

七、荣誉认证

2011年，"珍稀食用菌生产"认证为国家农业标准化示范区。

2012年，"青杠树"牌黑木耳被国家标准化管理委员会评为"国家珍稀食用菌生产标准化示范区"。

2013年，"青杠树"牌黑木耳被评为"重庆名牌农产品"。

云阳泥溪黑木耳取得2012年12月至2018年11月有机产品认证书。

2014年11月，"青杠树"牌黑木耳入选全国百个农产品品牌。

第七节 云阳"南山峡"牌杏鲍菇

云阳"南山峡"牌杏鲍菇，"重庆名牌农产品"。杏鲍菇是一种生长于欧洲地中海区域、中东、北非和亚洲部分地区的食用性菇类，因其具有杏仁的香味和菌肉肥厚如鲍鱼的口感而得名。

一、产品特点

杏鲍菇是开发栽培成功的集食用、药用、食疗于一体的珍稀食用菌新品种。杏鲍菇的菌柄和菌盖质地脆嫩，肉质质肥厚，味道鲜美，且具有独特的杏仁香味，素有"平菇王""草原上的美味牛肝菌"之称，受到各国人民的青睐。因此，联合国粮食及农业组织向各国推荐这种食用菌。杏鲍菇与其他一般品种的平菇、香菇、鸡腿菇等的区别是：组织紧密、富有弹性、采摘后保存的时间较一般菇长。营养丰富均衡，是一种高蛋白、低脂肪的营养保健食品。含有18种氨基酸，其中8种是人体必需氨基酸，可与肉类、蛋类食品相媲美。中医学认为，杏鲍菇有益气、杀虫和美容作用，可促进人体对脂类物质的消化吸收和胆固醇的溶解，对肿瘤也有一定的预防和抑制作用，是老年人、心血管疾病与肥胖症患者理想的营养保健食品。

二、产地环境

杏鲍菇是产于高山、草原、沙漠地带的一种品质优良的大型肉质伞菌，属真担子菌纲伞菌目侧耳科侧耳属。中国杏鲍菇主要分布在新疆、四川和青海，陕北也有少量分布。

云阳县日照充足、四季分明、雨量充沛、植被繁茂、野生菌种类繁多，是渝东北生态涵养发展区中难得的"菌类植物园"。群山巍峨，云缠雾锁，恍如"羽人仙鬉"。

三、生长特性

(一)水分

杏鲍菇比较耐旱，但含水量适宜的环境更有利于其生长发育，提高产量。菌丝生长阶段，培养料

适宜含水量为60%～65%，但栽培时不宜在菇体上喷水，菇体所需的水分主要来源于培养料，所以调配培养料含水量时可提高至65%～70%。空气相对湿度在菌丝体生长阶段达60%左右即可，而现原基后，子实体分化阶段以90%～95%为宜，子实体生长阶段可恰当调低到85%～90%。

（二）温度

温度是决定杏鲍菇栽培成败及产量高低的关键。菌丝体生长的温度领域是22～27℃，最适温度是25℃左右，高于30℃菌丝生长不良。杏鲍菇是恒温巩固性菇类，温差过大，不利于原基的发生，出菇温度为10～18℃，最适温度12～16℃，低于8℃不会现原基，高于20℃以上容易涌现畸形菇，还会发生病害，引起死菇、烂菇。子实体生长温度为10～21℃，最适温度为10～18℃。对温度的节制因菌株不同而异，在引种时要特别留意菌株的特点。

（三）空气

菌丝体生长阶段需氧量相对较少，低浓度的二氧化碳对菌丝生长还有刺激作用，随着菌丝的生长，袋（瓶）中的二氧化碳浓度由正常空气中含量的0.03%渐升到2%以上，菌丝仍能很好生长。现原基期则需要充分的氧气，二氧化碳浓度应下降到0.5%左右，否则原基不分化而膨大成球状。菇体生长发育期需要新鲜空气，二氧化碳浓度以小于0.01%为宜。

（四）光照

菌丝体生长阶段不需要光线，黑暗的环境会加快菌丝生长。现原基和子实体的生长发育期则需要一定的散射光，适宜的光照强度为500～1000勒克斯。

（五）酸碱度

菌丝体生长的pH为4～8，最适pH为6.5～7.5。出菇阶段的最适pH为5.5～6.5。

四、种植生产

杏鲍菇是一种分解纤维素、木质素、蛋白质能力较强的食用菌，能吸收利用各种农副产品下脚料和栽培平菇的原料中的碳源和氮源，以棉籽壳、阔叶树木屑、玉米芯等主料，适量添加麦麸、米糠、玉米粉等辅料提高氮源为最佳。因为杏鲍菇氮源越丰富，菌丝生长越好，产量越高。

杏鲍菇属低温型菌株，从播种到出菇约需50～60天，长江流域可安排10—11月制栽培袋，11月至次年1月出菇，其他地区可适当提前或延后。

（一）培养料配方

棉籽壳88%、玉米混合粉10%、石灰1%、碳酸钙1%。

杂木屑75%、麸皮22%、糖1%、石灰1%、碳酸钙1%。

棉籽壳50%、杂木屑30%、玉米混合粉18%、石灰1%、石膏粉1%。

上述配方含水量60%～65%。

（二）配料制袋

将上述培养料分别按比例称量，置拌料场地面翻拌均匀，调节含水量至60%～65%。用17厘米×33厘米×0.004厘米的折角聚乙烯袋或聚丙烯袋装料，每袋装干料500克，湿重约1100克，对角反折直插式封口。装完后放入大空灭菌包内灭菌4～5小时，冷却至常温后取出。接种用食用菌无菌接种器，在接种操作平台上，2人配合以全开式打开袋口接入菌种，每750克瓶装杏鲍菇栽培种可接料袋

40 ～ 60袋。接种后置清洁、卫生的室内发菌培养，保持温度在20 ～ 25℃，空气相对湿度70%以上。每天通风1 ～ 2次，保持空气新鲜，大约30天左右菌丝满袋。

（三）排菌床

将长满菌丝的菌袋直立排放在出菇场地面形成菌床，打开袋口，拉直袋筒膜，筒口膜表盖一层报纸，喷水保持报纸湿润，调控温度15 ～ 18℃、空气相对湿度80%，促其出菇。杏鲍菇从原基形成到子实体成熟，一般需13 ～ 15天。幼菇期在袋内小气候中生长，当菇体在封闭的袋内向上生长至距袋口2厘米时去掉报纸，让菇体接受散射光，向空间伸展，增加喷水，相对湿度逐渐提高至85% ～ 90%，促使菇体不断长大，形成正常的子实体。

（四）采收

杏鲍菇子实体的菌盖平展，中间下凹，表面稍有绒毛，孢子尚未弹射时为采收适期。采收时手握菌柄，整朵拔起。采收后清理料面，停止喷水，生息养菌7 ～ 10天可出第二潮菇，生物转化率可达100%。

五、产品质量

为保证产品质量，严格按照产品标准组织生产，牢固树立"质量第一"的思想，生产出质量合格、用户满意的优质食用菌产品需执行以下标准：

1.产品执行标准规范

《食品安全国家标准 食用菌及其制品》（GB 7096—2014）、《绿色食品 食用菌》（NY/T 749—2012）。

2.产品技术标准

杏鲍菇理化及卫生指标见表3-5-1，感官要求指标见表3-5-2。

表3-5-1 杏鲍菇理化及卫生指标

项目	指标	
	干	鲜
含水量/%	≤ 13	≤ 90
砷（以As计）/（毫克/千克）	≤ 0.5	≤ 0.2
汞（以Hg计）/（毫克/千克）	≤ 0.1	≤ 0.03
铅（以Pb计）/（毫克/千克）	≤ 1.0	≤ 0.3
镉（以Cd计）/（毫克/千克）	≤ 1.0	≤ 0.2
亚硫酸盐（以SO$_2$计）/（毫克/千克）	≤ 50	
六氯环己烷（HCH，BHC）/（毫克/千克）	≤ 0.1	
双对氯苯基三氯乙烷/（毫克/千克）	≤ 0.05	
多菌灵（carbendazim）/（毫克/千克）	≤ 1.0	
敌敌畏（dichlorvos）/（毫克/千克）	≤ 0.1	
溴氰菊酯（deltamethrin）/（毫克/千克）	≤ 0.01	
氯氰菊酯（cypermethrin）/（毫克/千克）	≤ 0.05	
百菌清（chlorothalonil）/（毫克/千克）	≤ 1.0	

表3-5-2　杏鲍菇感官要求指标

项目	要求	
	干	鲜
形状	菇形正常、规整	菇形正常、规整、饱满
破损菇	≤10%（野生食用菌的破损菇≤15%）	≤5%（野生食用菌的破损菇≤10%）
松紧度	—	较实、有弹性
颜色	有正常食用菌的固有颜色	
大小	均匀一致	
气味	有正常食用菌特有的香味，无酸、臭、霉等异味	
虫蛀菇	无（野生食用菌的虫蛀菇≤1%）	
霉烂菇	无	
一般杂质	无（野生食用菌的杂质≤1%）	
有害杂质	无	

3.安全要求

"南山峡"牌杏鲍菇产品安全指标必须符合食品安全国家标准。

第八节　巫溪灵芝

巫溪灵芝，以"灵芝妹"牌为代表，采用巫溪当地野生灵芝菌菌种，通过组织培养而生产的灵芝菌，该灵芝菌已取得无公害农产品认证，获得"重庆名牌农产品"称号。

灵芝自古即是富贵祥瑞之物，象征着吉祥如意、祥瑞长寿，千百年来一直被人们追求。故灵芝有"瑞草"之美称，"仙草"之美誉，原产于亚洲东部，中国分布最广的省份为江西。灵芝作为拥有数千年药用历史的中国传统珍贵药材，具备很高的药用价值，经过科研机构数十年的现代药理学研究证实，灵芝在增强人体免疫力、调节血糖、控制血压、辅助肿瘤放化疗、保肝解毒、促进睡眠、抗辐射、抗氧化、消除人体内自由基、抗衰老及美容养颜等方面均具有显著疗效。灵芝还可以制作成灵芝盆景。产品畅销全国，2017年，被农业部评为"全国名特优新农产品"。

一、产地环境

灵芝对生长环境和技术的要求非常高，灵芝菌袋是经过科学配方、高温灭菌、无菌接种、菌丝培养等一系列工序，精细培养而成，经过特殊处理。将已长满菌丝的灵芝菌袋扎口向上直立或叠堆放在已清理干净的室内或室外树荫下面（果树园里）或阳台。通过门窗通风换气，保持菌袋周围环境温度20～35℃，湿度80%～90%，不低于20℃、高于35℃的夏、秋季自然环境温度，才适于灵芝生长。

巫溪位于大山深处，是一片远离工业的纯净之地，林业资源丰富，生态环境良好，非常适应灵芝生长。所谓"三峡库区高山灵芝药效甚佳、灵气旺盛，灵芝盆景千姿百态、典雅稳重、富贵吉祥"。

二、历史渊源

灵芝被称为"人间仙草"，是"起死回生"的仙丹妙药，传统文化和民间传说里的"如意"便是灵芝的化身。东汉时期的《神农本草经》、明代著名医学家李时珍的《本草纲目》，都对灵芝功效有详细的极为肯定的记载。如今，巴山渝水孕育人间仙草。巫溪灵芝人工规模种植始于2010年，在该县的李晓燕和孔云的努力下，试种灵芝5万袋，获得成功。2018年，在巫溪县政府及各部门的大力支持下，灵芝生产达30万袋。

三、品质特点

东汉时期的《神农本草经》、明代著名医学家李时珍的《本草纲目》，都对灵芝功效有详细的极为肯定的记载。经过科研机构数十年的现代药理学研究证实，灵芝在增强人体免疫力、调节血糖、控制血压、辅助肿瘤放化疗、保肝解毒、促进睡眠、抗辐射、抗氧化、消除人体内自由基、抗衰老及美容养颜等方面均具有显著疗效。现在灵芝作为药物，已正式被《中华人民共和国药典》收载，同时也是国家批准的新资源食品，无毒副作用，药食两用。

灵芝富含氨基酸、多肽、蛋白质、真菌溶菌酶，以及多糖、麦角甾醇、灵芝三萜、香豆精苷、挥发油、硬脂酸、苯甲酸、生物碱、维生素B_2及维生素C、甘露醇、有机锗等多种营养成分，对身体各方面的调理都有很好的效果。除医用外，灵芝在食品及保健品产业都占有一定的市场与地位，具有较高的观赏价值及经济价值。灵芝的独特之处主要在于它可在整体上双向调节人体机能、调动机体内部活力、调节人体新陈代谢、提高自身免疫能力，促使全部的内脏或器官机能正常化，从而从根本上达到治病、强身、保健的目的。

四、生产情况

2016年，巫溪"灵芝妹"牌灵芝被评为"全国名特优新农产品""重庆名牌农产品"。2018年，灵芝基地占地面积约15亩，年生产灵芝菌袋30万袋，生产干灵芝30吨。

（一）基地稳步发展，提升产品质量

2018年，加大灵芝标准化基地建设，改建灵芝种植厂房300平方米。严格按质量标准化生产，提升灵芝品质。

（二）品牌打造，延伸产业链条

巫溪"灵芝妹"牌灵芝产品通过无公害农产品质量认证，注册了"灵芝妹"系列商标9个，申请发明、新型等专利16个。通过打造"灵芝妹"品牌，技术技能创新，因地制宜，延长产业链条，新开发灵芝盆景、灵芝酒、灵芝茶、灵芝孢子粉、灵芝鸡等灵芝系列产品。

"灵芝妹"牌灵芝、灵芝盆景等走俏网络市场，市场涵盖到重庆市30余个区（县）及甘肃、内蒙古、河南、河北、新疆、江苏、北京、四川、湖北、湖南、天津等省份，重庆市外的政商界人士多次到基地参观学习。

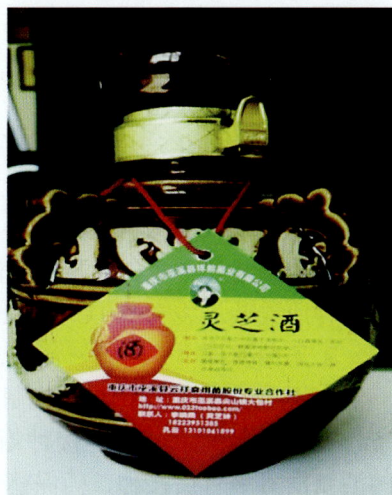

（三）"三产"逐步融合，综合效益提升

巫溪努力打造巫溪灵芝特色品牌。继续采用高标准、大规模、工厂化、错季节栽培冷藏保鲜工艺技术，发展生态菇业（灵芝），实现无公害种植，利用当地农作物秸秆、木屑等原料，实行生态的良性循环。在农民自愿的情况下，动员他们加工、出售灵芝生产原料，有条件的农户带动他们发展灵芝，并为他们提供灵芝菌种、技术上的服务。

巫溪为保障市场供给，除增大鲜菇、鲜耳冷藏保鲜产品及木耳干制品供应市场外，大力发展灵芝种植，生产灵芝系列产品，投放市场，扩大销售。

利用棚内空间，采用高层堆码墙栽，自控集约化管理出菇，降低生产成本。

引进新技术，开发新产品。除保留适应当地种植并能产生效益的几个骨干品种外，新增开发灵芝系列产品，如制作灵芝盆景、灵芝养生酒、灵芝茶、灵芝饮片、灵芝孢子粉等灵芝工艺品和灵芝保健品。提高产品质量，打造知名品牌，依靠产品优势，开拓占领市场，提高市场竞争力，壮大自身实力。

依靠科技进步，为发展未来休闲菇业做好前期准备工作。争取在3～5年内，在生产技术上，向机械化、集约化、标准化方向发展，提高劳动效益和产品质量。在生产经营上，走精加工道路，开发保健食品，提高综合效益。将菇产业种植与旅游观光、采摘、观赏、盆景综合开发结合起来，协调发展，带动与之相关的设施菇业、盆景制作技术、珍稀品种栽培技术和配套相关产品开发技术的发展，成为菇产业中的一项新型产业。

五、技术要求

（一）技术规程

技术规程规定了无公害农产品灵芝生产的环境条件、菌种生产、菇棚搭建、菌袋制作、菌丝培养、出菇管理、采收、保存、病虫害防治。

（二）执行技术标准

《环境空气质量标准》（GB 3095—2012）、《农药安全使用规范总则》（NY/T 1276—2007）、《农田灌溉水质标准》（GB 5084—2005）、《食品安全国家标准 食用菌及其制品》（GB 7096—2014）、《农药合理使用准则（一、二、三、四、五、六、七、八、九）》（GB/T 8321.1—2000、GB/T 8321.2—2000、GB/T 8321.3—2000、GB/T 8321.4—2006、GB/T 8321.5—2006、GB/T 8321.6—2000、GB/T 8321.7—2002、GB/T 8321.8—2007、GB/T 8321.9—2009）、《无公害食品 食用菌栽培基质安全技术要求》（NY 5099—2002）。

（三）适用的技术规范

1.高压蒸气灭菌

食用菌原种生产中常使用手提式或卧式高压灭菌锅进行高温高压蒸气灭菌，一般以128.1℃灭菌2～2.5小时。

2.常压蒸气灭菌

食用菌栽培种生产和栽培袋制作中，一般用常压蒸气灭菌。用锅炉、油桶等制成简易蒸气发生器，将菌种瓶或栽培袋在100℃灭菌12～16小时。

3.无菌操作

食用菌菌种生产和栽培袋制作中，要求在接种前45～50分钟用30瓦紫外灯（或其他臭氧发生设备）对菌种瓶、栽培袋、接种箱（或接种室）、接种工具、工作服等进行表面杀菌，接种人员用75%的酒精消毒手臂后接种，确保整个接种过程无菌。

（四）环境条件要求

1.场地

要求地势平坦，灌排便利，距学校、医院、畜禽养殖场等污染源500米以外。

2.生产区域

生产区域的环境空气质量符合《环境空气质量标准》（GB 3095—2012）的规定。

3.生产用水

生产用水要符合《农田灌溉水质标准》（GB 5084—2005）的规定。

（五）菌种生产

1.母种生产

（1）配方。培养基质应符合《无公害食品　食用菌栽培基质安全技术要求》（NY 5099—2002）的要求。马龄，葡萄，琼脂，蛋白胨，磷酸二氢钾，水。

（2）培养温度。20 ～ 25℃。

（3）培养时间。7 ～ 10天。

2.原种生产

（1）配方。培养基质应符合《无公害食品　食用菌栽培基质安全技术要求》（NY 5099—2002）的要求。宜选用以下两个配方。

①木屑培养基：杂木屑、玉米粉、麦麸，石灰，白糖、料水比1 ： 1.1

②混合培养基：棉籽壳，杂木屑，麸皮，玉米粉，石膏，石灰，白糖、料水比1 ： 1.1

（2）制作。用菌种袋或750毫升的菌种瓶装培养料，采用高压蒸气灭菌；规模化制种可采用常压蒸气灭菌。灭菌结束后，冷却到28℃以下，按无菌操作的要求接种。

（3）培养。在清洁、干燥，室内温度保持22 ～ 25℃，相对湿度不高于70%的菌种培养室内避光培养45 ～ 60天，注意定期通风换气。

3.栽培种生产

（1）配方。培养基质符合《无公害食品　食用菌栽培基质安全技术要求》（NY 5099—2002）的要求。棉籽壳，杂，麸皮，玉米粉，石膏，石灰，白糖、料水比1 ： 1.1

（2）制作、培养。按5.2.2、5.2.3执行。

4.菇棚搭建

（1）塑料大棚。竹结构或钢管大棚，宽5.5 ～ 6米，长20 ～ 50米，高2.2 ～ 2.5米，外盖塑料膜和双层遮阳网。

（2）高层塑料荫棚。竹结构或钢管大棚，长20 ～ 25米，宽12 ～ 15米，檐高3.0 ～ 3.5米，顶高4.5 ～ 5米，顶部及四周用稻草或遮阳网覆盖。棚内层架采用木结构，宽0.8 ～ 1米，长1.2 ～ 1.5米，层距40 ～ 50厘米、底层15 ～ 20厘米，高5 ～ 6层。

5.菌袋制作

（1）配方。培养基质符合《无公害食品　食用菌栽培基质安全技术要求》（NY 5099—2002）的要求。木屑、麦麸20%、石膏1%、石灰1%。

棉籽、麦麸、石膏、糖、尿素、过磷酸钙，pH5.5 ～ 6.0。

（2）拌料。按料水比1 ： 1.1 ～ 1.3拌匀。

（3）装袋。采用人工或装袋机装料，装袋时培养料应松紧适宜，每袋装干料0.5 ～ 0.6千克，并扎口。

（4）灭菌、接种

①灭菌：采用常压蒸气灭菌。将栽培袋装入铁框，放置灭菌灶，保持底部空气流通，通入蒸汽发

生器管道，用双层塑料纸覆盖，灶的四周表面铺上湿木粉，上面盖木板，用螺丝锁住木板密封。

②接种：灭菌结束后按无菌操作接种。

5.菌丝培养

（1）场地要求。保持棚内及周围环境清洁、干燥，使用前菇棚内应做杀虫、杀菌处理。

（2）菌袋排放。

前期温度较高时，生产的菌袋宜直立排放，并注意袋与袋之间留一定的间隔，以利散热。

温度较低时，生产的菌袋可采用墙式堆叠排放，袋口朝外；堆叠层数视温度而定，温度在20℃左右，可堆4～5层。

（3）温度。棚内温度保持在20～30℃。

（4）湿度。棚内相对湿度保持在65%～70%。

（5）光线。光线不宜太强，采用双层草帘或塑料遮阳网覆盖。

（6）空气。菇棚内应始终保持通风良好，要结合温度管理安排通风换气。

6.出芝管理

（1）催蕾要求。灵芝菌丝培养40～60天以上，菌丝长满菌袋，菌袋富有弹性，菌丝分泌色素吐黄水，袋口表面菌丝带点黄色，这时适宜催蕾出芝。

（2）催蕾方法。结合通风换气，白天关闭门窗，并适当揭去部分覆盖物，增加光线刺激。22：00以后打开菇棚门窗，使日夜温差达8～10℃，保持相对湿度80%～85%，连续5～7天，可促使原基形成。

（3）第一潮菇管理。菌袋催蕾后15～20天，可形成第一潮芝。此时应着重抓好控温、增氧、加湿等技术环节，控制菇棚内温度在20～35℃，早晚结合通风增氧，通风时，用喷雾器喷雾调湿，控制相对湿度90%～95%。

（4）转潮管理。第一潮芝采收结束后，立即清理菇场，停止喷水，增加通风次数，延长通风时间，促进菌丝养分积累，10～15天后可进行第二潮芝出芝管理。每潮芝采收结束后，菌袋需适当补充水分，促进菌丝复壮，再进行出芝管理。

（5）其他措施。秋菇前期气温较高，以降温为主，要适当加大草帘等覆盖物厚度，白天关闭菇棚门窗，夜间通风。自然温度在18℃以下，应减少喷水次数、以保温、养菌为主。11月中旬以后，气温明显降低，需在草帘外面加盖薄膜保温。

（6）采收。灵芝盖边缘白色生长圈消失，整个灵芝呈棕褐色，孢子大量释放时，可采收孢子；再继续培养10天左右，使芝体坚硬后即可采收芝体。采收方法：用剪刀从灵芝基部1厘米处剪下，及时晒干，分等级用塑模袋包装外销。

（7）病虫害防治。防治要求：按照《农药安全使用规范总则》（NY/T 1276—2007）和《农药合理使用准则（一、二、三、四、五、六、七、八、九）》（GB/T 8321.1—2000、GB/T 8321.2—2000、GB/T 8321.3—2000、GB/T 8321.4—2006、GB/T 8321.5—2006、GB/T 8321.6—2000、GB/T 8321.7—2002、GB/T 8321.8—2007、GB/T 8321.9—2009）的规定农药使用。

巫溪灵芝主要病虫害防治方法见表3-5-3。

表3-5-3　巫溪灵芝主要病虫害防治方法

序号	主要病虫害	防治对象	防治方法	备注
1	绿霉、根霉、毛霉、青霉	菇棚	生石灰	出菇期间禁用农药
2	细菌	菇棚	0.1%的高锰酸钾喷洒	
3	菇蚊、菇蝇	菇棚、栽培袋	菇棚内放置3W的黑光灯定期杀成虫	
4	蛞蝓	菇棚、栽培袋	人工捕捉或撒石灰、食盐驱杀	

第六章
其 他

第一节　江津花辅蔬菜

花辅蔬菜，起源于江津区支坪镇花铺村蔬菜基地，是农业农村部认可的"无公害农产品生产基地"，以季节性蔬菜品种为主。2010年，花辅蔬菜为部队直供蔬菜；2012年，被列入成都军区联勤部采购目录；2013年，被江津区工商局评为江津区知名商标；2015年，荣获军队物资采购"军用食品"供应商资格；2016年，被评为重庆市著名商标。花辅蔬菜主要由重庆花辅蔬菜发展有限公司生产。

一、产地环境

花辅蔬菜基地位于綦河和长江的交汇处，属宽谷浅丘地貌，海拔200～250米，地势平坦，土地肥沃，属亚热带季风气候，四季分明，气候温和，日照充足，平均气温18℃，雨量充沛，年降水量1 150～1 580毫米，无工业污染，适宜规模发展蔬菜产业。

二、生产情况

花辅蔬菜种植从1990年支坪镇花铺村规模种植开始，至2018年，有近30年历史。花辅蔬菜核心基地200余亩，以"公司+合作社+农户"的模式带动周边种植蔬菜近千亩，全年种植花菜、甘蓝、萝卜、莴笋、茄子、辣椒、丝瓜、南瓜、苦瓜等17种蔬菜品种。

花辅蔬菜注重安全和品质，大力利用蔬菜漂浮育苗、有机肥替代化肥、病虫害绿色防控、节水灌溉等技术，利用先进技术促进绿色安全生产，同时将农残监测和追溯系统合为一体，从生产投入品到上市销售全程监管，真正确保每一棵菜都是放心菜、安全菜。

江津硒资源丰富，花辅蔬菜准备建造富硒农产品加工厂，注册

"支坪富硒"商标，将产品销售全国。

三、销售情况

花辅蔬菜销售历经了大市批发发展到现在的净菜配送，主要是配送部队、学校、酒店、大食堂等单位，在双福国际农贸城建设有1600平方米的净菜加工中心和配送中心，在德感建有1000立方米冷藏保鲜库，配置了7辆保鲜配送车，3辆冷冻运输车。

第二节　潼南桂林无公害蔬菜

桂林无公害蔬菜，重庆市潼南区特产，无公害农产品。所产蔬菜品质好、口味佳、产量高，四季均可种植。是全国无公害蔬菜重点示范基地。"桂绿"牌辣椒、番茄、冬瓜、苦瓜、黄瓜、萝卜6个蔬菜产品，通过国家级无公害农产品认证，农业农村部授予全国统一的无公害农产品专用标识。

一、产地环境

重庆市潼南区桂林街道办事处位于潼南区西北，由原桂林镇与梓潼镇东风片区合并组成。气候温和、湿润，四季分明，降雨充沛，具有冬暖春早、夏热秋凉的特点。冲积坝土地肥沃属中性，水资源丰富，适合蔬菜的生长。

潼南桂林无公害蔬菜基地，距县城1.5千米，种植蔬菜的条件十分优越。沿涪江冲积坝地长达15千米，包括双坝、小舟、花厅、八角等7个行政村。坝地地势平坦、土层深厚、土质肥沃。20世纪70年代修建的人工运河，使整个坝地处于涪江和人工运河之间，人工运河常年水位高于坝地，使整个坝地具有水分自然渗透、回潮保灌功能，从无干旱发生。同时，人工运河是县城饮用水源，水质清洁无污染，几年一次的漫灌涨水，起到既灭虫害、洗药害的作用，又具有增厚土层、增加肥料的作用。

二、历史渊源

潼南桂林无公害蔬菜基地离县城近，是重庆著名的蔬菜老产区。栽培始于民国，种植蔬菜的历史悠久。据《潼南县农业志》记载，民国三十五年（1946年），由四川省农业部门引进种植蔬菜。1991年，桂林建成重庆市第一个无公害蔬菜基地；1995年，重庆市委、市政府发展菜篮子工程，把潼南县列为重庆市蔬菜生产基地。当年甘蓝种植面积达1500余亩，亩产达4000斤，获得了较好收益。之后，潼南被正式纳入重庆市菜篮子工程建设，开始了以桂林坝地为"主战场"的大规模的基地建设。1999年，桂林万亩蔬菜基地率先通过市级无公害蔬菜基地验收，成为重庆市首批无公害蔬菜基地，蔬菜基地建设完成1万亩，蔬菜播种面积达2.2万亩；2000年，承担了农业部无公害蔬菜丰收计划项目，成了全国无公害重点示范基地；

2004年,"桂绿"牌辣椒、番茄、冬瓜、苦瓜、黄瓜、萝卜6个蔬菜产品,通过国家级无公害农产品认证,农业部授予全国统一的无公害农产品专用标识;截至2017年,桂林街道已建成6个集中成片、各具特色的常规蔬菜种植片区,建成基地面积4万亩,年复种面积10万亩。

三、荣誉认证

1999年,桂林基地成为重庆市第一个通过市级验收的无公害蔬菜基地。

2000年,桂林基地成为全国无公害重点示范基地。

2004年,"桂绿"牌辣椒、番茄、冬瓜、苦瓜、黄瓜、萝卜6个蔬菜产品,通过国家级无公害农产品认证,农业部授予全国统一的无公害农产品专用标识。

四、品质特点

1995年,桂林无公害蔬菜在政府的支持和重庆市农业科学所的指导下,蔬菜基地内的道路、水渠等基础设施得到逐年完善,科技种菜的理念不断更新。潼南萝卜、中华巨葱、优质甘蓝等优良品种被推广,大棚消雾转光膜、防虫网、遮阳网等新设施被广泛运用,嫁接育苗、喷滴微灌等新技术被不断采用。新品种、新技术、新设施的运用,不仅提高了蔬菜质量,降低了成本,还不断改写了蔬菜亩平收入新纪录。桂林无公害蔬菜营养丰富,长期食用,可以补充人体营养,为人体提供各种膳食纤维、维生素和矿物元素。

潼南桂林无公害蔬菜叶菜嫩绿适中具有清香,茎菜汁多、味香,瓜果回甜爽口,一年四季均可上市。

五、生产情况

2017年,桂林蔬菜基地总面积达4万亩,播种面积达10万亩,总产量达30万吨,产值达3.8亿元,全基地已建成6个集中成片、各具特色的常规蔬菜基地片区,成为"一棵菜养活8万人"的主导产业。潼南桂林无公害蔬菜基地利用无工业污染的优势,根据农业部无公害标准生产,推广"预防为主,综合防治"的指导方针,从菜田生态系统总体出发,本着经济、安全、有效、简便的原则,优化、协调运用农业、生物、化学和物理的配套措施,创造有利于蔬菜丰产且不利于病虫害发生的条件,达到高产、优质、低耗、无害的目的。严禁使用高毒、高残留农药,选用高效、低毒、低残留、对害虫天敌杀伤力小的农药,如辛硫磷、多菌灵等,并选用抗病、抗虫优质丰产良种,深耕、轮作换茬,调整好温、湿度,创建良好的生态环境。推广、应用微生物农药,搞好病虫害预测预报,对症适时、适量用药,推广不造成污染的物理防治方法,如采用杀虫灯、黄板、蓝板、银光膜等杀虫、避虫,搞好配方施肥,控制氮肥用量,搞好植物检疫。严防辣椒青枯病、番茄疫病等毁灭性病害传入、蔓延。让消费者吃上放心蔬菜。

六、专用标志

潼南桂林无公害蔬菜标志产品保护范围内的生产者,可向重庆市潼南区质量技术监督局提出使用"无公害标志产品专用标志"的申请,经重庆市质量技术监督局审核,由国家质量监督检验检疫总局批准并公告。潼南桂林无公害蔬菜的法定检测机构由重庆市质量技术监督局负责指定。

七、质量技术

(一)品种

潼南萝卜、甘蓝、辣椒、苦瓜、四季豆、糯玉米等。

（二）立地条件

土壤酸碱度适中，土壤肥沃、疏松，土层深厚，富含有机质，水源充足。

（三）栽培技术

1.茬口安排

十字花科蔬菜（如白菜、甘蓝等）、茄科蔬菜（如茄子、辣椒等）、葫芦科蔬菜（如黄瓜、苦瓜等）切忌连作。

2.品种选择

选用抗病、丰产、优质、抗逆性强、商品性好，并与栽培季节和栽培方式相适应的品种。

3.适时播种

根据栽培季节、栽培方式、当年气候状况以及蔬菜品种特性，选择适宜的播种期。

4.苗期管理

第一，采用经过无害化处理的营养土护根育苗。

第二，根据不同蔬菜幼苗发育最适宜温度、湿度需求进行苗期管理。

第三，适时炼苗，培育壮苗。壮苗标准：茎粗节短、根系发达，植株无病虫害。间苗匀苗原则：去小留大，去歪留正，去杂留纯，去劣留优，去弱留强。

5.田间管理

第一，适时中耕除草，及时清除枯枝败叶、病株、病叶、病果。

第二，茄果类、瓜类、豆类等蔓生或需上架蔬菜种类要及时整枝、搭架、压（吊或缠）蔓、摘心、打杈、疏花疏果等。

6.采收

（1）采收原则。蔬菜采收上市必须严格执行农药安全间隔期。经定性检测合格后才可上市销售。

（2）适时采收。禁用污水清洗蔬菜，合理包装储运，防止二次污染。

7.病虫害防治

防治原则是预防为主、综合防治，实施绿色防控。优先采用农业防治、物理防治、生物防治技术，配合合理的化学防治。

（1）农业防治。合理轮作、及时清洁田园、选用抗（耐）病品种，培育壮苗，根据土壤检测制定科学合理的配方施肥方案，加强肥水管理。

（2）物理防治。合理应用黄蓝板、杀虫灯、性诱剂等诱杀害虫。结合田间管理，发现虫卵块或幼虫群，及时捏杀或摘除纱窗叶。

（3）生物防治。保护利用天敌，使用生物农药，防治病虫害。

（4）化学防治。使用低毒、低残留、广谱、高效农药，控制用药次数和间隔时间，注意交替使用农药。

第三节　武隆高山蔬菜

武隆区具有发展蔬菜产业的得天独厚的自然生态优势和产业基础。经过30多年发展，武隆区已建成重庆市最大的无公害蔬菜基地，蔬菜产业也成为武隆区农业产业化中的优势主导产业，为重庆"菜篮子工程"起到了重要的支撑作用。

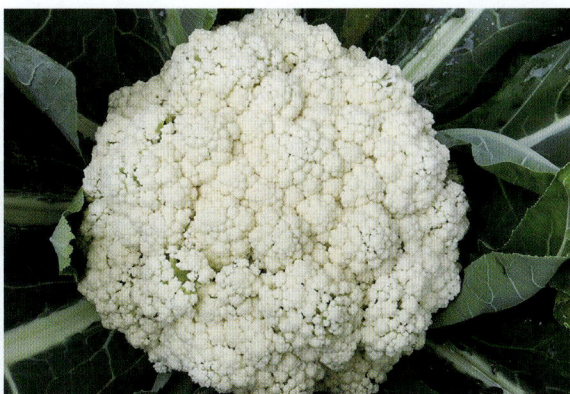

一、产品特点

武隆高山蔬菜品种众多、质地优良、口感好，深受市民青睐。其中武隆高山萝卜、辣椒、甘蓝、大白菜、马铃薯为地理标志产品；武隆高山半边粮大白菜、甘蓝、辣椒、萝卜、茄子、西红柿、刀豆、冬瓜、黄瓜、四季豆等13个蔬菜品种获无公害产品认证；2010年，武隆高山萝卜、白菜2个蔬菜产品获国家工商行政管理总局地理证明商标。每年直接销往重庆主城的蔬菜达35万吨左右，对重庆主城蔬菜起到了保供稳价作用。同时部分蔬菜及加工产品销往香港，远销韩国、日本等国家。

二、产地环境

武隆属亚热带季风湿润区，气候温和，雨量充沛，四季分明，无霜期长，年均气温17.9℃（海拔410米），年均积温6 500 ～ 7 000 ℃，无霜期270 ～ 300天；年均降水量1 094毫米，相对湿度78％；年均日照时数为1 121小时。武隆以山地为主，最高海拔2 033米，最低海拔160米，立体气候明显。丘陵低山地区气候温和，降水充分，四季分明，光照适中，年平均气温18.5℃，无霜期大于300天，年降水量近1 000毫米；高中山地区气温低，雨量丰富，湿度大，多云雾，光照较

少，年平均气温11.2℃，无霜期230天，年降水量超过1 200毫米。土壤类型多样且立体分布，主要有冲积土、紫色土、水稻土、黄壤土、黄棕壤土5类。

武隆有仙女山、弹子山、白马山、桐梓山、罗英山5个高山蔬菜生产片区，适宜种植蔬菜的面积有50万亩（含兼种蔬菜25万亩），武隆区的地形、气候、土壤具有立体分布的自然资源优势，适宜多种蔬菜的生长，通过合理布局蔬菜种类，优化品种结构，可以充分发挥露地蔬菜立体生产优势，合理安排茬口，可使蔬菜周年生产，均衡供应。高山蔬菜的生产区主要在海拔800 ～ 1 800米的中高山区，早春气温低，蔬菜播种期较低海拔区晚，蔬菜生长慢，正常季节播种的春夏菜，收获期正逢7—10月的秋淡缺菜季节，具有十分明显的错季上市优势。在重庆主城区"菜篮子工程"秋淡蔬菜保障中具有特殊的作用。

三、生产情况

（一）发展历程

1985年，重庆市蔬菜公司把武隆定为"三线"蔬菜基地，发展了1 000亩高山蔬菜。重庆市直辖

后，重庆市蔬菜公司又在武隆创建了重庆高山秋淡蔬菜基地。当年扩大种植面积达4 000亩，主要种植莲白、萝卜、青椒、大白菜等品种。2007年，武隆县为大力发展蔬菜产业，成立蔬菜生产办公室，制定了《2007—2020年蔬菜产业发展规划》，将木根和白马山、弹子山定为蔬菜生产基地。

2008年，重庆市农业科学院在武隆成立了武隆县高山蔬菜研究所。先后引进蔬菜生产龙头企业重庆市渝蔬农业发展有限公司、重庆市武隆县民得食品有限责任公司等，并注册了"半边粮"等蔬菜品牌，掀起新一轮的蔬菜基地建设。2012年，武隆成功举办中国西部高山蔬菜研讨会，农业部副部长陈晓华，中国工程院院士、著名蚕学专家向仲怀和著名蔬菜专家方智远，中国农业大学副校长傅泽田等出席会议，来自全国各地的数十名农业知名专家齐聚武隆，支着重庆高山蔬菜产业发展。

武隆成为继潼南、铜梁、璧山之后又一核心蔬菜基地。到"十二五"末，武隆区蔬菜播种面积已达36.86万亩，产量52.16万吨，蔬菜产值7.8亿元。蔬菜产业已经成为武隆区农业的重要产业。

（二）产品质量

"十二五"末，武隆已有22万亩蔬菜面积通过无公害产地认证，有机蔬菜认证面积150亩，绿色蔬菜基地认定2万亩，地理标志产品5个。蔬菜有机产品认证2个，蔬菜绿色产品认证46个，蔬菜无公害产品认证13个，2个产品获国家工商行政管理总局地理证明商标；黄莺乡复兴村高山蔬菜成功创建国家级出口食品农产品质量安全示范区。同时，还建立了武隆区质量安全检验检测站，在蔬菜生产基地、批发市场、蔬菜生产重点乡镇、超市等设立31处快速蔬菜质量速测点，每年检测蔬菜样本1 500余个，武隆高山蔬菜成功创建国家级出口食品农产品安全示范区。

（三）产业链延伸

蔬菜产业吸引着越来越多投资者引资注入，产业链条不断延伸壮大，不仅带动了加工原材料种植，也推动了相关加工业和商贸服务业发展。榨菜、加工辣椒成为武隆区重点农业产业链。武隆的榨菜种植加工基地总体量居重庆市前10位。"武隆超辣红干椒"深受辣椒加工企业和消费者喜爱。同时，新型农业产业链互联网+、网上交易、约定配送、展会推介等新型交易业加快兴起，开辟和延伸了新的市场空间。

（四）科技进步

2008年，重庆市农业科学院武隆高山蔬菜研究所在武隆成立。同时，在双河镇木根村建立实验室，购置检验、检测、组培仪器设备、试验地55亩。2017年，武隆区高山蔬菜研究所在试验地和育苗场观察了347个品种。其中，花菜品种52个，甘蓝131个，茄子17个，抗根肿病甘蓝品种21个，辣椒76个，四季豆37个，黄瓜13个。筛选出秋实1号、春强甘蓝新品种、燕青、燕白黄瓜新品种；尊虎一号、尊虎九号、兴辣111、燕椒

425等辣椒新品种；改良粉钻番茄新品种等10个。2017年，蔬菜研究所试验基地开展了番茄肥水一体、番茄避雨栽培、辣椒大棚避雨栽培、黄瓜大棚避雨栽培、黄瓜露地黑膜避害栽培、辣椒露地黑膜避害栽培、萝卜地膜高厢避灾栽培、甘蓝根肿病综合防治、茄子地膜避害栽培9个蔬菜种植技术示范。同时，开展了有机肥替代化肥、蔬菜病虫害绿色防控等技术示范推广。在双河、黄莺、接龙、巷口等重点蔬菜基地推广面积达15万亩。

（五）生产经营模式

武隆的蔬菜生产经营模式是随着规模逐渐扩大和市场的变化而发展的。一开始，基本上是单一的农户种植。经过多年的不断探索，创新了蔬菜生产经营模式，成立了蔬菜产销协会，出现了"公司+农户""企业+基地+农户"和"订单农业"等多种新型经营模式。2015年，武隆从事蔬菜生产、加工、销售企业36户，发展蔬菜专业合作社150个，发展种植大户300余户。蔬菜基地公司和专业合作社的农户覆盖带动率达95%以上。一种新的农业生产模式——托管农业应运而生，提供一体化、一站式服务，实现农民需求信息及时统计上传，及时组织订货、送货和托管作业。

四、生产区域

武隆以仙女山、白马山、弹子山、桐梓山、罗英山"五山"为重点，依海拔梯度和生产条件，重点布局"三大蔬菜生产带"，打造"三个蔬菜核心示范区""两个特色生产区"。

（一）三大蔬菜生产带

1.保障重庆主城区夏秋蔬菜供给的高山蔬菜生产带

主要布局于"五大山系"（海拔800～1800米）适宜种植带。重点发展秋季鲜销品种，着力保障重庆主城区蔬菜供给。同时，提升发展休闲体验农业，探索经营"观光蔬菜""蔬菜超市"等新业态。建成高山蔬菜基地15万亩，种植面积25万亩、总产量达35万吨，商品菜产量30万吨以上，商品率达90%，精细菜比例达25%以上。

2.补充市场供应的加工蔬菜生产带

主要布局于海拔500～800米适宜发展辣椒、榨菜等加工型蔬菜种植带。建成蔬菜基地7万亩，总产量达10万吨。

3.支撑武隆当地供应的优势特色蔬菜产业带

主要布局于海拔500米以下的区域，乌江、大溪河、石梁河两岸地区。建成蔬菜基地2万亩，种植面积8万亩，总产量达15万吨，商品菜产量10万吨以上。

（二）三个蔬菜核心示范区

1.高山保供蔬菜核心示范区

主要布局在海拔800～1800米的双河、仙女山、接龙3个乡（镇），建成2万亩高山保供蔬菜核心示范区。

2.高山出口蔬菜核心示范区

主要布局在海拔800米以上的黄莺、巷口、白马3个乡（镇）部分中高山区域，建成出口示范区1万亩。

3.加工蔬菜核心示范区

主要布局在大溪河沿线的鸭江、平桥、凤来、庙垭4个乡（镇）。建成1万亩加工榨菜、辣椒核心示范区。

（三）两个特色生产区

1. 早香椿特菜区

主要布局在土坎、羊角、白马、和顺4个乡（镇）。建成5 000亩早香椿特色生产区。

2. 萝卜苗特菜区

主要布局在巷口镇广坪、芋荷2个村。建成萝卜苗特菜区6 000亩。

五、市场销售

根据武隆蔬菜销售市场现状及目标市场的供求信息特点，着重3个市场。

（一）核心市场

围绕重庆"菜篮子"向"1小时经济圈"供应武隆高山蔬菜。主要满足秋淡蔬菜的需要。其中，供应高中端市场的比例在20%以上。主要销售绿叶菜、茄果类蔬菜、瓜类蔬菜、豆类蔬菜、甘蓝类蔬菜、白菜类蔬菜、根菜类蔬菜、芥菜类蔬菜、调料类蔬菜和蔬菜加工产品等。

（二）市外市场

辐射包括成都、泸州、恩施、贵阳等近距离销售市场。主要销售产品有早熟果类、瓜类、调料、豆类等蔬菜和晚熟的甘蓝类、白菜类、根菜类、芥菜类等蔬菜及蔬菜加工产品等。

（三）拓展市场

拓展香港地区市场以及韩国等海外市场。销售适宜海外蔬菜市场需求的品种。打造武隆蔬菜品牌，着力发展采后加工工艺，让武隆特色蔬菜产品打开国际市场的大门。销售海外蔬菜市场的主要产品是冷藏、冻结、脱水、盐渍、酱制等加工蔬菜产品。

六、荣誉认证

2008年7月，武隆高山辣椒、甘蓝、大白菜、萝卜、马铃薯登记为农产品地理标志。

2010年2月21日，武隆高山白菜、萝卜注册地理标志商标。

2014年9月2日，武隆半边粮大白菜、甘蓝、辣椒、萝卜、茄子、西红柿获绿色食品证书。

2015年12月30日，武隆半边粮刀豆、冬瓜、黄瓜、四季豆获绿色食品证书。

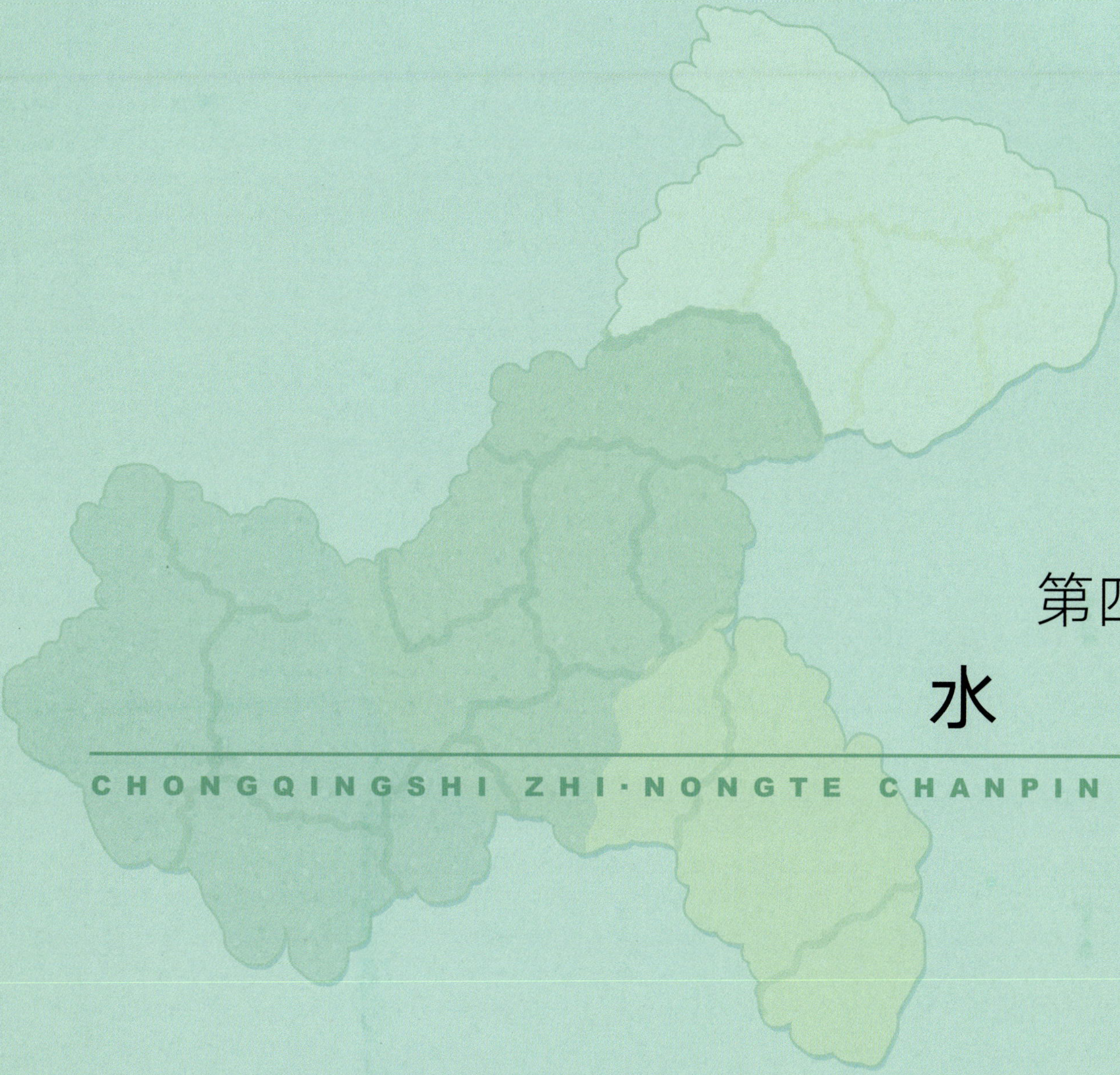

第四篇

水　　果

CHONGQINGSHI ZHI·NONGTE CHANPIN ZHI

第一章
柑 橘 类

第一节　奉节脐橙

奉节脐橙，重庆市奉节县特产，地理标志产品、"中国驰名商标"、中国生态原产地保护产品，被评为"中华名果"，获中国国际农业博览会金奖。产区位于三峡库区，采用奉园72-1等华盛顿脐橙品系中熟地方良种，所产脐橙果皮中厚、脆而易剥，肉质细嫩化渣、无核少络，酸甜适度，汁多爽口，余味清香。

一、品质品牌

（一）品质特点

奉节脐橙是中国柑橘的佼佼者，当称"南国嘉果"。奉节脐橙（奉园72-1）是脐橙品种中品质最好的华盛顿脐橙品系的选优株系，营养极其丰富。

奉节脐橙果实短椭圆形或圆球形，果皮橙色至深橙色，横径70～90毫米，脐多闭合，开脐向内翻起，呈轮纹状；果皮中厚、脆而易剥，肉质细嫩化渣、无核少络，酸甜适度，汁多爽口，余味清香（表4-1-1），鲜果自11月下旬开始上市。据农业农村部柑橘及苗木质量监督检验测试中心检测，奉节脐橙果形指数0.98，单果重185～250克，果汁占50％，可食部分占72％，肉质脆嫩化渣，每100毫升果汁中含糖9.74克、柠檬酸0.72克、维生素C47.9毫克、可溶性固形物11.6％，糖酸比13.5∶1。奉节脐橙理化特点见表4-1-2。

表4-1-1　奉节脐橙外形特色

项目	指标
果形	圆球形或短椭圆形，整齐
色泽	果皮橙色或橙红色
果面	较光洁
果脐	直径≤10毫米，无明显突起
果肉	橙色，脆嫩化渣，以甜为主，酸甜适度

表4-1-2　奉节脐橙理化特点

项目	指标		
	凤早脐橙	凤园脐橙	凤晚脐橙
可溶性固形物/%	≥10.3	≥10.1	≥10.4
可滴定酸（以柠檬酸计）/（克/100毫升）	≤0.89	≤0.90	≤0.87
单果重/克	170～300	170～318	170～312
可食率/%	≥66	≥66	≥66
出汁率/%	≥46	≥47	≥45
果皮厚度/毫米	≤6.2	≤6.2	≤6.2
固酸比	≥11.5	≥11.2	≥11.9

（二）品牌名誉

自改革开放以来，奉节县委、县政府历届领导高度重视发展生产和打造品牌，推动奉节脐橙快速、持续发展，获得一系列荣誉（表4-1-3）。

表4-1-3　奉节脐橙所获荣誉

年份	荣誉	颁证单位
1985	优质水果证书	农业部柑橘及苗木质量监督检验测试中心
1989	金牛奖杯	农业部
1995	第二届中国农业博览会金奖	第二届中国农业博览会组委会
1999	第三届中国国际农业博览会名牌产品	第三届中国国际农业博览会组委会
2001	第四届中国国际农业博览会名牌产品	第四届中国国际农业博览会组委会
2006	成功注册"奉节脐橙FJQCH"商标	国家工商行政管理总局商标局
2006	"中华名果"称号	中国果品流通协会
2009	中国柑橘20强县（市）	中国果品流通协会
	地理标志产品保护	国家质量监督检验检疫总局

（续）

年份	荣誉	颁证单位
2007—2010	重庆市著名商标	重庆市工商行政管理局
2013	地理标志商标	国家工商行政管理总局商标局
2014	"中国驰名商标"称号	国家工商行政管理总局商标局
2015	生态原产地产品保护（国家级）	国家质量监督检验检疫总局
2016	年度中国农产品区域公用品牌50强（排序17）	第十四届中国国际农产品交易会组委会
2017	年度百强农产品区域公用品牌	第十五届中国国际农产品交易会组委会
	中国特色农产品优势区（第一批）	农业部、中央农村工作领导小组办公室、国家发展和改革委员会等9单位
	中国果品区域牌品牌价值26.25亿元（橙类第一名）	中国果品流通协会
	奉节脐橙品牌价值182.8亿元	中国质量认证中心

二、历史渊源

奉节县是世界著名的柑橘老产区，其栽培历史可以追溯到公元前3世纪到公元3世纪。《汉书·地理志》记载："鱼复，江关，都尉治。有橘官"；《汉志》载："柚，通省者皆出，唯夔产者香甜可食"；《新唐书》载："夔州云安郡，下都督府……土贡……柑、橘"；诗人杜甫寓居夔州时管理过柑橘园，并写下诗句"园柑长成时，三寸如黄金"。1953年秋季，奉节县园艺场从四川省果树研究所（江津）引进华盛顿脐橙苗2株种植于草堂果园；1972年，四川省柑橘选育种协作组从引进植株中选出优质丰产的"奉园72-1"脐橙优良芽变单株，经8年观察鉴定，其遗传性状稳定，于1979年获四川省科技进步三等奖；《万县日报》发表了《今日白帝城》，从此奉节脐橙与白帝城齐名；2000年，由重庆市农作物品种审定委员会正式命名"奉园72-1"单系为"奉节脐橙"。2002年11月28日，重庆市质量技术监督局批准《柑橘品种奉节脐橙》（DB50/68—2002）地方标准，从2003年1月1日起实施，并由国家质量监督检验检疫总局备案，于2003年2月11日发布《中华人民共和国地方标准备案公告》（总第38号）。重庆市质量监督局于2006年颁布《奉节脐橙》（DB50/T 215—2006）地方标准，2017年修订为《地理标志产品　奉节脐橙》（DB50/T 770—2017）。

三、生产发展

奉节脐橙作为重庆特色水果，系1953年奉节县园艺场首次从重庆市江津区（原四川省江津县）引进2株华盛顿脐橙后，在柑橘选育专家的精心培育下，其中1株生产能力表现优良，被命名为奉园72-1母树，这棵母树拉开了奉节脐橙大发展的序幕。1979年，建立奉节脐橙基地，国家对外贸易部批准建立出口脐橙基地2万亩。以后经历了1985—1990年、1991—1996年、1997—2002年3个发展阶段。1993年，这一品种在奉节县已发展至8 666.7公顷、500万株之规模。是年，《人民日报》以"一棵树养活20万人"为题进行报道，在全国引起反响。2002年，重庆市科学技术委员会下达了"奉节脐橙95-1晚熟品种研究"计划，同时，奉节脐橙研究所与华中农业大学、西南农业大学（现西南大学）建立了合作关系，共同组建课题组，对95-1开展研究工作。课题组采用边选种、边高换、边鉴定和边繁育示范的推进方式，对95-1母树、无性一代、无性二代进行数年系统观察、鉴定研究，新品种表现出晚熟、丰产、稳产、优质、口感极佳等特性。2005年2月，95-1正式被重庆市农作物品种审定委员会审定为晚熟脐橙新品种，命名为"奉节晚橙"。到2016年年底，奉节县脐橙面积已达30万亩，产量30

万吨。奉节县境内40千米长江两岸及其支流草堂河、梅溪河、朱衣河、墨溪河、石笋河两岸一、二级阶地成为奉节脐橙主产区，其产量占总产量80%以上。

三峡库区以奉节为中心，打造成全国乃至亚洲最大的晚熟脐橙生产基地，2007年12月16日，奉节县成立了全国首个脐橙产业发展局，加大推动脐橙发展力度。2018年年底，奉节县已种植柑橘33万余亩，发展晚熟脐橙0.87万公顷、总产量33万吨。

四、产区分布

奉节县位于重庆市东部，属长江三峡库区腹心，处于"一江五河"流域的低河谷地带、三峡库区水位线以上海拔600米以下，是三峡河谷长日照、接近积雪线下的斜坡逆温层，具有空气优良、湿度适宜及富含钾、硒元素的土地等生态优势，为脐橙提供了得天独厚的生长环境。

2006年2月，"奉节脐橙FJQCH"成功注册为商标。国家质量监督检验检疫总局2009年第51号公告，奉节脐橙被列为地理标志产品。奉节脐橙获得保护的区域为：草堂、白帝、汾河、康乐、大树、石岗、公平、鱼复街道、夔门街道、永安街道、西部新区、朱衣、康坪、安坪、甲高、羊市、永乐、新民、五马、鹤峰、兴隆、长安22个乡（镇、街道）。

奉节脐橙地理标志产品申请：保护区范围内的生产者，可向重庆市奉节县质量技术监督局提出使用"地理标志产品专用标志"的申请，经重庆市质量技术监督局审核，由国家质量监督检验检疫总局批准并公告。奉节脐橙的法定检测机构由重庆市质量技术监督局负责指定。

五、生产环境

奉节县属中亚热带湿润季风气候，春早、夏热、秋凉、冬暖，四季分明，无霜期长，雨量充沛，日照时间长。垂直气候明显，年均气温海拔低于600米的地区为16.4℃，极端最高气温为39.8℃，极端最低气温为-9.2℃。无霜期年均287天，年平均降水量1 132毫米，常年日照时数为1 500小时（三峡水库蓄水后）。火山胶泥岩富含钾、硒元素，并呈散射状分布在土地中。该产区具有库区无台风、无冻害、无检疫性病虫害的三大共同优势，是脐橙特产生态带。

（一）地貌土质

奉节县地貌总体为东南、东北高而中部偏西稍平缓，南北约为对称分布，以长江为对称轴，离长江越远海拔越高，有少量平缓河谷平坝。境内水资源较为丰富，长江干流41.5千米，有梅溪河、大溪河、石笋河、草堂河、朱衣河及其他流域面积大于50平方千米的干、支流共17条。这种独特的"垂直分布"地貌和氮、磷、钾含量较高的土壤类型造就了奉节脐橙特定的内外品质，广泛分布的水系和优良的水质，为奉节脐橙创造了良好的水资源环境。

（二）气候条件

奉节县境属中亚热带湿润季风气候，春早、夏热、秋凉、冬暖，四季分明，无霜期长，雨量充沛，日照时间长。境内山高谷深，海拔高度变化很大，受地形地貌影响，垂直变化较为明显，形成典型的立体气候。海拔低于600米的地区年均气温为16.4℃，600～1 000米的地区为16.4～13.7℃，

1 000 ～ 1 400 米的地区为13.7 ～ 10.8℃，高于1 400 米的地区低于10.8℃。极端最高气温为40.2℃，极端最低气温为−9.2℃。无霜期年均287天，年平均降水量1 132毫米，常年日照时数为1 639小时。独特的立体气候、充足的光照、较大的昼夜温差是奉节脐橙形成独特口感和内在品质的主要因素。

六、种植技术

（一）品种

奉节脐橙主要品种除凤园脐橙、凤早脐橙、凤晚脐橙、福本脐橙外，还有晚熟伦晚红翠、中熟纽荷尔、早熟龙回红等。

（二）立地条件

奉节脐橙地理标志产品保护区内海拔<500米，土壤质地为黏土、壤土、砾石土、沙壤土，土层厚度60厘米以上，pH6 ～ 7.8，有机质≥0.90%。

（三）栽培技术

1.苗木繁育
以红橘、枳壳、枳橙或香橙做砧木，从无检疫性病虫害的母株上采集接穗、嫁接繁育。

2.定植
定植时间春季为2月下旬至3月底，秋季为9月中旬至10月中旬，每公顷定植株数≤750株。

3.肥水
每公顷年施有机肥≥7 500千克。

4.整形修剪
通过修剪使树体通风透光。

5.环境、安全要求
农药、化肥等的使用必须符合国家的相关规定，不得污染环境。

（四）采收储藏

1．采收
脐橙通常在12月上中旬成熟时采收。

凤早脐橙在11月15日后、可溶性固形物≥10.3时采收；凤园脐橙在12月10日后、可溶性固形物≥10.1%时采收；凤晚脐橙在2月20日后、可溶性固形物≥10.4%时采收。储藏保鲜果可适当提前采收，即果皮着色2/3、八成熟、果实坚硬而未变软时采收。

2.储藏
果实防腐保鲜处理：果实采收运回后，24小时内随即用保鲜剂处理。果实预贮：经保鲜处理后的果实要在通风良好、清洁干净、已消毒的储藏库中预贮3 ～ 5天，至果面无水珠、果皮稍软即可。单果包装：预贮后的果实应用保鲜薄膜袋或保鲜纸进行单果包装，然后再装箱、装筐入库储藏，以减少果实失重、失水、果皮干枯和青、绿霉病传染。脐橙储藏保鲜的条件是适宜的温度（5℃左右）、80%～ 95%的相对湿度、库内保持空气清新。

第二节　忠县柑橘

忠县"忠橙"柑橘，重庆市忠县特产，地理标志保护产品，先后获"中华名果""中国果品百强品牌"等称号。忠县种植柑橘历史悠久，通过不断引进世界优良品种和先进种植技术，培育、打造出颜色鲜艳、果形美观、汁多化渣的"忠橙"柑橘及忠县橙汁，忠县已建设成为集生产、加工、交易、观光、度假于一体的"中国柑橘城"。

一、忠县柑橘

（一）品质品牌

1.品质特点

忠县"忠橙"牌柑橘果实橙红，果大汁多，色泽亮丽，无核或少核，肉质脆嫩化渣，风味浓郁，品质极优。果实的营养成分十分丰富，果肉中除含有丰富的果糖外，还含有果酸、果胶和维生素等，是人体所需的优质维生素供给源，常食能增强对维生素C缺乏病的治疗效果、降低胆固醇，预防血管破裂或渗血。柑橘所含有的人体保健物质类黄酮Ⅲ型在其他蔬菜水果中至今尚未发现，而只有柑橘类才具有的柑橘黄酮等含有聚甲氧基的特殊黄酮类物质。"忠橙"柑橘外形特色见表4-1-4，理化指标见表4-1-5。

表4-1-4　"忠橙"柑橘外形特色

项目	指标		
	早金	锦橙	奥林达
果形	偏圆形	椭圆形	圆球形
色泽	橙红色	橙红色	橙黄色
果面	较光洁	光洁	较光洁
果肉	橙色，脆嫩化渣，甜酸适度	橙红色，脆嫩化渣，甜酸适度	橙色，甜酸适度

表4-1-5　"忠橙"柑橘理化指标

项目	指标		
	早金	锦橙	奥林达
可溶性固形物/%	≥11.0	≥11.5	≥11.0
可滴定酸（以柠檬酸计）/（克/100毫升）	0.6～0.9	0.6～0.9	0.6～0.9
固酸比	12～20	13～20	12～20
单果重/克	140～180	190～230	170～210
可食率/%	≥72	≥75	≥72

2.品牌荣誉

忠县充分发挥柑橘产业核心资源以及产业规模及成长性优势，结合忠县柑橘产业市场需求，成功打造出"忠橙"区域公共品牌。忠县柑橘所获荣誉见表4-1-6。

表4-1-6 忠县柑橘所获荣誉

年份	荣誉	颁证单位
2008	中国柑橘城	中国果品流通协会
	重庆市无公害柑橘产地县（区）	重庆市农业委员会
	重庆市名优柑橘金奖	重庆市农业委员会
2009	重庆市名优柑橘金奖	重庆市农业委员会
2010	忠县柑橘获地理标志产品保护	国家质量监督检验检疫总局
	注册"忠橙"商标	重庆市工商局
2014	注册"忠橙"牌橙汁商标	重庆市工商局
2015	生态原产地产品保护认证（国家级）	国家质量监督检验检疫总局
2017	国家级出口食品农产品（柑橘）质量安全示范区	国家质量监督检验检疫总局
	年度中国最受欢迎的柑橘区域公用品牌，品牌评估价值6.2亿元	中国果品流通协会
	年度中国最受欢迎的柑橘区域公用品牌10强，品牌价值达8.86亿元	第十一届亚洲果蔬产业博览会组委会
2018	重庆市特色农产品优势区	重庆市农业农村委员会、重庆市发展和改革委员会、重庆市林业局
	全国柑橘30强县	中国果品流通协会

（二）历史渊源

忠县柑橘种植历史的确切记载始于唐朝。唐代的忠州各地大量栽种柑橘，尤以长江两岸为甚。清朝道光六年（1826年）《忠州直隶州志》中"物产"篇之果之属记载："柑有两种，如橘者为黄柑，皮皱而大如拳者为气柑，皮肉皆可食""橘如柑者为红橘，柑小而长者为金橘"。《方舆胜览》载："忠州产柑橘。"说明忠县在柑橘长期栽培、生产中，不断培育良种、淘汰劣种，忠县人培育、推广本土柑橘良种，不断引进外地良种。民国时期，忠县柑橘种植有一定规模的发展，有成片的柑橘林园，农民利用屋前院后种植，使数量有所增加，成为经济收入的一部分。民国《忠县志》卷11载，忠县大量种植柑橘且"各地皆宜，培护成林，岁熟撷之，入市勿庸钻核利亦在焉"。1958年12月，忠县建立了忠县园艺站；1971年，忠县被四川省定为良种柑橘基地；1979年，四川省农业局、四川省供销社将忠县列为四川省柑橘基地县，当时忠县柑橘品种以锦橙为主，占柑橘种植总面积的90%，当年忠县被确定为锦橙基地。

（三）生产发展

1986年4月24—25日，国务院总理李鹏在视察顺溪乡复旦果园时指出："发展柑橘是忠县的优势，柑橘发展起来了，就可以改变贫困面貌"，对忠县柑橘生产起到了重要的推动作用。1993年，忠县开始开展柑橘劣种树的高换工作，1994年年初，高接换种朋娜、纽荷尔、奈威林娜、丰脐等脐橙品种2万余株。1995—1996年，换种纽荷尔、朋娜脐橙4号等脐橙品种50多万株。

1997年，忠县在国家实施三峡水电站建设项目及重庆直辖中迎来了柑橘产业迅速发展的难得契机。实施三峡移民工程的过程中，国家投入巨额资金扶持三峡库区产业及重庆的财政支持，为忠县发展柑橘产业注入了强劲动力。同时，重庆直辖市成立，国外资金、先进技术较多投入忠县柑橘产业。

1.规范化、集约化经营

忠县柑橘产业布局18个乡（镇、街道）133个村881个组，惠及22万农民，吸纳近2万果农就业。忠县柑橘坚持标准化、规模化统一规划建设。发展"小单元、大基地"适度规模经营，规模化、集约化经营达73%；按国家行业标准，实施无公害绿色生产，创建高产高效生态循环示范基地10万亩，实现"机"入园、水自灌，丰产优质、生态高效，盛产果园亩产值超过1万元。引进美国施格兰公司、美国博富文柑橘有限公司种植技术，成功创建柑橘品种、育苗、建园、管护、NFC（Not From Concentrate，非浓缩果汁）橙汁5大标准。2017年，忠县与北京农信互联科技集团有限公司联合打造的"橘城网"正式上线。截至2018年，忠县已种植柑橘35万亩，建成的年加工鲜果5万吨、年产橙汁2.5万吨的亚太地区首条NFC橙汁加工线，成为"国家NFC橙汁示范生产线"。推出的三峡库区第一个自主果汁品牌"派森百NFC橙汁"，各项指标均符合国际标准，并得到日本、德国权威机构的认可。

2.龙头企业引领带动

至2018年，忠县发展柑橘加工企业14个，橙汁加工能力30万吨，皮渣深加工处理能力5万吨，鲜果商品化处理初加工能力10万吨，储藏保鲜能力2万吨，形成了"榨干吃净"的加工集群完整产业链。

3.打造休闲观光产业

为进一步盘大、盘强柑橘产业，延长产业链，不断拓展第一产业的自然景观和第二产业科技文化等多种功能，大力发展以休闲观光乡村旅游为特色的第三产业，打造"全国农业旅游示范点"，基本建成"中国柑橘城"、柑橘主题公园、"三峡橘海"、"金色杨柳"4个休闲观光、乡村旅游景点，大力发展游园、赏花、品果等林间体验、休闲观光等新业态，忠县年接待县外游客10余万人次。

（四）产区分布

忠县柑橘主要分布在长江两岸柑橘生态走廊和沪渝高速沿线百里柑橘长廊的16个核心乡（镇），辐射25个乡（镇）、4个街道。忠县"忠橙"牌柑橘包括晚熟橙类、晚熟杂柑、晚熟夏橙、福本脐橙、忠州锦橙等品种，以福本脐橙、纽荷尔脐橙、塔罗科血橙、红美人橘橙、沃柑、W.默科特、春见橘橙为主推品种。晚熟橙类、福本脐橙、忠州锦橙主要分布在忠州街道复旦村、新生街道、乌杨街道等地区；中熟品种布局于石遂路沿线永丰、马灌、花桥、拔山、新立、双桂、精华7个乡（镇）海拔500米以下区域及长江沿岸复兴、东溪、乌杨、曹家、洋渡、磨子、任家、新生、忠州街道、黄金、涂井、石宝等乡（镇）海拔400米左右区域，品种为凤梨、北碚－447、铜水72－1、忠县锦橙、特罗维塔、维尼亚、费息尔、福本、卡拉卡拉等；晚熟夏橙主要分布在涂井友谊村、黄金甘田村、任家老鹳村等地区，晚熟杂柑主要分布在新立、石宝、拔山、双桂等镇。柑橘种植区域日照充足，雨水丰富，水质无污染，土壤肥沃，矿物质、重金属不超标，空气新鲜，生产的柑橘品种优良。

忠县柑橘是经国家质量监督检验检疫总局批准的地理标志保护产品，凡在这一区域的生产者申请获批后，均可以使用"忠县柑橘"地理标志保护产品专用标志。

1. 地貌土质

忠县境内低山起伏，溪河纵横交错，最高海拔1 680米，最低海拔117米，属典型的丘陵地貌。海拔500米以下的耕地面积有100万亩，除25°以上坡耕地，有充足的土地可供发展柑橘，土壤以紫色土为主，是中国柑橘非疫区。

2. 气候条件

忠县地处暖湿亚热带东南季风区，属亚热带东南季风区山地气候。温热寒凉，四季分明，雨量充沛，日照充足。≥10℃年积温5 787℃，年均温18.2℃，无霜期341天，日照时数1 327.5小时，日照率29%，太阳总辐射能83.7千卡/平方厘米，年降水量1 200毫米，相对湿度80%。冬暖春早、无霜期长，冬季无冻害，没有周期性冻害，有利于发展早、中、晚熟柑橘，是中国发展早、晚熟加工甜橙和鲜食晚熟品种柑橘的最适宜区。

3. 水资源

长江自西向东横穿忠县，境内江段长88千米。忠县境内有溪河28条，均属长江水系，从长江北岸汇入的有10条，南岸汇入的有11条，流经垫江、丰都后汇入的有7条，其中流域面积大于50平方千米的有8条。最大的溪河是黄金河，其次是汝溪河。忠县水域面积16.260 8万亩，其中江河面积14.3万亩，水库面积0.695 1万亩，山坪塘面积1.255 7亩。忠县共有水利工程20 054处，蓄引提总水量10 062.7立方米，有效灌溉面积19.73万亩。丰富、优质的水资源为忠县柑橘种植提供了难得的条件。

（五）种植技术

1. 产地选择

忠县柑橘地理标志产品保护区范围海拔≤550米的低山河谷地带，土壤质地为黏土、壤土、砾石土、沙壤土，土层厚度60厘米以上，土壤pH5.5～7.0，土壤有机质含量≥1.5%。

2. 主导品种

忠县柑橘种类有：锦橙、脐橙、夏橙、血橙。

主导品种有：引进华盛顿脐橙、罗伯逊脐橙、朋娜脐橙、纽荷尔脐橙、奈维宁娜脐橙、丰脐、纽荷尔、萘维林娜脐橙4号；忠县锦橙、开县72-1、北碚447。

早熟品种：早金、哈姆林。中熟品种：特洛维塔。晚熟品种：奥林达、路得红、W.默科特、塔洛科血橙。

3. 栽培管理

（1）苗木繁育。以枳橙、枳壳或香橙做砧木，从无病毒、无检疫性病虫害的母株上采集接穗、嫁接繁育。

（2）定植。定植时间为2—10月，每亩定植株数≤45株。

（3）施肥。采取"绿肥＋有机肥＋配方肥""有机肥＋配方肥""自然生草＋有机肥＋配方肥""果—沼—畜"4种模式施肥，每亩年施有机肥1.83万千克，着力提升忠县柑橘品质。

（4）病虫害防治。柑橘病虫害主要有溃疡病、疮痂病、炭疽病、根结线虫病、线虫病、红蜘蛛、柑橘潜叶蛾、锈壁虱、介壳虫蚧壳虫等，必须根据不同的病虫采取有效措施防治措施。

（5）环境、安全要求。农药、化肥等的使用必须符合国家的相关规定，不得污染环境。

4. 采收与储藏

锦橙果实可溶性固形物达11.5%以上采收；早金及奥林达果实可溶性固形物达11.0%以上采收。常温下储藏一般不超过30天，低温储藏不超过60天。

二、忠县橙汁

（一）产品特点

忠县橙汁是忠县柑橘的加工成品，包括NFC非浓缩橙汁和浓缩橙汁2类，从一粒籽、一株苗、一颗果开始建立生产橙汁的专属果园，引进国际先进设备，并在果实成熟的巅峰期采摘，于24小时内完成加工，产品实现从榨汁到餐桌的全程冷链。

忠县橙汁非浓缩橙汁（NFC）100毫升营养成分为：热量193千焦、蛋白质0.8克、脂肪0克、碳水化合物11.0克、钠0毫克，橙汁中维生素C、叶酸含量丰富。忠县浓缩橙汁理化指标符合国家标准（表4-1-7）。

表4-1-7 忠县浓缩橙汁理化指标符合国家标准

项目	指标
可溶性固形物（20℃，未校准酸度）/%	20.0
蔗糖（复原后）/（克/千克）	50.0
葡萄糖（复原后）/（克/千克）	20.0 ～ 35.0
果糖（复原后）/（克/千克）	20.0 ～ 35.0
葡萄糖（复原后，果糖）	1.0
橙汁（复原后）/（克/千克）	100

（二）橙汁生产

1.生产情况

2004年，重庆派森百橙汁有限公司收购鲜果，加工产出第一杯非浓缩橙汁（NFC）。2011年，重庆博富文柑橘有限公司收购鲜果，加工产出第一桶浓缩橙汁。忠县橙汁开启了重庆优质橙汁乃至中国优质橙汁的新篇章。

2006—2008年，忠县第二个榨季生产非浓缩橙汁1万吨，实现产值1亿元。2008年，生产非浓缩橙汁3 000吨，完成产值3 000万元。

2010年5月，美国博富文柑橘公司在重庆忠县建立的第一条浓缩橙汁生产线正式开机投产，浓缩橙汁一期加工生产线安装的4台榨汁机每小时加工鲜果10吨，年加工能力达4万吨左右。

2013年，"派森百"鲜冷橙汁销往全国20个大中城市，产值近2亿元。2014年，"派森百"NFC鲜橙汁销售2万余吨。

2017年，"派森百"产品销售区域由以重庆本土地区销售为主发展至覆盖北京、上海、深圳、广州、成都、武汉、石家庄、乌鲁木齐、杭州等全国重要城市，同时覆盖和辐射昆明、长沙、济南、青岛、天津等城市和地区，并实现对日本、欧洲等地的出口。产品销售形式也由以单一的线下传统销售形式为主发展成为线下、线上多种平台同时销售等。

2018年，鲜果汁橙汁投入生产。

2.生产设备与工艺

（1）非浓缩汁"派森百"NFC。橙汁生产设备引进包括：美国布朗公司榨汁产品、瑞典利乐公司灌装产品、意大利ALVAP杀菌产品，装纸盒与美国国际纸业和日本四国岛配套合作，是国内第一条非浓缩还原橙汁加工示范生产线。

成熟、新鲜柑橘经过榨汁机生产线清洗、分级、榨汁、精滤得到原果汁，然后将不同甜度的果汁按比例进行标准化调配，成为甜度统一、适合中国人口味的橙汁，再进行巴氏瞬间杀菌，经检测合格进行冷灌装、冷冻储藏和冷链配送。

（2）博富文浓缩橙汁。浓缩橙汁一期加工生产线安装4台榨汁机，产能达每小时加工鲜果10吨、年加工4万吨左右。

3.主要品种及生产企业

（1）NFC非浓缩橙汁。忠县非浓缩汁"派森百"NFC橙汁由重庆派森百橙汁有限公司生产，已取得国家认证认可监督管理委员会出口食品生产企业备案证明和ISO9001认证、HACCP体系认证，通过日本厚生省和欧洲实验室的卫生检测，达到国际同类产品品质。2016年年底，"派森百"品牌被评为"中国驰名商标"。

（2）浓缩橙汁。忠县浓缩橙汁由重庆博富文柑橘有限公司生产。

第三节　江津柑橘

江津柑橘，重庆市江津区特产。江津区是中国三大柑橘产区之一，素有"柑橘之乡"称誉。江津柑橘包括江津广柑和引进的W.默科特、卡拉卡拉脐橙等，其核心品种江津广柑栽培历史悠久，是农产品地理标志产品，江津广柑先后获得中国农业博览会银奖、"重庆市五大名果"、"中华名果"、绿色食品等殊誉。

一、品质品牌

（一）品质特点

1.江津广柑

江津广柑最具代表性品种为锦橙，其果实长椭圆如鹅蛋形，果大（单果平均重170克），果皮橙红色或深橙色，有光泽，较光滑，中等厚；品质上乘，适鲜食，也可加工果汁，果汁橙黄色，组织均匀，热稳定性好，略有香气。锦橙肉质细嫩化渣，甜酸适中，味浓汁多，微具香气。江津广柑外形特色见表4-1-8，理化特点见表4-1-9。

表4-1-8　江津广柑外形特色

项目	指标
果形	鹅蛋形
色泽	果皮橙红色或深橙色
果面	有光泽，较光滑
果肉	细嫩化渣，甜酸适中，味浓汁多

表4-1-9　江津广柑理化特点

项目	指标/%
可溶性固形物	11 ~ 13
果实可食率	74 ~ 75
果汁率	46 ~ 50
果汁糖含量/（克/100毫升）	8 ~ 10
酸含量/（克/100毫升）	0.7 ~ 1.1

2．W.默科特、卡拉卡拉脐橙

W.默科特单果重120克左右，果形扁圆，果皮薄而光滑，易剥皮。2月下旬春梢萌芽，3月中下旬现蕾，4月上旬初花，中旬盛花，果实成熟期为次年2月中下旬。果实肉质细嫩化渣，风味浓甜，可溶性固形物12.9% ~ 13.5%，少核或无核，平均种子数6 ~ 14粒，品质极优。江津W.默科特、卡拉卡拉脐橙外形特色见表4-1-10，理化特点见表4-1-11。

表4-1-10　江津W.默科特、卡拉卡拉脐橙外形特色

项目	指标	
	W.默科特	卡拉卡拉脐橙
果形	扁圆形	圆形或近圆形，多为闭脐
色泽	果皮橙红色	均匀橙红色
果面	较光洁	较光洁
果肉	橙红色，细嫩化渣，酸甜适中	无核，果肉呈红色，果汁橙色

表4-1-11　江津W.默科特、卡拉卡拉脐橙理化特点

项目	指标	
	W.默科特	卡拉卡拉脐橙
可溶性固形物/%	≥13.5	≥13
可滴定酸（以柠檬酸计）/（克/100毫升）	≤0.76	≤0.81
单果重/g	110 ~ 130	180 ~ 200
可食率/%	≥77	≥76.6
出汁率/%	≥50	≥47
果皮厚度/毫米	≤ 0.13 ~ 0.21	≤ 0.26 ~ 0.33

（二）品牌荣誉

江津柑橘所获荣誉见表4-1-12。

表4-1-12　江津柑橘所获荣誉

年份	荣誉	颁证单位
2006	中华名果（渝津锦橙）	中国果品流通协会
2009	"江津广柑"登记为农产品地理标志	农业部
	重庆名牌农产品（渝津锦橙）	重庆市农业委员会
2010	重庆市著名商标（渝津锦橙）	重庆市工商行政管理局
2016	全国百家合作社百个农产品品牌	农业部信息中心、农业部优质农产品开发服务中心
2017	重庆江津区十大富硒农产品	重庆市江津区农业委员会
2018	重庆名牌农产品	重庆名牌农产品评选认定委员会

二、历史渊源

江津种植柑橘历史悠久，17—18世纪，清康熙至乾隆年间就开始栽培广柑，素有"柑橘之乡"的称誉。据《县志》（1766年，清乾隆本）记载，"《华阳国志》江州有柑橘……今邑颇出柑橘"。《县志》（1922年，民国十一年本）载，"柑一名木奴。邑中出产颇多，附城沿江蔚然成林皆是，亦出产大宗也"。《古代的巴蜀》一书也说："巴蜀的林木，秦汉时已驰名全国。经济林木以柑橘栽培最为发达。为了管理柑橘的销售，西汉政府在江州（江津、巴县等县）朐忍（云阳）和鱼腹（奉节）设有橘官。"由此可知，江津早在秦汉时代就已大面积柑橘栽培。东晋时期尚兴旺发达。到了明清仍"蔚然成林，出产大宗"。据《江津乡土志》（光绪三十二年，即1906年）载："一曰柑，津产有四种，广柑形质圆大如杯，色黄味甘多汁，用石花糠壳藏之，可经年不坏"。17世纪后半叶至18世纪上半叶的清康熙年间。据西南农业科学研究所、四川省江津园艺试验站1953年作的《江津甜橙栽培情况调查报告》，"江津甜橙（即广柑）的来源，据云清康熙年间由广东传入，因而称为广柑"。根据《农产品地理标志管理办法》规定，重庆市江津区农业技术推广中心申请对"江津广柑"农产品实施农产品地理标志保护。经过初审、专家评审和公示，符合农产品地理标志登记程序和条件，农业部于2009年7月14日准予登记。

W.默科特系中国农业科学院柑橘研究所2001年通过"948"项目从美国加利福尼亚州布洛卡瓦苗圃引进的脱毒接穗。2005年年底，在江津开始推广种植。由于W.默科特具有丰产、抗溃疡病、抗日灼和果实抗寒力强等特点，易于推广种植。W.默科特系在江津区先锋、白沙等地种植，2月下旬春梢萌芽，3月中下旬现蕾，4月上旬初花，中旬盛花，果实成熟期为次年2月中下旬。

三、生产情况

江津区位于农业农村部优势农产品区域布局规划的"长江上中游鲜食柑橘优势产区"的核心区，是中国乃至世界柑橘生产的最佳生态区之一，是重庆市"百万吨"柑橘产业化工程重点实施区（县）之一。自2002年开始，江津区大力调整产品结构，把区域化布局、规模化种植、专业化生产、产业化经营等现代经营理念和经营方式融入柑橘产业建设，重点发展优质晚熟柑橘。

在做大做强传统柑橘产业的同时，致力于柑橘标准园建设，引进W.默科特、塔罗科血橙、卡拉卡拉、春见等新品种建设新果园，与对老果园高接换种改造并举，并加强对基础设施薄弱果园的改

造升级建设，以满足规模化、集约化、现代化生产需要。通过一系列行之有效的举措，江津区晚熟柑橘异军突起，形成李市至白沙以W.默科特、塔罗科血橙晚熟品种为主、綦河片区以卡拉卡拉红肉脐橙品种为主、石门片区以清见晚熟品种为主的柑橘种植新格局。

江津区在推进柑橘产业化进程中，积极推广农业综合技术，提高果农种植技术，引导果农提升果品质量，并将江津特有的富硒资源引入柑橘特色产业，提升品牌效应，使柑橘产业成为江津区乡村振兴、村民增收致富的支柱产业。江津区先后引进20多家柑橘产业化龙头企业，带动周边农户种植柑橘，并组建了10多个专业合作社，形成了早熟、中熟、晚熟的柑橘种植结构布局，打造了产、供、销一体的柑橘产业链，柑橘产业逐步成为江津区农业产业化的重要支柱产业之一。2018年，江津区柑橘种植面积达21万亩，产量达17万吨。

在柑橘苗木繁育上，重庆锦程实业有限公司、重庆市恒河果业有限公司和重庆福禄特农业科技开发有限公司等大型柑橘无病毒容器育苗企业，年生产优质柑橘苗木600万株，为江津发展柑橘产业提供了大量优质苗木。

在柑橘加工、储藏上，江津区建设了2个柑橘商品化处理包装厂，时处理15吨和10吨的商品化处理生产线各1条，冷藏库3栋，总库容1 800立方米，可储藏柑橘近500吨。

四、产区分布

江津广柑农产品地理标志保护范围为几江街道、德感街道、支坪街道、白沙镇、珞磺镇、石蟆镇、李市镇、油溪镇、先锋镇、蔡家镇、西湖镇、石门镇、双福街道、永兴镇、龙华镇、吴滩镇、嘉嗣镇、杜市镇、朱杨镇、慈云镇、中山镇、嘉平镇、夏坝镇、广兴镇、塘河镇。地理坐标为东经105° 49′—106° 04′，北纬28° 30′—29° 26′。

江津W.默科特、塔罗科血橙、卡拉卡拉、春见等晚熟柑橘品种种植在江津区白沙、先锋、石门、龙华等长江中上游地理坐标为东经105° 49′—106° 04′，北纬28° 30′—29° 26′等最适宜晚熟柑橘种植地区。

五、生产环境

（一）地貌地质

江津柑橘生产区域地处川东平行岭谷区西南梢，南临贵州高原，地势南高北低。属丘陵兼低山地貌类型，其范围内土壤类型分水稻土、紫泥土、冲积土和黄壤土四大土类，土壤耕作层平均pH 6.2，土壤肥沃，有机质含量高。产区土壤质量、空气质量符合国家相关标准，是江津柑橘生长发育的最适宜环境。

（二）气候条件

江津地处中亚热带湿润季风气候区，具有气候温和、四季分明、夏热冬暖、光热同季、无霜期长、雨量充沛、湿润多阴等特点。海拔400米以下的地区年均气温在17 ~ 19℃，≥10℃的年有效积温5 500 ~ 6 500℃，最冷月均温5.9 ~ 7.2℃，年日照1 200 ~ 1 600小时，无霜期长达341天，相对湿度65% ~ 80%，年降水量1 100 ~ 1 300毫米，冬暖春早、秋短夏长、雨热同季、光照充足，被专家称为"具有所有柑橘类型的最适宜种植区"。

（三）水资源

江津柑橘生产区域是国家长江流域柑橘带建设区域，水质洁净，排灌便利，水源、沟渠及排灌配套。灌溉水环境符合《绿色食品　产地环境质量》（NY/T 391—2013）的要求。

六、技术要求

（一）产地条件

江津区年平均温度17.5～21℃，绝对最低温度≥-3℃，1月平均温度≥7℃，≥10℃的年积温5 500℃以上，年日照1 000小时以上，降水量≥800毫米。土壤微酸性或中性，pH6.0～7.5，沙壤土或壤土，质地良好，土层深厚，疏松肥沃，有机质含量≥1.5%，地下水位1米以下。

（二）品种范围

江津广柑品种有锦橙、先锋橙、冰糖柑、津华橙、春橙、五月红等。晚熟柑橘品种有W.默科特、塔罗科血橙、卡拉卡拉、春见等。

（三）种植技术

1.苗木繁育

适宜砧木有枳、枳橙、香橙等，从无检疫性病虫害的母株上采集接穗嫁接繁育。

2.定植

一般在9—10月秋梢老熟后或2—3月春梢萌芽前栽植，提倡秋植。干热河谷区宜在5—6月雨季来临前栽植，一般株行距为（3～4）米×（4～5）米。

3.肥水

以有机肥施用为主，合理施用无机肥，有针对性补充中、微量元素肥料，充分满足锦橙对各种营养元素的需求。

4.整形修剪

通过修剪使植株通风透光、枝叶分布均匀，平衡营养生长及生殖生长。

5.果园防冻

W.默科特等晚熟品种果实和晚秋梢均易受冻。宜选冬暖之地种植，有冷害发生的地方，应在冷害低温来临前及时灌水，或采取冬季覆膜等防冻措施，防止冬季落果。

（四）采收储运

江津广柑鲜销果在果实正常成熟、具有本品种固有的品质特征（色泽、香味、风味）时采收。储藏果比鲜销果宜早7～10天采收。提高采果质量，避免在雨天采果，采取二剪法采果，减少果实伤口，降低果实腐烂率。不使用有毒、有害药品处理果实。

晚熟柑橘果实成熟期气温已逐渐回升，采摘后宜在4～5℃条件下储运。

第四节　长寿柑橘

长寿柑橘，重庆市长寿区特产，包括长寿血橙、长寿春橘、长寿夏橙等，产区位于三峡库区。长寿血橙果色橙红、果肉紫红、脆嫩多汁、甜酸适口、香气浓郁；长寿春橘多汁、风味浓郁、酸甜适口；2010年，"长寿夏橙"成功注册地理标志商标。

一、品质特点

（一）长寿血橙

以塔罗科为主，原产于意大利，营养丰富，长期食用，可以补充人体营养、促进血液循环、改善肤色、温润补血、振奋情绪，是老幼皆宜、馈赠亲友之佳品。长寿血橙果实圆形或短椭圆形，单果重150克左右，果色橙红，较光滑；果肉色深，肉质细嫩化渣、多汁，香气浓郁，酸甜适口，近无核，品质上乘；果实次年1—2月成熟，耐储藏（表4-1-13）。长寿血橙外形特点见表4-1-14。

表4-1-13　长寿血橙外形特色

项目	指标
果形	圆形或短椭圆形、整齐
色泽	果皮橙色或橙红色
果面	较光滑
果肉	紫红色，肉质细嫩化渣、多汁，香气浓郁，酸甜适口

表4-1-14　长寿血橙理化特点

项目	指标
可溶性固形物/%	≥10.7
维生素C/（毫克/毫升）	≥40
可食率/%	≥72.5
出汁率/%	≥58
固酸比	≥14.08

（二）长寿春橘

长寿春橘主要有W.默科特和春见2个品种。

W.默科特树体及长势中庸，果实扁平，皮薄、光滑、橙红色，易剥皮，肉质细嫩化渣。果实在种植单一品种地区少核，混栽情况下多核。果肉橙色、多汁，风味浓。与其他橘类品种一样，易大小年结果。果实成熟期为2月，但挂树性能好。由于该品种综合性状好，2003年，W.默科特开始引进长寿，种植表现丰产，品质佳。

春见果实呈高扁圆形，大小较均匀。果皮橙黄色，果面光滑，有光泽，油胞细密，较易剥皮。果肉橙色，肉质脆嫩、多汁、囊壁薄、极化渣，糖度高，风味浓郁，酸甜适口，无核，品质优（表4-1-15）。长寿春橘理化特点见表4-1-16。

表4-1-15 长寿春橘外形特色

项目	指标	
	W.默科特	春见
果形	圆球形，整齐	椭圆形，整齐
色泽	橙黄色	橙黄色
果面	较光洁	较光洁
果形指数	≤0.76	≤0.92
果肉	橙色，脆嫩化渣，以甜为主，酸甜适度	橙色，脆嫩化渣，以甜为主，酸甜适度

表4-1-16 长寿春橘理化特点

项目	指标	
	W.默科特	春见
可溶性固形物/%	≥11.3	≥12.5
可滴定酸（以柠檬酸计）/（克/100毫升）	≤0.73	≤0.68
可食率/%	≥71	≥66
出汁率/%	≥55	≥54
固酸比	≥15.5	≥18.4
维生素C/（毫克/毫升）	≥21	≥28

（三）长寿夏橙

2010年，"长寿夏橙"在国家工商行政管理总局商标局成功注册地理标志商标。

二、种植历史

《长寿区农业志（1949—2006）》"大事记"记载，1971年，从中国农业科学院柑橘研究所引进路比血橙，为长寿县柑橘类增添一个新品种；第二章"多经作物"又载："血橙，1971年中国柑橘研究所引进'路比'优良品种数千株，在但渡公社五合大队和桃花溪公社马道大队和长寿湖渔场栽植。"这是长寿区种植血橙最早的记载。《长寿湖渔场大事记》1972年记载："是年，从中国农业科学院柑橘研究所引进伏令夏橙6 000余株，定植于同心、马鞍山和先锋；从中国农业科学院柑橘研究所、缙云山园艺场，引进血橙2 000余株，种植于团山堡和马鞍山。"

塔罗科血橙，1986年秋，引进长寿县回龙乡大坪村和响塘村试种并获得成功，这是塔罗科血橙首次引种到长寿。1997年，塔罗科血橙新系被评为重庆市优质农产品，并于当年秋季，被长寿狮子滩镇紫竹村果农引种到长寿，开始培育种苗，为塔罗科血橙新系引种长寿之始。2014年，长寿区小面积引种塔罗科血橙8号（晚熟血橙）。

长寿W.默科特，世界著名的晚熟优质杂柑，由美国佛罗里达州迈阿密农业试验所从摩洛哥引入。中国农业科学院柑橘研究所2001年通过"948"项目从美国加利福尼亚州布洛卡瓦苗圃引进脱毒接穗。2003年，W.默科特开始由重庆市恒河农业科技有限公司引进长寿。2004年8月，澳门恒河农业公司在长寿正式

启动鲜销柑橘基地6万亩项目。长寿有W.默科特杂柑6.6万亩，产量5.34吨，一度成为中国最大的杂柑集中种植基地。长寿春橘春见，源于日本静冈县果树试验场，2001年由中国柑橘研究所引进。2013年，长寿区部分农业企业开始引进新品种春见在长寿区种植，春见种植面积1.7万亩，产量0.8万吨。

三、生产发展

长寿自种植血橙以来，发展迅速，受长寿湖小气候影响，表现出了比周边区（县）更加优异的品质。2006年，长寿血橙种植面积为3 620亩，总株数达21万株，结果树12万株，产量达2 000吨。2013年，长寿血橙种植面积达1.72万亩，总株数76万株，当年新栽树7万株，结果树30.7万株，产量达11 000吨。2014年，长寿血橙种植面积达4.82万亩，总株数213万株，结果树73万株，产量达29 000吨。2015年，长寿塔血橙种植面积达5.43万亩，总株数213万株，结果109万株，产量49 000吨。2016年，长寿血橙种植面积达5.73万亩，总株数224.7万株，结果136万株，产量5.1万吨。2017年，长寿血橙栽培面积达6.03万亩，总株数238.2万株，结果178万株，产量5.3万吨，塔罗科血橙及塔罗科血橙新系占95%以上，还有少量塔罗科血橙8号种植。

2011年，长寿区再次确定了晚熟柑橘发展的新目标，长寿境内主要区域布局W.默科特杂柑、晚熟脐橙、夏橙、血橙等，种植方式采取业主负责制、农业专业合作社、农企合作等多种模式。2018年，长寿晚熟柑橘种植面积达17.62万亩，年产鲜果13.68万吨，年产值3亿元以上，辐射带动近20万果农受益，已经成为国内最大的晚熟柑橘集中种植区和全国最大的标准化晚熟柑橘基地，长寿在中国果业中的地位进一步得到提升和突显。

四、分布区域

长寿柑橘是重庆市集中种植面积最大的地区之一，主要分布在龙河、双龙等镇，对应的是国内高端市场和出口外销市场。

五、生态环境

（一）地貌地质

长寿区地处四川盆地东部平行岭谷褶皱低山丘陵区、重庆腹心，襟长江而临主城。长寿区全境山区约占总面积的18%，深丘占35%，浅丘占42%，江湖水面占5%，海拔多在300米以上，低山一般海拔500～900米。

（二）气候条件

长寿属中亚热带湿润季风气候，四季分明，气候温和，冬暖春早，初夏多雨，盛夏炎热多伏夏，秋季多连绵阴雨，无霜期长，温差大，多雾少日照。常年平均气温17.6℃，最高20.4℃，最低16.7℃，绝大多数年份极端高温38℃，极端低温0℃。常年降水量1 162.7毫米，平均相对湿度80%，常年无霜期360天，适宜柑橘生长。特别是受境内长寿湖、大洪湖和长江等大水体的作用，冬暖夏凉，春季气温回升与冬季降温缓慢的小区气候特点明显，最适宜晚熟柑橘种植。

六、技术要求

（一）立地条件

土壤肥沃、土层深厚约60厘米，土壤pH5.5～7.0，果园地势坡度低于25°。园地必须规划、建设必要的道路、排灌、蓄水和附属建筑设施，尽可能集中成片，在交通、水源条件好的地方建园。

（二）主导品种

血橙：塔罗科血橙、塔罗科血橙新系、塔罗科血橙8号。

春橘：W.默科特、春见等。

（三）栽培技术

1.苗木繁育

血橙以酸柚做砧木，春橘以枳壳、枳橙或香橙做砧木，从无检疫性病虫害的母株上采集接穗嫁接繁育。

2.定植

春季定植时间为2—3月春梢萌芽前，秋季为9—11月秋梢老熟后，每亩定植株数≤33株。

3.施肥

（1）施肥原则。应充分满足对各种营养元素的需要，提倡多施有机肥、合理施用无机肥和配方肥料。并根据叶片分析结果、果园土壤分析结果、物候期等指导施肥。

（2）施肥方法。以土壤施肥为主，配合叶面施肥。采用环状沟施、条沟施、穴施和土面撒肥等方法。

（3）幼树施肥。勤施薄施，以氮肥为主，配合施用磷、钾肥。

（4）水分。土壤干旱时灌水，积水时排水。

4.整形修剪

因地制宜，因树修剪，促抑得当，通过修剪，使树体通风透光。

（四）采收

采收时期的迟早，对产品的质量、品质、树势及翌年的产量均有影响。过早采收，内含物质未达到最适合的程度，影响品质；过迟采收，成熟的果实容易脱落，储运中易发生青霉病、绿霉病。血橙储藏保鲜果可适当提前采收，即果皮着色2/3、八成熟、果实坚硬且未变软时采收。采果者应戴手套，用圆头果剪将果实连同果柄一起剪下，再剪平果蒂，轻拿轻放。按从外到内、从上到下的顺序采摘果实。

第五节 万县柑橘

万县柑橘，以万县红橘、玫瑰香橙知名。万县红橘历史悠久，2010年，获地理标志登记保护，2011年，被评为百强中国农产品区域公用品牌。

一、品质品牌

（一）品质特点

1.万县红橘

万县红橘果实扁圆形、果大色艳、形如灯笼、色似红霞、清香沁脾、色泽鲜红、肉质细嫩、多汁化渣、甜酸适口、剥皮容易、鲜加咸宜，果实11月下旬至12月成熟，不耐储藏。

万县红橘每100克含可食用部分78克，红橘皮含维生素B$_1$、维生素C、维生素P和柠檬烯等，晾干的红橘皮称为陈皮；橘汁富含柠檬酸、氨基酸、碳水化合物、脂肪、多种维生素、钙、磷、铁等营养成分；红橘叶味苦性平，有舒肝、解郁、破气、散结的功能；橘络含有维生素P，有通络、理气、活血、化痰的功效，可治疗经络气滞，久咳胸痛等症；红橘核其味苦性温，能理气、散结、止痛。

2.玫瑰香橙（塔罗科血橙）

玫瑰香橙具有色艳、皮薄、汁多、细嫩化渣、甜酸可口、香气浓郁等特色，富含花青素、橙皮苷和维生素C，含有一定量的类黄酮苷、β－胡萝卜素、内酯、生物碱、有机酸、钙、镁、铁、锌等。玫瑰香橙是唯一富含花青素的柑橘品种。有减少胆结石的发病率、解油腻、消积食、止渴醒酒、增强毛细血管韧性、降低血脂的作用。玫瑰香橙呈倒卵形或短椭圆形，果形整齐、果实无浮皮现象。果形指数1.0左右，果皮厚≤3.5毫米，果皮、果肉着血色。从1月底到2月上中旬开始成熟，至4月仍有鲜果可采，单果重量在150～200克。果实可溶性固形物≥10.5%，固酸比≥11∶1，总酸≤1.1克/100毫升，维生素C≥44.0毫克/100毫升，果汁率≥50.%，可食率≥70%。玫瑰香橙等级标准见表4-1-17。

表4-1-17　玫瑰香橙等级标准

等级	特等品	一等品	二等品
横经	≥75毫米，≤80毫米	≥70毫米，＜75毫米	≥65毫米，＜70毫米
外观及果肉	带玫瑰红，着色面20%以上	带玫瑰红，着色面10%～20%	带玫瑰红，着色面10%以下
果形	果形端庄、整齐	果形较端庄、较整齐	无明显畸形果
果面	果面清洁、光滑、油胞细腻，无花斑	果面较清洁、较光滑、油胞较细腻，有轻微花斑	有较大面积花斑
可固	≥12%	≥11%	≥10.5%
其他内质	风味浓郁、细嫩化渣、皮薄、有香气	风味较浓郁、细嫩化渣、皮薄、有香气	风味较浓

（二）万州柑橘品牌荣誉

万州柑橘所获荣誉见表4-1-18。

表4-1-18　万州柑橘所获荣誉

年份	荣誉	颁证单位
2008	重庆市无公害红橘生产地区、重庆市名优柑橘评选优质奖	重庆市农业委员会
2009	优质柑橘评选银奖	重庆市农业委员会
2010	获地理标志登记保护	国家工商行政管理总局
2011	中国农产品区域公用品牌	中国农业品牌研究中心

二、历史渊源

万县种植红橘有上千年的历史。据民国《万县乡土志》载："汉时橘正丰，故胸忍设橘官，后代无闻，清末渐兴，1926年境内约有30万株，以市郭里沱口为最多。"1936年，产橘100万千克，1949年，达145万千克。产地集中在五桥、长岭、太龙、新田、护城、举安等地。《万县志·农业篇》（1989年）记载，中华人民共和国成立后，政府于1953年对红橘实行统购统销，以后逐年提高收购价格，激发果农生产积极性。1978—1980年，新栽幼树150万株；1980年，产红橘1 208万千克，首次突破"万吨"大关；1981年，实行家庭联产承包责任制，使家庭果园发展起来，万县有近2 000个家庭果园；1989年，红橘产量达3 494万千克；1992年，万县有国有果园3个、乡办果园33个、村办果园54个、家庭果园10.9万个，成片红橘果园面积达39万亩，共有红橘树1 829万株，产量达4 793万千克，产值达5 450万元，大大提高了红橘产区农民的收入，户户因红橘丰收而盖上砖瓦房。

玫瑰香橙原产于意大利西西里岛。20世纪80年代，中国农业科学院柑橘研究所将其引进国内。随后用了10年时间，在重庆繁育出"塔罗科血橙株心胚系"。1995年，中国农业科学院柑橘研究所最先将繁育出的"塔罗科血橙株心胚系"带到万州区龙沙镇的岩口村，工作人员在这里的红橘树上进行高换，并对其进行长达10年的观察。2005年，塔罗科血橙新系在万州甘宁镇永胜村正式落户。

三、生产发展

从2003年开始，万县大力推进柑橘"535工程"，沿江的红橘树得到了保护，品种结构得到优化，初步建立了政府引导、龙头企业带动、业主参与、农民为主体的发展机制。2010年，万县红橘地理标志商标成功注册。万州区百龄以上古红橘树有5 000株以上，万县红橘种植面积12万亩，占全国的1/2；年产量13万吨，占全国产量的3/4。万州成立了古红橘专业合作联合社，辖股份制合作社12家，入股社员1.9万人，培育红橘产业龙头企业9家。

万州玫瑰香橙自2005年引进万州，种植面积不断扩大。经过13年的发展，玫瑰香橙种植面积达12万亩，年产量6万吨，年产值2.4亿元。2018年，万州玫瑰香橙主要分布在万忠路沿线和长江两岸。其中标准化、规模化种植面积5万亩，主要分布在甘宁、龙沙、郭村、瀼渡、新田等乡（镇）。有40多家玫瑰香橙农业企业，建成标准园28个。

四、产区分布

万县红橘抗逆性强，栽培容易，多栽培于丘陵、低山，主要分布于大周、小周、黄柏、太龙、陈家坝、钟鼓楼、高峰、龙都、长岭、五桥、甘宁、龙沙、新田、瀼渡、武陵、溪口、燕山、新乡、长平、熊家20个乡（镇、街道），海拔在175～400米的低山河谷地带。

玫瑰香橙从万州区万忠路沿线出现规模化、标准化种植塔罗科血橙新系。主要分布在甘宁、龙沙、郭村、瀼渡、新田等乡（镇）。

五、生态环境

（一）地貌土质

万州区境内山丘起伏，最高点为普子乡沙坪峰，海拔1 762米，最低点为黄柏乡处长江边，海拔106米，低山、丘陵面积约占1/4，低中山和山间平地面积约占1/4，少平坝和台地，且零星散布。万州区大量海拔500～1 000米低山区和海拔1 000米以上中山区非常适宜种植柑橘。

（二）气候条件

万州区属亚热带湿润季风气候，气候温和，四季分明，日照充足，雨量充沛，无霜期长，具有春早、夏长、秋绵、冬暖的立体气候特点，年平均气温17.7～18.1℃，无霜期320～349天，年日照时数1300～1600小时，日照率28%，太阳辐射为88.939千卡/厘米。年均降水量1243毫米，是红橘的生态最适宜区。良好的光照，特别是7—11月充足的光照是万州玫瑰香橙形成可溶性固形物高、味浓、着色好等良好商品特性的主要原因。

万州气候特点是10年8旱，多为伏旱连秋旱。7—10月，强日照、高气温。这种气候特点的有利方面：一是有利于花芽分化，丰产、稳产；二是果实转色期干旱，可提高果实品质。长江自西南的长坪乡入境，向东北横贯万州玫瑰香橙产区，经太龙镇转为正东向至黄柏乡出境，流速加快，两岸气流加快，7—10月季节性昼夜温差大，也是形成万州玫瑰香橙独特品质的重要因素。三峡工程蓄水后，随着库区长江水位的提高和水体面积的增大，更有利于生产品质优良的万县红橘和玫瑰香橙。

（三）水资源

万州区境内河流、溪涧切割深，落差大，呈枝状分布，均属长江水系。境内流域面积在100平方千米以上的河流有江北的苎溪河、渡河、石桥河、汝溪河、浦里河，江南的泥溪河、五桥河、新田河共8条，溪沟93条，总水域面积为108.66平方米。量足、质优的水资源，加上通常年降水量1000毫米，非常适宜柑橘的生长、结果。

六、技术要求

（一）万县红橘

万县红橘现代优质化栽培示范的研究成果和国内外柑橘质量安全生产技术要求，完全依据《农药安全使用规范总则》（NY/T 1276—2007）、《无公害农产品　种植业产地环境条件》（NY/T 5010—2016）、《柑橘嫁接苗》（GB/T 9659—2008）、《水土保持综合治理　规划通则》（GB/T 15772—2008）、《无公害食品　柑橘生产技术规程》（NY/T 5015—2002）、《重庆市柑橘标准化果园建设技术规程》（DB50/T 336—2009）等标准，形成了一套独具特色的集橘园地选择与规划、栽植、土肥水管理、整形、花果管理、植物生长调节剂应用、病虫害防治及果实采收等技术为一体的生产种植技术。

（二）玫瑰香橙

三峡库区晚熟鲜食柑橘生产应重点布局在万州以东、秭归以西的低海拔区域。万州作为玫瑰香橙最适宜的生产区域，具有独特的、不可复制的土壤气候条件。万州区具有柑橘生长无台风、无霜冻、无检疫病虫害的三大生态优势，这是万州玫瑰香橙晚熟、优质、自然挂果至4月底的根本原因。

1.产地要求

玫瑰香橙应种植在万州境内长江两岸海拔500米以下的区域。多为侏罗纪沙溪庙组紫色土类、中性紫色土亚类、灰棕紫泥土属、半沙半泥土种，土壤深厚肥沃，pH5.5～6.5。要求土壤土层深厚（60厘米）、肥沃；土壤pH5.5～7.0；果园地势坡度低于25°。塔罗科血橙的生长对营养物质的利用、吸收和果实营养物质的转化、合成与土壤酸碱度关系密切，在pH5.5～6.5的土壤中栽培最为适宜。

2.品种

以塔罗科血橙为主

3.种植管理

（1）时间。一般在9—11月秋梢老熟后或2—3月春梢萌芽前栽植。

（2）定植。平地以株距3米，行距4米的密度栽植，亩植55～60株。阶梯地形以株距2.5米，行距3米的密度栽植，亩植80株为宜。土挖栽植穴：拉线定距，挖定植穴，穴深、宽各80厘米，然后压绿肥50厘米深，回填土40厘米高栽植。田起垄栽植：8米带沟（沟宽60～80厘米，深40～60厘米）开厢，每厢起2垄（垄宽1.5米，垄中心距4米，垄高20～30厘米）。栽植时将苗木的根系适度修剪后放入定植穴中央，舒展根系，扶正，边填土边轻轻向上提苗、踏实，使根系与土壤密接。浇足定根水，在树苗周围做1米的树盘，用糠壳覆盖。

（3）水、肥管理。水分控制。土壤干旱时灌水，积水时排水。

①施肥：应充分满足血橙对各种营养元素的需要，提倡多施有机肥、合理施用无机肥和配方肥料，并根据叶片分析结果、果园土壤分析结果、血橙物候期等指导施肥。施肥方法以土壤施肥为主，配合叶面施肥。采用环状沟施、条沟施、穴施和土面撒肥等方法。

②幼树施肥：勤施薄施，以氮肥为主，配合施用磷、钾肥，春、夏、秋梢抽发期施肥5～6次，每次每株施碳铵0.4斤或尿素0.2斤。1～3年幼树单株年施纯氮100～400克，氮、磷、钾比例以1.0：0.4～0.5：1.0为宜。成年树施4次肥，即萌芽肥、保果肥、壮果肥、采果肥。一般萌芽肥为2～3斤化肥加一担粪水；保果肥为1～2斤磷钾肥加1斤化肥；壮果肥为1～2斤化肥加1～2斤磷钾肥；采果肥（基肥）以有机肥为主，株施50～100斤有机肥加1～2斤化肥。

（4）整形修剪。因地制宜，因树修剪，促抑得当，通风透光，立体结果。

①整形：自然开心形，干高20～40厘米，主枝（3～4个枝）在主干上分布错落有致，主杆分枝角30°～50°，各主枝上留副主枝2～3个。一般在第三主枝形成后，即将类中央干剪除，扭向一边作结果枝组。

②修剪：幼树期以轻剪为主。选定类中央的延长枝和各主枝、副主枝的延长枝后，对其进行中度甚至重度短截，并以短截程度和剪口芽方向调节各主枝之间生长的平衡。除对过密枝群作适当疏删外，内膛枝和树冠中下部较弱的枝梢一般应保留。初结果期，继续选择短截处理各级骨干延长枝，抹除夏梢，促发健壮秋梢。秋季对旺长树采用环割、断根、控水等促花措施。盛果期，及时回缩结果枝组、落花结果枝组和衰退枝组，剪除挡光枝、枯枝、病虫枝。

（5）病虫害防治。重点防治炭疽病、脚腐病、螨类、蚧类、蚜虫、潜叶蛾、天牛类、花蕾蛆等。

4.采收储藏

万县红橘果实固形物含量达11%以上时开始采收，采后常温储藏不超过45天。

玫瑰香橙12月底成熟，供货期为12月底至4月底。根据果实成熟度、市场需要等确定采收期。雨天及果面露水未干时不宜采果。采果者应戴手套，用圆头果剪将果实连同果柄一起剪下，再剪平果蒂，轻拿轻放。按从外到内，从上到下的顺序采摘果实。具体采收方法：第一，采果人员必须剪平指甲；第二，霜雾天及露水未干和刮风时不能采收；第三，采果时不能将果实强拉硬扯，应手托果身向上剪；第四，做到一果两剪，不能伤皮和果蒂；第五，放果时必须轻拿、轻放、轻装、轻卸，不能乱丢乱倒，同时随时将病果、虫果、碰伤果及等外果剔除；第六，装筐不能太满，转筐不能倒果；第七，采后果实不能露天堆放过夜。为了延长玫瑰香橙鲜果供应时间，减少腐烂和提高质量，需要储藏保鲜。果实采收运回后，24小时内用保鲜剂处理。一是选用防腐保鲜剂保鲜；二是采收后24小时内将果实在防腐保鲜药水中浸泡1分钟，晾干；三是将保鲜处理后的果实存放在通风良好、清洁干净、已消毒的储藏库中发汗3～5天，至果面无水珠、果皮稍软；四是用保鲜薄膜袋或保鲜纸对发汗后的果实进行单果包装，然后再装箱、装筐入库储藏，以减少果实失重、失水、果皮干枯和青、绿霉病传染。储藏库保鲜条件：1～10℃的适宜温度，80%～95%的相对湿度，保持清新的空气。

第六节　云阳柑橘

云阳柑橘，重庆市云阳县特产。云阳柑橘种植历史悠久，曾为古代朝廷贡品，汉朝时还专设橘官管理。云阳柑橘果皮中厚、脆而易剥，肉质细嫩化渣、无核少络，酸甜适度，汁多爽口，余味清香。云阳红橙获得地理标志登记保护；云阳晚橙、云阳纽荷尔注册地理标志商标，纽荷尔脐橙获"中华名果""全国名特优新农产品"称号和生态原产地产品保护。

一、品质品牌

（一）品质特点

云阳柑橘包含不同成熟期和品种的云阳纽荷尔、云阳晚橙、云阳贡橘3个系列。

云阳纽荷尔脐橙是脐橙中最好的品种，果实椭圆形，果形美观、色泽鲜艳，果形指数0.98。果大，单果重约200～270克，果皮深橙红色，光滑，果顶圆，脐和脐孔很小，以闭脐为多。果肉质地细嫩化渣，汁多，酸甜味浓，香气醇厚，无核。每100毫升果汁含糖8.5～11克，酸0.7～0.9克，维生素C54.7毫克，可溶性固形物为11%～14%。果实11月下旬至12月成熟，品质极优。

云阳晚橙包括伦晚脐橙、鲍威尔脐橙、云阳红橙、切斯列特脐橙、班菲尔脐橙，都是纽荷尔脐橙品系的晚熟选优株，品质优良，4月可呈现花果同树的胜景，既可赏花又可以品果。云阳晚橙成熟期为次年1—4月，可填补中熟脐橙市场空白。晚熟脐橙肉质致密脆嫩，多汁，味甜酸爽口，品质上乘。

云阳贡橘包括椪柑、红橘及W.默克特。椪柑果皮颜色鲜艳、橙黄色，单果重130～150克。果肉橙黄色，脆嫩汁多，爽口化渣，风味浓郁，品质极佳（表4-1-19）。

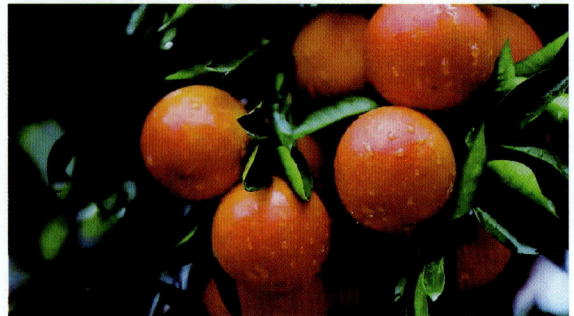

表4-1-19　云阳柑橘外形特色

项目	指标		
	脐橙系列	红橙系列	贡橘系列
果形	圆球形或短椭圆形，整齐	圆球形或短椭圆形，整齐	扁圆或高腰扁圆形，整齐
色泽	果皮橙色或橙红色	果皮橙色或橙红色	果颜色鲜艳、橙黄色，蜡质层厚，有光泽，易剥
果面	较光洁	较光洁	较光洁
果脐	直径≤10毫米，无明显突起	直径≤10毫米，无明显突起	果基平，有放射状沟纹，果顶广凹，部分有小脐
果肉	橙色，脆嫩化渣，以甜为主酸甜适度	红色，脆嫩化渣，以甜为主酸甜适度	果肉橙黄色，脆嫩汁多，爽口化渣，以甜为主酸甜适度

云阳柑橘果实的营养成分十分丰富。果肉中富含果糖、果酸、果胶和维生素等，是人体最好的维生素供给源，常食能增强对维生素C缺乏病的治疗效果、降低胆固醇，预防血管破裂或渗血。云阳柑橘理化指标见表4-1-20。

表4-1-20　云阳柑橘理化指标

项目	指标		
	纽荷尔脐橙	晚熟脐橙	云阳贡橘
可溶性固形物/%	≥11	≥10.5	≥12
可滴定酸（以柠檬酸计）/（克/100毫升）	≤0.89	≤0.90	≤0.87
固酸比	≥11.5	≥11.2	≥11.9
可食率/%	≥66	≥66	≥70
出汁率/%	≥46	≥47	≥45

（二）品牌荣誉

云阳柑橘所获荣誉见表4-1-21。

表4-1-21　云阳柑橘所获荣誉

年份	荣誉	颁证单位
2011	云阳纽荷尔脐橙获"中华名果"称号	中国果品流通协会
2012	云阳红橙获地理标志登记保护	国家工商行政管理总局
2014	故陵椪柑获地理标志登记保护	国家工商行政管理总局
	云阳纽荷尔获年度"全国名特优新农产品"称号	农业部
2015	成功注册"橘官堂"商标，统一云阳县柑橘"天生云阳"系列包装	重庆市行政管理工商局
	云阳纽荷尔、云阳晚橙被评为华东地区最受欢迎十大果蔬品牌	第七届亚洲果蔬产业博览会
2016	生态原产地产品保护认证（国家级）	国家质量监督检验检疫总局
	中国果品区域公用品牌评估价值5.39亿元	中国农业品牌研究中心
2018	云阳晚橙、云阳纽荷尔注册商标	国家知识产权局

二、人文历史

（一）历史渊源

云阳柑橘栽培历史悠久，早在汉代就已盛产并成为贡品，朝廷便因此在朐忍县（辖今云阳县等地域）专门设置橘官（《汉书》卷二十八《地理志》）。南宋庆元年间，张坤（名子建）任云安县（今云阳县）县令，倡导县民种橘增收，亲自勘测建堂地址，督工建堂一栋，命名为"橘官堂"。庆元五年（1199年），李埴（李为川西人）去职返里，乘船路过云安时，登岸参观了橘官堂，并应张坤之邀撰写了《云安橘官堂记》。民国年间（1912—1949年），《云阳县志》中有"地故产橘，汉世当极饶益，故为置官，今久衰竭"的记载。

（二）发展历史

20世纪50年代，在长江干流和澎溪河、汤溪河、磨刀溪流域掀起3次大规模种植柑橘的热潮，后经历1970—1980年、1991—1996年、2008—2012年3个发展阶段。2009年，云阳县紧紧抓住中央现代农业、移民后扶产业发展、巩固退耕还林成果、绿化长江柑橘带经济林建设和特色效益农业发展等机遇，充分发挥气候、地理等生态条件优势，错位发展晚熟品种。2012年，红橙产区面积10万亩，年产量15万吨。通过新植果园和老果园高换，大力发展2—6月成熟的优质晚熟柑橘，截至2017年年底，云阳县柑橘种植面积30万亩，其中优质晚熟柑橘标准化果园20万亩，产量21万吨、综合产值达12亿元。云阳柑橘基地根据农业部无公害柑橘标准生产要求，推广"树开窗、园生草、有机肥、生物药、疏小果、套果袋、杀虫灯、挂树藏"8项无公害脐橙标准化生产技术，严格控制施用化肥、禁止使用高毒、高残留农药，实行规范的商品化清洗、分选和包装处理，让消费者吃上放心脐橙。

柑橘产区有26个乡（镇、街道）、183个行政村、1588个社，建成三峡库区晚熟柑橘生产大县。2018年，云阳县柑橘种植面积达30万亩，其中优质晚熟柑橘标准化果园20万亩，中熟纽荷尔8万亩，椪柑等。宽皮柑橘2万亩，柑橘总产量达20万吨、总产值9亿多元。云阳县培育柑橘农业企业16家、专业合作社130家、30亩以上的大户近200余户、100亩以上106户、500亩以上15户；全县果品经纪人65名。

三、分布区域

云阳县地处重庆市东北部的长江两岸，三峡库区腹心地。

云阳红橙地理标志保护的区域范围为云阳县巴阳镇、人和镇、盘龙镇、双江街道、栖霞镇、云阳镇、故陵镇、养鹿乡、双龙镇、高阳镇、黄石镇、龙角镇、宝坪镇、普安乡、新津乡，江口镇、南溪镇共17个乡（镇、街道）。

四、生态环境

（一）地貌土质

云阳县属喀斯特地貌，长江由西向东中分县境。南、北高，中部低，由南、北向中间倾斜。岭谷地貌明显，以山地为主，兼有谷、丘，山高、谷深、坡陡，群山巍峨。境内海拔最高1809米，最低139米。

（二）气候条件

云阳县地处亚热带季风气候区，日照充足，夏季炎热，冬季暖和，多伏旱多秋雨，立体气候显著。日照时数较长，光能、风能资源比较充足；立体气候特征显著，气温随海拔高度不同而变化。独特的气候条件，成为出产云阳柑橘得天独厚的资源禀赋。

五、生产技术

（一）产地要求

云阳柑橘建园要求地势背风向阳，坡度≤20°；海拔在400米以下。土壤质地良好，土壤深厚、肥沃、疏松、湿润而不渍水；保水保肥力强，具有良好的土壤团粒结构，有机质含量在2%以上，活土层在0.5米以上（0.75米左右最适），土壤pH5.5～6为最适宜。

（二）主导品种

云阳纽荷尔脐橙。

云阳晚橙（包括伦晚脐橙、鲍威尔脐橙、云阳红橙、切斯列特脐橙、班菲尔脐橙）。

云阳贡橘（包括椪柑、红橘及W.默克特）。

（三）栽培技术

1.苗木繁育

以枳壳、枳橙或香橙做砧木，从无检疫性病虫害的母株上采集接穗，嫁接繁育。

2.定植

春季定植时间为2月下旬至3月底，秋季为9月中旬至10月中旬，每亩定植株数38株。

3.肥水

每公顷年施有机肥≥7 500千克。

4.整形修剪

通过修剪，使树体通风透光。

5.环境、安全要求

农药、化肥等的使用必须符合国家的相关规定，不得污染环境。

6.生产记录

建立云阳柑橘生产和销售过程档案，记录云阳生产情况、病虫害发生情况、技术措施、农药化肥的使用情况、采后处理和销售等。

（四）采收

纽荷尔脐橙在11月15日后、可溶性固形物≥11%时采收；云阳红橙脐橙在1月10日后、可溶性固形物≥10.5%时采收；晚熟脐橙在3月10日后、可溶性固形物≥10.5%时采收。云阳贡橘在12月至次年4月，可溶性固形物≥12%时采收。

第七节 开县春橙

开州（原开县）素有"橘乡"美称，是重庆市10个重点柑橘生产区（县）之一，全国优质柑橘基地县。开县春橙有"中华名果"称号，获地理标志登记保护、生态原产地产品保护。具有果肉细嫩化渣、汁多味浓、酸甜适度、香醇悠长等特点。

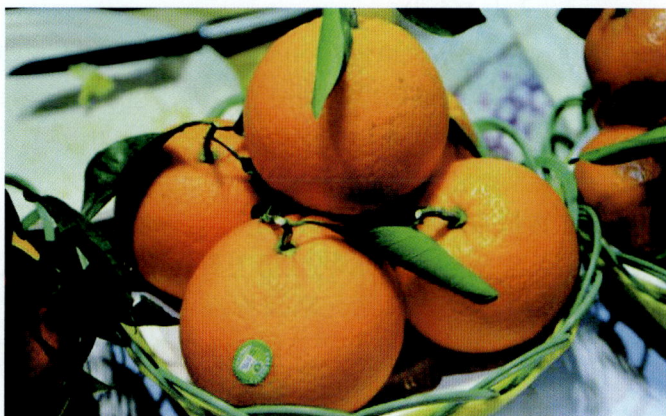

一、品质品牌

（一）品质特点

开县春橙是经过多年精心培育的一个特有晚熟柑橘品牌，包括开县春锦橙、春脐橙、春血橙、春橘橙等一系列鲜果。开县春橙春花春果，历经四季，营养丰富，品质优良。春橙鲜果大小适中，果皮橙红或红色，色泽均匀，果肉细嫩化渣、汁多味浓、酸甜适度、香醇悠长、口感极佳。

（二）品牌荣誉

开县春橙所获荣誉见表4-1-22。

表4-1-22　开县春橙所获荣誉

年份	荣誉	颁证单位
2010	"开县锦橙"获地理标志登记保护	农业部
2012	获"重庆著名商标"称号	重庆市工商行政管理局
2012	获"重庆市最有影响力农产品"称号	中国农产品品牌研究中心
2014	中国果品区域公用品牌	中国农业品牌研究中心
2015	生态原产地产品保护认证（国家级）	国家质量监督检验检疫总局
2015	中国果品区域公用品牌	中国农业品牌研究中心
2016	中国果品区域公用品牌	中国农业品牌研究中心
2017	中国果品区域公用品牌	中国农业品牌研究中心
2018	开县春橙注册驰名商标"开县春橙KAIXIANCHUNCHENG"	国家工商行政管理总局

二、历史渊源

开州位于大巴山南麓、长江三峡腹地，有"橘乡""金开州"之美誉，具有2 000多年的柑橘种植历史，曾写下"汉置橘官，橘贡大唐"的锦绣青史，从唐朝开始，开县柑橘便被作为贡品上贡朝廷。据《开县志》（1986版）记载，开县柑橘的早期品种老化、品种单一，以红橘为主，仅有40多万株，年产几百万千克。20世纪90年代中后期以来，主要发展开县锦橙、春橙，并先后以开县锦橙和开县春橙2个商标为主对外销售。

三、生产发展

开县锦橙经历了20世纪50年代末期、70年代中期、80年代末期3次大发展。20世纪90年代中期至21世纪初，开县锦橙发展突飞猛进，建设了众多锦橙种植示范园，全县推广锦橙72-1、73-10、76-8、北碚47等柑橘品种。锦橙面积发展到20万亩，产量达10万吨。种植锦橙成为农民致富、财政增收的主要来源之一。

开县春橙自2009年注册商标后，通过统筹中央现代农业发展资金、重庆市特色效益农业资金和扶贫、农综、农田水利等相关资金近1亿元，支持发展开县春橙，加上业主、种植农户自筹50％资金，共投资近2亿元新建标准化果园8万亩，改造、高换老果园4.5万亩，加之原有基地，形成了20万亩开县春橙生产基地。专业合作社达12家，从事开县春橙生产、销售涉及的人数达10万人。

2017年，开州柑橘种植面积达36.81万亩，面积居重庆市第四位，产量居重庆市第三位。其中，开县春橙（春锦、春血、春脐）面积25.68万亩，产量16.33万吨，创造每亩收入2万元的佳绩。开县春橙是开县柑橘主导品种，主要生产基地乡（镇）17个，形成了以浦里为中心、长沙现代农业园区为重点的江、东、浦3个优势柑橘产业带。

四、分布区域

开州区位于重庆市东北部，地处长江之北，在大巴山南坡与重庆平行岭谷结合地带。总面积3 959平方千米。

开县春橙种植范围主要在5个街道、15个镇、5个乡。即文峰街道、丰乐街道、镇东街道、白鹤街道、赵家街道、长沙镇、郭家镇、临江镇、铁桥镇、中和镇、岳溪镇、南门镇、南雅镇、和谦镇、镇安镇、竹溪镇、大德镇、渠口镇、厚坝镇、义和镇、五通乡、巫山乡、白桥乡、天和乡、金峰乡。

五、生态环境

（一）地貌土质

开州区在造山运动及水流的侵蚀切割下，形成山地、丘陵、平原3种地貌类型、7个地貌单元、八级地形面。山地占63%、丘陵占31%、平原占6%，地势由东北向西南逐步降低。沿河零星块状平坝，地势开阔，土层深厚。开州独特的地质地貌为开州春橙种植提供了独特的生态环境。

（二）气候条件

开州区地处中纬度地区，具有亚热带季风气候的一般特点，季节变化明显。气温比同纬度、同海拔的其他地区略高，冬暖春早，夏季雨量充沛、温湿适度，立体气候特点明显。开州分为两大气候区：一是北部中山地带（海拔1 000米以上地区），属暖温带季风气候区，气候冷凉阴湿，雨日多、雨量大、光照差、无霜期较短、霜雪较大；二是三里河谷平坝浅丘地带，属中亚热带温润季风气候区，气候温和，热量丰富，雨量充沛，四季分明，无霜期长，少伏旱。独特的气候是开州春橙生长必不可少的条件。

六、技术要求

开州区在春橙种植区全面推行生产标准，做优品质。开展柑橘叶片营养诊断配方施肥，推广"畜—沼—果"循环农业、"有机肥替代化肥"技术，提升果园土壤有机质；开展病虫害综合监测预警和统防统治，普及推广绿色防控技术，同步建立产品质量追溯制度；开展柑橘新品种引进试验，筛选开州区优势晚熟柑橘新品种；探索柑橘果园机械化、信息化技术，推广物联网、水肥一体智能化技术。

开州区坚持高标准建园，机械化生产、肥水一体化管网铺设、全面使用无病毒容器苗，幼树推广行内覆膜。巩固提升柑橘老果园，改良新品种，淘汰早、中熟低产、劣质品种，提高晚熟优良品种比例；实施补植、间伐、疏枝等改造措施，全面改造、提升现有老果园；改造基础设施，按照标准化、规模化、机械化、信息化标准抓好晚熟柑橘基地建设。

开州区提升产后处理，做长链条。延长产业链条，有效提升柑橘自身价值和附加值。一是通过天邦加工厂自建基地和生产终端产品，降低规模化种植成本，提升柑橘收购价格。二是在江里园区建设商品化处理集散基地。建设处理线8条和产地冷链储藏库20座，库容达10万吨，提高开州区柑橘鲜果仓储流通能力，为开县春橙提供了良好的保质储藏条件。

第八节　九龙坡铜罐驿柑橘

铜罐驿柑橘是重庆市九龙坡区特产。铜罐驿种植柑橘已有3000多年的历史。《汉书·地理志》《华阳国志》《水经注》等都有记载。铜罐驿柑橘皮薄易剥，香甜可口，而且富含蛋白质、脂肪、核黄素等多种维生素。2013年，铜罐驿柑橘取得绿色食品证书，2014年，成功注册"铜罐驿"商标，2017年，获得"重庆名牌农产品"称号。

一、品质、品牌

（一）品质特点

铜罐驿柑橘比一般脐橙迟熟1个月，耐寒肉红，易剥皮、分瓣，肉质脆嫩，味清甜鲜美，含人体需要的天然番茄红素，是脐橙中的上等佳品，营养价值高，具有开发价值。

铜罐驿柑橘外形特色见表4-1-23，理化特色见表4-1-24。

表4-1-23　铜罐驿柑橘外形特色

项目	指标
果形	果实圆球形
色泽	红色
果面	果面光滑
果皮	薄
果肉	红色，红肉脐橙肉质致密脆嫩，多汁，风味甜酸爽口

表4-1-24　铜罐驿柑橘理化特点

项目	指标
可溶性固形物/%	11.9
可食率/%	73.39
出汁率/%	44.8
固酸比/%	11.12

（二）品牌名誉

铜罐驿柑橘所获荣誉见表4-1-25。

表4-1-25　铜罐驿柑橘所获荣誉

年份	荣誉	颁证单位
2013	绿色食品证书	中国绿色食品发展中心
2014	铜罐驿注册商标	重庆市工商行政管理局

二、历史渊源

　　铜罐驿是著名的柑橘老产区，其栽培柑橘的历史可追溯到汉代以前，《华阳国志·巴志》记载："汉世郡治江州，巴水北有柑橘官"。当时江州的柑橘（原产地为巴县铜罐驿）是向皇帝进贡的珍品。《巴县志》曰："又西里铜罐驿……地饶橘柚，家家种之，如种稻也。……其地多岗陵，宜于橘，接壤皆橘园，多者数百亩，团团若荠，弥山亘谷。新霜初降，黄若绽金……"清朝咸丰六年（1856年），铜罐驿成立了一个名为"柑橘帮"的同业公会，拟定有关柑橘的种植、守护、采摘、运输等规章12条，刻文于碑，供果农和帮会成员共同遵守。民国初年，铜罐驿就有大小橘园1 000余家，种植面积达5 000余亩，橘树15万株，产量1 500万斤。中华人民共和国成立后，铜罐驿的红橘更是驰名中外，不仅畅销全国，且长期出口苏联、东欧及东南亚等十多个国家和地区。20世纪50年代中期，重庆市在铜罐驿开办了重庆农产品制造厂（后为重庆罐头食品总厂），以柑橘加工的罐头、饮料、果制品是国家出口创汇的名牌商品。2005年，九龙坡区铜罐驿镇发展现代旅游观光农业，先后引进培育了28个优质柑橘品种。

三、生产发展

　　2005年5月，铜罐驿镇黄金堡村13个合作社与重庆爱森农业发展有限公司签订土地租赁合同，用地1 000余亩发展现代旅游观光农业。该项目以发展红肉脐橙为主，先后引进、培育了红肉脐橙、纽荷尔和W.默科特等28个优质柑橘品种，经过10多年的发展，至2018年，已建成优质柑橘示范园450亩、苗圃300亩，种植柑橘1万多株。铜罐驿柑橘是柑橘类中的稀有品种，果品已经少量投放市场。

四、分布区域

　　九龙坡区铜罐驿镇。

五、产地环境

　　铜罐驿地处中梁山以西，长江河谷地带。北高南低，地形起伏，是典型的丘陵地貌。海拔高度在180～300米，全年温差较大，具有日照长、霜期短、全年气候分明温和、雨量充沛等种植生态优势。

六、生产技术

（一）主导品种

　　红肉脐橙、纽荷尔和W.默科特等。

（二）立地条件

铜罐驿柑橘分布区域区内海拔高度180～300米，土壤质地为中梁山以西的紫色石骨子泥土，属沿江河谷浅丘，受长江大水系的滋润，得中梁山脉气雾熏陶，具有独特的生长条件。

（三）栽培技术

铜罐驿柑橘对果园的建立，幼苗培植，果树嫁接，整枝施肥，培土治虫等具有独特的种植技艺。

1.苗木繁育

以红橘为砧木，从无病虫害的母株上采集，早春多采用春梢进行单芽或多芽切接。

2.定植

选择大苗、壮苗带土定植。山地橘园宜1亩栽植74株（株行距3米×3米），平地及缓坡地橘园宜667平方米栽植56株（株行距3米×4米）。

3.水肥管理

水土保持，矮化密植栽培，采用高接换种，一枝多芽等嫁接技术。施肥以人粪尿，粉肥（豆类制粉余物）、糟子肥（高粱酿酒后，用酒糟喂猪之粪便）为主。2月施发芽肥，5—6月施稳果肥，7—8月施壮果肥，采果后施还阳肥。施肥时，结合深翻压绿，培土保根。

4.修枝蔬果

嫩枝易披垂，应早期采用拉、撑、绑枝等手段整形，在花期和果期抹除春梢和夏梢保果，提早投产期，提高坐果率和果品产量，结果后为避免果实过多、偏小，应注意疏花疏果、控夏梢和抹晚秋梢，在采果后或萌芽前修剪大树，保证树体通风透光，使果实外观美口感好。

5.病虫害防治

加强病虫害防治，剪去有病虫的枝条。

（四）采收储藏

采果要求：霜雾天及露水未干和刮风时不能采收；采果时不能将果实强拉硬扯，应手托果身向上剪摘；做到一果两剪，不能伤及果皮和果蒂；放果时必须轻拿、轻放、轻装、轻卸，不能乱丢乱倒，同时将病果、虫果、碰伤果及等外果剔除；装筐不能太满，转筐不能倒果。储藏保鲜果：在果皮着色2/3、八成熟、果实坚硬而未变软时采收。

储藏要求：果实采收运回后不能露天堆放过夜，应24小时内用保鲜剂处理。

第九节　渝北梨橙

渝北梨橙，重庆市渝北区特产，农产品地理标志产品。先后获"中华名果""重庆名牌农产品""中国十大名橙"等荣誉称号，2008年，渝北区被中国果品流通协会授予"中国梨橙之乡"称号。

一、品质品牌

（一）品质特点

渝北梨橙果实大，外观美，果深橙至橙

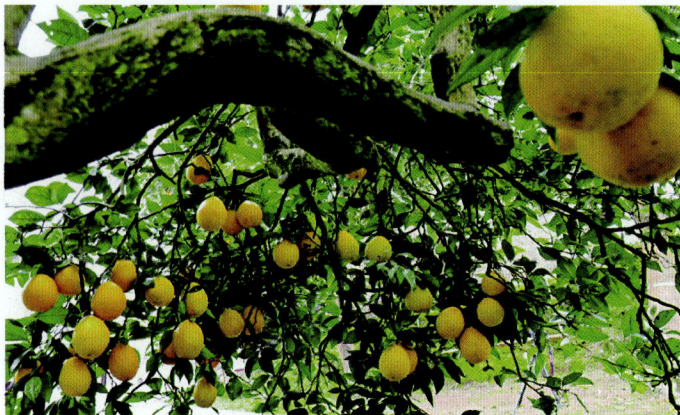

红色，果形独特，呈梨形或倒卵形；内质优，果肉细嫩化渣，甜酸适度，汁多味浓，核极少（表4-1-26）。2002年，送农业部柑橘及苗木质量监督检验测试中心检测，各项指标均达到优等品标准，综合评价结论为："果实特大，果形端庄、整齐，色泽鲜艳、果皮较细、肉质细嫩化渣、汁多、微具香气、品质极优"。据2014年农业部柑橘及苗木质量监督检验测试中心检测，渝北梨橙果形指数1.08，单果重34.78克，肉质脆嫩化渣，每100毫升果汁含总糖9.64克，维生素C45.84毫克。渝北梨橙理化指标见表4-1-27。

表4-1-26　渝北梨橙外形特色

项目	指标
果形	大，果形呈梨形或倒卵形
色泽	橙红色或深橙色、色泽鲜艳
果皮	光滑洁净
果肉	果肉细嫩化渣、多汁、甜酸适度、微有香气

表4-1-27　渝北梨橙理化指标

项目	指标
可溶性固形物/%	10.9
固酸比/%	12～15.5
可食部/%	74.31
出汁率/%	≥50.0

（二）品牌名誉

渝北梨橙所获荣誉见表4-1-28。

表4-1-28　渝北梨橙所获荣誉

年份	荣誉	颁证单位
2008	获"中国梨橙之乡"称号	中国果品流通协会
2010	获"中国十大名橙"称号	农业部质量检测中心、中国果品流通协会
2012	农产品地理标志登记证书	农业部
2016	获中国果品区域价值品牌奖	浙江大学CARD（全称China Academy for Rural Development，中国农村发展研究院）中国农业品牌研究中心、中国果品流通协会

二、历史渊源

渝北区的前身为江北县，1994年撤县设区。江北县柑橘栽培始于何年尚无准确历史记载，但从资源调查资料中可见，长江、嘉陵江沿岸的太洪、洛碛、礼嘉等地有上百年生的红橘树。据《江北厅志》清道光二十四年（1844年）记载："果之属：柑有两种，如柑者为黄柑，皮皱大如拳者为气柑，皮肉

皆可食，柚有红瓤白瓤两种，红较胜，橙（柚）大而红瓤者佳"。又据江北县《江北建设特刊》记载："吾县果树盛产橙、橘、广柑、桃、李次之，梨及柿又次之……惟橘一项系大宗运销，常年四百载，售洋四万元"。

梨橙系重庆市农业科学院果树研究所选育出的甜橙新品种，于2000年通过重庆市农作物品种审定委员会的审定，因其果实多为梨形，故而名为梨橙。渝北区统景镇在梨橙品种审定前的20世纪80年代末已有少量种植，1991—2012年，是梨橙发展的高峰时期。渝北梨橙因其形似秤砣，被渝北区统景镇果农形象地称为"秤砣柑"。

三、生产发展

1991—2012年，渝北梨橙经历了种改良阶段与发展两个阶段。

20世纪90年代初，渝北梨橙在渝北区统景镇的中和、河坝、合理等村有少量种植，面积不及1 000亩。因渝北梨橙辨识度高、口感好，在解放碑、菜园坝、观音桥等重庆主城热销，销售价格是当地其他品种的2倍以上，种植渝北梨橙的果农从中获得了很好的经济效益。于是周边果农纷纷效仿，自发将红橘、实生甜橙等柑橘高换为渝北梨橙，渝北区农业局因势利导，于1991—2000年在渝北区的统景、石船、大盛、洛碛、龙兴、古路等镇改良柑橘品种，共高换渝北梨橙3万亩。

2001—2012年，在重庆市"百万吨"柑橘、绿化长江、御临河优质柑橘产业经济带建设等项目的引导下，新发展渝北梨橙5万亩，改良柑橘品种，高换渝北梨橙8 000亩。渝北梨橙属中熟品种，成熟于11月下旬至12月上旬，但通过留树保鲜技术，可以将渝北梨橙延迟到次年的3—4月采摘，以提高其销售价格。

渝北区从2009年开始，连续举办4届"吃梨橙擂台大赛"。统景镇从2013年开始，连续举办5届柑橘文化节。"吃梨橙擂台大赛"一般在李花盛开的3月，与统景印盒李花节同时举行，吸引了重庆主城及周边区（县）的众多游客到统景旅游、采摘，助推了渝北梨橙的发展。截至2017年，渝北梨橙总面积达11.5万亩、产量9.6万吨。2018年，渝北区梨橙种植总面积15万亩，年产量22万吨。

四、分布区域

渝北梨橙农产品地理标志地域保护地理坐标范围为东经106°40′—106°58′，北纬29°38′—30°01′，海拔高度<400米，包括统景、大盛、洛碛，石船、古路5个镇。

五、产地环境

渝北区位于重庆主城东北部，过境主要河流有长江、嘉陵江、御临河。渝北区属亚热带湿润气候区，大陆性季风气候特点显著。境内地貌类型有低丘平坝、坡地和低山地等。渝北区内无柑橘检疫性病虫害。

（一）地貌土质

渝北区位于重庆主城北部，地貌多呈垄岗状，山体雄厚，长岭岗、馒头山、桌状山错落于岭谷间，地势起伏较大。喀斯特地貌分布较广，谷坡河岸多溶洞。

（二）气候条件

渝北区属亚热带湿润气候区，大陆性季风气候特点显著。具有冬暖春早、秋短夏长、初夏多雨、无霜期长、湿度大、风力小、云雾多、日照少的气候特点。常年平均气温17.3℃，常年平均降水量1 100毫米左右，平均日照1 340小时左右，平均无霜期319天。为梨橙生长提供了得天独厚的立体气候。

（三）水资源

渝北区过境河流主要有长江和嘉陵江，其中长江沿区境东南边境流过，嘉陵江沿区境西南边境流过。渝北区中、东部有寸滩河、朝阳河、长堰溪、御临河注入长江。其丰富、优质的水资源能够满足梨橙的生长。

六、生产技术

（一）立地条件

要求成土母质以紫色泥页岩、砂岩为主，土壤类型为紫色土，土壤矿质养分含量丰富，肥力水平较高，保水保肥供肥力强，土壤pH中性至微酸性。

梨橙建园地坡度＜25°，海拔高度＜400米，土壤质地良好，疏松肥沃，pH5.2～7.2。土层厚度≥0.8米，排水良好，地下水位在1.0米以下。

（二）栽培技术

1.苗木质量

提倡使用无病毒容器大苗。

2.定植

春季定植时间为2月下旬至3月下旬，秋季为9月中旬至10月中旬，每公顷定植株数≤630株。

3.施肥

每公顷年施有机肥≥7 500千克。

4.整形修剪

通过修剪使树体通风透光。

5.环境、安全要求

提倡有机肥替代化肥、病虫害绿色防控，减少化肥、农药的使用量。需使用的化肥、农药必须符合国家的相关规定，不得污染环境。

（三）采收

11月下旬至12月上旬、可溶性固形物≥10.5%时采收。

第十节　涪陵脐橙

涪陵脐橙，重庆市涪陵区特色农产品，地理标志产品。因其色泽橙红，脆嫩化渣，汁多味甜，深受消费者喜爱。涪陵区地处长江中上游，三峡库区腹心，其沿江丘陵低山区是公认的柑橘生产最适宜区之一。

一、品质品牌

（一）品质特点

涪陵脐橙主要种植的品种有华盛顿脐橙、纽荷尔脐橙、华红脐橙、清家脐橙等，品质各有特点。

1.华盛顿脐橙

果实圆形或扁圆形，单果重200克以上；果色橙黄或橙红色，果皮厚薄不均，有脐，闭合或开张，肉质脆嫩，多汁，化渣；可溶性固形物含量10%～12%，甜酸适口，富芳香。

2.纽荷尔脐橙

果实长椭圆形或短椭圆形，单果重250～350克，最大的"脐橙王"达900克；果皮橙红色，光滑美观；果顶微凸，多为闭脐；果肉细嫩而脆，化渣，汁多；可溶性固形物12%～14%，果汁甜酸适口，风味浓郁，富有香气，品质上等。

3.华红脐橙

果实长卵形，单果重220～300克；果皮橙红色，光滑美观；果脐小，闭脐；果肉细嫩而脆，化渣，汁多；可溶性固形物12%～13%，味甜，风味浓郁，富有香气，品质上等。

4.清家脐橙

果实圆球形或椭圆形，单果重200克左右；果色橙红，果皮光滑；肉质脆嫩化渣，可溶性固形物11%，果汁甜酸适口，风味浓郁，富有香气，品质上等。

（二）品牌荣誉

涪陵脐橙所获荣誉见表4-1-29。

表4-1-29　涪陵脐橙所获荣誉

年份	荣誉	颁证单位
2001	中国国际农业博览会获"名牌农产品"称号	中国国际农业博览会组委会
2011	重庆市涪陵区华盛果蔬股份合作社脐橙通过无公害农产品认定	农业部中国绿色食品发展中心
2013	重庆市涪陵区华盛果蔬股份合作社脐橙获得绿色食品标志使用权	农业部中国绿色食品发展中心
2016	"涪陵脐橙"成功注册地理标志商标	国家工商行政管理总局商标局
2019	涪陵脐橙获第二届三峡杯优质脐橙十佳名品	重庆市农业技术推广总站、中国农业科学院柑橘研究所、重庆市柑橘产业协会、重庆市柑橘学会

二、历史渊源

涪陵区柑橘种植历史悠久，江北、李渡办事处等地很早以前即有柑橘种植，主要品种为实生红橘和广柑，曾出口前苏联等东欧国家。20世纪80年代，开始引入脐橙种植，主要为华盛顿脐橙。

三、生产发展

涪陵脐橙经过20世纪90年代长江上中游水果开发项目、2006—2008年实施的重庆"百万吨"柑橘产业化项目和2009—2012年实施的绿化长江经果林项目等发展，2018年，拥有种植面积3.5万亩，产量2.45万吨，主要种植的品种有华盛顿脐橙、纽荷尔脐橙、华红脐橙、清家脐橙等。1993年，引入涪陵地区沿江乡镇种植的涪陵脐橙，通过地产劣质柑橘园高换加快发展；2000年，已建基地1.5万亩，产果0.7万吨；2003年，进入盛产，年产达1.5万吨以上。涪陵脐橙注册"鹅冠"牌商标，其果形椭圆，色泽橙红，脆嫩化渣，具香气，可溶性圆形物11%以上，单果均重300克以上，2000年，获"重庆名果"称号。运用"公司＋农户"的新型农村经营模式，发展壮大品牌经济。

四、分布区域

"涪陵脐橙"地理标志商标保护范围为珍溪镇东桥、西桥、三角等28个行政村。

五、产地环境

（一）地貌土质

涪陵区地处重庆市中东部，区内地形复杂，地貌多样，可分为沿江丘陵低山区、坪上低山带坝区和后山区，被长江、乌江河谷横断为江东、江北、江南三大片。长江沿岸土壤多为紫色沙壤土，pH～8.5，多为pH6～7，土壤矿物元素多，经过长期耕作熟化，土壤肥力较高，生产潜力巨大。

（二）气候条件

气候属中亚热带湿润季风气候，气候温和，雨量充沛，立体气候明显；常年平均气温18.1℃，一月平均气温7.1℃，极端最高温42.2℃，极端最低温−2.7℃，≥10℃积温为5 719℃，无霜期317天，年降水量1 072毫米，年均日照时数1 248小时，空气相对湿度79%。属于最适宜柑橘生长的区域。

六、生产技术

（一）产地要求

涪陵区长江两岸沿江丘陵低山区海拔高度在500米以下，土壤质地良好，疏松肥沃，土层在60厘米以上，有机质含量1.5%以上，地下水位1米以下，土壤pH6.0～7.5的土地均可种植柑橘。

（二）主导品种

华盛顿脐橙、华红脐橙、纽荷尔脐橙、清家脐橙等。

（三）栽培技术

1.苗木质量
苗木质量按《柑橘嫁接苗》（GB/T 9659—2008）执行。全部采用脱毒容器苗。

2.栽植时间
一般在2—3月春梢萌芽前或9—10月秋梢老熟后栽植。

3.栽植密度
按1亩栽植的永久植株数计，甜橙类和杂柑以42株为宜，株行距4米×4米；柚类33株为宜，株行距4米×5米。

4.定植。
栽植密度按1亩栽植的永久植株数计，一般以33～55株为宜，株行距（3～4）米×5米。

5.栽植
栽植穴长宽深均为60～100厘米，每穴施有机肥30～50千克，或腐熟人畜粪25千克以上。将肥料与土混匀，填入地平面30厘米以下，回填后定植墩高于地平面20厘米以上。清除苗木嫁接膜，适度修剪苗木的根系和枝叶，剪去过长主根（留15～20厘米）、伤根和幼嫩的晚秋梢，将苗木根部放入穴中央，舒展根系，扶正，边填细土边轻轻向上提苗、踏实，使根系与土壤密接。填土后在树苗周围做直径1米的树盘，浇透定根水，覆细土。栽植深度以苗木根颈露出地面为宜。定植后1个

月内不施肥，需勤浇水，干旱季节或地区，灌水后树盘可覆盖薄膜、秸秆、杂草或秕壳以保墒。

6．覆盖培土

高温或干旱季节，建议树盘内用秸秆等覆盖，厚度10～15厘米，覆盖物应与根颈保持10厘米左右的距离。冬季中耕松土后培土。可培入塘泥、河泥、沙土或柑橘园附近的肥沃土壤，厚度8～10厘米。

7.中耕除草

可在夏、秋季和采果后中耕除草，每年中耕3～4次，保持土壤疏松无杂草。中耕深度8～15厘米，坡地宜深些，平地宜浅些。雨季不宜中耕。

8.科学施肥

应多施有机肥，合理施用无机肥。根据土壤和叶面营养诊断结果配方施肥。施用的肥料应为农业行政主管部门登记或免于登记的肥料，限制使用含氯化肥。厩肥等有机肥需要充分腐熟。

土壤施肥可采用环状沟施、条沟施和土面撒施等方法。在树冠滴水线处挖沟（穴），深度20～40厘米。有微喷和滴灌设施的柑橘园可灌溉施肥；叶面追肥应在不同的生长发育期进行，选用不同种类的肥料。春梢抽发期、花期以喷施硼、锌、锰为主，其他时期以缺补缺，以满足树体对营养的需求；幼树施肥应勤施薄施，以氮肥为主，配合施用磷、钾肥。春、夏、秋梢抽生期施肥4～6次，顶芽自剪至新梢转绿前根外追肥；结果树的施肥量为产果100千克施纯氮0.7～1.0千克，氮、磷、钾比例以1：（0.5～0.8）：（0.8～1.0）为宜。

9.整形修剪

主要树形为自然开心形，主枝（3～4个）在主干上的分布错落有致。主枝分枝角30°～50°，各主枝上配置副主枝2～3个，一般在第三主枝形成后，即将中央干剪除或扭向一边作结果枝组。幼树期，以轻剪为主；初结果期，继续选择和短截处理各级骨干枝延长枝，抹除夏梢，促发健壮秋梢；秋季对旺长树采用环割、断根、控水等促花措施；盛果期，及时回缩结果枝组、落花落果枝组和衰退枝组。

10.疏果套袋

人工疏果分2次进行。第一次在第一次生理落果后，只疏除小果、病虫果、畸形果、密弱果；第二次在生理落果结束后，根据叶果比疏果。果实套袋一般在生理落果后6月下旬至7月上旬进行，套袋前必须防治病虫，选用抗风吹雨淋、透气性好的柑橘专用单层纸袋。果实采收前半个月解袋。

11.病虫害防治

以农业和物理防治为基础，生物防治为核心，科学使用化学防治技术，有效控制病虫危害。农业防治首先要选用抗病品种、砧木；其次要加强田间管理，科学施肥，增强树势，通过综合农业措施，提高树体自身抗病虫能力，抑制或减少病虫害的发生。

12.安全要求

农药、化肥等的使用必须符合国家的相关规定，不得影响食品安全和污染环境。

（四）果实采收

鲜销果要求果实正常成熟，表现出品种固有的品质特征（色泽、香味、风味和口感等）时采收。贮藏果比鲜果宜早7～10天采收，加工用果要充分成熟后采收。采收前15天内，应停止灌水、喷水。避免在雨天、雾天采果。采用"一果两剪"法采果，轻拿轻放，减少果实伤口，降低腐烂率。禁止使用有毒、有害药品处理果实。

七、标志使用

"涪陵脐橙"为地理标志证明商标，该商标所有权归涪陵区珍溪镇农业服务中心。该地理标志证明商标保护范围内的生产者，可向涪陵区珍溪镇农业服务中心提出申请，由涪陵区珍溪镇农业服务中心监督使用。

第十一节 长 寿 柚

长寿柚，原名长寿沙田柚，重庆市长寿区特产，获得"中华名果"荣誉称号和农产品地理标志登记保护、注册地理标志商标。长寿柚自清光绪十三年（1887年）从广西容县引入至今，有120余年历史，经过引种变异、科学管理、改进提高，赢得了"源于沙田、优于沙田"的美誉，长寿柚是长寿区最具影响力和美誉度的大宗特色果品，也是重庆市农特产品中的一张水果名片。

一、品质品牌

（一）品质特点

长寿柚11月中旬后成熟，橙黄色艳，形似葫芦（表4-1-30），脆嫩化渣、醇甜如蜜，汁多味浓，沁人心脾。富含糖、矿物质、有机酸和多种维生素（表4-1-31）。富含的维生素C（抗坏血酸）高于梨、苹果5～20倍，具润肺、止咳、平喘的功效，对便秘和脑血管疾病患者有特殊疗效，经常食用可延年益寿。

表4-1-30　长寿柚外形特色

项目	指标
果形	葫芦形
色泽	果皮橙黄色
果面	较光洁
果肉	脆嫩化渣、醇甜如蜜，食之汁多味浓

表4-1-31　长寿柚理化指标

项目		指标
可溶性固形物/%		≥13
100毫升果汁	糖/克	7.3
	脂肪/克	0.6
	碳水化合物/克	12
	粗纤维/克	0.2
	无机盐/克	0.4
	钙/毫克	24
	磷/毫克	15
	铁/克	0.2

（二）品牌荣誉

长寿柚所获荣誉见表4-1-32。

表4-1-32　长寿柚所获荣誉

年份	荣誉	颁证单位
1978	被列为世界先进柑橘品种	全国柑橘科学大会
1986	参展35个品种中8个"最感兴趣的品种"之一	第一届国际植物新品种展览会（日内瓦）
1986	第一届全国优质水果评选同类果品第一名，荣膺金杯奖	农牧渔业部
1989	第二届全国优质水果评选同类果品第一名，荣膺金杯奖	农牧渔业部
2001	第四届中国国家农业博览会金奖	中国国际农业博览会组委会
2009	成功注册地理标志商标	国家工商行政管理总局

二、历史渊源

长寿柚原产于广西容县沙田乡。清光绪年间，长寿县合兴乡人孔合清出任广西苍梧巡按史，从广西引入果实种子200余粒到长寿县合兴乡，播种后得苗10余株。数年后结果，有4株树所产的果实品味优美，随即将4株优良树上的大枝用筒压法加以繁育。因其味美、耐储，引起县邑乡绅的关注，成为长寿县的名贵土特产。孔合清、孔庆翼父子在引种和试种成功之后，李其章对长寿柚栽培技术有重大突破，很受同行推崇，在当时有"种橙之法，最为精详"的评价，为长寿柚奠定了技术基础。从孔合清引种开始，到中华人民共和国成立，约有60年时间，是长寿柚发展的奠基时期。这个阶段，长寿柚完成了栽培技术成熟和果品品质提升两大任务，实现了从广西沙田柚到长寿柚的转变。

三、生产发展

长寿柚经百年的繁育栽培，种植面积已达9.8万亩，年产量6万吨以上，年产值6.7亿元，是重庆市种植规模最大的柚类品种之一。随着科学管理水平的不断提高和无公害生产技术的推广，长寿柚在产量、品质方面再上新台阶，成为长寿独特的名优农产品和群众增收致富的支柱产业。长寿区是农业部、国务院三峡工程建设委员会办公室制定的《沙田柚优势区域发展规划》和2001年《重庆市百万吨优质柑橘产业化工程规划》的重要项目区。

四、分布区域

长寿柚主产区分布在邻封、但渡、长寿湖、葛兰、云台、龙河、石堰、新市等10个镇（街道），尤以邻封镇品质最佳。

五、生态环境

长寿柚产区土壤质量、空气质量符合国家相关标准，是长寿柚生长发育的最适宜环境。

（一）地貌地质

长寿区地处四川盆地东部平行岭谷褶皱低山丘陵区、重庆腹心，襟长江而临主城，全境山区约占总面积的18%，深丘占35%，浅丘占42%，江湖水面占5%，海拔多在300米以上，低山一般海拔500～900米。

（二）气候条件

长寿属中亚热带湿润季风气候，四季分明，气候温和，冬暖春早，初夏多雨，常年平均气温17.68℃、降水量1 162.7毫米、无霜期360天，绝大多数年份极端高温38℃，极端低温0℃，平均相对湿度80%，气候最适宜柑橘类果树的生长，是长江三峡柑橘带的重要组成部分。

六、生产技术

（一）产地条件

年均温度17.6～18.2℃，年雨量990～1 140毫米，年日照1 164～1 333小时，河谷、平坝、丘陵地区，海拔180～674米，土壤沙溪庙组、遂宁组、蓬莱镇组，厚度40～70厘米，pH6.5～8.3，有机质含量1%左右，是长寿柚生长的最佳环境。

（二）主导品种

长寿柚品种包括古老钱、薄皮、菊花星、冬瓜圈、赖格宝、沙橙。以古老钱最具代表性。

（三）种植技术

1.苗木繁育

以酸柚做砧木，从无检疫性病虫害的母株上采集接穗、嫁接繁育。

2.定植

春季定植时间为2月下旬至3月底，秋季为9月中旬至10月中旬，每亩18～20株。

3.肥、水管理

（1）施肥管理技术。施肥的目的在于迅速扩冠，培育足够数量的春梢母枝，促进早日投产见效。定植后2～3年内，以氮肥为主，每1～2个月施肥1次，并注意冬夏深施，逐步引根深入，扩大根系吸收面，促进地下部分和地上部分的平衡生长。

定植2～3年后，逐渐增施磷、钾肥，促进花芽分化，提早结果。

试花结果后，继续控制氮、磷、钾的施用比例，促发春梢，尽量抑制夏秋梢的抽发，同时加大有机肥，特别是酸性肥料的施用量，以不断改良土壤和提高果实品质。

（2）土壤水分管理。自7月初第二次生理落果后开始迅速膨大，而7—8月正值长寿地区高温伏旱时期，蒸发量达438.8毫米，为同期降水量241.6毫米的1.8倍。及时灌水，对于提高沙田柚产量和质量尤为重要，一般连晴5～7天要求灌透水1次。采果后和春梢抽发前，土壤田间持水量低于60%，视降水情况决定灌水，对于恢复树势、促发春梢也至关重要。

4.整形修剪

（1）定植后1～3年内。培育3～5个合理的主枝，并尽量促发春、夏、秋3次梢的抽发，以期迅

速形成结果树冠。

（2）定植3年后。逐渐短截中央延长枝，疏删过密的主枝和副主枝，改善树冠内部的通风透光条件，同时环割生长过旺的主枝或副主枝，促2～3年生春梢转化为结果母枝。

（3）试花结果后。除通过肥水管理控制夏、秋梢的抽发外，应及时抹除夏、秋梢或冬季短切秋梢，确保树冠的扩大与产量的增长。

5.保花保果

（1）人工辅助授粉。在长寿柚花蕾刚刚开放或含苞待放的时候，用手撕开花瓣，用毛笔或棉球蘸上事先准备好的授粉品种的花粉，点授于长寿柚花柱柱头上，可提高坐果率。

（2）高接授粉枝。在定植时按10%比例配置授粉树，代替人工辅助授粉，提高长寿柚产量，减小劳动强度。

（3）在花蕾期和初花期喷0.2%～0.1%的硼砂或硼酸，既能提高坐果率，增加产量，又能减少畸形果，提高果实品质。在花后至第二次生理落果前，用50微升/升的赤霉素溶液，喷射或涂果梗，均能减少落果，提高产量。

（4）合理疏花、疏果。长寿柚花多，结果成串，且畸形花比例较大，适时疏掉畸形花、畸形幼果及过多的幼果，每个花序枝保留1～2果，方能培育出果子大、产量高、质量好、效益佳的长寿柚产品。

（四）采收

适时采收，正常采收时间在11月中旬后。

第十二节　梁平柚、梁平虎城尖柚

　　梁平柚，重庆市梁平区特产，中国三大名柚之一，地理标志产品，系独具浓烈蜜香、纯甜嫩脆特色的柚品种，是中国柚类中平顶型柚的代表品种。梁平虎城尖柚属于沙田柚品种系列，已有上百年的栽培历史，果汁多，果肉酸甜可口。

一、品质品牌

（一）品质特点

　　梁平柚单果重800～1 500克，果实高肩平顶，形状美观。色泽橙黄，皮薄芳香，是全国柚果外香型最香的柚类品种。果肉纯甜、细嫩化渣，果皮富含香精油、果胶等物质。具有止咳、化痰、治疗便秘等多种保健功能，素有"天然罐头"之美称。

　　梁平虎城尖柚平均单果重1 000～1 500克，具有外形美观、油胞细腻、皮薄肉厚、颗粒饱满等特点，汁多化渣、酸甜爽口、幽香绵长、回味无穷（表4-1-33）。虎城尖柚富含较高的糖和维生素、胡萝卜素及人体所需的矿物质磷、镁、钾、锌、硒。具有止咳、平喘、润肺及健胃、清肠、养颜等功效。

　　梁平柚、虎城尖柚理化指标见表4-1-34。

表 4-1-33　梁平柚、虎城尖柚外形特色

项目	指标	
	梁平柚	虎城尖柚
果形	果实呈扁圆形，平顶，果形端正	果形端正，果实呈圆锥形，似子弹头
色泽	橙黄色	橙黄
果面	光滑、清洁	光滑、清洁
油胞	油胞较细	油胞细腻
果皮	芳香浓郁	皮薄而清香
果肉	纯甜、细嫩化渣、微带苦麻	果汁多，果肉厚，酸甜

表 4-1-34　梁平柚、虎城尖柚理化指标

检测项目、参数	规范规定值
可溶性固形物 /%	≥9.0
固算比 /%	≥15∶1
可食比 /%	≥55.0

（二）品牌名誉

梁平柚、虎城尖柚获得认证及荣誉称号见表 4-1-35。

表 4-1-35　梁平柚、虎城尖柚获得认证及荣誉称号

年份	认证及荣誉称号	颁证单位
2008	梁平柚获农产品地理标志登记证书	农业部
2010	梁平柚注册地理标志商标	国家工商行政管理总局商标局
2012	虎城尖柚注册地理标志商标	国家工商行政管理总局商标局
2016	梁平柚获全国"一村一品"十大知名品牌第一名	农业部
2017	梁平柚获生态原产地产品保护证书	国家质量监督检验检疫总局

二、历史渊源

梁平柚栽培历史悠久。据四川省档案馆资料和《梁山县志》记载，梁平柚系清乾隆末期，由乾隆五十七年（1792年）进士，任福建省某县知县的梁山人刁思卓氏引进，植于梁平县梁山镇内。在特有的自然条件的影响下，优变而成现在的品种。通过每年采柚节"柚王"评选等活动，选育果大、形正、瓣型整齐、无核、优质丰产的优良单株，先后选育出98-8、98-10、龙滩405、福禄64、福禄203、园艺场77-1和"柚王树"等一大批优选单株，作为品种资源繁育，为梁平柚产业发展提供优质良种苗木。同时，对祖先遗留的"百年老柚树"挂牌保护。梁平县质量技术监督局2013年10月1日批准修订

《梁平柚生产技术规程》地方标准（DB500228/T 001—2013）从2013年10月1日起实施，并由重庆市质量技术监督局备案。

虎城尖柚属于沙田柚品种系列，在梁平已有上百年的栽培历史。清嘉庆十三年（1808年）版《梁山县志》，1985年、2005年版《梁平县志》和2011年版《梁平年鉴》均有记载。1998年，获"重庆市十大名柚"称号，1999年，获全国第六次柚类评比"金杯奖"的梁平蜜柚就是从虎城尖柚中选育出来的。

三、生产发展

梁平柚作为重庆梁平区特色水果，经过梁平人民和政府不懈努力发展，已成为梁平农业中的优势特色产业。梁平柚产业发展建设始于20世纪80年代。1985年，梁平县委、县政府为发展"三高"农业，梁平县人大作出了在全县发展、建设梁平柚生产基地10万亩，500万株的决议。从此，梁平柚生产基地建设取得长足的发展，每年以栽植梁平柚苗100万株的速度推进。到1992年，梁平县共栽植梁平柚苗540万株，基地面积达10.8万亩。1995年，梁平县人大作出了"关于推进梁平柚产业化建设进程"的决议，使梁平柚生产工作从"重栽"转移到"重管"上来，产量迅速增长，由原来的750吨上升到1.5万吨。1998年10月，重庆市首届名柚展评会在梁平召开，梁平柚、梁平虎城尖柚获得"重庆市十大名柚"称号。2006年，梁平县新植枳砧虎蜜柚苗250余万株，2万余亩。梁平县柚子生产基地面积达13万亩，800万株。

2017年年底，梁平区柚子基地面积达15万亩，产量达9万吨，产值3.5亿元，成为全区农业特色产业。梁平区33个乡（镇、街道），有30个镇、乡盛产梁平柚。在发展中，建设有20万株柚树以上的基地镇、乡20个，其中合兴镇、荫平镇栽植柚树近100万株。有5万株柚树以上的专业村100个，人平有柚树100株以上的科技示范户1 000户。实施"万亩名柚园""梁平柚标准园"示范工程建设。建设"万亩名柚园"5 000余亩，建设梁平柚标准园2万亩，并建成部分"猪—沼—果"肥水一体化、生态化、休闲观光等各种模式示范园。虎城尖柚种植面积8 200余亩，种植户达5 000余户，年产量达1万吨以上，产值达3 000万元以上，产品畅销重庆及全国各地。

按照农业部无公害柚类标准生产，推广"树开窗、园生草、有机肥、生物药、疏小果、套果袋、杀虫灯、挂树藏"8项无公害柚类标准化生产技术，严格控制施用化肥、禁止使用高毒、高残留农药，实行规范的商品化清洗、分选和包装处理，让消费者吃上放心农产品。

四、产区分布

梁平柚的地理标志保护区域范围为重庆市梁平区辖33个镇（乡）315个村。地理坐标为东经107°24′—108°05′，北纬30°25′—30°53′。

梁平柚地理标志产品保护范围内的生产者，严格按照《梁平区柚类品牌管理办法》，签订协议，统一授权使用。各营销主体须征得授权同意后方能使用。并严格执行"统一采摘时期、统一品牌、统一包装、统一质量标准、统一最低保护价、统一溯源和开拓市场""六统一"标准。梁平柚的法定检测机构由重庆市梁平区质量技术监督局负责指定。

五、产地环境

（一）地貌土质

梁平地貌由于受地质构造、地层分布和岩性的控制，以及受水文作用的影响，呈现"三山五岭，两槽一坝，丘陵起伏，六水外流"的自然景观，形成山、丘、坝兼有而以山区为主的特殊地貌。境内有东山、西山和中山，均呈北东走向，平行排列，互不衔接。丘陵区土壤为红棕紫泥土，平坝土壤为水稻土，低山区土壤为山地黄壤土。土壤pH6.0～7.5，土壤中氮、磷、钾含量丰富，肥力中等偏上。

（二）气候条件

梁平属于四川盆地东部暖湿亚热带气候区域。季风气候显著，四季分明，气候温暖，雨量充沛，日照偏少。主要特点是：春季气温不稳定，初夏多阴雨，盛夏炎热多伏旱，秋多绵雨，冬季暖和，无霜期较长，湿度大，云雾多。常年平均气温16.6℃，年均相对湿度为83%，常年平均日照为1336小时。为梁平柚生长提供了得天独厚的立体气候。

（三）水资源

梁平处于长江干流与嘉陵江支流渠河的分水岭上，地势高于四周。区内主要河流有高滩河、波漩河、新盛河、普里河、汝溪河、黄金河共6条，支流384条，全长809千米。全流域水质清澈，无大型污染源，为梁平柚提供生长所需的丰富、优质的水资源。

六、生产技术

（一）主导品种

梁平柚（全国三大名柚之一）、梁平虎城尖柚。

（二）立地条件

梁平柚地理标志产品保护范围内海拔≤500米，土壤质地为黏土、壤土、砾石土、沙壤土，土层厚度60厘米以上，pH6～7.8，有机质≥0.9%。

（三）栽培技术

1.苗木繁育

以酸柚、枳壳、枳橙做砧木，从无检疫性病虫害的母株上采集接穗、嫁接繁育。

2.定植

春季定植时间为2月下旬至3月底，秋季为9月中旬至10月中旬，每公顷定植株数≤630株。

3.肥水

每公顷年施有机复混肥≥1 200千克。

4.整形修剪

通过修剪，使树体通风透光。

5.环境、安全要求

农药、化肥等的使用必须符合国家的相关规定，不得污染环境。

（四）采收

"霜降"至"冬至"期间为采收时期。

第十三节　垫　江　柚

垫江柚，主要包括垫江白柚、垫江晚柚两大品种。垫江白柚又名黄沙白柚，从垫江本土黄沙乡黄沙村曾家湾实生柚中选出，是垫江的名、特、优果品。垫江白柚已注册地理标志商标并登记为农产品地理标志，以果大色艳、汁多味浓、脆嫩化渣、甜酸适度、品质优良而闻名全国，距今已有180多年的栽培历史。垫江晚柚，又名徐家白柚，有150余年的栽培历史，是全国唯一的晚熟柚类品种，以果

艳汁多、细嫩化渣、味甜爽口、晚熟耐储而深受广大消费者喜爱。

一、品质品牌

（一）品质特点

垫江白柚果倒卵圆形，果顶略圆，微具凹环，果蒂周围有4～5个放射状沟纹。果面较粗糙，淡黄色，蜡质厚，光泽度好。皮厚，包着较松，稍易剥皮，瓤瓣8～12不等，肾脏形，成熟时瓤瓣易开裂。汁胞肥大、长纺锤形、黄白色，汁多味浓、脆嫩化渣、甜酸适度、品质上乘。根据1999年农业部柑橘及苗木质量监督检验测试中心测定：单果重1 250克，每100毫升果汁含总糖8.55克、总酸0.72克、维生素C 55.48毫克，且富含钙、铁、锌、钾及维生素B、维生素B_1等营养成分。每年10月底至11月初（即"霜降"后）成熟。贮至春节，风味尤佳。据国内外医学专家检验，该柚果具有健脾、化痰、理气、解酒、祛乏、除风、消痛等功效，对肥胖病、糖尿病患者非常适用，被誉为"绿色食品""保健食品"。

垫江晚柚果实倒卵圆形，果面黄色，皮薄心大，瓤瓣肾形，汁胞白色，脆嫩味浓，酸甜爽口，成年树株产30～40个，最高单产达250个；垫江晚柚营养丰富，果实大，平均单果重1 020克，最大单果重1 500克；果面黄色，较光滑，油胞稀大；果阔卵圆形，果形指数0.9～1.0；果蒂有放射状沟纹，果顶平圆，凹入浅，花柱脱落痕迹明显（表4-1-36）。2011年，重庆市农业科学院果树研究所测定：果皮厚1.7～2.4厘米，海绵层软，柱心充实，囊瓣16～18瓣，不开裂，汁胞黄白色，披针形，种子多达171粒，可食率46.3%，单糖3.17克/100毫升、双糖6.25克/100毫升、全糖9.42克/100毫升、柠檬酸0.96克/100毫升、糖酸比9.8、固酸比10.8、维生素C 32.96毫克/100毫升、可溶性固形物11.2%，质脆，化渣，汁多，味较浓；成熟期为12月下旬至次年1月（表4-1-37）。据国内外医学专家检验，该果具有健脾、化痰、理气、解酒、祛乏、除风、消痛等功效，对肥胖病、糖尿病患者非常适用，被誉为"绿色食品""保健食品"。柚果12月下旬至翌年1月上旬成熟，较垫江其他柚类成熟期晚2个月，而且通过简易的储藏，至次年5月仍保持新鲜，不枯水、粒化，风味更佳。垫江晚柚为名副其实的"天然罐头"，是重庆市自主培育的首个晚熟柚类新品系。

表4-1-36　垫江柚外形特色

项目	指标	
	垫江白柚	垫江晚柚
果形	倒卵圆形，果顶略圆，微具凹环	倒卵圆形，果阔卵圆形
色泽	淡黄色、光泽度好	黄色、较光滑

（续）

项目	指标	
	垫江白柚	垫江晚柚
果面	较粗糙，蜡质厚	果蒂有放射状沟纹，果顶平圆，凹入浅，花柱脱落痕迹明
油胞	汁胞肥大、长纺锤形，黄白色	油胞稀大、汁胞黄白色
果皮	皮厚，包着较松、稍易剥皮、芳香浓郁	果皮厚，清香
果肉	纯甜、细嫩化渣、微带苦麻	果汁多，果肉厚、酸甜

表4-1-37　垫江柚理化指标

项目	参数	
	垫江白柚	垫江晚柚
可溶性固形物/%	12	11.2
固酸比/%	12～15.5	10.8
可食部/%	51.3	46.3
果汁率/%	40.7	

（二）品牌名誉

垫江柚所获荣誉见表4-1-38。

表4-1-38　垫江柚所获荣誉

年份	荣誉	颁证单位
	垫江白柚	
1979	全国柚类鉴评名列第一	中国农业科学院柑橘研究所
1986	获"优质果品"称号	四川省农牧厅
1989	获"优质果品"称号	农业部
1995	第二届中国农业博览会金奖	第二届中国农业博览会组委会
1997	成功注册"白柚王"商标	国家工商行政管理总局
2001	第三届中国国际农业博览会名牌产品	第三届中国国际农业博览会组委会
2001	获"重庆名牌农产品"称号	重庆市农业局
2014	"垫江白柚"注册为地理标志商标	国家工商行政管理总局
2014	登记为农产品地理标志	农业部
	垫江晚柚	
1989	获"优质水果"称号	农业部
1995	第二届中国农业博览会金奖	第二届中国农业博览会组委会

（续）

年份	荣誉	颁证单位
2001	第三届中国国际农业博览会名牌产品	第三届中国国际农业博览会组委会
2012	重庆市晚熟柑橘节金奖	重庆市政府、中国柑橘学会2012中国（重庆）晚熟柑橘节组委会

二、历史渊源

垫江白柚栽培历史悠久，1830年，从黄沙乡黄沙村曾家湾实生柚中选出。《尚书·禹贡篇》中有关于柚的记载，并定为当地交纳的贡品。垫江县第一部县志《食货志》中有对"柑子"的记载，道光年间（约1844年）的《县志》将"柑子"称为柚，而民间仍称"柑子"或"橙子"，一直沿用至今。中国著名果树专家章恢志教授在1936年编写的《中央大学果树栽培讲义》中，对垫江白柚品质作了极高的评价，1959年，在韩友伦编写的《柚》一书中，垫江白柚已作良种介绍，《辞海》《农业辞典》《四川柑橘》《四川果树良种图谱》《果树栽培学各论》及全国大专院校果树栽培教材等多种书籍都把垫江白柚作为良种介绍。20世纪90年代，中国柑橘研究所所长沈兆敏等有关教授、专家亦先后数次到垫江考察，均对垫江白柚给予了高度评价。垫江白柚多年来一直是贡品、礼品，20世纪90年代后逐渐成为产品、商品。

垫江晚柚又名徐家白柚，旧时被奉为"圣果"，确切的栽培历史已有170余年，徐家白柚发源于垫江县杠家镇凉水村巴蕉湾。据村民徐申策介绍：其祖父徐克斗的祖父从高安镇黑沟引进2株实生柚子树，种下几年后结出的柚子风味好、产量高，村民便采用高空压条繁殖，经过几代人的栽培驯化，得到徐家白柚，种植面积不断扩大。徐家晚柚是全国名柚，有"晚熟柚王"之称，深受广大消费者青睐。

三、生产发展

20世纪90年代前，垫江白柚栽植密度稀，果树年龄老，果实品质好，成片栽植的少，零星栽植多，以庭园栽培为主。90年代后，垫江白柚的种植范围覆盖垫江县各乡镇，主产区为黄沙、长龙、杠家、永安、大石、高安、高峰等乡（镇），栽植密度较大，树龄较年轻，成片栽的多，庭园栽植也多，栽植面积逐年增加，到2018年，垫江白柚种植面积15万亩，年产量15万吨。

垫江晚柚是重庆境内唯一一个晚熟柚品种，"谷雨"后开花，至翌年2月成熟。主要分布在垫江境内龙溪河和大沙河沿途的杠家镇，以及高峰、黄沙、高安、永平、包家、砚台、五洞等乡（镇）。2016年，垫江开始走晚柚一、二、三产业融合发展创业创新之路。走"公司＋合作社＋农户"的产、供、销分工合作之路，举办采摘节，推广品牌。2018年，垫江县政府下发《晚柚产业发展实施方案》，壮大垫江晚柚，实施柑橘产业与周边地区错位发展、错季发展，推进农业供给侧结构性改革，旨在发挥地方特色产业优势，打造农业区域品牌，提升农业知名度和影响力促进农民增收、推进乡村振兴。2018年，垫江晚柚种植面积达1万亩，产量1.5万吨，产值9 000万元。

四、分布区域

垫江柚种植区域地理坐标为东经107°13′—107°40′，北纬29°38′—30°31′。

垫江白柚分布在垫江县所辖的桂溪、新民、沙坪、周嘉、普顺、永安、高安、高峰、五洞、澄溪、太平、鹤游、坪山、砚台、曹回、杠家、包家、白家、永平、三溪、裴兴、大石、长龙、沙河、黄沙25个乡（镇）海拔高度600米以下的河谷、平坝、丘陵地区，以黄沙、永平、周嘉、长龙、杠家、曹回等乡（镇）为主要生产区。

垫江晚柚主要种植区域：核心区为以田园综合体建设为依托，打造垫江晚柚生态田园区，涵盖高安镇、高峰镇、长龙镇的15个村（社区）。重点区为龙溪河、大沙河沿线和核心区周边区域，打造龙溪河流域垫江晚柚生态经济带，涵盖11个镇、76个村（居）委。

五、产地环境

（一）地貌土质

垫江县地处华蓥山脉东部，地貌以丘陵为主。东西部山岭耸峙，山间槽地交错；中部高滩河纵贯县境，溪河、小沟冲、平坝镶嵌其中。

（二）气候条件

垫江县属亚热带湿润季风气候，气候温和，雨量充沛，四季分明。春早，冷暖多变；夏热，常有干旱发生；秋凉，多连绵阴雨；冬冷，无严寒。年平均气温17.0℃，无霜期289天。为柚的生长提供了得天独厚的立体气候。

（三）水资源

垫江县内流域长5千米以上的河流有41条，流域面积100平方千米以上的有5条。丰富、优质的水资源能够满足优质柚的生长要求。

六、生产技术

（一）垫江白柚

1. 栽培技术

（1）土壤管理。第一，深翻熟化。一般在9—10月或次年2—3月，采取壕沟式、环状式和爆破式深翻熟化土壤。深翻深度60～80厘米，结合压埋绿肥、稿秆、土杂肥等。第二，中耕除草。果园一年中耕3～4次，保持果园土壤疏松无杂草，中耕深度20厘米左右，树干周围要浅耕。第三，覆盖与培土。高温干旱季节以稿秆或杂草树盘覆盖，厚度10～15厘米，覆盖物与主干保持10厘米左右的距离。培土在冬季或高温干旱季节前进行。提倡生草栽培，并适时收割以覆盖果园或压青。第四，合理间作。果园内严禁种植玉米、小麦等高秆藤蔓作物，提倡种植豆类、花生、海椒等蔬经作物和使用绿肥，砍掉园内杂树，让果树充分透气透光。

（2）肥水管理。垫江白柚属于高大常绿乔木，树大、根深、叶茂，需肥、需水量大，必须施大水、大肥，增施有机肥，合理施用化肥。

①幼树施肥：幼树根浅、吸肥力弱，应掌握肥水兼顾，勤施、薄施、浅施的原则，每年施肥4～7次。

②成年树施肥：一般每年应施3～4次，以优质、高产、稳产为目的。

萌芽肥：一般在2月下旬至3月上旬，以速效氮磷钾肥为主，占全年施肥量的30%左右。

稳果肥：5—6月花谢后，多采用叶面施肥，可喷0.3%磷酸二氢钾铵加0.3%尿素，施肥量占全年的5%左右。

壮果肥：6月下旬至7月上中旬，以速效磷、钾肥配合有机肥施用，施肥量占全年35%左右。

采后肥：10月下旬至11月下旬，以有机肥、氮磷钾复合肥为主。施肥量占全年的30%左右。

③根外追肥：在不同的生长发育期，选用不同的肥料种类根外追肥，以补充树体营养或矫治缺素症。采果前20天停止根外追肥。

④水分管理：垫江常有春旱（2—3月）和伏旱（7—8月），要注意灌水，最好是清粪水，沟灌、穴灌、滴灌、漫灌均可。5—6月和9月雨水偏多，低洼地易积水，导致烂根和脚腐病发生，应注意理沟排水。

（3）整形修剪

①整形：垫江白柚以自然开心树形为好。主干高35～50厘米，主枝3～5个，一般第一层3个，第二层2个。要求主枝角度50°左右，错落着生，分布均匀，层间距60～80厘米；每个主枝错落选配2～3个副主枝，副主枝间距50～40厘米，每个副主枝错落选配2～3个侧枝。侧枝间距40～30厘米，在侧枝上配多、齐、壮的枝组。形成早结、丰产、紧凑型树冠。整形最宜在苗期和幼树期进行。

②修剪：分冬剪和夏剪，夏剪在生长期进行，冬剪在采果至春梢萌发前进行。以冬剪为主，夏剪为辅。修剪的基本方法是疏剪、短切和回缩。根据树势和枝条情况选用。修剪方式视幼树、结果树、成年树、衰老树等而不同。

（4）病虫防治

①主要病害：垫江白柚的主要病害有脚腐病、流胶病和炭疽病、煤烟病、疮痂病。

②主要虫害：垫江白柚的主要虫害有螨类、蚧壳虫类、叶甲类、吉丁虫类、天牛类、潜叶蛾、蚜虫、凤蝶、花蕾蛆、卷叶蛾等。

③清园：冬季翻土、修剪、排灌水、控梢等，减少病虫源，加强栽培管理，增强树势，提高树体自身抗病虫能力。采果修剪后，将果园的杂草、落叶、落果集中深埋或烧毁，全园喷洒1次石硫合剂。第四，采用生物防治、物理防治及其他防治技术。

（5）环境、安全要求。农药、化肥等的使用必须符合国家的相关规定，不得污染环境。

2.采收

"霜降"至"冬至"采收。

（二）垫江晚柚

1.培育良种壮苗

以酸柚为砧木，当年初春播种，4—5月排苗，采用稀窝排栽，每亩排栽2万株，秋季在生长健壮、无病虫害的成年投产徐家白柚树上，采集春梢作接穗，采用小芽腹接法嫁接，培育壮苗，次年秋季出圃，要求苗高60厘米，离地20厘米处直径0.5厘米以上，有1～2个分枝。

2.标准化建园

选择土层深厚、土壤肥沃、水源方便的地方建园。南北行向，按5米×4米的规格，亩栽34株，定植穴宽1.5米、深1.0米，每穴回填有机肥30～50千克（折合干物质），配套建设水池、道路等工程，每亩投入1 500～2 000元。

3.土肥水管理

果园投产前可间作矮秆蔬经作物，1年浅中耕2～3次，也可推广生草免耕栽培技术；施肥以勤施、薄施为主，1年施肥4～6次，即2、4、6、8、10月各施1次，促进柚树充分生长；投产后，1年施肥2～3次，即3、7、10月各施1次，促柚树开花结果及品质的提高。

4.整形修剪

针对晚柚幼树生长较直立的特性，幼树整形以拉枝为主，控冠压势，除萌、疏删为辅，尽量保留树冠内堂、下围枝，培养自然开心形树冠，提早结果；成年投产树以开"天窗""侧窗"为主，以剪除树冠顶及侧面大枝为主。

5.病虫防治

垫江晚柚的病虫害主要有红黄蜘蛛、橘蚜、矢尖蚧和烟煤病、流胶病等。

第十四节 丰都红心柚

丰都红心柚，重庆市丰都县特产。果肉色泽红艳，汁多，无核或少核，风味浓厚，品质优，口感好。丰都红心柚系 2006 年通过重庆市农作物品种审定委员会审定的地方优良品种。

一、品质品牌

（一）品质特点

丰都红心柚果实呈倒卵形或近圆柱形，果形指数 1.10～1.18，单果重 1 000～1 500 克（表 4-1-39）。丰都红心柚突出性状：色泽红艳，中果皮、囊瓣壁及汁胞浅红至粉红色，无核或少核，单性结实，成片栽培无核或少核，品质优良。中果皮、囊瓣壁、汁胞皆呈浅红至粉红色，囊瓣均匀，整齐，易分离，无核或少核，囊瓣较大、肾形，较整齐，酸甜适度，汁多化渣。

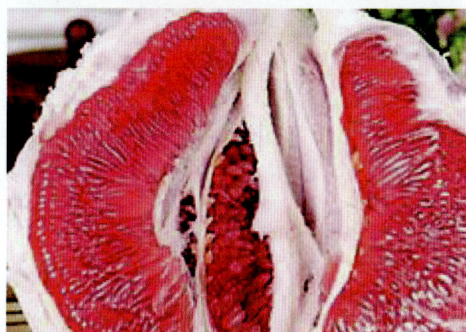

表 4-1-39　丰都红心柚外形特色

项目	指标
果形	倒卵圆形和近圆柱形
色泽	黄色或金黄色
果面	果面粗糙
果皮	厚，芳香浓郁
果肉	多汁，化渣

经农业部柑橘及苗木监测检验中心分析检测：总糖 9.37 克/100 毫升，总酸 0.73 克/100 毫升，可溶性固形物 10.2%，固酸比 15.34，维生素 C 52.18 毫克/100 毫升，可食率 55.5%，果汁率 58.0%（表 4-1-40）。果形端正、整齐、色泽艳丽，肉质红艳，脆嫩化渣、汁多，风味可口，综合评价为品质极优。

表 4-1-40　丰都红心柚理化指标

检测项目、参数	规范规定值
可溶性固形物 /%	77.2
糖算比 /%	9∶1
固算比 /%	≥13∶1
可食部 /%	55.5

（二）品牌名誉

丰都红心柚所获荣誉见表4-1-41

表4-1-41　丰都红心柚所获荣誉

年份	荣誉	颁证单位
2003	"最受消费者欢迎的产品"	重庆市名优农产品组委会
2005	"重庆名牌农产品"	重庆市农业局
2006	通过无公害农产品认定	农业部中国绿色食品发展中心
2008	重庆市红友王红心柚有限公司选送的丰都红心柚荣获年重庆市名优柑橘金奖	重庆市农业委员会
2010	"中国优质红心柚之乡""中华名果"	中国果品流通协会
2014	丰都红心柚现代农业示范园区成为第三批市级现代农业示范园区	重庆市农业委员会
2015	进出口货物报关注册登记证书	中国海关
	报检备案登记证明书	国家出入境检验检疫局
	重庆对外贸易经营者备案登记证	重庆市对外贸易经济委员会
	中国果品百强品牌	中国果品流通协会
2018	重庆首届柚博会"十大名柚"	中国·重庆首届柚博会组委会

二、历史渊源

丰都县种植红心柚始于20世纪20年代，盛于60年代，在碧溪河、渠溪河流域三元、双龙、青龙、崇兴等乡（镇）广泛栽植，其最早的种质资源由彭国珍的祖辈从彭水县引进，由于习惯上沿用实生繁殖，分化出良莠不齐的红心柚混杂类群。

1986年，丰都县农业局多种经营管理站技术人员在三元开展群众性柑橘选种工作时，根据农民提供的线索，观察鉴定三元镇庙坝村四社江廷培家植于房侧的一株红心柚：此株红心柚栽植于紫色石骨子土中，处于411米的海拔高度（年均温约17.1℃），当时（1986年）树龄11年生，于1975年秋栽植，系实生红心柚变异株，经现场鉴定，综合性状明显好于当地栽培的普通红心柚，遂作为母树标记，沿用选育地三元镇地名，初定名丰都三元红心柚。

1987—1995年，在不同海拔高度的生态条件下，建立5个高接换种试验点，此期间，在三元镇的庙坝、幺滩子、滩山坝村和双龙乡的关都坝、双龙场村建立5个酸柚砧无性系后代试验点。

从1996年开始，丰都县政府加大了对丰都三元红心柚的试验、研究力度，先后充实技术人员开展选育、试验研究工作。

1996—2000年，在与原产地相邻的6个乡（镇）建立12个无性系二代试验点。此后，对高换后代和无性系一代及二代的植物学特征、生物学特性、主要经济性状等进行系统观察鉴定。

2001—2006年，一方面抓规模开发，另一方面继续抓基础研究。对照普通红心柚，开展了丰都三元红心柚单性结实试验，试验结果表明，丰都三元红心柚单性结实能力强，自花授粉不孕，在成片栽培条件下果实无核或少核，而普通红心柚无此特征。华中农业大学采用薄层层析法、高效液相色谱法及液相色谱与二极管阵列检测器联用等方法，对其果实中的色素进行定性和定量分析，结果表明，丰都三元红心柚富含番茄红素和β–胡萝卜素，果肉因此呈粉红色。丰都县农业局技术人员对丰都三元红心柚生长发育动态进行研究，初步掌握了果实发育规律，在年生长发育过程中，果实生长出现3次生长高峰，分别在5月中旬、6月上旬至7月下旬和9月，果实内部发育前期以细胞分裂为主要特征，生长缓慢；第二个生长高峰主要为果皮增厚所致；第三个生长高峰以细胞膨大、风味形成为主，红色素形成始于7月上、中旬，9月中旬及以后含量基本稳定。

丰都三元红心柚中果皮、囊壁及汁胞为浅红至粉红色，富含番茄红素和β－胡萝卜素。据华中农业大学检测分析：丰都三元红心柚果肉中含番茄红素92.15微克/克，β－胡萝卜素27.33微克/克。番茄红素有许多生理活性功能，可以清除人体细胞内的自由基，因而具有抑癌、抗癌、软化血管、延缓衰老等作用，是近数十年国际、国内生物医学和医药保健领域的热门研究内容之一。

2006年，通过重庆市农作物品种审定委员会审定，正式将"丰都三元红心柚"命名为"丰都红心柚"。同年，由丰都县农业技术推广站与重庆市农业科学院果树研究所共同制订的《丰都红心柚标准》上升为农业部部颁标准。

2007年4月17日，农业部发布《丰都红心柚》（NY/T 1271—2007）农业行业标准，从2007年7月1日起实施。

三、生产发展

丰都红心柚经历了品种选育及品种特性研究（1986—1995年）、示范及推广（1996—2005年）、集约化及规范化栽培与品质提升（2006—2016年）3个发展阶段，至2017年，丰都县已有11个镇（乡、街道）、60多个村、300多个合作社、51 000多户种植丰都红心柚，种柚农户占全县总农户的1/4，种植面积7.21万亩，产量2.82万吨、实现产值2.45亿元。

1990年，丰都县与重庆市农业科学院果树研究所长期合作，提升红心柚品质。

为延长丰都红心柚产业链，龙头企业在丰都县水天坪工业园区征地50亩，规划建设年产1万吨原浆生产线1条，500吨果胶生产线1条，12吨（120万瓶、10毫升/瓶）柚子精油加工生产线1条，精油延伸产品60万瓶加工生产线1条，3 000吨饲料加工生产线1条。

四、分布区域

丰都红心柚主要分布在长江以北，原产地为渠溪河、碧溪河流域的三元镇、双龙场镇、保合镇、兴龙镇、仁沙镇、青龙乡、社坛镇，及其丰（都）垫（江）公路、丰（都）忠（县）公路沿线的树人镇、十直镇、名山街道、虎威镇等11个乡（镇、街道）海拔500米以下的区域。

五、产地环境

（一）地貌土质

丰都县地貌由一系列平行褶皱山系构成。以山地为主，丘陵次之，仅在河谷、山谷间有狭小的平坝。山脉和丘陵、山间平坝（槽谷）相间分布，形成南高北低、"四山夹三槽"的地形。海拔最高2 000米，最低175米，境内丘陵及平坝非常适宜种植红心柚。

（二）气候条件

丰都县属亚热带湿润季风气候，常年气候温和，雨量充沛。春旱，冷暖多变；夏季炎热多伏旱；秋凉，多绵雨；冬冷，无严寒。得天独厚的立体气候为丰都红心柚生长提供了独特的气候环境。

（三）水资源

丰都县境内河流均属长江水系，主要有长江及其支流龙河、渠溪河、碧溪河、白水河、小福溪、

大沙溪、朗溪、赤溪、木削溪、汶溪、双溪、玉溪等。全流域水质清澈，无大型污染源，为丰都红心柚生长提供了丰富、优质的水资源。

六、生产技术

（一）立地条件

规划区内海拔≤500米，土壤质地为壤土、砾石土、沙壤土，土层厚度60厘米以上，pH6～7，有机质≥0.9%。

产地环境（土壤、大气、灌溉用水）符合《无公害农产品　种植业产地环境条件》（NY/T 5010—2016）要求。

（二）栽培技术

1.苗木繁育

定点授权育苗，二圃一园配套（采穗圃、育苗圃、母本园），以酸柚、枳柚或香橙做砧木，从无检疫性病虫害的采穗圃母株上采集穗条、嫁接繁育。

2.定植

春季定植时间为2月，秋季为10月，容器苗全年均可定植，每亩定植株数≤33株。根据株行距测出定植点，于栽苗前半月在距梯沿1.5米处挖宽、深各1米的定植穴，每穴施土杂肥100千克，过磷酸钙或复合肥1～1.5千克，油饼2.5千克，肥、土拌匀填入穴内，上盖表土，回填土高出地面20～30厘米。栽苗时，剪去合格柚苗的伤根和过长主根，然后放入定植穴中央，将根向四方展平，填入少量细土，轻轻向上提苗，使土与根密切结合，再填土压实；浇足定根水，然后再适当填土，使苗木根颈高出地面10厘米即可。若遇春季定植和早秋定植蒸腾量大时，可配合疏枝、疏叶措施以利成活。

3.肥水

每亩年施有机肥≥500千克。

（1）深翻。在春季春梢萌发前和10月进行，沿树冠滴水线向外挖1米深，配合施用有机肥。

（2）中耕培土。在春、夏、秋中耕除草，保持土层疏松，提高土壤保水、保肥力。对雨水冲蚀较重的需培土，或对土质较差的翻挖培土，但不宜过深，以露出根颈为宜。培土种类有塘泥、土杂肥、熟土等。

（3）覆盖。有冬季覆盖和夏季覆盖2种。冬季覆盖保温，夏季覆盖保湿。覆盖可用薄膜和作物稿秆、山青等，方法是覆盖至树盘外20厘米处，厚度15～20厘米。

（4）合理间作。在果园地间种胡豆、豌豆、黄豆等作物，既可保湿，也可培肥地力。

（5）施肥管理。幼树施肥按"以氮肥为主，少吃多餐，勤施薄施"的原则，做到每月施1次；结果树1年施4次肥。

（6）水分管理。丰都县常有春旱和7—9月的夏季伏旱，因此在3月结合施春肥灌水1次，7—9月，果实膨大期灌水，同时可结合覆盖措施进行土壤保湿抗旱。在春夏绵雨季节做好排水管理工作，以防土壤积水诱发柚树的脚腐病。

4.整形修剪

采用省力化的简化修剪，使树体保持通风透光。由于红心柚枝梢生长势较强，对幼树抽发的春、夏、秋梢，每次梢长至8片叶左右时摘心，同时采取"撑、拉、吊"等方法拉枝整形，提高分枝级数，使之早日结果。结果树的修剪原则是："顶上重、四方轻、外围重、内部轻、保留细短母枝"。红心柚树冠内膛结果良好，结果母枝大多为树冠内部的2年生无叶枝，着生在3～4年生的侧生短缩枝上，所以修剪时尽量保留树冠内部的纤弱枝、无叶枝和中庸小枝，树冠顶部超出叶幕的直立强枝，原则上从基部分枝处剪去，若是幼树需扩展树冠，可实行短剪。树冠外围的重叠枝、交叉枝、病虫枝一律剪去。冬季主要剪除干枯枝、病虫枝、果柄；夏季主要剪除外围密强枝、徒长枝，以利通风透光。

5.保花保果

合理疏花、疏果对提高单果重和质量，稳定产量具有一定效果，也是保花、保果重要措施之一。一是疏花。在花量较多且气候正常年份，一般在4月上旬现蕾初期，将每条开花母枝顶部和基部的花穗抹去，只留中部1～2个健壮花穗，在开花前，疏去每个花穗顶部和基部的花蕾，选留中部健壮花蕾，疏花的同时抹除部分春梢，使每个基枝保留3～4个春梢，既可控制树冠扩大，又有明显保果作用。二是保花、保果。对需保果的树在花前半月施1次花前肥，谢花后10天保果；对旺长树，可在主枝上环割保果。三是疏果。由于红心柚白花授粉坐果率较高，5—6月，在幼果有雀蛋大小时对结果较多的树疏果，摘除病虫果、畸形果、成串密生果，每条母枝只留1～2个正形大果，7月上旬定果后，再疏除比较密的果子，尽量做到一穗一果，有利于提高单果重量，达到丰产、稳产、优质、高效的目的。

6.食品安全要求

农药、化肥等的使用必须符合国家的相关规定和农业行业标准《丰都红心柚》（NY/T 1271—2007）要求。

（三）采收

11月中下旬、可溶性固形物≥10%时采收，亦可延期至春节前采摘。

第十五节　巴　南　柚

巴南柚，重庆特色水果，全国名柚，中国绿色食品发展中心认证的绿色食品A级产品。地理标志保护产品，先后荣获全国柚类评比金杯奖、中国绿色食品博览会金奖，中国国际农业博览会"优质产品"、"重庆十大名柚"、"重庆名牌农产品"等称号。

一、品质品牌

（一）品质特点

巴南柚包括五布柚、接龙蜜柚。

1.五布柚

一般在10月下旬至11月上旬成熟采摘，果大无核（少数有核），芳香怡人，皮薄肉厚，果心粉红，果肉嫩脆，汁多化渣，酸甜适度，富含人体所需的多种维生素，特别是每100克果肉含维生素C39.6毫克、钾139毫克、果酸1 100毫克、糖9.6克，是巴南五布柚的特点，更利于人体。长期食用，可以补充人体营养、促进新陈代谢、清热润肺、健胃化食、止咳化痰、健康益智，深受消费者喜爱。

五布柚果实扁圆形或鹅卵形，平均单果重1 300克，顶部平广，脐微凹，果面光滑，果皮橙色或橙黄色，果皮油胞圆形，密而微凸，皮具浓香，厚1.5厘米（表4-1-42）。海绵层囊壁呈浅紫色，瓣瓣短肾脏形，

16 ~ 19瓣，汁胞长纺锤形，果肉肥大、淡粉红色半透明，脆甜化渣，以甜为主，酸甜适度；可食率51%，果汁率45%，每100毫升果汁，含糖9.6克、酸0.7 ~ 0.8克、维生素C39.6毫克，可溶性固形物12.1%，固酸比10∶1（表4-1-43）。

2.接龙蜜柚

接龙蜜柚鲜果自10月中旬开始上市。果实呈椭圆形或圆球形，果大皮薄，平均单果重1 500克，果型端正、果皮光滑，呈淡黄色，油包细腻，香味浓郁；果瓣均匀，肉质细嫩化渣，多汁，酸甜适口（表4-1-42）。据农业部柑橘及苗木质量监督检验测试中心检测，巴南接龙蜜柚可溶性固形物占11.6%，出汁率61.58%，每100毫升果汁含可滴定酸0.96克，含维生素C44.82毫克，每1 000毫升果汁含柚皮苷75.68毫克（表4-1-43）。长期食用接龙蜜柚，可以补充人体营养、促进新陈代谢、健康益智、清热润肺、止咳化痰，老幼皆宜。

表4-1-42　巴南柚感官特色

项目	指标	
	五布柚	接龙蜜柚
果形	扁圆形或鹅卵形，顶部平广，平均单果重1 300克	果大皮薄，果型端正，果蒂完整无瘘焉，平均单果重1.5千克
色泽	果皮橙色或橙黄色，光滑	呈淡黄色
果面	果皮油胞圆形	果面洁净、光滑，皮具浓香
口感	脆甜化渣，以甜为主，酸甜适度	肉质细嫩化渣、汁多、酸甜适口

表4-1-43　巴南柚理化指标

项目	指标	
	五布柚	接龙蜜柚
可溶性固形物/%	12.1	11.6
维生素C/（毫克/100毫升）	39.6	44.82
固酸比	10	12.1
可食率/%	51	68.32
出汁率/%	45	61.58

（二）品牌荣誉

巴南柚所获荣誉见表4-1-44。

表4-1-44　巴南柚所获荣誉

年份	荣誉	颁证单位
五布柚		
1999	"名牌产品"称号	中国国际农业博览会组委会

（续）

年份	荣誉	颁证单位
2001	全国名优柚类商品综合评比金杯奖	全国柚类科研生产协作会
2007	无公害农产品认证	农业部农产品质量安全中心
2007	"重庆名牌农产品"称号	重庆市农业委员会
2011	地理标志保护产品	国家质量监督检验检疫总局
2014	重庆东温泉五布柚种植专业合作社获得重庆市"市级示范社"称号	重庆市农业委员会
2014	荣获第十五届中国绿色食品博览会金奖	第十五届中国绿色食品博览会组委会
2016	A级绿色产品，许可使用绿色食品标志	中国绿色食品发展中心
2017	"重庆名牌农产品"称号	重庆市农业委员会
接龙蜜柚		
2008	成功注册"接龙"蜜柚商标	重庆市工商行政管理局
2014	绿色食品认证	中国绿色食品发展中心
2017	成功注册地理标志商标	国家工商行政管理总局商标局
2017	注册"美亨公社"商标	重庆市工商行政管理局
2017	第十五届中国国际农产品交易会参展农产品金奖	第十五届中国国际农产品交易会组委会
2017	入选全国名优特新农产品目录	农业部优质农产品开发服务中心
2018	"重庆名牌农产品"称号	重庆市绿色食品协会

二、历史渊源

五布柚原产于重庆市巴南区东温泉名胜风景区，距今已有100多年的栽培历史，主要分布在五布河流域沿岸。

接龙蜜柚原名小观蜜柚，原产地位于原巴县五布河流域上游原接龙区小观乡。19世纪末，五布河流域上游两岸乡民就在农家院落房前屋后栽种蜜柚，每年采果时节，乡民们结众欢聚，吹乐打鼓，庆祝丰收，品尝美味蜜柚。乡民们在历史的进程中自我总结、交流蜜柚种植经验，引种优势柚树。据调查，村民余朝成有1棵超百年老柚树，是他的祖辈余海仙于1899年种下的，该柚树结出的柚子果型好、果子大、口味好，当地和周边老百姓在此柚树上脱枝移栽和采枝嫁接，使蜜柚树的种植范围慢慢扩大。

在20世纪90年代，原巴县接龙区小观乡（后并入巴南区接龙镇）为发展农村多种经营，促进农民增收致富，从中国农业科学院柑橘研究所引进技术办苗圃，把百年老柚树作为母树采取枝条嫁接，促进了柚树种植面积扩大和品质的改善。

三、发展历史

（一）五布柚

五布柚于20世纪初由广西传入原巴县五布河岸狮子坎种植，因果大味美而招人喜爱，当地农家采取压条法繁殖柚苗，分散种植于房前屋后，所产柚果以自食为主，部分换钱贴补家用。

1981年，巴县共栽种五布柚树3 000多株。1985年，巴县果树站初选了16株优良母树，并发现少核单株。1986年，巴县人民政府制定《关于建立五布柚生产基地的意见》，规划五布、东泉、双胜等6个乡面积1万亩，建立良种母本园，建成五布柚基地面积2 000亩。1988年达2 500亩，1989年为2 600亩，产果500吨。1994年，完成五布柚基地建设面积10 600亩，种植柚树37.54万株，产果857吨。1996年，建立五布柚良种母本园100亩，储备充足种苗源，邀请中国农业科学院柑橘研究所柚类专家到产地培训和指导。1997年，五布柚被列入重庆市柚类发展的主栽品种之一。1998年，巴南区五布柚种植面积达15 000亩，常年产果1 800吨。至20世纪末，五布柚已成为巴南区农业优势产业。

2007—2008年，五布柚种植面积达3万余亩，栽种柚树近百万株，产量3万吨以上。2011年，五布柚在国家工商行政管理总局商标局注册地理标志商标，产品远销香港和北京、成都等多个地区和城市。2012年，举办"东温泉柚惑重庆·首届东温泉五布柚采摘暨温泉欢乐季"，此后每年都举办。2013—2014年，东温泉镇建设五布柚十里生态观光长廊工程2 000亩，在狮子村打造建设文家湾、骑龙七、红古田、新房子4个五布柚规范园区；委托重庆市农业科学院研发五布柚果酒、蜂蜜柚子茶、蜜饯等产品。2016年，五布柚经中国绿色食品发展中心复审，被认定为绿色食品A级产品，许可使用绿色食品标志。

（二）接龙蜜柚

20世纪90年代以前，村民自发交流接龙蜜柚种苗，在自家院落、房前屋后的空闲地里分散种植，柚果自产自销。20世纪90年代至21世纪初，当地政府将蜜柚作为五布河上游两岸村社调整农业结构、发展多经产业、增加农民收入的重点项目，用百年老柚树枝条集中繁殖蜜柚优良种苗，自力村、关塘村、马路村退出丘陵坡耕地的粮食作物，相对集中成片地种植蜜柚，蜜柚种植面积达5 000余亩，由农户自行管理、收储、销售。

2000年开始，政府引导和支持蜜柚新型生产经营主体，对柚树进行精细化管理，培育品牌，拓展市场，提高柚农效益。2011年，成立重庆市美亨柚子专业合作社，后改制为重庆市美亨柚子种植股份合作社，采取"合作社＋科研推广＋基地＋农户"的模式，构建"利益共享、风险共担"联结机制。入社农户67户，蜜柚种植投产面积123亩，2017年，产量达61.6吨，产值147.8万元，柚农亩平收入12 000元。

2017年，接龙蜜柚经品种改良，挂果投产柚树面积1 600亩，年产量达1 920吨，产地总产值达1 152万元，农户每亩收入7 200元。

四、分布区域

五布柚分布在五布河流域，发源地及核心主产区位于东温泉狮子村，根据当地地名分为四大园区，分别为文家湾园区、骑龙七园区、红古田园区、新房子园区，2014年，开始打造五布柚生产基地——五布柚观光十里长廊2 000亩。2015年，有100年老树40余株，80年老树3 000余株，60年老树10万株，其余30年柚树占多数，20年以下柚树有2 000余株。

接龙蜜柚主产区位于巴南区五布河流域上游接龙镇自力村、关塘村、新湾村、中山村和马路村，地形以丘陵为主，海拔330～420米，土壤类型有紫色土、荥壤土、潮土等，土层较深厚。

五、生产环境

巴南柚产区土壤质量、空气质量符合国家相关标准，是五布柚、接龙蜜柚生长发育的最适宜环境。

五布柚、接龙蜜柚主产地属亚热带湿润气候，四季分明，春早秋迟，夏热冬暖，初夏有梅雨，盛夏多伏旱，秋季有绵雨，冬季多云雾，霜雪甚少，无霜期长，日照少，风力小，湿度大。年日均气温

18.7℃，总降水量1 000 ~ 1 200毫米，日照1 100 ~ 1 300小时，无霜期在350天以上，为柚子的生长提供了良好的生长条件。

六、生产技术

（一）产地要求

巴南柚宜在海拔200 ~ 300米的河谷地带和浅丘缓坡地带种植，选择疏松通气、深厚肥沃的微酸性土壤建园为宜。巴南接龙蜜柚种植园选择地势较平坦或缓坡土地、灌溉方便、土层深厚、土质疏松、富含有机质黏壤土、壤土或沙壤土。土壤环境质量应达到《土壤环境质量标准》（GB 15618—1995）规定的Ⅱ类标准，灌溉水质应达到《农田灌溉水质标准》（GB 5084—2005）规定的二类标准，环境空气质量应达到《环境空气标准质量》（GB 3095—2012）规定的二级标准。

（二）种植管理

1.苗木繁育

以当地酸柚或枳为砧木，从经提纯优选后无检疫性病虫害的五布柚树母株上采集接穗、嫁接繁育苗木。土面距嫁接口10厘米以上，嫁接口以上2厘米处粗度达1厘米，嫁接苗高度达80厘米以上，距嫁接口15厘米以上部位一级有效分枝（单枝长度大于15厘米）不少于3枝，毛细根≥20厘米的根系3 ~ 5条。

2.定植

选嫁接成活2年左右的壮苗，在春梢萌发前的2—3月和秋梢停止生长的9月中旬至10月上旬定植。每亩定植22株（平地）至30株。平地挖1.5平方米的坑，缓坡等高开梯，壕沟规格为宽1.5米、深1米。泥土、人畜粪、杂草、蒿秆分层回填，种植1 ~ 2年生作物熟化土壤，定植柚苗。

3.肥、水管理

施用有机肥，配方施肥。土壤深翻应在12月上中旬或2月中旬到3月上旬结合绿肥压青、秸秆还田、施肥进行。年株施用蜜柚专用复（混）合肥3 ~ 6千克、有机肥30 ~ 50千克，或菜籽饼4 ~ 6千克。在幼树发芽前、幼果膨大期分别灌水1次，其他时期遇干旱，可在行间以小水沟灌溉。幼树年施3次（2月、5月、8月）肥，1株柚树年施腐熟有机肥20千克左右；定植后的第四年开始，年施肥4 ~ 5次，以春、秋两季为重点，1株柚树施腐熟有机肥260千克左右。干旱季节，柚树刚出现萎蔫时，立即早、晚灌水。雨季理沟排水。

4.整形修剪

通过修剪，使树体通风透光。幼树在每季新梢萌发后选留2 ~ 4个芽，通过人为定向措施培养矮干低冠的自然圆头形树冠；结果柚树的修剪，要掌握均匀疏剪树冠四周枝叶密集处，顶部重剪，内部轻剪的原则，确保枝条充实、健壮。

5.促花稳果及疏花疏果

8—9月，拉枝、扭枝、环割，或在9月以农艺措施促花，在果园区养殖蜜蜂，虫媒授粉，提高坐果率。花序分离期疏花朵，生理落果期结束后15天内疏果。花量多的柚树疏除细弱花、弱小果和畸形果。而"小年"树，则采取保花、保果措施。

6.果实套袋

第二次生理落果结束后，按（160 ~ 200）：1叶果比疏除劣果和病虫果，疏果后果实套袋。

7.病虫害防治

果园区安装频振式杀虫灯，悬挂性诱剂、糖醋液、粘虫板，树主干基部缠裹粘虫胶带等，必要时配合矿物药防治，按相关规定安全用药。

8.生产记录

建立五布柚、接龙蜜柚农产品地理标志生产档案，建立果品安全质量追溯系统，详细记录生产操作日期、病虫害情况、技术措施；建立生产过程记录档案，记载投入品的名称、使用时间、使用目的、使用方法、使用量、生产厂家等。

（三）采收及处理

当年10月15日后至翌年1月底之前采收。采摘时避免机械损伤。选用钙塑瓦楞箱和瓦楞纸箱为包装容器。采收后及时入库保存。冷藏按《柑橘储藏》（NY/T 1189—2017）规定执行，保证储存安全卫生。

第十六节　铜梁蜜柚

铜梁蜜柚，有红心蜜柚、黄心蜜柚、白心蜜柚等品种，获得重庆名牌农产品证书及绿色食品A级产品认证。

一、品质品牌

（一）品质特点

铜梁蜜柚果形倒卵圆形，果纵径横径比为15.5：16，果肩圆尖，偏斜一边；果顶广平、微凹、环状圆印不够明显与完整；单果重1 200 ～ 2 350克，平均1 690克，果皮黄绿色，果面因油胞较突，手感较粗，皮薄平均厚0.7 ～ 0.9厘米。果囊瓣数13 ～ 17瓣，有裂瓣现象，囊皮粉红色；果汁胞红色、黄色等多种颜色，果汁丰富，风味酸甜，品质上等。

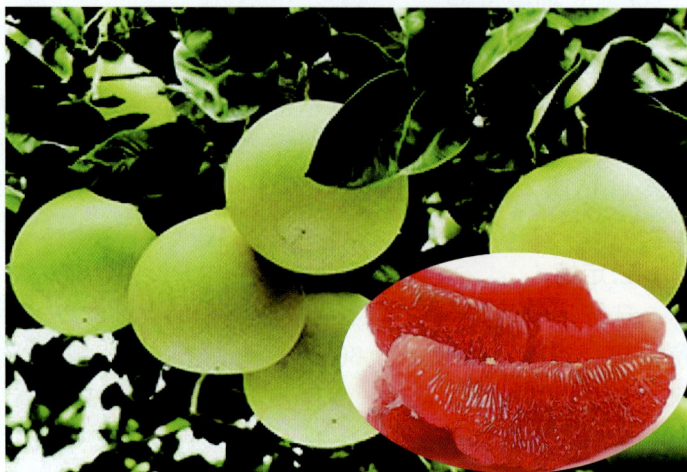

铜梁蜜柚品种有红心柚、黄肉柚、白心柚等品种，其中红心柚和黄心柚水分充足、果粒大、果肉饱满、甜度高，上市时间长，有补气血、补肝肾、生津液、强筋骨、止咳除烦、通利小便的功效。可促进消化、补充糖分、养颜美容、软化血管及延缓衰老。铜梁蜜柚自然成熟挂果、天然新鲜，无农药、无催化剂。

（二）品牌名誉

铜梁蜜柚所获荣誉见表4-1-45

表4-1-45　铜梁蜜柚所获荣誉

时间	荣誉	颁证单位
2012	"泰鸿山"蜜柚获绿色食品A级产品认证	中国绿色食品发展中心
2015	"泰鸿山"蜜柚获"重庆名牌农产品"称号	重庆名牌农产品评选认定委员会
2017	"建亨"牌巴岳柚获第二十四届中国杨凌农业高新科技成果博览会"后稷特别奖"	中国杨凌农业高新科技成果博览会组委会

二、生产发展

21世纪初，铜梁县农民将柚子引进到土地肥沃、适宜栽种柑橘的铜梁平滩镇种植，并逐步扩大种植面积。铜梁蜜柚品种有红心柚、黄心柚、白心柚等，为了栽培出各蜜柚品种原有的香型、口味、珠粒形状、色泽，蜜柚种植企业在铜梁区平滩镇按照"品牌"产业经济发展模式，不断推进规模化、标准化、生态化蜜柚生产，打造"平滩"蜜柚水果生产基地。各种植企业在市级柑橘专家和农技专家的指导下实施规范种植蜜柚，通过改良土壤、试种筛选品种，在不计产量的情况下，以口味、香型为首选标准，确定了种植品种。特别是生产过程中以物理、生物等生态方式防治虫、鸟危害，以传统的人工劳作方式清除杂草，施放农家有机肥，以水肥一体化技术促进生产种植，保证了水果的自然、生态、纯正，也满足了现代人对水果品质和健康的需求。平滩镇不断创新产业化经营方式，以"农业龙头企业＋农民专业合作社＋基地＋农户"的形式，以建亨农业为示范，带动合作社及老百姓积极参与，助力村民增收致富。到2018年年底，铜梁区种植了1万多亩蜜柚，整合全区蜜柚资源，打造铜梁龙柚品牌。

铜梁蜜柚代表品牌"泰鸿山"蜜柚是由平滩镇洪太村村民李吉明自行承包荒山、荒地，经过16年栽种、培育而成，通过积极探索基地新品种选择方向，了解各品种在重庆及周边市场的适应性及栽培表现，实施调结构、控产量、提品质，2017年，"泰鸿山"蜜柚上市5个品种，实现产量160吨，销售收入达64万元以上。

铜梁龙韵果乡（重庆建亨农业园区）流转土地10 200亩，已栽种高品质蜜柚6 000亩。2018年，龙韵果乡6 000亩蜜柚陆续进入成熟期，主要种植红心蜜柚和黄心蜜柚两大品种，为保证蜜柚的口感和品质，园区与中国农业科学院、重庆市农业科学院以及西南大学等多家单位20多名农业专家展开合作，严格按照专家的指导改善果园土壤及果树育苗修枝等，园区注册了"巴岳柚"和"平滩柚"2个品牌，被越来越多的消费者认可。

三、分布区域

铜梁蜜柚分布在平滩镇、大庙镇及周边地区，属亚热带季风性温和气候，四季分明，雨量充沛，年平均无霜期225天，全年阳光直射时长，在海拔300米以下的丘陵带坝地域更为明显。加之周边绿色植被覆盖率和土壤湿度非常高，使蜜柚的甜度能达到11～13度，特别适宜种植蜜柚。

四、生态环境

（一）地貌土质

铜梁区地处渝西丘陵与渝东平行岭谷交接地带，地貌多姿，地势西南高、东北低，地形以丘陵为主，东南部有毓青山和巴岳山东西对峙，侏罗系砂页岩分布广泛，占全区土地面积的87.1%，地貌、土质条件非常适合种植蜜柚。

（二）气候条件

铜梁属亚热带湿润季风气候，气候资源丰富，立体气候明显，具有春早夏热、秋雨冬暖、雨热同季等特征。铜梁四季分明，年平均气温为18.1℃，年平均降水量为1 070.6毫米，年平均日照时数为1 090.0小时，年平均相对湿度为81.9%。独特的立体气候非常适合蜜柚生长。

五、生产技术

（一）立地条件

以东南方向、地势平缓的低海拔丘陵山地最适宜种植。

要求选择坡度小于25°、土层深厚的低丘缓坡地，土壤疏松、肥沃，有机质含量1.50%以上，土层深厚（60厘米以上），土壤透气性好，地下水位1米以下，pH5.5～6.5的低丘红壤地、冲积平原地或沿河沙洲地。

（二）主导品种

红心蜜柚、黄心蜜柚、白心蜜柚。

（三）栽培技术

1.苗木选择

选择品种纯正、早实、丰产的接穗品种，抗逆性和亲和力均强的砧木品种，不带病虫源的健壮苗木。

2.定植

定植前先挖直径、深均为1.0米的定植穴，分层埋入杂草、饼肥、磷肥等基肥，基肥与土壤要混合均匀，避免根系与肥料直接接触。定植一般行株距为4.0米×3.5米。苗木栽好后，压实土壤，浇足定根水，将种植穴培成直径约1米的土墩，高出地面20～30厘米，并覆盖稻草或农用纱毯，以保持土壤湿润。

3.肥水管理

（1）施肥。一般种植后20天左右，新根开始生长时应开始施肥。一般采用1次梢2次肥，宜薄肥勤施。春梢萌发前施速效肥，以促使早发、多发春梢。为促使秋梢多而整齐，应增加抽梢前的氮肥用量，在秋梢充实期则适当多施磷、钾肥；成年树其施肥时期、种类等要因时、因地制宜，应以施有机肥为主，辅以氮、磷、钾肥及钙、镁、硫、硼、锌、钼等中、微量元素肥，以促进果实迅速增大、增重，改善品质。一般每年施5次肥。在中等肥力土壤条件下，株产100千克左右的柚树每年株施纯氮1.2～1.5千克。采果肥结合冬季深翻扩穴进行，占全年施肥量的40%～60%。

（2）浇水。枝梢生长期、开花及幼果发育期（3—5月）、果实膨大期（6—8月）必须适时、适量灌水，保持土壤湿润，灌水量应达到田间持水量的60%～70%；为防止果实发生日灼，可用白纸贴于日灼部位或为果实套袋。

4.土壤改良

根据园地的地形、地势、土壤条件改良土壤。新开垦柚园应在树冠封行前逐年扩穴深翻改土，增施有机肥，逐步改善、优化柚园土壤的理化性状，保持果园土壤疏松、湿润、养分充足、合理，促进旺壮根群的形成。

5.整形修剪

红肉蜜柚幼龄树的整形修剪主要采用"抹芽控梢"的方法，并遵循"去早留齐、去少留多"的原则，待全株大部分末梢都有3～4条新梢萌发时，即停止抹梢。结果树的修剪一般分冬剪和夏剪，修剪时树冠外围中上部宜重，并以疏剪为主，内膛枝宜轻。冬剪在采果后至春芽萌动前15～20天进行，主要剪除病虫枝、枯枝，疏剪树冠外围中上部强壮枝、影响树形的交叉枝、过密的荫蔽枝等，适当短截衰弱枝和当年已结果母枝。夏剪一般在放秋梢前15～20天进行，主要修剪落花落果枝、"扫把枝"、瘦弱枝，疏剪树冠外围中上部少量交叉枝、过密强壮枝。

6.花果管理

（1）保证树体营养。在9—11月，根据树势强弱适当采用控水、拉斜直立强壮枝的办法，或在11月上中旬，采用断根、环割等措施促进树体顺利通过花芽生理分化。环割宽度掌握在0.1～0.3厘米，以深达木质部但尽量不伤及或少伤及木质部为宜。

（2）疏花。在花芽形态分化期为结果母枝疏花，花蕾期先疏花序后疏花蕾，遵循"去头掐尾留中间"的疏花原则，每穗选留健壮花2～3朵。早夏梢要全部摘除，以集中树体营养供花果生长发育。

（3）疏果。通过合理调节单株挂果量，可以有效降低果实粒化率，单果重控制在1.5千克左右为宜。5月上旬生理落果后，根据树势强弱，分2～3次确定留果量，去除病虫果、畸形果和弱小果，留下的果要尽量均匀分布于树冠中下部。

（4）套袋。柚果谢花后60天开始果实套袋，套袋前（晴天）全园用高效、低毒、低残留药剂彻底喷透，药液干后4小时套袋。合理安排工作量，确保喷药后3天内能完成果实套袋工作，以保证药效和套袋效果。

（5）病虫害防治。

①主要病害的防治：在谢花期、幼果期后及时喷施杀菌剂，药剂可选用80%全络合态代森锰锌可湿性粉剂600倍液、0.3%～0.5%石灰等量式波尔多液、50%多菌灵可湿性粉剂700倍液、70%甲基托布津可湿性粉剂1 000倍液、25%丙环唑乳油1 000倍液、30%苯甲·丙环唑乳油1 500倍液、10%苯醚甲环唑水分散粒剂1 000倍液、75%百菌清可湿性粉剂800倍液等。

②主要虫害的防治：在害虫幼龄期适时选用高效、低毒、低残留药剂防治，药剂可选用48%乐斯本乳油1 000～1 200倍液、99%绿颖乳油300～400倍液、3%啶虫脒乳油1 500倍液、10%吡虫啉可湿性粉剂2 000～3 000倍液、1.8%阿维菌素乳油2 500倍液、24%螨危悬浮剂4 000～5 000倍液等。生产上通常结合冬季清园选用99%绿颖乳油150倍加45%代森铵水剂600～800倍液或松脂合剂10～12倍液全园喷洒洗树，可降低越冬虫源基数，减轻翌年虫情。

（四）采收

铜梁蜜柚过早采收不仅影响果实品质，也不利于储藏。海拔100米以下的地区，适宜采收期为9月中下旬；海拔100～300米的地区，适宜采收期为10月上中旬；海拔300米以上的地区，适宜采收期为10月下旬至11月上旬。

第十七节　万州柠檬

万州柠檬，三峡库区的地方特产。万州柠檬已有80多年的栽培历史。2013年注册地理标志商标，入选2014年度全国名特优新农产品目录、获得重庆市十大农产品区域公用品牌等认证和荣誉。

一、品质品牌

（一）品质特点

万州柠檬具有果色鲜艳、果皮淡

黄、果形纺锤、果顶乳突、肉质细嫩、味酸多汁、致密、富含维生素C和柠檬酸等特点，被誉为"果中珍品""果中黄金""柠檬酸仓库"，是国家珍贵的地方特色优良种质资源，因其丰产稳产、品质好、外观漂亮，柠檬酸、柠檬香精、柠檬香精油、维生素、果纤维等含量高，曾获四川省"优质水果"称号。万州柠檬可配制饮品、酿酒、提炼香精油、柠檬酸和榨取柠檬汁，是一个鲜食、加工兼用的品种，广泛应用于医药和食品工业及美容产品。

（二）品牌荣誉

万州柠檬所获荣誉见表4-1-46。

表4-1-46　万州柠檬所获荣誉

年份	荣誉	颁证单位
2006	成功注册白羊坪柠檬商标	重庆市工商行政管理局
2013	成功注册地理标志商标	国家工商行政管理总局商标局
2014	入选年度全国名特优新农产品目录	农业部
2014	获"重庆名牌农产品"称号	重庆市农业委员会
2015	获"重庆消费者喜爱产品"称号	第十四届中国西部（重庆）国际农产品交易会组委会
2018	入围"重庆市十大农产品区域公共品牌"	重庆市农业委员会

二、历史渊源

《万州区志》记载，万州柠檬栽培历史悠久，素有"柠檬之乡"的美称，产品远销国内外。万州柠檬主栽品种为尤力克、北京柠檬，20世纪30年代初从美国引入，具有80多年的栽培历史；新发展的规模果园以尤力克为主。

据考证，1937年，国民政府参事杨本列（原四川省万县地区白羊区双石乡杨家山人）满怀实业兴国之心，千里迢迢从美国辗转带回3株柠檬苗，种植在现在的白羊镇双石板杨家山上，并安排家中一位长工专门精心管护，告诫家人和乡亲说："你们一定要好好植培，谁将柠檬在万县规模地发展起来，谁就会成为造福一方的名人。"中国教育家、现代诗人杨吉甫与杨本列是堂兄弟，将此话铭记在心。杨吉甫于1938—1944年出任万县报佛寺小学校长和万县县立中学校长，一边从事教育，一边与杨本列家中的长工刘世贵精心培植3株柠檬苗。经过几年的精心管护，柠檬结果了，品质良好。为了加快柠檬的发展，杨吉甫投入了更多精力研究柠檬的繁殖技术。除了在老家的3株柠檬树上采枝条外，还派专人到四川安岳、大足登云等地采来柠檬枝条，在白羊镇双石乡进行嫁接试验。1940年，培育柠檬嫁接苗300多株，免费发放给当地农民栽种。1945年秋，杨吉甫回到老家杨家山全安寨创办鱼泉中学期间，利用星期天定期在鱼泉中学办果技培训班，培养出了数以百计的柠檬种植技术人员，柠檬种植范围不断扩大，当时民间流传有"家种百株柠檬树，不愁柴米油盐醋""家种柠檬树，好找儿媳妇""要想富，栽柠檬树"等谚语。

80多年的栽培历史，使万州柠檬历经自然的优胜劣汰与长期的优选培育，铸就优良品种。2018年，万州柠檬种植面积10万亩，主要品种为尤立克、北京柠檬，产量4.5万吨，产值3亿元，以白羊镇为主，种植面积5万亩，产量3万吨，产值2亿元。经中国农业科学院柑橘研究所测定，万州柠檬果实及其柠檬油的品质均优于美国、意大利等世界柠檬主产国，已成为三峡库区的地方特产，产品远销10多个国家和地区以及国内20多个大中城市。作为全国三大柠檬主产地之一的万州柠檬不仅生产鲜果，还开发了柠檬系列加工产品——柠檬干、柠檬片、柠檬果酒等。

三、发展历史

万州柠檬在白石镇为主的6个镇（乡）种植。1986年，白羊区双石乡有10个村、124个社开始种植柠檬，发展柠檬近15万株，面积3 000亩，年产量达2 000吨左右，鲜果产量跃居全国第二，约占全国总量的1/4。

2002年，万州建立了柠檬协会，对柠檬生产实行统一技术培训、统一生产管理、统一销售标准等。2010年5月17日，重庆市委、市政府出台的《关于加快把万州建成重庆第二大城市的决定》和2010年6月23日重庆市农业委员会与万州区政府签署的《共建重庆第二大城市合作备忘录》中，将万州区的5万亩无籽柠檬基地建设列为支持万州建成重庆第二大城市的重点项目。

2018年，白羊镇柠檬面积3.8万亩，成年果树1.8万亩，常年产量1.6万吨左右，其产品以鲜销为主，加工产品以柠檬干片、柠檬酒等为主。白羊柠檬不仅是万州的亮点，也是重庆的特色。2018年，打造"中国柠檬第一镇"被列为白羊镇立镇之本，全镇柠檬种植面积达5万亩，产值达2亿元。在白羊社区、友谊、大湾等村建立柠檬示范园9个，共6 500亩，其中标准园1 500亩，一般果园1万亩。

截至2018年6月，万州已建成柠檬冷藏库12座，储藏能力3 000吨。有加工柠檬分级、打蜡和洗果、商品化处理初加工生产线4条；建成柠檬深加工企业1家，深加工能力为5吨/小时，年加工果2 000吨。新建占地30亩、1万吨万州柠檬保鲜库，以保鲜为主，同时分级、打蜡、包装配套。

万州在白羊镇建设占地近200亩的柠檬工业园。改扩建1万吨万州柠檬鲜果加工厂，增加柠檬干片生产线、万州柠檬油生产线1条，万州柠檬蜜饯生产线1条，万州柠檬酒加工生产线等4条生产线。新建1万吨万州柠檬综合加工厂。万州加工的柠檬产品有柠檬果酒、柠檬蜜茶、柠檬蜜饯、柠檬干片、酵素等系列产品。新建占地100亩、3万平方米的万州柠檬交易市场，年交易万州柠檬果品8万～10万吨产地批发市场。

四、分布区域

万州柠檬地理标志登记保护范围主要分布在海拔400～700米范围内的白羊、黄柏、太龙、长岭、长滩、新田等6个镇（乡），保护面积10万亩。其中以白羊镇为中心的核心区面积达5万亩。

五、生态环境

（一）地貌土质

万州柠檬主产区域系新华夏系第三沉降带、川东褶带、川鄂湘黔褶带的组合部。万州柠檬主产区白羊镇地处丘陵，境内海拔210～841.9米。该地属丘陵地貌，地质复杂，地形多样，处于亚热带湿润气候区，四季分明。

（二）气候条件

万州地处长江三峡库区腹心，属亚热带季风湿润气候，雨水充沛，霜雪稀少。而柠檬属亚热带常绿果树，性喜温暖湿润气候，较为耐阴，不耐低温，与万州的气候十分契合，万州白羊镇成为最适宜柠檬生长的区域。

六、生产方式

（一）产地要求

1.土壤条件

微酸性或中性，沙壤土，质地良好，疏松肥沃，有机质含量1.0%以上，土层深厚，地下水位1米以下。

2.地形地势

修筑必要的道路、排灌和蓄水、附属建筑等设施，营造防护林。防护林选择速生树种，并与柠檬没有共生性病虫害。平地及坡度在6°以下的缓坡地，栽植行为南北向。坡度在6°～20°的山地、丘陵地，建园时宜修筑水平梯地，栽植行的行向与梯地走向相同。

（二）主导品种

北京柠檬、尤力克柠檬。

（三）栽培技术

1．苗木质量

嫁接苗检疫合格，且无危险性病虫及流胶病、蚧壳虫。嫁接口距地面15厘米以上。1年生苗高60厘米以上，嫁接口以上2厘米处主干粗度＞0.8厘米，根系完整，主干直立（倾斜度≤15°）。

2．栽植

一般在9—10月秋梢老熟后或2—3月春梢萌芽前栽植，也可在5—6月栽植。干热河谷区宜在5—6月雨季来临前栽植。容器苗或带土移栽不受季节限制。

栽植密度按每亩栽植的永久植株数计，一般以33～55株为宜，株行距（3～4）米×4米×5米。

栽植穴长宽深均为60～100厘米，每穴施有机肥30～50千克，或腐熟人畜粪25千克以上。将肥料与土混匀填入地面30厘米以下，回填后定植墩高于地面20厘米以上。清除苗木嫁接膜，适度修剪苗木的根系和枝叶，剪去过长主根（留15～20厘米）、伤根和幼嫩的晚秋梢，将苗木根部放入穴中央，舒展根系，扶正，边填细土边轻轻向上提苗、踏实，使根系与土壤密接。填土后，在树苗周围做直径1米的树盘，浇透定根水，覆细土。栽植深度为苗木根颈露出地面。定植后1个月内不施肥，需勤浇水，干旱季节或地区，灌水后树盘可覆盖薄膜、秸秆、杂草或秕壳以保墒。

3.覆盖培土

在冬、夏两季，用麦秸、麦糠、稻草、杂草、树叶、油菜壳等覆盖树盘，覆盖厚度为20～25厘米，覆盖物应与根颈保持30厘米左右的距离，覆盖物上压少量细土。培土在秋、冬季进行。深翻扩穴一般在秋梢停长后进行，从树冠外围滴水线处开始，逐年向外扩展0.4～0.5米，深0.5～0.8米。回填时混以有机肥，表土放在底层，心土放在表层，然后对穴内灌足水分。

4.除草施肥

不实行生草栽培的果园每年除草2～3次，在夏、秋季和采果后进行。肥料以有机肥施用为主，合理施用无机肥，有针对性补充中、微量元素肥料，充分满足柠檬对各种营养元素的需求。春梢萌动及开花期和果实膨大期，根据植株对水分的需求和土壤水分状况适时、适量灌溉，保持土壤湿度为田间最大持水量的60%～80%。

5.整形修剪

主要树形为自然圆头形和自然开心形，通过整形培养树体的主干和骨架。7—9月，对主枝2～3

年生壮树撑、拉、吊枝，扩大枝条角度，促进早结果。初结果期以冬季轻剪为主，辅以摘心和短剪。盛果期以夏季修剪为主，辅以春季抹芽摘心和冬季回缩修剪与大枝处理，减少修剪量，增强树势，调节生长与结果平衡。

6.人工疏果

第一次生理落果后，只疏除病虫果、畸形果、密弱果；第二次生理落果结束后，根据树势疏果，确定适宜的留果量。实行套袋栽培的果园，春花果套袋在第二次生理落果结束后6月下旬至7月上旬进行。套袋前喷1～2次杀虫、杀螨剂和杀菌剂混合药液。喷药后选择生长正常、健壮的果实，用专用纸袋及时套袋。

7.病虫害防治

因地制宜，选择抗性品种和砧木；科学施肥，合理负载，增强树势；科学整形，合理修剪，保持树冠通风、透光良好；冬季清园，剪除病虫枝、清除枯枝落叶、树干刷白，减少病虫源；土壤改良，地面覆盖，促进树体健壮生长，增强树体抗性。通过实施综合农业措施，提高树体抗病虫能力，抑制或减少病虫害的发生。

8.环境、安全要求

农药、化肥等的使用必须符合国家的相关规定，不得污染环境。

（四）果实采收

提高采果质量，避免在雨天采果，采取二剪法采果，减少果实伤口，降低果实腐烂率。禁止使用有毒、有害药品处理果实。

第十八节　潼南柠檬

潼南柠檬，重庆市潼南区特产。种植品种以原产于美国的世界主栽柠檬尤力克为主，所产柠檬具有果色鲜艳、油胞凸出、出油量高、果汁多、味极酸、香气浓等特点。2015年、2017年，潼南区先后成为生态原产地产品保护示范区、国家级出口食品农产品（柠檬）质量安全示范区及农业全产业链开发创新示范区。

一、品质品牌

（一）品质特点

潼南柠檬充分体现了尤力克的特点，具有果色鲜艳，油胞凸出、出油量高、果汁多、味极酸、香气浓等特点，是鲜食和加工的首选品种，其营养丰富，富含维生素C，能化痰止咳，生津健胃。潼南柠檬可用于配合缓解支气管炎、百日咳、食欲不振、维生素缺乏、中暑烦渴等症状。

潼南柠檬果实椭圆形或圆形，果皮黄色粗糙，果顶乳头状突出明显，基部常有印环，横径70～90毫米，单果重180～250克，其果实中含糖类、钙、磷、铁及维生素B_1、维生素B_2、维生素A、维生素C和维生素P等多种营养成分，特别是维生素C的含量高达50～60毫克/100毫升，还含有丰富的有机酸、黄酮类、挥发油、香豆精、果胶等，具有极高的食、药、用价值（表4-1-47）。用其加工得到的柠檬油、柠檬原汁、柠檬浓缩汁，品质优良、香气浓郁。潼南柠檬理化特点见表4-1-48。

表4-1-47　潼南柠檬外形特色

项目	指标
果形	椭圆形或圆形
色泽	黄
果顶	乳头状突出明显,基部常有印环
油胞	较大,凹入
果皮	粗糙,厚,有纵向棱脊

表4-1-48　潼南柠檬理化特点

项目	指标
酸含量/(克/100毫升)	6.0 ~ 7.5
糖含量/(克/100毫升)	1.48
出汁率/%	38
可溶性固形物/%	7.5 ~ 8.5
冷磨出油率/%	0.4 ~ 0.5

(二)品牌名誉

潼南柠檬所获荣誉见表4-1-49。

表4-1-49　潼南柠檬所获荣誉

年份	荣誉	颁证单位
2015	国家级生态原产地产品保护示范区	国家质量监督检验检疫总局
	获国家绿色食品A级产品认证	中国绿色食品发展中心
2017	国家级出口食品农产品(柠檬)质量安全示范区	国家质量监督检验检疫总局
2017	通过柠檬种植GAP(全称Good Agricultural Practices,良好农业规范)认证	中国质量认证中心

二、种植历史

潼南柠檬种植历史可追溯到20世纪70年代。潼南区具有偏酸性的土壤和便利的灌溉条件,是种植优质柠檬的绝佳之地。受相邻的四川安岳县影响,潼南崇龛镇一些村民陆续引进柠檬种植,后来,一些专业大户开始适度规模经营,柠檬产业逐渐发展壮大。潼南现代柠檬基地始建于2002年,时年栽植柠檬25.90万株,其中挂果18万株。以后逐年扩大种植规模。2005年,栽植柠檬38.22万株,其中挂果29.5万株。2018年,成为重庆最大的柠檬产业基地。

三、发展状况

潼南区积极适应农业供给侧结构性改革,抢抓重庆市建设柑橘(柠檬)等7个百亿级特色产业链契机，打造重庆市百亿级柠檬产业核心区，大力发展柠檬特色效益产业。按照《重庆市柠檬百亿级产业链发展核心区规划（2016—2025年）》，潼南区人民政府出台加快柠檬产业发展的实施意见，加快构建"全链条、全循环、高质量、高效益"的柠檬产业化集群发展新格局，深化柠檬生产、加工、销售、物流、研发、示范、服务等相互融合的全产业链开发和生产要素集聚的现代柠檬产业集群。通过推动柠檬规模化种植、标准化生产、专业化开发、智能化赋能、创新化支撑、集群化发展、市场化营销、品牌化培育、绿色化引领建设，形成集柠檬种植、研发、精深加工、线上线下销售于一体的全产业链发展，实现了一、二、三产业联动发展。

潼南柠檬种植走出了一条政府引导、企业引领、农民参与的标准化、专业化发展道路。2018年，潼南有柠檬产业经营主体290个，其中规模化种植企业和大户150余家，拥有千亩以上种植园7个，400亩以上种植地基40余个，市级龙头企业2家，区级龙头企业10家，创建农业部柠檬标准园1个。汇达柠檬、金盆果业、岗宏果蔬、彬洪农业、益达柠檬等10多家规模种植企业成为潼南柠檬种植的领头羊。是年，潼南区柠檬种植面积30万亩，占重庆市种植面积的84%，其中结果树17万亩；年产量23万吨，占重庆市总量的89%，产值11.5亿元，柠檬产业综合产值达30亿元。

潼南建立了中国首个"柠檬指数"和重庆市最大的智能化批量生产植物工厂，建设、运营柠檬产品综合加工厂1个，年可加工鲜果2万吨，生产柠檬果汁饮料、柠檬酵素、柠檬即食片、柠檬冻干片、柠檬蜂蜜茶、柠檬面膜等系列产品300余种，开发绿色食品、美容护肤品、生物医药及保健品3大类柠檬产品，综合产值20亿元。有小型初加工厂1个，年可加工鲜果500吨，主要产品为柠檬精油和果胶。

大量潼南柠檬通过批发及网络电商销售等方式远销北京、上海、广州、天津及欧洲城市。已在国内建成七大区域营销中心，直营店近100家。在俄罗斯、哈萨克斯坦、德国及我国香港等地建立有贸易公司，产品出口到31个国家和地区，出口量占全国柠檬出口份额一半以上。潼南柠檬销往重庆、北京、上海、广东和湖北等多个省、市市场，在阿里巴巴、天猫、淘宝、京东、上海壹佰米等多个网络销售平台旗舰店建设了中国柠檬交易中心，当地从事柠檬电商销售的经营主体达30余家。

四、分布区域

潼南种植区域主要分布涪江以南地区，即柏梓、崇龛、太安、塘坝、小渡、卧佛、新胜、梓潼一带，柠檬规模化种植已经遍地开花。

五、产地环境

潼南地处四川盆地中部偏东浅丘陵区，全区地势起伏不大，中浅丘占70%。属典型的南亚热带湿润季风气候，是中国适宜种植柠檬的地区之一。

（一）地貌土质

潼南区属盆地浅丘地区，海拔在300～450米。其中丘陵面积达1 256.11平方千米，占全区总面积的79.4%；河谷面积122.67平方千米，占全区总面积的7.8%；台地面积74.87平方千米，占全区总面积的4.7%。成土母岩主要是沙溪庙组、遂宁组、蓬莱镇组和少量的冲积阶地。pH为7.5～8.5，有机质含量平均为1.35%，土壤疏松透气，排水良好。

（二）气候条件

潼南区属亚热带湿润季风气候，四季分明，气候温和，雨量充沛，日照充足，热量丰富。年平均气温17.9℃，无霜期长、年平均无霜期336天，年均降水量为990毫米，年均日照时数为1 228.4小时。环境质量空气满足优良天数359天。

六、生产技术

（一）立地条件

土壤微酸性或中性（pH5.5 ～ 8.0）、沙壤土、质地良好，疏松肥沃，有机质含量1.0%以上，土层深厚（土层厚度在80厘米以上），活土层在35厘米以上，地下水位在1米以下；园地坡度在20°以下；水源条件好，伏旱期间灌溉保障水源大于10立方米/亩。

（二）主导品种

尤力克。

（三）栽培技术

1.苗木繁育

适宜尤力克柠檬的砧木有酸柚、香橙、红橘、枳等。碱性土壤不以枳为砧木，建议以香橙、酸柚为砧木。

2．定植

一般在9—10月秋梢老熟后或2—3月春梢萌芽前栽植，也可在5—6月雨季来临前栽植。容器苗或带土移栽不受季节限制。

为改变传统的种植模式，节约生产成本，增加果农收入，以推行全程机械化深松耕，达到改良土壤的团泥结构、增加土壤的通气性和透气性、促进果树的生长发育、达到提高产量、增进品质的目的。现提倡推广的株行距选用3米×5米、2.8米×5米，亩栽45 ～ 48株。

栽植前按长、宽、深各30厘米左右挖穴，栽植时清除苗木嫁接膜，适度修剪苗木的根系和枝叶，剪除过长主根（留15 ～ 20厘米）、伤根和幼嫩的晚秋梢。将苗木根部放入穴中央，舒展根系，扶正，边填细土边轻轻向上提苗、踏实，使土壤与根系密接，填土后在树苗周围做直径1米的树盘，浇足、浇透定根水，覆细土。栽植深度以苗木根颈露出地面5 ～ 10厘米为宜。定植后1个月内不施肥，需勤浇水，干旱季节或地区，灌水后树盘可覆盖薄膜、秸秆、杂草或秕壳以保墒。

3．肥水管理

（1）施肥原则。应充分满足柠檬对各种营养元素的需求，推荐多施有机肥，合理施用无机肥。不应使用的肥料有：成分不明确的、含有安全隐患成分的肥料（如含氯化肥），未经发酵腐熟的人畜粪尿，生活垃圾，污泥，含有害物质（如毒气、有害微生物、重金属等）的工业垃圾，国家法律法规规定不得使用的肥料。

（2）施肥方法

①土壤肥：可采用环状沟施、条沟施和土面撒施等方法。在树冠滴水线处开沟，沟深20 ～ 40厘米，东西、南北对称、轮换位置施肥。土面撒施的肥料以造粒缓释肥为主。速溶肥应浅施，有微喷和滴灌设施的柠檬园，可施液体肥。

②叶面肥：选用适宜的大量元素肥料或中、微量元素肥料，在新梢老熟前叶面喷施2 ～ 3次，以补充树体对营养的需求。成年结果树主要在春、秋梢生长期酌情叶面追肥。叶面追肥可结合病虫害防

治进行。

（3）施肥时间。夏花果采后，施足量的有机肥（基肥），氮施用量占全年的30％；花前肥以氮、磷为主，氮用量占全年的20％；稳果肥以氮、钾为主，配合施用磷肥，氮用量占全年的50％。

（4）不同时期施肥原则与标准

①幼树施肥：勤施薄施，以氮肥为主，配合施用磷、钾肥。春、夏、秋梢抽生期施肥4～6次，顶芽自剪至新梢转绿前，增加根外追肥1～2次。1～3年生幼树单株施纯氮100～400克，氮、磷、钾比例以1∶（0.25～0.3）∶0.5为宜，施用量应由少到多逐年增加。

②结果树施肥：通常1年施4次肥，分别为萌芽肥（2—3月）、稳果肥（5月）、壮果促梢肥（7月）和采果肥（10—11月），施肥量分别占全年施肥量的20％、5％、40％和35％，除稳果肥叶面喷施外，其余3次均为土壤施肥。施肥量以产果100千克施纯氮0.6～0.8千克，氮、磷、钾比例以1∶（0.4～0.5）∶（0.8～1）为宜。中量和微量元素肥料的施用，宜根据柠檬果树生长发育需求以及土壤营养元素检测结果而定，作叶面喷施，按0.1％～0.3％浓度施用。有条件的宜应用测土配方施肥或叶片营养诊断方法增减肥料的施用量。

4．整形修剪

（1）适宜树形。柠檬树形要求为自然圆头形，干高50厘米，主枝3～4个，在主干上的分布错落有致，间距30～50厘米。主枝分枝角30°～50°，分枝均匀或有层次，各主枝上配置副主枝2～3个。一般在第三主枝形成后，即将类中央干剪除或扭向一边作结果枝组，全树高控制在1.8米左右。

（2）修剪要点

①幼树期：以轻剪为主。选定类中央干延长枝和各主枝、副主枝延长枝后，对其进行中度至重度短截，并以短截程度和剪口芽方向调节各主枝之间生长势的平衡。轻剪其余枝梢，避免过多疏剪和短截。除对过密枝群和着生位置过矮（离地面40厘米以下）枝群作适当疏删外，内堂枝和树冠中下部较弱的枝梢一般均应保留。

②初结果期：继续选择和短截处理各级骨干枝延长枝，抹除夏梢，促发健壮秋梢。对过长的营养枝留8～10片叶，及时摘心，回缩或短截结果后枝组。抽生较多夏、秋营养枝时，可采用"三三制"处理：即短截1/3长势较强的，疏去1/3衰弱的，保留1/3长势中庸的。秋季对旺长树采用环割、断根、控水等促花措施。

③盛果期：及时回缩结果枝组、落花落果枝组和衰退枝组。疏除外围弱枝、部分采果后的结果母枝、短枝和少叶的内膛枝、交叉枝、荫蔽枝、病虫枝，短截采果后选留的粗壮结果母枝。对较拥挤的骨干枝适当疏剪，开出"天窗"，将光线引入内堂。对当年抽生的夏、秋梢营养枝，通过短截其中部分枝梢或以"三三制"处理、调节翌年产量，防止大小年结果。花量较大时，适量疏花或疏果。对无叶枝组，在重疏删基础上，对大部分或全部枝梢进行短截处理。

④衰老更新期：应减少花量，甚至舍弃全部产量以恢复树势。在回缩衰弱枝组的基础上，疏删密弱枝群，短截所有夏、秋梢营养枝和有叶结果枝。极衰弱植株在萌芽前对侧枝或主枝进行回缩处理。衰老树经更新修剪后促发的夏、秋梢，应进行短强、留中、去弱的"三三制"处理。

（四）采收储藏

根据果实用途和储藏时间确定采收期。鲜食的要求达到本品种固有的品质特征（色泽、香味、风味等）时采收；短期储藏的果实，成熟度应达到九成，长期储藏的果实，成熟度应达到八成。采收前，对储藏库或临时存放场所进行全面清洁和消毒，采收用的篮、筐均须内衬软物，采收人员应剪好指甲、戴好手套，避免在有露水、雨水和高温时采收。先采树冠外围及中下部果实，用圆头剪采果，一果两剪，果蒂平齐，采摘时，尽量轻拿、轻放，避免碰伤和指甲刺伤果实。从篮转到筐，从筐转到果堆、果箱时要逐个拾拿，禁止野蛮倾倒与搬运。潼南地区春花果套袋一般在10月下旬至11月中旬采收。

第二章
核 果 类

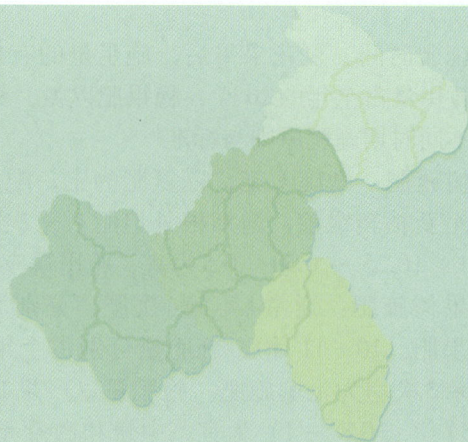

第一节　巫山脆李

巫山脆李，又名巫山大李子，重庆市巫山特产。果实个头大、质脆汁多、味香甜、营养丰富，获"中华名果"称号，在国家工商行政管理总局成功注册地理标志商标。

一、品质品牌

（一）品质特点

巫山脆李果实中等，近圆形，纵径3.3厘米、横径4厘米，平均单果重32.1克，最大单果重60克，果顶略凹。果皮底色绿色至绿黄色，皮中等厚，果点明显，果粉厚，白色。果肉浅黄色，质地致密、脆嫩离核，汁多味香，酸甜适口，可溶性固形物含量13%。果核小，扁圆形，果实可食率达96.88%以上，营养丰富，品质上乘。该品种早熟、丰产、优质，深受人们喜爱。

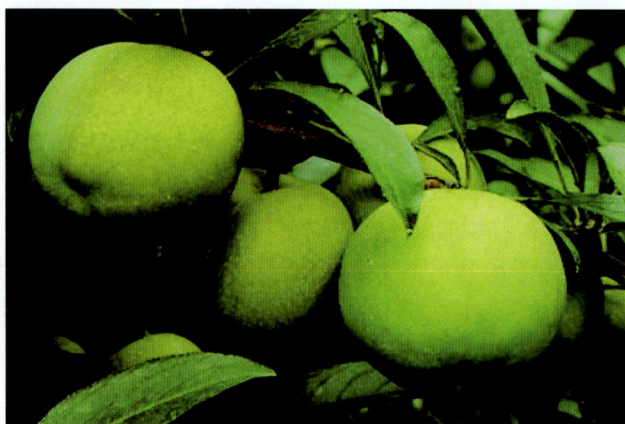

（二）品牌名誉

巫山脆李所获荣誉见表4-2-1。

表4-2-1　巫山脆李所获荣誉

年份	荣誉	颁证单位
2014	获"中华名果"称号	中国果品流通协会
	巫山县获"中国脆李之乡"称号	中国果品流通协会
	"巫山脆李"列入全国地域特色农产品普查备案目录	农业部农产品质量安全中心
2015	"巫山脆李"成功注册为地理标志商标	国家工商行政管理总局

（续）

年份	荣誉	颁证单位
2016	巫山脆李品种提纯选优及标准化栽培集成获得科技进步一等奖	巫山县人民政府
2017	获评"中国优质李生产基地县"称号	第十六次全国李杏学术交流会暨第四次全国优质李鉴评会
2018	授予巫山县"巫山脆李"品种权	农业部植物新品种保护办公室

二、历史渊源

经考证，巫山脆李种植始于唐宋年间，距今已有上千年历史。巫山脆李果形端庄、质地脆嫩、汁多味香，品质优势独特。凭借长江航运优势，千年来，巫山脆李远销四川、湖北等地，以湖北宜昌、沙市、恩施等为中转站，销售至全国各地。20世纪50—70年代，巫山脆李被湖北枝江县城镇居民传为"巫山大李子"，汁多味香，是能够治疗疟疾的仙果，无论果品等级如何、居民富贵与否，都要买"巫山大李子"食用，以此预防疟疾。此期，在海拔73.6～1 300米，巫山脆李零星分散栽种，种植规模在5 000～11 000亩，以当地居民食用为主，长江沿线乡镇生产的脆李以运往湖北一带销售为主，部分产品被做成李子罐头或李干，销往河南、安徽一带。90年代中、后期，随着三峡大移民、重庆直辖，巫山脆李在巫山县曲尺乡、大溪乡、巫峡镇的种植面积增加到2.1万亩。

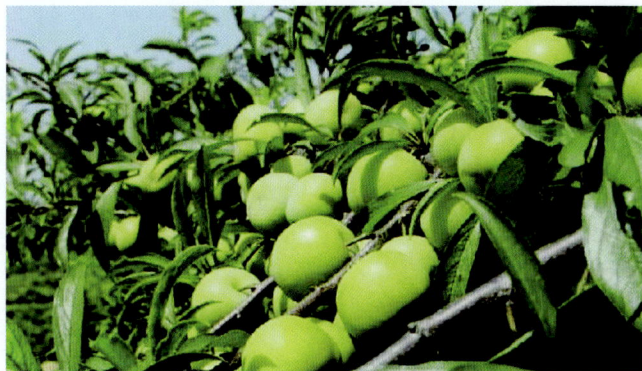

三、生产发展

在巫山县长江沿岸丘陵河谷地带，巫山脆李栽种后第3年有经济产量，4～5年进入盛果期。植株进入盛果期后，在科学管理水平下，每株产量可达100千克以上。

2007年，巫山曲尺、大溪、巫峡镇已经有超过6 000吨脆李销往湖北武汉、四川成都、重庆主城，销售名气越来越大。2012年，巫山县与西南大学建立了县、校合作关系，借助西南大学的技术、人才资源，立足自身土地资源、气候、交通自然条件和脆李产业发展基础，大力实施巫山脆李品种提纯选优与安全高效生产技术示范，推进了产业规模化、标准化、品牌化进程。

自2012年以来，巫山脆李在长江沿线的曲尺、大溪、巫峡等乡（镇）海拔800米以下、50%以上的区域蓬勃发展起来，成为巫山县仅次于柑橘的第二大主栽水果，成为县域特色效益农业的支柱产业和农民增收的主要来源之一。2015年7月，巫山脆李被巫山县政府列为"1＋3"重点发展产业，种植规模为20万亩。同年，巫山全县脆李种植面积达6.5万亩，总产量达4万吨，产值4亿元，居重庆市第一。2017年，种植面积达20万亩，总产量达6万吨，产值达6亿元。2018年，种植规模达22万亩，产量达8万吨，产值超8亿元。

2018年6月，重庆市农民水果（巫山脆李）采收运动会暨第二届巫山脆李采摘节在巫山县长江曲尺宝子滩（柑园村）举行。

2015—2018年，中国农业大学、浙江大学、辽宁省果树科学研究所、重庆市农业科学院（果树研究所）、西南大学园艺园林学院等对巫山脆李全产业链建设等展开合作深入研究。实施网上电商销售和低温保鲜运往大市场销售。

四、分布区域

巫山脆李主要种植在巫山县长江沿线的曲尺、大溪、巫峡等乡（镇）。

五、生态环境

（一）地貌土质

大巴山、巫山、七曜山三大山脉交汇于巫山县境内，形成典型的喀斯特地貌，长江沿岸丘陵河谷地带。

（二）气候条件

巫山县属亚热带季风性湿润气候，立体气候特征明显。气候温和，雨量充沛，年均温度18.4℃，年平均降水量1 041毫米。

六、技术要求

（一）品种

巫山脆李。

（二）土壤改造

定植前3个月挖好定植穴，穴大小为80厘米×80厘米×80厘米，回填时每穴施有机肥20千克，回填土高于地面30厘米以上，可栽种树苗。应符合《无公害产品　种植业产地环境条件》（NY/T 5010—2016）要求。

（三）栽培技术

1.苗木繁育

栽植巫山脆李以秋末为宜。栽植密度要根据地势、土壤肥力、砧木种类及农业栽培措施等而定，一般株行距为3米×5米或4米×4米，每亩栽41～44株。定植苗木宜选择干径在1厘米以上的一年生、无检疫性病虫害（冠瘿病）的壮苗。栽植时，将苗木放入早预备好的定植穴中央，扶正，舒展根系，用细润松土覆盖根系，边覆土边轻轻向上提苗、踩实，使根系与土壤密接。苗木栽植好后，要求在树苗周围做直径1米的定植盘，并浇足定根水。栽植深度以嫁接口露出地面5厘米为宜。

2.整形修剪

冬剪时，选留分布均匀、生长发育好的枝条作为主枝并短截。其余枝条全部剪除，不留中心干。第二年冬剪时，将主枝延长枝短截，以后每年适度短截延长枝，使其扩大树冠。结果初期，树体的修剪以生长期修剪为主，休眠期修剪为辅。初结果树在修剪时要尽量使枝梢成花结果，方法主要有绞缢、拉枝、拿枝、扭枝。

3.花果管理

（1）保花保果。花量过大时，适当疏除过密花和弱花，同时在盛花期喷施0.1%硼砂溶液或0.1%硼砂溶液加0.1%绿芬威一号。

（2）疏花疏果。谢花后能区分大小果时疏果，根据果树的结果量，疏除瘦弱果、畸形果、病虫果、双生果，亩产果控制在1 500千克左右。

4.肥水管理

允许使用和禁止使用肥料按《绿色食品　肥料使用准则》（NY/T 394—2013）执行；干旱时应及时灌溉，暴雨时注意排水，灌溉用水应符合《农田灌溉水质标准》（GB 5084—2005）的要求。

（1）幼龄树和结果树施肥。一是结果前的幼树：一般每年春、夏、秋梢抽发期前各施肥1次，每株每次施用有机肥10～15千克加复合肥0.2～0.25千克。二是结果树施肥：结果树一般年施肥4次，即在采果后施肥、落叶后施肥、花前施肥和果实膨大期施肥。

（2）施肥方法。一是根部施肥：环状沟施法、放射沟施法、点穴法，撒施盖土施肥法、兑水淋施施肥法。二是根外施肥（叶面喷施）：如施用磷酸二氢钾、微量元素肥料，可与防治病虫害时同时进行。三是树干滴灌施肥。四是涂刷树干、补充树体需要的多种元素。如树干刷石灰硫黄合剂等。

（3）施肥时间。花前肥：12月至次年1月上旬开花前施入，株施有机肥15～20千克加钙镁磷肥1～1.5千克或45%高效复合肥0.25～0.5千克，施肥方法同采果肥。壮果肥：3月定果后施入，以促进果实膨大，株施45%高效复合肥0.25～1.5千克，兑水溶解后淋施。除了土壤施肥外，在树体及果实生长旺盛期和果实着色初期至采收期间，宜叶面施肥，以速效磷、钾、氮肥或专用叶面肥为好，浓度为0.2%～0.3%，可结合喷药进行。

（4）水分供给。巫山脆李在不同生长期均需要足够的水分，在萌芽前和幼果膨大期、新梢生长期，如遇天气干旱，应及时灌溉。另外，李树不耐涝，应修建排水系统，以免遭受涝害。

5.病虫害使用农药

按《绿色食品　农药使用准则》（NY/T 393—2013）执行。

（1）病害。真菌性病害有褐腐病、流胶病、红点病、炭疽病、霜霉病、疮痂病、煤烟病等；细菌性病害有根癌病、细菌性穿孔病、枯枝病；生理性病害有流胶病、萎蔫病、青斑病、缺素症等。

（2）虫害。蚜虫、介壳虫（球坚蚧）、黑蚱蝉、大蓑蛾、枯叶蛾、食心虫、桃蛀螟、黄刺蛾、咀壶夜蛾、天牛、金龟子等。

生产中以物理与生物防治为主，绿色化学农药防控为辅，使用农药按《绿色食品　农药使用准则》（NY/T 393—2013）执行。

（四）采收

巫山脆李在6月中旬至8月中旬，按早中晚熟品种和不同海拔高度品种分别采摘上市。

第二节　渝北歪嘴李

渝北歪嘴李，重庆市渝北区特产。获得农产品地理标志登记保护，渝北区于2010年被授予"中国李之乡"称号，拥有完全自主知识产权登记。

一、品质品牌

（一）品质特点

渝北歪嘴李果实较大，近形圆，两半部不对称，形似"歪嘴"。果顶微凸，凸起近核处内空，果皮黄绿色，肉质脆嫩化渣，离核，香气浓。单果重40克，可溶性固形物10.2%，可滴定酸0.8克/100毫升，固酸比12.7∶1，可食率85.8%。

（二）品牌名誉

渝北歪嘴李所获荣誉见表4-2-2。

表4-2-2　渝北歪嘴李所获荣誉

年份	荣誉	颁证单位
2010	拥有完全自主知识产权登记	重庆市农作物品种审定委员会
2011	获农产品地理标志登记证书	农业部
2014	荣获"重庆特产名片"称号	重庆市首届最受欢迎土特产评选
2016	获中国果品区域价值品牌奖，品牌价值为4.2亿元	第二届中国果业品牌大会发布

二、历史渊源

据《江北县志》记载："境内李树散植，疏密不一，品种亦多"。清代，复兴场大树坪、偏岩场乡间一带所产李子，誉传远近。民国年间，兴隆、永兴（今永庆）、洛碛、张关、麻柳、龙安、隆仁、龙王等乡，李树尤为密集，多者一户500～700株。品种最好为张关乡芭蕉湾唐双发之柿李（当地称），紫红光耀，脆大甘香，船贩至重庆，亦为稀"市""争"品。中华人民共和国成立后，李子盛产不衰。

歪嘴李系渝北区经济作物技术推广站从统景镇印盒村江安李芽变中选育出的品种，于2010年获重庆市农作物品种审定委员会登记。

三、生产发展

歪嘴李是渝北区经济作物技术推广站于2010年选育，并获重庆市农作物品种审定委员会登记的一个地方李品种，最适宜在渝北当地生产发展。2011年，渝北区在歪嘴李的核心区——统景镇印盒村举办了首届李花节，极大地扩大了渝北歪嘴李的知名度和影响力，歪嘴李的销售价格从2元/千克迅速上涨至16元/千克。

2012年，渝北区发展歪嘴李种植面积4.2万亩，至2017年年底，渝北区歪嘴李面积达4.4万亩，产量3万吨。

四、分布区域

渝北歪嘴李基地分布于渝北区统景、大盛、石船、洛碛、兴隆、茨竹、古路等镇。

渝北歪嘴李农产品地理标志登记证书持有者为重庆市渝北区果品营销协会，在渝北区地域范围内的歪嘴李生产经营者，在产品或包装上使用"歪嘴李"地理标志，须向重庆市渝北区果品营销协会提出申请，经批准，应按相关要求规范生产和使用标志，统一采用"歪嘴李"名称和"歪嘴李"地理标志公共标识相结合的标识标注方法。

五、生态环境

（一）地貌土质

渝北区位于重庆主城东北部，过境主要河流有长江、嘉陵江、御临河。境内地貌类型有低丘平坝、坡地和低山地等。成土母质以紫色泥页岩、砂岩为主，土壤类型为紫色土，土壤矿物质养分含量丰富，肥力水平较高，保水保肥供肥力强，土壤pH中性至微酸性。

（二）气候条件

渝北区属亚热带湿润气候区，大陆性季风气候特点显著，具有冬暖春早，秋短夏长，初夏多雨，盛夏炎热多伏旱，秋多阴雨，雨热同季，无霜期长，风力小，云雾多，日照较少，冬无严寒的气候特点。

六、技术要求

（一）立地选择

坡度＜25°，海拔高度200～700米，土壤质地良好，疏松肥沃，pH5.2～7.2，土层厚度≥0.8米，排水良好，地下水位在1米以下。

（二）品种

歪嘴李。

（三）栽培技术

1.建园

选择土壤较深厚、肥力条件较好的平地或坡地建园。

2.种植密度

以4米×5米为宜。

3.栽植时间

11月上旬至次年2月上旬。

4.幼树管理

栽后及时定干，培养三主枝呈自然开心形。

5.投产树管理

重施基肥和壮果肥，视树势和着果量巧施硬核肥，秋肥宜在10月上旬施入，以有机肥为主。加强冬季清园力度，减少越冬病虫基数。整形修剪坚持夏季修剪、冬剪并重，遵循抑上扶下、抑强扶弱、抑外扶内的原则。

6.安全要求

提倡有机肥替代化肥、病虫害绿色防控，减少化肥、农药的使用量。歪嘴李生产严格按照以下标准要求执行。

《农药合理使用准则（一、二、三、四、五、六、七、八、九）》（GB/T 8321.1—2000、GB/T 8321.2—2000、GB/T 8321.3—2000、GB/T 8321.4—2006、GB/T 8321.5—2006、GB/T 8321.6—2000、GB/T 8321.7—2002、GB/T 8321.8—2007、GB/T 8321.9—2009）。

《肥料合理使用准则　通则》（NY/T 496—2010）。

《新鲜水果包装标识　通则》（NY/T 1778—2009）。

（四）采收

渝北歪嘴李在海拔400米左右地区6月下旬成熟，海拔600米左右地区7月上旬成熟。当歪嘴李果皮色泽由青转黄时，适时分批采摘。

第三节　万州青脆李

青脆李，重庆万州特产，其肉质细嫩、脆嫩爽口、入口化渣、汁多味甜、营养丰富。万州青脆李为地理标志商标。

一、品质品牌

万州青脆李具有口感纯正、香甜脆爽、皮薄肉厚、易开利骨、果味浓郁、鲜嫩多汁等特点。其果实正圆形或近圆球形，果粒较小，平均单果重20～30克，最大单果重52克。青脆李营养丰富，果实中含糖、微量蛋白质、脂肪、胡萝卜素，以及维生素B_1、维生素B_2、维生素C、钙、磷、铁、谷酰胺、丝氨酸、甘氨酸、脯氨酸、苏氨酸、丙氨酸等微量元素。

二、历史渊源

万州青脆李原名为"江安李"，种植历史可追溯到2 000多年前。20世纪90年代末，在万州成规模发展，主要集中在分水镇石碾村种植，约800亩。2001年9月，万州区分水镇石碾李子合作社正式建立后，李子种植面积增加到3 500亩，产量从30万千克提高到70余万千克。2002年，"江安李"改名为"青脆李"。

三、生产发展

2003年，石碾李子合作社被确定为重庆市级示范点，2004年，被确定为农业部部级示范点。2004年，万州青脆李大获丰收，合作社实现总收入99.8万元。

万州石碾李子合作社于2001年成立后，连续3年邀请万州区农业局和万县农业学校的高级果树专家先后7次到现场讲课，请专家编写了《李子无公害生产及质量安全控制技术》《李子生产施肥技术》《无公害李子栽培技术》等手册，无偿发给村民。培养了4名有文化的李子种植户"土专家"，负责常年技术工作，巡回指导。在青脆李生产的全过程，实行生产物资统供、栽培管理技术统训、病虫统防以及修枝整形、疏花保果等。并制定了《重庆市万州区分水石碾李子协会（合作社）标准——青脆李》企业标准，经万州区质量技术监督局专家组评审发布，统一了生产的技术标准，并注册了"广洞岩"牌李子商标，由此孕育出"青脆李"的雏形。2005年，万州石碾李子合作社开发了100亩、5 000株李林作为精品青脆李开发示范点，实行挂牌生产，配方施肥，逐步向绿色食品和有机食品迈进。在品牌战略方面，统一印制了商标标签和包装箱；先后7次在万州电视台宣传报道，15次在中国农业信息网、信息一站通、重庆农经信息网、万州农业信息网上登

载报道。从此，石磏的青脆李走出了分水，走出了万州，销往周边的梁平、忠县、垫江、江津等地，进而走进了重庆主城。

2013年，在石磏村、新石村、竹山村连片种植青脆李的带动下，川兴村、五马村开始集中栽植晚熟李，规模都在300亩以上。2014年，双红、辣子、龚家湾、大冲、川兴、八角6个村在石磏村育苗，分水镇大面积种植晚熟李，每村规模都在500亩左右。万州区青脆李发展模式为"协会＋农户"模式。

2015年，成立了6家李子专业协会，吸收1 535户社员。是年，在分水、孙家、余家、后山、李河等7个乡（镇）成立万州区青脆李协会，共有李子果园13 000余亩。2018年，分水镇李子种植面积达2.4万亩，总产值近1.5亿元。当年，青脆李核心区域6 000亩青脆李嫁接改良，使青脆李产量达到1万吨。新建成的李子交易市场、气调库、观景台、停车场、环山路等基础设施已经投入使用。万州连续举办了4届李花节，以推进乡村旅游及宣传青脆李。

四、区域分布

万州青脆李主要分布在分水、孙家、余家、后山、李河等乡（镇）。

五、生态环境

（一）地貌土质

万州青脆李主要生长在万州丘陵、山区。

（二）气候特征

万州区地处亚热带季风湿润带，四季分明，日照充足，雨量充沛，无霜期长，霜雪稀少。特征为冬暖，多雾；夏热，多伏旱；春早，气温回升快而不稳定；秋长，阴雨绵绵。年平均气温17.7℃，年平均日照时数1 484.4小时，年平均降水1 243毫米。

第四节　黔江脆红李

脆红李，在黔江种植历史悠久。果实表面呈紫红色，果肉黄中带红、香甜脆爽、口感适度。"黔江脆红李"成功注册地理标志商标、获得绿色食品认证。

一、品质品牌

（一）品质特点

黔江脆红李果实正圆形或近圆球形，果粒较小，平均单果重15～25克，最大单果重40克。果皮紫红色，果肉黄色，偶带片状红色。缝合线正，缝沟浅，果点黄色，较密，大小均匀。果粉厚，灰白色，肉质脆，味甜。黔江脆红李具有品质纯正、外表鲜红、皮薄肉多、清脆甘甜等特点。

（二）理化指标

黔江脆红李可溶性固形物12.7%～13.27%，可溶性总糖10%，总酸0.56%，维生素C 2.6毫克/100克，可食率96.8%。

（三）品牌名誉

黔江脆红李所获荣誉见表4-2-3。

表4-2-3　黔江脆红李所获荣誉

年份	荣誉	颁证单位
2016	成功注册地理标志商标	国家工商行政管理总局商标局
2017	获得绿色食品认证	农业部中国绿色食品发展中心

二、种植历史

黔江把发展脆红李作为一项产业扶持项目，于2002年由黔江区林业局从四川引进。为了把脆红李种苗推广到农户家中去，当地政府采取包村（社区）、包组分片落实的方式，逐步为农民接受，并开始扩大种植，成为农民增收的重要产业。

三、生产发展

黔江的气候、土质条件适宜种植脆红李。黔江区农业农村委员会、农学会引导广大农民在海拔700米左右的适宜区域，大面积种植脆红李，形成带动农民增收的特色产业。

2008年以来，黔江区科学技术协会牵头组织了628名科技人员，围绕推动特色产业发展，实施定片挂牌示范服务。在中塘乡脆红李集中培育示范基地，由9名科技人员挂牌服务，从育苗、栽植、田间管理、疏果、采摘等环节对果农进行培训指导，并自办300亩试验示范，取得较好的示范带动效应。

2018年，黔江区种植脆红李约2.4万亩，年产脆红李3 800吨左右。

四、分布区域

黔江脆红李主要在沙坝、中塘、水市等16个乡（镇、街道）种植，得天独厚的生态环境和地理优势可培育出国内品质最优良的脆红李。

五、产地环境

（一）地貌土质

黔江区的黄壤、黄棕壤、石灰岩土壤，土壤酸碱度适中，有机质、有效磷、速效钾含量较为适中，能够充分满足黔江脆红李生长所需肥力及微量元素。黔江沙壤类土壤、海拔650米左右的地区，特别适宜栽植脆红李。

（二）气候条件

黔江区地处渝东南武陵山区，属中亚热带湿润性季风性气候。境内气候具有随海拔高度变化的立体规律，是典型的山地气候，多年年均气温15.4℃，极端最高气温38.6℃，极端最低气温5.8℃，月平均气温7月最高，为25.9℃。年平均降水量1 200.1 ～ 1 389毫米。年平均日照时数1 166.6小时。脆红李为耐寒、耐旱、耐温植物，要求比较充足且均匀的水分，年降水量要求900 ～ 1 355毫米，年均日照数以1 000 ～ 1 200小时为宜。黔江区非常适合种植脆红李。

六、技术要求

（一）品种

脆红李。

（二）立地条件

脆红李种植选择地势高燥、向阳、背风、坡面朝南，土层深厚、土壤肥沃、疏松透气、地下水位低、以前未种植李树或种植后间隔5年以上的土壤。

（三）栽培技术

1.栽植方式

栽植密度：平地3米×4米/株、山地3米×3米/株。栽植方式：平地采用长方形、正方形、三角形（猪蹄叉），山地采用等高栽培。

2.定植

定植前要挖较大的种植穴或定植沟（穴深或沟深0.8米，上宽1米，下宽0.8米），回填穴时底层填入秸秆、杂草和绿肥等，撒石灰后回填表土，在穴中部分2层均匀施入腐熟的禽畜粪3～5千克、饼肥1～3千克、土杂肥30～40千克，然后均匀撒上钙镁磷肥2千克，回填后应高于原地面15～20厘米，呈馒头形，然后定植树苗。

3.修剪整形

修剪整形为自然开心形或两大主枝开心形。

（1）自然开心形。定植60～70厘米树干，三大主枝在主干上错落着生，结合牢固；结果枝分布均匀，光照好；主枝少，侧枝多，骨干枝间距大，光照充足，枝组寿命长，结果面积大，丰产，早实，品质优。干高50～60厘米，主枝3～4个（基角50°～60°），每主枝培养2～3个副主枝，在主枝和副主枝上多留小枝和枝组，以增大结果面积。

（2）两主枝开心（"Y"字）形。这是宽窄行密植栽培最适宜的树形。骨干枝少，通风透光，适于密植；无大型结果枝组，结构简单，易整形。干高20～30厘米，在主干上选留2个错落着生、长势相近的新梢作主枝，两主枝分左右伸向行间，角度为45°～55°。一般有3～4个副主枝。第一副主侧枝距主干35厘米左右，第二副主枝距第一副主枝40厘米左右，第三副主枝距第二副主枝50厘米左右。

4.肥水管理

（1）土壤管理。总体要求是疏松、透气，深厚、不积水，较肥沃。定植前一定要深翻改土，施足基肥。定植后逐年扩穴，以利根系的扩展和新根生长。幼树期，在树冠未封行以前，可以适当间作，但应避免种植高秆作物，以豆科绿肥或薯类、饲料等为宜；中期，树冠封行后不宜间作，可以采用生草结合清耕的方法，在脆红李树需水、肥的淡季，自然生草，防止水、土、肥流失；在脆红李树需水、肥的关键时期，铲除杂草，经腐熟堆沤之后还土，这样既可解决杂草与脆红李树争夺肥、水的矛盾，又可保水、保肥，为脆红李树适当提供肥料。对成年果园或定植前改土不彻底和衰老树更新者，都应该注意扩穴深翻，并结合重施有机肥。

（2）施肥。脆红李对氮、磷、钾三要素的需要量比例为1.0∶0.4∶1.6。一是幼年树施肥：幼年树施肥应勤施、薄施。二是成年树施肥：进入结果期的脆红李树，每年应施基肥1次，追肥3～4次。基肥施用期以9月下旬至10月上、中旬为好，施用突出"深、重、全"的原则，以沟施为主。无机肥应根据树势、产量施用，在氮、磷、钾三要素中，脆红李对钾的需求量较大。三是年追肥以3～4次为宜：花前肥在萌芽前1～2周施入，以氮、磷、钾各15%的复合肥为最好，可补充树体储存不足的营

养，促进根系、新梢生长，提高坐果率；花后肥在谢花1～2周施入，以速效氮为主，配以磷钾肥；壮果肥（硬核期）在5月下旬至6月上旬的果实硬核期施入，以钾肥为主，配以氮、磷肥；采果肥在果实成熟前15～22天施入，以磷、钾肥为主，可促进果实膨大，提高果实品质。整个生长季均可叶面喷肥。四是灌溉生产过程必须有充足的水分供应，花期不宜灌水；遇大雨要及时排水，保持园内不积水。

5.花果管理

（1）疏果时间。脆红李疏果通常在第二次落果后开始，坐果相对稳定时进行，最迟在硬核期开始时完成。一般在花后50～60天，按要求留果量完成疏果。

（2）疏果标准。保留花蕾的标准：长果枝留5～6个花蕾，中果枝留3～4个花蕾，短果枝或花束状果枝留2～3个花蕾。全树疏花蕾量约50%，盛果期疏花蕾量可达70%。

（3）疏果方法。首先疏去病虫果、伤果、畸形果和果面不干净的果。生产中多按果实形状来确定该留的果，保留侧生和向下着生的幼果，树冠外围及上部少留果，内堂下部要多留果。

6.环境、安全要求

农药使用必须按《农药合理使用准则（一、二、三、四、五、六、七、八、九）》（GB/T 8321.1—2000、GB/T 8321.2—2000、GB/T 8321.3—2000、GB/T 8321.4—2006、GB/T 8321.5—2006、GB/T 8321.6—2000、GB/T 8321.7—2002、GB/T 8321.8—2007、GB/T 8321.9—2009）执行、所施肥料必须符合《肥料合理使用准则　通则》（NY/T 496—2010）要求，不得污染李园环境。

（四）采收

黔江脆红李8月初开始成熟，根据需求分批选果采摘，避免造成机械伤，实行分级装箱。

第五节　开州金翠李

开州金翠李，重庆开州特产，系开州区果品技术推广站和重庆市农业科学院、市农业技术推广总站等单位联合选育的晚熟李新品种。其果形球形，果肉淡黄、硬脆，汁多味甜、酸甜适中、微香核小，品质上等，获绿色食品认证。

一、品质品牌

（一）品质特点

开州金翠李球形，果面绿黄，果肉淡黄，汁多、味甜、微香，离核，果核小，可溶性固性物13.8%，品质上等，可食率98.2%，鲜食、加工均可。其主要的营养成分有：水，蛋白质，维生素A、维生素B_1、维生素B_2、维生素C、维生素E，胡萝卜素，钙、磷、钾、铁等矿物质，以及多种氨基酸等。

（二）品牌名誉

2016年，晚熟"金翠李"通过重庆市非主要农作物品种鉴定，获得中国绿色食品发展中心"绿色食品"认定。

二、种植历史

开州金翠李是开州区科技人员发现的实生变异单株，并经多年、多点观察、培育而成。其与传统江安李有明显区别，尤其是8—9月成熟，具有极晚熟的优势，经重庆市农作物品种审定委员会鉴定为新品种。金翠李生长势较强，树姿开张、抗旱、抗病、耐贫瘠，适应性强，结果早，极丰产，具有极强的适应性和地域特色。金翠李，成为柑橘之后的开州区第二大水果产业。

三、生产发展

2016年8月18日，由开州区果品技术推广站和重庆市农业科学院、市农业技术推广总站等单位联合选育的晚熟李新品种"金翠李"，通过了重庆市非主要农作物品种鉴定。

2018年，开州区金翠李种植面积达5万亩，带动全区近2万户果农脱贫增收。

开州区新增晚熟李商品化处理线5条，冷藏库20个，库容可达5 000吨/库。同时，引导果农采取农旅结合模式，充分发挥金翠李有花可闻、可观赏，果实可采摘等特点。同时，许多农家乐、休闲山庄开始发展金翠李，扩大了种植规模，进一步促进了农旅结合。

四、分布区域

主要分布在开州区镇东街道、文峰街道、赵家街道、长沙镇、渠口镇、义和镇、岳溪镇、镇安镇、和谦镇、大进镇、大德镇、三汇口乡、紫水乡、白桥乡、谭家乡、金峰乡等海拔300～950米区域。

五、生态环境

（一）地貌土质

开州位于大巴山南麓、长江三峡腹地，土层深厚肥沃，酸碱适度，有机质含量高，保水、保肥能力极强，非常适宜晚熟金翠李生长。

（二）气候条件

开州属亚热带季风气候区，热量丰富。冬无严寒；春季阳光明媚，昼夜温差大。无霜期长。金翠李是在开州当地发现的晚熟李新品种，因此具有极强的适应性和地域特色，与其他品种有明显区别。

第六节　巫溪青脆李

巫溪青脆李，巫溪特产。因具有果大形美、皮薄肉厚、化渣空腹、酸甜适度、香脆可口、营养丰富、风味独特等特点，在全国享有盛名。获得绿色食品A级产品认证。

一、品质品牌

（一）品质特点

巫溪青脆李品质上乘。果形端庄，果实偏大，近圆形，纵径4厘米、横径4.3厘米，平均单果重46克，最大单果重71克，果粒整齐；果核小，扁圆形，离核，果皮薄，皮底色绿色至绿黄色，果点明显，果粉厚，白色；果肉厚，黄色，肉质致密，纤维少，汁多味香，清爽脆嫩，酸甜适口。营养丰富，可溶性固形物含量15.2%，果实可食率达97.55%以上，并有止渴、生津、润肠、帮助消化的功效，深受消费者喜爱。

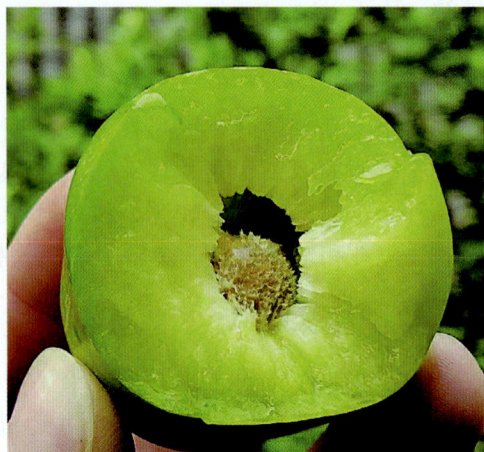

（二）品牌名誉

巫溪青脆李所获荣誉见表4-2-4。

表4-2-4　巫溪青脆李所获荣誉

年份	荣誉	颁证单位
2017	全国优质李评鉴会金奖	中国园艺学会李杏分会
	"酒洲"牌李产品被认定为绿色食品A级产品	中国绿色食品发展中心

二、历史渊源

巫溪青脆李在巫溪的栽培历史非常悠久，清乾隆十一年（1746年）大宁县志上记有"大宁为古李地，携李见于春秋，地以果名也"。在物产上也记有李子、桃和杏。从县志上的记载情况来看，青脆李在巫溪有上千年发展历史，而且品质优，分布范围广，李子古树和野生李子资源十分丰富，是秦巴山区李子的发源地。巫溪现在流传下来大面积种植的酒泉青脆李，民间又叫菜李子，原产地在巫溪县花台乡龙坡村洞子沟，到现在已有上百年的种植历史。

三、生产发展

2003年，在实施退耕还林的过程中，巫溪青脆李主产地城厢镇酒泉村开始引进李树苗栽植，之后全村陆续发展。2012年，酒泉村成立农民合作社，采取"合作社＋基地＋农户"模式发展李子产业。2013年，成功开发酒泉青脆李品种，不断提升品质，不断加强管理，严格控制不施化学肥料，严格管理药品使用。2014年，成功创建国家级"李子标准园"。2015年，巫溪县根据重庆市李子产业发展规划布局及当地土质、气候条件，制定并开始实施青脆李建设方案。调整品种结构，引进中晚熟品种，让李子品种搭配更加合理。2016年，成功申请市级绿色食品商标。

2017年7月20日，在中国园艺学会李杏分会主办的第四次全国优质李鉴评会上，巫溪县选送的2个青脆李品种获金奖。获奖品种种植规模达4 000多亩，接近酒泉村耕地面积的90%，带动农户300多户，李子总产量达400吨以上，实现产值400多万元。2017年，巫溪县李子在地总面积达10万亩，其中，1万亩以上的乡、镇3个，1 000亩以上的村16个，惠及农户2万户以上。

巫溪城厢镇为了发挥青脆李资源优势，把发展李子作为农民增收的支柱产业，集中资金、人力、技术推动青脆李高水平发展。

（一）科学规划、标准建设

李子产业建设严格按照农业部标准园标准建设，每年开办新型农民技术培训，编印了《李子管理技术规程》，并聘请了重庆市内外专家指导，采用统一冬管、整形修剪、病虫害防治等技术措施管理。

（二）抓好基础设施建设、服务产业发展

为做大、做强李子产业，城厢镇党委、政府积极争取巫溪县农业农村委员会、发展和改革委员会等部门支持，多方筹措资金数百万元，硬化道路9 000米、田间耕作便道8 000米、新建李子销售停车场1 500平方米、新建农家乐8户、新建田间小粪池150口、铺设李园抗旱管道5 000米、安装太阳能杀虫灯40盏，有效改善了李子园的生产、销售条件。建成农业部李子标准园1个、冷库2个、1 000平方米的李子分选场1个；新修或拓宽李子产业路5公路、田间步道14千米。

（三）提高产品品质、拓展销售渠道

为使香脆李品质不断提高，在品种质量上不断更新、品质上不断提纯、管理上不断加强。种植过程中不施农药、化学肥料，全部使用农家肥和有机肥。城厢镇通过"合作社＋农户"运行模式，由合作社为农户提供李树种植和管理技术、统一回收李子、统一销售，解决种植户无技术、无销路的难题。城厢镇政府通过电视、报纸、微信等方式加大宣传力度，提高了产品知名度，拓展了销售渠道，并稳定了重庆、成都等销售市场。2018年，城厢镇李树在地面积达1.25万亩，投产面积8 000亩，产量1 000吨，产值达1 000万元。

巫溪电商产业园整合巫溪县青脆李货源，为电商分销商做好采摘、选拣、包装、冷藏、发货、售后等服务，让更多的电商从业者加入巫溪青脆李的销售队伍。

四、分布区域

巫溪青脆李分布于城厢、凤凰、徐家等20个乡（镇）的66个村。海拔500～1 700米区域适宜巫溪青脆李生长。

五、生态环境

（一）地貌土质

巫溪县境内多为页岩发育的紫色土和石灰岩发育的黄壤，呈微酸至弱碱性，有机质含量平均2.5%，土质肥沃。

（二）气候条件

巫溪县属亚热带季风暖湿区，年均气温18.2℃，无霜期345天，全年≥10℃的积温5 694℃，年日照时数1 640小时，年降水量1 057.6毫米，光照充足，自然水体丰富，极其适合发展优质青脆李。

六、技术要求

（一）修枝整形

1.修枝整形

一是剪掉干枯枝；二是剪掉病虫枝（病害、虫害）；三是剪掉重叠枝（1根树枝上有方向重叠的枝条，可每间隔1枝，剪掉1枝）；四是剪掉交叉枝；五是剪掉细弱枝；六是剪掉突长枝。

2.刷白

用生石灰加食盐（按1斤生石灰加2两食盐的比例兑水）稀释后，将李树的一级枝干周身刷白，同时将一级枝干与二级枝干的分丫处刷白，另外，将锯子所锯的断面、李树陈旧伤的部位用生石灰刷白。

（二）果园管理

1.除草

选择适宜焚烧的场所（一般应远离果园），将李树园内的杂草、杂物彻底清除、烧掉。严禁在李树树枝上晾晒红薯等藤蔓植物和在枝干上堆放玉米、油菜等高秆作物，以避免病菌滋生、蔓延。同时，李树地里禁止种植高秆作物，以满足李树的光照需求和利于李树充分吸收土壤中的营养。

2.施肥

以李树树冠的滴水线为圆周，土壤施肥，施肥深度大致为20厘米，以农家肥、磷肥为主，严禁使用氯肥（氯化钾，因施用该肥料后，果子的果皮会变厚，有苦味、涩味，不利高价销售），切忌将肥料施在李树的主根部位，以免烧伤果树主根。

3.清园

用石硫合剂（浓度为1～3度）喷洒整个树体、树枝，起到消毒杀菌的作用。喷洒至整棵树的树体、树枝周身湿透并有药液往下滴为佳。石硫合剂兑水的比例（请按使用说明书上的标注使用）。禁止清园时使用除草剂除草。

4.松土

将李树园的土壤深挖深翻一遍，将病菌、病虫、杂草等深埋，以利李树来年健康生长。

5.花前花后管理

（1）花前3～5天。用代森锰锌加硼肥加磷酸二氢钾（按使用说明稀释）兑水喷施树体及树枝，以利延长李树的授粉时间，提高挂果率。

（2）花后（待李花全部凋谢后）。用代森锰锌加吡虫灵（按使用说明进行）兑水喷施树枝，以利减少果子的各种病虫害。

（三）病虫预防

1.细菌性穿孔病

喷洒"农用链霉素"防治。

2.蚜虫、食心虫

用吡虫灵防治。

3.金龟子

用氯氰菊酯防治（无此虫则禁用此药）。

4.袋果病

用代森锰锌喷雾防治。

5.褐腐病

属袋果病引发的变态病,用代森锰锌防治。

(四)安全要求

减少化肥、农药的使用量,提倡有机肥替代化肥、病虫害绿色防控。青脆李生产严格按照以下标准要求执行:

《农药合理使用准则(一、二、三、四、五、六、七、八、九)》(GB/T 8321.1—2000、GB/T 8321.2—2000、GB/T 8321.3—2000、GB/T 8321.4—2006、GB/T 8321.5—2006、GB/T 8321.6—2000、GB/T 8321.7—2002、GB/T 8321.8—2007、GB/T 8321.9—2009)。

《肥料合理使用准则 通则》(NY/T 496—2010)。

《新鲜水果包装标识 通则》(NY/T 1778—2009)。

(五)采收

巫溪青脆李果实在中高山地带8月上中旬成熟、低山地区6月中下旬成熟,根据成熟期适时组织采收青脆李。

第七节 潼南黄桃

潼南黄桃,重庆市潼南区特产,获首届中国食品博览会金奖。潼南黄桃果大、色艳、风味和香气浓郁、肉金黄、不溶质或硬溶质、黏核,加工性特好,其加工制成的"黄桃罐头"远销日本、加拿大等20余个国家。

一、品质品牌

(一)品质特点

鲜黄桃风味和营养俱佳。黄桃果大、果皮有绒毛、色艳、富含胡萝卜素、番茄黄素等、香气浓郁、果肉金黄,不溶质或硬溶质、可溶性固形物含量高,而且耐储运(表4-2-5)。潼南黄桃尤以黄4(明星)的加工性领先。潼南黄桃有川黄14号、潼15号(62−85京川)、潼16号(62−99燕黄)3个为鲜食加工兼用型品种,果肉含果糖量较高,口感较甜,并称为"潼南三大甜黄桃";其余黄桃品种的果肉含酸量较高,是加工专用型品种。

表4-2-5 潼南黄桃外观特点

项目	指标
果形	圆球形或长圆球形,整齐
色泽	果皮有绒毛、底色浅绿黄色,向阳面着块状或条状红晕

(二)品牌名誉

潼南黄桃所获荣誉见表4-2-6。

表4-2-6　潼南黄桃所获荣誉

年份	荣誉	颁证单位
1980	"潼南黄桃，得天独厚"	全国黄桃鉴评会
1983	优质产品荣誉证书	对外经济贸易部

二、种植历史

据《潼南县农业志》记载，1966年，潼南罐头厂、园林场从北京、郑州、旅大、浙江等地引进黄桃品种500多个试种。

1970年，潼南新种植的黄桃开始挂果。1976年，潼南县共有黄桃树2万株，产果6万斤。1977年，潼南推广桂林公社四大队七生产队种植黄桃的经验，发展以黄桃、柑橘为主的水果生产。当年，潼南县新育果苗160亩，新栽果树16万株。三汇、汇集、万寿3个公社筹资联合办成"月山寺果园"，种植桃树1.42万株，产果5.1万千克。1982年，潼南塘坝调整农业生产内部结构，有6个公社、35个大队、146个生产队联合在天台山、马鞍山的宜果荒山办果园，开垦面积1.11万亩，当年从简阳购回黄桃、无核橘苗40余万株栽植，成活率达80%以上。

三、生产发展

1984年潼南县黄桃栽培91万株，黄桃产果1 069.8吨；1985年，潼南县共有黄桃315万株；1986年，潼南县成为重庆市黄桃基地。1987年，潼南县黄桃栽培521.58万株，产果2 740.5吨。1988年，黄桃产果2 834吨；1989年，产果3 080吨；1990年，产果3 999吨；1991年，产果7 400吨；1993年，产果9 700吨。

1996—1997年，重庆地区因生产的水果罐头产品（包括黄桃罐头）外贸销售受阻，不再生产黄桃罐头，导致黄桃鲜果不能实现现金收益，果农逐渐放弃黄桃树管理，任其自生自长，甚至大量砍树。

2016年，潼南区恢复黄桃产业，重新栽植黄桃树。2017年年底，桃树总面积达2.55万亩、产果2万吨。

潼南曾经是全国闻名的"三大黄桃之乡"之一，20世纪90年代初，潼南县近一半的乡镇种植黄桃，总数达520万株，总产量最高时年产1.2万吨。

让潼南黄桃出名的是黄桃罐头，原潼南罐头厂每年生产的8 000余吨黄桃罐头中，有20%以上出口，20%左右被定为军用专供品。

四、分布区域

潼南县属四川盆地中部平缓褶皱区，全县地势起伏不大，中浅丘占70%。成土母质主要是沙溪庙组、遂宁组、蓬莱镇组和少量的冲积阶地。pH7.5～8.2为多，有机质含量平均为1.35%。土壤疏松透气、排水性良好的坡耕地，是非常适宜种植黄桃的区域。

五、生态环境

（一）地貌土质

潼南区地处北纬30°附近，具有四川盆地中部平缓褶皱区地貌，构成了以浅丘为主的坡耕地；具有由遂宁组母质和沙溪庙组母质发育形成的红棕紫泥和灰棕紫泥土壤，该类土壤疏松透气、排水良好、富含钙钾、通风透光，适宜种植黄桃。

（二）气候条件

潼南属于亚热带湿润季风气候，四季分明，热量丰富，雨量充沛，日照充足，春季气温回春早，为栽培生产优质桃果提供了良好的地貌和土壤条件，是亚热带常绿果树与温带落叶果树混栽带。

六、技术要求

（一）品种

1. 早熟品系

1-27、橙香、58-23、T6-32、86-7。

2. 中熟品系

连黄、丰黄（8号）、金魁、川黄14号、黄4（明星）。

3. 晚熟品系

潼15号（62-85京川）、潼16号（62-99燕黄）、南久、京童8号等，共14个品种用于生产栽培。

为便于分期采摘、销售和及时加工使成熟鲜果不积压、腐坏，黄桃早、中、晚熟品种按比例栽培，比例分别为：25%、50%、25%。

（二）立地条件

潼南黄桃种植宜选择遂宁组母质或沙溪庙组母质成土的红棕紫泥或灰棕紫泥的沙壤土，土壤pH7.5左右，土壤盐分含量不高于1%，土壤有机质含量≥10克/千克，地下水位在1米以下，排灌便利，交通方便，上茬无核果类果树种植的地块。

（三）栽培技术

1. 砧木选择

黄桃砧木选用新疆毛桃或潼南当地毛桃。

2. 定植密度

单位面积上的定植密度应根据自然条件、品种特性、采用树形及栽培与经营的模式等而定。一般定植株行距为3米×4米、4米×4米、4米×5米。

3. 定植时期及方法

冬季落叶后至次年春季桃树萌芽前定植，定植时采用"三封两踩一提苗一浇水再培土"的方法；要求苗木为一年生嫁接苗，根系舒展，苗木扶正，根系周围填熟土；定植深度以浇水沉实和培土后苗木根茎与地表相平。

4. 土肥水管理

（1）土壤管理

①深翻改土：每年秋季果实采收后，结合秋施基肥深翻改土。在定植穴（沟）外挖环状沟或平行

沟，沟宽30～50厘米，深30～40厘米。全园深翻，将栽植穴外的土壤全部深翻，深度30～40厘米，深翻后耙平。土壤回填时混入以有机肥为主的基肥，然后充分灌水（雨水较好时不用灌水）。

②中耕松土：结合土壤施追肥和人工除草时中耕松土，中耕深度5～10厘米。

③行间间作：定植后至园地未封行前行间间作，种植的间作物应为与桃树无共性病虫害的浅根、矮秆植物，以豆科植物的黄豆为主，禁止间作高秆作物。幼树要留足树盘，树盘应与树冠大小一致。

（2）施肥

①基肥：9月下旬或10月上旬，桃树外围新梢开始停止生长时施入，以腐熟农家肥为主，混加少量化肥。

②追肥：追肥的次数、时间、用量、施肥方式等，根据品种、树龄、栽培管理方式、生长发育时期以及外界条件等而有所不同。幼龄树和结果树的果实发育前期，追肥以氮磷肥为主；果实发育后期，追肥以磷钾肥为主。高温干旱期，应按使用范围的下限施用。全年土壤施追肥1～2次，第一次为花前肥，在每年2月下旬或3月上旬施用，以速效氮磷肥为主，结果较多和树体较衰弱的施用此次肥，旺长树和结果少的树可不施用此次肥；第二次为壮果肥，在4月上中旬施用，此次以速效磷钾肥为主，结果树均要施用此次肥。按氮∶磷∶钾＝1∶0.4∶1.2的比例追肥，萌芽前，每亩追施硫酸钾型复合肥55千克；果实膨大期，每亩追施硫酸钾型复合肥55千克。

（3）水分管理

①灌溉：桃树在萌芽前，幼果膨大期，除雨水充足外，要浇足2次水。其他生长季节，如土壤干旱（以20～40厘米深的土壤手握不成团为标准）或每次施肥后土壤水分不足时适量灌水。开花期和果实转色至成熟期控制灌水（不旱不浇），如过旱，确需灌水，一定要开沟小水轻浇。

②排水：设置排水系统，在多雨季节，通过沟渠能及时排水。

5. 整形修剪

（1）主要树形。全部采用自然开心形，干高50～60厘米，在主干离地面高40～60厘米的部位选留3个主枝，主枝在主干上分布错落有致；主枝分枝角度在40°～70°；每个主枝配置2～3个侧枝，呈顺向排列，侧枝开张角度70°左右。

（2）修剪要点

①幼树期及结果初期：坚持冬剪为主、冬夏结合、四季修剪的原则。主要任务是培养牢固的骨架，尽快扩冠成形，为早期丰产奠定基础。对各级骨干枝的延长头冬剪时，要适度短截，生长季节注意调整其方位及角度；对非骨干枝冬剪时，以缓放为主，配合适度疏枝与轻截，夏季采用抹芽、摘心、扭梢、拿枝等方法缓和其生长势，促进转化，尽快形成花芽，提早结果，逐步培养成结果枝组。

②盛果期：同样坚持冬剪为主、冬夏结合、四季修剪的原则。主要任务是保持生长与结果相对平衡，维持健壮树势。根据桃树一年生新枝成花，二年生枝结果的特性，及时采用以缩放为主、疏截结合、抑前扶后、回缩更新等方法不断培养新的结果枝组，防止早衰和结果部位外移。

6. 病虫害防治

（1）主要病虫害。桃缩叶病、桃细菌性穿孔病、疮痂病、炭疽病、褐腐病、流胶病、桃蚜、花蓟马、象鼻虫、蝽象、桃一点叶蝉、叶螨、桃蛀螟、梨小食心虫、刺蛾、梨网蝽、桑白蚧、天牛等。

（2）防治原则。贯彻"预防为主，综合防治"的植保方针。以农业和物理防治为基础，生物防治为核心，按照病虫害的发生规律和经济阈值，科学使用化学防治技术，有效控制病虫害。

（3）植物检疫。禁止检疫性病虫害从疫区传入基地，不得从疫区调运苗木、接穗、种子，所有外调苗木必须严格检疫，一经发现检疫性病虫应立即销毁。

（4）农业防治。选用对当地主要病虫害抗性强的良种、良砧建园；强化土、肥、水管理，合理整形修剪，保持良好的通风透光条件，合理负载，保持健壮树势，提高树体抗性；冬春刮除老翘皮、腐烂病斑，彻底清园、减少病虫源；初冬，土壤深翻，冻死在土中越冬的害虫；晚秋，树干绑草环，诱集病虫藏身越冬并集中烧毁，减少病虫越冬基数；适时摘除病虫果、枝梢等和适时套果袋，减少病虫寄生场所。

（5）物理防治。根据害虫生物学特性，在四五月用糖醋液诱杀桃蛀螟、梨小食心虫、刺蛾等虫的成虫，5月以后，采用人工捕捉象鼻虫、天牛、金龟子等害虫的成虫。

（6）生物防治。通过保护瓢虫、小花蝽、草蛉、食蚜蝇、捕食螨等害虫天敌，控制蚜虫、叶螨、潜叶蛾等；人工引移、繁殖释放害虫天敌；果园养鸡和招引益鸟啄食害虫。

（7）化学防治。根据防治对象的生物学特性和危害特点，提倡使用生物源农药、矿物源农药（如石硫合剂和硫悬浮剂），禁止使用剧毒、高毒、高残留和致畸、致癌、致突变农药。

（四）果实采收

早熟品系在5月下旬至6月中旬成熟，中熟品系在6月下旬至7月中旬成熟，晚熟品系在7月下旬至8月中旬成熟。根据成熟期果实成熟度、用途和市场需求适时采收。成熟期不一致的品种分期采收。采收时，轻拿轻放。

第八节　巴南香桃

巴南香桃，重庆巴南特产，巴南地方良种脆桃品种。果实呈桃尖形，色泽淡绿色，果形美观、心红离核，肉质香脆，清香味甜。获得无公害农产品认定，农产品"五大特产名片"等称号。

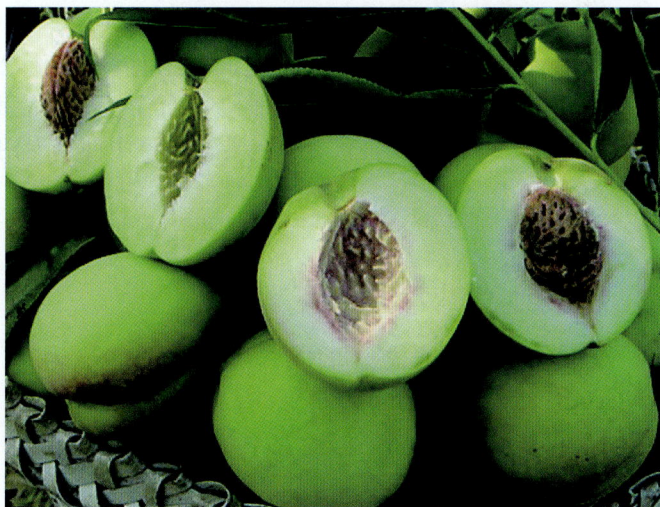

一、品质品牌

（一）品质特点

巴南香桃，果实呈桃尖形，果顶乳头状尖而突出；果皮淡绿色，果实中大，平均单果重200克左右，最大单果重320克，可溶性固形物12.5%～15%，可食率达86%以上，果肉淡白色，肉质细嫩，肉脆香甜可口。

（二）品牌名誉

巴南香桃所获荣誉见表4-2-7。

表4-2-7　巴南香桃所获荣誉

年份	荣誉	颁证单位
2011	成功注册"仙月"商标	重庆市工商行政管理局
	通过无公害农产品认定	中国绿色食品发展中心
2014	荣获重庆伏季水果展示优秀奖	重庆园艺学会

二、种植历史

巴南香桃，系重庆市巴南区人民政府多种经营办公室农业科技人员在鱼洞街道仙池村（原百节镇花岭岗）普通百花桃基地，经过4年多时间，于1996年选培育成功的地方良种香桃，因选育地位于巴南区而取名巴南香桃。巴南香桃果实色泽淡绿、果实美观、心红离核、肉质香脆、清香味甜、优质丰产。

三、生产发展

巴南香桃育成推广20多年来，先后在巴南区鱼洞、丰盛、南彭、姜家、东温泉等镇、街集中成片种植15 000余亩。其中，原产地鱼洞街道仙池村集中种植2 100余亩，年总产量2 500余吨。2012—2014年，巴南区连续3年举办巴南香桃采果节，有效促进农旅融合发展，吸引众多旅客观光采摘，宣传了巴南香桃品牌。

四、分布区域

巴南香桃主要种植在巴南区鱼洞。巴南香桃商标及无公害标识农产品保护区内的生产经营者，可向重庆市巴南区多成蔬菜水果种植专业合作社提出使用"仙月"牌商标和无公害标识申请，经同意并按标准生产，方可在广告宣传、包装、销售中使用专用标志。

五、生态环境

（一）地貌土质

土壤为紫色页岩成土母质，以形成的紫色土为主。土层较深厚，土壤质量符合《土壤环境质量标准》（GB 15618—1995）Ⅱ类标准。

（二）气候条件

亚热带湿润气候，年平均气温18.4℃，年平均日照为1 100小时，年降水量1 100～1 200毫米。春早秋迟，夏热冬暖，全年无霜期平均在350天，空气质量符合《环境空气质量标准》（GB 3095—2012）Ⅱ类标准。种植区域水质符合国家农用水《农田灌溉水质标准》（GB 5084—2005）Ⅱ类标准。

六、技术要求

（一）品种

巴南香桃。

（二）立地条件

巴南香桃商标及无公害标识农产品保护区内海拔高度250～600米，年积温6 000～8 000℃，年降水量1 100～1 200毫米，果园灰棕紫泥土、红棕紫泥土，土层厚度≥50厘米，土壤pH6～7，土壤有机质含量≥1.5%。果园坡度≤25°。

（三）栽培技术

1.培育壮苗

巴南香桃采取嫁接繁育方式培育一年生壮苗。以毛桃等实壮苗为砧木，从健壮的香桃母株上采集接穗，嫁接繁育。嫁接穗发芽后的2—7月，每月施1次以氮肥为主的速效肥，同时，防治蚜虫、卷叶虫、炭疽病等病虫害。出圃苗苗高60厘米以上，嫁接口部位粗0.8厘米以上，且有2～3个分枝。

2.建园定植

果园按3米×4米的规格放线定点，挖0.8米×0.8米的定植坑，分层回填泥、肥，每个坑施用优质腐熟有机肥5～10千克，泥土沉实后，于苗木落叶后至春发芽定植，每亩定植55株左右。

3.肥水管理

定植2年期内的幼树期，每年2—7月，每月施1次以氮为主的速效肥。定植3年后进入结果期，全年应施肥3次。基肥，于每年秋季的9—10月施用，以有机肥为主，每株施腐熟人畜禽水肥8～12千克、油饼（枯）肥1.5～2千克；追肥，在2月和4月各施1次，每株施腐熟人畜禽水肥20～30千克加磷钾复合（混）肥0.2千克；在抽梢期至果子成熟前，根据树冠长势及挂果量，酌情对树冠喷施速效肥。

4.整形修剪

一般培植成自然圆头形或开心形树形。方法：桃树在秋季落叶后至开春发芽前，在主干离地表60厘米处剪短，离地30厘米以下的萌芽全部抹除，离地30厘米以上的留6～7个芽，待萌发后，选留不同方向，且上下错开分布的3～4个壮芽作分枝。分枝长到30厘米左右，再摘心促发分枝，在秋季，采取拉、撑、吊等方法，以开张树冠角度，基本形成树冠。

5.病虫害防治

主要有缩叶病、炭疽病、蚜虫、食心虫等病虫害，采取综合技术措施加以防治。在冬季修剪时，剪除并烧毁病虫枝。落叶期喷波美5度石硫合剂1次、清园消毒，石灰浆刷白树干；在花谢90%左右时，喷低毒、低残留的对路药剂防治病虫害。

6.保花稳果

在花蕾期和谢花期，各喷1次0.2%硼酸和磷酸二氢钾、尿素混合肥液。

（四）果实采收

香桃有早熟、中熟、晚熟3个品种，其中早熟香桃成熟期在每年的6月下旬，中熟香桃成熟期在每年的7月初至7月中旬，晚熟香桃成熟期在每年的7月中下旬。可根据品种特性适时采收。

第九节　武隆脆桃

武隆脆桃，重庆市武隆区特色水果，俗称"肺之果"。果红硕大、皮嫩肉脆、桃香浓郁。荣获农业农村部新品种保护、绿色食品A级产品认证，成功注册地理标志商标。

一、品质品牌

（一）品质特点

武隆脆桃又称仙女脆桃、火炉脆桃，单果重300～400

克，最大可达750克。仙女脆桃（火炉脆桃）颜色鲜艳，玫瑰红，着色面积达70%以上，缝合线对称，平顶（表4-2-8）。具有大、红、脆、甜、离核、丰产、挂树期长达30天和采后10天不软八大特点。含有丰富的蛋白质、糖、钙、磷、铁、维生素B、维生素C及大量水分，具有养阴生津，补气润肺的保健作用，俗称"肺之果"。富含胶质物，可在肠内吸收大量水分。武隆脆桃理化特点见表4-2-9。

表4-2-8　武隆脆桃外形特点

项目	指标
果形	圆平顶球形，整齐
色泽	果皮玫瑰红色
果面	较光洁
果肉	白色，芳香清脆，以甜为主

表4-2-9　武隆脆桃理化特点

项目	指标
果实硬度/（千克/厘米）	9.2
可溶性固形物/%	14.9
可滴定酸（以柠檬酸计）/（克/100毫升）	0.29
单果重/克	300 ～ 400
可食率/%	80
出汁率/%	35
果皮厚度/毫米	0.1

（二）品牌名誉

武隆脆桃所获荣誉见表4-2-10。

表4-2-10　武隆脆桃所获荣誉

年份	荣誉	颁证单位
2015	获得绿色食品A级产品认证	中国绿色食品发展中心
2017	"仙女脆1号"获植物新品种权证书	国家工商行政管理总局
	"火炉脆桃""仙女脆桃"成功注册为地理标志商标	国家工商行政管理总局商标局

二、种植历史

武隆脆桃是由中共十九大党代表、全国劳模申建忠夫妇经过20多年精心栽培、选育出的品种。申建忠毕业于武隆县职业教育中心九二级果树班。毕业后，他到外地承包果园，虽辛苦，但并未实现梦想。1996年，他返回家乡，毅然租下了武隆县火炉镇的荒山50亩，再次开启创业生涯。经过5年观察试种，2002年，园内一棵桃树的一枝丫终于结出了他梦寐以求的桃子。通过高换嫁接，新的品种选育成功。2004年开始投产，经过7年的精心培育、提纯选优，结出的桃子深受消费者喜爱。该品种表现出大、红、脆、甜、离核、丰产、挂树期长达30天和采后10天不软八大特点。鉴于桃子生长于火炉镇与仙女山镇交接处，申建忠将该桃命名为仙女脆桃（火炉脆桃）。已被农业农村部授权保护，被正式命名为"仙女脆桃1号"，并通过绿色食品A级产品认证。

三、生产发展

武隆脆桃作为武隆区特色水果，其基地始建于1996年，先后经历了1996—2004年的试种选育、2005—2009年的观察提纯、2010—2018年的扩繁育苗3个发展阶段。到2018年，武隆区已在海拔300～1 500米区域建园1.5万亩、种植脆桃80多万株，产量达3万吨、产值达1.5亿元。成为脱贫增收的重要产业。2018年，武隆区已有8个乡（镇）推广发展武隆脆桃种植，火炉镇作为武隆脆桃主产区，产量占总产量70%以上。

武隆脆桃基地利用无工厂污染的优势，根据农业农村部绿色水果标准生产，推广"树开窗、园生草、有机肥、生物药、疏小果、套果袋、杀虫灯"7项无公害脆桃标准化生产技术，严格控制化肥施用，禁止使用高毒、高残留农药，实行规范的商品化清洗、分选和包装处理，让消费者吃上放心桃。武隆脆桃基地内全面推行7项无公害脆桃标准化生产技术。

树开窗：采用自然开心形。

园生草：果园种植绿肥作物。

有机肥：全部施用有机肥种植，严禁使用化肥。

生物药：用生物农药防虫治病，杜绝使用化学农药。

疏小果：严格疏掉小果、病虫果、畸形果，以保营养充足。

套果袋：全园套袋栽培，提高品质。

杀虫灯：物理杀虫，无残留，以保证桃的品质。

四、分布区域

武隆脆桃主要分布在武隆区火炉镇，300～1 500米海拔区域内。

五、生态环境

（一）地貌土质

武隆区地处大娄山与武陵山褶皱地带交接处，喀斯特地貌，境内以山地为主，最高海拔2 033米，最低海拔160米。武隆脆桃在海拔200～1 500米都有种植。

（二）气候条件

武隆区气候温和，雨量充沛，四季分明，立体气候十分明显，年平均气温17.4℃，年平均降水量1 094毫米，年平均日照1 121小时。火炉镇位于武隆东南部，具有无台风、无冻害、无检疫性病虫害三大共同优势，冬暖、少雾、长日照的立体气候和难得的优等空气质量，使其成为少有的武隆脆桃特产生态带。

六、技术要求

（一）品种

武隆脆桃，属中晚熟品种，离核，特丰产。

（二）立地条件

武隆脆桃保护区内海拔200～1 500米区域，土壤质地为黏土、壤土、砾石土、沙壤土，土层厚度60厘米以上，pH6～7.8，有机质≥0.9%。

（三）栽培技术

1.苗木繁育
以山毛桃核作砧木，从无检疫性病虫害的母株上采集接穗、嫁接繁育。

2.定植
春季定植时间为2月下旬至3月底，秋季为9月中旬至10月中旬，每公顷定植株数≤1 050株。

3.肥水
每公顷年施有机肥≥3万千克。

4.整形修剪
通过修剪，使树体通风透光。

5.环境、安全要求
肥料的使用必须符合国家的绿色生产相关规定，杜绝农药使用。

（四）采收

武隆脆桃在7月中旬至8月中旬成熟。采收时轻拿轻放，装箱上市。

第十节　丰都龙眼

丰都龙眼，重庆市丰都县特产，已有300多年栽培历史。具有果大、质优、晚熟等显著特点，已注册地理标志商标。

一、品质品牌

（一）品质特点

丰都龙眼平均果穗重1.2千克，果粒较均匀、紧密，平均单果重11克。果实横径2.46厘米，果肉淡白色，半透明，果面不流汁，易离核，汁液多，肉质嫩化渣。果汁占50%，可食率65.7%，每100毫升果汁含全糖19.2克、酸0.12克、维生素C85.1毫克，可溶性固形物24.7%（为龙眼品种中可溶性固形物含量最高），浓甜，品质极优。

（二）品牌名誉

丰都龙眼所获荣誉见表4-2-11。

表4-2-11　丰都龙眼所获荣誉

年份	荣誉	颁证单位
2010	兴义镇成功注册"丰都龙眼"商标	重庆市工商行政管理局
2017	成功注册地理标志商标	国家工商行政管理总局商标局

二、历史渊源

丰都龙眼已有300多年的栽培历史。据《酆都县志》记载，明末崇祯十七年（1644年），有一官居江南（当时的闽广）巡抚使的丰都县兴义镇籍人，为了让家乡人民吃上名贵的龙眼，从江南带回种子，经丰都县兴义镇前进村向茨武的祖父辈们精心培植而成苗，开始了丰都的龙眼栽培。1901年，龙眼被正式列为丰都的重要果树，原始种群系龙眼种子经实生繁殖及其继代繁衍而成，在丰都一代又一代繁衍生息。三峡工程蓄水至175米后，绝大部分龙眼大树被淹或被砍伐，仅存1 664株，其中树龄在百年以上的龙眼大树不足100株，集中生长于丰都县兴义镇泥巴溪村、前进村。300多年前引进的龙眼经过环境对其实生繁殖之后代的长期诱导，所形成的丰都本土龙眼种群已适应当地气候。

20世纪90年代至21世纪初，丰都县林业局、移民局、扶贫开发办公室等部门从外地多批次引进龙眼苗木，其种群包括来自福建、广东、广西的优良品种，如福眼、石硖、大乌园、储良、水楠1号、凤松本、九月乌等。广泛种植于兴义、高镇、镇江、十直、湛普等地，种植面积超万亩。

三、生产发展

1986—2009年，丰都县农业局持续组织开展丰都本土龙眼优良单株选育工作，选出综合性状特别优良的单株，并作母本树标记。

三峡水库蓄水后，为帮助村民，特别是后靠移民增收，丰都突出区域特点，推进差异发展，实现保护与发展并重、生态与经济共赢。为破解库区产业空虚化难题，丰都县大力发展龙眼产业，经过不断发展壮大，龙眼已成为丰都县特色优势产业，被纳入"1＋6＋X"产业体系。

2009年，西南大学、丰都县科学技术委员会、县农业局共同编制出《丰都晚熟龙眼基地建设规划》和《丰都晚熟龙眼基地建设作业设计》，作为丰都龙眼基地建设的指导性范文。2010年，根据丰都晚熟龙眼的植物学特征、生物学特性，以及消费者对食用安全性的要求，丰都县科学技术委员会、县农业委员会组织技术攻关小组的技术人员编写了《丰都龙眼良种繁育管理规范》《丰都龙眼建园规范》《丰都龙眼产品标准》《丰都龙眼生产技术规程》等技术性文本。

2010—2012年，以本土龙眼晚熟优良单株为母本，建立母本园10亩，采穗圃30亩，容器育苗圃50亩。2013—2017年，培育晚熟本土龙眼嫁接苗20万株，新建晚熟本土龙眼生产基地0.8万亩，为打造中国内陆最大晚熟龙眼基地奠定了坚实的基础。丰都县长江两岸的高家、湛普、名山等乡（镇、街道），把龙眼作为库区农民增收的主要渠道，沿江海拔300米以下农户90%以上种植龙眼树。2017，丰都县龙眼种植面积3万亩，年产量1.5万吨。2018年，丰都县龙眼种植面积约5万亩，3万亩挂果，总产量2万余吨。

四、分布区域

丰都县兴义、龙孔、高镇、镇江、十直、湛普等乡（镇）均栽培龙眼。

在生产保护区内的农业企业、农民合作社、家庭农场，可向丰都县农业服务中心（专用标志持证人）申请，经实地审查批准，按《丰都龙眼生产技术规程》实施生产管理，签订相关协议，可依法在产品包装及宣传广告上使用丰都龙眼地理标志商标和绿色食品标志。

五、生态环境

（一）地貌土质

丰都为沿长江低海拔区域，土层深厚肥沃，属于龙眼北缘经济栽培区，是内陆地区为数不多可经济栽培龙眼的区域之一。产区周围无工业污染，空气清新，水质符合国家农用水《农田灌溉水质标准》（GB 5084—2005）Ⅱ类标准，土壤质量符合《土壤环境质量标准》（GB 15618—1995）Ⅱ类标准，适合龙眼生长发育。

（二）气候条件

丰都属于亚热带湿润气候，温暖多雨，阳光充足，冬季和初春适当低温年均温低于17.5℃，十分适宜丰都龙眼生长。

六、技术要求

（一）品种

丰都龙眼（以晚熟为主）。

（二）立地条件

丰都境内海拔175～300米，土壤质地为黏土、壤土、砾石土、沙壤土，土层厚度80厘米以上，pH6～7，有机质≥1%。

（三）栽培技术

1.苗木繁育
共砧，以大核龙眼如大乌圆做砧木，从优选单株纯系培育的本土龙眼母本株上采集接穗，嫁接繁育。
2.栽植
春季栽植时间为2月下旬至3月底，秋季为10月中旬，容器苗则可周年，每亩栽植株数≤28株。
3.肥水
每亩年施有机肥≥800千克。
4.整形修剪
采用省力化修剪，以使树体通风透光。
5.环境、安全要求
农药、化肥等的使用必须符合国家的相关规定，不得污染环境。

（四）果实采收

中熟龙眼采收时间为9月15日前后，晚熟龙眼10月上旬采收。采果时将果实连同果柄一并摘下，轻拿轻放，装箱上市。

第十一节　江津油溪龙眼

江津油溪龙眼，重庆市江津区特产。其果大核小，果肉白色、爽脆化渣，味浓香甜，获得农业农村部中国绿色食品发展中心绿色食品认证。

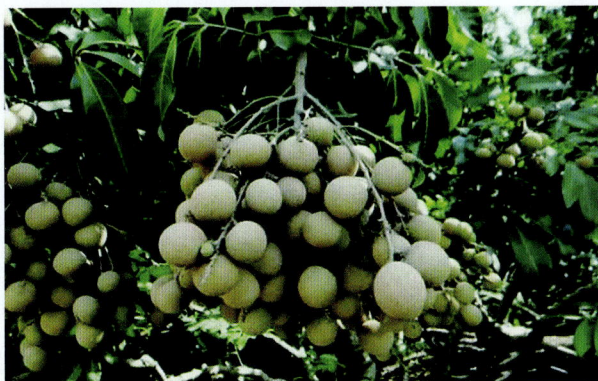

一、品质品牌

（一）品质特点

江津油溪龙眼穗大，果大，果肉蜡白色，肉质爽脆，化渣，味浓香甜，易离核，品质优，营养丰富。江津油溪龙眼不同品种的品质有所差异。

1.大乌园龙眼

该品种果密，丰产。单果最大31克；果皮黄褐色，半透明，不流汁，易离核，肉质爽脆；可溶性固形物16%～18.5%，可食率74.3%，味甜稍淡，品质中上。5年生幼树单株产达17千克，优质，丰产，效益显著。

2.储良龙眼

该品种丰产，穗大，果大，果形浑圆，可食率高，果肉蜡白色，肉质爽脆，化渣，可溶性固形物20%～22%，最高达24%，定植后3年可试花，5年开始投产，单果重12～14克，幼树单株产达14千克，品质优质，丰产，效益显著。

3.石硖龙眼

果形略扁，颗粒中等，果壳粗糙，果身坚实，剥开不流汁，可溶性固形物23%～26%，品质上乘。

4.蜀冠龙眼

果穗中大，平均穗重450克，着果密度中等，果大，整齐，黄壳，扁圆形，平均单果重12.4克，可溶性固形物22.4%，果肉乳白色，质脆，汁多，味浓香甜，易离核，品质优，商品性状好。

（二）品牌名誉

1996年，龙眼在江津区引种试种获得成功。2000年，通过重庆市科学技术委员会组织的技术鉴定。江津龙眼所获荣誉见表4-2-12。

表4-2-12　江津龙眼所获荣誉

年份	荣誉	颁证单位
2011	注册"龙溪纯"商标	重庆市工商行政管理局
2012	优质龙眼丰产栽培技术示范获科学技术成果证书	重庆科技成果转化促进会
2014	获得绿色食品认证	中国绿色食品发展中心

二、历史渊源

江津具有种植龙眼的得天独厚的区位优势。江津油溪镇种植龙眼最早可追溯到"湖广填四川"时期，当时，移民把家乡的龙眼树种带入油溪镇种植并延续下来，在油溪镇境内，树龄上百年的龙眼古

树有近百株。1996年，龙眼开始作为农业产业发展，江津区先后引进近20个晚熟龙眼品种，在油溪镇的金刚社区建示范园试种。其中，蜀冠、大乌圆、石硖、储良等对三峡库区的气候生态条件有较好的适应性，实现了早结、丰产、优质，5年生幼树单株产果15 ~ 18千克，果实可溶性固形物高达18% ~ 22%，深受消费者好评。2000年，通过重庆市科学技术委员会组织的技术鉴定。2012年，优质龙眼丰产栽培技术示范由重庆科技成果转化促进会授予科学技术成果证书；2014年，江津龙眼由中国绿色食品发展中心授予绿色食品证书。

三、生产发展

1996年，江津从广西引进龙眼优良品种，在油溪镇金刚种植，在各级政府的大力支持下，优质晚熟龙眼得到推广，迅速发展，先后带动油溪镇的金刚社区、大坡、石羊、盘古等村农民发展优质龙眼4 000余亩。2011年，油溪镇新栽龙眼2 100亩、7.26万株。油溪、西湖、塘河、龙华等镇种植优质龙眼果树45万株，近1.5万亩。2018年，油溪镇龙眼种植面积达5 000余亩，种植农户达1 360多户，近3 000亩龙眼树进入盛产期，产果量达150万千克。

四、分布区域

江津地处中国龙眼北缘适宜区之一，其龙眼种植集中在油溪、西湖、塘河、龙华等长江沿岸镇。

五、生态环境

（一）地貌土质

江津地处川东平行山岭谷区西南梢，南临贵州高原，地势南高北低。属丘陵兼低山地貌类型，其范围内土壤类型分水稻土、紫泥土、冲积土和黄壤土四大土类，土壤耕作层平均pH6.2；土壤肥沃，有机质含量高。产区土壤质量、空气质量符合国家相关标准，是龙眼生长发育的适宜环境。

（二）气候条件

江津地处中亚热带湿润季风气候区，具有气候温和、四季分明、夏热冬暖、光热同季、无霜期长、雨量充沛、湿润多阴等特点。海拔400米以下的地区年均气温在17 ~ 19℃，≥10℃的年有效积温5 500 ~ 6 500℃，最冷月均温5.9 ~ 7.2℃，年平均日照1 200 ~ 1 600小时，无霜期长达341天，相对湿度65% ~ 80%，年降水量1 100 ~ 1 300毫米，冬暖春早、秋短夏长、雨热同季，光照充足。

（三）水资源

江津龙眼生产于长江沿岸，水质洁净，排灌便利，水源、沟渠及排灌配套。灌溉水环境符合《绿色食品　产地环境质量》（NY/T 391—2013）的要求。

六、生产管理

（一）品种

江津龙眼品种有大乌园、储良、石硖、蜀冠。

（二）立地条件

年均温不低于18℃，极端最低温度-1.5～2.4℃，0℃以下在1年中连续出现2～3天，冻害轻。

（三）栽培技术

1.定植

定植时间：春植2—5月，秋植10—11月。

定植密度：一般果园，株距4米，行距5米，亩载34株，约15年封行。永久果园，株距5米，行距6米，亩载23株，约25年封行。前期可充分利用行间种植蔬菜及其他矮秆作物。

2.幼树的肥水管理

坚持勤施薄肥的原则，成活后每月施1～2次薄肥，1年至少6～8次，第一月施1∶1腐熟人畜粪尿，也可用尿素或复合肥2～3两加水100斤，每株淋2～4瓢，随树龄的增长，施肥浓度和用量逐渐增加，以氮肥占70%～80%，磷钾肥占20%～30%，干旱时及时浇水抗旱。

3.试花试果幼树的管理

（1）施肥。定植3年后的试花、试果幼树，每年施肥4次（如果土壤特别深厚、肥沃，前3年树势生长特别旺盛，可减少施肥次数）。

（2）整形修剪。剪去内堂枝、衰弱枝、病虫枝及采果造成的裂口、断枝。

（3）促花保果。在每次生理落果，即雌花谢后25～30天，喷第一次药物，至幼果出现果肉时喷第二次。药物可用每背水（喷雾器）加赤霉酸0.5克和2.4-D0.15克混合喷布，也可用200ppm的防落素和保果灵各喷1～2次。

（4）控制冬梢促进花芽分化。控制冬梢（晚秋梢）是幼树来年挂果的关键，不控或控不好，来年挂果少，甚至不挂果。通过物控梢、坏剥、断根等方法控梢。

4.病虫防治

以防为主，可在9月中下旬喷施1次杀虫药，然后再药物控梢，平时发现病虫应及时喷药，主骨部位如有虫害，用铁丝掏出，杀虫药刷后，复土让其再生根，恢复树势。

第十二节　涪陵龙眼

涪陵龙眼，产于重庆市涪陵区南沱镇睦和村，成功注册"涪陵龙眼"地理标志商标。涪陵是"中国绿色生态龙眼之乡"。涪陵龙眼历史悠久，已有400余年种植历史。

一、品质品牌

（一）品质特点

涪陵龙眼以"涪陵黄壳"为优质品种。"涪陵黄壳"是涪陵自行培育的一个品种，其果大、皮薄、肉厚、核小、入口化渣、味道鲜甜，果肉具有浓郁的蜂蜜香，外壳剥离有汁液，品质、风味自成一派，独具特色。

涪陵龙眼果实直径1.2～2.5厘米，单果重10～15克。果皮黄褐色、灰黄色或青色，外面稍粗糙，

或少有微凸的小瘤体；果皮薄，肉厚呈透明状；种子茶褐色，光亮，全部被肉质的假种皮包裹；肉甜带蜂蜜味，入口化渣（表4-2-13）。花期春夏间，果期8月下旬至10月上旬。涪陵龙眼理化指标见表4-2-14。

表4-2-13　涪陵龙眼外观特色

项目	指标
果形	近球形
色泽	果皮黄褐色、灰黄色或青色
果面	外面稍粗糙，或少有微凸的小瘤体
果核	茶褐色，光亮，全部被肉质的假种皮包裹
果肉	透明，爽脆化渣，果味纯甜，有浓郁蜂蜜香

表4-2-14　涪陵龙眼理化指标

项目	涪陵黄壳龙眼	涪陵蜀冠龙眼
可溶性固形物/%	14.3	18.7
可食率/%	68.8	59.9
果实横径（>24毫米的果实占比）/%	72	87

（二）品牌名誉

涪陵龙眼所获荣誉见表4-2-15。

表4-2-15　涪陵龙眼所获荣誉

年份	荣誉	颁证单位
2011	"涪陵龙眼"注册为地理标志商标	国家工商行政管理总局商标局
2013	年度中国（大连）驰名商标及地理标志精品博览会特色产品创意奖	中国（大连）驰名商标及地理标志精品博览会组委会
2014	"睦和龙哥"被评为"重庆市著名商标"	重庆市工商行政管理局

二、历史渊源

《涪州志》载，涪陵历史上盛产荔枝、龙眼，杨贵妃偏爱涪州荔枝，便有"天宝岁贡取之涪"之说，后来马嵬遗恨，涪州人痛其祸国殃民，将荔枝树毁绝一空。龙眼无恙，在长江两岸见风而长，花开花谢，自成风景。相传，涪陵睦和村龙眼培植于明末清初，距今已有400余年种植历史，现尚存500余株龙眼古树，全部分布在四面环水的"江中绿宝石"——平西坝岛上。

1998年，因三峡移民搬迁，睦和村根据悠久的龙眼种植历史，提出了率先打造100亩龙眼种植示范园的思路。2006年4月22日，国务院总理温家宝在重庆市委书记汪洋的陪同下视察了睦和村龙眼基地，对当时已发展至470亩的龙眼基地给予了高度评价。

三、生产发展

1998年，涪陵南沱镇在和睦村打造100亩龙眼种植示范园。和睦村有龙眼面积956亩，其中470亩为龙眼栽培标准化果园，其余486亩为龙眼古树。2014年，在涪陵区质量技术监督局的引导下，睦和村以优质龙眼栽培申报创建市级农业标准化示范项目，于2017年1月通过验收。

2017年，南沱镇种植龙眼约6 000亩，投产面积2 000余亩，主要集中在睦和村、焦岩村、石佛村等地。

四、生产管理

涪陵睦和村坚持"以农为本，因地制宜，绿色发展"的理念，于2006年6月注册成立重庆市涪陵区南沱镇睦和果品专业技术协会，2007年11月，正式到工商部门登记注册重庆市涪陵区睦和龙哥果品专业合作社。合作社以"民办、民管、民受益"为宗旨，为社员提供"产前、产中、产后"的优质服务。他们探索出了"五统一分"的果园管理模式，即统一技术指导培训、统一商标品牌包装、统一农用物资引进、统一宣传广告、统一销售指导价格、分户经营管理模式。由合作社统一技术指导，统一施肥管理，积极推行物理防治，果园每亩悬挂粘虫板40张，严禁使用化肥和农药。整个生产环节基本不使用化肥农药，是深受消费者喜爱的绿色放心农产品。通过标准化管理生产的优质龙眼单价超同类产品50%，龙眼价格提高到每斤6～10元，就地销售，供不应求。

五、分布区域

涪陵龙眼主要在10个乡（镇）种植。涪陵区南沱镇、珍溪镇、百胜镇、清溪镇、江北街道、石沱镇、蔺市镇、龙桥镇、义和镇、李渡街道10个乡（镇、街道）种植的龙眼可申请使用"涪陵龙眼"地理标志商标。凡睦和村域范围内种植的龙眼均可申请使用"睦和龙哥"商标。

六、生态环境

（一）地貌土质

涪陵区地处四川盆地和盆边山地过渡地带，境内地势以低山丘陵为主，横跨长江南北、纵贯乌江东西。属丘陵兼低山地貌类型，其范围内的砾质和砂质壤土土层深厚、排水良好、腐殖物丰富，特别适宜龙眼栽培。

（二）气候条件

涪陵区种植龙眼的区域地处长江南岸，属于中亚热带湿润气候，常年平均气温18.1℃，年均降水量为1 072毫米，无霜期317天，日照1 248小时，气候湿润，夏季气温高，冬季无霜冻，少风，适合龙眼生长。

七、技术要求

（一）品种

涪陵黄壳、涪陵青壳、蜀冠1号。

（二）土壤条件

长江沿岸的山地丘陵地带，海拔≤300米，土壤质地砾质和沙质壤土，土层深厚，排水良好，腐殖物丰富。

（三）栽培技术

1.苗木繁育

先用实生繁殖、培育砧木苗，然后用嫁接繁殖。8月下旬至10月上旬，龙眼成熟时，选取适应性强、粗生易长、病虫害少的母树采种，采种后立即播种，可提高种子发芽率。春季嫁接4—6月，秋季嫁接以9—10月为宜。接穗从经过鉴定的优良母树上选取。嫁接方法为芽片贴接法或舌接法。

2.定植

春、秋两季均可定植，温度在15℃左右为宜，多采用长方形或正方形栽植。定植行株距一般5米×4米，每亩≤33株为佳。

3.肥水

以施用有机肥、农家肥为主，每亩≥1 500千克。若果实发育期雨水过多，要注意及时排除积水，遇旱需及时灌水保墒，确保果实正常发育。

4.整形修剪

每年10月采摘期后，修剪干枯枝、病虫枝，通过修剪，使树体通风透光。

5.其他注意事项

幼年树的管理应注重间作与覆盖、扩穴改土、及时施肥、合理整形修剪，以形成良好的树形，培养强壮的骨干枝。成年树则重增施肥料、培土、耕作、排灌和修剪。

（四）采收

涪陵龙眼在8月下旬至10月上旬成熟。采果时，将果实连同小果枝条一并摘下，轻拿轻放，装箱上市。

第十三节　江津石蟆橄榄

江津石蟆橄榄，又名石蟆青果，重庆江津特产，具果实大、风味浓、味甘酸特点。石蟆镇是西南地区最大的橄榄生产基地，荣获"重庆市橄榄之乡""中国优质橄榄基地镇（乡）"等称号，成功注册"江津石蟆橄榄"地理标志商标。

一、品质特点

橄榄属乔木植物。高可达35米，胸径可达1.5米。小叶3～6对，纸质至革质，侧脉12～16对，果序长1.5～15厘米，具1～6果。卵圆形至纺锤形，成熟时黄绿色，外果皮厚，核硬，两端尖，核面粗化。花期4—5月，果10—12月成熟。橄榄原产中国南方福建、台湾、广东、广西、云南，日本长崎、冲绳及马来半岛等地区均有栽培，野生于海拔1 300米以下的沟谷和山

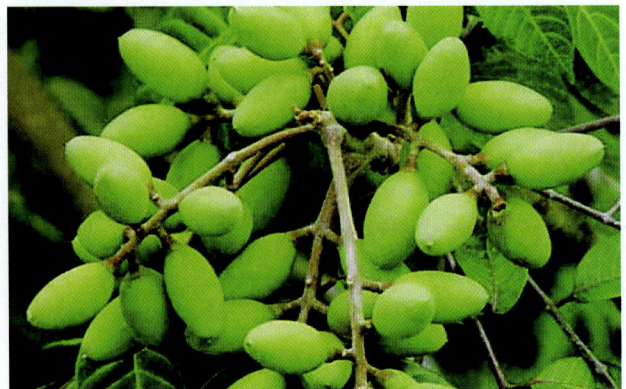

坡杂木林中，或栽培于庭园、村旁。橄榄是很好的防风树种及行道树。木材可造船，作枕木，制家具、农具及建筑用材等。果可生食或渍制，药用治喉头炎、咳血、烦渴、肠炎腹泻。核供雕刻，兼药用，治鱼骨鲠喉有效。

果橄榄作为水果，营养丰富，含有17种人体所需的氨基酸，富含钙质、维生素C和橄榄黄酮。果橄榄初吃时味涩，久嚼后香甜可口，余味无穷。果实酸、甘、温、无毒，富含蛋白质、脂肪、碳水化合物、钙、磷、抗坏血酸、挥发油、铁等。尤其是维生素C和钙含量较高。橄榄富含果糖、淀粉、脂肪、蛋白质、果酸、单宁、芳香物以及人体需要的多种微量元素。橄榄果实含蛋白质1.2%，脂肪酸1%、碳水化合物12%、钙0.2%、磷0.06%、维生素C0.02%。种子含油7%～8%，油含香树脂醇等，仲仁含油量达20%左右。经研究表明，橄榄叶、果实、油等提取物具有天然多重抗氧化、抗菌、抗心血管老化等有效成分，抗氧化能力强，其中果实里含多酚（抗氧化成分）达3 500毫克/100克，比橙汁高3.5倍，比茶高20倍，橄榄油中天然抗氧化剂——三十碳六烯（角鲨烯）含量在700毫克/100克以上。

橄榄是一味传统的中草药，《本草纲目》《中华大药典》等都记载了橄榄的药用价值。橄榄根、茎、叶、果、皮均可入药，国内药厂以橄榄为主要原料加工而成的药品有金嗓子喉宝、青果丸、复方青果冲剂、青橄榄喉宝、青橄榄利咽含片、慢咽舒宁等10个品种。橄榄叶中含黄酮，是天然的抗氧化剂，也是机能性食品，是食品工业天然防腐剂和生产化妆品的基础材料。

二、历史渊源

江津石蟆镇种植橄榄已有500年，百年橄榄古树有上百株。1998年，石蟆镇在农业产业结构调整过程中，大力打造橄榄特色产业。通过扩大种植基地，开办"农家课堂"，加强农民技术培训；同时扩大销售规模，打通销售渠道。橄榄种植规模不断扩大，主要种植大白园、二白园、大梭子、等10多个橄榄品种，橄榄年亩产2吨左右。在橄榄的规模发展中，石蟆镇逐步摸索和总结出橄榄采种、育苗、栽植、管理等一整套技术措施和经验，已经具有发展橄榄产业必要的技术支撑和保障。

三、生产发展

石蟆镇从1999年开始大量种植橄榄，同年，江津区将橄榄产业化发展确立为农业重点发展的产业之一。研发出健康、绿色的石蟆硒橄榄汁、橄榄条、橄榄盐果等多种产品，畅销重庆、贵州、四川等地。经过10年的发展，到2018年，橄榄种植面积约7万亩，其中近15%完成了原始品种改良，投产面积2万多亩，重点推出大白园、二白园、大梭子、二梭子、脆皮、檀香等10多个橄榄品种，成功培育出"江津长果一号橄榄"等优良品种。常年鲜橄榄产量4 000吨。石蟆镇被定为10万亩青果发展的基地，橄榄产业是江津区重点发展的农业产业之一，也是重庆市唯一的橄榄基地。

石蟆镇组建了重庆市江津区蜀津橄榄种植股份合作社和江津区石蟆镇橄榄协会等组织，为橄榄种植生产管理和技术推广服务。

江津石蟆镇针对鲜果、加工果和干果3种销售形式，建立合理化橄榄销售网络体系。已经建立起农村电商服务点，基本实现了橄榄24小时内出单发货。

在发展橄榄产业中，江津把橄榄产业融入乡村旅游，举办了3届橄榄文化节。第三届橄榄文化节以"再唱橄榄树，踏上小康路"为主题，通过采橄榄甘蔗、逛清源庙会、"橄榄之乡、最美石蟆"摄影大赛拍摄活动和评"石蟆富硒名菜"、品"橄榄之乡"美食等活动，吸引了众多市民前往采果、旅游。

四、分布区域

石蟆橄榄主要种植在江津区石蟆镇。

2014年，"江津石蟆橄榄"在国家工商行政管理总局商标局成功注册地理标志商标，保护区范围内的生产者可提出申请，经批准后可以使用"江津石蟆橄榄"地理标志商标。

五、生态环境

（一）地貌土质

江津石蟆镇地貌为平坝兼浅丘类型，海拔190～420米，土壤属棕紫泥亚区，pH4.5～6.5，土层较厚，非常适宜种植橄榄。

（二）气候条件

气候四季分明，光照充足，雨量充沛，无霜期长，平均气温18℃，降水量1200毫米，无霜期340天，这样的环境非常适宜橄榄的种植。

六、技术要求

（一）品种

江津长果一号橄榄。

（二）立地条件

橄榄喜温暖、抗旱能力强，年均温度18～20℃、年降水量1 200～1 600毫米区域适合橄榄生长。

（三）栽培

1.建园

以土层深厚疏松，含有丰富有机质的土壤或沙壤土为最佳。走向不宜有强烈西照或冷空气和易成霜的闭合山坳。结合园地实际情况，选择交通方便，水源丰富无污染，地形较为平坦的山坡地或梯田地种植。

2.定植

橄榄主根发达，侧根须根少，选择雨水充足的季节（"小满""芒种"期间）定植，取苗时尽量减少根系损伤，并及时去掉2/3～3/4的叶片，有条件的不带土幼树苗主干可用降解膜密封包扎，减少水分蒸发。穴坑要挖深，种时也要埋深或培土要高，待确定成活后再适当挖开部分培土。水源充足园地在穴内进水拌成泥浆，或放入水稻田泥浆，把根部放在泥浆内种植后盖土。种时不能施无机肥或未充分腐熟的有机肥，防止伤根，影响成活。

3.养护

插竹竿以防牲畜危害和采取遮阴措施，树盘可采用地膜覆盖或铺盖稻草等措施来保持湿度，以顺利渡过夏天。

4.整形修剪

橄榄树生长势强劲，容易造成营养过旺，影响生殖生长。一般采取削弱顶端优势，以轻剪、疏剪为主或适当短截，促使各级分枝形成均匀、紧凑的树冠。采果后修剪时，注意培养树冠外围的夏、秋梢，促使"立春"后至"惊蛰"前抽发的结果枝实现最好坐果率。生产上，结合控水、断根、环扎、化学调控等促花措施，环割处理应慎重操作，不宜提倡。

5.肥水管理

栽培上，根据树龄、树势、结果量、土壤肥力等决定施肥时期和施肥量。一般在3月施花前肥，以中速效肥结合农家肥；8—9月施壮果肥，偏速效肥及植物生长调节剂追肥；采果后，应重施农家有机肥和补充氮、磷、钾、钙等微量元素，并尽量做到翻土、深施、覆盖。雨天旱晴应及时排灌，保证树体的正常生长，特别在每次抽梢期和果实膨大期，要保证适当的水分供给。

6.病虫防治

橄榄病虫害会导致橄榄树叶变黄、脱落、枝条干枯，部分植株整株死亡，并逐渐影响到周围橄榄树的生长。病害主要有炭疽病、流胶病、树癀病等，主要害虫有星室木虱、小黄卷叶蛾、黑刺粉虱、圆蚧类，天牛类等。应采取"预防为主、综合防治"措施。抓好清园工作，消灭病虫传染源；加强管理，增强树势，减少病虫害发生。掌握各种病虫害生活习性和危害程度，以药物防治；针对病虫害严重株树，回缩更新或矮化嫁接新品种及套种其他农作物等。

（四）采收

根据用途及市场需求，适时采收。橄榄果实单宁较多，采后极易因失去水分而皱缩，采摘时按销售、加工量或订单采收。同时注意保护果枝顶芽，以抽生次年的结果枝，尽量做到轻采、轻装、运输不伤果实。采摘后的橄榄应保持适当稳定的温、湿度，再根据用途，按不同程序加工，以取得最佳的经济效益。

第十四节　武隆猪腰枣

武隆猪腰枣，重庆市武隆区特产。农产品地理标志登记保护产品。因其果子具有形状独特、皮薄、肉脆、核小、甜度高、枣香浓郁、维生素C含量高等特点而闻名。武隆猪腰枣是中国珍贵的地方枣树优良种质资源。

一、品质品牌

（一）品质特点

武隆猪腰枣果实圆柱形，腰部稍瘦，果肩较宽，形似猪肾，顶点凸起，果皮褐红色，光亮，皮薄肉厚。果肉绿白色，脆、蜜甜，风味浓郁，鲜食口感极佳。

武隆猪腰枣单果重（9.81±2.69）克，果实纵径3.4～4.5厘米、横径2.1～2.6厘米，可溶性固形物34%、可食率94.89%，含水量64.34%、糖24.85%、果酸0.34%、维生素C393.27毫克/100克、类胡萝卜素0.236毫克/100克，还含有一定的脂肪、蛋白质、维生素A、维生素B、维生素E、维生素P和人体必需的18种氨基酸等多种营养物质。

（二）品牌名誉

武隆猪腰枣所获荣誉见表4-2-16。

表4-2-16　武隆猪腰枣所获荣誉

年份	荣誉	颁证单位
2006	羊角镇被命名为重庆市唯一的"重庆市枣子之乡"	重庆市林业局
2010	获农产品地理标志登记保护	农业部

二、历史渊源

武隆猪腰枣最初叫羊角枣，在武隆有1 500多年的种植历史。据史料记载，659年，唐太尉长孙无忌因反对武则天为后，被流放到黔州（今彭水苗族土家族自治县），其食谱里就有每月食枣1升的记载（《武隆县志》《彭水苗族土家族自治县民族宗教志》）。据居住在长孙无忌墓（今武隆江口镇境内）旁的老者回忆，以前在墓地旁，有许多两个人合抱都抱不过来的老枣树。

武隆猪腰枣是中国珍贵的地方枣树优良种质资源，系经过长期自然选择和长期优选培育形成的一个早熟鲜食枣地方优良品种。因其果实呈圆柱形、果肩较宽、腰部稍瘦、略微凹陷、形似猪肾（当地人称肾为"腰子"）而得名"猪腰枣"。该品种树形高大，根系发达，生长势旺盛，果实盛产期长。羊角镇鹅岭村，最大枣树树高达25米，胸径70厘米，当地群众称其为"千年枣王"，至今生长、结实均十分正常。据林业部门调查，武隆县现有武隆猪腰枣原生资源约4万株，其中树龄在100年以上的成年大树1 000余株，仅羊角镇鹅岭村干周1.5米以上的枣树就有82株。其中最大的1株树龄在1 000年以上，干周2.33米，树高25米，东西冠径10.2米，南北冠径10.5米，年产量达150千克以上，被当地群众称为"千年枣王"。

三、生产发展

武隆猪腰枣生长适应性强，耐旱、耐瘠薄能力强，在海拔1 000米以下的碱性或酸性沙壤、黄壤、紫色土及黏土上均能正常生长。通过对枣园的集约化生产经营管理，嫁接苗当年栽植即可实现开花挂果，3年后进入结果初期，5年后单株产果可达10～20千克。

2000年开始，武隆羊角镇利用退耕还林的政策，大力发展武隆猪腰枣，枣树占地面积1万亩，年产枣300吨，市场均价每500克30元左右，其中，精品枣最高可卖到100元左右，成为该镇农民增收的骨干产品。

2006年9月26日，武隆猪腰枣被重庆市林木品种审定委员会审定为林木良种，羊角镇被重庆市林业局命名为"重庆市枣子之乡"。自此，羊角镇大力发展猪腰枣、金丝大枣等优质枣子品种，并初具规模。2010年，猪腰枣产业作为羊角镇促进农户增收的主导产业，得到加快发展，枣子在地面积由2009年的1.2万亩增加到1.4万亩，产量比2009年增加5 000吨，产值达0.8亿元。

2012年5月，武隆区成立重庆市武隆区枣典水果种植股份合作社，专业从事猪腰枣繁育、推广、集约化栽培，在武隆区羊角镇庙岭村大山组建成150亩猪腰枣矮化密植栽培基地，年产猪腰枣果品50吨。

2018年，武隆区羊角镇实现猪腰枣种植全覆盖，培育乡村旅游猪腰枣园艺栽培采摘体验示范园10个，面积5 000余亩，年产值达2 500万元。

四、分布区域

武隆猪腰枣主要生长在海拔650～700米日照强的山坡沙地，主要分布在武隆区羊角、土坎2个乡（镇）的乌江两岸，呈零星散生分布，约3万亩。垂直海拔200～1 000米区域有原生资源1.5万余株，其中树龄在100年以上的成年大树1 000株左右（已建档登记并挂牌保护550株），年产量约100～150吨，其中羊角镇鹅岭、石床、碑垭3个村株数和产量占总量的80%以上。

武隆猪腰枣农产品地理标志登记保护范围包括：武隆区羊角、土坎、巷口、江口、白马、长坝、火炉、石桥、白云、平桥、鸭江、沧沟、凤来、庙垭、黄莺15个乡（镇），东至沧沟乡大田村，西至凤来乡送坪村，南至石桥乡八角村，北至鸭江镇双河园村，地理坐标为东经107°34′—107°38′，北纬29°21′—29°25′，海拔200～1 000米范围。

五、生态环境

适宜的地理气候条件，广阔的山地面积，丰沛的优质水资源，为武隆猪腰枣提供了生长的理想环境。

（一）地貌土质

乌江流域沿线区域内地层主要为石灰岩，土壤主要为黄壤，pH5.6～7.6，有机质含量平均为2.5%～3%。土壤较肥沃，土层厚度≥40厘米。分布区域内地貌较复杂，有河谷、台地、山地等，地势中间低，两边高。猪腰枣在海拔1 000米以下的碱性或酸性沙壤、黄壤、紫色土及黏土上均能正常生长，要求肥力中等、透水透气性好。

（二）气候条件

武隆区气候属亚热带季风性湿润气候，因海拔高差大，呈明显的立体气候。低坝河谷地区热量资源十分丰富，日照充足、温暖湿润、四季分明，年平均气温18.5℃，无霜期300天，年均降水量1 000～1 200毫米，年均相对湿度为78%，年平均日照时数1 210.3小时。

六、技术要求

（一）品种

武隆猪腰枣。

（二）立地条件

武隆猪腰枣产地环境条件应符合《无公害产品　种植业产地环境条件》（NY/T 2010—2016）要求。种植基地要求集中连片，海拔≤1 000米，地形开阔，光照好，坡度≤25°，土层厚度≥40厘米，pH 5.6～7.6的沙壤、黄壤和紫色土。苗圃地地势平坦，灌溉方便，交通便利，海拔≤500米，坡度≤10°，背风向阳，土层≥60厘米，土壤肥沃的沙壤、黄壤和紫色土。

（三）栽培管理

1.建园

按照土壤要求改良土壤，沿等高线开梯栽种，挖定植穴，定植穴规格：长×宽×深为100厘米×100厘米×80厘米。底肥以农家肥为主，适量加入复合肥。每穴施用农家肥≥5千克，果树专用复合肥≥0.25千克，底肥混合表土施入穴底约40厘米，回填表土5～10厘米，以免烧根。

2.苗木

选用酸枣种子培育优良砧木，种子质量检验按《林木种子检验规程》（GB 2772—1992）执行。种子质量分级按《林木种子质量分级》（GB 7908—1999）执行。接穗采集与冬季修剪结合进行，选用从无性良种采穗圃中的母本树或健壮原生母树上采集的优质穗条，每个接穗保留2～4个芽，经蜡封处理后冷藏或沙藏，于翌年3月底至4月初嫁接，嫁接方法常用劈接。

3.定植

一般栽植密度为74株/亩，株行距3米×3米。栽植时间为11月下旬至翌年4月。苗木选用植株健壮、主干直立、分枝均匀、根系完整、有较多的侧根和须根、无机械损伤、无病虫害的嫁接苗，要求苗木地径≥0.8厘米、苗高≥80厘米、主根长≥20厘米、侧根数≥5根。

定植时，要求先将嫁接口处捆绑的塑料布解开，将苗木直立放在定植穴中心，理顺根系，根颈与地面平齐，根系周围填满肥土并压实。筑四周高、中间平、直径80厘米、高出地面30厘米的树盘，及时灌透定根水。

4.修剪整形

一般培育成多主枝自然圆头形，栽植后距地面0.8～1.0米处定干，并培育3～4个不同方向的主枝，主枝长到一定长度时，在保留2～3个二次枝的基础上短截，使其形成骨干枝；疏枝主要剪去过密枣头、交叉枝、细弱枝、病虫枝等；短剪主要是把一年生的枝条剪去一部分，增强留下部分的长势；回缩主要是剪去多年生延长枝、结果枝的一部分，使老树更新和结果枝组复壮。

5.肥水管理

深翻改土在秋冬季结合施基肥进行，枣树生长期及时进行中耕除草。基肥在采收后至落叶前进行，以有机肥为主，化肥为辅，幼树常采用环状沟施法。成年树常采用多穴施肥法，施肥量占全年施肥量的80%，具体施用量按每生产1千克鲜枣施用2千克有机肥计算。每年追肥4次，分别在萌芽前、花前、幼果期和果实膨大期施用。施肥应采用测土配方施肥，并维护和改善枣园生态环境条件，不断提高土壤肥力水平，避免施肥不当引起的土壤重金属积累等。允许使用和禁止使用肥料按《绿色食品 肥料使用准则》（NY/T 394—2013）执行。干旱时应及时灌溉，暴雨时注意排水，灌溉用水应符合《农田灌溉水质标准》（GB 5084—2005）的要求。

6.保花保果

环割，3～5年生幼树在盛花期环割，每7天1次，连续3次。开甲，5年生以上枣树在盛花期可开甲，开甲一般在枣花开花量达30%～50%时进行，首次开甲应在主干离地面30～50厘米处，甲口宽度因树而定，一般小树、弱树≤0.3厘米，壮树≤0.8厘米。摘心的主要目的是控制枣头加长生长和提高坐果率，在生长季节将新生枣头顶芽摘除。摘心时间为5月下旬至6月上旬。武隆猪腰枣开花量大，花期可通过枣园放蜂、喷施赤霉素或吲哚乙酸来提高坐果率，如果坐果量过大，应在坐果后到生理落果前人工疏果。

7.病虫害防治

以预防为主，以综合防治为原则。主要防治枣疯病、桃小食心虫等病虫害。注意观测，准确预报，及时防治。使用物理与生物防治相结合。使用农药按《绿色食品 农药使用准则》（NY/T 393—2013）执行。

8.生产记录

建立武隆猪腰枣生产过程记录档案。对武隆猪腰枣生产情况、病虫害发生情况、技术措施、农药化肥等投入品的名称、使用时间、使用目的、使用方法、使用量做好记录。建立武隆猪腰枣销售记录档案。

（四）采收储藏

武隆猪腰枣主要为鲜食枣，8—9月，枣果进入脆熟期后，手工分批采摘。低矮枣树产品采收方法：一手抓住枣吊，一手抓住枣果，拇指掐住枣柄，向上用力，保证每枣带柄，轻拿轻放。不准用杆震落后捡拾。高大枣树产品采收方法：用一个小布袋绑在长竹竿的一头，袋口张开，并在袋口绑一个排梳。将竹竿伸到枣果处，轻轻回拉，让枣果掉进布袋里。产品收获后及时分级包装和保鲜冷藏处理。

第十五节 巴南鱼洞乌皮樱桃

鱼洞乌皮樱桃，地方特色品种，巴南区特产，成功注册地理标志商标，获得绿色食品认证，重庆市名优水果。乌皮樱桃原产地为鱼洞街道百胜村，果实大，果皮鲜亮，果肉细嫩化渣，汁多浓甜，食味清香爽口。鱼洞乌皮樱桃是巴南区独有的地方良种和重庆市特色水果，是中国樱桃中品质最佳的品种之一。

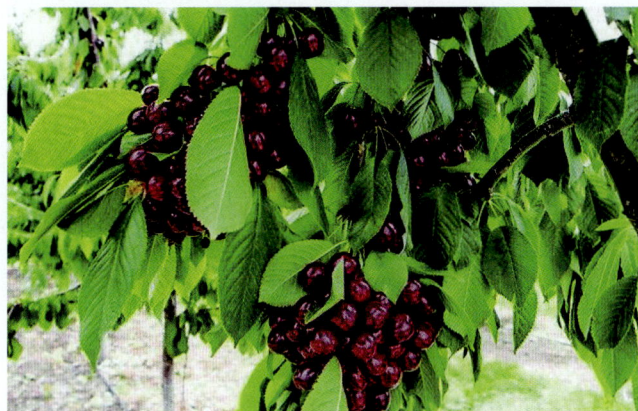

一、品质品牌

（一）品质特点

鱼洞乌皮樱桃，果实呈近圆球形，果顶微呈乳头状，果皮深紫红色（俗称"乌皮"）鲜亮，平均单果重2.4克，最大单果重4.5克，可溶性固形物17.5%～25%，果肉淡黄色，肉质细嫩，有香气，爽口化渣，味浓甜，可食率达90%以上（表4-2-17、表4-2-18）。

表4-2-17 巴南鱼洞乌皮樱桃外形特色

项目	指标
果形	近圆球形，果顶微呈乳头状
色泽	深紫红色、鲜亮
果面	果面光滑
果肉	果肉淡黄色，肉质细嫩，有香气，爽口化渣，味浓甜

表4-2-18 巴南鱼洞乌皮樱桃理化特点

项目		指标
可溶性固形物/%		17.5～25
每100克果实含量/%	蛋白质/克	1.4
	脂肪/克	0.3
	糖/克	8
	碳水化合物/克	14.4
	热量/千卡	66
	粗纤维/克	0.4

（二）品牌名誉

巴南鱼洞乌皮樱桃所获荣誉见表4-2-19。

表4-2-19　巴南鱼洞乌皮樱桃所获荣誉

年份	荣誉	颁证单位
2006	无公害农产品认定	农业部
2008	通过无公害农产品一体化认定	中国绿色食品发展中心
2010	核准绿色食品A级产品认证	中国绿色食品发展中心
2016	成功注册地理标志商标	国家工商行政管理总局商标局
2017	鱼洞街道百胜村（乌皮樱桃的核心产区）荣获第七批"全国一村一品示范村镇"称号	农业部

二、种植历史

鱼洞乌皮樱桃系重庆市巴南区农业科技人员于1991—1995年，历经4年多时间，在百节镇百胜村（现属鱼洞街道）牛栏堡普通樱桃基地，采用芽变选种方式培育出的樱桃新品种。1995年5月，巴南区科学技术委员会组织有关专家到现场做了品种鉴定：该品种具有果实颗粒大、味浓甜、果皮呈深紫红色的特点，被命名为"鱼洞乌皮樱桃"。2012年4月，经巴南区果树站选育，鱼洞乌皮樱桃通过重庆市农作物品种审定委员会审定，并获重庆市农作物品种鉴定证书，此后，乌皮樱桃在鱼洞及巴南区迅速发展，重庆市内部分区（县）及国内部分省份前来引种。据国内专家评价，鱼洞乌皮樱桃是中国樱桃中品质最佳的品种之一。

三、生产发展

鱼洞乌皮樱桃是1991年在鱼洞百胜村牛栏堡普通樱桃基地开展芽变选育的新品种，1995年通过巴南区科学技术委员会组织鉴定命名为"鱼洞乌皮樱桃"，2013年7月，确认乌皮樱桃为重庆市科学技术成果，并颁给完成单位巴南区果树站成果证书（巴南科成字2013Y118），此后鱼洞乌皮樱桃在百胜村示范推广，2010年，建立种植基地3 100亩，亩收入在1.5万元左右。2012年，鱼洞乌皮樱桃通过重庆市农作物品种审定委员会审定，同年注册为地理标志商标。2012—2013年，巴南区果树站以实施"乌皮樱桃良种培育与方法配套技术创新""不同颜色粘虫板防治樱桃果蝇技术示范与推广"及"樱桃设施避雨栽培集成技术示范"项目为载体，示范推广乌皮樱桃良种良法配套技术和糖醋酒液、粘虫板诱杀樱桃果蝇成虫技术。2014年4月，巴南区质量技术监督局发布了由巴南区农业委员会提出、巴南区果树站牵头起草的《绿色食品　乌皮樱桃生产技术规程》（DB500113/T 5—2014）地方标准，实施樱桃标准化生产。

至2014年，鱼洞乌皮樱桃先后在巴南区丰盛镇、南彭街道、姜家镇和东温泉镇等集中成片种植3 400余亩。

2010—2014年，巴南区在百胜村连续5年举办云篆山乌皮樱桃采果节，农旅融合发展，产品畅销，名声远扬。

四、分布区域

巴南鱼洞乌皮樱桃主要种植在巴南区鱼洞。巴南鱼洞乌皮樱桃生产保护区内的农业企业、农民合作社、家庭农场，可向鱼洞街道办事处农业服务中心申请，经实地审查批准，按《绿色食品乌皮樱桃生产技术规程》实施生产管理，签订相关协议（或合同），可依法在产品包装及宣传广告上使用鱼洞乌皮樱桃地理标志商标和绿色食品标志标识。

五、生态环境

（一）地貌土质

巴南鱼洞乌皮樱桃种植区地处环云篆山和桥口坝温泉风景区，箭滩河流贯东西，水资源丰富，海拔高度400米左右，土壤以紫色土为主，土层较深厚，产区周围无工业污染，空气清新，水质符合国家农用水《农田灌溉水质标准》（GB 5084—2005）Ⅱ级标准，土壤质量符合《土壤环境质量标准》（GB 15618—1995）Ⅱ类标准，适合樱桃树健康生长发育。

（二）气候条件

属于亚热带湿润气候，平均气温18.4℃，年平均日照1 100小时，年降水量1 100～1 200毫米。春早秋迟，夏热冬暖，无霜期350天左右，非常适合樱桃生长。

六、技术要求

（一）品种

巴南鱼洞乌皮樱桃。

（二）立地条件

热带湿润气候区域，年平均气温≥17℃，海拔高度250～600米，土壤有机质含量≥1.5%，土壤pH6～7，土层≥50厘米的紫色土、棕紫泥土、红棕紫泥土等。

（三）栽培技术

1.苗木繁育

用山樱桃、红樱、大红袍等实生苗作为嫁接鱼洞乌皮樱桃的砧木，从健壮的母株上采集接穗、嫁接繁育。或在每年9—10月，将健康结果树根颈处的根蘖苗分株移栽繁育。

2.建园定值

鱼洞乌皮樱桃果园按2.5米×4米的规格放线定点挖0.8米×0.8米的定植坑，有机肥与泥土分层回填沉实后，于苗木落叶后至次年春天发芽前，每亩定植约66株。

3.肥水管理

鱼洞乌皮樱桃幼树无育期，每年2—7月，每月施1次配方速效肥。结果期，每年于9—10月、2月、4月各施肥1次。每株年施腐熟有机肥45千克左右。

4.整形修剪

鱼洞乌皮樱桃树形一般采用自然圆头形或开心形。通过修剪使树体通风透光。

5.病虫防治

鱼洞乌皮樱桃的主要病虫害有炭疽病、蚜虫、果蝇等，采取绿色防控措施。果园安装太阳能杀虫灯、粘虫板；冬季剪除移出病虫枝，生石灰浆刷白树干；果实硬核期，配置糖醋液防治樱桃果蝇危害。

（四）果实采收

鱼洞乌皮樱桃每年2月下旬开花，4月上中旬成熟，从开花至果实成熟仅需40～50天。待樱桃果实稍显紫红色（乌皮）时采收。采果时将果实连同果柄一并摘下，轻拿轻放，装箱上市。

第三章
浆 果 类

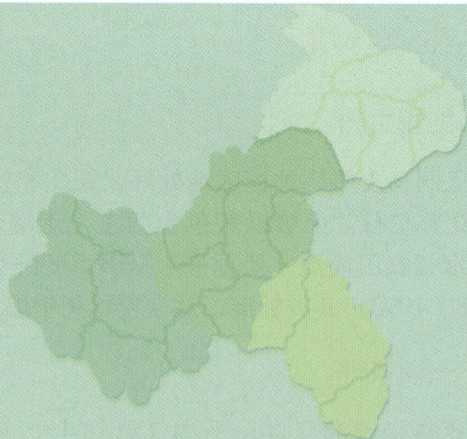

第一节　黔江猕猴桃

　　黔江猕猴桃，属中华猕猴桃系列品种，又名羊桃。其肉质细嫩、口感鲜美、香甜清爽、营养丰富、品质优良、特色显著，登记为农产品地理标志。

一、品质品牌

（一）品质特点

　　黔江猕猴桃果实子房鲜红色，鲜果横切面果肉呈红、黄、绿相间的图案，沿果心有紫红色线条呈放射状分布，色彩鲜艳、肉质鲜嫩、香甜清爽（馥香型，含糖14.5%），果心小，果味浓，其口感优于国内外选育的所有猕猴桃品种。果肉含维C350毫克/100克，鲜果富含稀有天然维E和17种游离氨基酸及多种矿物质成分，既具有抗癌保健功能，又独具抗衰、排毒、嫩肤功效，被誉为"绿色美容师"，不失为当今医食同源、药膳两用之上乘佳品。

（二）品牌名誉

　　黔江猕猴桃所获荣誉见表4-3-1。

表4-3-1　黔江猕猴桃所获荣誉

时间	荣誉	颁证单位
2012	授予黔江区猕猴桃产业"全国农产品标准化示范县"	农业部
2015	武陵洪桃牌金果、红阳、红昇"黔江猕猴桃"获得绿色食品认证	中国绿色食品发展中心
2016	登记为农产品地理标志	中国绿色食品发展中心
2018	"黔江猕猴桃"成功注册为地理标志商标	国家工商行政管理总局商标局

二、历史渊源

黔江海拔800米左右的山地生长着大量野生猕猴桃。黔江人通过选育野生猕猴桃优良单株，得到黔江猕猴桃品种，人工种植。光绪二十年（1894年）黔江知县张九章主修的《志补·食货·物产·果之属》载："羊桃，即《诗》之长楚，俗所称，则《本草》之猕猴桃"。说明黔江种植猕猴桃的历史悠久。

三、生产发展

2002年，黔江区开始引种至金溪镇金溪、长春村（居委会）人工种植猕猴桃，当年种植面积1 250亩；2003年，又在金溪的7个村（居委会）发展1 309亩；2004年，开始在金溪河流域的金溪、太极、水田、正阳、新华5个镇（乡），12个村（居委会）发展，种植面积3 370亩；2005年，又在石家镇发展。至2006年年底，猕猴桃种植乡（镇）6个，村（居委会）23个，黔江区面积11 763.3亩（在地面积），种植农户达2 850户，户均规模为4.1亩。

2018年，黔江区18个乡（镇、街道）42个村建成猕猴桃基地5万亩，其中，引导企业建成标准化示范基地3.8万亩。

四、分布区域

黔江猕猴桃产业分布于金溪、太极、水田、正阳、新华等18个乡（镇、街道），42个村。

五、生态环境

（一）地貌土质

黔江区土地资源受成土母质（岩性）和气候的影响，包括沙、黏、瘦、薄等种类，坡度在25°以下的耕地占耕地总面积50%，砾石、沙土占耕地总面积的48.9%，黏土面积占20.3%，多数区域非常适合发展猕猴桃。

（二）气候条件

黔江属中亚热带湿润性季风性气候。气候温和，四季分明，热量丰富，雨量充沛，具有随海拔高度变化的立体规律，是典型的山地气候。年均气温15.4℃，年平均降水量为1 213毫米，年平均日照时数1 166.6小时。这种气候为猕猴桃生长提供了非常适宜的环境。

六、技术要求

（一）种苗繁殖

现代猕猴桃种苗培育多采用无性繁殖方式，即针对黔江猕猴桃的特性进行高营养及生长调节剂基质扦插快繁，生根成活率80%以上，而且根系发达，20～25天生根，45天可以移栽。黔江猕猴桃母本园实施标准化管理，让苗抽发更多营养充实、叶片功能良好的枝条。也可以在早春选择芽眼饱满、营养积累丰富、节间长度适中的枝条加温，催根快繁。高温盛夏季节要适当遮光，因为黔江猕猴桃属大叶树种，而且喜欢适当的阴生生态环境，可以用50%～70%遮光度的阴网覆盖。

（二）高标准建园技术

1.改土
每亩施有机肥200千克，全园深翻80厘米。

2.栽植

在12月中下旬至翌年萌芽前，选用根系良好、无根结线虫病、苗干茎粗0.6厘米以上，株行距为3米×3米或3米×2米。栽植时，做到苗栽直、根伸展、灌足水、培好土，雌雄株比（5～7）∶1。

3.幼苗管理

定植后留4～5个饱满芽定干，萌发后选1～2个壮芽让其向上生长，5月中旬将其他芽抹去。可在行间离新栽幼树约100厘米处套植花生及豆科植物。

4.施肥

5—7月，每月每株追施复合肥，在秋季亩施有机肥1 000千克，距根部约80厘米处，开沟30～50厘米施入。

5.浇水

幼苗栽好后，先浇透定根水；干旱时及时浇水。

6.设置支架

栽植后第一年，在离植株10厘米处立2.2米长的竹或木棍，牵引新梢向上生长，每隔20厘米用布条或塑料袋及时将其绑缚在木棍上；第二年，用8厘米×10厘米×260厘米水泥桩搭架。黔江猕猴桃宜用水平大棚架或小棚架。

（三）栽培要点

1.覆盖保墒

7月上旬，在离树干15厘米左右处覆盖厚度20～30厘米的稻草、油菜秆、松针等杂草。

2.适时排灌

猕猴桃怕渍水，应建设好排灌设施，及时排涝；高温干旱应及时灌水。

3.花果管理

（1）施肥

基肥：在秋末冬初，亩施有机肥3 500～4 000千克、过磷酸钙40～50千克，施肥深度一般在40厘米左右。可在树盘周围开环形沟，施入有机肥；也可不开沟，将肥料施入。施肥后浅灌水。追肥：2月下旬至3月上旬，发芽前施入催芽肥，以速效肥为主；5月下旬至6月上旬，施壮果肥，以使果实迅速膨大，枝梢生长旺盛。

（2）修剪

夏季修剪：主要集中在5—8月，重点是控制徒长枝，疏除无用枝。主要措施有除萌、摘心、疏枝和绑枝等。冬季修剪：一般在落叶后至伤流前进行，疏去过密枝、交叉枝、重叠枝、病虫枝。对长果母枝剪留10～14个芽，中果母枝剪留7～9个芽，短果母枝剪留2～4个芽。

（3）人工辅助授粉。为提高黔江猕猴桃果实品质和改善果实外观，采用人工授粉和花期放蜂，同时疏蕾疏果。

（4）疏蕾。花前15天疏除，摘去基部和顶部的侧蕾，留中间1个。

（5）疏果。将坐果多，以及双果、3果的枝蔓剪掉，只留中心果和大果。

（四）适时采收

黔江猕猴桃成熟期为8下旬至9月上旬，此时采收，食用时果实可溶性固形物一般在19%以上，品质极优。

第二节　万盛黑山猕猴桃

万盛黑山猕猴桃，主产区位于国家AAAAA级景区，万盛地区的黑山谷附近，拥有良好的生态环境、地理环境、小气候资源。黑山猕猴桃具有细嫩多汁、清香鲜美、酸甜宜人等特点，已注册地理标志商标，获得有机农产品认证，是重庆市著名商标。

一、品质品牌

（一）品质特点

1. 红心猕猴桃

万盛地区种植的红心猕猴桃品种主要是红阳红心猕猴桃。该品种皮光无毛，果肉金黄，果心鲜红美丽。口感甜酸清爽，香气浓，具有甜瓜、草莓、柑橘的混合风味和香气，鲜果中有人体必需的17种氨基酸、维生素C维生素B维生素E和钾、钙、镁、磷等矿物质。

2. 黄心猕猴桃

万盛地区种植的黄心猕猴桃品种主要是金阳、金艳黄心猕猴桃。黄心猕猴桃一般是长圆柱形的，单果重量100克左右，美观整齐，果皮黄褐色，果子光滑，茸毛少，果肉金黄、细嫩多汁，风味香甜可口。

3. 绿心猕猴桃

万盛地区种植的绿心猕猴桃品种主要是川弥1号、川弥2号、秦美、米良绿心猕猴桃。绿心猕猴桃果形较大，果实圆锥形，果突起，果皮绿褐色。果肉莹绿，肉质鲜嫩，甜中带酸。软熟前偏酸，软熟后甜度更高。

（二）品牌名誉

黑山猕猴桃所获荣誉见表4-3-2。

表4-3-2　黑山猕猴桃所获荣誉

年份	荣誉	颁证单位
2016	获得绿色食品认证	中国绿色食品发展中心
2019	注册地理标志商标	国家工商行政管理总局商标局

二、种植历史

万盛是重庆市人工栽培猕猴桃最早的地区之一。从20世纪80年代开始，黑山、石林、青年、丛林等镇引种猕猴桃。引进的品种有川弥1号、川弥2号、秦美、米良、红阳、金艳、金阳等，经过30多年的培育，目前推广种植品种有川弥1号、川弥2号、红阳，从中筛选出的西选2号等优新品种已引种试验。

三、产地分布

黑山猕猴桃主产区位于万盛经济技术开发区黑山镇。该地区属于四川盆地东南边缘与云贵高原衔接过渡的山区，具有良好的气候条件、土壤条件，为猕猴桃的生长提供了优越的自然环境。

四、生态环境

（一）地貌土质

万盛经济技术开发区土壤主要是以页岩、石灰岩为成土母质的黄壤，土壤pH5～6.5。

（二）气候条件

黑山猕猴桃主产区属四川盆地亚热带湿润季风气候区，大部地区海拔800～1200米，年均气温18℃，积温4500～6000℃，无霜期340天，年均降水量1300毫米，年日照时数平均为1100个小时。挂果期降水量少，降低了猕猴桃的落果率，减少了其患病害的风险。成熟期日照充足，昼夜温差大，利于猕猴桃糖分的积累，造就其甘甜可口的独特口感。冬季温度较低，确保猕猴桃能够正常休眠。

五、技术要求

（一）种苗培育

1.种子采集

将充分成熟的猕猴桃果采回后，放在阴凉处软熟后剥除果皮，装在干净纱布袋中搓洗，洗去果肉，只剩种子。将种子摊放晾干，用塑料袋封装后在4～5℃低温下储藏备用。

2.沙藏

播种前一个半月左右，将干藏好的种子取出，用50～70℃热水浸1～2小时，再在凉水里浸1～3天，捞出用5～10倍的湿润河沙拌匀，装入盆或桶中，每隔1周翻动1次，保持适宜湿度，手捏成团松手即散即可。

3.播种

2月上旬"立春"时播种。选择光照充足、土壤肥沃疏松、排灌方便、呈微酸性或中性的沙壤土做苗床，整畦前施基肥和杀虫剂。深翻、耙细、整平、做厢，为防水渍，需做高厢。将沙藏好的种子带沙均匀撒在苗圃上，盖1层厚2～3毫米的细土，最后盖上塑料薄膜。

4.浇水

苗床需长期保持湿润，晴天早、晚各喷水1次，为防止土壤板结和冲出种子，喷水应做到勤、细、匀。播后20天左右，即有部分拱土出苗，这时需将塑料薄膜拱起来，做成小拱棚，晴天中午揭开两头通风。当有80%出苗时，揭去塑料薄膜。

5.移栽苗圃地的准备

移栽苗圃地的要求与播种苗床一致，整地做厢，厢面高于沟50厘米、宽60～80厘米。苗床需做50厘米以上的沟，以防夏季渍涝，根系受害。

6.间苗

幼苗出土后往往过密，为保证苗齐苗壮，2～3片真叶时适当间苗，去弱留壮，除病留强，除歪留正。

7.移栽及栽后管理

苗长到4～5片真叶时即可选择阴天或小雨天带土移栽，株行距10厘米×20厘米。猕猴桃幼苗细弱，需要防干、防旱、防雨水冲渍，移栽后在晴天、白天、大雨天遮盖，夜晚、阴天、小雨天揭开遮阴网。当幼苗长出5～6片真叶时，即可逐步撤去遮阴网。移栽1月后，每隔15天左右喷施0.1%～0.3%尿素加0.1%～0.3%磷酸二氢钾水，促进幼苗生长。苗高15～25厘米、10～15片叶时摘心，并及时抹去，促使幼苗增粗，以便嫁接。

（二）栽培管理

1.园地选择

选择肥沃、排水良好的沙质壤土，土壤疏松、肥沃，略带酸性，土层深厚，富含有机质，避风向阳的缓坡地。

2.改土定植

按每畦宽3米开挖排水沟，在垄畦中轴开挖宽80厘米、深60厘米的定植沟，亩施杂草、农家肥4 000千克，磷肥200千克，饼肥500千克，回填土高过地面15厘米。在黑山谷地区一般在晚秋落叶后定植。栽植时按雌雄株（5～7）∶1的比例，先雄株后雌株，雄株均匀地分布于园中。

3.搭架

采用水平架式，同垄畦向每间隔4米埋下一排水泥立柱，高3米左右，直径10厘米，埋入土中70厘米，地上高2.3米，在一根支柱顶端加一横梁，横梁上用镀锌钢丝缠绕，形成网状支撑枝蔓的棚架。

4.果园间作及防护

栽植第二年，用一根竹竿引苗上架，在苗长到50厘米时第一次摘心，在苗长到离架下30厘米处第二次摘心，留2～3枝作为以后结果枝。

5.生长管理

（1）追肥。萌芽前结合灌水浇1次催芽肥，用1%的化学氮肥根施；叶片展开时，喷施1～2次0.3%的尿素；开花期，喷施0.5%硼砂加0.5%磷酸二氢钾；果实膨大期，每3天喷0.3%～0.5%磷酸二氢钾液1～2次。

（2）浇水。幼苗3～5天浇透水1次，覆膜的7～10天浇水1次；生长期结合施肥灌水，雨季注意开沟排水。

（3）人工授粉及疏花疏果。幼树雄花花量少时应注意人工授粉，每朵雄花可授雌花5朵；授粉后按旺树每结果枝留果4～5个，弱树每结果枝留果2～3个，叶果比掌握在5∶1左右即可。幼树定植第1～2年内，应将花全部疏除。

6.整形修剪

（1）双层篱臂整形修剪。定植当年在第5个饱满芽处下剪，萌芽前竖一小杆以利新梢绑蔓上架。萌芽后，选2个直立生长枝，向上牵引生长，60～80厘米长时摘心，将其向第一层铁丝两边横绑，形成第一层骨干枝；再从两枝中下部选2个背上枝，向第二层铁丝牵引，形成第二层骨干枝；结果枝每3～4年更新1次，按叶果比5∶1左右夏季摘心。

（2）挂果树冬季修剪。猕猴桃树冬季修剪在落叶后进行，主要利用短截、缩减、疏除等基本方法。保留健壮、腋芽饱满的结果枝或发育好的壮枝，将细弱枝、病虫枝、过密的大枝、交叉枝、重叠枝、竞争枝及下部无利用价值、生长不充实的发育枝等一律疏除，减少养分消耗，培育丰产树形，形成良好的结果体系。

第三节　秀山猕猴桃

秀山猕猴桃，重庆秀山特产，具有果形端正、含糖量高等优点。秀山猕猴桃获得"中华名果"称

号、中国国际林业产业博览会优质奖等，取得GLOBALGAP（全称全球良好农业操作认证，简称GAP）认证、国家有机食品基地及产品认证，秀山土家族苗族自治县岑溪乡是"中国猕猴桃之乡"。

一、品质品牌

（一）品质特点

秀山猕猴桃细嫩多汁、酸甜可口、清香宜人，含有大量的糖、
蛋白质、氨基酸等有机物和人体必需的钙、镁、磷、钾、铁、膳食纤维、胡萝卜素、蛋白质、叶绿素、多酚类等多种矿物质和营养素。

（二）品牌名誉

秀山猕猴桃所获荣誉见表4-3-3。

表4-3-3　秀山猕猴桃所获荣誉

年份	荣誉	颁证单位
2009	"中华名果"称号	中国果品流通协会
	秀山土家族苗族自治县岑溪乡获"中国猕猴桃之乡"称号	中国果品流通协会

二、种植历史

2007年，秀山把发展高端红心猕猴桃产业作为促农增收的重要产业来抓。经过10余年发展，至2018年，猕猴桃种植面积达27 000亩。

三、种植发展

自2007年以来，秀山采取"公司＋专业合作社＋分社＋科技大户"的发展模式发展高端红心猕猴桃产业，逐步实现"产精品、创品牌、出国门、富农民"的发展目标。创新管理机制，整合土地、劳动力、资金、技术、市场等六要素，实现资源共享，利益共赢；创新分配机制，建立农民、专业合作社、公司等利益多元化的分配机制。

2018年，秀山土家族苗族自治县共流转土地4万多亩，种植红阳、蜀鑫1号黄肉、海沃德等高端猕猴桃27 000多亩。成立了32个专业合作社分社，建立56个标准化生产基地，分布在秀山的岑溪、孝溪、清溪、兰桥、海洋等22个乡（镇）。有农户5 861户，涉及农业人口26 000多人。

在孝溪乡形成信祥农业品牌基地，在岑溪乡形成高端猕猴桃核心基地，在秀山土家族苗族自治县建成武陵山区规模最大的生产基地。秀山的岑溪乡被中国果品流通协会命名为"中国猕猴桃之乡"。秀山猕猴桃与全球第二大鲜果供应商德国尤尼维克德福美、香港烨圣国际贸易行签订了销售合同。

四、分布区域

秀山猕猴桃主要种植在秀山的岑溪、孝溪、清溪、兰桥等22多个乡（镇），基地面积达27 000多亩，已建成重庆市猕猴桃最大的基地。

五、种植环境

秀山属亚热带湿润季风气候，四季分明，降水充沛。猕猴桃种植地主要集中在山区，光照、雨量充足，湿度稍大，土壤疏松、通气良好等种植环境，为种植高品质猕猴桃提供了良好的条件。

第四节　城口猕猴桃

城口猕猴桃，重庆市城口县特产。产区为渝东北生态涵养区内的城口县坪坝镇。所产"中华红心"猕猴桃糖分高、肉肥汁多、清香鲜美、富含营养。"中华红心"猕猴桃已注册商标，获绿色食品认证。

一、品质品牌

（一）品质特点

城口县坪坝"中华红心"猕猴桃为猕猴桃种系的选优株系。营养丰富，果肉细嫩，香气浓郁，口感香甜清爽，酸度极低。

城口猕猴桃椭圆形，高约6厘米、圆周4.5～5.5厘米。果内呈淡黄果肉、红心，质地柔软，具有草莓、香蕉、凤梨的混合香味（表4-3-4）。红心猕猴桃是富锌、富硒水质、土壤孕育出的锌硒等微量元素丰富的猕猴桃，是集食用与药用一体的高级营养保健水果。

表4-3-4　城口猕猴桃外形特色

项目	指标
果形	椭圆形，纵径≥50毫米
单果重/克	≥80
果皮	果皮深褐色
果肉	淡黄色果肉带红心

城口猕猴桃被誉为"野生果中之王"，富含蛋白质和多种矿物质，尤其是维生素C含量很高，受到消费者的追捧（表4-3-5）。

表4-3-5 城口猕猴桃理化特点

项目	指标
可溶性固形物/%	生理成熟果≥6，后熟果≥10
总酸（以柠檬酸计）/%	≤1.5
固酸比	≥10：5
维生素C/（毫克/千克）	≥1 000

（二）品牌名誉

城口猕猴桃所获荣誉见表4-3-6。

表4-3-6 城口猕猴桃所获荣誉

年份	荣誉	颁证单位
2014	获得绿色食品认证	中国绿色食品发展中心
2015	"光明岭"商标成功注册	重庆市工商行政管理局

二、历史渊源

自古以来，城口猕猴桃资源就较为丰富。城口猕猴桃是中国的特有植物，分布在重庆东部巫山、巫溪和城口，陕西，湖北巴东，这种猕猴桃个小味酸，产量亦不稳定。

2010年，城口县坪坝镇引进万盛红心猕猴桃良种，开始繁育发展，2013年，猕猴桃基地达400多亩，开始挂果。经过多年发展，形成上规模的高端猕猴桃生产基地。

三、生产发展

2010年，城口县坪坝镇引进万盛红心猕猴桃良种，开始发展猕猴桃产业，该品种属中华红心猕猴桃系列珍品。由于城口县坪坝镇得天独厚的自然条件，所种植的猕猴桃果肉细嫩、肉肥汁多、清香鲜美，有浓郁的香气，维生素C含量极高，富含锌、硒等微量元素。2012年，城口县坪坝镇猕猴桃种植项目初具规模；2014年，获得QS认证，注册商标"光明岭"。2015年年底，坪坝镇"红心猕猴桃"种植面积达1 500亩，投产300亩，产量40吨。2017年，坪坝镇种植猕猴桃24万多株，建园1 500亩、内产量750吨，产值1 200万元。

2017年，城口县巴山镇发展的红心猕猴桃试挂果面积近300亩，主要集中在联盟、坪上2个村。试挂果期间，猕猴桃产量达6 000千克。

猕猴桃已成为城口县农业的主导产业。城口猕猴桃基地利用无工业污染的优势，坚持标准化生产，严格按"七统一"要求实施，即统一规划，统一放线开厢、打窝、壕沟式爆破、填埋有机肥和表土，统一栽植品种和模式，统一培训，统一施肥，统一采摘，统一销售。开展测土配方施肥、生物病虫防治、人工除草等田间管理，推行蜜蜂传粉、人工辅助授粉、疏花、疏果、套袋等全套精细化作业技术，推行采摘、检验、分级、包装、储存、运输等质量标准。严控化肥施用，禁用高毒、高残留农药，产出让消费者放心的猕猴桃。

四、分布区域

城口猕猴桃主要分布在坪坝镇、巴山镇、庙坝镇，雨水充沛、地势平坦、日照充足、昼夜温差大、糖分转化率高。境内温暖湿润、阳光充足、土壤适宜、排水良好，土壤富含有机质、渗水性好、保水能力强，十分适合红心猕猴桃生长。

五、生态环境

（一）地貌土质

城口位于大巴山腹地，地处秦岭以南、长江以北的南北分界线，地势平坦、土壤疏松肥沃且富含腐殖质。

（二）气候条件

城口亚热带山地气候明显，雨水充沛、日照充足、土质优良，昼夜温差大，适合猕猴桃生长；冬季温度较低，确保猕猴桃能够正常休眠。

六、技术要求

（一）品种

中华红心猕猴桃。

（二）立地条件

园地位置交通便利，海拔高度在300～1 200米，多在400～800米。
园地背风，山地建园选择早阳坡、晚阳坡，坡度不超过30°。
土层深厚，土壤腐殖值含量高，疏松肥沃。
水源充足，排灌设施好。

（三）栽培技术

定植：11月上旬至12月底，每亩株数≤160株。
繁育：从无检疫性病虫害母株上采集接穗、嫁接繁育。
肥料：每亩年施有机肥≥1 000千克。
修枝：每年1月整形修枝。
蜜蜂传粉、人工辅助授粉。
人工疏花、疏果，优胜劣汰。
农药、化肥使用符合国家相关规定。

（四）采收

城口猕猴桃鲜果8月下旬开始采摘上市。

第五节　铜梁猕猴桃

铜梁猕猴桃，产于铜梁区巴川镇。猕猴桃黄肉红心，口感良好，甜而不腻，属果中佳品。获得绿

色食品A级产品认证及"重庆名牌农产品"称号。

一、品质品牌

（一）品质特点

铜梁红心猕猴桃果实中大、整齐，一般单果重60～110克，最大果重130克。果实为短圆柱形，红心猕猴桃果皮呈绿褐色，无毛。果汁特多，酸甜适中，清香爽口，鲜食、加工俱佳。

铜梁红心猕猴桃是通过野生猕猴桃实生单株选育而成的稀有优良品种，具有早熟、储藏保鲜时长的特点。

（二）品牌名誉

铜梁猕猴桃所获荣誉见表4-3-7。

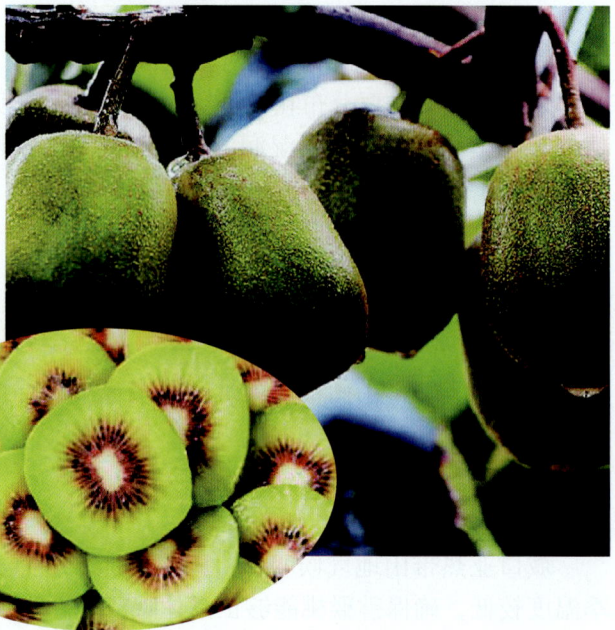

表4-3-7　铜梁猕猴桃所获荣誉

年份	荣誉	颁证单位
2017	获得绿色食品A级产品认证	中国绿色食品发展中心
	"盛世龙心"红心猕猴桃成功注册商标	重庆市工商行政管理局
	"重庆名牌农产品"称号	重庆市农业委员会

二、发展过程

2002年，重庆市铜梁区禾盛园农业开发有限公司流转玉皇村6个组2 000亩土地开发特色效益农业，种植红阳猕猴桃果树24万余株。2015年正式挂果，年产500吨黄肉红心猕猴桃，产值500万元。之后种植规模一直保持在这一水平。铜梁区也因此在玉皇村猕猴桃基地连续举办了3届红心猕猴桃采摘节。

三、分布区域

铜梁猕猴桃分布在长江上游地区、重庆西北部，地理坐标为东经105°46′—106°16′、北纬29°31′—30°5′。主要种植在巴川镇玉皇村。

四、生态环境

（一）地貌土质

铜梁区地处渝西丘陵与渝东平行岭谷交接地带，地貌多姿，地势西南高、东北低，地形以丘陵为主，东南部有毓青山和巴岳山东西对峙，以侏罗系砂页岩分布广泛，占全区土地面积的87.1%，地貌、土质条件适合种猕猴桃。

（二）气候条件

铜梁属亚热带湿润季风气候，气候资源丰富，立体气候明显，具有春早夏热、秋雨冬暖、雨热同季等特征。铜梁四季分明，年平均气温为18.1℃，年平均降水量为1 070.6毫米，年平均日照时数为1 090.0小时，年平均相对湿度为81.9%。气候非常适合猕猴桃生长。

第六节　璧山葡萄

璧山葡萄，重庆市璧山区特产，地理标志商标。璧山是重庆葡萄种植规模和产量第一大区（县）。2009年以来，璧山区先后荣获"重庆优质葡萄之乡""中国优质葡萄之乡""中国葡萄无公害科技创新示范区""重庆市首批市级现代农业示范园区"称号，璧山葡萄获得"中华名果"等称号，成功注册"璧山葡萄"地理标志商标。

一、品质品牌

（一）品质特点

璧山葡萄种植品种众多，品质略有差异，主要品种如下。

1.蜜丽葡萄

璧山主推的鲜食品种，其外观美、品质优，果穗大且紧密，穗重约550～750克，果粒重8～12克，着色较整齐，皮薄且韧、易剥离，不易裂果；果肉汁多味浓甜，可溶性固形物达15%～23%。

2.夏黑葡萄

欧美杂交种，味浓甜爽口，有浓郁草莓香味。平均穗重420克，果穗大小整齐，果粒着生紧密，果皮紫黑色、厚而脆，果粉厚，果肉硬脆，果汁紫红色，可溶性固形物含量20%左右，无核，品质优良。

3.巨玫瑰葡萄

欧美杂交种，果穗大，平均穗重675克，最大穗重1 250克。平均粒重9.5～12克，最大粒重17克。果皮紫红色，着色好。果肉较巨峰脆，多汁，无肉囊，口感特别好，有纯正浓郁的玫瑰香味，香气怡人，可溶性固形物含量19%～25%，品质极佳。

4.温克葡萄

欧亚种，果粒大、味极甜，穗重500～800克，果穗圆锥形，穗形大小整齐，果粒着生较松，卵圆形，平均粒重10.5克，果皮中厚、紫红色至紫黑色，具韧性，果肉脆，无肉囊，多汁，味甜，可溶性固形物含量20%左右，品质优良。

5.醉金香葡萄

欧美杂种，果穗特大，圆锥形，平均穗重801.6克，最大穗重1 889克，果粒特大，平均粒重12.97克，最大粒重19.1克，呈倒卵圆形，纵径3.4厘米，横径2.6厘米。果粒黄色，成熟一致，大小整齐，果脐明显，果粉中多，果皮中厚，果皮与果肉易分离，果汁多，无肉囊，果实有浓郁的茉莉香味，肉质软硬适度，适口性好，品质上等。可溶性固形物含量约18%。

（二）品牌名誉

璧山葡萄所获荣誉见表4-3-8。

表4-3-8 璧山葡萄所获荣誉

年份	荣誉	颁证单位
2009	重庆璧山葡萄风情园被命名为重庆市首批市级现代农业示范园区、西南大学实践教学基地	重庆市农业委员会
2010	璧山被授予"中国葡萄无公害科技创新示范县"称号	中国果蔬专家委员会第八届果菜产业发展论坛组委会
2012	"璧山葡萄"成功注册地理标志商标	国家工商行政管理总局

二、历史渊源

璧山种植葡萄历史悠久，早在民国三十六年（1947年），广普乡谢公权农场就引种2株玫瑰香；1968年，云平公社从浙江引进了甲洲三尺，其表现为果穗长、颗粒稀、产量一般；1978年，从河北引入黑彼诺北醇，在临江公社少量种植，因两者颗粒小，宜酿造加工，种植量小，后城北、来龙、河边乡有种植；1983年，从安徽萧县引入红玫瑰，在来龙公社扦插，因抗病力太弱而被淘汰；1984年，从成都、陕西引入巨峰、康拜尔早生、白香蕉，在城北、五里、蒲元、河边等乡种植，表现为巨峰适应性强，后两品种成熟早，但不耐储运；1985年，从江北县引进红富士，同年，还从法国图卢兹市引入红衣主教等15个品种5个砧木共20个砧穗组合，在来龙乡黄桷村试种；1986年，从中国农业科学院果树研究所引入龙宝、大宝、红瑞宝、先锋、黑奥林等品种，从此，璧山开启了葡萄推广种植历程。1997年，由大兴镇莲生村的陈兴江从浙江少量引入蜜莉；2003年，园艺站有少量引入京亚、无核白鸡心、巨玫瑰、美人指等葡萄品种［璧农业（2003）23号文件有记载］；2009年，从铜梁、南岸和四川的彭县等地引进南抗、雨水红、极抗无核、维纳斯、希姆劳特、黑峰、夏黑、醉金香、峰后、摩乐多瓦、达米纳、汤姆无核、早红玫瑰、早红无核、四川红1号、四川红9号、秋黑、巨玫瑰、寒香蜜等24个品种500株，种植在河边镇品比园内；2013年，从浙江引进朝霞玫瑰、阳光玫瑰、黑巴拉多、红巴拉多、红太朗、玉指、粉红亚都蜜、甬优1号等11个品种1 100株，种植在大兴镇船形村品比园内；2014年，又从浙江、江苏和山东引进黑妞、阳光美女、雄宝、天晴、阳光乙女、中山红、黄太阳、红先峰、妮娜皇后、特早美指、甜心皇后、心意等19个葡萄新品种，种植在七塘镇喜观村品比园内，为延长葡萄货架期和增加品种奠定基础。

三、生产发展

璧山作为"中国优质葡萄之乡"，拥有重庆市最大的葡萄种植基地。2018年，璧山区葡萄种植面积达3.6万亩，年产葡萄4.8万吨，产值4亿元。璧山在葡萄品种选育上狠下功夫，不断引进葡萄良种对比筛选，先后共引进鲜食和加工品种70多个，从中筛选出了适宜当地种植的优质葡萄品种40个，推广种植10余个。在葡萄发展过程中，注重引导农户集中成片发展，以打造"万亩葡萄风情园"和"璧西十万亩果木基地"为契机，引进工商资本，以农业公司、专业合作社、大户为主，引导和带动全区葡萄产业向规模化、集约化、产业化发展。璧山区葡萄种植面积30亩以上的种植大户约300户，50亩以上的农业公司、专业合作社110家。

20世纪80年代，璧山相继从浙江、四川等地引进红富士、黑奥林、巨峰等优良品种试种推广。从21世纪初开始，先后引进并筛选近30个适合璧山种植的优良品种，上市期为6月初至10月底，以设施栽培的葡萄约7 000亩，占璧山区种植葡萄面积的25%。2015年，璧山区有葡萄生产的街镇9个、村19个，从事葡萄经营的农业公司12家、专业合作社15个、50亩以上的葡萄种植大户41户，10亩以上的葡萄种植户300户。2015年，璧山区葡萄种植面积达3.5万亩，璧山葡萄风情园核心区种植面积达2.1万亩，葡萄产量达4.5万吨。

四、生态环境

（一）地貌土质

璧山土壤以灰棕紫泥、红棕紫泥和灰棕紫泥田的半沙半泥田、黄泥田，红棕紫泥田的红火泥田和灰棕紫泥土的半沙半泥土为主，非常适宜种植葡萄。2011年检测璧山区耕地总面积60万亩，适宜性评价结果为：璧山葡萄最适宜面积13.2万亩，占耕地总面积的21.98%；适宜面积21.3万亩，占耕地总面积的35.42%。

（二）气候条件

璧山属亚热带湿润季风气候区，气候湿润，雨量充沛，四季分明。具有春旱、夏热、秋迟、冬暖、无霜期长以及风速小、湿度大、日照少、云雾绵雨多等特点。年平均气温18.3℃，年平均降水量1 231.2毫米，年平均日照时数911.5小时，年平均相对湿度80%，年平均无霜期337天。

五、主要品种

（一）蜜丽葡萄

露地栽培的蜜丽葡萄是璧山区1997年从外地引进。欧美杂交种，长势旺、叶大肥厚、抗病耐湿、适应性强、成熟早（一般6月中旬开始上市，是璧山上市最早的葡萄品种）、产量稳、外观美、品质优，是璧山主推的鲜食品种。

（二）夏黑

欧美杂交种，味浓甜爽口，有浓郁草莓香味。7月下旬开始成熟，不裂果，不落粒，树势强健，抗病性强，是一个集极早熟、大粒、优质、抗病、易着色、耐运输于一体的优良无核品种。是适宜大面积发展的优质早熟鲜食品种。种植面积近2 000亩，产量2 800吨。

（三）巨玫瑰

欧美杂交种，树势强，结果早，耐高温多湿，抗病性强，易栽培，好管理，7月上中旬成熟。种植面积1 500亩，产量2 300吨。

（四）温克

欧亚种，成花好、抗病性较强、易栽培。9月上中旬成熟，可较长时间挂在树上，适合延迟栽培。有种植面积500亩，产量1 000吨。

（五）醉金香

欧美杂种，4倍体鲜食葡萄新品种，具有高产、优质、抗病等特点。8月中下旬果实成熟。对霜霉病和白腐病等真菌性病害具有较强的抗性，早果性、丰产性、稳产性好，在定植后第二年开始结果，第三年平均株产12.1千克，亩产1 343.1千克，8月中下旬成熟，有种植面积800亩，产量1 200吨。

第七节　大足葡萄

大足葡萄，"重庆名牌农产品"，获得绿色食品认证，拥有浓郁玫瑰香味，是纯天然无核葡萄优良品种。

一、品质品牌

（一）品质特点

大足种植葡萄有紫乳、夏黑、维多利亚、巨峰等10余品种，多体现出个大色鲜、圆润饱满、含糖量高、汁多味浓、营养丰富、品质上乘等特点。

（二）品牌名誉

大足葡萄所获荣誉见表4-3-9。

表4-3-9　大足葡萄所获荣誉

年份	荣誉	颁证单位
2013	"龙玥"牌葡萄通过绿色食品认证	中国绿色食品发展中心
2014	游龙"美人指"葡萄获优质奖	中国农学会葡萄分会、中国果品流通协会葡萄分会

二、种植历史

1985年，大足县农业局科技人员引进白香蕉、巨峰等葡萄品种，在龙岗镇翠屏村种植，面积约2亩，开始了大足种植葡萄的历史。

2001年，宝山乡建角村青年农民外出打工，学习到葡萄种植技术后回乡创业，用打工挣来的2万多元购买了优良葡萄种苗，租赁农民土地120亩，办起葡萄园。投产后亩收入达5 000多元。2003年，葡萄种植扩大到多宝、建角、桂香、高隆等5个村，面积1 300亩。

三、生产发展

2001年，大足宝山乡农民回乡大力发展葡萄基地，带动了大足其他乡（镇）农民种植葡萄。2002年，大足在多宝，建角，桂香、高龙4个村新发展种植葡萄1 000余亩，4个葡萄生产试验示范片取得成功后，大足便大力发展"葡萄经济"，从普通的巨峰葡萄到醉金香葡萄等，发展了几十个品种。

2006年，大足区在铁山、宝顶、三驱、龙石、龙水、龙岗、棠香、回龙等镇、街发展种植葡萄近3万亩，品种早、中、晚熟搭配，集中成片种植农户1 050户，年产葡萄近3万吨，产值1.3亿元。2004年，铁山镇政府把葡萄生产作为一项农民增收致富的产业工程，加以重视，制定优惠政策，鼓励农民和机关干部参与葡萄基地建设，争当葡萄业主，使葡萄基地扩大到继光、连科、油房等8个村，全镇葡萄种植面积达2 000余亩。葡萄种植户达362户，40余名镇、村、社党员干部带头种植。是年，全镇有200亩葡萄挂果投产，平均亩产1 400千克，亩产值达5 000多元，其中葡萄种植大户杨中华种植的76亩葡萄挂果面积30亩，产值达12万多元。2016年年底，铁山镇共种植葡萄8 100亩，成为重庆市最大的葡萄种植基地，拥有巨峰8号、巨峰玫瑰、紫乳、红芭拉多、红旗特早玫瑰、夏黑等20余个葡萄品种。

2013年，大足铁山葡萄在第十九届全国葡萄学术研讨会上，获得全国中、晚熟优质鲜食葡萄金奖，大足区先后被授予"重庆市早熟优质葡萄示范基地"称号，通过无公害农产品认定、绿色食品认证，全区葡萄种植面积达3万亩、产量2.7万吨、产值1.5亿元。2017年，形成近3万亩的种植规模，涵盖集中成片种植农户1 050户，产值约1.3亿元，成为重庆早熟优质葡萄示范基地。

四、分布区域

大足地处重庆丘陵与平行岭谷交接地带。大足葡萄种植在铁山、宝顶、三驱、龙石、龙水、龙岗、棠香、回龙等镇（街道）。

五、生态环境

（一）地貌土质

大足土壤主要为沙溪庙组、遂宁组、蓬莱镇组成土母质，其中邮亭至龙水南部属沙溪庙组母质，龙水中部至化龙段为遂宁组母质，宝顶属蓬莱镇组母质，土质肥沃，适宜葡萄生长。

（二）气候条件

大足属于亚热带湿润季风气候，热量丰富，年平均气温为16.8 ～ 17.5℃。雨量充沛，年降水量1 066毫米，空气湿度大，四季分明，冬暖春早，无霜期长达321天。

第八节　铜梁葡萄

铜梁葡萄，种植有早熟、中熟、晚熟等品种，获得绿色食品认证、"重庆名牌农产品"称号等。

一、品质品牌

（一）品质特点

铜梁葡萄中，早熟品种雨水红、中熟品种醉金香、晚熟品种阳光玫瑰，香甜度高、果粒大、果肉饱满，深受市场欢迎；醉金香、阳光玫瑰最受高端客户的青睐。铜梁葡萄自然成熟挂果、天然新鲜，无农药、无催化剂。

（二）品牌名誉

铜梁葡萄所获荣誉见表4-3-10。

表4-3-10 铜梁葡萄所获荣誉

时间	荣誉	颁证单位
2013	"家泽缘""老肖"葡萄获得绿色食品认证	中国绿色食品发展中心
2016	"老肖"葡萄获"重庆名牌农产品"称号	重庆市农业委员会
2017	"家泽缘"葡萄获"重庆名牌农产品"称号	

二、生产情况

2018年，铜梁区葡萄种植面积达5 000多亩，平均亩产在1 500千克以上。品种有夏黑、红珍珠、魏可、雨水红（蜜莉）、阳光一号（巨峰）、醉金香、阳光玫瑰、红芭拉多和摩尔多瓦等。为了种出各品种的原有香型、口味、珠粒形状、色泽，在水果专家和农技专家的种植规范指导下，用3年时间改良土壤，试种筛选后品种，在不计产量的情况下，以口味、香型为首选标准，确定了种植品种。生产过程中以物理、生物等生态方式防治虫、鸟损害，以传统的人工劳作方式清除杂草，施放农家有机肥以及以水肥一体化生产种植，保证水果的自然、生态、纯正，以满足现代人们对水果品质和健康的需求。

三、分布区域

铜梁葡萄分布在长江上游地区、重庆西北部，地理坐标为东经105°46′—106°16′、北纬29°31′—30°5′，有土桥镇、侣俸镇、太平镇、大庙镇、西河镇等。

四、生态环境

（一）地貌土质

铜梁区地处渝西丘陵与渝东平行岭谷交接地带，地貌多姿，地势西南高、东北低，地形以丘陵为主，东南部有毓青山和巴岳山东西对峙，侏罗系砂页岩分布广泛，占全区土地面积的87.1%，地貌、土质条件非常适合种植葡萄。

（二）气候条件

铜梁属亚热带湿润季风气候，气候资源丰富，立体气候明显，具有春早夏热、秋雨冬暖、雨热同季等特征。铜梁四季分明，年平均气温为18.1℃，年平均降水量为1 070.6毫米，年平均日照时数为1 090.0小时，年平均相对湿度为81.9%。独特的立体气候非常适合蜜柚生长。

第九节 忠县无花果

无花果，一种开花植物，桑科榕属，属亚热带落叶小乔木。无花果果实呈球根状，尾部有一小孔，花粉由黄蜂传播。无花果又名阿驵（《酉阳杂俎》，译自波斯语anjir），无花果除鲜食、药用外，还可加工制干、制果脯、果酱、果汁、果茶、果酒、饮料、罐头等。无花果干无任何化学添加剂，味道浓厚、甘甜。无花果汁、饮料具有独特的清香味，生津止渴，老幼皆宜。

一、品质品牌

（一）品质特点

忠县无花果品质因品种不同略有差异。

1.忠州青果一号

本土品种无花果，成熟时为浅绿色，果顶不开裂，果肩部有裂纹，果肉紫红色，中空，含可溶性固形物18%～22%以上，风味极佳，是鲜食和加工制干酿酒最佳品种。

2.布兰瑞克

从山东引进的原产于法国的无花果品种，夏秋果兼用品种，果皮古黄铜色，果肉淡粉红色，含糖量16%～17%，风味香甜，品质上等，适宜制果干和酿酒蜜饯加工。

3.波姬红

从山东引进的原产于美国的无花果品种，为鲜食红色大型无花果优良品种。果实以秋果为主，果皮鲜红色或紫红色，果肉红色或浅红色，品质口感品质都极佳。果实夏秋果兼用，以秋果为主，果肉微中空，浅红或红色，味甜，汁多，可溶性固形物含量16%～20%，品质极佳。为鲜食大型红色无花果优良品种。

4.丰产黄

从新疆引进，该品种原产于新疆南部阿图什，为夏秋果兼用品种，果熟时黄色，果顶不开裂，果肉草莓色，可溶性固形物含量15%～17%或更高，风味浓甜，品质佳，丰产性强，为鲜食加工用优良品种。

（二）品牌名誉

2017年，忠县无花果获农业部中国绿色食品发展中心颁发的绿色食品A级产品认证。

二、历史渊源

民国《忠县志》载："无花果，茎高叶大，色青绿，枝间结实如桐，生青熟黄，不花而实。"由此可见，在民国时期，无花果在忠县境内已普遍种植。清末民国初，县民冉德礼用蜂蜜等原料将无花果制成蜜饯，将无花果叶制成叶茶，后将此传统工艺传给其子冉永忠、冉玉安。

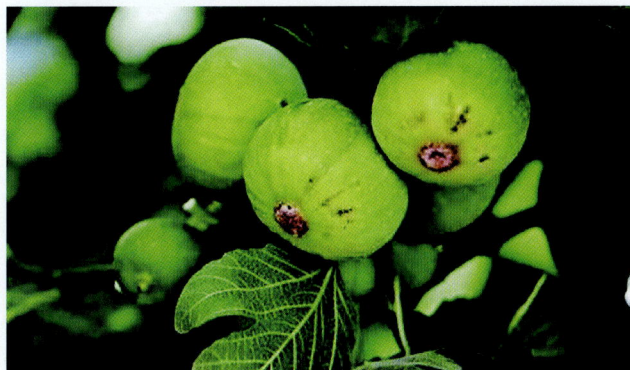

忠县本土无花果品种忠州青果一号，栽植历史近150年，是清末由外地引进的品种，母本应为山东青皮。经过几代人的种植，完全适应忠县生长环境，被命名为忠州青果一号。

2010年，冉家无花果工艺第四代传承人冉朋成，在原有的无花果品种基础上，引进山东的布兰瑞克、青皮、波姬红，新疆的丰产黄等品种，在马灌镇白高村规模化种植，2014年，成立重庆腾仙生态农业发展有限公司，将传统工艺与现代工艺相结合，加工和生产果品。

三、生产发展

忠县在种植本土品种无花果忠州青果一号的同时，从2010年开始，从山东、新疆等地引进了原产于法国的布兰瑞克、美国的波姬红、新疆的丰产黄无花果品种，种植规模已达550亩。同时，忠县无

花果生产龙头企业重庆腾仙生态农业发展有限公司将传统加工工艺与现代科技相结合，保留了生产过程中无花果的生物活性和独特风味，无花果养生休闲果干、无花果饮片、无花果果脯、无花果养生酒等深受广大消费者喜爱。

忠县无花果加工企业选运用源自欧洲的智能分选系统设备，保证每一个无花果的质量和口感。严格遵循欧美卫生标准，要求每一个水果都干净卫生。重庆腾仙生态农业发展有限公司采用国际先进的无菌车间，确保产品食品安全。无花果加工产品有果酒、果干、蜜饯、茶叶等系列。忠县年产无花果鲜果500余吨，加工干果30余吨，年产商品苗30余万株，年产值600多万元。

四、分布区域

忠县精华山麓的马灌镇。

五、生态环境

（一）地貌土质

忠县无花果种植区域为浅丘带平坝地貌，棕紫色泥土，海拔500米左右。

（二）气候条件

忠县属于典型的亚热带季风气候，年平均温度18.2℃，有效积温5 879℃，相对湿度80%，平均降水量1 193毫米，日照时数为1 328小时，无霜期341天。四季分明，日照充足，降雨充沛，无霜期长。

第四章

仁 果 类

第一节　永川黄瓜山梨

黄瓜山梨，重庆市永川区特产，2012年注册为地理保护商标。梨果肉细嫩、甜酸适度、汁多味浓、皮薄。

一、种植历史

永川种植梨树历史悠久，永川多以当地中、晚熟梨为主。20世纪80年代初，永川邀请重庆市农业局、西南农业大学、重庆市果树研究所等单位果树专家到永川实地考察论证，认为永川的自然地理条件适宜梨等落叶果树的生长发育。

1984年，永川市果树站从浙江杭州、湖北武汉等科研机构引进50余个梨新品种开展试验。1987年，从中优选出5个表现最好的品种示范种植，1990年，开始大面积推广，建设牛门口伏淡季水果基地。1996年，永川形成"百里优质水果长廊"产业带，为永川黄瓜山梨产业的发展打下了坚实基础。从1998年开始，由永川市（2006年撤市设区）政府牵头组织，在每年的3月和7月分别举办百里果乡赏花季和采果季。

2017年年底，永川黄瓜山梨种植面积6万亩，产量5.5万吨。永川主栽品种有黄冠、黄花、翠冠等，授粉品种有圆黄、鲜黄等。

截至2018年，已成功举办了20届重庆·永川梨文化"两节"。推动了乡村旅游和新农村建设。

二、产地环境

永川区南大街街道办事处、吉安镇、仙龙镇、五间镇4个镇（街）的连片种植；中山路街道办事处、胜利路街道办事处、何埂镇、朱沱镇、松溉镇、卫星湖街道办事处、临江镇、陈食街道办事处、

大安街道办事处、金龙镇、双石镇、三教镇、板桥镇、红炉镇、永荣镇、来苏镇、青峰镇、宝峰镇、茶山竹海街道办事处19个镇（街道）零星种植。

永川属中亚热带湿润地区，季风性气候明显，四季分明，雨量充沛，雨热同步，年均气温18.1～18.6℃，全年无霜期317天，年日照时数1 363小时。

产区海拔300～800米，土壤主要为侏罗系沙溪庙组、自流井组和少数须家河组、遂宁组成土母质发育成土，土性大多为微酸性至微碱性，富含磷、钾，土壤有机质含量中等。

三、荣誉认证

1998年、2001年，农业部举办全国优质农产品展评会，永川选送的黄瓜山梨两度荣获桂冠，名列前茅；1999年选送的黄瓜山梨获全国农业博览会金奖；2018年选送的圆黄梨在全国优质早熟梨鉴评会中获得二等奖。2017年，"永川黄瓜山梨"成功注册地理标志商标。

四、生产技术

近20年来，永川始终坚持吸收先进的生产技术，集专家、教授和专业技校人员之合力，不断探索、试验、示范、推广、总结，形成了一整套效益好、操作简便、符合永川实际的黄瓜山梨生产技术，深受果农欢迎，《黄瓜山梨矮化密植早结丰产优质综合配套技术研究》获得了永川区、重庆市科技进步奖。

2018年，永川区在全区范围内开展无公害黄瓜山梨生产基地建设。区政府发布了《关于禁止使用高毒、高残留农药的通告》，并利用技术培训、科技"三下乡"等形式，在永川区组织人力宣传、印发无公害黄瓜山梨生产技术手册。同时加大对农业生产投入品的监管力度，对违法经营和使用者严厉查处，保障了黄瓜山梨无公害生产的环境条件。

2006年，依据无公害黄瓜山梨生产要求，编制和实施了《永川黄瓜山梨》《永川黄瓜山梨生产技术规程》2个标准，并由农业主管部门监督实施。

五、品质特性

（一）产品品质

1.果实发育与分级

一般果实发育期在98～120天，特级果重250～350克，一级果重150～250克、340～500克，二级果重100～150克、500～800克，其他为等外级产品。

2.感官

果实充分发育、新鲜、洁净，果形端正，无畸形、破皮划伤病果、虫果、异臭；成熟度达九成，着色面达3/4以上，果实大小均匀，色泽符合品种特性；具有汁多味甜，香气浓郁，鲜美可口等特点。

3.理化特性

可溶性固形物12%，果实硬度较高；总酸1.6%，含有丰富的维生素、氨基酸、蛋白质和微量元素。

（二）产品特性

1.成熟期

成熟时间在7月初至8月底。

2.优质

完整良好、新鲜洁净、无异嗅味，可溶性固形物12%，色泽光亮，无缺陷和病斑，无日灼、雹伤、虫伤危害。

3.鲜果供应期

体现品种色泽、芳香浓郁、酸甜可口，可溶性固性物12%以上，口感极佳。

4.耐储运

果实9分成熟、硬度大，干物质积累充分，耐储运，货架期较长。

（三）气候条件

黄瓜山梨喜温暖湿润的气候和一定的有霜期，喜肥水供应充足的土壤，在中性和微酸性土壤上生长良好。永川夏季强光照，冬季有一定的无霜期，但秋冬季节日照偏少、春季倒春寒频繁是不利因素。发展黄冠梨可避开不利条件，促进养分的积累，充分利用了自然条件，极大地发挥了皇冠梨的生产潜力。

永川黄瓜山梨常年生产面积6万亩，产量5.5万吨，产值2.6亿元。主要分布在永川区的南大街街道办事处、吉安镇、仙龙镇、五间镇、卫星湖街道办事处。

第二节 巴南二圣早熟梨

巴南二圣早熟梨，重庆市巴南区特产。主导品种为翠冠梨，具有早熟、皮薄、肉嫩、汁多、味甜、果心小、入口化渣、营养丰富等特点。巴南二圣早熟梨获农业农村部中国绿色食品发展中心绿色食品认证，荣获第一届中华杯南方早熟梨优秀奖等荣誉。

一、品质品牌

（一）品质特点

二圣镇出产的早熟梨味甘、微酸、性寒。天坪山标准化梨园建成后，通过品种改良，注重梨园区生态保护和质量管理，产出以翠冠梨为代表的早熟梨，既保持了当地土产早熟梨的特点，更具有果肉白色、肉质细嫩、入口化渣、汁多味甜、果心小、营养丰富之特点（表4-4-1）巴南二圣早熟梨理化特点见表4-4-2。

表4-4-1 巴南二圣早熟梨外形特色

项目	指标
果形	近圆形
色泽	果皮黄绿色

（续）

项目	指标
果面	洁净、光滑
果核	直径≤12毫米
果肉	白色，肉质细嫩，柔软多汁、化渣，味浓甜

表4-4-2　巴南二圣早熟梨理化特点

项目	指标
可溶性固形物/%	12～14
维生素C/（毫克/100克）	4
单果重/克	200～450
可食率/%	≥96
糖/（克/100克）	9

（二）品牌名誉

巴南二圣早熟梨所获荣誉见表4-4-3。

表4-4-3　巴南二圣早熟梨所获荣誉

年份	荣誉	颁证单位
2006	通过无公害农产品认定	中国绿色食品发展中心
	核准获得绿色食品A级产品标志使用权，每3年申报续证获通过	中国绿色食品发展中心
2008	成功注册"二圣"商标（2012年以前使用）	国家工商行政管理总局商标局
2012	成功注册"天坪山"商标	国家工商行政管理总局商标局
2018	被认定为"重庆名牌农产品"	重庆名牌农产品评选认定委员会

二、种植历史

巴南区二圣镇集体村有上百年的梨树种植历史，长期以来，早熟梨分散种植在农家院房前屋后，自产自销。2002年，巴南区农业部门引进优质早熟梨优良品种，在二圣镇集体村集中成片规范化栽种，经过16年的发展，二圣早熟梨发展为具有一定规模、品种良好的早熟梨，成为重庆主城周边最受欢迎的鲜食水果采摘基地之一。

三、生产发展

巴南区二圣镇种植梨历史悠久，但传统梨树产量低、产梨品质差。2002年，巴南区农业部门引进以早熟品种翠冠梨为主、搭配丰水梨等南方优质早熟梨优良品种，在二圣镇集体村集中连片规范化种植，建设标准化梨园。2004年，建成标准化早熟梨园8 000亩，梨园按照国家农业综合开发项目标准建设，路、沟、凼及灌溉管网等配套设施齐全。梨园未投产前，在幼树行间套种大豆，实现"果粮并举，以短养长"。2006年，早熟梨园开始投产。巴南二圣早熟梨果皮薄、肉嫩、汁多、味甜、果心小、入口化渣，营养丰富，受到消费者喜爱。2006年起，巴南二圣早熟梨被国家绿色食品发展中心认证为绿色食品，允许产品使用绿色食品标识。梨园建成后，经营机制转变、产品质量管理及品牌推广协同推进。2006年年初，由政府出资，成立重庆德众农业开发有限公司，为梨子种植生产及销售提供综合性服务，当年申报"二圣"牌商标及绿色食品认证。2009年7月，组建成立重庆市巴南区众喜早熟梨专业合作社，有会员1 500余人，梨树种植面积达2 500亩，带动1 000余户梨农，梨树种植面积近6 000亩。2014年6月，重庆市巴南区众喜早熟梨专业合作社发布了由巴南区果树站起草的企业标准《巴南区翠冠梨标准果园建设规范》（编号：Q/BNZXL001—2014），规范梨园建设与生产管理，2015年，荣获中华杯南方早熟梨类产品评比优秀奖等荣誉。

在二圣镇集体村天坪山早熟梨园区域内，由重庆市巴南区众喜早熟梨专业合作社统一设施建设、统一技术培训、统一病虫害防治和集中农资供应、集中包装销售的二圣镇天坪山高山梨商品，统一使用"天坪山"商标和绿色食品标识。

四、产地环境

巴南二圣早熟梨原产地位于巴南区二圣镇集体村，集体村森林覆盖率80%，梨园分布区四周直径距离10多千米内无工矿企业，土壤、水源、空气未受污染，守住了绿水青山，留住了生态田园。集体村生态环境优良，被评为"重庆市生态卫生村""中国最美休闲乡村""全国生态文化村""全国生态休闲旅游示范村""全国现代生态农业创新示范基地"。

（一）地貌土质

巴南二圣早熟梨原产地位于巴南区二圣镇集体村。集体村坐落在倒置型天坪山上，海拔450 ～ 570米，辖区面积9.83平方千米。二圣镇土壤质地有黏土、壤土、砾石土、沙壤土几种类型，适合梨树生长。

（二）气候条件

二圣镇属于亚热带湿润季风气候，四季分明，春早秋迟，夏热冬暖，无霜期长，年平均气温为15.5℃，年平均降水量为933.7毫米，气候非常适合种植早熟梨。

五、技术要求

（一）品种

翠冠梨。

（二）立地条件

巴南二圣早熟梨果园海拔500 ～ 800米，土壤质地为黏土、壤土、砾石土、沙壤土，土层厚度60厘米以上，土壤pH6 ～ 7.8，土壤有机质≥1.5%。

（三）栽培技术

1.苗木繁育

以杜梨、沙梨等为砧木。从纯正健康翠冠梨母株上采集接穗、嫁接繁育果园生产用苗木。

2.定植

使用无病毒苗木。在秋梢老熟后的秋季、或春梢萌芽前的春季定植。提倡起垄定植。每亩定植株数50～60株。按4∶1比例配植授粉树，如新世花、黄花、脆绿等品种。

3.土肥水管理

梨果园基肥一般在果实采收后施入，以有机肥为主；追肥在梨树萌芽前15天、落花后15天和幼果迅速膨大期进行，以速效有机配方肥料为主。提倡营养诊断与配方施肥。每亩年施有机肥≥500千克。夏、秋久旱缺水时，利用灌溉管网节水灌溉，雨季注意排水防湿害。土壤管理采用生草法、覆盖法或生草加覆盖法。

4.病虫害防治

提倡在果园树冠悬挂粘虫色板、糖醋液诱杀罐，树基缠绕粘虫带，园区安装杀虫灯等诱杀害虫。

5.整形修剪

通过修剪使树体通风透光，幼年树以整形为主，成年树以疏剪为主。

6.授粉套袋

果园养殖蜜蜂，利用虫媒授粉。适时疏花疏果、套袋。

7.环境、安全要求

农药使用必须按《农药合理使用准则（一、二、三、四、五、六、七、八、九）》（GB/T 8321.1—2000、GB/T 8321.2—2000、GB/T 8321.3—2000、GB/T 8321.4—2006、GB/T 8321.5—2006、GB/T 8321.6—2000、GB/T 8321.7—2002、GB/T 8321.8—2007、GB/T 8321.9—2009）规定标准执行，所施肥料符合《肥料合理使用准则 通则》（NY/T 496—2010）要求，不得污染梨园环境。

（四）采收

巴南二圣早熟梨一般在7月中下旬进入成熟期，根据需求分批选果采摘。避免造成机械伤，实行分级装箱。

第三节 长寿梨

长寿梨，重庆市长寿区特产，获得绿色食品标志认证、"重庆名牌农产品"称号。长寿的梨栽培历史始于唐朝，区内以黄花梨和翠冠梨品质最为优良，具有肉厚质细嫩爽、汁丰味甜等特征，含有蛋白质，脂肪，糖，钙、磷、铁等矿物质，多种维生素等。

一、品质品牌

（一）品质特点

长寿梨有黄花、翠冠、金花、丰水等品种。

长寿黄花梨具有皮薄、核小、味甜、肉嫩、质细、水足等特征。果皮呈黄

褐色，一般单果重250克左右，果心较小，肉白而脆嫩，汁多而味甜，口味明显比一般梨佳。

长寿翠冠梨具有成熟早、长势强、产量高、品质好等特点，果实扁圆，果面洁净，果肉呈白色，果核小，果大，肉厚质细嫩爽，汁丰味甜，风味带蜜香，别有滋味，果实可食率96%。

长寿金花梨子果实大，平均单果重350克，大果重970克。其果面光滑，果皮绿黄色，贮后金黄有光泽，果皮细薄，果点小，中多，外观美丽。果肉白色，石细胞极少，质细脆嫩，汁多，味浓甜，香味浓，品质上乘。

长寿丰水梨子果实为扁圆形，含糖量高达16%，多汁味美，口感极佳，成熟颜色为红褐色。

（二）品牌名誉

长寿梨所获荣誉见表4-4-4。

表4-4-4　长寿梨所获荣誉

年份	荣誉	颁证单位
2014	"覃茂"牌长寿梨获得绿色食品标志使用权	中国绿色食品发展中心
2017	"覃茂"牌长寿梨被评为"重庆名牌农产品"	重庆市农业委员会

二、历史渊源

唐朝时期，长寿就已栽培梨子。元和四年（809年）春，著名诗人元稹以监察御史身份奉命出使剑南东川。元稹在《使东川·江花落》一诗中写道："日暮嘉陵江水东，梨花万片逐江风。江花何处最肠断，半落江流半在空。"白居易在《酬和元九东川路诗十二首·江岸梨花》中写道："梨花有思缘和叶，一树江头恼杀君。最似婵娟少年妇，白妆素袖碧纱裙。"可见，在嘉陵江东部一带，唐朝已盛产梨子，白居易更以"白妆素袖碧纱裙"形容梨子花如雪之美。

自从康熙五十三年（1714年），《长寿县志》第一次记载梨子之后，长寿本土文献对梨子的记载就多了起来。光绪元年（1875年），《长寿县志》卷二之物产类记载："果如桃、李、杏、枣、梨子、栗、葡萄、枇杷之类俱适口。"

民国十七年（1928年），《长寿县志》卷八物产果类记载："梨子，青皮、早谷诸种，均粗涩，必桑树接过则结子早而佳，藏法隔以萝葡，盛以竹篓，可经久。"这是长寿本土文献关于长寿梨子栽培的第一次详细记载。据民国十七年（1928年），《长寿县志》收录的《长寿果园调查记·李氏果园》记载，李其章（述文）创办于三洞沟的李家果园，栽培有"梨子，计一百株，系施南种。其成熟后色黄而汁细，味甘而永，目下试花者仅十余株，售价每斤值银一角。"除了三洞沟李家果园外，民国三十年（1941年），太平乡的任氏梨子园，也是当时长寿县著名的梨子果园。民国时期，长寿县政府对梨子的发展非常重视。民国二十三年（1934年），当时的长寿县政府公布《县有林场五年计划书》，要求民国二十四年（1935年）开办大规模苗圃，培育幼苗10万株，其中"梨子，一千株"。

民国三十三年（1944年），《长寿县志》卷四农桑之农家副业记载："吾县土质，桃、李、杏、梨子、花红、枇杷之属，随意栽植，无地不宜，春日怒华，夏秋熟实，不特点缀风景撷之入市，并可获利。"可见，梨子是长寿果业中比较普及的一个品种。

三、生产发展

从长寿梨品种发展的历史和现状看，引种是长寿梨品种形成的主要方式。早年栽植品种有青皮梨、猪嘴巴梨等古老地方品种，中华人民共和国成立前，引进的新品种有苍溪梨、昭通梨，20世纪90年代，

引进的新品种有翠冠梨、黄花梨、金花梨、丰水梨等。凡是适合长寿气候和土壤的优良品种，长寿都及时引种，并注重这些品种栽培技术的本土化，这是长寿梨产业在短短数十年间实现巨量增长的科技动力。

长寿区引进、种植梨，科学规划了不同成熟期的梨品种，采取早熟、中熟、晚熟3个不同成熟采摘期相搭配，实现从7月上旬到9月中旬均有新鲜梨上市。黄花梨8月初开始采摘。翠冠梨成熟期早，7月上中旬上市，比黄花梨早20余天，比北方鸭梨早2个多月。金花梨9月中下旬成熟，耐储藏，可储存至翌年3—4月，储藏期间病害少。丰水梨原产于日本农林省园艺试验场，成熟期为8月。

四、分布区域

长寿的地形地貌，长江之南，主要为五堡山和江边丘陵；长江以北，主要为"三山两槽"地貌，即由东向西，分别为黄草山、明月山和铜锣山，而三山之间，呈现出东北－西南走向的两大槽地。从梨的地域分布来看，主要就集中于黄草山、明月山和铜锣山海拔500～800米的低山区地带。

长寿的梨树主要分布于海拔450～500米的中低山丘陵坡地，以黄壤为主的坡瘠地和闲置地。

五、产地环境

（一）地貌土质

从地形和土壤结构看，长寿境内从东向西依次为黄草山、明月山、铜锣山，土壤分为潮土、紫色土、黄壤土和水稻土4个大类92个变种。农业生产基地以紫色土和水稻土为主，其次是黄壤。非常适合梨树生长。

（二）气候条件

长寿区属中亚热带湿润季风气候，冬暖春早，雨量充沛，盛夏炎热常伏旱，无霜期长，昼夜温差大，多雾少日照，年平均气温17.5℃，为种植不同成熟期的梨提供了适宜的气候环境。

六、技术要求

（一）品种

黄花梨、翠冠梨、金花梨、丰水梨。

（二）立地条件

早熟梨果园海拔500～800米，土壤质地为黏土、壤土、砾石土、沙壤土，土层厚度60厘米以上，土壤pH6～7.8，土壤有机质≥1.5%。

（三）栽培技术

1.定植

平坝肥沃的地块，宜按照4米×2米的行株距亩植80株；坡梯地按照3米×1.8米的株行距，最高可以亩植120株左右。在离嫁接口30～50厘米处，采用3～4个芽单层开心形无中心主枝矮化栽培，剪去梢头及抹除其下的枝。成枝后分别拉成50°～60°。每个主枝培养3个侧枝。平坝地块成年树冠控制在2.5米以内，坡梯地2米以内，确保实现3年内投产，5年内丰产。

2.修剪

对于梨幼树的整形修剪，在修剪时做到骨架牢固，树体枝量适度。由于梨树为喜光性较强的树种，顶端优势特别强，对早熟且生长旺盛的树采取环割、抹芽或刻芽、拉枝坠枝方法增加枝量和形成花芽，控制树体高2～2.5米，有利于人工授粉、疏花、疏果、套袋、采摘、喷药、拉枝、修剪、防风等。对于成年梨树的修剪，枝条要坚持"上稀下密；外部稀内腔密；大枝稀，小枝密"的原则，疏散树形，及时疏果、定果，避免大小年发生。

3.套袋

梨套袋可以减轻病虫发生危害，提高梨的产量和品质。套袋前要严格疏果、疏花，合理负载和防治1次病虫。25叶留1果，果枝距20厘米，树的上部可以稍密一点，树的下部可以适当再稀一点。袋子最好采用带药、低毒、低残留的牛皮纸。

4.肥水管理

（1）重施基肥。山地土质差、瘠薄、有机质含量低。定植时施基肥，加入磷、钾肥，并生石灰混土分层施下。以后每年10月结合施基肥，深翻、扩穴、压绿，增加肥力。盛产树，施基肥时增加适量速效氮肥，以利恢复树势。

（2）适时追肥。幼树要薄施、勤施速效氮肥。从3月发芽前到6月，每月1次。成年树1年追肥3次，时间在芽前、幼果、壮果，壮果肥为重点。壮果肥既要有效提高梨果实的产量和品质，又要有利次年花芽分化。

（3）防旱抗旱。梨果实含水分85%以上，对水分需求量大。果实成熟前1个月是果实迅速膨大期，约在6月下旬至7月上旬需水最多。在干旱期前铺草防旱，种植饲草、绿肥等，及时喷灌或浇水抗旱。

5.病虫防治

梨树的主要病害有黑星病、黑斑病、锈病和轮纹病。梨树的主要虫害有梨二叉蚜、梨大食心虫、梨小食心虫、梨星毛虫、梨木虱、梨（花）网蝽、梨圆介壳虫等，必须严格按照防治要求，科学施用药物。

6.环境、安全要求

农药使用必须按《农药合理使用准则（一、二、三、四、五、六、七、八、九）》（GB/T 8321.1—2000、GB/T 8321.2—2000、GB/T 8321.3—2000、GB/T 8321.4—2006、GB/T 8321.5—2006、GB/T 8321.6—2000、GB/T 8321.7—2002、GB/T 8321.8—2007、GB/T 8321.9—2009）规定标准执行，所施肥料符合《肥料合理使用准则　通则》（NY/T 496—2010）要求，不得污染梨园环境。

（四）采收

根据品种特性、果实成熟度、用途以及长寿当地气候条件确定，适时采收。采收时要小心，尽量减少摩擦和碰伤，在采果时，将落地果子收集后，统一投进沼气池进行无害化处理。采摘时间：翠冠梨7月上中旬采摘，黄花梨、丰水梨8月初采摘，金花梨8月采摘。

第四节　铜梁庆隆梨

铜梁庆隆梨，重庆市铜梁区特产，历史悠久。成功注册地理标志商标，获得"2015中国农产品区域公用品牌"称号。其果实肉质细腻、酥脆化渣、多汁甘甜、香味浓郁、风味爽口。

一、品质品牌

（一）品质特点

铜梁庆隆梨栽培品种以初夏绿、黄冠、黄

金、翠冠、圆黄为主，因品种不同、品质略有差异。

1.圆黄梨（高糖早熟梨）

平均果重282克，最大果重600克以上；果实扁圆形，果皮黄褐色，套袋果金黄色，果点小，无水锈，无黑斑，果面平整光洁，成熟后金黄色，不套袋果呈暗红色，外观极美。果肉为透明的纯白色，肉质细腻，柔软多汁，石细胞少，味甘甜，可溶性固形物12%～13.3%，并有浓郁香味，品质极佳。

2.黄金贵族梨（黄金梨）

外观华丽，品质佳，果肉乳白色，果心小，可食率95%以上；含可溶性固形物13%，品质上等。

3.翠冠梨（六月雪梨）

果实近圆形，平均单果重230克，最大单果重400克，果皮为绿色，套袋果为黄色，果面光滑。果皮薄，果心小，果肉白色，细嫩多汁，可溶性固形物含量12%～13%，味浓甜，品质上等。

4.初夏绿梨（最甜的特早熟梨）

果实长圆形，平均果重250克。果皮浅绿色，果面光滑，果锈少，果点中大。果肉白色，肉质细嫩，汁液多，果心小，可溶性固形物12.5%左右，浓甜无酸，品质极佳。

5.黄冠梨（早黄金）

果实大，外观美，品质优，香气浓，果点小，无锈斑，果肉洁白，质细腻，石细胞及残渣少，松脆多汁，风味酸甜适口，因外观金黄色，故得"黄冠"之名。

（二）品牌名誉

铜梁庆隆梨所获荣誉见表4-4-5。

表4-4-5　铜梁庆隆梨所获荣誉

年份	荣誉	颁证单位
2007	通过无公害农产品认证	中国绿色食品发展中心
2009	庆隆镇通过无公害农产品产地认证	重庆市农业委员会
2011	成功注册"铜龙香"优质梨品牌商标	重庆市工商行政管理局
2013	成功注册庆隆梨地理标志商标	国家工商行政管理总局商标局

二、历史渊源

铜梁庆隆梨种植有上百年的历史，有一棵老梨树种植于清咸丰六年（1856年），至2018年，已有162余年的历史。1931—1933年，庆隆人杨尔善就读于成都华西协和大学农业系期间，结合所学专业和家乡梨子的实际，将优质梨苗引到家乡——冬笋村21组（原聚山村1社），在他家周围的田、土种上

100亩左右的梨树，主要有金川雪梨、苍溪梨、蜂蜜梨、青皮梨、木瓜梨，几经改良，形成苍溪雪梨、黄花梨、金水梨。

庆隆"百年梨园"位于铜梁区庆隆镇冬笋村，地处毓青山脚下、小安溪河畔。紧靠渝遂高速公路蒲吕互通口。百年梨园有着160年的悠久历史，有梨树100余亩，主要种植的是苍溪雪梨，其中有100余年历史的"梨树王"。后果园成片种植梨树1 200余亩，品种由单一的雪梨扩展到了圆黄、翠冠、黄金等多个优质品种。每到花期，漫山遍野皆是洁白如雪的梨花在阳光的掩映下银光闪闪，吸引着重庆市内外众多的游客前来踏青赏花。每到七八月，梨树上硕果累累，高大的树上结满了金黄的如葫芦一般的雪梨，吸引游客纷纷前来体验采摘生态果实的乐趣。同时，还在金源、同康等村零散分布梨树8 000亩。

三、生产发展

为进一步改良品种，提高产品质量，1977年，铜梁引进了黄冠梨，其幼树生长旺盛，树姿直立，结果后树势中庸健壮，树姿半开张，萌芽力和成枝力均强。抗病性极强，尤其对黑星病抗性强。1978年改革开放以后，随着农村土地承包制的施行，铜梁开始参照农村土地承包制模式，改革果园生产经营模式，实行种苗统一引种，肥料、农药统一购买，包树到人，定产承包，超产归己的家庭联产承包制，大大调动了梨园员工的生产积极性。1979年，引进翠冠梨，并发展成为主栽品种，该品种适应性广、抗逆性强，生长势强、萌芽率高、成枝力强、易形成花芽，结果早、丰产，引进后迅速发展，到2000年，翠冠栽培面积占庆隆梨园总面积的41.67%。

梨是庆隆镇农业的支柱产业，全镇有庆隆梨3 000多亩。在政府的引导和协会的推动下，庆隆梨产业不断加快发展。一是改良品种。从1979年开始，为适应市场需求，淘汰了落后的砂梨、青皮梨等老品种，先后引进了黄花、圆黄、翠冠、糖梨、藤梨等优良新品种，分片区高换嫁接，打造以黄金梨、圆黄梨、丰水梨等优质品种为主的多元化梨园，形成6月底至8月上旬均有梨成熟的格局。2013全，庆隆镇共栽有梨树3 000余亩，2018年，庆隆镇梨树种植面积达8 000余亩。其中挂果3 000余亩。二是科学种植。为了提高梨子的产量和品质，铜梁高度重视庆隆梨品质的保持和提升，在农业、林业、供销等部门的参与下，制定了一整套科学管理方法，加大技术培训的力度，指导果农按照标准化生产。通过重点实施矮化密植、施用有机肥和专用复合肥，采取科学修剪、人工授粉、套袋和太阳能灯杀虫等配套组装技术，快速提升了梨品质。为壮大梨产业规模，庆隆镇通过转包、出租、互换、转让等形式流转土地承包经营权，将分散经营的梨园逐步统一、集中起来。并实行"龙头企业+合作组织+农户"的新型生产经营模式，引导龙头企业提供种子、技术、生产资料等服务，强化梨协会对梨园的统一规范管理，为农户提供产品保护价，保证农户有稳定收入。三是打造品牌。为了塑造庆隆梨品牌，铜梁农业部门积极引导庆隆镇打造公共品牌。庆隆镇成立了商标全程申报领导小组，落实专人开展品牌注册、地理商标申请工作。通过规范栽培技术、改善环境，2014年，成功在国家工商行政管理总局商标局注册地理标志商标，2015年，被评为"2015中国农产品区域公用品牌"。四是拓展市场。铜梁积极引导庆隆果农建立铜梁县聚山梨子专业合作社，通过合作社自我管理，引导果农实现梨子的规模经营，让果农在梨子新品种推广、病虫防治方面实现合作，提高农产品的竞争力和抗风险能力，并对果品的质量和销售、包装等一系列环节提出更高要求，赢得了市场的青睐。

四、分布区域

铜梁庆隆镇背靠毓青山，小安溪河穿境而过，境内以小丘坡和开阔坝地为主。湿润、温和的气候和肥沃的土地，加上充足的光照，造就了庆隆梨果味鲜美、肉脆多汁等优点。庆隆梨主要分布在金源村、冬笋村、庆新村、同康村。

五、产地环境

（一）地貌土质

庆隆镇是铜梁的山区丘陵镇，东临毓青山，小安溪穿境而过，境内森林茂密，土质肥沃，水源丰富，适合梨树生长。

（二）气候条件

铜梁属亚热带湿润季风气候，气候资源丰富，立体气候明显，具有春早夏热、秋雨冬暖、雨热同季、灾害频繁、日照少、风速小、多云雾的特征。铜梁四季分明，年平均气温为18.1℃，年平均最高气温为21.7℃，年平均日照时数为1 090小时，年平均相对湿度为81.9%。湿润、温和的气候，加上充足的光照，很适宜种植梨树。

第五节　大足枇杷

大足枇杷，重庆市大足区特产。大足枇杷以果大、皮薄、肉多、仁小、味香、爽口而闻名。大足系"中国枇杷之乡"、国家枇杷标准化示范区、重庆市无公害枇杷产地整体推进区。

一、品质品牌

（一）品质特点

大足枇杷果实近圆形，果大皮薄、肉多仁小、质软细嫩、味香浓甜爽口多汁。

（二）品牌名誉

2009—2015年，大足枇杷连续7年获中国果品协会评选的"中华名果"（枇杷"果王"）荣誉称号。

二、种植历史

从1996年开始，在大铜路沿线种植枇杷、葡萄等伏淡季水果。形成10万亩产业基地，年产量达1.8万吨，产值3.5亿元。已建成4个无公害枇杷生产基地镇，形成6个无公害枇杷生产基地村，有集约化经营业主409个，面积为9 870亩。其中800亩以上的枇杷园2个、200亩以上的枇杷园8个、100亩以上的枇杷园9个、10亩以上的个体联户枇杷园392个。成立大足县枇杷产业联合会、枇杷协会和3个枇杷专业合作社。

三、生产发展

大足推进枇杷产业建设，始终坚持高标准建园和绿色生产理念。严格按照"三统一"的方式建园，即统一规划，统一放线开厢、打窝，壕沟式爆破，并填埋有机肥和表土，统一栽植品种和模式。在生产过程中始终贯穿无公害、绿色理念：一是加强投入品的监管；二是统一肥料、农药品种和施用时间，增施有机肥；三是坚持疏花、疏果、套袋；四是大力推广水肥一体化及设施大棚枇杷、富硒枇杷。

1997年，大足龙岗镇政府在五星村建设"五星枇杷园"。在大足县果技专家的指导下，以4米×2.5米的行株距规格，定植枇杷1.62万株，引进优质品种"大五星枇杷"。大足县果树站从规划、种植、技术、管理实行全方位服务，使枇杷园4年后形成规模，面积达500亩，建成了大足县内第一家高标准枇杷示范园。2002年，龙岗镇在明星、观音岩等4个村发展成片枇杷种植3000亩。2002年，大足县枇杷栽植面积达7万亩，500多万株；相继建成邮亭楷林枇杷园、龙水高坡莉菁枇杷园、棠香五星枇杷园、长龙枇杷园，城南世纪枇杷园、高升旭光枇杷园、西苑等17个枇杷标准化生产园区。

为更好地服务果农，大足成立了枇杷产业联合会、枇杷专业合作社，吸纳会员300余人，建立起大足枇杷培训中心。

四、分布区域

大足地处重庆丘陵与平行岭谷交接地带，枇杷种植在大足区龙岗、棠香、邮亭、铁山、高升等13个镇（街道），62个村。

五、产地环境

（一）地貌土质

大足土壤主要为沙溪庙组，遂宁组、蓬莱镇组成土母质。其中邮亭至龙水南部属沙溪庙组母质，龙水中部至化龙段为遂宁组母质，宝顶属蓬莱镇组母质，土质肥沃，适宜枇杷生长。

（二）气候条件

大足属于亚热带湿润季风气候，热量丰富，年平均气温为16.8～17.5℃。雨量充沛，年降水量1066毫米，空气湿度大，四季分明，冬暖春早，无霜期长达321天，具有春早、夏长、秋短、冬迟的特点，处于枇杷栽培的最适宜区。

六、技术要求

（一）品种

五星枇杷。

（二）立地条件

土壤深厚肥沃，疏松透气，pH6～6.5的微酸性沙壤土为最好。

（三）栽培技术

1.定植

9—10月，趁土壤湿润，开挖深60厘米、口宽80厘米、底宽70厘米定植坑，定植枇杷苗。

2.整形修枝

定植后采用小冠疏散分层形整枝，共3层主枝，树高控制在2.5米以内，行间保持0.8～1米的通风透光带；春剪在3月上旬，修剪量不超过总枝量的10%，疏除衰弱枝、密枝、徒长枝，并对部分老枝短截更新，以增加春梢发生量；夏剪在采后1星期完成，修剪量不超过总枝量的20%，疏除直立1枝组，回缩衰退枝组，促进夏梢发生等。

3.疏花疏果套袋

（1）疏花在10月至次年1月，摘除早性花，留存迟性花，疏除花穗基部和顶端的花，保住花穗中

部的花。

（2）疏果 2 月下旬至 3 月下旬，每穗留 1 ～ 3 个果，先疏畸形果、病虫果、机械损伤果，后疏密生果。

（3）套袋。在最后一次疏果后，宜防治 1 次病虫害，然后选专用袋套袋。

4. 施肥

幼树施肥：宜薄肥、勤施；2—10 月，隔月施 1 次肥，肥料可用 10% ～ 30% 的腐熟人粪尿；11 月至次年 1 月，施冬肥 1 次，肥料可用栏肥 10 ～ 20 千克，再加人粪尿。成年树施肥：春肥（占全年肥量的 15% ～ 20%）在 2 月施，促进春梢生长和果实膨大，结果多的宜多施，以速效肥个为主，多用磷、钾肥；夏肥（占全年肥量的 50% 以上），在采收前后周内施，有机肥与无机肥结合，以氮为主，配合磷钾；秋肥（占全年肥量的 30% ～ 35%），在 9 月中旬至 10 月上旬施，以有机肥为主，重磷钾肥，配合氮肥。

5. 病虫害防治

枇杷主要病害有叶斑病（包括灰斑病、斑点病、角斑病）、污叶病、炭疽病、枝干腐烂病等，虫害有黄毛虫、舟形毛虫、梨小食心虫、天牛、避债虫等。防治病虫害宜遵循"预防为主，综合防治"方针，以农业防治为基础，根据病虫害发生、发展规律，因时、因地制宜，合理运用化学防治、生物防治、物理防治等措施，经济、安全、有效地控制病虫害。

6. 环境、安全要求

农药使用必须按《农药合理使用准则（一、二、三、四、五、六、七、八、九）》（GB/T 8321.1—2000、GB/T 8321.2—2000、GB/T 8321.3—2000、GB/T 8321.4—2006、GB/T 8321.5—2006、GB/T 8321.6—2000、GB/T 8321.7—2002、GB/T 8321.8—2007、GB/T 8321.9—2009）规定标准执行，所施肥料符合《肥料合理使用准则　通则》（NY/T 496—2010）要求，不得污染梨园环境。

（四）采收

4 月底至 5 月底，大足枇杷进入成熟期，根据需求分批选果采摘，避免造成机械伤，实行分级装箱。

第五章
瓜 类

第一节　綦江木瓜

綦江木瓜，已有上百年种植历史，是中国特有木瓜品种之一，其皮薄、肉厚、质嫩、气香、味甘酸、品质优良，属于食、药两用木瓜。"綦江木瓜"成功注册地理标志商标，已获得绿色食品A级产品认证和无公害农产品产地认定，綦江是"中国优秀木瓜之乡"。

木瓜，蔷薇科木瓜属，灌木或小乔木，高达5～10米；果实长椭圆形，长10～15厘米，暗黄色，木质，味芳香，果梗短。花期4月，果期9—10月。产地主要分布在山东、陕西、河南（桐柏）、湖北、江西、安徽、江苏、浙江、广东、广西。

一、品质品牌

（一）品质特点

綦江木瓜皮薄、肉厚、质嫩、气香、味甘酸、品质优良，属于食、药两用木瓜。綦江木瓜是药、食两用果品，需要加工成药类、保健品、食品类产品，不宜直接食用。綦江木瓜树在花期内具有很高的观赏价值，花色烂漫，树形好，病虫害少，是庭园绿化的良好树种，可丛植于庭园墙隅、林缘等处，春可赏花，秋可观

果。綦江木瓜维生素C含量为苹果的6倍，含有抗氧化功能的物质——多酚，每100克鲜果含1.4～1.7克；綦江木瓜超氧化物歧化酶（SOD）的含量达80毫克/100克，其抗氧化能力是市售樱桃榨汁液的4倍，橙子榨汁液的3倍，芒果打浆液的2倍。綦江木瓜含有的多酚、维生素C、SOD是养颜、抗衰老药物的核心物质，具有抗癌、防辐射等功效。綦江木瓜具有平肝和胃，舒筋络，活筋骨，降血压等药用功效。綦江木瓜饮料还有解酒的功效。

（二）品牌名誉

綦江木瓜所获荣誉见表4-5-1。

表4-5-1　綦江木瓜所获荣誉

年份	认证、荣誉	颁证单位
2008	重庆市无公害木瓜产地县（区）	重庆市农业委员会
	重庆市优良品种省级认证	
2012	"中国优秀木瓜之乡"称号	中国果菜专家委员会
	中国木瓜产业科技创新示范区	
2013	注册地理标志商标	国家工商行政管理总局商标局
2014	"綦江皱皮木瓜"被认定为绿色食品A级产品	中国绿色食品发展中心

二、历史渊源

綦江木瓜种植已有百余年的历史，有近百年的老木瓜树约1 500亩。綦江曾是原四川省和重庆市的木瓜主产区，20世纪70年代，鲜木瓜产量达1 000余吨，产品畅销全国。綦江区木瓜产业的标准化规模发展起源于2002年，由綦江区林业部门承担的重庆市野木瓜良种繁育与种植技术推广科技项目，在石壕、打通2个镇发展新品种木瓜2 500亩，此后，加快组织农民迈出标准化规模种植的步伐，形成西部第一的木瓜产业。

三、生产发展

綦江自2002年开始实施木瓜标准化种植，在石壕、打通2个镇发展新品种木瓜2 500亩，结合退耕还林工程、农业综合开发等项目，大力发展木瓜产业基地。从2005年起，綦江与中国人民解放军第三军医大学合作研究木瓜产品，已研制相关功能性产品多项，取得国家专利1项，在国内外发表研究文章数篇。同时，与西南大学合作，编制《重庆市綦江县木瓜产业化工程项目可行性研究报告》并通过专家评审，开展重庆市綦江区木瓜种植基地栽培管理研究，实施綦江区10万亩木瓜基地建设病虫防治体系的研究与应用，研发綦江区木瓜深加工产品。建成綦江木瓜示范园和木瓜资源圃，通过与科研院所的合作，保障木瓜产业健康发展。

2006年，綦江县和木瓜项目镇均成立机构，落实具体人员，制定发展思路，普及木瓜栽培技术。在发展木瓜产业科学论证的基础上，编发了《綦江县木瓜管护年度标准》《綦江县木瓜标准化示范基地周年管理标准》；委托西南大学调查木瓜生产中的病虫害，制定防治方案；委托中国人民解放军第三军医大学开发木瓜深加工产品，成功申报木瓜多酚发明专利，设计、定型木瓜功能性产品3个。2008年，綦江制定木瓜产业3年规划，发布、施行木瓜生产地方标准，当年木瓜栽培面积8万亩。2009年，綦江建成木瓜示范片18个，面积1.46万亩。其中，县级部门示范片4个，面积2 000亩；镇（街道）级示范片14个，面积1.1万亩。綦江县规范化管护木瓜面积8.09万亩。

2010年，綦江县建成木瓜品比园和木瓜资源园，展示20多个木瓜品种。綦江县规范、管护木瓜面积6 800公顷。实现木瓜产量8 500吨。綦江县被中国果菜专家委员会评为"中国木瓜无公害科技创新示范县"。2011年，綦江区建成万亩示范片4个，全区木瓜规范化管护面积10.8万亩。2015年，綦江区木瓜年产量达10万吨。2017年，木瓜鲜果产量约3 000吨，实现销售收入900万元。2018年，綦江区有14个镇（街道），111个村，762个合作社的近5万农户成规模种植木瓜，面积达10.15万亩。建成县级和镇（街道）级规模上1 000亩的木瓜种植示范片20个。

四、分布区域

綦江木瓜主要生长打通、三角、石豪等海拔600～1 200米地区，人工种植一般3～4年开始挂果，5年后进入盛产期，木瓜树的平均生命周期在100年。

綦江木瓜地理标志商标由重庆市綦江区农村合作经济组织联合会授权给木瓜产销办公室使用，其使用管理由木瓜产销办公室主管。

五、生态环境

綦江区属亚热带湿润气候区，具有副热带东亚季风特点。气候表现为冬暖、春早、夏热、秋阴，云多，日照少，雨量充沛，温、光、水地域差异大。年平均气温18.8℃，平均降水量1070毫米，年均无霜期344天。

第二节 永川五间西瓜

永川五间西瓜，重庆市永川区特色农产品。五间镇富硒西瓜果肉细嫩化渣、汁多味甜、香气浓郁、怡心爽口。已成功注册"五间西瓜"获地理标志商标。

西瓜，一年生蔓生藤本，果实大型，近球形或椭圆形，肉质多汁，果皮光滑，色泽及纹饰各式。中国各地栽培，品种甚多，外果皮、果肉及种子形式多样，以新疆、甘肃兰州、山东德州、江苏东台等地所产的西瓜最为有名。广泛栽培于世界热带到温带。

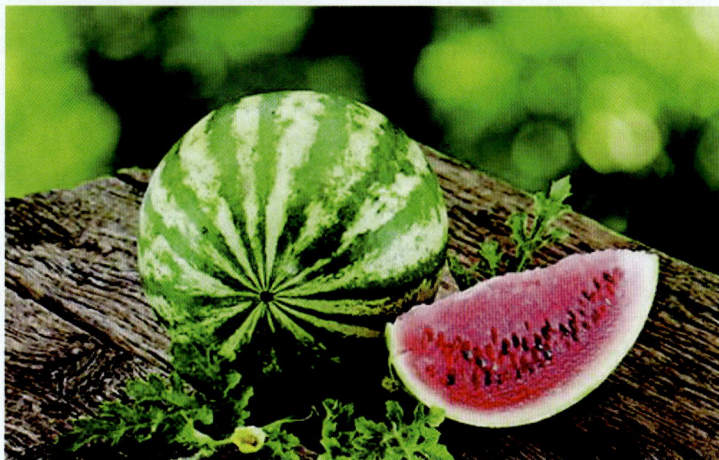

一、品质品牌

（一）品质特点

永川五间西瓜皮薄、甜脆、富硒，其果肉味甜，能降温去暑；种子含油，可作消遣食品；果皮可药用，有清热、利尿、降血压之效。

（二）品牌名誉

永川五间西瓜所获荣誉见表4-5-2。

表4-5-2　永川五间西瓜所获荣誉

年份	荣誉	颁证单位
2014	地理标志商标	国家工商行政管理总局商标局
	"重庆名牌农产品"	重庆市农业委员会

二、种植历史

2001年，永州区五间镇开始引进大棚西瓜，种植面积逐步扩大，经过10多年的发展，到2018年，五间镇富硒西瓜种植基地3 000余亩，产量9 000吨，产值3 600万元。已注册"润之爽"商标，打造富硒SOD西瓜品牌，获得绿色食品认证。

三、生产发展

2001年，永川区五间镇引进大棚西瓜后，种植面积逐步扩大，并不断引进、开发新技术和新产品，采用的瓜菜轮作新模式（西瓜收获后种蔬菜），解决了西瓜不能重茬的困扰。2006年2月，成立西瓜协会，在一定程度上解决了西瓜种植的产、供、销问题。2008年，五间镇瓜农注册成立了重庆益保西瓜种植专业合作社，发挥了示范作用的作用。合作社聘请了中国农业科学院、中国农业大学、西南大学、重庆农业科学院等重庆市内外的大专院校、农业科研单位专家、教授，常年对社员开展西瓜栽培系统理论培训和现场指导西瓜嫁接育苗、立体栽培、测土配方施肥、病虫防治等关键技术，随时攻关生产中遇到的技术难题。通过专家、教授的常年培训和技术指导，瓜农学会和掌握了优质、精品西瓜种植技术。合作社还大力推广、实施绿色食品西瓜生产的重茬技术、微生态调控技术、安装防虫灯和防虫网技术、使用生物农药防治病害虫技术4项新技术。这4项新技术的实施，西瓜全生育期基本不发生病虫害，瓜农自觉不使用化学农药，确保了食品安全，生产的西瓜经农业部农产品质量与安全监督检测中心检测，达到绿色食品标准。同年，购买了中国农业大学获中国专利金奖的益微SOD特许使用权，以专家教授的技术作支撑，成功开发出SOD西瓜，西瓜鲜果经中国科学院检测，含SOD酶活量达18微克/克，SOD成分具有增强人体免疫力、防病、美容、抗衰老、抗氧化、抗辐射、预防疾病等功能，西瓜一上市就受到消费者青睐，销售价每千克达5元。在生产SOD西瓜的基础上，又开发出富硒SOD西瓜，经农业部检测，西瓜鲜果含硒量达0.018毫克/千克，符合国家标准。

2009年，重庆益保西瓜种植专业合作社社员种植1 160亩富硒SOD西瓜，全年总产量达3 480吨，总收入1 300多万元。

2010年，五间镇大棚西瓜种植面积达2 000亩，种植农户109户。2017年，五间西瓜被编入全国名特优新农产品目录。

2018年，五间镇富硒西瓜种植基地3 000余亩，产量9 000吨，产值3 600万元。

四、分布区域

永川区五间镇。

五、生态环境

永川区属于亚热带季风性湿润气候，平均气温17.7℃，年平均降水量1 015.0毫米，平均日照1 218.7小时，年平均无霜期317天，适合种植西瓜。

第六章
坚 果 类

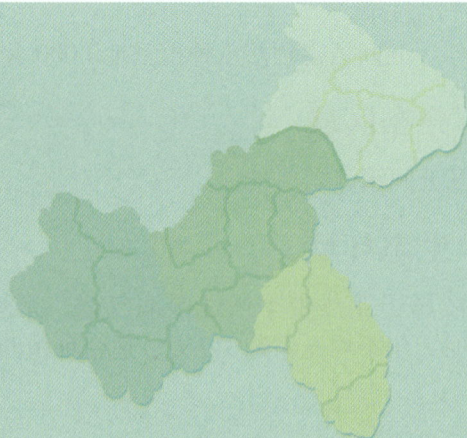

第一节　巫溪核桃

　　巫溪核桃，重庆市巫溪县土特产，获得无公害农产品认定和"重庆名牌农产品"称号。

　　核桃又称胡桃、羌桃，为胡桃科胡桃属植物，与扁桃、腰果、榛子并称为世界著名的"四大干果"。中国是核桃原产地之一，世界核桃生产第一大国，拥有最大的种植面积和产量，出口量仅次于美国，居世界第二位。

一、品质品牌

（一）品质特点

　　巫溪核桃，果大、皮薄、果实均匀、果仁饱满、清香可口，保留了当地核桃果体形状，生长快、结果早、无病虫害，是原生态农产品。

（二）品牌名誉

　　巫溪核桃所获荣誉见表4-6-1。

表4-6-1　巫溪核桃所获荣誉

年份	荣誉	颁证单位
2016	无公害农产品认定	中国绿色食品发展中心
2017	注册"嘉钦"商标	重庆市工商行政管理局
2018	"重庆名牌农产品"称号	重庆市农业委员会

二、历史渊源

巫溪核桃又叫巫溪土核桃，早在1 000多年前，巫溪县就因盛产核桃而远近闻名。在21世纪开始，巫溪县大力发展核桃产业，规模不断扩大，已成为重庆最大的核桃生产基地，发展核桃产业成为当地农民致富的重要途径。

三、生产发展

巫溪县从2012年开始，逐步加强核桃建设步伐，强化管理，促进核桃基地标准化、科学化、高效化发展，力争达到早果、丰产、优质高效的目标。2012年，白鹿镇借脱贫攻坚行动，聘用村民种植和管护优质嫁接核桃，

巫溪县农业委员会专家定期为村民作技术指导，打造优质核桃种植示范基地。同年，下堡镇金狮村流转土地1 788亩以发展核桃。2013年，巫溪县农业委员会为该基地种植的2万余株核桃嫁接换优，嫁接后的核桃树苗不到2年便实现挂果；2016年全部实现挂果，产值约1 000万元。

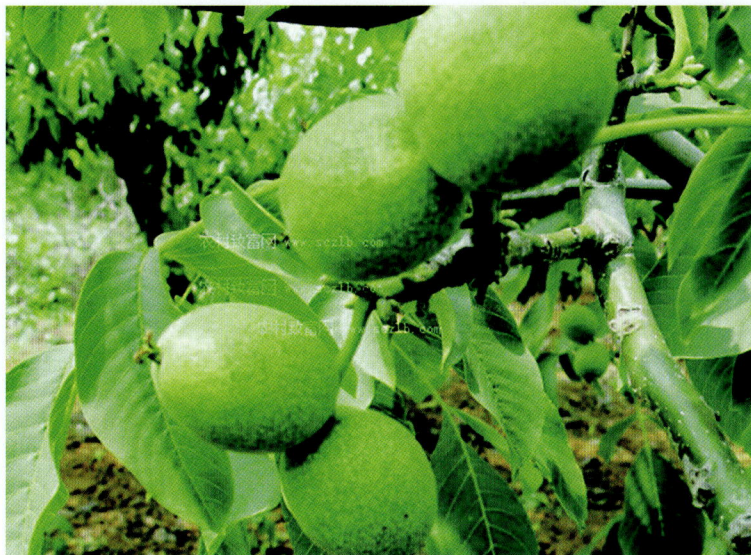

巫溪发展核桃的4项举措。一是利用退耕还林和木本油料项目：在古路镇得胜村打造核桃高产示范林2 680亩，在田坝镇田坝村新建核桃示范园200亩。二是采取高接换优、补植更换品种等方式：在胜利乡堑场、胜利、健农等村打造核桃低改示范园1 000亩，在田坝镇马坪、大屋等村完成核桃嫁接2万株。三是实施核桃促产工程：在白鹿镇燕子村、中梁乡石锣村、上磺镇焦山村、田坝镇马坪、黄草村、长桂乡清明村、宁厂镇宝山村促产核桃7 000余亩。四是采用清园、涂白、施肥、打药等措施：加强核桃种苗培育，并嫁接良种核桃苗120万株。

2017年3月，巫溪县政府制发《巫溪县关于加快核桃产业发展的实施意见》，要求全县坚持统筹规划，科学布局，突出重点，分步实施，稳步推进；坚持以市场为导向，政府积极引导推动，尊重市场规律和农民意愿；坚持良种先行，推广适生名特优品种和高效栽植管理技术，实现高产、优质、高效；坚持扶持龙头企业和发展专业合作社，创新发展模式，实现风险共担、利益共享新机制。

巫溪建立、健全"专合组织＋农户""龙头企业＋专合组织＋基地＋农户"等利益联结机制，运用市场机制，建立长期、稳定的产销合作关系，引导农民开展标准化和专业化种植，努力提高核桃产业发展的组织化水平。

2017年4月，巫溪县成立核桃产业协会。2018年，巫溪县核桃种植达12万亩，其中，田坝镇在地核桃面积超2万亩，为重庆市连片核桃面积之最。

四、分布区域

巫溪核桃重点在自然条件适宜（海拔800米以上）、有传统优势和种植积极性高的地区布局，优先发展海拔1 000～1 500米的最适区域。规划以生态效益农业发展区和生态保护发展区为主的核桃产业发展重点乡镇为三大核桃发展板块，即大宁河片区的宁厂、大河、长桂、天星、白鹿、徐家、鱼鳞、乌龙、中梁、天元、土城等镇，西部片区的中岗、田坝、尖山、文峰、胜利等镇，东部片区的通城、双阳、兰英镇。

五、生态环境

（一）地貌土质

巫溪土地向阳、沙质土壤，生态环境好。

（二）气候条件

巫溪日照时间长，土质肥沃湿润，气候、宜地条件、海拔高度、人居环境非常适应核桃的生长、繁殖，可增强核桃自身抵抗自然灾害及病虫蚕食能力。

六、技术要求

（一）品种

旺丰、渝城1号、清香。

（二）栽培技术

3年以下的定干，除萌、补植补造，整修营养带，施肥、套种、中耕除草，病虫害防治；3～8年以除草，施复合肥、整形修剪，病虫害防治，树干涂白为主，果实采收加工。

1.整地

整平营养带，带边宽度1.5～2米。

2.植苗

先去除腐根和烂根，嫁接苗解除胶带。植苗时严格按照"两挖三踩，一提苗"的栽植方法，使苗正、根须舒展、树盘成宝塔形，既吸水，更能排水、储肥，栽植横成排、竖成行。

3.补植

如遇自然死亡、遭人为破坏造成的缺苗、死苗情况，全面补植，达到缺一补一，应补尽补。

4.施肥

以氮肥为主，每年每株施50克，并增施农家肥5千克，施磷钾肥50克，施肥方法以坑施为主。

5.修剪

幼树要及时除萌、抹芽、培养树体，成龄树按照疏散分层形、自然圆头形和自然开心形整形修建。达到树冠开阔、通风透光良好、骨干枝头结构合理、枝量多、层次分明、柱间无严重交叉、势力均衡的目的。

6.病虫害防治

春季主要喷石硫合剂或多硫化钡，主要防治炭疽病、褐斑病的发生，夏季主要防治核桃举肢蛾，刺蛾和叶甲，防治方法为喷洒2.5%溴氰菊酯乳油、40%氧化果乳油2 000倍液。秋季主要防治核桃大青叶蝉，防治方法为：在10月中旬雌成虫上树产卵前涂白树干，可喷48%乐斯本乳油、30%毒死蜱微乳剂1 500倍液。

7.越冬管理

大树越冬管理方法以涂白为主（生石灰加硫合剂加水），涂在树木第一层枝以下；幼树越冬管理方法主要为双层报纸包裹和埋土防寒。

8.疏花去雄

疏花去雄指人工疏除核桃树弱花芽过多的雄花序，以消除大小年现象，保证树体养分的集中供给。

9.质量安全要求

产地和生产过程及安全要求严格按照中华人民共和国无公害农产品行业标准的规定执行：《无公害农产品　种植业产地环境条件》（NY/T 5010—2016）、《农药残留分析样本的采样方法》（NY/T 789—2004）、《食品安全国家标准　食品中农药最大残留限量》（GB 2763—2016）。

（三）果实采收加工

核桃果实的采收应在30%果皮自然开裂后进行，早采会造成核桃品质下降。果实的加工包括去皮、漂洗、晾晒（烘干）以及产品深度加工的系列工艺。

第二节　綦江东溪花生

东溪花生，綦江区东溪镇特产，具有悠久的种植历史。东溪花生有清香小巧、香脆可口、回味无穷等特点，2017年，在国家工商行政管理总局成功注册为地理标志商标。

花生，又叫落花生长生果、泥豆，是一年生草本植物。其茎直立或匍匐，长30～80厘米，翼瓣与龙骨瓣分离，荚果长2～5厘米，宽1～1.3厘米，膨胀，荚厚，花果期6—8月。花生原产于南美洲一带，是我国产量丰富、食用广泛的一种坚果。世界上栽培花生的国家有100多个，亚洲最为普遍，次为非洲。现主要分布于巴西、中国、埃及等国家。

一、品质品牌

（一）品质特点

綦江东溪花生脂肪含量为44%～45%，蛋白质含量为24%～36%。每100克花生仁含膳食纤维23.8克左右，铁1.5毫克左右。产地东溪区域属亚热带湿润气候区及低山丘陵地区，使其口感独特，形成了独特的美食。

綦江东溪花生远近闻名，因东溪镇有独特的气候和土壤，种植出来的花生吃了不上火、不烧心，一直深受消费者的喜爱。东溪花生个头小、颗粒饱满、味道好，很受市场欢迎。

（二）品牌名誉

2017年，綦江东溪花生在国家工商行政管理总局商标局注册地理标志商标。

二、产地环境

东溪镇位于长江上游地区、重庆綦江区南部。东溪建镇1 300多年，建场2 200多年。素有"渝南第一山水古镇"的美誉，是中国国家历史文化名镇、"重庆十大名镇"之一。

綦江及东溪镇属亚热带湿润气候区，具有副热带东亚季风特点。气候表现为冬暖、春早、夏热、秋阴，云多，日照少，雨量充沛，温、光、水地域差异大。年平均气温18.8℃，平均降水量1 070毫米，年均无霜期344天。土壤以水稻土、紫色土和潮土为主，多为沙壤土、沙土，很适合种植花生。

三、生产发展

綦江东溪花生主要产于綦江区东溪镇及赶水镇。东溪镇种植加工花生已有百余年历史,现东溪镇22个村、场种植花生1.5万亩,带动周边街、镇种植近3万亩。东溪镇在大安、草坪2村建设成片集中规范种植示范基地5 000亩,成立了5个花生专业合作社,建有3个花生加工厂,2018年,产量1.5万吨,产值达3 000万元,已成为东溪镇农业的支柱产业。

四、栽培技术

(一)土壤、种子选择

种植花生要求选择活土层深厚、耕层疏松、透气性好的沙土或沙壤土。花生种子应选择"天府"系列和海花一号等高产优质品种。2017年,綦江区农业委员会对10个花生品种开展选育对比种植试验,严格按照试验方案操作,确保选出最适合綦江当地种植的花生品种。

(二)播种

1.适时早播

日平均气温稳定高于12℃即可播种,3月下旬至4月上旬播种,地膜覆盖栽培可提早10～20天。

2.合理密植

花生宜实行宽窄行带植,一般宽行40～47厘米,窄行27厘米,退窝20～23厘米,每亩9 000～1万窝,每窝播种2粒。

3.播种方法

露地2米开厢起垄栽培,垄高15～25厘米,垄距70～80厘米,行距30厘米左右,退窝15～25厘米,每孔播种2粒。

(三)苗期管理

覆膜花生一般在播后10天左右顶土出苗,出苗后要及时开孔放苗,放苗时间为上午9点以前及下午4点以后。花生出苗后,要及时查苗,缺苗严重的地方要及时补苗,使单位面积苗数达到计划要求的数量。

(四)化学调控

如果施氮肥过多,在营养生长旺盛期,植株很容易出现旺长,引起过早封行,田间郁蔽,影响荚果发育,所以在结荚期喷施1 000～1 500毫升/千克比久溶液,可有效控制植株旺长,不宜对生长势弱的花生喷施,否则容易引起减产。

(五)施肥

一般亩产250～350千克花生,要求亩施土杂肥500～1 000千克、尿素10～20千克、过磷酸钙30～50千克、草木灰40～90千克(或氯化钾4～9千克。)

(六)田间管理

1.出苗期管理

露地栽培应及时捡土揭膜,治虫保苗、清棵促枝。地膜栽培要及时将少数未出膜的幼苗、分枝引出膜面,避免高温灼伤苗、枝,引苗出膜时,膜口不要扯得太大。

2.中期管理

重点是保持土壤疏松，争取多开花、多下针、多结果，主要措施是中耕培土，灭茬除草。

3.中后期管理

主要是抗旱排涝防烂果，控制徒长保稳花，治虫保果夺丰收，防病保叶促果饱。

（七）病虫害防治

要重点防治小地老虎、蛴螬、金针虫、老母虫、种蝇、蚜虫、造桥虫及枯萎病、叶斑病、青枯病、纹枯病、锈病等主要病虫害。

（八）采取储藏

花生植株中下部叶片呈绿色，地下部荚果果壳坚硬，网纹清晰，70%以上荚果成熟饱满，籽仁种皮呈品种固有颜色，可及时收获。选作种子用时，应单收、单晒，精选留种，防止霉烂、虫蛀、鼠咬。

第一章
鱼 类

第一节　万县胭脂鱼

　　万县胭脂鱼，是集观赏、食用和学术研究于一体的长江珍稀特有鱼类，在东南亚享有"亚洲美人鱼"的美称，曾获得国际观赏鱼评比第二名。2011年，注册为地理标志商标。

　　胭脂鱼，辐鳍鱼纲鲤形目吸口鲤科胭脂鱼亚科胭脂鱼属，是中国特有的淡水珍稀物种、国家二级重点保护野生动物。原分布于长江水系和闽江水系。后来闽江生态环境发生变化，原有的胭脂鱼已绝迹。现仅长江水系还有胭脂鱼。万州区已成为全国最大的胭脂鱼繁殖基地。

一、产品特点

　　长江上游万县（现万州区）江段的胭脂鱼体型奇特，色彩鲜明，游动文静，具有生长快、个体大、食性广、肉鲜美等优点。

　　胭脂鱼体型侧扁，俗称紫鳊鱼、玉环鱼、黄排、木叶盘、火烧鳊、红鱼。胭脂鱼的体色随其发育生长而变化。仔鱼阶段体呈灰白色，幼鱼阶段体呈褐色，体侧各有3条褐黑色横条纹，鳍呈淡红色，并杂有黑斑点。成熟个体在体侧中轴有一条一直延伸至尾部的绛红色的纵宽带，色似胭脂，艳丽非常，由此得名"胭脂鱼"。长江边的居民有句谚语叫"千斤腊子万斤象，黄排长得不像样"，这里的"黄排"就是胭脂鱼，意思是说胭脂鱼体型独特。胭脂鱼的背鳍起点处特别隆起，腹部平直，头短，体侧扁，吻钝圆；口下位，呈马蹄状；唇发达，上唇与吻褶形成一深沟，下唇翻出呈肉褶，唇上密布细小乳，无须；背鳍基底极长，无硬刺，鳍条50根以上；胭脂鱼生长较快，1年龄鱼体长可达200毫米左右，成熟个体一般体重可达15～20千克，最大个体可达40千克。一般6龄可达性成熟，每年2月中旬（"雨水"前后），性腺接近成熟的亲鱼均要上溯到上游，于每年的3—5月在急流中繁殖。长江中的产卵场在金沙江、岷江、嘉陵江等地。亲鱼产卵后仍在产卵场附近逗留，直到秋后退水时期，才回归到干流深水处越冬。胭脂鱼含有17种氨基酸，人体必需氨基酸指数分别为70.39和67.02。

二、历史渊源

长江万县江段历来是胭脂鱼的主产区。但从20世纪90年代以来，由于多种原因，胭脂鱼的自然资源日渐减少。

为了保护和增殖胭脂鱼资源，20世纪70年代初，四川省万县地区水产研究所（现重庆市万州区水产研究所）成立了"万县胭脂鱼"课题组，于1973年开展胭脂鱼人工驯养繁殖的研究。以时任所长傅永金为首的科研人员从胭脂鱼的生物学、营养学研究着手，经过艰苦的科学实验，克服一个又一个困难，于1978年首次获得胭脂鱼池塘人工繁殖成功。紧接着对胭脂鱼子一代进行人工强化精心培育，1991年，子一代亲鱼人工催产成功。1995年，课题组对胭脂鱼子一代人工催产孵出的鱼苗开展鱼苗培育试验。1999年，完成子二代胭脂鱼苗种培育技术研究。到2000年，突破了胭脂鱼人工繁育的全部关键技术，为中国珍稀鱼类的人工养殖和资源增殖作出了重大贡献，在全国处于领先地位。万州区已成为全国最大的胭脂鱼繁殖基地。

三、产地环境

野生胭脂鱼生长在天然生长环境，野生个体曾经遍布长江各个水域。幼鱼经常群集于水流相对静止的乱石之间。亚成体则栖息在长江中下游的湖泊、江河中，成鱼多见于上游。以底栖无脊椎动物为食，也摄食高等植物碎片及硅藻等。成熟个体一般体重可达15～20千克，在长江上游是一种重要的经济鱼类。每年"立春"前后，胭脂鱼开始洄游到长江上游，陆续进入岷江等支流。繁殖季节之初进入产卵场的鱼不多，以雄鱼为主，随着水温上升，鱼群逐步集中，到3月中下旬，大多数亲鱼已溯江到上游，雌鱼增多。当水温上升到13℃以上，其他外界条件适合，大部分亲鱼就在水流湍急的砾石滩上产卵受精。

葛洲坝截流后，长江中下游的鱼不能上溯至上游的沱江、岷江等大支流中产卵，宜昌江段的一些产卵场的环境也遭到破坏，自然存在的野生群体数量呈下降趋势。胭脂鱼的游泳能力强，代谢较高，饲养它们需要较宽阔的水体，同时保证较高溶解氧。水温在20～28℃为宜。胭脂鱼属于底栖性鱼类，主要摄食浮游动物、底栖无脊椎动物和底质中的有机碎屑，驯化后也能摄食人工配合饲料。

人工繁殖胭脂鱼的养殖环境：一般养殖池均可用来养殖胭脂鱼。放养鱼种前，须清整池塘，清除过多淤泥，留20～25厘米即可，水深保持在2米左右，池水透明度30～40厘米。加固池坡、池埂，填堵漏洞；完善进排水系统，池塘进排水口安装有防逃设施。

四、生产技术

（一）亲鱼来源

一是长江干流捕获的原种，长江三峡大坝截流后，胭脂鱼的生存环境被改变，原有产卵场已不存在，新的产卵地点有待探索。二是在池塘培育子一代或子二代苗种，再从中挑选优质个体培育成亲鱼。选择标准为：雄鱼5龄，雌鱼6龄以上，体型丰满健壮，体表光滑，具光泽，无病伤，体重在7～8千克以上为佳。

（二）亲鱼培育

培育优良的亲鱼，是人工繁殖的重要工作。有了成熟的优良亲鱼，才能顺利和成功诱导产卵，提高受精率、孵化率，减少育苗过程中的死亡率。首先要提供充足、适口的优质饵料，以满足亲鱼性腺发育的营养需要。一般投喂含粗蛋白35%以上的颗粒饲料，冰鲜鱼浆或冰鲜鱼浆拌鳗鱼饲料，以团块状投喂。但实践表明，胭脂鱼最喜欢吃水蚯蚓，所以，亲鱼培育应以投喂水蚯蚓为主，少量补充冰鲜鱼浆、鳗鱼饲料或颗粒饲料。投喂饲料应根据季节变化和亲鱼性腺发育特点，正确掌握日投饵数量，一般4—5月日投饵率为3%，6—8月为4%～5%，9—10月为3%～4%，11—12月为1%～2%，1—3月少量投喂。特别注意在产卵前30天左右控制投饵量，避免亲鱼过肥，并采取流水或冲水，每天冲水1次，刺激亲鱼性腺发育成熟。此外，亲鱼培育期间，加强池塘水质管理和病害防治，创造亲鱼培育的优良生态环境。

（三）诱导产卵

首先要鉴别雌雄鱼。性成熟的胭脂鱼，繁殖季节出现副性征，并伴有明显的婚姻色。雌性亲本珠星较小，分布于颊部、体侧、臀鳍、尾鳍，婚姻色较浅，腹部膨大，生殖孔微红，用挖卵器能挖出黄色卵粒；成熟的卵子大小整齐，卵粒饱满，呈分散状，直径超过2毫米。雄性亲本珠星明显，颗粒较大，婚姻色明显，体色鲜艳，繁殖季节轻压腹部有乳白色精液流出，精液在显微镜下用水激活后可见精子激烈运动。繁殖后雌、雄鱼的珠星消失。在自然界，雌雄比为1∶1.27，雄鱼略高于雌鱼。催产胭脂鱼的最佳时期是"惊蛰"到"清明"的30天左右，催产水温为15～21℃。自然界桃花开放的时候，正是胭脂鱼催产的佳期。"清明"后胭脂鱼的性腺开始退化。

（四）催产药物及剂量

诱导胭脂鱼产卵的药物为类似物和绒毛膜促性腺激素混合剂，雌鱼剂量为类似物5～10微克/千克，绒毛膜促性腺激素800～1 000国际单位/千克，雄鱼剂量减半。分2次注射，雌鱼第一次注射总剂量的1/10，第二次注射总剂量的9/10，间隔12小时，雄鱼在雌鱼第二次注射时一次性注射。水温在15℃时，效应时间为20～24小时。到效应时间后检查雌鱼，人工排卵，干法授精，搅拌均匀，静置2～3分钟，慢慢加入清水，继续搅动，使精子和卵子充分结合，然后倒去浑浊水，再用清水洗卵3～4次。当卵膜吸水膨胀后便可移入孵化器中孵化。

（五）人工孵化

将受精卵放入孵化环道，人工孵化。孵化用水要求水质清新，水温稳定，水温保持在15℃以上，溶解氧在4毫克/升以上，水体流速控制在0.1～0.2米/秒，避免卵粒沉积。水温在15℃时，192小时出膜；18℃时，168小时出膜。出膜仔鱼经8～10天暂养，待鳔充气，能平游时，即可下池培育。

1.苗种培育

胭脂鱼"水花"在苗种培育池经3～5个月培育，全长可达10厘米以上。

2.拉网锻炼

胭脂鱼在投放长江等天然水域之前，要进行"拉网锻炼"。工作人员把鱼儿集中在渔网内，适当收紧、缩小水体，让鱼儿适应密集、拥挤的环境，20～30分钟后将渔网松开。这样，不仅能让胭脂鱼体魄强壮，以适应今后的生活，还能使胭脂鱼更加漂亮。

五、发展状况

2003年，农业部批准在万州建设"重庆市胭脂鱼原种场"，经过1年多时间的建设，于2005年正式投入使用。

重庆市万州区水产研究所相继制定了《万县胭脂鱼地理标志证明商标使用申请办法》《万县胭脂鱼苗种培育操作规程》《万县胭脂鱼健康养殖技术操作规程》等相关管理办法、技术规程（试行稿）。明确使用"万县胭脂鱼"证明商标的产地范围，分布在境内21个乡（镇、街道）：高梁、李河、九池、五桥、长岭、分水、新乡、恒合、罗田、弹子、武陵、甘宁、龙沙、余家、高峰、熊家、天城、新田、走马、瀼渡、龙都。

对"万县胭脂鱼"标识的使用单位实行产品流向全程跟踪记录，确保标识不失控、不挪用、不流失，不得向他人转让、出售、馈赠。

万州区水产研究所双河口试验场每年生产数百万尾胭脂鱼，除在重庆市内销售，还销往广东、四川、江苏、上海、北京、辽宁、天津、福建、广西、云南等省份，胭脂鱼苗种产销量居全国前列。

六、荣誉认证

2011年，国家工商行政管理总局商标局发布证明商标注册公告，万州区申报的"万县胭脂鱼"成功注册为地理标志商标。

第二节　长寿生态鱼

长寿生态鱼，长寿区特色农产品，中国有机农产品和"重庆名牌农产品"。

一、产地环境

长寿区境内江河纵横、水网密布，水资源十分丰富。

中华人民共和国成立后，长寿兴修水利设施。狮子滩水库是"一五"期间（1954年开建）重点工程狮子滩水电站拦河大坝建成以后形成的人工淡水湖，长寿湖（狮子滩水库）水域面积65.5平方千米（约10万亩），库容10亿立方米。水库建成后，周恩来总理和朱德委员长等党和国家领导人曾多次莅临视察。大洪湖水库面积43平方千米，总库容量1.6亿立方米。优越的自然环境为发展渔业生产创造了良好条件，长寿水产养殖业迅速发展起来。

二、历史渊源

长寿区是重庆渔业主产区之一，水产养殖历史悠久。新中国成立之初（1949年），全区

养殖面积仅2 320亩，水产品产量仅9.3吨。1959—1962年，粮食和物资紧缺。长寿县委、县政府大抓水库渔业，因向社会提供鲜鱼375吨而名扬全省（四川省），获"鱼米之乡"称誉。在"文化大革命"期间，渔业生产不景气。1978年，党的十一届三中全会后，长寿县委、县政府采取了有效措施，调整渔业在农业结构中所处的位置，使渔业得到恢复发展。1980年，开展渔业资源调查和区划工作，在摸清渔业生产的底子的基础上，于1981—1982年完成以水库为基础的渔业基本建设，确立以库带塘、田（稻田养鱼）一条龙养鱼形式和发展方向。1986年，成立长寿县水产站。1986年10月，在长寿长江段首次投放草鱼、鲤鱼、鲢鱼和鳙鱼20万尾。1987年5月，引进埃及革胡子鲶热带鱼和尼罗罗非鱼试养成功，同年修建热带鱼越冬基地。20世纪80年代末，为提高养殖产量，长寿县大力发展集约化养殖。在大洪湖和长寿湖分别投放各类鱼种，实行大水面增殖、网箱养殖、网栏养殖，年产鲜鱼上千吨。大水面人工养殖，为社会提供了丰富的水产品，但也造成水体富营养化，养殖污染问题突出。2003年起，长寿区委、区政府采取一系列措施，拆除取缔两湖网箱、网栏养殖，回归生态养殖，实行增殖捕捞，湖区水环境持续向好。同时重点扶持生态渔业，2015年以来，通过政府投入带动社会资本投入的发展模式，累计整合各类涉渔基础设施建设资金近3 000万元，带动社会资金投入近5 000万元。到2018年，长寿区水产养殖面积由1949年的2 320亩发展到154 725亩，产量由1949年的9.3吨增长到38 080吨。

三、品质特点

长寿湖、大洪湖两大人工湖泊，在滋养长寿水土的同时，也孕育了自然养殖的长寿生态鱼，所产的草鱼、鲢鱼、鳙鱼等均具有肌肉系水力强、低脂肪、矿物质元素含量高、营养更丰富的特点，做成菜品后肉质嫩滑有弹性，鲜美而不腥，口感自然清甜，令人百吃不腻，百尝不厌，深受广大市民和各大酒店欢迎。目前，大洪湖、长寿湖所产有机鱼不但在长寿城区设有专卖店，在重庆主城区也设有多家专卖店，市场反应良好，深受广大消费者的青睐。

四、生产发展

长寿生态鱼是特色水产品之一，生产基地主要包括长寿区大洪湖和长寿湖两大人工湖泊，其中大洪湖水面（长寿段）约有1.9万亩，长寿湖水面10万亩。从建场始到20世纪80年代末，采取粗放养殖，水产品产量不高；从20世纪80年代末到2003年，在水库等大水面实施肥水养殖和网箱养殖，后来又分片承包库汊并设置拦网，开展网栏养殖，提高了产量，增加了经济效益。两湖鱼类总产量从500吨增长到8 000吨，为社会提供了丰富的水产品。2003年，取缔两湖网箱、网栏养殖，回归自然生态养殖。水质明显改善，水产品品质得到了大幅度的提升。大洪湖、长寿湖已成为西南地区最大的有机水产品基地，年产水产品3 500吨以上。

五、荣誉认证

2018年，长寿区获无公害食品认证的水产品达28个，获北京中绿华夏有机食品认证中心认证的有翘嘴红鲌鱼、中华鳖、鲢鱼和鳙鱼等10个有机水产品，在重庆市16个有机水产品中占63%，其中又以渔缘牌翘嘴红鲌和甲鱼最有特色，先后多次荣获国际、国内大奖。每年农业农村部、重庆市农业

农村委员会开展的水产品质量例行抽检，涵盖花白鲢等常规鱼类及部分名特优新品种，抽检合格率达100%。

第三节　江津浩兄鱼鳅

浩兄鱼鳅，产于重庆市江津区，是重庆市的著名特产之一。2013年，通过无公害农产品认证。泥鳅，鲤形目鳅科。重庆方言称泥鳅为"鱼鳅"。泥鳅肉质细嫩，含高蛋白、低脂肪，具有暖脾胃、益肾助阳等功效，素有"水中人参"之美誉。

一、产品特点

泥鳅体内含有丰富的核苷。核苷是各种疫苗的主要成分，能提高身体的抗病毒能力。泥鳅含优质蛋白质、脂肪、维生素A、维生素B$_1$、烟酸、铁、磷、钙等。其味甘，性平，有补中益气、养肾生精、清利小便、解毒收痔功效，对调节性功能有较好的作用。成年男子常食泥鳅可滋补强身。泥鳅肉质细嫩，营养价值很高，其滑涎有抗菌消炎的作用。可治湿热黄疸、小便不利、病后盗汗等症。

二、产地环境

浩兄鱼鳅养殖基地位于江津区鼎山街道办事处仙池村。产地气候温和，四季分明，雨量充沛，日照尚足，无霜期长，土壤富硒。其地理位置优越，生态环境保护良好，非常适合鱼鳅的天然养殖。

三、历史渊源

对于农村人来说，有两种野味十分鲜美，即"天上斑鸠，地上鱼鳅"。巴渝地区十年九旱，农民在秋冬季就在田里蓄水，以备来年种植水稻。这种冬天蓄水的田叫"冬水田"，是丘陵地区的一大特色。冬水田盛产鳝鱼、泥鳅，但是村民不善加工烹调，少食用，故泥鳅之类成群聚于池底而无人问津。明末清初的"湖广填四川"，大量沿海人民来到巴蜀大地。有一林姓者，其家世代善烹鱼鲜，尤善烹制鱼鳅美味。入川行至重庆府，见山清江秀却田池荒废，水田池塘之中，鱼鳅肥美而无人食用，觉得十分可惜，遂安家于此，专事鱼鳅之味，于街口置店迎客，始无人问津，被视为异味，有胆大者试食之，麻辣爽口，其味大美。至此，众人争相食用，皆大呼"巴适"（巴蜀方言，赞美之意）。惊其才能与麻辣之味霸气，齐竖拇指大赞"好凶"（方言，意为好安逸），久之，"好凶"之名大噪，遂插旗为号，因"好凶"谐音"浩兄"，故取名"浩兄鱼鳅"。

四、生产情况

（一）生产基地

重庆市浩兄食品有限公司成立于2012年，是重庆地区集泥鳅孵化、养殖、生产、深加工为一体的大型企业。现有养殖基地3个，面积187亩。第一期工程投资1 300多万元，已完成。重庆市浩兄食品有限公司同西南大学食品科学学院合作，研发出泥鳅熟食的生产工艺技术。

（二）加工工艺

原料配方：泥鳅、植物油、食盐、白砂糖、香辛料、辣椒

粉、花椒粉、姜粉、胡椒粉。

制作要点：采用先进技术解决泥鳅吐渣、深层清洁、高温灭菌等问题；创新生产工艺达到高、精、细水平，保证泥鳅美味和食品卫生安全。

（三）设备

厂外主要是泥鳅养殖基地。厂内有浸泡池、工厂、仓库等。

1.储存池

将新鲜泥鳅放入储存池，加人0.5%的植物油，储存2天，让其吐泥。

2.浸泡池

将吐泥后的泥鳅清洗干净，放入50℃温水的清洗池中，待泥鳅全部被杀死为止。

3.清洗池

将杀死的泥鳅放入含有0.5%盐水的清洗池中清洗干净。将清洗后的泥鳅放入含有10%盐水的腌制桶中预腌15分钟，腌制温度0～4℃。最后，将预腌的泥鳅用清水清洗干净。

4.油炸锅

经过上述处理后油炸。用180℃高温油炸20分钟左右以去水分，使鱼鳅口感更有韧性，有嚼头。

5.拌料机

将经油炸高温消毒后的鱼鳅送入拌料机，接受佐料的"洗礼"，使鱼鳅的口感独具一格。

6.杀菌机

把包装好的鱼鳅送入杀菌间灭菌。

（四）工艺流程

新鲜泥鳅预处理—预腌—冲洗—沥水—油炸—滤油—冷却—拌料—装袋—真空封口—高压杀菌—清洗—风干—产品。

（五）产品营销

浩兄鱼鳅有3种口味：五香鱼鳅、泡椒鱼鳅、麻辣鱼鳅。浩兄鱼鳅全部采用体长10～15厘米的小鱼鳅制作，成品为一嚼即化的熟食。产品主销重庆市和四川省，并远销北京、上海、广州、深圳、浙江、湖南、湖北、江西等地的20多个大、中城市和地区，进入永辉、新世纪、重百、万家、天虹、华润、华南等知名大型超市，罗森、金家、9010等便利系统，以及电商平台天猫旗舰店，并入住天猫超市。年销售额达3 000余万元。

第四节　永川水花

永川水花，青、草、鲢、鳙等鱼苗的统称，永川区特色产品。2012年1月，注册为地理标志商标；2014年2月，取得无公害农产品认证；2014年5月，获永川区"知名商标"称号。

青鱼、草鱼、鲢鱼、鳙鱼都属鱼纲鲤科，是中国传统养殖鱼类，淡水养鱼的主体鱼，被称为"四大家鱼"。

一、产品特征

永川水花产地出产的鱼苗具有特定品质：刚孵出3～5天，鳔呈椭圆形或长圆形，已充气。体色呈灰白色至淡黄色，色泽光亮，生性活泼。体长7～10毫米，口径0.22～0.29毫米。生长速度较一般鱼苗快约20%，鱼病发生率较一般鱼苗低约50%，成活率高。上市周期长，早至3月，晚

至8月。

二、历史渊源

青鱼、草鱼、鲢鱼、鳙鱼在自然情况下，只能在江河中繁殖后代。在静水池塘里，因性腺不能发育成熟而不能产卵繁殖。1953年，水产部组织南海水产研究所淡水渔业研究室（现中国水产科学研究院珠江水产研究所）开始研究家鱼的人工繁殖。1958年，池养鲢鱼和鳙鱼首次人工繁殖成功。随后，青鱼和草鱼的人工繁殖也相继获得成功。"四大家鱼"人工繁殖一般1年繁殖1次。随着水产养殖的发展，一季生产鱼苗不能满足需要。20世纪90年代，永川县双竹百乐渔场开始探索1年多次繁殖，并于2000年左右取得成功，实现了1年3繁，鱼苗产量倍增。据《永川农业志》记载，永川双竹百乐渔场于2004年成立渔业协会，年生产"四大家鱼"水花20亿尾。经过多年努力，"永川水花"地理标志商标（属商标第31类别，即鲜活水产品）在国家工商行政管理总局商标局正式注册。

三、产地环境

永川水花鱼苗产地分布在永川区黄瓜山山麓的南大街、双竹、五间、仙龙、吉安等镇（街道）的海拔350米以下的浅丘平谷地带，属中亚热带湿润性季风气候区，气候温和（年平均气温17.8℃），雨量充沛（年平均降水量1 013.6毫米），日照长（年均达1 100小时），霜期短（年均22天），相对湿度高（年均81.3%）。四季分明、空气清新、植物繁茂、环境优美。该区域水源丰富、水质良好、pH7.5～8.5，溶氧量在7毫克/升或更高，钙离子20.5～8.5毫克/升，硫化物低于0.05毫克/升，非离子氨低于0.005毫克/升。

四、生产方式

永川水花有其独特品质，除特殊地理条件和气候因素外，特定生产方式也是影响其产品品质的重要因素。

（一）亲鱼选择

1.来源

从江河、湖泊等天然水域中捕捞或从原良种场种质资源库选择，也可选择内塘中养殖的具有明显生长优势的个体。

2.选择时间

11月至翌2月。

3.要求

青、草、鲢、鳙鱼3～4龄，体重3千克以上。鲫鱼1龄以上，体重0.2千克以上，无伤、无病、无畸形、活力好。

（二）亲鱼培育

1.环境条件

水源充足、无污染，水质清新并符合《无公害食品 淡水养殖用水水质》（NY 5051—2001）的规定。池塘底质符合《无公害农产品 生产质量安全控制技术规范 第13部分：养殖水产品》（NY/T 2798.13—2015）的规定。单口池塘面积667～2 700平方米，水深1.5米以上，池底平坦，淤泥厚度10～25厘米，进排水方便。

2.放养

放养前10～15天，对池塘消毒。带水消毒，每667平方米用生石灰100～150千克；干塘消毒，每亩用量为75～100千克。青草鲢鳙亲本每亩放养125～150千克。鲫鱼亲本每亩放养150～200千克。

3.强化培育

（1）鲢、鳙鱼亲鱼强化培育。在亲鱼下池前施300～500千克／亩的腐熟有机肥，浮游生物大量产生时放入亲鱼。以后根据水质情况，一般每月施4～6次追肥，总量为400～600千克/667平方米。天气晴暖时，按鱼体重1%～2%的量投喂精饲料。池水透明度保持在25厘米左右。催产前半个月到20天，经常冲注新水。

（2）草鱼亲鱼强化培育。秋、冬季节日投喂量：青饲料约占体重的30%～50%，精饲料约占体重的1%～3%。入冬前，以喂精饲料为主，投喂量逐渐减少。春季，加大换水量，经常冲注新水，水位降低到1米左右，以提高水温。水温回升后，应投足食物。3月，可投喂少量豆饼、麦芽、谷芽，投喂量约为体重的1%～2%，并逐渐转为以青饲料为主，精饲料为辅的投喂方式。青饲料的日投喂量约为体重的40%～60%，精饲料日投喂量约为体重的2%～3%。产前一个半月左右，过渡到全部投喂青饲料。冲注水次数可由每周1次开始，逐渐过渡到3～5天1次，到临产前可每天冲1次水，每次冲水3～5小时，以促使性腺发育成熟。

（3）青鱼亲鱼强化培育。青鱼亲鱼一般搭养在其他亲鱼池中，青鱼的投喂以螺、蚌肉为主，辅以配合饲料，豆粕等精饲料。投喂量以当天吃完为度。产前1个月可每天冲水2～3小时。

（三）催产

1.时间
4—7月，水温20～30℃，最适温度22～28℃。

2.成熟亲鱼挑选
（1）催产用雄亲鱼的选择标准。从头向尾方向轻挤青、草、鲢、鳙鱼雄亲鱼腹部，即有精液流出，若精液浓稠，呈乳白色，入水后能很快散开，为性成熟的优质亲鱼；若精液量少，入水后呈线状，不散开，则表明尚未完全成熟，若精液呈淡黄色，近似膏状，表明性腺已过熟。鲫鱼雄亲鱼腹部狭窄，轻压有精液流出，胸腹鳍和鳃盖粗糙，泄殖孔内凹，无红点。

（2）催产用雌亲鱼的选择标准。青、草、鲢、鳙鱼雌亲鱼腹部明显膨大，后腹部生殖孔附近饱满、松软且有弹性，生殖孔红润。使鱼腹朝上并托出水面，可见到腹部两侧卵巢轮廓明显。鲢、鳙鱼亲鱼能隐约见其肋骨，如此时将尾部抬起，则可见到卵巢轮廓隐约向前滑动。鲫鱼雌亲鱼腹部膨大柔软，腹部朝上，可见卵巢流动状，胸鳍光滑，泄殖孔突出，有红点。

3.注射方法
（1）胸腔注射。注射鱼胸鳍基部的无鳞凹陷处，注射角度以针头朝鱼体前方与体轴呈45°～60°角刺入，深度一般为1厘米左右，不宜过深，否则会伤及内脏。

（2）肌肉注射。一般在背鳍下方肌肉丰满处，用针顺着鳞片向前刺入肌肉1～2厘米注射。

4.效应时间
催产后的效应时间见表5-1-1。

表 5-1-1　催产后的效应时间

水温 / ℃	第一针注射到第二针注射相隔时间 / 小时	第二针注射到开始发情的间隔时间 / 小时	第二针注射到产卵和适宜人工授精的时间 / 小时
20 ～ 21	10	10 ～ 11	11 ～ 12
22 ～ 23	8	9 ～ 10	10 ～ 11
24 ～ 25	8	7 ～ 8	8 ～ 10
26 ～ 27	6	6 ～ 7	7 ～ 8
28 ～ 29	6	5 ～ 6	6 ～ 7

（四）产卵

1. 水质

产卵孵化用水要经过80 ～ 100目双层筛绢网过滤，水质符合《无公害食品　淡水养殖用水水质》（NY 5051—2001）要求，溶解氧5毫克/升以上。

2. 产卵

将注射催产剂后的雌雄亲鱼配对放入产卵池中，冲水，产卵时加大流水量，就青草鲢鳙而言，当集卵箱中出现大量鱼卵时，应及时捞取鱼卵。产卵结束后，将亲鱼捕出。鲫鱼则为原池产卵。

（五）孵化

1. 方式

采用孵化缸或孵化环道孵化。

2. 密度

青草鲢鳙孵化密度为100万～ 150万粒/立方米，鲫鱼孵化密度为30万～ 80万粒/立方米。

3. 时间

水温22 ～ 28℃，孵化时间24 ～ 36小时。

4. 出苗时间

出膜后3 ～ 5天，幼苗体鳔形成、能在水中平游时，即为水花。可带水出苗，进入苗种培育阶段。

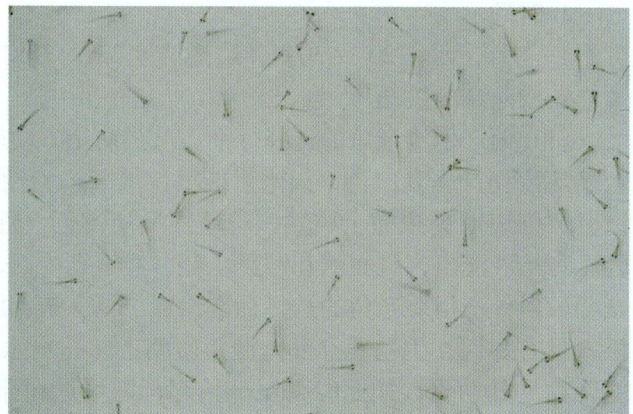

（六）运输

用尼龙袋充氧运输。规格30厘米×30厘米×40厘米的塑料袋，运输时间在10小时以内，每袋装苗5万尾为宜。装苗时，应注意清除杂物，水温超过25℃或长途运输，应采取适当降温措施。

五、质量安全

产地和生产过程及安全要求执行无公害农产品标准规定：《渔业水质标准》（GB 11607—1989）、《无公害农产品　生产质量安全控制技术规范　第13部分：养殖水产品》（NY/T 2798.13—2015）、《淡水鱼苗种池塘常规培育技术规范》（SC/T 1008—2012）、《无公害食品　淡水养殖用水水质》（NY 5051—2001）、《无公害食品　渔用药物使用准则》（NY 5071—2002）、《无公害食品　渔用配合饲料安全限量》（NY 5072—2002）。

六、包装标识

（一）标志使用人

申请使用"永川水花"证明商标的使用者应向重庆市永川区双竹渔业协会递交证明商标使用申请书，重庆市永川区双竹渔业协会自收到申请人提交的申请书后，在30天内组织审评检验专家组实地考察申请人的产品产地，随机抽样检测申请人的产品，出具检测报告。经检测和综合审查后，作出书面审核意见。符合"永川水花"证明商标使用条件的，应办理如下事项：双方签订证明商标使用许可合同；申请人领取证明商标准用证；申请人凭证明商标准用证办理印制"永川水花"证明商标标识的手续；申请人交纳管理费。

（二）地理标志标注

标志使用人在产品包装上统一使用农产品地理标志图案，标注"永川水花"字样、等级、数量和产地。

七、产业发展

永川水花生产基地占地面积500余亩，从最初的几十户成员，到2017年拥有会员近300户；从最初的"四大家鱼"、鲫鱼、鲤鱼等几个品种的繁育，增加到2017年的胭脂鱼、鲟鱼、岩鲤、鳜鱼、锦鲤、锦鲫等10多个品种，兼顾食用鱼和观赏鱼。重庆市永川区双竹渔业协会组织养殖技术培训，扶持培育科技示范户，受益人数2 000余人，带动养殖户1 500余户。重庆市永川区双竹渔业协会多次从上海、湖北、江苏、湖南、广东等地区引进优质鱼类品种原、良种，编印技术资料，不定期举办培训班，并组织会员外出参观学习，提高会员的技术水平，有效增强了"永川水花"品牌的市场竞争力。2017年，产出并销售永川水花20余亿尾，年销售额达1 500余万元。

2004年起，永川水花业主开始注意和关注互联网动态，试着利用当时免费推广的网络平台建立小网站，产生了一些小型业务。在2005年正式注册域名（www.yc6318.cn），建立网站，同时又申请腾讯QQ，注册新浪博客，随着互联网的发展，重庆市永川区水花鱼养殖专业合作社注册了阿里旺旺账号和淘宝账号，阿里巴巴网上店铺和淘宝网店也相继开通。为便于网络业务的顺利开展，用于网上资金交易的支付宝账号也注册开通，2016年开通了"水花鱼"微信公众号（ycsh6318）。2017年，重庆市永川区水花鱼养殖专业合作社共销售水花鱼苗23.5亿尾，其中通过互联网销售11.5亿尾，国外2.5亿尾，重庆市外省市18亿尾，合作社网上销售额达312.5万元，占合作社销售收入的40%，比2014年增加了200余万元，增幅64%。

第五节　城口鳟鱼

城口鳟鱼，城口县特产，地理标志产品。鳟鱼学名多鳞白甲鱼，鲤科鲃亚科白甲鱼属，是中国"五大名鱼"之一。

一、历史渊源

城口鳟（方言音zhuān）鱼古已有之。《吕氏春秋》有"鱼之美者，洞庭之鳟"的记载，意即洞庭之美味鳟鱼，城口亦有。《城口县志》记载，鳟鱼为县内27种天然鱼类中的主要鱼种。

城口鳟鱼与洞庭之鳟为同名异物。《湖南通志》称"鳟，即鲫鱼也"。洞庭湖的荷包鲫鱼，肥润丰满，细嫩鲜润，素来被人们所珍视。

据重庆师范大学和西南大学有关专家考证，城口鳟鱼实为多鳞白甲鱼。因其下颌呈铲状，又称多鳞铲颌鱼。还有的称多鳞颜颌鱼，俗称钱鱼、梢白甲、赤鳞鱼。

城口历来地广人稀，溪河鱼群多，利用简单渔具甚至下河捕捉，即可"丰收"。城口鳟鱼曾占任河捕鱼量的60%。至20世纪70年代，渔具改进，加上炸、毒、电鱼盛行，野生鱼类资源逐年锐减，部分鱼种绝迹，鳟鱼所剩无几。近十几年来，城口县加强渔政执法，并开展鳟鱼人工养殖。

二、产地环境

城口县位于重庆市东北边陲，面积3 292平方千米，平均海拔1 200米。北亚热带暖湿季风气候。重峦叠峰，沟壑纵横，溪河密布。北为汉江流域的仁河水系，南为嘉陵江流域的前河水系。流域面积100平方千米以上的河流13条，50～100平方千米的6条，10～50平方千米的26条。河道均为砾石地质，水清见底，流速较大，泉点40余个。年水温差小，变幅和缓，pH6.2～7.6。水无污染，水质检测指标为一级河流水质标准。城口县境内有重庆大巴山国家级自然保护区，森林覆盖率高，生物多样性典型，气候温和，雨量充沛，地方性山区小气候特征明显。特殊的地理和气候条件，使其具有突出的天然冷水鱼资源优势，形成城口鳟鱼的独特品质。

三、品质特点

（一）感官特征

城口鳟鱼呈纺锤形，鳞片细密，口下位、体背侧面色呈黑褐或沙黄，腹部银白，有两条淡灰色侧线，体侧每个鳞片基部都有一新月形黑斑，胸鳍和腹鳍前缘及外缘金黄色，在强烈阳光下体色金黄。个体重250克左右。肉质细腻，味美不腥。

（二）理化指标

城口鳟鱼含水分72.6%，灰分2.8%，脂肪7.2克/100克，粗蛋白质（以肌肉组织计）17.0克/100克，游离氨基酸（以肌肉组织计）1.25克/100克，水解氨基酸总量（16项）13.9克/100克，不饱和脂肪酸（以脂肪计）1.36克/100克，硒0.334毫克/千克，铁6.91毫克/千克，锌29毫克/千克。

四、生产技术

（一）养殖环境条件

养殖城口鳟鱼应选择靠近水源，水质好、无污染，水量充沛，排灌方便，环境安静，交通便利处。养殖用水要求是清澈无污染的优质山泉水或溪河水，常年水温在5～25℃，水质符合《渔业水质标准》（GB 11607—1989）和《无公害食品淡水养殖用水水质》（NY 5051—2001）要求。可用石砌池或水泥池，

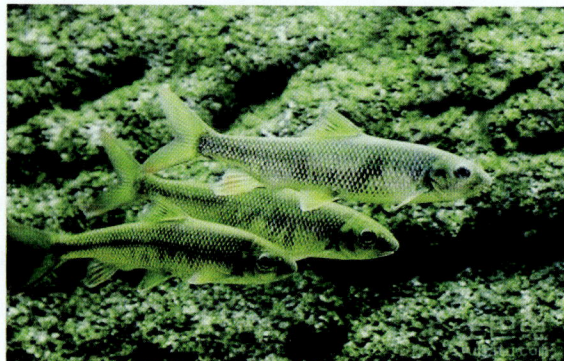

流水养殖。养殖池面积一般为20平方米左右，池深1～1.5米；水深低于0.1～0.3米。池底须平坦，且有一定坡度，一般为1%～1.5%，以排水畅通为宜。

（二）繁殖技术

选择体形健美、性腺发育好、性情活泼、游动迅速、反应敏捷的2龄鱼为后备亲鱼，经2年强化培育后作为繁育亲鱼。雌雄比在1∶2左右。城口鳟鱼亲本为城口天然水域的健壮野生资源，或经人工繁育后代的选育品种。养殖用苗为在城口县内正规苗种繁育场培育的优质健壮的纯正城口鳟鱼苗种。产卵期4—6月，水温保持在18～24℃，将体长相近的亲鱼按雌雄比1∶1.5放入产卵池，投入带细沙的产卵床，沙床厚度50～80毫米。取卵时间为产后40～60分钟。均匀搅动沙和水，使卵悬浮于水中，将卵与水一起倒入盛卵器，卵沉淀后倒出水。取卵时防太阳直射。孵化温度18～26℃，光照强度180～360勒克斯，水温18～24℃。每升溶氧量7毫克以上，pH7.2～7.6。孵化期间，每天挑出死卵，保证良好水质，经过约20天孵化，幼鱼出膜平游后2天可以下塘。投喂以轮虫为主的开口饵料。

（三）养殖技术

在仔鱼下池前，孵化盆与养殖池水温要基本一致，变化不能超过1℃，一般在上午9点钟将孵化盆端出，测定池塘水温度和孵化盆水温度，多是池塘水温稍低一些，隔十几分钟测定1次，水温一致时才可将仔鱼倒入养殖池。放养密度为每平方米100尾。下池后的仔鱼，投喂的饵料是煮熟的豆浆或熟鸡蛋黄。每天早晨泼洒1次，每次泼洒量按水的混浊程度和卵黄小颗粒是否有剩余而定。5天后，仔鱼长至1.5～2厘米，改喂较小的鱼虫。每天投喂2次，保证池内一直有少量活鱼虫。水温不能超过20℃，每升溶氧量不低于6.5毫克，及时清除池里杂物。仔鱼下池30天左右，体长达3厘米左右，即进入成鱼期的管理阶段。一般3厘米鳟鱼每平方米放养50～80尾，5厘米放养40尾，10厘米放养20尾，20厘米放养5～10尾。成鱼投喂仍以鲜活饵料为主，逐渐转为投喂人工饵料。日常需保持良好水质，加强喂养管理，防止浮头和病害发生。水温低于3℃时，要把鳟鱼移到温室中养殖。人工饲养条件下需经常巡池，发现水质恶化，及时冲水或倒池，这样鳟鱼就少发病；发生肠炎、烂鳃、烫尾病时，控制投饵量，调节水温，保持水质清新。每条鱼重100克以上即可捕捞。在清洁、卫生的环境中装运，保证鲜活。运输工具要求无毒、无异味、不对鱼造成严重机械损伤。城口鳟鱼产品不得与其他有毒、有害物质混装运输，严禁在运输过程中使用有害、有毒化学药物和产生二次污染。

（四）生产控制

城口鳟鱼生产严格执行《无公害食品　普通淡水鱼》（NY 5053—2005）标准，加强生产过程的全程监管，保证鳟鱼产品质量安全。

五、产业发展

城口鳟鱼人工养殖一直处于探索中，因水温等制约未形成产业。2008年，城口县组织部分业主考察川、渝、鄂、湘、陕等地的水产养殖情况，最终发现冷水资源恰是城口县得天独厚的优势，发展冷水鱼的条件优越。

2012年，蓼子乡利用前河水资源优势，在明安村建设冷水鱼养殖示范基地。项目投资2 000万元，建2千米引水堰渠，修养鱼池60个，60亩水面，放养包括鳟鱼、娃娃鱼等在内的鱼苗12万尾，年产值1 000万元。2013年，城口县冷水鱼养殖面积近4 000亩，产量300吨，产值1 000万元；其中，养殖鳟鱼50亩。2015年，城口县渔产362吨，产值1 200万元；其中，鳟鱼4吨，产值50余万元。

六、专用标志

城口鳟鱼地理标志登记保护范围为明中、蓼子、明通、咸宜、鸡鸣、周溪、东安、河鱼、高观、修齐、岚天、厚坪、复兴、葛城、高燕、北屏、龙田、巴山、庙坝、双河、坪坝、沿河22个乡（镇、街道）。

凡在城口鳟鱼地理标志保护地域范围内的生产经营者，均可使用城口鳟鱼地理标志，但必须向城口县水产站提出申请，并填写农产品地理标志使用申请书，同时提供生产经营者资质证明、生产经营计划和相应质量控制措施、规范使用农产品地理标志书面承诺以及其他必要的证明文件，经城口县水产站审查合格并签订农产品地理标志使用协议后方可使用城口鳟鱼地理标志。

地理标志的标注：标志使用人在产品包装上统一使用农产品地理标志图案，标注"城口鳟鱼"字样和产地等商品信息。

第六节　忠县三峡鱼

"三峡鱼"是重庆市三峡生态渔业股份有限公司创立的品牌，是"重庆名牌农产品"，重庆市著名商标，获国家有机产品认证。忠县水域牧场为重庆市三峡生态渔业股份有限公司示范场，被创建成"国家三峡鱼生态养殖综合标准化示范区"，是三峡鱼主要生产基地之一。

一、产品特点

产于忠县长江支流库湾等大型江河水域中的三峡鱼，主要产品为鲢、鳙鱼。因水体流动性强、交换充分，鱼类逆流及觅食运动量大，产品肉质紧实、细嫩、无泥腥味；鱼肉蛋白质中谷氨酸、天冬氨酸、丙氨酸、甘氨酸等呈鲜味和甜味氨基酸含量高，口感鲜美；生产、销售全程执行有机产品、ISO9001系列标准并建立了农垦农产品质量追溯体系，质量安全有保障。杜甫在诗中高度赞扬："蜀酒浓无敌，江鱼美可求"。

二、产地环境

忠县气候温和湿润，四季分明，适合鱼类生长。境内河流较多，水域面积10 840.53公顷，为渔业生产提供了良好的条件。三峡水库蓄水发电后，渔业水面大面积增加，形成天然水面13 503.33公顷，渔业发展潜力巨大。三峡水库库湾、库汊众多，水体年交换11.5次，流动性大，溶氧含量高，外源性营养物质丰富。水域牧场位于三峡水库长江支流水域，周边无工业污染源，山清水秀，风景优美，水质稳定保持在《地表水环境质量标准》（GB 3838—2002）Ⅲ类以上。

三、养殖历史

据清《忠州直隶州志》载，忠州境内有鲤、鲫、鲢、鲭象（又名琴鱼）、鳙、水鼻子、鳗（俗名"白鳝"）、虾、桃花鱼等。民国《忠县志》载，忠州境内有鲤鱼、鲫鱼、白鲹、千年鱼、鲢鱼、辣子鱼、石胡子、石斑、巴石宝、鳝鱼、黄腊丁、鳅鱼、金鱼、剑鱼、草鱼、桃花鱼等。忠县辖区内的长江、溪河、塘库、稻田等水域内的养殖品种主要有草鱼（鲩）、青鱼、鲢鱼、鳙鱼、鲤鱼、鲫鱼、鳊鱼、团头鲂、三角鲂、南方大口鲶等。长江辖段的凶猛鱼类和大型鱼类有鳡鱼、鳜鱼、乌鱼、翘嘴红鲌、鲟鱼、胭脂鱼等。

清道光元年（1821年）始，忠县石宝乡翁家凼、顺汝乡桃花凼2处，就有农民放柏枝作"鱼窝"，让成年鲤鱼在鱼窝上产卵，数日后移放浅水凼孵化出鲤鱼苗，运往各地出售。汝溪滩每年春季还有鲤鱼苗市场，梁平、大竹、达县等地的鱼贩大都集中在汝溪滩购买、贩售。

1953年，忠县开始向湖北采运草鲢鱼苗放养，经万县专区鱼种站转运至忠县。1956年，万县专区拨款3 000元在忠县东云乡"倒观音"处建鱼池0.17公顷。1958—1959年，忠县专门建立草鲢鱼苗水上运输队和陆上运输队，水运队负责由湖北省武汉、沙市、宜昌等地轮运回鱼苗鱼种，再由陆运队挑运各社队放养。少部分从长江采卵捞苗、就地孵化、培育苗种。1972年4月，忠县在红星公社电站建溪河养鱼试点，1974年，发展到6处、水面91.33公顷，占溪河可养鱼总水面174公顷的52.48%，1977年，又扩大到150公顷，占溪河可养水面的86.2%。党的十一届三中全会后，随着农村经营体制的调整，以及20世纪90年代改革开放后农村劳动力人口的转移，溪河养鱼业逐渐衰败，只有零星的河段被私人承包经营养鱼。三峡水库蓄水后，水位提高，库区新增水面9 333.33公顷，形成新的溪河渔场。至2007年，忠县建起溪河网拦养殖34处，分布于坪山大桥、困牛石大桥、连二碛、甘井河小溪、香水溪。2009年，为保护库区生态环境，全面取缔库区内网箱网拦养鱼，传统的溪河网箱网拦养鱼不复存在。

四、产业发展

（一）基地建设

2010年10月，忠县三峡生态渔场一期建设面积2 000公顷，建设地点在忠县的甘井河、龙滩河。主要建设内容包括库湾首尾拦鱼、拦漂（拦杂）设施建设，监管、监测设施建设，深水捕捞作业设施建设，高端品牌市场建设以及产品质量追溯系统建设等。忠县三峡生态渔场于2012年建成投产。2013年，忠县水域牧场增殖渔业模式逐步推广到万州、涪陵、合川等江河流域。

（二）饲养方式

采用只投放以长江水系土著滤食性鱼类鲢、鳙鱼为主的鱼种，不投饲料、不投肥料、不投鱼药的增殖渔业方式，通过摄食水体天然饵料生长，在生产优质鱼产品的同时，加快水体中营养盐向高营养级流转的过程，通过鱼产品的捕捞，消纳氮、磷等富余营养物质。持续监测和跟踪研究表明，三峡水域牧场水质持续改善，达到了"以水养鱼、以鱼净水"的保水渔业目的。生产全过程采用有机产品、ISO9001标准，并建立农垦农产品质量追溯系统。

（三）产业带动

三峡鱼有完整的品牌营销体系，产品销售覆盖重庆并远销北京、上海、广东、福建、四川等地，有效带动了生产、流通、餐饮加工与服务一、二、三产业融合发展。

五、荣誉认证

忠县水域牧场被国家标准化管理委员会评为"国家三峡鱼生态养殖综合标准化示范区"。2012年，三峡鱼获得有机食品认证。2013年，三峡鱼中的鲢、鳙鱼产品被认定为"重庆名牌农产品"。2017年，"三峡鱼"被认定为"重庆市著名商标"，2016、2017年，获评"最具影响力企业品牌"，2018年，荣获第十六届中国国际农产品交易会金奖、"中国农垦荣誉出品"称号。自2012年起，持续获得有机食品认证。

第七节　巫山银鱼

银鱼，又被称为冰鱼、玻璃鱼、脍残鱼，俗称"面条鱼"或"面杖鱼"，作为一种整体性食物应用（即内脏、头、翅均不去掉，整体食用），其养生益寿的功能为国际营养学界所认可。属银鱼科。为淡水鱼，体细长，无鳞或具细鳞，长7～10厘米，很少长于15厘米。生活周期短、世代离散、生殖力和定居能力强，主要分布在中国东部近海和各大水系的河口，是重要的经济鱼类。因其营养丰富，又有"水中软黄金""鱼参"之美称，堪称河鲜之首。

银鱼原本生活在江河入海、入湖口。三峡成库后，库区水域增宽，流速平稳，非常适合银鱼等小型经济鱼类生长。巫山银鱼主要集中在小三峡的巴雾峡入口、大溪河与长江交汇处等水域，银鱼虽然珍贵，但是一年生鱼类，不属于珍稀保护物种。

一、品质特点

巫山银鱼在水下是半透明的。捞出水面后3～5秒，鱼身逐渐变成白色，如玉似雪。渔民称银鱼为"面条鱼""玻璃鱼"，有人甚至称它为"帅鱼"。鱼身呈圆柱形，鱼头扁平，大眼睛，无鳞，身长3～6厘米居多，一般每条鱼5克重，每斤百多条，鱼腥味很特别，带有黄瓜气味。寿命仅1年，即便不被捕捞，也会自然死亡。银鱼体柔弱，无骨无肠，呈半透明状，漫游水中似银梭织锦，快似银箭离弦。

重庆市科学技术委员会委托西南大学水产科学重点实验室专家对小三峡出现的银鱼开展数月调查，并进行生物学鉴定，最终确定，巫山银鱼有2类：一类为银鱼，鲑形目银鱼科间银鱼属，数量约占31.8%，平均体长114.5毫米，平均体重2.88克；另一类为太湖新银鱼，鲑形目银鱼科新银鱼属，数量占68.2%，平均体长63.52毫米，平均体重1.28克。

银鱼是一种经济型鱼类，具有高蛋白、低脂肪等特点，被认为是"长寿食品"。食用有利于增进人体免疫功能，可治脾胃虚弱、肺虚咳嗽等疾患。

银鱼全身都是宝，可以不去鱼鳍、鱼骨，整体食用。在各种烹饪方法中，做成汤羹是最好的方法。此外，银鱼还可以干炸。干银鱼用水泡发后，非常鲜嫩，配合鸡蛋食用最佳，有银鱼蒸蛋和银鱼炒蛋2种方法。麻辣银鱼干也很有特色。

二、产地环境

三峡库区蓄水后，水域增宽，流速平稳，形成了适合巫山银鱼生长的水环境，使得银鱼从长江下游逐渐迁移至巫山县。银鱼适宜在静水环境中生长，喜好摄食小鱼、小虾、鱼卵，繁殖能力非常强。银鱼和太湖新银鱼都非常适应敞水环境，特别是有一定程度富营养化、饵料生物丰富的湖泊和水库。二期蓄水后的三峡库区水域正符合银鱼的喜好。

三、历史渊源

银鱼曾主要分布在太湖、鄱阳湖、巢湖、洞庭湖等长江中下游及附属湖泊。

20世纪50年代，重庆市水产部门从洞庭湖引进珍贵银鱼鱼种，在江津、巫山等地放养。由于当时三峡大坝尚未形成，适宜在静水环境中生长的银鱼在湍急的水域中无法正常生活，受生态环境的影响，银鱼未能如愿在重庆"扎根"，曾一度在重庆消失。

1986—1997年，巫山库区渔民发现零星小银鱼，未曾出现大规模巫山银鱼。

1997年，巫山县培石乡搬迁。1998年11月，长江三峡水利枢纽工程截流，开始蓄水。1999年5—7月以及10—11月，在巫山县培石镇形成小湖泊，开始出现少量银鱼。

2003年6月，三峡库区蓄水至135米。2004年5—7月以及10—11月，在巫山大宁河小三峡流域（巫峡平湖、东坝坝湖泊、双龙湖泊）等地出现大量巫山银鱼，渔民开始捕捞银鱼并在市场上销售。从2005年起，大昌镇、双龙镇、巫峡镇（桂花村）出现大量银鱼，5—7月和10—11月，巫山银鱼捕捞量超过5吨。11月初，渔民们在河边布起了网眼细密的特殊渔网，集中捕捞银鱼在当地买卖。银鱼逐渐走上了市民的餐桌。

2006年5—7月和10—11月，巫山银鱼捕捞量超过20吨，大宁河小三峡流域（巫峡平湖、东坝坝湖泊、双龙湖泊、泰昌湖泊）等出现大量巫山银鱼，巫山当地市场饱和。渔民把银鱼晒干后运往深圳、北京销售。

2006年，三峡工程三期蓄水至156米，库区湖泊增多，面积扩大，至2008年，巫山县银鱼捕捞量达60吨。

2009—2017年，银鱼总体生产比较稳定，年捕捞量在60～100吨，实现可持续发展。

四、生产技术

（一）生产流程

每年2月上旬，巫山银鱼陆续洄游入江，3月中旬至4月中旬产卵，平均每尾雌鱼产卵5 500粒。巫山太湖银鱼每年4月上旬和10月上旬集中产卵，平均每尾雌鱼产卵2 000粒。银鱼的生命仅有1年，大多不到半年就已成年、产卵。银鱼个体太小，普通人很难捕捞，也不易垂钓。渔民需要用密网才能捕捞。

（二）技术要求

银鱼生长环境保持二类水质，自然生长，适时捕捞。

第八节　巫溪洋鱼

巫溪洋鱼，巫溪县特有冷水性名贵经济鱼类，地理标志产品、"重庆名牌农产品"。

一、品质特点

巫溪洋鱼为裂腹鱼类，主要有2种：重口裂腹鱼和齐口裂腹鱼。生活于水温较低、水清质优、无污染的流水水域和深山峡谷地带，形成了优良的特征：体瘦削，肉质细嫩、密实，蛋白质含量高，脂肪含量低，且富含人体必需氨基酸，口感鲜香。

巫溪洋鱼可食肌肉部分经权威检测机构检测分析：蛋白质含量高；富含18种氨基酸，鲜味氨基酸占比较高；富含不饱和脂肪酸，不饱和脂肪酸中DHA和EPA占比较高；8种人体必需微量元素中，锌和铁的含量十分丰富。结果表明，巫溪洋鱼是一种高蛋白鱼类，营养丰富全面，富含"脑黄金""脑白金"（DHA和EPA）及微量元素锌和铁等，具有健脑、补血、软化血管等功效。

二、历史渊源

巫溪洋鱼历史久远，原产于巫溪县大宁河水流湍急的原生态峡谷河段。其文献记载可追溯到清光绪十一年（1885年）《大宁县志》。《大宁县志》有："形条、鳞细"的记载，是对其体型和被鳞外观的特定描述，表明其在巫溪鱼类产物中的特殊地位。

三、产地环境

巫溪县境内重岗复岭，溪流纵横，有大宁河、湾滩河、汤溪河等15条主要河流。地处亚热带暖湿季风气候区，四季分明，气候温和，雨量充沛，日照充足，温湿适度。

巫溪县植被茂盛，森林覆盖率高，大集镇和工矿企业稀少，所以这些水资源没有受到污染，水质检测指标达到一级河流水质标准和集中式生活饮用水地表水源地二类标准。特殊的地理、气候条件和量大质优的水资源。为巫溪洋鱼的生长繁殖及人工养殖提供了独特优越的条件。

四、生产情况

（一）产业发展

巫溪县境内溪河纵横，冷水资源极为丰富，适宜发展巫溪洋鱼养殖的区域广阔，生产潜力很大。

2018年，已经建成巫溪洋鱼繁育场2个，年苗种繁育能力达300万尾；商品鱼养殖区域涵盖了巫溪县的蒲莲、田坝、中岗、朝阳、凤凰、宁厂、天星、大河、白鹿、中梁、鱼鳞等乡（镇），商品鱼年产量达30万斤以上。巫溪洋鱼成为巫溪县农民增收的重要产业。

（二）质量技术

1.产地选择

生产地选择巫溪县内海拔139.4~2 700米的地区，养殖用水要求是清澈无污染的优质山泉水或溪河水，常年水温在5~25℃，水质符合《渔业水质标准》（GB 11607—1989）和《无公害食品 淡水养殖用水水质》（NY 5051—2001）要求。

2.品种选择

巫溪洋鱼亲本必须为巫溪天然水域的体格健壮的野生洋鱼，或其人工繁育后代的选育品种，种类包括齐口裂腹鱼和重口裂腹鱼2种。养殖用苗为在巫溪县正规苗种繁育场繁殖、培育的优质健壮的纯正巫溪洋鱼苗种。

3.生产管理

生产过程控制主要从生产环境、苗种繁育、商品鱼饲养、饵料控制和疾病防治5个方面着手，严格规范生产，保障巫溪洋鱼品质特色。

第一，养殖区周边无污染源，生产用水水质清新，水量充足，水中溶氧量5毫克/升以上，水质pH6.5~7.5，透明度高，常年水温低于25℃。

第二，亲本要求体质健壮、无病、无伤、无畸形，应在流水环境中培育至性腺发育成熟。亲鱼培育水温5~21℃。

第三，养殖各阶段要求在流水池塘、网箱、溪河等有流水的场所进行。严格按照无公害水产品生产要求饲喂，死鱼应及时捞出并深埋，保持池水环境卫生。

第四，鱼病防治坚持"预防为主、防治结合"方针，强化"防重于治"原则，提倡生态综合防治和使用生物制剂防治，推广健康养殖技术以改善水体生态环境，科学合理密养，降低病害发生率。所用药物的具体用法及用量应符合水产行业标准《无公害食品 渔用药物使用准则》（NY 5071—2002）的规定。

第五，质量合格的发眼卵，体质健壮的鱼苗、鱼种及满足无公害水产品标准的商品鱼，方可上市流通销售。

第六，全方位记录养殖环境的水质和生产环节中的放苗、投饵、用药及销售等情况，保证产品的可追溯性，记录保存至产品销售后2年以上。

第七，产品暂养与运输的环境和包装符合国家法定要求，满足巫溪洋鱼生物学要求，不得产生二次污染。

五、专用标志

巫溪洋鱼地理标志产品保护范围内的生产者，可向巫溪县水产技术推广站提出使用地理标志产品专用标志的申请，经巫溪县水产技术推广站审核批准后使用相关标识。巫溪洋鱼的法定检测机构由巫溪县水产技术推广站负责委托指定（须具有有效检测资质），确保产品品质。

六、荣誉认证

巫溪洋鱼在2011年通过农业部地理标志认定登记，是重庆市第一个获得地理标志登记保护的水产品。2015年以来，先后有大河、鱼鳞等养殖基地通过无公害农产品和绿色食品产地认定，产品通过绿色食品认证。2017年，巫溪洋鱼获"重庆名牌农产品"称号。

第一节　合川恒韵甲鱼

合川恒韵甲鱼，合川区特产，获国家有机食品认证，是"重庆市著名商标""重庆名牌农产品"，获"中国名鳖""中国仿野生有机甲鱼第一品牌"称号。甲鱼学名鳖，民间也称团鱼、水鱼等。国内养殖的主要品种是中华鳖，动物分类学属于爬行纲龟鳖目鳖科鳖属。

一、产品特点

合川恒韵甲鱼的亲本鳖系渠江上游品系野生原种甲鱼，是中国经济价值与营养价值较高的中华鳖品系。合川恒韵甲鱼自然生长周期长，1千克重需6年以上才能长成，其自然冬眠期每年长达190天，在冬眠期间，中华鳖靠消耗体内脂肪度过冬眠，有利于甲鱼本身的营养储存与积累，进而提高了甲鱼的营养价值与药用价值，使甲鱼成为低脂、高蛋白，天然养生之佳品；裙边宽大厚实，背部光滑，四肢锋利，成活率低至30%，符合自然界优胜劣汰的法则，留下的都是优质品种。

二、产地环境

合川恒韵甲鱼养殖基地位于山清水秀的重庆市合川区小沔镇，为野外水库，天然水源，低海拔，远离城镇，人烟稀少，无生活及工业污染，保持原生态环境。生态有机放养水域由2座水库组成，水域面积宽广，平均水深19米，水库水源全部来自地表水，含丰富的矿物质及微量元素。养殖基地地处华蓥山山脉，属亚热带湿润性季风气候区，昼夜温差大，有雨量丰沛、四季分明、日照充足的气候特点。物种众多，气候条件、生态环境尤佳，非常适合养殖优质中华鳖。养殖基地种养植有珍稀名贵花卉、水果、树种和有机蔬菜，为中华鳖的生长提

供了良好的野外生存环境。

生态基地共有3 000余亩，其中生态有机放养水域面积900余亩，是农业农村部水产健康养殖示范场。

三、养殖方式

每年从渠江、嘉陵江收购品质正宗的野生中华鳖作为合川恒韵甲鱼的原种甲鱼配种。每个环节都严格把关，并有西南大学水产专家提供专业技术指导，坚持采用科学、生态的养殖方式养殖。

选用基地自产有机花鲢、白鲢喂养，并搭配基地种植的各种绿色瓜果，零污染、零添加、零激素。同时采用科学有机喂养法加饥饿喂养法，保持合川恒韵甲鱼的野性，使其野生特征明显。

四、荣誉认证

合川恒韵甲鱼在2011年取得国家有机食品认证，获全国龟鳖大赛二等奖；2013年，获"中国名鳖"荣誉称号；2014年9月，荣获由中国水产杂志社、中国渔业报社、世界中华美食药膳研究会和中国渔业协会龟鳖产业分会联合颁发的"中国仿野生有机甲鱼第一品牌"荣誉称号；2015年，荣获"重庆市著名商标""重庆名牌农产品"称号。

第二节　城口娃娃鱼

城口娃娃鱼，城口县特产，地理标志农产品。

娃娃鱼学名大鲵，两栖纲有尾目隐鳃鲵科大鲵属，是一种珍贵的两栖动物。城口娃娃鱼栖息在海拔1 000米以下的溪、河、深潭的岩洞石穴中，因其叫声像婴儿而得名。素有"水中人参""软黄金"之称。

一、产地环境

城口县地处川陕渝交界的秦巴山区，境内大山纵横，溪河密布。海拔1 000米左右。喀斯特地貌，多溶洞、岩穴、暗河、山泉。日照较少，降水充沛，气候温凉湿润。全年除汛期外，多数时间河水含沙量不大。河水流动清凉，水质矿化程度高，含丰富的钙、镁、硒、锌等离子。溪、河中有较多鱼虾和浮游生物，为娃娃鱼的生长、繁衍提供了天然生态环境，鱼肉富含营养物质和微量元素。

二、历史渊源

《城口厅志》载：鲵，俗称娃娃鱼。乾隆年间，城口境内的山溪中有重数百斤者。城口历来生长有野

生娃娃鱼。当地群众经常捕捉，做成美味佳肴，或药用补身。由于野生娃娃鱼逐年减少，其经济价值日益凸显。2001年，城口开始人工养殖娃娃鱼。之后，城口内出现多家娃娃鱼养殖企业。北屏乡北屏村的娃娃鱼养殖，已从几十尾发展到2018年的2万多尾。

三、品质特色

（一）感官特色

1.外形特征

呈扁筒形，头大阔扁，前端有宽大口裂，头部上侧一对小眼；无眼睑，指、趾光滑无爪，后肢长于前肢，前肢四指，后肢五趾；尾部侧扁，尾钝圆或椭圆，较短，约占全长的1/4到1/3，尾部肌肉能左右摆动，推动身体前行。体表光滑无鳞，有各种斑纹。整体外观体型较壮却无肥胖感。

2.口感特征

由于城口娃娃鱼肉脂肪含量较低，使其肉质细嫩、鲜美、风味独特，无油腻感。

（二）理化指标

与其他地区的大鲵相比，城口娃娃鱼氨基酸含量更为丰富，有21种氨基酸，其中8种是人体必需的氨基酸，含硒、锌等微量元素。鲜肉中水分≥75%，蛋白质≥10%，人体必需氨基酸≥3%，脂肪≤5%，锌15.3毫克/克，硒11.2毫克/克。

四、产业发展

人工驯养前，城口县一直有人偷捕野生娃娃鱼，故产量无确切数据。近年，人工繁殖较多。2011年，经十余年发展，明通红燕大鲵养殖场除繁殖、销售娃娃鱼外，还为其他养殖户提供饲料。2012年，复兴街道友谊社区进源娃娃鱼养殖场开始养殖娃娃鱼。2014年，北屏建成2家娃娃鱼养殖场，打锣崖、金龙村娃娃鱼养殖场，有亲鱼200对；当年，18对娃娃鱼成功配对，产卵1.3万枚，平均每尾产卵722枚，单尾产卵量最多达3000枚以上，后续还有配对产卵，采用仿生态养殖，卵粒由亲鱼自然孵化，是城口发展大鲵产业以来首获万枚以上卵粒。养殖场娃娃鱼从最初几十尾发展到2万多尾，带动周围250多农户养殖，实现产值1000多万元。同年，城口县古树潭大鲵养殖有限公司从事娃娃鱼等冷水鱼养殖销售。2015年，复兴街道柿坪成立城口县季隆溪大鲵养殖有限公司。2016年，坪坝镇前进村建起4块田大鲵养殖家庭农场。2018年3月，位于北屏乡金龙村的重庆市城口县绿慧大鲵驯繁开发有限公司预投资金500万元，兴建娃娃鱼大型养殖场，占地4亩，已完成1.8亩，计97个洞穴，在建设施包括水处理系统、大鲵仿生态养殖洞穴和饵料鱼养殖池等。建成后，将成为城口县最大的娃娃鱼繁育基地。同年4月，坪坝又建先波大鲵养殖家庭农场。2018年，城口娃娃鱼年产量约40吨。

五、专用标志

城口娃娃鱼地理标志产品保护范围内的生产者，可向重庆市城口县质量技术监督局提出使用地理标志产品专用标志的申请，经重庆市质量技术监督局审核，由国家质量监督检验检疫总局批准并公告。城口娃娃鱼的法定检测机构由重庆市质量技术监督局负责指定。2018年，城口县内有10余家大鲵繁育养殖企业获得城口娃娃鱼地理标志商标。

第三节　开州三峡大鲵

三峡大鲵，开州区特产，已成功注册商标作为品牌。

大鲵俗称娃娃鱼，是国家二级重点保护野生动物。按照国家相关法规，人工驯养繁殖的大鲵子二代可以用于销售、食用和产品加工。三峡大鲵特指在大鲵养殖基地养殖的大鲵子二代，包括以大鲵为主材料制作的大鲵罐头、分割肉、大鲵肽、大鲵蛋白粉、大鲵胶原蛋白口服液等系列加工产品。大鲵被专家誉为"水中人参"，其肉味鲜美，是一种药食两用，且食疗效果明显的名贵佳肴。

一、产地环境

开州区属亚热带季风气候，四季分明，雨量充沛，气候温和，境内东里河及其他部分支流冷水资源富集，常年水面8 000余亩，水质清新，无污染，非常适宜冷水性水生动物养殖，特别适宜大鲵、裂腹鱼（洋鱼）、鲑鳟鱼等名贵水生动物的生长繁殖。丰富的冷水资源，为开州大鲵产业的发展提供了得天独厚的自然资源条件。

二、历史渊源

开州是大鲵原产地之一。据《开县志》（1990年）记载，开县"自然鱼类（水产）34种（珍稀种有大鲵、白鳝、桂花鱼），多产于桃溪河、东河、彭溪河域……"

20世纪90年代前，开县东里河流域盛产大鲵，流域附近的居民时常会在河岸捡到爬上岸栖息的野生大鲵。起初，人们对大鲵还不熟悉，有部分甚至被当作一般动物，被杀后喂猪。2012年，开县确定把大鲵产业作为北部山区特色产业重点打造。

三、品质特点

大鲵对水质要求较高，要求水源充足，水质清新，水温以20℃为好，水溶氧在3.5毫克/升以上。三峡大鲵常年以鲜活小鱼、虾蟹等为食。养殖池四周要求环境安静、阴凉、空气清新，以四周群山环绕、树木茂盛、人烟稀少、环境相对独立为好。独特的生活环境和严格的投喂标准，使三峡大鲵在品质上更胜一筹。

大鲵肌肉的蛋白质中含有17种氨基酸，其中8种是人体必需的氨基酸，必需氨基酸含量为39.69%。大鲵肌肉蛋白质的氨基酸（TAA）含量相当高，每100克肌肉中含氨基酸16.06克，其中必需氨基酸（EAA）量为7.52克，占总氨基酸的46.82%；鲜味氨基酸（DAA）量为7.05克，占总氨基酸的43.90%，故而大鲵肉细腻美味。大鲵肌肉中含有相当量的色氨酸，这往往是鱼类氨基酸的第一限制性氨基酸，可提高食物蛋白质的利用率。

大鲵肝脏与肌肉中的总脂肪含量不高，分别为1.14%、3.67%，而大鲵肝脏和肌肉中的必需脂肪酸（EFA）及不饱和脂肪酸（DHA）含量相当高。尤其是DHA在大鲵肝脏与肌肉中含量分别为392毫克/千克、1 463毫克/千克，占总脂肪酸的4.91%、5.69%。据《中国食物成分表2004》中的数据，仅少数食物含DHA（其余低于检出限或未检测），其占总脂肪酸的百分比大都低于大鲵肝脏和肌肉中DHA占总脂肪酸的百分比。

大鲵肌肉中锌含量高，据《中国食物成分表2004》中的数据，鱼、虾、蟹、贝类中锌含量为0.32～3.15毫克/100克，均低于大鲵。每百克大鲵软骨与肌肉提供的锌分别可达成年男性推荐摄入量的34.3%、26.3%；大鲵肌肉中还含有相当量的硒。每百克大鲵软骨与肌肉提供的硒分别可达成年男性推荐摄入量的80.6%、76.2%。另外，大鲵软骨中钙含量相当高，每百克大鲵软骨提供的钙可达成年男性适宜摄入量的61.6%。

现代临床观察发现，大鲵具有滋阴补肾、补血行气的功效。

四、产业发展

从2012年确定把大鲵产业作为特色产业重点打造开始至2018年，开州区已建成大鲵养殖面积20万平方米，养殖能力达60万尾以上。建立了大鲵人工繁殖基地4家，储备亲本2 000余尾，年繁殖能力10万尾以上；配套有大鲵饵料鱼基地2 000余亩；建成大鲵加工及研发中心厂房1万平方米，成功研发出大鲵罐头、大鲵胶原白蛋纯粉、复合蛋白粉、胶原蛋白果饮等系列加工产品并上市出售；培育了一批大鲵养殖龙头企业。

三峡大鲵产品在开州、万州、重庆、北京、广东、上海、台湾等地都有销售，在国内建立了先进、成熟、完善的销售模式，搭建了电子商务平台，进入"互联网＋农业"飞速发展阶段。与央视网签订了品牌推广合作协议，在开州体育场建成600平方米，集展示、零售、配送于一体的展销中心，并全面运营。

五、加工技术

（一）冷鲜分割大鲵

1.大鲵原料处理工艺

大鲵原料检验—暂养—电麻—去黏液—清洗—剖腹取肝脏、去内脏—去头、四肢—剥皮—取油脂—去骨、肉切片。分别收集头、足、皮、肝、骨、肉、油脂、黏液，冷藏或冷冻后保存于原料库房。

以新鲜大鲵为原料，宰杀前检查大鲵外表无显著伤痕或病变，以自来水清洗表皮，去污与蜕皮；以适当电压短暂电击大鲵头部，将其击晕，然后放血，冲洗去除黏液；剖腹，以水冲洗，取内脏，去头、四肢，用刀从头到尾将皮剥下，然后剔骨，将肉切片。分别收集头、足、皮、肝、骨、肉、油脂、黏液，冷藏或冷冻后保存于原料库房。

2.冷鲜鲵肉

大鲵屠宰—分割加工—排酸过程—鲵肉清洗与分割—脱水—真空包装—高压静置—外包装。

以健康大鲵为原料，通过常规屠宰与分割取得新鲜大鲵肉，用饮用水多次清洗，置于冷藏库中排酸，一定时间后取出鲵肉分割成片，真空包装，然后以最佳压力值与保压时间超高压处理鲵肉，最终加上外包装，获得成品，冷藏保存。

（二）大鲵罐头产品

1.大鲵罐头生产工艺

原料—预处理—漂洗—沥水—过油—过水去浮油—加水及配料—常压或高压熬煮—取汁—浓缩或

定容—调味—装罐—加入其他配料食材—封罐、灭菌—成品。

2.大鲵罐头操作规程

（1）解冻及预处理。解冻方式为自然解冻。大鲵需要去掉鲵皮及内脏，斩切后清洗干净。

（2）浸泡漂洗。处理好的大鲵需要漂洗去除血水。

（3）沥水。浸泡结束后沥水，沥水时间约10分钟，以防止过油时油滴四处飞溅。

（4）过油。过油处理时，待锅热再加入油，用中火对鱼过油，煎至表面微黄、有鱼香味即可。

（5）过水去浮油。将油煎后的原料用冷水稍微过一下，以去掉鱼表面过多的油。

（6）加水及配料。按照原料：水=1∶5的比例加入清水，姜、料酒、胡椒粒适量。

（7）熬煮。常压熬制——先用大火将其烧开，并撇去汤上面的血沫，之后改用小火炖煮，炖煮时间为3.5～4.5小时。

（8）调味。待汤起锅后，将汤用筛网过滤，最后再加入最终汤量适量食盐。

（9）装罐（袋）、加其他配料。罐经清洗、82℃热水或蒸汽消毒，按照不同的配方，分别加入经过处理后的大鲵肉，及海鲜类、菌类等其他食材。

（10）封口。封盖真空度为（5.3～6.7）×104Pa。

（11）灭菌。灭菌方式为高压灭菌，高压的条件为121℃，罐装380克的杀菌时间为40～50分钟。

（12）冷却。将罐冷却到38～40℃出锅。

（13）清洗、吹干。将罐外清洗干净并吹干。

（14）抽样、保温检测。抽取一定数量的罐头，在37℃条件下保温7天并检查。

（15）检查合格。将合格的产品打码、装箱。

（三）大鲵蛋白肽

大鲵皮胶原蛋白（肽）工艺流程：大鲵皮清洗—破碎—冷冻干燥—食盐溶液浸泡—蒸馏水沉淀—去离子水浸泡—水浴浸提—离心—酶解—灭酶—浓缩—过滤—喷雾干燥（固体饮料）—复配果味饮料—内包装—外包装。

以健康、新鲜的大鲵皮为原料，将大鲵鱼皮清洗去污，剪成小块后冷冻、干燥备用，将原料浸入50倍5%食盐溶液中搅拌24小时，中间换1次食盐溶液，然后离心，用蒸馏水冲洗、沉淀8～10次。将冲洗后的鱼皮浸入30倍去离子水中，在65℃水浴中恒温浸提12小时，以每分钟4 000的转速离心10分钟，上清液即为大鲵鱼皮胶原蛋白，放入冰箱备用。根据前期单因素试验结果，以最佳酶解条件酶解。然后将酶解得到的鱼皮胶原蛋白肽依次用不同分子质量的过滤膜过滤，冷冻、干燥，获得胶原蛋白肽干粉、复合果味饮料，加以包装。

（四）大鲵复合蛋白粉食品

大鲵鱼肉蛋白肽粉：原料的预处理—只留肌肉组织，制成鱼糜，用去离子水多次清洗—以某一固液比加去离子水，混匀—55℃水浴预热5分钟—调pH—加入适量酶，调节pH和温度，在适当的时间内水解—100℃水浴灭活—冷却—离心—抽滤—超滤—浓缩备用—复合多种辅料，制成复合蛋白粉食品。

以健康大鲵为原料，按常规方法处死大鲵，只保留肌肉组织，用搅碎机搅碎成鱼糜，再次清洗后装入保鲜袋中，−20℃储藏备用。鱼糜酶解前，用去离子水洗几遍，以某一固液比加去离子水，混匀，置于55℃水浴锅中5分钟，然后取出，以氢氧化钠溶液调节到pH8.2，以最佳酶解条件酶解。再置于100℃水浴锅中灭活，待冷却后离心、抽滤，最后将得到的蛋白肽依次用不同分子质量的过滤膜过滤，冷冻、干燥，置于干燥器中保存。

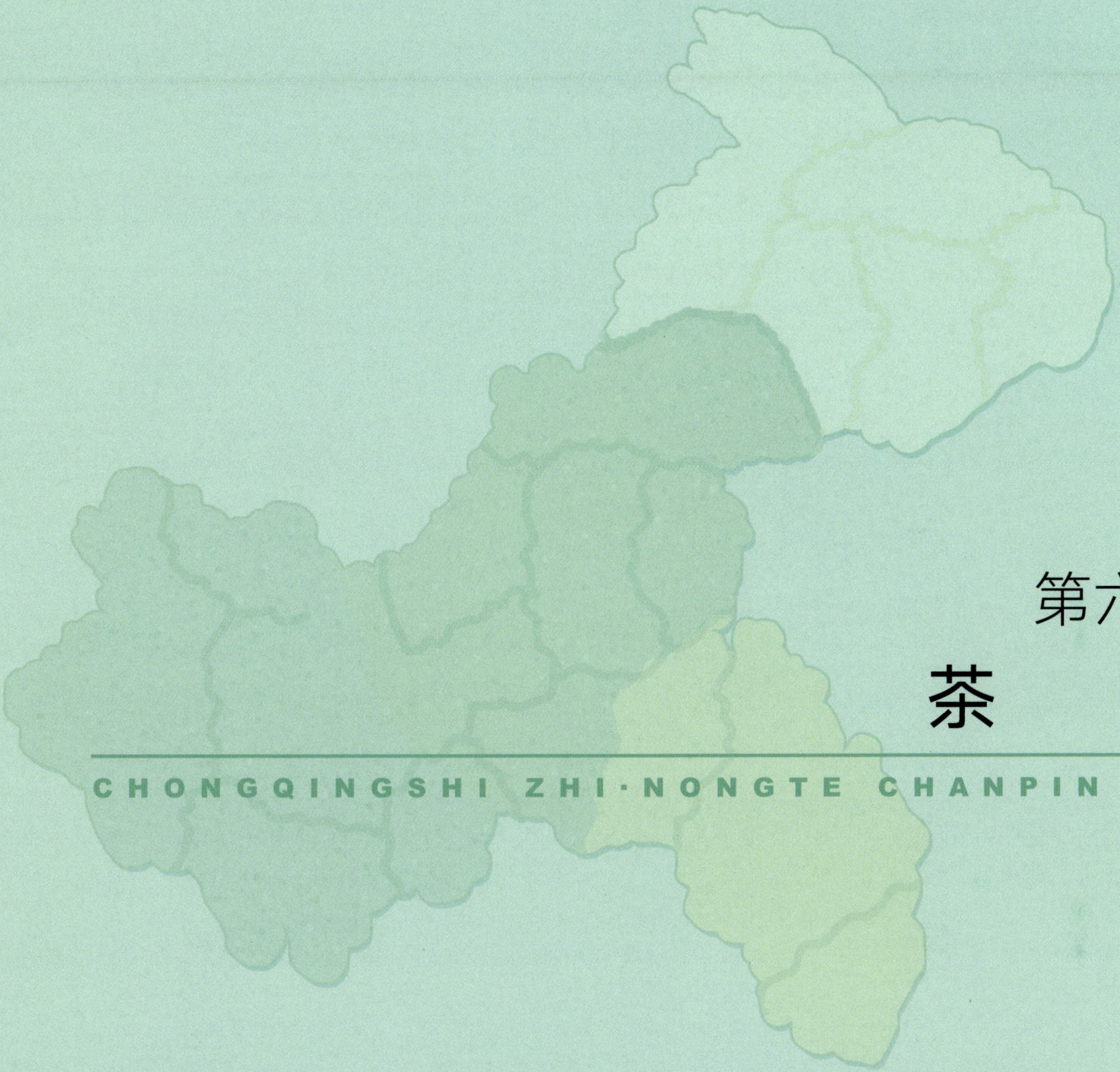

第六篇

茶　叶

CHONGQINGSHI ZHI·NONGTE CHANPIN ZHI

第一章
绿　茶

第一节　万州"三峡天丛"针形绿茶

　　2018年1月，万州区成功注册"三峡"茶叶商标，同时，万州区委、区政府打造了茶叶区域公用品牌"三峡天丛"绿茶。"天"，代表高海拔、高山云雾出好茶，是万州茶的生长环境。"丛"，一代表巴山峡川中小叶群体种，生命力强，自然拼配，香气好，口感醇厚，独具万州特色；二代表万物共生，茶树与林木、花草共生，重自然，少人为，循天道，无农药、化肥干预，在孕育纯净茶品的同时，兼顾生产与生态的平衡。万州"三峡天丛"针形绿茶有"万县银针""玉毫秀芽""三峡佛印""寒山云雾""玉毫贡芽""太白银针"等多个品牌，在名优茶评选中多次获得金奖，其中，"万县银针"在国家工商行政管理总局注册了地理标志商标。

一、历史渊源

　　陆羽《茶经》开篇即语"巴江峡川出好茶"。万州是世界茶树原产地和茶文化的发祥地之一。种茶历史悠久，据东晋常璩所著《华阳国志·巴国》记载："武王既克殷，以其宗姬封于巴""其地东至鱼复，西至僰道，北接汉中，南极黔涪。土植五谷，牲具六畜。桑、蚕、麻、纻、鱼、盐、铜、铁、丹、漆、茶、蜜、灵龟、巨犀、山鸡、白雉、黄润、鲜粉，皆纳贡之。其果实之珍者，树有荔芰，蔓有辛蒟。园有芳蒻、香茗、给客橙、葵"。此语证明，在距今3 000年前，巴国境内已经有人工茶园培植的茶叶，并且以贡品的方式献给周王室。而鱼复正是今天万州区太安、白羊、黄柏乡区域。

　　中华人民共和国成立后，万州茶叶蓬勃发展。很多乡镇建起了集体茶场、知青茶点、茶叶初加工厂。到20世纪70—80年代，万州茶产业进入鼎盛时期，投产茶园10多万亩，茶叶加工企业近40家，年产出口红碎茶1 200吨，年生产并销售绿茶500余吨，产值1 800多万元。国有的万县地区茶叶进出口公司、万县茶叶进出口公司把万州茶叶远销欧美，按当时的可比价，年创汇200多万美元。

20世纪90年代后期，由于受到国外，尤其是欧美发达国家金融危机的影响，依赖出口的万州茶出口量锐减，加上三峡工程淹没了茶用茉莉花基地，导致万州茶叶生产衰落。伴随万县地区茶叶进出口公司等国有企业的改制或解体，万州茶产业发展走入低谷。

进入21世纪，特别是三峡库区蓄水后，库区生态环境保护工程的启动，使茶叶作为具有生态保护和山区农民增收双重效益的理想经济林木，受到万州区委、区政府的高度重视。"十三五"期间，重庆市将万州区确定为全市茶叶产业5个重点区县之一和"渝东北生态好茶区"的中心；万州区政府将茶叶纳入全区农业三大主导产业。

二、品质特征

万州"三峡天丛"针形绿茶外形条索紧直、色泽青翠、栗香高长、汤色清澈明亮、滋味纯爽回甘。

三、荣誉认证

2014年8月，"万县银针"在国家工商行政管理总局商标局注册了地理标志商标。

2014年5月，"万州秀芽"获得重庆市第十届"三峡杯"名优茶金奖。

2015年10月，"三峡佛印"获得"中华好茶"称号。

2016年5月，"三峡佛印"获得"中绿杯"中国名优绿茶评比金奖。

2017年8月，"三峡银针"获第十二届"中茶杯"全国名优茶评比一等奖。

2018年5月，"玉毫秀芽"获第二届中国国际茶叶博览会金奖。

2018年6月，"三峡银针""玉毫秀芽""三峡皇希茶"皆获得重庆市第十二届"三峡杯"名优茶金奖。

四、产地环境

万州"三峡天丛"产自中国茶叶优势产业带——北纬30°三峡库区优质绿茶产区中心，区域内气候独特，雨水充沛，土壤条件非常适合茶叶生产。万州区宜茶面积达45万亩，是中国重要的茶叶原产地和优质茶产区。

万州区的新建茶叶基地大多选址在海拔800～1 200米的山地上。茶园所在地生态环境优美，常年云雾缭绕，周围森林植被好，森林覆盖率在90%以上，没有工业污染，生物多样性平衡、稳定。多年来没有发生灾害性病虫害，是发展生态有机茶叶的理想区域。

五、生产技术

（一）园地选择与规划

1.气候条件

年平均温度15～18℃，1月平均温度≥3℃，≥10℃的年积温4 500℃以上，年日照≥1 000小时，年降水量≥700毫米。

2.土壤条件

酸性土壤，疏松肥沃，土层深度≥0.8米。海拔600～1 200米，土壤pH4.5～6.5，有机质含量≥20克/千克，有效氮含量≥120毫克/千克，有效磷含量≥100毫克/千克，有效钾含量≥100毫克/千克。

3.产地环境

产地环境条件应符合《无公害农产品　种植业产地环境条件》（NY/T 5010—2016）规定。

4.地形地势

地形地势应符合《标准茶园建设规范》（NY/T 2172—2012）规定。

5.园地规划

根据茶园规模、地形和地貌等条件，设置合理的主干道、支道、步道等道路系统，便于茶园运输和机械作业，主干道、支道、步道宽度应符合《标准茶园建设规范》（NY/T 2172—2012）规定。配套沼液肥水一体灌溉设施，应符合《农用沼液管道还田技术规程》（DB50/T 485—2012）的规定。

6.园地开垦

对于平地或15°以下的缓坡地，应清除地面杂物，然后耕作2次，初垦深度要求在50厘米以上，翻埋杂草，复垦30厘米左右平整地面。坡度15°～25°的茶园需建立等高梯级园地，全面深耕50厘米左右，地面平整后种茶。

（二）栽植

1.栽植品种

选择适宜万州区的优良绿茶品种，如巴渝特早、福鼎大白茶、名山白毫、南江1号等无性系良种茶苗。

2.种苗质量

种苗质量应符合《茶树种苗》（GB 11767—2003）中规定的1级、2级标准。

3.栽植时间

10—11月栽植。

4.栽植模式

采用双行双株或双行单株错窝种植模式，大行距1.5～1.8米，小行距0.3米，株距0.3米，每亩栽植4 000～5 000株。

（三）施肥

肥料的种类、质量和使用方法应符合《肥料合理使用准则　通则》（NY/T 496—2010）规定，不宜施用含氯化肥。以有机肥为主，合理施用无机肥；测土配方，平衡施肥；重视基肥，分期追肥；有针对性补充中、微量元素肥料。

（四）鲜叶采摘

万州区域内生产的优质绿茶，鲜叶标准相对较高，仅限单芽、一芽一叶初展、一芽一叶、一芽一二叶初展、一芽一二叶和同等嫩度对夹叶5种规格。根据茶树生长特性和成品茶对加工原料的要求，遵循采留结合、量质兼顾、因园制宜和安全间隔的原则，采摘应符合《茶叶生产技术规程》（NY/T 5018—2015）规定。

（五）病虫害防治

防治原则：以农业防治为基础，以生物防治、物理机械防治为主导，加强植物检疫。

六、加工工艺

1.基本工艺流程

鲜叶—摊放—杀青—摊凉—揉捻—解块—理条（造型提毫）—毛火初烘—足干。

2.鲜叶标准

鲜叶的采摘标准：单芽、一芽一叶、一芽二叶，长度不超过4厘米。要求芽叶大小匀称整齐，禁采无虫伤芽、紫芽、红芽、空心芽。

3.摊放

鲜叶采摘后，应分级、分批依次摊放在通风、洁净、无异味的摊放架上，摊放厚度15～25毫米，要求疏松匀摊平整。根据气候条件，一般摊放4～8小时后开始炒制，当天采摘的鲜叶当天加工。

4.杀青

采用滚筒杀青机、汽热杀青机等杀青，温度180～220℃，杀青时间2～4分钟。以叶色变暗，鲜绿变深（暗）绿；叶质柔软，梗折不断；茶香显露，无焦边、糊叶为宜。

5.冷却

采用冷却输送机、风扇等及时冷却杀青叶。

6.初揉

采用揉捻机揉捻，投叶量为揉桶的80%，掌握"轻—重—轻"原则，揉捻25～30分钟。以揉捻叶基本成条，茶汁外溢为宜。

7.解块

采用茶叶解块机为揉捻后的叶子解块。

8.二青

采用动态脱水机、汽热杀青机等二青，散失部分水分，保持含水量在50%～65%。

9.复揉

采用揉捻机揉捻，投叶量为揉桶的80%，掌握"轻—重—轻"原则，揉捻25～30分钟。以揉捻叶基本成条，茶汁外溢为宜。

10.理条

采用振动理条机，投叶量不超过理条槽的1/4，温度90～120℃，时长8～12分钟。七成干（含水量35%～40%）时出锅，以茶条紧匀挺直、色泽绿润、白毫披露为宜。

11.干燥

采用烘干机干燥，温度90～95℃,100%风量，茶层厚度0.5～1.0厘米。茶叶含水量达4%～5%，茶梗手捏成末。

12.精制

采用色选机或滚筒机、风选机对毛茶"撩头"、"割脚"、去末，根据质量标准拼配。

13.提香

采用提香机提香，先以80℃烘30分钟，后以120℃烘15分钟，移出冷凉。

七、标志使用

"三峡天丛"公共品牌适用于万州辖区所属茶叶生产、加工、销售企业、专业合作社、家庭农场等在市场监 管部门登记注册且经重庆市万州区农业农村委员会授权的合法经营性主体，遵照《万州区"三峡天丛"叶区域公用品牌使用管理办法》执行。

第二节　涪陵白茶

涪陵白茶，重庆市无公害农产品，荣获重庆市"三峡杯"名茶金奖，全国"中华杯"名茶一等奖，中国绿色食品博览会金奖。2012年，注册地理标志商标。

一、品质特征

涪陵白茶产于重庆涪陵区蔺市镇铜鼓村生态条件优良的有机茶园基地，是涪陵区于2008年引进"安吉白茶"茶树品栽培，并以此品种鲜叶为原料创制开发的一款绿茶产品。涪陵白茶品质特点：茶叶外形金黄，自然呈"丫"状，冲泡后汤色清澈明亮，叶底似兰花盛开，具有嫩香持久、带花香、滋味鲜爽的品质特点。有关食品科研单位检测涪陵白茶春季（3—4月）白化期加工产品的内含物，结果表明，茶中氨基酸含量比同时期的一般绿茶高，具有高档名绿茶的品质特征。

二、生产情况

涪陵白茶产地位于涪陵区蔺市镇铜鼓村，已发展茶叶生产基地1 000余亩，其中无公害认证基地800亩、自有示范茶园300亩（获有机茶叶认证）。涪陵区当地企业拥有年产100吨成品茶的茶叶初精制加工厂1个，其中名优茶生产线2条，红茶生产线1条。

三、荣誉认证

2009年，通过重庆市无公害农产品认证和产地认定；2012年，通过国家有机茶产品植物生产加工认证。自2009年以来，先后荣获重庆市第七届、第八届、第九届"三峡杯"名茶金奖；2011年，涪陵白茶荣获全国第九届"中茶杯"名茶评比一等奖；2012年，上报国家工商行政管理总局，注册了"涪陵白茶"地理标志商标；2013年、2016年，连续两届荣登"重庆市十大名茶"榜；2016年9月，参加第十七届中国绿色食品博览会获得金奖。

四、加工技术

（一）鲜叶摊放

将采回的白茶鲜叶分级摊放，以摊放叶的芽叶稍有萎蔫、光泽消失、清香显露为标准。要求名茶原料摊叶厚度5～8厘米，优质茶原料摊叶厚度12～15厘米；雨水叶先通风吹除叶表水分，天气炎热时薄摊；摊放12～18小时，雨水叶应适当延长摊放时间。

（二）鲜叶杀青

将摊放适度的白茶鲜叶放入40型连续滚筒杀青机中以高温（260℃）快杀（2分钟），多透少闷，适当嫩杀，叶色暗绿、叶质柔软、折梗不断、清香显露、含水量在58%～62%时，立即倒出薄摊，强制散热冷却。

（三）杀青叶揉捻

制高档白茶叶，杀青叶应轻揉或不揉，轻揉采取手工揉捻或用微型名茶揉捻机揉捻。制优质茶时，杀青叶则用45型、55型揉捻机揉捻。揉捻加压方式为空压—轻压—中压或重压—轻压，对应的加压时间为空压2分钟，轻压5～8分钟，中压或重压10～15分钟，再轻压3分钟。注意控制加压程度和加压时间，避免过度揉捻。

（四）做型

利用名茶多功能做型机做型。每槽加揉捻叶0.15～0.25千克，温度控制在60～80℃，手捏茶叶不沾手时加棒轻压，直到成型。

（五）干燥

将做好型的名茶用烘笼或微型烘干机干燥，温度控制在70℃左右，慢烘60～90分钟；优质茶则用自动烘干机干燥。注意控制火功，实行低温慢烘，以发挥涪陵白茶特有的鲜爽、清香、醇和的品质风格。

五、质量检测

在幼龄茶园生长期间，涪陵区农业农村委员会检测春季鲜叶内含物，结果表明，涪陵白茶氨基酸含量明显高于同期内的其他春茶（表6-1-1）。

表6-1-1　涪陵白茶春季鲜叶内含物检测（毫克/克）

茶名	氨基酸	茶多酚	咖啡因	水浸出物	儿茶素	采制地点、时间
涪陵白茶	8.50	11.6	2.85	45.90	75.6	蔺市镇铜鼓村，2009年3月28日
涪陵毛峰	3.49	31.36	3.20	44.29	/	涪陵，2009年3月28日

第三节　巴南银针茶

巴南银针茶，重庆特产，中国名牌农产品，重庆市著名商标。巴南银针茶是选用重庆市巴南区二圣镇辖区内的生态茶园中以白象山特殊的土壤和气候条件种植的茶树上的"清明"前的嫩芽，经先进的加工工艺辅以"非遗"技艺炒制而成的一款特色产品。巴南银针茶传统制作技艺被列入重庆市第二批市级非物质文化遗产项目名录，"巴南银针"品牌价值1.41亿元。

一、产品特点

巴南银针茶以巴南区二圣镇白象山生态茶园中"清明"前的一芽一叶初展茶鲜叶为原料，成品呈针形，修长挺直，色泽绿润，白毫满披，清香鲜浓，鲜醇爽口，富含对人体有益的氨基酸、维生素、矿物质、茶多酚等营养和药理成分，用玻璃杯注入85℃山泉水冲泡效果最佳。

二、产地环境

巴南银针茶原料主要产自重庆市巴南区二圣镇惠民街道辖区内的明月山脉上的白象山生态茶园，茶树种植区域海拔800～1 200米，全年日照时数1 000～1 200小时，降水量1 000～1 400毫米，森林环抱，终年云雾缭绕、雨量充沛，气候温湿，土壤肥沃，是茶树最适生长区。

三、历史渊源

巴南区前身为巴县，具有悠久的产茶历史，属川东南古老茶区的一部分。20世纪60年代初，县境内仍有树龄在百年以上的成片古老茶园。明代《事物绀珠》汇全国茶类99种，重庆有"巴条茶、南丰茶"。20世纪60年代中期，巴县茶业开始大规模发展。1964年，引进云南大叶群体种，1965年，从福建引进福鼎大白茶、福安大白茶等良种。

1976年，原巴县二圣乡在明月山脉白象山茶园区域内建立乡办二圣茶厂，1985年，该厂改制后成立重庆市二圣茶业有限公司，经多年努力，研制出直条型特种绿茶并扩大生产，1995年，将产品定名为"巴南银针"并申报注册商标，获得国家工商行政管理总局商标局批准注册。此后，巴南银针茶一直由重庆市二圣茶业有限公司独家生产经营。2005年，经重庆市人民政府批准，成立重庆茶业（集团）有限公司，"巴南银针"作为集团重点培育、推广的品牌之一。

2016年，巴南银针成品茶产量突破23吨，其销售市场以重庆市为中心，辐射全国，并以转销形式远销丹麦、比利时、美国等国家。

四、生产情况

（一）生产流程

1.原材料与设备

（1）原材料。巴南银针茶原料为福鼎大白茶、巴渝特早良种茶树"清明"前一芽一叶初展芽叶，芽头肥壮、新鲜、完整、无损伤、无虫害。

（2）设备。随着时代的发展、技术的进步，巴南银针茶由手工加工发展为机械加工，加工装备水平和生产能力不断提升，实现了巴南银针加工的清洁化、连续化、智能化，保证茶叶产品的优质、安全。

①摊放机：2015年，淘汰自制传统摊放槽，引进全自动智能摊放机，摊放能力、摊放质量得以大幅度提高。

②杀青机：逐步由滚筒杀青机、滚筒连续杀青机、热风连续杀青机发展到超高温热风杀青机、微波杀青机，工效和杀青质量大大提高。

③揉捻机：由凭经验手动操作的传统揉捻机械发展为自动调节压力、转速、时间、容量的智能型揉捻机。

④理条机：是巴南银针茶的外形风格形成的关键设备，现已将传统的理条设备更新为智能化的理条设备。

⑤精选设备：由手工选别、风车、拣梗机发展为以色差选别、叶绿素选别等智能精选设备。

2.加工工艺

20世纪70—90年代，巴南银针茶从原料到加工为成品，需经过8道工序，即原料验级、摊放、杀青、初揉、杀二青、复揉、理条、干燥。2000年以后，升级为11道工序，即茶叶鲜叶收购验级、摊放、热风杀青、微波杀青、揉捻、复揉、理条、干燥、精选、提香、包装。每道工序均有操作规程和半成品质量标准，随着设备、原材料、技术手段等条件的改变和进步，以及受产品规格、质量要求的不同的影响，茶叶加工工序发生相应的调整和改变。

（二）质量规格

1.产品包装

20世纪70—90年代初的茶叶均为散茶，无包装，也无固定规格，根据客户需要现场称量后用纸包裹。90年代后期，巴南银针茶已有100克、150克、200克3个规格，没有分等级。

2000年后，重庆市茶业有限公司研发了纸袋、塑料袋、纸盒、铁盒、铁罐、陶瓷罐等新的包装方式，内装茶叶在50克、75克、100克的基础上，发展出3克、3.5克、3.6克等独立小袋，一泡一袋，十分便利，并配备了美观的手提外袋，各种包装材料必须符合国家食品卫生标准，根据茶叶质量标准，将成品茶细分为"特级""明前""雨水"3个等级，巴南银针茶现有不同规格包装的40个单品。

2.质量改进

初期的巴南银针外形、色泽不一致，大小不均匀，颜色较暗，"其貌"不扬，但香味浓郁。

自引进先进生产设备后，巴南银针茶产品通过色选、筛选、风选等精制工艺分级，质量要求严格，外形质量提高，使巴南银针茶产品形成了"形状紧秀挺直、色泽绿润、身披白毫、栗香明显、清香鲜浓、滋味醇和、回甘明显"的特点。

1993年，国家出台了绿茶质量标准《绿茶　第1部分：基本要求》(GB/T 14456.1—2017)，2008年，重庆市出台地方标准《特种绿茶》(DB50/27—2008)，使巴南银针茶叶的生产和质量改进有了更明确的标准。

3.质量检验

20世纪70—80年代，茶叶质量检验没有国家标准，全凭感官，从色泽、口感、香气、叶底等几方面审评，色泽绿润、口感鲜醇和、茶汤黄绿明亮为上品。

1993年，国家颁布了绿茶标准，开始对茶叶感观、理化指标等进行感官与仪器化验相配合的检验。参与评茶和检验的人员应保持感觉灵敏。仪器化验主要是测定抽样样品的含水量、灰分。

检验定级后，出厂前分批次送市、区相关检验部门检测，合格后销售至市场。

五、发展状况

巴南银针茶销往全国各大、中城市市场，并远销丹麦、比利时、韩国、美国等国家。

（一）茶叶之乡

巴南区的前身巴县在很早以前就是闻名全国的茶叶之乡。20世纪50年代，巴县茶树种植面积上千亩；60年代，达6 000多亩；1977年，达19 738亩，共产茶叶285吨，同年，巴县被农业部评为"全国茶叶基地县"；1986年，巴县茶园面积达30 797亩，茶叶总产1 515吨；1994年，巴县茶树种植面积为30 200亩，茶叶总产2 384吨。

撤县建区后，巴南区继续推进茶叶产业发展，至2008年，全区茶园面积达33 000亩，投产茶园面积23 800亩，茶叶总产量2 240吨，加工总产值5 220万元；2014年，全区茶园总面积33 795亩，茶叶总产量3 823吨，总加工产值9 400万元；2017年，全区茶树种植面积达4万亩，茶叶原料总产量14 500吨，成品产量3 040吨，实现产业总收入1.95亿元，巴南茶有了新的发展。

在茶树品种方面，20世纪60年代，巴南区（原巴县）开始引进、推广云南大叶茶、福鼎大白茶、梅占等系列良种。2014年，巴南区选育的茶树新品种巴渝特早通过国家审定，实现巴南区育成国家级农作物品种零的突破。在白象山茶园建有国家级茶树良种繁育基地。

良种的推广种植，催生了巴南区以"巴南银针""巴山银芽"等为代表的名优品牌茶叶。

（二）规模化种植

重庆市二圣茶业有限公司通过建立、完善"企业＋基地＋专业合作社＋农户"的经营机制，扶持发展茶树种植、订单收购巴南银针茶鲜叶、实行利益共享等，培养了一批种茶大户。截至2017年，重庆市二圣茶业有限公司在白象山、天坪山建立茶叶生产基地2万亩，其中，核心标准茶园基地4 000亩，培育茶叶种植大户20余户。

（三）现代化生产

茶叶生产全面实现自动化、规模化，清洁化、高效化，设施设备处于国内外同行业领先水平。

（四）规范化管理

重庆茶业（集团）有限公司在大力引进先进设备、工艺改造传统生产的同时，特别注重产品质量，从原料加工直至产品出厂，都严格执行《绿茶　第1部分：基本要求》（GB/T 14456.1—2017）的工艺工序和质量要求，实施生产全过程质量监控，实现了规范化管理。

（五）系列化产品

巴南银针茶历经40多年发展，形成了袋装、瓶装、罐装、盒装、小包装等系列单品40余个，极大地满足了国内外消费市场的需要。

六、荣誉认证

巴南银针茶共荣获国际、国内省部级以上金、银、优质奖40余个（次）。

1997年起，巴南银针茶先后获得首届、第二届、第四届、第七届、第八届重庆市"三峡杯"优质名茶金奖。

2000年，巴南银针茶获中国（成都）国际茶博览会金奖。

2001年，巴南银针茶获中国国际农业博览会"名牌产品"称号。

2004年，巴南银针茶经中国绿色食品发展中心审核、认证为绿色食品。

2005年，巴南银针茶成为2005亚太城市市长峰会唯一指定用茶，01号、02号和100克巴南银针样品茶以21万元拍卖。

2005—2015年，巴南银针茶先后获得第六届、第七届、第八届、第十一届"中茶杯"全国名优茶评比一等奖。

2008年，巴南银针茶获"中国名牌农产品"称号，被评为重庆市"十大名茶"。

2009—2017年，巴南银针茶连续获"重庆名牌农产品"称号。

2014年，巴南银针茶获"重庆特产名片"称号，被中国茶叶品牌价值评估课题组评估认定品牌价值为1.41亿元。

2016年，巴南银针茶获得第十七届中国绿色食品博览会金奖，被列入"重庆名特食品50强"名单。

2017年，巴南银针茶获得"重庆十大特产名片"称号。

第四节　巴山银芽茶

巴山银芽茶，重庆特产，国家级名茶。巴山银芽茶是选用在巴南区圣灯山镇石林生态茶园特殊区域的土壤和气候条件下种植的茶树，"清明"前一芽一叶的嫩茶作原料，经先进的加工工艺辅以传统工艺炒制而成的一种特色产品。

一、产品特点

巴山银芽茶原料采自巴南区圣灯山镇石林生态茶园福鼎大白茶树，采摘时期为"清明"前15天左右到清明节止。其鲜叶的标准要求为一芽一叶初展，不带余叶、虫叶、病叶及其他相关的鲜叶质量要求标准。巴山银芽茶成品外形挺直如针，色白似银，香味浓郁持久，滋味醇和回甘，汤色淡绿清亮，叶底嫩绿、完整、匀洁，富含对人体有益的氨基酸、维生素、矿物质、茶多酚等营养和药理成分，用玻璃杯注入85℃山泉水冲泡的效果最佳。

二、产地环境

巴山银芽茶主要产自重庆市巴南区圣灯山脉一带，茶园地理坐标为东经106°48′、北纬29°16′，属亚热带湿润季风气候，地处背斜低山顶部，平均海拔高度800多米，年平均气温17℃，全年日照总时数1 000 ~ 1 200小时，常年降水量1 000 ~ 1 400毫米。茶园四周有茂密的森林8 000多亩，远离城区，无"三废"污染，土壤以紫色为主，pH4.5 ~ 5.5，终年云雾缭绕、雨量充沛，气候温湿，土壤肥沃，是茶树最适生长区。

三、历史渊源

巴南区前身为巴县，有悠久的产茶历史，属川东南古老茶区的一部分。20世纪60年代初，县境内仍有树龄在百年以上的成片古老茶园。明代《事物绀珠》汇有全国茶类99种，重庆有"巴条茶、南丰茶"。20世纪60年代中期，巴县茶业开始大规模发展。1974年，巴县石岭乡（现巴南区石林村）从福建引种，建立福鼎大白茶茶园2 000亩，成为四川省规模化种植"福鼎大白茶"面积最大的茶园。1975年，建立乡办企业石岭茶厂。巴山银芽创制于1980年，是同时期重庆少有的新创名茶。1980—1990年，产品主销上海，并销往香港。2002年，石岭茶厂转制为重庆品茗茶业有限公司，承包经营原石岭乡办茶场，并新建500亩福鼎大白茶示范茶园，自有茶园面积达1 500亩，生产"正清和"牌巴山银芽茶。

四、生产情况

（一）生产流程

1.原材料与设备

（1）原材料。巴山银芽茶原料为"清明"前福鼎大白茶茶树一芽一叶初展芽叶，芽叶完整、新鲜、无损伤、无病虫为害。

（2）设备。巴山银芽茶加工经历了全手工制作、半机械半手工制作、机械化加工为主3个发展阶段。随着时代的发展、技术的进步，为产品品质提升，巴山银芽茶加工生产线装备了鲜叶摊放机、热风杀青机、揉捻机、理条机、自动烘干机、提香机、色选机等先进加工机械。

2.加工工艺

鲜叶摊放—杀青—初烘—杀二青—做型—足烘—提香。

3.产品包装

2018年前，巴山银芽茶主要销往上海外贸和出口香港，包装为锡箔内袋加木箱。当地销售为塑料袋小包装。目前有纸袋、塑铝袋、纸盒、铁盒、铁罐、陶瓷罐等多种形式的包装。

（二）质量规格

1.成品规格

巴山银芽茶有"正气""清心""和缘"3个等级，有各种不同量级的包装规格。

2.质量改进

全手工阶段，由于过程控制难于精准化，产品质量不稳定。随着机械化程度的提高，产品质量可以保持稳定。

3.质量检验

产品质量由企业评审人员以感官审评确定，并测定水分、灰分。定期进行委托检验。

五、发展现状

巴山银芽原料基地集中于巴南区圣灯山镇石林村，现有福鼎大白茶茶园3 000亩。通过持续推广、运用无公害栽培技术，原料质量达到绿色食品标准。

六、荣誉奖项

1980年，巴山银芽茶被评为四川省级名茶。

1986年，巴山银芽茶被评为国家级名绿茶。

1988年，巴山银芽名绿茶被写入《中国茶经》一书。

1994年，"正清和"牌巴山银芽茶荣获上海国际茶文化节优质名茶。

2006年，巴山银芽茶荣获第六届国际名茶评比银奖，并被收入《中国名茶评定2006》年鉴，是年，获重庆市"三峡杯"优质名茶奖。

2008年，巴山银芽茶获重庆市"三峡杯"名优茶金奖及中国重庆茶业博览会名优茶金奖。自2008年起，巴山银芽茶连续获得第七届、第八届、第九届、第十届国际名茶评比金奖。

2013年，巴山银芽茶获"重庆名特食品"称号。

2014年，巴山银芽茶在世界茶联合会（香港）第九届国际名茶评比中获得"中国绿茶金奖"。

第五节　江津"四面绿针"茶叶

"四面绿针"牌系列茶叶，产于江津区富硒地带蔡家猫山海拔600米左右区域，茶叶冲泡后香气浓郁，汤色嫩绿明亮，滋味醇爽回甘，多次获得金奖。

一、历史来源

据江津县志记载，猫山方圆上百里的男女老幼皆喜饮茶，由来已久。从清康熙四十八年（1709年）、四十九年（1710年）到乾隆十三年（1748年），再至民国二十六年（1937年），是江津种植和制茶的兴盛时期。"四面绿针"牌茶叶由重庆市旺发茶叶有限公司生产，现有生态茶园面积3 000亩，年产干茶250余吨。

二、产地环境

茶叶基地多分布在海拔500～600米的猫山上，这里的茶树一年四季云滋雾养，饱含日月精华及天地灵气。基地土质肥沃，植被葱郁，气候温和，雨量充沛，是茶叶生产的理想之地，所产茶叶香高味醇，耐冲泡。更难能可贵的是，猫山土层深厚，pH4.5～6.0，土壤含硒量为0.47毫克/千克，属高硒地区，为生态茶叶基地提供了丰富的土地资源，所产茶叶是名副其实的富硒茶。

富硒生态茶园里的大部分茶树是20世纪70年代初就陆续栽种的老川茶树，本身富含茶氨酸，具有一些优良茶树品种的良好品质特征，可根据原料特点制作风格各异的茶类产品，而且老川茶树原料中茶多酚含量相对较高，制茶浓醇，苦涩味相对较轻，所制茶叶耐泡，回口香甜，4～5泡之后仍有余香，适合年轻化社会的消费口味。茶园中还有茶叶口感醇厚，汤色极佳的福选9号茶、福鼎大白茶等。

三、质量技术

富硒生态茶园依据茶树的生物特性，采用立体复合栽培，茶木共生，保持原生态，引山泉水用于灌溉，坚持采用人工除草，施用有机肥料，采取天敌捕杀、灯光诱捕以及人工捕杀等自然方法防治病虫害。这些措施保证了茶叶的上乘品质，所产茶叶是真正的天然绿色养生的富硒饮品。

四、荣誉认证

2010年，"四面绿针"茶叶被中国中轻产品质量保障中心认定为中国知名品牌。

2012年，"四面绿针"茶叶荣获重庆市第九届"三峡杯"名优茶评比金奖。

2016年，"四面绿针"茶叶荣获重庆市第十一届"三峡杯"名优茶评比金奖。

2016年，"四面绿针"茶叶荣获第十一届峨眉山杯国际名茶金奖和"重庆十大名茶"称号。

2018年，"四面绿针"茶叶获得富硒农产品证书。

2019年，"四面绿针"茶叶在重庆市第二届斗茶大赛中获"重庆市十大优秀茶叶产品"称号。

五、品质特点

"四面绿针"茶叶主要以采摘于"清明"前的一芽一叶为原料，采用传统手工制作和现代工艺精制而成。该产品外形紧细圆直，香气浓郁，滋味回甘，耐冲泡。得猫山之灵气，为绿茶中的精品。含有人体必需的硒元素，长期饮用有利于增强免疫力；茶中有丰富的茶多酚、氨基酸、茶多糖等物质，具有预防糖尿病、心脑血管疾病等功效。

第六节　江津"猫山鹰舌芽"绿茶

"猫山鹰舌芽"绿茶，"重庆名牌农产品"、江津区知名品牌商标、无公害农产品、富硒农产品。江津种茶历史悠久，据《江津县志》记载，已有300多年历史。"猫山鹰舌芽"绿茶主产于猫山区域，具有汤色嫩绿、叶质柔软、香高、滋味浓、耐冲泡等特点，曾获第三届中国茶叶博览会绿茶类金奖。

一、产地环境

"猫山鹰舌芽"产地猫山位于江津区南部，纵向25.5千米，横跨蔡家、嘉平、李市3镇，海拔500～600米，无污染、雨水充足、昼夜温差大，气候温润宜人、植被葱郁，自然资源丰富，独特的地理环境和气候条件十分适合茶树生长，特别是其土壤含硒量达0.4毫克/千克以上，该产区是少有的富硒茶生态带。

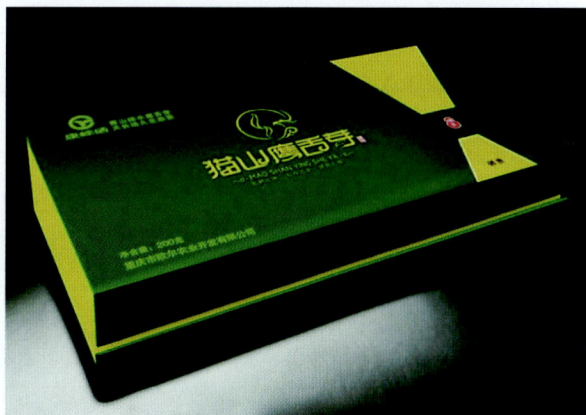

二、历史渊源

江津是重庆茶叶主要产区之一，种茶历史悠久。江津南部山区属云贵高原大娄山余脉北麓，是原始茶树产地之一。大娄山茶区是一个非常古老的茶区，是中国茶文化的起源地之一，是唐代中国"八大茶乡"之一，是中国主要的茶叶生产基地之一。据《江津县志》记载，清康熙四十八年（1709年）、四十九年（1710年），洋景、洪洞、旋水居民相率栽种茶树，雍正年间产茶万斤，乾隆时运销永川、璧山。民国二十六年（1937年）产茶约150吨，被四川省列为重点产茶县。20世纪70年代，嘉平、蔡家、李市3个镇交接的猫山一带开始种茶。到20世纪90年代，猫山共有茶场10余家，茶叶基地面积达1万多亩。2013年，重庆市欧尔农业开发有限公司承包了猫山7个村级茶场，面积达1万余亩，建设猫山富硒生态茶叶基地。新建5 000平方米茶叶生产厂，引进、安装2条现代化的茶叶生产线，着力开发猫山富硒生态茶。

三、荣誉认证

2014年2月，重庆市欧尔农业开发有限公司猫山富硒生态茶叶基地被重庆市老年学会正式命名为重庆市唯一的"长寿研究基地"。

2015年10月，"猫山鹰舌芽"绿茶荣获第三届中国茶叶博览会绿茶类金奖。

2016年12月，"猫山鹰舌芽"绿茶获农业部农产品质量安全中心颁发的无公害农产品证书。

2017年10月，"猫山鹰舌芽"绿茶荣获"重庆名牌农产品"称号。同年11月，"猫山鹰舌芽"绿茶获富硒产品认证证书。

四、品质特点

"猫山鹰舌芽"绿茶以早春的独芽和一芽一叶的鲜叶为原料，结合传统和现代工艺加工精制而成，是绿茶中的高端产品。因"猫山鹰舌芽"绿茶属烘青绿茶，具有"香高、味浓、耐泡"的特点，营养丰富，长期饮用，有延缓衰老、增加抵抗力、醒脑提神、利尿解乏、降脂助消化的作用。由于猫山区域土壤含硒量达0.4毫克/千克以上，经重庆市计量质量检测研究院检测，"猫山鹰舌芽"绿茶硒含量达1.34毫克/千克，是名副其实的富硒茶，具有一定的抗癌功效。

五、生产加工

2013年以来，重庆市欧尔农业开发有限公司依托1万余亩猫山富硒生态茶叶基地，在嘉平镇新建5 000平方米的茶叶生产厂，引进安装2条现代化的茶叶生产线，着力开发生态富硒茶。采用"鲜叶进厂验收—摊凉—杀青—冷却—回潮—揉捻—脱水—冷却—回潮—揉捻—分解—理条—烘干—精制—分

级—包装—成品"的现代化生产流水线加工生产，确保"猫山鹰舌芽"绿茶的品质。

（一）鲜叶入库验收标准

"猫山鹰舌芽"绿茶鲜叶入库标准见表6-1-2。

表6-1-2 "猫山鹰舌芽"绿茶鲜叶入库标准

嫩　度	匀净度	新鲜度
叶色鲜绿、有茸毛、叶质柔软、一叶一芽、一芽二叶、长2～4厘米	鲜叶老嫩相对一致、大小相对一致、叶片完整、不破碎、无虫害、冻伤叶，无非茶类夹杂物，无老叶、茶果、鳞片等茶类夹入物，无不符合标准的茶叶	芽叶鲜嫩、自然舒展，不萎缩，不发热，无变色，无水闷气味
选择采摘时间	采摘标准	采摘用具
春茶开摘时间为3月至5月底，具体根据茶叶发芽状况气候条件灵活掌握。鲜叶分批多次采摘，鲜叶在上午露水收干后、下午5时前采摘，雨天在放晴2小时后且无表面水后采摘	特级标准：全单芽。一级标准：一芽一叶，长2～3厘米。二级标准：一芽二叶，长2～4厘米。叶柄部位摘断，柄小于3毫米，各级鲜叶单独存放	使用透气、卫生、无异味污染的容器盛鲜叶，以竹编用器为宜。禁止用布袋、塑料袋等不透气的存放茶叶

（二）鲜摊摊青标准

鲜叶入库后，按鲜叶等级分别摊放，堆放厚度3厘米左右，每2小时翻1遍，鲜叶摊放时间在8小时左右。

（三）茶叶杀青要求

预热—上料—回潮。

气热杀青机的热风温度达到190℃时开始喂料，杀青叶以手揉搓成团不碎，无青草气、有清茶香为宜，杀青叶回潮40～60分钟后进入揉捻工序。

（四）茶叶理条要求

预热—上料—理条—烘干—精制。

理条机温度达190℃时喂料，理条时间大约15分钟，后出料。

（五）茶叶烘干要求

烘干机预热至120℃时，将理条后的茶叶烘干，烘至含水率7%以下即可。下机冷却后的茶叶精制分级。

（六）包装、储藏要求

按《食品安全国家标准　预包装食品标签通则》（GB 7718—2011）的要求订购包装物。将合格包装物消毒灭菌后，按规格要求进入包装车间规范包装，做好批次记录，进入保鲜库保存。

六、质量特色

（一）感官品质

"猫山鹰舌芽"绿茶感官品质见表6-1-3。

表6-1-3　"猫山鹰舌芽"绿茶感官品质

指标	标准
外形	色泽翠绿、条索紧细、芽尖细直
汤色	黄绿明亮
香气	栗香持久
滋味	鲜爽醇厚
叶底	嫩绿明亮

（二）理化指标

按照《绿茶　第1部分：基本要求》（GB/T 14456.1—2017）执行。

第七节　江津"四面碧芽"茶叶

一、产地环境

"四面碧芽"茶叶茶园坐落在美丽丰饶的江津区嘉平镇天水村猫儿山，现有茶叶基地2 200亩，其中茶厂自有基地1 500亩，辐射周边农户150户、茶园700亩。

猫儿山山清水秀、四季分明、雨量充沛、土壤肥沃、富含硒元素（其中：土壤含硒量0.47毫克/千克，茶叶中硒含量为0.156毫克/千克），环境无污染，土壤 pH4.5 ～ 5.5，是建设富硒有机茶园的天然适宜区域。

二、荣誉认证

1991年10月，"四面碧芽"茶叶被重庆市农牧渔业局授予优质农产品证书。
2012年2月，"四面碧芽"茶叶获中国西部茶叶博览会名优茶评比银奖。
2012年5月，"四面碧芽"茶叶获重庆市第九届"三峡怀"名优茶评比银奖。
2013年5月，"四面碧芽"茶叶荣获第二届中国（四川）国际茶业博览会金奖。

三、制作工艺

（一）摊青

将鲜叶摊放于室内阴凉通风的摊青槽中，鲜叶含水率在70%左右时，即可杀青。此时茶青芽叶萎软、色泽暗绿、略显清香。

（二）杀青

采用滚筒杀青机杀青，筒内温度为140 ～ 170℃，以杀至叶质柔软，手捏成团，稍有弹性，茎折不断，无青草气，有清香时为适度。

（三）分筛

将大小不同的在制品分级，以利于做形。

（四）做形

选用名茶多功能炒制机，槽锅温度120℃左右；温度掌握"先高、后低、再高"的原则；投叶后开始3分钟不加压，待茶叶回软后，将槽锅振动频率降低至105次/分钟，加压2分钟，之后不加压1～2分钟，再加压4～6分钟，最后抛炒1分钟，共历时10～12分钟，出锅摊凉回潮。

（五）摊凉

做形起锅后的在制品要摊凉，使在制品水分重新分布，以利辉锅，提高成品茶的扁平滑度。

（六）辉锅

辉锅温度为80～100℃，投叶量0.2～0.3千克，手法应注意抖、压结合，辉至茶叶扁平、挺直、光滑、香气四溢、含水量10%左右时出锅。

（七）脱毫

使用多功能机脱毫，锅温65～75℃，速度145～150转/分钟，下机前3分钟速度130～135转/分钟，外形扁平直较光滑时下机。

（八）提香

选用多用机，温度由90℃逐渐上升至100℃，时间10～15分钟。干茶香气扑鼻时，即可下机冷却装袋。

（九）储存

采用茶叶保鲜库，密封低温冷藏。

四、生产情况

"四面碧芽"茶叶加工茶厂有不同层次茶叶专业技术人员45人，建成厂区6 500平方米，其中生产用房4 500平方米；现有设备滚筒杀青机、烘干机、揉捻机、色选机等制茶机具40余台，技术力量雄厚，加工设备较为先进，茶叶生产已有较大的规模。2019年，加工厂共生产茶叶200余吨，产值达1 768.6万元。

第八节　永川秀芽

永川秀芽，重庆茶叶的标志性代表，区级非物质文化遗产，地理标志商标，国家发明专利产品，被录入中国名茶研究选集，重庆市唯一的"中国茶叶优秀区域公用品牌"。

永川秀芽共有"云岭""云升""新胜""永荣""又一春""得川"等21个子品牌。1989年被农业部评为"全国优质农产品"。近年来，在国际、国内名茶评比中11次获得金奖。2015年，获"全国最具文化底蕴十大地理标志名茶"和"最受消费者喜爱的中国农产品区域公用品牌"称号；2018年，被评为重庆市"三大茶叶品牌"，并获得第二届中国国际茶叶博览会金奖。

一、人文历史

永川产茶历史悠久，在两汉时期已有茶的种植和生产。据《永川县志》记载，民国初年，巴岳山、箕山等地就是产茶地区，在中华人民共和国成立前，年产茶只有680担。中华人民共和国成立后，重庆市农业科学院茶叶研究所（原四川省农业科学院茶叶研究所）和四川新胜茶场相继落户永川，带动了永川地区茶产业的发展。茶叶研究所于1959年开始研制、生产手工针形名茶，历经创制、改进、提高三大阶段，由中国著名茶学专家陈椽教授命名为"永川秀芽"。20世纪60年代初，朱德委员长莅临永川，视察重庆市茶叶研究所试验茶园，品尝"银峰"（永川秀芽曾用名）名茶，他端起茶杯，轻轻呷了一口，用地道的家乡话赞道："还是这个茶好！"。20世纪70年代中期，先后新建茶园500余公顷、茶叶加工厂（场）50余个，永川秀芽种植加工得到了快速发展。进入21世纪，永川秀芽种植面积由3万亩扩大到9万亩，新建加工厂10余家。其独特品质和口感被消费者口碑相传，影响范围扩大到重庆、成都、北京、上海等全国各地。

二、品质特征

永川秀芽为针形名茶，绿茶类，其外形紧圆细直，汤色黄绿明亮，香气鲜嫩高长，滋味鲜醇回甘，叶底嫩匀明亮，具有名优绿茶级别的色、香、味，不含非茶类物质和任何添加剂。茶水入口，使人精神愉悦，心旷神怡，唇齿留香，堪称茶中一绝。

三、产地环境

永川秀芽的特性主要受独特的光照、适宜的温湿度和水质控制、土质地貌的影响。永川属中亚热带湿润季风气候，四季分明，气候温和，雨量充沛，雨热同步，日照充足，无霜期长，年平均日照1 362.5小时，年平均降雨1 034.9毫米，年平均无霜期317天，年平均气温17.9℃。冬季严寒、春季回暖早，茶树春季提早萌芽，与同纬度的浙江、安徽等产茶大省相比，茶园可提早20～25天开采，有开发高附加值早市名优茶的独特优势。永川区96.8%属于丘陵和低山，土壤有机质含量高，疏松肥沃，酸碱度适宜（pH4.5～5.5），水热资源丰富，云雾多，湿度大，为生产优质名茶提供了广阔的种植空间和土地资源。茶叶种植土壤环境质量完全符合《土壤环境质量标准》（GB 15618—1995）二级标准以上、水源质量能达到《地表水环境质量标准》（GB 3838—2002）Ⅲ类以上标准，是中国早市名优茶生产的最佳优势区域。

四、生产加工

永川茶叶主要分布在云雾山、阴山、箕山、巴岳山四大山脉的永荣、双石、大安、宝峰、茶山竹海等15个镇（街），适种面积达20余万亩。现有茶叶基地面积达9万亩。茶园品种结构中，无性系良种占70%，特早芽种、早芽种占50%；名优茶产量占65%、大宗茶占35%。目前获授权使用"永川秀芽"商标的加工企业有13家，茶叶加工销售主要有绿茶、花茶、红茶，其中以绿茶为主。

永川秀芽有独特的品质，除特殊的地理条件和气候因素外，特定的生产加工方式也是影响其产品品质的重要因素。

（一）茶叶生产技术要求

1.产地条件

年平均温度在13℃以上，空气质量应符合国家《环境空气质量标准》（GB 3095—2012），土壤土

层深厚、疏松肥沃、通气和排水良好，pH4.5～6.5，园地灌溉用水不受污染。

2.品种选择

选择适宜的中小叶茶树良种，如巴渝特早、福鼎大白茶、早白尖5号、南江1号、碧香早等。

3.种植方法

茶园按1.5～1.8米（双行种植）或1.2～1.5米（单行种植）的行距开箱，沟深0.3米、宽0.4米，沟内亩施饼肥200～300千克、尿素10千克、磷肥100千克或亩施复合肥150～200千克，然后覆土，底肥的深度在30～40厘米。

茶苗移栽：10下旬至11月中旬，选择阴天或雨后初晴的天气移栽；茶苗根颈离土表3厘米左右，根系离底肥10厘米以上。

4.茶园培肥管理

土壤覆盖：用杂草、修剪出的枝叶和作物秸秆等材料，于11月覆盖茶园裸露地面。

茶园耕作：浅耕每年3～4次，11月上旬中耕1次。

绿肥种植：夏季绿肥种植时间为3—4月；冬季绿肥种植时间为10月。土壤pH低于4.0的茶园，每亩施用白云石粉200～300千克；高于6.0的，选用生理酸性肥料调节土壤pH至适宜的范围。

施肥管理：施肥分为基肥和追肥，成龄采摘茶园每亩1年施用氮肥（按纯氮计）20～30千克，磷肥（按P_2O_5计）4～8千克，钾肥（按K_2O计）6～10千克。

基肥于当年秋季采摘结束后施用，有机肥与化学肥料配合施用。平地和宽幅梯级茶园在茶行中间开沟深施、坡地和窄幅梯级茶园在上坡位置或内侧方向开沟深施，深度在20厘米以上。每亩基肥施用量（按纯氮计）6～12千克，占全年的30%～40%。

追肥在各季茶叶开采前20～40天施用，春季追肥在每年1月上中旬施用，夏季追肥在每年5月中下旬施用，秋季追肥在每年8月上中旬施肥用；肥源以化学肥料为主，开沟施入，深度10厘米左右。施用量（按纯氮计）为每次每亩不超过15千克。

5.茶园水分管理

茶苗定植后，要及时浇上定根水，定根水要淋透；定植后若是连续晴天，3～4天浇水1次。

茶园土壤含水率下降到田间持水量的70%以下时，应及时灌溉。可采取浇灌、流灌、喷灌等。灌溉用水符合《农田灌溉水质标准》（GB 5084—2005）要求。土壤含水率在田间持水量的90%以上时，茶园应及时排水。

6.病虫草害防治

（1）农业防治。换种改植和发展新茶园时，选用对当地主要病虫害抗性较强的品种。分批、多次、及时采摘，以防假眼小绿叶蝉、茶橙瘿螨、茶跗线螨等危害芽叶的病虫。

采用深修剪或重修剪等技术措施，减轻黑刺粉虱、蚧类、毒蛾等害虫的危害，控制螨类的越冬基数。

秋末，宜结合施肥深耕，减少越冬的鳞翅目和象甲类害虫的种群密度。清理受病虫危害的茶树根际附近的落叶和翻耕表土，减少茶树病原菌和表土中的害虫的越冬场所。

（2）物理防治。采用人工捕杀，减轻茶毛虫、蓑蛾等害虫危害；利用害虫的趋性，采用灯光诱杀、色板诱杀或异性诱杀；采用机械或人工方法防除杂草。

（3）生物防治。保护和利用当地茶园中的草蛉、瓢虫、蜘蛛等有益生物，减少人为因素对天敌的伤害。

宜使用生物源农药，如微生物农药、植物源农药和矿物源农药。所使用的生物源农药和矿物源农药应通过农业农村部登记许可。

（4）化学防治。严格按制定的防治指标，掌握防治适期施药。有限制地使用低毒、低残留、低水溶解度的农药，限制使用高水溶性农药。禁止使用国家公告禁限高毒、高残留农药和被撤销茶树上使用登记许可的农药。在茶园冬季管理结束后，用石硫合剂封园。

7.树冠培养

根据茶树的树龄、长势，采用定型修剪、轻修剪、深修剪、重修剪、台刈和侧边修剪等方法培育，培养优化型树冠，复壮树势。

8.茶叶采摘

采摘一芽一叶和一芽二叶。手工采摘要求提采，保持芽叶完整、新鲜、匀净，不夹带鳞片、鱼叶、茶果与老枝叶，不宜捋采和抓采。

采用清洁、通风性良好的竹编、网眼茶篮或篓筐盛装鲜叶。采下的茶叶及时运抵茶厂加工，防止鲜叶质变和混入有毒、有害物资。

（二）茶叶加工技术要求

1.基本工艺流程

鲜叶—摊放—杀青—摊凉—初揉捻—烘二青—复揉捻—解块—做形—干燥。

2.关键技术点

（1）摊放。鲜叶采摘后，分级、分批摊放在通风、洁净、无异味的摊凉网、摊凉平台或摊凉机，摊放厚度3～10厘米，每隔2小时左右轻翻1次，一般摊放4～8小时后开始炒制。

（2）杀青。鲜叶杀青可采用滚筒杀青机或汽热杀青机或热风杀青机。杀青适度标准为：叶色暗绿，折梗不断，手握成团，抛之即散，茶香明显，无焦边糊叶。以前用炒锅杀青（见下图）。

（3）冷却。杀青叶应及时冷却，可采用冷却输送机、风扇等冷却杀青叶。

（4）初揉。选用盘式揉捻机揉捻。

（5）烘二青。采用烘干机烘二青，也可采用6CHT-100动态烘干机，温度90～110℃，时间5～7分钟，投叶量10～20千克/分钟。可根据选择特性及品质要求判断是否需要烘二青。

（6）复揉。根据投叶量，按照轻揉、中揉、厚揉、松揉程序复揉。

（7）解块。采用茶叶解块机、解块筛分机对复揉叶解块。

（8）做形。可采用6CLZ-60、6CLZ-80茶叶振动理条机。

（9）干燥。采用连续烘干机，分2～3次烘干至含水量低于7%。

3.生产记录要求

详细的记录产品生产地点，土壤耕作茬口，所使用农机具，施用肥料名称、施肥方式、施肥时间、施肥量，施用农药名称、施药方式、施药时间，产品加工过程、仓储、销售等项目的日期、方式、数量等。

4.产品包装、运输及储存

产品包装必须符合国家相关食品安全标准和有关规定。运输工具应清洁卫生，不得与有毒有害、

有异味、易污染的物品混装、混运，并在常温或冷藏条件下运输。产品应轻装、轻卸，防止挤压、暴晒、雨淋、防尘。产品储存在清洁、防潮、无异味的库房或冷藏库，严禁与有毒有害、易污染的物品混放。

五、质量安全

永川秀芽产地和生产加工过程及安全要求执行无公害农产品标准规定。产品从生产、加工到流通，均建有十分严格的质量监管制度和质量追溯体系，实行全过程监控，定期、不定期开展质量安全监测及执法检查，切实做到监测到位、执法到位，确保产品质量安全。

由永川区茶叶行业协会对"永川秀芽"地理标志统一管理，统一制定行业标准和地理标志使用管理规则。使用单位必须经协会统一授权，并严格按照相关制度使用，由行业协会统一印制"永川秀芽"防伪商标。使用单位在产品包装上统一使用地理标志图案、张贴防伪标识，并标注"××牌永川秀芽"字样、等级、重量和产地名称等。

六、荣誉认证

1989年12月，被农业部认定为全国优质农产品。

2010年2月，获国家工商行政管理总局地理标志商标认证。

2017年5月，在农业部主办的首届中国国际茶叶博览会上，被认定为"中国茶叶优秀区域公用品牌"。

截至2018年，永川秀芽授权使用企业中，共获得认证无公害农产品10个、绿色产品8个、有机产品9个，3类产品比重占80%以上。"云岭""新胜""云升""又一春""永荣"牌永川秀芽先后获得"重庆市名牌产品"称号。

七、宣传活动

每两年举办一届中国重庆·永川国际茶文化旅游节，2000—2018年，已连续举办8届；每年举办一届永川秀芽斗茶大会，2017—2018年，已举办2届；每年组织重点企业参加中国（杭州）国际茶叶博览会及其他各类国际、国内展销会；每年通过电视、新闻媒体报道、制作专题片，通过在永川区内、重庆市内大型酒店、宾馆发放宣传单等方式宣传；2018年，通过在永川城区主干道路灯、公交车、出租车，永川高铁东站、成渝高速、九永高速、解放碑商圈等窗口单位投放宣传广告的方式，极大地提升了永川秀芽的知名度和美誉度。

八、产业发展

近年来，按照"生产、加工、销售协调发展，茶旅、茶艺、茶展齐头并进"的发展理念和"242"发展思路，永川秀芽产业基础得到了较快发展。一是生产加工规模不断壮大。永川区茶园种植面积达9万亩，年绿茶加工能力8000吨，年总产量6200吨，年产值6.56亿元，全产业链产值25亿元，占农业总产值的6.3%，茶叶种植加工规模居重庆市第一。二是产品销售网络十分发达。在永川及周边区（县）开设永川秀芽专营门店85个，专销柜315个，其中，在重百、新世纪、永辉等大型商场开设销售专柜139个；在南桥寺、巴国城、京闽、南滨路等茶叶市场设立永川秀芽批发门店23个；通过网络建立电商营销门店7个，产品市场商品率达98%以上。三是产业体系全面完善。永川区现有各类经营主体142个，其中，加工企业19个，销售企业8个，合作社9个，家庭农场40个，大户66户，茶农4万余人；在"协信·长乐坊"建有重庆茶叶博物馆、永川秀芽茶叶中心；从上至下建立了区（镇、街道）、专业合作社、龙头企业4级社会化服务体系，全面形成集生产、加工、销售、服务于一体、较为完整的产业链条。2018年，永川是全国早市名优茶生产发展规划的重点区域、重庆市茶叶振兴发展计划的3个重点区（县）之一、重庆市7个百亿级产业茶叶综合示范区。

第九节　南川大树茶

南川大树茶，地理标志产品，南川区特有地方茶树品种，现存18 000株左右，已挂牌保护。位于德隆乡茶树村的一株大茶树是南川最大的一株茶树，被誉为"茶树王"，据专家测定，该茶树已有1 400多年的树龄。该品种叶型大，叶质柔软，抗寒性强，叶质黄绿，成茶品质优良。

一、产地环境

南川大树茶产地主要集中分布在金佛山以南、柏枝山以东、三界山以北的德隆、合溪、古花、大有、三泉（马嘴村）5个乡（镇）。东到古花乡的时家村，南到合溪镇的草坝村，西到德隆乡茶树村，北到三泉镇的马嘴村。海拔800～1 600米，面积700公顷，产量100吨。

南川大树茶分布区属亚热带湿润季风气候，具有冬短、春早夏长，雨热同季，气候垂直变化明显的特点。炎热的夏季，金佛山只有17℃左右，常年年均降水量1 400毫米，雨量主要集中在夏季，常年霜日26天，雾日260天左右，相对湿度年均90%，降雪一般为11月中旬至次年3月。由于金佛山特殊的气候条件，时而云雾骤至，云波翻滚，时而雨过天晴，云、雨、霞、雾、雪、风形成了独特的气象景观，这是南川大树茶的独特生长气候条件。

二、生产方式

（一）产地要求

南川大树茶产地环境必须符合南川气候环境条件，海拔800～1 600米，土壤弱酸性，pH4.5～6.5，土壤母质为二叠纪发育而成的扁沙土，土壤肥力中等，有机质含量丰富，并符合无公害产地环境要求。

（二）品种范围

茶树品种为重庆市南川区金佛山区特有的乔木型野生茶树地方品种，属国家一级保护植物，最大的一株已有1 400多年的树龄。经对南川大树茶的适制性研究，试制绿茶香高味浓，耐冲泡，试制乌龙茶效果更佳。试制红碎茶品质高于四川中小叶种和福建群体品种，接近云南大叶种，其内含成分丰富，氨基酸含量特别高，可达4.3%。南川大树茶产品为绿茶。

（三）生产控制

南川大树茶农业投入品以农家肥为主，禁止施用城市生活垃圾、工业垃圾、医院垃圾及污染源废弃物。病虫害防治实行统防统治，茶园采摘和施肥都必须符合《茶叶生产技术规程》（NY/T 5018—2015）要求。

（四）产后处理

1.采摘

开园时，按标准及时采摘名茶、优质茶。

2.鲜叶规格和加工工艺

南川大树茶产品为绿茶产品，分优质茶和名茶。加工优质茶鲜叶要求一芽二叶和一芽三叶初展，加工名茶鲜叶要求单芽至一芽一叶开展。加工的名茶产品必须符合《特级绿茶》（DB50/27—2008）标准，优质茶必须符合《绿茶　第1部分：基本要求》（GB/T 14456.1—2017）标准。

（1）鲜叶规格。按产品分级要求对鲜叶规格分级，采摘标准应符合相应等级标准，要求芽叶大小匀称整齐，无病虫害芽叶、紫芽、空心芽。

（2）加工工艺。优质茶加工流程为：鲜叶摊放—杀青—揉捻—干燥。

名茶的加工流程为：鲜叶—摊晾—杀青—揉捻—做形—干燥—筛分—包装。

（五）生产记录

按《农产品质量安全追溯操作规程　茶叶》（NY/T 1763—2009）的规定执行。

三、品质特色

（一）外在感官特征

南川大树茶外形肥壮，色泽深绿，品种香浓郁，汤色黄绿明亮，滋味鲜醇回甘，叶底黄绿匀亮。

（二）独特内含成分

南川大树茶水浸出物≥35%，水分≤6.5%，灰分≤6.5%；内含成分丰富，氨基酸含量高，香味独特，滋味鲜醇回甘，耐泡，长期药茶混生，茶叶保健效果更加明显。

（三）安全要求

南川大树茶地理标志保护区域产品生产技术规程严格执行《茶叶生产技术规程》（NY/T 5018—2015），按照国家标准《无公害食品　茶叶》（NY 5244—2004）规定使用农药、肥料等。

四、标志使用

凡在南川大树茶生产地域范围内符合该茶的生产条件和品质要求的生产经营者，须向登记证书持有人——重庆市南川区茶叶协会提出申请，由常务理事会研究同意，方能在产品或包装上使用已获登记保护的"南川大树茶"农产品地理标志，包装上实行双商标管标管理制度。

第十节　南川金佛玉翠茶

南川金佛玉翠茶，地理标志产品，茶外形紧直绿润，汤色嫩绿明亮，栗香持久，滋味浓醇爽口，叶底黄绿明亮；南川区有独特的生态气候和环境条件，适宜茶树生长。据史料记载，南川已有1 700多年的产茶历史，早在五代十国毛文锡的《茶谱》中就有记载："涪州出三般茶，宾化最上（今南川）……"又据《建炎以来朝野杂记》载："涪洲出三般茶，宾化最上，其次白马。制于早春，先辈携茶至京师馈人者，尤得宾化早春之名"。

一、荣誉认证

南川金佛玉翠茶在重庆市第一至第四届"三峡杯"名优茶评审中获优质名茶奖。在2005年"华茗杯"国际名优茶评比中获金奖，同年，在中、日、韩、美等国组织的第五届"联合会杯"国际名优茶评比中获银奖。在2008年第七届"三峡杯"名优茶评审中获优质名茶第一名，获重庆市首届"十大名茶"称号。2010年，在第八届"三峡杯"名优茶评比，金佛玉翠茶分获专家组、群众组评分第一名，荣获"三峡杯"名优茶金奖，同时蝉联重庆市第二届"十大名茶"称号。

二、产地环境

南川金佛玉翠茶产地的分布范围包括有北部生态农业园主产茶区的大观、兴隆、乾丰、木凉、河图、石溪、黎香湖、太平场、白沙、鸣玉、冷水、民主、丰岩、福寿、铁村、石墙、中桥、骑龙、神童、石莲20个乡（镇）和中部经济带名优绿茶区的东城、南城、西城、水江、南平、三泉（原马嘴除外）、鱼泉、金山、头渡9个乡（镇、街道），共计29个乡（镇、街道），海拔600～1 200米。东到水江镇辉煌村，南到头渡镇帮岩村，西到神童镇富民村，北到太平场镇中坝村，茶园面积4 315公顷，产量800吨。

南川属典型的亚热带湿润季风气候类型，立体气候明显，昼夜温差大，年平均气温16.6℃，年最高温度39.8℃，最低温度3℃，年降水量1 185毫米，年日照1 279小时，全年无霜期320天，生态环境优良，森林覆盖率达51%，是茶树生长的最适宜区。

三、生产方式

（一）产地要求

南川金佛玉翠茶产地环境必须符合南川气候环境条件，海拔600～1 200米，土壤弱酸性，pH4.5～6.5，沙、黏适中的紫色土和黄泥土，土层深度35厘米以上，并符合无公害产地环境要求。

（二）品种范围

以福鼎大白茶、巴渝特早、蒙山9号、名山131、早白尖5号等国家级或省级茶树中的小叶优良品种和当地中、小叶群体品种为金佛玉翠名绿茶的主栽品种。

（三）生产控制

种植方式：按《茶叶生产技术规程》（NY/T 5018—2015）的规定执行。

（四）产后处理

1.采摘

当茶树蓬面每平方米有10 ～ 15个茶芽符合采摘标准时为开采适期。

2.鲜叶规格和加工工艺

（1）鲜叶规格。按产品分级要求对鲜叶规格相应分级，采摘标准为一芽一叶，要求芽叶大小匀称整齐，无病虫害芽叶、紫芽、空心芽。

（2）加工工艺。鲜叶—拣剔—摊晾—杀青—揉捻—做形—干燥—筛分—包装。

3.生产记录

按《农产品质量安全追溯操作规程 茶叶》（NY/T 1763—2009）的规定执行。

四、品质特色

（一）外在感官特征

南川金佛玉翠茶外形紧直绿润，汤色嫩绿明亮，栗香持久，滋味浓醇爽口，叶底黄绿明亮。

（二）独特内含成分

水浸出物≥35%，水分≤6.5%，灰分≤6.5%。南川金佛玉翠茶内含成分丰富，滋味浓醇爽口，耐泡。

（三）安全要求

南川金佛玉翠茶的产品生产技术规程严格执行《茶叶生产技术规程》（NY/T 5018—2015），按照国家标准规定使用农药、肥料等。

五、标志使用

凡在南川金佛玉翠茶生产地域范围内符合该茶的生产条件和品质要求的生产经营者，须向登记证书持有人重庆市南川区茶叶协会提出申请，由常务理事会研究同意，方能在产品或包装上使用已获登记保护的"南川金佛玉翠茶"农产品地理标志，包装上实行双商标管标管理制度。

第十一节 綦江古剑山茶

古剑山茶，产于綦江区，绿色食品，"重庆名牌农产品"，名特优新目录产品，2017年"我最喜爱的二十大重庆名牌农产品"。

一、人文历史

綦江处于贵州和成都两大产茶区中间，历史上就盛产茶叶，凤凰山的生态环境得天独厚，与古剑山同一山脉，为古剑山后山。因此地形地貌，茶场常年云雾缠绕，"高山云雾出好茶"，适合茶叶生长。所种植和加工的古剑山茶闻名遐迩。

二、品质特征

古剑山茶，每一片茶叶皆为采摘茶树嫩幼芽精制而成，选料严格，工艺考究，依不同的茶树品种、采摘时间、采摘标准、天气情况，分别采用不同的生产工艺，精工细作而成。古剑山茶分为"古剑翠茗""古剑玉蕊""古剑秀芽"三大类别，茶色泽绿润，外形精细，汤色明亮，香高味醇，乃绿茶之珍品。

三、产品种类

（一）古剑秀芽

以"清明"前茶叶嫩幼芽为原料精制而成，该茶条索紧秀，汤色嫩绿明亮，清香持久似兰，滋味鲜爽醇厚。

（二）古剑翠茗

精选"清明"前茶叶嫩芽为原料，采用现代制茶技术与传统炒制工艺相结合研发的茶叶新品种。其外形翠绿莹润，扁平挺秀，香气清幽，滋味鲜爽。冲泡于杯中，茶芽直立，上下沉浮，栩栩如生，乃名优绿茶之珍品。

（三）古剑玉蕊

精选"清明"前古剑山特有茶叶嫩幼芽为原料，在继承綦江历史名茶"瀛峰玉蕊"的生产工艺基础上结合现代制茶技术精制而成。该茶似螺披毫，鲜活绿翠，香气清高，汤色绿明，滋味鲜爽回甘，叶底鲜亮，嫩匀成朵，为名优绿茶之珍品。

四、生产情况

2013年，重庆市綦江区古剑山祺茗茶业有限公司在永新镇罗家村以"公司+基地+农户+专业合社"的模式，修建标准化厂房500平方米，建设标准茶园500亩，带动发展农户300户，种植茶面积700亩，共计发展茶园1 200亩。

重庆市綦江区古剑山祺茗茶业有限公司在綦江、万盛、江津及重庆主城有固定销售网点4 000多个，市外有近200个，专业营销团队14人，年销售茶叶160吨。注册商标4个，现已批准"鸡公嘴""古剑山"注册商标，到2016年，自主品牌销售已实现600万元。

五、荣誉认证

2013年，重庆市綦江区古剑山祺茗茶业有限公司推出新产品的"古剑玉蕊""古剑翠茗"荣获重庆市首届重庆国际茶文化博览会金奖、银奖。

2012—2016年，连续获得重庆市"三峡杯"名优茶评比银奖。

第十二节　璧山茶叶

璧山茶叶，重庆市璧山区特产。清同治《璧山县志》记载："璧山之玉兔山、拖木槽、马度槽、缙云山等处皆产，'清明'后采，俗谓之'清明茶'，亦曰'丛茶'。"现主要产区位于璧山区三合镇云雾山麓，此处出产的"绿爽"牌茶叶为绿色食品A级产品，曾荣获"重庆名牌农产品""重庆市著名商标"等称号。

一、历史渊源

清宣统二年（1910年），璧山有茶地105亩，制茶26户，产粗茶（红茶）2.64吨。

民国十六年（1927年）产茶（红茶）100担，销售价格为每百斤6元。继后，云南下关沱茶销重庆，璧山茶叶质劣价低，农民毁茶树，改种其他作物。到1949年，仅剩茶园10亩和东西低山零星野茶，产茶叶0.5吨。

1950年后，璧山县人民政府对种植茶树实行奖励政策，1953年，农家坡劳改农场开荒种茶10亩，1964—1966年，先后办起了知青茶场4个。1972年，有生产队茶场45个，1976年，办公社茶场，国家扶持社、队茶场无偿投资3万元，发展茶园2 063亩。

璧山茶叶从1981年开始出口，1982年，落实茶叶生产责任制。1984年，对茶叶实行议购议销，1985年，璧山县种茶4 595亩，总产240吨，其中细茶209.3吨。1987年，根据红茶疲、绿茶畅的形势，将三合、新民、石院3个红茶厂转为以产绿茶为主，当年新增茶园300亩，1989年，新发展良种园1 074亩。

1990年，璧山茶叶种植面积达5 943亩。1991年是茶叶"质量、品种、效益"年，璧山实施了"千亩茶集约化栽培技术"和"茶叶大面积优质高产综合技术推广"，当年产茶320吨，产值188.16万元，其中，绿毛茶297.5吨；1993年，国内大多数厂家将制红茶转制绿茶，造成市场绿茶大量积压；1995年，受国际市场影响，茶农无利可图，茶园冬管放松甚至弃管，种植面积下滑到4 116亩；1997年，石院、大路、依凤等茶厂因茶叶市场行情下滑停止加工茶叶；至2002年，春茶和大宗红绿茶形势好转，茶叶种植面积4 110亩，总产量290吨，其中红毛茶总产量290吨，绿毛茶220吨，

2003年，茶叶生产被列为璧山县农业产业结构调整重点之一，地处经济较发达的璧北茶区近1 000亩低产茶园改种果树，同时，当年利用政府退耕还林政策，在茶叶主产区三合镇新植了1 000亩茶树。茶树种植品种以无性系平阳特早、福选9号良种为主，茶园面积稳定在4 100亩左右。由于名优茶市场需求增加，全县名优生产成为重点，当年产茶295吨，其中名优茶叶达145吨。

2004年，以2003年新栽植茶园的生产管护和名优茶生产作为工作重点，2月初，办名茶培训班并请名茶师傅到厂传、帮、带；4月初，在三合茶厂对茶农进行幼龄茶园和茶树的肥水、除草、中耕、病虫防治等技术培训；6—8月，以对抗旱保苗技术加强技术指导，茶苗成活率达95%以上，使茶园一次建园成功。全年茶叶总产340吨，名优茶140吨，其中以璧玉毛峰为主的名茶11.5吨，比上年增6吨，总产值225万元，其中名优茶产值达160万元，分别较上年增17%和23%。

2005年，在三合镇新发展福选9号无性系良种茶园1 000亩，茶园总面积达5 100亩，年产量增至345吨。当年6月，重庆市三业茶叶有限公司生产的"绿爽"名优茶系列璧玉翠芽、璧玉春芽、璧玉花茶3个茶叶产品获无公害农产品认证，并建立了茶叶无公害农产品生产基地。

2006年，遭特大干旱，茶树部分死亡，年底补栽，七塘、正兴因干旱和茶园失管，面积减少80亩，

但大兴因新胜茶场撤走移交当地206亩，面积增至5240亩，当年产茶327吨，比上年减产18吨。

2007年，年产茶358吨，比上年增长9.5%。11月，重庆市三业茶叶有限公司的璧玉翠芽、璧玉春芽、璧玉毛峰获绿色食品认证。

2008—2009年，璧山县在茶叶基地镇三合镇陆续发展了福选9号良种茶园2200余亩，茶园总面积达7400亩。

2010年，由于近几年新栽茶树逐步投产，茶叶产销平稳，总产增至537吨，其中绿茶390吨，红茶147吨。

2011年，由于国际市场对低端CTC（全称Crush，Tear and Curl，切碎—撕裂—卷曲）红茶需求减少，其生产量减少36吨，茶叶总产仅422吨。当年新增茶园200亩，璧山县总面积7600亩，其中无性系良种4925亩，良种率达64.8%。建立茶叶专业合作社1个；获无公害认证茶叶基地1个，面积2800亩；获绿色产品认证茶叶基地1个，面积2400亩。

2012年，三合镇新栽良种茶200亩，璧山县茶叶面积7800亩，产销形势好，总产514吨，产值1305万元。

2013年，遇少有的春旱，致春茶减产，全年产茶486吨，产值1276万元。重庆市三业茶叶有限公司种植的璧玉毛峰、璧玉翠芽获"重庆名牌农产品"认定。

2014年，春季气温低、雨水好，鲜叶采期长，价稳，名优茶量增，年总产497吨，产值1347万元。其中名优茶达298吨，产值1148万元。

二、产品特点

"绿爽"牌璧玉绿茶系列产品是根据不同的品质特点要求，采用无公害、绿色的独芽或一芽一至三叶鲜叶原料精制而成，包括翠芽、秀芽、春芽、毛峰4个品种。其中翠芽为独芽制成，外形扁平光滑，形似葵花籽，色泽绿翠，香气清悦，滋味鲜爽回甘，汤色碧绿明亮；秀芽用一芽一叶初展制成，外形紧细秀直，翠绿披毫，香气嫩香浓郁，滋味鲜爽，汤色翠绿明亮；春芽和毛峰主要原料为一芽二至三叶，成品外形紧直显毫，香气浓郁带栗香，味浓鲜醇，汤色黄绿明亮。

三、产地环境

位于九永高速云雾山隧道旁，距三合下道口仅5000米，距重庆主城15千米，交通便利，属于亚热带湿润季风气候，气候湿润、雨量充沛、四季分明，具有春旱、秋迟、冬暖、无霜期长的特点。年平均气温18.3℃，年平均降水量1231.2毫米，年平均日照时数911.5小时，年平均无霜期337天。茶叶种植核心区的璧山三合镇二郎村，海拔高度为800～1000米，酸性红壤，山上植被丰富，空气清新，气候宜人，日照充足，茶叶萌发早于全国大部分茶区，是生产名优茶的理想区域。

四、生产情况

（一）品种

清末至民国时期，璧山主要种川茶，1965年，引进云南大叶茶种，川、云茶品种在东西低山种植均能正常生长，所以主要种植的是以适制绿茶和红茶的川茶品种和云南大叶茶。随着名优茶市场的兴起和发展，自2003年年底开始，璧山陆续从福

建、浙江和四川等地引进适制名优茶福选9号、平阳特早等无性系品种。福选9号具有芽壮，萌发力强的特点，产量高过川小叶品种，制出的茶叶产品茶色翠绿，秀芽、毛峰披毫，品相好，香高味爽；平阳特早品种萌发特早，在璧山区新年前后即可采摘，芽叶细小，香气特别，是适制抢早上市的高端名茶的品种。

（二）栽植

2003年年底，璧山利用政府退耕还林政策，从福建、浙江引进福选9号、平阳特早在三合镇种植1 000亩，采取适度密植，双行小丛种方式，大行距130～150厘米，小行距33厘米，株距20～30厘米，每亩4 500～5 000株。实现1年种、2年摘、3年正式投产。由于采制名优茶效益好，茶厂、茶农均满意，至2014年，璧山县以福选9号为主的无性系良种茶园面积达4 925亩，占全县茶园总面积的64.8%。

（三）施肥

为适应市场，增加效益，提高以春茶为主的名优茶产量，春茶前的催芽肥由20世纪90年代的2月底3月初提前至2月上中旬，比重提高到全年总氮量的40%，按茶园产量定施肥量，以有机肥为主，促进春茶早发、多发，为夏茶增产打下基础。春茶采摘结束后再施1次追肥，施肥量占全年施肥总量的10%。秋、冬肥10月底前施用结束，亩施油饼或堆沤腐熟肥200千克左右，氮肥用量占全年用量的50%。根外追肥批茶采前4天左右喷施。

（四）修剪

随着名优茶消费市场逐年扩大，围绕促茶早发，提高名优茶产量，璧山茶农在生产中总结出"冬季一般不修剪，仅稍剪树势旺、蓬面突出太长的茶枝，次年茶叶萌发早，芽头壮而多，提早春茶开采期，增加名优茶产量。次年春茶采完后再行轻修剪或深修剪"的修剪技术。

（五）采摘

春茶早采，独芽不能有鳞片及鱼叶；秀芽以一芽一、二叶初展为主；毛峰以一芽二、三叶初展为主，大宗茶以一芽二、三叶及同等嫩度对夹叶为主。春茶留一叶采，夏、秋据茶树长势留一叶或不留叶采。对各季茶采摘尾期较老叶实行机采，可以做成低端CTC红茶。

（六）病虫防治

璧山县内茶叶主要病虫害有小绿叶蝉、半附线螨、茶叶斑蛾、茶蚜、茶毛虫、茶橙瘿螨、蚧类、天牛、茶籽象甲、绿盲蝽象、茶吉丁虫、茶军配虫、茶枝镰蛾、卷叶蛾、利蛾、蓟马、茶尺蠖，茶云纹叶枯病、茶赤星病、茶炭疽病、茶轮斑病、茶饼病、茶褐色叶斑病、茶苗根腐病等。2003年后，主要用吡虫啉、杀螨特、阿维菌素、唑虫酰胺、茚虫威、石硫合剂、松脂合剂等多种高效、低毒、低残留农药交替使用防治病虫害。物理防治则采用蓝、黄粘虫板或太阳能频谱杀虫灯杀虫。

五、质量技术

（一）原料

选用正月十五以后、清明节前的第一批高山嫩芽鲜叶为原料。

（二）萎凋

将嫩芽鲜叶用竹簸箕摊凉5个小时，使其嫩芽鲜叶中的水分天然蒸发至含水量为68%～70%。

（三）杀青

将萎凋了的嫩芽鲜叶投入200℃高温的土铁锅内高温杀青。

（四）三炒三凉

采用抖、撒、抓、压、带条等传统手法，3次炒制、3次摊凉（注意：每一次炒制的温度较上一次增加50℃，同时摊凉的时候一定要用竹篾席摊凉，这样可以有效降温从而避免茶叶因高温堆沃而发酵变色、变味）茶叶。

（五）高温炭焙

把成型茶叶装入竹制的烘焙笼里，用木炭高温烘焙2小时。

六、荣誉认证

2001年，重庆市三业茶叶公司成功注册商标"绿爽"，用于所生产的系列产品中。

2005年，"绿爽"牌茶叶通过无公害农产品认证。

2006年，"绿爽"牌茶叶获"重庆市著名商标"称号。

2007年，"绿爽"牌茶叶获"重庆名牌农产品"称号。

2009年开始，"绿爽"牌璧玉毛峰、璧玉翠芽、璧玉春芽、璧玉秀芽，先后被中国绿色食品发展中心认证为国家 A 级绿色食品；"绿爽"牌被评"重庆市著名商标"，其中璧玉毛峰、璧玉翠芽被评为"重庆名牌农产品"。

2014年6月，璧玉秀芽获绿色食品认证。

第十三节　潼南"吟风"牌东升绿茶

"吟风"牌东升绿茶，潼南区特产，"重庆名牌农产品"。产品外形条索紧实匀直，有锋苗，色泽绿润；清香持久，滋味鲜爽回甘，汤色黄绿明亮，叶底柔嫩匀整。经国家法定检验机构检测，产地环境和产品感观、理化、卫生等质量指标达到《绿色食品　茶叶》（NY/T 288—2012）标准，产品标签符合《食品安全国家标准　预包装食品标签通则》（GB 7718—2011）；含有丰富的儿茶素、咖啡因、矿物质等，具有生津止渴、清热解毒、防辐射及延缓衰老等功效。"吟风"牌茶叶绿色食品系列产品中的"白毛猴""银芽"被评为"重庆市名牌产品"，"吟风"牌茶叶被评为"重庆市消费者满意产品"，其系列产品东升白毛猴、东升绿茶、东升毛尖、东升春尖、东升银芽等多次荣获市级奖项。

一、产地环境

潼南"吟风"牌东升绿茶生产基地位于潼南区梓潼街道办事处东升片区（北纬30°09′，东经105°52′），覆盖祁佛村、李台村、青岩村，海拔约500米，该基地为亚热带湿润季风气候，四季分明，气候温暖湿润，光照充足，雨量较为丰沛，空气清新，丘陵立体垂直气候明显；森林覆盖率高，具有水土流失轻微、水质清洁、保水保肥性能强的土壤，茶叶生产基地处于土壤无污染的青山绿水环抱中；具有无台风、无冻害、无检

疫性病虫害的三大共同优势；广泛分布的老冲积黄壤，pH4.5 ~ 6.5，非常适合茶树生长。

二、历史渊源

潼南是重庆乃至四川盆地著名的茶叶产区，其栽培历史可以追溯到20世纪60年代。据《潼南县农业志》载：潼南原不产茶。1964年，在新胜公社试辟茶园40亩，但因土质适应性差而未成功。1974—1975年，又先后在海拔300米以上、土壤pH4.5 ~ 6.5的东升、别口、玉溪和新林4个公社的17个生产队新辟茶园4个，面积2 135亩，年产毛茶4 942担，其中细茶4 037担。到1985年，已建成4个茶厂，种茶面积达2 246亩，年产茶1 040担，其中细茶640担。

潼南"吟风"牌东升绿茶基地始建于20世纪90年代的潼南东升茶场。

1999年起，重庆市潼南茶叶有限公司陆续租了荒山，茶园面积达2 000亩，带动农户种植1 000亩，使茶树种植面积扩大到3 000亩，并筹资70多万元整改茶厂，共改造茶叶加工厂房900平方米，购置各种加工设备16台（套），完善了茶叶加工生产线。之后，陆续研制了市场空间广阔，适合大众消费的中、低档茶叶"竹叶青""毛峰""银芽"等10个品牌。

三、荣誉认证

2002年11月，东升银芽、东升白毛猴茶获"重庆名牌农产品"称号；2003年12月，"吟风"牌系列产品被重庆市质量技术监督局、经济委员会、商务委员会、农业委员会评为"重庆市用户满意产品"；2004年，获无公害农产品产地认定证书；2004年8月，东升银芽通过中国绿色食品发展中心A级产品认定，获得绿色食品标志；2005年1月，"吟风"牌茶叶东升银芽被评为"最受消费者欢迎产品"；2005年10月，东升白毛猴、东升春尖、东升绿茶、东升毛尖分别获得"绿色食品标志"。同年，潼南"吟风"牌茶叶荣获"重庆市名牌产品"称号，茶叶基地通过重庆市绿色食品生产基地认定。

四、品质特点

潼南"吟风"牌东升绿茶是茶叶中的佼佼者，如今已形成软袋包装、听瓶盒装、礼品装等多个包装系列，研制生产出五大绿色产品，包括东升白毛猴、东升春尖、东升毛尖、东升绿茶、东升银芽。其营养丰富，长期饮用，不仅具有提神清心、清热解暑、消食化痰、去腻减肥、清心除烦、解毒醒酒、生津止渴、降火明目、止痢除湿等药理作用，还对现代疾病，如辐射病、心脑血管病、癌症等，有一定的预防功效。

潼南"吟风"牌东升绿茶外形紧结匀整，干茶色泽绿润匀净，入杯中冲泡后清香持久，汤色嫩绿清亮，滋味鲜醇，叶底完整绿亮。

五、生产情况

潼南"吟风"牌东升绿茶作为重庆特色茶叶，基地始建于1992年，1999年，潼南茶区面积为2 423亩，历经二十几年的发展建设，现已带动农户发展至3 000亩，其中，东升茶场2 423亩，别口一村357亩，别口六村220亩。

1998—2005年，茶叶公司累计加工各种品牌的茶叶400多吨。为了拓展营销之路，除在梓潼镇建立了营销部，还在重庆、成都、江油等地建起了稳定的营销往点，产品销往重庆市内外。2014年，潼南县生产春茶261吨，创产值2 304.96万元，其中名茶8吨，创产值768万元；2015年，潼南区生产春茶257吨，创产值2 269.6万；2016—2017年，茶叶生产保持稳定增长，潼南区生产春茶261吨/年，创产值3 132万元/年，生产名茶8吨/年，创产值768万元/年。产品主要销往重庆、四川、浙江、福建、上海等地的茶叶精加工厂以及潼南区内外不同层次的茶叶消费群体。

潼南"吟风"牌东升绿茶坚持以"公司＋基地＋农户"的组织形式发展，带动农户走上共同富裕的道路。 通过多年建设，现潼南茶叶园区包括茶叶基地、茶叶专业合作社、茶叶研究所、茶叶加工厂和农业观光园，已建成集茶树种植、生产加工、旅游观光、休闲度假为一体的绿色生态示范园区。

园区内有3 000亩成片茶叶基地和300亩茉莉花基地，茶园以福云6号、福鼎系列茶树为主，栽种有大、中、小叶种，品种多样。茶叶加工厂的厂房面积约1 000平方米，加工厂内主要完成杀青、揉捻、干燥等加工工序。茶叶研究所有专门从事茶叶的研制人员。

六、专用标志

潼南"吟风"牌东升绿茶专用标志产品保护范围内的生产者，可向重庆市潼南区质量技术监督局提出使用"专用标志产品专用标志"的申请，经重庆市质量技术监督局审核，由国家质量监督检验检疫总局批准并公告。潼南"吟风"牌东升绿茶的法定检测机构由重庆市质量技术监督局负责指定。

七、生产技术

（一）品种

潼南"吟风"牌东升绿茶有福云6号、筠连早白尖、南江1号、南江2号以及福鼎系列等多个品种。

（二）立地条件

茶叶园区海拔在500米左右，土壤呈微酸性，pH4.5 ~ 6.5，土层深厚，土体疏松，地下水位低，通透性能良好，不积水。产地环境10千米以内无工矿企业，无废水、废气、废渣等污染源。生产基地空气新鲜、水质清洁、水源丰富，水利设施较为完善。

（三）栽培技术

1.种植方式和密度

在开好种植沟、施足底肥（以厩肥为主）的基础上，采用双行密植的方式种植，窄幅双条栽，大行距100厘米，小行距、穴距各为33厘米，每穴2株，亩栽8 000株。

2.田间管理

（1）幼龄茶园管理

①抗旱保苗：茶园栽种的当年和翌年，要采取多种技术措施抗旱保苗，如铺草保温、插枝遮阴、浇水除草等。

②肥培管理：秋季施菜籽饼基肥200千克/亩；追肥分4次施，每亩施混合肥（厩肥500千克，饼肥100千克）600千克。

③修剪与打顶：栽后第一年在离地15厘米处修剪；栽后第二年在离15 ~ 20厘米处修剪；栽后第三年在离地30 ~ 35厘米处修剪；栽后第四年在离地45 ~ 50厘米处修剪；夏秋茶辅以打顶采，采高留低，采中留边。

（2）投产茶园管理

①促枝壮芽：春茶结束后重修

剪，一般在离地约40厘米处修剪，剪后新梢留2～3叶打顶采摘，在10月芽叶生长停止前轻修剪。

②水分管理：茶园以保水为主，一般要求含水量达75%～90%，当耕层土壤相对含水量低于70%时，要引水浇灌茶园。

③肥培管理：每年2月上旬采取先开沟施肥后覆土的方式，施腐熟厩肥5 000千克/亩、腐熟饼肥100千克/亩；在10月下旬施基肥，施腐熟饼肥200千克/亩。

3.病虫害防治

茶树在生长过程中，严格按照绿色食品肥料、农药使用准则操作，坚持以"农业措施和物理措施为基础，生物防治和科学施肥为主，化学防治为辅"的原则，降低各种病虫害的发生率和为害率。

（四）加工工序

1.东升白毛猴

鲜叶摊放—杀青—揉捻做型—提毫—烘干—检验—入库分装—成品出厂销售。

2.东升春尖

鲜叶摊放—杀青—揉捻—干燥（毛火、足火）—检验—入库分装—成品出厂销售。

3.东升毛尖

鲜叶摊放—杀青—揉捻—干燥（毛火、足火）—检验—入库分装—成品出厂销售。

4.东升绿茶

鲜叶摊放—杀青—揉捻—炒二青—炒三青—辉锅—检验—入库分装—成品出厂销售。

5.东升银芽

鲜叶摊放—杀青—理条整形—辉锅炒干—检验—入库分装—成品出厂销售。

八、质量特色

（一）感官特色

潼南"吟风"牌东升绿茶系列品种外形条索紧实匀直，有锋苗，色泽绿润；清香持久，滋味鲜爽回甘，汤色黄绿明亮，叶底柔嫩匀整。

（二）理化指标

经国家法定检验机构检测，产地环境和产品感观、理化、卫生等质量指标达到《绿色食品　茶叶》（NY/T 288—2012）标准，产品标签符合《食品安全国家标准　预包装食品标签通则》（GB 7718—2011）。

（三）安全要求

产品安全指标必须符合食品安全国家标准。

第十四节　城口鸡鸣茶

鸡鸣茶，主产于重庆市城口县鸡鸣寺一带的扁平炒青绿茶。鸡鸣茶历史悠久，遐迩闻名。有"白鹤井中水，鸡鸣院内茶"之说。所产之茶，较他处诸茶细嫩，又独早，其味清香，愈于凡品。清代作贡茶供皇帝享用。产品多次获中国农业博览会金奖，被冠以"中国历史名茶""重庆市著名商标""重庆市十大名茶"等称号。其生产工艺被评为市级非物质文化遗产，具有较高品牌价值。

一、产品特点

鸡鸣茶色泽纯一，扁平光润，茶心饱满，嫩绿鲜润、重实匀整。冲泡后芽叶舒展开来，如白鹤振翅，汤色黄绿明亮，香气清雅，滋味醇和，清鲜爽口，茶味绵长，齿颊留香，回味微甜。茶叶富含人体所需的蛋白质、碳水化合物、膳食纤维、维生素A、维生素C、维生素E和硒等微量元素。

二、产地环境

城口县鸡鸣乡位于大巴山南麓，海拔1 200米左右，峰峦叠翠，云雾缭绕，植被丰腴，雨量充沛，日照充足，四季分明，气候温和，环境无污染。茶山土壤富含锌硒等微量元素，是宜茶种植区域和天然名茶产地。

三、历史渊源

城口种茶历史悠久。唐代，坪坝香山妙音寺已有茶树。明代，八保鸡鸣寺遍布茶园。《城口厅志》载："厅民多种茶以为利，七、八、九保皆产，以鸡鸣寺古茶园为最佳"。清乾隆十六年（1751年），鸡鸣茶被钦定为贡茶，制模岁岁进贡。鸡鸣茶采天地之气，得御封之势，扬鸡鸣之名，走出古寺深院。当年广隆和尚的手工茶艺，从寺庙传给万千香客。鸡鸣茶技艺得以在宫廷贡茶和寺院佛茶两大流派上不断提升。历经几百年发展，城口鸡鸣茶成为驰名川、陕、甘3省的茶乡。近年，重庆市城口县鸡鸣茶业有限责任公司聘请自贡、雅安、峨眉山等地茶叶专家传授技艺，选派技术人员到重庆茶业集团有限公司学习制茶新技术、新工艺，将传统工艺与现代技术相结合，突出高山寺院禅茶历史文化特色，加工出形、色、香、味俱佳，品质优良，风格独特的茶叶制品。现有"鸡鸣"牌茶叶19个系列产品上市。

四、生产情况

茶叶加工原材料主要收购前河及支流沿岸之鸡鸣、咸宜、明通、蓼子等乡（镇）鲜茶叶。

茶叶制作秉承传统工艺，始为手工。自20世纪90年代至今，公司陆续购进、更新杀青机、揉捻机、理条机、烘干机、精加工设备等。

鸡鸣茶加工工艺流程如下。

（一）杀青

以高温破坏鲜叶中酶的特性，制止多酚类物质氧化，防止叶子红变；同时蒸发叶内部分水分，使叶子变软，为揉捻造型创造条件。随着水分蒸发，鲜叶中有青草气的低沸点芳香物质挥发消失，使茶叶香气得到改善。除特种茶外，该过程均在杀青机中完成。影响杀青质量的因素有温度、投叶量、机器种类、时间、方式等。

（二）揉捻

揉捻是绿茶塑造外形的一道工序。通过外力作用揉破叶片，使之变轻，卷转成条，体积缩小，便于冲泡。同时，部分茶汁挤溢附着在叶表，对提高茶滋味浓度亦有重要作用。揉捻工序有冷揉与热揉。冷揉，即杀青叶经过摊凉后揉捻；热揉则是杀青叶不经摊凉趁热揉捻。嫩叶冷揉以保持黄绿明亮汤色与嫩绿叶底，老叶热揉以利条索紧结，减少碎末。除名茶仍用手工操作外，一般绿茶揉捻运用机械。

（三）干燥

干燥的目的是蒸发水分、整理外形、充分发挥茶香。主要有烘干和炒干两种形式。鸡鸣茶茶干燥工序为先烘干，再炒干。因揉捻后的茶叶含水量仍很高，如果直接炒干，会在炒干机的锅内很快结成团块，茶汁易黏结锅壁。故茶叶先烘干，使含水量降低至符合锅炒要求。

以前，鸡鸣茶只用口袋统装入市，称斤论两销售。20世纪90年代始，用塑料袋零装。现有塑料袋、纸袋、纸盒、木盒、铁听、铝听之简装和豪华礼品等多种包装。

鸡鸣茶系列产品经质量、卫生检验，符合国家规定。

五、发展状况

重庆市城口县鸡鸣茶业有限责任公司采用"公司 + 专业合作社 + 农户 + 基地"的生产经营模式，在鸡鸣乡、咸宜镇建设茶叶种植基地 3 000 亩，年购农民茶叶 600 多万元。2015—2017年，公司茶叶产量 32 吨、38 吨、44 吨，产值 860 万、948 万、1 059 万元。鸡鸣茶品牌产品在四川、重庆、陕西、甘肃、内蒙古等地销量逐年有增。重庆市城口县鸡鸣茶业有限责任公司一方面按传统营销方式，在重庆市区及城口县设立多个经销店，委托多家代理商参与市场营销；另一方面，通过各种电商平台宣传和销售。重庆市城口县鸡鸣茶业有限责任公司在咸宜环流村建茶叶专业合作社，首批预植优质茶树 400 余亩，进行全程溯源鸡鸣贡茶绿色环保有机生态茶园试点示范。重庆市城口县鸡鸣茶业有限责任公司在现有基础上建起现代化茶叶生产标准厂房，布局精品茗茶加工生产线，提升茶叶品质和附加值。

城口县成功打造鸡鸣贡茶茶叶基地 8 100 余亩。其中，可采摘茶园 3 500 亩，规范化茶叶种植基地 300 亩，幼苗培养茶园 1 500 亩，引进优质茶果点播 1 800 亩，年均出产茶叶 52 吨，年产值近 1 000 万元；积极培育生产经营主体。成功培育市级农业龙头企业 1 个，茶叶专业合作社 4 个，茶叶生产加工企业 20 余家，固定茶农 2 300 余户，每年带动 4 000 余名临时茶农增收；成功培育茶叶系列品种 24 个，鸡鸣贡茶成为重庆市第二款获得国家绿色食品认证中心颁发的绿色食品标志的茶叶。

六、相关研究

重庆市城口县鸡鸣茶业有限责任公司聘请茶叶专家传授技艺，选派技术人员到重庆茶业集团有限公司学习新技术、新工艺。近年，与重庆市茶叶研究所和西南大学农学与生物科技学院合作进行茶叶精品项目研究。

产品功效：绿茶含有与人体健康密切相关的茶多酚、咖啡因、脂多糖、茶氨酸等生化成分，不仅有提神清心、清热解暑、消食化痰、去腻减肥、清心除烦、解毒醒酒、生津止渴、降火明目、止痢除湿等药理作用，还对现代疾病，如辐射病、心脑血管病、癌症等疾病有一定的药理功效。

围绕"古寺名茶"形象定位，重庆市城口县鸡鸣茶业有限责任公司拟建特色茶旅文化生态产业园，挖掘贡茶文化内涵，彰显茶叶品牌效应，带动茶乡旅游产业。

七、荣誉认证

1994年，鸡鸣茶获四川省第三届"甘露杯""优质名茶"称号；是年，获首届"中茶杯"全国名优茶评比一等奖。

1995年，鸡鸣茶获第二届中国农业博览会金奖。

2002年4月，鸡鸣茶获国家绿色食品发展中心的绿色食品标志。

2005年，鸡鸣贡茶获"华茗杯"全国名优茶金奖。

2008年，鸡鸣贡茶获中国农业博览会名优茶金奖。

2008年、2010年，"鸡鸣"牌鸡鸣茶被评为"重庆名牌农产品"。

2010年，"鸡鸣"牌被评为"重庆市著名商标"。

2010—2016年，"鸡鸣"牌鸡鸣贡茶连续4届获"重庆市十大名茶"称号。

2016年，鸡鸣茶生产工艺被评为市级非物质文化遗产。

2017年，"鸡鸣"牌鸡鸣贡茶获"重庆市老字号"称号。

八、新闻事件

2014年3月，华龙网报道城口鸡鸣茶上榜"重庆茶文化地图"。2016年9月，渝茶网发表"城口县鸡鸣贡茶是如何走出深山的？"的报道。2017年4月，鸡鸣贡茶获农业部"中国历史名茶"称号时，央广网作了专题介绍，同时，中国质量新闻网予以转载。专题报道称，城口成功培育市级农业龙头企业1个和茶叶系列品种24个，鸡鸣贡茶成为重庆市第二款获国家绿色食品发展中心颁发绿色食品标志的茶叶。2017年4月，中国质量新闻网对重庆城口积极发展鸡鸣贡茶产业作了报道。

第十五节 忠州茶叶

忠州茶叶，产于忠县，其中"茗岳"牌绿茶于2011年获得有机茶认证，并获中国（重庆）国际茶产业博览会金奖。2014年，获"重庆名牌农产品"称号。

一、产地环境

21世纪初，忠县茗兰茶业有限公司在忠县白石镇打泉村（位于猫耳山脉）建设茶叶基地，其气候属北亚热带季风湿润气候，季节交替分明。

打泉村境内土壤肥沃，多为由砂页岩发育而成的黄壤土（该类土壤生产的茶叶香气好又耐泡），且有机质丰富，呈微酸性，pH4.5～5.5，非常适宜茶树生长发育，最适合生产高品质茶叶。

二、历史渊源

忠县茶叶生产历史悠久。817年，白居易任江州司马，收到忠州刺史李宣（唐宪宗元和十一年，即816年，任忠州刺史）寄给的忠州茶叶，作《谢李六郎中寄新蜀茶》诗："故情周匝向交亲，新茗分张及病身。红纸一封书后信，绿芽十片火前春。汤添勺水煎鱼眼，末下刀圭搅麹尘。不寄他人先寄我，应缘我是别茶人。"白居易在忠州任职之余，常游访忠州余家岩多凌茶园，后人为纪念白公，便将余家岩叫作"白化山"。

据清道光《忠州直隶州志》卷四·食货志载："茶：余家岩、周家岩、高盈山（大岭乡）皆产。"《大清一统志》载："忠州产盐、茶、苏熏席。"民国《忠县志》载："茶叶在余家岩、周家岩（望水

乡），高盈山（大岭乡）皆产""忠属善广、新生、巴营3乡，向产雨前、毛尖、老荫等茶"。民国时期，忠县种茶主要在望水、巴营、东云一带。

据清道光《忠州直隶州志》载：忠州嘉庆九年（1804年），奉盐宪给发买茶照票50张，茶户承领，就本处采买发卖，每年共征茶课银54两，从此茶商又渐恢复矣。据清康熙四十一年（1702年），复增5 600道土引，税则各别，腹边同课。忠属善广、新生、巴营3乡，向产雨前、毛尖、老荫等茶，历有茶商依法贸理，产销无异。自献贼乱蜀后，湖广移民填川，以川茶不适口，准各携湖茶20千克入境，故忠商因之停募。自道、咸以迄清末，茶课无考，但据访闻所得，每年约缴税课200钏。

民国时期，政府废除引岸，免征茶课。抗战进入严重阶段后，粮食昂贵，乡人每多挖毁茶株，改种豆麦，产量日渐低减。忠县种茶主要在望水、巴营、东云一带。在田边、地角、沟坎和房屋前后种植茶树，种"窝窝茶"，分散零星。无人管理，让其自然生长。产茶量很少，1亩不到5千克细茶。同时，采摘加工技术落后，茶叶质量低劣，价值不如粮食高，茶叶生产长期停滞不前。

三、产业发展

中华人民共和国成立初期，忠县有茶树242 887丛，折算33.33公顷，产粗、细茶2.5万千克。1968年冬，忠县农业局、县供销社联合在巴营公社杨象1队，将1.33公顷荒坡地改成梯地，种植茶树，建设新式茶园试点。20世纪50年代，突破年产量5万千克（1957年5.7万千克）。60年代后期，年产量突破10万千克（1969年为18.4万千克）。70年代后期，突破20万千克（1973年为27.1万千克）。80年代后期，突破40万千克（1988年为40.5万千克），比中华人民共和国成立初期增长15.2倍。

1993年，忠县茶叶种植分布在9个区，31个乡（镇），111个村，232个社和1个国有农场，有各类茶场354个，茶园面积1 007.2公顷。其中：国有茶场1个26.67公顷，乡办茶场2个20公顷，村社联办茶场108个529.93公顷，社办茶场243个429.27公顷。

2004年4月，通过土地流转，忠县在白石镇打泉村建立146.67公顷的茶叶基地，集茶叶种植，加工、销售于一体。年产有机茶5吨左右。

四、生产情况

（一）茶叶生产

主要推广等高开梯，深挖播幅，重施底肥，精选种子，没种点播。出苗后，加强肥水管理，防治病虫。幼茶期，定型修剪，采摘养棚。成年茶园，每年修枝整型1次，合理采摘。低产茶园，根据衰老程度，推行重修剪或台刈更新、培肥管理、适时采摘等技术措施。采摘时，分批采、及时采。春茶、夏茶留一叶，秋茶留鱼叶，采尽对夹叶。

（二）茶叶加工

20世纪80年代，随着茶叶生产的发展，忠县茶叶加工业也逐渐发展起来。忠县有218个茶场，分别购置柴油机、杀青机、揉茶机、解块机、切碎机、烘干机等，共355台（部）。一般产细茶250千米以上的茶场，都购置柴油机、杀青机、揉茶机。80%的茶场实现机械化或半机械化，既可减轻劳动强度，又能保证茶叶质量。茶叶的普通生产工艺是：杀青—揉捻—成型—烘干。

忠县"茗岳"茶叶的生产工艺不同于普通生产工艺，其生产工艺为：鲜叶采摘—鲜叶分拣（人工）—竹制簸箕萎凋—

250℃杀青（同时风选）—冷却—理条压棒—脱毫（保留50%左右白毫）—烘干—风选（自带的小叶和未分离出去的白毫与茶芯分离）—冷却—包装（一般为散包装）。

"茗岳·碧螺春"（卷曲如螺，翠绿显白毫）的生产工艺为：鲜叶采摘（一芽一叶初展）—分级（初展叶和一芽大叶分开）—萎凋（水分散失到65%左右）—杀青（温度在220℃左右，同时风选冷却杀青后的茶叶）—初揉（慢慢加压以保证一芽一叶完整，不致芽叶分离，茶叶的叶片裹紧，茶梗变细）—二次杀青（温度在100℃左右，不超过120℃，感觉茶叶的梗的表面没有水分，同时风选冷却）—揉捻（慢慢加压，采取轻揉加重揉，叶片包裹茶梗，条索紧细）—手工揉、搓、捏成卷曲型，表面带毫—85℃左右的温度烘干到90%，再以100～110℃的高温20分钟烘干提香—冷却—筛分（筛出茶末）—包装。

（三）产品特点

"茗岳·雀舌"和"茗岳·碧螺春"产自海拔850～1200米的有机基地，基地远离公路和各种工业污染，生产过程不施用无机化肥和农药，采用有机肥料和生物杀虫方式来管理茶园，茶叶鲜叶的采摘、运输、存放及加工过程均为精细化操作且符合有机标准，使茶叶中的营养成分得到最大程度的保留。

"茗岳·雀舌"茶叶经过鲜叶筛选、萎凋、250℃以上的温度杀青、理条、脱毫、烘干等加工工艺而成，比一般茶叶更加清香、甘醇、环保；茶叶外形扁直，显翠绿色，略带白毫，形如麻雀的舌头。茶叶开汤后香气扑鼻，茶叶在水中以站立姿势漫漫下沉，汤色黄绿清亮。

"茗岳·碧螺春"以一芽一叶鲜叶为原料，其成品茶叶条索紧细，蜷曲似螺，边沿有一层均匀的细白绒毛。泡在开水中，杯中如雪片飞舞，慢慢舒展成一芽一叶。汤色碧绿，味道清雅，经久不散。

上述两种茶叶均为有机茶叶绿茶，蕴含丰富的维生素，常饮可防癌、治癌，调节内分泌系统功能。包装上贴有有机标识，是忠县第一个获证有机产品。主要功效有：增强免疫力；降低血脂；降低血糖；防衰老；辅助改善记忆力；缓解视觉疲劳；清咽，辅助治疗咽炎、降低血压；改善睡眠，帮助治疗失眠；促进哺乳期分泌乳液；缓解身体疲劳；提高缺氧的耐受力；减肥；增加骨密度，预防并辅助治疗老人骨质疏松；改善营养性贫血；美容（祛黄斑、褐斑、青春痘）；改善皮肤水分、油分；调节肠道菌群，促进消化、通便，对胃黏膜有辅助保护作用。

五、荣誉认证

1975年，忠县被列为四川省茶叶生产基地县。1992年，在四川省第二届甘露杯名优茶评选会上，忠县"寿星眉"和"金华铭绿"被评为省优质名茶。1993年，忠州"寿星眉"茶被四川省评为名优茶。1994年，忠县"金华铭绿"和"金华松针"被授予"四川省名茶"称号。2011年，"茗岳"牌有机茶获有机认证并连续5年通过有机复评认证，主要品种有碧螺春、雀舌、竹叶青、毛峰等。2011年，"茗岳·雀舌"获中国（重庆

国际茶产业博览会金奖，获2012年重庆"三峡杯"银奖。2012年，"茗岳·雀舌"获"重庆名特食品"称号；2014年"茗岳·雀舌"获"重庆名牌农产品"称号；2015年"茗岳·碧螺春"获"名牌农产品"称号。

<h1 style="text-align:center">第十六节　开县龙珠茶</h1>

开县龙珠茶，重庆特产，地理标志商标。主要产于重庆市开州区敦好镇龙珠村龙珠寺大巴山一带，海拔800～1 200米，土壤肥沃、环境优美、山清水秀、云雾缠绕的生态环境，是经独特的加工工艺制成的清香扑鼻、沁人心脾，滋味甘美、生津、回味悠长的天然的有机食品。其传统制作技艺被列入第四批市级非物质文化遗产名录，荣获"重庆市老字号""中华老字号"称号。品牌价值高达1.19亿元。

一、产品特点

开县龙珠茶外形条索细、圆、紧、直，紧结秀丽，色泽润绿，白毫披露；内质滋味鲜爽，香雅芬芳，汤色嫩绿明亮，叶底鲜嫩、枝叶展、耐冲泡，叶底嫩绿、匀整。冲泡时，芽尖竖立杯中，如鲜笋出土，甚是好看，沉落时，似绿叶飘坠，倍显清雅，清香扑鼻、沁人心脾，滋味甘美、生津、回味悠长。

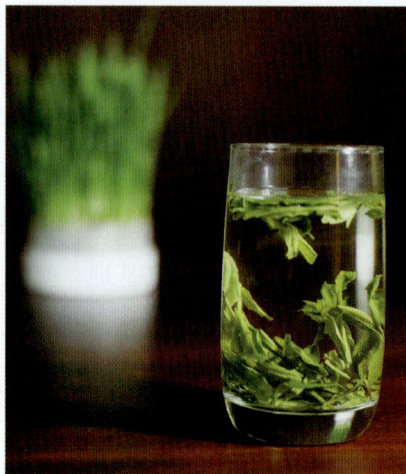

二、产地环境

开县龙珠茶原产地位于开州区敦好镇龙珠村，属中丘深谷地形，海拔800米左右，山岭丘状起伏，连绵不断，终年云雾缭绕。产地属亚热带湿润气候区，一年四季分明，雨量充沛，热量丰富。冬无严寒，夏无酷暑，茶树在隆冬时节能正常越冬而不受冻害，在炎夏也能经受高温，鲜叶不易老化。

气温：常年均温16.2℃，极端高温37℃，极端低温6.5℃，≤0℃日数15.9天，≥35℃日数3.8天，全年无霜期280天，≥10℃活动积温241天，其中≥20℃积温170天，最适宜茶树生长的温度时间长。

光照：常年太阳辐射总量10 562千卡/平方厘米，稳定通过10℃辐射总量为78.74千卡/平方厘米，年日照时数1 461.8小时，年日照35%，特别适宜喜漫射光的茶树生长，且茶叶品质特别优异，持嫩性强。

降水：常年降水量1 227.6毫米。春、夏、秋降水量分别占全年降水量的27.1%、41.3%、27.3%，表现为雨热同季，且雨日分布较均匀，有利于茶树采收季节的供水。

湿度：常年相对湿度87%，其中春、夏之交达90%，利于茶树生长。

土壤：产地土壤为冷沙黄泥土，由三叠系须家河组的黄棕色及灰白色石英粗砂岩夹薄层页岩二迭系砂岩母质发育而成，土壤母质为低硅型，呈酸性反应，质地轻，通透性极佳，土层深厚，有机质丰富，耕作层暗灰色，沙址质地，粒状结构疏松。

综上所述，龙珠茶产地气温适宜，雨水充足，空气湿度大，日照适中，漫射光

多，雨热同季，土壤疏松，理化性状好，具备茶树生长的优越自然环境条件，属茶树最佳适生区域。

正因为龙珠村得天独厚的生产环境能满足茶树生长发育对水、光、温度、空气、土壤等主要生态因子的要求，龙珠茶的优良品质才得以传承。龙珠村现有上千亩连片茶园，特别是被村民称为"茶岭大茶园"内的茶树生长十分旺盛，一片郁郁葱葱，茶芽密度大，产量高，品质特优。

三、历史渊源

开县龙珠茶有一千多年的历史，据《夔州府志》记载，早在唐代就被列为宫廷贡品茶；唐朝宰相韦处厚与大诗人张籍以品龙珠茶会聚交友，写下"千丛因此始，含露紫因肥""紫芽连白蕊，初向岭头生"，随后，韦相将龙珠茶与盛山十二景诗带入长安，韩愈、白居易、元慎等诗人以茶聚友，以茶入诗，纷纷同题相和。

清嘉庆《夔州府志》载："开县凡山皆产茶……"。《开县县志》记载："清康熙年间（1665年）全县产茶2 000担，至咸丰年间毁之无存，清末复苏，民国三十年（1941年）产茶8 598担，民国三十七年（1948年）达1万担"。由于战争连绵，到新中国成立前，开县茶叶已走向衰败，1949年，全县仅有茶树320万丛，产茶2 800担。

中华人民共和国成立后，经过恢复发展，到1984年，开县共有茶园面积2 567公顷，后有所下滑，1990年后基本稳定在2 134公顷，其中采摘面积1 834公顷。

开州区茶园主要分布在中山区，海拔最低的清坪茶场310米，最高的胜利茶场1 180米，其中海拔600～800米茶园占开州区茶园总面积的60%以上。开州区共有40个乡（镇），486个自然村生产茶叶。开州区共分为西北茶区、东北茶区和西南茶区三大区，以西北茶区面积最大，属老茶区。

开县龙珠茶原产地位于西北茶区的敦好镇，茶区山清水秀，绿树葱茏。整个西北茶区都生产龙珠茶，主要乡镇有敦好、紫水、正坝、和谦、温泉、大进、郭家等，共有茶园1 170公顷，占开州区茶园总面积的一半多。

四、生产情况

（一）原材料

1.主料

上等鲜茶叶。

2.辅料

茶油。

（二）采制工艺

1.鲜叶采摘和处理

名茶采摘要严格按标准采摘，开园时间为"清明"前5～8天，于"立夏"结束。采回的鲜叶要先分级，分别薄摊在篾席上，同时剔除不合质量标准的紫色芽叶、破碎芽叶、病虫芽叶及异物，摊叶厚3～5厘米，晴天摊3～4小时，阴雨天摊6小时左右，待鲜叶表面水散失，无青草气即可。摊好的鲜叶要复拣，拣出分级不标准芽叶、红变芽叶后再付制。

2.加工工艺

手工艺龙珠茶炒制按一次杀青—扇（摊）凉—一次轻揉—二次杀青整形—毛火（二次揉捻）—拣剔（理条）—足火烘干—摊冷包装（成品）。

杀青：杀青锅口径50～60厘米，用松柴作燃料，锅温140～160℃，投叶0.3～0.4千克，杀青6～8分钟，杀青要抖、闷结合，以抖炒为主。

扇凉：杀青叶下锅后倒入篾簸，边抖边用蒲扇扇凉鲜叶，以保持杀青叶色绿。

轻揉：两锅叶合并，用手拢叶团，不加力轻轻滚动约20次，使茶叶基本收拢后，再稍加力握茶推揉10～15分钟，待茶条紧卷，成条率90%以上即可。

二青整形：锅温80～90℃，炒至手握茶有发硬感觉时，锅温降至50℃左右，用手在锅中紧条、提毫，待至五成干即可。需25～30分钟。

毛火：用楠竹编织的烘笼，以杠炭为燃料，温度100℃左右，投两锅叶薄摊（1.5～2厘米）烘6～8分钟，中途轻翻1次。烘至七八成干。

拣剔：毛火下笼后薄摊在篾簸中，拣去黄片、红梗红叶、形状差异大的茶叶及杂物，并抖出面末。

足火：温度80～90℃，摊叶4～5厘米厚，每3～4分钟轻翻1次，烘至足干。

摊冷包装：足火茶下笼后要薄摊晾干，方可包装入库。

五、发展状况

茶业基地拥有"六厂一中心"，公司员工180余人，其中高级技术人员36人。茶叶基地总面积达6万亩：其中公司自建茶叶示范基地25 000亩，成立农民专业合作社5个，带动开州区发展3.5万亩。年产成品茶450吨，产值过亿元，带动周边农户3.8万人，其中贫困农户1.2万人，人均年收入增加3 500元，茶农已逐步走向致富。

（一）规模化种植

开县龙珠茶种植区域涉及30余个乡（镇、街道），3.8万农户，1.2万茶农，形成了区域化布局，集中成片产业带，是重庆市茶叶原料最大优质产区。

产业化经营。开县龙珠茶实现了合同种植、订单生产，形成了企业、加工大户、茶农紧密结合的榨菜加工三级网络，建立、完善了"公司互联网＋销售模式"。

（二）现代化生产

龙珠茶生产实现了杀青、扇（摊）凉、轻揉、整形、毛火、理条、足火烘干、摊冷无菌包装、高温杀菌的自动化、现代化，生产设备、设施处于国内外同行业领先水平，正逐渐向现代化食品工业转变。

（三）规范化管理

注重产品质量，从原料加工至产品出厂，都严格执行《有机产品　第2部分：加工》（GB/T 19630.2—2011）有机食品标准的工艺工序和质量要求，实施生产全过程质量监控，实现规范化管理，开县龙珠茶业有限公司已通过ISO9001质量体系认证。龙珠翠玉、龙珠御芽等11个系列产品通过国家有机食品认证。

（四）系列化产品

开县龙珠茶历经百年发展，形成了散装、软袋小包装、盒装三大包装系列。

六、荣誉认证

1994年，荣获四川省第三届"甘露杯"优质名茶奖。

1999年，荣获四川省农业博览会金奖。

2001年，在中国国际农业博览会上被认定为"名牌产品"，同年10月，荣获"重庆名牌农产品"称号，12月，被认定为"重庆著名商标"。

2007年，龙珠翠玉在第二届中国农业国际博览会上荣获国际金奖，同年，重庆市名牌农产品认定委员会认定"龙珠茶"10个品种为"重庆名牌农产品""消费者喜爱产品"。2007—2008年，"龙珠茶"系列产品经农业部认证为AA级绿色食品和有机茶转换产品。

2008年5月，龙珠翠玉荣获重庆市第七届"三峡杯"名优茶金奖、重庆市首届茶业博览会"十大名茶"称号。

2010年，"龙珠茶"系列产品被农业部认定为有机茶，"龙珠"牌龙珠翠玉荣获中国西部茶竹茶具交易博览会"金奖"、中国（上海）国际茶业博览会"银奖"、重庆市"十大名茶"荣誉称号；龙珠秀眉荣获首届"国饮杯"全国茶叶评比一等奖。同年3月，开县龙珠茶获国家工商行政管理总局商标局认证为开县"龙珠茶地理证明商标"。

2011年，龙珠翠玉获第九届"中茶杯""全国名茶优质茶"称号，龙珠翠玉及松针系列评为重庆市"消费者喜爱产品"，龙珠红茶获中国国际茶业博览会名优茶评选金奖，重庆名牌农产品评选认定委员会认定"龙珠"牌绿茶为"重庆市名牌产品"，"龙珠茶"系列获广州市博览会畅销产品奖，在中国茶叶企业产品品牌价值评估中，"龙珠"品牌价值为1.19亿元人民币。

2012年，重庆市开县龙珠茶业有限公司完成了有机茶证书的延续换证工作，共有10个品种有机茶证书；"龙珠"牌茶叶获第十一届重庆·中国西部国际农产品交易会"消费者喜欢产品"称号；"龙珠牌龙珠绿茶"被评为"重庆名牌农产品"；"龙珠牌龙珠春芽"被评为"重庆市地方优质茶"；"龙珠牌龙珠翠玉"荣获重庆市第九届"三峡杯"名优茶评比名优茶类金奖；"龙珠牌龙珠春芽"荣获重庆市第九届"三峡杯"名优茶评比名优茶类特等奖；荣获中国国家标准化管理委员会颁发的"国家农业标准化绿色茶叶生产示范区验收合格证书"。

2014年，开县龙珠茶荣获重庆茶叶商会重庆茶叶协会名优茶评比"第十届三峡杯金奖"。同年，被重庆市人民政府、重庆市文化委员会列入重庆市市级非物质文化遗产项目名录，同时获得"重庆市老字号"称号。

2017年5月，开县龙珠茶荣获中国国际有机食品博览会产品优秀奖。

七、新闻事件

中国茶叶博览会冲出的"黑马"，仅200克"龙珠翠玉"茶破天荒地拍出98 000元的天价。

第十七节　云阳龙缸云雾茶

龙缸云雾茶，云阳县特产，重庆名牌农产品。龙缸云雾茶生产基地位于北纬30°歧耀山脉富硒带，属国家标准化茶园示范区，生长在这里的茶树既富硒，又含有野生基因。以采自海拔1 000米的天下龙缸AAAAA级国家地质公园——歧阳关生态茶园景区内的优质茶树细嫩茶青为原料，在充分吸收中国历史名茶制作工艺精髓的基础上，采用现代制茶工程技术精制而成，实现清洁化、标准化生产。龙缸云雾系列茶叶产品多次荣获"中绿杯"全国名优绿茶评比金奖、"中茶杯"全国名优茶评比一等奖、重庆市"三峡杯"名茶评比金奖、"重庆名牌农产品"称号等荣誉。

一、产品特点

龙缸云雾茶以高海拔富硒带茶园早春细嫩鲜叶为原料，以重庆市农业科学院茶叶研究所专家团队为技术支撑，在中国历史名茶制作工艺精髓的基础上，采用现代

制茶工程技术手段精制而成；产品外形秀美、色泽绿润、汤青绿亮、香鲜味醇。旗下有云阳白茶、云阳龙芽、龙缸秀芽、歧阳秀芽、龙缸毛尖、龙缸红芽六大类38个产品。

（一）云阳白茶

引进优质安吉白茶苗种，以经多年培植的茶树早春细嫩芽（叶）为原料，以一芽一叶为主。其干茶外形挺直显峰，色泽微黄显翠，香气清香持久，汤色嫩绿明亮，滋味鲜爽，冲泡后叶白脉绿。

（二）云阳龙芽

以川小叶种、福鼎茶树等茶树早春细嫩芽头为原料，具有"香芬超逸、耐泡久品"之特色，干茶挺直，重实，色泽绿润、汤色绿亮、香高持久，滋味醇爽。

（三）龙缸秀芽

以浙农117、名山早等茶树早春细嫩芽叶为原料，其干茶外形紧直，芽形饱满、色泽深绿润、汤色黄绿明亮、粟香持久，滋味醇和。

（四）歧阳秀芽

以福鼎、川小叶种等茶树早春细嫩芽头、芽叶为原料，干茶外形紧较直，较重实、色泽深绿较润、汤色黄绿明亮、香高味醇。

（五）龙缸毛尖

采用早春细嫩一芽一、二叶为茶树鲜叶为原料，因工艺不同，其外形分直条形和卷曲形，紧细，色泽深绿，汤色黄绿明亮、香气浓郁、滋味醇和较鲜。

（六）龙缸红芽

以优质川小叶种等茶树一芽一叶为原料，干茶外形紧细，有金毫，色泽乌润、汤色红亮、甜香持久，滋味浓醇回甘。

二、产地环境

龙缸云雾茶产地在长江黄金水道——三峡库区重庆市云阳县票草镇。云阳处于北纬30°的东南中亚热带湿润气候区，春早、夏热、秋凉、冬暖，年平均气温18.4℃，年平均日照数1 484.8小时，年平均降水量1 100.1毫米，无霜期304天，属茶树原产地和最适宜生长区之一。票草镇位于云阳县东南部的歧耀山脉带，现有茶园3 000余亩，云雾缭绕，茶区距离县城50千米，无污染源，空气清新，气候条件极为优越，茶园海拔高度1 000米左右、土壤酸度4.5～5.5、硒含量高达百万分之0.37，属国内少有的富硒优质茶产区，是全国名优茶业示范基地。特别是三峡工程蓄水后，

县域长江流域水面增大、湿度增加、雾期延长，特别利于高档名茶生长。

三、历史渊源

云阳种茶历史悠久，是中国最早野生茶叶的发源地之一，是重庆著名的"千年茶乡"。据《新唐书·地理志》记载，云阳曾是唐朝十大贡茶产地之一，距今已有1 200多年的种茶历史，其茶曾随巴鄂交界的"盐马古道"直抵都城西安。又据唐代陆羽《茶经》和唐代李肇《唐国史补》等的记载，夔州府云安郡（即现云阳）以产贡茶著称。

1971年，歧阳村集体决议引进川小叶种茶树种植茶园2 000余亩。1972年，村集体经济办厂开始生产。20世纪80年代是歧阳茶场的鼎盛时期，自1986年开始，歧阳茶场生产的红碎茶经当时的外贸公司出口到欧美地区，得到国外消费者的一致好评。2001年，歧阳村委成立了云阳县歧阳茶业合作社。

四、生产情况

（一）原料管理

1.新茶园建设

（1）茶园选址。园地选择交通便利，远离公路主干线500米以上，相对集中连片，坡度在25°以下，生态环境好、空气清新、水源清洁、土壤未受污染、周围无污染源的地方。园地年平均温度在13℃以上，有效积温3 500～4 000℃，空气质量应符合国家《环境空气质量标准》（GB 3095—2012）中规定的一级标准要求，空气中的污染物不得超过标准中的各项浓度限值指标。园地灌溉用水不受污染，要求符合《农田灌溉水质标准》（GB 5084—2005），灌溉水质中的污染物不得超过标准中的各项浓度限值。园地土壤要求土层深厚、疏松肥沃、通气和排水良好，耕作层深度0.5米以上，pH4.5～6.0的沙壤土，土壤质量符合《土壤环境质量标准》（GB 15618—1995），各种污染物的浓度不得超过标准中的各项浓度限值，土壤重金属含量高背景值地区也不得超过国家二级土壤环境质量标准。

（2）茶园建设。根据园地规模、地形和地貌等条件，设置合理的道路系统，包括主道、支道、步道和地头道、作业道，尽量满足机械化作业要求。园地开垦前应清除地面的杂树、杂草和石块等。根据地形地势修筑梯地，平地和坡度15°以下的缓坡地等高开垦；坡度在15°以上时，建成内倾等高梯级园地。建立完善的水利系统，做到能蓄能排，有条件的地方宜建立茶园节水灌溉系统。茶园四周或茶园内不适合种茶的空地应植树造林，茶园的上风口应营造防护林。主要道路、沟渠两边种植行道树。集中连片的茶园可适当种植遮阴树，遮光率控制在20%～30%。

（3）茶树种植。茶苗移栽时间一般在9月中旬至10月底，选择适宜重庆市绿茶加工的巴渝特早、福鼎大白茶、早白尖5号、南江1号、碧香早等茶树良种。早生、早生、中生品种按3：4：3比例搭配。

一般在7—8月深耕0.4米抗土，按1.5米的行距开箱，并开深0.3米、宽0.4米的沟，沟内亩施农家肥1 500～2 000千克，油枯200～300千克，高氮高磷有机无机复合肥110千克，然后覆土，底肥的深度在30～40厘米。茶树种植规格为大行距1.5米、小行距0.35米、株距0.3米，双行双株错窝，亩植4 500～5 500株。种植时，选择阴天或雨后初晴的天气，先松土开沟，然后按规格放苗，一只手轻

提茶苗，另一手边覆土边压实，使根系与土壤紧密结合，用清水浇足定根水后盖上一层细土。忌用粪水，以免烂根。

2. 茶园肥培管理

采用合理耕作、施用有机肥等方法改良土壤结构，浅耕结合除草每年 3 ~ 4 次，11 月初中耕 1 次。幼龄茶园禁用化学农药锄草。对土壤深厚、松软、肥沃，树冠覆盖度大，病虫草害少的茶园可实行减耕或免耕。幼龄或台刈改造茶园土壤培肥可采用种植牧草、豆类等绿肥。夏季绿肥种植时间为 4—5月，冬季绿肥种植时间为 9 月。夏季绿肥主要为：大豆、绿豆、花生、饭豆、豇豆、决明子等。冬季绿肥主要为：苕子、豌豆、胡豆、黑麦草、白三叶等。土壤 pH 低于 4.0 的茶园，施用白云石粉、石灰等物质，调节土壤 pH4.5 以上。

根据土壤理化性质、茶树长势、预计产量和气候等条件，确定合理的肥料种类、数量和施肥时间，实施茶园平衡施肥，防止茶园缺肥和过量施肥。宜多施有机肥料，化学肥料与有机肥料应配合使用，避免单纯使用化学肥料和矿物源肥料。肥料年用量按产 100 千克干茶施纯氮 15 千克计，春、夏季按 60%、40% 比例分配。

3. 病虫害绿色防控

严格按照相关标准选择农药品种，实行轮换用药、合理混配。根据害虫发生数量 及规律，遵循"预防为主，综合治理"方针，综合运用农业防治、物理防治、生物防治及化学防治等措施，创造不利于病虫草等有害生物滋生和有利于各类天敌繁衍的环境条件，保持茶园生态系统的平衡和生 物的多样性，将有害生物控制在允许的经济阈值以下，将农药残留降低到规定标准的范围。

农业防治：种植抗性较强的品种，通过分批及时采摘、合理修剪、深耕结合施基肥、勤锄杂草、疏枝清园等措施，恶化病虫生存环境，减少茶园的病虫发生。物理防治：可采用人工捕杀、灯光诱杀、色板诱杀等方法减轻茶园害虫危害。生物防治：优化茶园环境，保护茶园天敌，使用生物源农药防治茶园害虫。化学防治：严格按照茶园农药施用技术标准要求选择农药，严禁使用限制、禁止类农药。

4. 茶树树冠培育

根据茶树的树龄、长势和树冠培育方向分别采用定型修剪、轻修剪、深修剪、重修剪和台刈等方法进行培育，培养优化型树冠，复壮树势。一般定型修剪 3 次，第一次在移栽后 10 天内进行，高度为离地 20 厘米。第二次在移栽后第二年的 10 月底进行，高度为离地 35 厘米；第三次在移栽后第三年的10 月底进行，高度为离地 45 厘米。轻修剪一年进行 1 次，在 10 月下旬至 11 月上旬，剪去当年的秋梢和部分夏梢，同时修剪茶行边缘，保持茶行间 20 厘米左右的操作间。重修剪一般要剪去树冠高度的1/3 ~ 1/2，以离地 30 ~ 40 厘米为宜，台刈一般在离地面 5 ~ 10 厘米处剪去全部地上部分枝干。修剪枝叶应留在茶园内，以利于培肥土壤。病虫枝条和粗干枝应清除出园。

（二）加工技术

1. 名优绿茶加工技术

（1）茶鲜叶。名优绿茶鲜叶质量要求是大、中、小叶种的单芽或一芽一叶初展，以一芽一叶初展为主，且芽叶完整、色泽嫩绿、新鲜、匀净、清洁、卫生。采摘下的茶鲜叶应选用 1 千克、1.5 千克、2 千克透气性好的采茶专用茶篓盛装。采满一篓换一只篓，不能压紧茶鲜叶，不日晒雨淋，不准用塑料袋等工具盛放茶鲜叶，以保持茶青的新鲜度。茶鲜叶应及时用专用茶叶篾篓装运，及时摊放在篾垫或竹匾上，场地要通风，避免阳光直射，门窗可关闭，适时轻翻，使之均匀失水。在鲜叶盛装、运输、储存过程中，要避免人员与原料过多接触，防止原料落地。运输过程中装载的机具要洁净，且要采用清洁化的材料，避免和其他有异味的物品一起运输或一起存放。储存时，注意盛放在干净的篾垫、竹匾上或不锈钢贮青槽中。摊放时，场地要保持洁净，避免直接接触地面而引起鲜叶的细菌和其他污染。

（2）加工工艺流程。鲜叶—摊放—杀青—摊凉—揉捻—理条—干燥—提香。名优茶叶不需要解块、烘干工序，大宗茶叶不需要理条工序。

（3）加工设备及技术

①鲜叶摊放：鲜叶采摘后，应分级、分批依次摊放在通风、洁净、无异味的竹席或簸箕或鲜叶摊凉网上。摊放厚度3～10厘米，每隔2小时左右轻翻1次。根据天气，一般摊放4～10小时后开始炒制，当天采摘的鲜叶当天加工。

②杀青：鲜叶杀青采用滚筒连续杀青机或微波杀青机。采用滚筒连续杀青机杀青，开机后开始加温，待筒体进口约20厘米处温度上升至150～180℃，手感到灼热，出口中心温度约80～90℃时，方可投叶。此时放入的鲜叶会出现"噼吧"声响。刚投叶时，应先投入2～3大把，约300～400克/把，接着匀速投入小把（约50g）。同时，打开滚筒出口下的吹气风扇，使杀青叶迅速冷却。出叶后，看杀青叶是否杀透、杀匀，以调整进叶速度。投入鲜叶速度的快慢，以观察出茶筒口水蒸汽直冲上升的程度为依据。投少易产生焦边；投多则杀青叶含水量偏高，杀青偏嫩，筒体出口处水蒸汽太多，易使杀青叶黏附在出口处，产生焦叶。杀青适度标准为：叶色由青绿转变为暗绿，折梗不断，手握成团，抛之即散，青草气转变为良好的茶香。以40型滚筒杀青机为例，相关参数见表6-1-4。

表6-1-4　40型滚筒杀青机杀青工艺参数

名称及参数	40型台时产量/千克	40型杀青时间/秒	进茶口中心温度/℃	出茶口中心温度/℃
中小叶种春茶	30～50	80～90		
中小叶种秋茶	50～60	75～85	150～180	80～90
大叶种春茶	25～30	90～100		
大叶种秋茶	40～50	85～95		

微波杀青机作为滚筒杀青机的补杀程序，可对经滚筒杀青机杀青但未杀透内质的杀青叶补杀，以达到茶青内外失水一致。

③摊凉：名优茶非常讲究色泽，杀青后的鲜叶虽有风机吹风降温，也应及时摊开，切忌堆积。

④揉捻：揉捻目的是缩小体积，为成形打好基础，同时适当破坏叶组织，既使茶汁容易泡出，又耐冲泡。揉捻一般分热揉和冷揉，所谓热揉，就是杀青叶不经摊凉趁热揉捻；所谓冷揉，就是杀青叶出锅后，经过一段时间的摊放，使叶温下降到一定程度时揉捻。较老叶纤维素含量高，揉捻时不易成条，宜采用热揉；嫩叶揉捻容易成条，为保持良好的色泽和香气，宜采用冷揉。揉捻工序控制在：揉捻适度的叶子，高档嫩叶成条率达80%以上，低档粗叶成条率达60%以上；碎茶率不超过3%，茶汁溢附叶面，手握有粘手感。不同机型名优茶揉捻工艺参数见表6-1-5。

表6-1-5　不同机型名优茶揉捻工艺参数

机型	投叶量/千克	轻揉捻时间/分钟	中揉捻时间/分钟	重揉捻时/分钟	松揉捻时/分钟
6CR-35	8	5	5	3	5
6CR-40	10	5	6	4	5
6CR-45	15	6	6	5	6

⑤理条：理条即将揉捻后的茶叶整形，使条索整齐，紧密；主要目的在于让茶叶塑形、失水、显毫和提香。当槽锅内温度达到80～100℃并较均匀时，将待制叶均匀投入每一槽锅中（60型每锅总投叶量在1.4千克左右），每次理条时间约为10～15分钟，理条机内茶叶条索紧直、香气外溢时即可起锅（对于热进风式，投入待制叶后，经3～4分钟，见茶叶已加热且柔软时，可打开风机以强热进风排湿）。在制茶过程中，可用手翻动茶叶，以免水汽将茶叶焖黄、变黑，也可加入若干适当重量小棒辅助理条。芽头一般经3次理条后直接转入提香工序，叶茶一般经1次理条后进入烘干工序。理条适度标

准为芽头茶经理条后散失水分70%左右，成品茶至八成干，茶叶形状基本固定。

⑥干燥：干燥的目的为继续促使内含物发生变化，提高内在品质；整理条索，改进外形；排出过多水分，防止霉变，便于储藏。经干燥后的茶叶，都必须达到安全的保管条件，干茶含水量要求在5%～7%，用手捻茶能成碎末。

⑦提香：提香即进一步干燥已成形的茶叶，以发展香气，提高品质，便于储藏，一般采用提香机90～110℃，提香5～10分钟。

2.工夫红茶加工技术

（1）茶叶原料。以中小叶种一芽一二叶为主，要求鲜叶新鲜、洁净、无病虫叶、无机械损伤。

（2）加工工艺流程。鲜叶—萎凋—揉捻—发酵—初烘—理条—足干。

（3）加工工艺技术

①鲜叶萎凋：采用室内自然萎凋，萎凋时间为10～16小时，一般原料可采用头天采摘的鲜叶，自然摊凉在地面或摊凉架上，厚度为3～5厘米，第二天早上8点开始揉捻。萎凋适度时，鲜叶失去原有光泽，呈暗淡绿色，叶片变软，执叶柄芽叶下垂，不易折断，手捻成团且不易散开，青气大减，清香散发，鲜叶减重40%左右。

②鲜叶揉捻：可采用35或45揉捻机，投叶量为每桶10～15千克，揉捻时间为50～70分钟，揉捻至茶条紧细、均整，有少量茶汁溢出，细胞破碎率达80%为宜。

③发酵：采用室内自然发酵，在地面洒水以增加空气湿度，摊叶厚度12～16厘米，加盖湿布，发酵时间8～10小时；采用发酵箱发酵：控制温度30℃、湿度95%，发酵厚度8～10厘米，发酵时间4～6小时；采用发酵室发酵：温度控制25℃，湿度95%，发酵时间5～8小时。发酵程度一般以茶叶颜色主体呈黄红色，青臭味消失，有花果香、清香溢出为宜。

④初干：采用链板式烘干机，温度120～130℃，摊叶厚度2～3厘米，时间5～7分钟；也可采用6CH-6提香机，摊时厚度1～2厘米，温度100～110℃，时间4～5分钟，干燥至含水量35%～40%。此时，茶条红润、较软，冷后略有刺手感。

⑤整形：采用6CLZ-60理条机，理条温度80～90℃，时间为6～8分钟，每锅投叶量2千克左右，理条至茶条紧直，基本定型时下茶、冷却。

⑥足干：采用链板式烘干机或提香机，温度90～110℃，时间为10～15分钟，摊叶厚度2～3厘米，烘至茶叶含水量6%左右下茶摊凉。

（三）产品标准

鲜叶采摘要求：新鲜洁净，无损伤、无杂质，无红变。干茶质量特色见表6-1-6。

表6-1-6　干茶质量特色

检验项目		指标	品质特色
感官	干评	条索	紧直细小，露峰
		色泽	翠绿，鲜润
		嫩度	细嫩显毫
		匀度	匀净
	湿评	香气	鲜嫩浓郁持久
		汤色	碧绿清澈
		滋味	鲜爽回甘
		叶底	嫩芽绿明亮
理化指标		出厂水分	≤7.0%
		碎末茶	≤6.0%

（四）生产发展

龙缸云雾茶生产加工在发展过程中共经历5次重大标准化改造提升，分别在2003年、2007年、2010年、2012年、2018年实施。

2001年前，歧阳茶场生产厂区仅150平方米，厂房全部为土瓦房屋结构，加工设备为炒锅，以原煤、柴火为燃料加热，茶叶加工基本采用纯手工工艺，手工完成茶叶加工各道工序。

2002年12月，成立云阳县歧阳茶叶专业合作社，2003年5月，启动第一次产能提升工程，将生产厂房的土瓦结构改造为砖瓦结构，购置了小型燃煤式杀青机1台、揉捻机1台、理条机2台，首次引入机械加工茶叶，实现农产品作坊式生产，年干茶产能由之前的1 000斤提升到3 000斤。

2007年8月，投资实施加工产能标准化改造，改扩建加工厂房、办公用房650平方米，引进电热式杀青机、揉捻机、理条机、提香机、风选机等加工设备10余台套，实现了茶叶加工的电热式机械化生产，年干茶产能由3 000斤提升到5吨，并于2008年4月通过食品生产许可认证。

2010年2月，投资新植茶园500亩，新建园区耕作便道2 000米、人行便道3 000米，添置太阳能杀虫灯等物理杀虫设备，提升了基地园区标准化水平。

2012年3月，投资兴建加工附属生活设施600平方米，引进茶叶鲜叶提升机、大型电热式滚筒杀青机、微波杀青机、自动连续化揉捻机组、理条机组、茶叶摊凉中转平台、物流传输设备等20余台（套）茶叶加工设备，实现了名优茶叶的连续化、清洁化不落地生产，年产能由之前的5吨提高到15吨。

2018年1月，投资兴建歧阳关茶旅生态产业园区，项目以茶旅产业融合发展为目的，改扩建生产厂区900平方米、茶叶科技馆300平方米。龙缸云雾年茶叶产量达30吨。

五、荣誉认证

1994年5月，歧阳秀芽荣获四川省第三届"甘露杯"优质名茶奖。

2003年5月，盘龙叶茶荣获重庆市第五届"三峡杯"名优茶评审"优质名茶"称号。

2005年4月，盘龙秀芽荣获"华茗杯"全国名优茶评比暨全国优质边销茶评比名优茶优秀奖。

2007年1月，歧阳秀芽荣获重庆·中国西部农产品交易会最受消费者欢迎产品。

2008年6月，龙缸云雾荣获第七届"三峡杯"名优茶评比"银奖"。

2010年6月，龙缸云雾手工茶被评为云阳县非物质文化遗产产品。

2011年9月，歧阳秀芽荣获第九届"中茶杯"全国名优茶一等奖。

2012年5月，云阳龙芽荣获第六届"中绿杯"中国名优绿茶评比金奖；龙缸云雾荣获重庆市第九届"三峡杯"名优茶评比金奖。

2013年8月，歧阳毛尖荣获第十届"中茶杯"全国名优茶评比一等奖。

2013年8月，重庆龙缸茶业有限公司茶叶基地、加工厂首次通过国家有机产品转换认证。10月，重庆龙缸茶业有限公司成功注册"龙缸云雾"牌商标。

2014年8月，龙缸云雾牌茶叶被评选认定为"重庆名牌农产品"；9月，云阳白茶获第十届国际名茶评比（捷克）银奖。

2015年8月，歧阳秀芽获第十一届"中茶杯"全国名优茶评比一等奖。

2016年5月，歧阳秀芽荣获第八届"中绿杯"中国名优绿茶评比金奖。

2018年5月，龙缸秀芽荣获第九届"中绿杯"中国名优绿茶评比金奖。

第十八节　巫溪道珍茶叶

巫溪道珍茶叶，绿色食品认证，"重庆名牌农产品"。巫溪道珍茶叶属绿茶类，茶叶是未经发酵制

成的茶，保留了鲜叶的天然物质，含有的茶多酚、儿茶素、叶绿素、咖啡因、氨基酸、维生素等营养成分较多，对防衰老、防癌、抗癌、杀菌、消炎等具有特殊效果。茶叶以适宜茶树新梢为原料，经杀青、揉捻、干燥等典型工艺过程制成。

一、产地环境

巫溪道珍茶叶树种植基地属亚热带湿润季风气候，海拔850～1 000米，气候温和，年平均温度21℃，年降水量在1 300～1 600毫米，常年无霜期230天左右，基地周围森林覆盖率65%，境内有国家级珍稀植物红豆杉、珙桐等多个品种。没有工业污染和生产生活等污染源，是茶树生长的最佳自然环境。基地土质属棕紫泥土壤，氮、磷、钾含量丰富，pH在4.5～5.5，有机质土层，土层肥力强，适宜种植茶树。区域地下水丰富，人畜用水、灌溉用水靠蓄水池和积蓄地下水均可满足。农民有多年种植茶树的经验。20世纪70年代，巫溪有茶叶面积3万多亩，产量居四川省前列。

二、品质特点

巫溪道珍（月咏）茶叶，产于巫溪县海拔1 000米以上的高山境内，是通过国家认证的绿色产品，严格按照绿色产品技术规程种植和加工，具有干茶绿、汤色绿、叶底绿、耐冲泡的重要特征。采用一芽二、三叶制成，形状为条索长直带扁，有毫，色泽深绿，香清纯，味醇厚，汤色、叶底黄绿明亮。

三、荣誉认证

2007年，500公顷种植基地获无公害茶叶生产基地认定，通过无公害茶叶产品认证，同年，获国际质量标准体系认证和QS认证，2010年，获有机产品认证，包装设计等取得国家科学技术部设计专利权10余项。重庆市道珍茶叶开发有限公司现有毛峰、毛尖、剑茶等10多个品种，年产量20吨以上，产品曾获中国西部农产品展示展览会"最受消费者欢迎奖"和"重庆名牌农特产品"证书。

四、生产技术

巫溪道珍茶叶基地共1 100亩，其中重庆市道珍茶叶开发有限公司自有茶叶基地500亩，可供加工的茶叶生产基地3 000余亩。

（一）种植技术

1.基地总平面布局

按照标准茶园建设区的实际情况，为便于管理和区域种植，实行成块连片布局。

2.选种

选用品质优、产量高、经济效益好、适应性强的无病害、芽叶粗壮苗，基地建园选用福鼎大白茶、名选131等优良品种。

3.整地

首先应清除地面杂物，清除拟开垦地内的树木、竹子、小灌木、乱石、土堆等，彻底清除恶性杂草的根茎，做到地面平整。

4.开沟种植

按150厘米的大行距开挖种植沟，种植沟宽50厘米、深40厘米，将挖出的熟泥、生泥分开堆放。

5.施足底肥

施足底肥，为茶根系扩展创造良好条件，为茶树生长发育提供充足的养料。按每亩1 000千克农家肥或150千克茶叶专用有机肥的施肥量，将底肥施于种植根部，然后在两侧各挖5厘米宽，将挖下的泥土覆盖在底肥上，确保盖土5～10厘米。

6.茶叶种植

茶苗种植时间以10—12月和次年的2—3月为宜。按行距150厘米，窝距40厘米的规格双行双株错窝种植。植苗应浆根（用无污染的纯黄泥与水调匀后，令茶苗的根系与泥浆充分接触，保证根系水分供应）、栽紧（先将茶苗置于沟内，覆盖生土10厘米，用脚踏实，轻提茶苗，使茶苗根系伸直，并与土壤充分接触，再覆盖生土10厘米，踩紧至两指轻挟茶苗不能轻易拔起，最后再盖土，与泥门相平）。植苗时注意根系舒展，逐步加土，层层踩紧踏实，使土壤与茶苗根系紧紧接触。移栽后2天内必须及时在离地15厘米处保留3～4片叶，进行第一次定型修剪，以减少水分蒸发；如遇大旱，要注意勤浇水，保持土壤湿润，以保证茶苗成活。茶苗移栽后，注意及时人工除草。

7.定型修剪

一般进行3次，在移栽开始后的3年内完成，每年定剪1次，每次在上一剪刀口基础上提高10～15厘米，定剪结束后，茶树高度在40～45厘米。第一次定型修剪在移栽完成后进行，第二、三次修剪在上次修剪时间1年后进行，应在茶树体内养分较多时进行，一般在春茶前或春茶打顶后立即进行，避开霜冻、低温和高温、干旱天气。宜用锋利的整枝剪逐株修剪，只剪主枝，不剪侧枝，剪口要平滑，剪后留柄宜短。

8.施肥

除种植时每亩施1 000～2 000千克农家肥和100～200千克有机肥外，每年还需施基肥和追肥，以提高产量。一般在10—11月中旬施用基肥。幼龄茶园每亩年平均施农家肥750千克以上，有条件的还可增加50～100千克饼肥、25千克过磷酸钙和15千克硫酸钾；投产茶园每年平均亩施农家肥1 500～2 500千克，并结合饼肥100～150千克、过磷酸钙25～50千克、硫酸钾15～25千克。基肥要深施。幼龄茶园按苗穴施，施肥穴距根茎：一、二年生茶树为5～10厘米，三、四年生茶树为10～15厘米，深度15～25厘米。

茶园追肥一般施3次以上。第一次追肥为催芽肥，一般在茶树越冬鳞片初展时进行，即2月中旬左右；第二次追肥在春芽结束后进行；第三次追肥在夏茶后进行。施肥用量主要依树龄及茶树鲜叶产量而定。一般1～2年生的幼龄茶树每亩施纯氮2.5～5千克。采摘茶园施追肥时，则依据鲜叶产量而定，每亩鲜叶100～200千克，每年需施纯氮7.5千克；产鲜叶200～400千克，每亩施纯氮7.5～10千克；年产鲜叶600千克，每亩施纯氮15千克。施肥部位同基肥、追肥，施后立即盖土。

9.茶园锄耕

茶园经过锄耕，能及时将杂草翻埋于土壤中，1年3～5次。第一次浅耕在春茶前（2月中旬左右）进行，深度10～15厘米；第二次浅耕在春茶结束后（5月中旬左右）进行，深度10厘米；第三次浅耕在夏茶结束后（6月下旬至7月上旬）进行，深度7～8厘米。深耕主要为改良和熟化土壤，常与深耕施肥结合进行。深耕时间一般在茶季基本结束后，有利于因深耕而损伤的根系再生恢复。深耕度要求在20厘米以上，幼龄茶园可在施基肥的同时结合挖施肥沟完成行间深耕，沟深要求30厘米左右。

10.综合防治病虫害

（1）强化农业防治。选用角质层厚的、茶单宁酸含量高的茶树品种，抗病能力强的抗病良种。合理密植，适时修剪，平衡施肥，中耕除草，分批多次采摘，冬季清园封园。

（2）推广生物防治。利用天敌昆虫、昆虫致病菌及其他生物制剂等控制茶树病虫危害，利于保持生态平衡。

（3）提倡物理防治。采用人工捕杀，减轻茶毛虫、黄茧、茶丽纹象甲等害虫危害，利用害虫的趋性，采用灯光诱杀、色板诱杀或异性诱杀。

（4）限制化学防治。严格制定防治标准，掌握防治时期喷药。宜一药多治或农药合理混用。根据病虫测报站对茶园病虫害监测、预测、预报的情况，在病虫发生初期及时选用高效、低毒、低残留农药品种，并严格按照《农药安全使用规范总则》（NY/T 1276—2007）、《农药合理使用准则（一、二、

三、四、五、六、七、八、九)》（GB/T 8321.1—2000、GB/T 8321.2—2000、GB/T 8321.3—2000、GB/T 8321.4—2006、GB/T 8321.5—2006、GB/T 8321.6—2000、GB/T 8321.7—2002、GB/T 8321.8—2007、GB/T 8321.9—2009）的要求控制施药量与设立安全间隔期。禁止在茶树上使用剧毒、高毒、高残留农药。

11.道路设置

茶园内机耕道一般应与主干道垂直或与人行步道贯通，贯穿整个茶园，机耕道路宽3米左右，能使耕作机、拖拉机通行作业即可。人行步道主要供采茶人员进出茶园和护理茶园时使用，也是茶园分块界限，一般路宽1米左右，坡度在20°以上的茶园应设"之"字形步行道，既能避免路面被水冲刷，又能降低送肥上山时的劳动强度，该项目预计需要人行步道5千米。

12.水利网的设置

就茶园而言，"水利网"应包括保水、供水、排水3个方面。结合规划道路网，统一安排沟、渠、塘、池、库及机埠等水利设施，要沟渠相通、渠塘相连、长藤结瓜、成龙配套，雨多时有去向，雨少时能及时供水，各项设施完成后，能达到小雨、中雨水不出园，大雨、暴雨泥不出沟，需水时又能引堤灌溉的效果。各项设施都与园地耕锄结合，各项设施须有利于茶园机械管理，须适合茶园水利工序自动化要求。

（1）渠道。主要作用是引水进园，蓄水防冲及排除渍水等。分干渠与支渠，为扩大茶园受益面积，坡地茶园应尽可能地把干渠抬高或设在山脊。按地形、地势可设明渠、暗渠或拱渠，两山之间的渡槽或倒虹吸管连通。渠道应沿茶园干道或支道设置，若为按等高线开放的渠道，应有0.2%～0.5%的比例。

（2）主沟。是茶园内的直接渠道和支沟的纵沟，其主要作用为在雨量大时能汇集支沟注入塘、池、库内，需水时能引水分送支沟，平地茶园还要降低地下水位的作用，坡地茶园的主沟，沟内应有缓冲与拦水工程。

（3）支沟。与茶行平行设置，缓坡地茶园视具体情况开设，梯子级茶园则设置在梯内坎脚下。支沟宜开成"竹节沟"。

（4）隔离沟。在茶园与林地、荒地之间设隔离沟，以免树根、杂料等侵入园内，并防大雨时园外供水直接冲入茶园，随时注意把隔离沟的流水引入塘、池或库。

（5）蓄水池。园内沟道交接处需设置主干支沟道，力求沟沟相通。根据茶园面积大小，水库、塘、池要有一定的水量储藏。在茶园范围内开设塘、池，不能妨碍茶园耕作管理和机具行驶，要考虑现代化灌溉工程设施的要求，可请水利方面的专业技术人员设计。

13.隔离带设置

茶园四周、路旁、沟边、陡坡和山顶通风处、风害严重的地段，应在与风向垂直的方向设置防风林。设置防护林的目的是减少寒灾、旱灾、风灾的危害，改善茶园小气候，使茶园高产，茶叶优质。隔离带采用高干树种和短干树种相配，如松树、樟树、冷杉、核桃、油桐、棕树等。

（二）加工技术

1.加工厂

第一，茶叶加工厂所处的大气环境不低《环境空气质量标准》（GB 3095—2012）中规定的三级标准要求。

第二，加工厂距离垃圾场、畜牧场、医院、粪池150米以上，距离经常喷洒农药的农田200米以上，距离交通主干道100米以上，远离排放"三废"的工业企业。要求水源清洁、充足，日照充分。

第三，茶叶加工中的直接用水、冲洗加工设备和厂房用水要达到《生活饮用水卫生标准》（GB 5749—2006）的要求。

第四，加工厂的设计应遵从《中华人民共和国食品卫生法》第八条的要求。建筑应符合工业或民用建设要求。

第五，初制加工厂宜建在茶园中心或附近的安全地带，兼顾交通、生活、通讯的便利。

第六，根据加工要求布局厂房和设备。加工区应与生活区和办公区隔离，无关人员不宜进入生产区。

第七，加工厂环境应整洁、干净，无异味。道路应铺设硬质路面，排水系统通畅，厂区环境需绿化。

第八，应有与加工产品、数量相适应的加工、包装厂房、场地，厂房面积不少于设备占地面积的8倍，地面要硬实、平整、光洁、墙壁无污垢。加工和包装场地在茶季前应全面清洗消毒至少1次。

第九，加工厂应有足够的原料、辅料、成品和半成品仓库或场地。原材料、半成品和成品分开放置，不得混放。茶叶仓库应具有密闭、防潮功能，常温保存。

第十，灰尘较大的车间宜安装换气风扇或除尘设备，室内粉尘最高容许浓度不得超过10毫克/立方米。

第十一，加工车间应采光良好、灯光明亮。测定按《公共场所卫生检验方法》（GB/T 18204.1—2013）规定执行。

第十二，加工厂内不应堆放生产资料和杂物。

第十三，加工厂应有卫生行政部门发放的卫生许可证。配有相应的更衣、盥洗、照明、防蝇、防鼠、防蟑螂、污水排放、存放垃圾和废弃物的设施。厕所有化粪池。

2.加工设备

第一，不宜使用铅及铅锑合金、铅青铜、锰黄铜、铅黄铜、铸铝及铝合金材料制造接触茶叶的加工零部件。

第二，大宗茶类加工设备的炉灶间、热风炉应设在加工车间墙外，有压锅炉则另设锅炉间。

第三，燃油设备的油箱、燃气设备的钢瓶和锅炉等易燃易爆设施与加工车间至少留有100米的安全距离。

第四，强烈震动的加工设备应采取必要的防震措施。可分离安装的大型风机设在车间外，车间内噪声不得超过80分贝。

第五，允许用竹子、藤条、无异味木材等天然材料和不锈钢、食品级塑料制成的器具和工具，所有器具和工具应清洗干净后使用。

第六，新购设备要清除材料表面的防锈油。每个茶季开始时，应清洁加工设备、除锈和保养。

第七，定期润滑零部件，每次加油应适量，不得外溢。

3.加工人员

第一，加工人员上岗前应经过生产培训，掌握加工技术和操作技能。

第二，加工人员上岗前和每年度都需进行健康检查，取得健康证明后方能上岗。

第三，加工人员应保持个人卫生，进入工作场所前应洗手、更衣、换鞋、戴帽。离开车间时应换下工作衣、帽和鞋，存放在更衣室内。加工、包装场所不宜吸烟和随地吐痰，不得在加工和包装场所进食。

第四，包装、精制车间工作人员需戴口罩上岗，患有传染病和皮肤病者不得进行茶叶加工和包装作业。

4.加工程序

第一，采摘。鲜叶应来自无公害茶园，不宜与来路不明的鲜叶混合。鲜叶和毛茶严格按验收标准收购，不宜收购掺假、含有非茶类物质以及品质劣变的鲜叶和茶叶。鲜叶应合理贮青，地面贮青鲜叶堆放厚度不宜超过30厘米。贮青地面应清洁、干净。

第二，杀青。先将杀青锅升温至100～120℃，然后将鲜茶叶放入杀青锅内，并不停翻炒15～20分钟，茶叶成墨绿色起锅。

第三，摊凉。将杀青后的茶叶摊在竹席上，用风扇吹风散热，冷至常温。

第四，揉捻。将摊凉后的茶叶放入揉茶机内，反复揉至出茶油，茶叶成条形后出锅摊凉。

第五，初烘（打毛火）。将理条成型后的茶叶放入预先升温至80～100℃的烘干锅内，烘10～20分钟，茶叶六七成干后出锅摊凉。

第六，回潮。将初烘后的茶叶摊放在竹席上自然回潮。

第七，复火烘干。将回潮的茶叶放入升温60～80℃的烘干锅内，烘至全干后出锅摊凉。

第八，去杂。筛（拣）选出茶叶梗、黄叶等杂质。

5.包装

包装加工成型的茶叶并入库保管。

第十九节　秀山茶叶

秀山土家族苗族自治县是重庆市重点支持的优质茶叶主产区，是重庆市茶叶基地面积最大的县，也是重庆市三大茶叶综合示范区之一。秀山有茶叶基地11万亩，主要有福鼎大白、川小叶、安吉白茶、金观音等8个品种，茶叶龙头企业18家，茶叶商标50余个，2013年，洪安溜沙茶园获评"中国美丽田园"，2017年，"秀山茶叶"登记为农产品地理标志。拥有"秀山毛尖""钟灵毛尖""边城秀芽"为主的等50余个商标品牌。

一、产品特点

秀山所产茶叶外形紧结匀整、色泽鲜润翠绿，香气纯正、栗香持久，汤色黄绿明亮，滋味醇和，叶底完整、黄绿明亮。秀山茶叶以优质鲜嫩茶叶为原料，经精细加工而成，是绿茶中的精品，具有茶汤晶莹清香持久、味醇鲜爽的特色。所产茶叶具有叶香高、味纯、耐泡，无污染的内在品质，富含人体所需的硒、锌等20多种微量元素。

二、历史渊源

秀山茶叶生产历史悠久，人们历来就有饮茶的习惯，在历史上有种茶习惯。据清光绪年间县志记载，平马乡猛洞村的"猛洞茶"、钟灵乡民主村的"平邑茶"、海洋乡芭茅村的"尖山茶"因"口含铜钱而化"而驰名附近省、县，被列为"贡茶"，并有"斗米换斤茶""此茶治百病"之说。

据现有统计资料记载，1949年产细茶150担（7.5吨）。1968年后，根据《全国茶叶会议纪要》的精神，遵照毛主席"以后山坡上要多多开辟茶园"的指示，将梅江、龙凤、洪安列为重点发展区，峻岭、孝溪、三合、塘坳、美沙、梅江、钟灵、巴家、洪安、雅江、平马、峨溶等13个乡（镇）被列为茶叶重点发展乡。

20世纪70年代，重庆是优质红碎茶的主要产区，早在1976年，秀山茶叶种植面积就已达到20 850亩。1977年，在峻岭、梅江、洪安、孝溪建起年生产能力达2 000担（100吨）的4个红茶厂，生产红碎茶以出口创外汇。

2016年以来，秀山全县财政投入茶叶产业的资金达5 000万元。

到2017年，全县茶叶总面积达11万亩，干毛茶产量1 650吨，实现茶叶综合产值3.8亿元。

三、产地环境

秀山气候属亚热带湿润季风气候，温和湿润、雨量充沛、四季分明，是典型的山区立体生物 性气候。茶树害虫天敌多，茶区常年山清水秀，景色宜人，云遮雾绕，加之冬春多雾，是绿色食品的理想生产基地。秀山茶区地处海拔500～800米低中山区丘陵地带，年初气温回升快，茶树芽叶萌动早，茶叶开采早，上市早。

四、发展状况

（一）概况

秀山土家族苗族自治县是重庆市茶叶基地面积最大的县，是全市三大茶叶综合示范区之一。秀山共有茶叶基地11万亩，主要有福鼎大白、川小叶、安吉白茶、金观音等8个品种，茶叶龙头企业18家，茶叶商标50余个，2013年，洪安溜沙茶园获评"中国美丽田园"，2016年，"秀山茶叶"登记为农产品地理标志。茶叶是秀山土家族苗族自治县特色效益农业的第一产业，茶叶产业覆盖20个乡（镇、街道）、54个行政村（其中贫困村22个）、万户群众（贫困户3 510户）。

（二）产业情况

1.基地建设

秀山土家族苗族自治县按照"十三五"农业农村发展规划，明确提出建成"武陵茶都"的宏伟目标，合理布局茶叶基地。在改造川小叶的基础上，引进福鼎大白茶、黄金茶、白茶、黄茶、金观音等，逐步优化茶叶种植品种结构，开展茶叶标准示范创建，规划建设了洪安、钟灵、峨溶、梅江（兴隆坳农业园区）四大茶叶基地，作为秀山茶叶发展强有力的支撑。2017年，共产干毛茶1 650吨，实现综合产值3.8亿元，成为秀山扶贫攻坚的主导产业。

2.发展模式

秀山茶叶产业发展，通过多年的探索，模式持续创新，探索出了产业托管、龙头企业先租后股、国有企业助推、农户自主经营4种模式，"秀山四种模式"得到重庆市农业农村委员会的充分肯定，并在重庆市推广。

3.加工能力

秀山实施茶叶加工品质提升工程，大力支持龙头企业加工工艺技术改造。实施茶叶产品结构调整，在传统毛尖绿茶的基础上，改良研发了红茶、白茶、炒青绿茶、烘青绿茶等30余个新产品进入市场，秀山土家族苗族自治县从事茶叶加工大小企业工18家（其中：市级龙头企业3家、县级龙头企业10家）。

4.品牌打造

秀山创建秀山区域性公共品牌——"秀山毛尖"，并于2017年9月获得国家工商行政管理总局批复和受理。秀山现有茶叶商标50余个，"重庆市著名商标"2个，"重庆名牌农产品"2个。"秀山茶叶"登记为农产品地理标志。

5.产业效益

秀山茶叶产业通过10余年的科学规划，立足大众消费、提振茶农信心，全县干毛茶产量由2004年的37.5吨，发展至2017年的1 650吨。2017年，实现茶叶综合产值3.8亿元。为满足市场需求，以钟灵茶业、皇茗苑茶业、鼎元茶业为代表的龙头企业，相继在重庆市内外设立直营店，销售辐射武陵山区的同时，也远销湖北、四川、福建、广西等地。

（三）现代化加工

秀山土家族苗族自治县近几年加快茶叶企业生产技术和设备升级换代，每年升级改造3条以上现代化茶叶精深加工生产线，逐步实现了茶叶生产加工的清洁化、标准化。

（四）基本工艺流程（秀山毛尖）

不同茶类基本加工工艺不同，以秀山毛尖为例：

鲜叶—摊放—杀青—摊凉—初揉捻—二青—复揉捻（可选）—解块—做形（可选）—干燥。

1.鲜叶

秀山毛尖鲜叶要求采摘一芽一叶，芽叶完整、新鲜匀净、清洁卫生。采摘的茶鲜叶以透气良好的采茶专用茶篓盛装。

2.摊放

鲜叶采摘后，及时分批摊放在通风、洁净、无异味的摊凉网、摊凉平台或摊凉机上，摊放厚度3～10厘米，每隔2小时左右轻翻1次，一般摊放4～8小时后开始炒制。

3.杀青

鲜叶杀青可采用滚筒杀青机、汽热杀青机、热风杀青机。杀青适度标准为：叶色暗绿，折梗不断，手握成团，抛之即散，茶香明显，无焦边糊叶。

4.冷却

杀青叶应及时冷却，采用冷却输送机、风扇等冷却杀青叶。

5.初揉

一般选用盘式揉捻机揉捻。

6.二青

一般采用烘干机烘二青，不同烘干机采取的温度、时间等不同。可根据品质特性及要求选择是否烘二青。

7.复揉

一般采用专业复揉机复揉，不同复揉机的复揉时间等设置不同。

8.解块

采用茶叶解块机、解块筛分机为复揉叶解块。

9.做形（可选）

采用茶叶震动理条机做形。

10.干燥

采用连续烘干机，分2～3次烘干至含水量低于7%。

五、荣誉认证

2007年5月，"秀灵峰"牌系列绿茶经中国轻工业质量保障中心一次性检测评定合格，获颁"国家合格评定质量信得过好产品"荣誉证书。

2008年，"钟灵"商标获得"重庆市著名商标"称号。

2009年，"钟灵"茶通过国家有机茶认证。

2013年，"钟灵毛尖茶"获得"重庆名牌农产品"称号。同年，"钟灵"茶通过ISO9001国际质量体系认证。

2014年，"钟灵"茶通过国家绿色食品认证；同年5月，在重庆"三峡杯"茶叶评比中，边城秀芽和大宗绿茶分别被评为名优茶银奖和大宗茶类一等奖。

2016年，边城秀芽和大宗绿茶在重庆"三峡杯"茶叶评比中分别获得名优茶金奖和大宗茶特等奖。同年，"秀山茶叶"登记为农产品地理标志。

2017年，武陵山茶王赛获得金奖3个、银奖3个。

2018年5月，边城秀芽在重庆市首届斗茶大赛上被评为市级"十佳产品"之一。

第二十节　万盛茶叶

万盛经济技术开发区茶叶种植历史悠久，茶树品种资源丰富，主要品种有福鼎大白茶、巴渝特早、云南大叶茶、早白尖、四川小叶种等。截至2018年，已打造"滴翠剑名""定青银毫""翠屏银针"等具有代表性的茶叶品牌。"黑山谷传统生态茶叶栽培与制作技艺"于2016年被列入重庆市市级非物质文化遗产项目名录。

一、产地环境

万盛经济技术开发区属四川盆地亚热带湿润季风气候区，年均气温18℃，年均降水量1 300毫米，无霜期为340天左右，年日照时数平均为1 100个小时。全区90%以上的土壤为酸性或微酸性，十分适宜茶树生长。这种气候有利于茶树体内矿物质、碳水化合物等养分的合成，提高茶叶的氨基酸、蛋白质、咖啡因、多酚类、维生素含量，促进成品茶香气馥郁。

二、历史渊源

据《开元天宝遗事》记载，李白自幼习武，曾拜师于播州武术名家——赵处士门下，后赵处士隐居黑山南天门（即今万盛经济技术开发区黑山谷）风景绝佳之地。唐开元十二年（724年）春，大诗人李白辞亲远游，仗剑出川。李白自蜀入巴，沿江而下，在渝州登岸（即重庆），出川之前，登门拜望师傅赵处士。赵处士以当地所产之香茗接待李白，李白赞叹不已，但见师傅抚剑品茶，透茶香悟剑气，已臻"心剑合一"之境界。临别之际，赵处士将此茶与剑皆授予李白，剑名"滴翠"，茶乃土产，尚无名号。天宝元年（742年），李白奉诏入长安，便引荐此茶，玄宗大喜，问此茶何名。李白感念师傅赐剑之恩，遂以剑为名，命此茶为"滴翠剑名"。

万盛当地的苗族同胞有悠久的种茶、饮茶历史，并将茶当做寄托或表达思想感情甚至哲理观念的载体而世代相传。苗族茶俗是苗族同胞的生活方式和生活理念的体现，在苗族人日常的衣食住行、婚丧嫁娶、生老病死、节庆娱乐等社会交往中，处处离不开茶。

当苗家的孩子出生时，左邻右舍都会用带有露水的茶芽梢作贺礼。如果生的是男孩，就送一芽一叶的芽梢；如果生的是女孩，则送一

芽二叶的芽梢，寓意"一家有女百家求"。

苗族同胞用茶来象征男女忠贞不渝的爱情。"吃茶"是订婚的代名词。未订婚的女子必须遵守"一女不吃二家茶"的规矩。苗族男女的婚配要有"三茶"，即媒人上门，沏糖茶，表示甜甜蜜蜜；男青年第一次上门，姑娘送上一杯清茶，表示真情一片；举行结婚仪式的当天，以红枣、花生、桂圆和冰糖泡茶，送亲友品尝，表达早生贵子、生活和美的愿望。

苗族同胞临终前，由族中长者用青蒿叶沾一点茶水洒到嘴角，入殓的棺材里要放茶叶。悼念亡故的亲人或祭神祭祖，苗族同胞常用"清茶四果"或"三茶六酒"来表达自己的虔诚。

当地最为独特的饮茶习俗被称为"六道茶"，即：献茗，主人双手将茶呈送给客人；受茗，客人双手接过主人的奉茶；观色，举起茶杯到与视线平行处，观察杯内茶叶翻涌、舒展，茶色由浅变深；闻香，客人用左手握杯，靠近杯沿，用鼻趁热轻嗅杯中茶叶散发的香味；品茗，轻啜一口茶，让茶汤缓慢地从口腔流向胃部，仔细体会味蕾的感受；谢茗，饮茶完毕，客人双手奉还茶杯，感谢主人的招待。

20世纪60—80年代，万盛地区建立了更古、王家坝、凤凰山等64个联办茶厂，21个茶叶专业组，5家初精茶叶加工厂，茶叶面积2万亩，产量1 000吨。茶叶单产140斤，当时排在四川省产茶区（县）首位。更古茶场作为经营管理科学种茶典范，多次参加全国各省、市茶叶会议介绍经验，并受到表彰。1958年，万盛地区所产的"景星碧绿"茶叶，被评为"四川省三大名茶"，由此开启了万盛茶叶的"省优时代"。1982年，"景星碧绿"入选《中国名茶志》。

三、荣誉认证

滴翠剑名茶，1997—1999年荣获重庆市第二届、第三届、第四届"三峡杯"优质名茶奖；2002年，被重庆市农产品认定委员会认定为"重庆名牌农产品"，同年入选"重庆市十大名茶"；2007年，通过农业部有机认证；2016年，制作滴翠剑名茶的"黑山谷传统生态茶叶栽培与制作技艺"成功入选重庆市市级非物质文化遗产。

定青银毫茶，2011年荣获中国（重庆）国际茶业博览会金奖；2012年、2014年、2016年荣获重庆市第九届、十届、十一届"三峡杯"金奖；2015年，获评"重庆市著名商标"；2016年，荣获万盛经济技术开发区首届名优茶评比金奖和重庆市"十大名茶"提名奖。

盛鼎玉露茶，获重庆市第七、第八届"三峡杯"金奖，第四届国际名茶博览会金奖，重庆市"十大名茶"称号。2002年，由西南农业大学食品科学学院指导研制的"三月春"荣获全国首届"觉农杯"金奖。

翠屏茶，荣获中国农业博览会金奖；第二届中国国际茶博览会金奖；第一届、第二届、第七届重庆"三峡杯"金奖；2008年，获中国茶业博会金奖；2006年，通过绿色食品认证；2007年，通过市场准入QS认证和国际质量管理体系认证；2008年，通过有机食品认证。

四、产品特点

滴翠剑名茶芽娇嫩，绿油油，毛茸茸，似凤鸟的柔羽，如莲子的嫩心，其嫩绿叶卷曲得像小小的田螺。泡出的茶，香醇、味美，闻闻清香，喝喝清凉。以色翠、香郁、味醇、形美为四绝。

定青银毫茶外观卷曲匀齐，叶底匀齐鲜活、嫩绿明亮。茶汤清绿，香气高爽，有诱人的兰香，味醇爽口。

盛鼎玉露茶外形秀美略扁，叶底全芽，滋味醇鲜，香气清香，汤色翠绿、明亮。

景星碧绿茶外形紧细伸直，色泽翠绿光润，显峰

毫，芽叶嫩绿，全芽整叶；内质香气浓郁，自带持久花香，滋味醇厚鲜爽，饮后回甘，汤色碧绿明亮。

五、生产技术

（一）栽培技术

茶叶栽培技艺是万盛黑山谷地区人民世代相承的一项重要传统技术，包括选址、培育、管护等方面。

1. 选址

在黑山谷地区，选择海拔800～1 200米的向阳坡面，要接近山谷，便于雾气升腾，滋养茶叶叶面。

2. 培育

选择正宗、无混杂的川小叶种茶苗，采用顺地势分垄栽培的方式，按照日照的方向和常年风向划分垄沟，确保采光和通风。

3. 管护

茶树的整个栽培过程，全部施加农家有机肥，在茶园周围栽种香樟等驱虫树种自然驱虫，以农业防治为主要病虫害防治手段，确保整个茶园无任何化学污染。

（二）制作技艺

万盛黑山谷地区的茶叶制作技艺，保持着清代以来的完整工艺流程，主要包括5个环节。

1. 采茶

在茶树新芽含苞之际，每年以"清明"时节为最珍贵，要在太阳出山之前，趁露水和雾气尚未散去，采摘茶叶顶端的嫩芽，叶片最多不过一叶，以此为加工鲜叶。

2. 摊放

鲜茶叶采回之后，用竹编簸箕将其摊开，摊放厚度不大于3厘米，自然阴干2～4小时。

3. 杀青

将鲜叶放入铁锅，用微火翻炒，待叶片由深绿色变为暗绿色并失去光泽，手捏粘手，青草气消失，新茶香溢出时，将茶叶出锅，用筛子晾干。将晾干的茶叶再放入铁锅内翻炒约15分钟，待茶叶卷缩而无烟味时，将茶叶出锅，再次摊凉。

4. 揉捻

将摊凉后的茶叶放入陶器缸内，用手轻揉并逐渐用力，揉至条索紧细即可。

5. 理条

将揉捻好的揉团摊放在簸箕上，解散后理条，使茶叶成为条状。

6. 烘干

将炒制好的茶叶放入铁锅，用微火烘至茶叶含水量8%～9%，即为成品。

六、发展状况

2018年，万盛经济技术开发区共有茶叶企业30余家，其中市级龙头企业2家，区级龙头企业3家，主要生产名优绿茶，大宗绿茶，红茶，花茶。全区茶园面积8 000亩，产量达700吨。

万盛经济技术开发区有7镇26个茶场，茶叶销售模式正由单一的线下销售转为电商平台加电商O2O（全称Online To Offline，即将线下的商务机会与互联网联合）体验馆的线上线下销售模式，不断开拓市场，拓宽销售渠道。

万盛经济技术开发区正逐步打造生态旅游观光和手工茶文化相结合的产业生态观光综合体。

第二章
红　茶

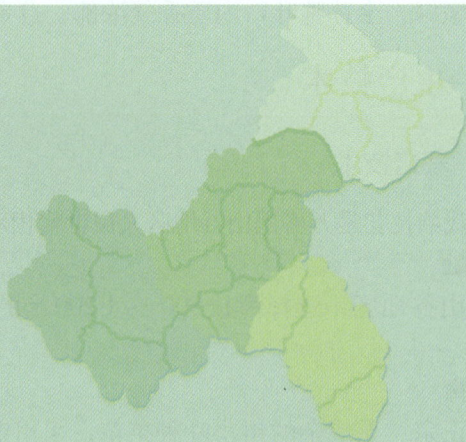

第一节　万州"三峡红"工夫红茶

　　万州"三峡红"工夫红茶，产于三峡库区优质茶产区的中心，独特的气候、土壤条件非常适合茶叶生产，是中国重要的茶叶原产地和优质茶产区。万州着重打造"一红一绿一花"的产品格局，2018年1月，万州区成功注册"三峡"茶叶商标；2018年11月，注册"三峡红"红茶商标，开始打造为万州工夫红茶公用品牌。

一、历史渊源

　　万州种茶历史悠久，据东晋常璩所著《华阳国志·巴志》记载，在距今3 000年前，巴国境内已经有人工茶园培植茶叶，并且以贡品的方式献给周王室。而鱼复正是今天万州区太安、白羊、黄柏乡区域。

　　中华人民共和国成立后，万州茶叶得到了蓬勃发展。很多乡（镇）都建起了集体茶场、茶叶初加工厂。到20世纪70—80年代，万州茶产业进入鼎盛时期，年产出口红碎茶1 200吨。万州茶叶远销欧美，按当时可比价的年创汇计算，达200多万美元。20世纪90年代后期，受国外金融危机的影响，万州茶叶出口量锐减，万州茶产业发展走入低谷。

　　进入21世纪后，茶叶作为具有生态保护和山区农民增收双重效益的理想经济林木，受到万州区委、区政府的高度重视，"十三五"期间，重庆市将万州区确定为全市茶叶产业5个重点区（县）之一和"渝东北生态好茶区"的中心，工夫红茶得到较快发展。

二、产品特点

　　"三峡红"工夫红茶色泽褐红润泽，条索紧结，毫尖金黄，香高持久，尽显"甜花蜜香"，汤色红亮，滋味鲜醇回。"三峡红"工夫红茶，结合了乌龙茶的做青工艺或日光萎凋工艺，以万州当地茶鲜叶为原料，通过调节发酵温湿度及供氧量，生成具有地域香、薯香、花香的工艺改进型工夫红茶。

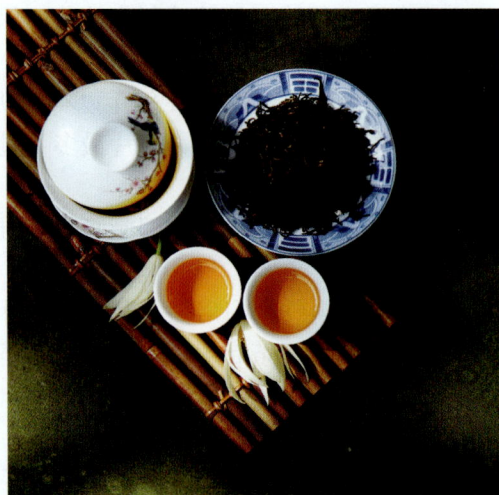

三、荣誉认证

2014年，"三峡红"牌神峡茗枞红茶获得"国家生态原产地保护产品"称号。

2017年8月，"三峡红"牌悦君山女儿红红茶获得绿色食品认证。

2018年6月，"玉毫雪"牌三峡红茶、"三峡红"牌悦君山女儿红红茶获第十二届"三峡杯"名优茶评比金奖。

2018年8月，"三峡红"牌悦君山女儿红红茶获得"重庆名牌农产品"称号。

2018年10月，"三峡红"牌燕山红红茶获得有机食品认证。

四、产地环境

万州"三峡红"工夫红茶产自中国茶叶优势产业带——北纬30°三峡库区优质绿茶产区中心，区域内气候独特、雨水充沛，年平均温度15～18℃，1月平均温度≥3℃，≥10℃的年积温4 500℃以上，年日照≥1 000小时，年降水量≥700毫米。茶叶基地大多选址在海拔600～1 200米的山地上，森林覆盖率高，土壤pH4.5～6.5，有机质含量≥20克/千克，有效氮含量≥120毫克/千克，有效磷含量≥100毫克/千克，有效钾含量≥100毫克/千克。

五、加工技术

1.基本工艺流程

鲜叶—萎凋—揉捻—解块—发酵—干燥—精制。

2.鲜叶标准

鲜叶的采摘标准为：一芽一叶、一芽二叶。

要求：芽叶细嫩、匀净、新鲜，虫伤芽、空心芽不超过1%。

3.萎凋

萎凋应采用萎凋槽萎凋、室内自然萎凋、日光萎凋，适时翻拌（表6-2-1）。叶色转为暗绿，青草气消失，折梗不断，手捏成团，松手即散，无枯叶、焦边、叶子泛红，萎凋叶含水量58%～64%即为萎凋适度。

表6-2-1　萎凋工艺参考表

萎凋方式	萎凋机型/摊叶器具	摊叶厚度	温度控制/℃	萎凋时间/小时
萎凋槽萎凋	5型茶叶网带式萎凋机	18～20厘米	35	4～5
室内自然萎凋	不锈钢网茶青摊放架或竹制圆筛	0.5～0.75千克/平方米	20～24	≤18
日光＋自然萎凋	不锈钢网茶青摊放架或竹制圆筛	0.5千克/平方米	—	8

注：采用日光＋自然萎凋方式萎凋，两种方式需交替进行。

4.揉捻

选用揉捻机，按照"轻—重—轻"原则揉捻，投叶量不超过揉桶的80%。成条率90%以上，条索紧卷，茶汁外溢为揉捻适度。

5.解块筛分

每次揉捻结束，使用解块筛分机解散团块，散发热量，降低叶温，区分老嫩、大小不同的揉叶。

6.发酵

选用发酵机、发酵室等发酵，摊叶厚度6～12厘米，发酵温度28～30℃，空气湿度90%以上，发酵时间3～5小时。青草气消失，出现发酵叶特有的清新鲜浓的花果香味，叶色红铜色为发酵适度。

7.干燥

采用茶叶自动烘干机，分2次烘干。技术参数参照表6-2-2。

表6-2-2　自动烘干机操作技术参数

烘次	进风温度 / ℃	进风风速 /（立方米 / 小时）	摊叶厚度 / 厘米	烘干时间 / 分钟	含水量 / %
第一次（毛火）	110～120	6 000	1～2	10～15	20～25
第二次（足火）	90～100	5 000	3～4	15～20	4～6

8.精制

采用色选机或滚筒机、风选机对毛茶"撩头"、"割脚"、去末，根据质量标准拼配。

9.提香

采用提香机提香，先以80℃烘30分钟，后以120℃烘15分钟，移出冷凉。

第二节　江津"瓮红"红茶

"瓮红"红茶，产于江津区，是"重庆名牌农产品"、无公害农产品、重庆首届"十大渝茶品牌"产品。江津是重庆茶叶主要产区之一，种茶历史悠久，据《江津县志》记载，已有300多年历史。"瓮红"红茶主产区猫山地处大娄山余脉，海拔600多米，日照适中，云雾氤氲，土壤含硒量高，所生产的"瓮红"红茶具有汤色红艳、清澈明亮、叶底完整、质感软嫩等特点。"瓮红"红茶荣获第五届中国茶叶博览会全国斗茶赛金奖。

一、产地环境

猫山是重庆茶叶主要产区之一，位于江津区南部，纵向25.5千米，横跨蔡家、嘉平、李市3个镇，海拔500～600米，无污染、雨水充足、昼夜温差大，气候温润宜人、植被葱郁，自然资源丰富，独特的地理环境和气候条件十分适合茶树生长，特别是其土壤含硒量达0.4毫克/千克以上，该产区是少有的富硒茶生态带。

二、历史渊源

江津是重庆茶叶主要产区之一，种茶历史悠久。江津南部山区属云贵高原大娄山余脉北麓，是茶树原产地之一。大娄山茶区，是一个非常古老的茶区，是远古中国茶文化的起源地之一，是唐代中国"八大茶乡"之一，是中国主要的茶叶生产基地之一。据《江津县志》记载，清康熙四十八年（1709年）、四十九年（1710年），洋景、洪洞、旋水居民相率栽种茶树，雍正年间产茶万斤，乾隆时运销永川、璧山。民国二十六年（1937年）产茶约150吨，被四川省列为重点产茶县。20世纪70年代，嘉平、

蔡家、李市3镇交接的猫山一带开始种茶。到20世纪90年代，猫山共有茶场10余家，茶叶基地面积达1万多亩。2013年，重庆市欧尔农业开发有限公司承包了猫山7个村级茶场，面积达1万余亩，建设猫山富硒生态茶叶基地。新建5 000平方米的茶叶生产厂，引进安装2条现代化的茶叶生产线，着力开发猫山富硒生态茶。

三、荣誉认证

2016年12月，"瓮红"红茶荣获农业部农产品质量安全中心颁发的无公害农产品证书；2017年10月，重庆市欧尔农业开发有限公司生产的"瓮红"红茶荣获第五届中国茶叶博览会全国斗茶赛金奖和"重庆名牌农产品"称号；2018年3月，重庆市欧尔农业开发有限公司生产的"瓮红"红茶荣获首届"十大渝茶品牌"荣誉称号。

四、品质特点

"瓮红"红茶选用早春的独芽和一芽一叶的鲜叶原料，通过鲜叶萎凋、揉捻、发酵、干燥等工艺，逐步形成"瓮红"红茶"外形细紧乌黑油润、汤色红艳明亮、香气呈甜香、滋味醇厚甘爽、叶底软嫩红亮"的特点。红茶有独特的保健作用，性温，有养胃、帮助胃肠消化、促进食欲、利尿、消除水肿的功能，同时具有抗菌、降低血糖与高血压的功效。由于猫山土壤含硒量达0.4毫克/千克以上，其产出的茶叶经重庆市计量质量检测研究所检测，"瓮红"红茶硒含量达0.109毫克/千克，是名副其实的富硒茶，具有一定抗癌作用。

五、生产情况

清朝时期，江津制茶工艺为火锅杀青，手揉脚踩，再烘干或晒干。民国初期，太和乡茶农将茶叶压成茶饼出售。1974年，城关勤俭机修厂开始生产金属结构的茶叶机械投放市场，陆续生产出揉茶机、杀青机、烘干机、筛分机、平园机、抖筛机，江津县内实现制茶机械化。1980年，清平茶厂试制红碎茶成功。1983年，清平茶厂生产的红碎茶在重庆市乡镇企业评比中被评为第一名。

2013年以来，重庆市欧尔农业开发有限公司依托1万余亩猫山富硒生态茶叶基地，在嘉平镇新建5 000平方米的茶叶生产厂，引进安装2条现代化的茶叶生产线，着力开发生态富硒茶。采用现代化生产流水线加工生产，通过"鲜叶进厂验收—萎凋—揉捻—发酵—冷却—烘干—精制—分级—装瓮缸—包装—成品"等工艺，大大提高了茶叶的品质。

六、质量技术

（一）鲜叶采收时间

春茶开摘时间为3—5月底，具体根据茶叶发芽状况而定，一般发芽率达3%～5%时开采。鲜叶需要分批多次采摘，达到优质嫩叶要求。上午露水收干后采摘，下午5时前结束。雨天在放晴后2小时采摘。

（二）鲜叶萎凋标准

鲜叶入厂后及时萎凋，摊放厚度3厘米左右，并按等级分类萎凋，每2小时翻动1次，鲜叶萎凋至鲜叶手揉搓成团不碎、松手不散时为适宜。

（三）茶叶揉捻要求

茶叶揉捻时间约60分钟，按照"轻—重—轻"的方式加压。

（四）茶叶发酵要求

将茶叶装入发酵桶后进入发酵室发酵，发酵室的温度控制在30～33℃，发酵时间根据发酵程度而定，一般在160～200分钟。

（五）茶叶冷却要求

发酵完成后，将茶叶摊凉冷却并及时进行毛火处理。

（六）茶叶烘干要求

烘干机预热至100℃时，将发酵后摊凉的茶叶及时烘干。

（七）茶叶储藏要求

对冷却后的茶叶精制分筛分级，装入瓮缸，进入茶窖储藏存化6个月左右。

（八）包装要求

按《食品安全国家标准 预包装食品标签通则》（GB 7718—2011）要求规范包装，做好批次记录，包装完毕后进入保鲜库储存。

七、质量特色

（一）感官指标

感官指标见表6-2-3。

表6-2-3 感官指标

级别	项目							
	外形				内质			
	条索	整碎	净度	色泽	香气	滋味	汤色	叶底
特级	细紧多锋苗	匀齐	净	乌黑、油润	鲜嫩、甜香	醇厚、甘爽	红明亮	细嫩显芽红匀亮
一级	紧细有锋苗	较匀齐	净略含嫩茎	乌润	嫩甜香	醇厚、爽口	红亮	匀嫩有芽红亮
二级	紧细	匀整	尚净有嫩茎	尚乌润	甜香	醇和、尚爽	红明	嫩匀红尚亮

（二）理化指标

按照《红茶 第2部分：工夫红茶》（GB/T 13738.2—2017）执行。

（三）卫生指标

污染物限量应符合《食品安全国家标准 食品中污染物限量》（GB 2762—2017）的规定；
农药残留限量应符合《食品安全国家标准 食品中农药最大残留限量》（GB 2763—2016）的规定。

第三节　永川渝红工夫·红茶

渝红工夫·红茶茶叶，重庆市"名优茶"，产于永川区。该茶获第十一届"中茶杯"全国名优茶评比一等奖，重庆市第十一届"三峡杯"名优茶评比金奖。其独特品质和口感被消费者口碑相传，影响范围扩大到全国多个省份。

一、人文历史

永川产茶历史悠久，在两汉时期已有茶的种植和生产。据永川县志记载，民国初年，巴岳山、箕山等地就是产茶地区，在中华人民共和国成立前，年产茶只有680担。中华人民共和国成立后，重庆市农业科学院茶叶研究所（原四川省农业科学院茶叶研究所）和四川新胜茶场相继落户永川，带动了永川地区茶产业的发展。重庆市农业科学院茶叶研究所于1959年开始研制生产手工针形名茶，历经创制、改进、提高三大阶段。进入21世纪，永川区掀起了发展茶叶的又一高潮，种植面积由3万亩扩大到9万亩，新建加工厂10余家。2013—2016年，重庆云岭茶业科技有限责任公司承担了重庆市科学技术委员会集成示范项目"渝红工夫红茶生产加工产业化"，开展并完成了渝红工夫·红茶的研制，逐步扩大生产。

二、产地环境

渝红工夫·红茶生产地具有独特的光照、适宜的温湿度和水质、土质地貌。产地属中性亚热带湿润季风气候，四季分明，气候温和，雨量充沛，雨热同步，日照充足，无霜期长，年平均日照1 362.5小时，年平均降水量1 034.9毫米，年平均无霜期317天，年平均气温17.9℃。冬季严寒，春季回暖早，茶树春季提早萌芽，与同纬度的浙江、安徽等产茶大省相比，茶园可提早20～25天开采。永川区96.8%面积为丘陵和低山，土壤有机质含量高、疏松肥沃、酸碱度适宜（pH4.5～5.5），水热资源丰富，云雾多，湿度大，为生产优质名茶提供了广阔的种植空间和土地资源。茶叶种植土壤环境质量完全符合《土壤环境质量标准》（GB 15618—1995）二级标准以上，水源质量完全能达到《地表水环境质量标准》（GB 3838—2002）Ⅲ类以上标准。

三、品质特征

工夫红茶也称工夫茶、红茶，是中国特有的红茶品种，也是中国传统出口商品，按品种可分为大叶工夫和小叶工夫。渝红工夫·红茶色泽红褐显金毫、外形紧细、汤色红亮显金圈、甜香持久、滋味醇甜、叶底红亮匀整。该产品以蜀永1号、蜀永2号、四川中小叶种、巴渝特早等优良

茶树品种一芽一叶初展鲜叶为原料，经萎凋、揉捻、发酵、初烘、做形、干燥等工序加工而成。该产品外形紧细显峰苗，有金毫，匀整，色泽乌黑油润，香气鲜嫩甜香，滋味醇厚甘爽，汤色红明亮，叶底细嫩显芽，红匀亮，深受消费者喜爱。

四、荣誉认证

2015年、2016年，"云岭"牌渝红工夫金芽分别获第十一届"中茶杯"全国名优茶评比一等奖、重庆市第十一届"三峡杯"名优茶评比金奖。"云岭"牌渝红工夫·红茶于2017年获得"重庆名牌农产品"称号，同年，被编入全国名特优新农产品目录。

第四节　荣昌红茶

荣昌红茶，荣昌区特色农产品。茶叶是荣昌在全国和重庆市最具比较优势的特色产业之一。荣昌茶叶采摘早、上市早，比同纬度的江苏、浙江茶区提早萌芽30天左右。茶树良种率高，单产高、效益好；坚持"红绿兼制"，春茶以名优绿茶为主，夏秋季以红碎茶加工为主。红茶占70%，绿茶占30%，充分发挥茶树鲜叶资源，保障整个茶叶产业的稳定。常年加工荣昌红茶6 000 ～ 10 000吨，常年出口5 000吨，创汇500万元美元。

一、产地环境

荣昌区位于重庆市西部，地貌以浅丘为主，土地肥沃，地势起伏平缓，平均海拔380米，茶园主要分布在古佛山（主峰3层岩海拔711.3米，为荣昌区最高点）、螺罐山山麓。气候属亚热带季风性湿润气候，年平均降水量1 099毫米，年平均气温17.8℃，年总积温6 482℃。无霜期327天，月极端最高温度39.9℃（1972年），月极端最低温度－3.4℃（1975年），历年日平均气温稳定通过12℃，为265天。年平均日照时获得1 282小时。荣昌是茶叶生态适宜区，茶叶是荣昌在全国和重庆市最具比较优势的特色产业之一。

二、历史渊源

荣昌是茶叶新区。荣昌县最早种茶是在1958年干部下放劳动时，在荣昌县岚峰茶场种茶20亩，后因无人管理而荒芜。1973年，荣昌开始大力发展茶叶生产，20世纪80年代，跨入四川省重点产茶县行列，加工的产品全部为红碎茶，被列为全国红茶基地县，有初精合一茶叶加工厂13座，外贸公司拼配厂1座。到1990年，荣昌区有茶园面积12 500亩，产茶1 700吨。

1990年以后，随着国家农村产业结构调整和市场经济发展，产品以红茶为主，绿茶为辅，茶叶经济效益大大提高，茶产业加快发展。茶农种茶积极性高，个体茶园发展迅猛，茶叶加工厂发展快，产品中春茶以名优茶为主，夏秋茶以红茶为主。不仅收购荣昌区的各种鲜叶及加工原料，还从涪陵、南川、成都、贵州、云南、山东等地购进毛茶原料再加工，这种模式既保证了资源的充分利用和总体效

益，又保障了整个茶叶产业的稳定。

到2010年，荣昌区茶叶面积达25 000亩，产量3 050吨，出口荣昌红茶4 100吨，创汇411万美元，茶叶出口占重庆茶叶出口量的95%。是西南地区最大的红茶（红碎茶）生产、加工、出口集散地。

2017年年末，荣昌区茶园面积42 000亩，红茶加工企业8家，有自营出口资格企业3家。年均产鲜茶叶14 000吨，折合干茶3 500吨左右，远不能满足红茶加工能力的需要，需从外地调进近万吨原料（包括鲜叶、片末、成品），红碎茶由鲜叶混合片末，经粗加工而成。

三、荣誉认证

20世纪80年代，荣昌跨入四川省重点产茶县行列，被列为全国红茶基地县。进入21世纪，被列为重庆市无公害茶叶产地县、国家茶叶产业技术体系示范县、国家级茶叶标准化示范区等。2016年，荣昌区被农业部规划为茶叶优势发展区县，被重庆市确定为茶叶8个重点发展区（县）。截至2017年，荣昌区建有农业部茶叶标准园3个。

"天岗玉叶"获第二届中国农业博览会金奖，"重庆名牌农产品"、重庆市首届（2008年）"十大名茶"、第二届（2011年）"十大名茶"称号；"岚峰松针"获1997年和1998年重庆市"三峡杯""优质名茶"称号；2008年，"天岗玉叶"牌茶叶产品通过有机茶认证。

四、品质特点

荣昌红茶（红碎茶）外形颗粒规格清楚匀整、紧实，下盘干净，色泽乌黑油润，无花杂，净度好，无筋毛。湿看：香气嫩香鲜爽，无异味，滋味浓、强、鲜，汤色红亮，有金圈，叶底红匀凉，无青暗花杂。

五、生产情况

2017年，荣昌区茶园面积4.2万亩，投产3万亩，茶树良种率达70%，无性系良种率60%，明显高于重庆市的平均水平。产茶3 600吨，产值5 000万元。红茶加工量增长30%，增加1 500吨，达5 000吨，出口360万美元，3 800吨。茶园主要分布在安富、双河、广顺、清升和荣隆5个镇、街。行业总产值近亿元，多项指标在重庆市34个产茶区（县）中名列前茅，红碎茶出口量长期处于领先地位。据重庆市统计，荣昌茶园面积列第8位，采摘面积列第6位，毛茶产量列第2位（其中，绿茶列第5位，红茶列第1位）。红碎茶出口量占全国的40%、重庆市的95%，是西南地区乃至全国最大的红碎茶生产、加工、出口大县。

荣昌现有茶叶加工企业16家，其中红茶加工企业8家，年加工能力达3万吨。有自营出口权的企业3家，年加工量在200吨以上的企业8家。主要品牌有"天岗玉叶""荣发""龙山春""渝珠"等，其中，红茶品牌有"荣发""渝珠"。

荣昌区现有茶叶专业合作社4个，茶叶家庭农场5个，茶叶种植大户（10亩以上）165户。

六、质量技术

（一）品种

荣昌红碎茶加工以适制红茶的品种为主，如云南大叶种、黔湄502、福云六号等。

（二）立地条件

荣昌仁义镇以南的镇、街均可种植。

（三）加工技术

1.鲜叶萎凋

萎凋方法采用萎凋槽。萎凋叶含水量控制在65%～72%，萎凋时间9～12小时。

2.揉切

采用标准揉切工艺洛托凡转子机与三联CTC机相配套，强烈、快速揉切萎凋叶，然后进入CTC机连续强烈揉切3次，使茶叶在CTC机齿辊的作用下表皮撕裂、叶肉裸露、组织破损、茶汁外溢、卷成颗粒，或专用造粒机卷成颗粒。

3.发酵

厚度10厘米左右，发酵时间40分钟。

4.干燥

采用茶叶专用烘干机烘干。茶颗粒含水率在5%左右。

5.拣梗和筛分

采用静电拣梗机连续化生产，利用静电来拣剔梗杂物。

6.匀堆成件

将同规格茶及时匀堆成件。

第三章
其他茶类

第一节　三峡茉莉花茶

三峡茉莉花茶，产于万州区，2018年1月，万州区成功注册"三峡"茶叶商标。同时，万州区委、区政府着力打造"三峡"茶叶区域公用品牌，三峡茉莉花茶是"三峡"茶叶公用品牌下的重要产品，获得重庆市第十二届"三峡"杯名优茶特等奖，其花香馥郁、汤清叶绿、芬芳宜人，是重庆唯一的地产茉莉花茶。

一、历史渊源

20世纪80年代，万州是四川省茉莉花生产和茉莉花茶加工的主要基地，在长江河谷地带建有茉莉花生产基地1 000多亩，茉莉花茶加工厂20多个，年加工茉莉花茶1 000多吨。后因三峡工程淹没和占地移民搬迁，茉莉花生产基地全部损毁。21世纪以来，万州茶叶产业的发展、茶叶产能的扩大，为广大茶农带来了较高的收益，但受茶叶市场需求的影响，万州区茶叶企业生产的大量中、低档绿茶严重滞销，给茶农、茶企带来较大损失。为促进万州地产茶叶销售，促进茶叶产业的可持续发展，打造万州区"三峡"牌茶叶"一红、一绿、一花"的产品格局，万州区委、区政府和万州区农业农村委员会决定重振万州茉莉花茶加工产业，解决万州中、低档绿茶销售的困难。

2017年6月，重庆市苎溪河农业有限公司从四川省犍为县引种优质茉莉花种苗，恢复种植茉莉花基地300亩，当年实现采花和茉莉花茶加工。自投产以来，重庆市苎溪河农业有限公司与重庆长城茶业有限责任公司、万州区江南茶厂、重庆市万竹茶业发展有限公司等多家公司达成鲜花销售协议。由万州茉莉花加工而成的"红岩香雪""江南香茗""悦君山"牌茉莉花茶等本土茉莉花茶产品陆续上市，产品远销北京、山东等地。

茉莉花茶的生产有利于提高万州区茶叶综合利用率，增加夏秋茶产出，解决中、低端茶叶销售等；促进企业增效、农民增收；其产业发展将弥补现有茶产业链条短板，是万州区提供有效供给、推进农业供给侧结构性改革、加快茶叶产业结构调整的有效途径。

二、产品特点

三峡茉莉花茶条索细嫩、色泽绿润、香气鲜灵浓郁、汤色黄绿明亮、滋味浓厚鲜爽。

三、荣誉认证

2018年9月，"玉毫雪"牌三峡茉莉花茶、"三峡雪"牌茉莉花茶获得重庆市第十二届"三峡"杯名优茶特等奖。

四、产地环境

茉莉花喜温暖、湿润、阳光充足的环境，怕冻、怕旱、不耐涝，日平均温度达19℃以上才萌芽，25℃以上孕育花蕾，32～35℃最适宜花蕾成熟开放。万州年平均温度15～18℃，1月平均温度3℃以上，≥10℃的年积温4500℃以上，年日照≥1000小时，年降水量≥700毫米，特别适宜茉莉花生长。

五、栽培技术

1.茉莉花扦插

（1）插条剪取。选择有2～3个节，长度为10厘米左右，无病虫害、有一定粗度的壮年枝条，剪去叶片，上端离腋芽1厘米左右处剪平，下端离腋芽1厘米左右剪成45°的斜口，按80～100根一捆绑好，将剪好的插条在阴凉处保湿保存。

（2）苗圃的整理。土壤选择土质疏松肥沃、水源充足、排灌方便的沙土或沙壤土，按照厢宽120～140厘米开厢，并将苗床充分浇湿。

（3）插条扦插。按8厘米×4厘米的株行距，将插条扦插在苗床上，扦插时，插条顶端离土面3厘米左右。每亩扦插20万根插条左右。

（4）苗床管理。扦插的苗床随时保持土壤湿润，薄施、勤施水肥，每月1次。苗木长至6～8个月后，有2个以上分枝、2层根系、30厘米以上的高度，方可出圃。

（5）移栽。春秋两季皆可移栽。选择株高30厘米以上、2个以上分枝、2层根系、叶色正常、植株健壮、无病虫害的种苗，剪去25厘米以上枝叶，剪去过长的根系，按照株距25厘米、小行距30厘米、大行距90～110厘米双行条栽，亩栽4000～5000窝，每窝1～2株，移栽完成后，浇足定根水。

2.茉莉花管理

（1）茉莉花打顶、短截。幼龄茉莉（6个月）苗架小、分枝少，可通过打顶破坏顶端生长，促使分枝生产，形成丰产树形。每年的2月上中旬，在现蕾前短截，减弱顶端优势，促使早孕蕾；进入采花期以后，对采完的每一束花短截1次，使主枝、分枝分布均匀，能最大限度地增加光照面。

（2）茉莉花修剪。冬季修剪在每年的12月中旬以后或者第二年的1月下旬前进行，在离地面20～25厘米处大平剪，以形成一个整齐的树冠，以后每年修剪时，在上年的修剪面上提高3厘米左右，使主枝及新芽生长苗壮；夏季修剪在6月上旬，用大修枝剪、电动绿篱剪等工具，在离地面50～60厘米处平剪，剪去上部所有枝叶，使茉莉花树形成一个整齐的树冠，修剪后及时中耕松土。

（3）更新。茉莉花定植6～7年后，植株生长、发育能力衰退，一些茉莉园或个别植株因管理不善、生长缓慢引起早衰，也应更新。用大修枝剪将离地面3～5厘米以上的部分全部剪除，或在齐地面处大平剪，随即施肥、培土，促使地上部分重新发枝。

（4）肥水管理。主要施用有机肥，合理施用无机肥；测土配方，平衡施肥；重视基肥，分期追肥；有针对性补充中、微量元素肥料；随时保持土壤含水量在60%～70%。

（5）病虫害防治。以农业防治为基础，以生物防治、物理机械防治为主导，加强植物检疫。

六、窨制技术

1.基本工艺流程

茶坯处理—鲜花处理—窨花—通花—收堆续窨—起花—复火—转窨—复火冷却—提花—匀堆装箱。

2.茶坯处理

应使用茶叶烘干机对茶坯复火，茶条摊叶厚度2厘米，烘干机进口风温100～120℃，时长7～10分钟。复火后，茶坯含水量应在4.0%～5.0%。使用专用的摊凉设备，令茶坯快速冷却或自然冷却至比室温高1～3℃时付窨。

3.鲜花处理

（1）鲜花采摘。应在当天下午采花朵大、饱满、洁白的花蕾，不采病虫花、雨花。

（2）鲜花维护。应使用通气箩筐或尼龙纱网盛装，及时运输至花茶加工厂摊放（清洁、阴凉、通风），摊放厚度4～6厘米，摊凉后及时收堆，堆放高度30～40厘米，待堆温升至38～40℃时，立即散堆摊凉，反复摊、堆3～4次。至80%的花蕾呈"虎爪状"时，使用3号或4号平圆筛筛花，应只用筛面花。

4.窨制

（1）窨次与配花量。用花量与窨次的关系见表6-3-1。

表6-3-1　用花量与窨次的关系

单位：千克花/100千克茶

茶叶品种	头窨	二窨	三窨	四窨	五窨	提花	合计	备注
特种茉莉花茶	40	35	25	20	15	10	145	
毛峰花茶	35	30	25	20	/	10	120	晴天鲜花
特级花茶	30	25	20	/	/	10	85	
一级花茶	30	20	/	/	/	10	60	

（2）打底。100千克茶坯应使用1.0～1.5千克白兰花打底。

（3）窨花。应将茶坯总量的1/3至1/5平铺于板面上，厚度10～15厘米，然后将用花量1/3至1/4的茉莉鲜花均匀地撒铺在茶坯面上，茶、花逐层铺好，相间3～5层，使茶坯与鲜花充分拌匀，均匀混合成堆，窨堆厚25～35厘米。

（4）通花。经4～5小时的静置窨花，堆温升至45～48℃时，及时将窨堆散开、薄摊，厚度为5～10厘米，使温度快速降低到30℃左右。要求通透、通匀。

（5）收堆续窨。当堆温降低到30～38℃时，收堆续窨，续窨时间为5～6小时。

（6）起花。用起花机将窨堆中的花与茶坯分离，分离的茶坯及时烘干。

（7）复火。起花后的茶坯以90～100℃烘干。烘后茶坯作为多窨次花茶转窨备用，含水率控制在5%～6%。烘后茶坯作为提花时，含水率控制在7%左右。

（8）转窨。按照各窨次配花量再次窨制，窨制工艺与以上相同，转窨后茶坯水分含量应高于前一次。分级花茶窨次及用花量见表6-3-1。

（9）提花。在窨花完成的基础上，选用优质鲜花复窨1次，鲜花的开放度达95%左右，提花时间4～6小时，茶叶含水率达8%时立即起花装箱。

第二节　黔江珍珠兰茶

黔江珍珠兰茶，地理标志商标，"重庆十大名茶"之一。以武陵云雾山区独特的富硒绿茶和名贵珠兰花为主要原料，采用传统工艺和现代技术精制而成。其产品叶嫩绿鲜润，香清雅馥郁、纯正持久，味鲜醇清爽，富含硒，汤色黄绿晶莹，是茶中的精品。

一、产品特点

黔江珠兰花茶"珍珠兰"牌绿茶："珍珠兰"牌花茶是在继承传统制茶工艺的基础上，运用独创的缸窨技术，以武陵云雾山区的早春优质绿茶和珍珠兰鲜花为主要原料，开发生产的珍珠兰花茶系列产品。该产品叶细绿、香清雅、味鲜醇，其品味清、雅、甜，香气纯正、内敛，幽香中透甜韵，汤色黄绿晶莹，叶质细嫩，富含硒，一直深受消费者喜爱，曾在同类产品评比中多次荣获部、省级金奖。

二、历史渊源

珠兰花茶的历史悠久，早在明代时就有出产，《歙县志》记载："清道光，琳村肖氏在闽为官，返里后始栽珠兰，初为观赏，后以窨花。"清《花镜》载："真珠兰……好清者，每取其蕊，以焙茶叶甚妙。"珠兰的花期为4月上旬至7月。鲜花要求当日采摘，采摘标准为花粒成熟、肥大、色泽鲜润、绿黄或金黄的花朵。珠兰花一般于午后开放，如果适时窨茶，可以充分吸收花香，达到最佳的品质，所以珠兰花茶都在午后开始窨制。

珠兰花茶的大量生产始于清代咸丰年间，到了1890年前后，花茶生产已较为普遍。"珍珠兰"牌黔江珠兰花茶历史悠久，早在乾隆年间就已被誉为御用名茶，乾隆皇帝曾亲笔书写《御咏珍珠兰茶》一诗。

三、生产情况

（一）鲜花护理

珠兰花要求在清早采摘。采摘标准是花枝生长成熟，花粒饱满丰润，花色黄绿。花枝不宜采得过长，一般采下的花枝不超过一节半。

鲜花进厂后，手工将花枝摘下，剔去长枝和夹杂物，及时薄摊在竹匾上，使表面水分迅速蒸发。晴朗干燥天气采花，应在花上覆盖湿布或适当喷水，防止鲜花凋萎、花粒脱落及花香散失。

（二）茶胚处理

窨制珠兰花茶的茶坯，最好是烘青和高级名茶，炒青也可窨制。根据茶坯含水量，吸香能力和珠兰花香的挥发与温度等的关系，复窨前茶坯必须复火，茶坯含水量要求在4%～5%，待坯温冷却到32～34℃时，即可复窨。由于珠兰花期较早，所

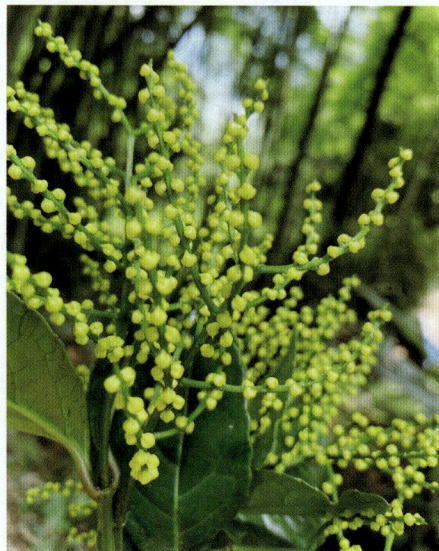

以很大一部分珠兰花茶是"陈坯新窨"。如当年茶坯含水量较高，保管不当，则清雅鲜爽的珠兰花香被陈味遮盖，有损珠兰花茶品质。为此，精制厂必须将留待第二年窨制珠兰花茶的茶坯充分干燥，严格控制茶坯的含水量，妥善储藏保管，减轻茶坯陈化程度。

（三）配花和窨制时间

珠兰花茶的配花量各地不一，视茶叶老嫩程度而异。高级原料配花量为6千克左右，也有达10千克的；中档原料配花量3～5千克；下档原料2～2.5千克。窨次有单窨、双窨、一窨一提和二窨一提几种。一般都采用单窨，同样的下花量，单窨次比双窨次成品品质好。因为多一次窨需多一次复火，花香就多一次损失，并且珠兰花枝、花粒在反复干燥、吸湿过程中变黑，影响花香的鲜爽度。

复窨时，先将茶坯和鲜花拌和均匀，根据原料数量的多寡，分别采用箱窨、囤窨或小块堆窨。窨堆厚度以30～40厘米为宜。当窨堆坯温上升到40℃时，通花散热，待坯温下降到32～35℃时，收堆续窨，如下花量少，坯温不高，可以不通花。窨花时间通常是20～30小时。南昌茶厂用不同花量和窨制时间进行多次比较试验，结果表明：不论下花量是7.5千克还是10千克，时间均以20小时为好，成品香气鲜爽，滋味浓醇；窨制44小时的花香沉闷，品质差；窨制30小时的介于两者之间，品质接近20小时。

珠兰花的吐香有时间性，最好的放香时间为花粒开放后的12小时左右，如在窨时间过长，不仅工效低，而且茶堆由于长时处于温度高、湿度大的条件下，极易产生水闷气和酵味，珠兰花的花枝、花粒由金黄色转为褐色再变为黑色，使产品失去清香幽雅的独特风格。所以珠兰花茶窨制时间不宜过长，以20～30小时为宜。

（四）干燥和储藏

珠兰花的花枝细、花粒小，不必起花，可以随茶复火，低温干燥。烘笼烘焙温度为65～75℃，干燥机复火温度为90～10℃。烘后茶叶含水量以8%左右为宜。由于珠兰具花香持久的特性，珠兰花茶虽储藏时间较长，其清香程度仍比其他花茶强。

四、发展状况

由于最好的茶叶产于"清明"前后，最好的珠兰花产于7月中旬，季节错位让茶与花难以同步。重庆市珍珠兰御咏茶业有限公司通过技术攻关，实现了二者的完美结合，打造了珍珠兰茶当红品牌。重庆市珍珠兰御咏茶业有限公司已基本形成"以企业为核心，以农户为补充，以大专院校和科研机构为技术依托"的区域经济后继产业，与农户联合建立的原料基地总计12 500余亩，其中茶叶基地5 000亩，以"公司＋基地＋农户＋专业合作社＋互联网"为经营发展模式，已在京东商城开设珍珠兰茶叶旗舰店，产品畅销重庆、贵州、广西、江西等14个省份。

五、荣誉认证

黔江珠兰花茶已有十大品系、100多个包装规格，自研发以来，先后获得"重庆市名牌产品""重庆市著名商标""中国绿色食品A级认证""重庆十大名茶"等称号，2017年，申报了地理标志商标"黔江珠兰花茶"。

珍珠兰花窨制技术被列入重庆市市级非物质文化遗产项目名录，其中土家摆手茶、高山玉芽茶的制备方法已获国家发明专利。

第三节　北碚缙云甜茶

缙云甜茶，生长于重庆缙云山国家级自然保护区内，无工厂、无制造业，土壤天然无污染，光照充足，天然泉水滋润。缙云山甜茶系由春夏之间采摘的嫩叶、嫩枝经蒸、炒、焙干制成，汤色碧绿清爽，气味芳鲜醇和，饮后多时，仍感香甜回味，是1937年参加巴黎世界博览会的佳品。缙云甜茶在第11届"大地母亲·品味沙龙"活动，被授予"2016中国美味方舟入选认证"证书。2015年，成功申报北碚区非物质文化遗产，2018年，申报市级非物质文化遗产。

一、产地环境

（一）环境

缙云甜茶的产地位于重庆市北碚区缙云山山脊一带，紧邻国家AAAA级旅游景区——重庆缙云山国家级自然保护区，地理坐标为东经106°17′—106°27′，北纬29°41′—29°52′，即缙云山周边的天生街道、朝阳街道、北温泉街道、东阳街道、龙凤桥街道、歇马镇、澄江镇、蔡家岗镇、童家溪镇、天府镇、施家梁镇、水土镇、静观镇、柳荫镇、复兴镇、三圣镇、金刀峡镇，共5个街道，12个乡（镇）的行政区划范围内都适合甜茶生存，利于大面积种植。缙云山温泉、云雾以及独特地理环境，赋予缙云甜茶特殊的极品品质。

（二）气候

缙云甜茶的产地属典型的亚热带季风湿润性气候，十分适宜各类需求量大的作物生长，物产极为丰富。低日照，多雨水的特征迎合了缙云甜茶喜阴凉的习性。缙云山林内、林外的温差现象形成次生林小气候，有利于加速空气和水分循环，维持生态系统稳定，春、夏季节保湿作用明显，有利于茶树生长，冬季保温效果显著，可帮助茶树越冬。

（三）土壤

缙云甜茶产地缙云山的土壤分为黄壤和水稻土两大类，并有少量零星分布的紫色土。其中黄壤占89.7%，是保存得较为完好的亚热带地带性土壤，普遍具有黏或沙等特性，水稻土占7.4%，具有土壤疏松、通透性好等特点，利于茶树进行呼吸作用，有利茶叶生长。

（四）灌溉条件

缙云山岩层为砂页岩、泥页岩相间组合，上层为厚砂岩，下层为泥页岩，泥页岩积水。以山脊线为分水岭。在东南翼和西北翼上发育出许多平行排列的顺向河，即冲沟，构成了缙云山的梳状水系。冲沟多为直线型，沟谷呈"V"字形，谷宽几米到50米，山体积水量大，形成常年性流水，成为缙云甜茶的持续灌溉用水。

（五）生态系统

缙云甜茶产地海拔200 ～ 952.2米，植被覆盖率高达96.6%。有大面积常绿阔叶林，有长江流域保存较好的典型的亚热带常绿阔叶林景观和相对稳定的生态系统，保存了许多古老的植物，其中包括国家重点保护植物伯乐树、香果树、八角莲等45种珍稀植物品种。缙云甜茶的生长也依赖该地特有的良好的生态系统。

缙云甜茶产地特有的气候条件、土壤条件以及良好的生态系统赐予缙云甜茶特殊的品质。

二、历史渊源

缙云甜茶历史悠久，可考文字记载最早见于南朝刘宋景平元年（423年）。缙云寺始建之初，山僧就钟爱"于春夏之际，采撷嫩叶、烘焙"，制成茶中精品，饮后回味无穷。清醇芳香更是让历代高僧、文人墨客赞不绝口，历史学家郭沫若在徜徉于缙云美景时，没有忘记赞美缙云甜茶："豪气千盅酒，锦心一弹花。缙云存古寺，曾与共甘茶。"这里的"甘茶"即为缙云甜茶。教育家黄炎培先生留恋缙云甜茶的余香，并赋诗一首："烟笋十五里，言上缙云山。心洁寻初地，峰高俯众鬟。甜茶花白致，板栗叶青斑。云际松如海，听钟试叩关。"《茶经》《中国茶道》《重庆缙云山志》等有关书籍均为缙云甜茶定名。

朱德来缙云山工作或观光时，青睐缙云甜茶，每天必饮这道佳茗。1937年，缙云甜茶参加巴黎世界博览会；2005年9月，大型研究课题"缙云山甜茶人工培植及加工技术研究"通过鉴定验收，荣获重庆市森林商品展销会银奖；2016年，在第11届"大地母亲·品味沙龙"活动中，被授予"2016中国美味方舟入选认证"证书。2015年，成功申报北碚区非物质文化遗产。

三、品质特点

缙云甜茶在众多的茶叶种类中，以其甘而不腻、清爽怡人的清醇香甜滋味脱颖而出，成为人们的养生极品。缙云山生长的甜茶常年受云雾的滋养，汲取沃土的食粮，啜吸自然的甘霖，微量元素的丰富与含量皆为甜茶之最，且不含咖啡因，特别有利于人们的健康。

缙云甜茶集"药、茶、糖"于一身，外形较肥壮，有嫩茎，显露茸毛，色泽较黄或暗绿，汤色金黄透亮，气味芳香醇和，口感香甜甘爽。香味较厚实，叶底肥嫩露芽。

1989年，四川省中药研究所和华西医科大学药学院合作，通过化学反应、紫外、红外、氢谱、碳谱、质谱等鉴定，从甜茶中分离出了根皮苷，三叶苷和3–羟基皮苷3个具强甜味的化合物。1999年，西南农业大学为实验中分离出的甜味结晶测定核磁共振光谱，进一步证实该强甜味物为二氢查耳酮。二氢查耳酮的甜度为蔗糖的300倍，热量仅为蔗糖的1/300，且无苦味，无毒性。在所有理化因子中，水浸出物≥41.6%，茶多酚≥27.2%，铅≤2毫克/千克，总灰度≤7.5%，水浸出物、茶多酚的含量均高于一般茶叶。所有成果都显示甜茶所含的甜味有着其他茶叶无法比拟的养生价值。甜茶中虽然有由二氢查耳酮产生的甜味，却属非糖类的甜味物质，能为人体提供需要的热量，可直接被身体吸收利用，减少身体的消解负担。

缙云甜茶含有的多酚类是清除体内自由基的良药，由茶叶提取物加工而成的化妆品可在一定程度上改善皮肤瘙痒症，降低皮肤及血管壁内透明质酸的流失，给予皮肤营养，并能有效防止动脉硬化。

甜茶含有4.1%的生物类黄酮，全球医学界都在积极将其打造成治疗脑血管疾病的良药，是防癌治癌的佳

品。有研究证明，甜茶配伍菊花、人参、何首乌等中药煎服，对老年人延年益寿具有较高的药用价值。

四、生产情况

在缙云山，民间制作甜茶的历史已达上千年，但缺乏系统的加工方法研究。2017年4月22日，由重庆市北碚区缙云甜茶专业技术协会主办，澄江镇缙云村委会承办，重庆华夏国学研究院、重庆云山企业管理有限公司协办的缙云山甜茶春茶媒体记者见面会，更好地推动了缙云甜茶特色农业产品的发展，提升甜茶的知晓度，加大品牌建设。

第四节　江津华盖山金银花茶

华盖山金银花茶，产于重庆市江津区。通过采用"公司＋农户"的模式生产，建成了稳定的集生产、加工、销售为一体的金银花茶产业链，形成了生产标准化、产品安全化、营销品牌化、统一供种、统一技术培训、统一生产标准、统一包装、统一品牌销售的"三化五统一"经营发展模式。

一、荣誉认证

2014年，华盖山金银花茶荣获"绿色食品"称号。2012—2017年，荣获"重庆市著名商标"称号。2016年，获"重庆名牌农产品"称号。

二、生产状况

2018年，江津优质金银花的种植规模达4 000亩，建成标准生产车间1 200平方米，有近80吨粗加工能力和300吨精加工能力。开发有"华盖山"牌富硒金银花等产品。产品主要销往重庆、成都、北京、上海等20多个城市和地区，年产值近1 000万元。

三、产品特点

金银花，又名忍冬。由于忍冬花初开为白色，后转为黄色，因此得名金银花。

金银花性寒，味甘，入肺、心、胃经，具有清热解毒、抗炎、补虚疗风的功效，主治胀满下疾、温病发热、热毒痈疡和肿瘤等症。其对头昏头晕、口干作渴、多汗烦闷、肠炎、菌痢、麻疹、肺炎、乙脑、流脑、急性乳腺炎、败血症、阑尾炎、皮肤感染、痈疽疔疮、丹毒、腮腺炎、化脓性扁桃体炎等病症有一定疗效。将金银花、菊花、桔梗和甘草加水煮沸10分钟，候凉，当饮料饮用，可治疗咽喉炎和扁桃体炎。

金银花藤煲水后，对小孩湿疹等有一定治疗作用，用连翘、板蓝根煎金银花汤，可以治疗腮腺炎；金银花茶可以祛暑明目；连翘金银花凉汤可治疗外感发热咳嗽。金银花对畜禽的多种致病的病菌、病毒有抑制作用，在动物饲养过程中，若能添加一定剂量的金银花藤叶（忍冬藤）粉或煲水，对预防和治疗动物的温病发热、风热感冒、咽喉炎症、肺炎、痢疾、肿溃疡、丹毒、蜂窝组织炎等症均有相当好的作用。

四、加工情况

金银花采收最佳时间是清晨和上午，此时采收花蕾不易开放，养分足、气味浓、颜色好。下午采收应在太阳落山以前结束，因为金银花的开放受光照制约，太阳落后成熟花蕾就会开放，影响质量。采收时不带幼蕾，不带叶子，采后放入条编或竹编的篮子内，集中的时候不可堆成大堆，应摊开放置，放置时间最长不要超过4小时。

金银花商品以花蕾为佳，混入开放的花或梗叶杂质者则质量较逊。花蕾以肥大、色青白、握之干净者为佳。5—6月采收，择晴天早晨露水刚干时摘取花蕾，置于芦席、石棚或场地上摊开晾晒或通风阴干，以1～2天内晒干为好。晒花时切勿翻动，否则花色变黑，降低质量，至九成干，拣去枝叶、杂质即可。忌在烈日下曝晒。阴天可微火烘干，但花色较暗，不如晒干或阴干。

第五节　巫山神茶

一、产地环境

巫山神茶，产于长江三峡流域的巫山云山雾岭，是采用一种巫山县当地独有的名叫"林檎"的树叶精制而成的茶叶。此茶野生在天然无污染的灵秀的环境里。林檎在巫山县海拔600～2 200米都有分布，各个乡（镇）都有零星分布，聚集分布在森林覆盖率达80%以上的竹贤乡朝阳坪、当阳乡葱坪等地，与湖北神农架接壤，聚集区面积达3万余亩。

二、历史渊源

巫山县位于长江三峡流域，位于北纬30°附近，境内林檎资源丰富。林檎叶为蔷薇科苹果属部分植物的叶片，含多种有益身体健康的成分。林檎叶由当地独有的"林檎"树叶制成，具有生津止渴、去腻减肥、灵心养神之奇效，常饮有益健康，被当地人称为"巫山神茶"。巫山神茶又名"三皮罐"，即用三片巫山神茶就可泡出一大罐可口的茶水，这是其区别于其他茶叶的精妙之处。"三皮罐"茶已经有数千年的历史。2000年以前，当地农户自给自足，部分满足城镇居民需要。2000年以后，重庆巫人农业开发有限公司用与制作绿茶基本一致的方法生产巫山神茶，对其开发利用，快速扩大生产。

三、品质特点

巫山林檎，株形一般较开展，枝刺多集中于中下部，上部较少，果梗细长，果实小，生物学上，其亲缘关系最接近垂丝海棠，但巫山林檎明显区别于其他林檎，且存在种内变异。此茶含有多种对人体有益的微量元素，茶汤呈琥珀色，夏季隔夜不馊，是天然解暑饮品，可生津止渴、去腻减肥、降压醒脑，有灵心养神之奇效，被当地人称为"长寿茶"，常饮有益健康。

四、生产情况

2000年以前，当地农户自给自足，部分满足城镇居民需要，年采收鲜叶500～3 000吨，自制巫

山神茶100～600吨。居住在海拔800米以上区域的农民，在庭院周边种植有3～5株巫山神茶树（林檎叶），有的树已有上百年的历史。

2000年以后，公司采取与绿茶制作基本一致的方法生产巫山神茶。野生鲜叶年生产量约2万吨，年实际采收野生鲜叶5 000吨，占25%，制成巫山神茶1 000吨，各类新型经营主体销售额在5 000万元。

五、技术流程

采摘、采集野生密集区林檎叶（4—5月）—杀青—揉捻—干燥（整形）—包装。

采摘采集野生密集区成熟、完整林檎叶（5—6月）—精选采摘鲜叶（剔除碎片和异物）—清洗（泉水清洗鲜叶灰）—摊放竹编芭折沥水（除去10%水分）—杀青（沥干水分的鲜叶放进铁锅蒸笼蒸至颜色变黄）—干燥（烘干或置于竹编芭折晒干）—分级包装。

六、质量特色

（一）感官特色

茶汤呈琥珀色，夏季隔夜不馊，是天然解暑饮品。

（二）理化指标

根皮苷含量（84.5±27.3）毫克/克（抗氧化、降血糖、改善记忆力），槲皮苷含量（8.7±3.32）毫克/克（抗氧化、抗肿瘤、降压、抗炎），扁蓄苷含量（1.13±0.74）毫克/克（利尿、利胆、降压），绿原酸含量（3.52±1.62）毫克/克（利胆、抗菌）。总黄酮含量为41.4%～54.1%（总黄酮占醇提物的比例）。

（三）安全要求

符合《绿色食品　代用茶》（NY/T 2140—2015）标准要求。
巫山神茶（林檎叶）的法定检测机构为重庆大学药学院。

七、荣誉认证

2018年3月，重庆大学药学院利用巫山神茶（林檎叶），提取根皮苷并直接转化成根皮素，以"一种根皮素的制备方法"，得到国家专利申请受理通知书，申请号或者专利号201810175290.1。

第六节　巫溪老鹰茶

巫溪老鹰茶，巫溪特产，盛产于巫溪县蒲莲镇，当地人习惯称"蒲莲老鹰茶"。老鹰茶树属樟科木本多年生野生稀有植物，生长于大巴山云雾中，是重庆地区独有的一种茶树品种，属纯天然，无污染。重庆地区老鹰茶树以巫溪县蒲莲镇居多，因老鹰茶树本身含有独特的芳香精油而无虫害，巫溪老鹰茶可生津止渴、去腻减肥、降压醒脑，有灵心养神之奇效，被称为"长寿茶"。

一、产地环境

巫溪县蒲莲镇地处大巴山东段南麓，东邻湖北，北傍陕西，南依长江，西通重庆主城。东邻巫山县龙溪镇，连贯"两巫"的桐元河穿境而过，南邻奉节县岩湾乡，西与巫溪县上磺镇接壤，北与巫溪县峰灵镇相连。蒲莲镇境内水资源主要为山溪水，工矿企业稀少，水资源没有受到污染，且森林覆盖率高，素有"山清水秀"的美称，水质检测指标达集中式生活饮用水地表水源地二类标准。优良的山溪水质，给巫溪老鹰茶创造了良好的水资源环境。独特的立体气候、充足的光照、较大的昼夜温差是形成巫溪老鹰茶口感和内在品质的主要因素。

蒲莲山大坡陡，雨量丰富、光照充足、四季分明、雨热同步，年平均气温9.7℃，年降水量1 000 ~ 1 300毫米，无霜期较长。蒲莲镇面积47.3平方千米，海拔高度250 ~ 1 556米，适宜老鹰茶生长。

二、历史渊源

老鹰茶历史悠久，早在明朝时期的《本草纲目》中就有"止咳、祛痰、平喘、消暑解渴"等记载。巫溪农民的基本生产是小农生产，生活方式是自给自足，因老百姓生活艰苦，无钱购买茶叶，当时有一种生长在悬崖陡壁，四季常青不落叶的植物，农民摘回其叶片搓揉、晒干，便可当茶喝，茶汁颜色呈淡金黄色，清香可口，既节约又能解渴，就这样一代一代相传，一直延续到现在。据考证，这种植物的生长过程先是被鹊鸟吃下茶树种籽，通过消化系统，排泄在老鹰经常歇息的地方，人们因此称之为"老鹰茶"。蒲莲镇种植老鹰茶已有200多年的历史，部分老树高达15米以上，叶片翠绿，芳香怡人，具有四季常青的特点。老鹰茶树本身含有独特的芳香精油，无虫害，即使人工栽培也无须施农药。

三、品质特点

外在感官特征：巫溪老鹰茶是樟科的木本植物，属常绿乔木，叶互生，叶质厚，泽深绿。叶片呈椭圆形，面绿背白。老鹰茶加工过程独特，采摘嫩尖，杀青至略呈糊状为止，再搓揉，使之柔，然后去除水分，可加工成颗粒状、片状、饼状等。老鹰茶富含多种对人体有益的微量元素，其茶水在夏季隔夜不馊，是天然解暑饮品，尤其受"三高"患者的青睐，常饮有益健康。老鹰茶的主要生化成分中不含咖啡因物质，无兴奋作用，富含矿物质元素，参与人体蛋白质、氨基酸和碳水化合物的代谢，对心血管具有保护作用。特别是消除油腻的功效显著，长期饮用可降血脂、降血压，其中高含量的硒更有驻颜美容之作用。

四、生产情况

巫溪老鹰茶有其独特的品质，除了受特殊的地理条件和气候因素影响外，特定的生产方式也是影响其品质的重要因素。

为确保巫溪老鹰茶的品质，应选择海拔在500米以上区域，加强管护，主要是做好修枝剪形。2018年，蒲莲镇老鹰茶在地面积达4 000余亩，产量达6万千克，年产值可达700余万元，覆盖蒲莲镇35%的农户，带动蒲莲镇17.5%的贫困户增收致富。

五、技术要求

巫溪老鹰茶有其独特的品质，除了受特殊的地理条件和气候因素影响外，特定的生产方式也是影响其产品品质的重要因素。

（一）产地选择

土壤和气温直接影响巫溪老鹰茶的产品品质。为确保巫溪老鹰茶的品质，应选择海拔在500～1 600米区域，抗蚀力较强、保水保肥性好、速效钾含量高的黄壤和棕壤土。

（二）生产过程管理

1.栽植技术

提前整地、深耕翻晒，再深挖窝穴，深施腐熟基肥，覆土，再定植，回填覆土，浇注定根水，进行日常田间管理。

2.栽植规格

株高0.7米，两年生无病虫带营养土苗。定植密度：株行距3米×3米；定植密度：老鹰茶60株/亩。

3.植株整形

待株高2米左右，实施植株矮化疏散措施。

4.收获

清明节前后，待植株抽梢发出嫩叶，三叶一苞至五叶一苞时采摘。

5.加工

先瘫凉鲜叶，再醇化杀青、揉捻，烘干条形产品即形成，卷曲型老鹰茶产品还需卷曲披毫、烘干。

六、质量安全

老鹰茶原料为纯天然植物，无污染，因老鹰茶树本身含有独特的芳香精油，无虫害，即使人工栽培也无需施农药。

第七节　秀山金银花

秀山金银花，纯绿色产品，采自风光绮丽、天然无污染的武陵山区。主要的金银花产品都已获得了QS认证，绝大多数产品被评为无公害农产品和绿色食品。秀山金银花符合国家技术规范。

据调查，全国金银花入药的有14种1亚种2变种，其中四川有12种3变种，重庆市有10种3变种，秀山入药的金银花主要有灰毡毛忍冬、细毡毛忍冬、短柄忍冬、菰腺忍冬以及忍冬5种。

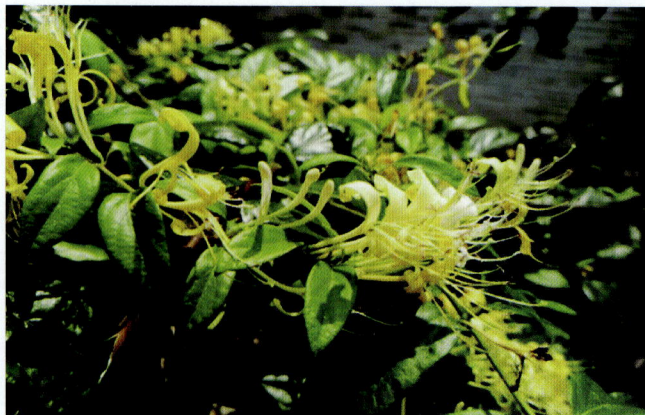

一、产品特点

秀山金银花有多、高、香、碧4个特点。

多——秀山金银花不同于其他产地的双生性金银花，秀山金银花花序簇拥多繁，花蕾青绿整齐，产量极高，人工成本低。

高——秀山金银花药用成分高且分布均匀。秀山金银花绿原酸含量在7.5%～12.5%，乃全国同类产品中最高。此外，秀山金银花还含有抗氧化剂类黄酮及硒、蛋白质、维生素、多类化合物及微量元素，用于人们健身、美容等方面有明显的效果。

香——秀山金银花入茶，杯中浮晃着一抹翠碧，几缕青烟散着温热。品一口茗茶，舌尖微甜，齿颊留香，有一种说不出的快感。

碧——秀山金银花泡茶，花蕾大头朝下，垂而不倒，茶水颜色逐渐加深。花蕾大头朝下说明花药比例大，茶水颜色通透碧绿，说明花蕾中绿原酸含量高，有效成分好留完好。

二、历史渊源

2001版《秀山县志》记载，秀山农民历来有种植中药材的习惯，民国后期，药业首户大德生以收购、批发和外销药材为主，在秀山县内大量收购特产金银花、黄檗等外销，可见秀山早就出产金银花。农人采之，或茶饮，或入药。中华人民共和国成立后，政府十分重视中药材生产的发展，尤其是改革开放后，开发金银花发家致富，逐步被人们所认识。

秀山最早的金银花人工种植记录可追溯到1951年，1971年，四川省涪陵地区林业局、商业局下达了金银花等木本药材生产计划，秀山计划栽种金银花5 000株，主要规划在中和、石耶、洪安、龙池等8个乡（镇）。

1972年，野生种改家种成功，至1983年，有家种在地金银花450多万笼（以300笼折1亩，即1.5万亩），成为四川省金银花生产重点扶持基地县。家种金银花大多栽种在非耕地的荒坡上、田边地角、溪沟两旁、房前屋后，群众总结了几句话："田栽背坎，土栽边，荒坡荒地栽成片，溪沟两旁栽成线，房前屋后栽裙带"。其产量从1951年收购野金银花12担，到1988年收购家种金银花1 491担，增长速度之快，不但满足了秀山药用配方的需要，90%的产品调拨供应省内、省外其他县（市），为缓解四川省和全国金银花供求矛盾作出了一定贡献，为山区人民找到了一条生财致富之道，同时对保护水土、生态平衡、绿化环境都起到积极作用。

20世纪80年代后期，因各种原因，秀山金银花快速萎缩，直到2001年，秀山开始第二次大规模人工种植金银花。通过10余年的发展，秀山金银花基地面积达15.2万亩，被命名为"中国山银花药材产业之乡"，成为西部最大和全国具有明显影响力的金银花基地县。

秀山金银花主要分布于太阳山、桐麻岭、平阳盖、木桶盖、川河盖等几大山体的23个乡。1982年，经四川省中药研究所潘超逸助理研究员和上海复旦大学徐炳声教授鉴定，含主要有效成分绿原酸12.51%，比济南银花含绿原酸5.08%和密银花含绿原酸6.28%高达1倍。1982年8月，四川电视台作了报道，9月，参加了北京全国少数民族药材展销会。1983年，调雅安药厂试制银黄针剂成功，1984年6月，在四川省南江会议被评为"银花之冠"。

三、荣誉认证

2005年3月，获中国医药保健品进出口商会"药用植物绿色生产基地"证书。

2008年12月，被重庆市农业委员会认定为"重庆市无公害金银花产地县（区）"。

2009年1月，重庆市农业委员会颁发无公害农产品产地认定证书。

2009年11月，获国家工商行政管理总局商标局"秀山金银花"地理商标。

2010年12月，秀山金银花获农业部农产品地理标志登记证书。

2011年12月，秀山金银花顺利通过GAP认证，成为国内首个通过GAP认证的山银花基地。

四、产地环境

秀山土家族苗族自治县地处重庆市东南地区武陵山区腹地，气候温和、土壤肥沃，有"武陵山区天然药库"之称，以金银花最为著名。海拔500～1 200米区域，最适宜金银花的生长。秀山金银花的主要化学成分为绿原酸、异绿原酸、生物类黄酮、白果酸、咖啡酸、木犀草素–7–葡萄苷、B–谷甾醇、B–谷甾醇–D–G苷、豆甾–D–D苷等，在全国24个金银花品种中品质上乘，并富含人体必需的微量元素——硒。

五、产品种类

（一）灰毡毛忍冬

灰毡毛忍冬为忍冬科植物，别名：大银花、拟大花忍冬、假大花忍冬。秀山金银花种植历史悠久，主要栽培品种为灰毡毛忍冬，收载于《中华人民共和国药典》2005年、2015年版一部，归属于山银花。其主要成分为酚酸类、黄酮类、皂苷类及挥发油等，《中华人民共和国药典》指标成分为绿原酸、川续断皂苷乙、灰毡毛皂苷乙。性味、归经，功能、主治，用法、用量与金银花相同。具有清热解毒功效，多用于外感风热和温病初起，以及热毒泻痢等症。

灰毡毛忍冬为缠绕性木质藤本。茎基部灌木状，直径可达10厘米以上；枝紫红色，幼枝顶端均被薄绒状短糙毛，有时有微腺毛，向下渐少以至无毛。叶对生，革质，卵状披针形至卵状距圆形，长6～14厘米，上面深绿色，下面密被灰白色至灰黄色毡毛，并散生棕黄色微腺毛，网脉隆起呈蜂窝状小格。花生于茎端数节之叶腋，密集着生在2～5厘米长的短花枝上，每个短花枝有花40～80朵，每2朵着生在长约2毫米的总花梗上；苞片无柄，披针形，长2～4厘米，外面及边缘有短毡毛；萼筒有蓝白色粉霜，萼齿长三角形，外面及边缘具短糙毛；花冠长3.5～8厘米，初开时白色，后变金黄色，被短糙伏毛及棕黄色腺毛，唇形，上唇具4裂片，下唇反卷，约为花冠长度的1/3；雄蕊5枚，着生在冠筒上端，花药丁字形，背着生，雌蕊1枚，柱头点状；花盛开时雌雄蕊均伸出花冠外。浆果球形，成熟时黑色。

（二）渝蕾1号

渝蕾1号植株叶片椭圆形，叶表面较光滑，枝节间距离短，徒长枝节间距6～8厘米，短枝节间距3～5厘米，花枝节间距2～4厘米，花序多而繁，少的一簇有40多个蕾聚合成伞状花序或团状花序，一般的40～80个一簇，多的200余个一簇，结蕾整齐，花蕾青绿色，花蕾顶部渐渐膨大；花冠不开裂，无毛，花期长，花期长达10～20天。花朵长度6.0～6.5厘米，花朵粗等特点容易与野生扦插品种灰毡毛忍冬及湘蕾识别。

渝蕾1号育成后，经试验，多年、多点生产试验示范，表明该品种具有生长旺盛、绿原酸含量高、鲜花蕾产量高、抗病性较强等优点。该品种群体整齐，种性稳定，可作为灰毡毛忍冬的当家品种推广种植。

六、发展状况

秀山土家族苗族自治县种植金银花历史悠久，规模在全国排名第3，仅次于山东、河南。

每年6月是开花最盛的时候，7月花期结束。5年生的金银花树，粗放型种植（指不使用多少种植技术）每株可产金银花5千克左右，亩产能达400～500千克。秀山土家族苗族自治县金银花产业办的数据显示，2018年，全县发展金银花总规模已达15.2万亩，涉及钟灵、隘口、孝溪、清溪场、龙池、涌洞、溶溪等12个乡（镇）近3万农户，共产鲜花2.06万吨，企业加工干花4 800吨，实现花农总收入2.56亿元，户均收入4 266元。秀山与西南大学开展县校合作，成立了重庆市秀山金银花研究开发中心，进行成分分析和药理、安全性等基础性研究。同时结合科技富民强县项目，以重庆市中药研究院为依托，开展金银花品种选育和栽培管理研究，制定了规范化生产管理标准，进行质量标准研究和专用肥配方等研究。

2010年，秀山建立了金银花生产发展预见平台（也是全国金银花基地面积、品种、产量、需求量、价格、走动情况、库存数据库）。2010年9月，成立了秀山金银花专业协会，会员单位包括19家金银花企业及36个金银花种植专业合作社。2009年6月和2011年6月，秀山两次成功举办"重庆·秀山金银花节"，提高了秀山金银花的知名度和影响力。

七、栽培技术

（一）扦插育苗

1. 苗床整理

（1）选地。选择交通方便、土层深厚、土壤肥沃、土质疏松透气、保水保肥、能排能灌、较平整无病虫害的缓坡地沙壤土（夹沙泥）作苗圃地。

（2）整地。每亩苗圃施用腐熟有机肥1 000～2 500千克、过磷酸钙50千克作底肥，深翻30～40厘米，将肥料翻入土中，耙平，除净杂草。或在厢面上每亩撒施50千克过磷酸钙和10千克复合肥，然后深耕细耙，整平，除净杂草。

2. 扦插枝条整理

（1）选枝。插穗采集：选取发育健壮、组织充实、芽孢饱满、枝条直、无破皮、无损伤的2～4年生粗壮枝条，茎粗0.5～1厘米，枝条留3～4个节，野生枝条最好留4～5个节。枝条采集后2天内，应尽快剪成插穗。

（2）枝条剪取。选用枝条中下部分，剪取20～30厘米长，粗枝稍短，细枝、徒长枝稍长；插穗的上剪口要平滑（平口），在芽节部以上1厘米左右；下切口在距离插穗最后一个芽节的基部0.5～1.0厘米处一面剪成45°楔形（斜面）。

（3）插条处理。一般用1 000倍液的多菌灵或托布津浸泡基部1～2分钟。

3. 扦插

（1）扦插时间。每年11月上旬至次年2月为最佳。

（2）扦插方法。按株距5～8厘米，行距30厘米开60°斜沟斜插，填细土后压紧，浇透

水，喷1次800～1 000倍多菌灵消毒，厢面可铺地膜扦插。

插扦育苗完成后，再插竹条起拱，盖上拱棚膜，为防止大风揭起覆膜，拱棚膜两边尽量加厚泥土，以增加牢固度。

4.扦插后管理

（1）浇水。苗期应适当保持苗床湿润，以促使根系发展。

（2）保温。无论是春季还是秋季育苗，最好用塑料薄膜覆盖苗床。

（3）施肥。在春季叶片展开、生根后要经常叶面追施，最初2周一般1星期追1次肥，以后可减少至1月1～2次。初期喷0.2%～0.5%尿素，后期视生长情况喷施0.2%～0.5%尿素或0.2%～0.5%尿素和磷酸二氢钾混合液。

（4）摘心。新梢生长到60～80厘米时摘心，促发新枝、壮枝，一般摘心2～4次，重点在6—9月。

（二）嫁接育苗

通常以灰毡毛忍冬一年生优质品种为接穗，以灰毡毛忍冬、细毡毛忍冬、忍尽的茎、枝（或根）为砧木嫁接。

1.砧木

取灰毡毛忍冬的茎（或枝、或根）长15～20厘米，在嫁接处用刀切平，在形成层处向纵切约1厘米，使其成"V"字形，作为砧木。

其中以茎（或枝）为贴木的嫁接法，适合于以灰毡毛忍冬一年生幼苗嫁接（或原有金银花品种改造的高位嫁接）。

2.接穗

将优质灰毡毛忍冬枝条，剪成约5厘米左右的小段作为接穗，使每段至少有1个叶腋芽。将叶腋芽下端切削成一侧边长1.5厘米，另一侧约1厘米长的楔形。

3.接穗处理

用一定的生长调节剂处理（如浓度为75毫克/升的萘乙酸处理30分钟左右）。

4.接穗

将接穗插入上述"V"字形砧木，使其接穗与砧木一侧的形成层紧密结合，用塑料捆绑好。

5.育苗

嫁接后，先在温棚内用沙土假植培养，待接穗萌芽后移至苗圃，按行、距各15厘米栽植。待苗长至30厘米高时，打尖壮苗。

6.移栽

为了提高移栽成活率，嫁接苗最好生长一个夏季后再移栽；也可采用小苗（或小芽苗）移栽，但成活率次之。

（三）移栽

1.栽植地选择

适宜海拔高度600～1 500米的山区种植，选择土层较为深厚、土壤肥沃疏松、透气排水良好、坡度在25°以下、pH4.0～7.0的缓坡地沙质壤土栽植为宜。

整地时要下足基肥：每亩施堆肥或土杂肥4 000～5 000千克，磷肥100～150千克；或者每穴施腐熟菜枯饼0.2～0.3千克，复合肥0.15～0.2千克；或每穴施腐熟农家肥10～15千克，施肥后翻入土中。

2.栽植时间

灰毡毛忍冬于晚秋（10—11月）至翌年早春（2月中旬至3月上旬）均可定植，但以晚秋定植最好。

3.栽植密度

一般情况下，按行、株距250厘米×250厘米挖穴为宜，渝蕾一号按行、株距250厘米×280厘米挖穴，宽、深各40～50厘米，每穴栽植1株，填细土压紧、踏实、淋透定根水，起苗后最好2～3天内栽植完。

八、加工工艺

采摘下来的花应立即加工、干燥，当天采摘的尽量在当天加工、干燥完为宜。秀山金银花花蕾加工主要有日晒阴凉、烘房烘烤、机械加工等方法。产业化生产主要采用机械化加工。

机械烘干：将采摘的鲜花蕾经蒸汽杀青、冷却后均匀疏散在烘干机网带上，铺料厚度为2～3厘米。杀青后的金银花可采用一次烘干和二次烘干。一般网带式烘干机一次烘干热风温度为100～120℃，出料时间为30分钟左右。采用二次烘干，第一次烘干温度为100℃，出料时间10分钟左右，第二次烘干温度为80～120℃，出料时间为20～30分钟，烘干至含水量为10%左右。

第八节　酉阳苦荞茶

酉阳栽培苦荞的历史已近2 000多年，境内绝大多数地方都有种植苦荞的习惯，尤以后坪、后兴为多，素有"苦荞之乡"之称。在酉阳广为流传的一首"木叶情歌"中有一句"……高山种荞哪用灰……用得灰来荞要倒……"这是苦荞种植特点和生态属性的真实写照。苦荞在种植过程中使用极少量肥料，不使用任何农药，加上酉阳高寒山区纯净无污染的自然环境，造就了酉阳苦荞这一生态农产品。

一、苦荞特性

荞麦根、茎、叶、花、果实全身均是宝。

（一）营养丰富

苦荞被誉为"五谷杂粮之王"，是联合国粮食及农业组织公认的优秀粮药兼用粮种。研究表明，苦荞茶、苦荞米富含生物类黄酮、氨基酸、膳食纤维、碳水化合物、矿物质及硒、锌、钙、钾、镁等有益身体健康的微量元素，含量合理，并且不含糖，能改善膳食结构、增强人体免疫力、促进身体健康。可加工荞麦酒、茶以及荞麦米、面、饼、点、酥等十几种系列营养食品。

（二）医用价值

中医认为苦荞味苦，性平、寒，能实肠胃、益气力、续精神、利耳目，能练五脏滓秽、降气宽肠、磨积滞、消热肿风痛，兼具营养、养生、保健、食疗四重功效，老少皆宜。苦荞虽为寒性，但能强心健脑，保护血管，促进血液微循环。现代临床医学观察表明，苦荞具有降血糖、降血脂、增强人体免疫力、疗胃疾、除湿解毒、治肾炎、蚀体内恶肉的功效，这些作用都与苦荞含有的成分有关，是不可多得的"三降"（降血压、降血脂、降血糖）食材。而且荞麦聚硒能力位居榜首，对土壤硒元素吸收、固定能力强。

（三）保健作用

苦荞麦具有"低脂肪、低植凌、低热量"的"三低"特点，制成的苦荞食品具有减肥作用，为新一代粗杂粮生态营养保健食品。所含的肉桂酸和超氧化物歧化酶可以去黑色素和抗氧化，具有延年益寿的作用。

（四）观赏价值

荞麦花多姿多彩，颜色丰富，有红、黄、绿、紫、白等多种花色，且花期长达40余天，具有很高的观赏价值。是发展乡村旅游、休闲观光农业、拓展产业发展空间优选载体作物。

（五）文化方面

荞麦食品是土家族、彝族等少数民族完成人生礼仪、祭祖献神、馈赠亲朋时的重要物品，是高贵、洁净、驱邪、繁衍的象征。守护着"天、地、人、神"共聚的"诗意栖居"，漫步在荞花盛开的田野，仿佛进入了白居易的"月明荞麦花如雪"，古今交融、汇聚成了荞麦现代绿色健康文化。

二、发展状况

（一）基地建设

2017年，酉阳土家族苗族自治县共有32个乡（镇）种植荞麦，种植面积10.3万亩，总产量近1.3万吨。其中：种植超万亩的后坪乡，秋荞麦种植面积达1.5万亩，种植5 000亩以上的乡（镇）3个，种植1 000～5 000亩的乡（镇）21个，种植500～1 000亩的乡（镇）7个。形成了玉米套洋芋接作荞麦、青蒿接作荞麦两大主要种植模式。由于茬口衔接紧凑、土地资源充分利用、土地产出率提高，基地建设稳步发展。在后坪乡集成推广的玉（米）—薯（马铃薯）—荞（麦）复合种植模式，年亩产粮食达1 100千克，传统的粮食产业成为当地百姓增收的一种重要模式。

（二）科技创新

依托重庆市荞麦产业创新团队，2013年，建成酉阳荞麦综合试验站和荞麦加工研究室。近年来，综合试验站扎实开展试验、研发工作，荞麦科技创新集成初具成效。收集、保存荞麦地方品种资源12个，引进新品种20多个，创新集成了一套高产高效轻简栽培技术，矮化防倒技术研究进展明显，找到了技术路径。特别是通过株系法，成功选育了优质高产品种酉荞1号，并在重庆市内酉阳、城口、石柱、彭水、黔江等区（县）迅速推广，推广面积已超5万亩，云南作为新品种引进示范种植，亩产达320千克。荞麦加工研究室研发新产品，不断推出荞麦醋、苦荞红曲酒、苦荞红曲茶、苦荞月饼等新产品，加工水平不断提高。

（三）发展模式

形成了"公司+专业合作社（家庭农场、种植大户）+农户"的基地建设模式；初步形成了"种、养（蜂）、加、销、游"全链条产业发展模式。

（四）产业加工

酉阳土家族苗族自治县发展加工企业近20家，形成了苦荞

系列酒类、荞麦系列食品类、保健饮料类及附产物类等加工链条，已开发酒、茶、面、米、枕、醋、酥、饼、粉等10多个品种，成功申报"酉阳苦荞"地理商标标志，年加工能力突破1.2万吨，注册有"荞丰""后坪""酉州坊""好就来""亲同学""高枕吾悠""磨禾"等20多个商业品牌。

（五）营销网络

形成了"线上互联网""线下传统实体店""旅游产品专供店"营销网络渠道，产品远销北京、上海、广州等10多个大城市。2018年，在中国西部国际投资贸易洽谈会、西部（重庆）国际农产品交易会、中国（淮安）国际食品博览会、全国糖酒商品交易会等大型展销会上，酉阳土家族苗族自治县的苦荞系列产品深受全球各地特别是东南亚客商的青睐。

（六）产业发展空间进一步拓展

2018年来，酉阳的荞麦产业不仅实现了自身价值的增长，也带动了一系列相关产业的发展。首先，荞麦产业带动了养蜂业的发展。荞麦花蜂蜜中含有多种营养成分和微量元素，对人体健康十分有益，是蜂蜜中的上品。其次，荞麦产业带动了旅游业的发展。后坪等荞麦主产乡（镇）位于乌江画廊精品段和龚滩景区，"荞麦花如雪花"，形成一道独特的风景，让参观过荞麦基地的游客赞不绝口，流连忘返。酉阳成功举办荞麦花节，吸引游客上万。

第九节 重庆沱茶

重庆沱茶，属绿茶再加工茶类，上乘紧压茶，曾在意大利罗马举办的第22届世界优质食品评选大会上获得金质奖。其成品茶形似碗臼，色泽乌黑油润，汤色橙黄明亮，叶底较嫩匀，滋味醇厚甘和，香气馥郁陈香。含有对人体有益的咖啡因、茶多酚、矿物质等多种元素。

重庆地区的沱茶主要由原重庆茶厂及改制后的重庆益丰茶叶有限公司生产的"山城"牌重庆沱茶、云阳县重庆龙缸茶业有限公司生产的"龙缸云雾"牌云阳沱茶组成。

一、历史渊源

重庆的紧压团茶历史悠久，早在宋代就出现了水南贡茶、都濡高枝、月兔茶等。明代更胜制茶之风。四川和重庆一带成为重要的茶叶产出地和茶文化的传播之地，清朝末期，重庆人就效仿云南普洱茶制作工艺，将大量茶叶蒸软、揉团、晒干或烘烤，作为一种保存方式。因巴渝多为川种茶叶，其滋味赶不上云南茶叶的浓厚，但香气上佳、味道陈香，这便是重庆沱茶的前身。1938年，南京政府迁都重庆，各界人士蜂拥山城，对茶叶的需求量急剧增加，外来的茶叶根本满足不了重庆市场，于是重庆南岸区开设了许多私房茶行制作具有重庆特色的坨茶。由于当时重庆运输以水路交通居多，运送茶叶的船只多停靠在重庆水湾港内（重庆的水湾港多带"沱"字，如李家沱、唐家沱等），就这样，不管是外来的还是当地制作的坨茶都被称为"沱"茶。据后来《新民刊》报道，重庆人饮茶成风，全市共计316条街道，茶馆竟有2 659家之多。

重庆沱茶创制于清光绪二十六年（1900年）。中华人民共和国成立初期，刘邓大军在重庆组建了西南区茶叶公司（时为重庆军管物资仓库，属于二野刘邓大军单位），公司成立后不久，1951年8月改

建成重庆茶厂。经过两年时间对原有"重庆沱茶"的工艺及原料调整，重庆茶厂（位于南岸区弹子石）于1953年开始正式大批量生产重庆沱茶，这是当时全国最大的茶叶加工企业，其投资达1 000多万元，职工2 000多人，年产量2 000多吨。

当时的重庆茶厂享受了计划经济的各种优惠政策。西南地区的茶原料云集重庆茶厂，由国家实行统购统销，重庆沱茶选用重庆、川南地区14个产茶区的优质茶叶为原料，云阳因地处长江沿线，水运方便，成了重庆沱茶原材料供应区域之一。重庆茶厂从来就不缺茶叶原材料，更不用担心生产的茶叶没有人买。重庆沱茶精工制作，制作时选用中上等晒青、烘青和炒青毛茶，运用传统工艺和现代化生产手段，对原料进行搭配、筛分、整形，再大拼堆、称料、蒸制、揉袋压形，属上乘紧压茶。

二、发展现状

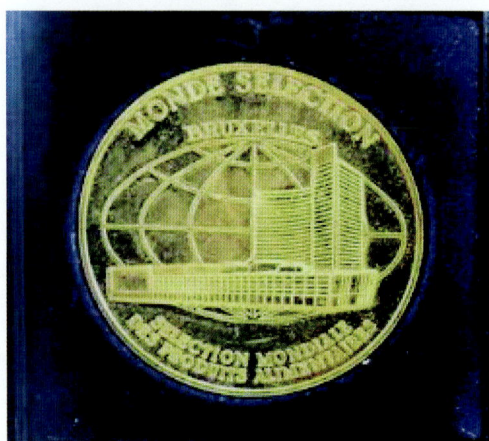

第22届世界优质食品评选大会金质奖

20世纪80年代初期，重庆茶厂拥有了一条立体生产线，为重庆茶厂自主研究成果，由此获得了1980年重庆市科技成果三等奖。这条立体生产线当时的价值约为700万元。立体生产线对重庆茶厂意义重大，这使重庆茶厂在当时快速超越了其他茶叶生产企业。当时大多数茶叶生产企业仍然是手工作坊生产，相对于这些企业而言，重庆茶厂的立体生产线大大提高了生产速度和产品质量，而且标准化程度更高，每一包成品茶叶的大小、重量以及口味都差不多，这是手工作坊难以做到的。技术改造使重庆沱茶将其他茶叶远远甩在后面。到20世纪80年代初，重庆茶厂的沱茶年销售量达6 000多吨。

经过近30年的发展，1983年8月23日，重庆沱茶在意大利罗马举办的第22届世界优质食品评选大会获得金质奖。这是新中国成立后中国获得的第一块茶叶类世界金奖，也是新中国第一枚食品类大奖。获奖后，重庆沱茶的发展更是如日中天，其他各种奖项也纷至沓来，其口碑声名远扬，与此同时，重庆沱茶的生产能力，最高时年产量达8 000吨，其营业额若以如今的市值计算，为近1亿元。而且，随着国际声誉的建立，重庆沱茶已经走出国门，出口到欧洲、日本等30多个国家、地区，年出口金额达600万美元。

1984年，全国茶叶由国家两类物资（统购统销）改为3类物资（自由贸易）。全国大大小小的茶叶加工厂应运而生，大家都盯上了沱茶的国内市场。同一时期，万州、涪陵、宜宾等地都开始生产沱茶供应全国，云南沱茶也由最初主供边销转而进军各地市场。政策的改变不仅让重庆沱茶丢失了重庆当地市场，更为严重的是，茶叶原料价格不断上涨，导致重庆沱茶成本大幅增加，出口市场也受到影响。在此情况下，重庆茶厂做了相应的调整，出口类产品为"峨嵋"牌重庆沱茶，销往国内市场的为"山城"牌重庆沱茶，两者品质一样。

20世纪80代中期到90年代，为了适应国际市场的需要，重庆茶厂引进了意大利伊玛集团制造的袋泡茶包装机（当时全国仅2台此设备），开发了重庆沱茶的袋泡茶系列，也推出了花茶和绿茶系列。但此时的茶叶出口市场已经不是重庆沱茶的天下，加之茶叶国际市场疲软，导致中国茶叶出口严重受阻。

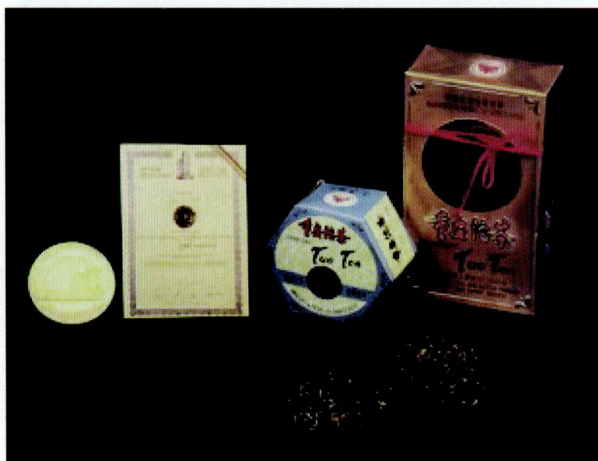

2000年后，重庆茶厂作为老国有单位，也走上了改制的道路，2003年，重庆茶厂停产。2004年，重庆茶厂和重庆茶叶贸易中心改制重组为重庆益丰茶叶有限公司，继承了重庆沱茶的制作工艺和"山城"品牌，正式生产上市。改制后的重庆益丰茶叶有限公司传承"山城"牌重庆沱茶这一历史瑰宝，制作工艺一直保持着金奖沱茶的水平，并根据行业发展及市场消费的需要，不断研究和革新，产品除向大众化发展外，同时向中、高端发展，结束了重庆沱茶无高档产品的历史。重庆益丰茶叶有限公司生产基地落户巴南区二圣镇天坪山集体村，建立重庆沱茶生产示范基地，茶园面积约500亩，主要以天坪山春夏秋茶为原料，生产"山城"牌重庆沱茶，年产能力800余吨，行销国内10多个省份。

"龙缸云雾"牌云阳沱茶，是重庆市农业科学院茶叶研究所科研团队在科技扶贫工作中，为重庆龙缸茶业有限公司研制的一类沱茶新产品。2016年，为推动云阳县茶产业发展，助推云阳脱贫增收工作，重庆市农业科学院茶叶研究所科研团队潜心研制，对川小叶种晒青毛茶和云南大叶种晒青毛茶进行多次拼配试验，综合评判口感、香气、汤色，最终研制出合理配比的"云阳沱茶"产品。2017年，沱茶产量仅为500千克，2019年，沱茶产量达3 000千克。

三、产地环境

重庆巴南区为重庆沱茶主要原料供应区域，巴南区自古出产好茶，地处中国名茶生产带，海拔

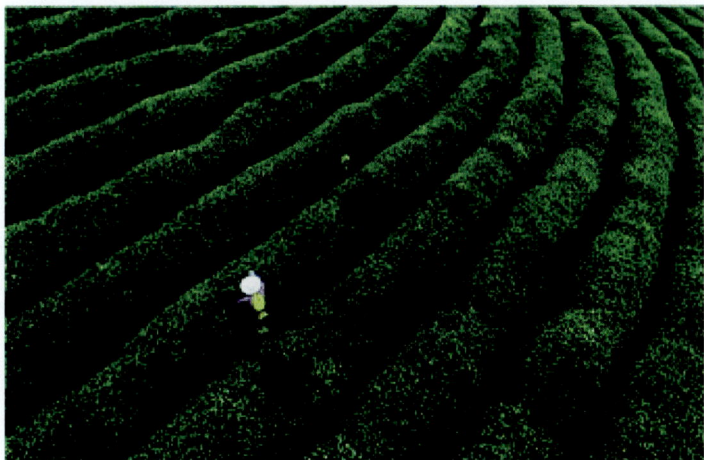

800～1 200米。全年光照适宜，春季平均气温15℃，生长季雨水量充沛，且土壤条件优厚，富含腐殖质和矿物元素，pH为4.3～4.9，酸碱度适中，适宜茶树生长。

"龙缸云雾"牌云阳沱茶产地在长江黄金水道——三峡库区重庆市云阳县票草镇。云阳处于北纬30°的东南中亚热带湿润气候区，春早、夏热、秋凉、冬暖，年平均气温18.4℃，年平均日照数1 484.8小时，年平均降水量1 100.1毫米，全年无霜期304天，属茶树原产地和最适宜生长区之一。票草镇位于云阳县东南部的歧耀山脉带，现有茶园3 000余亩，云雾缭绕，茶区距离县城50千米，无任何污染，空气清新，气候条件极为优越，茶园海拔高度1 000米左右、土壤pH4.5～5.5、硒含量高达0.37ppm，属国内少有的富硒优质茶产区，是全国名优茶业示范基地。特别是三峡工程蓄水后，县域长江流域水面增大、湿度增加、雾期延长，特别有利于茶树生长。

四、品质特征

重庆沱茶和云阳沱茶的成品茶形似碗臼，色泽乌黑油润，汤色橙黄明亮，叶底较嫩匀，滋味醇厚甘和，香气馥郁陈香。茶中含梗为3%，灰分7%，杂质0.2%。含有对人体有益的咖啡因、茶多酚、矿物质等多种元素，具有提神益脑、生津止渴、醒酒利尿、去腻消食、防止血管硬化和胆固醇增高之功效。常饮有促进人体脂肪新陈代谢、平衡和节制胆固醇等保健作用。另外，所含天然成分有益于美容。

五、荣誉奖项

1983年8月，在意大利罗马举办的第22届世界优质食品评选大会上，重庆茶厂生产的"峨眉"牌重庆沱茶获得金质奖，这是新中国成立后中国获得的第一块茶叶类世界金奖。

1985年12月，重庆沱茶荣获国家优质产品银质奖。

2018年9月，"龙缸云雾"牌云阳沱茶在第十二届"三峡杯"名优茶评比中荣获新产品开发创新奖。

六、茶树品种和栽培技术

重庆沱茶所用茶树品种多为川中小叶种。搭配云南移植过来的大叶种茶树。

茶树的栽培要点：注意前期的土壤处理。在种植过程中，要提前翻整土壤，然后再在土壤中混入一些肥料，这是最关键的一步。肥料混合之后，不要立刻开始种植茶树，应等待几天，让肥料与土壤充分混合后，才能开始种植。要及时处理土壤中的一些杂物，因为茶树往往种植在山坡上，石块比较多，一定要及时清理，不要直接堆积在土壤当中，这样容易影响到茶树的整体生长。

同时，还要注意在土壤修整之后，为使茶树能正常生长，要挖出深度和宽度适宜的垄沟，这些都是种植前的处理重点。茶叶种植要注意种植密度合理，要根据整体的面积来控制密度。在种植过程中，一定要先处理幼苗，要在根部直接覆盖一层薄土，这样能够很好地提升存活概率。在种植时，还要注意温度情况，如果温度较低，要对根部进行保暖处理。

茶树由于根部比较浅，所以对外部环境的要求也比较高，太干燥或太潮湿的土壤都极为不适宜茶树的生长。在进入夏季之后，还要注意观察茶树的生长情况，如果夏季的雨水比较多，土壤中的潮湿度也比较高，就要注意控制浇水的量。天气太干燥，雨水比较少，则可以多浇水。每次浇水的时候，要看看垄沟当中的水分情况。

除草也是茶树种植中的关键点。主要是清理一些叶子或一些杂草。由于茶树种植的面积比较大，清理起来往往很难。同时，要注意不要将全部落叶都清理走，因为这些落叶在发酵之后，会成为很好的肥料。病叶子则需要彻底、完全地清理掉。

七、采制技术

（一）重庆沱茶的采制技术

1.采摘技术

茶叶的生长和采制是有季节性的，随着自然条件的变化也会有差异。如水分过多，茶质自然较淡；孕育时间较长，接受天地的赐予，自然丰腴。因而，重庆沱茶原料的采制时间以春、夏、秋茶为主。

（1）春茶。春茶为3月上旬至5月上旬采制的茶，采茶时间集中在每年春天"惊蛰""春分""清明""谷雨"4个节气前后。依时日又可分为早春、晚春、"清明"前、"清明"后、"谷雨"前、"谷雨"后等茶（孕育与采摘期：冬季采摘结束后至5月上旬，占总产量的40%），采摘期为20～40天。

（2）夏茶。夏茶的采茶时间在每天夏天，一般为5月中下旬至6月，是春茶采摘一段时间后新发的茶叶，集中在"立夏""小满""芒种""夏至""小暑""大暑"6个节气前后（孕育与采摘期：一是5月中下旬至6月下旬，占总产量的17%。二是7月上旬至8月中旬，占总产量的18%）。

（3）秋茶。秋茶为"秋分"之后采制的茶，采摘时间在每年"立秋""处暑""白露""秋分"4个节气前后（孕育与采摘期：一是8月下旬至9月中旬，占总产量的15%。二是9月下旬至10月下旬，占总产量的10%）。

2.制茶技术

重庆沱茶是紧压茶中最好的一种。是以经炒青、晒青、烘青的毛茶为原料加工而成的。

制作过程：制坯—蒸压成型—干燥。

重庆沱茶每份净重100毫克，分为筒装、六角形包装和组合形精包装，畅销国内外。

（二）云阳沱茶的采制技术

云阳沱茶生产加工工艺严谨，沱茶鲜叶均以一芽一叶至一芽三叶的春茶为原料，原料要求芽叶完整，色泽嫩绿、新鲜、匀净、清洁、卫生；选用透气性好的专用茶篓盛装采摘的茶鲜叶，不能压紧，以保持茶鲜叶的新鲜度；经过毛茶加工、园筛、抖筛、风选、拣梗、拼配、称料、蒸茶、压制、干燥等10余道工序精制加工而成，加工工序技术参数、关键控制点要求精细；特别是在拼配工序方面，一是混合比要求非常精准，二是毛茶原料时间等次要求严格，均采用以每年4—5月春茶头采后的新发鲜叶为原料制作的毛茶，从而形成了云阳沱茶的优良品质。

八、饮用和品评方法

饮用器具一般为盖碗，品评方法：取5克左右重庆沱茶置于盖碗中，用100℃左右的沸水冲泡，待茶汤出味，即可品饮。品评标准为汤色橙黄明亮、滋味陈香味浓。

九、保藏方式

产品在通风阴凉、干燥、无异味的条件下，可以长期保存。

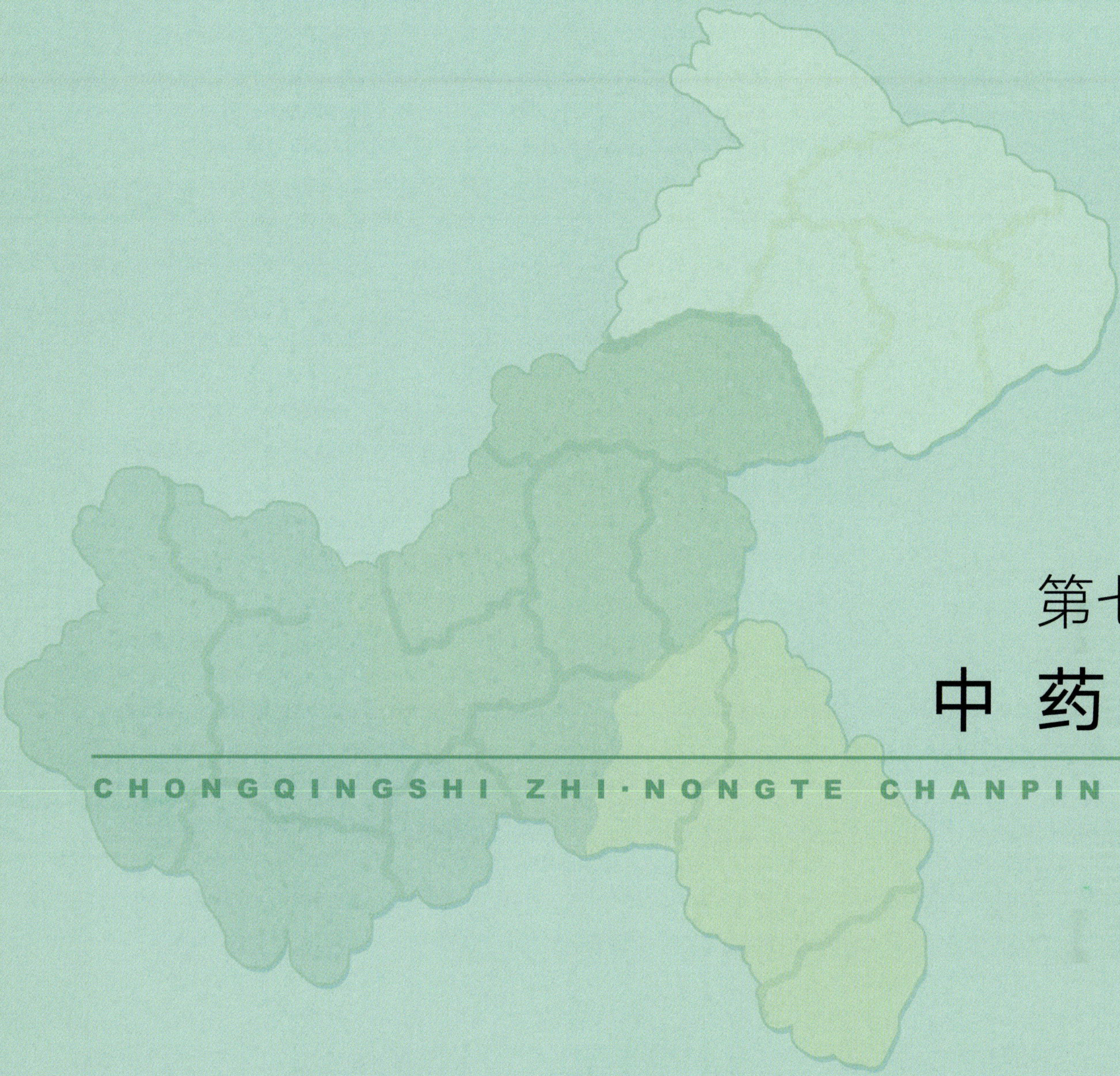

第七篇

中药材

CHONGQINGSHI ZHI·NONGTE CHANPIN ZHI

第一章
根　类

第一节　涪陵正里元葛根粉

　　涪陵正里元葛根粉，重庆涪陵——以葛根种植、加工、销售为主的民营企业——重庆正里元实业公司打造的绿色健康产业产品，已获国家绿色食品、高新技术产品、有机食品等多项认证。

　　企业秉承"绿色环保、健康人生"的经营理念，以大力发展葛根独特农产品深加工产业链为核心，与中国人民解放军陆军军医大学营养与食品安全中心紧密合作，开发和生产正里元葛根粉系列产品，拥有多项发明专利，并获得"高新技术产品"称号。

一、历史渊源

　　在中国南方有这样一个传说——古时，巴国一个土司的女儿与一个汉族小伙子相爱，由于双方父母坚决反对，这对恋人相约遁入深山老林。入山不久，小伙子身染重病，神志不清，面色赤红，疙瘩遍身，姑娘急得失声痛哭。哭声惊动了一个仙须鹤发的道士，他马上给小伙子服用了一种仙草根，旬余即愈。之后他们知道，这种仙草叫葛根，遂长期服食，结果两人都身轻体健、皮肤细腻、容颜不老，双双活过百岁，被民间传为美谈。重庆正里元实业有限公司经过10余年的打拼，成长为国内葛根行业的领导品牌。

　　2004年，重庆正里元实业公司在涪陵清溪镇投资1 200万元购设备、建厂房，并聘请技术人员，正式开始生产葛根粉。

　　2006年3月，正里元葛根粉被涪陵新世纪超市准许上架，产品很快在涪陵、重庆站稳脚跟。

　　2010年，在占领华东市场的同时，正里元葛根粉顺利打入华北、华南、西北、西南等地区，由此实现从涪陵到重庆再到全国的"三级跳"。

　　从2005年开始，重庆正里元实业公司先后与中国人民解放军陆军军医大学营养与食品安全研究中心和重庆食品研究所等科研机构"联姻"，搭建了"葛根营养与功能性食品"科研基础平台，在夯实技术创新的基础上，对优质绿色葛根种植与深加工、葛根多功能应用等展开科技攻关，力求突出葛根产品的营养保健价值和产品核心竞争力。

二、产品特点

1998年，葛根被卫生部列入"药食两用"植物名单。在古代，葛根被列为"官药"，有些品种还被当作贡品，使葛根素有"千年人参"之称。葛根富含葛根素、葛根黄酮、维生素、硒、钙、铁、锌、膳食纤维和蛋白质等18种营养物质。

正里元葛根系列产品运用高新技术，采用先进的设备和工艺，克服了葛根素等有效成分在生产过程中大量流失的问题，使产品含有的上述有效成分明显高于同类产品。葛根特有的葛根素等活性物质功效卓越，具有保健及降血糖、血脂、血压的辅助功效和一定抗癌作用。

三、产地环境

涪陵区地处重庆市中东部，东邻丰都县，南接南川区、武隆县，西连巴南区，北靠长寿区、垫江县。东西宽74.5千米，南北长70.8千米，辖区面积2 941.46平方千米。地处四川盆地和山地过渡地带，地势以丘陵为主，横跨长江南北、纵贯乌江东西。地势大致为：东南高而西北低，西北-东南断面呈向中部长江河谷倾斜的对称马鞍状。涪陵区海拔最高1 977米，最低138米，多在200～800米。涪陵区属于中亚热带湿润季风气候，常年平均气温18.1℃，年均降水量为1 072毫米，无霜期317天，日照1 248小时。山坡草丛、路旁及较阴湿的地方适宜葛根生长。

四、产品荣誉

正里元葛根粉获得"重庆市著名商标""重庆绿色食品"等荣誉称号。正里元葛根精粉被重庆市科学技术委员会列入"重庆市重点新产品计划"。

2009年和2012年，"即食营养葛根膏及其制备工艺"和"高效提取葛根淀粉与葛根总异黄酮工艺"分别获得葛根加工技术发明专利。

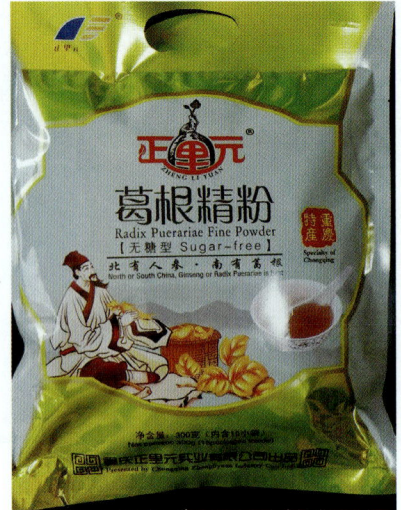

第二节　铜梁水口粉葛

水口粉葛葛粉，重庆市铜梁区水口镇传统特色农产品，2012年，注册为地理标志商标。

粉葛块根肥大，藤蔓可生长达10余米，叶片大，互生，小叶3片，全株密生褐色茸毛。花腋生，总状花序，蝶形花，紫红色。荚果线形，扁平。粉葛喜温暖、湿润的气候，耐寒、耐旱能力较强。对土质要求不严格，除黏土与碱性土外均可栽培。在大田自然条件下，葛根3月中下旬萌芽生长，5—6月，地上部藤蔓生长旺盛，8—9月块根迅速膨大，开花期为7月中下旬至8月上旬，荚果成熟期为9月下旬至10月中旬，12月上旬倒苗，腊月开始采挖粉葛。生长期约为250天。

一、产品用途

葛粉除食用外，药用、保健价值极高，有"北参南葛"之说。

（一）保健作用

葛粉是在市场上非常受欢迎的一种保健食品。葛粉来自粉葛的根，粉葛为豆科葛属植物，葛根的淀粉含量高达40%，是一种营养独特、药食兼优的绿色保健食品。国内外市场需求旺，价值高。粉葛浑身是宝，茎皮纤维可织葛布，也可作造纸原料；叶片是优良的青饲料；葛渣可作食用菌栽培基；葛花可制成葛花茶，有解酒功效。葛粉还有较强的清热解毒作用。

粉葛为粗壮藤本，长可达8米，全体被黄色长硬毛，茎基部木质，有粗厚的块状根。葛根富含淀粉，其提取物被称为葛粉。葛粉富含碳水化合物、蛋白质，还含有黄酮苷葛根素、葛根素木糖苷、大豆黄酮苷、花生酸等十几种营养成分及钙、锌、磷、钾等13种人体必需的矿物质和氨基酸。其中黄酮苷为黄精（老虎姜）的4倍。粉葛生长环境无污染，葛粉制作过程中不加任何添加剂，在国际上享有"回归大自然的绿色食品"的美誉，被誉为"长寿粉"。

葛粉具有较高的保健作用。据国家中医药管理局《中华本草》记载，野生葛粉在降"三高"（高血压、高血糖、高血脂）方面作用甚为明显。

葛粉在增强免疫力、防治心脑血管疾病、降低血糖等方面有显著效果，对冠心病、心绞痛、突发性耳聋、中老年骨质疏松症等有一定作用，并有可解酒、治疗便秘等保健功能。

葛粉富含蛋白质、氨基酸及多种微量元素，具有解肌开阳、透疹止泻、除烦止渴作用，可入药治疗高血压、心绞痛、胃溃疡、胃痉挛、胃炎性疼痛等症，还具有润肠、清热、舒缓身体疲劳、提振精神作用。

（二）药用功效

粉葛是豆科藤本多年生植物，其葛根是传统中药材。1998年3月，卫生部把葛根正式列入"药食两用"名单。

粉葛的药用价值在古代医书上多有记载。《神农本草经》记载：葛根，人皆蒸食之，当取入土深大者，被面日干之。南康、庐陵间最胜，多肉而少筋，甘美，但为药用之，不及此间尔。《新修本草》记载：葛虽除毒，其根入土五、六寸已上者，名葛，颈也，服之令人吐，以有微毒也。《滇南本草》：葛根，味甜者甘葛，味苦者苦葛。块根，味苦而不甘，有毒，一般供制农药用。《滇南本草》所说的苦葛即粉葛。

粉葛栽种3年后才开花，8—9月葛花盛开，及时采摘后立即晒干或烘干，可制作清热解毒的葛花茶，有解肌发表、生津止渴、清热解毒之功效。葛根入中药，治风热感冒、麻疹不透、口干唇燥、痢疾腹泻、吐血、鼻衄等病。

粉葛根除去杂质，洗净、润透、切成厚片晒干后可泡茶，其性凉，味甘、辛，具有解肌生津、透疹、退热、升阳、止泻等功效，主治外感发热头痛、项背强痛、麻疹不透、口渴、泄泻、高血压等症。

二、栽培管理

粉葛生命力强，适应性强，耐旱、耐寒、耐瘠薄，栽培管理较为粗放。野生的粉葛根不需要管理，一般生长在悬崖边或田边地角，到时可采挖。商品葛根一般采用优质品种，产量高，粉质好，生长时间相对较短。

（一）整地栽种

1.整地

粉葛对土壤无严格要求，但因其根系发达，块根肥大，要求土层较厚，排水流畅，地下水位在1.5米以下（怕涝不怕旱），以沙质土壤为好，山丘地亦可。栽种地要深翻0.5～0.6米，最好在冬季前深翻，这样可疏松土壤，提高肥力，减少病虫害。整地时施足基肥，基肥应以土杂肥为主，一般使用农家肥，不使用化学肥料。

2.起垄

商品粉葛地，垄距1.8～2.0米，垄宽1.0米，垄高0.5米，垄上栽苗双行，行距0.4米，株距1.0米，呈三角形（交叉栽700株/亩）。种苗和商品粉葛兼顾地，垄距1.6～1.8米，垄宽0.8米，垄高0.5米，栽单行，株距0.8米。沟内平整。

3.栽种

北方在4月上旬至下旬栽种（视气温而定）。种苗斜栽穴内，与地面呈30°～40°，方向一致，浇足水后盖土，顶端土厚5厘米。

（二）施肥浇水

1.施肥

粉葛属豆科，根部有固氮作用，生长过程中不需太多的肥料。除施足基肥外，在苗秧长0.3米时可少量施农家肥提苗。修根时施1次土杂肥或粪水。秋后收获时，收大、留小后结合培土，为来年生长施足有机肥。

2.浇水

粉葛怕涝不怕旱，生长过程中不需要浇太多的水，在苗长15厘米前，若天旱，可浇1～3次水，在追提苗肥时浇1次水，生长前、中期，若天旱，可酌情浇水。

（三）田间管理

1.中耕除草

粉葛生长前期结合松土保墒要除草2次，第一次在栽后1个月左右，第二次在第一次中耕除草后20天左右，分别在5月、6月。生长中期要拔2次草（结合疏藤、修根），分别在7月、8月进行。

2.疏藤打叉

在秧藤长到0.8米左右时，育苗葛每株留粗壮藤4～5根，商品葛留3～4根，其余弱枝剪掉。以后每隔20天要疏藤、打叉1次。商品葛在藤长到1.5米时要打头，同时在生长中期，6–8月，每20天左右要提藤1次，防止叶节生根分散养分，影响块根长大。

3.修根

6月底至7月初，葛苗的叶片颜色由浅绿色转为深绿色，块根长大至手指大小时，为集中养分，使根长成大块，应修根。具体做法是，挖开根部土壤，选留2～3条较粗壮根，其余剪除后覆土。修根结合除草、追肥进行。

（四）葛种、育苗压苗

1.葛种储藏

葛根收获时，应先刨出葛苗，在向阳处挖深0.4米的长方形地窖，将葛苗放入、排好，先盖5～8厘米沙（要潮湿），后盖15厘米细土，再用农膜覆盖。也可将葛苗放于屋内，先铺沙6厘米，将苗排好再盖沙15厘米，沙要潮湿，再用农膜覆盖。

2.育苗、压苗

育苗、压苗一般同时进行，苗葛在7月、8月藤长1.5米以上时，打头压秧育苗。具体做法：每株选粗壮藤、在每叶节后松土，后将叶节放在松出的土上，将土压在叶节后（叶芽露出），让叶节生根，1个月后叶节生根，将叶节两端的中间部分剪断，让其独立生长。断藤后，可用大粪水或0.5%的尿素水浇在苗旁追肥。育苗和商品葛兼顾的，每株要留1～2根藤，不压秧，以令块根长大。

（五）病虫害防治

粉葛的病虫害很少，一般不需要特别防治。可喷低毒或无毒的药。主要病害有叶枯病、炭疽病及霜霉病等，发现后可用多菌灵400倍药液和托布津600～800倍药液防治。在出现霜霉病和叶枯病时，可用钾霜灵或叶枯灵600～800倍药液防治。虫害主要有蚜虫、天蛾、地老虎、臭皮虫等，但危害轻微，一般可人工捕杀，不用施药。

（六）采收和越冬

"霜降"后采收时，先刨出种苗，修剪葛株，葛垄两边用犁挖耕1次，露出块根，人工挖大留小（块根1千克以上），用刀将葛块割下，然后施足基肥，复垄培土。用地中的干枯粉葛藤叶及部分麦稻草盖于垄上，再盖土10厘米以上，以防葛株在冬天被冻坏。粉葛栽种1次可连续收获6～8年。若来不及采收或无条件储藏，可覆盖草土越冬，于第二年的3月下旬至4月初采收。葛根收获后，若制葛粉，应尽快加工，否则影响出粉率。若留作鲜葛出售或短期内无法加工，其储藏法与葛苗越冬储存相同。

三、发展状况

2018年，水口镇粉葛种植面积达3 500亩，鲜葛总产量达2 340吨，年产葛粉370余吨，"天星寨"牌葛粉畅销，产值达750余万元。

水口镇党委、镇政府采取一系列措施，做大、做强粉葛品牌。建立了股份制新型专业合作社，拥有会员200户400余人。以抓典型带动农户发展粉葛，在汪祠村重点打造粉葛生产基地，建立优质粉葛示范园，完成公路、山坪塘、生产便道等配套设施建设。

水口镇创新销售渠道，大力开展电商销售。在多个农产品销售网发布葛粉销售信息，加强铜梁区内外销售商联系。"天星寨葛粉"已进入重百、永辉、金泉等多家大型超市，年销售葛粉100余吨，销售收入300多万元。

水口镇汪祠村粉葛专业合作社2015年采取返租土地、专业化运作的方式，统一购置种苗、统一做垄、统一栽植、统一管理，种植优质赣葛5号100亩。通过2年的时间，带动群众种植500亩，年产鲜葛1 000吨，产值达200万元。

水口镇汪祠村粉葛专业合作社集种苗培育、肥料供应、种植技术、产品销售服务于一体，采用"合作社＋基地＋农户"的模式，充分利用水口镇资源优势，通过引进优良品种和先进的种植技术，加强技术指导和培训，积极为社员提供销售、技术服务及生产资料供应，引导农民标准化生产，从而使粉葛产业向规模化、标准化发展，有效提高粉葛专业户和普通农户的经济效益。

第三节　南川玄参

玄参，玄参科植物的干燥根，又名元参、浙玄参、黑参，为多年生草本，以根入药，性微寒，味甘、苦、咸，具滋阴降火、润燥生津、解毒利咽功能，可用于治疗阴虚火旺、烦眠、潮热、盗汗、咽喉肿痛、淋巴结核、痈肿疮毒、津亏便秘等症。主产于长江流域各地，浙江、四川、重庆、贵州、陕西、江苏、安徽、湖南、湖北及东北地区均有栽培。

南川玄参在民国初期已有种植记载。20世纪60年代末从浙江引种，开始大面积种植。南川玄参于2012年注册为地理标志商标。

一、生长环境

使用南川玄参地理标志产品的生产地理坐标必须在北纬28°46′—29°30′、东经106°54′—107°27′，主要生长于南川区内金佛山一带，具有盆地和高原的地貌特征，为喀斯特地貌。占地面积1 300平方千米，上好的玄参多生长于向阳的低坡地，海拔高度不超过1 400米。

产地区域土质多为疏松肥沃的沙质壤土，土质居于黏土及沙土之间，保水、保肥性能均衡，通气透水性能好，适宜耕作，沙粒径大小很均匀。产地区域属于亚热带湿润季风气候区，立体气候明显，温暖湿润，年平均气温16.6℃，年平均光照1 273小时，年平均降水量1 185毫米，无霜期为305天。

二、产品特征

（一）感官指标

南川玄参根肥大、皮细、外表灰白色、内部黑色、干燥不油、无芦头。呈类圆柱形，中间略粗或上粗下细，有的微弯曲，长6～20厘米，直径1～3厘米。表面灰黄色或灰褐色，有不规则的纵沟、横长皮孔样突起及稀疏的横裂纹和须根痕。质坚实，不易折断，断面黑色，微有光泽。气特异似焦糖，味甘、微苦。

（二）理化指标

南川玄参含：哈巴苷（$C_{15}H_{24}O_{10}$）和哈巴俄苷（$C_{24}H_{30}O_{11}$）的总含量≥0.45%。

水分：照水分测定法测定，测定结果≤12.0%。

铅（Pb）≤5.0毫克/千克，铜（Cu）≤20.0毫克/千克，砷（As）≤2.0毫克/千克。

三、栽培技术

（一）选地整地

选土层深厚沙质壤土、荒山阳山坡种植，前茬以豆科、禾本科为好。玄参根入土很深，吸肥能力强，故需深耕，施足基肥，75 000千克/公顷，经细耙平再作高25厘米、底部宽45～60厘米、顶宽30

厘米左右的高垄，采用畦作，畦宽120厘米左右，长随地形和种量而定。

（二）繁殖方法

分株、种子、扦插等方法。

因南方气候条件原因，一般采用种子繁殖，虽然产量比较低，但用种子繁殖生长快，1年即可出产品，而且病害少。

南方种植玄参，分春播和秋播。春播在2月进行。秋播在10月至11月上旬进行。

（三）田间管理

1.中耕除草

玄参出苗时，有草就除，除草时，松土不宜过深，避免伤害根块。6月以后，植株已长大，不必再松土，有草就拔。玄参在封垄前追肥1～2次，以磷、钾肥为主，并接一些厩肥或堆肥一起施下。施肥方法：在植株旁开小穴或沟施下，覆土，盖实，根部培土。

2.间苗

玄参定植后，第二年从根部长出许多幼苗，使根部膨大，增加产量，及时拔除多余的菌株，只留2～3株即可。

3.打顶

不作种用的商品玄参，花薹抽出后及时摘除，使养分集中于块根部。

玄参比较耐旱，干旱特别严重时，适当浇水，不宜浇大水，雨季注意排除积水。

（四）病虫害防治

1.斑枯病

又名"铁焦叶""叶枯病"。雨季较严重。南北各地普遍发生。发病初期，叶面出现紫褐色小点。中心略凹陷，后病斑扩大成多角形、圆形或不规则形。大形病斑呈灰褐色，被叶脉分隔成网状，边缘围有紫褐色角状突出的宽环，病斑上散有许多小黑点。重者叶片枯死。防治方法：一是收获后清园，消灭病残株。二是加强田间管理，注意排水和通风透气。三是发病前及发病初期喷1:1:100波尔多液或65%代森锌500倍液，每7～10天喷1次，连续数次。

2.白绢病

危害根及根状茎。南方易生此病。6—9月雨水多时发生严重。根部腐烂，病根及根际土壤布满白色丝绢状菌丝，并着生淡黄色至茶褐色油菜籽状小菌核。菌丝和小菌核可蔓延至主茎。病株迅速萎蔫、枯死。防治方法：一是与禾本科作物轮作，忌连作。二是加强田间管理，注意排水和通风透光。多雨地区应采用高畦种植。三是及时拔除病株，去除病穴土壤，并撒石灰封闭病穴。四是种栽前用50%退菌特1 000倍液泡5分钟后晾干、栽种。

3.红蜘蛛

危害叶片，造成白点、叶黄、干枯。

4.虫害

地老虎、蚜虫危害。防治方法：地老虎采用人工捕捉或食饵诱杀，蚜虫危害可用乐果或烟草灰水防治。

（五）采收加工

玄参耐寒性较强，在轻霜仍能生长。地上茎枯萎时收获。收之前，去掉地上茎叶，然后挖出地下块根，将带有子芽的根状茎和作药用的块根分开，块根晾晒1～2天，再抖去泥土、须根，堆积起来，

使之发汗3～4天，在发汗的过程中，要经常翻动，使内、外部变成黑紫色，质地柔润，闷后再晾晒至全部晒干为止。

四、规格标准

按原卫生部、原国家医药管理局制订的药材商品规格标准，玄参分3个等级。

一等干货：呈类纺锤形或长条形。表面灰褐色，有纵纹及抽沟。质坚韧。断面黑褐色或黄褐色。味甘、微苦咸。每千克36支以内，支头均匀。无芦头、空泡、杂质、虫蛀、霉变。

二等干货：呈类纺锤形或长条形。表面灰褐色，有纵纹及抽沟。质坚韧。断面黑褐色或黄褐色。味甘、微苦咸。每千克72支以内，支头均匀。无芦头、空泡、杂质、虫蛀、霉变。

三等干货：呈类纺锤形或长条形。表面灰褐色，有纵纹及抽沟。质坚韧。断面黑褐色或黄褐色。味甘、微苦咸。每千克72支以外，个体最小在5克以上。间有破块。无芦头、杂质、虫蛀、霉变。

南川玄参于2012年注册为地理标志商标。

第四节　城口党参

城口党参，分野生及人工种植两种，药效相当。含挥发油、黄芩素、多种葡萄糖、微量生物碱、皂苷、蛋白质等成分。是调理身体、提高免疫力的最佳食材，食用可炖肉、泡酒。以根入药，具补中益气、滋养脾胃、润肺生津、治疗体虚的功能。城口党参在重庆市有一定知名度。

一、历史渊源

《城口厅志》对党参的记载：掘其根，干之入药，性与人参同，产高山。近有收其子种植者，必五年后始可采。年久者，根愈大而愈加……厅民以此为货，获利者众。几百年来，城口县人采挖或种植党参入药食用，或以干品换物卖钱，因沿成习。也是历年的外贸产品。城口县与重庆中药研究院及一些大专院校签订合作种植协议，党参得以规模种植。

二、产地环境

城口县属北亚热带山地气候，立体气候特征显著。气候温和，雨量充沛，日照较足，四季分明，冬长夏短。有"中国生态气候明珠"之称，为中国绿色生态中药材示范县。

城口海拔高，气温适宜，昼夜温差大，山地广阔，灌木丛生，土壤疏松，富含腐殖质，无工业污染，适宜党参生长。

三、品质特点

城口党参类似人参，但分枝较少，仅根上端1～3厘米部分有环纹，质稍软，断面裂隙少。味微酸。呈长圆柱形，稍弯曲，长10～35厘米。

直径0.4～2厘米。根头部有多处疣状突起的茎痕，每个茎痕的顶端呈凹下的圆点状，支根断落处常有黑褐色胶状物。质稍硬或略带韧性，断面稍平坦，有裂隙或放射状纹理，皮部淡黄白色至淡棕色，木部淡黄色。有特殊香气，味微甜。含多糖、酚类、甾醇、挥发油、黄芩素葡萄糖苷、皂苷及微量生物碱。

参照2005年版《中华人民共和国药典》附录检查，采用HPLC测定党参炔苷含量：水分7.38%，灰分6.30%，酸不溶性灰分2.88%，浸出物61.73%，党参炔苷在0.01～2.61微克呈良好的线性关系。

四、生产情况

1980年，城口党参产量30 289斤，产值51 490元。随人工种植增多，产量亦增。城口县与重庆市中药研究院、重庆三峡医药高等专科学校、西南大学等单位签订种植协议，党参等中药材不断发展：2018年，城口县种植中药材5亩以上的农户1 500多个，10亩以上大户600余个，党参为其重点培育品种。中药材种植面积32万亩，其中党参约占5万亩。出现城口县咸宜乡党参堡药材种植专业合作社、城口县高燕乡石笋寨党参种植专业合作社等一批党参种植专业合作社。

五、栽培管理

每年8月中下旬，采集3年以上川党参植株的健康成熟种子处理储存1年。选饱满、色泽鲜亮、健康无病害种子，千粒重不低于0.26克。采用双膜单架高精细育苗技术，每亩播种不少于1.4千克；参苗高不低于8厘米，主根长不低于8厘米，真叶数不少于5对。秋后翻地深25～30厘米越冬，移栽前再翻25～30厘米，起垄宽120～130厘米，畦面呈龟背，形畦高约20厘米，厢沟20～30厘米，四周开排水沟。移栽采用沟栽点施技术，每亩4.5万～5万株，株行距10～12厘米。采用轮作栽培措施，轮作年限4年以上，采收年限在种植后3年以上，采收在秋季8—9月，地上部分枯萎时，即可采收植株的肉质根。先在参地一头开挖30厘米深的沟，然后依序向前小心剖挖，扒出参根。加工流程为：鲜参—分档—软参—倒胚—揉搓—干燥—检验分级—包装—入库。

六、质量特色

（一）感观特色

长圆锥或长圆柱形，长10～45厘米，直径0.5～2厘米；根头部有5～15个疣状突起的茎痕；根头下端有致密的纵皱纹，质较柔软带韧性。表面灰黄色至黄棕色，断面皮部黄白色，木部淡黄色，平坦呈菊花状。有特殊香气，味微甜。

（二）理化指标

热浸法醇容浸出物不少于55%，杂质不得超过1%，安全水分9%～12%，总灰分不得超过12%。

（三）安全性

产品安全指标符合国家对同类产品的相关规定。

第五节　巫山庙党

巫山庙党，属于川党参，又被称为巫山庙党、单枝党参。巫山庙党为中国有名的"四大党参"之一。"巫山庙党"是地理标志商标，入选《全国地域特色农产品普查备案名录》。巫山享有"中国庙党之乡"的称号。

一、产地环境

巫山庙党为多年生草本，生于山地灌木丛中及林缘。巫山庙党栽培多在靠近水源、土壤疏松、肥沃的平坦地。喜冷凉气候，忌高温。幼苗期喜阴，成株喜阳光。以土层深厚、排水良好、富含腐殖质的沙质壤土栽培为宜。不宜在黏土、低洼地、盐碱土和连作地上种植。培育庙党种苗以海拔1 500 ～ 2 000米，土层（不含石子）深厚，排水良好，富含腐殖质的沙质壤土为宜，森林覆盖率70%以上为最佳。庙党适宜在海拔1 300米以上，森林覆盖率65%以上，不含石子的大田土壤中搭架抱团生长；也可以在森林覆盖率70%以上，海拔1 000 ～ 1 300米，庭院周边、森林周边、岩石周边、水井周边等配置腐殖土等，培育巫山商品庙党。

植株一般3月至4月初出苗，然后进入缓慢生长的苗期。6月中旬至10月中旬，植株进入营养生长快速期，8—10月，部分植株可开花结籽，但秕籽率较高。10月中下旬，植株地上部分枯萎进入休眠期。植株根的生长情况基本上是第一年以伸长生长为主，第二年到第七年以加粗生长为主，特别是2 ～ 5年根的加粗生长很快。党参种子以当年产为最优，新产种子发芽快，发芽率高，一般发芽率可达70% ～ 80%，隔年种子发芽率极低。6月初至10月中下旬，茎叶量的变化动态可分为快速增重的苗期（6月初至8月中旬）、极快速增重的花期（8月中旬至9月中旬）和逐渐减少期（9月中旬至10月中下旬采挖）；单根鲜重可划分为根部极其缓慢增长的苗期阶段（6月初至7月初）、以根体积增加为主的快速增重阶段（7月初至9月中旬）和根重极快速增加的增重阶段（9月中旬至10月中下旬）；经试验，最优组合是密度60万株/公顷、施肥量240千克/公顷，单根鲜重为14.88克；次优组合是密度60万株/公顷、施肥量360千克/公顷，单根鲜重为13.92克。

二、历史渊源

巫山庙党早在《本草拾遗》中就有记载，位列全国"四大党参"之一。1830年前后形成商品，明末清初，由野生转为家种，因优势产区位于巫山县庙宇镇海拔1 350米以上的田合村、小营村以及山水相依的红椿土家族乡红椿村、大坪村等地而被称为"庙党"，也有人认为巫山庙党因产于巫山原大庙区海拔1 200米以上地带（现红椿土家族乡境内），故称"庙党"。204万年前，已有古人类活动于这些优势产区的山脚，优势产区森林覆盖率达70%以上。清光绪《巫山县志》卷十三"物产志""药属"记载党参等中药材共50种，"货属"中的药材"党参"项下记载："乡野多种之，以狮子头、菊花心者为佳品"。中华人民共和国成立前，熊赣臣的"义昌祥"商号，每年收购加工25 ～ 30吨党参，获利2万余元（银元）。次为江西商人刘汉青、刘伯林在庙宇的"同昌祥"药号，每年收购党参原品15吨。民国初期，江西樟树镇药商熊赣臣到巫山收购药材，见庙党多为"狮子头、菊花心"，倍加喜爱，出资扶持发展，传授栽培技术，使庙党由野生批量变为家种，产量逐年增加。熊氏又以整套加工技术整形、晾干、包装，运往武汉、广州、上海、东南亚等地销售。据《巫山县志》记载，新中国成立前，巫山庙党就常年出口到欧美地区，约100吨。

中华人民共和国成立后，庙党生产一度被忽视，产量下降，传统的加工工艺被废弃，制作粗放，声誉下降，但种植从未有间断。红椿土家族乡大坪村徐氏家族从20世纪50年代起种植庙党。1978年后，党参生产开始逐步恢复，年产10吨。1982年后，随着农业结构的调整和收购价的提高，庙党生产有较大发展。1985年，产量达30余吨，1986年，庙党产量达62吨，每千克价格是同期玉米价格的28～46倍。2005年，庙党产量降为40吨。2006—2010年，庙党的发展逐渐受到重视，2010年前后，庙宇镇周边城镇有资金的农户在红椿村租赁地块种植，红椿土家族乡农户坚持种植庙党。红椿土家族乡及庙宇镇田合、小营村种植面积达1万余亩，年采收量达5 000亩、干货1 000余吨。2010年，红椿土家族乡政府开始探索品牌打造道路。2012年，巫山庙党种植面积达3 000余亩。2017年9月，国家标准化管理委员会调研巫山党参精准扶贫标准化，10月，在北京举办的扶贫日县域发展与脱贫攻坚论坛上，巫山党参种植农业综合标准化示范区项目作为全国六大标准化精准扶贫的典型经验之一被推广。2018年3月，成功申报国家标准化管理委员会"中药材第九批国家级农业标准化示范区"项目。2018年5月，国家市场监督管理总局、国家标准化管理委员会发布由重庆市神女药业股份有限公司实践、起草的《中药材（川党参）产业项目运营管理规范》，作为国家标准指导性技术文件。

三、品质特点

庙党属川党参，亦名单枝党。以皮细肉白、参气浓烈、肉实皮软、味香醇厚、嚼之化渣而著称。其味甘、性平，含挥发油、黄芪素、葡萄糖、微量生物碱等多种成分，具有补气益血、润肺生津、壮元阳、利心肾等功能。1995年版《中华人民共和国药典》记载："党参味甘平，功能是补中气不足，润肺止咳，尤以巫山庙党最佳。"巫山庙党以质柔润、味甘甜、嚼之化渣为特征。有补中、和胃、清肺、益气、生津、化痰之功效。是原卫生部公布的保健食品类中药材之一。庙党皮细色白，结构紧密，肉厚味甘，嚼之无渣，其补中益气，生津润肺之效胜于川党，享有很高的声誉，畅销海内外。党参具有补中益气、生津止渴、活血化瘀、调理脾胃、健脾益肺等作用，现代药理研究发现，党参还可以增强体质，提高人体免疫力，具有抗衰老、抗氧化、抗缺氧、抗疲劳、抗肿瘤、增强记忆和提高学习能力的作用，对中枢神经系统、心血管系统、血液及造血系统、消化系统、内分泌、免疫等均有益。

四、生产情况

从2012年开始，每年有200人次以上的中国药科大学、重庆市中药研究院、西南大学药学院、重庆大学药学院的专家、博士、硕士研究巫山庙党，与巫山县政府、企业合作。2013年，重庆市以市级1 000万元中药材产业项目支持庙党产业发展。2013年年初，巫山党参被列入《重庆市医药产业振兴发展中长期规划（2012—2020）》"五园两带七基地"重点发展道地品种。重庆神女药业股份有限公司率先在重庆市的党参产业上应用标准化种植生产技术规程，制定了58个技术标准、16个管理标准、22个工作标准。红椿土家族乡大坪村徐氏成立重庆市红春堂药业有限公司，确权流转红椿土家族乡荒芜地及山林1.5万亩，30％二次租赁给庙宇镇异地发展新型经营主体，并在深圳设有常年销售点。2016年为干旱之年，巫山县4 000吨鲜党参外销进入广东、甘肃渭源等地，成为稳定全国党参价格的"调节器"。巫山县已获得"中国优质道地中药材十佳规范化种植基地"殊荣（以三溪乡红花村、笃坪乡鹤溪

村等为基地），巫山庙党在中国"四大名党"中的地位得到提升。2017年4月，巫山县农业委员会、扶贫开发办公室、财政局实施巫山庙党种苗单一来源政府采购，采购红椿村海拔1 800米的2年生巫山庙党种苗153.28吨，免费发放给贫困户，培育新型经营主体，发展种植。当年，2年生党参种苗定植到16个乡（镇）、35个村海拔1 200以上的区域，长势及性状表现良好。同时建成并投产1家饮片加工企业及20家庙党初加工、包装企业。2017年6月，重庆大学博士生导师夏之宁教授率4名博士调研官阳镇雪马村、老鹰村，金龙镇金鼎村的巫山庙党等道地中药材的大田种植及设施"党圈"种植有关情况，"党圈"商品种植可以解决巫山县高标准党参种植耕地面积不足的问题。巫山春涛农业开发有限公司等20余家企业和30余个专业合作社，分别建设200～2 500亩标准化基地，总面积达2万亩。其余家庭农场、微型企业、种植大户20亩以上达500余家，总面积达1.5万亩。2018年，政府采购庙党种苗400万元240吨，在巫山县适宜区域种植，采收面积2万亩，产量4 500吨以上。主产于巫山县红椿土家族乡、庙宇镇、笃坪乡、邓家乡、三溪乡、骡坪镇、竹贤乡、官阳镇、当阳乡、两坪乡等核心区域。

五、技术要求

巫山庙党对生长条件极为苛刻，需要"三年轮作"；旱地、洼地不宜种植，易生锈病、根腐病等。商品庙党生产可以分为移植期、苗期、拉蔓期、花果期、籽粒成熟期、采挖期等。

（一）种植技术

巫山庙党传统种植方法要求必须在海拔1 300米以上高山区域大田种植，巫山县适宜种植区域有10万亩（需要轮作，实际同时使用的只有5万亩），大力发展巫山庙党受土地资源限制。为了规避草害，不施用除草剂，绿色、生态发展商品庙党。2015—2018年，巫山县中药材产业办公室、重庆大学、西南大学、重庆市科学技术研究院和有关新型经营主体一道先后在官阳雪马、平河朗子、三溪庙垭及后椅、大昌槐花、红椿乡红椿、两坪向鸭、庙宇长坪、双龙黑龙等10个乡（镇）、15个村开展巫山"党圈"种植示范，基本技术要领如下：以木材（树枝）、竹材或石材为原生态设施耦合搭架为10个圈层，单个党圈（长1～2.5米、宽1米，根据材料长短不同而异）10层党参、9层耦合党架。配置营养土（森林内腐殖质土、火土或发酵好的畜禽粪便与腐殖质土混合）。党圈种植到第3层后，单个党圈内每隔0.7厘米竖插直径7～8厘米、高1.5米的木棒（单个党圈一般2根）。党圈集群发展：党圈前后、左右各距离1米。

巫山县商品党圈种植扩大到海拔1 000～1 300米区域内的庭院、水井边、岩边、背阴森林边，实现种植1 000亩党圈，节约优势土地资源，不施用农药、除草剂、化学肥料，降低成本，实现绿色生产，施用农家肥，方便种子及商品党参采收，可达到人为提高品庙党品质，使之外形美丽健壮以增加商品价值。

种植1亩地商品党圈，收入相当于大田种植10亩商品庙党，用腐殖质土，发展为绿色产品，可实现纯利润达50%以上，可令巫山县2 500余户农户实现增收。若巫山县在海拔1 000～1 300米庭院周边、森林边等种植5 000亩党圈，相当于大田种植5万亩商品庙党。户均种植2亩、年户均采收1亩党圈，可实现纯收入15万元。

（二）加工技术

步骤一：挖参。采挖的川党参必须是4年生以上的健康无病害川党参。挖参过程中要根据党参地下部分走向和生长情况来确定挖的方向和深度，做到挖出的党参完整、无任何损伤。

步骤二：第一次晾晒（约四五成干）。

步骤三：第一次揉搓、扳跶。用左手握住晾晒至四五成干的川党参的头部（俗称"狮子头"），用右手揉搓党参，一边揉搓一边抖落泥土，直至党参表皮明显的泥土被抖净为止。

步骤四：分等。根据大小、形状、颜色，为党参划分等级。

步骤五：第二次晾晒。将分好等级的党参按照对应等级，整齐摆放在准备好的竹篾上晾晒，摆放密度以党参相互间刚好接触为宜，晾晒时间约为1天（干燥程度为在原有基础上约增加一成）。

步骤六：第二次揉搓、扳跶，直到党参表皮的灰土都被去除。

步骤七：第三次晾晒，晾晒半天后等待下一次揉搓、扳跶。

上述步骤结束后再数次晾晒、扳跶，直至党参完全干燥，质地紧质、外形笔直、颜色呈现淡黄色。最后分级包装、入库，成为销售商品。

六、质量特色

（一）感官特色

巫山庙党"糙米色、笔杆形、鸡皮皱、狮子头、菊花心"，以皮细肉白、参气浓烈、肉实皮软、味香醇厚、嚼之化渣、补益力强著称，肉质、肉心无木质。鲜食口感极佳。

（二）理化指标

富含17种氨基酸，多家机构检测巫山县红椿土家族乡生产的川党参，单位产品氨基酸总量最高达59.68毫克/克，排全国第一，单位产品必需氨基酸占氨基酸的总量排全国第二。巫山红椿党参氨基酸含量高，味觉氨基酸丰富，单位精氨酸含量全国第一，达23.79毫克/克。西南大学药学院研究团队采用均匀法超声辅助提出多糖表明：巫山红椿党参多糖含量全国最高达（30.97＋0.41）%。2018年12月，经重市科学技术研究院李滨研究员检测，3年生庙党多糖含量最高达36.75%，1年生党圈和传统栽培的庙党多糖含量比较接近，党圈多糖含量略高，庙党的多糖含量高于外地党参。

（三）安全性

符合2015年版《中华人民共和国药典》第一部、第四部相关标准规定。

七、专用标志

地理标志产品保护范围内的生产者，可向巫山县红椿土家族乡人民政府提出使用地理标志产品专用标志的申请，巫山县农委、县质量技术监督局协助，办理相关合同使用手续。重庆市中药研究院、西南大学药学院、重庆大学药学院选择其中1家为巫山庙党法定检测机构。

八、荣誉认证

1995年5月，1995年版《中华人民共和国药典》记载："党参味甘平，功能是补中气不足，润肺止咳，尤以巫山庙党最佳"。

2011年2月，"巫山庙党"在国家工商行政管理总局注册地理标志商标。

2014年6月，巫山县获得"中国庙党之乡"荣誉称号。

2014年12月，被农业部农产品质量安全中心列入《全国地域特色农产品普查备案名录》。

2015年，荣获"中国优质道地中药材十佳规范化种植基地"荣誉称号。

第六节　巫溪大宁党参

大宁党参，巫溪县特产。党参之名，始见于辽代吴仪洛《本草从新》。《中药材品种论述》谓："因原出山西上党，而根形如参，故名"。可补气生血、润肤养颜、健脾益肺、扶正祛邪，常用于脾肺虚

弱、气短心悸、食少便溏、虚喘咳嗽等症状。原卫生部将党参定为"药食两用"物品。

党参系桔梗科党参属多年生草本植物。川党参为中药党参的原植物之一，主要分布于重庆东部、南部，湖北西部，陕西南部，贵州北部等地区，其中"天然药海"重庆巫溪为川党参的一个重要分布地，所产党参名为"大宁党参"。

一、产地环境

巫溪县古称大宁县，位于大巴山东段南麓，大宁河上游，与陕南、鄂西接壤，属国家级旅游风景区。境内山大坡陡，河谷纵横，土壤疏松，深厚肥沃，地理海拔高低悬殊，立体气候明显，天然中药材资源丰富，共有1300多个品种，巫溪县森林覆盖率54%，是重庆市森林资源第一大县，素有"天然药库之称"，是全国重要的中药材生产基地之一。1958年，周恩来总理授予"中药材生产红旗县"锦旗。巫溪县的地理环境特别适宜党参生长，且无工农业污染，农业环境质量达标，所产党参为纯天然绿色产品，生态资源和生态环境条件优越。巫溪县有13个乡（镇）适合大宁党参种植，辖区面积1921.95平方千米，地域范围内山大坡陡，河谷纵横，海拔1500～2500米的高寒地带，云雾缭绕，土壤疏松，土质深厚肥沃，有机质含量丰富，特别适宜大宁党参生长。

二、历史渊源

巫溪是一座依山面水的古城，始建于东汉建安十五年（210年），距今1800多年，素有"峡郡桃源"的美誉，是大三峡库区最古老、最原始、最神奇的一方净土。

据清光绪年间《大宁县志》载，"药之属，党参以狮子头、菊花心为上品，产鞋底山、关口山及林樿垭等处"。在海拔1800米的猫儿背林区，尚存清雍正年间的完好石碑，石刻谓："山之高，水之冷，五谷不长，唯产党参"。巫溪县原名大宁县，故党参也被称为"大宁党参"。全国的党参产地甚多，商品药材分为川党参、白条党参、潞党参、东党参等，传统以大宁党参为道地的优质品种，大宁党参为小条党参，不仅是传统商品中的优质品，还是众多党参品种中的精品，其药用价值和食用价值都高于其他品种的党参。历史上既是皇室贡品，也是畅销海内外的保健商品。

重庆市委、市人民政府将巫溪县确定为优质中药材产业化工程重点基地县，大宁党参被定为道地药材，纳入巫溪县三大经济支柱范畴重点发展，每年的阳历10月18日被定为大宁党参节。

三、产品特点

大宁党参是在巫溪特殊的高山生态环境中，经长期自然选择逐渐形成的珍贵地方药材品种，属川党范畴，具有"味甘气浓、皮肉紧凑、嚼之渣少、滋补力强"的鲜明特色，为参中珍品，畅销港澳、台湾以及东南亚地区，在全国党参医药通用品中位居前列。大宁党参属多年生草本，有乳汁。植株除叶片两面密被微柔毛外，全体几近光滑无毛。茎基微膨大，具多处瘤状茎痕，根常肥大，呈纺锤状或纺锤状圆柱形，较少分枝或中部以下有少许分枝，长15～30厘米，直径1～1.5厘米，表面灰黄色，上端1～2厘米部分有较稀或较密的环纹，下部则疏生横长皮孔，肉质。茎缠绕，长可达3米，直径2～3毫米，有多数分枝，侧枝长15～50厘米，小枝长1～5厘米，具叶，不育或顶端着花，淡绿色、黄绿色，下部微带紫色，叶在主茎及侧枝上互生，在小枝上近于对生，叶柄长0.7～2.4厘米，叶片呈卵形、狭卵形或披针形，长2～8厘米，宽0.8～3.5厘米，顶端钝或急尖，基部楔形或较圆钝，仅个别叶片近心形，边缘浅钝锯齿，上面绿色，下面灰绿色。

花单生于枝端，与叶柄互生或近于对生；花有梗；花萼几乎不贴生于子房上，几近全裂，裂片呈矩圆状披针形，长1.4～1.7厘米，宽5～7毫米，顶端急尖，呈微波状或近于全缘；花冠上位，与花萼裂片着生处相距约3毫米，钟状，长1.5～2厘米，直径2.5～3厘米，淡黄绿色，内有紫斑，浅裂，裂片近于正三角形；花丝基部微扩大，长7～8毫米，花药长4～5毫米。

成分：含多糖、酚类、甾醇、挥发油、黄芩素葡萄糖苷、皂苷及微量生物碱。性味：性平，味甘、微酸。主治：补中益气，健脾益肺。用于治疗脾肺虚弱，气短心悸，食少便溏，虚喘咳嗽，内热消渴。

受巫溪县特有的地理环境影响，大宁党参形成了"味甘气浓、皮肉紧凑、嚼之渣少、滋补力强"的鲜明特色，具有形体饱满的优良品质。

四、生产技术

大宁党参种植基地苗床应选择排水性良好、土层深厚、疏松肥沃、坡度为15°～30°的半阴半阳坡地和二荒坡地，适时播种，加强苗期管理。育苗1年后移栽，应适时移栽，合理密植，加强田间管理。

（一）育苗

第一步，选地整地。选择排水性良好、土层深厚、疏松肥沃、坡度为15°～30°的半阴半阳坡地和二荒坡地，海拔以1 000～2 000米为宜。整地时，每亩施厩肥或堆肥3 000千克、过磷酸钙30～50千克，深耕20～30厘米，耙细整平，顺坡向做成宽约1.2米、高20厘米的长畦。第二步，播种。海拔1 500米以下地区适宜春播，于2月中上旬至3月中下旬进行；海拔1 500～2 000米地区适宜秋播，在9月下旬至11月中旬土壤冻结前进行。每亩用种量为1～1.5千克。春播时要处理种子，将种子放入40～50℃的温水中浸泡，然后将种子取出，装入布袋或麻袋中，用清水淋洗数次，与细沙混合，储藏

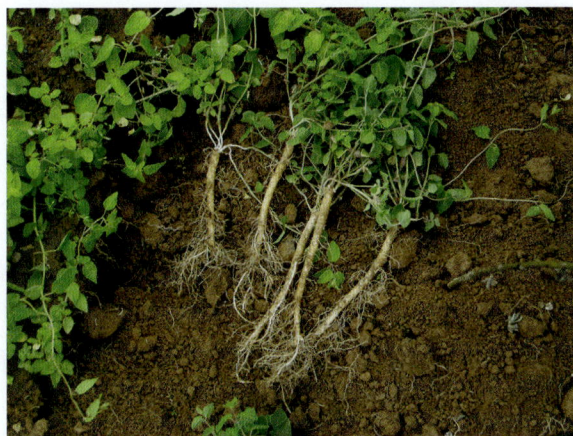

在瓦缸内，经7～10天，多数种子裂口露白时筛出播种。播前，将种子与火土灰混拌均匀，撒于土表，若土壤干燥，可施人畜粪水，以土表湿润为宜；随后盖上草垫或塑料薄膜，土温在15℃左右时，5～7天即可发芽，75%幼苗出土后，及时揭去盖草或薄膜，并追施1次稀薄人畜粪水催苗。第三步，苗期管理。苗高5～7厘米时适当间苗，保持株距3厘米；苗高9～12厘米时，按株距10厘米定苗。如有缺苗，应及时补苗。出苗后的3个月内，每月施肥1次，每次每亩施人畜粪水1 000～1 500千克、尿素10千克、磷肥20千克、硫酸钾5～8千克。1年后即可移栽。

（二）移栽

第一步，选择有一定坡度，土质疏松、土层深厚、排水良好、富含腐殖质的黑壤土或沙壤土。前茬以小麦、玉米、豆类为好，其次为马铃薯、当归，忌连作和在蔬菜地栽植。前茬作物收后，及时深耕30厘米，若深翻后遇雨，应及时拼耱，移栽前，每亩施腐熟厩肥或堆肥1 500～2 500千克、磷肥50～100千克。第二步，移栽。春栽一般在2月下旬至3月中上旬，秋栽一般在10月中下旬至11月。选择生长健壮、苗根均匀、头梢完整、无分杈、无虫蛀、无发霉的种苗，无论春栽还是秋栽，都应随起苗随移栽，一般以参苗根直径达2毫米的种苗为宜。栽植密度一般为行距20厘米、株距4.0～4.4厘

米，亩栽植7.5万～8.4万株。

（三）田间管理

1.中耕锄草

移栽后，每年在5月和6月的上旬、下旬以及7月上旬及时锄草松土，以保持土壤水分，以利幼根生长。

2.摘心

参苗长到50～100厘米时，结合锄草打尖，抑制党参主蔓生长，促进根系生长。

3.适时追肥

移栽后第一年5月上旬和第二年4月中下旬，苗高10～30厘米时，施入人畜粪水1次，结合松土除草；在6月茎叶旺盛生长前期（孕蕾前）、7月上旬根增重前期（初花前）追施尿素5～7千克和过磷酸钙15千克；7月下旬或8月上旬用磷酸二氢钾0.4千克/亩兑水50千克喷施于叶面。

4.疏通排水沟

进入雨季后，及时疏通排水沟，避免发生沤根和烂根。

5.设支架

党参苗高30厘米时，在田间均匀插上竹竿或树枝作为支架，使党参茎蔓缠绕其上，增强光合作用。

6.病虫害防治

常见的病虫害有锈病、根腐病、蚜虫、蝼蛄、蛴螬等，应采取相应措施及时防治。

（四）收获及粗加工

1.种子采收

3～4年生党参植株开花、结实多，籽粒饱满，产量高，质量好，育的苗长势健壮，宜做种用。一般在9—10月，待果实由绿色变为黄白色，里面的种子变成黄褐时采收。3年生党参每亩可收种子约10千克，4年生党参每亩可收12～15千克，5年以上生党参每亩收种子3～4千克。

2.根的采收

一般以3～5年生党参为好。党参地上部分枯死后仍有积累有机质的能力，适当迟收可提高产量和品质。一般以11月上旬降霜后至土壤封冬前收挖为佳。收获时不伤根皮、不断根，保证根条完整。

3.党参加工

党参收挖后，及时去掉泥土，用水清洗，再按大小、长短、粗细分为老条、大条和中条3级，分别晾晒至三四成干，至表皮略发软时（绕手指而不断），一把一把地顺握放在木板上揉搓，让根条的韧皮部与木质部紧贴，使根条饱满而柔软；揉搓后再晾晒，晒后再揉搓，重复3～5次后再扎捆成把，并继续晾晒；干后放在通风透气、距地面50厘米的木板或支架上存放，存放期间勤查看，以防返潮霉烂；晒至九成干（含水量为15%左右）时可包装储藏。

第七节　城口天麻

天麻，一种名贵中药材，含香荚兰醇、维生素A、多种生物碱、天麻素、黏液质和钙、镁等成分。味甘，性微温，无毒，有息风止痉、平肝潜阳、祛风通络之功效。可治头晕目眩、肢体麻木、息风定惊、肝风内动、惊痛抽搐、小儿惊厥、口眼歪斜、语言謇涩、神经衰弱等症。对高血压、偏正头痛、失眠疲倦、风湿瘫痪、半身不遂和飞行眩晕症等亦有疗效，可提高智力，增强记忆。城口天麻已获地理标志产品保护。

一、产地环境

城口县地处亚热带山地气候区，气温温和，雨量充沛，日照较足，四季分明。全境多属高海拔山区，林地面积448.62万亩，占总面积的71%。海拔高于1 600米的黄棕壤土质，矿物质含量高，自然肥力强，属天麻（含乌天麻）生长最适宜的环境。城口天麻品质优良，药效显著，知名度高，深受消费者喜爱。

二、历史渊源

天麻是名贵中药材，在2 000多年前就已入药。天麻（古时称赤箭）有息风止痉，平抑肝阳，祛风通络的功效，主治肝风内动，惊痫抽搐，眩晕，头痛，肢体麻木，手足不遂，风湿痹痛等作用。早期城口天麻系野生，生长于海拔2 000～3 000米的高山林地，分布区域较广。历史上，山民一直把采挖野生天麻作为经济来源之一。随着时间推移和技术进步，人工栽培天麻成功，城口天麻的产量逐步增加，人工栽培面积逐步扩大。

三、生产情况

人工种植技术研究成功以前，城口野生天麻产量有限，年产干品10吨左右。人工种植之后，产量大为上升。城口县现有种植大户5个，种植面积1 000亩，年产干品总量达50吨，产值3 000万元。

四、品质特点

城口天麻品种以乌天麻为主，长椭圆形，略扁，个大肉厚，饱满体重；质地坚硬，不易折断，断面较平坦，呈角质样，有光泽；体皱缩而稍弯曲，表面黄白色至淡黄棕色，有纵皱纹，半透明，环纹多轮；顶端有红棕色至深棕色的干枯顶芽（冬麻）或残留茎基（春麻），末端有圆脐形疤痕；气味甘，微辛，嚼之有黏。含有酚类、苷、有机酸类、甾醇类、含氮类、天麻素、多糖类化合物和人体需要的多种微量元素。

五、栽培技术

乌天麻在1 600～2 000米的高山冷凉地种植。乌天麻引种时要称重，还要算出种麻数量，种植一窖（1平方米）乌天麻，需用种麻0.6千克。以栓皮栎、麻栎、槲栎、樱桃树、花楸树、牛奶子、化香树等树木栽培乌天麻为佳。选直径为5～12厘米的树干，截成50厘米长，再选直径5厘米以下的树枝，截成5～10厘米长，均匀摆放于粗菌材周围。菌材用量，以每平方米8～10根，重量25～30千克，短枝8～10千克为宜。菌材培养时间为春季3—4月，秋季8—9月，每窖用菌种2瓶、菌枝0.75千克。种麻靠近菌材摆放，1根菌材上放6个种麻，穴栽、行栽均可。栽培深度为15厘米左右。栽培穴需用细土覆盖、填实，上面用落叶、茅草、稻草、玉米秆等物遮盖，厚度为2～3厘米，开好排水沟。田间管理：冬季、初春用覆盖物保温，穴内10厘米以下土层的温度维持在0～5℃，七八九月务必以覆盖或搭棚的形式调节温度，控制在26℃内。12月至次年3月，控湿防冻，土壤含水量30%；4—

6月，增水促长，土壤含水量60%～70%；7—8月，降湿降温，土壤含水量60%；9—10月，控水抑菌，土壤含水量50%；11月，土壤含水量30%。同时，在生长季节，要清除杂草和防治病虫害。在"霜降"后采挖，应选天晴土爽时，忌雨天或雨后1～2天内采挖；采挖时，备两类筐箱，一装种麻，一装商品麻。种麻要及时播种或按要求运输、储藏。商品麻也要及时制成干品。

六、质量特色

（一）感官特色

城口天麻外形呈椭圆或纺锤状，略扁，个短，肉厚，皱缩而稍弯曲，环纹多轮，点状稀疏，有时可见棕褐色菌索。体坚实，沉重；气特异，味甘，微辛，嚼之有黏。

（二）理化指标

城口天麻天麻体长≥4厘米，宽≥3厘米，厚≥0.6厘米；天麻素含量≥0.30%；水分≤15.0%。

（三）安全性

产品安全指标达到国家对同类产品的相关规定。

七、专用标志

城口天麻已获地理标志产品保护。地理标志产品保护范围内的生产者需要使用专用标志的，可向重庆市城口县质量技术监督局提出使用申请，经重庆市质量技术监督局审核，由国家质量监督检验检疫总局批准并公告。城口天麻的法定检测机构由重庆市质量技术监督局负责指定。

第八节　云阳渝峰乌天麻

云阳渝峰乌天麻，地理标志产品、中国生态原产地保护产品、第六批全国一村一品农产品，"重庆市著名商标""重庆名牌农产品"，已通过有机产品认证。

一、产地环境

云阳县位于三峡库区腹心地带，云阳乌天麻主要分布在海拔1 700米左右的天然、原生态的云阳县农坝镇云峰山。种植区域地处高山林地，远离污染源，常年云雾缭绕，气候宜人，腐殖土厚，土质疏松、透气性好、湿度适中，自古便是盛产野生乌天麻的宝地，乌天麻种源丰富，气候及土壤条件适宜，具有得天独厚的培育云阳乌天麻的优势。

二、历史渊源

乌天麻，自有文字记载以来，古籍论述颇丰。《神农本草经》称赤箭；宋《开宝本草》始出天麻之名。数千年前，乌天麻就名扬天下。《本草纲目》记载："天麻，乃肝经气分之药"。《本草崇源》誉为"仙家服食之上品"。《本草诗》曰："名透天麻赤箭芝，御风草似有参差。头眩眼黑医衰老，惊气风痫治小儿。蹇涩语言声自转，软疼腰膝足能移。时人蜜渍充为果，入药须教酒焙之。"

《中华人民共和国药典》记载：天麻有"具平肝熄风、祛风定惊的功效，用于头晕目眩，肢体麻木，小儿惊风，癫痫，高血压，耳源性眩晕"。《全国中草药汇编》记载：天麻"主治高血压、眩晕、头痛、口眼歪斜、肢体麻木、小儿惊厥等症。"一些名医把天麻的作用归结为"三改、三防、三镇、六抗"，即改善记忆、改善视力、改善免疫力；防眩晕、防高血压、防老年痴呆；镇静、镇痉、镇痛；抗癫痫、抗惊厥、抗风湿、抗癌症、抗衰老、抗抑郁。

天麻作为膳食，古人有精辟的总结。唐代著名诗人白居易《斋居》诗中有"黄者数匙粥，赤箭一瓯汤"的诗句。大书法家柳公权有《求赤箭贴》，也把天麻当食品，作"扶衰病"之用。《本草纲目》记载了几种食用方法："彼人多生啖，或蒸煮食之""或将生者蜜煎作果食，甚珍之"。

云阳乌天麻栽培始于20世纪80年代，采用野外精选采集的乌天麻原种在野外原生态的环境下历经4～6年培育而成。渝峰乌天麻在云阳乌天麻中因具有品相好、天麻素含量高、制作技术领先等特征而倍受消费者青睐。《重庆年鉴》及《云阳年鉴》对云阳渝峰乌天麻都有载述。

三、品质特点

云阳渝峰乌天麻由野生原种在野外的独特环境下历时4年培育而成，天麻素含量高达1.64%，是国家标准的8.2倍。渝峰乌天麻打破了传统的轮种方式，采用了高山立体借土培育模式。乌天麻干品表面呈黑褐色或淡黄棕色，椭圆形、略扁、皱缩而稍弯曲，有纵皱纹及由潜伏芽排列组成的横环纹，质坚硬，角质样，气微、味甘、马尿味稍浓。单个长≥7厘米，厚≥2厘米，宽≥3.5厘米。天麻素含量0.2%～1.4%，水分≤14%。

四、发展状况

通过多年的政策引导、资金扶持、市场带动，云阳"渝峰乌天麻"得到较快发展，2018年，云阳县培育面积5.2万亩，年产干品900多吨，收入5.4亿元，成为当地农村经济和农民增收的新亮点，精准扶贫和乡村振兴的支柱产业。

云阳渝峰乌天麻采取"公司＋基地＋农户＋合作社"的产业发展模式，成立合作社，建立农产品培育基地，采取"一分三统"的经营模式，即分散培育、统一品种、统一标准、统一销售，保证了乌天麻的快速发展和品质的提升。2017年，带动4 200户农户增收，社员户平均增收5 100余元，共计增收2 142万元。

五、种植技术

（一）培育基地选择

乌天麻对气候及环境要求苛刻，在高山冷凉的地方培育乌天麻，能够保证质量、产量。人工引种栽培，应选择海拔1 700米左右的地带。

（二）种麻选择

引种乌天麻既要讲重量，又要讲数量。一般培育1平方米乌天麻，需种麻0.6千克。

（三）蜜环菌材的培养

使用栓皮栎、麻栎、槲栎、樱桃树、花楸树、牛奶子、化香树等，树木直径以5～12厘米粗，断筒时以30厘米长为宜。直径5厘米以下的树枝，可砍成5～10厘米长的短枝，均匀摆放在粗菌材的周围。菌材用量，按每平方米（或一窖）8～10根，重量25～30千克，短枝8～10千克准备。菌材培养时间，春季在3月或4月，一窖用菌种2瓶；在秋季（8月或9月），一窖用菌枝0.75千克。

（四）栽培方法

播种时，种麻靠近菌材摆放，1根菌材上摆放6个种麻，菌材中间放4个，两头各放1个。穴栽、行栽均可。阴山覆盖土质以3寸为最适宜，阳山覆盖土质以4寸为最适宜。栽培穴覆土时，用细土覆盖，须填实。做到种麻与土之间，菌材、菌枝与土之间无缝隙。栽培穴上面种植草皮等，覆盖厚度为2～3厘米。然后开好排水沟。

将厚朴种植在乌天麻周围，为其遮阳、保土、保湿，从而提高乌天麻的产量和质量。

每年请专人定时、定量给乌天麻增添营养成分，以便让乌天麻得到科学合理的营养。

（五）田间管理

冬季和初春通过种植草皮保温，穴内10厘米以下土层温度维持在0～5℃，7—9月需要通过种植树木、草皮来调节温度，将温度控制在26℃以内。

水分管理：12月至次年3月，控湿防冻，土壤含水量30％；4—6月，增水促长，土壤含水量60％～70％；7—8月，降湿降温，土壤含水量60％左右；9—10月，控水抑菌，土壤含水量50％左右；11月，土壤含水量30％左右。生长季节注意清除杂草和防治病虫害。

六、加工技术

在"霜降"以后采收，忌雨天或雨后1～2天内采挖。采挖时，备两筐，一个装种麻，一个装商品麻。种麻要及时播种或按要求运输、储藏，商品麻也要及时加工干制。

加工第一步，按大小分级；第二步，清洗泥土，清洗时注意保护顶芽；第三步，按重量蒸煮；第四步，晾晒，这一过程需要九揉、九晒、九回潮，方可使乌天麻全干并保留营养成分；第五步，烘烤，在无法晾晒的情况下，可通过烘烤将乌天麻烘干。烘烤乌天麻，火力不可过猛，温度不可过高，初始温度以50～60℃为宜，烘烤的最后30小时，温度需控制在70～80℃，整个烘烤过程需要经过九揉、九烤、九回潮，才能使乌天麻全干并保留营养成分。

七、质量特色

（一）感官特色

鲜品表面为黄色或淡黄棕色，呈椭圆形或短柱形，有黑褐色横环纹，环形针眼状明显，圆脐大而明显，气微、味甘；干品表面为黑褐色或淡黄棕色，呈椭圆形，略扁、皱缩而稍弯曲，有纵皱纹及由潜伏芽排列而成的横环纹，质坚硬，角质样，气微、味甘。

（二）理化指标

鲜品天麻素含量0.2％～1.4％、水分65％～75％；干品天麻素含量0.2％～1.4％、水分≤14％。

（三）质量标准

云阳渝峰乌天麻质量依照有机标准严格执行。

八、荣誉认证

云阳渝峰乌天麻于2011年被评为"重庆市著名商标"；2012年，先后被评为第十一届中国西部（重庆）农产品交易会"消费者喜爱产品"及"2011年中国具有影响力产品品牌"；2013年，被评为第十二届中国西部（重庆）农产品交易会"消费者喜爱产品"并顺利通过有机产品认证；2014年，被评为"重庆名牌农产品"，同年12月，云阳县被中国天麻产业联盟及中关村南北天麻产业技术联盟授予"中国乌天麻之乡"称号；2015年，云阳乌天麻注册地理标志商标，同年荣获第九届中国国际有机博览会产品金奖；2016年，被评为"中国生态原产地保护产品"及农业部第六批全国一村一品农产品。

2018年，云阳渝峰乌天麻获得众多媒体的关注。中央组织部将云阳渝峰乌天麻基地带动农民增收的模式制作成科教片，作为全国农村党员干部现代远程教育教材；中央电视台军事农业频道《致富经》《乡村大世界》栏目分别播出了云阳渝峰乌天麻专题片。

第九节　巫山野生天麻

天麻，属兰科多年生药用草本植物，为名贵中药材，已有2 000多年入药历史。

一、产地环境

巫山野生天麻是乌天麻，宜在半阴半阳的富含有机质的缓坡地、谷沟地生长。人工栽培时，土质以疏松的壤土、排水良好的沙壤土或沙土，尤以pH5 ～ 6的生荒地土壤为宜。忌黏土和涝洼积水地，忌重茬。巫山野生天麻和密环菌有共生关系，对温、湿度均有一定的要求。密环菌在6 ～ 8℃时开始生长，而天麻在10 ～ 15℃才开始发芽，两者在20 ～ 25℃时生长最快，超过30℃就停止生长。密环菌和天麻生长都要求一定的湿度，土壤含水量过低，密环菌生长不良，天麻也长不好；水分过大，土壤中空气不足，不仅影响密环菌和天麻生长，甚至会造成天麻腐烂。

二、历史渊源

清光绪《巫山县志》卷十三《物产志》"药属"记载党参等中药材共50种，"货属"记载药材"天麻等为大宗"。野生天麻采集培育历史超过1 000年，野生天麻采集商品销售有100年以上历史，20世纪70年代之前，野生天麻通过武汉出口欧美，当时年采集干货产量30 ～ 50吨，1 100户农户将采集野生天麻作为主要经济来源。

三、品质特点

天麻素和对羟基苯甲醇总含量为0.457%，比《中华人民共和国药典》规定高0.25%；稀乙醇热浸出物达30.9%，比《中华人民共和国药典》规定高15%。因此，巫山野生天麻不仅具有较高的药用价值，具有息风止痉、去风通络、镇痛、镇静、抗惊厥、降血压、明目、增智等作用，还有较高的药膳保健价值。

四、生产情况

20世纪80—90年代，有药农仿野生种植，以野生采集为主，年干货产量达50～60吨。2005年以后，巫山县20余个专业合作社和企业仿野生种植巫山乌天麻。截至2017年，巫山县财政支持天麻产业化发展的资金在600万元以上，建成标准化烘烤房3个，冷藏库1000立方米。

2013年3月，巫山县竹贤兴达天麻专业合作社，在国家工商行政管理总局注册"竹贤"牌商标。现有巫山县维文中药材种植有限公司、巫山向南山农业开发有限公司、重庆尚升农业开发有限公司、重庆市巫山县赤东农业开发有限责任公司、巫山春涛农业开发有限公司、巫山县宏渝农副产品开发有限责任公司、重庆市盛康源中药材发展有限公司，以及巫山县廷伟药材生产专业合作社、巫山县庙堂野生天麻种植专业合作社、巫山县伍绪中药材种植专业合作社、巫山县神雾中药材种植专业合作社等多家专业合作社、企业种植、经营天麻。种植区域主要集中在竹贤石院、福坪、朝阳坪林场，双龙乌龙，红椿乡红椿村，平河庙堂，邓家池塘、伍绪，笃坪腰栈，官渡尚家、万梁、双树，官阳老鹰、三合、五里坡林场等地。2015年，巫山县天麻种植的发展进入鼎盛时期，规模达877亩（以林下种植为主），干货产量300吨，产值达3000万元以上。

众多种植单位中，以巫山县神雾中药材种植专业合作社从贵州六盘水引进的乌天麻、红天麻及乌红天麻，以及重庆市盛康源中药材发展有限公司从湖北恩施五峰等地引进的乌天麻，性状、品质、经济效益为最佳，销售价格在100～800元/千克。

五、专用标志

2013年3月，巫山县竹贤兴达天麻专业合作社，在国家工商行政管理总局商标总局注册"竹贤"牌野生乌天麻商标。巫山野生天麻的法定检测机构为重庆市药物种植研究所。

六、种植加工

（一）种植过程四环节

自制或采购国家批准的密环菌菌种；优选菌材；优选林下土壤；应用正确的播种方法。

（二）采收加工

天麻在农历10月末采收，采后将天麻洗净，置于开水蒸锅内蒸15分钟后，将天麻置于烤房内烘干，烘房冷却5小时后，再烘烤、冷却5小时，如此重复直到天麻完全干燥，即为天麻成品。

七、质量特色

（一）感官特色

巫山野生天麻表面呈黄白色或淡棕黄色，半透明，有节状环纹。入药性平，味甘，既有祛风镇痉、止痛提神、益气养肝、降低血压的功效，又可医治昏迷惊风、口眼歪斜、神经衰弱、肢体麻木、小儿惊风等症。

（二）理化指标

天麻素、对羟基苯甲醇总含量为0.457%，稀乙醇热浸出物达30.9%。

（三）安全要求

符合《中华人民共和国药典》2015年版相关标准规定。

八、荣誉认证

2013年，巫山县竹贤兴达天麻专业合作社，在国家工商行政管理总局商标总局注册"竹贤"牌野生乌天麻商标。

第十节　石柱乌天麻

石柱乌天麻，产于重庆市石柱土家族自治县，生产基地位于洗新乡铜天朝七曜山（古时俗称"齐药山"）地质公园，海拔1 600米。地理标志产品。

一、产地环境

七曜山地处重庆东南部，绵延千里，是渝鄂天然屏障和界山，连绵起伏，森林茂密，山清水秀，风景如画。因山系中有7座高耸的山峰，似日、月、金、木、水、火、土七星而得名。七曜山地质公园位于中国第二级台阶边缘及第三级台阶过渡带，是分割隔挡式和隔槽式褶皱的分界线，其褶皱一般的独特山体是研究侏罗山式构造的地质教科书。因雨量充沛、气候冷凉、常年云雾缭绕、日照少，土壤以灰泡泥为主，富含微量元素硒，微酸性，阔叶林资源丰富。独特的原生态自然环境、气候条件以及富硒土壤等得天独厚的优势，为富硒乌天麻的种植提供了有利条件。石柱乌天麻具有"天麻素、多糖含量高、硒微量元素高"三大优势，且较红天麻、绿天麻、乌红杂交天麻更具药用、食用价值，已被消费者广泛接受。

二、历史渊源

天麻是一种高度进化的兰科多年生药用草本植物，自古属于名贵中药材，入药历史悠久，在东汉时期的《神农本草经》一书中就被列为上品。在国家公布的34种名贵药材中，天麻已被列入《濒危野生动植物种国际贸易公约》附录药用植物。

石柱县境内主要有黄连、天麻、山茱萸、何首乌、佛手、青蒿、银花、厚朴、杜仲、黄檗等200多个品种。洗新乡地处七曜山脉境内，平均海拔1 340米，土壤含硒量达1.019毫克/千克，超过国际标准2.5倍，被检测专家称为"富硒区"。

三、品质特点

乌天麻折干率高、质量好、价格高。乌天麻属名贵中药，用于治疗头晕目眩、肢体麻木、小儿惊风等症。

硒被誉为"生命之光"，是一种较为珍稀的微量元素，具有抗癌细胞增殖、抑制癌细胞新陈代谢、保护心脑血管、保肝护肝、防治糖尿病等功效。

重庆硒旺华宝生物科技有限公司所建2 000多亩天麻种植基地位于重庆东南武陵山区的齐曜山脉，土壤以灰泡泥为主，富含微量元素硒。

公司所产"硒旺"天麻产品富含微量元素硒，属于有机硒，经重庆市食品药品检验检测研究院检测，硒的含量为0.21微克/克，远高于国内其他天麻主产区生产的天麻。

富硒乌天麻块茎肉质，长圆形，长4～12厘米，直径2～7厘米，外皮黄白色，环节均匀，节处具膜质鳞片。顶生似鹦哥嘴的红褐色混合芽的块茎，被称为箭麻。

产品安全性指标达到国家对同类产品的相关规定。

四、生产情况

石柱乌天麻生产以重庆硒旺华宝生物科技有限公司为主。公司投资7 000万元，与中国医学科学院药用植物研究所展开科研合作，以种植基地为依托，力争将天麻产业打造成特色农业、林下经济、扶贫产业集聚的亮点产业。

五、专用标志

富硒乌天麻地理标志产品保护范围内的生产者，可向重庆市石柱土家族自治县质量技术监督局提出使用地理标志产品专用标志的申请，经重庆市质量技术监督局审核，由国家质量监督检验检疫总局批准并公告。富硒乌天麻的法定检测机构由重庆市质量技术监督局负责指定。

六、栽培技术

（一）立地条件

选择雨量充沛、气候冷凉、日照少、土壤微酸性，气温 −3 ～ 25C°，适合乌天麻生长的地理环境。

（二）栽培技术

培育菌柴；选择种麻；栽种；管理（定期巡查，防涝防旱）；采挖（次年11月或第三年3—4月，采挖过程中注意轻拿轻放）。

第十一节　城口太白贝母

太白贝母，城口县特产，农产品地理标志产品。城口县独特的自然、地理、生态环境和特定的生产方式，赋予贝母品质优良、药用功效好的特性。

药效学研究结果显示：城口太白贝母有显著的润肺、化痰、止咳功效，可治肺热咳嗽、支气管炎、咳痰等症。

一、历史渊源

清代《城口厅志》物产志即有种植尖贝母之记载。县人将贝母称为尖贝。虽品质优良、药效显著，然长期以来只小规模种植以供地方药用。2010年8月，广州药用集团技术质量管理部部长赖志坚，广州白云山潘高寿药业股份有限公司技术总监卢其福、项目主任雷英菊等，到海拔1 500米的城口县明中乡四合村，考察太白贝母的种源、种植情况。将城口确定为广药集团太白贝母基地县，投资建设GAP生产基地，成立潘高寿城口县药业公司。之后，重庆市中药材研究院、重庆三峡医药高等专科学校、西南大学也相继与城口县签订协议，重点培育太白贝母等中药材。

二、产地环境

太白贝母产地属北亚热带暖湿季风气候区。水源条件良好，生态环境优越，生物多样性典型。产地水系满足Ⅱ类以上标准。区域环境空气全年皆属优良天气，空气中负氧离子含量高。土壤有机质含量较高，富含锌、硒等多种对人体有益的微量元素。产地符合《川贝母生产技术规程》（DB51/T 900—2009）要求。

三、品质特点

城口太白贝母呈扁球形或短柱形，直径≤2.5厘米；表面稍粗糙，白色或浅棕黄色，颜色均匀；外层鳞叶两瓣，相对抱合；顶部开裂，底部较平。味微苦。品质检测：水分11.0%～13.0%；总灰分3.0%～4.0%；浸出物19.0%～23.0%；按干燥品计算，以西贝母碱（$C_{27}H_{43}NO_3$）计，为0.165%～0.185%。

按照《川贝母生产技术规程》（DB51/T 900—2009）生产，质量安全可靠。

四、栽培技术

城口太白贝母品种为川贝母分支。以栽培在背风的阴山或半阴山地为宜，远离麦类作物，防锈病感染。以土层深厚、质地疏松、富含腐殖质的壤土或油沙土为佳；生荒地可选种一季大麻，以净化杂草、改良土壤结构、增加有机质。

结冻前整地，清除地面杂草，深耕细耙，按要求施肥。9—10月下雪前播种，条播、撒播或用蒴果分瓣点播均可。田间管理需搭棚、除草、追肥和防治病虫害，严禁使用国家规定的禁用物质。无论家种、野生，均于6—9月采挖。6—7月采挖的，采挖后置于麦麸中阴干，再用硫黄熏制；8—9月采挖的，需带泥暴晒或用微火烘烤，随时用竹、木片翻动，至表皮显粉白色时筛去泥土、晒干装袋。

五、生产情况

城口太白贝母农产品地理标志地域保护范围：分布区在东安、岚天、北屏、左岚、双河、周溪、鸡鸣、厚坪8个镇（乡），核心区在高楠、咸宜、明通、蓼子、明中5个镇（乡），原生产地域面积200公顷，年产贝母（干）30吨。共有核心种源基地500亩，标准化基地3 000亩，野生抚育基地1万亩，产值3.5亿元。城口县以潘高寿川贝母应用技术平台和重庆三峡医药专科学校川贝母专家大院为科技依托，为城口太白贝母生产提供科研支持和技术培训，增加产量、提高质量。

六、专用标志

城口太白贝母产地环境和产品质量，符合国家强制性技术规范要求，经农业农村部审查、批准为农产品地理标志产品。

城口太白贝母地理标志产品保护范围内的农产品生产经营者，在产品或包装上使用已获登记保护的农产品地理标志，须向登记证书持有人提出申请，并按照相关要求规范生产和使用标志，统一采用产品名称和农产品地理标志公共标识标注方法。

第十二节　巫山贝母

巫山贝母，学名川贝母，别名卷叶贝母。主产于四川、重庆。属百合科，多年生草本植物，形态

变化较大，鳞茎卵圆形。叶通常对生，少数在中部兼有互生或轮生，先端不卷曲或稍卷曲。其味苦、甘，性微寒，归心、肺经，川贝的功效为润肺化痰、清热散结。

一、产地环境

贝母生长于森林中，灌丛下，草地、河滩、山谷等湿地或岩缝中。分布于巫山县当阳、官阳、竹贤、庙堂、骡坪、红椿、笃坪、官渡等乡（镇）一带。巫山川贝喜冷凉的气候条件，具有耐寒、喜湿、怕高温、喜荫蔽的特性。在海拔低、气温高的地区不能生存。

野生巫山川贝母生长于海拔1 600米以上高寒地区土壤比较湿润的向阳山坡。

二、历史渊源

巫山贝母始载于《神农本草经》，列入中品，陶弘景曾言："形如聚贝子，故名贝母"。苏恭也曾说过："其叶似大蒜，四月蒜熟时采之良……出润州、荆州、襄州者最佳"。《本草纲目拾遗》将川贝与浙贝明确分开，谓川贝味甘而补，治内伤久咳以川贝为宜。巫山县有丰富的太白贝母野生资源，该品种属川贝的一种，生于海拔1 500 ~ 2 500米的山坡草丛中。太白贝母现有资源仅为少量的野生资源。20世纪80年代，由重庆市中药研究院引种成功。重庆市中药研究院在前期野生驯化的基础上，研究太白贝母种植适宜土壤、种子发芽、播种方法及播种期、肥料、水分等，摸清了生产发育规律等生物学特性。1991年出版的《巫山县志》卷三"自然地理"第四章"自然资源"项下，专门记载巫山主要中药材名录，其中，野生药材有贝母等192种。太白贝母为《中华人民共和国药典》2010版收录的川贝母新增品种，其商品主要来源于野生资源。野生川贝（太白贝母）被收录进《中国珍稀濒危植物名录》，并在2012年被列为国家禁止外商投资的品种。

三、品质特点

（一）感官特色

太白贝母，是贝母属多年生草本，高30 ~ 50厘米，花黄绿色，无方格斑，花被片先端边缘有紫色斑带，叶关苞片不卷曲。鳞茎扁卵圆形或圆锥形，直径0.6 ~ 1.2厘米，高4 ~ 8毫米。表面白色，较光滑。外层两枚鳞叶近等大，顶端开裂，底部平整。味苦。

（二）理化指标

本品按干燥品计算，含总生物碱以西贝母碱（$C_{27}H_{43}NO_3$）计，为0.051% ~ 0.072%（《中华人民共和国药典》规定不得少于0.050%）。

（三）安全要求

符合《中华人民共和国药典》2015年版第一部、第四部相关标准规定。

四、生产情况

巫山贝母野生资源量少，从2013年开始，重庆市神女药业股份有限公司向巫山县等地农户收购野生太白贝母种果，在人工温室大棚内进行种原繁育，2016年，在巫山县笃坪乡十里坪荒共搭建15个温室大棚（面积5亩），成功培育了太白贝母鳞茎（地果）2 400千克。2015年，开始将大棚里培育的鳞

茎移栽到自然环境中进行种源（天果）培育，已建有20亩基种源地，每亩移栽6万颗鳞茎，2016年，开始开花结果，每棵可以结1～2个种果，每年可采摘种果200万个。2018年之前，巫山县北门户中药材种植专业合作社、巫山县鹏鸿家庭农场、巫山县伍仲义中药材种植场等分别先后种植0.3～1.2亩太白贝母，年产商品太白贝母共2吨。

2016—2018年，巫山县太白贝母年野生采集收购量在3～6吨，家种年收获量10吨左右。

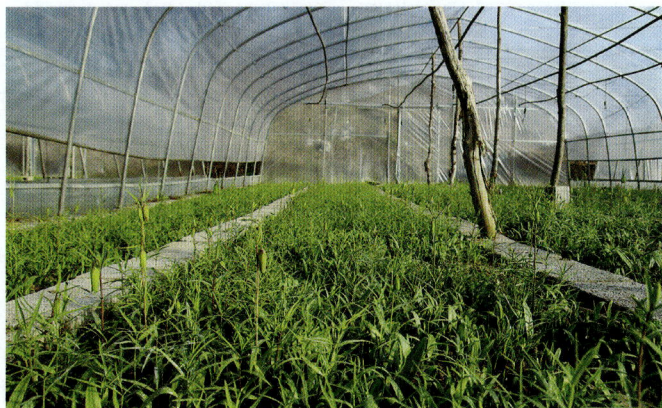

五、栽培技术

野生太白贝母种果（天果）采摘后，进入温室大棚培育鳞茎（地果）；太白贝母鳞茎（地果）经移栽后，开花结果以培育种果（天果）。种果培育鳞茎，鳞茎培育种果，交替累进繁育种源（天果）和生产商品（地果）。

（一）太白贝母种果（天果）在温室大棚中的繁育技术

采摘（收购）太白贝母天果—低温运输储存—良种筛选—温室大棚环境营建—种子播种技术和田间管理标准操作规程（Standard Operating Procedure，简称SOP）优化提升—建立生产档案。

（二）太白贝母鳞茎（地果）移栽移栽大田技术

以背风阴山或半阴山为宜，并远离麦类作物，防止锈病感染；以土层深厚、质地疏松、富含腐殖质的壤土或油沙土为好。生荒地可选种一季黄豆，以净化杂草，熟化土地，改良土壤结构并增加有机质。每亩使用腐熟发酵好的羊粪2～3吨，7月（"小暑"至"大暑"），地上部倒苗后挖出鳞茎，选择发育健壮鳞茎作种用。按株距6～15厘米，行距24厘米栽种，覆腐腐殖质土4.5～6厘米，次年3—4月出苗。夏季倒苗后去掉荫蔽物，并以腐殖土、发酵好的羊粪的混合腐熟肥覆盖3厘米，然后盖上树枝竹梢等覆盖物越冬。次年春季减少荫蔽，荫蔽度为50%，保持苗床不旱及无杂草。第二三年田间管理大致与第一年相同。唯第三年荫蔽度为30%，第四年不荫蔽。

六、科研成果

2016年6月，太白贝母温室大棚繁育技术获发明专利。同年，重庆市神女药业股份有限公司在《农业工程》杂志上发表《不同施肥方式对太白贝母生长的影响》。2017年9月，完成《太白贝母种子种苗温室大棚繁育技术规范》制定。

第十三节　开州木香

木香，重庆市开州区特产，原称开县木香。地理标志产品，"开县最具影响力十大农产品商标""中国地域性农产品评估优秀品牌"。木香属原生境产出产品，其主根粗壮，质坚实，根条均匀，不易折断，气香特异、味浓厚，油性足，木香烃内脂和去氢木香内脂总量在2.1%以上，被称为"国产真货"。

一、产地环境

木香，菊科多年生高大草本植物是国家重要中药和民族药，以干燥根入药，为农业、医药类特色类产品。开县木香产于三峡库区重庆市州区，种植区域地处大巴山南麓，位于亚热带季风性气候区，该区域空气清新，云雾缭绕，气候凉爽，土层深厚，森林覆盖率达50%以上，为开县木香生长提供了优良、独特的原生态环境。

二、历史渊源

开县木香历史悠久。据《开县志》记载，开县木香在唐朝便有采集、制作和简易栽培，后种植面积不断扩大，曾在"八五"期间被国家确定为全国60个重点中药材生产品种之一，"九五"期间的1998年，被国家经济贸易委员会、国家中医药管理局等确定为50个重点中药材品种之一，开县木香一直是倍受国家关注的重点品种。历史文化传承使开州区成为木香最大生产地，在20世纪80年代，开县就常年产木香150万千克以上，占全国总产量的70%，在国内市场的占有率超过50%，常年出口量在100万千克以上，产品销售到香港、台湾等地区和韩国、日本等国家。

三、产品品质

开县木香主根粗壮，质坚实，味浓厚，油性足，呈圆柱形或半圆形，长5～12厘米，直径0.5～5厘米，表面黄棕色至灰褐色，有明显皱纹、纵沟及侧根痕，根条均匀，质坚实，不易折断，断面灰褐色至暗褐色，形成层环黄棕色，有放射性纹理及散在的褐色点状油室，气香特异，味微苦。色泽棕黄，根条均，不枯心，药味浓、油性足、品质好，被称为"国产真货"被专家评委称为"地道药材"。已成为重庆市10个百万中药材产业化工程的龙头产品、地理标志商标产品、"开县最具影响力十大农产品"，畅销全国各地（包括香港），并出口日本、韩国、马来西亚、印度等国家。

外在感官特征：主根粗壮，圆柱形，稍木质，外皮褐色，具特殊香气。

内在品质指标：依据《中华人民共和国药典》2010年版标准及相关标准执行。其总灰分、水溶性灰分、酸不溶性灰分、水溶性灰分碱度、粗纤维、浸出物等指标符合标准要求。

安全性：遵循国家强制性技术规范、具体内容和相关法律法规规定。

四、生产情况

开县木香种植历史悠久，因其色泽棕黄，不枯心，药味浓，油性足，品质好。2010年，"开县木香"成功注册为地理标志商标（注册号：7728534），"川木香"替代"云木香"入选2010年版《中华人民共和国药典》。重庆市开州区常年有木香在地面积5万余亩，年产木香超过1万吨，直接经济效益超过5 000万元，被定为国家级木香生产基地。

开县木香在2010年地理标志商标前，常年种植面积仅有3万亩，年产量5 000吨左右，年产值2 000余万元；注册地理标志商标后，经济效益十分显著，开县木香已经成为开州区北部山区农民脱贫致富的农产品。

五、栽培技术

（一）品种的选择

以《中华人民共和国药典》2010版中菊科植物木香正品原植物为对象。

（二）产域内土壤环境与选择

木香产域内要求土壤层深厚、质地疏松、肥沃，pH5.5 ～ 6.5，满足木香整体生长要求的土壤，整个产域内的土壤类型为微酸性山地黄壤和沙质壤土，特别适宜种植根茎类药材，同时利于木香的遗传改良和良种培育，且对木香的根腐病、蚜虫、银纹夜蛾、短额负蝗等病虫害有较强的抗疫作用。因此，应选择以排水、保水性能良好，土层深厚肥沃的沙质壤土为主，重金属含量不超标的高海拔地域；12月前耕翻1次，深翻35厘米左右，翌年2—3月再深翻1次，整平、耙细，春季为保墒，以100 ～ 120厘米宽的高畦居多。

（三）播种与施肥

木香分春、秋两季播种，春播基本不施用肥料，如需施肥，可施用腐熟的农家肥，通常情况下施用2 500 ～ 5 000千克底肥。春播通常于"春分"前后进行，播种方式以直播为主。秋播通常于9月10日左右进行，多不浸种，采用点播，每亩播种量为0.5 ～ 1千克。

（四）间苗与定苗管理

苗高3 ～ 5厘米时，按株距4 ～ 6厘米间苗；苗高6 ～ 9厘米时，按株距15厘米定苗；每亩留苗12 000株左右。

（五）中期管理

第一年中耕除草3 ～ 6次。第二年新叶长出后第1次松土锄草；7月第2次松土锄草。第三年植株生长快，苗出土后通常及时深耕，以后视杂草情况除草。

（六）肥水管理

以加强水分管理为主，肥料以追施相应的农家肥和生物肥料为重点。生长前期以生物有机氮肥为主，促其植株茂盛；后期偏施磷、钾类生物肥，促使根长、粗、大，增强其抗灾性。

（七）中后期管理

木香生长2年后培土，秋末割除枯枝叶，结合施肥、培土、盖苗以加强管理，达到促其增产的目的。

（八）病虫害防治

为了预防木香病虫害，开州区根据自身区域特点制定《开县木香农药使用指南》《开县木香生态种植操作技术规范》等相关标准，预防根腐病、蚜虫、银纹夜蛾、短额负蝗等病虫害的发生。

（九）木香种子的留储管理

木香通常在摘花苔2年后开花结籽，留种于花期，每株选1个早期较大的花蕾作留种处理，其余花苔全部摘除，以保证种子质量。7—9月中耕除草时，每株去除4 ～ 5片老叶，待茎秆由青色变为褐色，冠毛接近散开，种子即成熟，及时分批割取健壮植株，剪下果穗，扎成小把倒挂于通风干燥处，使总苞松散，打出种子，除去杂物，晒干后用麻袋或木箱包装，储藏于通风干燥处即可。

六、采收加工

2003年6月至2016年2月，木香采收参照《中药材生产质量管理规范（试行）》及GMP（全称

Good Manufacturing Practice，良好生产规范）相关标准执行。

（一）采收

一般种后2～3年采收，栽培管理条件好的也可2年采收。采收时间、方式、通常于9—10月茎叶枯黄后割去茎秆，采挖。

（二）加工

采挖后，稍晾，清除茎叶，抖掉泥土，忌水洗，通常切成长8～12厘米的小节，粗者纵切2～4块，晒干。装入麻袋内撞击须根，去除粗皮即可。如遇阴雨天，可用微火烘干，注意勤翻，以防泛油或炕枯。挖出的根要防霜冻，以免变黑，影响质量。木香运到加工厂后，应摊放于清洁卫生、设施完好的摊凉槽，禁止直接摊放在地面。

2003年6月至2016年2月，产品收获和产后处理严格按照《中药材生产质量管理规范（试行）》和标准加工流程实施。同时采用无害、无毒化纤袋装置，放置于仓库，按照中药材相关质量控制标准储存管理。

七、专用标志

开县木香地理标志产品保护范围内的生产者，可向重庆市开州区质量技术监督局提出使用地理标志产品专用标志的申请，经重庆市质量技术监督局审核，由国家质量监督检验检疫总局批准并公告。开县木香的法定检测机构由重庆市质量技术监督局负责指定。

八、荣誉认证

开县木香先后荣获国家中医药管理局、国家经济贸易委员会"全国重点中药材品种"、地理标志商标、"开县最具影响力十大农产品商标""中国地域性农产品评估优秀品牌"等荣誉。

第十四节 巫山牛膝

巫山牛膝，苋科植物川牛膝的干燥根，别名牛夕。巫山是川牛膝道地产区。

一、产地环境

巫山牛膝生长于林缘、草丛，也可人工栽培。川牛膝喜寒凉湿润的自然环境，海拔850～2 000米，年降水量1 500毫米以上，冬季有3～4个月积雪区域。

分布区域：红椿乡的红椿、大坪村，笃坪乡的鹤溪、向阳、雪花、腰栈村，邓家乡的伍绪、神树村，官阳镇的老鹰、雪马、三合村，骡坪镇的大垭、观溪村，金坪乡的连山村等13个乡（镇）35个村在不同时期都有种植。其中，红椿乡的红椿、大坪村，笃坪乡的鹤溪、向阳、雪花村占巫山县种植面积的50%。

二、历史渊源

川牛膝之名首见于唐代。清光绪《巫山县志》卷十三"物产志""货属"记载药材"牛膝等为大宗"；1991年版《巫山县志》卷三"自然地理"第四章"自然资源"项下专门记载巫山主要中药材，其中"家生"药材川牛膝是50个推广种植品种之一。可见巫山牛膝种植历史超过100年。

三、品质特点

巫山川牛膝品质优良。呈近圆柱形，微扭曲，向下略细或少有分支，长30～60厘米，直径1.0～2.4厘米。表面棕黄色或灰褐色，具纵皱纹、支根痕和多数横长皮孔样突起。质韧，不易折断，断面浅黄色或棕黄色，维管束点状，排列成数轮同心环。气微，微甜。以干燥品计算，含有效成分杯苋甾酮（$C_{29}H_{44}O_8$）0.96%，是《中华人民共和国药典》2015年版第一部所载数据的3倍以上；浸出物70.8%，比《中华人民共和国药典》2015年版第一部所载数据高5.8%；二氧化硫含量14毫克/千克（《中华人民共和国药典》规定不高于150毫克/千克），水分11.7%（《中华人民共和国药典》规定不得超过16%），总灰分4.40%（《中华人民共和国药典》规定不应超过8%），杂质1%（《中华人民共和国药典》规定不得过3%）。具活血祛瘀、通利关节等功效，可用于治疗经闭、尿血、关节酸痛，跌打损伤等症。干品，切成圆形薄片，厚0.1～0.2厘米，直径0.5～3厘米。表面灰棕色，切面淡黄色或棕黄色。可见多数黄色点状维管束。同时，还可以做巫山川牛膝酒，取川牛膝片，照酒炙法炒即可。重庆市神女药业股份有限公司于2017年正式生产销售巫山川牛膝饮片，质量优良。

四、质量特色

（一）感官特色

呈近圆柱形，微扭曲，向下略细或少有分支，长30～60厘米，直径1.0～2.4厘米。表面棕黄色或灰褐色，具纵皱纹、支根痕和多数横长皮孔样突起。质韧，不易折断，断面浅黄色或棕黄色，维管束点状，排列成数轮同心环。气微，微甜。

（二）理化指标

干燥品计算，含杯苋甾酮（$C_{29}H_{44}O_8$）0.96%（《中华人民共和国药典》规定不得少于0.03%），浸出物70.8%（《中华人民共和国药典》规定不低于65%），二氧化硫含量14毫克/千克（《中华人民共和国药典》规定不高于150毫克/千克），水分11.7%（《中华人民共和国药典》规定不得超过16%），总灰分4.40%（《中华人民共和国药典》规定不应超过8%），杂质1%（《中华人民共和国药典》规定不得过3%）。

（三）安全要求

符合《中华人民共和国药典》2015年版第一部、第四部相关标准规定。

五、生产情况

巫山县明末清初开始种植巫山川牛膝（其茎有节，如鹤膝，又如牛膝）。1955年，种植面积达1 000亩以上；1956年以后开始规模化种植，种植面积达3 000亩以上，当时干货价格维持在0.6元/千克。20世纪50年代末，开始出现规模化种植，种植面积达5 000亩左右。1978年，巫山县被确定为四川省药材生产基地，川牛膝是主要品种之一；1985年，种植面积达8 000亩。此后保持在0.3万～0.8

万亩。2013年，《重庆市医药产业振兴发展中长期规划（2012—2020）》将巫山牛膝列为重点道地药材生产品种之一，同年，获得市级1 000万元专项项目资金支持；2015年，被列为巫山县"1＋3"重要特色产业支持之一，当年，中药材生产获财政支持资金超1 000万元。2016年，牛膝种植面积达1.6万亩，鲜货商品产量达1.5万吨，干货产量达0.35万吨，成为与党参、独活、贝母轮作种植的主导品种。2017年，牛膝种植面积维持在1.6万亩。

2017—2018年，重庆市中药研究院将巫山川牛膝列为重庆市现代特色效益农业产业中药材技术体系创新试验示范推广重点品种。

六、种植技术

（一）培育种苗

用种子繁殖。秋季种由青色变黄褐色后采种，晒后备用。播种前，用30℃温水浸泡种子8～12小时，捞出，放入容器内，覆盖温布，保持湿润，待50%种子萌芽时，取出播种。

播种期为4月下旬至6月上旬。过迟播种，生长期太短，植株矮小，根细而短，产量低。适当延迟播种，可减少抽薹。多采用撒播，将处理后的种子拌入适量细土，撒播轻耙，稍加镇压，浇水保持土壤湿润。1米厢面，30厘米宽沟，每亩用种量（带种壳）6千克左右，播于厢面。苗高7厘米时间苗，定苗株距5厘米左右。定苗前后中耕除草2～3次。除施足基肥外，可在7—8月追施磷、钾肥，在收获前1个月根外追肥（喷过磷酸钙），保持苗壮。12月后收的牛膝苗藏于窖内，来年用作种苗。

（二）商品种植

1.种植

2—4月。牛膝是深根作物，宜选土层深厚，疏松肥沃，排水良好且地下水位较低的沙质土壤种植。前作收获后，深翻土壤60厘米以上，表土层沉实，每亩施用腐熟肥1 250千克、磷肥50千克混拌均匀，堆沤数日，均匀施于表土层，然后再翻耕1次，翻入土内作为基肥。整平耙细后，以60～70厘米开厢，畦沟宽30厘米，深40厘米，四周开好较深的排水沟待种。行距为60～70厘米，窝距为35～40厘米，亩植牛膝苗2 000株以上；种植时，将牛膝苗根接苗芦头连续平放于厢面，再覆土5～8厘米即可。

2.追肥

种植后，田间应保持一定湿度。出苗后，苗高5～7厘米时，第1次追肥，亩用氮：磷：钾为15：15：15的复合肥50千克，注意复合肥不要接触苗，以免烧苗减产。第2次追肥在第一次追肥的2个月后，施用量为亩用氮：磷：钾为15：15：15的复合肥50千克，复合肥仍然不要接触苗，以免烧苗减产。

3.中耕除草（施用追肥）

一般中耕除草2次，结合2次施肥进行（除草后1～2天，苗势恢复稳定后再施用为最佳）。

4.采收时间

牛膝采收时间为11—12月，采收后用烤房烘干，即变成商品药材。

第十五节 巫山独活

独活，别名肉独活、资邱独活、巴东独活、香独活，为伞形科植物重齿毛当归的根。重齿毛当归6月开花，花为白色，结实时叶黄者是夹石上生，叶青者是土脉中生。

一、产地环境

巫山独活生长在巫山县海拔900～2 000米的半阴坡，土层深厚、土质疏松、土地肥沃、地势较平坦、排水良好的田块。栽培以黑色灰泡土、黄沙土为最佳。忌在土层浅、积水地和黏性土壤上种植。

二、历史渊源

巫山独活始载于《神农本草经》；清光绪《巫山县志》卷十三"物产志"记载巫山独活等中药材共50种。《巫山县志》1991年版记载：1956年，巫山独活由野生转为家种；1966年，巫山独活种植面积达1 200余亩；1978年，巫山被四川省定为省药材生产基地，巫山独活被定为重点生产品种，10余个乡（镇）种植，面积达4 500亩以上。因巫山县与湖北接壤，生产的独活主要通过湖北武汉出口；多年来，国内卷烟生产厂家都采用独活来降低焦油含量、增加香味。2013年，"巫山县独活规范化生产技术（GAP）研究及基地建设"项目完成，被确认为重庆市科学技术成果（渝科成字2013Y040）；《重庆道地药材独活与全国其他产区独活主要药效成分含量对比研究》刊登于《中国药房》（2015年11月第26卷第33期），确认巫山县为重庆市道地药材独活主产区；"巫山独活规范化生产技术成果转化示范推广"，2017年被确认为重庆市科学技术成果（渝科成字2017Y135）。

三、品质特点

巫山独活根头及主根粗短，略呈圆柱形，长1.5～10厘米，直径1.5～5厘米；根头部有纹，具多裂环状叶柄痕，下部有数条弯曲的支根。表面灰棕至棕黄色，断面灰黄白色，形成层环棕色，皮部有棕色油点（油管），木部黄棕色，髓部也有油点，香味特异，味苦带辣，麻舌。高效液相色谱等检测结果显示，巫山独活蛇床子素含量为11.601 8毫克/克，是周边及全国其他地区独活的1.44～2.23倍；

巫山独活二氢欧山芹当归酸酯为5.399 5毫克/克，是周边及全国其他地区独活的2.64～5.93倍。重庆市药物种植研究所检测出的巫山独活蛇床子素含量和二氢欧山芹醇当归酸含量，分别是《中华人民共和国药典》2015年版标准规定的1.57倍和1.63倍，高于全国其他地区产的独活，巫山独活被确定为全国道地优质独活，巫山被确定为优势地位产区。

安全要求符合《中华人民共和国药典》2015年版第一部、第四部相关标准规定。

四、生产情况

巫山县于明末清初开始种植独活，清光绪《巫山县志》记载，巫山独活茎直上，得风不摇，无风自动，至1955年，全县种植面积在500～1000亩，野生采集面积达500亩以上。1956年，巫山独活由野生规模化转为家种；1966年，巫山独活种植面积达1200余亩；1978年，被四川省定为省药材生产基地，巫山独活被定为重点生产品种，10余个乡（镇）种植，面积达4500亩以上。1979—2010年，巫山独活种植面积最高达8500亩，官阳、当阳、骡坪、庙堂、竹贤是主产区。2010年5月，重庆市科学技术委员会批准立项"巫山县独活规范化生产技术（GAP）研究及基地建设"；2011—2013年，巫山独活被列入重庆市"五园两带七基地"重点道地药材生产品种之一，巫山独活种植面积扩大到9500亩。2016年12月，巫山独活生产规模突破1万亩。2017年4月，巫山县农业委员会、扶贫开发办公室、财政局等单位合作实施独活种苗单一来源政府采购方式，由政府采购种苗151.1万株，免费发放给贫困户及带动贫困户增收的新型经营主体种植。2017年7月，重庆大学药学院院长夏之宁、重庆市中药研究院副院长李隆云率领博士等30余人考察研究巫山独活发展。2010—2017年，重庆市中药研究院和巫山县政府编制《巫山县中药材产业发展规划（2015—2025）》，将巫山独活列为重庆市主导发展品种，市、县财政投入303万元，开展创新性示范推广。2017年11月，巫山县质量技术监督局发《巫山独活生产技术规范》作为巫山县地方标准。截至2018年，巫山县共有种植农户2100户，规模1.5万亩，年产量5700吨，产值4845万元。

2013年，"巫山县独活规范化生产技术（GAP）研究及基地建设"，被确认为重庆市科学技术成果（渝科成字2013Y040）。

2017年《巫山独活规范化生产技术成果转化示范推广》，被确认为重庆市科学技术成果（渝科成字2017Y135）。

五、栽培技术

（一）选择区域及整地

种植区域选择海拔900～2000米的半阴坡，土层深厚、土质疏松、土地肥沃、地势较平坦、排水良好的田块，以黑色灰泡土、黄沙土栽培为最佳。

（二）清洁田园

清除前茬作物的残留枝叶和废弃物，集中腐化或烧毁。

（三）深翻土壤

与独活套种的其他秋季作物收获后立即灭茬，积蓄秋、冬雨雪，熟化土壤，深耕土壤30厘米以上。

（四）施足基肥

按1000～1500千克/亩腐熟农家肥和30～40千克/亩复合肥标准，撒匀，翻入20厘米的土壤中。

（五）整地做畦

耙细整平，做成高畦，开好排水沟。

（六）选、播种

种子色鲜、颗粒饱满，纯度达95%以上。用开水与冷水2∶1的温水浸泡种子，待种子吸水后直接播种或催芽后播种。撒播种子，每10厘米×10厘米用种15～20粒，用钉耙浅梳泥土后，覆盖细土2～3厘米，然后再覆盖一层松针，松针重叠不超过两层。

（七）种苗管护

出苗前后保持土壤湿润。当幼苗2叶1心时，第一次除草；苗高10～20厘米时，第二次除草；苗高20～30厘米时，第三次除草。第一次除草后，及时喷洒粪水，第二次除草2天后或苗带瘦黄时，尿素10千克兑2500千克粪水/亩喷洒，第三次除草5天后或苗带瘦黄时，尿素15千克兑2500千克粪水/亩喷洒。若出现根腐病，应及时中耕除草、排水，用绿色农药50%多菌灵500～600倍稀释液与58%甲霜灵500～800倍稀释液混合喷洒或灌根。

（八）病虫害防治

虫害：蚜虫、红蜘蛛、黄凤蝶。阻止蚜虫等害虫进入田间，宜选用22～30目、孔径0.18厘米的银灰色防虫网，设置涂有黏着剂的黄板诱蚜虫等。观察叶片有红蜘蛛达5只时，用22%阿维螺螨酯1500倍液、10.5%阿维哒螨灵1000倍液喷雾，任选一种药剂交叉使用。

六、产品加工

（一）商品根的采收

移栽1年即可收获，于"立冬"后割去地上茎叶，挖取根部。采收时要避免挖伤根部，挖出后抖去泥土，切去芦头，摊放。

（二）种子的采收

移栽第二年的9月下旬，种子陆续成熟，应适时采收，成熟一枝收割一枝。

（三）商品根烘烤

将独活堆放于透气良好的炕房内，用火熏炕，经常检查、翻动，炕房温度60℃，保持12小时左右，再将温度降至45℃，至六七成干时取出，堆放回潮（汗），抖掉灰土，将须根理顺，扎成小捆，再入炕房，根头朝下，炕至药材含水量≤8%。

（四）种子干燥

采收的种子要放在通风、阴凉处晾干。干后抖下种子，储存于干燥通风处。

第十六节　巫溪独活

巫溪独活，为肉独活，伞形科当归属多年生重齿植物的干燥根，多年生高大草本植物，生长于海拔1200米以上半阴坡、土层深厚、土质疏松、富含腐殖质、排水良好的沙壤土或黄棕壤土中。其茎直立、粗壮、中空，常带紫色，有纵沟纹，上部有短糙毛。研究显示，独活有抗炎、镇痛及镇静作用；对血小板聚集有抑制作用；有降低血压、抑制光敏及抗肿瘤作用。1958年，巫溪县获"中药材生产红旗县"称号。

一、历史渊源

巫溪县素有"天然药库"之称，中药材品种高达1232种，种植历史悠久，是全国中药材生产重点

县，被商务部评为"绿色中药出口基地"。《神农本草经》将巫溪独活列为中品。《大宁县志》载："独活枝叶有风不动，无风反摇，又名独摇草"。《巫溪县志》载：巫溪县内海拔800米以上均能产出，巫溪独活，性微温，味苦、辛。有祛风除湿止痛功能。1975年开始人工种植，栽培面积3 984亩，年产250吨，以双阳、兰英、西安等乡为最多（约占县总产的60%）。1988年，在地面积突破1万亩，主销四川省内外并有出口。巫溪独活一直都是巫溪中药材主要种植品种。

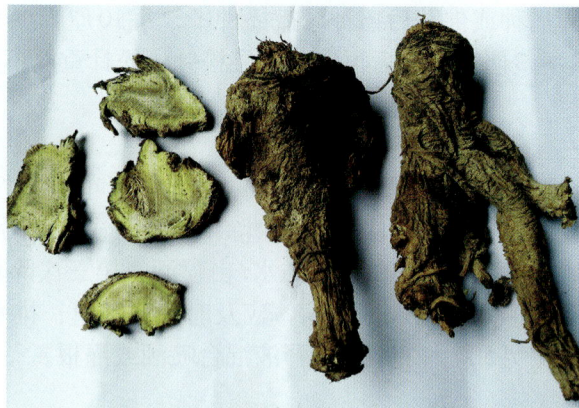

二、产地环境

巫溪县古称大宁县，位于大巴山东段南麓，大宁河上游，与陕南、鄂西接壤，属国家级旅游风景区。境内面积4 030平方千米，境内山大坡陡，河谷纵横，土壤疏松，深厚肥沃，海拔高低悬殊，立体气候明显，天然中药材品种达1 300多个，资源广，全县森林覆盖率54%，是重庆市森林资源第一大县。海拔1 200米以上的槽地或盆地，周边植被丰富，气候冷凉、光照充足，土壤少氮、富钾、缺磷。这种独特的地貌和"富钾"土壤类型造就了巫溪独活特定的内外品质。

巫溪县有大宁河、汤溪河等15条主要河流，均属长江水系。境内溪河均发源于县内大巴山南麓，大宁河流域控制大部分地区，年降水量1 200毫米以上。独活产区森林覆盖率高，水质优良，给巫溪独活创造了良好的水资源环境。

巫溪属亚热带暖湿季风气候，立体气候明显，四季分明，光照充足，年平均气温10～20℃，平均湿度70%以上，独特的立体气候、充足的光照、较大的昼夜温差是形成巫溪独活的独特外观和内在品质的主要因素。

三、产品特点

巫溪独活系伞形科当归属多年生植物，其特点是：叶2回3出羽状全裂，叶片宽卵形；茎生叶柄基部膨大成兜状叶鞘，鞘背面无毛或稍被短柔毛。边缘有不整齐的尖锯齿或重锯齿，齿端有内曲的短尖头，顶生小叶片3裂，边缘常带软骨质。复伞形花序顶生或侧生，花序梗密被短糙毛；总苞片1，长钻形，有缘毛，常早落；伞幅10～25厘米，密被短糙毛，伞形花序有花17～28朵；小总苞片5～10厘米，阔披针形。花白色，无萼齿，花瓣倒卵形，顶端内凹。果实椭圆形，侧翅与果体等宽或略狭，背棱线形，隆起。根头及主根粗短，略呈圆柱形，长10～30厘米，下部2～3个分枝或更多，表皮灰褐色或棕褐色，有不规则纵皱纹及横纹，断面呈菊花心状，皮部油细胞丰富，轻微挤压有大量透明油点溢出，麻舌，香气浓郁。蛇床子素含量≥0.6%，二氢欧山芹当归酸酯含量≥0.1%。

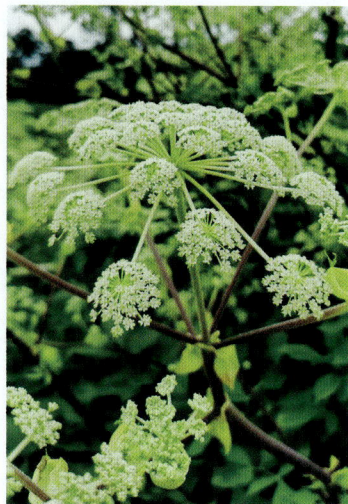

四、生产情况

巫溪独活品质上乘，2010年以来，常年种植2万亩，产量6 000吨，产销量居全国之首，在河北安国药材市场设有巫溪独活专营门市。《重庆市中药材产业"十三五"发展规划与布局》《巫溪县国民经济和社会发展第十三个五年规划》《巫溪县"十三五"脱贫攻坚规划》均将独活列为中药材主要种植品种，巫溪县委、县政府将独活列入"20万亩中药材工程"，2018年，独活作为巫溪县产业扶贫重点发展药材品种，发展获支持。《巫溪县中药材产业发展规划（2017—2020年)》提出用GAP规范标准组织中药材生产，全面提高道地中药材质量，推动巫溪独活种植、产地加工、精制饮品加工等精深加工产业链发展，到2020年，巫溪独活综合产值实现10亿元以上。

五、栽培技术

（一）品种选择与繁育

巫溪原产地肉独活川独2号品种为主要品种，以在地3年生植株生产的种子为繁殖材料。

（二）土地选择

独活通常与洋芋、玉米套种，也可净种。套种时，待洋芋、玉米收获后，于11月将地深耕30厘米以上，移栽独活前耙细，施入农家肥2 500 ～ 3 000千克作底肥，四周开好排水沟。

（三）育苗移栽

巫溪独活的传统栽培方法是育苗移栽。按种子田与大田比为1：20确定育苗地面积。苗床地选择背风向阳、土层深厚、土质疏松、排水较好的半阴半阳的非重茬坡地。在11月中旬前，种子收获后及时播种。播前先将种子用50 ～ 55℃的温水浸种12小时，捞出后装入纱布袋，沥去多余水分，置温暖处保湿催芽，催芽过程中注意浇水保湿。待芽萌动后，在土壤墒情适宜时播种。条播的行距为50厘米，开沟3 ～ 4厘米深，将种子均匀撒入沟内；穴播按行距50厘米，穴距20 ～ 30厘米点播，每穴播种10 ～ 20粒，覆细土或火灰2 ～ 3厘米，稍许压实，并盖上1层草以保温保湿，亩用种量2.5 ～ 3千克。

次年11月起苗，移栽至大田。与洋芋、玉米套作按1米开厢，1行洋芋或玉米套1行独活，株距30 ～ 35厘米，亩栽植株数2 200 ～ 2 300株。净作4 400 ～ 4 600株。

（四）除草施肥

独活出苗后，应加强田间管理。要经常除草，同时要看苗追肥。

（五）摘苔

7—8月，及时摘除抽薹植株。

（六）病虫害防治

独活最常见的病害为根腐病，防治措施：一是不在地势低洼、土质黏重的地块种植；二是避免重茬；三是选择健壮无病种苗；四是在种苗栽植前，用多菌灵或恩益碧对根部进行喷雾处理；五是盛夏

多雨季节及时疏通沟渠,防洪排涝;六是抢在发病初期使用药剂防治,及时喷多菌灵、甲基硫菌灵等。

独活常见害虫有蚜虫等,发现后及时防治,可喷施氧化乐果、噻螨酮、联苯菊酯、灭多威、21%增效马·氰乳油等对症杀虫剂。

六、采收加工

秋季"霜降"后至土壤封冻前开挖收获。开挖时注意不要将根部挖破、挖断或遗失。挖出的独活,在田间略摊晾、抖落泥土后再转运。加工时,先切去芦头和细根,摊晾至水分稍干后,入炕房内加热,炕至六七成干后移出炕房,堆放至回潮后再抖尽泥土、须根,理顺后扎成小捆,再次搬入炕房,码放时注意根头部向下,用文火炕至全干,装入麻袋,储藏于低温、干燥、通风良好处。

第十七节　石柱黄连

石柱土家族自治县是国家黄连原始产地、中国优质中药材(黄连)GAP种植示范基地、重庆市道地优势中药材GAP种植技术示范基地、"中国黄连药材产业之乡"。

一、历史渊源

《石柱县志》记载,唐天宝元年(742年),石柱曾"上贡黄连10斤,木药子百粒"。

北宋地理总志《太平寰宇记》(卷一百四十九)载:"忠州领五县:临江、丰都、垫江、南宾(今石柱)、桂溪,土产苦药子、黄连……"时州领五县,唯南宾县能产黄连。

据方志记载,石柱人工栽培黄连,始于元代。至明初,石柱黄水坝(今黄水镇)、双河口(今枫木乡)一带居民即以种植黄连为生。明代中期,黄连的栽培、加工技术已臻成熟和完善。明代后期,石柱黄水坝场(今黄水镇)已成为黄连集散之地,重庆、万县、武汉、江西等地药商纷至沓来。

清乾隆四十年(1775年),《石柱厅志》记:"药味广产,黄连尤多,贾客往来,络绎不绝。"清道光二十二年(1842年),《补辑石柱厅新志》记载:"黄连产最多,性与雅连相符。"清宣统元年(1909年),《石柱厅乡土志》记述:"黄连为厅境大利,薮产黄水、双河口等处,一年种子,一年支棚,栽苗越六七年,后者为佳,茎高数寸,叶作细棱,形如芫荽,头分数种,有鸡爪、味连、金钩之别,性与雅连相符。"民国时期,石柱黄连年产量即达4 000担。民国二十三年(1934年),中国银行所编《四川省之药材》记:"味连,只有家种,专产石柱"。

民国三十二年(1943年),石柱黄连在成都参加四川省物产竞赛会;1959年,《四川医学院学报》之《黄连史》称:"峨眉、洪雅野生品种驰名天下,石柱栽培品种品质优良,产量甲全国";同年,石柱黄连在中国国家博物馆参加国庆10周年展览;1958年和1962年,朝鲜、越南两国先后通过周恩来总理和国家有关部门从石柱县引种试栽黄连。

二、产地环境

石柱土家族自治县地处重庆东部边缘山区,山场广阔、土地肥沃、植被繁茂、雨量充沛、气候冷凉、日照少、无霜期短,具有黄连生长的最佳生态环境。全县产连区总面积287.2万亩,分布在26个乡和镇(占乡、镇总数的81%),80个村和居委(占总数的33%),380个组(占总数的28%)。全县宜连土地面积70多万亩，其中最适宜种植黄连的土地面积43万亩，占宜连地总面积的57%。产区主要分布在黄水山原和七曜山中山区，海拔一般在1 000～1 800米（最高的黄水镇大风堡海拔1 934.1米）。

黄连主产区的常年平均气温为10.4℃，最高的7月平均20.1℃，最低的1月平均0.4℃，全年月平均气温超过8℃的有7个月，超过15℃的只有4个月，年总积温3 419.6℃左右。年降水量1 372.6毫米左右，最高的7月降水量为208.4毫米，最低的1月降水量仅22.3毫米，月降水量超过100毫米的有7个月。干燥度K＝0.5。相对湿度为80%～85%。年日照1 140小时左右。无霜期为188～210天。产黄连区大部分为紫色土和黄棕壤，是栽培黄连的最佳土壤，少部分为黄壤和黑钙土。酸碱度为酸性至微酸性。耕层腐殖质较厚，氮、磷、钾含量较高。其中紫色土和黄棕壤有机质含量11.5%，全氮0.484%，碱解氮417ppm，速效磷11．2ppm，速效钾349ppm，肥力适中，种植的黄连产量高、质量好。植被多为栎木类阔叶林、松杉针叶林、针阔混交林和竹木混交林。植被面积占宜连土地面积的25%～45%。

三、产品特点

石柱黄连为毛茛科植物黄连，又名味连，习称川连、鸡爪连，系常用名贵中药，始载于《神农本草经》，被列为上品，以其根连珠色黄而故名。

黄连主含小檗碱，另含黄连碱、甲基黄连碱、掌叶防己碱、非洲防己碱、巴马亭碱等多种生物碱，尚含黄柏酮、黄柏内酯。性寒，味苦。入心、肝、胆、脾、胃、大肠6经。有泻火解毒、清热燥湿、抑菌、抗病毒、降压、利胆、利尿、镇静、镇痛和增强白细胞吞噬等作用，临床常用于烦热神昏、心烦失眠、湿热痞满、腹痛泻痢、目赤肿痛、口舌生疮、耳道流脓、牙痛、消渴、湿疹、湿疮、烫伤、吐血、衄血、痈肿疔疮及妇人阴中肿痛等症。酒黄连善清上焦之热，用于目赤、口疮、牙痛、耳浓、喉肿等五官疾患；姜黄连清胃、和胃、止呕，用于治疗寒热互结，痞满呕吐；萸黄连舒肝、和胃、止呕，用于治疗肝胃不和，呕吐吞酸。以黄连磨人乳，治疗眼疾效果甚佳。现代药理研究证明，黄连还具有抗微生物、抗原虫、抗癌、抗辐射、促进细胞代谢、改善循环系统、松弛平滑肌等作用。有文献报道，黄连对治疗糖尿病、心脑血管疾病、皮肤病和某些肿瘤有一定疗效。

黄连附属产品——黄连花。

摘取黄连鲜嫩花朵，采用传统名茶信阳毛尖的生产工艺精心加工制作而成。既有花的功效，又有茶的功能。汤色黄绿透亮，其花在水中好像生命的绿精灵在舞蹈一般，令人赏心悦目；闻一闻，清幽淡雅，若用心灵去感悟，就能闻到来自深山里的春天的气息；品一品，清香中有一丝微苦，若用心细品，就一定能从淡淡的清香与微苦中品出来自天地间的至清、至真、至美的韵味来。

黄连须。采挖黄连时将附生于黄连根茎上的须根剪下晒干而成。性味与黄连正品相同，但有效成分含量次之，按5：1入药，可收同样疗效。兽药用居多，以黄连须为原料的中兽药——黄连须散于2020年获得新药证书，该产品具有较强的清热燥湿、泻火解毒功效，与同类药物相比，能显著提高猪、牛、鸡、兔等畜禽湿热泻痢治愈率，同时减少抗生素的使用和抗生

素在动物体内的残留，保障食品安全。

四、产业发展

石柱黄连品种是味连代表，历年向湖北、四川等地输出种子、种苗。种植技术、烘炕方法成为全国各地的学习样本。石柱有黄连种植、加工、销售企业25家，其中市级龙头企业3家、县级龙头企业5家、黄连种植专业合作社12家、专业黄连销售企业5家，黄连经营个体工商户达110家。贵州神奇制药并购东田药业，标准化生产线建成投产，年产五黄养阴颗粒可达10万标箱；以黄连副产物为原料的中兽药新药证书申请已经提交国务院卫生行政部门审批；以重庆泰尔森制药有限公司为首的黄连饮片销售异军突起，销售黄连饮片100吨以上。

北京同仁堂、河北石药集团、四川康宏药业、国药集团等260多家大型制药企业常年采购石柱黄连达2 000吨以上，企业生产的上清丸、左清丸、益清胶囊等药品畅销国内、出口欧美，年产值达150亿元以上。

五、荣誉认证

1985年，石柱黄连被收录进1991年正式出版的《中国土特名产辞典》；1986年，石柱黄连先后被选入《四川卫生史料》和《四川名产价谱》；1987年，石柱黄连总公司注册"神农"牌黄连商标；1989年，在山东召开的首届全国道地药材学术研讨会上，石柱黄连被确认为"中国道地黄连"；1991年，农业部在石柱投资建立优质黄连商品基地。2001年，石柱土家族自治县被科学技术部确定为"中国优质中药材（黄连）GAP种植示范基地"，同年，石柱黄连被载入《中国名优新特产品精选》。2002年，石柱土家族自治县被评为"重庆市道地优势中药材GAP种植技术示范基地"，建成了"石柱黄连GAP基地检验检测中心"；2004年，石柱黄连获得地理标志产品保护，通过首次中药材GAP认证，被评为"中国著名畅销品牌"；2006年，国家标准《地理标志产品　石柱黄连》（GB/T 20358—2006）正式发布和实施。同年，农业部批准在石柱黄连核心产区的黄水镇建立全国唯一的黄连专业交易市场——中国黄连交易市场，迎接国内外广大客商购销产品。2008年，重庆市中药研究院以石柱黄连（味连品种）为基准药材，研究起草2010年版《中华人民共和国药典》中的黄连标准；2009年，石柱黄连注册地理标志商标，同年，通过国家第二次GAP论证。2010年5月，石柱土家族自治县被正式评定为"中国黄连药材产业之乡"。2011年，重庆旺隆黄连科技有限公司通过重庆市出入境检验检疫局出口备案基地和石柱黄连出口加工基地建设，实现石柱黄连自营出口经营贸易。2017年，石柱黄连成功申报"中国重要农业文化遗产"，科学技术部"十三五"重点项目"黄连大品种开发"获得批准立项，通过首批道地药材认证，被批准为国家级出口食品农产品质量安全示范区，拍摄了《本草中国》石柱黄连宣传栏目。

六、科研开发

石柱土家族自治县是国家黄连的生产和出口基地，也是全国黄连的科研基地。与黄连有关的科技成果大多出自石柱，典籍中记载的黄连多以石柱黄连为主。1956—1959年，相关专家先后完成了石柱黄连栽培的调查、川产黄连的形态组织及小檗碱在组织中分布的研究、川产黄连中小檗碱含量与生长年限季节的关系研究、黄连史研究。20世纪60年代初期，科研人员还完成了石柱黄连根茎中生物碱的研究。研究取得的主要成果：系统地总结了石柱黄连的栽培技术；从石柱黄连中分离出小檗碱、甲基黄连碱、药根碱、一种非酸性生物碱及一种酸性生物碱；确定了石柱黄连的植物形态、根茎组织及小檗碱在根茎中的分布比较，小檗碱在各生长年限的根茎各部分中的含量；测定石柱黄连根茎含小檗碱5%～8%，高于国内其他区域黄连中的含量。同时发现石柱黄连根茎小檗碱含量与生长年限有关，确立了石柱黄连生产以味连为主的发展思路，味连生产也从石柱向全国推广。

1961年，黄连科学研究所成立。近半个世纪来，先后与原四川省中药研究所南川药用植物种植场、重庆市中药研究院、西南大学等科研院所开展技术合作，在系统总结石柱黄连栽培技术的基础上，先后取得"造林栽连""黄连轮作技术""黄连选种研究"等项重大科技成果，完成国家质量监督检验检疫总局、科学技术部和重庆市一系列黄连标准化、规范化、现代化研究及试验示范项目。"十五"时期，石柱土家族自治县依靠科技进步，提升黄连产业层次，推动石柱黄连产业发展。自2000年以来，黄连产业发展中先后实施黄连GAP规范栽培示范研究、黄连规范化人工栽培技术开发及人才培训、地产中药饮片产业化技术开发、黄连副产物综合利用关键技术研究和糖脉灵颗粒新产品开发5项科技计划，解决了黄连产业发展中的一系列关键技术难题，取得了一批具有自主知识产权的核心技术成果。在此期间，重庆市中药研究院与石柱土家族自治县合作，完成科学技术部"十五"科技攻关项目"黄连规范化种植基地建设研究""黄连种植生态经济系统重建关键技术研究与示范""黄连规模化种植关键技术优化与示范基地建设"，完成科学技术部攻关项目"味连规范化种植基地建设"和"黄连（味连）种质资源及评价研究"，完成国家支撑计划项目"黄连病虫害研究"，完成国家质量监督检验检疫总局"黄连标准化研究与示范基地建设"项目，完成重庆市科学技术委员会攻关项目"重庆地产优质药材黄连规范化种植研究"等；西南大学通过县校合作平台，开展了石柱黄连副产品综合开发利用等项目的研究，完成了"石柱黄连产业链工程项目"策划，与石柱土家族自治县内相关企业合作，开发出以黄连副产品为主要原料的中兽药、黄连花茶、新妇康洗液等系列产品。

第十八节 秀山白术

白术，传统中药材，具有健脾益气、燥湿利水、止汗、安胎等功能，可用于治疗脾虚食少、腹胀泄泻、痰饮眩悸、水肿、自汗、胎动不安等症。

秀山土家族苗族自治县地处武陵山腹地，四季分明、降水充沛，中药材资源非常丰富。秀山白术种植地水源村空气湿润、土壤肥沃、水源充沛、气候适宜，秀山白术个体大，含药量高，产品畅销国内各大中药材市场。

一、历史渊源

秀山土家族苗族自治县1955年从浙江引种试验即获成功，后逐步扩大种植，20世纪70年代末，白术年产量曾达14 535担，产值近200万元。经过60多年的栽培实践，秀山土家族苗族自治县广大山区群众积累了丰富的白术种植经验，生产中主要抓好合理轮作、土壤消毒、整地育苗、精细管理，收获加工等关键性技术环节。

二、产地环境

秀山土家族苗族自治县属亚热带湿润季风气候，四季分明，降水充沛，日照偏少。年平均气温为16.5℃，年平均降水量为1 334.6毫米，年日照时数为1 235.4小时，秀山土家族苗族自治县植物种类丰富，其中有14种国家重点保护的木本植物，水资源丰富，年平均水资源总量达86.3亿立方米。

秀山土家族苗族自治县地处武陵山腹地，水源充沛、空气湿润、土壤肥沃，适合种植白术。白术常年种植面积在万亩左右，产量约2 000余吨，白术种植区域集中在秀山土家族苗族自治县钟灵镇、孝溪乡、隘口镇、清溪场镇、雅江镇、梅江镇等地。

三、产品特性

秀山白术根茎规则的肥厚团块，长3～13厘米，直径1.5～7厘米。表面灰黄色或灰棕色，有瘤状突起及断续的纵皱和沟纹，并有须根痕，顶端有殖留茎基和芽痕。质坚硬，不易折断；断面不平坦，

黄白色至淡棕色，有棕黄色的点状油室散在，烘干者断面呈角质样，色较深或有裂隙。气清香，味甘、微辛，嚼之略带黏性。

白术的根茎，性温，味甘、苦。具有补脾、益胃、燥湿、和中的功效，临床主要用于治疗脾胃虚弱、食少胀满、倦怠乏力、泄泻、水湿停留、痰饮、水肿、表虚自汗等症。具有抗菌抗炎、抗衰老等作用，对神经系统、消化道、子宫平滑肌也有一定作用，可以调节机体免疫功能。

四、制作工艺

白术制作方法较多，药用较多的有生白术和炒白术。生白术制作：拣净杂质，用水浸泡，浸泡时间应根据季节、气候变化及白术大小适当调整，泡后捞出，润透，切片，晒干即可使用。炒白术制作：每50千克白术片，用麸皮约5千克，先将麸皮撒于热锅内，待冒烟后，将生白术片倒入微炒至淡黄色、有香气时取出，筛去麸皮后放凉，即可使用。

五、栽培技术

（一）选地

以地势高燥，排水良好的沙质壤土为宜。前茬作物以禾本为好。忌连作。

（二）整地

秋季翻、整地，次年开春化冻后，结合作畦，施入厩肥400 ~ 5 000千克，畦宽100 ~ 120厘米，高15厘米。

（三）播种

播种期为4月下旬至5月下旬，选择籽粒饱满、无病虫害的种子，放温水中浸泡3 ~ 5分钟后捞出，拌入适量沙子。播种方法：条播，选雨后晴天，在畦面上用镐开沟，沟深3 ~ 4.5厘米，行距20 ~ 24厘米，把处理好的种子均匀撒入沟内，复土1.5厘米，稍镇压，使种子与土壤紧密结合。播后要保持土壤湿润，如土壤干旱可浇水。在畦面上覆盖树叶或稻草，防止土壤水分蒸发和板结，以利出苗。当出苗60% ~ 70%时，可逐渐撒去覆盖物。每亩播种量4 ~ 4.5千克。

（四）苗期管理

除草：幼苗生长速度很慢，要及时松土除草，促其生长。间苗：幼苗长出4 ~ 5片小叶后，结合松土间苗，拔除密生苗和病弱苗，保持株距5 ~ 6厘米。遮阴：白术幼苗怕干旱，伏天高温干旱易死秧。因此，春播后可在苗床四周种玉米，起遮阳作用。摘蕾：苗床中见有抽薹幼苗时，及时摘蕾（自茎基部高3厘米处剪掉），利于术栽生长、发育。

（五）种栽储藏

10月中、下旬叶变黄时选晴天，刨出根茎，除去须根及地上部茎秆（不伤芽），摊放在阴凉、通风、干燥处1～2天，见术栽皮稍干，即可入窖。

（六）移栽

4月下旬至5月上旬移栽。选择根茎大小相近、无病虫公害、芽头饱满的根茎作种栽。在畦面上按行距18～21厘米开沟，沟深4.5厘米，按株距12～15厘米，将术栽芽向上摆于沟内，覆土3～4.5厘米，轻轻镇压。每亩栽种6 000～8 000株，用术栽量约30～40千克。

（七）田间管理

1.中耕除草

苗高3～6厘米时，中耕除草，宜浅松土。

2.追肥

苗高12～15厘米时，追第一次肥。每亩用人粪尿800斤，加水3倍稀释，在株距间开浅穴、施后覆土，以催苗生长；苗高18～21厘米时追第二次肥，施入人粪尿500千克，加水2倍稀释；白术摘蕾后追第三次肥，施入人粪尿750千克，加水1倍稀释，或溶化施用硫酸铵7.5～10千克。

3.摘蕾

白术栽种后抽薹开花较多，除留种植株外，其余抽薹植株均在现蕾但未开花前摘除花蕾。摘蕾要及时，过早影响植株生长，过迟消耗养分过多。选晴天，早晨露水干后摘蕾。

4.适时排水

忌高温、多湿。

第二章
叶、皮、果类

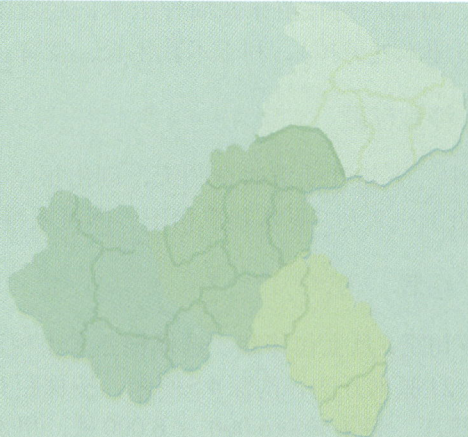

第一节　彭水苏麻

　　彭水苏麻，学名紫苏，栽培于武陵山脉腹地。中国原产原生物种，农产品地理标志（证书登记编号AGI01338）农产品。2002年卫生部公布的首批食药两用60个物种之一。

一、历史渊源

　　《尔雅·释草》曰："苏，桂荏"。紫苏自古就被人称为是可以令人"返老还童"的植物，嫩茎叶可研汁煮粥。紫苏属药膳香辛型的一种，在我国有2 000多年种植应用的历史。《山海经·大荒西经》曰："有灵山，巫咸、巫即、巫盼、巫彭、巫姑、巫真、巫礼、巫抵、巫谢、巫罗十巫，从此升降，百药爰在"。根据《山海经·海内经》和《华阳国志·巴志》中的相关记录，"巫彭"即现在以重庆彭水为中心的武陵山脉与大娄山脉交汇一带。"百药爰在"说明这一地区药材品种多样，紫苏生长其间是再自然不过了。

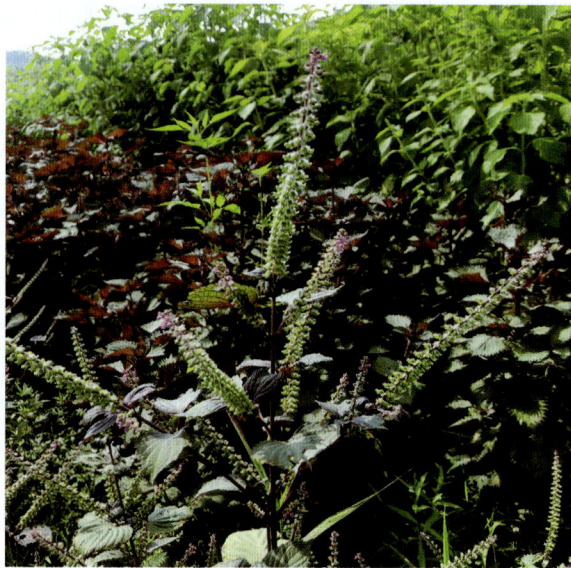

　　北魏贾思勰的《齐民要术》说：苏子"雀甚嗜之，必须近人家种矣。收子压取油，可以煮饼。荏油色绿可爱，其气香美，煮饼亚胡麻油，而胜麻子脂膏"。南北朝陶弘景的《名医别录》曰："苏味辛，温。主下气，除寒中，其子尤良，榨其子作油，日煎之，即今油帛及和漆所用者。服食断谷亦用之，名为重油。"

　　《新唐书·长孙无忌传》载有"一品俸置于黔州"（唐代黔州治所就是彭水郁山），《唐六典·膳部郎中》规定，一品俸每月食料：细白米二升，粳米、梁各一斗五升，粉一升，油五升，蜜三合，苏一合……这也是目前"紫苏"在武陵山脉地区最为明确的记录。

　　清代，彭水苏麻被描述为"条干并节，大叶繁枝，蓊茸纷披，凌群独秀"的物种，彭水当地民族常采苏子，炒制后舂成粉状，做汤圆馅料、蘸糍粑、蘸红薯食服，嫩叶采做时蔬食用。在《彭水苗族土家族自治县民族宗教志》中有关于苏麻治愈肝硬化的明确记录。据《彭水县志》《彭水百科》《彭水苗族土家族自治县民族宗教志》等记载，苏麻是一种可入药的油料作物，也有将"紫苏"作为皇室贡品的记录。

二、产地环境

（一）地域范围

彭水苏麻生长于中国南部山区腹地的重庆市东南部，武陵山脉与大娄山交汇的乌江流域，北纬30°附近，海拔400～1 000米。

（二）自然生态条件

1.地貌及土壤

彭水苏麻种植地以高中山、丘陵为主，主要土壤为冲积土、紫色土、黄壤。植被腐殖质丰富，森林覆盖率为39%。

2.水文状况

彭水境内河流纵横，河流、溪涧切割，呈枝状分布，均属乌江水系，有终年不断流且流域面积大于50平方千米的河流20条。彭水苏麻种植地是国内少有的优质水资源区域。

3.气候条件

彭水苏麻（紫苏）产地属中亚热带温润季风气候区，四季分明，春早、夏热、秋长、冬暖，日照充足，雨量充沛，天气温和，无霜期长，霜雪稀少的气候特点，适宜紫苏生长。

三、产品特色

彭水苏麻幼苗长势强，幼苗期叶底紫红色。叶唇形复叶，叶缘锯齿状，香气馥郁。成熟期株高1.5～2.0米，花萼白，蕊浅紫色。籽实圆形，棕褐色，少部分表皮有纹理，泛灰黑色或棕褐色。苏子咀嚼有核桃沁润香。生长期不低于240天。

历史上有诗人其描述曰："条干并节，大叶繁枝，蓊茸纷披，凌群独秀"。

彭水苏麻富含α-亚麻酸（比深海鱼、核桃高出2～8倍）、蛋白质、维生素E、维生素K_1、叶酸，以及锌、硒、镁、铁、铜等微量元素，其ω-3系在脂肪酸中占比高达74.1%，代谢物EPA具有清血脂、改变血液黏稠的作用。DPA又被称神经活性因子，脑黄金DHA是形成脑细胞和视神经细胞的基础物质。武陵山脉一带人民广泛将彭水苏麻用于肝病食疗，效果佳。

彭水苏麻外在特征：大叶繁枝、面背青红、白花紫蕊、籽粒灰褐、实而青纹。籽粒呈圆形、灰褐色、有光泽，千粒重3.0克左右，壳薄易脆，易咀嚼，有核桃沁润香、特有芳香气味。

内在品质：100克苏子中，脂肪34.0～41.8克，其中α-亚麻酸22.4～27.4克，锌3.88～5.12毫克，硒7.6～11微克，镁234～284毫克，铁5.22～8.10毫克，蛋白质18.9～26.8克，维生素E9.3～99.1毫克，维生素K133～319微克。

2015年后，彭水苏麻产地严格执行农产品质量安全《无公害农产品　种植业产地环境条件》（NY/T 5010—2016）标准。食用苏麻油严格按照无公害食品国家标准《绿色食品　油菜籽》（NY/T 2982—2016）执行。

四、药用价值

紫苏油具有抗血栓，降低血压、血脂、胆固醇的作用，对视觉功能和学习行为有促进作用，对过

敏反应及肿瘤有抑制作用。用紫苏叶泡水喝，可增食欲、助消化及防暑降温，还可预防感冒及胸腹胀懑。民间还有用苏梗煮水保胎的说法。

五、种植技术

彭水苏麻种植遵循原地域、原生物种、非农药、非化学肥力的原则。

（一）立地条件

土壤质地良好，栽植地和直播地以阳光充足、排灌方便、疏松肥沃的沙质壤土、pH6.3～7.2的富含腐殖质的壤土、中性或微酸性的土壤种植为佳。

（二）品种选择

采用原产地品种繁殖。

（三）种植过程控制

1.穴播方式

彭水苏麻在已整好的地上，通常按窝距50厘米挖浅窝。先以清粪水将穴内淋湿。

每亩用种子150克与草木灰50～100千克、人粪尿25千克充分拌匀后，播种时，每窝一小把草木灰种子，薄覆土。

2.育苗移栽方式

育苗田多采用撒播，其方法为：在已整好的苗床上，先施稀人粪水每亩800～1 000千克。每亩用种子0.5千克与150千克左右的草木灰拌匀后，均匀撒入畦面，盖草木灰或细土0.5厘米（或稻草、麦秆），微镇压，使种子与土壤紧密结合，保持床面湿润，一般5～7天出苗，早春气温低，可在苗床上覆盖塑料薄膜或稻草，以减少水分蒸发，保持温度，促进种子发芽，幼苗顶土后揭去覆盖物。幼苗长高后适时移栽。

3.施肥除草

定植初期要及时中耕除草、匀苗，以利幼苗发根。5月中下旬初次除草后，亩追施人畜粪水10～15挑，可以有效地提高产量。6月底7月初，施农家肥并及时中耕、二次除草，叶面喷施有机微量元素肥料，之后植株很快封行，杂草失去进行光合作用的空间，不再除草。9月至10月花开前1周，喷施有机微量元素肥料或微生物菌稀释液，促进结实。

4.病虫害防治

彭水苏麻病虫害较少。少有发生的病虫害为小青虫和蚱蜢、锈病、颈枯病等。

（1）小青虫、蚱蜢防治。5月底6月初，始发小青虫为害叶片。目前未采用农药措施，可采用速灭杀丁、瓢甲敌（蚱蜢成虫）等残效期短的强力杀虫剂喷治。发病初期用70%代森锌胶悬剂干粉喷粉，或用1∶1∶200倍的波尔多液喷雾，15天喷1次，连续喷3～4次；也可喷洒50%多菌灵可湿性粉剂1 000倍液，7～10天喷1次，连喷2～3次防治。

（2）锈病防治。6—7月多发，目前也未采用农药措施。（发病初期，可用50%托布津1 500倍防治，连续喷药2次，每周1次；或用1∶1∶200倍的波尔多液喷雾，15天喷1次，连续喷2～3次）。

（3）颈枯病防治。发病期为8月底到9月底。

5.打顶促枝

苏麻的分枝性较强，平均每株对生分枝可达25～30个，叶片数达300～400片，花数达3 500朵之多。若以收获种子为目的，苗期晴天掐除顶尖，以促分枝生长，形成以2～3次分枝为主产穗的株型。若以收获嫩茎叶为目的，则可摘除已花芽分化的顶端，使之不开花，维持茎叶旺盛的生长态势。

6.留蓄种子

彭水苏麻为种子繁殖。重茬地不留种，留好种子对彭水苏麻的产量和质量至关重要。留种的苏麻种植宜稀，以行、株距各50～80厘米为宜。苏麻种子成熟期为11月下旬至12月上旬，采收要适时。当果穗下部2/3长的一段果萼变成褐色时，即应采收。采收时，将果穗剪下、晒干、脱粒、簸净，置干燥、低温处保存。

7.产品收获及储存

苏麻收获后宜阴干，连叶带茎者为全苏，然后分为苏叶、苏子、苏梗分别利用。

六、产业发展

（一）保护区域

彭水苏麻地域保护范围位于北纬28°57′—29°50′，东经107°48′—108°35′。县境内连湖、联合、石柳、郁山、走马、龙溪、芦塘、保家、乔梓、长滩、迁桥、岩东、桑柘、桐楼、梅子垭、双龙、诸佛、小厂、龙射、平安、鹿鸣、普子、棣棠、三义、黄家、大垭、润溪、龙塘、朗溪、鹿角、善感、鞍子、石盘、新田等35个乡（镇）150多个自然村处于保护区范围。平均海拔600米以上。

（二）种植区域产量、产值

地理保护范围内种植面积10万亩。2018年，有平安乡、鹿鸣乡、梅子垭乡、诸佛乡、汉葭街道、黄家镇、郁山镇、走马乡、保家镇、乔梓乡、岩东乡、桑柘镇、桐楼乡、龙射镇、润溪乡、龙塘乡、鹿角镇、鞍子乡、连湖镇等20余乡（镇、街道），60余村套作零星种植。彭水苗族土家族自治县年产苏子1 000余吨、苏叶1 500吨、苏梗5 000吨，产值3 000余万元。

七、标志使用

2013年，彭水苏麻通过农业部农产品地理标志登记，彭水境内需使用农产品地理标志的苏麻生产经营者，须向登记证书持有人提出申请，并按照相关要求规范生产和使用标志，统一采用"彭水苏麻"和农产品地理标志公共标识标注方法。

八、荣誉认证

彭水苏麻在2014年第十五届中国（上海）绿色食品博览会上荣获金奖。2016年，在第十七届中国（长春）绿色食品博览会上再获金奖。2016年，经中国品牌建设促进会审定，"彭水苏麻"品牌价值为3.86亿元。2017年，被列入全国名优特新农产品目录。

第二节　江津枳壳

枳壳，又名川枳壳和江枳壳，药用来源为芸香科植物酸橙及其栽培变种的干燥未成熟果实，枳壳性味苦、温。可理气宽胸、提肛消胀，为健胃剂、强壮剂、祛风剂和矫味剂。主治感冒、消化不良、胸膈痰滞、胸痹、胁胀、食积、噫气、呕逆、下痢后重、子宫脱出、脱肛等症。枳壳除作为传统中药材被应用外，而今在食品和化工等众多领域也有着广泛的用途。经过深加工，可做成保健饮料、枳壳饲料、美容精华素、香精等多种产品。

川枳壳是重庆地区的道地药材，20世纪六七十年代，重庆市种

植有大量川枳壳，主要出口到南非、南美洲及日本等地。改革开放以后，经济转型，川枳壳滞销，发展速度放缓。

一、历史渊源

《江津县志·柑橘志》中记载，"江津县栽培酸橙（枳壳）始于明代，以永兴场栽培最早。至清代已是枳壳成林，远销海外。永兴出产的枳壳气味浓烈、药效显著，被清代商家、医家誉为'江津枳壳'。"值得一提的是，永兴枳壳的上佳药效在《中华人民共和国药典》也有明确记载。

二、产地环境

永兴镇位于江津区西南方，具有中丘、浅丘地貌，镇内浅丘密布，海拔275～1085米，中部区域相对较平坦，东部地势起伏相对分明，具有气候温和、冬暖春早、热量丰富、降水充霜期长，温差大、多雾、少日照的特点。年平均气温17～18℃。

三、品质特点

枳壳的主要药用成分为柚皮苷、新橙皮苷，具有抗氧化、降血脂、抗动脉动粥样硬化等功效。合格枳壳的柚皮苷、新橙皮苷的含量不少于4%、3%。据重庆中药研究院检测，夏坝镇大坪村枳壳橘皮苷、新橙皮苷的含量分别达8.83%、8.2%。为枳壳中难得的上品。

永兴江津枳壳果实呈半球形，直径3～5.5厘米。外皮绿褐色或棕褐色，略粗糙，散有众多小油点，中央有明显的花柱基痕或圆形果柄痕。切面中果皮厚0.6～1.2厘米，黄白色，较光滑，略向外翻，有维管束散布，边缘有棕黄色油点1～2列。质坚硬，不易折断，瓤囊7～12瓣，少数至15瓣，囊内汁胞干缩，棕黄色或暗棕色，质软，内藏种子。中轴坚实，宽5～9毫米，黄白色，有一圈断续环列的维管束点。气香，味苦、微酸。以外果皮色绿褐、果肉厚、质坚硬、香气浓者为佳。

四、生产情况

川枳壳作为中药材，基地始建于20世纪六七十年代，最初试点面积100亩，1996年，承包给个人经营。经20多年的发展，现已扩大规模，形成基地，总面积达700亩。川枳壳生产基地具有无污染的优势，根据农业农村部无公害标准生产，严格控制施用化肥，禁止使用高毒、高残留农药，达到或超过用作中药材所要求的各项生产指标。

2017年，枳壳产业占永兴镇农业总收入的20%，成为种植农户家庭收入的重要来源。一大批农户靠种植枳壳走上了脱贫致富之路。永兴镇年产量在20吨以上的种植大户5户，收入在10万元左右；2吨以上的大户300户，收入在1万元左右。

五、加工技术

（一）栽培技术

1.立地条件

土壤以土层深厚、质地疏松、排水透气好，微酸、微碱（pH6.0～7.5）的冲积土、沙质壤土为好。要求养分齐全，除氮、磷、钾、钙外，还需要适量的镁、硫、铁、锌、铜、锰、钼等微量元素。硼在叶片中的含量不能少于50ppm。黏重、排水不良之地不宜栽培。

2. 苗木繁育

育苗地宜选择土层深厚、质地疏松的沙质壤土（忌用上年育过柑橘类的苗地），结合耕翻，施足底肥，然后整平作畦。移植地宜选择山地或丘陵地向阳坡。分为种子育苗、嫁接两种。从无检疫性病虫害的母株上采集接穗、嫁接繁育。

3. 定植

春季定植时间为2月下旬至3月底，秋季为9月中旬至10月中旬，选定的场地应深翻，并整理成梯形，按行株距各5米，挖成直径70厘米、深50厘米左右的种植穴。每公顷定植株数≤900株。

4. 施肥

每公顷年施有机肥≥7 500千克。

5. 整形修剪

通过修剪，使树体通风透光。

6. 安全要求

农药、化肥等的使用必须符合国家的相关规定，不得污染环境。

（二）采收

枳壳一般在7月（"大暑"前后）果实未成熟时采摘，过迟则瓤大皮薄，质量差。

（三）加工

将收摘的果实自中部横切成两半（对开），晒干或用煤火烘干。晒时要摊在草地上，先晒瓤肉一面，待晒至不沾灰土时再翻晒果皮面，直至全干。晒时切忌沾灰、淋雨，也忌摊晒在石板或水泥地面上，干后才能达到皮青肉白。如用火烤，火力不能过大，防止烤焦。最后入库储藏。

第三节　垫江丹皮

垫江丹皮，地理标志产品。重庆直辖前，垫江丹皮被称为"川丹皮"，与著名的安徽"凤丹"齐名，是全国丹皮的两大品系。垫江丹皮外表灰褐色，内为赤褐色，具有肉厚、粉质足、亮银星、香味浓、药用功效好、高酚含量高（平均值为2.78%，高出全国平均值0.25%）的特点。

一、产地环境

垫江丹皮适宜生长土壤为石骨子土、矿子黄泥土、粗骨性黄泥土、大眼泥和黄沙土等，主要由雷口坡组紫红色粉砂质水云母岩、嘉陵江组、雷口坡组灰岩以及雷口坡组浅灰黄色粉砂质水云母岩风化、发育而成，海拔高度400～800米。

土壤pH多为6.8～8.2；不同土壤中有机质含量：矿子黄泥土为29.3克/千克，石骨子土为18.2克/千克，黄沙土为11.7克/千克；土壤碱解氮的平均含量为40.0毫克/千克；速效磷的平均含量为7.0毫克/千克；速效钾平均含量为145.4毫克/千克。丹皮以在矿子黄泥土和粗骨性黄泥土上生长的品质为最好，其丹皮酚含量普遍较高，根条分叉少、须根少，折干率较高，有利于较高等级商品丹皮的加工。

垫江丹皮主产区地理环境特殊，整个区域呈一狭长的带状，槽谷两侧的山顶植被保存完好，邻近

无工业企业，主产区域远离交通主干道10千米以上。经定点取样检测，区域内空气中二氧化氮、二氧化硫和总悬浮物颗粒3项指标符合《环境空气质量标准》（GB 3095—2012），综合污染指数表明空气环境质量为一级。参照《无公害农产品　生产质量安全控制技术规范　第3部分：蔬菜》（NY/T 2798.3—2015）标准，垫江牡丹主产地土壤无超标污染物，综合污染指数评价为一级土壤环境质量。牡丹为耐旱、耐瘠薄植物，无须浇水灌溉，参照国家《农田灌溉水质标准》（GB 5084—2005），垫江牡丹主产区地表径流水质符合GAP绿色药材用水要求。产地环境为优质药材的生产基地。

二、历史渊源

南梁药物学家陶弘景整理的《名医别录》记载：牡丹"生巴郡及汉中，二月、八月采根，阴干"。《本草品汇精要》有"《图经》曰：生巴郡山谷，汉中、丹、延、青、越、滁、和等州山中皆有之"的记载，并在"道地"项下记载"巴蜀、剑南、合州和州宣州者并良"。《国花大典》阐释："巴郡，在原四川省，指重庆、南充至剑阁的广大地区，即川东一带；合州有二，指重庆附近和广东雷州半岛。此指前者可能性较大。"廖谟高考证："现今垫江县名，是西魏恭帝二年始建（析临江县地置垫江县），恭帝前的垫江县是指今合川市。……现今垫江县域内曾由州、县所割：西属邻州，东南属丰都，东北属忠州。北周、隋、唐、宋、元、明、清均有改割或析。但无论江州还是巴郡，都辖现今垫江全境；而据巴郡诸县志察，唯垫江县有牡丹种植历史"。因此，牡丹"生巴郡山谷""合州者佳"，均为对今垫江牡丹的历史记载。

始建于南梁大通年间的垫江县新民镇大通寺，当年已把牡丹作为寺花栽培，其历史有1470年以上。在当地已发现一些明清时期的古墓上刻有牡丹图案，一些古建筑的门窗、床头上也雕有牡丹图案。另据民国六年（1917年）版《垫江乡土志》记载："本境货丹皮远销重庆、达县等地，年值银数百两。"民国七年（1918年），垫江县外商人在太平场（今垫江太平镇）设点收购粉丹、丹皮。垫江县志记载：民国十五年（1926年），粉丹可换黄谷1石。由此可见，垫江县牡丹的种植历史悠久，有资料可查的历史就有1500年以上。

三、品质特点

垫江丹皮药材呈筒状或呈片状，筒多细瘦，肉薄，质松，具有亮银星，有香气，味微苦而麻，主要用于抗病原微生物、抗心肌缺血、抗炎、保肝、降血糖，以及清热凉血、活血化瘀等临床应用。

（一）外在感官特征

垫江丹皮分原丹和刮丹。原丹呈筒状或半筒状，有纵剖开裂缝，略向内卷曲，长5～20厘米，直径0.5～1.2厘米，厚0.2～0.4厘米，外表面灰褐色，有多处横长皮孔样突起和细根痕，栓皮脱落处呈粉红色；内表面淡灰黄色或浅棕色，有明显的细纵纹，常见发亮的结晶。质硬而脆，易折断，断面较平坦，淡粉红色，粉性强。气芳香，味微苦而涩。刮丹外表面有刮刀削痕，外表面红棕色或淡灰黄色，有时可见灰褐色斑点状残存外皮，其他特征同原丹。

（二）内在品质指标

垫江丹皮中丹皮酚含量 ≥ 2.5%。

（三）安全性

产地环境符合《绿色食品 产地环境质量》（NY/T 391—2013）要求，产品质量符合《GAP 认证检查评定标准》要求。

四、栽培技术

垫江丹皮与牡丹同株，牡丹不结种子，属无性繁殖。每年秋后的 9 月下旬或 10 月上旬，采收丹皮时，先将牡丹挖出，去掉泥土、病根和伤根。晾 1 ~ 2 天再分株。分株即顺势将植株分成数枝，除去老枝，选择匀称、带有细根和 2 ~ 3 个健壮芽的作种苗。

（一）整地栽种

9 月下旬至 10 月，选择疏松、肥沃、排水良好的坡地，开 1 米高畦栽种。亩施腐熟厩肥或堆肥 1 500 千克，行距 50 厘米，株距 40 厘米。每亩用种苗 2 500 株左右。每窝栽 1 株苗，填土后踩紧。

（二）中耕除草

夏季是杂草滋生的旺季，一般要中耕 5 ~ 6 次，做到有草即除，保证田内无杂草。中耕既能除草，又能保墒、散湿。排水良好的牡丹园地也可采用株行间铺干草的方法，抑制杂草生长，同时起到保墒、降温的作用。

（三）病虫害防治

夏季病虫害发生较重，主要是叶部病害和食性害虫以及根部病害。防治病虫害，要坚持预防为主、防治结合的原则，具体措施如下。

1. 喷施叶面保护剂

花后约 2 周，叶面喷施 0.5% 的石灰等量式波尔多液，以防病菌侵害叶片。一般药效可维持 2 周左右，连喷 2 ~ 3 次。

2. 喷杀菌剂

七八月，选用托布津、多菌灵、百菌清、粉锈宁等杀菌剂喷药 3 ~ 4 次，一般 7 ~ 10 天喷 1 次。

3. 杀虫

可结合喷杀菌剂，在药液中加杀虫剂，如菊酯类杀虫剂、氧化乐果等，防治食性害虫。

4. 防治根部病害

在牡丹根部周围土壤打洞 2 ~ 4 个，将磷化铝等药剂置于洞内以杀灭病虫。

五、采收加工

牡丹定植后 4 年左右即可收获丹皮，以 4 年为佳。8—11 月均可采收，8—9 月采收的水分较多，虽容易加工，质韧色白，但质量和产量均偏低，10 月采收的虽质地较硬，加工较难，但质量和产量均较高。采挖要选在晴天进行，将植株根部全部挖出，抖去泥土，剪下鲜根（作分株种苗的应尽量多留须根），待稍蔫后，除去须根，用手握紧鲜根，扭裂根皮，抽出木心。

优质丹皮不刮皮，直接晒干，称为原丹。根条较粗直、粉性较足的根皮，用竹刀刮去外表栓皮，晒干，称为刮丹。根条较细、粉性较差或有虫疤的根皮，刮皮或部分不刮外皮，直接晒干，称为连丹

或统货。晒干的丹皮均称为粉丹。在加工时，根据根条粗细和粉性大小，按不同商品规格分开摊晒，以便投售。药用牡丹亩产鲜根1 000 ~ 2 500千克，折干率为30% ~ 35%。

六、荣誉认证

1962年，商业部组织专家对全国各地生产、上报、送检的丹皮样品进行质量评比、论证、鉴定，认为四川省垫江县和安徽省铜陵县所产的丹皮质量为最佳，确定垫江为全国粉丹良种基地，负责繁育并向全国提供种苗。

2014年，垫江丹皮通过农业部农产品质量安全中心审查和组织专家评审，准予登记为地理标志产品，获地理标志登记保护。

第四节　酉阳青蒿

酉阳青蒿，又名香蒿、苦蒿、蒿枝，为菊科黄花蒿属，植物黄花蒿的全草，含近挥发油、蒿酮、乙酸蒿酯、左旋樟脑、蒎烯、乙酸苯甲等，有清热解毒、凉血、解暑等功能，对疟疾有显著疗效，中医和民间验方一直用青蒿治疗疟疾。青蒿素及其制剂是国际上公认治疗恶性疟疾的首选药物，被非洲、美洲人称为"神药"。

一、发展历史

1967年5月23日，中国成立了专门的"青蒿及其衍生物开发利用办公室"，之后开展了青蒿的专题调查并展开"酉阳县青蒿资源及青蒿素化学生态生物学"评估。酉阳土家族苗族自治县境内的青蒿资源年蕴藏量为335万余千克，检测在40个样点采集的120个样品，结果显示，青蒿素平均含量0.6%，最高为0.97%，明显高于其他地区的青蒿。1986年，酉阳开始探索大田种植青蒿，并成立武陵山制药厂，收购当地野生蒿叶提取青蒿素。1994年，四川武陵山制药厂以酉阳青蒿为原料生产的酉武陵山牌青蒿素，在四川省名特优新产品博览会上被四川省人民政府授予"金奖产品"称号。

2006年11月，酉阳青蒿被国家质量监督检验检疫总局批准为地理标志产品。是武陵山区最大的中药材生产基地。青蒿作为酉阳的道地中药材，已发展成为县域经济的支柱产业，是几万农户的主要收入来源，也是全县经济和财政税收不可或缺的重要组成部分。

截至2012年，建成青蒿核心基地9万亩，种植青蒿面积12万亩。

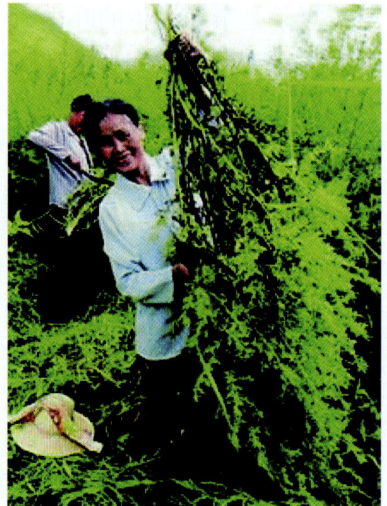

二、品质特征

酉阳青蒿是在酉阳特定的环境中，从道地的酉阳青蒿种质资源中选育出的优良品种。酉阳青蒿，茎圆柱形，表面黄绿色或棕黄色，具纵棱线，质略硬，易折断，断面中部有髓；叶卷缩易碎，完整者呈三回羽状深裂，小裂片矩圆形或长椭圆形，两面被短毛，因其气香特异，药用价值极高，常用于治疗暑邪发热、阴虚发热、夜热早凉、骨蒸劳热、疟疾寒热、湿热黄疸。

酉阳青蒿的青蒿素含量高、杂质少、易提取。酉阳一般野生青蒿的青蒿素含量在0.6% ~ 0.9%，栽培品种的青蒿素含量在1.0% ~ 1.3%，优良单株青蒿素含量高达1.8%以上，为全世界最高，酉阳青蒿提取的青蒿素有非常高的工业价值。

酉阳青蒿的理化指标：产品叶片≥97.0%；含水量≤13.0%；总灰分≤8.0%；酸不溶性灰

分≤1.0%；杂质≤1.0%；特级品青蒿素（$C_{15}H_{22}O_5$）含量≥0.9%，一级品≥0.8%，二级品≥0.7%。

三、生态环境

酉阳地处武陵山腹地，地形以中低山及丘陵为主，地势起伏不平，呈鸡爪状，其间遍布溪河，泉点、水库、水塘星罗棋布，水资源丰富。产区山地自然植被好，空气清新，气候温和，雨量充沛，早晚露雾重，常年霜雪少，无霜期长。土地广袤，以黄壤及黄棕壤类型土为主，富含有机质及矿物质，呈中性偏微酸性。大自然赋予酉阳得天独厚的青蒿生长的自然生态环境。

四、生产技术

（一）品种选择

青蒿素含量≥1.0%的酉阳原产黄花蒿在隔离条件下繁育的种子。

（二）立地条件

海拔300～800米的低山、高丘地区，选择向阳的平地、缓坡或阶地种植，要求土壤保水保肥性能好，pH6～7，有机质含量≥1.3%。

（三）栽培管理

1.育苗

每年1月上旬至2月中旬，用地膜覆盖保温育苗。

2.假植

在幼苗具有8～10片真叶时假植培育壮苗。

3.移栽

每年3月底至4月上、中旬，选择晴天傍晚或阴天移栽，每亩定植1 000～1 200株。

4.肥水管理

足施底肥，早施促苗肥，追施抽茎肥，重施分枝肥，补施花果肥。

5.病虫害防治

禁施高毒、高残留及有机磷类农药。

（四）采收

8月上旬至9月上旬，在青蒿植株进入花芽分化末至现蕾初期，选晴天9～16时及时采收。

（五）加工

自然晾晒干燥或在38℃以下的环境中人工干燥，至蒿叶含水量≤13%，去枝梗，收叶储藏。

第五节　铜梁使君子

使君子，中国传统的稀有中药材，《本草纲目》曰："气味甘，温，无毒。主治小儿五疳，小便自浊，杀虫，疗泻痢。开宝。健脾胃，除虚热，治小儿百病疮癣"。使君子为使君子科落叶藤本灌木植

物使君子的种子，主产于重庆、广东、广西、云南等地，9—10月采收，具有杀虫、清积之功效，是常用于蛔虫病及小儿疳积的纯天然中药。铜梁区水口镇是全国最大的使君子生产基地，"铜梁使君子"已在国家工商行政管理总局注册地理标志商标。

一、历史渊源

铜梁使君子具有悠久的种植历史。明清及近现代《铜梁县志》在药用植物里都记载了使君子。传说明代著名医学家李时珍曾到铜梁考察、采集并记录了使君子，产地在铜梁县水口场。重庆大学编著的《重庆之最》一书记载，水口镇是全国最大的使君子生产基地。早在清乾隆时期，该镇居民就已开始种植使君子。

二、产地区域

铜梁使君子产地以水口为中心，地理坐标为北纬29°49′6″—29°56′1″，东经106°1′3″—106°9′54″，产地面积32.01平方千米。水口镇及周围优良的水土、气候生态环境，为使君子提供了生长结果的最佳条件。水口镇使君子具有独特的中药材价值，2009年，水口镇被评为"中国使君子之乡"。

三、产品特征

使君子果实呈椭圆形或卵圆形，具5条纵棱，偶有4～9棱，长2.5～4厘米，直径约2厘米。表面黑褐色至紫黑色，平滑，微具光泽。顶端狭尖，基部钝圆，有明显圆形的果梗痕，其主要功能是驱虫、消疳积，尤其对蛔虫、蛲虫有良好的驱杀作用；也可炒香去壳嚼食，其味与坚果一样香浓。

使君子含氨酸、氨酸钾、甘露醇；脂肪油23.9%，油中含肉豆蔻酸4.7%、棕榈酸29.3%、硬脂酸9.2%、油酸48.5%、亚油酸9.6%等；富含甾醇（以植物甾醇为主）；果肉含胡芦巴碱、枸橼酸、琥珀酸、苹果酸、蔗糖、葡萄糖。

四、栽种方法

初春时节，农民在悬崖边或树旁采下老使君子攀缘茎兜部发出的枝芽，栽进土里，在春风春雨的滋润下，使君子成活，并借周围的树干或岩壁向上攀升。一段时间后便逐渐成熟并开花结果。

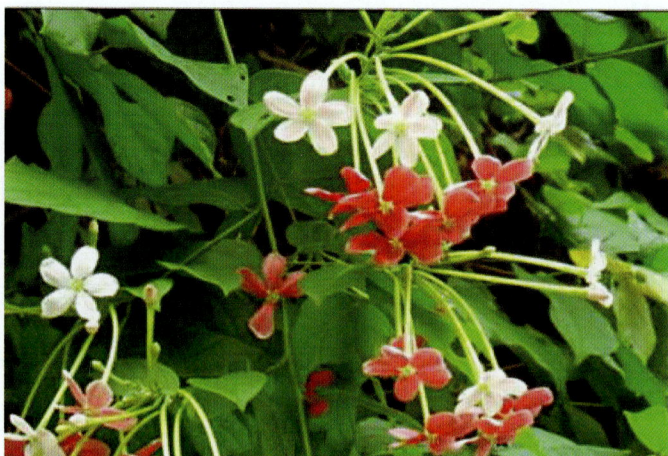

五、生长周期

使君子为藤蔓木本植物，春夏时节为生长旺盛期，可为树干或崖壁"穿"上绿色盛装。夏季开花，花萼筒（花梗）细长，由五片花瓣组成五角星形的花朵，显得淡雅别致。6月过后，使君子花便慢慢凋谢，开始形成嫩嫩的果实。9月，果实逐渐成熟，由青转黑，呈椭圆形或卵圆形，具5条纵棱，两端尖，形如梭状，长约3厘米，宽约2厘米，紫黑色，平滑微有光泽。10月，果实成熟收获时，迟开的秋花还星星点点缀在枝头。

六、发展状况

使君子为铜梁区水口镇特有的中药材。使君子原为野生，经多年摸索试验，人工种植已获成功，2018年，水口镇使君子已野生与人工种植兼存。铜梁区水口镇是全国最大的使君子生产基地。全镇使君子种植面积已达4 000余亩，总产量900余吨，居全国之最。2012年，水口镇向国家工商行政管理总局成功申请注册"铜梁使君子"地理标志商标。

第八篇

林 产 品

第一章
木竹加工制品

第一节　万州谭木匠梳子

万州谭木匠梳子，"中国驰名商标"产品。"谭木匠"先后被评为"中国驰名商标""重庆市著名商标""中国公认名牌"。至2017年年底，"谭木匠"已向国内外200多个大中城市输送产品。

一、产品特点

"谭木匠"匠心独运的时尚设计，百年传承的手工艺制作，使每一件产品都成为个性的彰显、品位的体现，在时尚的尖端闪耀着传统人文情怀的光芒。"谭木匠"系列产品均为木制，"我善治本"是"谭木匠"的品质方针。"谭木匠"梳子椭圆和圆柱形的梳齿设计可让梳发过程更柔滑顺畅、不伤发质，流线型的梳背线条时尚美观。精细的手工雕刻、具有民族特色的绘画，是传递亲情、友情、爱情的载体。梳子既是日用品，也是工艺品。其发梳系列产品有近千种款式，可分为生日月份类、雕刻图案类、家庭合家欢类（3个1套）、情人对梳类（心形设计）等。该梳子具有按摩、顺发、防静电等特性。

二、发展历程

20世纪80年代初，生于世代木匠家庭的谭传华继承祖业，做了木匠，从事木头手工艺品雕刻。1993年6月，创办万州三峡工艺品有限公司，从事木梳生产。1995年，谭传华注册"谭木匠"梳子商标。1997年3月，正式成立重庆谭木匠工艺品有限公司。同年，公司生产的天然梳子被中国社会调查事务所确认为"中国公认名牌"，谭传华的小木梳从此获得了较高的市场知名度。

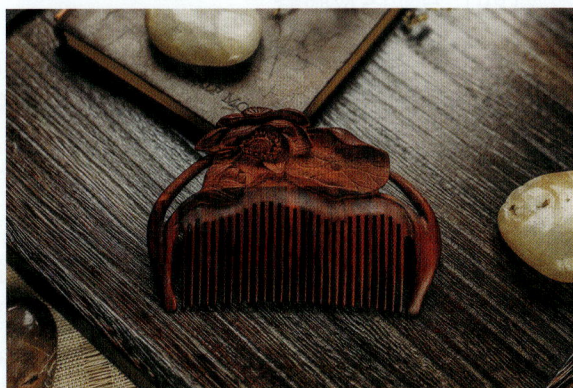

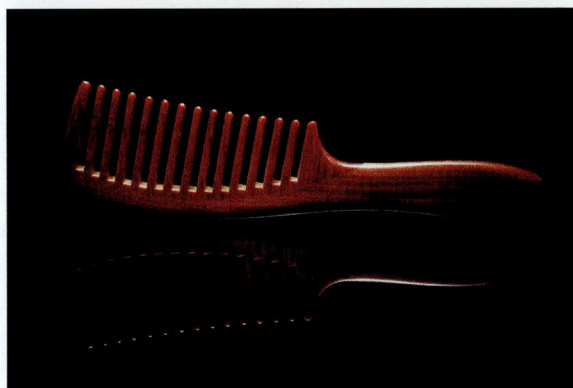

三、生产情况

"谭木匠"以木梳为主业，附带镜子、手珠等小木制品，常规在售产品500余款，并年年推出上百种新款式的产品，满足消费者不同的个性、需求。产品概念围绕亲情、友情、爱情等主题，有异材质镶嵌系列、漆艺系列、传统纹样系列、"常回家看看"系列等产品。"谭木匠"产品在产品包装盒上均印有1个二维码，可查出生产日期。

（一）原材料

"谭木匠"梳子原材料为纯天然的水黄杨、玉檀木、黑檀木、黑酸枝、小叶紫檀、水牛角、绵羊角等。

（二）工艺流程

包括锯料、烘干、取形、打磨、抛光、插齿、镶齿、合木、彩绘、漆艺等46道手工工序。

（三）设计团队

"谭木匠"的设计师团队有4个来源，一是内部设计团队；二是与南京艺术学院、江南大学等院校固定合作；三是与德国、日本等国际设计团队合作；四是常年组织的设计大赛。

（四）专卖店及服务

"谭木匠"产品采用品牌特许经营方式，店面统一风格，门楣统一字样，店头全木包装，店内木质展台、四壁挂件相同。消费者可享受产品终身免费维修服务。承接个性化刻字服务、订制服务。产品价格线上线下统一定价，全年不打折。

四、发展状况

截至2018年，重庆谭木匠工艺品有限公司拥有生产基地100余亩，员工1000余人。2017年，谭木匠营收创下历史新高，达3.02亿元，同比增加14.3%。毛利增加13.6%，约1.97亿元。截至2017年年末，公司拥有特许加盟店铺1275间，直接经营店铺4间。公司拥有关于梳子、镜子的专利60余项，其中发明专利15项。

五、荣誉认证

1998年6月，"谭木匠梳子"获重庆市旅游商品新产品设计开发大奖赛"最具巴渝特色的旅游新产品优秀奖"。2003年11月，"谭木匠"品牌设计获第二届中国品牌金奖，并入选《中国品牌年鉴》。2006年6月，"谭木匠"商标被国家工商行政管理总局认定为"中国驰名商标"。2009年，"谭木匠"传统手工制梳工艺被列入重庆市市级非物质文化遗产项目名录。2016年9月，入选第22届"中国品牌价值100强"。

第二节　大足三驱竹凉席

大足盛产竹子，主要有慈竹、水竹、观音竹、楠竹等。大足竹编历史悠久，编织工艺精湛，尤以三驱竹凉席闻名。

一、产品种类

大足三驱竹凉席主要品种有水竹席、观音竹席和慈竹席（青篾席、黄篾席）。其中水竹席档次高，质量最佳。慈竹青篾竹席产量最大，因为它具有篾片细、薄、柔，花纹、图案新颖，价格适中的优势，深受消费者喜爱。大足制作竹席的民间艺人多，工艺精湛。用竹篾可织成枕席、枕套、门帘、窗帘、帐帘、画屏、对联、书包、提包、公文包等20多种产品。

二、产品特点

大足三驱竹凉席可织出装饰有白鹤闹松、梅鹿衔花、二龙戏珠、天女散花、嫦娥奔月、猛虎下山、百寿图、龙凤图、水波浪、"万"字格、木瓜心、长城、龙飞凤舞、狮子滚绣球等图案的竹篾工艺品，可谓山水、花草、人物花样齐全。

三、历史渊源

据记载，早在明崇祯十六年（1643年），大足地区的人民就已开始生产竹席、竹编。清咸丰以后，竹编业兴旺，产品已销往外地。三驱竹凉席闻名遐迩、久负盛名，1944年，大足三驱、高升两乡有80%的农村妇女从事竹编（打竹席）工作。民国时期，大足年产竹席30余万张，远销川南一带。

四、发展历程

中华人民共和国成立后，大足竹编业得到更快的发展。大足县内的三驱、铁山、高升、中敖等乡（镇）、农村中有许多人从事打席子工作，不分男女老少，幼儿学，全家会，代代相传。妇女更是以竹编为业，嫁娶相传。县志记载，1950年，大足县商业部门收购竹席40余万张。1982年，三驱全乡编竹席户有5 123户，占总户数64%，从业1.4万人。1991年，大足县竹席产量达1 500万张以上，三驱成为竹席集散地，周围其他镇、乡都到此交易，常有千余名竹席商人云集，大足竹席产量约占全国竹席总量的60%～70%，远销江苏、浙江、河南、陕西、安徽、山西、河北、内蒙古等省份。

大足三驱出产的竹席，以水竹席为最好。水竹席篾条纤细，色泽美观，透气、不沾汗，睡觉特别凉爽。水竹席在闷热的南方夏天被视为床上珍品，远销到云南、贵州、四川、陕西、南京、上海等省份，价格比普通慈竹席高出2～3倍，2000年后，一张水竹席价格上涨到1 000元以上。因此，三驱出现了专门编织水竹席的村社院落。

五、竹编能人

大足三驱镇号称"竹编之乡"。在20世纪50—90年代，无论你走到哪个村社院落，还没进农家，就能听到"嘭嘭嘭"的打竹席声。席子打得好的人挺多，什么"张席子""王席子""李席子"，一张口就能数出几十个打席子的高手，并且还有许多说法：什么"四棱上线"，什么"四角竖得起"，什么无"穿花漏眼"，什么无"花黄靠节"，还有七匹寸、八匹寸、九匹寸等，这些都是竹编艺人的基本功。

能在竹席上编字、编出花草鸟兽虫鱼图案的人，可被称为"竹编能人"。大足竹编能人很多。其中，三驱石桌乡的李绪根在竹席编织行业最有名气。李绪根从小学打竹席，以竹编为生。编织的竹席细柔、图案精致。民国初年，他经过长年精心研制，通过仿纺织图案，在编织图案竹席上取得了成功。继而又潜心编制竹帘、挂轴、枕套等竹编工艺品，从而名扬四方，不断来人求货。1931年，适逢家亲婚庆，李绪根特地制作一张长6尺、宽4尺，可折叠成糖封大小的工艺竹席相赠，宾客赞不绝口。1936年，重庆市市长杨森用黄谷8石，换得他历时2年制作出的竹织蚊帐和竹席一套。1955年，年过古稀的李绪根用7天时间为四川省工艺品展览会编织出一张装饰有大足多宝塔图案并织诗词数首的工艺竹席。1960年，李绪根去世后，据他的家人回忆，李绪根还创作了取材自"野鹿含花""喜鹊闹梅""二龙抢宝""加官晋爵""持印封侯""鹿鹤同春""犀牛望月"等传统图案的竹席、竹帘工艺品。

进入21世纪，随着社会科技的进步和经济、生活水平的提高，竹席虽然的销量受其他床上用品的冲击，但在广大农村中，农民仍有使用竹席的习惯。

第三节　开州三合水竹凉席

开州水竹凉席，重庆市非物质文化遗产，地理标志产品。开州水竹凉席产于中和镇的三合场，故称三合水竹凉席。20世纪60—70年代，三合场几乎家家户户都手工编织竹席，20世纪80年代末90年代初发展到鼎盛，年出售水竹凉席8 000～9 000床。1982年，三合竹编工艺厂成立，人们尝试用水竹代替以前的慈竹编制凉席。到20世纪90年代中期，受劳务经济发展的影响，农村大部分青壮年开始外出打工，传统的竹席编织手艺濒临失传。2009年，重庆市三合水竹凉席专业合作社成立，合作社组织民间老艺人，结合现代科技手段，发掘、研发濒临失传的水竹凉席生产工艺，不断壮大竹编工艺品产业，使开州区竹编技艺继续发扬光大。

一、产品特点

三合水竹凉席是"开州三绝"之一。以有"水竹之乡"之称的映阳沟产的水竹为原料，经破竹、刮青、备蔑、过匀刀和物化处理后，手工精心编织而成。三合水竹凉席在使用过程中会自然变色，竹黄色逐渐润染至中黄，继而变成金黄，经多年使用，黄色浸润，黄中呈红，红黄相映，色泽喜人，夏天使用，席面柔软滑腻，凉爽宜人，使用时间长达15～20年，甚至达20年以上。

水竹生长在海拔400米以上地区，生长缓慢，3～5年才合格可用，一床席子需要10～20根水竹。水竹比慈竹柔韧。

二、历史渊源

三合水竹凉席始于清乾隆年间，已有上百年生产历史。人们在道光年间已开始制作精密至2.0毫米，编织有梅、兰、竹、菊图案的细篾席。道光二十七年（1847年），开州人李宗羲中举，赴安徽为官，随身携带开县水竹凉席赠送同仁，使开州水竹凉席声名大震。民国时期，在三合镇周边数十里的村、乡，几乎家家户户编织凉席，成为全国为数不多的竹席市场，各地商贾云集。20世纪80年代，三合场有20余家竹编厂，鼎盛时期年产竹凉席达100万余床，畅销全国，还远销至美国、日本、朝鲜、新加坡、埃及等国家。1960年，国家主席刘少奇出访东南亚地区，带10床编织有"嫦娥奔月""狮子滚绣球""二龙戏珠"等图案的开县水竹凉席作为礼品，馈赠友邦。2006年6月，国家商务部技术援助利比里亚，竹藤编援助技术小组决定在重庆招聘几名竹编人才，中和镇三合场的竹编技术人员袁永合和张文见两人，因技艺高超，顺利通过目测和现场操作考核，走进利比里亚国家职业培训中心当起了教官，还成为总统家宴的座上宾。

三、编制工艺

水竹凉席编制严格遵循以下工艺流程：

水竹凉席工艺流程

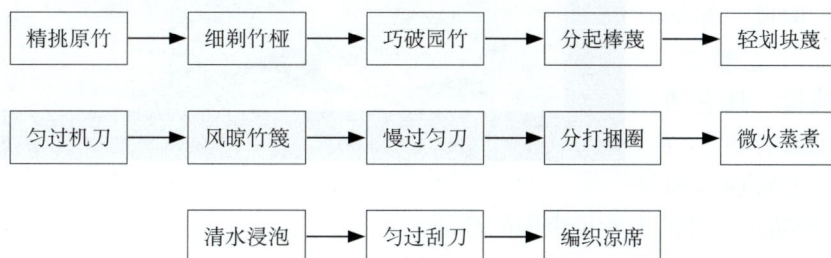

精挑原竹 → 细剃竹桠 → 巧破园竹 → 分起棒蔑 → 轻划块蔑

匀过机刀 → 风晾竹篾 → 慢过匀刀 → 分打捆圈 → 微火蒸煮

清水浸泡 → 匀过刮刀 → 编织凉席

四、发展状况

（一）品种开发

多年来，随着市场的需求的发展，开州水竹凉席又有了新的发展，从单一的凉席发展到坐席、睡席、挂席、帘席等10多个品种，图案设计精美，远销东、西亚各国。

（二）私人订制

竹编工艺专业合作社提供私人订制服务，为顾客生产个性化的竹编产品。

五、荣誉认证

国庆10周年时，开县水竹凉席曾送北京参加献礼展出，后被评为全国"六大名凉席"之一。2011年4月，开县水竹凉席传统工艺被列入重庆市市级非物质文化遗产项目名录。2011年9月，被重庆市商业委员会授予"重庆老字号"称号。2012年3月，"开县水竹凉席"成功注册地理标志商标。2016年12月，"开州水竹凉席"被重庆市工商行政管理局评为"重庆市著名商标"。2017年9月，"开州水竹凉席"荣获首届中国特色旅游商品大赛铜奖。

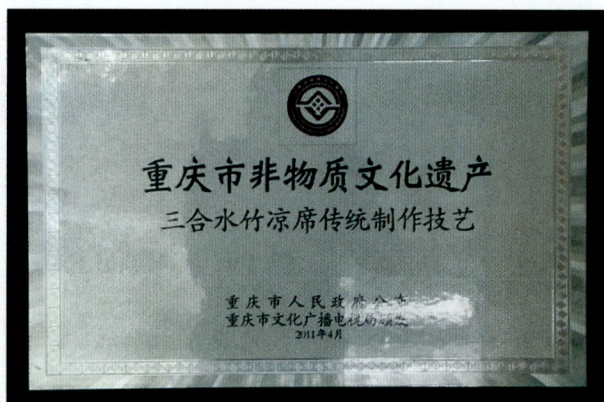

第四节　梁平竹帘

梁平竹帘，全国第二批非物质文化遗产。梁平竹帘，又称梁山竹帘，中国民间手工艺品，竹帘画的一种，是流传千年的历史文化遗产，已被列入国家级非物质文化遗产名录。《辞海》记载："竹帘画，在细竹丝编织的帘子上加上画的工艺品，产于四川省梁山县（今重庆市梁平区）"。梁平竹帘的工艺制作历史已逾千年。史料记载，早在北宋年间，梁平竹帘就被列为皇家贡品，饮誉天下，素有"天下第一帘"之称。

一、产品特点

梁平地处长江北岸，盛产各种竹子，适宜劈细篾丝。梁平竹帘以当地盛产的慈竹为原料，运用传统工艺，结合书画、刺绣、植绒等表现手法，制作各种形式的挂帘、屏风、装饰画及实用工艺品，工艺精细，外观典雅，风格独特，具有浓郁的地方特点和民族特色。竹帘画挂在窗户上，无碍通风通气，便于外窥，还能防止帘外的人看见帘内的活动。

竹帘画所用竹不是一般竹。须是纤维长、拉力好、韧性强、易于劈竹篾丝的当地慈竹，便于编织、装裱国画"套子"（白坯，上面无画）。所用的蚕丝须为"五七丝"，即用 5 ～ 7 个蚕茧纺成的丝，约为 0.12 毫米。蚕丝弹力好，且比普通丝线细，因此，目前制作竹帘仍使用蚕丝。

二、历史渊源

梁平竹帘的制作历史已上千年，据《梁山县志》记载，在北宋太宗年间，有一位名叫燕洪顺的人，用手工破竹取丝、以针缝线连的方法将竹丝编织成薄如罗绢、洁净透明的笤纸（过滤纸浆）工具，以提高造纸的功效和质量。后官府发现此物工艺精巧，用作幕可以近观远，以暗观明，反之则朦胧模糊，遂以此物做门帘、窗帘、轿帘等，非常文雅素净，独具品位，于是将燕洪顺买至官府，专造竹帘，此为现代梁平竹帘的雏形，后逐步发展出门帘、轿帘、窗帘等生活用品。梁平竹帘被列为皇家贡品，饮誉四方，人称"天下第一帘"。

据《梁山县志》记载："竹，栩毛之属，必他处所无及，征诸宋史，则尝贡锦"。明代，四川梁山人就在粗线竹帘上直接用漆绘出各种吉祥图案，悬挂在室内外作窗帘。光绪年间，油漆彩绘的画帘得到发展，这种画帘是用光滑纤细的竹丝作纬线，蚕丝作经线编织而成的，在帘子的幅面上画山水、人物等，使之成为精美的壁饰和窗帘。清光绪二十八年（1902年），梁山知县方和斋创办"迁所"，任命当时赫赫有名的民间艺人方炳南为负责人，运用传统的国画技法，在细丝竹帘上画出山水、花鸟、人物等，有的写上书法作品，使之成为陈设，品种多样，如中堂、琴挑（细长）、斗方、横幅、四条屏、屏风画等。

抗战期间，美苏盟国均有驻梁山（即梁平）军用机场的空勤人员，他们对竹帘工艺品大为欣赏，纷纷带回国馈赠亲友，使梁山竹帘远渡重洋。民国时期，梁平竹帘进一步发展。民国十四年（1925年），梁山实业所所长唐安章和技师李光云，借用织布的原理编织竹帘，使竹帘工艺得到进一步改进，产量提高，产值大增。民国十九年（1930年），竹帘制作负责人曹有光采用在帘面上涂上牛胶的方法，使竹帘避免久挂后竹丝下坐、帘面断裂。同时，他还改进了送竹丝的方法，使工效得以提高。并将刺绣艺术加入竹帘的制作工艺中。到1949年，临近中华人民共和国成立时，百业凋零，梁平县织帘艺人仅存7人，竹帘画的年产量只有300多尺，濒临失传。

中华人民共和国成立后，梁平竹帘有了很大发展，不仅受到国内外广大群众喜爱，被人民大会堂采用为装饰品；还被选为国家礼品赠送给外国友人和政府首脑，为国增光。

1954年，国家把艺人组织起来，建立了竹帘生产小组。1956年，改生产小组为生产合作社，四川省投资8万元，更新厂房，建立原料基地，培养技工。1957年，竹帘艺人段嗣光应邀出席在北京举行的全国艺人代表大会。1958年，国家轻工业务部拨专款建竹帘厂，重建厂房车间和竹子生产基地，织帘艺人增至百余人，竹帘品种达20多个，出现供不应求的景况。1959年，竹帘厂为北京人民大会堂承制巨幅竹帘窗帘，朱德元帅见后，称它为"新中国的一大成就"，前苏联友人将梁平竹帘称为"天下第一帘"。

20世纪60年代中期，特别是"文化大革命"期间，竹帘生产处于举步维艰的尴尬状况。1975年，邓小平出席联合国大会，将竹帘作为礼品，携往大洋彼岸。1980年，梁平工艺竹帘厂再次为北京人民大会堂承制5幅大型竹丝窗帘装饰品，中外人士流连于帘前，均赞不绝口。

三、产品分类

竹帘画主要分为绘帘（国画绘画）、绣帘（刺绣）、植帘（静电植绒）3类。绘帘，即采用传统的国画绘画方式，在竹帘上作画，但是因为竹子的吸水性与宣纸有很大差异，再加之涂抹了清油，对画家的画工是一个比较大的考验，在竹帘上作画的技法主要是点、铺、蘸。梁平竹画第五代传人牟寅初在展示植绒的竹帘画时介绍说，因为绒粉对人体有害，不利于健康，现在一般不做了。

竹帘生产以民间手工技术为主，借助简单而巧妙的木结构机械，经过精心选材，以传统的织造手段精工制作而成，一件完整的竹帘画制品，从收取竹子到成品包装入库，要经过80余道工序，需要制作人有优秀的操作技术和密切的配合衔接才能完成。因竹丝制作工艺不同，产品分为嘈丝竹帘、抽丝竹帘、笔卷竹帘、窗帘竹帘等门类，抽丝竹帘制作难度最大，工艺水准最高。用于制作抽丝竹帘的每一根竹丝都要通过3个细如针尖的小孔来整理。

四、制作工艺

竹帘的制作工序包括：选竹、劈丝、编织、绘画、成品修整。

（一）竹丝制备

1.选竹

选用生长1年的梁平当地慈竹。所选竹子色泽泛青、无干花、竹节细长。

2. 砍竹

顺"竹头"（由根部起）第一竹节处下刀。

3. 剃竹

沿着竹枝长势，向上剔除竹竿上的枝丫，保持竹竿光滑、笔直。

4. 锯竹

避开竹节约0.5厘米处，将竹竿锯成竹筒，去掉竹节。

5. 派篾

将竹筒分为不同宽度的竹片。

6. 起蔑

将最外层的青皮刮掉，将最里面的黄篾也去掉，只留头层青备用。

7. 刮篾

使竹片两头变薄，有时要连接竹篾，以抽取较长的竹丝，制作幅面较宽的竹帘。

8. 冲篾

又叫破丝，将竹片的一头置于冲篾刀上破丝，分成直径约为0.3毫米的细丝，长约为2～3厘米，尾部相连。

9. 揉篾

使破丝的裂口加长，分成无数根细竹丝。

10. 槽光

分为抽丝和槽丝。抽丝，即将已经得到的竹丝，穿过抽丝板的小孔，得到直径约为0.15毫米的细竹丝。槽丝，即先将竹丝放在石上，如洗衣般搓揉，再将竹丝握在双手中搓揉，使竹丝变得更加光滑、柔顺。经此道工序处理后的竹丝，直径约为0.12毫米。

11. 晾丝

将竹丝的水分晾干。

12. 选丝

倒丝成筒，将筛选好的竹丝，整齐排装在织帘机的送丝竹筒里，预备织帘。

（二）蚕丝准备

1. 倒丝

用纺车将蚕丝缠绕到梭锭上，既防缠绕，又方便牵丝。

2. 牵丝

将蚕丝牵引到钉耙（钉有密集钢钉）形的牵丝架上，固定梭锭，梳理竹帘经线数量，间隔相等。

3. 提综

（1）制综。选取与帘宽等长的长条形木块，裱糊白纸，缠绕白色棉线，棉线间须留有与牵丝数量相对应的等宽距离；同理缠绕第二根。每缠绕1圈都与第一根木条上的棉线圈单双对应，环环相扣。缠好之后，将综提起，从侧面看，两圈棉线形成"X"形。这样的综，一共需要制作3套。

（2）将作为经线的蚕丝分单双数，分别穿入前后2个综。织帘的时候，综每上提和下降1次，蚕丝就交叉1次，将竹丝缠绕，起到固定纬线（竹丝）的作用。

4. 插扣

将穿综后的蚕丝按照一定的距离分别插入纺织机扣中，其作用一是梳理蚕丝，固定蚕丝之间的距离，以防发生缠绕；二是织帘时，每织入1根竹丝，均通过这一部件使竹丝紧密，使织出来的竹帘更加结实、平整。

5.梳羊角

将牵出的蚕丝理顺后缠绕到羊角中间的横柱上，以便将作为经线的蚕丝理顺。

（三）竹帘编织

1.织帘

使用传统手工织布机，以蚕丝为经线，竹丝为纬线织造。

2.上油

竹帘织出后一般会刷上一层桐油，这一工序在竹帘制作过程中被称为"上油"，可防腐、防虫，使竹帘易于定型，易于书画（因熬制桐油比较麻烦，现已用清油代替）。

3.挂帘平整成型

4.修边

沿竹帘最外沿经线约0.5毫米处剪去多余竹丝，修整外边。

竹帘由竹丝和丝线编织而成，光滑纤细的竹丝为纬线，蚕丝为经线，然后在竹帘的幅面上画山水、人物、花卉、翎毛、走兽等，使之成为精美的壁饰和窗帘，充满诗情画意，极富东方色彩和民族气派。

五、荣誉认证

"薄如蝉翼淡如烟，万缕千丝总相连。借得七仙灵巧手，换来天下第一帘。"梁平竹帘是流传千年的历史文化遗产，是极其精美的手工艺品，既实用，又是重要的装饰品。曾多次作为刘少奇、邓小平等国家领导人出国访问的礼品，北京人民大会堂、钓鱼台国宾馆等处都有珍藏。

梁平竹帘色泽典雅，工艺精细，具有浓郁的地方特色和自然风韵，苏葆桢、黄胄等著名画家都曾在梁平挥毫泼墨，创作了大量竹帘画作品。梁平竹帘也多次荣获国家级金奖，是室内装饰和馈赠亲友的佳品。

2006年10月，在福建省武夷山市举行的第四届中国竹文化节，代表重庆参加中国竹文化节的梁平竹帘画《十二金钗》、刺绣竹帘画《熊猫图》从1 000多件竹工艺品中脱颖而出，双双荣获金奖。2008年6月7日，梁平竹帘被列入全国第二批非物质文化遗产名录。

第五节　璧山竹雕

璧山竹雕，民间手工艺品，其加工工艺被列入重庆市市级非物质文化遗产项目名录。璧山区属于典型的湿润丘陵地带，植被丰富，是竹自然生长的好地方。据清同治《璧山县志》记载："竹之属有慈竹、水竹、苦竹、紫竹、黑竹、斑竹、京竹、棕竹、刺竹、南竹、凤尾、白甲、相思等类。"特别是璧山区云雾山上的寿星竹、罗汉竹、龟甲竹、金竹等，是竹雕工艺品的上等材料。竹雕加工工艺由此应运而生，竹雕技艺在璧山历史悠久，广泛流传。

一、历史渊源

中国竹雕艺术源远流长，竹雕大师们将诗、书、画雕刻在竹笛，竹箫，竹扇之上，赠予达官贵族、民间百姓。

清晚至民国，竹雕艺术的发展出现又一次高峰，涌现出金西厓、朱三松、支慈庵等竹雕大师。抗战时期，身怀竹雕绝技的支慈庵告别家乡苏州，流亡到长江上游的重庆璧山县，以艺交友，后来将自己独特的竹雕技法传授给璧山人胡文才。胡文才在学习线刻、浅雕技艺的同时，还独创了穿雕、空雕等技法。胡文才又将独创的雕法传授给了长子胡泽宇。胡泽宇继承前辈的竹雕技法，凭着多年雕刻的经验，又创造了一套园玄雕技法、程序性刀法和角度性刀法，并潜心发掘竹雕技艺，技艺，以独特的

艺术魅力赢得海内外同仁的认可，其作品多次获得市级以上的奖励，远销欧美地区。2013年，胡泽宇获"重庆市民间工艺大师"称号。

二、产品特点

璧山竹雕以璧山区云雾山出产的形状奇特、色泽圆润、竹质细腻的罗汉竹、龟甲竹、金竹、弓背竹等为材。具有代表性的园玄雕作品《蜘蛛走线》，又名《知难而进》，将写实风格与园玄雕技法、程序性刀法和角度性刀法相融合，在半圆柱竹节弓背竹上雕刻出一只蜘蛛，再雕出一根玄竹丝线，蜘蛛在丝线上可以左右滑动20厘米，活脱脱的蜘蛛来回织网的情景，神态动静兼备，意境神奇玄妙，表现了大自然的宁静，集中体现了竹雕艺术作品的感染力和厚重感。

三、制作工艺

璧山竹雕题材广泛，自然题材、民俗题材、社会题材，宗教题材等无所不包。雕刻艺术的表现手法，写意与写实互补，共性与个性相融，夸张奔放与典雅精细并举。使璧山竹雕的加工技法不断发展，以陷雕、空雕、圆雕、深浮雕为特色。园玄雕刀法、程序性刀法、角度性刀法的运用更显工艺细腻、刀法奔放，技高一筹。

璧山竹雕以不同的刀法深入雕刻，凸现特点，突出作品细节，使竹雕艺术品达到较高的艺术境界，作品意境神奇玄妙，寓意深刻，神态动静兼备，自然别致，质感玲珑，形态传神，块面纹理圆润流畅，静中求动，动中寓静，凸显雕刻艺术作品的神型兼备。

四、文化价值

璧山竹雕加工工艺有着丰富的文化内涵。竹雕艺术作品蕴藏着巴渝人的思想情操和文化内涵，在生产生活实践中弘扬民族精神风貌和传统美德，积淀巴渝文化的民族魂和精气神。竹雕艺术不仅是古老而绚丽的奇葩，还记录了社会历史变革和人文发展进程的印记、人文思想情操和文化内涵，反映了人们在生产生活实践中的精神面貌和传统美德，具有较高的收藏与欣赏价值。

五、发展状况

20世纪50年代以后，传统竹工艺品市场逐渐萎缩，竹编、竹雕艺人、技艺多无人问津，在行者放弃专业的情况较为普遍。20世纪末至21世纪初，高科技电子机械的出现和三维成像扫描技术的成熟，以及仿真技术的广泛使用，使仿制的工艺品不断冲击市场，赝品和真品难以分辨，导致艺术品市场价格降低，消费力下滑，从事艺术品经营者收益甚微，竹雕加工工艺濒临失传。

璧山县从2011年开始收集、整理传承谱系及相关影像资料。2012年建立相关文字、图片档案，完成作品归类登记。将竹雕加工艺术列为打造特色文化品牌的重要项目，并明确申报非物质文化遗产的工作计划。为竹雕技艺建立传承人培养制度，资助传承人培训、学习、研究、交流技艺方式，促进技艺传承。建立竹雕技艺的动态保护机制，落实经费，加强保护工作。以胡泽宇为代表的传承人潜心竹雕艺术，增强文化保护意识，建立传承体系。

第一代传承人，江苏支慈庵（1903—1974）；第二代传承人，璧山大路街道胡文才（1933—2003）；

第三代传承人，璧山大路街道胡泽宇，生于1965年；第四代传承人，璧山青杠街道曾一凡，生于1991年；第五代传承人，璧山璧城街道胡曦丹，生于1998年。

第六节　垫江大石竹编

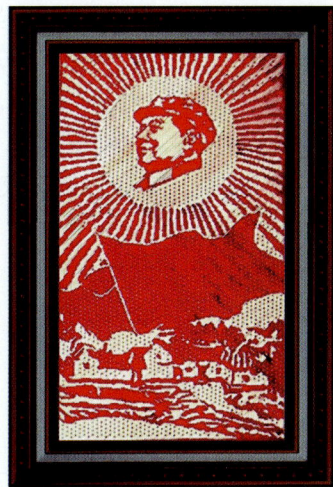

垫江大石竹编，民间工艺美术制品，是以垫江盛产的慈竹为材，经"伐、刮、破片、蒸、煮、染、洗"等防蛀、去甜、染色的特殊工艺处理，再按所需图案规格、色泽要求，破竹丝、排径底，以纯手工精心编织、装饰而成的竹编工艺美术品。大石竹编做工精良，竹丝细如纱线，编织的工艺品手感柔韧细腻，美观大方。已录入重庆市市级非物质文化遗产项目名录。

一、历史渊源

据垫江民国县志记载，垫江境内竹资源丰富，竹编制品历史悠久。从古至今，垫江农民都以竹编为副业，编制凉席、斗篷、烘笼、扇子、箩筐、撮箕、锅盖、斗笠、筲箕等农具和生活用具。垫江县各场、镇都设有专门的竹器市场。其中，凉席、扇子、烘笼等早在清朝和民国时期就已销售到相邻区（县）和成都、重庆。

1949年，垫江县竹编产品达2.1万件。中华人民共和国成立后，竹编生产持续发展，年产竹器最高达2.6万件。1955年，垫江成立了竹器生产合作社，将民间匠人收为集体所有，专门从事竹制品编制。1973年，竹制烘笼和其他竹器被送去参加四川省工艺美术展，得到与会者的高度赞誉。改革开放后，竹编生产受到市场经济冲击。1985年，垫江县有2个竹器生产企业，现已撤销，竹编生产重新回到民间。

二、代表作品

1993—2006年，重庆市工艺美术大师、重庆市民间艺术家赵行恩（垫江县大石人）精心编制了以下代表性作品。

《伟大领袖毛泽东》，1993年，为纪念毛主席100周年诞辰，精心编制系列竹编画《伟大领袖毛泽东》，每套10幅共4套，捐献给韶山毛泽东同志纪念馆、地、县委收藏。

《少生快富，希望之路》，1994年，编制芭蕉扇《少生快富，希望之路》100把，捐赠给四川省计生会议代表。

《一代强人聚北京》，1995年，联合国第四次世界妇女大会在北京召开，编制竹编画《一代强人聚北京》捐赠给组委会。

《一代伟人周恩来》，1998年，为纪念人民的好总理周恩来，精心编制了《一代伟人周恩来》竹编画5幅。

《一代巨人邓小平》，1998年，为歌颂邓小平改革开放的丰功伟绩，精心编制竹编画《一代巨人邓小平》送广安邓小平故居收藏。

《祖国万岁》等，1999年，为迎接新中国50华诞，编竹编工艺品送北京展出并现场表演。展出作品有《祖国万岁》《一代伟人毛泽东》《英明领袖》《一代巨人邓小平》《丰碑颂》等，受到中外观众好评。

《龙凤呈祥、民族昌盛》，2006年，为庆祝新中国成立57周年，编制《龙凤呈祥、民族昌盛》竹编画。《马克思》等领袖肖像，先后编制马克思、恩格斯、列宁、刘少奇、朱德、邓颖超、江泽民肖像画。2003年，垫江竹编画获重庆市第三届旅游商品新产品开发大奖赛三等奖。

三、制作工艺

制作工艺流程：选竹、破竹、染色、制丝、编织、完善等。

（一）选竹

1. 砍伐

口诀：砍高不砍低、砍瘦不砍肥、砍嫩不砍老、砍直不砍弯、砍长不砍短、砍大不砍小。

2. 下料

口诀：长编中，短编角，头头尖尖当柴火。

3. 阴凉脱水

口诀：夏一（天）冬三（天）只等篾，过干过湿质量歉。

（二）破竹起层

口诀：刮青破竹2厘米、平破育划起3层、透明小字为标准。

（三）蒸煮染色

口诀：沸水入蒸半小时，软绵除甜防虫蛀；双氧增白40分，色泽鲜艳数2层；沸入染料搅拌匀，竹片浸入10翻身，固剂同煮20分，滤干清水漂洗净。

（四）制丝

1厘米宽的竹片划出8～10缕竹丝。口诀：木凳纸片搁平稳，左手掐住竹片尾，右手紧握破篾器，刻压竹片往后拉，所需竹丝即产生。

（五）编织

按图纸排丝编织，其手法基本一致。

（六）修饰完善

条幅的修饰工序为先加底布扎边，修剪后入框。

宫扇先按扇形画上墨线，机扎二次后剪去多余部分，沿边缝扣钢丝后用胶水黏合，再粘包胶线皮扣住扇边钢丝。组装斗把时，将胶柄粘满胶液夹住扇面，再上卡夹扎牢阴干，3天后取下，打磨抛光，系丝坠。

四、传承状况

垫江民间竹编工艺集大成者为从清代传承至今的赵氏家族。大石竹编第一代传人赵宗堂，第二代传人赵纯杰，第三代传人赵龙修，均以务农兼竹编为生，为子孙留下"耕种、竹编、帮工、活命"的家训。农闲时编织斗篷、烘笼、扇子、箩筐、撮箕、锅盖、斗笠、箐箕等竹制农具和生活用具以维持家用，竹编仅停留在粗加工阶段。第四代传人赵品良在继承父业的同时，对竹编制品做了改进。编制了装饰有五王出阵、野鹿含花、木瓜心、"万"字边等图案纹饰的竹席、扇子、箩筐、锅盖、背篼、竹帘等生产生活用品，在相邻乡镇销售，深受群众喜爱。第五代传人赵行恩在继承祖业时，进一步研习竹编技艺，在作品图案方面开拓创新。从单纯实用型向观赏与实用并重型发展。第六代传人为赵向阳、徐敦科，第七代传人为赵华。

五、传承意义

用竹丝编织伟人肖像，在中国民间不太多见。特别是编制伟人肖像和反映第四届世界妇女大会等重大题材的竹编画，并无偿捐赠给组委会、韶山毛泽东同志纪念馆和广安邓小平故居等收藏，在中国竹编领域更属少见。

大石竹编沿袭100多年家族编织历史，特别是近20年来先后编制了600余件作品，150余件捐赠给相关会议和纪念堂馆，其余作品赠送给友人收藏。大石竹编开创了竹编领域用竹编工艺品歌颂伟大领袖和反映国内外重大事件的先河，这一创举曾先后被《四川日报》《四川政协报》《重庆日报》《重庆政协报》《劳动导报》等20多家报纸杂志以及多家电视台及互联网站宣传报道。

第七节　秀山竹编

秀山竹编，重庆市非物质文化遗产。秀山竹编是一种历史悠久的传统手工艺品。长期以来，秀山竹编以高超的技艺、独特的风格、优美的造型、精细的编织、典雅的色彩、观赏性与实用性相结合著称于世。

一、材质资源

秀山地处于亚热带季风湿润性气候，雨量充足，十分适合竹子生长，境内生长的竹子有楠竹、葱竹、水竹、金竹、斑竹、瓷竹等，这些竹子开裂性强，富有弹性和韧性，能编易织，坚固耐用，是编制器皿的优秀材料。其中秀山楠竹含水量约为7%，优于武陵山其他地区生长的楠竹（含水量约为10%），尤为适合编制竹制产品。

二、历史渊源

秀山竹编起于清康熙年间，距今已有近300年历史。秀山境内梅江、平江河两岸竹林成片，村寨中的村民争相学艺，编制各式产品，除自用外，还赶集出售，成为一项可观的家庭副业。

最初，秀山竹编的主要品种是竹篮、簸箕等生产工具，以及龙灯等。随着清朝时期"湖广填川"，大量外地人进入秀山，将竹编工艺也带了进来，逐渐产生了花灯、走马灯等工艺性竹编。

据《秀山县志》记载，清朝同治年间，秀山出现过一位名叫黄通典的竹编艺人，他能按照图案编织出装饰有花鸟虫鱼、文字山水、人物故事、自然景观等图案的凉席，花样多达80余种。

三、制作工艺

根据产品的不同种类，秀山竹编的加工工序大致包括选竹、劈丝、编织、成品修正等，具体有以下10道工序。

（一）选竹

根据产品需求选择竹子。所选竹子色泽泛青、竹节细长。

（二）砍竹

顺"竹头"（由根部起）第一竹节处下刀。

（三）剃竹

沿着竹枝长势，向上剔除竹竿上的枝丫，使竹竿光滑、笔直。

（四）锯竹

避开竹节，将竹竿锯成竹筒，去掉竹节。

（五）派篾

将竹筒分为不同宽度或同等宽度的竹片。

（六）起篾

将竹片最里面的黄篾去掉，只留头层青备用。

（七）刮篾

将竹片刮至所需的厚度。

（八）破丝

根据产品需求，将竹片破成等比例丝条。

（九）刮丝

将破丝后的竹丝条刮成浑圆的丝条。

（十）编织

以加工后的竹片或竹丝纯手工编织竹产品。

四、竹编种类

秀山竹编以高超的技艺、独特的风格、优美的造型、精细的编织、典雅的色彩、观赏性与实用性相结合著称于世。秀山竹编种类多达数十种，大致可分为竹丝竹编制品和竹片竹编两大类。竹丝竹编制品质地均匀，做工精细，美观大方，代表作品有罗兜、花背篼、鞋篮、筛具等。竹片竹编制品细薄均匀，实用性强，代表作品有凉席、篓子、皮箩、晒席等。

秀山竹编中最具代表性的有"四大竹编"，即花背篼、孟篼、马尾斗笠和水竹凉席。

（一）花背篼

用于背小孩或赶场、省亲背物，日常使用率极高。由竹丝、竹条、竹块组编而成，口大底小，上下紧密，中间留多边形稀口，中部和底部用竹块加固，背篼口所用的竹丝及编制工艺极为讲究，外形美观，工艺精巧。

（二）孟篼

用竹丝篾编成，呈鼓形，腹大底小，上面加盖，能提能挂，使用方便，盛放菜可使菜不易变馊。传说是南宋时杨氏土司从贵州孟溪带来的，故称为孟篼。

（三）马尾斗笠

马尾斗笠俗称斗篷，是戴在头上遮雨、防晒的竹棕制品。顶尖，口圆如盖子，用竹篾丝、棕丝（最好的斗笠用马尾）编制而成。里外有稀、密两层，密层可达70匹细篾，两层中夹有涂上桐油的白皮纸，轻巧美观，经济实用，秀山当地以梅江的邑梅斗笠最为著名。

（四）水竹凉席

水竹凉席是用水竹破制成的半透明篾片，以精细的编织技术编织而成的，平展光滑，透气清凉，是暑期极佳的床上用品。美观、实用，是馈赠亲友和居家使用的佳品。

五、荣誉认证

2009年，秀山竹编制作技艺被列入重庆市市级非物质文化遗产项目名录。秀山竹编曾多次参加重庆市（国际）文化产业博览会、商贸展销会，曾在上海世博会上展示。2016年，在第八届中国国际旅游商品博览会上，秀山竹编系列旅游商品作为秀山土家族苗族自治县唯一的参赛商品，因精湛的工艺、别致的风格，赢得评审专家和现场观众的喜爱，荣获2016年中国旅游商品大赛铜奖。2017年，在第九届中国国际旅游商品博览会上，秀山竹编荣获2017年中国特色旅游商品大赛金奖。

六、产业发展

（一）技艺传承

秀山竹编技艺有着悠久的历史，秀山土家族苗族自治县有竹编传承人481人，全县各乡（镇）均有分布，其中分布较为集中的是乌杨街道凉亭村、兰桥镇等地。

为传承秀山竹编技艺，振兴秀山竹编产业，推出秀山竹编产品品牌，秀山注册了秀山工艺品县域公共品牌"边城故事"。

（二）发展状况

秀山竹编产品以生活用具为主，经过多年的发展，在县城西街附近形成了固定的竹编制品交易市场，场内竹编制品种类繁多，销量可观。据统计，交易市场内有一家商户售卖300元的竹背篓，月销量达70个。

　　长期以来，秀山竹编行业从业人员处于分散状态，主要为家庭作坊式生产，全县范围内仅有乌杨街道凉亭村、兰桥镇等地的传承人分布较为集中，但都没有形成规模的产业链，仅梅江有一家现代化的竹编加工企业。

　　秀山土家族苗族自治县文化和旅游发展委员会、秀山（武陵）现代物流园区在秀山（武陵）现代物流园区内的中国微电影城建立了"秀竹堂竹制品展示交易中心"，主要展示交易秀山当地及武陵山区的竹编产品，打造武陵山区竹制产品交易展示平台，推动当地竹编产品的产业化发展。

　　2018年6月，秀山土家族苗族自治县成立武陵山区首家竹制品设计工作室，工作室以竹木为主要原料，创意设计、开发竹木制品。工作室计划开发涵盖原竹制品、竹制生活用品、竹制家具等100多款新产品，打造竹制品电商网货，并建立相关知识产权机制，规范竹编产业发展。

第二章
经济林产品

第一节　江津花椒

　　江津花椒，重庆特产，地理标志产品。江津花椒是江津区的主要经济作物，江津是"中国花椒之乡"，先后被列入第五批全国农业标准化九叶青花椒标准化示范区项目、全国林业标准化栽培示范项目，被中国科学技术协会、财政部评为"花椒科普示范基地"。在重庆市江津区特殊的土壤和气候条件下种植出的九叶青花椒，以成熟期早、色泽青绿、果实清香、麻味醇正而著称。

一、产品特征

　　花椒，又称大椒、秦椒、蜀椒，是芸香科花椒属落叶小乔木，是重要的调味品，原产于中国，分为野生和栽培2种，重庆、四川、贵州、陕西、山东等省份广泛栽培，湖南、湖北、广东、广西、江西等省份次之，中国栽培较多的花椒品种为大红袍、九叶青、藤椒等。

　　九叶青花椒是江津栽培的主导优良花椒品种，江津区种植面积55万亩。该品种晒干（烘干）后果皮呈青绿色，果皮较厚，麻香味浓郁，品质上乘；该品种耐寒、耐旱、耐贫瘠，不耐涝，繁殖容易，栽种简便，生长快，结果早，结果年限长，栽培条件要求不严，在山地、丘陵、河滩、宅旁等均能栽植，且有很高的经济价值；该品种根系生长良好，根量大、分布深，树体萌蘖性强、抗病能力强，隐芽寿命长，耐强修剪，夏季修剪后可保持四季常绿，是退耕还林的适宜树种。

花椒是重要的调味品，也广泛应用于医药、工业、保健等领域，是香皂、沐浴液、清新剂、杀虫剂等日化用品的原料和添加剂，现已开发保鲜花椒、微囊花椒粉、鲜花椒油、花椒籽油、花椒精、花椒芳香精油、花椒麻精、花椒调味液、花椒香水、花椒祛痘乳、花椒洗脚液等四大类型20多个品种的产品。

二、产地分布

江津花椒产业涉及江津区29个镇（街道），椒农28万户、62万人，占乡村人口（77万人）的80.5%。江津区耕地面积112 755公顷，花椒种植面积34 666.7公顷。

三、产地环境

江津区属亚热带季风气候，光照充足，气候温和，雨量充沛。日照时数年均1 207.9小时，常年平均气温18.2℃，年平均降水量为1 034.7毫米。江津区属长江水系上游干流区，流域面积大于30平方千米的河流有27条。

江津是九叶青花椒生长的最适宜区，江津花椒产地土壤环境质量监测达到《土壤环境质量标准》（GB 15618—1995）二级及以上标准。江津区90.21%的土壤硒含量达到中硒偏高硒水平，硒元素是植物的有益元素，能够调节作物生长和抗性。水源质量达到《地表水环境质量标准》（GB 3838—2002）III类以上标准，监测合格率达95%。

四、历史渊源

江津在春秋战国时属巴国境内。据《华阳国志》记载，巴国境内"其药物之异者有巴戟、天椒"。所谓"天椒"，就是今天所称的"花椒"。

重庆江津是中国著名的"花椒之乡"，素有种植花椒的传统。据《江津县志》记载，江津花椒栽培历史悠久，自元朝开始种植花椒，至今已有六七百年历史。据嘉庆版《四川通志》记载，从元代开始，就有江津人以采种花椒为业。江津花椒在几百年前就已经享誉四方，在毛里求斯共和国海岸打捞出的一艘300多年前沉没的荷兰商船上还发现了桶装花椒，至今仍散发香气，桶上依稀可见"巴蜀江州府"的字样。到明清时期，江津花椒因地理和气候优势，栽培面积和影响力不断扩大，所产花椒因风味独特而备受青睐，花椒成为江津向朝廷供奉的"方物"，从而进入"贡品"的行列。

五、发展简史

江津的气候与土质特别适宜种植花椒，江津人民有种植和食用花椒的习惯。民国以前，江津花椒属零星分散种植，主要是农户为满足自己做调料、腌制咸菜及土法治病等需要，江津县种植面积在4 950亩（330公顷）左右。自民国初年起，江津部分农户开始有意识地扩大花椒种植，种植面积曾达到8 250亩（550公顷）。其产品由商贩运到周边省份销售。国民党统治时期，时局动乱，军匪横行，百姓财物朝不保夕，唯有小小花椒令军匪不屑一顾，江津人民便大量种植、出售花椒，用换来的银两作军饷，打土匪、斗军阀，支援革命。还用花椒煎汁口服，治腹泻和眼疾，用花椒叶煎水洗澡，治疗皮肤痒，甚至用花椒充当麻醉剂，替伤员动手术。

中华人民共和国成立后，江津花椒一度发展到21 600亩（1 440公顷）。人民公社化运动开始后，实行集体种植，其种植面积减少到6 000亩（400公顷）。

20世纪60年代，塘河公社（今塘河镇）农民开始种植当地花椒。1968年，塘河公社五燕大队（今属塘河镇）农民开始在房前屋后种植当地"小青椒"（七叶青）。

20世纪70年代，高牙、先锋公社（今先锋镇）的农民先后从贵州、云南引进九叶青花椒试种。1973年3月，高牙公社花果林场的古咸泽从贵州金沙县市场上购买7株九叶青花椒苗带回林场种植，存活1株。1976年，花果林场开始繁育花椒苗。1978年，高牙果园种植花椒树3 000株左右，产干椒（皮）50多千克。同年，先锋公社果园大队农民从攀枝花带回"九叶青"花椒苗500株开始试种，品质、产量均大大超过江津的原有品种。

20世纪80—90年代，花椒种植从先锋扩大到几江、龙门、嘉平、石门等地。1986年，先锋镇政府以0.13元/株的价格购买金泉村李天益培育的13万株花椒苗，免费分发给当时的13个村的村民种植，并在桂花村6队和果园6队搞示范片，1989年示范成功，株产量达1.5千克，亩产值600 ~ 800元。1991年，国家林业部将先锋镇列为"全国重点花椒基地"，当年九叶青花椒种植面积达2 000多亩。1995年以后，先锋镇九叶青花椒发展规模达2万亩。1996年，先锋镇将九叶青花椒发展作为当地农业的主导产业，1999年，江津市花椒面积突破10万亩。2004年，江津被命名为"中国花椒之乡"，2005年8月，江津花椒获得地理标志产品保护。2008年，江津花椒获农业部批准农产品地理标志登记。2011年，江津花椒获国家工商行政管理总局批准地理标志商标。2013年，"一种花椒树矮化丰产方法"获国家发明专利。2016年，选育的早熟九叶青花椒新品种获重庆市林业局林木良种认定。2017年，建成重庆市首家花椒博物馆。2018年，先锋镇被评为"全国农业产业强镇示范镇"，江津区被评为首批重庆市特色农产品优势区、中国特色农产品优势区和2018年全国农村一、二、三产业融合发展先导区。成功入选国家现代农业产业园创建名录，中国农民丰收节组委会授予江津花椒"最受市场欢迎的农产品展示产品"称号；江津花椒入选农业品牌目录，荣获"中国气候好产品"认证标志，江津花椒品牌价值达29.72亿元。

六、生产状况

江津全区现有九叶青花椒种植面积55万亩，占重庆市花椒种植面积的47.8%。2018年，鲜花椒产量27万吨，产值32.7亿元。江津区种椒农户28万，涉及29个镇（街道），占总农户（43.79万户）的64%。有62万椒农从事花椒产业，占乡村人口（77万人）的80.5%。有花椒加工企业26家，每年向地方和周边群众提供季节性务工16万个，营销经纪人和从业人员8 000多人，实现劳务收入近2亿元。江津已成为全国最大的优质青花椒生产基地。花椒产业成为促进江津农业增效、农民增收最具特色的支柱产业。江津区注册的花椒品牌有18个，年保鲜花椒加工能力达2.3万吨。

七、生产方式

江津花椒有其独特的品质，除了有特殊的地理条件和气候因素外，特定的生产方式也是影响其产品品质的重要因素，主要包括育苗、建园和加工3个关键环节。

（一）育苗

包括选种、整理苗圃、播种、假植4个环节。

1.选种

九叶青花椒的采种母树，应当选择地势向阳，生长健壮，品质优良，无病虫危害，结果量多且颗粒大，树龄在6 ~ 10年的丰产椒树。在"白露"前后（9月上中旬），当花椒果实由绿色变为紫红色、种子变为黑色时，即可采种。将采收的九叶青花椒均匀地摊放在通风干燥地面，每天翻动2次，果皮干裂后用小棍轻轻敲打，种子即可脱粒。

2.整理苗圃

九叶青花椒的苗圃应选择排水良好、地势平坦或坡度较缓的地块，土质以疏松、肥沃的沙质壤土或轻黏土为宜。在育苗前耕翻苗圃，翻地深度以30厘米左右为宜，随后耙地，使苗圃土地平整。在耙地的同时，将充分腐熟的农家肥与土壤混合，在耙地过程中埋入土壤之中，每亩地施肥量600千克左右，平整完毕后，对苗圃地块开沟和做床，苗床宽1.3米左右。

3.播种

九叶青花椒播种的时点为"秋分"前后（9月下旬），最普遍的方式是人工撒播，即将去除种皮油脂的九叶青花椒种子均匀撒在平整的苗床上，用疏松的细沙壤土、草木灰或谷壳覆盖种子，厚度以看不见种子为宜，在盖土之上，再覆盖一层干稻草。根据具体天气和土壤干湿程度，喷洒足够的清水，以确保种子发芽。

4.假植

由于苗床上生长的椒苗密度较大，待椒苗长到10厘米左右，就要假植到花椒苗圃地或营养钵（杯）。假植成活后，加强肥水管理和病虫害防治，以利于椒苗快速生长，高度、粗度达到标准，形成壮苗。

（二）建园

包括选址、整地、定植、管护4个环节。根据江津区先锋镇一带椒农世代相传的经验，九叶青花椒栽培最关键的技术环节是椒园建设。

1.选址

根据江津的气候和地形，椒园选址以海拔高度在1 000米以下的丘陵区域为主，选择水源较好、通风向阳、土层较厚的地块。

2.整地

椒园选址确定后整治地块，江津以丘陵地形为主，因此，沿山坡的等高线修筑水平梯田是最常见的方式。梯田筑好后，需要打窝整地，即在平整好的梯田中，用锄头挖出直径为60厘米左右、深度为40厘米左右的定植穴，然后回填20厘米左右的松土，在松土上施入一定量的农家肥，然后覆盖泥土6厘米左右。

3.定植

每年春季或秋季，根据天气状况，将苗圃中超过40厘米的九叶青椒苗移栽到定植穴中。从苗圃中挖出树苗时，要确保根系完整，整个过程避免阳光直射。栽植过程中要做到苗正根展、细土掩根，浇足定根水。

4.管护

花椒苗栽植好后，要强化管护、及时施肥、定期修剪。施肥以农家肥为最佳。管护的核心技术是修剪，经过几代人的摸索，江津椒农形成了"一年定干，两年定枝，三年丰产"的独有栽培技术。

（三）加工

江津花椒的传统加工内容包括采摘、保存、磨粉、炼油等。

1.采摘

当花椒果实进入成熟期，果实会变成浓绿色，表皮油包开始突现，外表有光泽。

每年6月初到7月初，果实达到六七成熟，就可以采摘鲜花椒，主要用于花椒油提取、保鲜花椒制作。7月上中旬，花椒果实基本成熟，即可采摘、晒干或烘干，形成干花椒或加工成花椒粉等调味品。

2.保存

花椒保存主要分为鲜花椒保存和干花椒保存。鲜花椒保存主要用于保鲜花椒制作，在重庆地区餐饮烹饪中，九叶青花椒以鲜花椒入佐料最为知名，现在大量采用真空冷冻、冷藏工艺，能确保一年四季生鲜花椒的储藏和供应。干花椒冷藏保鲜技术的运用也有效延长了花椒的保质期。

3.磨粉

在江津花椒的传统加工工艺中，花椒粉最常见，也运用得最广泛，主要采用石舂成粉的方法，现代机械化粉碎技术更有利于规模化生产。在选用原材料方面，主要通过一看、二嗅、三尝。一看，即看颜色，看大小，看有无籽；二嗅，即手握花椒，然后弃花椒，闻手上是否有独特的麻香；三尝，即拈一粒尝尝，若瞬间麻香充斥，感觉嘴唇都麻木了，还有一种气出不来的麻爽感觉，就是好的花椒。炒锅下入干花椒，用文火炒制，不停翻炒至变色、至酥起锅，去除杂质后放入碓窝（石臼）春碎成粉即可，最好是现春现用，花椒粉要密封保存，按定量装入塑料薄膜复合袋中，封口即为花椒粉成品。

4.炼油

花椒油在烹饪中也较常使用，自古有之。相对于花椒粉来讲，花椒油对选材没有太严格的标准，首先，需要选择色彩鲜绿、颗粒饱满的鲜花椒；其次，购买人工榨取的菜籽油，油与花椒的比例为1：1。将鲜花椒用清水洗净，放置在簸箕内阴干，以表面无水分为宜。在铁锅中倒入菜籽油，先中火升温，油温达160℃左右即转小火，放入适量生鲜花椒，小火熬制30～40分钟，用漏勺滤出花椒，麻香四溢的花椒油就做好了。

八、产品标准

江津花椒栽培技术规程及安全相关标准：《花椒》（GB/T 30391—2013）、《九叶青花椒丰产栽培技术规程》（LY/T 2042—2012）、《花椒质量等级》（LY/T 1652—2005）、《食品安全地方标准 保鲜花椒》（DBS50/ 003—2014）。

九、标志使用

凡在江津花椒地理标志保护地域范围内的生产经营者，均可使用江津花椒地理标志，但必须向江津区农产品质量安全中心提出申请，填写规范的《农产品地理标志使用申请书》，并签订《农产品地理标志使用协议》，同时提供生产经营者资质证明、生产经营计划和相应质量控制措施、规范使用农产品地理标志书面承诺以及其他必要的证明文件后，方可使用江津花椒地理标志。

标志使用人须在产品包装上统一使用农产品地理标志图案，标注"江津花椒"字样、等级、重量和产地。

十、荣誉认证

2004年，江津被评为"中国花椒之乡"，被列入第五批全国农业标准化九叶青花椒标准化示范区项目、全国林业标准化栽培示范项目。

2005年，江津被中国科学技术协会、财政部评为"花椒科普示范基地"，江津花椒被国家质量监督检验检疫总局评为"地理标志产品"。

2008年，江津花椒通过农业部农产品地理标志认定。

2011年，江津花椒获国家工商行政管理总局批准为地理标志商标。

2016年，选育的早熟九叶青花椒新品种获重庆市林业局林木良种认定。

江津花椒产品荣获第十五届、第十六届中国国际农产品交易会金奖，连续四届荣获全国绿色食品博览会金奖，多次被评为"重庆名牌农产品"。

第二节 潼南花椒

潼南花椒，重庆市潼南区特产。潼南花椒栽培始于民国末期，历史久长。产区遍布潼南区，以零星分布为主。近年来，青花椒因其芳香味足、价格适中，市场需求量急剧增加。潼南地理条件十分适宜栽种青花椒，在政府及行业协会的推动下，农民对青花椒的栽植热情普遍高涨，并在花椒加工、销售等方面迈开步伐，逐步走出一条生态可持续发展之路。

一、产品特点

花椒是中国特有的香料，位列调料"十三香"之首，主要用于多种食品的烹调加工，具有赋香、着色、掩盖异味、防腐、保健、开胃等功效。

潼南花椒的母本为江津九叶青花椒，将采收的优质种子在潼南繁育，经过不断的提纯扶壮，规范化栽培，育成潼南花椒。该品种在潼南表现出比母本更加优秀的栽培效果，成活率高，产量高，抗病、抗逆性强，经过不断的优化发展，潼南花椒作为青花椒的优良品种被推广。

潼南花椒富含挥发性精油、麻味素、生物碱、木质素、蛋白质、不饱和脂肪酸和丰富的脂肪，以及碳水化合物、维生素、铁、锌、硒等多种有效成分。潼南花椒是典型的青花椒品类，经济用途广泛。可以作为食品香料和香精原料，并有温中散寒、行气止痛的功效，具有一定的药用价值，2002年，卫生部将花椒确认为食药两用原料。

二、产地环境

潼南区位于长江上游地区、重庆西北部，属盆地浅丘地区。潼南属于亚热带湿润季风气候，气候温和，雨量充沛，日照充足。年均降水量为990毫米，年平均日照时数为1 228.4小时。

潼南过境水资源丰富，涪江、琼江贯穿全境，流程达194千米，涪江年径流总量达145.2亿立方米，琼江年径流总量为8.4亿立方米。

潼南区土壤质地为黏土、壤土、砾石土、沙壤土，土层厚度25厘米以上，pH4.5～8.5，有机质≥1%。特殊的自然地理条件给潼南花椒的栽植和生长创造了极佳的生长环境。

三、历史渊源

潼南是花椒老产区，其栽培历史可以追溯到民国三十五年（1946年），潼南人喜食花椒，以四川、陕西大红袍红花椒为主。1998年，时任潼南县委书记从江津引进花椒树1万株左右，分发到各乡（镇）栽培发展。2008年，潼南调味品商在重庆江津引进青花椒种苗，在太安镇铜鼓村发展青花椒种植500余亩，获得成功。随后几年，相继有多家散户采用相同方式引种发展。

从2014年开始，潼南双江镇大面积栽种花椒，随即群力、龙形、田家、别口等10多个乡（镇）也陆续发展花椒种植，以业主成立农业公司，流转农村闲置土地连片开垦种植为主，也有农户零星分散种植。2017年，潼南成立花椒产业协会，从品种引进、生态化种植、标准化管理、品牌化发展等方面予以规范和引导，截至2018年年初，潼南花椒种植面积达6万余亩。

四、生产情况

2008年，潼南太安种植花椒500亩。至2018年，潼南区在浅丘荒坡上开垦、栽植花椒6万余亩。

成为"1株树养活3万人"的农业特色经果产业。潼南全区无工厂污染，土壤结构优良，根据生态农业发展要求，实施生态花椒标准化生产，重点推广"矮化密植""主枝回缩""种草除草""二四六管理法"和"四五六核心技术"等，并严格控制施用化肥，禁止使用高毒、高残留农药，实行规范的原产地加工，商品化分选和包装处理，为市场提供品质优良的放心花椒。

五、荣誉认证

2017年，潼南花椒产地通过"重庆市无公害农产品产地"认定。截至2018年4月，潼南花椒产业已先后获得实用新型专利6个，注册品牌4个。

六、栽培技术

潼南花椒属于小乔木，植株比较小，根系分布浅而广。可以利用荒山荒坡、田间地头、房前屋后等地栽培。栽植的方式及密度根据坡度的大小、地势高低和土地情况而定。目前主要采用"矮化密植"栽植方式。

（一）栽植时间

栽植时间分为春秋两季。

1.春季栽植

春季一般选择植株较小的幼苗栽植，春季选择杯苗定植，效果十分明显。开始时间选择在3月上中旬，到5月前后，气温达30℃以上就不宜栽植。最好选择在雨后栽植，有条件的地方可浇上定根水，以提高苗子的成活率。

2.秋季栽植

秋季栽植的最佳时期为花椒叶片变黄，快要落叶时，这时，苗木的地上部分已经停止生长，地表温度在30℃以下，有利于苗木根系的生长，时间选择在10—11月，定植效果极佳。

（二）起苗管理

1.起苗准备

对移栽的椒苗，在起苗前几天应对苗圃浇水，让椒苗充分吸收水分，同时雾喷1次杀菌防虫药物。

2.起苗方式

花椒根系发达，须根多，需用锄头松土的方式起苗，以减少对椒苗根系的伤害，保证根系的完整性，提高移栽成活率。

3.精心储存

对起苗后的椒苗，应及时存放在背风阴凉地方，并根据苗子粗壮程度分级打捆，一般以50或100株为1把，打捆存放。

（三）栽植密度

1.一般栽植

按照株行距2米×3米栽植，一般1亩地栽植密度为110～120株，主要选择土层深厚、质地良好、肥力较高的土地栽植。对土地贫瘠，质地较差、肥力低下的土地，栽植密度应该适当增加，按照株行距2米×2米栽植，一般每亩栽苗160～170株。

2.高产栽植

按照青花椒高产密植早产椒园规划，可选择土壤肥沃、质地优良、疏松深厚的缓坡或平底栽植，栽种密度为2米×2米，亩栽苗160～170株。现在也有3株1丛的栽植模式（即1个堆头栽植3株苗

子），可以实现1年达到丰产的目标。

（四）栽种方法

1.挖土垒堆

花椒树怕溺水，一旦遭遇连续下雨，出现积水，花椒根系很容易缺氧坏死，所以应该垒土栽植，按照直径50～80厘米大小垒土，高度一般为20～30厘米，将土壤培细，放置一段时间。有条件的地方可以适当施底肥30厘米，然后用表土覆盖。

2.集中栽植

根据椒苗情况，选择春秋两季合适的时期栽种，一般选择阴雨天气栽植，如果土层比较干，应适当浇水。花椒根系发达，不宜栽植过深，一般栽植深度为10厘米左右，稍微压紧压实，表层覆盖细土。如果栽植过深，会导致生长缓慢，甚至出现僵苗。

第三节　忠县花椒

忠县花椒生长在海拔300～800米的忠县山区丘陵地带。忠县种植花椒历史悠久，产品独具特色。至2017年，忠县有从事花椒种植产业发展的农业公司、专业合作社近30家，种植面积2 000多公顷，年总产量1万余吨。产品销往湖北、湖南、重庆及周边区（县）。

一、产品特点

忠县花椒外观呈绿褐色，油腺凸出，手握硬脆，气味清香、无异味。闭眼椒、椒籽含量＜8%，果梗＜3%，霉粒＜2%，无过油椒。精油7.48毫升/100克，不挥发性乙醚提取物（质量分数）15.7%，水分9.33%，总灰分5.3%，杂质0，总砷＜0.04%，铅0.40%。严格按照国家《花椒》（GB/T 3039—12013）一级标准执行。

二、产地环境

忠县花椒主要产地为忠县境内白石、汝溪、新立、三汇、乌杨、洋渡、任家、官坝、石黄、黄金、兴峰等乡（镇）。产地属亚热带东南季风气候，温热寒凉，四季分明，雨量充沛，日照充足。年积温5 787℃，年均温18.2℃，无霜期341天，日照时数1 327.5小时，日照率29%，太阳总辐射能83.7千卡/平方厘米，年降水量1 200毫米，相对湿度80%。土壤以黄壤、紫色土为主，pH6.5～7.5，非常适合花椒树的生长。

三、种植历史

忠县花椒种植历史悠久，县民有种植花椒的传统。据民国《忠县志》记载："花椒《本草》名'蜀椒'，一名'川椒'，木高四五尺，似茱萸，有针刺，叶尖而滑。正月开小花，结实于叶腋，粒如小豆而圆，实内色黑似人之瞳。吾忠乡间有植之，以供食物香料之用。其果不甚大，色红，味麻性少者曰'山椒'，遍野有之。"中华人民共和国成立后至20世纪末，忠县境内普遍零星种植花椒，以大红袍为主。

四、产业发展

2002年前后，忠县政府在各乡（镇）恢复种植花椒，因种植业主的确立方式和产业模式存在欠缺而没有成功发展。2011年，忠县白石镇华岭村村民在当地矮化种植九叶青花椒70.67公顷。2016年，成立忠县花椒产业协会，开始申报忠县花椒地理商标登记注册工作。至2017年，忠县有从事花椒种植产业发展的农业公司、专业合作社近30家，种植面积2 000多公顷，总产量1万余吨，产品销往湖北、湖南、重庆及周边区（县）。其中，忠县杨家岩花椒种植有限公司种植九叶青花椒70.67公顷，忠县弘援华通农业发展有限公司种植九叶青花椒73.33公顷，忠县彦华花椒种植有限公司种植藤椒53.33公顷。

五、产品加工

（一）传统干制法

具体方法为集中晾晒或在阴凉干燥处阴干，所需时间比较长，一般需6～10天，且在此期间如果遇阴雨天气，容易出现霉变，造成损失。后采用人工烘烤花椒的方法，用土烘房或烘干机干制。人工烘烤的花椒色泽好，能够很好地保存花椒的特有风味。

（二）人工烘烤法

具体方法为花椒采收后，先集中晾晒半天到1天，然后装烘筛送入烘房烘烤，装筛厚度为3～4厘米。在烘烤开始时控制烘房温度在50～60℃，2～2.5小时后升温到60℃左右，再烘烤8～10小时，待花椒含水量小于10%即可。在烘烤过程中要注意排湿和翻筛。开始烘烤时，每隔1小时排湿和翻筛1次，之后随着花椒含水量的降低，排湿和翻筛的间隔时间可以适当延长。花椒烘干后，连同烘筛取出，筛除籽粒及枝叶等杂物，按标准装袋即为成品。装袋后的花椒应在阴凉干燥处储存。

忠县花椒在种植及加工过程中，严格执行《忠县花椒种植技术规程》和《忠县花椒加工技术规程》。

第四节 荣昌大叶麻竹

荣昌大叶麻竹，重庆市荣昌区特产。荣昌区大叶麻竹栽培始于1998年，成功引种于广东英德。引种后，生长表现良好，其笋大、肉厚、产量高，笋味鲜甜可口，营养丰富，其叶大而薄，故取名大叶麻竹。经过20年的发展，荣昌大叶麻竹种植面积达15万亩，荣昌也因此成为中国首个以竹类命名的生物产业基地——国家麻竹生物产业基地。

一、产品特点

荣昌大叶麻竹是优良笋材叶苗多用竹种。麻竹笋被誉为"剥皮黄金"，其笋大、肉厚、

产量高，笋味鲜甜可口，营养丰富，富含人体需要的蛋白质、脂肪、糖类、粗纤维等营养成分，是不可多得的绿色食品。通过烹制和加工得到的数百种麻竹笋制品，味道鲜美、脆嫩爽口、味甘醇香，是天然保健食品，也是当今人们追求的无公害绿色食品。竹材材质优良，中长纤维含量高，可制浆及加工为各种农用品、生活用品或工艺品。竹叶大而薄，可供制笠帽、船篷及包装粽子等。种植麻竹3年可产生效益，5年达到盛产期，每年每亩可产竹笋2吨、竹材0.5吨、竹叶0.3吨、竹苗400株。

二、产地环境

荣昌地处四川盆地川中丘陵区和川东平行岭谷区交界处，全境地貌以浅丘为主，土地肥沃，地势起伏平缓，平均海拔380米，属亚热带湿润季风气候，气候温和，降雨充沛，四季分明。年积温6 482℃，全年日照1 282小时，年降水量1 117.8毫米。森林覆盖率达42%，建成区绿地率达44.95%，绿化覆盖率48.85%。水网密度指数18.3，环境质量指数98.83，生态环境质量良好。适宜多种农作物生长，特别适合麻竹种植。

三、产业发展

1998年，荣昌县林业科学技术推广站从广东英德引种麻竹740株，按3米×3米的株行距种植于岚峰林场老场部，整体长势良好。2002—2018年，借助国家退耕还林工程，大面积推广麻竹种植，荣昌区已建成大叶麻竹基地15万亩。2011年12月15日，荣昌大叶麻竹通过重庆市林木良种审定委员会良种审定，良种编号为渝S-ETS-DL-001-2011。

荣昌大叶麻竹经过多年的发展，在麻竹培育、加工、剩余物利用等方面取得了一批成果及专利技术，具有较高的科技含量。

荣昌区年产麻竹笋制品5万吨、麻竹粽叶4.5万箱、竹胶合板3万立方米、竹削片2.3万吨、竹沙发0.75万套、竹席1.5万张、折扇450万把、猪笼225万个、竹苗200万株，拉动形成了竹笋、竹叶、竹材、竹苗、竹笋加工剩余物综合利用五大产业，建成了5家竹材加工企业、2家竹笋加工企业、3家竹叶加工企业、2家竹笋加工剩余物利用企业、12家麻竹专业合作社和1家市（省）级竹笋开发工程技术中心，开发出竹笋、竹叶、竹苗、竹胶合板、竹削片、竹饲料六大系列30余种产品。

2017年，荣昌区笋竹产业总产值达3.55亿元，年创利税4 800万元，麻竹主产区竹农人均纯收入增加1 000元以上，已成为荣昌区农村继生猪产业后的又一大主导产业和农民经济收入的重要来源。

四、产品种类

重庆市竹笋开发工程技术研究中心已成功研发并生产麻竹笋、方竹笋、寿竹笋、平竹笋、罗汉笋等10余种竹笋。每种竹笋包含五大类系列产品：开袋即食笋类、清水笋类、干笋类、盐渍笋类、罐头笋类。

重庆市原始芳农产品有限公司生产的

"原始芎"牌"精品粽叶""粽叶王"产品，均采用农户当天采摘的经过热风烘干的新鲜麻竹叶，整个加工过程不添加任何化学原料，产品纯天然、绿色无污染、清香味浓，在粽叶市场上一直深受用户喜爱。产品远销全国各地以及日本、东南亚等地。

五、产品标准

荣昌大叶麻竹栽培参照《麻竹栽培技术规程》（LY/T 2338—2014）执行。竹笋加工按照《绿色食品 笋及笋制品》（NY/T 1048—2012）及《风味竹笋》（DB50/T 325—2009）执行。

六、荣誉认证

2004年，重庆荣昌被国家林业局命名为"中国麻竹笋之乡"。

2008—2015年，清水笋、火锅笋、笋衣先后获得绿色食品认证。"包黑子"商标获评"重庆市著名商标"。

2012年"重庆市荣昌竹类资源综合利用关键技术及系列产品开发"项目被重庆市林业局评为林业科技贡献一等奖。

2013年，荣昌被国家林业局认定为"国家麻竹生物产业基地"（林科发〔2013〕219号）。

2015年，"麻竹综合利用技术集成创新与产业化应用"项目获重庆市政府科技进步二等奖。

2018年，"丘陵山地麻竹和速生产业化关键技术与示范推广"项目获中国产学研合作创新成果二等奖。

第五节　南川方竹笋

南川方竹笋，重庆市南川区特产，地理标志产品。方竹笋是纯天然保健山珍佳肴，古为贡品，今为美食，被喻为"笋中之王"，堪称"世界一绝，中国独有"。

一、品质特征

南川方竹笋系禾本科竹亚科寒竹属中的一个独立品种，其笋发于春而茂于秋，是目前发现的全世界自然分布面积最大、最集中、最完整的方竹林。南川方竹笋笋形略呈方形，触摸有棱角感，笋箨无刺毛。而其他竹笋多数笋体为圆形，笋箨有刺毛。南川方竹笋肉质丰厚，比同径级竹笋肉质厚度高30%左右。南川方竹笋水分含量高，组织结构紧密，口感较其他竹笋肉厚而质地脆嫩、味道鲜美、清香可口，具有特殊的清香味。营养丰富，脂肪含量低，粗蛋白含量高，含有多种营养素，对身体大有补益，尤其对防治肥胖症有良好效果。

南川方竹笋的主要成分是纤维素，脂肪极少，除去水分和其他营养素外，几乎全是纤维素。竹笋能吸脂、吸油，是"吸脂大王"。经常吃竹笋，可令进食的油脂被竹笋吸附，随着粪便排泄，降低胃肠黏膜对脂肪的增加和积蓄，同时，还可逐渐消耗体内过多的脂肪。竹笋中的纤维素能帮助清除体内的腐败物质，兼有洗肠的功效。

二、产地环境

南川方竹笋产于重庆市南川区金佛山上，产区地理坐标为北纬28°12′—29°10′，东经106°50′—107°27′，属亚热带湿润季风气候区，气候温和，雨量充沛，具有明显的季风气候特点，湿润多雨，日照少，多云雾，气候条件十分优越。金佛山特殊的地理位置为南川方竹笋的优质丰产提供了所需的湿润、多雾、少日照的生态环境和气候条件。

金佛山位于四川盆地与云贵高原的过渡地带，兼有盆地和高原的地貌特征，属典型的喀斯特地质地貌。在漫长的地质年代里，经外力风化、侵蚀、切割、冲刷、搬运，形成了海拔1 000米以上，相对高差500～1 000米的奇峰异石、陡岩绝壁。海拔800～1 000米为栖霞灰岩凌空耸立的低山峡谷。自然分布集中成片的金佛山方竹和银杉群落等珍稀植物。

南川方竹的生长特性为喜温湿、忌干旱，特别是营养物质合成和积累的关键时期，较低的温度、足够的水分、较高的大气湿度及昼夜适度温差等，是促成南川方竹发笋的必要条件。在方竹笋主产区，年平均温度为8.2℃，最低气温-14.2℃；年降水量为1 432.2毫米，降水集中在夏季，年蒸发量为664毫米；干燥度0.6，年平均相对湿度在90%以上；年霜日26天，雾日260天左右；降雪一般为11月中旬至次年3月。这些综合条件，为南川方竹笋的品质提供了优越的气候、环境保障。

南川方竹生长在土层厚度达30厘米以上，pH4.5～7.0，有机质含量不低于2.5%，疏松、肥沃的微酸性壤质土和山地黄棕壤土中为最好。1999年，经中国林业科学研究院在金佛山采样分析：土壤pH6.0、有机质5.54%、全钙（Ca）0.386%、铁离子平均含量8.6毫克/千克、锌离子平均含量0.9毫克/千克、全氮（N）0.265%、全磷（P$_2$O$_5$）0.061%、全钾（K）2.04%。保证了南川方竹笋生长的独特土壤条件。

三、历史渊源

史料记载，南川方竹笋已有900多年历史。据《南川县志》记载，南川方竹笋在清嘉庆时期为朝廷贡品。被已故植物学家杨崃教授誉为"味居竹类之冠"。1938年前，中央大学杨衔晋教授在金佛山石佛洞附近采集模式标本，1940年，被耿以礼教授命名为"金佛山方竹"。2008年9月19日，被国家质量监督检验检疫总局批准登记为地理标志产品并予以保护。

四、生产情况

南川区笋农20万人，全区种植方竹笋面积30万亩，年产量1.5万吨，产值1.6亿元。产品销至港澳台等地区，及美国、日本、新加坡、马来西亚、俄罗斯等国家。方竹笋带动了旅游、运输、食品工业等相关产业的发展，已成为南川的支柱产业。

五、栽培技术

（一）选地

选择土层深厚，有机质丰富，排水性好，pH5.5～6.5，呈微酸性的沙质壤土为林地，精细整地。

（二）选苗

母竹留枝6～8盘，削切竹梢，去叶3/4，在竹根土部浇上水。

（三）挖土穴和灌基肥

在经过整理的土地上按2～3米的距离挖好土穴，土穴的直径为50～60厘米，深60～70厘米，每个土穴中填入饼肥和有机肥，将肥料与土拌匀。

（四）种植竹苗

在3—4月，将母竹植入修整过的土穴内，栽植后，给定株的土穴浇灌畜粪15～20千克，培1层5～10厘米的土壤，浇1次水（以浇透竹林土壤为宜），并在穴上覆盖1层有机物，再盖上尼龙薄膜。

（五）竹林管理

在3月施孕笋肥，施用尿素和腐熟鸡粪，7月前主要施尿素，10月采笋结束后施笋后肥，施腐熟鸡粪并配合施用钾肥。

六、荣誉认证

南川"金佛山"牌方竹笋，在2001年中国国际农业博览会上被评为"名牌产品"。2003年，被第七届中国（廊坊）农产品交易会组委会评为"优质农产品"。2003年和2005年，被重庆市商业委员会评为"消费者喜爱产品"。2006年，被重庆·中国西部农产品交易会组委会评为"最受消费者喜爱产品"。2001年、2005和2007年，被重庆市政府评为"名牌农产品"。

2009年7月，"金佛山"商标第29类的笋干、榨菜、腌制蔬菜等10种商品被重庆市工商行政管理局认定为著名商标。2010年，"南川方竹笋"成功注册为地理标志商标。同时，金佛山方竹笋系列产品获得"名牌农产品""优质农产品""最受消费者喜爱产品"等荣誉称号。

第六节　大足雷竹笋

大足盛产竹，根据林业部门统计，大足有竹类品种30余种，以慈竹、楠竹、麻竹为主，竹林面积达10万亩。雷竹是国家星火计划中的发展项目，从浙江引进到大足发展。

一、产品特色

雷竹又名早竹，别名雷公竹，属禾本科竹亚科刚竹属竹种。原产于浙江省。雷竹质脆弱、喜肥沃，适宜在年均气温15.3℃、年降雨1 000毫米左右的地区，微酸性至中性的土壤

中生长。能忍耐－13.1℃的低温。雷竹3—5月出春笋，10—11月出秋笋。雷竹出笋早、产笋期长、产量高，是优良的笋用竹种。据资料介绍，雷竹笋为蛋白质含量最高的竹笋之一，富含磷、硒、锗等微量元素，营养价值高，热量低，笋味美、鲜嫩可口，有"江南第一笋"的美誉。雷竹笋符合人们对纯天然、野生、营养好的饮食消费的需求，已成为高档的山野蔬菜、减肥降脂的健康食品。

二、产业发展

2008年，重庆市沁旭竹笋有限公司在大足区万古镇沙河村、雍溪镇石堡村承包土地500亩，引进6个雷竹品种，发展雷竹产业，经过几年的推广，大足区雷竹产业得到快速发展。按照大足区委、区政府提出的"一区二园十基地"发展规划，大足以万古镇为中心，建设东部现代农业科技园，规划发展雷竹基地。截至2017年年底，大足雷竹产业先后在万古、雍溪、宝兴、棠香、龙水、三驱、中敖等镇（街道）发展，总投资1.2亿元，种植雷竹3 000余亩。

大足雷竹产业以"公司＋基地＋农户的经营模式"加强对外合作，大足区已有2家以主营雷竹产业的大型农业龙头企业，提供产、加、销一体化服务。同时加强技术创新，与科研院所开展合作，独创冬季采用稻糠覆盖雷竹笋，使之四季产笋的高技术。利用稻谷壳自身发热的能量，科学地控制地表温度，确保冬季雷竹反季节生产，使春笋亩产量达2 000千克，市场售价每千克24元左右；夏、秋笋亩产量1 000千克，市场售价每千克50元左右；冬笋亩产量1 500千克，市场售价每千克60元左右。

雷竹笋一般丰产期为25年，2018年，大足区雷竹种植基地60%的雷竹林已进入丰产期。大足区计划到2025年建成10万亩高标准雷竹基地，将带动10万户农民增收致富。

三、荣誉认证

2011年，大足雷竹笋通过国家无公害农产品认证，2012年，通过国家绿色食品认证，2013年，成功注册"熊猫雷笋"商标。

第七节　忠县竹笋

忠县产竹历史悠久，竹类植物在忠县各地均有分布。据资源调查，忠县共有竹类植物8属16种（包括引种4属8种）。至2017年，忠县有竹林11 733.33公顷，其中引种栽培笋竹7 133.33公顷。引种笋竹品种8个，以雷竹、高节竹居多，面积分别为2 400公顷、2 533.33公顷。忠县竹投产面积5 533.33公顷，年产竹笋3.13万吨，年产笋竹种苗65万余株，实现综合产值1.30亿元。

一、产地环境

忠县境内低山起伏，溪河纵横交错，其地貌由金华山、方斗山、猫耳山3个背斜和其间的拔山、忠州2个向斜构成，最高海拔1 680米，最低海拔117米，属典型的丘陵地貌。浩荡长江穿流而过，境内江段长88千米，汇合溪河28条。地处暖湿亚热带东南季风区，属亚热带东南季风区山地气候。温热寒凉，四季分明，雨量充沛，日照充足。年均温18.2℃，年积温5 787℃，无霜期341天，日照时数1 327.5小时，日照率29%，太阳总辐射能83.7千卡/平方厘米，年降水量1 200毫米，相对湿度80%，适宜竹类植物生长。

2015年，忠县农业委员会统一检测忠县农业土地环境，笋竹种植基地的空气质量符合国家标准《环境空气质量标准》（GB 3095—2012）中的二级标准。2015—2017年，北京中绿华夏有机食品认证中心抽样检测结果显示，笋竹种植产地环境（土壤、水源）质量符合《绿色食品 产地环境质量》（NY/T 391—2013）的相关要求。

二、品种分布

2014年3—9月，忠县林业局与浙江农林大学竹类研究所协作，开展忠县主要竹种资源调查，初步确认忠县共有竹类植物8属16种（包括引种4属8种），竹林总面积10 413.33公顷。竹类植物在忠县各地均有分布。调查的19个乡（镇）中都有野生状态的竹种。慈竹遍布忠县各地，形成各自的适生范围。

忠县共有乡土竹种5属9种，竹林面积4 613.13公顷，占全县竹林总面积的44%。在乡土竹种中，慈竹面积最大最广，为3 018.47公顷，其中乌杨面积为562.47公顷，汝溪、白石、任家、三汇、黄金等地，面积均在133.33公顷以上。忠县白夹竹面积817.06公顷，主要在新生镇的天池林场和石子乡的石子林场成片分布，约占该竹种总面积的63%。忠县寿竹面积1 718.13公顷，县范围内分布比较广泛。水竹和楠竹面积较少。除此之外，还有少量毛金竹、具耳箬竹、斑苦竹和刺黑竹零星分布。

2008年后，忠县先后引进竹种主要有刚竹属的楠竹、雷竹、高节竹、红壳竹和白哺鸡竹，牡竹属的麻竹，菊竹属的撑绿竹，酸竹属的黄甜竹，共4属8种，发展总面积5 801.13公顷，占竹林总面积的56%。其中，雷竹在大部分乡（镇）有引种栽培，面积为2 243.53公顷；红壳竹和高节竹在大部分乡（镇）也有栽培，面积为2 192.73公顷和257.8公顷；撑绿竹是引种面积最大的丛生竹种，为665.53公顷，主要分布在乌杨镇和金鸡镇；忠县原有楠竹面积约14.8公顷，引种面积为357.2公顷；此外，还有少量麻竹、黄甜竹和白哺鸡竹。

三、历史渊源

忠县境内盛产竹，且历史悠久。据《新唐书》（卷四十·志第三十·地理四·山南道）载：忠州南宾郡，土贡文刀（即竹制裁纸刀具）。《太平寰宇记》（一百四十九卷·山南东道八）、《清史稿》（志四十四·地理十六·四川）等志书均有记载。忠县境内有"宁可食无肉，不可居无竹"之说。据清道光《忠州直隶州志·物产志》载："斑竹，色青无斑，大可盈握，即笙竹。又一种，青质而黑斑，人谓之；花竹，又名湘妃竹、黑竹；水竹，小而劲；慈竹，即子母竹，生不离本，又谓之义竹，笋极鲜美，观音竹，即凤尾竹，高尺余，细叶萧蔬，可供盆玩；实竹，中空线，可为鼓柄，呼为凤尾竹；琴丝竹，叶如实竹，起纹如丝，黄白相间；箬竹，叶可造篷笠；邛竹，叶长而劲，节翘起如车轮，可作杖"。

民国《忠县志·物产志》载有慈竹、斑竹、楼梯竹、刺竹、白浆竹、棕竹、琴丝竹、金竹、黑竹、水竹、淡竹、观音竹、实竹、箬竹及罗汉竹等16种，以慈竹、白竹、斑竹最多。民国二十九年（1940年），据县府调查，新生乡一带

有白夹竹280公顷，年采42万捆，多用作造纸原料。年产土纸2万千克，产竹麻3万千克。忠县境内所产楠竹、寿竹、白夹竹、刺黑竹笋味较好，慈竹和斑竹次之，县民常用嫩笋炒肉或煮熟后凉拌食用，或煮熟后晾干存放以供食用。

1951年，忠县人民政府组织有关人员勘测望水乡两河村和望水村的竹山，两村时有竹山面积634.87公顷。其中收归国有的面积489.67公顷。1952—1953年，四川省、万县地区林业站到忠县勘察望水乡、石子乡的白夹竹，两乡时有成片白夹竹面积471.93公顷。其中望水有370.73公顷。在以后的大生产运动、合作化运动、"大跃进"和"文化大革命"等运动中均出现过毁竹现象，有的竹种接近绝迹。1978年以后，竹林有所发展，忠县农舍周围、溪河两岸均有竹林。

四、产业发展

2008年11月，忠县从浙江临安引入雷竹、高节竹等竹种，在白石镇望岩村试验种植。2008—2009年，分别在忠州、乌杨、新生、石黄、汝溪等乡（镇、街道）建立雷竹、高节竹苗圃33.33公顷，建撑绿竹苗圃20公顷，完成竹材基地建设1 666.67公顷。2011—2012年，重庆市林木品种审定委员会分别认定雷竹、高节竹为市级林木良种，在重庆市推广种植。

2008—2015年间，忠县出台了《忠县笋竹产业发展规划》《忠县笋竹产业发展意见》和《笋竹产业管护项目检查验收试行办法》，促进了笋竹产业快速发展。至2015年，共新建以雷竹、高节竹为主的笋竹基地6 866.67公顷（其中，企业自建2 053.33公顷，带动专业合作社或农户建设4 813.34公顷），年产鲜竹笋1.2万吨，产值1亿元，初步形成以白石镇为核心，马灌、乌杨、汝溪3镇为中心，任家、新生、善广、黄金、三汇5乡（镇）为节点的"一核三心多点"发展格局。忠县已培育笋竹龙头企业11家，其中注册资金5 000万元以上的1家，流转土地自建的5家，产加销综合性企业7家。发展股份制专业合作社30家，家庭农场及种植大户8个。加工企业有白石镇万吨笋竹加工厂，年加工鲜竹笋能力1.2万吨。

至2017年，忠县有竹林11 733.33公顷，其中引种栽培笋竹7 133.33公顷。引种笋竹品种8个，以雷竹、高节竹居多，面积分别为2 400公顷、2 533.33公顷。全县投产面积5 533.33公顷，年产竹笋3.13万吨，年产笋竹种苗65万余株，实现综合产值1.30亿元。全县有竹产品加工厂6家。笋竹基地涵盖善广、任家、乌杨、洋渡、磨子、石宝、涂井、汝溪、野鹤、金声、官坝、石黄、兴丰、马灌、金鸡、拔山、白石、三汇、黄金19个乡（镇），形成以笋竹龙头企业为骨干，专业合作社为主体，家庭农场为特色的继柑橘产业后的第二大农业主导产业。

五、产品加工

（一）"向幺妹"牌竹笋

重庆自立林业开发有限公司建有竹笋加工厂房1 500平方米，有成套竹笋加工定型设施设备16台套，以及竹笋产品冻库800立方米、竹笋产品质量理化指标检验室20多平方米。

1.竹笋干制作

以25～30厘米的鲜笋为原料，通过去壳、剔选分级（分离出品种类别）、清洗、切丝（片）、杀青、压榨整形、上架烘干、分类包装等工艺制取。成品笋干颜色鲜黄、肉厚脆嫩，清香可口。

（1）加工工艺流程。鲜笋—去壳—剔选—分级—清洗—切丝（片）—杀青—压榨整形—上架烘干—分类包装。

（2）制作工具。原料分选刀，操作台，原料清洗池，原料多功能切条机，电加热双层杀青锅，压榨机，空气能烘干机，真空包装机，不锈钢包装台、包装桌，成套竹笋干理化检验仪器设备。

2.产品特点

忠县"向幺妹"牌竹笋，滋味鲜美，除含有粗纤维外，还富含19种氨基酸（包括维持人体健康的8种必需氨基酸），具有较高的营养价值。

（二）"巴扎营"牌鲜笋

2015年，建设巴曼净笋加工厂房约200平方米，年加工量500吨。该产品原料选择产于海拔600米以上、日照充足之地的高山有机鲜笋，笋质鲜嫩，出土5厘米左右，采摘后马上进入工艺加工流程。

1.工艺流程

原料筛选—去壳—清洗—杀青—分装—灭菌—检测—打包入库，在整个生产环节中，工作人员都在无菌生产车间内操作。不使用添加剂，确保笋原味、生态、有机。

2.产品特点

"巴扎营"有机鲜笋含有丰富的蛋白质、氨基酸、脂肪、糖类、钙、磷、铁、胡萝卜素、维生素等，营养丰富，不使用防腐剂。

六、荣誉认证

2012年，"向幺妹"牌系列食品已注册商标，包括鲜竹笋、火锅笋、嫩笋尖、野竹笋、笋片和玉兰片6个商品品种。2015年，"巴扎营"注册为商标，2016年，成功申请有机产品认证。同年，忠县"半城"牌野生笋干经重庆市食品生产许可审查专家组评审，取得食品生产许可证书；"向幺妹"牌系列食品竹笋通过国家有机产品认证，注册中国域名"中国有机竹笋"。2017年，"向幺妹"牌系列产品被评为"重庆名牌农产品"。

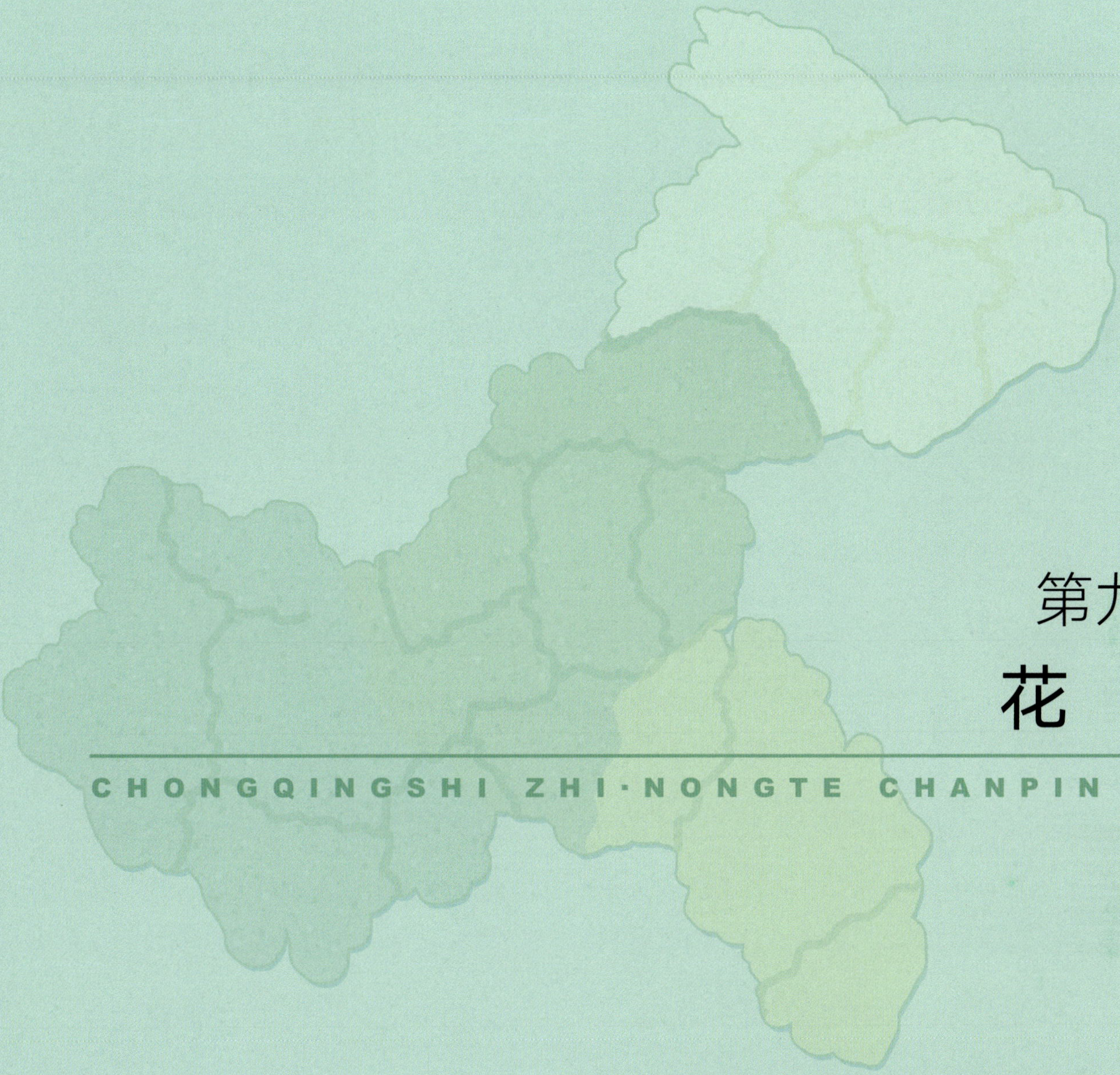

第九篇

花　卉

CHONGQINGSHI ZHI·NONGTE CHANPIN ZHI

第一章
观 赏 类

第一节　南山腊梅

南山腊梅，种植历史可追溯至民国初年。抗战时期，"陪都"官邸设于南山，南山腊梅名噪一时。南山腊梅是农产品地理标志产品。远销北京、上海、广东、香港等地。

一、地域范围

南山腊梅农产品地理标志地域保护范围的地理坐标为北纬29°30′21.17″—29°35′31.91″，东经106°36′9.86″—106°39′42.56″。东与南岸区迎龙镇接壤，南邻巴南区南泉镇，西与南坪、涂山、鸡冠石3镇相连，北临长江。涉及南山街道双龙村、石牛村、放牛村、大坪村、联合村，峡口镇大石村、西流村，长生桥镇凉风村、茶园村。地域范围内腊梅花总生产面积3 000公顷，年产量鲜切花1 200万束。

主要生产区域：南山街道双龙村种植约300余亩，分布在5个村民小组，年产值约200万元。南山街道放牛村大竹林村民小组建有南山腊梅科普观光园，面积300余亩，栽植素心腊梅5 000余株，红梅及桂花、春夏鹃、泸州栀子、红继木、金叶女贞、九重葛等花木品种若干。峡口镇大石村家家户户种植腊梅，面积约370亩，以南岸区厚均花木专业合作社为龙头，带动农户330户，年均产值95万元。

二、产地环境

南山腊梅农产品地理标志地域保护范围区属山地深丘地貌，以南山范围内的山地为主，少量分布于丘陵、河谷和平坝，海拔在180～681米，沿江河谷地带冲积土，养分丰富，理化性好，肥效快而稳定，易耕作；向斜浅丘平坝灰棕紫泥土，胶体品质好，矿质养分含量丰富，保水、保肥、供肥力强，产量稳定而高；背斜低山地带主要为矿子黄泥土、冷沙黄泥土等，土层结构良好，保水、保肥较强，富钙、钾，缺磷，养分缺乏，肥效慢。

南山腊梅农产品地理标志地域保护范围区地处长江南岸，地表水源丰富，有众多大小水库，景观

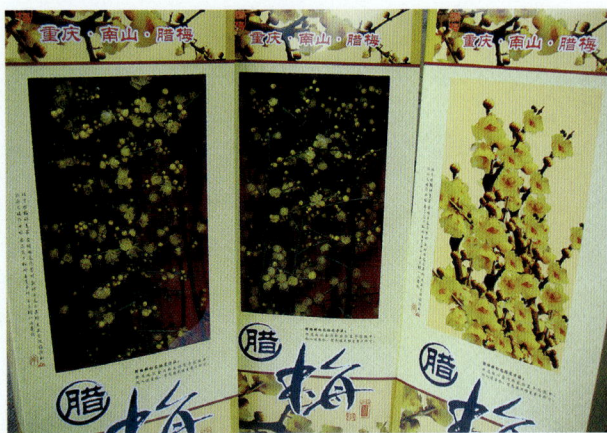

优美。

南山腊梅农产品地理标志地域保护范围区属典型的亚热带温暖湿润季风气候，年平均气温18.6℃，夏热冬暖，春长秋短，四季分明，光雨热同季，日照充足，暖季光照多，光合潜力大，全年太阳总辐射量87 108卡/平方厘米，全年日照时效达1 006.2小时，无霜期达359天，年总降水量为1 173.6毫米，春、夏、秋、冬降水量分别为全年的25.5%，41.4%，27.6%，5.5%，年平均相对湿度81%，大于10℃的活动积温高达5 979.5℃，无低温冻寒。

三、生产方式

南山腊梅的生产按重庆市地方标准《腊梅鲜切花生产技术规程》进行，实行专业化生产、专业化监督、产业化模式、社会化服务。

该标准规定了腊梅鲜切花生产的用地选择、品种选择与育苗、定植、土肥水管理、整形修剪、采收。

（一）用地选择

选择背风向阳、地势高燥的地块。以疏松、深厚、排水良好的中性或微酸性沙质壤土为宜。忌黏重土壤和涝洼地。

（二）品种选择与育苗

1.品种选择

选择花朵密，花朵大，花瓣厚，蜡色鲜亮，香味浓，瓶插期长，鲜切花产量高，经济性好的优良品种。并合理搭配早、中、晚花品种，特别是选择早花或晚花腊梅优新品种。

2.育苗

（1）苗圃地选择。苗圃地选择地势较平坦、排灌方便、土层深厚，土质为中性或微酸性沙质壤土，交通方便的地块。

（2）整地与栽种密度。苗木栽种前深耕、耙地，翻耕深度20厘米以上，清除石块、杂草。株行距为0.5米×0.5米。

（3）繁殖方法。常用压条和分株繁殖方法。

①压条法：常用单枝压条、堆土压条和空中压条3种方法。一般在腊梅萌芽期至9月进行，5—6月梅雨季节压条生根快，成苗好。

②单枝压条法：取接近地面的成熟健壮枝条作为压条材料，在压条入土部位的节下刻伤或环状剥皮，然后曲枝压入土中，枝条顶端露出地面，以竹钩固定于土中，覆盖土壤10～20厘米并压紧。

③堆土压条：于腊梅丛生枝条的基部刻伤后堆土，生根后移栽。

④高空压条：在5—6月梅雨季节，选取成熟健壮、芽饱满的枝条环状剥皮，再用塑料薄膜包住环剥处，环剥的下部用绳扎紧，内填以水湿适度的苔藓拌土，然后将上口也扎紧，1个月左右生新根后剪下，解除塑料薄膜，栽植后就成为一个独立的植株。

压条过程中注意土壤是否压紧。切离母体的时间依其生根快慢而定。生根后及时切离，分株栽植，栽植时要尽量带土，以保护新根。

（4）出圃。出圃时间为秋季落叶后和苗木萌芽前。长途运输的苗木要用草绳裹好根部，保持根部湿润，并用标签注明品种名称、起苗时间等。

（5）假植。苗木起挖后，如暂不定植或外运，起出的苗应及时选择地势高燥、排水良好、背风的地方假植。假植时应培湿土，踏实。

3.定植

（1）定植时间。在秋季落叶后和苗木萌芽前进行。

（2）定植方法。可以1.5米×2.0米的株行距定植。种植穴直径要求在60～70厘米，深40～50厘米，穴底填放基肥（腐熟的厩肥或粪干）3千克，基肥上覆一层土，将苗木放入后分层填土，稍向上提苗，踩实，浇定根水。

4.土肥管理

（1）翻耕。腊梅花后翻耕，翻耕深度20～25厘米，树冠下稍浅，以免伤根。

（2）施肥

①施肥时间：在腊梅花后结合翻耕施用基肥。在6月下旬花芽分化时施1次追肥。

②施肥方法：腊梅喜肥，但忌施浓肥。可沿树冠外缘下方开环状或条状施肥沟，沟深20～30厘米。成年树每亩施优质腐熟的农家肥3 000～5 000千克，1～2年的幼树施肥量为成年树的1/3～1/2。每次追复合肥20千克，沿树冠外缘下方散施。

5.浇水

腊梅耐旱，但在干旱季节也要补充水分，7月腊梅花芽分化时应保持适宜的土壤水分，开花前和开花期间，土壤宜保持适度干燥，减少落花。

6.整形修剪

（1）整形。常用多干式整形。定植后选留3～4个健壮且向四周分布均匀的分枝作为主干（无分枝时，在地面上留4～5个饱满芽重剪），剪留3～5节，发枝后用作主干延长枝和侧枝。注意各个主枝不要重叠交叉，并及时剪除下部的根蘖、萌蘖及弱枝、枯枝。

（2）抹芽。腊梅叶芽萌发5厘米左右，抹除密集、内向、贴近地面的多余嫩芽，减少养分消耗。在雨季，及时将长出的杂枝、无用枝、扰乱树形枝、挡风遮光枝剪去。

（3）花前修剪。在腊梅落叶后、花芽膨大前，为一些长枝在花芽上多留一对叶芽，剪去上部无花芽部分，剪去枯枝、病虫枝、过弱枝及密集、徒长的无花枝和不用于更新的根蘖，以节约养分。花前修剪时，要小心操作，不要乱掩、乱碰，以免碰掉花芽。

（4）花后补剪。腊梅花谢后，宜及时补剪，主要任务是疏去衰老枝、枯枝、过密枝及徒长枝等，回缩衰弱的主枝或枝组，以达到复壮枝势、树势的目的。但对过高、过长、过强的主枝，可在有较大的中庸斜生枝处回缩，以弱枝带头，控制枝高、枝长和枝势，达到平衡枝势和树势的目的。短截一年生枝，主枝延长枝剪留30～40厘米，其他较强的枝留10～20厘米，弱枝留1对芽或疏除。弱枝疏除后，基部还能长出新枝。此外，花谢后要及时掐去残花（不留种时），防止结实消耗养分，使来年枝粗花繁。

7.病虫害防治

腊梅病虫害较少，偶尔发生蛀干害虫，可结合休眠期修剪，将受害枝连同害虫一起剪下烧掉。

8.采收

腊梅鲜切花一般在花蕾初开时采收，采后放入冷凉处，在0～2℃冷藏条件下可保鲜30～50天。切枝时，切枝下剪口斜长应为45°，上剪口平齐，剪口平滑。

9.质量分级

腊梅鲜切花产品标准严格按照重庆市地方标准《腊梅鲜切花》执行（质量分级标准见表9-1-1）。

表 9-1-1 南山腊梅质量分级标准

项目 \ 级别	等级		
	一级	二级	三级
整体感	整体感、新鲜程度极好，≤60%的花朵开放，具有该品种特性	整体感、新鲜程度好，≤70%的花朵开放，具有该品种特性	整体感、新鲜程度较好，≤80%的花朵开放，基本保持该品种特性
花形	花形完整优美，花朵饱满，花瓣整齐	花形完整，花朵饱满，花瓣整齐	花形较完整，花朵饱满，花瓣较整齐
花色	花瓣蜡色纯正，富有光泽，不失水	花瓣蜡色纯正，富有光泽，不失水	花瓣蜡色较纯正，具有光泽，略失水
花枝	质地强健，新鲜，无枯枝，无枯叶，长度≥80厘米	质地强健，新鲜，无枯枝，无枯叶，长度≥60厘米	质地较强健，较新鲜，无枯枝，长度≥60厘米
病虫害及残损情况	无病虫害、压伤、擦伤，落花率不超过10%	无病虫害、压伤、擦伤，落花率不超过15%	无病虫害、有轻度压伤、擦伤，落花率不超过20%
采切标准	花枝上80%花蕾已显色		
采后处理	①冷藏，保鲜剂处理 ②依品种每3支捆成1束 ③剪口平滑，上剪口平齐，下剪口呈45° ④剪去枯枝、残叶	①冷藏，保鲜剂处理 ②依品种每3支捆成1束 ③剪口平滑，上剪口平齐，下剪口呈45° ④剪去枯枝、残叶	①依品种每3支捆成1束 ②剪口平滑，上剪口平齐，下剪口呈45° ③剪去枯枝、残叶

10.包装与标识

（1）包装。每3支捆成1束，用包装袋扎紧，各层切花反向叠放在箱中，离箱边5厘米；小箱为10束，大箱为20束，也可用特大箱；装箱时，中间需捆绑固定；纸箱两侧需打孔，孔口距离箱口8厘米。

（2）标识。必须注明切花种类、品种名、级别、花枝长度、装箱容量、生产单位、采切时间。

四、产品质量

（一）品质特性

香气清馨，蜡色鲜亮，花密朵大，花枝优美，花期早，瓶插期长。

（二）质量安全

腊梅鲜切花生产严格按照重庆市地方标准《腊梅鲜切花生产技术规程》执行，产品质量要求严格按照重庆市地方标准《腊梅鲜切花》要求执行。

五、标志使用

南山腊梅农产品地理标志地域保护范围内的生产经营者，在产品或包装上使用农产品地理标志，须向登记证书持有人提出申请，并按照相关要求规范生产和使用标志，统一采用产品名称和农产品地理标志公共标识相结合的标识标注方法。

第二节　南山盆景

南山盆景，历史悠久。造屋建园，养花植木、蟠扎树桩、培植盆景，花工巧匠云集。技法代代相传，技艺流布巴蜀。

南山盆景技艺为历史遗产，如今尚有两处集中的展示地。一是重庆南山植物园（原名南山公园），园内有旧时盆景遗迹，古松树桩、蟠扎成型，位于公园大门两侧挺拔的罗汉松，经考证，其蟠扎有200多年的历史。二是重庆抗战遗址博物馆（原名黄山公园），现存有160年的卫矛、170年的桂花和184年的银杏树，为园林花木中蟠扎的极品。另有抗战时期的园内盆景，花木树枝、大小盆景等散布四周。

一、产地环境

南山，位于重庆南岸区东面，属山林地带，亚热带季风气候，热量丰富，雨量充沛，风小日照少，无霜期长，冰雪少，湿度大，云雾多，春早夏长，秋短冬暖，四季分明。境内群山重叠，森林密布，有重庆"南陲屏障""川东花卉园""山城花冠""城市肺叶"的美誉，是重庆著名的省级风景名胜区。

南山盆景技艺传承人分布于南岸区南山街道36平方千米，主要区域为双龙村、石牛村、放牛村、大坪村、联合村等。

二、历史渊源

南山古称涂山。清王尔鉴《巴县志》云："黄桷垭、老君洞、真武山'皆涂山也'。"另据《巴郡志》曰："刘备置关于此山之上，禹庙及涂后祠在焉。"唐代，任忠州刺史的大诗人白居易曾游历涂山，写有《涂山寺独游》一诗。

据重庆涂山窑考古资料记载，中国宋代民窑之一的南山龙井村涂山宋代瓷窑盛产黑瓷，似与当时的盆景相关。

中华人民共和国成立后，南山经历60余年的治山治水，养花植木，蟠扎树桩，盆景基地已声名远扬。川渝交流亦是互通有无，经年往来，行家里手、商家贩客串联起两大地域流派。20世纪50年代，有关部门组建了以两地名家、专家为成员的四川省盆景艺术家协会，从总体技艺上命名了川派盆景。

川派盆景的重大赛事不离重庆（川东）盆景，重庆盆景花卉赛事更是少不了南山盆景。古往今来，南山的花木、盆景等景观景色堪称山水形胜，耀甲一方。古人留下诗文：

出城一水隔天涯，今日南山看李花。
香雾连天成雪海，短舆穿树落银沙。
经行麦陇方抽叶，消爱松风一煮茶。
便似卢仝张彻未，乘云直到玉皇家。

南山盆景技艺的历史渊源久远绵长，根脉延续。由于南山盆景被发扬光大，誉满天下，南山被称为重庆的"山城花冠"。

南山盆景的制作传人历经数代，衣钵相承。数百年来，花匠、花工、技师，有来有去，有教有学。有的祖传专业数辈，有的广采博学、精通此道。南山盆景的制作留下不少前人的经验口诀，以及技法技艺传承的谚语。如"三弯九道拐""大弯夹两小弯""以小见大""做旧如古""远看弯弯，近看盘盘"等。南山盆景技师杨文良，将50余年的经验修为铸成"摘、栽、缩、疏、放、伤、变"七字诀，以及盆景制作技法技艺谚语——"土质分阴阳、春夏秋冬论、桩头分形式、太公钓鱼城、弯狭是穴道、上下吊平脉"，分解起来，个中详略可概览全程。

三、制作工艺

（一）选坯

坯料常以野生树桩为主，其次是培植的树苗。对坯料的材质、形态、可塑性等，全凭观察和经验取舍。

（二）蟠扎

川东派尤为讲究蟠扎技艺，蟠扎时间达数十年者居多，蟠扎技法之繁复，为所有制作手法之最。

（三）嫁接修剪

依据树木长势和季节等，采用"靠接"和"劈接"两种方法为树桩塑身。"修剪"是为树"整形"，南山树木茂盛，剪除残枝败叶，多作扇形和宝塔形。

（四）养护

山深林密多虫害，日照雨水多影响，必须有针对性地打药、施肥、浇水、培土等，精心看护、精细保养。

（五）配盆上盆

盆钵的形状，圆盆还是椭圆盆等；盆的材质，紫砂盆还是土陶盆等；以及盆的色调等，亦讲究相宜，是为盆景艺术整体的基础。

（六）定名

为盆景取名是一种艺术，熟悉盆景技艺、深知盆景造型、有良好的文学造诣与审美取向缺一不可。如此方能题眼醒目、锦上添花。南山盆景拥有专事取名的学究和专家。南山盆景的整个工艺流程和技法技艺贯穿盆景制作的始终，或按部就班，或交叉轮替，最终成就一件盆景艺术品。

四、主要品种

南山属于山丘地貌，土壤酸性，土层深厚，日照较为充足，水源极为丰沛，天时地利，条件优越，是众多种植物花卉理想的生长地。经过南山花农、花工多年的养育和对盆景技艺的打造，罗汉松、杜鹃成为巴渝（川东）盆景的典型代表之作。南山最为著名的盆景品种有腊梅、桂花、茶花、红枫、三角枫、银杏、油柿子、柏树、石榴、黑松、香樟、紫薇等数十余个。各类品种遍布南山大大小小的山头和数个农家花园花圃及制作场地。

五、艺术风格

南山得天独厚的自然条件，以及南山盆景历代相传的技艺，加之南来北往的传经送宝，使南山盆景自立于中国盆景艺术之林，广受盆景艺术界的推崇。南山盆景风格之一：三弯九拐、疏根亮爪、古朴自然、雄浑苍劲。代表作有罗汉松、杜鹃等。南山盆景风格之二：曲折质朴、端庄典雅、飘逸妍丽、灵动神奇。代表作有腊梅、茶花、九重阁等。另有用树木桩头制作的树桩盆景，采用涂山石（龟纹石之类）制作的水旱盆景等。南山盆景在历史上多称重庆盆景，广为人知，为重庆（川东）盆景的公认代表，区别于成都（川西）盆景，素有独特的风格。

六、相关作品

南山盆景获奖作品见表9-1-2。

表9-1-2　南山盆景获奖作品

序号	时间	姓名	作品名	所获奖项	备注
1	2001年9月	杨彪	洒向人间	2001蜀汉杯中国盆景艺术作品展览金奖	
2	2001年9月	杨彪	彩云归	2001蜀汉杯中国盆景艺术作品展览金奖	
3	2001年9月	杨彪	宁啼化绿烟	第五届中国花卉博览会银奖	
4	2004年9月	杨彪	清凉世界	第五届中国国际园林花卉博览会金奖	
5	2004年9月	杨林	华冠	第六届中国盆景展览金奖	
6	2005年8月	杨林	华冠	第八届亚太盆景赏石会议暨展览会亚太佳作奖	
7	2005年10月	杨彪	山城畅想曲	第六届中国花卉博览会花卉展品盆景类一等奖	
8	2005年10月	杨林	冬韵	第六届中国花博览会金奖	
9	2006年6月	杨彪	探海	2006沈阳世界园艺博览会盆景艺术展金奖	
10	2006年10月	杨彪	天若惊鸿	重庆市第七届盆景艺术展一等奖	
11	2006年10月	邱定喜	腾云	重庆市第七届盆景艺术展三等奖	
12	2007年10月	杨林	蟠根道枝	重庆市第八届盆景艺术展一等奖	
13	2007年10月	杨林	上下五千年	重庆市第八届盆景艺术展一等奖	
14	2008年10月	杨彪	守望	重庆市第九届盆景艺术展一等奖	
15	2008年10月	杨彪	云擎	重庆市第九届盆景艺术展一等奖	
16	2008年10月	杨彪	一木擎天	重庆市第九届盆景艺术展一等奖	
17	2008年10月	杨林	奔向前方	重庆市第九届盆景艺术展一等奖	
18	2008年10月	杨林	多福多寿多男子	重庆市第九届盆景艺术展一等奖	
19	2008年10月	杨林	天王之象	重庆市第九届盆景艺术展一等奖	

（续）

序号	时间	姓名	作品名	所获奖项	备注
20	2008年10月	杨林	山城彩月	重庆市第九届盆景艺术展三等奖	
21	2009年5月	阙忠贵	云海迷途	重庆市园林系统绿化技能竞赛盆景制作一等奖	技能竞赛
22	2009年10月	邱定喜	协力同心	重庆市第十届盆景艺术展二等奖	
23	2009年12月	王礼强	林静生运	重庆市第十届盆景艺术展三等奖	
24	2009年12月	王礼强	静岸飞度	重庆市第十届盆景艺术展三等奖	
25	2009年12月	张乾川	父子情深	重庆市第十届盆景艺术展三等奖	

七、传承谱系

南山盆景传承人见表9-1-3。

表9-1-3　南山盆景传承人

代别	姓名	性别	生卒年	出生地	代表作品
第一代	马培	男	1931—	江北观音桥	各式树桩盆景
	杨文良	男	1936—	北碚静观	各式树桩盆景
	孙玉生	男	1940—	山东	理论研究
第二代	杨林	男	1963—	南山街道双龙村	杜鹃盆景
	杨彪	男	1966—	南山街道双龙村	杜鹃盆景
	胡学平	男	1968—	南山街道双龙村	罗汉松盆景
	阙成平	男	1955—	南山街道双龙村	罗汉松盆景
	阙家友	男	1963—	南山街道双龙村	杜鹃盆景
	王礼强	男	1966—	南山街道双龙村	杜鹃盆景
	邱小龙	男	1965—	南山街道双龙村	罗汉松盆景
	刘祥意	男	1960—	南山街道双龙村	杜鹃盆景
	杨昌伟	男	1963—	南山街道双龙村	杜鹃盆景
	张乾忠	男	1961—	南山街道双龙村	杜鹃盆景
第三代	廖厚伟	男	1977—	南山街道双龙村	杜鹃盆景
	阙忠贵	男	1971—	南山街道双龙村	杜鹃盆景
	舒生	男	1981—	南山街道双龙村	杜鹃盆景
	邱定喜	男	1974—	南山街道双龙村	杜鹃盆景
	张乾川	男	1970—	南山街道双龙村	杜鹃盆景
	刘卫	男	1982—	南山街道双龙村	杜鹃盆景
	封洪屏	男	1976—	南山街道双龙村	杜鹃盆景

八、重要价值

（一）历史价值

20世纪50年代，有关部门组建了以四川重庆两地名家、专家为成员的四川省盆景艺术家协会，从总体技艺上命名了川派盆景。在盆景制作和风格方面，南山盆景一贯体现了川派盆景独特的盘扎技法以及疏根亮爪、三弯九拐等风格。南山盆景创造性地依其地理及人文特性，发展自身的地域优势，具有传承川派两大派系的历史价值。

（二）文化价值

南山古称涂山。清王尔鉴《巴县志》云："黄桷垭、老君洞、真武山'皆涂山也'。"另据《巴郡志》曰"刘备置关于此山之上，禹庙及涂后祠在焉。"三国文化与大禹文化交相辉映。唐代，任忠州刺史的大诗人白居易曾游历涂山，写有诗歌流传。足见南山地域文化、文脉厚重。南山风景区包括10余座山峰，连绵起伏，翠峦叠嶂，山水依存，纵观南山风景区内多个山头和山名的变迁历史，其实就是一部南山盆景的流传史。南山盆景拥有传承渝派的地域文化价值。

（三）学科价值

南山盆景从选坯、盘扎、整修、上盆等技法技艺的全过程，到定型、取名，无不精心筹划，经过长期研磨，集多种学问为一体，从而出精品、出佳作。南山盆景博取植物学、土壤学、历史学、艺术学、诗词学、美学等学科的精要内涵，为己所用，从而打造出造型特殊、技艺超群、风格独具、命名具有艺术性的盆景美术作品。但南山盆景需要放置在与自身特色相配合的装饰环境中，方能与环境相得益彰，添色增辉，充分体现其综合学科价值。

第三节　北碚静观腊梅

静观腊梅，生长在历史文化名镇——重庆市北碚区静观镇，至今已有500余年历史。静观镇素有"花卉之乡"的美称，是全国花木盆景艺术五大流派之一——川派盆景中的川东花卉艺术发祥地，也是获全国首批命名的"中国花木之乡""中国腊梅之乡"，现栽植静观腊梅1万余亩，是中国腊梅栽植面积最大、品种资源最丰富的腊梅栽植区，所栽植的腊梅以花径大、花香浓、花色艳、花朵密著称。2012年2月注册地理标志商标，2012年8月登记为农产品地理标志。

一、历史渊源

静观镇有500多年的养花历史和得天独厚的自然气候，2000年7月，北碚静观镇被国家林业局和中国花卉协会评为全国首批"中国花木之乡"，成为国内三大"花木之乡"之一；2011年4月，静观腊梅顺利通过了农产品地理标志产品品质鉴评；2011年11月，在第七届中国花卉产业论坛上，北碚区静观镇被评为"中国腊梅之乡"，成为全国唯一获"中国腊梅之乡"称号的乡（镇）。根据《农产品地理标志管理办法》规定，重庆市生态农业科技产业示范区管理委员会申请对静观腊梅实施农产品地理标志保护。经过初审、专家评审和公示，符合农产品地理标志登记程序和条件，2012年8月5

日，经农业部认定为农产品地理标志产品。

二、产地环境

静观镇历史悠久，自然条件优越，交通便利。

静观镇旅游资源丰富，以花木观光为主要特色的静观花木生态旅游景区分为A、B两个区域，A区主要在静观镇农谷，腊梅种植面积5 000余亩、品种120余个。B区位于静观镇静斜公路万全村，腊梅种植面积5 000余亩、品种100余个。静观腊梅基地栽植腊梅54.4万株，有50亩腊梅资源圃，集素心腊梅、巫溪野生腊梅、美国夏腊梅等世界各地的腊梅品种37个，开发有腊梅鲜切花、腊梅盆景、腊梅茶、腊梅面、腊梅酒等系列产品。一年一度的"腊梅文化节"已成为静观旅游的一大亮点。

三、品质特点

静观腊梅具有深厚的文化底蕴和很高的美学观赏价值。主要品种为素心腊梅，该品种具有花香浓郁、花姿优美、花朵密集、花径大、花色纯正、蜡质鲜亮、瓶插时间长的特性。腊梅是梅花中的上乘佳品，芳香浓郁，可提取香油，亦可食用。干花泡水喝，还有保健养颜、解暑生津、开胃散郁、解毒生肌、止咳之功效。

四、生产情况

静观镇现有腊梅种植面积1万亩，6 000户近7 000余人从事种植、经营腊梅，另有200余名腊梅经纪人活跃在市场上。2017年销售腊梅干花60吨，收入270万元；鲜切花200万束，收入900万元；腊梅盆景2万余盆，收入100万元；其他收入2 000万元，全年总收入3 270万元左右。

五、品牌建设

静观镇作为生态古镇，腊梅是最重要的品牌资源之一，资源苗圃内保存有国内外260个腊梅品种。腊梅博览园内还将建占地1万平方米的腊梅博物馆，浓缩3 000年中国腊梅文化。以腊梅为媒，以文化作介，打造中国腊梅品种最丰富、花色最艳丽、花香最浓郁、经济价值最高的最大腊梅博览园，挖掘腊梅文化，拓展腊梅产业链，打造静观农谷腊梅品牌。

第四节　北碚静观盆景

静观花木种植已有500多年历史，是中国花木盆景艺术五大流派——川派盆景的发祥地。静观盆景的树桩蟠扎在中国盆景艺术中自成体系，独树一帜，以人工造型、巧夺天工见长。静观盆景曾获得中国刘开渠根艺汇展银质奖和1990年中国花卉盆景银质奖等殊荣。

一、历史渊源

早在南宋乾道四年（1168年），静观镇内的塔坪寺建成后，为使寺院清幽静美，人们便开始种植夹竹桃、万年青等花木。此后，镇内一些绅士大户也相继种植，逐步形成蟠扎曲压的园林艺术。到清代光绪年间，静观已形成彭家、刘家、黄家、胡家四大花园，其中以胡家花园的发展最为有名。

胡家花园又名淳园，其主人胡中行（1864—1941）字杰，号淳园主人，博学多才，戊戌变法后致力于实业，开办五里坡等大、小煤矿10个，购置田土100余亩，用其中的30亩建成淳园，以祖传园林艺术为平生所好，购置花木不惜重金，经常托友人从美国、日本、新加坡等国引进珍奇花木，今油房河岸、桥亭桥头的两株金钱松便是卢作孚从英国带回来的，是西南地区罕见的珍稀植物。胡中行喜书画，在园林建设中融入中国书画特色，多配以竹刻的历代名人楹联，又用假山石点缀，作品充满诗情画意，意境深远。再加他不断钻研，逐步创新修剪、编扎、蟠扎、造型等独特的园林工艺，特别是将万年青、罗汉松、紫荆花编扎成狮子、大象、孔雀等吉祥动物造型，更为观赏者喜爱，成为四川园林造型中川东派的代表人物。经他30多年的经营，到20世纪30年代，淳园已古木参天，绿荫如盖，珍品如云，艳丽多彩，成为静观镇规模最大、品种最多、作品最精的私家花园。

二、发展情况

改革开放以来，农村土地承包责任制的实行激发了广大农民种花的热情，花木蟠扎进入快速发展阶段，花木种植规模和范围迅速扩大。当地政府抓住花木发展的契机，大力调整产业结构，以农民增收为目标，形成以农户为主体的发展新格局，种植面积很快达2万余亩，成为静观农业经济的重要支柱产业、农村经济的重要组成部分和农民收入的重要来源。

近年来，静观蟠扎（盆景）作为一项独特的技艺，以别具一格的作品造型蜚声国内，已成为代表静观形象的特色产业和拳头产品。静观镇充分发挥自身的技术和品牌优势，蟠扎方式由单纯的棕丝蟠扎发展为铁丝、钢丝、塑料绳绑扎与棕丝蟠扎并存；造型更加妙趣横生、变幻莫测。形成企业加农户、市场加农户、花木经纪人加农户的产业化经营格局，市场营销体系越加健全。花木产业的发展进程带动了静观蟠扎（盆景）产业的市场化，也提升了花木产业的整体水平和档次，进一步增强了花木产业的市场竞争能力。

三、生产工艺

静观蟠扎（盆景）造型以主干的形态来区分和命名。不同的造型形式，出枝不一样，配以不同的"枝盘"。出枝形式主要分为平枝、滚枝、半平半滚3个类型。

（一）平枝式

出枝亦称侧枝，也叫枝盘，每一出枝必须做到无拱翘，分枝排列均匀，形如叶脉。初期为卵形或狭卵形，数年后枝叶增多，即成阔卵形、扇形、圆扇形。每一出枝即为一枝盘，又称平盘。每株通常蟠10～14个枝盘，（从观赏面看是左右出枝），属左右分枝类型。处于最下部分，生在弯背的第一出枝称后足盘，位于弯内的第二出枝称前足盘。后足盘以上的出枝，习惯上称二盘、三盘、四盘、五盘、六盘、七盘。位于树顶的一盘出枝称顶盘，各个出枝之间的距离，不论在主干上位置远近，均以枝盘的末端之间的距离为准，同一植株各枝盘之间的距离应相等或接近相等。若在应蟠出枝的部位缺少枝条，出现了空虚部位，可借上方粗壮的长枝，使其延伸、下垂至增加一枝盘，以填补画面中的空白之处，此枝称飞枝。见枝蟠枝，即指不仅左右出枝，而且可以前后出枝，此手法不仅使画面平衡，而且十分美观。

（二）滚枝型

1.小滚枝型

小滚枝型的蟠扎方法基本上与平枝式相似，见枝蟠枝，不同的是这种形式有立弯、斜弯和回曲3种枝。树顶为尖顶形，主干顶端不蟠枝盘。此型蟠成的枝盘组合成一个圆锥形树冠。从上往下俯视为椭圆形，整个树冠连成一个枝片。立弯枝是将主干或枝盘上的枝条向上蟠扎，使之与主干并立，填补主干上没有枝的空处。立弯与主干并列，犹如副干，在树冠空虚部位蟠扎枝盘。斜弯枝是将生在枝盘上的向上生长的直立短枝与向下生长的短枝往旁边蟠1～2个弯子。由于弯子倾斜，所以称斜弯枝。又因弯子如悬挂的弓，故又称挂弓枝。在出枝蟠扎时，在出枝附近出现空缺，可将此枝条蟠扎回去，填补空白，这弯曲回去的枝条叫回曲枝。这一形态的要求是各出枝间的排列均匀或基本均匀，多余的枝条可以剪除，适用于观赏花的树种，如桃花、梅花、樱花等。

2.大滚枝型

大滚枝型的主干处理采用掉拐法与滚龙抱柱法。所用枝法是见枝蟠枝，所有的枝条均不剪除，所有的枝条都要蟠完。主要是填平补齐，哪里缺就往哪里蟠。上、下、左、右均可蟠枝。唯一的要求是树冠呈枝叶均匀分布、没有空缺的圆锥形。叶的正面和枝的顶端只能向外，不能向内。俯视为椭圆形。此式适用于常绿阔叶树种和枝顶开花的树种。如杜鹃、山茶花、桂花等。亦可一盆两花或三花合栽，使其枝条交错蟠扎，更显五彩缤纷。

3.半平半滚式

此式又称代平代滚式，是介于平枝与滚枝之间的一种具有综合性的形式。蟠扎时采用平枝式与小滚枝型的扎法，不同之处是不蟠回曲枝和连续几个弯子的立弯枝，或偶尔蟠立弯枝。适用于海棠等规则式树木盆景的剪扎，全部采用棕丝扎法，称为丝法。丝法又有双丝与单丝之分，成都多采用双丝法，重庆则采用单丝法。取法自然，造型形式自由，不拘格律，讲究自然美与艺术美的统一。此式有直立式、斜立式、平卧式、悬崖式和其他形式等。

静观蟠扎（盆景）有着极强烈的地域特色和造型特点，如对口弯、汉文弯、活身转、三跳身等。在技艺上突出了"弯对弯，拱对拱，逢拱出枝，上下吊手墨，弯口均匀，亮枝亮杆，平枝圆盘，层次分明，下大上小，严如宝塔，远看似盘盘，近看是弯弯"的特色，在蟠扎造型上有独到的艺术见地。如雄狮要昂首张耳，雄威堪惧；雌狮则要屈肢抱婴，母爱可亲；龙则腾跃，如飞腾九天。各式动物蟠扎均要求技术规范、遵循庄重挺拔的造型法则和审美原则，使其既虬曲苍劲、庄重雄健，又婀娜多姿、飘逸隽美，饱含诗情画意。

第五节　垫江牡丹

牡丹，中国著名的特产花木，花大色艳，雍容华贵，富丽端庄，芳香浓郁，素有"国色天香""花中之王"的美誉，而且其根皮（名丹皮）是一味名贵的中药，有清热凉血、活血化瘀之功效。地处渝东北的重庆垫江，牡丹种植历史悠久，品种繁多，被誉为"华夏牡丹之源"，近年来在发挥传统优势的基础上，利用牡丹大力发展经济，使牡丹成为垫江的一个支柱产业。

一、历史渊源

南梁药物学家陶弘景整理的《名医别录》记载：牡丹

"生巴郡及汉中，二月、八月采根，阴干"。苏颂曰："今出合州者佳，和州、宣州者并良"。《本草品汇精要》有"《图经》曰：生巴郡山谷，汉中、丹、延、青、越、滁、和等州山中皆有之"的记载，并在"道地"项下记载"巴蜀、剑南、合州和州宣州者并良"。《国花大典》阐释："巴郡，在原四川省，指重庆、南充至剑阁的广大地区，即川东一带；合州有二，指重庆附近和广东雷州半岛。此指前者可能性较大"。谬谟高考证："无论江州还是巴郡，都辖现今垫江全境；而据巴郡诸县志察，唯垫江县有牡丹种植历史"。因此，牡丹"生巴郡山谷""合州者佳"，均为对今垫江牡丹的历史记载。

始建于南梁大通年间的垫江县新民镇大通寺，当年已把牡丹作为寺花栽培，其历史有1 470年以上。在当地已发现一些明清时期的古墓上刻有牡丹图案，一些古建筑的门窗、床头上也雕有牡丹图案。另据民国六年（1917年）版《垫江乡土志》记载："本境货丹皮远销重庆、达县等地，年值银数百两。"民国七年（1918年），垫江县外商人在太平场（今垫江太平镇）设点收购粉丹、丹皮。垫江县志记载：民国十五年（1926年）粉丹可换黄谷1石。由此可见，垫江县牡丹的种植历史悠久，有资料可查的历史就有1 500年以上。

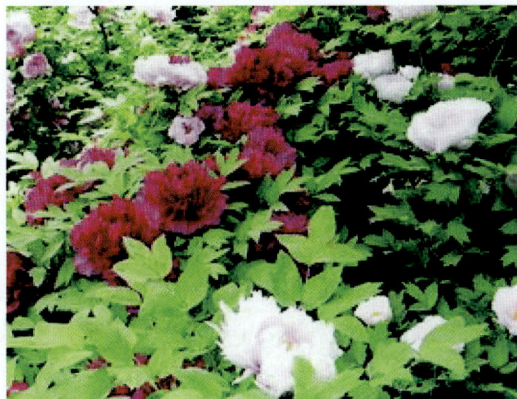

二、产地环境

垫江牡丹广泛分布于川东平行岭谷的明月山内槽海拔400～1 000米的狭长地带上，在垫江县明月山以东、西山大堰以西的太平镇、澄溪镇、新民镇、桂溪镇、沙坪镇最为集中，自然条件最为适宜，栽培面积达16 000余亩，其中太平镇、澄溪镇成片栽植牡丹面积10 321亩。其牡丹品种繁多，类型独特。当地人习惯按品种分为太平红、长康乐、鼠姑仙、醉鹿韭、龙华春、罗坚红、悠山艳、梦神娇8个品系；按花形、花色及当地传统分类方法分为太平红、富贵红、紫斑白、凤丹粉、大通墨玉、高寒牡丹等20多个品种；花色有红、白、粉红、粉紫、紫红等。

垫江属中亚热带湿润季风气候类型，热量充足，降水丰沛，四季分明，无霜期长。具备牡丹生长需要的温度和光照。牡丹主要适宜区为垫江西南的低山漕谷地带，种植区内的黄壤土类有7种，多为中性至微碱性，是适宜牡丹生长的土性。

垫江牡丹喜温和、雨量适中的气候，其适应性强，较耐寒、耐旱、耐干燥，喜光、怕高温、畏酷日烈风和积水涝渍，在重庆市内海拔400～1 000米、土层深厚、质地疏松、略带黏性、呈微酸至微碱性的土壤中均可栽种。

三、品质特点

垫江牡丹1月中旬根开始萌动，进入生长期，3月下旬至4月上旬开花，秋后叶片逐渐枯黄，10月下旬倒苗，完成一个年生长周期。垫江牡丹对气温要求严格，当气温达到5℃时，即开始生长，并随气温的升高而加快生长；入夏（5月以后）气温升高，天气炎热，生长减慢，7月进入休眠状态；秋后温度下降，进入根皮快速生长期。11月中下旬，随气温下降，枝叶枯萎，进入冬眠。

（一）易栽花早

千百年来的自然选择，使垫江牡丹形成了生长势强的特点，虽然栽培原始，管理粗放，但连年枝繁叶茂，花团锦簇。农民有成熟的种植技术，每年9—10月分株或少量播种繁殖，第二年2月中旬萌芽，定植1年后，每年3月初现蕾，中旬初花，4月上旬开花结束，花期较安徽铜陵早10天，较河南洛阳早15天，较山东菏泽早20天，花朵硕大，花径可达20厘米以上。植株高30～40厘米，可达2米以

上，"立秋"后落叶，进入休眠状态。

（二）花香浓郁

新民、沙坪两镇所产凤丹粉不仅香味沁人心脾，制成干花后也久久留香。桂溪、新民两镇所产凤山白和紫斑白清香扑鼻，无论是制成盆花还是做成鲜花，都使人赏心悦目。

（三）药用为主

作为药用，需4～6年挖1次根，取丹皮为药，同时选每窝发育良好的幼苗（每窝都发有2～4株幼苗）予以移植。这种不采用嫁接和种子育苗的无性繁殖的传种方法，很好地保持了原生（野）牡丹的基因。垫江丹皮呈筒状或呈片状，筒多细瘦，外表灰褐色，内为赤褐色，肉薄，质松，具有亮银星，有香气，味微苦而麻，主要用于抗病原微生物、抗心肌缺血、抗炎、保肝、降血糖等方面，以及清热凉血、活血化瘀等临床应用。垫江是全国丹皮重点生产县，与洛阳、菏泽、铜陵并称为我国四大药用牡丹原产地，是原川丹皮的两产地（灌县、垫江）之一，也是现今垫江丹皮的唯一产地。1962年，商业部组织专家对全国各地所产丹皮进行质量论证鉴定，垫江太平牡丹丹皮因丹皮酚、牡丹酚原苷、丹磷含量最高而居榜首。同时还确定垫江为我国出口丹皮的种植基地，垫江丹皮远销日本及东南亚。

（四）观赏性强

垫江牡丹花姿优美、花大色艳，高贵典雅，株形端庄，叶色深紫嫩绿，观赏价值极高。垫江牡丹广泛种植在明月山40千米长、4 000～5 000米宽的衬山、外山、内槽及内山一带，阳春三月，牡丹花盛开，漫山遍野，层层叠叠，间有怪石、古村、山泉、瀑布、溪流、薄雾及远山、流云，大自然的美丽画卷使人心旷神怡。

四、产业发展

垫江从2000年起开始举办垫江牡丹文化节，至2018年，已历经19个春秋，不仅弘扬了牡丹文化，还帮助垫江推出旅游精品，促进垫江经济社会的发展。第一届至第十一届牡丹文化节，共签订合作项目111个，引进资金129亿元；拉动了县域第三产业的发展，全县餐饮、商贸、运输、服务等行业发展迅速；垫江的城镇建设速度加快，文明程度进一步提高。

第二章
食 品 类

第一节 大足荷花

　　荷花，圣洁之花，历来深受人们喜爱和文人墨客的赞美。

　　随着改革开放步伐的加快，大足荷花闻名遐迩。2016年，大足全区荷花总面积达6万亩，其中莲藕面积5万亩，观赏荷（莲）花面积1万亩。每年举办各类荷花学术会议10余场，迎来国内外专家学者、荷花爱好者、摄影爱好者、旅游观光者30万人以上，大足已成为中国名副其实的荷花之乡、荷花种子资源库。

一、发展历程

　　1990年，复隆镇农民陶德均创立雅美佳水生花卉有限公司，从中国荷花研究中心等地引进美国、印度及台湾地区的中美友谊牡丹莲、红台莲、埃及红莲、大洒锦、香水莲、大红袍、鄂莲4号等荷花、荷莲品种150余个，同时开展自然杂交新品种选育工作。

　　1995年，雅美佳水生花卉有限公司种植荷花荷莲品种200余个，生产莲藕60万千克，其中销售种藕40万千克，收获一代杂交种子8万多粒，将良种莲藕鄂莲4号推广到重庆市内及西南地区。

　　1997年，化龙乡慈航村农民罗登强创办"荷花山庄"，先后从雅美佳水生花卉有限公司、广西等地引进新加坡、日本、埃及、法国等地荷花新品种200余个。聘请西南农业大学、中国荷花协会专家教授实地指导，开展自然杂交，选育新品种。北京、成都、西昌、忠县、垫江、铜梁等地的客人买走各类荷花品种150万株，种藕25万千克。新加坡一游客提出引种庄园内一个珍稀品种——白天鹅睡莲，经中国荷花协会批准后买走9000株。一位日本客人看上一株五彩睡莲，后购买至日本栽培。

　　2002年，雅美佳水生花卉有限公司育成雅育红1号，获得全国荷花新品种二等奖，雅育白3号获全国碗莲新品种三等奖。

　　2003年，荷花山庄与雅美佳水生花卉有限公司联合，组建中国西部荷花集团公司，建立西南荷花资源圃，成为西南农业大学（2005年7月与西南师范大学合并成立西南大学）水生花卉教学基地。

2004年，荷花山庄在大足县科学技术委员会协调下，与中国航天集团公司达成航天育种协议：在5年内，让300粒荷花种子搭载航天飞船进行品种改良。2005年8月和10月，先后有雅育红、雅育白、普贤等17个品种170粒荷花种子分3批搭乘第中国第21、第22颗返回式科学与试验卫星和神舟飞船遨游太空。返回后，种子分批进入温室大棚入土培育，进行航天育种工作。

2006年，雅美佳水生花卉有限公司的普贤、大日如来、大足红莲分别获得全国荷花新品种一、二等奖，同时获得碗莲栽培一等奖。至2016年，共引进和自育荷花及莲藕品554个（其中自育254个）、睡莲品种105个、其他水生花卉40余种。雅美佳水生花卉有限公司占地面积800余亩，育成的太空骄阳、蜀女、翠苔、彩云、神女姿、峡江月、烟笼夜月、紫胭、金盆承露、佳丽、轻霜、媚态观音等18个品种入选《中国荷花图志》。先后有5万余支荷花出口法国、马来西亚、新加坡、泰国、美国等国家，一株品种最高卖到1万元以上。

二、产业发展

（一）太空育种

利用太空环境中的高能离子、微重力、宇宙磁场、超真空等特殊条件，使种子基因突变，从而获得高品质的新品种，提高荷花品质和档次。通过多年精心培育，经过太空育种的荷花，多数品种发生了不同程度的异变，如开花时间提前，凋谢延后，叶面、花瓣、花色增多，抗寒能力增强等。用太空莲叶制成的荷叶荷花茶，色泽更加纯正。近年来，通过太空育种和杂交育种相结合，已培育出新品种43个，特色新品种数量居全国之冠，宝珠观音、千手观音、大日如来等21个品种载入2011年出版的《中国荷花新品种图志》。

（二）莲藕产业

随着人们营养和健康意识提高，对优质莲藕的需求增加，乡村旅游观花赏花需求增多，致使大足区内莲藕（荷花）面积猛增，主要分布在宝顶、棠香、龙水、石马、国梁、雍溪、回龙、万古等镇（街道）。2000年，大足区莲藕种植面积仅6 000余亩；2016年，大足区莲藕种植面积达5万亩，平均亩产值达8 000元以上。

（三）荷花庄园

1997年，化龙乡慈航村农民罗登强创办"荷花山庄"，庄园现有面积780亩。园内建有古色古香田园亭阁20余处，种有荷、莲380亩，品种526个，尤以太空育种荷花著名。荷花山庄每年举办全国荷花展览暨国际荷花学术研讨会。庄园内独创的特色饮食——"荷花宴"，已成为大足一大品牌，包括荷花鱼、荷叶粉蒸排、荷叶粉蒸肉、荷花龙段、荷剑炒排、香荷肉片汤、荷剑炒蛋、蜜汁莲藕、香酥藕夹、软炸荷花、叶香粥等菜品。

2005年，荷花山庄成为中国首家星级农家乐，年接待游客10万人次，营业收入达2 000万元以上。

（四）荷花湿地

1990年，复隆村农民陶德均从国内外引荷莲新品种，开始荷莲、荷花产业开发研究，先后在复隆村、盐河村、龙水农场转包土地4 200余亩，开展荷莲新品种选育推广、建立生态湿地公园等。2013年，投资2.8亿元，创办"原乡大足荷花村"，占地面积2 436亩。每年举办"荷花文化旅游节""果桑采摘体验节"等，每年接待旅游人数达120万人次，实现年收入8 000万元。

（五）荷叶茶

2005年，荷花山庄投资1 100万元创办重庆荷花食品开发有限公司，随后与西南大学、重庆市农业科学院茶叶研究所联合，综合开发利用荷花，引进荷花产业化深加工技术和先进设备，开发出藕粉面条、莲米开心果、荷花荷叶茶等产品，连续3届在中国西部农产品交易会上荣获"最受消费者喜爱产品"称号，年产值达1 000多万元。

第二节　璧山黄花

黄花，学名萱草，又称黄花菜。集食、药、观赏、经济价值于一身。璧山黄花既是璧山区特产，也是"重庆名牌农产品"，其中"大路黄花"品牌为地理标志商标。

一、历史渊源

璧山区是重庆黄花菜栽培历史最悠久的地区，大路街道古老寨一带盛产的七蕊黄花为黄花中的极品。据璧山县志记载，1885年，黄花菜由璧山县名中医何吉甫从外地引进，在大路镇火石村（现大竹村）试种，主要作药用。由于黄花菜花蕾具有清香、鲜甜、味美的特点，当地农户将含苞欲放的花蕾作为蔬菜食用。1930年，大路黄花已在附近市（县）畅销，后销至长江中下游城市。此后生产面积不断扩大，至2014年，大路街道种植面积达3 500亩，年产鲜花4 000吨，种植、加工产业链逐步形成。

二、产地环境

璧山黄花主要产地——大路街道地处重庆市中心城区西39千米，东面是缙云山，西面是云雾山。处中亚热带湿润季风气候区，气候湿润，雨量充沛，四季分明，具有春旱、夏热、秋迟、冬暖、无霜期长以及风速小、湿度大、日照少、云雾绵雨多的特点。大路街道地区年平均气温18.1℃，年平均降水量1 047.9毫米；年平均日照时数1 179.3小时；年平均风速1.6米/秒；年平均相对湿度81%；年平均无霜期337天。气候条件十分利于黄花生长。璧山的土壤有机质含量高，土层深厚肥沃，保水、保肥力强，pH5～7.5，宜种黄花的土地面积广。璧山大路黄花种植范围内的水质综合污染指数为2级，属清洁水源。

产地环境条件符合《无公害农产品　种植业产地环境条件》（NY/T 5010—2016）规定。

三、品质特点

一等黄花菜色泽金黄，油性大，条子长、粗壮均匀，少量裂嘴不超过1厘米，无霉变、无杂质、

无虫蛀。二等黄花菜色泽黄，油性中，条子粗壮均匀，少量裂嘴不超过1.5厘米，半截条不超过5%，无霉变、无杂质、无虫蛀。三等黄花菜色泽淡黄，油性少，条子细短，裂嘴多，半截条不超过10%，无霉变、无杂质、无虫蛀。外在品质具有箭子长、肉质肥厚、条干粗长、色泽鲜明、香味浓郁、七根蕊等特点，普通的黄花为五蕊，而璧山大路黄花有7蕊，故而有"七蕊金针"的美称。

每100克鲜璧山大路黄花中，含总酸2.48%，可溶性糖50.02%，蛋白质13.0%，脂肪1.4%，还含有丰富的胡萝卜素、核黄素以及磷、铁、钙、硫胺素等矿物质。产品质量符合无公害蔬菜标准要求。

大路黄花已获地理标志产品保护。

四、生产加工

（一）品种选择

璧山大路黄花菜品种的选用，本着因地制宜、高产高效的原则，主要选用当地丰产、抗逆性强的优良品种。

（二）种苗处理

选择生长旺盛、花蕾多、花条长的株丛为种苗，单株带有3～4条纺锤形的肉质根和须根，除去枯根、朽根，留叶15厘米，然后移栽，保证早发根、多长芽、高产稳产。

（三）合理密植

一般在3月中下旬至4月中下旬移栽。为便于采摘和管理，黄花菜宜采用宽行窄株种植。每平方千米栽植5.4万～6.0万丛，每丛栽2～4株。栽植深度为3～5厘米。

（四）中耕培土

黄花菜是肉质根，在肥沃疏松的土壤环境下生长发育较快。中耕具有疏松土壤、增强透性、提温保湿、消灭杂草、促进植株健壮生长的作用。生长发育期间应中耕2～3次。

（五）肥、水管理

大路黄花要求施足基肥，早施苗肥，重施薹肥，补施蕾肥。干旱或浸渍对黄花植株的生长和花蕾的形成十分不利，要保持园土湿润（土壤持水量70%～75%），避免干旱减产。如遇长时期降雨，需及时排出明水、降低地下水位，避免因涝渍而减产。

（六）保蕾措施

抽薹始期，为促进植株健壮生长，减少花蕾脱落，延长叶片功能，可喷施叶面肥保蕾，用云大－120或1%尿素加0.2%磷酸二氢钾肥液，或用新型植物生长调节剂噻苯隆60毫升兑水60千克喷施。

（七）病虫害防治

危害黄花菜的病虫害主要有叶斑病和蚜虫等。坚持"预防为主，综合防治"原则，采取生物防治和化学防治等防治措施。严禁使用剧毒、高毒、高残留农药。

（八）采收

采收前检测农药残留，达到无公害蔬菜卫生标准后采收。干制黄花菜应在花蕾发育饱满，含苞未放，花蕾中部色泽金黄、两端呈绿色、顶端紫点褪去时采摘。

（九）加工

加工顺序分蒸制、干燥、分级、包装4道工序。每道工序都严格按照温度、湿度、时间的要求进行，确保产品质量。

第三节　铜梁岚峰黄花

铜梁岚峰黄花，于明朝万历年间开始种植，距今已有400多年历史。岚峰黄花朵大、蕾长、肉厚、色白、味道鲜美。蛋白质、胡萝卜素、核黄素及磷、铁等矿物元素含量丰富，有"黄花菜精品"之誉。既是席上珍品，又有消炎、清热、利尿、健胃等功效，采摘时节可供观赏，成为种植农户的重要收入来源之一。

一、生长环境

岚峰山峰峦叠翠，山上终年云雾缭绕，海拔2 000米以下的区域尤其适宜黄花生长。

二、生产情况

岚峰黄花作为铜梁特色产品，主要分布在铜梁区蒲吕街道岚峰山沿线各村，已种植黄花2 800亩，种植户1 000余户，种植大户达180余户。进入盛产期后，每亩可产鲜花1 000千克以上，亩收入可达1 600 ~ 2 400元。2018年，岚峰乡鲜花产量已达1 000余吨，干鲜花除在重庆市销售外，还远销成都、广州等地。2013年成功注册"岚峰干黄花"地理标志商标以后，"岚峰干黄花"成为铜梁区特色农产品的一张名牌。种植农户由传统的种植模式逐步向现代农业经营模式转变，实现产量、效益双提高。

2013—2018年，销售总收入超过760万元，带动千余农户增收。

三、产品价值

（一）食用价值

黄花，百合科萱草属，多年生草本植物的花蕾。味鲜质嫩，营养丰富，含有丰富的花粉、糖、蛋白质、维生素C、钙、脂肪、胡萝卜素、氨基酸等人体必需的养分。黄花菜常与黑木耳等蔬菜配搭同烹，也可与蛋、鸡、肉等做汤吃或炒食，营养丰富。

（二）药用价值

黄花菜性平、味甘、微苦，归肝、脾、肾经；有清热利尿、解毒消肿、止血除烦、宽胸膈、养血平肝、利水通乳、利咽宽胸、清利湿热等功效。《随息居饮食谱》谓其"利膈，清热，养心，解忧释忿，醒酒，除黄"；《滇南本草》说"其性补阴血，止腰疼，治崩漏，止大肠下血"；中医认为黄花菜还具有止血、消肿、镇痛、通乳、健胃和安神的功能，对肝炎、黄疸、大便下血、感冒、痢疾等病症有一定辅助治疗作用。

（三）观赏价值

黄花具有观赏性，在农旅融合发展的过程中可以收到锦上添花和一举多得的效果。

四、荣誉认证

岚峰黄花于1984年被商业部评为部优产品；2003年，重庆市蔬菜检测中心抽样检测，各项指标均优于部颁标准；2006年，成功申报重庆市无公害农产品产地和产品认证；2013年，成功注册"岚峰干黄花"地理标志商标。2018年，岚峰干花已有"峰茗"牌和"鑫瑞"牌两个注册商标。

第四节　忠县黄花

一、种植历史

据民国《忠县志·物产志》载："黄花，多年生植物。春发冬枯。形如兰草丛生，叶绿而窄，茎端开黄花。晨采其花，蒸熟晒干，为佐食之品。吾忠各地均有，惟种之者少，供不应求，每年多自他邑输入"。中华人民共和国成立后，忠县各地均有种植。

清末民国初，忠州镇村民吴广春小面积种植黄花或收购黄花，蒸熟晒干后存储，然后在集市上买卖。其子吴文贵、孙吴英明逐渐探索出以油或蜂蜜等方法存储黄花。2011年11月，吴氏第四代传人吴念成立忠县博众蔬菜种植有限公司，引进猛子花和冲里花2个黄花菜品种，在忠州街道麟凤村百家园种植，规模种植10余公顷。至2017年，种植黄花菜面积20公顷（含忠县任家镇中和村黄花菜示范基地10公顷，麟凤村集体黄花菜产业10公顷）。同时，注册"博玥"牌黄花菜商标。

二、产地环境

忠县常年气候温和，年平均气温18.1℃，年平均降水量1 197毫米，无霜期280天，适宜黄花生长。忠县种植主要品种有猛子花和冲里花，猛子花个小，颜色偏黄，产量高，亩产1 500千克左右，适用于制作干花；冲里花个大，颜色偏绿，产量低，亩产1 000千克左右，适用于鲜货市场销售。分布于忠州街道麟凤村百家园及任家镇。

三、产品特点

忠县黄花菜营养丰富，含有大量的醇、酯类等芳香物质，赋予其香味。同时具有辅助治疗胸闷、小便赤黄、解烦热、平肝养血、抗菌消炎、健胃安神、明目等功效。近代医学研究表明，黄花菜含有卵磷脂、甾类、硒等物质。因此，常食黄花菜可抗衰老、滋养皮肤、抗癌等；能防治失眠、抑郁症，增强抵抗力。

四、产品加工、收益

以传统工艺流程为主，配以现代烘干技术，生产制作主要包括3个环节。

（一）鲜花

将采摘的新鲜黄花菜放入（0 ～ 8℃）冻库存放2个小时制冷，防止再次生长，不加任何防腐剂，方便新鲜黄花长途运输，能保持花蕾7 ～ 10天不开，避免因花蕾开花而造成损失。

（二）干花

将新鲜黄花菜装入空气能全自动烘干房烘烤。自动杀青过程为烘干不排湿2个小时，温度设置为70℃。之后16小时为烘干加排湿，温度设置为45℃。用空气能全自动烘干，解决黄花菜用传统的木柴和煤炭烘干而含硫的问题，自动杀青温度为70℃，可解决黄花菜含有秋水仙碱的问题，保证黄花菜的原汁原味。

（三）销售

种植黄花菜1亩地收入8 000 ～ 15 000元，1亩地产干货200 ～ 250千克，鲜花1 500 ～ 1 800千克，市场鲜花批发价格8元左右，干货批发价格36元左右。绿色天然黄花菜干货价格为50 ～ 60元/千克，精品包装黄花菜市场零售价格可达80元/千克。

五、荣誉认证

2012年，成功注册"博玥"商标。同年8月，"博玥"牌黄花菜经农业部技术部门鉴定合格，甲胺灵、氧乐果、甲拌灵、对硫灵、甲基对硫灵、克百威、氯氰菊酯、多菌灵、铅、镉等均未检出。2014年，取得"无公害黄花菜"认证证书，同年通过无公害蔬菜基地认证。2017年8月，经农业部农产品质量安全中心审定，"博玥"牌黄花菜被认定为无公害产品。

第五节　秀山黄花

一、历史渊源

黄花（菜），《本草纲目》记载为"萱草"，又名金针菜，单子叶植物纲百合科多年生宿根性植物。秀山黄花在元朝就有栽培记载，已有600余年历史，清康熙年间，秀山县志就把黄花（菜）列为主要土特产。

二、产品特点

秀山黄花以当地品种四月花为主，产量高、质量好、抗病力强。每100克含蛋白质14.1克，脂肪1.1克，碳水化合物62.6克，钙463毫克，磷173毫克，以及多种维生素，胡萝卜素的含量尤为丰富，干品每100克含胡萝卜素3.44毫克，具有极高的营养价值。其花蕾（黄花菜）自古以来就是一种美食。因其花瓣肥厚，色

泽金黄，香味浓郁，食之清香，爽滑，嫩糯，常与木耳齐名，均为"席上珍品"。

秀山黄花根据加工工艺可分为鲜黄花及干黄花两种产品，鲜黄花即新鲜采摘的黄花；干黄花为鲜黄花经过特殊晾晒制成的易于储存的产品。

"武陵遗风"黄花：以洁净、鲜嫩、不蔫、不干、芯尚未开放、无杂质者加工而成。外观金黄且富有光泽，花条粗壮，花枝均匀完整，干燥无霉烂，脆嫩清口，无虫蛀，无异味，无杂质。

三、栽培技术

（一）合理密植

黄花菜采用密植可发挥群体优势，增加分蘖、抽薹和花蕾数，达到提高产量的目的。一般多采用宽窄行栽培，宽行60～75厘米，窄行30～45厘米，穴距9～15厘米，每穴栽2～3株，栽植4.5万～7.5万株/公顷，盛产期达150万～225万株/公顷。

（二）适当深耕

黄花菜的根群从短缩茎周围生出，具有1年1层、自下而上、发根部位逐年上移的特点，因此适当深栽利于植株成活、发旺，适栽深度为10～15厘米。植后应浇定根水，秋苗长出前应经常保持土壤湿润，以利于新苗的生长。

（三）中耕培土

黄花菜为肉质根系，肥沃疏松的土壤环境条件有利于根群的生长发育，生长发育期间应根据生长和土壤板结情况中耕3～4次，第1次在幼苗正出土时进行，第2～4次在抽薹期结合中耕进行培土。

四、加工工艺

（一）阴凉休汗

蒸好的黄花花蕾保持原状，不要立即出筛，或将花蕾顺倒在晒席上凉过心，但不要将筛反倒。把筛放在阴凉通风处1～2小时，利用余热使花蕾进一步熟透、熟匀，使表皮上的糖分收敛转化，熟度均匀，色泽美观。

（二）晒干

制成南低北高的木架，钉上备好的苇席，制成晒床，置于光线充足的地方，然后将凉过心的黄花菜或腌制好的黄花菜均匀地摊在苇席上，每天翻动1～2次，第一天要用双席对翻。即将一张空席盖在晒床上，夹住翻转，既快又不粘席，花蕾干后粗直不弯曲。尚未半干时不能用手翻，以防干后卷曲，一般2天即可晒干。晒好的黄花菜用手握不发脆，松手后自然散开。

五、荣誉认证

1958年10月，秀山黄花在中国出口商品交易会获"优质农产品"称号。

1976年，秀山黄花获全国黄花质量评比第一名。

1978年，秀山黄花获四川省黄花质量评比第一名。

2013年3月，秀山黄花（干）被农业部认定为地理标志产品。

第三章
医药及其他类

第一节　北碚红豆杉

北碚红豆杉，生长在北碚区三圣镇，是科学家用缙云山野生红豆杉与国外红豆杉杂交选育而成的优良品种，适应性强，生长速度快，紫杉醇含量是其他红豆杉的 6 倍以上，是目前红豆杉中药用价值最理想的品种。"北碚红豆杉"是地理标志商标。北碚万亩红豆杉原料林基地位于华莹山南麓，海拔800 ～ 1 040 米。

一、历史渊源

红豆杉是一种神奇的植物，是 250 万年前遗留的珍稀濒危物种，被誉为"植物界的大熊猫"，是一种名贵的树种。

据典籍和《中药大辞典》记载，红豆杉枝叶具有利尿、通气、降糖、治肾病等作用。

《重庆北碚区志》有"北碚珍奇古树较多，有号称千年古树红豆杉"的记载。北碚红豆杉是为数不多的具景天酸代谢途径的植物，能够24小时吸收二氧化碳、排放氧气。具有驱蚊、杀菌的功效，能够有效降低二手烟的危害。

北碚红豆杉四季常青，翠绿秀雅，枝型优美，果实红而透，果实多，持果期久。树龄可达5 000 年以上，有"长寿树"之称，被视为长寿、吉祥的象征，也有荣华富贵之意。北碚红豆杉全身是宝，又被称为"黄金树"。

二、产地环境

北碚红豆杉产地范围位于缙云山自然保护区和青峰山。北碚万亩红豆杉原料林基地位于华莹山南麓，海拔800 ～ 1 040 米地带。产地区域土壤多为山地黄壤和紫色土壤，土质疏松、通透性强、排水良好，富含腐殖质，土壤多为微酸性，pH约为5.5。产地区域属典型的亚热带温暖湿润季风气候，日照少、湿度大、气候温和，年平均气温约18℃，雨量充沛，年总降水量约1 200毫米，年平均相对湿度81%，低温冻寒少。特殊的生产场地、土壤条件和自然气候，决定了北碚红豆杉的特定品质。

三、品质特点

红豆杉属雌雄异株的常绿乔木，小枝秋天变成黄绿色或淡红褐色，叶子为长条形，螺旋状互生，

基部扭转为二列，条形略微弯曲，长 1 ~ 2.5 厘米，宽 2 ~ 2.5 毫米，叶缘微反曲，叶端渐尖，叶背有 2 条宽黄绿色或灰绿色气孔带，中脉上密生有细小凸点，叶缘绿带极窄。种子扁形，有 2 棱，种卵圆形，用来榨油，也可入药。红豆杉中有曼地亚品种，是 20 世纪末引入国内的杂交品种。曼地亚红豆杉多为灌木型，灌木形态是区别于同类品种最显著的外形特征，它四季常青，挂红果且果期长，极具观赏价值，因此是制作盆景或绿化的最佳植物之一。

红豆杉具有出色的空气净化效果，经检测，普通红豆杉能吸收室内 90% 的苯，96% 的一氧化碳，86% 的甲醇和过氧化氮，以及尼古丁等有害气体，还能将致癌物质甲醛转化成糖和氨基酸等天然物质。与普通红豆杉相比，北碚红豆杉枝条繁密，叶片密集，使其净化效果更突出。

北碚红豆杉主根不明显，须根别特发达，因而生命力强，易于种植及养护。红豆杉产品的紫杉醇平均含量均为 0.033 51%；碳水化合物含量平均为 20%；水分含量平均为 80%。

四、生产情况

北碚红豆杉示范基地自 2009 年建设以来，专业从事北碚红豆杉人工培育种植、园艺价值开发、药剂提炼，着力打造北碚红豆杉品牌。北碚红豆杉在北碚行政辖区三圣镇现有种植面积近 1 万亩，总计 1 000 万多株，年育苗 300 万株以上，年育盆景 20 万盆以上，已成为全国最大的北碚红豆杉种植乡（镇）和北碚红豆杉种植产业示范基地。北碚红豆杉示范基地牢固树立品牌意识，做大做强北碚红豆杉产业，注册了"北碚红豆杉"商标。

北碚红豆杉示范基地根据地域优势和科技优势以及所拥有的有利条件，为策划注入休闲、旅游和示范、教学、培训等可持续理念，带动周边地区千家万户的农民致富。

北碚红豆杉具有药用、绿化、特殊优质用材等多种用途，前景非常好。2011 年，根据国家产业政策和红豆杉种植基地实际情况，经过市场调研，确定以示范基地作原料保障，用已取得的专利技术和多年的生产经验，采用先进设备（逆流超声波机组）初提取紫杉醇。基地在三圣镇投资 7 000 万元、占地 109 亩，建设年处理红豆杉干枝叶 2 000 吨的初提加工厂。

北碚红豆杉示范基地将建成从北碚红豆杉资源培育到北碚红豆杉枝叶加工、紫杉醇浸膏、紫杉醇初制品、紫杉醇精品及其制剂的产业链，将北碚红豆杉的培植、生物制药和康复疗养、旅游度假融为一体，形成北碚独具优势的特色产业。

第二节　云阳菊花

菊花与中华民族早在 3 000 多年前就结下了不解之缘。屈原在《离骚》中有云"饮木兰之堕落，夕餐秋菊之落英"。汉代的《神农本草经》认为它有"久服利血气，轻身、耐老、延年"的功效。作为

"四君子"之一，是清净、高洁的象征。云阳菊花带着淡淡的思古幽情，化身养生茶饮，与现代人的生活潮流相呼应。

一、历史渊源

云阳县栽种菊花历史悠久。据考证，唐朝时云阳就开始大量栽种菊花，用菊花泡酒、入药、沏茶、煮粥。756年，诗人杜甫离开成都，9月达到云安（今重庆市云阳县），因一路感受湿气，肺病和风痹病发作，致脚部麻痹，行走不便而客居云安。在云阳期间，诗人听从农人建议，采菊入药，治好了肺病。留下"丛菊两开他日泪，孤舟一系故园心"的诗句。

明嘉靖二十年（1541年）编纂的《云阳县志》食货篇之花属类记载，成化八年（1472年），云阳菊花已小规模种植。清代《食物本草会纂》载有"菊花酒，治头风，明耳目，去痿痹，消百病。"

云阳菊花作为优质的药用植物，入选《万县中草药》一书（云阳县曾隶属四川省万县地区）。

二、产地环境

云阳位于三峡库区，地处北纬30°，属中亚热带暖湿季风气候；具有春早、夏热、秋凉、冬暖及降水充沛、雨热同季、光照充足等特点，适合菊花生长；三峡库区缺少大规模工业项目，没有工业污染，农业面源污染轻，城市小而分散，汽车尾气和城市污染少，同时，自然植被好，森林覆盖率50%左右，对污染的净化能力强，是难得的一块洁净宝地。

三、品种特点

（一）三峡阳菊

三峡阳菊，生长在三峡库区腹心的云阳深山中，冲泡后淡雅清香，总黄酮、绿原酸等成分远超同类产品（表9-3-1）。阳菊菊花茶具有清肝明目、清热去火、降脂降压、润肠排毒、缓解眼睛干涩以及视力疲劳的功效；对肝火旺盛引起的易怒、焦躁等症有辅助疗效。日常生活中多喝菊花茶有助于防辐射，是一款适合上班族、电脑及手机高频使用人群的茶饮。

表9-3-1 三峡阳菊与其他菊花成分含量测定对比

名称	杭白菊平均值/%	贡菊平均值/%	阳菊平均值/%	药典含量/%
总黄酮	2.06	2.02	3.91	未规定
绿原酸	0.2	0.31	0.49	≥0.2
异绿原酸	1.1	1.08	1.60	≥0.7
木犀草苷	0.25	0.28	0.46	≥0.08

三峡阳菊可分为药用菊和茶用菊。

成年药用菊植株整体外形呈球状；菊叶呈深绿色，花瓣颜色如白玉，花蕊呈黄色；药用菊泡水后汤色澄清、浅黄鲜亮；入口清香，微苦。

成年茶用菊植株整体外形呈圆球状，较药用菊形态偏小；菊叶颜色比药用菊略浅；花瓣如白玉，花蕊呈黄色；茶用菊泡水后汤色澄清、浅黄鲜亮；入口清香、味甘醇。

历年来，三峡阳菊严格按照有机标准化育苗流程培育种苗，采用生物技术培养及智能大棚培养，优选三峡阳菊优良品种，通过生物制剂防治菊花病害；为实现三峡阳菊大规模有机农业生产，杜绝有违有机农产品生产要求的现象，2018年，三峡阳菊新发展30个新区域，新增面积1.5万亩，总体面积达3.3万亩。三峡阳菊在云阳、江津建有加工厂3个，工厂严格按照国家食品加工厂标准建设。

（二）晚艳菊花

晚艳菊花基地位于云阳县堰坪乡高寺山。高寺山当地乡民有种植菊花的习惯。20世纪20年代，乡民把菊花用柴火蒸熟、晒干后，装入陶坛密封存放，药、饮两用。因色香味俱佳且药用效果明显，外地客商争相购买晚艳菊花。因种植面积有限，产量不多而供不应求。到20世纪50年代，晚艳菊花的生产种植规模逐渐扩大。70年代，堰坪乡高寺山的菊花种植户达500余家。80年代，菊花年产量突破15万担，远销上海、广东等沿海省份。90年代，全国各地客商纷纷前往云阳采购。

2009年，云阳县堰坪乡高寺山村民冉秀清看到菊花种植的巨大商机，先后到江浙、江西等菊花基地考察。回到云阳后租赁上千亩荒土地，开始规模种植和科学加工。2011年，注册成立云阳县鑫焘菊花种植股份合作社。2011年注册"晚艳"商标，菊花种植户逾千户，成为带动一方脱贫致富的支柱产业。

1. 生产加工

（1）现代化生产。晚艳菊花生产实现了杀青、烘干、分级包装、无菌包装、高温杀菌的自动化、现代化，生产设备设施处于国内行业领先水平。

（2）规范化管理。晚艳菊花从原料加工到产品出厂，严格执行《代用茶》（Q/YWY 0001 S—2015）标准工艺、工序和质量要求，实施生产全过程质量监控，实行规范化管理，企业通过了ISO9001、ISO9002质量体系认证、中国良好农业认证，产品通过无公害菊花认证。

（3）系列化产品。晚艳菊花历经10年发展，形成了冷库、软袋小包装、精品盒装三大包装系列上百个品种。胎菊、朵菊、菊花枕、菊花酒、菊花香皂、菊花面条等菊花产品极大地满足了国内外消费市场的需要。

2. 产品特点

晚艳菊花中的杭白菊、云皇菊、野菊品系，是国内菊花产品中的佼佼者。不仅有清热解毒、疏风明目的功效，还有降压、改善冠状动脉血流量、增强毛细血管抵抗力等功效，对老年人的高血脂、高血压及动脉硬化等有良好的治疗效果，为老幼皆宜、保健益寿、馈赠亲友之佳品。

晚艳菊花饮品香气浓郁，提神醒脑。含有挥发油、菊苷、腺嘌呤、氨基酸、胆碱、水苏碱、小檗碱、黄酮类、菊色素、维生素，微量元素等物质，可抗病原体，增强毛细血管抵抗力。菊花花瓣中含有17种氨基酸，其中谷氨酸、天冬氨酸、脯氨酸等含量较高。此外，还富含维生素及铁、锌、铜、硒等微量元素，因而具有一般蔬果和其他饮品无法比拟的功效。

（三）云皇菊

云皇菊，重庆市云阳县特产。通过中国良好农业认证的无公害农产品。产区位于清水龙缸AAAAA级景区与龙角镇之间的山岭上，具有纯天然无公害自然环境生长、无检疫性病虫害的种植生态优势，该区域所产云皇菊皮厚、花大、色艳，可饮用、食用、药用。

1.种植情况

云阳县鑫焘菊花种植股份合作社于2013年开始引进种植云皇菊，种植农户从45户增加到190多户，种植面积由200多亩扩大到近600亩。2016年，云皇菊年产量达20吨，年产值逾300万。解决了周边农民的就近务工问题，成为带动一方群众脱贫致富的支柱产业。

2.栽培技术

（1）整地。土地要深耕。

（2）择时。栽苗的时间为农历二月底三月初，在阴天或雨后土壤湿润的情况下即时移栽。

（3）栽种。在整好的田地里，按1米开箱，株距35厘米左右，深6厘米左右，盖好土，浇足定根水。

（4）中耕除草。根据地里的情况，一般除草3次左右。第一次在移栽后20天左右，第二次在6月底左右，第三次在8月中旬。

（5）打顶。适时打顶可抑制植株生长，使主茎粗壮，减少倒伏，增加分枝，提高产量。气温升至20°时，选晴天摘除主干顶芽，使其高矮一致。第二次打顶的时间根据菊花的长势而定，一般在"夏至"前后，第三次在8月中旬前后。

（6）肥水。每公顷年施有机肥≥7 500千克。

（7）采收。按朵菊和胎菊择时采收。

3.生产加工

云皇菊从原料加工到产品出厂，严格执行《代用茶》（Q/YWY 0001 S—2015）标准工艺、工序和质量要求，实施生产全过程质量监控，实行规范化管理，企业通过了ISO9001、ISO9002质量体系认证、中国良好农业认证，云皇菊通过无公害菊花认证。

4.产品特点

云皇菊是国内菊花产品中的佼佼者。不仅有清热解毒、疏风明目的功效，还有降压、改善冠状动脉血流量、增强毛细血管抵抗力等功效，对老年人的高血脂、高血压及动脉硬化等有良好的治疗效果，为老幼皆宜、保健益寿、馈赠亲友之佳品。

云皇菊饮品因产地特殊、原料为精选花朵、制作精心，色、香、味、形、效各方面俱佳。菊花花瓣中含有17种氨基酸，谷氨酸、天冬氨酸、脯氨酸、维生素及铁、锌、铜、硒等微量元素含量较高，因而具有一般蔬果和其他饮品无法比拟的功效。

四、荣誉认证

（一）三峡阳菊

三峡阳菊通过的认证项目见表9-3-2。

表9-3-2　三峡阳菊认证表

认证名称及项目	通过时间	认证机构
中国有机产品认证	2012年	中绿华夏有机认证中心
中国生态原产地保护认证	2015年	国家质量监督检验检疫总局

三峡阳菊所获荣誉见表9-3-3。

表9-3-3　三峡阳菊获奖表

荣誉名称	获得时间	颁发机构
"重庆名牌农产品"称号	2014年8月	重庆市名牌农产品评选委员会
第十二届中国国际农产品交易会金奖	2014年10月	第十二届中国国际农产品交易会组委会
第九届国际有机食品博览会金奖	2015年5月	第九届国际有机食品博览会组委会

（二）晚艳菊

2014年4月，"晚艳"商标产品通过重庆市无公害农产品产地认证。

（三）云皇菊

2014年，云皇菊获农业部无公害农产品证书、通过重庆市无公害农产品产地认证。

2015年，云皇菊评为"重庆名牌农产品"、获中国良好农业规范认证、地理标志产品专用标志。

2016年，云皇菊荣获第十四届中国国际农产品交易会参展农产品金奖。

第十篇

其他农副产品

第一节 涪陵榨菜

涪陵榨菜，重庆特产，地理标志商标。涪陵榨菜是在特殊土壤和气候条件下种植的青菜头，以独特的加工工艺制成的一种鲜嫩香脆的风味产品。

涪陵榨菜与法国酸黄瓜、德国甜酸甘蓝并称世界三大名腌菜，也是中国对外出口的三大名菜（榨菜、薇菜、竹笋）之一。其传统制作技艺被列入第二批国家级非物质文化遗产名录。

"涪陵榨菜"于2000年4月被核准注册为地理标志商标，"Fuling Zhacai"于2006年4月被核准注册为地理标志商标；"涪陵榨菜"地理标志商标于2005年1月21日被认定为"重庆市著名商标"，于2010年1月15日被认定为"中国驰名商标"；"Fuling Zhacai"地理标志商标于2010年12月17日被认定为"重庆市著名商标"。2017年，"涪陵榨菜"品牌评估价值为147.32亿元。

涪陵榨菜比较著名的品牌商标有"乌江""辣妹子""餐餐想""浩阳""紫竹""川马""天然小字辈"等。

一、历史渊源

榨菜起源于涪陵。据《涪州志》记载，清光绪二十四年（1898年），涪陵县城郊（现涪陵城区洗墨路）商人邱寿安将涪陵青菜头"风干脱水"加盐腌制，经压榨除去卤水（盐水），拌上香料，装入陶坛，密封存放，当年送一坛在湖北宜昌开"荣生昌"酱园店的弟弟邱汉章，邱汉章在一次宴会上请客人品尝哥哥邱寿安送与的榨菜，客人们觉得非常可口，其风味"嫩、脆、鲜、香"，为其他咸菜所不及，遂争相订货。

1899年，邱寿安专设作坊加工，扩大生产，并按加工工艺过程将此咸菜命名为"榨菜"（意即"经盐腌榨制成的咸菜"）。"榨菜"一词从此诞生，这是"涪陵榨菜"之名的起源。

涪陵榨菜从诞生至清宣统元年（1909年）的10余年间，榨菜一直为邱家独家生产经营，直到1910年，其生产工艺才被泄漏并迅速传开，后逐渐形成一大行业，历久不衰。

1931年，涪陵的榨菜加工厂（户）已达100余家。

1940年，涪陵榨菜产量首次突破20万担，其销售市场以上海、武汉为中心辐射南北，并以转销形式销售至香港、南洋群岛等地。

1949年后，随着市场发展的需要，涪陵榨菜得到了较快发展，生产规模、销售市场日益扩大，影响与日俱增。

1953年，涪陵榨菜被国家纳入二类物资管理，由商业部直接计划调拨，成为定量供应各省份以及军需、出口的主要商品。

1959—1978年，商业部、中华全国供销合作总社先后两次在涪陵举办全国青菜头种植、榨菜加工培训班，并从涪陵抽派技术人员到全国各地指导生产。从此，榨菜逐渐传到中国各省份。

1978—1997年，中国实行改革开放政策，极大地推动了涪陵榨菜产业的大变革和大发展。随着榨菜加工产销体制变革，乡、村个体加工企业（户）迅速崛起，榨菜由统产统销向市场需要转变，涪陵榨菜也由单一的陶坛包装向多样化精制小包装转变。

1997年重庆直辖后，涪陵归重庆市管辖，涪陵榨菜产业抓住三峡移民迁建、中国加入世界贸易组织、西部大开发三大良机，快速健康发展。2018年，涪陵榨菜加工基本实现自动化，产品质量大大提高，销售市场拓展，由主要立足国内市场向大力开拓国际市场转变。

二、产品特点

涪陵榨菜精选优质青菜头为原料，借助独有的"三腌三榨"工艺，历经数十道工序，榨去盐菜块的苦水，还原其天然的柔韧性，腌制、压榨、筛选构造了榨菜发酵的独特微生物体系——有益菌充分生长与繁殖，促进榨菜生香和香味物质的累积，形成了风味独特的涪陵榨菜产品。涪陵榨菜具有营养丰富、质地嫩脆、滋味鲜美、香气横溢、下锅不软、开胃生津等特点。

三、产地环境

涪陵榨菜原料产地集中在涪陵区境内沿江及中后山的江北街道、珍溪、百胜、清溪、焦石、罗云等23个乡（镇）。种植面积稳定在70万亩左右，菜头产量达150多万吨，种植区平均海拔250～800米，土壤以黄沙土为主。每年"白露"前后播种，"寒露"后开始移栽，次年"立春"后收获。

特殊的气候、地理区位和土壤条件使产出的青菜头肉质肥厚、嫩脆、筋少、味正，为优质榨菜的制作提供了可靠保障。

四、生产情况

（一）生产流程

1.原辅材料

（1）原料。榨菜的主要原材料是青菜头。

青菜头俗名生货。一般情况下，涪陵境内所产的青菜头自给有余，还可供丰都、长寿、洛碛等地加工，以及运销至重庆主城区供市民鲜食。民国时期，厂商一般于头年交订金买期货，或在加工季节直接收购。20世纪20年代，有专事生货交易者，买卖双方由辛力（经纪人）作成，每万斤由双方各给佣金1元（银圆）。在30年代，人们已将肥大、质嫩、性脆者定为上品，空花、瘦长、皮老、筋多者为劣货。1952年以后，由供销社收购规定："冒顶"（未抽薹前）砍菜，切掉老根，上齐菜心，去叶无"鹦哥嘴"和菜匙，单个重在125克以上的为合格菜；淘汰劣种及65～125克的剔修合格的良种菜作小菜（次级品）收购。

近年来，由于涪陵区委、区政府高度重视涪陵榨菜产业的发展，青菜头已实现种植规模化，建立了无公害、标准化优质青菜头种植基地；经营产业化，青菜头实现了合同种植、订单生产，形成了企业、加工大户、菜农紧密结合的榨菜加工销售三级体系，建立和完善了"企业＋基地（加工大户）＋农户"的风险利益共担共享的产业化经营机制；收购实行保护指导价，青菜头实行分时段优质优价收购，确保了涪陵榨菜原料——青菜头的优良品质。

（2）辅料。榨菜生产的主要辅料有食用盐、辣椒和辅助香料等。

菜盐历来以四川自流井粗粒井盐为主。抗日战争时期，川盐实行统制配给，腌菜用盐按四川省政府规定，由榨菜同业公会向涪陵盐务局申请核定供应。但手续烦苛，盐务局可任意核减，或不按时供给，加工户到时须用，不得不在黑市购买，涪陵春季常闹盐荒。中华人民共和国成立后，由盐运部门先向食盐生产部门订货，专门加工粗粒洁白卫生盐，保证及时供应。1953年，涪陵县供应菜盐1 270吨，1966年为3 200吨，1983年达1.4万吨。2017年，涪陵区榨菜供盐达6万吨。

辣椒和花椒、胡椒等辅助香料的配方、采购、加工，民国年间由加工户自行决定。辣椒能提味、防腐、着色，是传统榨菜加工必不可少的原料。民国二十四年（1935年）以前一般多用万县、石柱产的辣椒（俗称下河辣椒），成本低，但色泽欠鲜艳；后用成都产的辣椒（俗称上河辣椒），色泽鲜红，久贮不变。1953年，建涪陵县辣椒厂统一采购优质辣椒，统一加工辣椒粉和辅助香料粉。

为改变调味辅料以颗粒、粉末状添加，泥沙杂质多、影响产品感观和质量状况的情况。2003年年底，涪陵榨菜集团股份有限公司引进乳化辅料生产线投入生产。

（3）设施设备。生产榨菜的设施设备有厂外、厂内之别。厂外主要是菜架，厂内有腌菜池、工场、仓库和加工、运输工具。

菜架。鲜青菜头的脱水处理，在榨菜商业加工之初，是将菜头挂在屋檐下、屋外树枝上或树间牵扯的绳索上，让其自然脱水。民国元年（1912年）以后，由于加工量增大，有人开始在长江边搭菜架晾菜，此法一直沿用至今。

搭架方法：用竹篾绳将2根长七八米、直径10～20厘米的圆木条（俗名菜檩子）从上部捆绑成十字形，立于地上，谓之1槎。每隔数尺远复立1槎。一般20槎为1架。槎与槎间以大篾绷拉固定；菜架两端（俗名马尾）须设木桩、石桩等固定物，以绳将架系牢。槎间坡面从上到下每隔十五六厘米绷1道小篾绳（俗名纤藤），绳上即可挂菜串。每槎间可晾菜1.25吨。搭多少菜架，视加工量而定。晾菜结束后，拆下的圆木条、篾绳妥善保存，以备来年继续使用。

菜池。腌菜设备最初为瓦缸、大木桶（俗名黄桶）。后因腌制量增大，民国十七年（1928年）前后改用菜池，使工效大大提高；初用三

合土筑成，后改用水泥制作，一般长宽三四米，深2.7米。

机具。传统的榨菜加工基本上是人工操作，仅有竹筐、铁扒等简单工具。1959年，原涪陵县榨菜生产部门开始研究、试制辣椒切碎机、穿菜针、起池绞车、淘洗机、拌机、夹坛车等21种加工机具，但由于研制尚未完善即普遍推广，造成不少浪费和损失。20世纪70年代，有条件的加工厂修建厂内外车道，采用机械运输。1973年，北岩寺、东方红、韩家沱菜厂试行"三机一化"（踩池、起池、淘洗机和车子化），以后陆续推广到国有菜厂和部分社办菜厂。1977年，韩家沱菜厂试用拌料机和气动装坛机，实现"五机一化"。由于机械材料耐腐蚀问题未解决，至1985年，涪陵榨菜加工的机械化程度仍不高。

20世纪90年代后，涪陵榨菜科研部门及方便榨菜企业加大技改投入，积极开展对榨菜加工流程中起池、淘洗、脱盐、脱水、装袋、计量、抽空、热合联动等的设备及机具改进的研究，实现方便榨菜生产由半自动化、半机械化向自动化、机械化的转变。

榨菜工业化生产主要设施设备中的原料加工储藏池与传统榨菜加工制作一样。机械设备有起池机（车）、推车、踩池机、自动输送带、清洗机、分切机、脱盐机、压榨机、拌料机、计量机、装袋机、真空热合机、真空泵、金属探测仪、杀菌机、整形机、风干机、打包机、装卸车、锅炉、中央空调、空气净化器、紫外线杀菌灯、喷码机等。

2.加工工艺

民国初期，榨菜加工已打开独家经营的局面，群商蜂起，争相仿制，竞争激烈。各地厂商围绕提高工效、降低成本、保持质量，不断改进和革新工艺。至20世纪30年代初期，主产品的生产，从原料到成品一般要经过13道工序，即选择菜头、菜头切块、搭菜架、穿菜、晾菜、第一次盐腌、第二次盐腌、淘洗、榨除盐液、挑菜筋、第三次盐腌并加辣椒香料、装坛、封坛口。30年代以后合并为9道工序，即选菜、晾菜、下架、腌制、修剪、淘洗、拌料、装坛、封口。每道工序都有一定的操作规程和半成品质量标准，随着设备、原材料、技术手段等条件的改变和进步，以及产品规格、质量要求的不同，工序发生相应的调整和改变。

20世纪70年代，厂商开始对改进和深度加工主产品，如生产盐渍菜头、小坛和小罐装的菜丝（片）、直接腌制（不经风脱水）压榨制成的榨菜罐头等。小容器包装的低盐和怪味、广味、鱼香等风味榨菜制品开始出现，但还未能大批量生产。

20世纪80年代初期，涪陵榨菜科研部门通过科技攻关，成功研制出榨菜小包装生产技术和生产设备。小包装榨菜生产技术开始在涪陵全面推广，从此，榨菜小包装精加工生产工艺诞生。这是与坛装榨菜加工工艺完全不同的生产工艺。

（1）原料加工工艺。半成品原料加工是榨菜加工的基础，只要符合工艺规范、卫生标准，一般农户都可以自行加工。半成品原料俗称"盐菜块"，可作坛装或全形榨菜原料，也可作精加工小包装榨菜原料。半成品原料加工又分为"风脱水"和"盐脱水"两种加工工艺。

①"风脱水"工艺：在榨菜半成品原料加工中，利用自然风力脱水的工艺过程，俗称"风脱水"。

主要包括剥去青菜头老皮、剔净老筋、划块、穿菜、上架、风晾、下架等工序，使其成为菜坯，以进入下池腌制工序。使用"风脱水"工艺加工成的榨菜称"风脱水榨菜"或"涪式榨菜"，具有嫩脆鲜香、下锅久煮不烂、久贮香味愈浓、营养成分丰富等特点。

②"盐脱水"工艺：在榨菜半成品原料加工中，将鲜青菜头剥皮后直接用盐腌制，使之脱水的工艺过程，俗称"盐脱水"。使用"盐脱水"工艺加工成的榨菜称"盐脱水榨菜"或"浙式榨菜"。涪陵生产盐脱水榨菜始于20世纪80年代初。当时因青菜头产量激增，使用"风脱水"加工工艺的设备、物资、人力严重不足，加上部分产区受自然气候条件限制，且加工盐脱水榨菜成本低、有市场需求，"盐脱水"工艺逐渐为涪陵加工企业、加工户所采用。

③腌制工艺：腌制是榨菜加工的主要环节，一般只需腌制2次，如需特殊处理，必须经过3次腌

制。第一次腌制主要是脱出青菜头本身的涩水和抑制有害细菌繁殖。第二次腌制除继续脱水外，主要使盐渍入骨、菜块熟透，同时进入初期发酵。特殊处理的第三次腌制主要弥补脱水不足，后期发酵。第三次腌制发生在最后装坛或大池储藏的过程中。涪陵榨菜传统的腌制发酵工艺采用的是装坛发酵。随着涪陵榨菜产量增加、销量增大，1982年，涪陵地区榨菜科研所研究大池储藏发酵半成品榨菜成功后，普遍推广，现涪陵的榨菜生产企业及半成品榨菜加工户，绝大多数采用大池储藏发酵工艺。特殊处理的第三次腌制是在经前二道腌制工序后，再将盐菜块下池加盐封存，形成半成品榨菜。菜池封存一般为菜块踩紧后加面盐，加盖塑料薄膜2层，再用河沙紧压盖密封菜地，河沙厚度为10厘米以上。半成品榨菜经过长期发酵和转化，形成产品的鲜香风味。下池腌制时，必须分层过称入池，科学用盐，才能起到正常腌制作用。

（2）产品加工工艺

①坛装榨菜加工：坛装榨菜加工工艺主要包括将第二次腌制后的盐菜块起池围压、修剪看筋、整形分级、盐水淘洗、围压脱水、翻围除水，配拌辅料、装坛、清封坛口、套篓成件等工序。

"风脱水"粗加工、坛装榨菜加工工艺流程

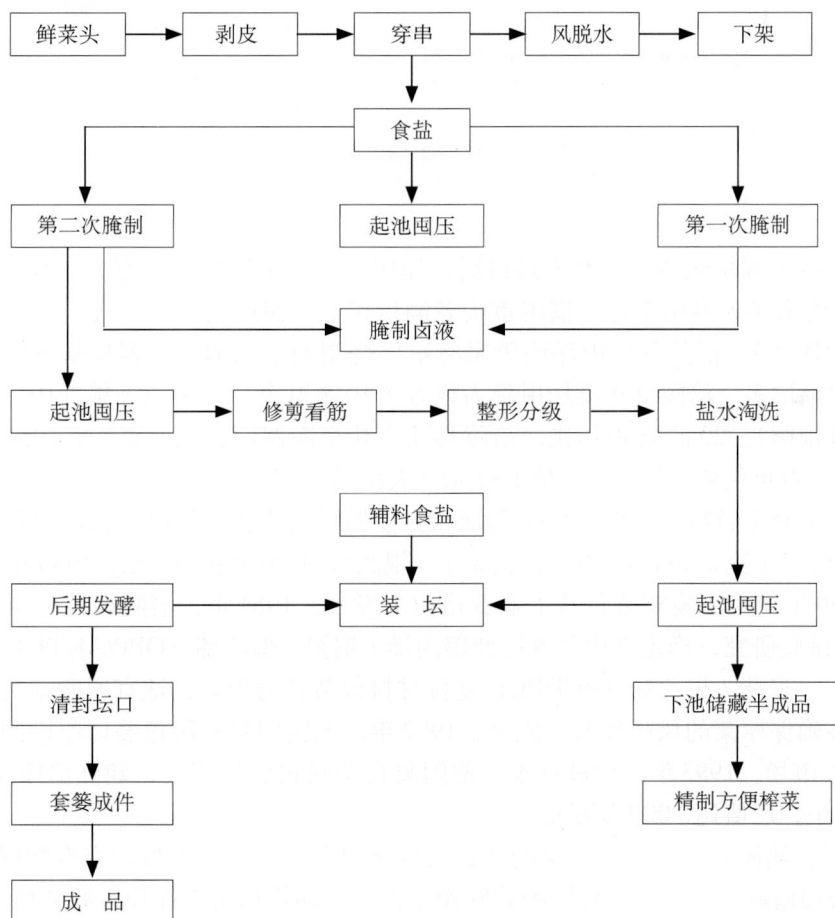

②方便榨菜精加工：1982年3月，涪陵地区榨菜科研所试制成功第一批塑料复合薄膜袋方便榨菜；1983年，该所又研究成功榨菜切丝机，并改造方便榨菜生产设施，正式建成涪陵第一条方便榨菜生产线，方便榨菜精加工生产工艺从此诞生，小包装榨菜生产技术在涪陵全面推广。30多年来，方便榨菜精制加工工艺不断完善，其主要工艺包括进料初淘、原料精选、淘洗、切削成形、脱盐、脱水、调味拌料、计量充填、排氧封口、杀菌、冷却、除水、预贮、装箱、打包成件、入库16道工序。

方便榨菜加工工艺流程

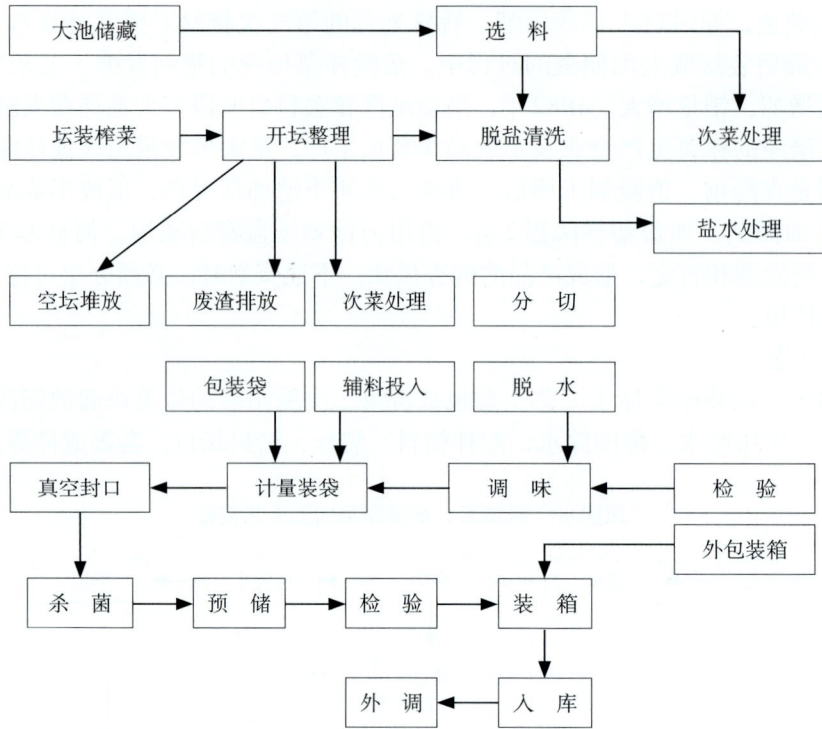

```
┌──────────┐                          ┌──────────┐
│ 大池储藏 │─────────────────────────▶│  选  料  │────────────┐
└──────────┘                          └──────────┘            │
                                            │                 │
┌──────────┐   ┌──────────┐   ┌──────────┐  │   ┌──────────┐  │
│ 坛装榨菜 │──▶│ 开坛整理 │──▶│ 脱盐清洗 │◀─┘   │ 次菜处理 │◀─┘
└──────────┘   └──────────┘   └──────────┘      └──────────┘
                    │              │
                    │              │            ┌──────────┐
                    │              └───────────▶│ 盐水处理 │
                    │                           └──────────┘
       ┌────────────┼────────┬──────────────┐
       ▼            ▼        ▼               ▼
┌──────────┐ ┌──────────┐ ┌──────────┐ ┌──────────┐
│ 空坛堆放 │ │ 废渣排放 │ │ 次菜处理 │ │ 分  切   │
└──────────┘ └──────────┘ └──────────┘ └──────────┘
                                             │
┌──────────┐ ┌──────────┐ ┌──────────┐      │
│ 包装袋   │ │ 辅料投入 │ │ 脱  水   │◀─────┘
└──────────┘ └──────────┘ └──────────┘
     │            │            │
     ▼            ▼            ▼
┌──────────┐ ┌──────────┐ ┌──────────┐ ┌──────────┐
│ 真空封口 │◀│ 计量装袋 │◀│ 调  味   │◀│ 检  验   │
└──────────┘ └──────────┘ └──────────┘ └──────────┘
     │                                  ┌──────────┐
     │                                  │ 外包装箱 │
     ▼                                  └──────────┘
┌────────┐ ┌────────┐ ┌────────┐ ┌────────┐
│ 杀 菌  │▶│ 预 储  │▶│ 检 验  │▶│ 装 箱  │
└────────┘ └────────┘ └────────┘ └────────┘
                                     │
                              ┌────────┐ ┌────────┐
                              │ 外 调  │◀│ 入 库  │
                              └────────┘ └────────┘
```

3.产品包装

榨菜成品历来用土陶坛包装，经严密封口后，让榨菜在坛中发酵，味道更加鲜美且耐储，一般可储存半年至1年。清末还无专用菜坛，借用重庆老酒坛包装。民国初期，重庆鸡冠石窑厂开始定制菜坛，民国八年（1919年），涪陵县境内深沱萧家湾窑厂烧制的菜坛形状、容量基本定型。以后长江和乌江沿岸的窑厂逐渐增多。涪陵县年菜坛用量为数万至10余万个。民国二十年（1931年）左右，每个菜坛约值0.18元（银圆）。20世纪50年代，涪陵县建有几个陶器厂，主产菜坛。1951年，每个菜坛约值2.5千克中熟米；80年代初，每个菜坛值1.87元（人民币）。

陶坛装菜后还要套上竹络，竹络有保护陶坛和方便搬运的作用。竹络由涪陵县境产竹区农民加工出售。干竹络每个重2千克，20世纪30年代值5分（银圆），1951年值0.1元，1983年值0.83元。

进入20世纪80年代，涪陵榨菜包装工业获得巨大发展。1981年，涪陵榨菜包装工艺研究步伐加快，经过近2年的试验研究，确定选用双方拉伸聚丙烯／铝箔／聚乙烯（OPP/AL/PE）、双方拉伸尼龙／聚乙烯（ONY/PE）、聚酯／聚乙烯（PET/PE）复合材料包装较为理想，适宜印刷精美图案，保鲜期可达半年以上，能够确保榨菜的风味和营养成分。1982年，无锡塑料彩印包装厂印刷制袋，由涪陵榨菜厂试制成功并投入市场。1993年，引进日本、德国复合塑料包装生产线，建立涪陵塑料彩印包装厂，年产小包装袋4亿个，产值达3 000多万元。

进入21世纪后，涪陵榨菜企业或厂家的新包装推陈出新，并积极申报国家专利保护。2004年，涪陵榨菜集团有限公司研制生产的"乌江"牌香脆榨菜系列产品均选用特殊加香原料精制而成，分为丝、片、芯3个品种，采用透明包装，改写了涪陵榨菜只用铝箔袋包装的历史。

从涪陵榨菜包装的角度看，涪陵榨菜大体有三大系列。一是以陶瓷坛装为主的全形榨菜；二是以铝箔袋、镀铝袋为主的精制小包装方便榨菜；三是以瓶、罐、听为内装，外加纸制盒装、木制盒装的高档礼品型榨菜。

4.综合利用

茎瘤芥全身都是宝，可以综合加工利用。20世纪20年代，瘤芥以外的副产物就已被重视利用，如制成干菜尖和干菜叶，供扎坛口用；用腌制后的菜水盐液熬制出味道鲜美的榨菜酱油。后来，挑剥出来的盐菜筋也被利用了起来，经整理加工后可用来塞坛口；将嫩菜皮、菜耳制成廉价菜，可供饮食业熬汤等。近几年，青菜头收砍后的菜尖、菜叶也被成功研制开发出"橄榄菜""香辣盐菜"等。

（二）质量规格

1.成品规格

20世纪60年代以前的榨菜为块状咸辣味（川味）产品，土陶坛包装，每坛重量各时期不一。清末每坛净重约20千克，民国初期每坛20～25千克，民国八年（1919年）每坛30～35千克，后又有50千克容量的大坛，但一般重量为31.25千克。坛和竹络皮重5.5～6千克。50年代中期以后，每坛菜净重有3种，分别为40千克、25千克、15千克。

尽管20世纪30年代初期的实业界已有改革榨菜花色品种和包装的合理建议，但因种种原因，终未普遍付诸实现。50年代的榨菜有大块和小块2个等级，分别进行包装。60年代始有质量标准不同的一、二、三级菜之分。一级菜供出口和军需。1964年开始按专门标准生产出口菜。

1975年，韩家沱菜厂开始生产丝、片、丁、碎等形状的榨菜，采用塑料袋、玻璃瓶、陶瓷杯等包装形式，产品规格有50、100、500、2 500克，但由于密封、杀菌、配料等问题未完全过关，一时未能大批量生产。

1981年，出现一种新的保鲜方法，使无毒塑料袋方便榨菜的小包装技术有了进一步发展，并生产出五香、鱼香、鲜味、怪味、爽口等风味的产品。

1985年开始，个别外销地开展涪陵榨菜深加工，使各类小包装产品能在远离涪陵的市场上销售。

随着新型包装材料广泛应用，小包装精制方便榨菜问市并迅速崛起，打破涪陵榨菜诞生百多年来始终以坛装的局面。多品种、多味型、多规格的轻便榨菜深受广大消费者喜爱，榨菜远销全国各地。

一是榨菜形状，由最初的丝形榨菜发展为丝、片、丁、芯、颗粒、酱形榨菜；二是榨菜口味，由传统的本味发展为麻辣、鲜香、酸甜、葱香、海鲜、蒜香等10多种不同风味的榨菜；三是榨菜综合型加工，以榨菜原料为主，附加其他食品原料加工成综合型食品，如红油榨菜肉丝、榨菜牛肉酱、榨菜海带丝等；四是榨菜的计量，由单一的100克装改变为500克、100克、80克、70克、60克、50克、20克、15克、10克装等规格。

2.质量改进

初期的榨菜基本上全部切块，大小不均匀，辣椒粉粒较粗，颜色较暗，"其貌"不扬。但菜块柔软、香味甚浓、耐久贮。

20世纪20年代末，榨菜厂商开始修剪菜块，讲求外形美观。30年代中期开始注重购圆形菜头，划块亦讲究整齐，分大、小块以分别装坛。

1953年开始，生产榨菜所用的辣椒需去蒂去籽，以64孔罗底过筛，由于辣椒粉变细，拌出来的菜颜色更鲜艳。

1964年，应外商要求，榨菜厂商在修剪出口菜时，增修"团鱼边"一项，使菜块外形质量进一步提高。1974年，为腌制后的菜坯整形分级，按一、二、三级和小菜、碎菜分别包装，质量要求趋于严格。1979年，开始制作不划块的全形菜，以鲜菜头个重150～350克为合格。次年，种植上普遍推行良种和密植，为提高全形菜的加工率打下了基础。

1979年，四川省土产果品公司组织起草《四川省出口榨菜标准》（川Q27—80），由四川省标准计量局于1980年颁布实施。这是榨菜发展史上第一个地方标准，对榨菜的感官指标（香气、色泽、味道、质地、形状等）、理化指标（含水量、含盐量、总酸度）及卫生指标（重金属、微生物等）作了具体规定，并为一些榨菜术语提供说明，形成标准术语。

1982年，由四川省供销社提出，四川省土产果品公司组织起草，四川省标准局于1982年12月23日

发布四川省企业标准《榨菜》（川 Q357—82）。该标准从 1982 年 12 月 31 日起试行。

1985 年，由商业部提出，唐文定、易泽洪、何久艺、罗断年等人负责起草，国家标准局于 1985 年正式颁布坛装榨菜的国家标准——《榨菜》（GB 6094—1985）。从此，全国榨菜行业统一实施国家标准。

1985 年，由涪陵地区供销社提出，涪陵地区榨菜科研所组织起草，杜全模、钱永忠、王虹等人执笔，涪陵地区标准计量局发布第一个方便榨菜标准（川Q涪236—85）。该标准对后来榨菜省级标准及国家标准的制定产生较大影响。

随着方便榨菜生产工艺不断普及，以及小包装榨菜生产量的扩大，形成四川和浙江两大方便榨菜系列。为统一产品质量，1988 年，由商业部副食品局提出，四川省涪陵榨菜科研所和浙江海宁蔬菜厂负责起草，朱世武、胡晓忠、蒋润浩 3 人执笔，国家标准局于 1988 年 4 月 30 日发布方便榨菜的国家标准——《方便榨菜》（GB 9173—1988）。该标准于 1988 年 7 月 1 日起实施。

随着榨菜生产发展及市场需求变化，原国家标准局于 1985 年和 1988 年发布实施的国家标准《榨菜》（GB 6094—1985）和《方便榨菜》（GB 9173—1988）须作修改。征得国内贸易部和国家质量技术监督局同意后，1998 年 1 月，涪陵市（地级）榨菜管理办公室牵头，组织涪陵有关部门和部分重点企业成立榨菜行标修订小组，起草修订国家榨菜行业标准。作了如下修改：一是将原产品分类中的"四川榨菜"改为"涪式榨菜"；二是在定义中增加胖袋的内容；三是在技术要求中增加色泽和滋味感官要求；四是调整理化指标；五是在试验方法中采用当时实施的国家标准；六是在检验规范中增加出厂检验、型式检验及判定规则；七是增加对标签、标志的要求。1998 年 9 月 22—23 日，中华全国供销合作总社在涪陵中山宾馆组织召开审定会，来自全国各地的 30 多名领导、专家及企业代表正式审定并通过榨菜行业标准，形成新的国家榨菜行业标准。以《榨菜》（GH/T 1011—1998）取代《榨菜》（GB 6094—1985），以《方便榨菜》（GH/T 1012—1998）取代《方便榨菜》（GB 9173—1988）。《方便榨菜》（GT/T 1012—1998）由中华全国供销合作总社于 1998 年 11 月 9 日发布，从 1999 年 3 月 1 日起在全国实施。新的国家榨菜行业标准将原"川式"榨菜改为"涪式"榨菜，进一步扩大涪陵榨菜在全国的影响。与此同时，不少企业为提高产品质量，增强市场竞争力，在上述标准的基础上制定了各自的企业标准，如涪陵榨菜（集团）有限公司制定的涪市 QCSX2601—91 "乌江"牌低盐方便榨菜标准，涪陵辣妹子集团有限公司制定的 Q/LMZ1—2005、Q/LMZ2—2005 等。2006 年 12 月 4—5 日，中华全国供销合作总社再次在涪陵的涪陵饭店组织召开审定会，修改、审定国家榨菜行业标准，形成了新的国家榨菜行业标准。以《榨菜》（GH/T 1011—2007）取代了《榨菜》（GH/T 1011—1998），以《方便榨菜》（GH/T 1012—2007）取代了《方便榨菜》（GH/T 1012—1998）。《方便榨菜》（GH/T 1012—2007）于 2007 年 9 月 21 日发布，从 2008 年 1 月 1 日起在全国实施。这些标准的制定对涪陵榨菜生产发展和产品质量提高起到促进作用。

3. 质量检验

1952 年以前，所有出涪陵县的榨菜产品均须经榨菜同业公会认可并开具证明。1952 年，涪陵县设榨菜成品检验委员会，经检验不合标准者，禁止运销。1955 年以后，由国有公司组织质检定级小组，到厂按批抽样，集中评定。1976 年后，社办厂产品也分批抽样，送到国有厂一同检验。1980 年以后，出口榨菜由重庆商品检验局检验。1984 年，除出口菜外，其余榨菜产品均由重庆市标准计量局榨菜质量监督检验站统一检验。各时期具体检验情况如下。

20 世纪 30 年代的产品鉴定（俗名辨货）全凭感官，且标准不严。熟货（成品）以味正、质嫩、香气浓厚者为上品，味酸、质老而柔软、香气清淡者为下品。

1952 年以后，在总结历史经验的基础上，涪陵县榨菜成品检验委员会主持拟定标准细则若干，但是仍以感官认定。1983 年，始有感官与仪器化验的配合检验。直觉感官主要是观形、辨色、品味、审质、嗅味。参与检验的人员在工作前不能吃辛辣和有刺激性的食物，保持感官灵敏。仪器化验主要用于测定抽样样品的含水量、含盐量和总酸量。再加上抽样检验出来的块形、块重及肉质的合格率和表里缺陷（即菜块有无烂点、糖心、空花、棉花包等情况）的多少，逐一按超过正常质量标准的多少记分，超标多则分多，符合标准又少超标的则分少。然后按总分多少定级，不足5分为一级菜，超过5分降一级，超过10分降二级，直至降为等外级。

榨菜产品质检定级后，出厂时还要经县（市）检验小组会同销地采购员质检测重，发给合格证后方能调运。

20世纪80年代前，榨菜产品的鉴定全凭感官，没有具体的统一检验标准。从1983年开始，产品质量按相应标准，以仪器检验。

为确保榨菜产品质量，不少企业建有化验室和质检机构。涪陵区卫生监督部门对涪陵境内榨菜生产企业的场所卫生条件、卫生防护、从业人员的卫生及身体状况每年检测2次，要求厂家生产用水水质必须符合生活饮用水标准，凡各项卫生指标达不到国家规定的，一律不予发放或注销卫生许可证。质监部门常年深入榨菜生产企业抽检产品，要求所有榨菜企业的产品每年必须送检1次，凡不符合标准要求者，一律整改，经复检合格后方能生产销售。

五、发展状况

涪陵榨菜远销全国各大、中城市市场，并出口到日本、新加坡、韩国、欧美、俄罗斯、南非等20多个国家和地区。

（一）榨菜之乡

到2003年，涪陵区青菜头种植面积为32万亩，产量56万吨，产销成品榨菜20万吨，实现产业总收入12亿元，创汇1 000万美元，利税1.5亿元。涪陵区有榨菜生产企业近200家，其中方便榨菜企业120家，有榨菜原料加工户近2万户，年榨菜综合加工能力在30万吨以上，是全国榨菜的最大产销区。1995年3月，涪陵被国家命名为"中国榨菜之乡"；2003年，涪陵区被评为全国"果蔬十强区（市、县）"和"农产品深加工十强区（市、县）"。

（二）规模化种植

涪陵区青菜头种植涉及30余个乡（镇、街道）16万农户60万菜农，形成了区域化布局，集中成片的产业带，涪丰14、永安小叶、涪杂1号良种普及率达95%以上，是全国榨菜原料最大优质产区。

产业化经营。涪陵榨菜实现了合同种植、订单生产，形成了企业、加工大户、菜农紧密结合的榨菜加工三级网络，建立完善了"企业＋基地（加工大户）＋农户"的风险利益共担共享的产业化经营机制。有一批榨菜产业化经营的骨干企业——涪陵榨菜集团股份有限公司被授予"全国农业产业化龙头企业"称号，涪陵辣妹子集团公司、宝巍公司、新盛食品公司、乐味公司、德丰公司被分别授予市、区级"农业产业化龙头企业"称号。

（三）现代化生产

涪陵榨菜企业通过近几年的迁建技改，基本生产条件得到了极大的改善和提高。榨菜生产实现了

淘洗、切块、压榨脱盐、脱水、无菌包装、高温杀菌的自动化、现代化，生产设备设施处于国内外同行业领先水平，正逐渐向现代化食品工业转变。

（四）规范化管理

涪陵榨菜企业在大力引进先进设备、工艺改造传统生产的同时，特别注重产品质量，从原料加工至产品出厂，都严格执行《榨菜》（GH/T 1011—2007）、《方便榨菜》（GH/T 1012—2007）的工艺工序和质量要求，实施生产全过程质量监控，实现了规范化管理，涪陵榨菜集团股份有限公司等10余家企业通过了ISO9001、ISO9002质量体系认证。涪陵榨菜集团股份有限公司的"乌江"牌榨菜、太极集团重庆国光绿色食品有限公司的"巴都"牌榨菜、涪陵辣妹子集团有限公司的"辣妹子"牌榨菜通过了绿色食品认证。

（五）系列化产品

涪陵榨菜历经百年发展，形成了坛装、软袋小包装、听瓶盒装三大包装系列上百个品种。有全形、丝、块、片、颗粒、酱等形状，鲜美、爽口、麻辣、广味、五香等新风味，以及和其他食品配制的新品种，极大地满足了国内外消费市场的需要。

六、相关研究

（一）研究队伍

20世纪30—40年代，涪陵县建设科农场、县立乡村师范农事部、县农业改进所，间或有科技人员进行榨菜栽种密度、施肥、收获、加工等方面的试验和研究。

1953年，原西南农林部责成西南农业科学研究所、西南农学院、江津园艺站和涪陵县农业技术推广站共同组建榨菜工作组，深入涪陵、丰都等榨菜主产区总结民间生产经验，收集和整理品种资料，并对其生物学特性和栽培技术等进行研究。其后，榨菜工作组的领导体制虽有改变，但工作一直持续到1957年。

1959年，涪陵专区农业科学研究所（驻原涪陵县世忠乡）成立后，设有专职农业科技人员对茎用芥菜（主要是茎瘤芥）进行研究。

1981年1月1日，涪陵榨菜研究所成立，隶涪陵地区供销社，以城西东方红榨菜厂作实验基地。

1982年1月5日，涪陵榨菜研会经2年多筹备正式成立，有会员69人。该会吸收热爱榨菜事业并具有一定榨菜生产知识的科技工作者、干部职工和菜农为会员，是一个学术性与科普性相结合的科技团体，受涪陵县榨菜公司和县科学技术协会双重领导，下设栽培、加工工艺、加工机具、经营管理4个研究小组，分别承担相应的科研课题。

（二）原料和栽培

民国二十一年（1932年），《涪陵县立乡村师范学校一览·本校实施报告》中所载《榨菜》一文，是最早详细记载榨菜（原料）生态、种植、加工流程的科技文献，提出榨菜（原料）是普通青菜的变种。

民国二十三年（1934年），《四川农业》第一卷第二期刊载余必达撰写的《四川榨菜之栽培和调制》，这是他在涪陵县立乡村师范党校指导学生种菜、加工、实验和在产地进行较长时间考察的成果。

民国二十五年（1936年）1月，国立四川大学农学院毛宗良教授到涪陵考察榨菜，认为涪陵榨菜（原料）是芥菜的变种。回校后作了学术报告，同年在《园艺月刊》第二期发表《四川涪陵的榨菜》一文。

民国二十八年（1939）起，由西南农学院等单位组成的榨菜工作组对榨菜（原料）的生态、品种栽培进行研究，并就毒素病等进行试验研究。

1961年8月，由中共涪陵地委多种经营领导小组主编（何裕文执笔）的《涪陵榨菜》一书由四川人民出版社出版。

1965年，国家科学技术委员会将榨菜研究作为国家科研项目下达给西南农学院。同年，在原搜集标本资料的基础上，发现和鉴定了良种——蔺市草腰子。70年代初期开始推广蔺市草腰子，至1978年，涪陵地区蔺市草腰子栽种面积已达4.6万亩，并为河南、山东、广西、湖南等省引种，亦表现良好。

20世纪70年代，涪陵地区农业科学研究所在提纯复壮蔺市草腰子的过程中采用单株系选法，获得了新的高产株系和杂交品系，以及由三转子选育的耐病品种63001。

1974年，李新予从1954年开始的茎瘤芥病毒病研究获得成果，总结出茎瘤芥病毒流行程度测报法。1975年，陈材林等根据榨菜全形加工质量要求，经过3年探索，总结出茎瘤芥栽培"六改"技术方案，1978年在涪陵县大面积试行。因该成果产生显著经济效益，于1979年获四川省科技成果三等奖，后又获涪陵地区科技成果推广一等奖。

1982年以后，涪陵地区农业科学研究所、重庆市农业科学研究所深入鉴定、研究芥菜品种资源，至1983年已取得一些重要成果，其中包括对榨菜（原料）植物学汉文名称的确认。

（三）加工和营养

民国二十三年（1934年），涪陵县建设科农场内除试验种植外，也开展过加工工艺的改进研究和榨菜制罐头的试验研究，取得了一些初步成果并推广，但效果甚微。

民国三十四年（1945年），匡盾在《四川经济季刊》撰文论述涪陵榨菜加工工艺改革。

1958年，涪陵县农业技术推广站利用榨菜脱水原理，对小白菜、萝卜、苤蓝、黄瓜等10余种家种和野生蔬菜开展综合加工实验，获得成功。

1959年，涪陵县上下开展技术革新运动，曾研究试制辣椒切碎机等21种工具，但成功的不多。

1960年，在西南农学院园艺系教师刘兴恕的指导下，涪陵地区农业科学研究所开展榨菜热风脱水实验，方法可行，但成本过高，因当时无推广价值而停止。

1973年，在浙江省榨菜加工机械化的启发下，涪陵地区农业科学研究所设计、试制踩池、淘洗、起池加工机具获得成功。

后在部分榨菜加工厂推广，并于1975年建立榨菜机具修造厂，集中制造机具，因机具材料不耐食盐腐蚀，致使加工成本增大，该厂于1980年停产。

1977年，四川供销合作社下达研制榨菜机械加工生产线项目任务。该项目由涪陵地区土特产品收购站牵头，地区新兴陶器厂、广播器材厂、海陵内燃机配件厂等单位参加。1978年春，韩家沱菜厂的加工生产实现"五机一化"。当年全国榨菜机具改革现场会在涪陵召开，峨眉电影制片厂摄制了专题片——《科技新花》。

1981年，历经6年试验的聚乙烯复合塑料薄膜包装技术获得突破性进展，涪陵榨菜厂开始批量生产袋装方便榨菜。同年，涪陵地区榨菜科研所对腌制过程中科学测定了青菜头的物理、化学变化及成品菜的水、盐、酸的含量。

20世纪80年代初期，食品科研部门测定了榨菜的营养成分：每100克榨菜含蛋白质4.1克、脂肪0.2克、糖9克、粗纤维2.2克、无机盐10.5克、胡萝卜素0.04毫克、核黄素0.09克、烟酰胺0.7克、硫胺素0.04毫克、抗坏血酸0.02毫克、水分74克，以及热量54千卡。

（四）质量和销路

1980年5月，涪陵地区科技情报所组织涪陵、丰都两县的有关人员到浙江考察榨菜生产，同时结

合当地实际开展研究，写出研究报告，给各级领导及时提供了工作信息，对提高产品质量、扩大市场销售起了决定性的作用，该成果获四川省1980年度重大科技成果四等奖。

（五）改进和发展

1980年，涪陵榨菜厂将以前熬酱油的多锅灶改为省煤拉风灶，一门进火，烧8口连锅，每锅都能烧开。使耗煤比改前减少60%，用工量减少2%，日产量提高1.5倍，并解决了过去因盐水积囤发酸以至被迫倒掉的浪费问题。此后，这项工艺在全县推广。

七、荣誉奖项

1915年，涪陵"大地"牌榨菜获巴拿马万国商品博览会金奖。

1970年，在法国举行的世界酱香菜评比会上，中国涪陵榨菜与德国甜酸甘蓝、欧洲酸黄瓜并称"世界三大名腌菜"。

1981年，"乌江"牌榨菜被评为全国酱腌菜第一名，获国家银质奖。

1988年，小包装改革获全国星火计划成果展览交易会金奖。

1991年，"乌江"牌榨菜获意大利波伦亚的国际食品博览会金奖。

2009年，"涪陵榨菜"商标被评为"2009中国最具市场竞争力地理商标、农产品商标60强"；被亚太地区地理标志国际研讨会称赞为"推动农村经济发展的成功典范"；被首届中国农产品区域公用品牌建设论坛组委会评为"2009中国农产品区域公用品牌价值百强"第2名，价值达111.84亿元。

第二节　万州鱼泉榨菜

鱼泉榨菜，万州区特色产业，先后获得"中国驰名商标""中国名牌产品""重庆市出口知名品牌"称号。1993年，荣获第十四届（德国）斯图加特世界博览会金奖，产品远销美国、日本、加拿大等国家。

一、产品特点

万州是榨菜原产地之一。万州榨菜菜型好，其形状有圆形、椭圆球形、纺锤形，表皮青绿，皮薄筋少，肉质白而肥美，质地清脆，富含蛋白质、糖、维生素，以及钙、磷、铁等微量元素。鲜嫩香甜，清脆可口。

鱼泉榨菜产品选用GAP示范基地种植的青菜头，经过风干下池腌制、三腌三榨，再配以天然香料装坛发酵存放10个月，以现代低盐技术处理后，采用真空包装、高温灭菌而成。产品不含化学防腐剂，具有鲜香嫩脆、低盐低糖、保质期长、风味独特、开启方便、开袋即食的优点。色如琥珀、营养丰富，安全卫生、鲜美可口。其系列产品包含：美佳味榨菜、木耳榨菜、竹笋榨菜、农家味榨菜、鲜香榨菜、片片脆榨菜、丁丁香榨菜等100多个品种规格。既可佐餐即食，又可烹饪配菜和作调料。

二、产地环境

万州上束巴蜀，下扼夔巫。地处重庆东北部、三峡库区腹心，因"万川毕汇"而得名，因"万商云集"而闻名。万州区境内属亚热带季风湿润带，气候四季分明，冬暖，多雾；夏热，多伏旱；境内河流纵横，河流、溪涧切割深，落差大，高低悬殊，呈枝状分布，均属长江水系；春早，气温回升快而不稳定；秋长，阴雨绵绵；日照充足，雨量充沛，天气温和，无霜期长，霜雪稀少。万州地下水产量丰富，达7.5亿立方米。其中，岩层区的地下水温随季节变化，青菜头生长最茂盛的冬季，耕作层下的地温和潜水温度都较地表温度略高而稳定，这种天然的"温床效应"提高了矿质养分和有机物的活力，有利于菜头正常吸收养分物质。万州区地下水pH6～8，而菜头生长环境要求pH为7左右，因此万州独具适宜优质青菜头生长发育的气候、土壤、土质等地理环境。

三、历史渊源

在三峡库区，有一个关于青菜头的传说：某天清晨，巫山神女在高高的神女峰上以长江为镜梳妆，借五彩朝霞美颜，一不小心使母亲送她的一枚碧绿的翡翠耳坠从高山顶滑落到江边，神女久寻不得，心痛垂泪，感动了大地，于是三峡两岸的大地上开始长出大片大片的青菜，微风中青翠的叶片似神女的翩翩裙裾，硕大的青菜头碧绿可爱，极像一枚枚碧绿的宝石。

尔后，农户相继在奉节、云阳、万州等长江三峡沿岸区（县）种植青菜头作为蔬菜食用。素有"盐都"之称的云阳有个小镇，名为鱼泉，因盐易得，盛行咸菜制作，把青菜头用盐腌制后，就成了今天的榨菜。671年，万州设立羊渠县，西魏时期改为鱼泉县。这便成了鱼泉榨菜名称的来源。万州的岩盐储量颇丰，5000年前即有祖先在此引卤熬盐。千百年来，万州人用盐渍工艺加工各类蔬菜、肉食加工，有百菜千腌的饮食习惯，盐渍食品种类繁多、风味各异。

相传唐朝大诗人李白曾游历至鱼泉，在太白岩上，一村姑以榨菜为其佐酒。李白深感榨菜鲜美，吟诗赞赏："三峡神女巧作菜，鲜香脆嫩土中栽，饮酒无需鱼和虾，唯有榨菜斗酒来。"万州榨菜由此闻名。

万州是榨菜原产地之一，在加工过程中，由于青菜头盐渍后需以重物压榨去苦水，故名榨菜。据《万县志》记载：1915年前，青菜头即在万州广为种植，榨菜多为农户自制自食。1917年设海关后，工商业发达，榨菜始成为商品应市并行销下江。1927年，万州商人王敬文在向坪乡晒网坝兴建了第一家规模化的加工厂，产销坛装榨菜，获利颇丰。此后，榨菜种植更加广泛，抗战时期，榨菜作坊和经销商多达数十户。中华人民共和国成立后，万州榨菜由外贸系统和供销系统经营，由于质量不稳，销路不畅，几度大起大落。

20世纪80年代中期，外贸企业改制，下放地方。万县地区土产加工厂由于一无产品、二无商标、三无市场，靠贴牌生产"云峰"榨菜度日。一经"断奶"，很快便债台高筑，濒临破产。

1988年年底，万县地区外贸局为解决加工厂70余名职工的吃饭问题，决定面向社会招聘厂长，要求在3年承包经营期内实现扭亏、盈利35万元。现任鱼泉榨菜集团公司董事长、总经理、党委书记的邓学明时任川东盐厂筹备组负责人，怀抱拿创业之心，报名应聘。

1989年2月，时年39岁的邓学明受聘万县地区土产加工厂厂长。面对破旧的厂房、简陋的生产设备和70多名充满期盼的职工，他用100多元钱买来一桶红油漆，在工厂临街围墙上刷了两幅大标语："生产消费者满意的产品，提供经销商满意的服务。"他指着标语对职工讲："现在没有救世主，我们只有艰苦奋斗一条路。当务之急，就是打造和生产自主品牌产品，提高产品质量，主动与市场接轨，开辟销售市场。"

1989年6月，万县地区土产加工厂成立"全面质量管理领导小组"，作出了"加强管理、质量兴厂"的经营决策。提高生产效率和产品质量，积极创新低盐和灭菌工艺。至当年年底，加工厂实现产值75.73万元，增幅达50%，实现利润10.61万元，第一年便顺利扭亏为赢。

1990年年初，全厂锁定"深化改革抓承包；夯实基础上等级"的新目标。制定了"依法治厂，制度纪律面前人人平等"的管理原则；大胆推行中层干部竞聘和单项任务承包制，建立风险责任追究制。狠抓销售服务、新产品研发、节能降耗和财务管理工作，组织开展质量控制小组活动。生产、经营和

管理再上新台阶，主要经济指标实现翻番，公司首次将水的涡流原理用于脱盐技术，成功以国产复合铝箔袋替代进口包装袋，获"四川省全面质量管理达标企业"荣誉称号。取得了"鱼泉"牌注册商标的商标拥有权。

1991年10月，不同式样的两种包装袋"鱼泉"牌产品投放市场，一举打入日本、新加坡、马来西亚等国家及香港地区，出现供不应求的好势头。

四、发展状况

万州区榨菜种植历史悠久，是重庆主产区之一，被重庆市列为优势特色产业给予扶持。主要分布于甘宁、龙沙、熊家、长岭、五桥等乡（镇）。全区拥有近25万亩榨菜基地，总产量逾50万吨。种植品种有永安佳奇、永安小叶、涪杂5号等。主要榨菜基地良种普及率达80%以上。全区推广了榨菜标准化栽培技术。全面规范了榨菜的育苗、移栽、病虫防治等技术。目前形成了家庭农场、专业合作社、种植大户等规模化种植，平均亩产在2 100千克以上。

鱼泉系列产品远销日本、欧美、澳大利亚、新加坡等国家和香港地区，成为国内酱腌榨菜在全球市场覆盖率最大的品牌之一。

五、荣誉奖项

1992年，鱼泉榨菜获首届巴蜀食品节金奖、四川省名优特新产品博览会金奖和"四川省最畅销的国产商品"称号。

1993年，鱼泉榨菜荣获第十四届（德国）斯图加特国际博览会金奖；"鱼泉"牌四川榨菜、"鱼泉"牌软包装榨菜获四川省首届青年科技成果博览金奖；"鱼泉"牌软包装榨菜获"四川旅游商品熊猫奖金奖产品"称号。

1994年，"鱼泉"牌软包装榨菜系列产品在北京市1994年最畅销国产商品评选中荣获"京华奖"；在1994年全国实施名牌战略成果展上荣获四川省名优特新产品博览会金奖。

1995年，在四川省第一批名牌产品评选中，鱼泉榨菜被评定为"四川省名牌产品"。

1997年3月，重庆市人民政府授予"鱼泉"牌软包装榨菜系列"重庆市名牌产品"荣誉称号。

1999年2月，重庆市人民政府授予"鱼泉"牌榨菜"重庆名牌产品"称号；7月，"鱼泉"商标获"重庆市著名商标"称号。

1999年，"鱼泉"牌榨菜在中国国际农业博览会上获"99中国国际农业博览会名牌产品"荣誉称号。

2001年，"鱼泉"牌榨菜被认定为"2001年中国国际农业博览会名牌产品"；"鱼泉"牌榨菜系列获"中国名优食品"荣誉称号。

2004年，"鱼泉"牌"山珍玉笋"被评为"2004中国林产品交易会优质产品"，"鱼泉"牌榨菜系列产品被评为"全国食品行业放心食品"。

2005年，"鱼泉"牌"木耳榨菜""竹笋榨菜""特等品"获"第三届中国国际农产品交易会畅销产品"荣誉称号。

2006年，"鱼泉"牌酱腌菜（榨菜）荣获"中国名牌产品"称号；"鱼泉"商标被评为"中国驰名商标"；"鱼泉"品牌获2006年度"重庆市重点支持和发展的出口畅销品牌"称号。

2008年，"鱼泉"牌方便榨菜获2008年度重庆市产品标准奖。

2010年，"鱼泉"品牌荣获"重庆市出口知名品牌"荣誉称号。

2011年，"鱼泉"牌榨菜荣获中国绿色食品2011广州博览会获畅销产品奖。

2015年，"鱼泉"品牌荣获2015—2018生态原产地产品保护证书。

第三节 丰都榨菜

丰都榨菜，生产历史悠久，面积和产量次于涪陵，居重庆市第二位。丰都与涪陵毗邻，丰都榨菜源于涪陵榨菜，其种植、加工技术与涪陵榨菜一脉相承。丰都所产榨菜，早在20世纪20—30年代就畅销国内各地及日本、欧洲等国家和地区。"丰都榨菜"于2000年4月被核准注册为地理标志商标。

一、产品特点

丰都榨菜以产于丰都沿江河丘陵区的青菜头为原料，沿袭涪陵榨菜的生产工艺精心制作，产品富含人体必需的多种蛋白质、糖、维生素以及钙、磷、铁等微量元素，质地脆嫩、鲜香可口。

二、历史渊源

丰都榨菜源于涪陵。据《酆都县志》记载：青菜头，又名茎用芥菜，菜头，1910年从涪陵引种栽培，原作为鲜食蔬菜。1914年，榨菜加工技术传入丰都，"共和新"商号首办榨菜厂，后县城逐渐出现10多家加工榨菜作坊，使榨菜成为丰都量多质好的特产。当年，丰都榨菜商收购青菜头加工成榨菜150担外运销售。年底，涪陵县同盟会员张彤荣避难丰都，与亲友卢景明伙办"公和兴"商号加工经营榨菜，接着办起的商号有"菜根香""恒丰泰"。1920年，全县榨菜产量1 825担，"公和兴"首先将榨菜运往汉口销售，后"恒丰泰""菜根香"又将榨菜运往上海交"乾大昌"杂货行代销。

1921—1930年，经营榨菜者由原来的4家发展到8家，年平均产量4 675担，销售市场扩大到宜昌，南京、镇江、苏州、无锡等地。1931—1934年是榨菜产销高峰时期，年平均产量15 060担，最高年30 150担，产销量最大的是民丰菜厂、三江实业社及"同福荣""菜珍香""菜根香""源盛""源盛祥"几家商号。1935年，全县产榨菜4 000担。1936年，高家镇三江实业社所产榨菜，丝、丁、块、片齐全，大小坛包装均备。1936—1949年，产销节节下降；1942—1945年，年均产量只有2 250担，最低年产400担；1949年，产量回升到2 620担。1947年，三江实业社职员曾宪禄通过航空运输200担榨菜和一部分酱油去香港推销，丰都榨菜首次销往香港市场。同年，陈海云邀请大小厂商成立"太阳会"，在每年冬月11日借口给太阳神做生日，大办筵席，以统一牌号、统一运销为名，使小厂商及农家自制榨菜一律卖给大厂，成为丰都榨菜生产外运的另一种组织形式。

1949年，中华人民共和国成立后，丰都县人民政府着手恢复发展青菜头生产，从种子、技术、肥料等方面予以扶持。1952年，全县收购青菜头4 265吨。1957年，种植面积达19 264亩，产青菜头12 290吨，单产638千克（表10-1-1）。1958年，全县青菜头产量达16 595吨。1959—1962年，青菜头种植面积逐年减少；1965年，青菜头产量恢复到5 530吨。

表10-1-1　青菜头面积产量简索表

项目	1950 年	1957 年	1961 年	1967 年	1976 年	1978 年	1983 年	1985 年
种植面积/亩	1 117	19 264	11 852	18 520	20 130	29 956	44 763	34 500
单产/千克	401	638	180.5	413.5	187.5	450	1 706	775
总产/吨	448	12 290	2 139	7 658	3 774	13 480	76 366	26 736

1966—1976年，产量起伏徘徊；1976年，产青菜头3 774吨。1977年，收购青菜头5 320吨。1978年，试行青菜头生产与榨菜加工单项联营，青菜头生产发展迅速。

1980年，青菜头种植扩大到23个公社，749个种菜队和114个社队菜厂联营，当年收购量达5 640吨，1981年收购44 120吨。

1979—1985年，年均种植面积37 000亩，年均产量35 800吨，其中1983年种植青菜头面积高达44 763亩，产青菜头76 366吨，收购量达75 375吨，但由于部分榨菜厂加工粗，造成产大于销，产品积压，加工企业经济损失160余万元。1985年，全县青菜头种植面积大幅下降，收购量仅为7 703吨。

青菜头在丰都县境内生产区多分布于长江两岸。1985年以前，南岸为重点，包括高镇、双路、包鸾3个区87个大队；北岸包括树人、虎威两个区的103个大队；其次是渠溪河，碧溪河沿岸三元和社坛两个区的144个大队，全县总计334个大队。此外包鸾坝与同心乡等地海拔700米以下的地区，也有零星少量种植。青菜头品种40多个，种植较为普遍的有枇杷叶、露酒壶、绣球菜、立耳朵、须须叶、蒿市草腰子等15个品种，其中以绣球菜、露酒壶种植面积为多，品种多、杂乱是其特点，八十年代主栽品种为草腰子。

榨菜加工业发展过程：

1952年，丰都县供销合作联社筹备委员会在城关区平都路开办榨菜加工厂1个（即20世纪80年代的城三厂），1953年投产，年生产能力为150吨（1956年，该厂交国有贸易公司，1953—1955年3年加工榨菜565吨）。

1956年，丰都县建成11个国有菜厂。

1959年，丰都县有国有、社、队菜厂50多个，当年产榨菜1 455吨。

1961年11月，丰都县供销社与商业局分设，按照国有、合作社分工规定，将1962年榨菜生产交由丰都县供销社土产经理部经营，并接管高镇一、二榨菜厂，城镇一、二、三榨菜厂，镇江、毡帽石榨菜厂，年加工能力2 500吨。

1963年，加工榨菜1 607吨。因各厂均属木架瓦房，受多年盐水腐蚀，有倒塌危险，开始改建、扩建、重建。

1964年，随着青菜头生产发展，新建汇南、佛建榨菜厂。

1969年，新建兴义榨菜厂。

1978年，新建汀溪榨菜厂，到1982年止，丰都县供销社所属的共有榨菜厂11个，加工厂房面积达73 565平方米，腌制池246个，起池机、压池机、淘池机21件，电动机365千瓦/80台，自备柴油发电机172千瓦/7台，总生产能力6 000吨。

1983年，城一榨菜厂划归丰都县供销合作社贸易公司为仓库，加工任务由城二、三厂承担。

1985年，丰都县供销社所属的有高镇一、二厂，城关镇二、三厂以及镇江、汀溪、兴义、佛建、汇南、毡帽石10个榨菜厂，加工能力5 500吨，固定资产201.35万元。

1986年，在生产榨菜比较集中的乡（镇）设立了城一、城二、城三、高一、高二、丁溪、镇江、汇南8个独立加工厂和佛建联营厂，榨菜成为丰都农民增收致富的骨干品种之一。

1988年，加工坛装成品菜4 915吨，加工小包装3 211吨，全年销售额1 210万元，实现利润108.5万元。

2003年，榨菜公司严重资不抵债，经丰都县政府（2003）191文件批复，实施破产，后转给涪陵邱家榨菜公司经营。至此，国有榨菜厂加工退出历史舞台，榨菜厂由民营企业经营。

三、生产情况

（一）生产加工

2017年，丰都县青菜头种植面积21.3万亩，有榨菜加工企业48家（年加工能力500吨以上的），有企业产品品牌8个，年半成品加工能力6.63万吨，成品榨菜生产能力4.08万吨。有半成品原料加工户160余户（年加工能力50吨以上），榨菜生产常年从业人员在5 000人以上。榨菜产品形成了以坛装榨菜为主的全形榨菜，以小包装精制榨菜为主的方便榨菜和听、瓶、盒装高档榨菜及出口榨菜几个系列20余个产品品种，产品主要销往全国各地及出口东南亚、欧美等地区。

（二）规模化种植

丰都县常年青菜头种植面积约20万亩、产量42万吨左右，布局在十直、树仁、高家、兴义、双路、虎威、名山、社坛、保合、仁沙、兴龙、董家、三元、双龙、三合、湛普、包鸾、龙河、江池、青龙、龙孔21个乡（镇、街道），在沿长江、渠溪河、碧溪河海拔700米以下的河谷丘陵区、浅丘区形成了区域化布局，形成集中成片种植带。种植面积在1万亩以上的乡（镇）有名山、十直、树仁、兴义、社坛、高家镇、兴龙、虎威8个镇（街道），从事青菜头种植农户9余万农户、32余万人，涪丰14、永安小叶、涪杂1号、涪杂5号等良种普及率达95％以上，是仅次于涪陵的榨菜原料优质产区。

丰都的青菜头采用合同种植、订单生产的种植经营模式，形成了企业、加工大户、菜农紧密结合的榨菜加工三级网络，建立完善了"企业 + 基地（加工大户）+ 农户"的风险利益共担共享的产业化经营机制。青菜头生产基地获无公害认证。2015年，丰都县成功创建"国家出口榨菜生产示范基地"；2016年，获"国家级出口食品农产品质量安全示范区"称号。

（三）规范化管理

丰都榨菜生产企业在大力引进先进设备、工艺改造传统生产的同时，坚持质量第一，安全至上，从原料加工直至产品出厂，都认真遵守国家《中华人民共和国食品卫生法》《中华人民共和国食品安全法》，严格执行《榨菜》（GH/T 1011—2007）、《方便榨菜》（GH/T 1012—2007）的工艺工序和质量要求，实施生产全过程质量监控，实现了规范化管理。

（四）产品销售

丰都县有三和实业、邱家榨菜、三冠食品、明富实业等4家榨菜加工出口企业。2017年，榨菜出口1.5万吨，出口创汇1 100万美元，是重庆市多年以来最大的榨菜出口创汇基地。

四、荣誉奖项

1970年，获四川省供销社"榨菜加工技术革新成绩优异"荣誉证书。

1981年10月，中华全国供销合作总社在北京召开榨菜质量评比大会，丰都城三厂的"名山"牌榨菜被评为全国第三名，获中华全国供销合作总社颁发的优质产品证书，并获四川省社奖状。

1981—1983年，"名山"牌榨菜3次荣获商业部"优质产品"称号。

1982年，城二榨菜厂生产的榨菜参加由商业部主办的评比会，获优质产品第一名。

五、新闻事件

1958年3月4日，周恩来总理前往城镇第二榨菜厂参观榨菜加工流程后指出：为了卫生和减轻劳动强度，应设计改用机械操作。

第四节　黔江地牯牛

黔江地牯牛，又名草石蚕、神虫菜、宝塔菜，是武陵山珍、黔江地区知名特产。地牯牛属多年生草本植物，在武陵山区一带享有极高的声誉。黔江地牯牛入口清脆，是大家都喜欢的开胃菜，晶莹剔透，风味独特，不仅是优良的食物，还有较高的药用价值，地牯牛有利胆利尿、镇静、润肺益肾、滋阴补血等功能，是佐餐及休闲食用的佳品。

一、产品特点

黔江地牯牛以腌制泡菜的方法腌制。地牯牛泡菜产品是在继承民间传统生产工艺的基础上，选用武陵山区特产地牯牛及优质生姜、大蒜、辣椒等为原料，以高科技灭菌技术和独创的工艺加工而成的，产品鲜脆爽口、清香诱人、保质期长，独具特色，优势明显，是老少皆宜的即食食品。

二、历史渊源

黔江地牯牛在武陵山区的栽种历史悠久，清朝晚期就有民间栽种地牯牛的记载。《本草纲目》把它收载于菜部第二十七卷内，李时珍曰："草石蚕即今甘露子也。荆湘、江淮以南野中有之，人亦栽莳。二月生苗，长者近尺，方茎对节，狭叶有齿，并如鸡苏，但叶皱有毛耳。四月开小花成穗，一如紫苏花穗。结子如荆芥子。其根连珠，状如老蚕。五月掘根蒸煮食之，味如百合。或以萝卜卤及盐菹水收之，则不黑。亦可酱渍、密藏。既可为菜，又可充果。"1996—2000年间，地牯牛因坊间伪称是新鲜的冬虫夏草而声名大噪，经推广之后成为新兴蔬菜，以腌制泡菜的方法制成的加工产品进入各大商超，成为常见的休闲食品。黔江地牯牛种植起步于20世纪末，在鹅池、白土两乡首先推广。

三、品种特性

地牯牛为唇形科水苏属中能形成地下块茎的栽培种，一年生或多年生草本宿根球茎植物。植株矮小，地上茎匍匐状半直立，善分枝，浅根系，接近地面处节节生根，萌蘖力强。苗期如遭强光照射易枯萎。其块茎形似蚕或蚕蛹，分地蚕和银条两个类型。

地蚕，植株矮小，高约40厘米，一般不超过50厘米，茎方形、被绒毛。花序轮伞形穗状，秋季开花，地下块茎长3～8厘米，短而肥胖，有结节，节间甚短，品质良好。

银条，植株较大，高30～60厘米，茎细

长而直立，有分枝，光滑。穗状花序，地下块茎细长，圆筒形如长条，均匀有节，质面，长10～15厘米、品质稍差。

地牯牛根据国内产地可分为扬州宝塔菜、偃师银条、荆门玉环等。武陵山区栽培种属地蚕类，黔江地方种品质优异，比贵州种植株略矮，其中以栅山种植的地牯牛较有名。

四、生产情况

（一）生产流程

1.原材料与设备

（1）原材料。地牯牛。

（2）调料。香料，盐，冰糖，泡菜水。

（3）设备。采用现代化机械设备加工，形成流水作业。

2.加工工艺

将地牯牛洗净，晾干，倒入泡菜水中，加食盐、香料、冰糖腌制3天，捞出即可食用，食时无须添加调料。

3.产品包装

有玻璃罐装和真空袋装两种产品包装形式。

五、发展状况

（一）标准化示范建设

2006年，由重庆市质监部门和农业部门专家组成的验收组，受国家标准化管理委员会的委托，检查验收黔江区地牯牛标准化示范建设，批准其成为国家级标准化示范区。重庆市质量技术监督局（重庆市地方标准信息公开平台）于2006年10月1日批准《草石蚕》（DB50/T 222—2006）和《草石蚕生产技术规程》（DB50/T 222—2006）两个地方标准。

（二）品牌及生产加工能力

重庆市蓬江食品有限公司的"晶珠"牌和"蓬江"牌地牯牛泡菜被评为"重庆市名牌农产品""重庆市用户满意产品"，已通过中国绿色食品发展中心认证；重庆市黔江区珍珠兰茶业有限责任公司的"仙山玉珠"泡菜获"重庆名牌农产品"称号，获绿色食品A级认证证书。

黔江区地牯牛原料基地常年稳定在5 000亩以上，最多年份达1.5万亩。两家龙头企业的地牯牛泡菜年加工能力近1.5万吨，年销售稳定在8 000吨以上。

六、荣誉认证

黔江地牯牛产品先后荣获"中国国际食品博览会名牌产品""重庆市名牌农产品""消费者最喜欢产品"称号。蓬江、雪牛、珍珠兰3个品牌的黔江地牯牛泡菜连续3年在检验中达到绿色食品标准，获绿色食品A级认证证书。

七、相关研究

地牯牛为原产于中国的野生植物，唐代已有引种记录，逐渐培育为特色蔬菜，在全国各地零星种植。栽培地牯牛，宜选择疏松肥沃、富含有机质、排水良好的沙壤土，滞水不退易腐烂。在育苗上，地牯牛主要采取块茎繁殖，与红薯繁殖技术相近，一般在终霜前后栽植。3月中下旬，待地牯牛地下

茎萌芽后挖出，筛选肥厚匀称、茎芽饱满的块茎做种。地牯牛的常用育苗方式虽然较为简单粗放，在管理上却马虎不得，要及时除草和施肥。中耕除草直到封行为止，因封行后正是地下匍匐茎快速生长之际，中耕会伤害地下茎。"立秋"后，地牯牛地上部分生长缓慢，地下块茎开始膨大生长，此时要施追肥。如遇干旱，要及时浇水。地牯牛一般在"立秋"后才开始长块茎，而此时，玉米已成熟收获，所以套种玉米对地牯牛的营养吸收影响不大。

原黔江区农业局王念五、李俊安等探索集成无公害草食蚕优质高产栽培技术，向种植户印发《无公害草食蚕优质高产栽培技术》手册，手册详细记录了地牯牛习性、选地整地、配方施肥、培育壮苗、合理密植、病害综合防治、科学田间管理、采收留种等。

西南大学园艺园林学院郭启高、匡全等以黔江地牯牛（二倍体）为基础材料，通过染色体加倍，获得黔江地牯牛四倍体改良繁殖材料，改良后的四倍体长势和商品特性明显优于二倍体。并对黔江二倍体及改良后的四倍体地牯牛的叶、块茎进行单位鲜重的光合产物含量、可溶性蛋白质和可溶性糖含量3方面的品质分析，分析表明四倍体地牯牛在品质上比二倍体更优：二倍体叶片的总光合产物含量占鲜重的7.48%，四倍体为10.71%；二倍体块茎中的储藏物质总量占鲜重的17.07%，四倍体为19.31%；二倍体叶片中的可溶性蛋白质含量为8.434毫克/克，四倍体为9.232毫克/克，在块茎中，二倍体中的可溶性蛋白质含量为3.338毫克/克，四倍体为4.069毫克/克；宝塔菜二倍体叶片中的可溶性糖含量为0.203 8毫克/克，四倍体为0.248 1毫克/克；在块茎中，二倍体的可溶性糖含量为1.206 8毫克/克，四倍体为1.296 9毫克/克。

八、新闻事件

2016年12月13日，重庆新闻联播报道，全市最大的地牯牛生产基地在黔江区建成。

第五节　北碚徐中海手工面

徐中海手工面，产于北碚区三圣镇古佛村，已有上百年的历史，是重庆市非物质文化遗产。徐中海手工面采用南派制面技艺，因地制宜、工艺古朴，着重把握面条的质感，是传统技艺和现代机械相结合的产物，备受欢迎。2009年2月，被列为北碚区非物质文化遗产。2016年7月，徐中海手工面技艺入选重庆市第五批非物质文化遗产保护名录。

一、历史渊源

公元9世纪末期，由于三圣境内寺庙众多，玛瑙庙内的僧人旭明邀请古佛村唐代江等人打制石磨，用于寺内磨制面粉，制作面条，作为素食招待香客。后唐代江效仿僧人旭明，自制石磨，磨成雪白细腻的面粉，一举改变了村民吃"扯耳粑"的历史。唐代江的独子唐伯怀自幼随父亲制作手工面，他在和水制面的过程中加入一定量

的盐和碱，成功解决了手工挂面不易保存、不易成型、容易断条的问题，命名为"古佛面"。1974年，古佛村的年轻人徐中海拜师到唐伯怀门下，唐伯怀将制面技艺倾囊相授。学会了古佛面的制作技艺之后，徐中海就一直在村中开办的制面作坊工作，后改成村办工厂，一做就是大半辈子。

二、制作工艺

（一）注水和面

和面的水必须采用古佛村的水。面粉和好后适当饧面，然后再加入适当比例的盐和碱，盐和碱可以增强面条的柔韧性和劲道感，也可根据节气，适当增加盐的比例。

（二）初次打面

加入盐、碱配置好的初面，需经过初次打面，以保证水、盐、碱和面的充分搅拌与融合。

（三）二次打面

这是徐中海手工面技艺的独到之处，初次打面是为了充分搅拌水、盐、碱和面，但二次打面的意义已不止于此，其主要目的是用机器传输过程中产生的热量烘烤面粉，将面粉迅速烘熟，保证制品的口感与特性。

（四）压面

经过二次打面的熟坯，上机压制成厚度为0.2厘米左右的面片。在没有机器以前，手工很难把握石磨压制面片的力度，往往造成面片薄厚不匀，只有有多年制面经验的老师傅才能熟练压制出厚度均匀的面片。由于面条的需求量过大，经土法改制的简装机器应运而生。

（五）晾晒

切好的面条散挂于晾竿上，转至室外日照充足、通风透气的地方，并排晾晒于晾架之上，日晒风干，迅速蒸发掉面条中的水分，使面条颜色由黄转白，缩水成丝，徐中海手工面就基本完成了。

三、产品特色

徐中海手工面是当地的一张名片，每个周末，来自重庆主城的市民都会驾车前去购买，有时甚至会等上2个小时。徐中海手工面技艺是土生土长的南派制面技艺，传承百余年，因地制宜，工艺古朴，着重把握面条的质感，是传统技艺和现代机械相结合的产物，备受欢迎，不仅将盐、碱与面粉充分融合，更将面粉细粒提前烘熟，手工面成型后"面薄如纸，入水即熟，回锅不泥"。

第六节　北泉手工面

北泉手工面，重庆老字号产品、重庆市非物质文化遗产，有500多年历史，始创于北碚区缙云山北温泉古寺。采用北温泉水磨面，称为"水磨面"或"温泉面"，以"细如丝、白如雪，中心空通、入口滑嫩、回锅不泥"的特点而闻名。

一、历史渊源

北泉手工面是重庆老字号产品，也是重庆市非物质文化遗

产。《北碚志》（1989 年版）中有对北泉手工面的记载："原料以精面粉为主，配以麻油、鸡蛋、味精、胡椒、精盐等，经过合面、拌条、上棍、扯卜、静置、挂晒、切面等 18 道工序，精工细作，用料讲究，细如银丝，中心空通，为北碚名特风味食品。"1930 年，北泉手工面在重庆市农产品展览会上获得银奖，教育家黄炎培曾赞誉其"香面条条韭叶抽"。20 世纪 50 年代远销新加坡、印度尼西亚等东南亚国家，辗转至英国、挪威等国家，享有盛誉。1960 年，中央特邀请北泉面厂技师何树清在北京怀仁堂为中央领导表演制面绝技，深受周恩来、邓小平、刘伯承等党和国家领导人喜爱，贺龙副总理题词："北泉手工面生产要扩大，这是我国的民族遗产。"1983 年，北泉手工面获四川省手工挂面质量第一名。

二、制作工艺

北泉手工面的完整制作过程包括：和面、开条、接条、扯环条、堆条、上棍、分面、晾、烘干等 18 道工序，除了烘干，其余工序全部手工完成。

（一）和面

在装了盐的盆子里打入 50 个鸡蛋，再加老酵水和面，水和食盐的量是经过上百年不断试验得出的最好配比。

和好的面需要手工去揉，100 斤面 1 个人要反复揉 2 个小时，使面筋网络全部打开，这样的面才弹性十足够筋道，拉面的时候不易断开。

揉过的面要团在桌案上醒面，醒面的时间春夏秋冬各不相同，阴晴雨雾也不同。配面时水、老酵、盐的配比也会不同，有经验的师父会根据天气情况来配料。在天气变化太快的时日，做面就要比平时多用不少时间。

（二）开条

醒过的面团，用刀分开切成 10 余厘米厚的大条。

（三）接条

将大条连接成粗细一致的长条，堆在案桌上第二次醒面。

为了减少醒面过程中的水分蒸发，要在面团上刷小磨香油。香油在保持面团湿润的同时也会渗透到面条中。

（四）扯环条

醒过的大条由两名面师通过拉、扯、甩等手法，使面条初步变细，这一步要在面条表面洒上豌豆粉，再刷上一层香油继续醒面。

（五）堆条

盘踞在案板上的面条，需偶尔用手指戳一戳，凭手感看面条醒得是否到位。醒面到位以后，两人合作把面条扯成更细的条状，盘在面盆里进行第四次醒面，再刷香油、撒豆粉。

（六）上棍

一根竹棍、一根铁棍插在墙上的"羊角孔"里面，（竹棍和铁棍的组合优势在于竹棍有韧性，铁棍有力量）把木盆中的面

条搓成菱形，正反向缠绕在棍子上面，一根棍子要有40个面圈、40个面叉才算规范。

（七）分面

将醒好的面条从饧槽中取出分面，在拉扯时扑上全青豌豆粉，再将扑上豆粉的面条继续拉细，用面棍将面条分开至根根分明。豌豆粉除了可让面条口感更顺滑，也是北泉面煮后放了一晚上，第二天回锅依然不会泥成团的秘密。

（八）晾面

从前北泉面是在户外晾晒干燥，后来人们考虑到卫生问题，改为在厂房内用热风将面条烘干。这样即使在下雨天和雾霾天，面条也可以在干净的环境中干燥。分好的面条挂在插孔中，分步骤拉扯成细丝，可长达4米。

（九）切面

这是最后一道工序，烘干的面条会按照需求切成不同的长度。

反复揉搓、筛选切至长短一致的面条经过，淘汰易断的、不整齐的、粘连的面条。

（十）留老酵

面棍头尾的面团和被淘汰的面条，是下一次做面的酵母。

三、产品特色

北泉手工面精工细作，用料讲究，细如银丝却中心空通，远销海外。由于面条细滑，自带咸味，最适合做成鲜汤面。吃面时只需准备油一勺、葱花一撮，用温水冲成面汤，将煮好的面条挑进去即可食用。北泉手工面选用精制小麦粉和缙云山清泉手工制作。经300年酵母纯天然发酵20余小时，通过酶的水解作用生成氨基酸，合成人体必需的维生素，可提高营养素的生物利用率。北泉手工面是绿色食品，长期食用对身体有益。

第七节　长寿鱼面

长寿鱼面是长寿区特色农产品，采用西南大学先进科学技术，选用优质的长寿湖有机水产品——鲢鱼、鳙鱼、草鱼等的鲜鱼肉，经10余道工序精制而成。该产品低脂肪、高蛋白、营养丰富，是一种纯天然的营养保健食品，老少皆宜。长寿鱼肉面口感鲜美，是居家、中西大餐配餐、野外作业的上等方便食品，也是旅游及馈赠亲友的佳品。

一、产地环境

长寿湖，位于长寿区东部，距重庆市区128千米，是20世纪50年代修建狮子滩水电站，因拦截龙溪河而成的人工湖。最高水面面积10万亩，正常蓄水面积7.6万亩，因地处长寿县境内而得名。龙溪河由北向南蜿蜒流过，流经梁平县、垫江县、长寿县，在长寿县羊角堡汇入长江，全长170余千米，平均流量54立方米/秒。因长寿湖特殊的气候、环境和丰富的水资源，水中浮游生物十分丰富，很适合鱼类生长。20世纪50年代，周边村民先后在湖内投放各类鱼种，实行大水面增殖、网箱养殖、网拦

养殖，年产鲜鱼上千吨。2003年，村民回归生态养殖，治理湖区环境，长寿湖水环境持续向好，长寿湖鱼品质逐年改善，先后通过农业部农产品质量安全中心的无公害食品、绿色食品认证，2008年获评国家特色名牌农产品。2013年，长寿湖水质、鱼体通过中绿华夏有机食品认证中心的40余项指标严格检测，各项目指标均达有机食品产地标准和有机食品标准，顺利通过国家有机产品认证。

二、生产历史

1954年春，国家为开发利用龙溪河水利资源，启动修建狮子滩水电站，全国各地近万名水电专家、工程技术人员和民工汇集于此，带动了当地餐饮、客栈生意的发展和繁荣。其中一家客栈特聘了一位技艺出众、擅长红白两案的朱姓厨师。有一天，朱厨师在案上和面时，不小心碰翻了准备余鱼丸子的鱼肉泥，不好再用，又弃之可惜。朱厨师灵机一动，顺手把鱼肉泥和到面里，擀成面条煮熟上桌，客商吃了，个个赞不绝口，都夸此面味道鲜美。

又传，因长寿湖形成，湖中鱼类快速、大量生长，加之20世纪50—60年代物质匮乏，周边村民常捕鱼充饥，做粑、做面，食而经饱不饿，长寿湖部分村民尝试将长寿湖鱼肉加工成鱼面上席，口感爽韧、鲜香细嫩，无鱼腥味，令食者称绝，扬名各地，第一代手工鱼面开始走上餐桌。来长寿湖旅游的客商，都必吃这一美味——长寿鱼面，所有人都称其为重庆长寿的独特美食佳品，经常食用能增强免疫力、开胃健脾，益处多多。长寿鱼面色泽棕带白色，煮前需泡1小时，可根据口味调味，进行相应搭配（如番茄面、鸡蛋面、榨菜面、麻辣面、酸菜面等），具有色泽分明、鲜咸适口、回味浓郁、营养丰富、风味别致的特点。

1958年3月5日，党和国家领导人周恩来、李富春、李先念来长寿湖视察，快到吃午饭的时间了，一位工作人员无意中透露了当天是周总理60寿诞。按传统，寿辰一定要吃碗寿面。据县志记载，周总理当天在长寿吃的寿面，就是长寿鱼面。周总理吃后连连称赞说"味道好极了！"并请来厨师，问明寿面的制作过程，称"鱼肉面"为"长寿面"。

由此，长寿湖的鱼肉面被传承下来，并成为周边地区人们竞相品尝的知名特色面点，也成为当地老百姓生辰贺寿必点的"寿面"。长寿鱼面后经工艺改善，被制成了干鱼面，便成为游客们必带回家的特产之一。

三、生产情况

1.原材料
采用长寿湖生产的新鲜、无污染、无变质的青鱼、草鱼、鲢鱼、小麦粉、食用玉米淀粉。

2.加工工艺
传统鱼肉面的生产制作，要经过鲜鱼清洗，剖鱼去头、骨，绞肉成鱼茸，和面，手工擀面，蒸面，定型，切面，晒面等工序。具体步骤如下。

第一，鲜鱼准备好后，用清水洗净，剖去鱼头、骨刺、内脏等。

第二，用绞肉机把鱼肉绞成鱼茸。

第三，将小麦粉、食用玉米淀粉和鱼茸按一定的比例搅拌，然后加2%～3%食盐，和面至面团具有良好的可塑性和延伸性。

第四，用擀面杖把和好的面团擀成光滑、紧密、厚薄均匀，无孔洞、无毛边的面片，面片厚度不超过1毫米。

第五，用蒸笼蒸鱼面至熟透为止。蒸熟的鱼面自然晾置，晾至用手捏后可自动展开为止。

第六，将晾好的面卷成宽窄一致的筒状，然后用干净卫生的木板压实。

第七，厨师们将压实的面筒切成均匀、光滑、无毛刺的鱼面。面丝的宽度要求不超过1.5毫米，自然晾干后即制作完成。

长寿鱼面工业化生产始于2005年。2017年，长寿干鱼面售价达130元/斤。2017年年底，除长寿湖有近40家餐馆现做现煮鲜鱼面外，还有2家企业生产干鱼面，年产量500余吨。一个是重庆市念湖食品有限公司，另一个是重庆美道食品有限公司。

2018年，长寿区与西南大学食品学院等机构合作，改良鱼面制作工艺，降低生产成本，力争将长寿鱼面这一有着丰富文化积淀，富含营养的健康产品推向全国。

第八节　合川青草坝萝卜卷

青草坝萝卜，产于合川区龙市镇青坝村，常年种植面积1 800亩，年产量5 000余吨，年产值1 100余万元，现有合作社2个。青草坝萝卜于2011年成功注册商标，2013年登记为农产品地理标志，2015年通过无公害蔬菜基地和无公害农产品认证，以其为原料加工而成的青草坝萝卜卷，于2011年被列入重庆市市级非物质文化遗产名录。

青草坝萝卜细颈、大肚、独根，外形如砂罐，又称"砂罐萝卜"，萝卜长9～14厘米，粗7～12厘米，单重0.3～0.8千克，其皮红如胭脂，肉白如软玉，汁浓、味甜，当水果生食无辣味，熟食细嫩化渣。富含维生素C和硒等微量元素，维生素C≥20毫克/100克，硒≥0.015 2毫克/千克，钾≥3.29毫克/克，品质极佳，是久负盛名的地方特色农产品。

一、产地环境

草坝萝卜生产基地位于渠江之滨，生态优良。渠江流过二郎滩，进入合川境内，在枣梨滩折向东流，在西岸形成一个回水沱。江水中的泥沙日积月累，淤积成2 000余亩天然大坝，河里江水清清，坝上绿草茵茵，故名青草坝。这里土地肥沃，土质、水源、空气无污染，昼夜温差大，有利于各种营养成分的积淀，有利于萝卜的生长。青草坝小气候明显，一方水土养一方萝卜，独特的青草坝萝卜只出产于重庆市合川区青草坝，种于其他地方则会变异。

二、历史渊源

1924年，家住青草坝对岸石龙场上的大户李九成，看好青草坝萝卜这一品牌，就组织当地农民大力种植，他统一收购青草坝萝卜，用船，运到江浙一带及周边地区贩卖，一举成为当地有名的富翁。1937—1946年，重庆作为国民政府的"陪都"时，蒋介石点名要吃渠河二郎滩下青草坝的萝卜和萝卜卷，使青草坝的萝卜和萝卜卷在重庆成为抢手货。青草坝出产的优质萝卜只能在青草坝生长，离开青草坝就会因"入乡随俗"而变异。青草坝的土地具有"兼容性"，外地萝卜在青草坝种上两年，就会变成"正宗"的"砂罐萝卜"。据有关专家考证，青草坝属于多因素控制的小气候区域。青草坝出产的特产无污染，逐渐成了当地人的共识。萝卜含有糖分、维生素、无机盐、植物纤维素等人体所必需的营

养成分，还含有淀粉分解酶，能提高人的食欲，促进消化。

青草坝萝卜卷原名姜卷，是由青草坝人用当地出产的青草坝萝卜加工出来的，有 200 年的历史，主要用于正月、腊月招待亲朋好友，制作加工出来的数量非常少，鲜为人知。直到 20 世纪末，青草坝附近的几个城镇才出现少量的、个人之间的青草坝萝卜卷买卖。2000 年，中国西南航空公司指定购买 2 吨青草坝姜卷，时任青草坝书记吴茂全认识到姜卷的经济价值，认为姜卷这一名称不能显示其为青草坝产品，为了青草坝今后的发展，大家研究一致同意将姜卷改名为青草坝萝卜卷，后一直沿用至今。2008 年 2 月的《合川报》对青草坝萝卜卷的制作流程进行了详细介绍，从此，青草坝萝卜卷走入大众视野。

三、青草坝萝卜卷特点

青草坝萝卜卷肉质脆嫩爽口，味甘，令人回味无穷。摸起软绵绵，吃起脆生生，久嚼咸而不苦，细嚼回味反甜，具有麻、辣、鲜、香的特点。青草坝萝卜卷的形状为长条形，长约 8 厘米，宽约 1 厘米，1 斤萝卜卷有 90 来根。中间用一根绿色的蒜苗缠着，两边呈花朵的形状，十分美观。所选的配料如辣椒和胡椒、老生姜等，都富含多种营养元素，具有食疗保健的作用。

四、萝卜卷生产流程

制作青草坝萝卜卷的工艺流程为选料—清洗—加工—晾晒—腌码—装坛—准备调料—包料—第二次装坛。

（一）选料

青草坝萝卜卷有严格的萝卜挑选方法，当萝卜长到一定的周期时就开始采摘，个头以橘子大小为宜，一般为重量在 3 ~ 4 两，直径 8 ~ 11 厘米的青草坝红皮萝卜，同时要求无斑、圆滑、光泽度好。

（二）清洗

将挑选出的萝卜用当地的井水反复冲洗，直到洗干净为止，在洗的过程中，一定要用柔软的棉布轻轻擦洗，避免把萝卜的表皮碰伤。

（三）加工

仔细筛选洗好的萝卜，去掉表皮有损伤的萝卜。待萝卜干后，去掉萝卜两头的根须，然后将萝卜切成厚度为 2 毫米左右的薄片，在切的过程中不能把萝卜片切断，要做到片与片相连，以便晾晒。

（四）晾晒

把切好的萝卜片轻轻地搭在竹条上晒干或阴干。在晾晒的过程中一定要注意把握好萝卜的湿度（夏季一般 1 天能够晒干，冬季需要用 1 个星期阴干），大致有以下两种方法：一是用眼观，看上去萝卜蔫了就行；二是用手去触摸，感觉有点软绵绵的且带点韧性，过干的萝卜卷不便于包馅，过湿的萝卜卷又不易保存。在晾晒的时候还应注意天气，连续下雨时应把晾晒的萝卜片放在干燥处，洒上少许盐，用盐来脱水，这样才能保证质量和鲜度。

（五）腌码

为晒干的萝卜片码味，大约100斤干萝卜片放4～5斤盐，在码味的过程中注意萝卜片与盐要和均匀，以免没有和到盐的萝卜片变质。

（六）装坛

把和好盐的萝卜片放在密闭的坛中腌渍约2个星期，时间过短，萝卜片会有涩味，过长则萝卜片不脆。装坛约两周后取出萝卜片，一股浓浓的香甜味迎面扑来，让人陶醉。此时，萝卜片的颜色呈赭石色，说明萝卜片已腌渍好了。

（七）准备调料

青坝萝卜卷所用的调料包括生姜（所用的生姜必须是老姜，还要用井水反复冲洗生姜，刷洗干净后晾干，再把生姜切成长约5厘米的细丝）、蒜苗（所用的蒜苗必须是青草坝产的，要新鲜，颜色深绿并有一定的长度，把所选的蒜苗加入少许盐腌1～2个小时，待其变软、有韧性后，撕成长短一致的细丝）、花椒和辣椒粉（所用的花椒和辣椒必须是干的、优质的）、上等芝麻粉、味精、麻油、香油、白糖、盐，可按照个人口味灵活调整。

（八）包料

把调料和萝卜片均匀掺和在一起，把生姜丝裹进腌好的萝卜片中，1张萝卜片只需要3根生姜丝，过多则太辣，会令萝卜失去香甜味。包裹时，将萝卜片有皮的两边露在外面，就像两朵盛开的小花。最后将蒜苗丝缠在裹好的萝卜卷上，将其固定，使其摆放后不再散开即可。一个萝卜卷成品，大小跟大人们的小手指一般大，做好的萝卜卷1斤大约有90多个。

（九）第二次装坛

将萝卜卷轻轻地放在坛子里，待装满时用干净的荷叶盖在上面，这样就会有荷叶的香味，让萝卜卷更香，再在上面用小竹条把荷叶压住，保留萝卜的香甜味，不让其挥发，最后把坛子密封。

五、产业发展

1990年，合川蔬菜站对青草坝萝卜提纯复壮。2002年前后大力推广无公害技术，保留使用农家肥这一青草坝萝卜传统生产方式，尽量减少化学农药的使用，以改善青草坝萝卜的口感。2004年，青草坝萝卜基地通过无公害基地认证，青草坝萝卜卷成为四川航空公司航空食品。2010—2016年，基地道路等设施建设完善，推广杀虫灯等无公害控制性技术设施，建成青草坝萝卜加工厂1个，年加工能力达1 000吨。青草坝萝卜实现了分级上市、包装配送，注册"青草坝萝卜"商标，通过了无公害食品认证。青草坝萝卜卷进入重庆市非物质文化遗产名录，2017年，青草坝萝卜卷加工技艺通过发明专利初审。青草坝萝卜及萝卜卷进入重庆主城中的沃尔玛等大型超市及酒店特产销售专区，并远销深圳、上海等城市。

第九节　永川豆豉

永川豆豉，地理标志商标，国家级非物质文化遗产，具有"光亮油黑、滋润爽籽、清香回甜、味美化渣"的卓异风味，是中国豆豉中的极品。

豆豉在国人的饮食文化和医疗保健领域占有重要位置，其独特的酿造工艺代表了先民在食品保健

方面的优异成就。东汉刘熙撰《释名·释饮食》："豉，嗜也，五味调和，须之而成，乃可甘嗜也，故齐人谓豉，声如嗜也"。贾思勰《齐民要术》中豆豉用于烹调的记载有70条。在古代，用豆豉佐餐，食用人群广泛，蒸炒拌食，荤素兼宜，所谓"豪筵席上珍、百姓餐中宝"。

一、历史渊源

中国先民酿造豆豉的历史，可以上溯至殷商，秦汉时已有文字记载。至唐代，随鉴真和尚们东渡、南传的步伐远播至日本、东南亚，派生出纳豆、丹贝，成为中国豆豉的异城之花。如今的中国豆豉又伴随华人的舌尖，登上了欧美、澳洲、非洲的餐桌，已是一种世界性的食品。

明崇祯十七年（1644年），时值"冬至"。永川城郊跳石河有一位姓崔的婆婆，蒸黄豆一甑过节。黄豆刚蒸熟，即传杀人如麻的张献忠农民军杀到，情急间将豆倒在灶前，覆以稻草，入山避祸。乱兵过，崔婆婆返家。见户扃安然，一开门便有异香扑鼻，寻至灶前，见所弃熟豆上覆绒毛如雪，清香浓郁、沁人心脾。崔婆婆惜物，不忍弃之，乃拌以盐、酒，置净坛中密闭。光阴荏苒，倏忽过去1年。一日崔婆婆偶然忆起，开坛视之，十分讶异，黄豆已变得光亮油黑，异香更甚，尝之，回甜化渣，味极鲜美。乃传诸乡邻，一时轰动。崔婆婆如法炮制，遂成家传，人称"崔豆豉"，永川豆豉于是诞生。

二、发展历程

从《永川县志》记载及与崔婆婆故事相吻合的时间——明朝崇祯十七年（1644年）算起，永川豆豉已有370余年历史。其后，相关史料也有连续且明确的记载。

清道光五年（1825年），永川邑绅杜鼎丰在北门开"鼎丰号酱园厂"，将家常菜豆豉提升为商品，使鲜甜香味更加调和，销量剧增。周建山成了做豆豉的掌酢技工，家常菜升华为名优商品。

民国时期，永川的调味品工业有一定的发展，除鼎丰号外，新办有复华号、三荣祥、和丰昌、正香味、永发祥、吉祥号，周字号等10多家酱园厂，生意兴隆。民国三十六年（1937年），魏学章生产听装永川豆豉，首次运销至上海四川饭店、味腴饭店，声誉日著。

1956年，13家酱园厂公私合营，成立了永川县酱园厂，各厂的豆豉生产工艺、制作方法交相融合，互相取长补短，使豆豉品质得到进一步提升。

1966年，公私合营过渡为国有企业，永川县酱园厂更名为永川县国营酱园厂。

1978年，永川县国营酱园厂更名为永川县酿造厂，商标注册为"永川"。

2001年，永能实业（集团）出资，对永川市酿造调味品有限责任公司（原永川县酿造厂）实行整体收购，成立了重庆市永川豆豉食品有限公司。

2008年6月7日，国务院公布第二批国家级非物质文化遗产名录，"永川豆豉酿制技艺"位列其中，产品畅销全国各省份，远销美国、日本、加拿大、澳大利亚、东南亚等国家和地区，深受消费者好评。

三、制作工艺

将筛选出的颗粒均匀的黄豆去杂洗净，放入清水中浸泡，待泡至黄豆发胀无皱皮、略有硬心时，

装入竹箩晒干，然后将黄豆煮7～8小时并焖捂2小时，再倒出熟料散热，要掌握好室温，把熟料送入曲室自然发酵，使其发酵结饼。待毛霉生长出来后。还要上下翻动发酵胚1次，促使发酵均匀。发酵期一般在半个月左右，长短随气温变化。将成熟后的发酵胚，分解成颗粒状，再与食盐、高粱白酒、醪糟等混合拌匀，装入坛内密封保存半年即为成品。酿成的产品营养丰富，光亮油黑、滋润散籽、清香回甜、味美化渣。

四、产品特点

中国豆豉种类繁多，业界一般按使用的微生物分为三大类：毛霉型（自然发酵）豆豉、米曲霉豆豉、细菌型豆豉。这三大品系中，毛霉型豆豉主产于四川、重庆、云南等西南各省份；米曲霉豆豉因其发酵周期短，是中国采用最多和分布最广泛的一种制作工艺；细菌型豆豉则主要为水豆豉，一般为家庭制作。隋唐时传入日本的纳豆属细菌型豆豉；流入东南亚及印尼的丹贝（又译为天培）为根霉型豆豉。

传统毛霉型发酵豆豉以毛霉为生产菌种，在低温下生产、常温下后熟发酵，发酵时间长达1年以上，期间各种酶系充分作用，产生人体所需的18种氨基酸。成品光亮油黑、滋润散籽、清香回甜、味美化渣。且在生产过程中不使用任何添加剂，是理想的天然食品。山东济南大学教授张炳文的中国14种豆豉链激酶活性研究结果表明：传统永川毛霉型豆豉提取物表现出最大的溶血栓活性达161.972尿激酶单位/毫升，以毛霉为主的复合型豆豉提取物也表现出较好的溶血栓活性，为103.968尿激酶单位/毫升。

作为自然毛霉型豆豉的代表，永川豆豉在中国乃至世界豆豉酿造史上都占有重要而独特的地位。从明崇祯十七年（1644年）算起，永川豆豉至今已有370余年历史，形成了一些基本特征。即在特定的生产季节（每年"立冬"至次年"雨水"）生产；在特定的微生物小生态环境制曲；在特定的微生物小生态环境发酵，时间长达1年以上；产品光亮油黑、滋润散籽、清香回甜、味美化渣，风味、品质均为上乘；据北京市食品酿造研究所检测，永川豆豉中含18种人体所需的氨基酸以及蛋白质、脂肪、糖类、钙、铁、磷、硒、硫铵素、核黄素、烟酸等，营养极其丰富。

后续研究进一步证明，在微生物的作用下，永川豆豉最终产品中的核黄素、黄酮苷等较原料大豆显著提高，并增加了大豆中原来没有的大豆多肽、维生素B_{12}、核苷和核苷酸、芳香族化合物等多种生理活性成分。发酵过程中，糖苷型异黄酮转化为苷元型异黄酮，生理活性大大增强，同时，产生的α-葡萄糖苷酶抑制剂有明确的控制血糖功能，可生成大量的低聚肽类，具有溶血栓、抗衰老、降血脂、调节胰岛素等多种生理保健功能，传统毛霉型永川豆豉生成的链激酶具有较强的溶血栓活性。

五、科技创新

传承近400年的国家级非物质文化遗产——永川豆豉酿造技艺，采用传统的自然发酵生产工艺和方式加工，存在三大不足：一是传统豆豉食盐含量高达12%～14%，不符合食品的低盐健康理念，长期以来主要用作调味料，食用量受到很大限制；二是生产季节短，天然的毛霉型菌株的最适宜生长温度为15℃左右，利用天然毛霉型菌株生产必然受到季节限制，每年只有3～5个月（当年的11月中旬到次年的3月中旬）能生产；三是后发酵周期长，传统豆豉必须经过8～10个月的后发酵期才能形成产品的优异品质和独特风味。上诉不足既不符合现代食品的健康（低盐）理念，又给降低生产成本和规模化生产带来困难。如何在缩短发酵周期的同时又能保持传统产品品质风味特色，既降低豆豉的食盐含量又解决较长周期保质问题，以及扩大适应温度条件、延长生产时间。重庆市永川

豆豉食品有限公司和西南农业大学（今西南大学）共同开展了"传统（毛霉型）豆豉低盐化速成生物技术研究与工业开发"研究，经过校厂联合科研团队的共同努力，成功研发"毛霉型豆豉低盐快速发酵新技术——豆豉多菌种发酵工艺"等复合曲发酵技术、新工艺，使传统豆豉的发酵周期从8～10个月缩短到20天以内，生产时间由每年只能生产3～5个月延长到常年生产，低盐速酵豆豉的食盐含量由传统的12%～14%降低到8%以下，感官指标优于传统豆豉。

"传统（毛霉型）豆豉低盐化速成生物技术研究与工业开发"成果经重庆市科学技术委员会组织专家鉴定，"豆豉多菌种发酵工艺"处于国际先进水平；"低盐风味豆豉生产工艺技术"达国内领先水平。该项目获重庆市政府颁发的2006年度科技进步二等奖。

第十节　永川松溉盐白菜

松溉盐白菜，历史悠久，早在清光绪年间便已有生产。松溉盐白菜具有清脆、香郁、开胃、爽口的特点，还具有吸脂、降血糖、开胃健脾等功效。盐白菜可做民间筵席上的幺菜汤，其色晶亮，呈金绛色者为上品，它虽非席上之珍品，却堪登大雅之堂。

一、品质特色

松溉盐白菜使用木榨的独特传统工艺，经1年多密封发酵才能取出清洗、晾干、包装。盐白菜的原料为松溉当地白菜，每年"立春"前10天左右采摘最佳，叶质最鲜嫩，体态厚薄均匀，松溉盐白菜厚薄均匀，质地脆、嫩，清脆可口、酱香浓郁，颜色呈深黄色，色泽鲜明；菜帮白，菜叶宽大而绿，被包裹在里面的菜叶绿色较淡，以至呈淡黄色。每100克产品含食盐（NaCl）＞19克，蛋白质0.8～1.2克，铁0.3～0.5毫克，铅（Pb）＜0.1毫克，亚硝酸盐＜1毫克。

二、产地环境

松溉盐白菜的生产地域范围包括6个村和文昌宫社区，松溉镇位于重庆市永川区南部，东接江津区朱扬镇，南临长江，西靠朱沱镇，北邻何埂镇。

清光绪《永川县志·舆地·山川》记载："松子溉，邑之雄镇也。商旅云集，设有水塘汛，查缉奸盗。又下曰东岳沱，深数十丈，石刻'澄江如练'四字（郡守陈邦器书）。沱上北岸，有后溪水来注之。东岳沱之前，曰哑巴溉，水最险恶，往来舟子不敢作欸乃声，故此以名。其下流有巨石立江边，形如蛤蟆。水涨及蛤蟆口，船无敢上下者。过此为大矶碯滩，江流至彼，乃入江津界。"以境内松子山、溉（jì）水取名为松子溉，简称松溉。

历史上的松溉，是永川、荣昌、隆昌、泸州、铜梁、大足、内江一带商贾来往重庆贩运和做生意的物资集散枢纽。水路有上、中、下3个码头，江上来往船只川流不息。陆路运输方式主要是马帮，从各县境内运货至此的马和骡子每日近千匹，在老街上熙熙攘攘，络绎不绝。为马帮服务的餐饮、栈房、马厩等行业，繁荣昌盛时多达20余家，方便高客们的菜肴——松溉盐白菜也应运而生。

三、工艺流程

选择无头根、无黄叶、无斑的大白菜为原料；将大白菜按规定要求放入池内腌制4天以上；进池时，按规定的比例加入食盐、香料、豆豉等。从产品设计开发，到选择原材料、制造、检验、储存，全面执行ISO9001质量体系及ISO2200环境体系的标准，按照HACCP的要求生产，严格控制，层层把关，确保质量。

四、品牌发展

1931年，成都举办花会展，松溉盐白菜在四川省土特产评比展销中获金字匾；2009年，松溉盐白菜制作技艺被列入重庆市非物质文化遗产名录；2011年，松溉盐白菜被国家质量监督检验检疫总局确认为原产地标记注册产品，远销全国各地。

第十一节　綦江东溪腐乳

綦江东溪腐乳，"重庆市老字号""重庆市名特产品"，获首届中华老字号始创产品时尚创意大赛银奖，其生产工艺被列入重庆市市级非物质文化遗产项目名录。

一、历史渊源

东溪腐乳的制作历史悠久，据《东溪志》载，豆腐乳生产于唐太宗时期，距今1 300多年。清末，产地向綦江北部、贵州桐梓、遵义一带扩展，成规模的作坊总数达60多家，其中东溪占65%。东溪腐乳的规模化生产是由綦江东溪酿造公司开启的，其前身是"仁丰和"酱园铺，据《侯氏世录》载，由清代东溪人侯积榜（号仁丰，生于清道光十八年，即1838年，农历七月）于清咸丰八年（1858年）在东溪的草鞋市凤凰山开设，已有160年的历史。目前，"仁丰和"酱园铺已五易其名，两迁厂址，发展至今已历经8位掌门人，成为年生产5大系列、17个品种、3万坛腐乳的区（县）级龙头企业。

二、产品特征

东溪腐乳富含蛋白质、碳水化合物、不饱和脂肪酸、钙、磷、铁等矿物质，以及人体不能合成的多种必需氨基酸、胡萝卜素及多种维生素等，营养价值极高。传统的豆腐乳主要用2种形式来保持腐乳的味道，一是用调味（调色）料制成汤汁，使味道更深入、持久，同时更易于保存，也就是俗称的

"汤卤豆腐"，但汤质腐乳一般盐分较重；二是加入植物油脂使腐乳不易变质，但油脂容易酸败，而且遇较高气温容易渗出，影响产品的整体外观。后在继承传统工艺的同时创新产品技术，使豆腐乳离开水分，不添加油脂和任何食品防腐剂、保鲜剂，以纯天然原料制成独立成块、方便携带和保存的干豆腐乳。经过用优质的高山小黄豆结合百年传统的工艺酿造，配上东溪吉龙村所产的味美"小米辣"，将辣椒碾碎，加上花椒、芝麻、花生等佐料，可制成色泽鲜红、营养丰富、极富重庆地道口味的麻辣腐乳（干型）。被多种佐料包裹全身的豆腐乳，整体的盐分降低，入口即化，辣而不使胃灼热，干而不失润，口感极佳，带给味蕾全新的体验。在味道上调制出麻辣和茴香、微辣等多种口味，使干型豆腐乳更符合现代人的需求。

三、制作工艺

綦江东溪腐乳是手工酿造传统农产品的典型代表，至今仍沿用传统的石磨黄豆，以及将豆浆、豆渣一起沸煮的熟浆工艺，点浆、滤浆、划块、发酵等工序都是依靠人工操作完成的。酿制豆腐乳选用的是东溪盛产的黄豆，成浆浓度高，做出的豆腐坯表面光滑、有弹性。做豆腐乳坯子的辣椒，选自当地所产的"小米辣"，色泽鲜红，味道鲜美。在调味装坛后，需用石膏封口，窖藏6个月。这种以传统工艺制作的豆腐乳，味道醇正，咸淡适宜，口感细腻化渣，入口即化，把豆腐乳特有的鲜香发挥到极致，深受食客的喜爱。

四、产品名誉

2011年4月，东溪腐乳的生产工艺被列入重庆市市级非物质文化遗产项目名录；2011年10月，东溪腐乳获得"重庆市老字号"称号；2012年12月，东溪腐乳获得"重庆市名特产品"称号；2013年10月，东溪腐乳获首届中华老字号始创产品时尚创意大赛银奖。

第十二节　大足冬菜（冬尖）

大足冬菜（冬尖），有"十里香""蔬菜味精"之美称，始创于晚清，百年工艺，闻名遐迩。1987年获重庆市优质食品奖；2009年9月，其酿制技艺被列入重庆市第二批市级非物质文化遗产项目名录。"大足"冬尖、"宝顶"冬尖、"石魂"冬尖等一批知名品牌产品畅销全国，深受消费者欢迎。2014年3月注册为地理标志商标。

一、历史渊源

冬菜，学名芥菜。据《大足县志》记载，清朝末年，大足县"裕盛通"酱园铺出产的腌菜——大足冬尖，由于品质优良，名扬于世，与涪陵榨菜、宜宾芽菜、内江大头菜并称为川内"四大名腌菜"之一。相传，大足冬尖在明清时期就已是宫廷贡品，在民间留下许多佳话，后逐渐成为民间食品。

二、产品特点

大足冬尖选料考究，配方科学，采用传统工艺精制，食之清香嫩脆，营养丰富。成品冬尖特色鲜明，色泽油褐，质地鲜嫩，香味浓郁，质脆回甜，营养丰富。冬尖既是烹饪调味佳品，又有开胃的作用；香气浓郁，味道鲜美、质地脆嫩、咸淡适口；富含氨基酸、乳酸、蛋白质、维生素和多种微量元素。

三、制作技艺

芥菜嫩尖晾晒后，装坛蕴藏，密封发酵，吸山水之灵气，采日月之精华，酿制3年方可开坛。其产品油润嫩脆、香味浓郁，享有"蔬菜味精"的美誉。冬尖既是烹制川菜的重要辅料，也是重要的调味品。腌制过程十分独特，一般以古法酿制，经多道工序，加盐反复揉搓十几次，真可谓"谁家少女娇手巧，千搓万揉细精挑，方得宴上好佳肴"。

大足人从古到今都好种冬菜，每颗冬菜都"白露"播种，"立春"收获，要历经播种、收获、晾晒、腌制、装坛、开坛6道工序，才能成为香漂四海的大足冬尖。

《大足县志》记载：清光绪六年（1880年），大足"裕盛通"酱园铺专门从事冬菜生产。1950年实行公私合营时期，大足裕盛通酱园厂、"永盛宏"、"香国酱园"3家冬菜作坊合并，从事冬菜制作技艺。

四、食用方法

大足冬尖的食用方法很多，可以熬汤、拌馅、烧炒、做红烧肉、烧鱼、炒肉、蒸烧白等，味道非常鲜美。

五、产业发展

20世纪80年代初，随着大足旅游逐渐升温，国内外游客对大足冬尖这一大足独有的地方名菜需求量越来越大，为这一传统特色产品带来了巨大商机。1997年，日本经济界人士参观大足石刻后品尝了冬尖制作的佳肴，当时就订购了10吨大足冬尖。

经过近30年的发展，2016年，大足区从事冬菜种植的专业合作社有15个，种植大户30余户；进行产品收购及初加工的龙头企业9个，小作坊10个；精加工及销售公司3个。全区冬菜种植面积达3万亩，主要分布在棠香、龙岗、中敖、三驱、珠溪等镇（街道）；初加工冬菜存坛成品8 000余吨，精加工冬菜成品5 000余吨，冬菜年产值达3亿多元。大足冬菜产业在生产种植、收购、加工及销售环节，已形成一条完整产业链。

六、品牌荣誉

"宝顶"牌1982年获四川省地区优良产品奖；1987年，获重庆市优质食品奖；1988年，获首届中国食品博览会铜牌奖；1990年，荣获商业部优质产品奖；2000年，获"重庆市著名商标"称号。2009年，大足冬菜酿制技艺被列入重庆市第二批市级非物质文化遗产项目名录；2011年9月，"宝顶"字号被认定为"重庆老字号"。2014年3月，与其相关的"大足冬菜"标识正式注册地理标志商标。

2009年2月，"石魂"牌申报非物质文化遗产成功。2010年，"石魂"商标获得"重庆市著名商标"称号，2011年，被评为"重庆老字号"。

第十三节　梁平袁驿豆干

袁驿豆干，梁平特产，2013年8月被评为"重庆老字号"，是"重庆美食地图"产品。2014年1月，袁驿豆干传统制作技艺入选重庆市市级非物质文化遗产项目名录。

一、历史渊源

袁驿豆干制作工艺起源于清朝，相传清朝咸丰年间已是朝廷贡品，经过150多年发展，主要有白味、五香、麻辣3种口味。后为了适应各地食客的口味，又研制出海鲜、甜咸等风味的豆腐干，颜色有金黄、酱色、白色、淡黄等，形状有方形、条形、丝形等。冷却后进行真空复合防腐包装，常温下可保持半年风味不变。袁驿豆干是巴渝有名小吃，产品已销往全国各地。

二、产品特点

袁驿豆干采用优质大豆，经10多道工艺精心加工而成。其形如火柴盒般大小，豆腐干通过上榨主

压，坚韧软绵，厚薄均匀，不易破碎，再加配料精细调味，入口鲜美，咸而不涩，油而不腻，香而不厌，多味适度，细嚼慢品，其味无穷。

三、生产工艺

（一）清选

1.选料

选用无霉变、成熟、未经处理、色泽光亮，颗粒饱满，无虫蛀和鼠咬的新大豆为原料，但刚刚收获的大豆应存放2～3个月以上再使用。

2.除杂

以湿选法在生产中除杂。湿选法的原理是利用大豆与杂物的相对密度的差异，在浸泡大豆时先用水漂出相对密度小的草屑等，浸泡完毕后再用溜槽和振动筛除去泥块等相对密度较大的杂质。

（二）浸泡

1.用水

选用自来水浸泡，水的硬度要达到软水要求。

2.准备工作

每天按当日生产量领取相应黄豆，并对泡豆池彻底消毒。

3.用水量

浸泡好后的大豆的吸水量约为大豆自身重量的1～1.2倍，所以要先往泡豆池注入黄豆量的1.5倍的清水，然后再投入黄豆浸泡。

4.浸泡时间和温度

温度和时间是决定大豆浸泡程度的两大关键因素，二者相互制约、相互影响，温度低则浸泡时间长，但是温度不宜过高，否则大豆呼吸作用加强，消耗自身营养成分。水温应控制在15～20℃，由于选用自来水浸泡，水温即自然水温，受外界环境影响较大。

5.浸泡程度

大豆的浸泡程度不但影响产品的得率，还影响产品的质量。浸泡适度的大豆蛋白膜是胞性状态，在粉碎时可以被充分破碎，在生产当中，浸泡得当的大豆表面光滑无皱皮，豆皮不轻易脱落，手感好，常用的判断方法为将浸泡后的大豆扭成两瓣，以豆瓣内表面基本呈平面，略有塌坑，手指掐之易断，断面已浸透、无硬心为宜。

（三）磨浆

1.磨浆的目的与要求

大豆经浸泡后，蛋白膜变软，但要使蛋白质溶于水，还必须适当地使用机械破碎。单从蛋白质溶出的角度来看，大豆破碎得越彻底，蛋白质越容易浸出，大豆蛋白体的直径在2微米左右，磨碎大豆颗粒的直径细度在2微米以下，而在实际生产中，粉碎细度在100～200目，过滤细度在80目左右，用手摸豆浆没有颗粒感。

2.磨浆设备

磨浆的设备有多种，主要采用三级浆渣过滤法。

3.磨浆加水的作用与加水量

大豆浸泡完毕，必须用清水冲洗干净，沥尽余水后方可进入粉碎机磨浆，研磨时必须随料定量进水，其作用一是流水带动大豆，在磨内起润滑作用；二是磨运转时会发热，加水可以起冷却作用，防止蛋白质变性；三是可将磨碎的蛋白质分离出来，形成良好的溶胶体。加水时的水压要恒定，水的流量要稳，要与进豆速度相配合，只有这样，才能使磨出来的豆浆细腻均匀。水的流量过大，会缩短大豆在磨片间的停留时间，出料快，磨不细，豆糊有粒，达不到预期；水的流量过小，豆在磨片间停留的时间长，会导致磨片发热而使蛋白质变性，影响产品得率。制豆干时的加水量应为湿豆的2倍，即豆水比为1：2。

（四）煮浆

煮浆的目的是通过加热，使豆浆中的蛋白质变性，一方面是为点浆工序创造必要的条件，另一方面可以减轻异味，提高大豆蛋白的营养价值，延长产品的保鲜期。

煮浆时，蒸汽压力保持在600千帕以上。蒸汽压力低，豆浆升温慢；充气时间长，蒸馏水带入多，豆浆浓度及产品质量不易控制。

（五）点浆

点浆是豆制品生产中的关键工序，其过程为把凝固剂按一定的比例和方法加入煮熟的豆浆中，使大豆蛋白质溶胶体变成凝胶，即使豆浆变为豆腐脑，影响豆腐脑质量的因素有如下4个：

1.温度

点浆时，豆浆的温度与蛋白质的凝固速度关系密切，豆浆的温度高，凝固速度快，凝胶组织易收缩，结构网眼小，保水性差，产品弹性小，发死发硬；豆浆温度低，蛋白质胶粒的内能小，凝聚速度慢，形成的结构网眼大，保水性好，弹性好。但温度过低时，豆腐脑的含水量过高，反而缺乏弹性，易碎不成型。点浆的温度以（86±1）℃为宜。

2.豆浆浓度

豆浆的浓度低，点浆后形成的脑花少，保不住水，产品发死发硬，出品率低。豆浆浓度高，生成的脑花块大，持水性好，有弹性，但浓度过大时，易造成上下翻动不均，出现白浆。豆干点浆的最佳浓度为7%～8%。

3.pH

pH小，蛋白质凝固快，豆腐脑组织收缩多，质量粗糙，pH大，蛋白质凝胶缓慢，豆腐花就会过分柔软，包不住水，不易成型，因此豆腐的pH最好控制在7左右，pH偏高时（高于7.2），可用酸浆水调节，pH偏低时（低于6.8），可用1.0%的氢氧化钠溶液调节。

4.手工点浆的操作要领

搅拌均匀，时间合适，搅拌力度适当。

（六）蹲脑

蹲脑又称涨浆或弄花，是大豆蛋白质凝固过程的延续，蛋白质网络的结构并不完整，只有经过一段时间的静止，凝固才能完成，结构组织才能稳固。蹲脑过程宜静不宜动，但蹲脑时间应适当，时间太短，凝固不充分；时间太长，凝固温度下降太多，不利于后续工序的正常开展，也会降低成品质量。一般情况下，豆干的蹲脑时间为15分钟。

（七）成型

1.压榨

采用不锈钢液压机逐渐加压，榨出酸浆水，30分钟后豆干成型，规格为60厘米×60厘米，再用

刀切成3厘米×3厘米大小。

2.卤制

把切好的豆干在碱水中煮过，进一步析出酸浆水；再放入不锈钢夹层蒸汽锅，加入五香、八角、茴香、桂皮、白冠、肉桂等18种香辛料，在120℃温度下卤制15分钟。

3.烘烤

将卤好的豆干摊在筛架上，送入蒸汽烘房，在80℃温度下烘烤150分钟。

4.包装

真空袋装；礼品盒装。

四、所获荣誉

1995年10月，荣获第二届巴蜀食品节金奖。

2011年10月，被中国（重庆）国际美食节组委会评为"重庆名小吃"。

2013年8月，被重庆市商务委员会授予"重庆老字号"称号。

2014年1月，袁驿豆干传统制作技艺入选重庆市市级非物质文化遗产项目名录。

2016年1月，被重庆市工商行政管理局评为"重庆市著名商标"。

第十四节　梁平豆筋

梁平豆筋，重庆特产，农产品地理标志产品。豆筋俗称豆棒、礼让豆棒，历史悠久，产品以黄豆为原料，不使用添加剂，纯天然，纯手工，含有人体所需的多种营养成分。据《梁山县志》记载，在明朝嘉靖年间，礼让就有了豆筋加工作坊，并享有盛名。史料记载，明嘉靖壬辰年（1532年），礼让豆筋被列为贡品，专供皇室贵族享用，故梁平区礼让镇素有"豆筋之乡"的美誉。

一、产品特点

豆筋是一种特色传统豆制品，具有浓郁的豆香味，同时还有区别于其他豆制品的独特口感。豆筋的生产原料是黄豆，黄豆经磨成豆浆，加热，待豆浆表面起膜后，用一根竹棍卷起来。烘干后去掉中间的竹棍，其形状就像一根棒子，因此当地人俗称豆棒。豆筋是中国人很喜爱的一种特色传统豆制品。从营养的角度来说，豆棒有着别的豆制品无法取代的特殊优点。和一般的豆制品相比，豆棒的营养成分密度更高，每100克含有14克脂肪、25.2克蛋白质、48.5克糖类及维生素和矿物元素。豆棒中的能量物质的比例非常均衡，和《中国居民膳食指南（2016）》推荐的能量摄入比值较为接近，是一种营养丰富，又可以为人体提供均衡能量的优质豆制品。在运动前后吃豆棒，可以迅速补充能量，并提供肌肉生长所需要的蛋白质。豆棒色泽黄白，油光透亮，含有丰富的蛋白质及多种营养成分，用清水浸泡（夏凉冬温）3～5小时即可泡发。可烧、炒、凉拌、汤食、下火锅等，食之清香爽口，荤、素食别有风味。

二、历史渊源

据《梁山县志·古迹》载：明嘉靖十一年（1532年），巡抚宋沧进京途中，一行人经过梁山县蟠龙岭，一个侍卫突然发现有两只白兔在路边吃草，很是好奇，因为他们以前看到的兔子都是灰麻的。他们去抓那两只兔子，这兔子见人抓它，拔腿就跑，侍卫等人紧追不舍，追到一座后山，发现一间农房正冒着烟，走近，一股清香扑鼻而来。他们忘记了抓兔子，顺着香气进到屋里，只见一个村姑正在打豆腐，看上去30出头，面容光亮，皮肤滑润，头发乌黑发亮，问其芳龄，得知村姑姓黄，娘家在黄龙坎，出嫁到蟠龙，时年42，丈夫是一个木匠，出去帮人建房子了，她就靠打豆腐赚点钱补贴家用。

侍卫等人问其白兔一事，村姑说这些兔子经常跑到家里偷吃食物，原来毛色都是灰麻的，后来慢慢就变白了。村姑边说边指挂在墙上黄亮亮的豆棍，说这是豆棒，以前打豆腐见锅面有一层豆皮，就把它捞起丢了，那些兔子就是吃了这个东西，皮毛才慢慢变白了的，后来这豆皮觉得丢了可惜，就用竹棍把它捞起来晾干煮着吃。宋沧一行人听完村姑的介绍突然明白了，原来麻兔变白，是因为偷吃了豆筋，村姑40多岁还不显老，皮肤、头发这样润滑发亮，也是因为吃了豆筋。宋沧正发愁找不到供奉皇上的贺礼，这不是一件特殊的礼物吗，于是他说服了村姑，派人抓了白兔一同进京去了。皇帝得到重礼，自然高兴，下诏在蟠龙百步梯建"白兔亭"，并刻石纪念。

三、生产情况

（一）生产步骤

1. 选豆去皮

以颗粒饱满的黄豆为宜，筛去灰尘和杂质。用脱皮机将选好的黄豆粉碎去皮，吹净外皮。去皮是为了保证色泽黄白，提高蛋白利用率和出品率。

2. 泡豆

用清水浸泡去皮的黄豆，根据季节、气温决定泡豆时间：春秋泡4～5小时，冬季泡7～8小时。水和豆的比例为1：2.5，以手捏泡豆豉涨发硬、不松软为宜。

3. 磨浆甩浆

用石磨或钢磨磨浆均可，豆子和过滤用水比为1：10，磨成的浆汁用甩干机过滤3次，以手捏豆渣松散、无浆水为标准。

4. 煮浆滤浆

浆汁甩出后，由管道流入容器内，用蒸汽吹浆，加热到100～110℃即可。浆汁煮熟后由管道流入筛床，再过滤1次熟浆，以除去杂质，提高质量。

5. 提取豆筋

熟浆过滤后流入豆筋锅内，加热到60～70℃，用竹竿提取，提取时用手旋转成柱形，挂在竹竿上即成豆筋。

6. 烘干包装

把挂在竹竿上的豆筋送到烘干房，按顺序排列。烘干房温度达50～60℃，经过4～7小时，待豆筋表面呈黄白色、明亮透光即成。

（二）技艺传承

文科英在礼让镇经营着一家豆筋棍手工坊，他的家族世代居住在这里。生火、磨豆浆、裹豆皮、烘干……一天持续忙碌15个小时，这种生活方式是文科类从祖辈那里延续而来的。大火熬浆，小火裹皮，这是豆筋棍制作的要点。尤其是裹皮，得保证燃火位置和温度持续稳定，这样做出来的豆筋棍才紧实均匀。从圆滚滚的豆子变成餐桌上的食材，一根手工豆筋棍的制作需要经过整整15道工序，每一道工序的分寸掌握，文科英都烂熟于胸，经过成千上万次重复，最终成为这一工艺的优秀传承人。

第十五节　城口魔芋

魔芋是一种能大量提供优质膳食纤维——葡甘聚糖的植物，它以高膳食纤维、低热量、低脂肪的特点倍受人们关注。大巴山是魔芋的主要产地之一，城口县魔芋种植史悠久，除食用外，还有多种工业用途，在重庆市内非常知名。

一、产地环境

魔芋最适宜生长的区域为海拔500～2 500米的山区及丘陵地区，土壤肥厚的林下、山坡及宅旁，喜阴湿，忌强光和干旱。城口县位于重庆市东北边缘，处于重庆、四川、陕西3省份的交汇处，全县海拔481.5～2 685.7米，土壤硒含量2～6微克/克，岩石硒含量5～21微克/克。城口县被誉为"中国绿色名县""中国生态气候明珠"。2013年9月25日，中国食品工业协会花卉食品专业委员会在北京召开"中国天然富硒农产品之乡"专家评审会，城口县被评为"中国天然富硒农产品之乡"。

二、历史渊源

《城口厅志》载：叶花岐而茎斑者，名魔芋，可为腐。城口有"房前屋后种魔芋，畜禽不染"之说。魔芋种植历史虽久，但皆为住家农户小块栽种，自种自食，未形成规模。

20世纪80年代中期，农村开始成片种植，自然年产量1 000吨左右。1991年，种植面积3 100亩，产量1 600吨。1994年，推广魔芋优质高产四大栽培技术。1998年，建成以庙坝为主体的低山魔芋种植基地。2000年，城口县政府将沿河乡确定为魔芋生产示范基地。2001年，建起3个魔芋精粉加工厂。2005年，全县魔芋种植面积1.7万亩，产量7 400吨。2011年，种植标准化商品魔芋高产示范地5 000亩。到2017年，有23个乡（镇）种植魔芋，鲜芋产量2万吨以上，生产成品近千吨。还在10个乡（镇）建起魔芋良种繁育基地，集种植、魔芋精粉、纯粉和素食系列产品加工为一体，产品畅销国内市场。

三、品质特点

魔芋性寒、味辛、有微毒，主要含淀粉、葡萄甘露聚糖、葡萄糖、果糖及多种生物碱等，是很好的副食品。魔芋粉为晶体状颗粒，有微腥味，与水接触会溶解膨胀，2～3克可胀为200克黏稠体。加碱可做成魔芋豆腐；在冲好的魔芋粉中加入碘酊不变色。

四、专用标志

城口魔芋地理标志产品保护范围内的生产者，可向重庆市城口县质量技术监督局提出使用地理标志产品专用标志申请，经重庆市质量技术监督局审核，由国家质量监督检验检疫总局批准并公告。城口魔芋的法定检测机构由重庆市质量技术监督局负责指定。

五、质量技术

（一）品种

城口魔芋。

（二）立地条件

海拔500～1 300米，黄棕壤，土层厚度≥50厘米，有机质含量≥1.7%，pH6～7。

（三）栽培管理

1.种芋

口平、窝小、碓窝状、芋头型、表面光滑、无病无伤、个体重0.5千克以下的魔芋球茎或根状茎。

2.种植密度

以种芋直径的6倍为行距，4倍为株距。

3.施肥

每亩施优质农家肥3 000千克以上作为底肥。

4.采收

"霜降"至"小雪"（10月至11月下旬）期间，魔芋自然倒苗，叶柄自然脱离球茎，选晴天挖收。15日内销售或干制。

5.环境、安全要求

农药、化肥等的使用必须符合国家的相关规定，不得污染环境。

6.加工

采用石炭烘烤或机械化自动生产线烘干。

（四）质量特色

1.感官特色

（1）鲜芋

表皮上半部呈暗褐色，下半部呈浅棕色或肉色，平滑饱满，皮薄肉厚，质嫩，呈乳白色，切开后

有黏液。

（2）魔芋干

色泽为白色，少量灰白色或灰黑色，无泥沙、毛发等杂物，干净清洁。

2.理化指标

黏度22 000毫帕·秒，葡甘聚糖≥70%，二氧化硫≤1.8克/千克，水分≤12%，灰分≤4.5%，含沙量≤0.04%，砷≤3.0毫克/千克（以AS计），铅≤1.0毫克/千克，粒度≥90%（40～120目）硒≥0.03毫克/千克。

3.安全要求

产品安全指标达到国家对同类产品的相关规定。

第十六节　垫江酱瓜

垫江酱瓜，选用在重庆垫江特殊土壤和气候条件下种植的花瓜为原料，以特殊的加工工艺制成的一种鲜香嫩脆的风味独特产品。2014年，其传统制作技艺被重庆市人民政府列入重庆市市级非物质文化遗产项目名录。2016年1月，被评为"重庆市著名商标""百年老字号""地方名特产"。

一、历史渊源

据《垫江县志》记载：1735年（清雍正年间），垫江县城北商人李永芳将垫江产的花瓜"腌制、日晒夜露"加料后装入瓦缸，密封存放一段时间，解封后其风味"嫩、脆、鲜、香"，为其他菜肴所不及，已有近300年历史。

二、产品特点

垫江酱瓜以垫江产的花瓜为主要原料，垫江花瓜呈近圆柱形、与黄瓜相近，但比黄瓜短、稍大，表皮青色带花纹，肉质白带甜味，质地嫩脆，富含人体必需的多种蛋白质、糖、维生素以及钙、磷、铁等微量元素，鲜嫩香脆、鲜香可口，有多种做法和独特妙用。

三、产地环境

花瓜每年"惊蛰"前后播种，至"春分"前后移栽，当年"立夏"后即可收获。正宗的垫江花瓜是在特殊的土壤和水质环境、气候中孕育出来的，产区面积不是很大，主要在垫江县永平、坪山、三溪、高峰、鹤游、白家等镇中性偏碱的土壤中种植，质量较好。

四、生产工艺

原料（花瓜）选择—清洗—剖籽—清洗—盐脱水—酱脱水—入缸—酱腌—翻捞—日晒—夜露—翻捞—日晒—夜露—酱瓜成品—酱瓜成品—出缸—脱盐—脱水—切丝—配料—拌和分装—封口—杀菌—装箱—打包成件。

五、加工设备

垫江酱瓜厂外主要为瓦缸。

垫江酱瓜厂内有加工工场、设施设备、仓库、运输工具。

六、规范管理

垫江酱瓜生产企业在大力引进先进加工设备、工艺改造传统生产的同时，特别重视产品质量，从原料加工至产品出厂都严格执行《酱腌菜》（SB/T 10439—2007）的工艺工序和质量要求，实施生产全过程质量监控，实现了规范化管理，企业通过了ISO9001、ISO9002质量体系认证。

第十七节 武隆苕粉

武隆苕粉，地理标志产品。取重庆市武隆区选育的武隆红宝石红薯为原料。以"三沉三淀，十六道工序，铁锅烫皮"古法加工工艺精制而成。以"鲜糯筋道"的适口性特点闻名。武隆苕粉与重庆火锅、涪陵榨菜齐名，2018年2月，荣获"重庆市十大年货"称号。

一、产品特点

武隆苕粉以武隆红宝石红薯为原料。武隆红宝石红薯呈椭圆形、锥形或纺锤形，红皮、脆甜、清香，富含蛋白质、淀粉、果胶、纤维素、氨基酸、维生素及多种矿物质，含糖量达18%～32%，有"长寿食品"之美誉。

二、产地环境

武隆，被誉为"世界喀斯特自然博物馆"。独特的自然环境孕育出武隆红宝石红薯。在武隆这一区域生长出的红宝石红薯红皮、脆甜、清香，是制作苕粉的绝佳原料，制出来的苕粉独有"鲜糯筋道"的独特品质。

武隆地处北纬30°云贵高原大娄山褶皱带与武陵山系的交汇地区，乌江横贯全境，高山峡谷林立，相对高差700～1 000米，境内最高海拔2 033.3米，最低海拔160米。境内有独特的喀斯特地貌，无工业污染的高山、岩土、泉水，使武隆成为优质的红薯产区。

武隆苕粉的独特生产优势之一是江风。武隆苕粉加工厂建在乌江峡口土坎镇仙女山半山腰，300年前苕粉古晒场的原址上，常年江风徐徐。独特的江风，造就了武隆苕粉"鲜糯筋道"的高品质。

以经亿万年岩层过滤的喀斯特山泉水加工，成就了武隆苕粉"鲜糯筋道"的高品质。

武隆红宝石红薯核心产区在武隆海拔600～1 000米的半高山区，油沙黄壤岩土，pH 5.5～6.5，有机质含量为2.6%～3%；土质疏松、透气排水，让红薯得到最佳滋养，成就了不一样的武隆红宝石红薯。

武隆苕粉加工厂所在的土坎镇仙女山半山腰，地势无遮挡，日照长，无霜期长，昼夜温差大。夕阳西下，暖暖的阳光照射，让苕粉慢慢收紧，平添了几分自然的颜色，夕阳成为武隆苕粉最好的着色剂。

三、历史渊源

据传，康熙末年红苕大丰收，武隆土坎镇乌江边的一纤夫以武隆红苕为原料，用石磨磨粉，反复沉淀，经铁锅烫皮等多次尝试制成苕粉，纤夫的妻子试着将苕粉用于煲汤和干炒，汤味香气扑鼻，苕粉口感鲜糯筋道。与红苕单一的吃法大相径庭。于是，纤夫将苕粉的制法倾囊相授与左邻右舍，相邻者皆习之，并形成武隆苕粉独特的16道土法制作工艺，沿用至今。后来，武隆苕粉随纤夫拉纤走出武隆，因品质极佳、味美，为乌江、长江沿岸百姓及客商所喜爱，供不应求，名气逐渐传开，成为武隆知名的土产。中华人民共和国成立后，武隆苕粉更是风靡重庆、武汉、上海等地，成为武隆百姓创收的重要手段。

1920年8月，16岁的邓小平与重庆留法预备学校的80多名同学一起乘"吉庆"轮沿长江而下，在吴宥三（武隆籍）、袁文庆、王兴智三人带领下抵沪。又于9月20日从上海黄浦码头乘"阿特尔兰蓬"邮船赴法。当时，四川广安籍的邓希贤（邓小平）年龄虽小，但聪明活泼，临行前汪云松先生特意写信，嘱托吴宥三关照邓希贤，因此二人在途中便成了好朋友。邓小平年龄尚小，时常思念父母和家乡的美食，吴宥三便拿出从家乡出发时带来并珍藏的武隆苕粉，做成粉汤与邓小平同志食用，以解思乡之情。1958年，邓小平到重庆视察，专门看望了吴宥三，并再次品尝了美味的武隆苕粉。

四、加工工艺

（一）原料

武隆苕粉以武隆红宝石红薯为主要原料。

（二）设备

主要使用传统手工设备，主要有石磨、木桶、滤布、滤架等。

1.石磨

武隆红宝石红薯的磨浆处理，在苕粉加工之初，是用木桶将红苕洗净，用石磨磨浆，磨出淀粉。农村通电之后，也有用磨浆机或电动石磨的。

2.滤布

时至今日，武隆红宝石红薯仍然采用粗布过滤，机械化程度仍然不高。

3.木桶

三沉三淀的传统工艺仍然是用木桶；近年随着产业的发展，才开始使用不锈钢桶。

（三）加工流程

从原料到成品一般要经过16道工序。

1.洗薯去皮

精选武隆红宝石红薯，以清洌的泉水洗薯去皮，还原本色。

2.石磨精华

以古法石磨磨出去皮武隆红宝石红薯之精华。

3.五道过滤

用粗布过滤薯浆，反复5次，滤出薯之精髓。

4.掐头去尾

将薯髓淀入木桶，掐头去尾，留其精髓，确保留下红薯之最佳养分。

5.吊包榨粉

将初淀之薯粉以粗布吊包，榨得层层龙鳞纹薯粉，榨出粉之筋道与滋味。

6.一沉一淀

将一榨薯粉一沉一淀，淀出薯肉之原味。

7.二沉二淀

将初淀薯粉二沉二淀，淀出薯骨之本色。

8.三沉三淀

将复淀薯粉三沉三淀，淀出薯髓之清香。

9.二榨脱水

将三淀薯粉再次以粗布吊包二榨，榨出粉之韧劲。

10.勾芡提劲

将二榨薯粉以滚水勾芡，勾出软糯筋道，回味无穷。

11.浆粉糅捻

将生熟薯浆入木盆轻糅慢捻，糅出鲜糯、劲道的绝妙滋味。

12.铺浆烫皮

将苕浆舀入铁盘，自然铺盘，以铁锅滚水熟烫，匠心手作，天成大苕皮。

13.江风浸粉

将大片苕皮挂杆，吸武隆乌江峡口江风，至八成干，使鲜糯口感浸透至粉心。

14.手作切粉

将江风浸透之苕皮手工切制，宽窄有序，根根均匀，有型有色。

15.夕晒慢干

将手切苕粉丝丝悬挂于半山朝阳天然晒场，夕晒慢干，饱吸自然之灵气。

16.捆扎包装

将晒干的苕粉以手工捆扎。经16道古法所产苕粉，正宗、原产、鲜糯、筋道，堪称武隆苕粉中的稀世珍品。苕粉成品历来以棕叶子（棕树上的叶子）捆扎，自然风干，由于生产规模不断扩大，棕叶子逐渐被麻绳替代，包装开始多元化，出现袋装苕粉、盒装苕粉。

五、质量规格

（一）成品规格

以前，武隆苕粉以散装韭菜叶（如韭菜宽的苕粉，俗称韭菜叶）为主，用棕叶子扎成一捆，"土坎晶丝苕粉"由此而来；重庆火锅盛行之后，武隆苕粉逐渐演变为宽苕粉（宽2.2厘米以上），并逐渐成为武隆苕粉的代表产品，捆扎方式也变成用绳子捆成一把一把的。2017年，重庆市武隆苕粉协会成立，发布了《重庆市武隆苕粉协会苕粉标准》，规定了武隆苕粉分为宽粉（2.2～3厘米）、中宽（1～1.5厘米）、细粉（0.4～0.6厘米）、块粉（4厘米×6厘米）。

（二）质量改进

初期的苕粉以草木灰水为助剂，基本以块粉、韭菜叶为主，形状不规则，其"貌"不扬，但鲜糯、久煮不烂。后以明矾为助剂生产苕粉，直至2014年。2014年5月14日，国家卫生和计划生育委员会等5部门发布《关于调整含铝食品添加剂使用规定的公告》，规定从2014年7月1日起，粉条、粉丝生产中禁止使用硫酸铝钾（又名钾明矾）/硫酸铝铵（又名铵明矾）作为添加剂，武隆苕粉产业受到影响。2015年1月23日，国家卫生和计划生育委员会发布《关于批准β-半乳糖苷酶为食品添加剂新品种等

的公告》，扩大铝在粉丝、粉条上的残留量≤200毫克/千克（干样品，以铝计）。2017年，重庆仙女湖食品开发有限公司联合西南大学、重庆食品工业研究所、重庆三峡农业科学院对武隆苕粉工艺开展研究，取得革命性突破，彻底取消了以硫酸铝钾（又名钾明矾）/硫酸铝铵（又名铵明矾）作为添加剂，解决了制约武隆苕粉健康发展的瓶颈，让武隆苕粉成为真正无任何添加的原生态农特产品，更加"鲜糯筋道"。

六、产业发展

到2017年，武隆区红宝石红薯种植面积为10万亩，产量30万吨，产销武隆苕粉10万吨。武隆红宝石红薯经过不断优化培育，形成高淀粉加工薯红宝石1号、食用薯红宝石2号。武隆苕粉建立了完善的"公司＋基地（加工大户、经纪人）＋农户"风险利益共担共享的产业化经营模式，高度融合一、二、三产业，在乡村振兴中发挥着产业支柱作用。

2017年，重庆市武隆苕粉协会成立，与西南大学、重庆食品工业研究所、重庆三峡农业科学院制定地方标准《武隆苕粉加工技术规范》。"土坎"和"仙女红"品牌为武隆苕粉代表品牌，产品覆盖全国大、中城市，并成为重庆火锅的特色菜品，在各个火锅馆被隆重推荐。产品远销美国、澳大利亚、中国香港等市场。

同年，西南大学、重庆市科学技术委员会、重庆三峡农业科学院、重庆食品工艺研究所和相关企业立项开展了武隆红宝石红薯科技转化及产品特性研究，挖掘、整理、研究武隆苕粉文化和工艺。

第十八节　武隆鸭江老咸菜

鸭江老咸菜，武隆区特产，其制作工艺和风味有别于涪陵榨菜。2007—2009年，"蓝群老咸菜"连续3年参加中国西部（重庆）国际农产品博览会，获"最受消费者喜欢产品"称号。2014年获进出口经营权。2016年6月，鸭江老咸菜传统制作技艺被列入重庆市市级非物质文化遗产项目名录。

一、产品特点

鸭江老咸菜以大溪河流域（大溪河发源于南川区，流经武隆区平桥、鸭江镇，注入乌江）种植的青菜头（俗称"奶奶菜"）为主要原料，利用传统制作工艺，菜头对开，自然风干，保证菜汁不流失，保留原生本味；陶器装坛密封，倒扑坛窖藏；小坛分装上市。鸭江老咸菜具有营养丰富、鲜香嫩脆、余味悠长的特点，声名远播，深受消费者喜爱。

二、产地环境

鸭江老咸菜主要选用大溪河流域沿岸的平桥、凤来、庙垭、鸭江4个乡（镇）种植的青菜头。大溪河沿岸为低半丘陵地区，海拔200～700米，土壤

肥沃，雨水丰沛，光照充足，四季分明，年均气温18℃左右。每年"白露"前后育苗、移栽，第二年"立春"前采收。

三、历史渊源

明弘治年间（1499年），凤来高楼人氏刘秋佩因多年勤奋苦学，饱读诗书，功成名就，考了进士。明正德年中，被朝廷授户科给事中，掌规谏、补阙、拾遗、稽察六部百官之职。一年，乡人进京看望刘秋佩，顺便带了一罐老咸菜。刘秋佩尝到了家乡的咸菜后夸赞不已，随后送一点给御厨品尝，御厨对这咸菜大加赞赏，于是推荐给皇上，皇上品尝后也非常喜爱，让刘秋佩甚是自豪。于是当即吩咐乡人，每年送些老咸菜到京城。后来，地方官府知道此事后，就把凤来乡制作的老咸菜作为向皇上进献的贡品。

清同治元年（1862年），太平天国翼王石达开统兵数十万，由湘西入石柱，经彭水取道乌江南岸，联营200里，直指涪陵，欲招募兵丁、筹集粮草以展开西征。在募丁筹粮的过程中，发现大溪河两岸人家制作的老咸菜味道可口，冷热可食，数月内不腐烂变质，又便于携带。于是派员到十里八乡广泛征用。乡民听说太平军是反抗官府、除暴安良的队伍，纷纷慷慨捐助。庙垭乡一夏姓族谱的"扎记"篇中有"同治年间山湾中20余户夏氏人家，向太平军献出老咸菜15个挑（筐）子"的记载。

大溪河两岸十里八乡农村制作老咸菜的传统工艺被继续传承。武隆有关部门为了总结老咸菜的制作方法，多次组织人员到鸭江、凤来、庙垭、平桥等乡（镇）的走访探源，认真搜集整理，将鸭江老咸菜的制作技艺收入《武隆县志·名优特产名录》。

2000年春，鸭江镇王世群成立重庆蓝群食品有限公司，重点挖掘"鸭江老咸菜"的传统制作技艺，打造"鸭江老咸菜"品牌。

四、生产加工

（一）原材料及设备

1.原材料

主要是青菜头、盐、辣椒和香料等。青菜头主要产自大溪河流域平桥、鸭江、凤来、庙垭等乡（镇）的种植基地，加工老咸菜的时间与青菜头成熟时间相配合，青菜头的大小也适中，太小菜头不成形，肉不多；太大菜头筋太多，影响口感；成熟太晚，"立春"后不便于风干。盐主要来自涪陵的盐业集团。辣椒以和顺镇弹子山种植的为优，香料及中药材主要产自白马山、仙女山。

2.设备

厂区之外，主要依托大自然的力量。运

用风力和干燥的天气使青菜头脱水，从而最大限度地保留青菜头的菜汁。厂区内主要有清洗车间、倒扑坛发酵池、分装车间、杀毒灭菌车间及仓库。

（二）加工工艺

1.挑选

筛选出大小适中的优质青菜头。

2.挑菜筋

去除影响口感的老筋。

3.晾晒

因地制宜利用石板、棚架、树枝及屋檐边晾晒风干青菜头。

4.菜头分切

根据市场的需求切成块、片、丝以及保留全形。

5.淘洗

分切的菜头用清水反复淘洗，清除泥沙。

6.再晾晒

使用农户以竹篾手工编制的竹编板，摊开晾晒分切的菜头。

7.拌料

菜头晾晒至八成干后，按一定比例配置辣椒以及各种香料拌匀。

8.装坛

老咸菜选用专用陶罐装坛，严密封口，封口向下，用倒扑坛存放，让咸菜在坛中发酵。倒扑这一方法可使老咸菜干而香，并且可以存放多年，越存越香。

随着设备和技术手段的改进，鸭江老咸菜的加工工艺也在不断革新改进。

（三）产品包装

发酵后的老咸菜的成品，主要用咸菜专用坛包装，以坛口用水或石蜡密封，外部要套上竹络，方便手提以及减轻坛与坛之间的碰撞。

五、产品规格、质量

（一）成品规格

倒扑坛的规格为 50 千克左右，成品包装采用铝合膜，净含量60克，以及无毒的 200克、1 600克的塑料膜，礼品盒分为240克、360克、960克。

（二）质量改进

初期老咸菜为手工切块，大小不一，辣椒粉粗细不一，盐分时轻时重。改良过后，全部采用机器切分，大小整齐，打辣椒粉的筛更细，拌出来的颜色更鲜艳。50 ~ 100克的小型菜做成全形菜，使腌制出来的全型菜更加可口，香味更加浓郁。

（三）质量检验

第一步是质检员凭直觉、感官检查形状、颜色、味道、气味；第二步是仪器化验，主要测定含水量、含盐量和总酸，经过严格的杀菌后密封（表10-1-2）。

表10-1-2　鸭江老咸菜质量检测指标

检验项目	技术指标	检测结果	判定
感官要求			合格
色泽	原辅料应色泽正常，无异常色变	原辅料色泽正常，无异常色变	
口味	具有风干脱水榨菜特有的鲜香味及辅料固有的滋味，无异味，可配置成各种味型，但内装榨菜味型必须与标签标志的味型一致	具有风干脱水榨菜特有的鲜香味及辅料固有的滋味，无异味，内装榨菜味型与标签标志的味型一致	
味型			
质地			
形状			
含盐量（以氯化钠计）/%	≤6.0	4.1	合格
水分/%	≤92.0	85.9	合格
总酸（以乳酸计）/%	≤1.0	0.2	合格
亚硝酸盐（以亚硝酸钠计）/（毫克/千克）	≤20	4.8	合格
总砷（以砷计）/（毫克/千克）	≤0.5	<0.1	合格
铅/（毫克/千克）	≤1.0	<0.1	合格

六、产业发展

依托大溪河流域优良的种植资源优势，采用"公司＋基地＋农户""公司＋专业合作社"的产业化经营模式。2018年，重庆蓝群食品有限公司有基地1.3万亩，年加工量为2 000吨左右。

第十九节　武隆羊角豆干

武隆羊角豆干，重庆特产，成名于清乾隆四十四年（1779年），是中华老字号品牌。2003年8月，首次出口欧美市场。2011年4月，被列入重庆市市级非物质文化遗产项目名录。2017年11月，武隆生产基地被认定为重庆市非物质文化遗产保护性生产基地。

一、产品特点

羊角豆干以乌江流域的重庆市武隆区羊角碛方圆数十千米区域内独特的香辛料和高山蛋白豆渝豆1号为原料，配以喀斯特地貌溶洞出山泉水泡制浆，经特有的古法热浆工艺制成，豆香浓郁、细腻化渣。豆干表皮褐色发亮，手感光滑，弹性十足，可头尾相接折压90°不断；豆干撕裂口色泽乳白略带嫩黄，似象牙色，散发浓郁豆香；弹牙有嚼劲，质地细腻，入口化渣，久有香甜回味。以表面印制有图案的块状为代表，厚度10毫米左右。羊角豆干有七大系列不同口味共68款产品。

（一）精品羊角豆干

在上述特点的基础上，有五香、麻辣、泡椒、烧烤4种主要味型和香腊、海鲜、牛汁、鸡汁、豉

汁、蒜蓉等味型，形状以块状为主，兼有条状和颗粒状。

（二）风味羊角豆干

以豆干为主，配以高山蔬菜、香菇、木耳等制成风味特色豆干，以香菇豆干为主要代表，有五香、麻辣、泡椒、烧烤、牛汁、鸡汁、豉汁7种主要味型，形状以颗粒状为主。

（三）羊角豆干弹豆腐

大豆蛋白制品，或配以肉食、菜蔬等，有五香、麻辣、泡椒、烧烤等味型，形状有块状、条状、颗粒状等。

（四）羊角豆干鱼豆腐

以大豆和鱼肉复配，有麻辣和烧烤2种主要味型，形状以块状为主。

（五）羊角豆干素肉

产品完全以大豆制成，形状和口感与牛肉极为相似，具有零胆固醇、低脂肪、高蛋白等特点，可替代动物肉类（仿生肉），有五香、麻辣、烧烤3种主要味型，形状有块状、条状、串状等。

（六）羊角豆干餐饮豆制品

产品按照供应餐馆、食堂的新型开袋即配菜品模式生产，有五香、麻辣、泡椒、烧烤4种主要味型，形状有块状、条状、片状、串状、颗粒状等。

（七）新型羊角豆干功能食品

产品针对不同的需求，如医院等特别功能匹配制造的功能型大豆食品，有原味、甜味、咸味等3种主要味型，形状有棒状、片状、块状、颗粒状等。

二、产地环境

羊角豆干产地在重庆市武隆区羊角镇，羊角镇是乌江流域有600年历史的古镇，地处乌江流域，位于重庆市东南边缘，乌江下游，武陵山与大娄山结合处，是千里乌江四大古镇之一，宋朝年间盐业的发展促成了集镇的繁荣。

羊角镇产地环境、气候条件极为优越，空气、水质质量优良。2007年，武隆喀斯特被列入《世界遗产名录》，是中国第六个世界自然遗产。武隆最低海拔160米，最高海拔2 033米，属亚热带季风性湿润气候，四季分明，立体气候明显，森林覆盖率62.6%，空气优良天数常年保持95%以上。属典型亚热带地下喀斯特地貌环境，具有丰富的地下岩溶水系，水质为弱碱性，pH一般在7.5左右，水中溶氧率等指标超过Ⅰ类源头水，水质优良。

三、历史渊源

武隆羊角豆干的起源与武陵山脉豆菽的悠久种植史和乌江流域的盐丹文化息息相关，豆菽与盐卤共同铸就了羊角豆干。

春秋时期，武隆为巴国属地，巴地土人的菜肴以酸辣为主要特点，尤其喜食合渣，即将黄豆磨细，浆渣不分，煮沸澄清，加菜叶煮熟即可食用。民间常食用豆饭、苞谷饭加合渣汤。豆腐制品2 000多年来一直是当地人眼里上得席面的"小宰羊"，有膏水豆腐、清水豆豉、霉豆腐乳、灶头豆干等，是土人可拿出手、媲美肉食的席间菜肴和走人访户、待客接物的礼信特产。

《中国地域文化通览》记载了乌江流域巴地先民千百年来以灶火豆干待客，石磨磨豆，铁锅烹烧，香料煮卤，用竹篾串成圈状，悬挂于灶头之上，烟熏火燎，形、色似山羊犄角，遂以羊角为豆干名。《张氏家谱》（澜天湖水车坝）记录了清乾隆四十四年（1779年），仙女山北麓澜天湖水车坝人张王氏在盐井峡一带码头制贩豆干，以羊角为豆干名，羊角豆干由此立名并逐步兴盛，巴地（今渝东南）人民灶头悬挂豆干自成习俗。

《涪州志》记载，清乾隆五十年（1785年），盐井峡乌江下游因山石崩塌，形成形似"羊角"的碛坝，码头因碛坝而商贾愈发兴旺，成为进出乌江流域的繁华码头集市，羊角镇因此兴盛，南来北往、东进西出的人们将豆干带到四面八方，羊角豆干与羊角镇渐渐融为一体。

羊角豆干历经数百年发展，至清末民国，仍只是家庭作坊生产。至20世纪80—90年代，羊角、土坎、巷口镇生产豆干的作坊和小企业盛行，但都不成规模，缺乏品牌。20世纪末，重庆市武隆县羊角豆制品有限公司成立，整合40多家最具代表性的小型豆干生产企业，开启了羊角豆干跨越式的发展。后出现"梁婆婆豆干""双鸽"两个品牌。

四、加工生产

羊角豆干产品生产有四大要素：乌江流域羊角碛方圆数十千米范围内的地理、气候环境；喀斯特地貌溶洞浸出山泉水；以当地高山出产的既是食材又是药材的香辛料为主的产品配方；古法热浆工艺。四大要素缺一不可，羊角豆干生产工艺为古老的热浆工艺，经多年研究与生产实践总结，目前可运用先进的生产装备技术，严格按照热浆工艺步骤和参数实现全自动流水生产线模式作业。

（一）原辅料

原辅料是大豆、香辛料，部分品种需要不同农产品或植物辅料，如豆腐柴等。

1.大豆

非转基因蛋白豆为主要生产原料，要求蛋白质含量大于30%以上，以武隆当地春大豆、秋大豆为主，东北大豆作为重要原料支柱。当地大豆种植以渝豆1号为主，该品种春种全生育期为105天左右，秋种为90天左右，株高50～70厘米，株型紧凑直立，分枝较多，开花紫色，有限结荚习性，结荚集中，单株结荚60个左右，百粒重18克左右，籽粒饱满，色泽美观，商品性好，蛋白质含量42.3%左右。

2.豆腐柴

豆腐柴，又名"观音草"，俗称"斑鸠蛋"，系多年生的小乔木，含有大量果胶、蛋白质、纤维素、叶绿素和维生素C，氨基酸占粗蛋白质的10.5%。一般种植于排水良好的海拔700～1 000米坡地，土壤pH4～7。

（二）生产工艺

基本生产工艺流程：精选大豆—浸泡—流水输送—磨浆—离心分离—煮浆—点脑—蹲脑—分脑、包箱—压榨—分切—划碱、烘干—卤制、冷却—拌料—一次包装—杀菌—二次包装—检验—入库—出厂。

1.浸泡

浸泡好的大豆吸水量约为1.1～1.2倍，即大豆增重至2.1～2.2倍。大豆表面光滑，无皱皮，豆皮

轻易不脱落，手感有劲。把大豆捻成两半，豆瓣内表面基本成平面，略有塌坑，手指掐之易断，断面浸透无硬心，两片豆瓣的色泽基本一致。

2.磨浆

磨出的糊料稀稠均匀适度，第一效离心分离后，浓浆（生浆）的浓度（折光度）以10%为宜，粗细以糊料能够通过80目的标准筛为宜。

3.煮浆

煮浆时要求烧开3次，豆浆要煮熟煮透。

4.分离

浆渣分离彻底。

5.点脑、蹲脑

蛋白质凝固完全，脑花、浆水分离彻底，脑花老嫩适度，大小一致，均匀沉降于点脑桶底部。

6.分脑、包箱

分脑量比较均匀，白坯图案清楚，厚薄基本一致，无明显的包箱布折皱痕迹。

7.压榨

豆干紧密，弯曲180°不断裂，白片的含水量为60%左右。

8.划碱、烘干

划碱均匀，表面色泽一致。

9.卤制、冷却

卤制均匀，口感、表面色泽基本一致，无白斑。

10.拌料

各种辅料拌和均匀。

11.装袋

豆干厚薄大小均匀，装袋后应平整规范。袋口折叠，整齐放置于周转箱内，袋口不得有渣屑、油污等。

12.抽空、热合

热合后产品无相连袋，热合牢固。

13.杀菌

该工序要求严格控制杀菌温度、时间及冷却温度。

14.二次包装

包装袋表面不得留有水分和污物，包装规格、重量、数量、质量符合相应产品标准。

在此基础上，针对不同产品系列发展了精品羊角豆干、风味羊角豆干、羊角豆干弹豆腐、羊角豆干素肉、羊角豆干鱼豆腐、羊角豆干餐饮豆制品、羊角豆干功能食品7类生产工艺。

（三）产品标准

羊角豆干理化指标见表10-1-3。

表10-1-3　羊角豆干理化指标

项目	指标
水分/%	50 ～ 60
食盐（以氯化钠计）/%	1.0 ～ 4.0
蛋白质/%	≥18
砷·（以砷计）/（毫克/千克）	≤0.5

（续）

项目	指标
铅（以铅计）/（毫克/千克）	1.0
食品添加剂	《食品安全国家标准 食品添加剂使用标准》（GB 2760—2014）相关规定

羊角豆干微生物指标见表10-1-4。

表10-1-4　羊角豆干微生物指标

项目		指标		
		散装		定型包装
		出厂	销售	
细菌总数/（个/克）	≤	0	0	0
大肠菌群/（MPN/100克）	≤	70	150	40
致病菌		不得检出	不得检出	不得检出

羊角豆干的外形指标为分切切出的块大小均匀，刀口整洁平滑，豆干有韧性，豆干弯曲180°不断裂。

160克型：长×宽×厚60毫米×45毫米×6毫米；每块重20克左右。

90克型：长×宽×厚45毫米×45毫米×4.5毫米；每块重10克左右。

五块装80克：长×宽×厚60毫米×45毫米×5毫米；每块重16克。

皮干厚度：2毫米左右。

羊角豆干营养指标见表10-1-5。

表10-1-5　羊角豆干营养指标

项目	每100克	NRV/%
能量/千焦	818	10
蛋白质/克	25.3	42
脂肪/克	4.8	8
碳水化合物/克	11.6	4
钠/毫克	850	43

五、荣誉奖项

2003年5月，获"重庆市名牌产品"称号。

2008年12月，获"重庆市著名商标"称号。

2011年4月，列入重庆市市级非物质文化遗产项目名录。

2011年9月，获"重庆市名小吃"称号。

2011年10月，获"中华名小吃"称号。

2011年11月，认定为"重庆老字号"品牌。

2012年5月，获（重庆）国际食品博览会金奖。

2013年10月，160克精装羊角豆干获中国农产品加工业投资贸易洽谈会"优质产品"称号。

第二十节　忠州豆腐乳

忠州豆腐乳，又名忠县豆腐乳，始于唐代，盛于清代，千余年来旺盛不衰。2009年，忠州豆腐乳制作技艺被列入重庆市第二批市级非物质文化遗产项目名录。2012年3月，国家质量监督检验检疫总局批准对忠州豆腐乳实施地理标志产品保护。

一、产品特点

忠州豆腐乳呈金黄色或杏黄色，鲜艳有光泽，块型整齐而绵软，厚薄均匀而细腻，入口清香味美，舒适可口，余味绵长；所用菌种是从清雍正十二年（1734年）启用至今的霉房分离而得，其酶系多样性和分解力为中国独有。忠州豆腐乳富含蛋白质、碳水化合物、不饱和脂肪酸、矿物质、人体不能合成的8种必需氨基酸、胡萝卜素及多种维生素等，具有健脾宽中、润燥、除湿等功效，素有"东方奶酪"之称。食用方便，可直接食用，也可以作特色菜肴，火锅、汤锅系列，蒸菜等的调味品，适应各种年龄段消费者的需求。

二、历史渊源

忠州豆腐乳历史悠久，始创于唐代，距今有1 200多年。唐元和年间，一刘姓巴人研习《淮南子》中的金方，发现豆腐在阴凉状态下会长出长长的霉菌，后研究出毛霉腐乳的制作工艺，将"忠州刘氏豆腐"改为"忠州刘氏豆腐乳"，专业生产豆腐乳。刘氏豆腐乳传承至北宋太平兴国年间，临江（今忠县）城县民刘三娘进一步完善豆腐乳制作工艺。此后，忠州腐乳酿造配方在全国范围内第一次传播。清光绪年间，刘家经营的"刘荣兴号"生产经营规模最大，经营维持到中华人民共和国成立前夕。

据民国《忠州志》载："冬令严寒之际，以黄豆所制之豆腐，切成方形小块，置木架上霉之弥月，菌满涤以火酒，浸以黔盐入瓮封固约半年，启而食之，味极鲜美，尤以城外刘荣兴酱园所制者为佳，往来过客无不购之以佐餐者，每年销额较各货为巨。"

调查资料显示，民国二十年（1931年），忠县年产豆腐乳20万罐左右，销往上海、成渝地区等。民国二十二年（1933年），彭定堪开设"义顺和"酱园厂，规模不亚于当时的"刘荣兴号"。民国二十五年（1936年），余长远开设"永顺长"酱园厂。民国三十年（1941年），彭乐尧开设"福记民生"酱园厂。之后，吴天贵又开设"三兴和"酱园厂。

1956年3月，私营的"义顺和""永顺长""福记民生""三兴和"酱园作坊公私合营为忠县酱园厂。生产方式为手工生产，主要设备有木盒、篾笆、木制榨、水缸、石磨等。

20世纪60年代，县与县之间相互帮助，忠县酱园厂师傅将腐乳制作技术传至丰都县、万县、梁平县、石柱县等地。1982年更名为忠县酿造厂，1997年12月，通过改制成立重庆市忠州腐乳酿造有限公司。

忠县豆腐乳技艺传承的文字记载始于唐代，中间多有失考，从清光绪年间刘荣兴开始，技艺传承的脉络就十分清晰了：刘荣兴传至刘锡五；刘锡五传至刘国七、刘国义；刘国七、刘国义传至刘道继；刘道继传至刘季堂、成善良；民国时期，刘季堂、成善良传至彭定堪；彭定堪传至余长远；余传至彭乐尧；彭传至吴天贵；吴传至何家香；中华人民共和国成立后，何家香传至李良刚；李良刚传至黄代平（"石宝寨"牌忠州豆腐乳传人）；李良刚传至陈平；陈平传至唐兴奎（"小峰"牌忠州豆腐乳传人）；

李良刚传至邓青春（"玉印山"牌忠州豆腐乳传人）。

三、生产加工

（一）原料

忠州豆腐乳的原料为黄豆，常用于制作腐乳的黄豆品种有蚂蚁包（出豆腐较高）、白水豆（俗名落水白）、花脸包（俗名）、渝豆1号等。忠县在选育成功并全面推广渝豆1号的基础上，按照高于国家优等级大豆蛋白质的标准，引进、筛选大豆品种，先后引进春大豆品种浙春三号、鄂豆四号、沔537。上述品种蛋白质含量均高于45%，其中浙春三号蛋白质含量高达47%以上，比进口大豆蛋白质含量高6个百分点以上，比东北大豆蛋白含量高6～8个百分点。浙春三号和沔537已通过重庆市农作物品种审定委员会审定。

（二）生产环境及方式

1.生产环境

忠州豆腐乳是通过菌种发酵的食品，其毛霉在一定温度范围内才能生长，要严格避免遭受杂菌污染，防止豆腐"滑坏"，表面不能形成菌体膜，导致腐乳坯成熟后发裂，成型不好，味不鲜，只能季节性生产。

2.生产方式

1988年前，忠州腐乳酿造有限公司的生产方式以手工操作为主，机器设备简陋，生产能力低。20世纪80年代初期，与湖北工学院等科研院校合作，于1988年12月完成忠州豆腐乳坯上毛菌分离试验研究，结束了忠州豆腐乳长期依靠野生型菌种发酵的历史。通过人工接种，使每年豆腐乳的生产期由90天延长至130天。随后，开发利用腐乳生产中的边角豆腐再生产工艺。2008年，通过探索研究，成功解决忠州豆腐的结晶体问题。

3.制作工具

《忠县志》载："传统的忠县豆腐乳以黄豆为原料，用长江与鸣玉溪合流之水将黄豆浸泡后，磨成乳汁加卤水成豆腐，再切成小块入霉箱生霉进缸，加佐料拌混后密封存放，半年之后启缸即成。生产工具有霉箱、土缸、竹、篓等，生产原材料有黄豆、白酒、香料、煤等。忠县酿造厂建厂初期至1983年，制作工具为传统工具，主要设备有木盒、篾笆、木制榨、水缸石磨等"。1984年，忠县酿造厂实现半机械化生产；1987年，建成豆腐乳生产机械流水作业线，并购置豆类剥壳机、小包装产品抽空机以及检测设备等。2016年，重庆市忠州腐乳酿造有限公司实现全自动化生产。引进煮浆系统设备，点卤系统设备，压榨系统设备，切、摆坯接种系统设备，生物诱变培养系统设备等国内领先设备。

（三）工艺流程

1.选料

选用颗粒饱满、无霉变坏粒、筛除杂质的绿色优质大豆作为原料。

2.清洗、浸泡

加入清水清洗浸泡大豆，泡豆时间为8～12小时，确保大豆充分吸水膨胀。

3.磨浆、滤渣

大豆浸泡好后，加入适量的清水，磨出细腻白色的豆浆，滤掉豆渣。

4.煮浆

用蒸气将豆浆煮沸，浆锅内温度一致，温度控制在100℃。

5.点浆

将调配好的盐卤水缓缓加入煮好的豆浆内，均匀搅拌，点浆温度控制在85～90℃，静置5～10分钟，大豆脂肪和蛋白质与水分离，形成有一定弹性的豆腐脑。

6.上榨、下榨成形

将清洗干净的四方木盒架好，白布铺底，将豆腐脑注入盒内摊平，白布包角铺面，送入榨机，榨出多余水分，形成含水量为70%的豆腐坯后下榨离开机器，放在通风处冷却到常温。

7.接菌种

在无菌箱内，将毛霉菌种植入植有营养基的玻璃瓶中，高温灭菌，在15℃恒温下培养出一级菌种，稀释涂抹在修边后的豆腐坯上。

8.划坯、培菌

切划成4厘米×4厘米×2厘米厚的小方块，均匀摆放在霉箱内，进入温度控制在19～25℃的无杂菌室内，前期发酵5～7天，豆腐坯长出长长的、白色柔软且非常干净卫生，富含蛋白酶的白毛菌菌丝。白毛菌菌丝的作用是分解豆腐坯中的蛋白质，产生氨基酸和一些B族维生素。

9.腌坯

将长满白毛菌菌丝的豆腐块放在竹器内，加入由三奈、陈皮、丁香、广香、桂皮、白酒、食盐等原料配成的香料搅拌装坛，注入冷开水，密封10～12个月，进入后期发酵。豆腐乳经过发酵，蛋白质的消化吸收率更高，维生素含量更丰富。因为微生物分解了豆类中的植酸，使大豆中原本吸收率很低的铁、锌等矿物质更容易被人体吸收。同时，由于微生物合成了一般植物性食品中没有的维生素 B_{12}，素食的人经常吃豆腐乳，可以预防恶性贫血。

10.包装

经过发酵成熟、化验合格后，把豆腐乳整齐分装在土陶罐、玻璃瓶、纸盒容器中，可加工成白方、红油、麻辣、卤方、白菜等系列，密封，贴上各类产品商标成形。

四、产业发展

（一）种植模式

忠县农民经过多年实践，总结出"适时早播，合理密植，窝植双株，微肥拌种，科学施肥，增施叶面肥，松土上厢，病虫综治，发挥单株结荚优势"等一系列高产综合栽培措施，改变大豆生产"一把灰送到老"，不施肥、不治虫、不管理的粗放种植习惯。利用原有的"麦—玉—苕"种植模式，调整带状轮作规格，发展"麦—豆—苕"或"麦—春豆—秋豆""麦—春豆—花生—秋豆""麦—春豆—夏豆—秋豆"等种植模式，同时在幼果林地，发展"果—豆"或"果—春豆—秋豆""果—榨菜—春豆—秋豆"等良性种植模式。实现旱地带状轮作一年内春、夏、秋3季大豆有机衔接协调种植。充分利用自然资源，增肥地力，增加土地产出和农民收入，成为渝东地区旱地耕制改革的样板。大力推广以"麦—豆—苕"为代表的良性种植模式，同时发展"麦—春豆—夏豆—秋豆""麦—春豆—花生—秋豆""麦—春豆—夏豆—秋豆"等种植模式。

（二）基地建设

重庆市忠州腐乳酿造有限公司建有绿色食品原料生产基地，分布在忠县新立镇双福村（大豆种植基地），面积6.91公顷；忠县涂井乡长溪村（大豆种植基地），面积334.15公顷；忠县新生镇鹿角村（大豆种植基地），面积291.52公顷。

重庆玉印山旅游开发有限公司所用的春大豆和秋大豆都属于非转基因大豆品种，主要分布在忠县沿江一带，以渝豆1号为主推品种；夏大豆主要分布在石宝镇万松村、两河村、秦岭村等地区。以当地品种为主推品种。大豆种植区域水质无污染，土壤肥沃，矿物质不超标，空气新鲜，生产的大豆品种优良。

（三）产品销售

调查资料显示，民国二十年（1931年），忠县年产豆腐乳20万罐左右，销往上海、成渝地区等。1956年3月，公私合营组建忠县酱园厂，时全年生产豆腐乳68万块。1984年11月，忠县酱园厂更名为忠县酿造厂，全年加工黄豆348吨。20世纪80年代至2005年，年产500～600吨，年产值200万元左右。1998年，忠县抓住三峡移民契机，加强忠县豆腐乳技术改造工作，设计年生产豆腐乳2 000吨。2006年，年产量突破1 000吨，年产值1 000万元左右。2011年，实现固定资产1.2亿元，年产忠州豆腐乳1.2万吨，年利润300余万，产品畅销国内及欧美和东南亚各国。2012年，年产豆腐乳上万吨，年产值8 000余万元。2013—2017年，年产量1.2万吨，销售额9 400万元，缴纳税款300万～400万元，销售地区以长江沿线为主，同时销往全国各地，远销美国、加拿大、澳大利亚、东南亚、中东、南非等国家和地区，销售额达200万美元。

2014年，"玉印山"牌忠州豆腐乳实现销售收入730万元。2017年，"玉印山"牌忠州豆腐乳和新研发的石宝豆干年产500吨，代表忠县农产品进入中国西部（重庆）国际农产品交易会，现场签订价值500万元的销售合同，并先后多次代表忠县参加重庆市农业农村委员会组织的农产品展销活动，成功进入重庆、上海、广州等销售市场，有合作代理商200余户。

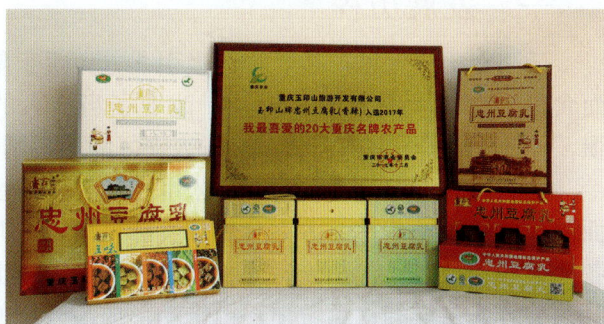

五、荣誉认证

（一）"石宝寨"牌忠州豆腐乳

1924年，忠州豆腐乳在北平（北京）举办的全国手工艺品展览会上被命名为"忠州特产"。

1958年，被商业部评为"全国名土特产"。

1978—1987年，连续10年荣获"省级优质产品"称号。

1988年，获首届中国食品博览会金奖、首届巴蜀食品节金奖。

1992年9月，在四川省人民政府组织的"四川省首届巴蜀食品节"上荣获"金奖产品"称号。

2001年，通过"中华著名特产"认证，并荣获"中国国际农博览会名特产品"称号。

2007年9月，被国家质量监督检验检疫总局评为"中国名牌产品"。

2009年，忠州豆腐乳制作工艺被列入重庆市第二批市级非物质文化遗产项目名录。

2010年，荣获"中华老字号"称号，其注册商标被重庆市工商行政管理局认定为首批"重庆市著名商标"，后连续多届获认定。

2011年，被商务部认定为"中华老字号"；获"中华著名特产""中国国际农博会名牌产品"等荣誉称号。

2012年3月27日，被批准为地理标志产品。

2013年3月，忠州豆腐乳被国家工商行政管理局批准为地理标志商标。

2014年9月17日，经中国绿色食品发展中心审核，"石宝寨"牌忠州豆腐乳（白方）符合绿色食品A级标准，被认定为绿色食品A级产品，许可使用绿色食品标志。11月，"石宝寨"牌忠州豆腐乳荣获2014中国（国际）调味品及食品配料博览会金奖。

2015年7月，"石宝寨"牌忠州豆腐乳被重庆名牌农产品评选认定委员会评为"重庆名牌农产品"。

2015—2017年，先后获"中华著名特产""中国名牌产品""中华老字号""全国质量稳定合格产品""中国国际农博会名牌产品""中国名优食品""中华名吃""重庆市著名商标""重庆市名牌产品"、"重庆名牌农产品"等荣誉，通过地理标志保护产品和绿色食品认证。

（二）"玉印山"牌忠州豆腐乳

2014年9月1日，经中国绿色食品发展中心审核，有8个产品认定为绿色食品A级产品，许可使用绿色食品标志。

第二十一节 云 阳 面

云阳面，重庆云阳特产，地理标志产品。

一、发展历程

云阳在历史上以产盐著称，吸引北方商贩云集。喜好面食的北方人大量进驻云阳后，改变了当地人的餐饮习惯，人们开始学习制作、售卖北方人喜好的面食制品。

由于南方人做事精致耐心，采用当地的山泉水和小麦面制作的面食竟然比北方面食更加美味可口，一时间风靡各地，制作技艺代代相传，面食成为云阳当地一道家喻户晓的美食，这样的饮食习惯逐渐推动形成了云阳的面业文化。因为当时人们称面条为汤饼，因此流经云阳的一条小河改称为汤溪河。

汤溪河是流经云阳县沙市、鱼泉、江口、南溪、云安，注入长江的一条支流，云阳面的制作手艺为这些地方的村民掌握传承和发扬光大。

20世纪80年代，江口、鱼泉一带的小伙子为了改善家里的生活，萌生了向外走的想法。当时一位名叫方世云的村民在银行贷款，买下了一台面机，然后带着仅有的4.6元，背起90斤重的面机，买了一张船票便踏上了征程。20世纪90年代初期，一对来自马槽的夫妻在宜昌开了面坊，第一个月的收入为670元，比当时在粮站工作的小伙子的工资高出10倍之多。3个月赚了8000多元，达到万元户的标准。

多年以来，云阳面工下两广（广东、广西）、进两湖（湖北、湖南）、入川陕（四川、陕西）、登高原（青海、甘肃）、跑边疆（新疆、西藏），中国的东南西北中都留下了云阳面业人士艰苦创业的足迹。从第1家到100家，从100家到1 000家，发展到数十万家鲜湿面店。目前，全国鲜湿面业多是云阳人在经营，云阳面工有20万之多。云阳人在外地开办的大型面条加工企业共有20家、面坊4.55万多户，少者年收入10万、20万，多者上100万，走出了近10个产业过亿的企业家、50个千万富翁、近1 000个百万富翁，年创产值上百亿元。

云阳面先后荣获重庆市"十大劳务品牌"荣誉称号、地理标志产品认证。

2014年7月15日，云阳面业协会在云阳县正式成立。云阳面业协会是由分布在全国各省份的云阳面工自愿组成的非营利性社会组织，目的是为会员做好市场营销、信息引导及提供探索解决热点、难点问题的相关服务，积极反映各位会员的愿望和呼声，维护其合法权益。将"散兵游勇"的云阳面工大军组织成"正规军"，抱团发展，做大产业，拓展更大的市场。

2015年12月，云阳面业协会在古城西安召开第一次面业协会年会。

2016年，云阳面业协会在云阳召开由云阳县委、县政府主办的年会，云阳县政府正式启用了"面匠"这一彰显云阳面工们传承技艺、坚守匠心的工匠精神的称号。

2017年，云阳面业协会在云阳举办中国首届面匠职业技能大赛。

2018年1月，云阳面业协会与重庆小面协会联合举办"中国小面之都"授牌仪式暨云阳面业年会。

截至2018年6月，云阳面业协会已在浙江、陕西、江苏、湖北等地发展8家分会，500多家会员单位，会员2 000余名。

二、品质特点

云阳面以"爽滑、柔软、细腻、不浑汤"的特点，赢得广大消费者的喜爱，也因此区别于其他面条。之所以具有这样的特点，很大程度上是由云阳面的原料决定的。

云阳面是用中筋粉制作而成的，中筋粉是指蛋白质含量在9%～11%的面粉，这样制作的面条不会像用高筋面粉制作的面条一样太有嚼劲，又不至于毫无筋力、没有弹性，口感上趋于细腻、软弹。优质小麦需要经过一道道严格的工序才能产出中筋粉。最终产出的面粉呈白色或乳黄色，手捻捏时呈细粉末状，放于手中紧捏后放开不结成团，取少许面粉细嚼能尝到些微甜味。云阳面在制作过程中还会加入一定比例的食用碱，既能调节面条的酸碱度，又能使面条更加劲道，不易浑汤。

三、加工生产

面条的制作主要可分为5个步骤：磨面、和面、醒面、压面、切面。

1. 磨面

将麦子用碾米机碾过一次，主要目的是去杂质。完成加水调温等工序后，分离麸皮与颗粒。再以磨面机精细研磨，制成面粉。

2. 和面

和面是指在面粉中加水、食用碱等辅料不断搅拌或揉弄。辅料不可一次性加完，根据用途、口感的不同，辅料的添加方法也不尽相同。机械化的和面机需要定时定量地加水、面粉等。面和得好的表现是面条不粘牙，均匀光滑。

3.醒面

醒面是指为已经和好的面盖上湿布，静置一段时间。这是为了增加面团的伸展性，方便之后的加工，也可让面条的口感更加细滑。适当的醒面还可让面条带有甜味，不易酸臭。

4.压面

面条经过机械多次压延，控制压延比例，形成紧密的面片网络，面片表面光滑，筋道有力，有一定的厚度。

5.切面

将成型的面片切成长短相同的面条，筛除不合格的面条和细碎的面渣（表10-1-6）。

表10-1-6　切面质量要求

刀具名称	规格厚度/毫米	感观标准	质量要求
1.25毫米圆刀	1.2～1.3	面条表面光滑，无异味，厚度均匀，无厚度超标和偏薄的情况，颜色一致	面条表面光滑，厚度均匀，无毛刺，无污染，无并条，无白点，无异味，无白色花纹，颜色一致，无酸味，麦香浓郁
1.5毫米方刀	1.0～1.2		
2毫米方刀	0.85～0.95		
3毫米方刀	0.72～0.75		
8毫米宽刀	0.65～0.7		

第二十二节　巫山大溪粉条

巫山大溪粉条，是以巫山传统手工工艺制作的粉条，因最早以红薯粉制作，称为"苕粉"，后在红薯粉中加入豌豆粉，按一定比例混合制成粉条，称为"大溪粉条"。大溪粉条的制作技艺为大溪人首创，后传至周边乡（镇）和邻县。

2018年，大溪粉条技艺申报重庆市市级非物质文化遗产。

一、历史渊源

巫山粉条生产历史悠久，始创于明末清初。史料记载，大溪因"水色如黛，名曰黛溪"而闻名，素有"粉条之乡"的美名，民间有"金条银条，不如大溪粉条"的说法。巫山粉条经历了"大溪的粉条""黛溪粉条""大溪粉条"3次提升。

明末清初，大溪人就开始把红苕用人工小磨磨细，渣、粉分离，将加工后的淀粉、苕渣作为备荒主粮，或晒成苕米、苕干，以防红苕腐烂。民国初、中期，乡人李光禄、李垂福、李平木等请匠人探索用豌豆、红苕混合加工成淀粉，然后再做成粉条。改人力磨为牛力磨，每磨加工红苕300斤、豌豆30斤，经过数年经验积累，这种生产方法获得成功，生产出的产品被后人称为"大溪的粉条"。

巫山县大溪乡大溪村匡氏家族的匡安科，现是巫山县大溪乡匡氏老磨坊农业发展有限公司董事长，是巫山县大溪乡大溪村人，匡安科的祖父匡同海、爷爷匡昌友经历了石磨加工时代，生产的粉条被后人称为"黛溪粉条"。匡安科的父亲匡亿太及匡安科经历了半机械化、机械化与工艺改进，生产的粉条叫"大溪粉条"。

1885年，巫山县黛溪人开始制造精品粉丝，至2018年已有113年的历史。1885—1965年，是石磨（人、驴、马）加工红薯粉黛溪粉条时期，全县年生产粉丝50～200吨。

20世纪60年代，大溪乡枣园坪人开始用机磨加工粉条，到1979年，每天加工量可达1000斤左右。之后采用粉碎机粉碎，效率进一步提高。1966—1999年为半机械化（机磨、粉碎机）加工红薯粉黛溪粉条时期，全县年生产粉丝300～1000吨。

2000—2017年，全机械化与传统工艺改进生产加工"大溪粉条"时代，年产粉丝1200～8000吨。大溪粉条成为著名的三峡特产，远销重庆、四川、湖北、广东等15个省份，已成为当地百姓家庭厨房必备品之一，更是餐饮席上不可缺的佳肴。

二、产地环境

巫山大溪粉条的原料为在巫山县海拔178～800米，森林覆盖率70%以上，巫山长江、大宁河、官渡河、黛溪河、三溪河、抱龙河、后溪河、洋溪河等流域库岸，以达到绿色农产品生产条件的土壤、灌溉水、空气、肥料等生产出的黛溪绿色豌豆粉和黛溪绿色红薯粉。黛溪绿色豌豆粉和黛溪绿色红薯粉严格按照《绿色食品 豆类》（NY/T 285—2012）、《绿色食品 薯芋类蔬菜》（NY/T 1049—2015）等标准生产。

三、产品特点

巫山大溪粉条以传统的"低酸沉淀法"独特工艺现代技术精制而成，具有色白、光亮、味佳、久煮不糊的特点。已是大雅之堂宴席上不可缺少的佳肴，是烫火锅、炖猪蹄、炖鸡子、煮腊肉、炒肉丝等的最佳配料。

四、工艺流程

（一）加工工艺流程32步法（传统工艺，适用于少批量生产）

选原材料—选水源泡豆—清洗原材料—剁碎—磨细—过滤—搅缸—沉淀—提取老水—挠缸—再过滤—再搅缸—再沉淀—提取二水—再分离杂质—取出精粉—吊坨滤水—下坨上坑—打芡—揉坨粉—下粉条—煮粉—挑粉—冷却—挽耙上杆—醒芡—搓粉—再搓粉—扯扣—上架风干—下杆入库—包装。

（二）45法现代工艺流程（适用于规模化大批量生产）

1.黛溪绿色豌豆粉8步法

精选豌豆—除尘清洗—泉水浸泡—放料沥水—粉碎—浆渣分离—精滤—浆液暂存。

2.黛溪绿色红薯粉6步法

验粉入池—调浆—二次过滤—二次除沙—除黄粉—入池沉淀。

3.定量配备制作成商品粉丝31步法

定量入缸—兑浆—坐一缸撇一缸—坐二缸撇二缸—取一水取二水—搅拌入精粉池—粉水分离—制芡—和粉—抽真空—漏丝成型—熟化—冷却—洗涤—定长切割—上杆—入库冷冻—散条—入烘干房—保潮升温—降温烘干—收粉—切割—挑选—计量装袋—灭菌—打码—封口—装箱—待检—入库。

五、质量特色

（一）感官特色

浅棕色。

（二）理化指标

水分含量 11.1 /100 克、淀粉含量 84.6 /100 克、灰分 0.2/100 克、丝径 1.5 毫米，二氧化硫和铅残留量符合有关标准要求。

（三）安全要求

绿色食品老磨坊粉条符合《绿色食品　淀粉及淀粉制品》（NY/T 1039—2014）；有机甘薯、有机粉条生产符合《有机产品　第 1 部分：生产》（GB/T 19630.1—2011）、《有机产品　第 2 部分：加工》（GB/T 19630.2—2011）、《有机产品　第 3 部分：标识与销售》（GB/T 19630.3—2011）、《有机产品　第 4 部分：管理体系》（GB/T 19630.3—2011）。

六、荣誉认证

2012 年 12 月，获得有机产品认证证书。
2013 年 12 月，获得绿色食品认证证书。

第二十三节　石柱倒流水豆腐干

倒流水豆腐干，石柱土家族自治县土家族特产、地理标志商标、"重庆老字号"，其传统手工制作技艺被列入重庆市市级非物质文化遗产项目名录，其品牌价值高达 5 600 万元。

一、历史渊源

据民国《石柱县志》记载，倒流水豆腐干的独特风味和制作技艺兴起于清嘉庆年间（1820 年），约 200 年历史。是巴盐古道东进西出"背脚子"的下酒菜和干粮，是土家山寨南来北往赶集人的礼品和"干盘"（小吃）。

清末，倒流水乡场因位于忠县、丰都、石柱三地交界处，赶集十分热闹，每次不下 1 000 人，街上住户 40 多家，做豆腐干生意的竟有 20 多户，家家生意好，供不应求。

民国时期，倒流水豆腐干石柱土家族的风味产品，也是当地远近闻名的招牌，在临近的湖北、湖南、贵州等地区均有名气。

中华人民共和国成立初期，是倒流水豆腐干的鼎盛时期，大炼钢铁的工人、农民、巴盐古道的背夫，常在倒流水歇脚食宿，夜间灯火通明，用豆腐干下酒以解行程疲劳，第二天又带作干粮上路，背货到长江边的洋渡乡。

"文化大革命"时期，石柱当地仅允许非遗传承人秦光建及母亲陈世珍两人制卖豆干、交给集体评工分经营，其余社员均不得制作销售，但也时有人家自制自食及当礼品相送，远道而来的客人也要专点这一土家风味食品品尝。

改革开放以后，倒流水豆干因历史传统而有名气，曾在《四川日报》、涪陵《群众报》上作为"家乡风味、名特小吃"被介绍，由此声名远扬，至 20 世纪 80 年代中期，整条街上几乎家家都以传统技艺手工制作豆腐干，并运至忠县、丰都、石柱各乡（镇）销售，平均每月达 5 万块豆腐干。

2008年起，倒流水豆腐干产业发展迅猛，有小作坊十几家，每月产量可达20吨以上。特别是2012年后，规范化、标准化、产业化发展，产品先后获地理标志商标、"重庆老字号"称号，入选重庆市非遗质文化遗产名录，食品生产卫生达国家生产标准。倒流水豆腐干除传统型外，还发展出休闲类产品，味型有麻辣、五香、泡椒、山椒、香辣、香菇、烧烤等，已进入全国市场，在淘宝、京东等电商平台有售，年生产量可达500多吨。

二、产品特点

倒流水豆腐干是土家先民利用得天独厚的竹海泉水和当地春黄豆，采用传统技艺、土家秘方精制而成的。黄豆生长环境独特、气候温和、颗粒饱满、品质优良。竹海泉水含有人体所需的铁、锌、铬、镉、锰、硒等矿物质和微量元素，是倒流水豆腐干的点睛之物。倒流水豆腐干具有人文悠久、山泉清纯、传统技艺、绿色营养、味道独特五大特征。其品质细腻、绵实筋道、醇香可口、回味悠长。

三、产地环境

倒流水位于石柱土家族自治县西北角，现为大歇镇流水行政村委会所在地（曾经是石柱土家族自治县凤凰乡政府所在地），人口以土家族为主，位于忠县、丰都、石柱三县交汇处。倒流水乡场有传统的赶集历史（现赶二、五、八）。其地形有上街、下街之分，下街自然水流方向与上街雨天屋梁（屋檐）的流水方向形成逆向（即"Y"字形）走势，所以旧时称"倒流水"，后来简称"流水"。

倒流水乡场海拔960米，常年平均温度22℃，是古时巴盐古道的背夫进山出河（长江）的重要驿站。拥有万亩竹海，森林绿化面积达92%，植被生态良好，气候舒适宜人，当地所产黄豆生长季节较长，品质优良，颗粒厚实。

四、生产加工

（一）原材料

倒流水豆腐干的主要原材料是石柱当地及周边所产春黄豆，及盐、辣椒、花椒和辅香料等。

（二）加工设备

主要设备工具有石磨、土灶、铁锅、豆腐箱、豆腐架（帕）、竹篾折子、菜刀、石墩、木盆、木桶、木瓢。

（三）加工工艺

倒流水豆腐干的加工工艺将传承与创新相结合，现有蒸气锅炉、磨豆机、滤浆机、人工压制设备、气压机、卤锅、烘干机、熏炕机、真空机、杀菌釜、清洗机等设备。从原料到成品一般要经过选豆、浸泡、磨浆、烧浆、过滤、点卤、压榨、切划、拌料、熏炕（卤制）、烘干、包装、杀菌、清洗等15道工序。

(四)质量规格

1.成品规格

传统倒流水豆腐干(熏炕)的规格为6.5厘米×6.5厘米×2厘米。后期创新开发的休闲豆腐干有片、丝、块装,以卤制为主。

2.产品包装

倒流水豆腐干的产品包装为近10年才出现,以前均为现制现卖,以鲜干为主,塑封包装是市场规模化上量后才采用的。石柱土家族自治县倒流水食品有限公司现有休闲豆腐干规格有散装称重、70克、100克、150克、198克、258克、380克、418克,传统豆腐干规格有58克、228克、580克、1 000克、2 000克,有牛皮袋,彩塑袋,大、中、小彩礼盒等包装。

3.质量检验

10年前,倒流水豆腐干以家庭式小作坊生产或自制自销为主,无产品质量检验。自石柱土家族自治县倒流水食品有限公司标准化、规模化生产后,除公司定期检验产品外,由当地食品质检部门定时抽查或公司送检,均符合国家豆制品食品卫生标准。

第二十四节　秀山豆腐乳

秀山豆腐乳,又称豆乳,是秀山土家族苗族自治县特产。豆腐乳是有千年历史的中国传统民间佐餐食品,因其口感好,营养高,深受中国老百姓及东南亚地区人民的喜爱。秀山豆腐乳是地理标志产品,其传统制作技艺被列入重庆市第五批市级非物质文化遗产项目名录。

一、历史渊源

秀山豆腐乳历史悠久,起源于乾隆年间,由辛氏家族传入秀山。辛氏世居江西九江十八梯,湖广填四川时,辛氏妙玄、云玄、宇玄三兄弟携祖传工艺入秀山,定居清溪(现秀山清溪场镇),利用秀山优质油沙黄豆和清溪大井坎冬暖夏凉的泉水,将土家工艺与祖传工艺相融合,制作出秀山豆腐乳。清末和民国时期,秀山豆腐乳随马帮和船帮传入川、湘、黔、桂边区,远至洞庭湖一带。

二、产品特点

秀山豆腐乳以优质大豆及其他辅助材料为原料,制作工艺独特,不添加防腐剂和染色剂,是一种绿色佐餐食品,大豆中的蛋白质在风干和发酵过程中分解挥发,使豆腐乳具有独特的口感。

秀山豆腐乳可溶性蛋白质、氨基酸态氮含量高(氨基酸态氮即豆腐乳之鲜味所在),表面呈鲜红色,断面呈杏黄色,滋味鲜美,咸淡适口,具有腐乳之特有香气,块形整齐,质地细腻,入口即溶。秀山豆腐乳发酵到位,使其蛋白质变性充分,回味净爽,入口即化。产品生产工序到位,真工实料,整体柔软一致,无硬心。

三、加工工艺

(一)原料

黄豆、米酒、糙米、食盐、砂糖。

（二）工艺流程

让豆腐上长出毛霉—加盐腌制—加卤汤装瓶—密封腌制。

1.毛霉的生长

将豆腐块平放在笼屉内，笼屉中的温度控制在 15 ~ 18℃，并保持一定的湿度。约 48 小时后，毛霉开始生长，3 天后菌丝生长旺盛，5 天后豆腐块表面布满菌丝。豆腐块上生长的毛霉来自空气中的毛霉孢子，而现代的豆腐乳生产是在严格无菌的条件下，将优良毛霉菌种直接接种在豆腐上，这样可以避免其他菌种的污染，保证产品的质量。

2.加盐腌制

将长满毛霉的豆腐块整齐地分层摆放在瓶中，同时逐层加盐，随着层数的加高而增高盐量，接近瓶口表面的盐要铺得厚一些。加盐腌制的时间约为 8 天。加盐可以析出豆腐中的水分，使豆腐块变硬，在后期的制作过程中不会过早酥烂。同时，盐能抑制微生物的生长，避免豆腐块腐败变质。

3.配置卤

卤汤直接关系到豆腐乳的色、香、味。卤汤是由酒及各种香辛料配制而成的。配制卤汤的酒可以选用料酒、黄酒、米酒、高粱酒等，含量控制在 12% 左右。酒可以抑制微生物的生长，同时能使豆腐乳具有独特的香味。香辛料种类很多，如胡椒、花椒、八角、桂皮、姜、辣椒等。香辛料可以调制豆腐乳的风味，也具有防腐杀菌的作用。卤汤可据个人口味配置。

4.密封腌制

以酒糟等浸泡腌制豆腐乳。

四、品牌打造

随着时代的发展，秀山豆腐乳逐渐形成品牌化，以辛家老店豆腐乳、杨氏豆腐乳、山阿婆腐乳及天源腐乳等秀山本土豆腐乳特色品牌为主。尤以"银裹金""大精"和"十八梯"3 个品种最为著名。

辛家老店豆腐乳传统制作技艺被列入重庆市第五批市级非物质文化遗产项目名录，其技艺可追溯至乾隆十三年（1748 年），至今已经有 200 多年的历史。辛家世代相传豆制品加工坊，2004 年，辛氏后人建立辛家豆腐乳制品厂，并把"辛家老店"注册成为产品品牌，主导产品为豆腐乳。辛氏后人选用优质大豆作原料，采用祖传独特秘方，将传统的制作工艺和现代化的生产流程相结合，精心制作能够给味蕾带来独特体验的豆腐乳，坚持"做健康食品，扬传统风味"。

第二十五节　彭水"郁山"晶丝苕粉

"郁山"晶丝苕粉，彭水苗族土家族自治县特产。"郁山 YUSHAN"于 2003 年被核准注册为商标；"郁山 YUSHAN"晶丝苕粉标志证明商标于 2008 年被认定为"重庆市著名商标"；"彭水晶丝苕粉"于 2014 年被核准注册为地理标志商标；"郁山"晶丝苕粉于 2014 年获得绿色食品认证。其产地在风景秀丽的武陵山区郁山镇，以纯天然红薯植物粉为原料，用传承了几百年的手工工艺制作而成。

一、产品特点

直接用鲜红薯为原料加工，为 100% 红薯淀粉，不含任何添加剂、防腐剂及有害化学物。"郁山"

晶丝苕粉由传统工艺加工而成，保持红薯原有的营养成分，其口感柔和、味道鲜美，入口滑而不腻。产品晶莹透明、柔韧度强，入锅后不断裂、不浑汤。

二、产地环境

正宗的晶丝苕粉原料是在特殊土壤和水质环境、气候中孕育出来的，其产区集中在彭水苗族土家族自治县郁山镇，有特殊的地理条件。郁山作为食盐开发地，地底下暗涌着许多盐泉。盐泉周围土壤中矿物质盐分含量较高，红薯喜好碱性，所以在这里生长的红薯不仅个大，而且品质好，农谚说"榆钱鼓，种红薯""黄鹂走，出红薯"。每年金秋，红薯在加工厂前堆积成山，来到这里的红薯红皮白肉，大小均匀，是做晶丝苕粉的上好原料。

三、历史渊源

晶丝苕粉起源于郁山，始创于清乾隆年间，近有300年历史，为朝廷贡品。它以郁山镇的传统粮食作物——红薯为原料制作而成，被誉为"山中珍宝"。在彭水，红薯被称为红苕，因此，红苕制成的粉叫作苕粉。据盐史专家考证，上古时期，巴人所在的大巫山地区拥有丰富的盐泉资源，但是从山内流出地表的盐泉只有3处，其中一处便是位于郁山镇的伏牛山盐泉。"一泉流白玉，万里走黄金"，千古盐利，万灶盐烟，这股盐泉流出了几千年的文明史，同时也养育了晶丝苕粉的原料——红薯。传统手工工艺加上当地独特的土壤和水质，使精制而成的粉丝晶莹剔透，滑软爽口，久煮不烊，香远益清，闻名全国，享有较高的知名度和美誉度。

四、生产加工

（一）原材料与设备

1.原材料

晶丝苕粉的主要原材料是红薯淀粉、水。一般年景，郁山境内所产红薯自给有余，还可运销至重庆主城区供市民鲜食。1952年以后由供销社收购。红薯的规格，20世纪30年代已定个头大、出粉率及甜度高者为上品，空花、皮老、根须多为劣货。50年代起，供销社收购规定：个重在200克以上的优良品种为合格红薯；凡淘汰劣种及50～150克的良种红薯经剔修合格后作次级品收购。

2.设备

晶丝苕粉厂外主要是采挖工具，厂内有淀粉池、工场、仓库和加工、运输工具。

（1）采挖工具。鲜红薯的采挖处理，在粉丝商业加工之初，是用锄头、簸箕等将红薯从地里采挖出来、清泥，让其表皮泥土自然晾干。

（2）淀粉池。淀粉池设备最初为瓦缸、大木桶（俗名黄桶）。因制作量增大，改用泥水池，工效大大提高；初用三合土筑成，后改用水泥制作，一般长、宽三四米，深1.5米。

（3）机具。传统的红薯加工基本上是人工操作，仅有"摇脚"、滤布等简单工具。1990年，彭水苗族土家族自治县农机厂开始研究试制清洗机、切碎

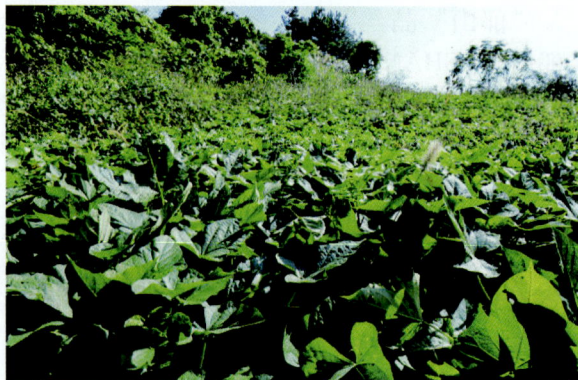

机、破碎机、挤压机、过滤机、振动机、搅拌机、蒸制锅等10种加工机具，但由于研制尚未完善即普遍推广，造成不少浪费和损失。由于机械材料耐腐蚀问题未解决，至2003年，"郁山"晶丝苕粉加工的机械化程度仍不高。

（二）加工工艺

20世纪30年代初期，晶丝苕粉的生产，从原料到成品一般要经过10余道工序，每道工序各有一定的操作规程和半成品质量标准，随着设备、原材料、技术手段等条件的改变和进步，以及产品规格、质量要求的不同，工序被相应调整和改变。20世纪90年代开始改进和深度加工晶丝苕粉，如生产方便粉丝、薯干、薯片等，速食包装的粉丝制品也开始出现。

（三）产品包装

粉丝成品历来用绳索捆绑或以纸箱、胶袋包装，一般存放在通风、干燥地即可，可储存1～5年。

（四）质量规格

1.成品规格

20世纪60年代以前的粉丝为散装包装，每捆各时期重量不一。90年代的红薯有淀粉薯和食用薯2个品种，分别包装。

2001年，郁山晶丝苕粉厂开始生产丝、块等形状的苕粉制品，使用塑料袋、纸箱等包装形式，有500、800、1 500、2 500克规格，但由于密封、杀菌水平未完全过关，一时未能大批量生产。

2003年，郁山晶丝苕粉厂采用一种新的保鲜方法，使方便粉丝的无毒塑料袋包装技术有了进一步发展，并生产出具有牛肉、鱼香、鲜味、爽口等风味的产品。

2005年，"郁山"晶丝苕粉开始在个别外销地开展深加工，使各类包装产品能在远离产地的市场上销售。

2.质量改进

初期郁山当地所产红薯，大小不均匀，品质较差，淀粉含量不高，品种质量参差不齐，"其貌"不扬。但薯块口感较好、香味甚浓。

20世纪80年代，应市场要求，彭水苗族土家族自治县农业科研部门，开始研发红薯新品种，种植上普遍推行良种和密植，使红薯外形明显改善，质量、淀粉率明显提高。

1989年和2009年，国家先后制定了出口粉丝和内销粉丝的质量标准，使粉丝的生产和质量改进有了更明确的目标。2009年，国家质量监督检验检疫总局正式颁布粉丝的国家质量标准——《粉条》（GB/T 23587—2009）。

3.质量检验

参与检验人员通过视觉、味觉检验产品。仪器化验主要是测定抽样样品的含水量、灰分和断条率等。质检定级后，产品出厂时还要经县（市）检验小组会同销地采购员质检测重，发给合格证后方能调运。

五、产业发展

（一）产业规模

彭水苗族土家族自治县红薯种植涉及30余个乡（镇、街道）3万农户60万薯农，形成了区域化

布局，集中成片产业带，商薯19、徐薯22、渝薯17的良种普及率达95%以上，是全国红薯原料最大优质产区。2011年，彭水苗族土家族自治县红薯种植面积为30万亩，产量达60万吨，产销成品红薯20万吨，实现产业总收入1.8亿元。2018年，彭水有红薯粉丝生产企业近150家，其中粉丝生产企业80家，有红薯原料加工户近2万户，年红薯综合加工能力在30万吨以上，是全国红薯的较大产销区。2013年，郁山镇被农业部授予"全国一村一品示范村镇"称号。

彭水红薯实现了合同种植、订单生产，形成了企业、加工大户、薯农紧密结合的粉丝加工三级网络，建立、完善了"企业 + 基地（加工大户）+ 农户"的风险利益共担共享的产业化经营机制。

（二）现代化生产

粉丝生产实现了清洗、破碎、磨浆制粉、高温蒸制、紫外杀菌包装机械化、现代化，生产设备设施处于国内外同行业领先水平，正逐渐向现代化食品工业转变。

（三）规范化管理

红薯粉丝从原料加工至产品出厂，都严格执行《甘薯（地瓜、红薯、白薯、红苕、番薯）》（LS/T 3104—1985）、《粉条》（GB/T 23587—2009）的工艺工序和质量要求，实施生产全过程质量监控，实现了规范化管理，彭水县龙须晶丝苕粉有限公司等10余家企业通过了HACCP质量体系认证。彭水县龙须晶丝苕粉有限公司"郁山"牌晶丝苕粉通过了绿色食品认证。郁山各个品牌的红薯粉丝（粉条）远销全国各大、中城市市场，并出口到日本、新加坡、韩国、欧美、俄罗斯、南非等20多个国家和地区。

六、荣誉奖项

2013年，"郁山"晶丝苕粉在中国西部（重庆）农产品交易会上被评为"最受消费者欢迎产品"，2014年，通过绿色食品、地理标志商标等相关认证。2015年，获得"重庆名特产品"称号；2016年，获得第十五届中国西部（重庆）农产品交易会"消费者喜爱产品"称号。

第二十六节　两江新区"一生缘"豆干

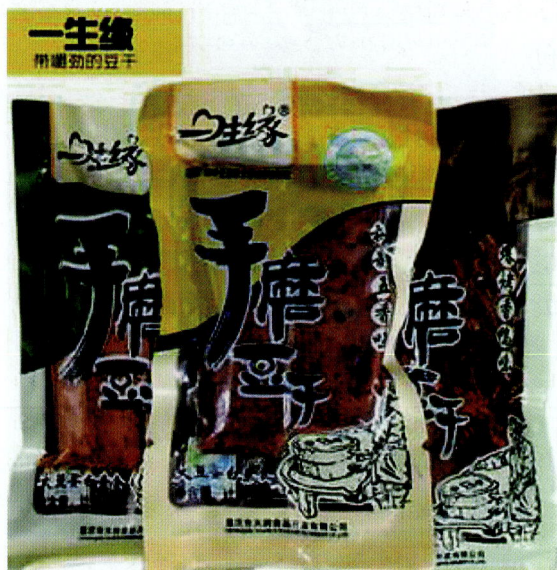

"一生缘"豆干，重庆市两江新区特产，知名休闲豆腐干品牌，已通过绿色食品认证，2008—2010年中国食品安全年会指定产品，获"中华名优食品""重庆名牌农产品"等荣誉称号。

一、历史渊源

"一生缘"豆干前身为黄氏豆干，为明末清初重庆一黄氏巧妇所创。据传，黄氏巧妇的丈夫准备外出谋生，黄氏巧妇以秘料炒精制豆干，香气传出，周围邻居纷纷过来，品尝后赞不绝口，黄氏香豆干作坊应运而生，闻名乡野，经过多年传承和改良创新，终于铸就了绝佳美味，风靡一时，有"黄氏豆干，巴渝一绝"的美誉。历经数年变迁，最终重庆天润食品开发有限公司继承和发扬了黄氏百年豆干家传秘制技术。

二、加工工艺

（一）大豆的选择

要求色泽光亮、籽粒大小均匀、颗粒饱满，杂质小于2%，子叶变色粒小于5%，霉变与病斑粒合计小于2%，破碎粒与虫蚀粒合计小于10%。粗蛋白大于34%，水分小于16%。

陈大豆和烘干豆都不宜用于制作豆腐干。陈大豆因存放时间长，生命活动消耗了部分蛋白质，尤其是经过高温季节，脂肪氧化，蛋白质变性，使加工出的豆腐质地粗糙，无弹性，持水性差，色泽发暗。烘干豆因烘干过程中蛋白质部分变性，影响豆腐的出品率。

（二）制白胚

1.大豆预处理

清除大豆中的杂质，如泥土、沙子、石块、金属、草籽等，同时洗掉部分大豆表面的微生物，防止浸泡时大豆变质，要求冲洗到水清亮。然后用容积为1.5立方米的容器加水1 000千克，浸泡500千克大豆。用软水浸泡的豆腐出品率高于井水或河水。

2.判定浸泡适度的标准

籽粒吸水后膨胀饱满，无皱皮现象，表皮脱落小于20%，将豆粒分开后无黄心，也不发白，中心部分呈细凹线，无酸味，pH6.0 ~ 7.0。

3.水洗作用

降低浸泡后大豆的酸度，提高产品的卫生安全性，保证产品质量。

1千克浸泡后的大豆加水2.5千克。为提高蛋白质的提取率，通常采用分次加水、多次磨制、浆渣分离的工艺，要求浆液无渣、细腻，浆渣用手捏无浆汁、不粘手。豆渣的蛋白质含量小于2.6%。分离时加水量为大豆的4 ~ 6倍。加水量要恒定，以免豆浆浓度波动过大，影响后面的工序及产品质量。磨制好的豆浆进入储浆池后，需添加0.2%的消泡剂。大豆粉碎后应小于或等于1毫米，经大磨机磨制后小于或等于0.5毫米，经小磨机磨制后达15微米。

通过加热，使蛋白质变性，同时破坏原料中酶的活性，提高蛋白质的消化率，消除大豆中的抗营养因子，去除豆腥味，也起到杀菌的作用。现在通常采用连续煮浆的工艺，要求第一罐温度40℃、第二罐温度60℃、第三罐温度80℃、末罐温度96 ~ 100℃。压力小于0.1兆帕，滤网要求为31 ~ 38目/平方厘米。不能通过滤网的豆渣，通常需返回磨浆工序再次磨制。

点浆又称为点脑、点花，是豆腐生产中的关键工序，主要是把凝固剂按一定的比例和方法加入煮熟的豆浆中，将豆浆的酸碱度调整到蛋白质的等电点，使大豆蛋白溶胶转变成凝胶，即豆浆变为豆腐脑（又称豆花）的过程。生产豆腐干常以盐卤作凝固剂，其中，使用镁盐生产的豆腐干，大豆蛋白的凝固速度较快，出品率较低，但风味好；而钙盐的则相对较慢，凝固过程相对容易控制，豆腐的出品率较高。盐卤的使用浓度常为14 ~ 17波美度。点卤过程中，下卤不能太急，流量要均衡，边下卤边搅拌边观察，太老则压榨时走水快，豆腐粗糙，太嫩易粘帕，走水慢，压榨困难，豆腐无韧性。点浆温度一般为80 ~ 85℃，温度在95℃以上时不能直接点浆。点浆要求豆浆为7 ~ 8波美度。热豆浆均匀加入凝固剂后达到充分凝固的过程称为蹲脑，一般持续时间为10 ~ 15分钟。

破碎点浆成形的豆腐脑时，脑块大小以0.5 ~ 0.8厘米为宜。上箱时，豆花在包布上要均匀平整分布，封包要严，否则朽边多，浪费大。压榨的目的是使豆腐脑内部分分散的蛋白质凝固，更好地接近及黏合，使豆制品内部组织紧密，同时使压榨出的水通过包布排出，制出符合要求的豆腐白胚。压榨要求逐渐加压，排出黄浆水，压榨过急，豆干胚子的表皮会很硬，内部的黄浆水没有完全排出，在内部形成小空洞，呈蜂窝状，使豆干又糟又软。压榨时的温度通常在65 ~ 70℃，所以包片后上榨要及

时，压榨时间为20～25分钟，白胚水分60%～65%，压力1～3兆帕。

（三）制干胚

使用氽碱工艺去除白胚表面的布纹、布线，去掉表面的硬皮，使豆干表面更光滑，卤制时容易入味、上色。

1. 氽碱参考工艺

湿胚75千克加水200千克，加碱500克，

将水烧开，氽的时长为2分钟。

2. 卤制参考工艺

卤水盐分5%～5.5%，卤制时间30～45分钟。卤制时，蒸汽压力小于0.2兆帕。卤制过程中，每隔一定时间要搅动，使卤制上色均匀。

卤制后适量烘烤，要求温度为80～100℃，时间20分钟。干胚水分50%～55%，干胚盐分1.7%～2.2%。

（四）预包装

调味料在加入搅拌锅前要预混，搅拌时先加粉状调料，后加油料。产品拌料后装袋要及时，每2小时对用具消毒1次。抽空时，封口要干净、光滑平整、无皱褶。封口宽度最窄处大于3毫米。热合牢固，用手剥离不开。真空度要求直径1毫米的气泡小于或等于2个，直径2毫米的气泡最多1个。

三、发展状况

"一生缘"豆干由重庆市天润食品开发有限公司生产，该公司于2009年上半年在重庆市两江新区蔡家工业园投资兴建了年产5万吨豆制品及相关产品生产项目。该项目于2009年12月1日开工建设，2010年10月初竣工投产。占地170亩，总建筑面积6.4万平方米。新增了6套国内豆制品行业最先进的大型豆制品生产成套设备，同时，公司还与重庆市计量质量检测研究院、西南大学食品科学学院合作共建了重庆市豆制品产业标准化研发中心，搭建了优势互补、资源整合平台，使科研技术能尽快转化为生产力，为质量控制提供了有力保障。

重庆市天润食品开发有限公司每日加工黄豆100吨，主要产品为休闲豆腐干和生鲜豆制品。同时，每年还生产与豆制品相关的休闲肉制品5 000吨，调味品3 000吨，饮料1 500吨，产品年总产量5万吨。

第二十七节 巫山魔芋

巫山魔芋，一种多年生草本植物，古代又称妖芋、花魔芋，巫山县特产，2011年6月获得国家工商行政管理总局地理标志商标。

一、产地环境

巫山魔芋是生长在巫山县海拔350～1 600米的山间多年生草本植物。低纬度高海拔山区，属亚热带湿润季风气候，日照较少，雨量丰富，湿度较大，是魔芋栽培的最适宜区。

魔芋地下部分为球茎，根系较长，适宜在土层深厚、质地疏松、排水透气良好、有机质丰富的轻

沙土壤中生长，土壤松厚肥沃是保证魔芋根系生长发育和块茎正常膨大的重要条件。魔芋品种适宜的pH为6.5～7.0，中性和微碱性的土壤也能种植魔芋。巫山县56%以上中山地域适宜巫山魔芋生长，巫山魔芋为天南星科魔芋属植物，农家房前屋后、背阴潮湿地块、沟两边适宜种植，多与玉米间作套种。海拔600～1000米骡坪镇观溪五里沟沿线、楚阳仙峰李湾沟沿线、平河庙堂河沿线等种植有成片巫山魔芋或生长巫山野生魔芋，官阳雪马五里坡林场边缘海拔1 300～1 500米区域，有1 000余亩魔芋种繁殖基地。

二、历史渊源

魔芋栽培在中国始于2 000多年前，巫山县也有2 000多年的魔芋栽种历史。清光绪《巫山县志》载："魔芋，模叶均乌色，根结实，大者如碗，小亦如杯，磨汁点以石灰即成腐，县人多以为馔"。历史上的灾荒季节，巫山县的深山农户靠熬玉米粥、吃炒"魔芋豆腐"度过灾荒。中华人民共和国成立后，魔芋豆腐被装入筛子，当作礼物或"红白"喜事礼品。20世纪40—70年代，魔芋豆腐还被农村妇女用作做鞋糊布壳、棕壳的粘连物。

三、产品特点

魔芋地下块茎呈扁圆形，宛如大个儿荸荠，营养十分丰富，含有多种维生素和钾、磷、硒等矿物质元素，还有人类需要的魔芋多糖，具有低热量、低脂肪和高纤维素的特点。从魔芋块茎中可提取魔芋多糖（又称魔芋葡甘露聚糖），由于具有吸水性、凝胶性、黏结性、低热可食的特性，在食品加工、日用化学、保健品生产等方面有广泛的应用。

魔芋食品味道鲜美，口感宜人，但魔芋全株有毒，以块茎为最，中毒后舌、喉灼热，痒痛，肿大，民间用醋加姜汁少许，内服或含漱可以解救。因此魔芋食用前必须经磨粉、蒸煮、漂洗等加工过程脱毒。

据《本草纲目》记载，2 000多年前，人们就用魔芋治病。魔芋含有16种氨基酸、10种矿物质微量元素和丰富的食物纤维。

四、产业发展

1888—1982年，巫山县魔芋种植面积在1 000～2 000亩，年产鲜芋500吨，各乡（镇）、村都有种植，以自给自足为主，满足不发达的城镇市场需求。

1983年，用鲜芋加工成的芋角销往日本和东南亚各国，备受青睐，巫山县生产的芋角亦成畅销品。

1984年前后，巫山县抱龙镇、骡坪镇、官阳镇等涌现出10余户靠种植魔芋发家致富的"千元户"，全县出现一批魔芋专业村、专业户。酉阳铜鼓乡茅坝村种植魔芋395亩，总产量600吨，户平均魔芋单项收入465元，其中收入1 000元以上者51户。

1985年，巫山县种植魔芋7 300亩，鲜芋总产900多吨。

1987年，日本魔芋专家组团至巫山骡坪魔芋基地考察，发现巫山魔芋品质比日本魔芋主产地群马县产的魔芋好，巫山魔芋因此取得了出口日本免检的资格。在此期间，官渡、笃坪、骡坪、庙宇、建平等地将发展魔芋生产作为脱贫致富的中药产业。1986—2000年，巫山县外贸公司在官阳雪马、骡坪仙峰等收购魔芋角，通过武汉市场出口日本和东南亚国家，全县种植面积达7 500亩。

2007年6月，巫山县成为国家"科技富民强县专项行动计划"试点县，科学技术部以"三峡库区魔芋种植加工综合配套技术集成推广应用"项目为依托，支持巫山县魔芋产业发展。

2009年1月，巫山魔芋产业发展作为十大特色农业产业之一，年底发展到了1.1万亩。

2013年9月，重庆市科学技术委员会第一批36个"121"科技支撑示范工程集成、重庆特色农产品产业科技支撑示范工程，由巫山县新合农业开发有限公司实施。2013年，巫山魔芋喜获丰收，种植面积1.63万亩，产量达3.5万吨，平均亩产2.2吨，魔芋种植户总产值1.6亿元，达到历史最高水平。

2016年后，巫山县魔芋种植面积稳定在1.5万亩。

五、质量特色

（一）感官特色

以魔芋块茎淀粉制作的雪魔芋豆腐，色棕黄，其形酷似多孔海绵，味道鲜美，饶有风味。

（二）理化指标

巫山魔芋含淀粉35%、蛋白质3%，人体所需的魔芋多糖（葡甘露聚糖）高达50%，以及多种维生素和钾、磷、硒等矿物质元素。

（三）安全要求

达到《绿色食品 薯芋类蔬菜》（NY/T 1049—2015）、《绿色食品 魔芋及其制品》（NY/T 2981—2016）要求。

六、专用标志

巫山魔芋地理标志产品保护范围内的生产者，可向重庆市巫山县供销社（巫山县魔芋协会）提出使用地理标志产品专用标志的申请。巫山魔芋的法定检测机构为西南大学园艺园林学院。

第二章
养殖类加工农产品

第一节　涪陵桂楼腊肉

桂楼腌腊肉，涪陵区特产，重庆市名牌产品，重庆市著名商标，"中国驰名商标"。由重庆桂楼实业（集团）股份有限公司生产。

一、产品特点

"桂楼"牌香肠、肉松等腌腊肉制品已有60多年历史，技艺考究、品种丰富、风味独特。采用优质原料，经过科学配方精制而成的腌腊制品既有咸鲜突出、麻而不木、辣而不干的川味；又有咸鲜醇厚、余味回甘的京、苏风味；更有味美香甜，集腊、糖、酒三香融乳一气的广式风味；还有咸而不俗、淡而不薄、甜而不干、油而不腻、辣而不干、香不刺鼻、咸甜醇和、回味绵润的猪、牛、羊、禽等肉类熟制品。

二、生产加工

香肠、肉松等腌腊肉制品的生产有一套独特的生产工艺、操作规程、质量标准。在生产过程中，严格按生产工艺、操作规程、质量标准操作，每道工序都由专业质量检验人员严格把关，从生猪屠宰、选肉、用料到腌制、熏烤，道道工序都有严格的质量标准，产品必须经过质检部门检验，合格后才能出厂销售。每年质量检查和卫生检查都符合国家标准，未经质检部门和卫检部门检验合格的产品决不准出厂销售。

（一）生猪养殖

桂楼实业猪场占地面积500多亩，总建筑面积5万多平方米，常年存栏基础母猪5 000头，年可带动农民养猪并出栏肥猪10万头。无公害养殖基地的建立，为确保原料供应和从源头上控制产品质量，让市民吃上"放心肉"提供了可靠保障。

（二）生猪屠宰

桂楼实业已建成国家二级标准屠宰厂1座，配套1条自动化屠宰生产线、1座1 500吨冷库、2条年班产6 000吨分割肉生产线。生产能力为年屠宰生猪100万头、年产分割肉12 000吨、腌腊品和熟肉制品2 000吨。所属8个规模化养猪场有基础种猪近5 000头，年出栏优质商品猪10万头。其产品不仅保证了桂楼实业肉食品深加工的原料供应，而且大量供应市场。由于质量可靠，2006年，桂楼实业生产的分割肉被农业部认定为无公害农产品。

三、荣誉认证

1982年8月，桂楼腊肉被商业部评为"优质名特产品"。

1985年12月，桂楼腊肉获国家银质奖。

1988年12月，桂楼腊肉获首届中国食品博览会银奖。

1990年12月，桂楼腊肉获国家银质奖。

1992年10月，桂楼腊肉被四川省人民政府授予四川省首届巴蜀食品博览节"金奖产品"称号。

2006年9月，桂楼腊肉被重庆市人民政府评为"重庆名牌产品"。

2006年10月，重庆桂楼食品股份有限公司被商务部评为全国首批"中华老字号"。

2007年7月，"桂楼"商标被重庆市工商行政管理局认定为重庆市著名商标。

2015年6月，"桂楼"商标被国家工商行政管理总局商标评审委员会认定为"中国驰名商标"。

第二节　涪陵涪州腌腊肉

涪州腌腊肉，涪陵区特产，2016年被列入为重庆市市级非物质文化遗产项目名录。传统涪州腌腊肉是巴国故地涪陵当地美食中最具地方特色的肉食。

一、产品特征

传统涪州腌腊肉成品色泽金黄、条形整齐，脂肪透明或呈乳白色，肉身干爽、结实、富有弹性，具有独特的烟熏风味。传统涪州腌腊肉从鲜肉加工、制作到存放，肉质不变，长期保持香味，还有久放不坏的特点。此肉因是由香樟、柏枝等熏制而成，故夏季蚊蝇不爬，经三伏而不变质，是涪陵别具一格的风味食品。熏制做好的传统涪州腌腊肉，表里一致，煮熟切成片，透明发亮，色泽鲜艳，黄里透红，味道醇香，肥不腻口，瘦不塞牙，不仅风味独特，而且具有开胃、去寒、消食等功能，有色、香、味、形俱佳的特点，民间有"一家煮肉百家香"的俗语。

二、历史渊源

传统涪州腌腊肉制作可追溯到巴国时期，但有据可考的是宋元时期，发展于明清时期。据《涪陵

《市志》记载，制作传统涪州腌腊肉最主要的配料——盐，曾是涪陵最主要的特色贸易商品。腌腊肉的主要原料是猪肉，而生猪养殖历来为当地重要的传统产业，据《涪陵市志》记载，清光绪二十二年（1896年），涪州屠宰出售肥猪2.5万头，光绪三十四年（1908年）达8.6万头。民国时期，涪陵生猪出栏数时起时落，但常年仍有6万~7万头。猪肠衣作为灌制各种香肠的外壳原料，也曾是涪陵的一大特色畜产品。据《涪陵市志》载，民国初期，始有德国和法国的洋行在四川涪州收购鲜猪肠，加工后运销国外。

涪陵腌腊制品的工业性加工生产始于抗日战争时期，据《涪陵市志》记载，抗战时期，广东、江苏、浙江商人纷纷来涪开设腌腊制品作坊，总计数十家，生产腊肉、香肠等。其中以香肠为主，年产量近50吨。

中华人民共和国成立后，1951年，涪陵城有腌腊肉制品作坊11家。1953年，涪陵境内有腌腊肉制品厂、作坊9家。1956年公私合营，所有私营腌腊肉作坊全部停业，一部分纳入当时的涪陵县食品厂，其余转入肥皂厂、自来水厂等企业。

20世纪60年代，因肉源紧张，腊肉、香肠等传统涪州腌腊肉制品一度停产。

20世纪80年代，涪陵食品厂、涪陵地区肉类联合加工厂等都有传统手工制作、口味独特的传统涪州腌腊肉品牌。进入二十一世纪，涪陵城大小商场、餐馆，都有当地腌腊肉供食客选购品尝。

2016年7月，涪州腌腊肉传统制作技艺被录入重庆市第五批市级非物质文化遗产名项目名录。

三、加工工艺

每年"冬至"至"立春"、"小寒"至"大寒"期间为制作传统涪州腌腊肉的最佳时节。一旦过了"立春"，制作的腌腊肉容易腐烂变质，且不再具有传统涪州腌腊肉的独特风味。这是涪州先民们发现的大自然的奥秘。现代科学认为，这是因为冬天气温低，细菌不容易繁殖。过了冬天，春天是细菌繁殖的最好时机，微生物环境发生变化，所以腌腊肉的味道就会不一样。一般来说，传统涪州腌腊肉经过1个月左右的熏烤，独特的腊香味就出来了。

（一）工艺特征

传统涪州腌腊肉从原料加工到成品要经多道工序，全由手工完成。涪州腌腊肉虽已有千余年历史，但《涪陵市志·商业篇》中有关传统涪州腌腊肉工艺的记载过略。长期以来，传统涪州腌腊肉技艺全靠家族和师徒口授心传世代相传。凭悟性和长期实践得来的体会及感觉难于言表和形成文字记载。

原料选择和制作工艺大都采用目视、手触、听、闻等方法，没有具体的理化指标，全凭经验掌握。由此可见，传统涪州腌腊肉传统手工制作技艺确属典型的非物质文化遗产。

（二）原料选取

制作涪州传统腌腊肉的首选原料是涪陵当地以传统喂养方式喂养的黑土猪。黑土猪是重庆地方猪种资源中的一种珍贵品种，其全身毛色为黑色或黑青色，头大额宽，额部和后驱有明显的厚褶皱，当地农户多称之为"寿字头"。黑土猪肉红肌纤维多，肉色近于牛肉，脂肪洁白如雪。肉质富有弹性，肉嫩味鲜，熟肉口感劲道，具有浓郁醇香的猪肉原味。过去，涪陵农村没有实行人畜分离，往往是一家人做过饭后，紧接着开始给养的几头猪喂食。通常把玉米、麸皮、马铃薯等"农家粮"混在一口锅里，

趁热腾腾时弄碎、煮熟后喂给猪，称之为熟喂。以这种传统的喂养方式喂养的猪，生长速度较缓慢，出栏时间在1年左右，这也是传统涪州腌腊制品数百年来保持独特品质和风味的重要因素。

（三）选肉整形

制作传统涪州腌腊制品的猪肉，宜选取肥瘦相连的后腿肉或五花三层肉，刮去表皮肉垢污，切成0.8～1千克、厚4～5厘米的标准带肋骨的肉长条；如制作无骨腊肉，还要剔除骨头。如是制作香肠，猪肉则选取夹缝部位，肥瘦以三、七开为宜，不能太瘦，否则太硬，去皮洗净后切成细长条备用；将猪小肠洗净后先将其吹胀，两端扎紧，凉于备用。

（四）配制辅料

制作传统涪州腌腊肉时必须加上相关配制香料，方能更具独特的地方风味。传统涪州腌腊肉的配料一般有食盐、白酒、胡椒、花椒、辣椒、八角、桂皮、茴香、丁香、肉豆蔻、三奈、甘草、荜茇、酱油、糖等。辅料配制前，先把花椒炒热，再加入食盐炒烫，倒出晾凉。最后将食盐压碎，花椒、茴香、桂皮等香料晒干碾细。配料的比例、用量、配放的依据是世代口授心传的涪州腌腊肉制作经验积累，一般人不易掌握，易弄巧成拙，让天然的腌腊味被遮盖。

（五）腌制加工

涪州传统腌腊肉腌制加工主要有3种传统工艺。

1.干腌

切好的肉条用干腌配料擦抹擦透，用经过炒烫晾至温热的花椒和盐揉搓，按肉面向下的顺序放入缸内，最上一层皮面向上。剩余干腌配料敷在上层肉条上，腌渍3天翻缸。

2.湿腌

将腌渍好的无骨腊肉放入配制的腌渍配料液中腌10余小时，中间翻缸2～3次。

3.混合腌

将肉条用干腌配料揉搓擦好后放入缸内，倒入经灭过菌的陈腌渍配料液淹没肉条，混合腌渍中的食盐用量是此工艺成败的关键。

（六）晾晒风干

腌制加工15天之后，把肉拿出来，用刀尖或竹签将肉块一端的肉皮部位刺穿，并用麻绳结套拴扣，再把肉块悬挂于通风的地方，充分晾晒。冬季长江边气候干燥、风力强劲，一般五六天即可将肉里的水分充分晾干。

（七）烟熏烘烤

传统涪州腌腊肉的烟熏烘烤方式特别讲究。首先体现在熏料上的选择上，多选用由香樟、柏木、大料、糯米和各种香料制成的熏料，并在熏料上加橘皮少许，可使腌腊肉的香味更加浓郁。早年涪陵民间的熏烤方式多是将肉挂在灶口上方，生火做饭时，肉便在氤氲烟气中慢慢被熏烤，直到熏干。现在则多挂在熏房或大铁桶内，引燃熏料后封闭熏房或铁桶，暗火温熏。熏烟均匀散布（不可有明火），熏房或大铁桶内初温高，数小时后逐步降低，一般须熏上10～15天，肉熏得久，其腌腊制品才会色彩黄亮，烟熏咸香味也会醇厚。

（八）储存食用

腌腊制品的传统储藏方法是取挂于灶台顶上，或置于家中阴凉通风之处，涪陵民间也有将腊肉洗干净，晒干后用稻谷或糠壳掩埋于储物器皿中保存的。制作好的涪州腌腊制品在自然环境下可以保存3个月左右。现有最好的储藏方法是将腊肉抽真空后包装，或用保鲜膜包裹后置于冰箱冷藏，一年四季均能品尝。传统涪州腌腊肉性味咸甘平，具有开胃祛寒、消食等功效，各类人群均可食用。在涪陵民间，传统腌腊肉的烹制没什么特别讲究，一般家常菜皆可伴佐，炒、炖、蒸都醇厚爽口。

四、技艺传承

涪州腌腊肉传统制作技艺已被录入重庆市第五批市级非物质文化遗产项目名录，技术总监姚德平为涪州腌腊肉传统制作技艺的代表性传承人。

第三节　九龙坡白市驿板鸭

白市驿板鸭，九龙坡区特产，因产于原巴县白市驿而得名，素以色、香、味、型俱佳而闻名于世，是重庆著名特色小吃、"中华老字号"，其制作技艺被列入重庆市市级非物质文化遗产项目名录。

一、产品特点

白市驿板鸭已有100多年历史，经腌渍、烘烤等多道工序精制而成，腊香可口、余味无穷，是高蛋白、低脂肪、饮酒佐餐之佳品。

白市驿板鸭选料严格，制作精细，配方独特。白市驿板鸭以2斤半左右的肥鸭为原料，宰杀、褪毛、去内脏后曝干水分，再用食盐、花椒、胡椒、八角、白糖、甘松等10多种调料反复腌渍；为腌渍好的鸭子擦去污物，用竹片撑开后风干；把谷壳点燃，熏烤板鸭，烤好后外涂香油、包装即可。这种板鸭是半熟品，不宜久存，冬季可储存半月至1个月；夏天只能存放2天左右。

二、历史渊源

白市驿乃成渝古道第一驿站，商旅频繁，自古热闹，盛产白酒，饭馆酒楼遍设于市。白市驿板鸭因产于原巴县白市驿而得名。

"板鸭下美酒"的盛名，吸引过往客商纷纷停驻品尝；而"带板鸭，馈亲友"的习惯，更令白市驿板鸭之名不胫而走。当地人见板鸭制作过程中有以鲜竹二片支撑整形的环节，便给板鸭另冠了一个雅俗共赏的别名，由此形成了一句歇后语：白市驿板鸭——干绷。这句歇后语至今仍流传于川渝地区。

白市驿熏烤板鸭，已有百余年历史。

民国二十六年（1937年）向楚编印的《巴县志》卷十一"农家副业"一章中，载有巴县农家多养棚鸭，不缺乏制作熏烤板鸭的货源；《巴县志》卷十二中又记道："至乡镇间小工业，四十年前……白市驿之熏鸭，木洞镇、冷水乡之糖果，岁各货数千金，皆手工业也……"以此推算，白市驿熏鸭早已著称于乡镇之外，经过多年发展和修志过程中的反复考证，方记入县志。

又据曾在白市驿经营板鸭店的商界老人曾树云口述：相传，清同治年间，白市驿宰牛师傅张金山在成都见到"卞一芳"饭馆挂着用竹片绷衬、未经熏烤的风干白鸭，于是就买回几只，与开烧腊店的杜三毛等人商议，准备仿照"卞一芳"的做法，将风干鸭用谷壳、柏枝烟熏加工。经过多次模仿试制、

反复改进，他们竟做出了别具风味的板鸭，口味较以前的风干白鸭更进一筹。于是，张金山与杜三毛等人决定合作经营板鸭生意，在白市驿衙门口对面（现白市驿粮站位置）开设了白市驿第一家板鸭铺。经过不断改革、摸索，增用了火硝腌渍，改自然风干为熏烤，最后使用烘炕等工艺方法，做出了独具特色的白市驿板鸭，从此生意兴隆，供不应求，引得全街酒家纷纷仿制。

1940年6月，白市驿飞机场建成通航，驻有的数百名苏美空军地勤人员、一些高级要员、名人硕士、国内外过往乘客等经常出入其间，白市驿板鸭作为重庆特产，成了这些人招待宾朋、馈赠亲友之上品，时常被带往欧美等地。

抗战胜利后，白市驿板鸭的作坊也由起初的2～3家发展到13家。

三、制作工艺

白市驿板鸭经20几道工序精心制作而成，产品腊香可口、回味无穷。其中，关键加工工艺可以总结为7个字——"相、屠、划、腌、绷、烘、熏"。

相——非病、残、乳鸭，选壮鸭。

屠——活鸭宰杀从人工屠宰改为机械化屠宰，采用食品级石蜡脱毛，避免传统松香给人体带来的危害。

划——划鸭讲究"十八刀"，取糟粕，留精华。

腌——将腌渍盐与天然香辛料粉混合均匀，用手轻撒在鸭体上，腿部、颈部及杀眼应适当多用盐。

绷——2块竹片交叉绷于锁骨至腿部，绷腿成扇形。不刺穿鸭体，不破坏表皮。

烘——控制烘房温度，烘烤后的鸭胚表体微红。

熏——将烘干后的鸭胚平放于烤折上，烤折放于生好火的熏灶上，谷壳熏烤，火力均匀，无明火，勤翻动，熏制好后的板鸭表体褐色，肉质玫瑰红色，色泽均匀。

四、发展历程

中华人民共和国成立后，地方政府积极支持发展白市驿板鸭这一地方特产。1951年，白市驿的板鸭店组成了联营商店，按照《重庆市工商局组织联营暂行办法》（1951年9月7日）有关规定，因势利导，给予政策支持，促进了板鸭生产的发展。经过1952年"五反"运动和1956年私营工商业的社会主义改造，白市驿板鸭行业组织成了合作商店白市驿板鸭厂。1959年4月，成立国有巴县白市驿农产品制造厂。1959年9月，在重庆大阳沟开设了第一家重庆白市驿板鸭店。1960年，白市驿农产厂正式申请注册了"白市驿"牌商标。1960年2月，《人民画报》用图片介绍重庆市场情况时，其中有一画面介绍了白市驿板鸭的相关情况。1964年，重庆市外贸部门和白市驿板鸭厂负责人将板鸭带到了广州交易会上参展，受到外商一致好评。1964年以后，重庆市外贸部门先后多次又将白市驿板鸭运到广州交易会，在国际市场上展销。

1969年，白市驿板鸭改由巴县白市驿区食品站经营。

"文化大革命"中农民发展副业受限制，农村棚鸭减少，原料缺乏，白市驿板鸭业也遭到破坏。1976年后，白市驿板鸭很快恢复了传统的工艺和生产，产销量和年产值都迅速上升。

1981年4月，重庆白市驿板鸭厂成立后，技术部门就板鸭的主、辅料和全部工艺流程进行试验。首先，把原来的凭经验、随手投放腌渍辅料的办法改为"按比例衡量、适量投放法"；其次，改自然晾干为烘干，并对产品和生产质量加强管理；新建了生、熟板鸭加工车间、储存冷库和活鸭短期育肥池；建立化验室，使用仪器测定板鸭的理化、卫生指标，保证产品质量。

1985年11月中旬，在北京举办的共有亚洲和太平洋地区20多个国家参加的首届国际博览会上，白市驿板鸭受到中外人士好评。1985年3月，朝鲜民主主义人民共和国鸭业发展加工技术考察团来白市驿板鸭厂考察后，给予了很高的评价。1986年4月，受朝鲜邀请，商业部组织的由重庆白市驿板鸭厂、南京板鸭厂、北京"全聚德"烤鸭店员工组成的中国鸭技术加工考察团回访了朝鲜，同年7月，白市驿板鸭被商业部列为中日食品、机械合展的产品之一。

五、荣誉认证

2011年，白市驿板鸭被商务部认定为"中华老字号"，白市驿板鸭传统制作技艺被列入重庆市市级非物质文化遗产项目名录。

第四节　永川松花皮蛋

永川松花皮蛋，永川区名特产，地理标志商标产品，传统地方名品。

一、产品特点

永川松花皮蛋具有即无铅、呈松花纹、蛋清茶色透明、蛋黄橘红油润的特征。正宗的永川松花皮蛋，松花朵朵，若隐若现，茶色蛋白，橙色蛋黄，犹如琥珀含珠，千姿百态，栩栩如生。松花是蛋白质在水溶过程中生成的盐类和游离的氨基酸沿不同的方向扩散而形成的结晶花纹。由于类似松针，故称松花皮蛋。

永川松花皮蛋的特点是配料均匀，壳无破损，敲摇时有颤动感；去壳后，蛋体完整，蛋白呈茶褐色或墨绿色，凝固成半透明体，显出松花，富有弹性；蛋黄表皮外黄内绿，剖开后现一道道彩色的圆圈；蛋心呈棕红色半固体，固而不坚，稀而不流；盐味适宜。水分66.19%，蛋白质18.41%，脂肪12.78%，碱度7.18%，灰分2.18%。

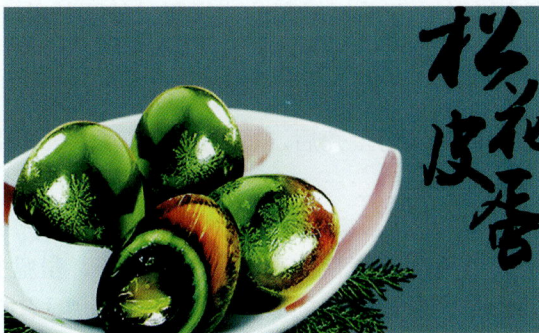

二、历史渊源

永川松花皮蛋始创于1822年（清道光年间），至今约有近200年历史。中华人民共和国成立后，永川松花皮蛋由永川县食品公司归口经营。通过不断革新制作工艺，提高了永川松花皮蛋质量，增加了产量，成为永川的名优特产，畅销巴渝，走向全国。1981年，永川松花皮蛋被评为四川省优质产品。

三、生产环境

永川松花皮蛋生产区域位于长江上游北岸，属于亚热带季风性湿润气候，平均气温18.2℃，最高气温39℃，最低气温2℃，年平均降水量1 042.2毫米，平均日照1 298.5小时，年平均无霜期317天，永川全境植被茂盛，森林覆盖丰高。境内小安溪、临江河、大陆溪，九龙河、圣水河和龙溪河6条河横

贯南北。长江干流在南部通过，过境全长21.5千米。境内溪流纵横，水资源丰富，自古有在溪河、池塘、水稻田间自然放养鸭子的习俗，鸭子吃小虾、田间野草，所产鸭蛋蛋黄大且黄、蛋清清而稠，含有丰富的蛋白质、不饱和脂肪酸及卵磷脂，为永川松花皮蛋的生产提供了良好的条件。

四、加工工艺

（一）选蛋

大小一致，蛋壳无异物、污斑、污点或变色，蛋形正常，蛋壳完整、无破裂损伤、面平整紧密，气室完整、无气泡，且蛋黄轮廓完整、无异物及不良气味。

（二）配料泥

按照配方标准准确称取各种原料，然后把茶叶末煮沸5～8分钟，用茶水将草木灰化开，再放入食用碱中拌匀，最后放入食盐和松柏枝，搅成糊状，要随配随用，以免降低功效，所用配料严禁使用黄丹粉。

（三）包料

包料时，操作者要佩戴乳胶手套，用料匙取料泥一小团，约30～40克，放在左手的谷或锯末上，取蛋1枚，两手轻轻翻动滚揉蛋，使蛋的外壳均匀地包上3毫米厚的料泥。

（四）滚壳

料泥包匀蛋壳后，将蛋放入稻壳中滚一下，防止相互黏结。

（五）装缸

滚壳后的蛋横放在缸内，放整齐，呈盘香形，缸内不宜放得过满，缸的顶部应留有空隙。缸口遮好后必须密封，使之不漏气，然后贴上写有封缸日期的标签。

第五节　老四川牛肉干

老四川牛肉干，綦江区特产，重庆市知名产品、原四川名牌产品、"中华老字号"。

一、产品特点

老四川牛肉干，蛋白质含量高，营养丰富；而且选料精，无盘头、无脂肪。以优质鲜牛肉为主料，配以砂糖、川盐、天然香料、精炼植物油等辅料，用桂皮等多种名贵中药材，辅以白糖等五香原料，经过10余道工序精制而成，具有独特的五香味。配料独到，精工细作，风味独特，品质优良，回味绵长，乃居家、旅游、馈赠之佳品。

二、历史渊源

老四川牛肉干的生产历史可追溯到1929年，当时重庆鸡王街（现民国路）有个叫温文伯的人，以售卖卤制牛肉为生，他有家传秘方，同时在实际操作中不断地完善和改进秘方，因此制作的牛肉与众不同，在当时的消费人群中口碑非常好，形成一批忠实的消费者。后来他又开始琢磨，将卤牛肉切成筷子粗细的丝条，用杠炭文火烘烤，这样做出来的五香牛肉干香味独特，食之回味绵长，口中生津，余味沁人心脾，耐咀嚼。既扩大了销路，又增加了品种，久而久之，在当时的重庆小有名声，人们便给他起了一个外号——"温牛肉"。

1937年，抗日战争全面爆发后，国民政府移都重庆，下江人（到四川的外省人）大增，重庆更加繁华，"温牛肉"的生意越来越火红。由10多人的手工作坊扩大为有60多人的简单小厂，生产牛肉干及瓜子、桃片、豆干、糕点等小食品，他以自己在鸡王街的住宅为厂址，取名"民福食品厂"。每天生产牛肉干200多斤，夏天畅销时日产千斤左右。民福食品厂属温的私人企业，他先后招收学徒传技，粟超银、陈光年、潘福生、蒋自革等一批学徒先后进厂，经师徒几年共同努力，不断开拓新的品种，如多味果汁牛肉干（橘子香型、樱桃香型、桃子香型等）、五香牛肉干、麻辣牛肉干、烟熏牛肉干、咖喱牛肉干、灯影牛肉干、沙嗲牛肉干和松花牛肉干等。随着重庆与其他省份的交往日渐增多，民福食品厂的牛肉干搭乘轮船，由重庆运至沿江的大城市——武汉、沙市、九江、上海、杭州等地的商店销售，名声沿江而下，逐渐响亮起来。

1978年后，民福食品厂的牛肉干产量逐年增大，1983年年产近百吨，1989年年产六七百吨，销售至西南各省，批量销往沿海地区和北方，赢得了各地客商的赞誉，还参加了国家、省、市各级主办的各种展销订货会、名优商品评比会。

三、荣誉奖项

1988年，老四川牛肉干被商业部评为"优质产品"；1991年，被国家旅游局评为"优质产品"；1992年，"金角"商标被四川省工商行政管理局评为"著名商标"；1993年，被四川省人民政府授予"名牌产品"称号；1998年至今，为"重庆市著名商标"；2006年12月，获商务部"中华老字号"称号；2012年12月，被评为"重庆名牌产品"。

第六节　綦江东溪刘氏黑鸭

东溪刘氏黑鸭，綦江区特产，"重庆老字号"，綦江区名特优旅游商品。

一、产品特点

黑鸭配方在东溪古镇已流传千年，如今保留正宗味道的只此一家。30年老汤加30多种药材，选天然喂养的优质鸭子秘制而成，外表呈黑色、外焦内嫩。初入口微甜，后咸香，继而吮指回味，口味浓郁，鲜香味美。

二、产地环境

东溪镇位于长江上游地区、重庆綦江区南部、贵州大娄山脉北端，与贵州省习水县接壤，是万盛石林、铜鼓滩漂流、南川金佛山、江津四面山等景区的重要中转地。

东溪镇历史源远流长，于公元前202年建场，名万寿场。唐高祖武德二年（619年），在此设丹溪

县；唐太宗贞观十七年（643年），撤丹溪县为镇；宋、元、明、清为安里统治中心，属县行政公署所在地。东溪建镇1 300多年，建场2 200多年，古镇街道依岩靠水，因地就势而建，聚散错落有致，山回谷转，移步换形。其历史之悠久、环境之独特、民风之古朴、文化之丰富、技艺之精妙、布局之别致，凸显古镇风貌。素有"渝南第一山水古镇"的美誉。是中国国家历史文化名镇、"重庆十大名镇"之一。

三、发展历程

东溪刘氏黑鸭是东溪古镇刘氏四兄弟联手打造的，传承了4代人的手艺，已经有90多年历史。1979年，位于东溪镇的东溪刘氏黑鸭酒楼正式营运。东溪黑鸭选用的是农家散养黑鸭，每只3.8～4斤，宰杀去毛、洗净、去内脏、去除血水，加盐达到基盐本味，加30多种中药材腌制2小时，把握火候，以低温清油炸制而成，不用防腐剂，不用染料，也不用人工合成香料，只用纯天然的中药香料，肉质细嫩，入口化渣，回味悠长，是典型的"三高"（高质量、高磷脂、高硫水化合物）"三低"（低脂肪、低热量、低胆固醇）营养食品。中央电视台《中国味道》栏目组曾到店拍摄纪录片，东溪刘氏黑鸭在当地多次获得奖项。2017年，荣获"重庆老字号"称号。

第七节　荣昌卤鹅

荣昌卤鹅，荣昌区特产，集川菜和粤菜之长，先后荣获"中华名小吃""中国名菜""重庆老字号"等荣誉称号，入选重庆市市级非物质文化遗产项目名录。

一、历史渊源

荣昌卤鹅为川卤系列的一个品种。川卤的形成始于秦惠王统治巴蜀时期。到西汉时，由于井盐被大量开采和使用，川人"尚滋味，好辛香"的饮食习惯已经初步形成。西汉人杨雄在《蜀都赋》中就有"调夫五味，甘甜之和……五肉七菜，朦厌腥臊，可以练神养血腠者，莫不毕陈"的记载，调夫五味讲的就是卤水的调味方式——川卤烹制方式的形成。明末清初，著名的"湖广填四川"移民大潮使大批两湖、两广地区的老百姓来到荣昌，并带来了各地的饮食习俗和烹饪技艺，形成了兼具川菜、粤菜等多种地方风味的移民菜肴，荣昌卤鹅就是其中最具代表性的特色移民美食之一。

据《荣昌县志》记载，清光绪年间，荣昌白鹅就被列为荣昌县的重要特产。1989年，荣昌白鹅成为国家级保护鹅种，是荣昌县宝贵的地方资源。2006年，荣昌白鹅被列入国家级资源保护名录，2011年，荣昌卤鹅制作技艺成功申报重庆市非物质文化遗产，2012年，荣昌白鹅成功注册地理标志商标，2018年，荣昌白鹅获评生态原产地保护产品。2013年8月，荣昌白鹅获评"重庆老字号"。

二、产品特点

健康、养生、美味，是荣昌卤鹅最鲜明的三大特色。色泽金黄发亮、五香味浓、粑软适中、骨质松脆、骨髓香滑、肉感香嫩、调料微辣、口感适宜，姜葱味齐备，充分体现了荣昌卤鹅既有粤菜注重用料选料、味道清鲜、油而不腻的特色，又有川菜调味多变、口味清鲜、醇浓并重、

适应性强、麻辣浓郁的地方风味，充分体现了包容求索、革故鼎新的填川移民饮食文化精髓。

荣昌卤鹅以鹅为主料，以在2012年获得地理标志产品保护的荣昌白鹅为最优。科学研究显示，鹅肉含蛋白质、脂肪、维生素A、维生素B、烟酸、糖等成分，除此之外，鹅肉还富含人体必需的多种氨基酸以及微量元素，不饱和脂肪酸含量高，对人体健康十分有利。

荣昌卤鹅的卤料包含20多味中药材，经过一代又一代人不断配制改良，药性更为温和，具有补脾益气、滋咳润肺、顺气消痰、益气补虚、宣通五脏的食疗养生效用，可控制糖尿病病情发展，对治疗感冒、急慢性气管炎、慢性胃炎、老年浮肿、肺气肿、哮喘、痰壅有良效。

三、产地环境

"养好鹅、出好鹅、好卤鹅"。荣昌卤鹅美，荣昌卤鹅香，首先要归功于当地地道食材——荣昌白鹅。作为国家唯一的现代畜牧业示范核心区，全国首个以农牧为特色的国家级高新区，荣昌地处重庆西部和四川东部交界的丘陵地带，地势平缓，土地肥沃，平均海拔380米，全区土壤质地良好，气候温和，雨量充沛（年平均降水量1 099毫米），四季分明，夏季闷热多雨，气候潮湿，属典型性亚热带季风气候。水利资源充足，区内径流量3.25亿立方米，有濑溪河、清流河等148条溪河。充足的水域、适宜的气候、肥沃的土壤，充分满足了白鹅的养殖条件。

荣昌白鹅体躯呈椭圆形，全身羽毛洁白，喙、胫、蹼呈橘红色，虹彩蓝灰色。公鹅体形较大，头颈稍粗，体重4.4～5千克。母鹅体形略小，头清秀，颈细长，体重4.1～4.7千克。荣昌白鹅体质结实，外形俊美，具生长快、育肥周期短、耐粗饲、产蛋量高、体重大、繁殖力强、养殖效益高等特征。更重要的是荣昌白鹅营养丰富、肉质好、口感好、味道鲜美。

四、制作工艺

荣昌卤鹅的"炼制秘诀"，一是卤水调制，二是卤制火候。

（一）卤水制作

1.原料选择

（1）调味料。川盐、冰糖、老姜、大葱和料酒。

（2）香料。山奈、八角、丁香、白蔻、茴香、香叶、白芷、草果、香草、橘皮、桂皮、筚拨、千里香、香茅草和排草等20多味中药材。

（3）汤原料。土鸡骨架和荣昌猪的筒子骨。

2.卤汤熬制

将土鸡骨架和锤断的猪筒子骨用冷水汆煮至开，去其血沫，用清水清洗干净；重新加水，放入拍破的老姜和留根的大葱，烧开后，用小火慢慢熬成卤汤待用，忌用大火熬成浓汤。

3.糖色炒制

在锅中放少许油，加上处理成细粉状的冰糖，用中火慢炒，待糖由白变黄时，改用小火，糖油呈黄色、起大泡时，快速端离火口继续炒，由黄变深褐色、大泡变小泡时再上火，加少许冷水，再用小火炒至去糊味，即为糖色，要求糖色不甜不苦，色泽金黄。

4.红卤水熬制

（1）把握好各种香料的比例配置。卤水中的香料经水溶后，会产生各自的香味，但香味有易挥发和不易挥发的差异，为了达到标准，工作人员要不断试味，待确认符合卤制原料的香味要求后方能卤制。在试味过程中应随时做好香料投放量的记录，以便及时增减香料。

（2）把握好香包的制作。把所有香料拍破或者改刀，用香料袋包好打结。香料袋应为洁净的纱布，包扎不宜太紧，略有松动。香料袋包扎好后，先用开水浸泡半个小时再使用，这样可去掉沙砾和减少药味。

（3）把握好水和香料的用量比例。新卤水如果是10千克水，用500克左右香料为宜；如果是6千克水，用300克香料，以此类推。

（4）把握好糖色用量。红卤糖色应分次加入，避免汤汁影响颜色，以卤制的鹅肉呈金黄色为宜。

（5）把握好熬制红卤水。把制作好的香包放入锅中，先单独用开水煮5分钟，捞出后放到卤汤里，加适量的盐和糖色，用中小火煮出香味，制成初胚红卤水。

（二）白鹅卤制

1.食材准备
将荣昌当地产的白鹅宰杀去毛，把内脏取出，清洗干净、晾干，此是全鹅。鹅内脏需单独卤制。

2.鹅肉卤制
全鹅用料酒、姜、大葱和川盐码制1个小时，然后放入加适量盐的冷水锅中，用中火慢慢烧沸，直至肉断生，鹅肉捞出后用清水清洗干净，再放入卤水中用小火慢慢卤制1个小时左右，即可起锅。要求色泽金黄，五香味浓郁，香软可口。

3.内脏卤制
鹅肠和鹅肝等内脏由于水分足，不利于籴水，必须用卤水单独卤制，忌把鹅内脏放进卤水汤锅里卤制，以免影响卤水质量。先把鹅内脏清洗干净，用料酒、精盐和姜片码制10分钟，卤水500克左右加适量的盐和鲜汤煮沸后，把鹅内脏放入卤汁里，用筷子不断搅动10秒左右，起锅即可食用。

4.技术要求
卤鹅是用以水加热的烹饪法制作而成的，在处理调味料与香料的过程中，要遵循以下3项技术要求。

（1）适时更换香料袋。卤水用于卤制后，香味会逐渐减弱，在香味不浓郁时，应及时更换香料袋，使卤水始终有浓郁的香味。

（2）把握好咸味。工作人员每次投放原料时都必须尝试味，判断咸味是否合适，卤品带走多少盐就及时补充多少盐，使卤水始终保持恰到好处的咸味。

（3）勤加汤汁。卤制过程中，卤水沸腾产生蒸汽，会使卤水逐渐减少，要及时补充水分。

（4）注意卤水中忌加酱油。红卤中的金黄色为糖色，不能以酱油代替，加入酱油的卤水经氧化后会发暗发黑。

五、产业发展

2017年，荣昌区卤鹅年产量为300万~400万只，产值近3.2亿元。"三惠鹅府""小罗卤鹅"在成都、重庆等地每天销售数千只。

第八节　梁平张鸭子

张鸭子，梁平区特产、重庆名牌产品、重庆市著名商标、"重庆名牌农产品"；获评"中华老字号""中国驰名商标"；卤烤工艺被列入重庆市市级非物质文化遗产项目名录。以张家三代祖传卤烤工艺制成的张鸭子以干、香、瘦的特色闻名，为重庆一大特产，2010年，张鸭子卖出百万只，成为重庆人最爱吃的卤菜。

一、产品特点

张鸭子精选优质生态老麻鸭，体重严格控制在2.8~3.8斤，以几十种天然香辛料作为原料，运用独特家传秘方，经过多道工序精细加

工烹制而成，单只净重在500克左右，不添加人工色素和防腐剂。产品以干、香、瘦为主要特点，具有卤香纯正、厚重、味道鲜香等特色。

二、历史渊源

张鸭子创建者张兴海（1921年生）自幼好水喜鸭，爱做鸭肴美食，早年随其义父张良俊在万州太白岩设店开铺卤烧腊，品种只限动物肉类。中华人民共和国成立以后，张兴海回到原梁山县，定居于西中街"三关殿"处，他继承其义父的卤制技术，同时开始研究卤鸭料方及技术，在传统烧腊卤制的基础上，着手研究以鸭子为主的禽类卤制品，他精心调制方剂，反复试制，终于于1953年成功研制出具有独特卤香味的卤烤鸭，即张鸭子烧腊，从此，以主人姓氏得名的张鸭子在梁平声名鹊起，闻名州县。

张兴海于1976年2月将店址迁至梁平县梁山镇大河坝街318国道线要道处，扩大了经营规模，修建了卤烤鸭小作坊，同年8月，张兴海在开发卤鸭系列产品23年的技术总结和秘方研究的基础之上，再次调整卤味配方，由原来的28味名贵卤料增加到36味名贵卤料，着重研究提升产品味道的秘制卤方，再次成功创建出了独特卤烤鸭系列，成为巴渝地方名特小吃。

1992年6月，张兴海借改革开放之势，进一步拓展经营思路，在梁平县梁山镇大河坝街138号扩建了生产厂房，盖了张鸭子大酒楼，再次扩大了生产加工卤制鸭的场地和餐饮营业面积。因而进一步扩大了影响，张鸭子品牌影响力从四川成都逐步扩大至下川东到湖北。

1996年，梁平张鸭子由张恒琼承接（属第三代传承人），在其夫刘昌仁的大力协作下，与西南大学食品科学学院友好合作，不断探索新技术，大胆改良传统工艺，以生态鸭为主要原料，以秘制的48味名贵卤料和食用调味品为辅料，运用现代科技和专用设备，精工卤制，高温灭菌，真空包装，开发精装礼盒鸭、精装礼袋鸭、精装鸭掌、精装鸭胗、精装鸭翅和散装产品等29个新品种及系列特色"鸭菜品"。

三、品牌创建

张兴海定居原梁山县西中街后开始潜心研究卤鸭料方技术，到1953年成功研制出独具特色的卤烤鸭。改革开放后，为区别于其他同类产品，1992年开始生产包装卤烤鸭系列产品，并向商标局申请"张鸭子"商标，几经周折，于2011年3月取得由商标局发放的核准注册号为3883264的"张鸭子"商标，2012年，"张鸭子"获得"中国驰名商标"称号。

四、加工工艺

白条鸭—清洗整理—腌制—除水—卤制—烘烤。

（一）白条鸭

土麻鸭，重量1千克左右

（二）清洗整理

鸭子开膛，取去内脏，用清水洗净。

（三）腌制

将大料打成粉，和食盐混合均匀，然后将混合料均匀搓在鸭身上，放入容器中腌制24小时。

（四）除水

锅中烧好热水，将鸭子放入锅中煮制10分钟。取出后吹干水分。

（五）卤制

将调料配好。烧开，将鸭子放入锅中，关火，保持微开，加上锅盖，焖煮2小时，中途翻动1次。再闷2小时，待鸭子入味，肉质煮过心后取出。

（六）烘烤

将鸭子一只一只挂上架，炉膛升好温后放入挂好的鸭子，保持炉膛温度，慢慢烤制，等鸭子表面水分烤开、有油脂析出，关火，在炉膛内保持一段时间再取出，即可食用。

五、产品质量

（一）原料鸭

生长周期超过200天以上，重量在2.8～3.8斤。

（二）成品鸭

表面干燥，色泽金黄。无烟味，卤香味浓郁。水分小于60%，蛋白质大于30%，脂肪小于5%、食盐小于4%，亚硝酸盐小于30毫克/千克。

六、荣誉认证

2007年，"张鸭子"被重庆市人民政府授予"重庆名牌产品"称号，同年，重庆市梁平张鸭子食品有限公司通过ISO9001质量管理体系认证。

2008年，"张鸭子"商标被重庆市工商行政管理局认定为"重庆市著名商标"。

2009年，"张鸭子"商标被重庆市名牌农产品认定委员会授予"重庆市名牌农产品"称号。

2010年，"张鸭子"获"中华老字号"称号。

2011年，梁平张鸭子传统制作技艺入选重庆市非物质文化遗产。

2012年，"张鸭子"商标荣获"中国驰名商标"称号。

第九节　梁平谢鸭子

谢鸭子，始于20世纪80年代初，梁平区特产，"重庆老字号""重庆市著名商标"，获"中国名优食品"称号。

一、产品特色

谢鸭子选料讲究，所用鸭为农产品地理标志产品——梁平肉鸭，肉质细嫩；制作精细，由20余种香料卤制而成，其卤香味清纯、香酥入骨、回味悠长；营养健康，不含色素、不含防腐剂；真空包装美观大方。

二、加工流程

（一）原材料采购验收

经卫生检疫来自非疫区，供货者提供许可证和产品合格证明文件，用于生产加工的鸭肉色泽正常，

外表有光泽，要求干净、无污物；变色、变质、有异味的鸭肉不能用于生产加工。将经验收的鸭子放入恒温（−10 ～ −18℃）的冷冻库内，并做好入库记录。

（二）清洗、加热

将干净的鸭子放入沸水锅中，加适量食盐，加热30分钟以除去鸭肉中的血水，取出鸭子后清洗鸭子外部（去毛、除血渣等异物）。

（三）配料

根据原料数量，按标准定量投放辅料（食盐、味精、冰糖、香辛料）。为了保证产品风味的一致性，辅料由专人专管，每次配料和投料都要做好相应的记录，以防止发生错放、漏放或过量的情况。

（四）卤制

将清洗干净的鸭子放入卤锅中煮制，火温控制在100℃左右卤制3 ～ 4个小时，随时注意锅中卤水的温度。

（五）烘烤

将卤制好的鸭子取出药渣，逐个悬挂在烘烤架上，推进烘烤房，烘烤温度为95℃，时间为6小时左右，烘烤后，鸭子外形完整，表面干爽并有特定的香味。

（六）冷却

将烤后的鸭子放入冷却间冷却至常温。

（七）包装

修剪冷却后的鸭子，把碎骨、硬的肉丁修剪平整（以免损坏包装内袋），按包装要求真空包装鸭子，并注意观察是否有胀袋情况（若有胀袋情况应及时补修，再真空包装），包装外观应自然、结实。包装材料应符合食品安全国家标准及有关规定。

（八）二次灭菌

将真空包装好的鸭子放入121℃灭菌锅中30分钟，以达灭菌效果，蒸煮灭菌后不影响鸭子原本的风味。

（九）成品包装

为灭菌后无胀袋的卤烤鸭加上外包装，储存在成品库待售。包装标志、标签应符合《包装储运图示标志》（GB/T 191—2008）和《食品安全国家标准　预包装食品标签通则》（GB 7718—2011）的规定。

（十）出厂检验

每批产品经重庆市梁平谢鸭子食品有限公司质检部门检验合格，并附产品合格证明后方可出厂销售。出厂检验项目为：感官、菌落总数、大肠菌群、净含量（表10-2-1、表10-2-2）。

表10-2-1　谢鸭子感官检验项目

项目	指标	检验方法
色泽	具有谢鸭子固有的色泽	将样品倒在白瓷盘内，在自然光处目测、鼻嗅、口尝
滋味与气味	具有谢鸭子固有的滋味及气味，无异味	
杂质	无正常视力可见的外来杂质	

表10-2-2　谢鸭子微生物检测项目

项目	指标	检验方法
菌落总数/（CFU/克）≤	30 000	《食品安全国家标准 食品微生物学检验 菌落总数测定》（GB 4789.2—2016）
大肠菌群/（MPN/100克）≤	90	《食品安全国家标准 食品微生物学检验 大肠菌群计数》（GB 4789.3—2016）

净含量应符合《定量包装商品计量监督管理办法》的规定。按《定量包装商品净含量计量检验规则》（JJF 1070—2005）的规定方法测定。

（十一）运输

运输工具应洁净、干燥、无污染，不得与有毒、有害、有腐蚀性、有异味的物品混运。产品在运输过程中应轻搬轻放，严禁摔撞、挤压。

（十二）储存

产品应储存在清洁、阴凉、干燥、通风的库房内，严禁露天堆放、日晒、雨淋或靠近热源。不得与有毒、有害、有腐蚀性、有异味的物品混储。库房应有防尘、防蝇、防鼠等设施。

第十节　城口老腊肉

城口老腊肉，城口县知名度最高的特产，地理标志商标，重庆市名牌产品，重庆市市级非物质文化遗产项目名录产品。以沿袭500多年历史的民间加工秘方，经特殊传统工艺熏制而成。享有盛誉，且是唯一出口俄罗斯及东南亚的腌腊制品。经中国农产品区域公用品牌价值评估，城口老腊肉的品牌价值达3.86亿元。

一、产品特点

成品城口老腊肉色泽黄亮，气味腊香。煮熟切片，肥肉黄灿晶亮，瘦肉枣红油润。入口肉香味浓，肥而不腻，瘦而耐嚼。口感极好。可切而食之，称"菜板肉"，亦可搭配辅料做出多种菜肴。

城口老腊肉选用大巴山多种树木作熏制原材料，用秘制配方佐料手工腌制，以农家传统方法熏烤2个月左右而成。

二、产地环境

城口县地处川、陕、渝3省份相交的大巴山腹地。平均海拔1 000米。大山纵横,溪河密布,气候温和,空气洁净,为原生态环境。具生物种类富集、土特产品多样的特点。制作老腊肉的猪肉源于富锌、富硒区域千家万户小群饲养的当地土猪。饲料为自产粮食及副产物,未用配合饲料、添加剂,肉质优良。加工配方科学,熏制方法独特。

三、历史渊源

相传清嘉庆年间,部分白莲教教徒被清军追剿,逃至城口深山躲藏数月,时值寒冬,粮食紧缺。为渡难关,教首下令在山中捕杀野猪。吃掉肚腑,猪肉抹盐后以烟火熏干储藏。后人们吃熏制猪肉觉得比鲜肉味道更好。于是附近村民竞相效仿,杀猪后用同样的方法腌熏,形成独具特色的城口老腊肉。

清代学者严如煜《三省边防备览》载:"山中多苞谷之家,取苞谷煮酒,其糟喂猪""一户中喂猪10余口,卖之客贩或赶赴市集""或生驱出山,或腌肉作脯转卖"。道光二十四年(1844年)之《城口厅志》亦有山民养猪熏制腊肉的记载。当地土猪用粮食及副产品喂养,以传统方法腌制熏烤,形成独特风味。

随着生产方式的改变,农户作坊式喂养、制作,向工厂(公司)化生猪喂养、腊肉加工一条龙、产业化转变,品种多样、包装精致的城口老腊肉成为城口县最具代表性的土特产品之一。

四、加工流程

(一)收购优质猪肉

收购的猪肉要求健康无病,皮肤无红色病变斑点,瘦肉率达标,肥膘厚度不超4厘米,经检疫人员严格检疫合格后方可入厂。

(二)分割加工

猪肉剔骨,按生产要求分割,分成不同部位、不同重量的小块肉,要求修割整齐。

(三)腌制

分割好的小块肉进入腌制车间,按比例加盐,力求均匀一致,入池腌制24～48小时。

(四)熏制

将腌制好的猪肉用绳系好,挂入熏制车间。晾24～48小时,让水分自然滴出。随后以小火熏45天。熏制期间上下层猪肉要逐步互换,以保熏制均匀。

(五)烧皮

用喷火焚烧熏制好的小块腊肉表皮,以将皮烧泡变黑不破为宜。浸泡半小时左右,用刀刮除表皮黑垢显黄,洗去油污烟尘,洗至水清肉净。

(六)清洗、灭菌、消毒

清洗过的小块腊肉去除杂质后脱水、灭菌、消毒。

（七）包装

将处理好的猪肉真空包装，质检合格后贴上标签，打包投入市场。

城口老腊肉精深加工主要工艺来源于《食品安全国家标准 腌腊肉制品》（GB 2730—2015）农产品标准和重庆市腊肉地方标准《城口老腊肉》（DB50/208—2007），同时严格按照《城口老腊肉》（DB 50/208—2007）标准生产加工。

五、产业发展

城口在全县选择养猪基础条件较好的明通、庙坝、修齐、高观、北屏、龙田、葛城、治平等乡（镇），建立养猪示范小区和良种繁殖场，发展年出栏1 000头商品猪的猪场5个，年出栏100头商品猪的猪场100余个。2010年，城口老腊肉产销突破100万千克，实现产值2 600万元，财税增收250万元；带动当地农户2.2万个，户平增收1 000元以上。2017年，生猪存栏19.30万头，累计出栏24.58万头，产业覆盖全县25个乡（镇、街道）185个行政村，直接带动贫困户3 500余户。现已发展专业养猪户上万个，3万余农民养殖粮食猪提供腊肉原料。城口老腊肉加工生产企业、大户60余家，年加工3 500吨，销售金额1亿元以上。城口老腊肉不仅在重庆市内外享有盛誉，还远销港澳地区，出口俄罗斯及东南亚国家。

六、相关研究

城口县多家农业龙头企业既生产又研发，将传统工艺与西南大学科研成果相结合，用新工艺、新技术生产城口老腊肉，降低了腊肉中的有害物质，不断提升城口老腊肉品质。

七、荣誉认证

城口老腊肉产品注册了地理标志商标。先后获得"重庆市名牌产品""重庆市食品行业质量放心产品"称号及"重庆市知名产品"证书、第三届中国重庆名优农产品展示展销会最受消费者欢迎奖、重庆市第七届迎春名特优新商品展销会"消费者喜爱产品"，多次斩获中国西部（重庆）国际农产品交易会"最受市民欢迎产品"等荣誉称号。2007年，经商标局正式核准，城口老腊肉注册为地理标志产品。

八、新闻事件

城口老腊肉多年处于"养在深闺人未识"的状态。其知名度的提升得益于重庆电视台《新闻扶贫，功在千秋》栏目的大力推广。1997年，重庆刚刚直辖，重庆电视台大型系列报道《渝疆万里行》采访团夜宿巴山，在城口县左岚乡齐心村时任村支书家吃到香喷喷的城口老腊肉，赞不绝口。该节目播出后因"直辖效应"引起轰动。城口老腊肉经节目介绍后声名远扬。

第十一节　丰都麻辣鸡

丰都麻辣鸡，重庆丰都县特产，被评为"重庆老字号""重庆市著名商标"，其传统制作技艺被列入重庆市市级非物质文化遗产项目名录，获"中华名小吃"和"中国最佳名小吃"称号。

一、产品特点

产品原料为丰都当地散养土鸡，麻辣鸡块红亮鲜艳、麻而有度、辣而不燥、麻辣鲜香、味厚醇浓、肉嫩细脆、香气扑鼻、色泽鲜美，肉质筋道紧实却不塞牙，被红油和芝麻包裹着的特制土鸡肉入口化渣，麻辣的后味是一丝若有若无的回甜。

二、产地环境

丰都县地处四川盆地边缘，境内地形起伏大、多山地，森林覆盖率高，植被丰茂，生态环境好，农民自古有养殖土鸡的习惯，其规模数只至数十只不等。散养的土鸡信步于农家庭院、疏草林地，从地面或者植被当中自由地寻找食物，如各种虫子、各种植物的果实、茎、叶等。这些天然的食物不仅可以保证鸡的风味和绿色健康，而且可以补充鸡体所需要的矿物质元素和一些营养物质。以自然找食为主，辅以玉米、豆饼、碎米等五谷杂粮，任其自然生长，优胜劣汰，物竞天择，这样养出来的鸡抗逆性强、毛色鲜亮，虽然生长速度慢，但肉质特别好、味道鲜美，营养丰富。

三、历史渊源

丰都麻辣鸡也叫鬼城麻辣鸡，其起源与丰都鬼城的传说是分不开的。从汉朝开始，丰都便在平都山（今名山）大兴土木，在唐朝时修仙都观，即如今的"天子殿"。仙都观门前左右站立有高2米的鸡脚、无常二神。白面无常爷迎孝接善；青脸鸡脚神锁恶拿顽。传说鸡脚神生前为一只好色的大公鸡，做尽淫秽之事，死后虽有悔改之心，当了无常的跟班，但民间始终对其憎恶唾弃，以鸡代替鸡脚神，更以吃鸡寓以吃鸡脚神。民间吃鸡，将其大卸八块，拌以麻辣大料，鸡本身的鲜香与辣椒、花椒等混在一起，特别美味。人们吃麻辣鸡，既可得食美味，又泄了心头之恨。鬼城麻辣鸡逐渐流传开来，同时也成就了一道地方名小吃。由此推断，丰都麻辣鸡最早可追溯到唐宋时期，并一直发展延续至今。

丰都麻辣鸡的起源也有另一说法，即是受江湖菜"水八块"的影响而产生的。丰都民间有每逢腊月必杀年猪的习俗，有人在无意之间，将"水八块"作料与鸡肉拌在一起，鸡本身的鲜香与辣椒、花椒等混在一起，特别美味，麻辣鸡于是便逐渐流传开来。

丰都麻辣鸡的两种起源传说虽都无史料考证，但也足以说明丰都麻辣鸡源于民间，历史悠久，是人民大众智慧和文化的结晶。

200年以后，丰都大型的麻辣鸡生产企业主要有孙记麻辣鸡、富利麻辣鸡、胡太婆麻辣鸡等，其中孙记麻辣鸡曾在全国美食节获得金鼎奖。

孙记麻辣鸡历史悠久，传承人的祖上孙德旺是丰都县八角庄（现丰都十直孙家坝）人，早先做粮油生意，后来改做麻辣鸡。孙记麻辣鸡最初只是当地名不见经传的一家门面小吃，后来的传承人范淑英及其丈夫经过多年苦心经营，终于把丰都麻辣鸡产业做大做强，并让麻辣鸡从路边摊食变成中国著名小吃。1993年，范淑英摆了一个地摊开始经营麻辣鸡，从采购到制作、销售，肩挑手提，早出晚归，

亲力亲为。2年后，她租了一间门面正式经营麻辣鸡。2002年，注册了"孙记麻辣鸡"商标，并在丰都新县城开了第一家分店。2003年，孙记麻辣鸡荣获"中国最佳名小吃"称号。2010年9月，华明孙记麻辣鸡、香肠、牛肉干等系列产品顺利通过食品质量安全QS认证，也是全国麻辣鸡系列产品中唯一通过QS认证的系列产品。丰都孙记麻辣鸡传统制作技艺已被列入重庆市第四批市级非物质文化遗产项目名录，范淑英为该非物质文化遗产传承人。

四、加工工艺

（一）加工流程

1.原辅材料选

原材料为丰都本土散养的雄性红花土鸡，该土鸡羽冠红亮，毛色金黄鲜艳，羽尾黑亮修长，鸣叫高亢，鸡肉紧实；其养殖过程中不添加催肥剂等影响鸡肉品质的添加剂，林下散养，养殖周期10～12个月，体重达到1.6千克左右才能选用。

辅料主要有辣椒、菜油、香料等。

2.鸡肉预处理

鸡肉在沸水中预煮、余水，去除血沫及杂质，待鸡肉煮出的血沫大部分被去除后即可捞出沥水、滴干，自然冷却后备用。

3.鸡肉煮制

选不锈钢大桶（锅），盛净水，加花椒、生姜、大料，包括草果，肉蔻等香料，以大火将水煮沸，保持沸水熬制10分钟左右，然后将预处理后的鸡放入沸水中，让水淹没鸡，在沸水中煮20分钟。煮时要注意观察，控制火候，切不可将鸡煮烂，要保持土鸡外形的完整，鸡煮熟即可，然后捞起、滴水、沥干，在自然条件下降温至常温状态即可。

4.制作辣椒油

将铁锅加热后倒入植物油（菜籽油）少许，将菜籽油熬制好后加入精选的干辣椒，小火炒制10分钟左右熄火，继续翻炒3～5分钟，以防止辣椒焦煳，辣椒冷却后用手工舂制至大部分颗粒不大于3毫米，备用；选不锈钢大桶（锅），盛油60%左右，放置在大火中，待油温达到200℃，维持此温度5分钟左右即降低火力，使油温下降至150℃左右，放入舂制的干辣椒面，维持此温度熬制10分钟后，加花椒粉再熬制5分钟，关火，自然冷却至常温，盛出备用。

5.麻辣鸡块拌混

将煮熟的鸡切块（片），然后按照1千克鸡配料300～500克辣椒油，加味精、花椒粉、食盐、芝麻粒和辅助香料等，拌匀后浸泡15分钟即可使用或真空包装。

6.产品包装

20世纪90年代末以前，丰都麻辣鸡块散装于碗、盘、盆中，即制作即食用。其后，有一定规模的店铺、商家采用食品级塑料袋真空内包装，外包装为精美纸质盒。

（二）质量控制

1.原料质量控制与检测

制作丰都麻辣鸡的原料为散养的丰都当地雄性土鸡，养殖周期为10～12月龄，经过当地畜牧兽部门的疫病检测合格。

2.成品及辅料检测

卫生指标符合《食品安全国家标准 畜禽屠宰加工卫生规范》（GB 12694—2016）、《中华人民共和国食品卫生法》规定。质量安全符合《中华人民共和国产品质量法》规定。

五、产业发展

（一）土鸡养殖

1.建立土鸡繁育体系和示范养殖基地

随着丰都麻辣鸡销售渠道日益拓宽，从农户收购的土鸡已不能满足加工需要。2012年，丰都县在虎威镇大池村9社，建林下土鸡养殖场300余亩，作为麻辣鸡原料供给基地、推广标准化养殖的示范基地和土鸡繁育基地。采取林下散养、五谷饲喂、并以基地为辐射带动、发动农户入社养殖土鸡，入社养殖农户达1 200多户。基地年出栏土鸡4万～5万只，孵化培育土鸡脱温苗（雏鸡）100万只。

2.土鸡养殖基地

建立养殖专业合作社，给农户发放土鸡苗并签订合同回收所发放的全部土鸡，带动3 000余农户年增收万元以上，取得显著经济和社会效益，在丰都县形成了完整的土鸡产业链。

（二）现代化生产

采取统一鸡苗供应、统一防疫接种、统一饲料喂养标准、统一养殖技术标准、统一宰杀加工、统一包装销售的"六统一"方法。采取沼气和发酵处理鸡粪，充分保证质量安全、节约资源和保护环境的要求。加工方面，2015年在水天坪工业园新建标准厂房，配置相应的检验检测仪器，加工环境、加工过程和产品生产严格执行国家食品卫生法和国家食品安全法的相关规定和要求。

六、荣誉认证

2011年，丰都麻辣鸡被重庆老字号认定委员会认定为"重庆老字号"。

2017年，丰都麻辣鸡在第二届重庆文化消费季之重庆非物质文化遗产嘉年华活动中，荣获2017年"最受市民欢迎的非物质文化遗产"50强。

丰都"华明孙记麻辣"获"重庆市著名商标"称号。

第三章
酒 类 产 品

第一节 江津白酒

江津白酒，俗称江津老白干，是重庆具有悠久历史的传统名酒，多次获得省级、国家级奖项。

一、历史渊源

江津是有名的美酒之乡，酿酒历史源远流长。江津酿酒业最早可追溯到南宋时期，柏林镇东胜乡白鹞沟石室墓出土的宋代陶瓷酒器即可佐证。

清乾隆《江津县志·赋役志》记载，早在明朝嘉靖年间，江津就缴纳土贡"酒税钞八十五贯八百元"。这是记载江津酒最早的文字。

清代金融学家周洵（字宜甫）所著《蜀海丛谈》记载了四川酒税收入"以江津、泸州、绵竹等产酒之区，收数最旺"，江津名列榜首，可见江津酿酒业在清代之兴盛。

清末民初，江津酿酒业开始逐步壮大，江津沿街槽坊、酒肆无数，形成了酒香飘万里的壮美画卷。《白沙镇志》载："清朝初年，白沙酿酒业兴起，当其盛时有槽房300余家"。

1908年，江津酒厂集团前身——"宏美槽坊"在千年历史文化名镇——白沙镇诞生。

酿酒世家樊氏家族创立了白沙镇最大的槽坊——"宏美槽坊"，当地爱酒人士称其所产的酒"宏美酒香传千里，更胜三碗不过冈"。1939年，樊氏家族以"宏美槽坊"的酿酒技艺为基础，融汇多年来的酿酒经验和感悟，总结编写出了《樊氏酒酽法》，形成了百年经久不衰的特色工艺。

1951年9月，江津县专卖事业管理局在白沙创办宏美公营酒厂，下设城关、德感、仁沱3个分厂。1953年，改名为国营白沙酒厂。1956年，由白沙迁至德感，成立地方国有江津县酒厂。1961年，注册"几江"牌商标，1964年，生产的高粱白酒开始以"几江"牌商标装瓶销售。

从20世纪60年代初起，江津酒厂按计划给青海、西藏、上海、甘肃、成都、重庆、凉山、甘孜、阿坝、温江、乐山等地加工白酒。1972年还承担了500吨出口加拿大的白酒加工任务。

1978年十一届三中全会以来，江津酒厂集团奋发图强、锐意进取。经过30多年的发展创新，江津酒厂集团的产品结构日臻完善。逐步形成了由几江元帅酒、金江津酒和老白干组成的高、中、低档多

元化产品结构，销售网络已覆盖全国近30个省份。

二、产地环境

江津位于长江之滨，地理坐标为北纬28.5°、东经106°。雨量充沛、日照充足、植被茂盛，被联合国粮食及农业组织专家论证为"在地球同纬度带最适合酿造优质纯正蒸馏酒的生态区"，被誉为"天然物种基因宝库"。这里的生态与环境特征是发展白酒酿造产业不可多得的天赋，其特有的微生物种群群落与土地、空气完美融合，形成了得天独厚的酿酒条件。

三、生产情况

（一）生产流程

1.原材料的保障

江津白酒的原材料为长江沿岸特有的红糯高粱。江津酒厂集团在西南大学技术力量的大力支持下，通过"公司 + 农户"生产模式，在江津龙华镇和白沙镇建设金江津高粱基地，高粱质量、收益均有了明显提高，产品质量也有了保障，实现了企业与农民共赢。

金江津高粱基地通过几年的探索与努力，在基地建设管理、生产种植、高粱收购、储存加工、有机管理体系等方面形成了一套较为成熟的农业产业化经营新模式，在实现农户增产增收、带领农民致富、确保江津区高粱产业链的形成和整体升级等方面成效显著。同时，建设金江津高粱基地也是江津酒厂集团坚持打造"纯粮"品牌的一大举措，进一步保障了江津酒厂集团安全、优质绿色有机原料的供给，为酿造元帅酒、金江津酒等高中端白酒奠定了良好的基础。

2.生产设备

2011年6月24日，金江津酿酒生态园盛大开园，江津酒厂集团拉开了二次创业的帷幕。生态园占地350亩，投资3.5亿元，新建了宏美酒坊、宏美酒窖、办公大楼、现代化灌装车间、勾储车间等，集生态酿酒、工业旅游、酒文化展示于一体。

小曲白酒发酵设备主要有水泥池、条石窖、陶缸或不锈钢设备。全自动化灌装生产线由全自动洗瓶机、全自动灌装机、全自动封口机、全自动贴标机、全自动烘干机、全自动封箱机6部分组成。用4个字来概括——"多、快、好、省"。多指新设备多，新工艺多；快指生产速度快，产量提高快；好指产品质量好，员工素质好；省指人员省，物料损耗小。从曾经的一条生产线至少需要三十几个人操作，变为只需要十几二十个人就能正常运作。此外，参观者还将见到最神秘的灯检区，这里肩负着保证质量的重担，"海陆空"三位一体检测产品质量，避免了不合格品流出，确保100％的出厂合格率。

3.加工工艺

（1）酿酒制造工艺流程。整粒高粱—浸泡—蒸煮（初蒸—闷水—复蒸）—出甑摊晾—下曲培菌—续糟糖化发酵—蒸馏—原酒—陈酿—勾调—灌装—成品

（2）主要工序的作用机理

①泡粮：去掉粮粒表面的异、杂味和高粱皮层的单宁等有害成分，有利于提高产品质量；同时使粮粒吸水均匀，便于加热蒸煮。

②蒸粮：蒸粮的目的是使粮粒进一步吸收水分，受热膨胀，达到粮食糊化、提高淀粉碎裂率的目的。

③初蒸：初蒸是使粮粒受热的一个过程，便于粮粒闷水时吸水充足。

④闷水：闷水可使粮粒进一步吸收大量的水分，蒸粮的高温和闷水的温度结合，形成一定温差，淀粉粒遇冷收缩形成的挤压力量使淀粉细胞破裂，从而达到粮食糊化的目的。

⑤复蒸：复蒸可使粮食所含淀粉彻底糊化，有利于糖化和发挥发酵作用，提高产品的口感、质量。淀粉糊化后才能被微生物较好地利用。

⑥培菌：小曲白酒生产培菌（以前称糖化）的主要目的是使根霉菌和酵母菌在熟粮上生长繁殖，扩大培养以达到或接近旺盛期，达到一定的数量，分泌一定量的糖化酶和酒化酶，为淀粉变糖、变酒提供必要的糖化酶和酒化酶。培菌需要合适的温度、湿度和氧气含量。

⑦发酵：小曲白酒的发酵设备主要有水泥池、条石窖、陶缸或不锈钢设备。

⑧产品包装：江津酒厂集团的产品历来采用玻璃瓶或者陶瓶包装，外观清透大方，利于保存。

4.综合利用

作为我国生态酿酒领域的先行者之一，江津酒厂集团正在努力依托"生态酿酒"，完成酿酒产业从单纯依赖自然环境到理性建设、保护环境的升华。不仅建设了绿草如茵、鸟语花香的金江津生态园，同时也在逐步建立"低投入、低耗用、高产出、无污染"的良性循环生产链，充分、合理利用产前、产中、产后涉及的资源，节能降耗、清洁生产，全面实现资源的最大利用和循环使用，从而形成一条新的产业链，推动酿酒经营模式质的转变。此外，酿酒产生的酒糟还为养殖户提供了丰富的饲养资源材料。

（二）产品质量管理

重庆市江津酒厂（集团）有限公司生产和检测、检验设备先进，技术力量雄厚，已通过ISO9001质量管理体系认证，被评为"国家A级标准化良好行为企业"。

在江津酒厂集团，全部产品都有完整的质量管理与控制体系。对原料采购、生产制造、包装出厂、市场营销、售后服务等环节实行全过程质量控制，严格班组、车间、公司三级质量管理机制，自上而下层层把关。在长期实践中，形成了6S现场管理模式和体系认证相结合的食品质量安全保证体系，先后通过了质量、环境、食品安全、计量检测、酒类等级优级认证等体系及产品认证。

与"过程管控"相配套，"标准建设"是江津酒厂集团质量的另一个重要构成部分。江津酒厂集团制定并实施了304项技术标准、122项管理标准、128项工作标准。产品合格率保持100%，优级品率达90%以上，主导产品登上白酒市场质量评选红榜。

四、产品研究

江津酒厂分别与西南大学、四川轻化工大学、重庆酒类管理所等科研机构建立了人才培养关系。

江津酒厂集团已累计投入数亿元用于科技研发，科研工作硕果累累，各类科技成果先后获得商务部优秀科技成果完成证书。

主要研究成果主要表现在以下5个方面。

（一）小曲酒生产工艺的改革

地窖大规模发酵、通风凉糟、行车运输。江津酒厂集团是目前全国唯一一家采用半机械化大规模生产小曲酒的企业。

（二）杂交饭高粱降低杂醇油

采用双酶发酵、双水泡粮等技术，添加糖化酶发酵，成功解决了用杂交饭高粱生产小曲酒杂醇油偏高的难题。

（三）金江津酒的研发

在保留传统几江小曲酒生产工艺的基础上，科研组自创发酵工艺，自研生香酵母，大幅度提高酒中陈香的呈味物质含量，使乙酸乙酯提高2倍，达150毫克/100克以上。由于其具有清香经典的独特风格，被评为"中国小曲白酒香型代表"。

（四）5项技术改进

1.白酒蒸馏冷凝装置

采用温度传感器实时显示和精确调控酿酒用水温度，使粮食的蒸煮糊化率达98%以上，实现了自动化、精细化操作。

2.白酒甑桶用甑箅

白酒甑桶用甑箅可减少垫底谷壳的用量，同时不减少甑箅单位时间的蒸气通过量，解决了大量使用谷壳造成的基酒糠腥味偏重问题。

3.白酒生产用摊晾晾床

白酒生产用摊晾晾床可使蒸煮出甑后的粮食原料得到良好的通风冷却，保证了酿酒过程的清洁卫生，确保了基酒的优良品质。

4.小曲固态法白酒蒸煮蒸馏两用甑盖

小曲固态法白酒蒸煮蒸馏两用甑盖既可用于白酒生产的蒸煮工序，又可用于蒸馏工序，节约了白酒酿制生产中的装置成本，且结构简单，使用方便。

5.利用小曲固态白酒丢糟生产的酸味调味酒

小曲固态白酒丢糟糖化发酵一段时间后起窖，蒸馏后所得酒液窖藏3个月后即得酸味调味酒。酿造出的酸味调味酒香型白酒清澈透明，酒香优雅，入口丰满醇厚、纯净回甜，回味留香持久，小曲香型风格典型突出。

（五）五粮型小曲白酒的成功研发

五粮型小曲白酒以川法小曲酒生产工艺为基础，将高粱、大米、糯米、小麦和玉米按黄金比例搭配，创新完善了泡粮、初蒸、闷水、复蒸、摊晾下曲、培菌糖化、发酵、蒸馏等工序的工艺参数和操作技术要点，酿造出了香、浓、甜、净兼具的五粮小曲香型白酒，克服了单粮型小曲酒酒体单薄、欠丰满醇厚的问题。

六、荣誉认证

"几江"牌白酒1963年被列入四川名酒行列；1988年，获"优质产品"称号；1993年，被评为"四川七大名酒"之一，获全国轻工业博览会银奖；2010年"几江"牌金江津酒被中国酿酒工业协会评为"中国白酒小曲香型代表"；2011年"几江"牌金江津酒荣获"中华老字号"称号；2011年、2014年、2015年、2016年，"几江"牌金江津酒荣获渝、闽、湘、鄂、桂、赣酒类质量评比金奖；2017年"几江"牌小清酒荣获渝、闽、湘、鄂、桂、赣酒类质量评比金奖。

第二节　永川永松白酒

永松白酒，重庆老字号，是在传承百年的高粱酒酿造基础上配以地下泉水，以永川当地优质糯高粱为原料生产的典型小曲清香型酒。永松白酒酒体醇和、回甜、清爽、尾净，是浸泡中药的理想选用酒。

一、产品特点

永松白酒以高粱等粮谷为主要原料，以大曲、小曲或麸曲及酒母等为糖化发酵剂，经蒸煮、糖化、发酵、蒸馏、陈酿、勾兑制成，又称烧酒、老白干等。酒质无色透明，气味芳香纯正，入口绵甜爽净，酒精含量较高，经储存老熟后，具有以酯类为主体的复合香味。

二、产地环境

重庆永川区史料载有"高粱酿酒制作法"，阐述的内容实为固态发酵与固态蒸馏的高粱小曲酒制作法，至今已有700多年历史。在四季分明、雨量充沛、光温水同季、主体气候显著的生产环境中，在不断栽种与收割、留种与选育的长期优选中，糯高粱的优良品质被持续提炼并长久保持。

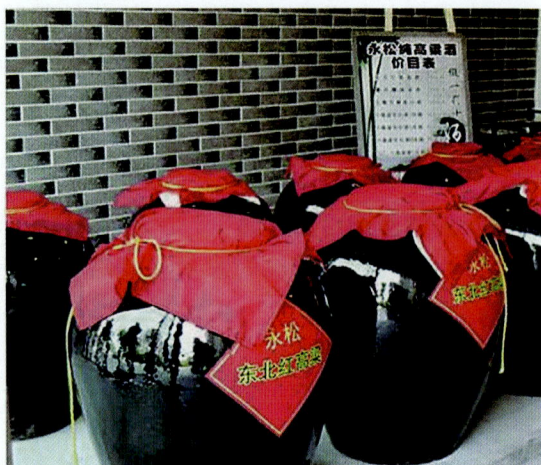

三、生产工艺

凭借历史积淀的精湛传承，辅以现代化的生产设备，高科技的检测手段，新技术、新材料、新工艺的研究和应用，永松白酒一直保持卓越的品质、过硬的质量。永松白酒的酿造流程有泡粮、初蒸、闷水、复蒸、出粮、摊凉、下曲、培菌、入窖、装瓶、蒸酒、出酒。

四、历史渊源

20世纪40年代，永松槽坊是永川双石场有名的酿酒作坊。永松槽坊的老板姓黄，名字叫黄永松，黄永松的祖籍在东北，其祖辈在老家就是做酒出身。1941年2月，黄永松在双石场租了两间门面，开了一家永松白酒槽坊。槽坊背靠寨子山，引用寨子山中的泉水酿酒，酿出的酒口感醇和回甜，永松槽坊的酒远近闻名。

1956年，国家成立了糖酒专卖局，开始实行公私合营。当时的四川省永川县捐税局联合大兴槽坊、朱沱酒厂、双石永松槽坊等多个当地老作坊，在城关镇新成立了第一家地方国有酒厂。

1956年，永川的高粱酒生产从家庭作坊迈向了工业化生产的新模式，双石永松槽坊由此更名为永川县国营酒厂双石分厂，开始生产高粱酒，为县瓶装酒厂提供基酒保障。对外，一直以永松白酒的名义销售。

2001年10月，在国家工商行政管理总局商标局注册"永松"商标。

2003年，张代吉重组双石酒厂，任总经理，并以全资收购形式重组了双石酒厂。

2006年，张代吉和家人投资200万元，成立重庆永松白酒制造有限公司。

第三节　潼南涪江大曲

潼南涪江大曲，是选用优质高粱等原料，经独特的加工工艺制成的浓香型白酒，多次荣获国内、国际奖项。

一、产品特点

潼南涪江大曲，选用优质高粱、糯米、小麦、曲药等原料，经独特加工工艺制成的浓香型固体发酵白酒，质量过硬，具有酒体醇厚、浓香馥郁、绵软爽净、香味协调、醇和甘甜、余味悠长的特点。

二、产地环境

潼南区位于长江上游地区、重庆西北部，地处渝蓉地区直线经济走廊；是成渝新型工业基地、渝西生态文化旅游目的地、中国"西部绿色菜都"。区内水资源丰富，涪江、琼江贯穿区境，是道教至尊陈抟老祖的故里。

制作潼南涪江大曲酒的水取于涪江河，涪江发源于雪山，自西向东从高山地带注入四川盆地，经渗透形成丰富的地下水资源，其水质清冽甘醇，天然绿色，极适合酿造高品质白酒；再加上四川盆地的气候温润潮湿，最适合酵母菌的生长。俗话说，水为酒之血，只有好水才能出好酒。

三、历史渊源

潼南涪江大曲的历史可追溯到民国初期，迄今已有100多年，酿酒业开始兴起。据潼南县志记载，民国时期，潼南从事食品加工的手工作坊主要为粮油和酿造业，资料记载，到民国三十八年（1949年）全县播种高粱3 541亩，总产量达230吨。中华人民共和国成立后，经过20世纪50年代的公私合营，个体作坊开始整合，成立了各区供销社酒厂，到20世纪60年代，酿酒颇具规模，全县的高粱产量达770吨，可以酿酒300吨左右。

1979年，四川省潼南县酒厂完成了"涪江"牌商标的注册后，为了进一步扩大生产，1984年，投资2 000多万元，完成了年产2 000吨白酒的投资项目，并于1985年年底正式投入生产，产品在全国多个省份销售。

1986年，中央军事委员会副主席杨尚昆回潼南老家，涪江大曲为接待用酒，受到随行人员好评，并将此酒作为家乡特产带回北京收藏。

四、生产情况

（一）原材料

潼南涪江大曲的主要原材料是优质高粱、糯米、小麦、曲药等。高粱别称蜀黍、桃黍、木稷等，为禾本科一年生草本植物，在中国分布极广。

糯稻脱壳的米在中国南方被称为糯米，而北方则多称为江米。中国南北均有白糯米产地。

小麦是一种在世界各地广泛种植的禾本科植物，我国小麦栽培遍及全国。

曲药是由专用曲药厂用独特配方生产的浓香型曲药。

原材料主要从永川购入。所用曲药为泸州曲药，从泸州购入。

（二）设备（设施）

1.锅炉

容量为1.2吨的"竹根"牌天然气锅炉，用于蒸汽蒸煮粮食。

2.甑子

用食用级304不锈钢制作的高1.1米、直径1.8米的圆形甑子。

3.冷凝器

用食用级304不锈钢制作的高1.2米、直径1米的圆形器皿。

4.摊凉床

用食用级304不锈钢制作的长6米、宽3.5的镂空板，放在高2米、宽3.5米、长6米的通风池上。

5.酒窖

在地上挖长4米、宽3.8米左右池子，周围敷上人工培养的特殊窖泥。大概45个窖池整齐排列。

6.陶坛

容量为200千克的陶坛500个。

7.酒罐

用304不锈钢做的容量为10吨的酒罐40个。

8.仓库

粮食仓库4个，外包装仓库2个、瓶子仓库1个、半成品库3个、成品库2个。总面积2000平方米。

（三）加工工艺

涪江大曲生产工艺复杂，是采用老窖泥接种繁衍、双轮底发酵的方式发酵而成的。先将各种原料粉碎后按一定的比例搅拌均匀，再上蒸锅蒸煮粮。蒸好后加入70℃左右的热水（粮食的60%～90%），然后摊凉冷却。再按粮食比重25%的配比拌入曲药，搅拌均匀后放入窖池发酵，发酵的温度需要维持在室温16～28℃，在粮食发酵70天后再上蒸锅蒸馏出酒，去掉首、尾酒，将最好的酒存入陶瓮储存。储藏最少1年以后，再勾调出合适度数的酒灌装销售。在生产的过程中，从原料购进到生产出成品酒，层层把关。每一批次一定要自检和送国家有关机构检验合格后方可销售。

（四）产品及质量

1.产品

2018年出厂的产品有：52度国香涪江大曲（红盒红柱锥形瓶包装）、52度盛典涪江大曲（白盒白锥形瓶包装）、42度珍品涪江大曲（红盒白锥形瓶包装）、52度新高档涪江大曲（白盒白柱锥形瓶包装）、35度新高档涪江大曲（白盒白柱锥形瓶包装）、35度精制涪江大曲（黄盒白柱锥形瓶包装）。

2.质量

第一，严把原材料进货关，验证供应商的资质，确认原材料检测报告。

第二，生产过程做到人、物分流，防止交叉污染。

第三，改进落后设施、设备。

第四，增加化验环节和频率，防止漏检。

通过以上措施，确保了产品的安全性和质量。

五、荣誉认证

1984年，潼南涪江大曲获商业部"优质产品"称号；1985年，获商业部"银爵"奖；1988年，在中国首届食品博览会上获"金牌"奖；1989年，"市优"复评合格后再次蝉联"部优"，并获"金爵"奖；1990年，获巴蜀食品节金奖；1994年11月，获巴拿马国际金奖；2001年、2004年、2007年3次获得重庆市"名牌产品"称号；2004年，通过ISO9000质量体系认证；2013年、2014年，获重庆市商业委员会"重庆老字号"称号；2014—2017年，连续4年荣获渝、闽、湘、鄂、桂、赣、滇酒类质量检评金奖。

第四节　梁平大观白酒

大观白酒，产于重庆市梁平区大观镇。以高粱或玉米为原料，利用莲花山、滴水岩、清凉洞汇流而出的山泉水，采用传统固态酿酒工艺精心酿造而成。

一、产品特点

大观白酒是在传承大观老白干非物质文化遗产酿造工艺的基础上，添加菌种种类、延长发酵时间、分段取酒、分段储存等方面做了大量的改进而成的新产物，口味更加纯真。其主要特点：有不低于一个自然年存储时间；有饮不刺喉，酒后不上头，回味爽，余香久的品质。

二、产地环境

大观镇地形以山区为主，有少量丘陵。西北部外山与梁平东山平行，延绵30多千米，海拔700米左右；东南部石岩高岭与外山平行，海拔300多米；境内的黄金河与几条支流流经全境，类似于中国名酒茅台酒产区的"三山夹两沟、两沟汇一流"的独特地貌。盆地温和气候，冬暖夏凉，无霜期长，全年平均气温为17.3℃，最高气温不超过40℃，最低气温0℃；雨量充沛，年降水量1 300～1 400毫米，地理及自然条件适宜白酒酿造产业发展。大观老白干传统手工酿制技艺是梁平政府首批公布的非物质文化遗产项目。

三、历史渊源

大观镇早期名为观音铺（明代中叶在大观建驿递铺时，因场后的观音岩而取名为观音铺）；清末民初，县以下设乡时改名为观音乡；民国二十九年（1940年），观音乡与大宝乡合并，更名为大观镇。大观镇是"梁山48场"之一，是重庆市梁平县（区）得名最早的6个场镇之一。

大观老白干曾叫"观音玉液"。梁平县大观白酒厂成立于2004年，2007年升级为重庆市大观源酒业有限公司，2011年被诗仙太白集团收购，更名为重庆诗仙太白诗韵酒业有限公司；2017年，梁平区大观白酒厂成立；2018年，经梁平区人民政府授权许可，原梁平区大观白酒厂和重庆柚花酒业有限公司组建成重庆梁平大观白酒有限公司。

四、生产情况

（一）生产流程

1.原材料与设备

（1）原材料。大观白酒的主要原料为大观镇及梁平周边市（县）所产的小红高粱、玉米。小红高粱颗粒坚实、饱满、均匀，粒小皮厚，支链淀粉和单宁含量高于其他品种高粱。

（2）设备。蒸汽锅炉、蒸锅、晾坝、窖池、酒缸等。

2.加工工艺

该酿酒法的加工工艺有泡洗除杂、蒸煮、摊晾、续渣发酵、低温入窖、固态发酵、高温馏酒、分段取酒、窖藏等。

3.产品包装

大观白酒有礼品包装、瓦罐定制和散酒。

4.综合利用

酿酒后剩的下脚料——酒糟主要作为肉牛养殖饲料，大观老白干产业的发展，在一定程度上带动了当地养殖业的发展。

（二）产品规格、质量

1.规格

（1）按售卖方式分。一是采用礼盒包装和瓦罐定制盛装不同年份的酒，按瓶出售，进入不同档次的宴席；二是按照"城区一里一店，镇乡一镇（乡）一点"的散酒计量销售。

（2）按酒精度分。原浆酒（在57度以上），高度酒（52～57度），低度酒（52度以下）。

（3）按销售价格分。通过改进工艺和窖藏方法提高产品品质后，大观白酒百元及以上1斤的散酒单品有5个以上。

2.质量检验

大观白酒和大观老白干的质量检测，由大观镇食药监部门定期抽样检测或由企业不定期送检，各项指标符合标准要求。

五、发展状况

大观镇白酒畅销重庆市内外。大观镇内有重庆梁平大观白酒有限公司、梁平区大观镇顺飞酒厂、梁平区陈大观源酒厂、梁平区安乐白酒加工坊、重庆市梁平区大观镇杜江白酒酿造厂等近10家酒厂，年产白酒500余吨。产品品牌有大观老白干、大观顺飞白酒、陈大观源、大观白酒、大观老窖、大观酒、渝野大观白酒等。2017年2月，"大观酒"被重庆市梁平区特产协会评为"梁平特产十大优势品牌"；2017年6月"大观酒"被重庆市商务委员会认定为"重庆老字号"。

第五节 垫江梅啴酒

垫江梅啴酒，古称筒酒、啴嘛酒、钩藤酒、竿儿酒等，因用竹管啴饮而得名，是中国西南地区贵州、云南、湘西和川东等地羌族、苗族、彝族、土家族等少数民族以及汉族中广为流行的一种独特的饮酒方式。啴酒作为少数民族酒文化百花园中的一朵奇葩，最早出现在西南地区一些少数民族的生活中，是一种已有近3 000年历史的低度醒糟酒，由于受民族性格、生活方式、风俗习惯、农业发展水平、酿酒技术、地理条件等因素影响，呈现出鲜明的民族特色。

一、产品特点

垫江永安镇的梅啴酒有悠久的酿造历史，生产工艺形成于18世纪初垫江县梅家场（今永安镇）永安梅氏的家庭作坊，是渝东地区民间盛行的一种自酿啴酒。垫江梅啴酒以当地高粱为主要原料，配以甘冽泉水，采用梅氏独创的"窖中窖"复式发酵酿酒工艺精心酿制而成。啴酒，作为世界上最古老的饮料酒之一，酒精度为15度上下，属低度酒，老幼皆宜饮用。啴酒，不经蒸馏，富含多种氨基酸，具有促进新陈代谢、舒筋活血、健脾开胃的作用，是一种绿色的饮品。饮用时拆开啴酒陶罐的封口，灌入开水，10分钟后插入竹管吸饮。由于工艺独特，发酵、酿制时间充足，蛋白质、氨基酸转化充分，富含人体所需的蛋白质和多种氨基酸及微量元素，具有香味浓郁、滋味鲜美、原汁原味、甘甜爽冽、营养丰富、老少皆宜等特点。适当饮用此酒，可以清热解渴、舒筋活血、健脾开胃、醒脑提神。

二、历史渊源

　　醅酒，属黄酒类，是五大酒类之一。相传为夏禹时代的仪狄发明，比杜康还早，《战国策》记载："昔者帝女令仪狄作酒而美，进之禹"。《初学记》引《世本》："仪狄始作酒醪，变五味"。后经长期传承发展，形成了许多种品类和风格。关于醅酒的起源，据《华阳国志》载，郫县有一口井，井边有竹，截竹为筒吸取井水，井水会变为酒。用其他竹子则井水不会发生变化。竹子取尽后，井水与普通井水再无不同。杜子美诗云："酒忆郫筒不用沽"，至唐时已无此奇观，故曰。井水为酒，故不用沽。今之醅酒，仿佛郫筒遗志。

　　垫江梅醅酒是垫江县有文字记载的最早的醅酒。从创始人梅普到如今经营梅醅酒的梅天成、梅亮，梅醅酒的传统酿酒工艺已历经14代300多年的传承，并于2008年4月申请注册了梅醅酒商标。

　　永安镇旧时叫梅家场，住着一位名叫梅普的大绅士，梅普有8个儿子，都在街上或县里经商，梅普则在场上开了一家酒厂和麻糖厂。由于梅普治家有方，加之儿孙后代个个勤劳，一家老小生意做得红红火火。据说，梅普酒厂和麻糖厂的工人由于工作辛苦，闲暇时就爱用麻糖下酒，不料有一回，生意非常好，酒卖得一滴不剩。工人们和梅普就把锅里的水倒进装满酒糟的大缸里，酒糟经开水浸泡后，大家都觉得很好喝，于是就改良成了如今的醅酒。

　　梅普年老后，儿孙们分了家，有的迁到了外地，梅家场就剩下老大和老幺两兄弟，哥哥经营醅酒，弟弟经营麻糖，一直持续到中华人民共和国成立前。

三、制作工艺

　　垫江梅醅酒大多以当地盛产的垫江高粱为主要原料，配上精华山甘洌的泉水，采用梅氏独创的"窖中窖"复式发酵酿酒工艺精心酿制而成。垫江梅醅酒因配方独特、工艺考究、甘甜爽洌、营养丰富而闻名遐迩，后经数代人不断改进，从民间饮料逐渐变成商品，成为宴席上独特高雅的饮料。

　　酿制醅酒的原料还有稻谷、玉米、大麦、小麦、毛稗等。

　　酿制程序：选料—浸泡—蒸煮—摊凉—下药—搅匀—发酵—摊凉—入缸—密封—储存。

　　垫江梅醅酒酿制工具有土灶、铁锅、木炭、水瓢、锅铲、木桶、凉席、灶、木盆、木铲、吊筛、斗筐、挡席、陶瓷瓦缸、稻草、蒸笼、筲箕、撮箕。

四、传承状况

　　梅醅酒至今已传承14代，从第一代梅普至第十四代梅亮已有300余年历史，至第十三代、第十四代传人时期，梅醅酒的生产规模逐渐发展壮大。

　　梅天万（1944年2月—），梅醅酒的第十三代传人，自幼跟随父亲梅永琴学习酿酒技艺，1961年中学毕业后继承醅酒酿造祖业，在先人的基础上不断改进和完善制作工艺，将梅醅酒引入复兴时期。

　　梅亮（1971年11月—），梅醅酒的第十四代传人，不仅得到父亲梅天万的真传，还完善了"窖中窖"复式发酵酿酒工艺的系统理论，不断开发与创新产品，于2004年成立了垫江县永安镇梅醅酒厂，批量生产梅醅酒系列产品，深受消费者青睐，多次荣获重庆市商务委员会、中国西部（重庆）国际农产品交易会组委会"消费者喜爱产品"称号。

第六节　忠县乌杨白酒

乌杨白酒，重庆忠州乌杨酒厂将古代房公桑落酒酿造工艺与现代酿酒工艺相结合所创制的清香型小曲白酒。其生产流程采用的乌杨白酒传统生产技艺已被列入重庆市市级非物质文化遗产项目名录。

一、产品特点

乌杨白酒选用忠县产的无公害高粱，以独特的生产工艺生产，在同类产品中，除具有小曲酒的共同特性外，还具有选料精良、配方技术特殊、采用封坛窖藏工艺的特色，酒体醇厚甘甜、清澈透明、丰满柔和、芳香馥郁。乌杨白酒含有极少量的钠、铜、锌，具有清香纯正、绵甜醇和、香味协调、后味净爽的特点，少量饮用可舒筋活血、御寒提神、增进食欲、消除疲劳、陶冶情操，有益健康，是饮用、调料、馈赠、自制药酒的佳品。

二、产地环境

乌杨白酒的原料高粱主要来自乌杨镇，该镇辖区面积96平方千米，海拔高程175～970米，地貌呈浅丘状，属亚热带东南季风气候，四季分明，雨量充沛，日照较足，无霜期长。水资源丰富，忠石大堰贯穿全镇4个村，瓦坝水库连贯2个村，土壤肥沃，农产品丰富，千年乌杨酒闻名天下。

绿色食品高粱生产基地分布在忠县乌杨街道的团结村、白坪村、太集村、兴合村、上坝村，总面积134公顷。忠县忠州酒业有限公司选择的高粱生产基地，种植区域内水质无污染，土壤肥沃，矿物质不超标，空气新鲜，生产的高粱品种优良。通过不断探索总结，已建立起"公司 + 基地 + 专业合作社 + 农户"模式。采取播前集中统一培训种植户，产中技术指导，种子、化肥等农资统一供应的办法，让种植户学会科学施肥、培土、病虫防治等技术，改变高粱种植粗放、产量低、品质差等状况。发展"大麦、红苕、高粱相结合"等种植模式，同时在幼果林地边发展"果树加高粱"等良性种植模式，将种植玉米效益较低的坡地、薄土改种高粱。

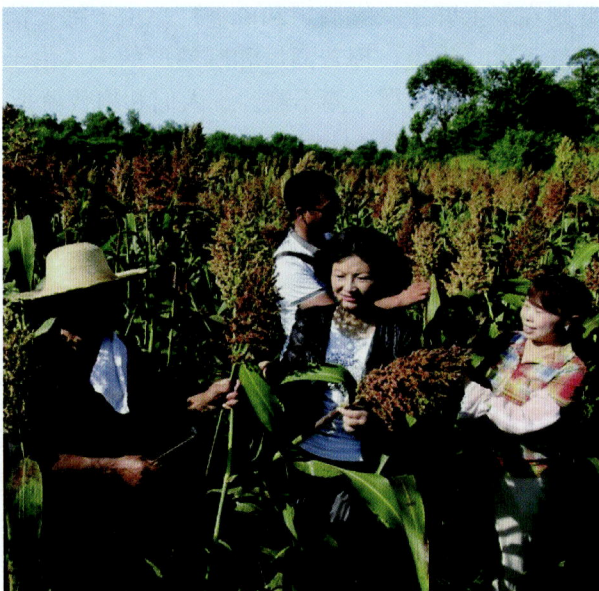

三、历史渊源

桑落酒原为汉晋时期北方佳酿，《诗人玉屑》卷16云：河中桑落坊有井，每至桑落时，取其寒暄得所，以井水酿酒，甚佳，故号"桑落酒"。此酒被《水经注》称为"方士之贡选，最佳酌矣"。据《白居易与忠州》《忠州觅珠》载：乌杨白酒最早被称为房公桑落酒，为唐元和十五年（820年）临江县（忠县）乌杨场房尚乐的祖先所创，距今约1 200年。房工桑落酒酒色清亮透明，清香扑鼻，酒度高而不辣，醇和甘爽，香气浓郁，回味悠长，因而远近闻名，白居易在忠州任职之余，曾慕名前往品尝。白居易登忠州城西荔枝楼作《荔枝楼对酒》，赞乌杨桑落酒："荔枝新熟鸡冠色，烧酒初开琥珀香；欲摘一枝倾一盏，西楼无客共谁尝。"又作诗《房家夜宴喜雪戏赠主人》盛赞此酒："桑落气熏珠翠暖，柘枝声引管弦高。"房公常在10月桑树落叶、天气初冷时酿制桑落酒，以纯高粱为原料，引方斗山泉水，窖池中铺以经霜打过的干桑叶。酿出的酒存放数月，至次年6月抬出酒坛，在烈日下暴晒，经旬不动，再窖藏数年，酒味更醇。

乌杨房公桑落酒历经数十代传承，在历史上以小作坊的形式分散于民间，乌杨场酒坊林立。因历史久远，史料极少记载，再加上一些资料散佚，乌杨房公桑落酒完整传承体系无法被清晰考证。人们为叫起来顺口，将"乌杨房公桑落酒"改称为"乌杨酒"，时有"沿河上下走，好喝不过乌杨酒"的美誉。

中华人民共和国成立后，忠县根据国家政策，对白酒实行专卖管理，通过公私合营，整合乌杨白酒生产作坊，1952年成立忠县国营乌杨酒厂。1998年11月，改忠县国营乌杨酒厂为重庆市忠县宏发酿酒有限责任公司乌杨分公司。2003年10月再次改制，重组为重庆忠州酒业有限公司乌杨酒厂。

四、生产发展

乌杨白酒的主要原料为高粱（俗名红粱）。据《忠州直隶州志》（道光、同治）记载，"粱，俗名高粱。春月布种，秋月收，茎高丈许，状似芦荻，穗大如帚，粒大如椒，赤黑色，有二种：黏者可酿酒，不黏者煮粥充饥。州人则惟以煮酒，从未有用之作饭者。"中华人民共和国成立后，忠县农户种植高粱主要有当地传统品种、红缨子、泸糯8号、晋一糯3号等品种。其中，泸糯8号、晋一糯3号属新品种，从四川省农业科学院引进，被广泛推广种植。该品种抗病虫害力强，产量、淀粉含量、出酒率高。

乌杨白酒传统的清香型小曲白酒生产技艺，结合现代微生物发酵技术，形成一套完整的生产操作工艺标准。要求生产场所空气流通，场地周围无空气污染，生产工人保持个人清洁卫生，生产场所定期消毒，每天仅在凌晨3～4时出甑，确保在低温环境下完成基酒的整个生产过程，防止基酒在生产过程中感染杂菌。

基酒生产出来后，需经窖藏、灌装等环节。窖藏要求按照接酒时的标注，分类用瓦缸盛装，密封存储于地窖，温湿度保持恒定。窖藏之地经过科学设计，具备通风、恒温等条件。在上述环境下，乌杨白酒经过挥发变化、分子缔合变化、化学变化等3种变化，除去硫化氢、硫醇、醛类等杂质，酒和水分子间的缔合作用增强，酒在醇酸酯化过程中生成新的醇类增多，使口感变得柔和、绵软，酒香更加浓郁。

灌装环节要求生产环境光照充足，设备干净整洁，工人统一着装，进入生产场所前做好消毒处理，包装好的瓶装产品分类入库，库房干净卫生、通风良好，库内温度最高不超过30℃。

2000年前，乌杨白酒的生产方式沿袭传统手工操作，基本无机器设备。2000年起，忠县忠州酒业有限公司与四川省食品发酵工业研究设计院、万县太白酒厂等单位合作，运用现代微生物发酵技术，改进基酒生产工艺。2001年，购置全新的化验检测和灌装设备，实现机械化灌装生产。2015年，通过节能技术改造，为基酒车间添置行车等新设备，提高生产效率，减轻工人的劳动强度。

使用现代工艺生产的每一瓶酒，从选用高粱开始，到灌装成瓶装酒，至少需要250天，其中基酒生产大约需要30天，窖藏至少需要180天，如果短于这个时间，就不能保证产品品质达到要求。

乌杨白酒的制作工艺主要包括粮食收购（选料）、发酵蒸馏、地下窖藏（储存）、半成品包装4个环节。其制作工序有16道。

（一）选料

选用颗粒饱满、无霉变、无杂质的红高粱。

（二）泡粮

先将水烧开，然后将高粱倒入甑内搅拌均匀，水温控制在74～76℃，密封保温浸泡10～13小时。

（三）初蒸

大火蒸20分钟左右。

（四）闷水

用40～45℃热水闷粮，水淹过粮面12厘米左右，闷20分钟后，检查高粱吸水情况，要吸水均匀，90%开始裂丝线口，不顶手，即可放掉闷水。

（五）复蒸

放水后盖严甑盖，大火蒸60～70分钟后再揭开甑盖蒸10分钟，高粱柔熟均匀，待蒸气散完、收汗即出甑。

（六）出甑

将熟粮从甑内起出，依次平铺于晾堂。

（七）摊凉

让晾堂的熟粮保持80℃品温数分钟，以达到杀菌的目的，再按先倒后翻、后倒先翻的顺序翻粮第一次，品温降至40℃左右时翻粮第二次，每次都要翻匀翻平。

（八）下曲

翻粮第二次后立即下曲（温度在30～45℃）。

（九）入箱培菌

30℃左右收箱，根据温室条件适时加盖保温，箱内最低温度保持在25～27℃，培菌24～26小时。手挤糖化液呈点滴状时即可出箱。

（十）入桶发酵

洗净发酵桶，将配糟摊开，根据气候条件调好温度，撒上培菌糟，刮平摊凉数分钟即混合入桶，根据混合糟品温及酿酒师经验适当加水、密封。

（十一）蒸馏

蒸馏前加入清水，用熟谷壳铺好甑箅，并倒入上酢酒尾，然后将发酵糟从桶内起出，均匀装入甑内蒸馏。

（十二）接酒

要做到截头去尾，量质接酒，分类标注。

（十三）窖藏

按照接酒时的标注，分类用瓦缸盛装，密封存储于地窖，温、湿度要保持恒定。

（十四）加浆过滤

经过窖藏的原酒按"先进先出"的原则，根据每个产品的酒度、口味等要求加浆降度、除杂质，检验合格后进入包装工序。

（十五）包装

包装包括洗瓶、灌装、质检、压盖、喷码、贴标、装盒、贴防伪标识、装箱打包等工序。

（十六）入库

包装好的瓶装产品分类入库，库房要干净卫生、通风良好，库内温度不超过30℃。

中华人民共和国成立前，乌杨白酒主要以散装形式销售。中华人民共和国成立后，沿袭该销售形式，供应忠县及周边市场。1986年，乌杨白酒开始以瓶装酒的形式销售。随着消费者对乌杨白酒的需求日益增加，通过多次技改，扩大产能，改进包装装潢，提高品质，由最初的单一品种，发展至2013年近20个品种，销往重庆市各区（县）以及上海、山东等地，其产值为11 618万元，销售收入达8 614万元。

五、荣誉认证

1992年，乌杨白酒新产品（52度500毫升瓶装高粱酒）在四川省首届巴蜀食品节上获得银奖。2002年，荣获重庆市酒类行业产品质量行评金奖和"重庆市知名产品"称号。2012年，荣获"重庆名特食品"称号；2013年，荣获"重庆市十大名酒""重庆老字号"称号；2014年，乌杨白酒传统生产技艺被列入重庆市市级非物质文化遗产项目名录，同年"乌杨白酒"商标获评"重庆市著名商标"。2011—2017年，连续荣获渝、湘、赣、鄂、闽、桂（5省1市）酒类行业产品质量检评金奖。

第七节　忠县"汉阙将军坊"高粱酒

"汉阙将军坊"高粱酒，是以忠县乌杨白酒的传统生产技艺生产，并经严格勾调定型而成的高粱酒。其定型后的产品曾被认为是具有很大增值潜力的高粱白酒。

一、产品特点

"汉阙将军坊"高粱酒以乌杨当地小米高粱为原料，引龙高地下泉水人工酿酒，其酒色清亮透明，清香扑鼻，酒精度高而不辣，醇和甘爽，香气浓郁，回味悠长。

二、产地环境

"汉阙将军坊"高粱酒的原料——高粱主要来自乌杨镇，该镇辖区面积96平方千米，海拔175～970米，地貌呈浅丘状，属亚热带东南季风气候，四季分明，雨量充沛，日照较足，无霜期长。水资源丰富，忠石大堰贯穿全镇4个村，瓦坝水库连贯2个村，土壤肥沃，农产品丰富。

乌杨镇杨峰、上坝、太集等村高粱种植面积400公顷，种植农户3 000余户。

三、历史渊源

清光绪年间，乌杨何氏始建"何氏烧坊"，其生产活动持续至民国。中华人民共和国成立后，忠县根据国家政策对白酒实行专卖管理，通过公私合营，整合乌杨白酒生产作坊，于1952年成立忠县国营乌杨酒厂。

经长期实践，忠县国营乌杨酒厂职工何国瑞总结出"一曲、二粮、三水、四酿、五调、六藏"的酿酒技术。1986年8月，其子何克于进入乌杨酒厂工作并传承其技艺，2005年8月获得中国酿酒品酒师注册证书，被聘为第三届、第四届、第五届重庆市白酒评鉴会评委。2003年改制创办忠县乌杨将军酒厂（2012年6月更名为忠县乌杨将军酒业有限公司）。

四、生产工艺

忠县乌杨将军酒业有限公司年产"汉阙将军坊"高粱酒1 400余吨。

"汉阙将军坊"高粱酒酿造以乌杨当地小米高粱为原料，用麦曲、米曲作糖化发酵剂，采取下窖、取酒封坛的酿酒工艺。新酒烤出后，分段截采，分段储存，经陶罐多年储存，用陈酿时间更长的老酒再盘勾，调酒师凭极为敏感的视觉、嗅觉、味觉，精心勾兑十几种不同年份、轮次、酒体浓度、酒龄的基酒，取长补短地勾调为成品酒。勾调定型的产品经过长期陈酿，可达到清、正、甜、净、长的境界。

五、荣誉认证

2010年9月，忠县乌杨将军酒业有限公司取得"汉阙"商标注册证；2014年10月，取得"汉阙将军坊"商标注册证；2015年，获湘、鄂、赣、闽、渝4省1市白酒最具增值潜力奖；2016年，获湘、鄂、赣、闽、桂、渝5省1市白酒质量检评金奖；2017年，获"重庆老字号"称号。

第八节　忠州黎氏砸酒

忠州黎氏砸酒，是在具有悠久历史的忠州砸酒基础上，由黎氏砸酒传人开发生产的一种具有地方特色的保健型饮料酒。该酒生产过程中始终坚持原始、生态、绿色的生产理念，作为"百年老字号"品牌深受广大消费者喜爱。

一、产品特点

黎氏砸酒从原料选择、制作工艺直到包装饮用都非常讲究，是一款保健型饮料酒。此酒含有丰富的氨基酸和维生素C、维生素B，酒精含量低（8～12度），饮后不伤头、不伤胃，具有润心、安神、通便之功效，男女老少均可饮用。其最大的特点是在不加防腐剂的情况下，可有效保存2年不变质。为便于携带，采用先进的干料存放方式，饮用前，需在盛装砸酒的罐中注入开水，酒味浓香。

二、产地环境

清道光《忠州直隶州志》载，"粱，俗名高粱。春月布种，秋月收，茎高丈许，状似芦荻，穗大如帚，粒大如椒，赤黑色，有二种：黏者可酿酒，不黏者煮粥充饥。州人则惟以煮酒，从未有用之作饭者。"据民国《忠县志》载："稷，俗称'高粱'。农历春月布种，秋月收获。其茎高七、八尺，古称为五谷之长，盖谓其形最高大而又首种也。为一年生草本植物，穗大如帚，粒大如椒，性分黏、糯，色有赤、黑，为酿酒最上之品。吾县产高粱，岁获颇丰，专用为酿酒之用。值岁饥有籴以充米粮者，苟非荒年，虽贫家亦不以之作食品也。"

忠州黎氏呷酒所用原料主要为高粱，须在海600米以上、日照充足、无空气污染的高山上种植，有种植点3个，即忠县涂井乡万顺村海拔800米的牛头山、忠县金鸡镇狮王村海拔600米的段家山、石柱土家族自治县万朝镇海拔920米的方斗山。忠县黎氏呷酒有限公司与上述3个基地的农户签订高粱种植购销合同，约定种植红高粱不喷洒农药、不施用化肥，力求保持高粱的色泽红亮；每年以高出市场价25%的价格向合同农户定点收购红高粱，以保证原料的绿色和环保。

辅料蜂蜜来自忠县金鸡镇狮王村段家山的忠县黎颖蜜蜂养殖场，是忠县黎氏呷酒有限公司的定点蜂蜜基地，有中蜂、意蜂100余桶，年产蜂蜜1吨左右。

三、历史渊源

黎氏呷酒的前身是忠州呷酒，起源于汉代，盛行于唐朝，在乡村，农户自酿自食的情况较为普遍。819年，唐朝诗人白居易任忠州刺史，走访乡民时发现此酒醇厚甘冽，回味清爽，解闷舒心，随笔咏诗"闲拈蕉叶题诗咏，闷取藤枝引酒尝"，把呷酒列为府中宴酒、民间珍品。由于当时使用藤枝吸食酒液，故忠州呷酒又被称为藤枝酒。白居易在诗文中多次提到忠州的藤枝酒，如诗《巴氏春宴》："薰草铺坐席，藤枝注酒樽"。足见他对忠州呷酒的厚爱。

元末明初，黎氏入川一世祖黎受贵见忠州人用藤枝酒宴请宾客，觉其味香、酒醇，遂拜师学艺，并嘱其子孙向世人请教酿制方法，黎氏族人经过数十年的摸索，所酿的酒逐渐形成风格，被称为"呷酒"。清光绪至民国年间，黎氏呷酒传人黎国寿的子孙黎洪余、黎文景、黎时与、黎宗儒、黎大喜等用高粱、小麦、玉米混合发酵酿酒，以大缸储存，饮用时分装小坛，用微火煨烫，上桌后人们从左向右顺桌依次用竹竿吸饮。因用杂粮酿制，得名"杂酒"，他们多以家庭小作坊的方式生产，多为自酿自食，也以粮食兑换的商业模式销售。中华人民共和国成立初期，因酒类实行专卖管理，限制生产，黎大喜的后人黎道友、黎永伦自酿自食，保其酒的生产工艺文化不失传。

1999年，黎氏呷酒传人黎永伦之子黎克俭率子女黎莉、黎勇、黎立、黎英、黎伟成立股份制企业（后改为忠县黎氏呷酒有限公司）并注册"黎氏呷酒楼"商标，用黎氏祖传工艺，结合现代工艺，重新研发生产呷酒，改小作坊为工厂化生产，原料改混合粮为纯高粱，由自酿自食走向商业营销。为提高呷酒营养成分及改善口感，采用蜂蜜稀释发酵工艺；为方便饮用，改火炉煨烫为开水浸泡；为保证食品安全卫生，采用罐装；为保证绿色环保，建立专用原料基地。经过4年的努力，精酿成忠州黎氏呷酒。

四、生产工艺

黎氏呷酒从原料的选购、生产工艺到包装、饮用方法都非常讲究：原料必须是在海拔600米以上日照充足的高山上种植的红高粱，要求颜色红亮、无施农药。

生产工艺流程为：原料筛选—清洗浸泡—过水糖化—调配—恒温发酵—装罐预储—分装—灭菌—检测—打包入库。整个生产过程中，工作人员都必须在无菌生产车间内操作。除酒曲外不加添加剂，确保此酒原始、生态、绿色。

酒瓶选用紫砂陶瓷罐，防止呷酒氧化变质，形状为花瓶式，上桌美观秀丽，饮后可作插花装饰之用。黎氏呷酒出厂时为固体，呈成红褐色颗粒状，饮用时需加沸腾的糖开水，浸泡3～5分钟，可连续加水多次。用吸管吸饮能增加肺活量，同时迫使酒液渗出，口感别具一格。

产品销往北京、杭州、广州、成都、贵阳及重庆周边区（县），生产规模50吨，产值达200余万元。

五、荣誉认证

2003年，在海南博鳌举办的中国信誉论坛上，黎氏呷酒被中国质量万里行市场调查中心授予"质量信誉双满意产品"称号。2010年8月28日，正式注册"忠州黎氏呷酒"商标。2013年，被重庆市商业委员会授予"重庆老字号"称号。2016年11月，被中国商业联合会中华老字号工作委员会审定为"百年老字号"品牌。

第四章
其 他 类

第一节　涪陵油醪糟

　　油醪糟，涪陵区特产。其中"袁朝辉"牌油醪糟久负盛名，通过QS质量认证，传统制作技艺入选重庆市非物质文化遗产。

　　涪陵油醪糟早年是涪陵民间用于接待客人的饭前饮品。客人进家，主人奉上油醪糟一碗（有的地方要加上鸡蛋）以示热情。这一独特的待客方式被称为"吃开水"。为了给客人留下美好难忘的印象，油醪糟的制作十分讲究，后来声名远扬，在涪陵周边乃至重庆、四川饮食业界都享有"名特小吃"的美誉，1986年，涪陵油醪糟曾被载入《中国小吃集萃》，2009年，在全国第五届美食节上荣获"中国名特小吃"称号。

　　涪陵油醪糟的传统手工制作技艺极其精致讲究，是一项具有历史价值、文化价值、工艺价值、经济价值的非物质文化遗产，生产的涪陵油醪糟口味独特，是以现代化加工工艺生产的油醪糟所不能比拟的，它蕴含了许多具有历史内涵的时代精神、人文风貌、民俗民风。

一、历史渊源

　　油醪糟是涪陵的特产，为涪陵所独有。所以油醪糟前多会冠以涪陵二字，称为涪陵油醪糟（又叫"猪油醪糟"）。据《涪陵市志》和《涪陵辞典》两部史册记载：涪陵"猪油醪糟"始创于清嘉庆四年（1799年），有200多年的历史。

　　《涪陵辞典》记载："公元1799年春节，时值川东白莲教战乱期间，一鹤游坪富绅人家到涪陵城避乱，又喜添人丁。亲朋好友前来道喜祝贺，主人吩咐煮汤圆招待客人，由于客人众多，搓汤圆根本来不及，厨子便将供太太'坐月子'吃的醪糟煮鸡蛋，再加了些汤圆芯子给每位客人吃。客人们吃后赞不绝口，急忙问是什么东西，厨子情急之中答曰：油醪糟煮荷包蛋。从此，涪陵满城竞相效仿。"《涪陵风物录》一书，关于涪陵猪油醪糟的起源也有相同的记载。据此考证，涪陵油醪糟的诞生，有两点史实可以肯定，一是涪陵油醪糟诞生于清嘉庆四年（1799年）；二是油醪糟诞生在涪陵。

　　在涪陵早年的婚俗中，男孩到女孩家相亲，见老丈人老丈母时，就有煮油醪糟荷包蛋定亲一说。据说，老丈母要是同意这门亲事，喜欢这个女婿，就会在第二天清晨煮上一碗油黑带香的油醪糟荷包

蛋，亲自送到未来女婿的床头，以表达女方家长的意见。相亲的男孩如果在第二天没有吃到丈母娘煮的油醪糟荷包蛋，就说明这桩亲事有点悬。在生活相对拮据的年代里，油醪糟煮荷包蛋对普通人家来说，也算是款待家庭来客的佳品。贫寒人家一般是没有这样的美味的。在涪陵早年的婚俗中还有一个重要习俗，那就是"三朝酒"。"三朝酒"，在民间又称"满月酒""月母酒"或"提笼会"。所谓"三朝酒"，就是家里添了小孩，30天满月时，邀请三亲六戚特别是娘家亲戚，共同庆祝添丁的一种活动。据说，参加"三朝酒"的主要是娘家的女性亲戚，男性亲戚一般不参加。而在"三朝酒"上送给"月母子"的贺礼中，有一样东西是必不可少的，那就是油醪糟。为什么把送油醪糟当成"三朝酒"里的一个重要习俗呢，这或许跟油醪糟诞生的故事有关。据一些营养学人士考证，油醪糟不仅香甜可口，而且十分营养，是帮助"月子"里的母亲分泌乳汁最好的食品之一。

"文化大革命"后，涪陵经营油醪糟的食店有很多家，主要为国有食店。20世纪80年代，涪陵最繁华的中山路街上集中了涪陵几大国有性质的餐馆——长江饭店、清香饭店、华西乐酒楼等，这些餐馆都有自己的涪陵油醪糟品牌。20世纪80年代末，涪陵油醪糟在四川省名特小吃评比中一举夺魁，被评为省级名特小吃。

二、制作工艺

（一）原材料

油醪糟的主要原材料为糯米、黑芝麻、核桃仁、花生仁、蜜钱、猪板油等。

糯米硬度越强，蛋白质含量越高，透明度越高，反之，蛋白质含量较低的糯米含水量高，面色正常的米应洁白透明，腹白，色泽正常。米最易变黄，主要原因是某些营养成分发生变化，检查有无爆痕断裂现象，由于加工条件不同，米粒在干燥过程中冷热不匀，因而内外收缩，失去平衡，发生爆痕甚至断裂，导致其营养价值降低，时久的米，色泽暗淡，香味寡淡，表面有白道间纹甚至出现灰粉状。糯米的标准还有有无厂名、产地和地址等信息。

买米要"望""闻""摸"。

1.色泽

新米有光泽；陈米色泽暗淡；霉米胚部及全粒生霉，色泽全无，容易辨别。

2.米质

新米掰开后角质呈玻璃质，陈米掰开后呈粉质。

3.气味

打开封闭的袋口，立刻嗅辨气味；也可以采取用热水浸泡的方法；还可手抓一把米，握半分钟以上，以手的温度使米中气味逸出，此时可嗅辨其气味是否正常。

4.手感

新米握在手中无黏的感觉，晶莹剔透。

5.黑芝麻选料

表象正常的黑芝麻经水浸泡后会出现轻微掉色现象，但颜色过深。这是因为黑芝麻中的天然色素溶解于水需要时间，不会立刻掉色，但是陈年黑芝麻除外。由于黑芝麻只有种皮是黑色的，胚乳部分仍是白色，所以用刀把黑芝麻切开，如果里面是白色的，就说明是真正的黑芝麻，否则就是染色黑芝麻。真正的黑芝麻吃起来不苦，有轻微甜感，有香味。

6.核桃选料

核桃一般选用以云南的优质核桃为主，再加入蜜饯、猪板油等辅料。

（二）主要设备

1.蒸锅

蒸锅主要用于蒸煮放入木甑的糯米，主要由铁锅、木甑构成。

2. 发酵箱

发酵箱供蒸熟了的糯米进行曲药发酵，恒温、湿度。

3. 真空机

真空机用于抽空、计量炒制出来的油醪糟。

4.炒制锅

炒制锅用于炒制发酵的白醪糟。

5.灭菌锅

灭菌锅用于对半成品灭菌。

（三）生产过程

精选上等糯米，以饮用水浸泡后沥干。再以木甑旺火蒸至米心熟透，加醪糟曲（专用发酵粉）装入瓦钵抨平，用消毒布帕盖严，放入专制的发酵窝内发酵。猪板油下锅煎至70～80℃，放入发酵好的白醪糟、芝麻及捣碎的橘饼、核桃仁、花生仁、冬瓜条、蜜枣等上等食材煮熟即成。冷却后盛入陶瓮。

（四）质量检验

传统作坊式生产阶段的质量检验一般是凭经验自检；随着小规模、工厂化生产方式的兴起，多数情况是将产品送至食监检测中心检测或食监检测中心上门抽检。

三、产品特点

油醪糟营养丰富、油而不腻、入口即化。它的吃法多种多样，可根据个人的口味、喜好随心而作，在油醪糟里加入汤圆、荷包蛋、糍粑等，别有风味，也可以什么都不加，煮沸后直接食用。涪陵油醪糟的重要价值主要表现在5个方面。

（一）历史价值

油醪糟的生产最早可追溯到清代中期，至今已有200多年历史。长期以来，油醪糟作为一种重要的饮食习俗文化载体，是巴渝饮食文化乃至中国饮食文化的不可或缺的组成部分。涪陵油醪糟有"中国名特小吃"的美誉，在众多典籍和文人墨客的作品中多有记载。

（二）文化价值

涪陵油醪糟承载的重要饮食文化习俗，与重庆市和三峡库区的传统文化、民俗风情等密切相关。涪陵油醪糟蕴涵着丰厚的历史民俗文化的沉淀，已经成为研究巴渝饮食文化重要的"活化石"。

（三）工艺价值

涪陵油醪糟原材料的选用十分讲究，生产工艺复杂精细，这些生产技艺难以被现代技术替代，是涪陵劳动人民的智慧结晶，蕴涵传统民俗文化的元素，同时又具有现代科学技术的基因，是一份极其

宝贵的历史人文科学遗产。

（四）经济价值

长期以来，油醪糟一直是涪陵的地方特色名小吃，在当地的餐饮经济发展中发挥了十分重要的作用。有力带动了农副产品生产、城镇居民就业和旅游业的发展。涪陵油醪糟越来越受国内外消费者青睐，其保护传承、发扬光大，必将带来极大的经济效益和社会效益。

（五）实用价值

涪陵油醪糟是一道香甜可口的风味小吃，同时兼有润肺和胃、补肾益精、养肝明目、补血安神、健脑益智的滋补功效，是一道难得的滋补佳品，具有较高的实用价值。发掘、抢救、保护好这项传统手工技艺，对丰富巴渝饮食文化和饮食产品、满足广大群众的生活需求有显著的促进作用。

四、荣誉认证

2009年7月，"袁朝辉"牌油醪糟通过QS质量认证。

2011年4月，油醪糟传统制作技艺被列入重庆市市级非物质文化遗产项目名录。

第二节　磁器口陈麻花

陈麻花，"重庆市名优特产"，"重庆市著名商标"，重庆市非物质文化遗产。先后荣获"中华名小吃""重庆老字号"等荣誉称号。

麻花因其制作简单，食用方便，被诸多文人墨客大加赞誉。宋代苏东坡在《寒具诗》中赞麻花：

"纤手搓成玉数寻，碧油煎出嫩黄深，夜来春睡无轻重，压扁佳人缠臂金"。

重庆磁器口陈麻花的传统生产技艺在传承过程中加入现代科技，使制作出的麻花成为独树一帜的"重庆地方美食"。因其创始人名为陈昌银，故又称陈昌银麻花，俗称"陈麻花"。陈麻花在配料中加入鸡蛋、牛奶，成型较小，条形优雅纤细，色泽金黄，甘甜爽脆，甜香不腻，口感清新；富含蛋白质、氨基酸、多种维生素和微量元素；热量适中，脂、糖适中，是上好的休闲小食品。

一、历史渊源

陈麻花品牌创始人陈昌银的麻花制作技艺传承自他的爷爷——陈景洪。

1935年，陈景洪离家去北平谋生，正遇"一二·九"运动。一天，他在街上见军警抓捕一位学生，随即出相救。知恩图报的学生得知陈景洪独自一人在北平谋生，便邀请他一起回天津避风头。学生的父母为报答救子之恩，邀陈景洪留在他们的麻花作坊，并传授他麻花制作技艺。

1937年，陈景洪回到重庆开始做麻花，挑到磁器口去卖。又香又酥的麻花深受当地人喜爱，"陈麻花"由此在磁器口周边叫开来。后受茶馆老板的邀请，陈景洪结束了风雨中奔跑的挑担生活，开了"陈麻花"的第一个店铺。

陈景洪制作麻花的技艺传到孙子陈昌银的手上。1999年，陈昌银夫妇带着祖传的陈麻花制作技艺，从合川回到磁器口，不断推陈出新，先后开发了原味、麻辣、椒盐、五香、黑芝麻、海苔、玉米、蜂蜜等多种口味的麻花，适应不同消费群体的需求。外地游客慕名而来，出现了排队抢购的景象，"陈麻花"成了重庆的一张城市名片。

二、使用原料

面粉、鸡蛋、酥油、花生油、水。

三、制作工艺

将准备好的面粉放盆中，用手将面粉和酥油搓均、搓透后倒入水、放入鸡蛋，揉成面团，揉打约10分钟、盖醒20分钟；将醒好的面团拿出，再次揉绞，擀成约1厘米厚的面块，切成长条，搓成型，将两头向不同方向搓，合并两头捏紧，再拧一次，做成麻花生坯；锅内放油烧至八成热，下入麻花生坯，柔和翻转，使之均匀熟透变色，观察麻花炸至金黄色，捞起，晾至常温即可食用。

经过选、筛、观、称、配、揉、打、醒、绞、擀、切、搓、拧、炸、翻、闻、捞、晾18个步骤，就做出了口感酥脆、造型精致、营养均衡的陈麻花。

四、传承状况

经过多年发展，陈麻花已经完成从单店经营到产业化生产的企业转型，并于2007年年初正式注册成立了重庆市磁器口陈麻花食品有限公司。已经成功注册了"陈麻花""磁器口陈麻花""陈昌银""古镇陈麻花"等多个商标。

CCTV《新闻直播间》《致富经》《乡土》、台湾三立电视台、CQTV《天天630》《午新闻》、新浪网、农博网及《世界经理人》《金沙文化》《重庆晚报》《重庆晨报》《健康人报》等多家知名媒体跟踪采访、报道陈麻花。陈麻花先后获"重庆市名优特产""中华名小吃""重庆市著名商标""重庆老字号"等荣誉称号，传统制作技艺入选重庆市非物质文化遗产。

第三节　凌汤圆

凌汤圆，重庆知名产品，已通过ISO9001质量认证，先后获"中华名小吃""重庆名小吃""重庆老字号"等荣誉称号。

一、历史渊源

汤圆是中国传统小吃的代表之一，是用糯米粉做成的球状食品，一般有馅料，煮熟后带汤食用，同时也是元宵节特色美食，历史十分悠久。

史料记载，1935年前后，凌汤圆创始人林其人在重庆双凤驿街头卖担担汤圆，名为林汤圆，他的汤圆因真工实料、皮糯馅香、香甜可口，很快风靡山城，逐渐享誉远近。其后在渝中区半边街（现大阳沟附近）开了一家汤圆食店。因经营有道、口味绝佳，食客蜂拥而至，

生意越做越大，他也逐渐发展成为重庆商界的豪商巨贾。抗战爆发后，他大力资助抗日，成为远近闻名的爱国商人。1989年，国务院提出"发扬名优特产"的号召，重庆市决定恢复林汤圆的生产，生产任务落实到国企凌汤圆食品厂。该厂在保持传统风味不变的情况下创出新品，并将产品更名为凌汤圆。凌汤圆发展至今，成为山城人民喜爱的小吃之一。

二、产品特点

凌汤圆崇尚自然、绿色、健康。产品有汤圆馅、汤圆粉，速冻汤圆、速冻水饺，月饼、粽子等。口味除传统的猪油黑芝麻、花生黑芝麻外，还创新推出了无糖汤圆、包心小汤圆、红糖汤圆、牛奶汤圆、蔬菜汤圆等颇受消费者青睐的新产品。

三、品牌荣誉

凌汤圆先后获优质产品奖及"重庆知名产品""中华名小吃""重庆名小吃""重庆老字号""消费者喜爱产品"等荣誉。

第四节　长寿薄脆

长寿薄脆，原名烧薄，是重庆市长寿区独具地方特色的民间食品，重庆市非物质文化遗产，有"中华老字号""中国名小吃"称号。

一、历史渊源

据《长寿县商业志》《简明中国烹饪辞典》《巴蜀文化大典》等资料记载，长寿薄脆原名烧薄，后因其薄而脆的特点以及与长寿地区的密切联系，而得名"长寿薄脆"。其历史可追溯至清咸丰年间（1851—1861年），当时长寿县一名叫王海（人称"王薄脆"）的人从事薄脆生产，后逐渐发扬，至今已有约160年历史。

陈厚之，长寿人，为长寿区原合营糖果店的退休工人，于民国二十八年（1939年）与王海的外孙女汤淑清结婚。婚后，他与继承了祖传薄脆制作技术的岳母王素兰及妻子在长寿凤岭街设店生产薄脆，通过改进生产技术，加入糖、桂花和其他香料，增加了薄脆的香味。每年深秋至翌年春天是生产薄脆的良好季节，此段时间气候适宜，温度和湿度有利于薄脆各个环节的加工，生产的薄脆特别香脆，别有见致。民国三十一年（1942年），陈厚之与家人迁至重庆嘉陵江码头处，开设"长寿隆"店专门生产薄脆，由提篮小贩沿江串街叫卖长寿薄脆。由于抗战期间在重庆的外省人多，而长寿薄脆因具有纯甜芳香、滋润化渣、薄而且脆、色泽鲜亮等特点，被往来旅客互相推荐，争相购买，得到"得者自慰，失者扫兴"的好评。中华人民共和国成立后，长寿薄脆成为长寿独特的传统佳品之一，经过数代长寿人的改进、完善、推广，已经誉满全国，销往海外市场。

二、产品特点

长寿薄脆色泽金黄，表皮光滑，形态为椭圆或方块形，组织结构严密贴心，且薄如纸，脆而不碎；入口滋润化渣，回味浓郁，风味别致。是绿色的休闲食品。产品有蛋香、葱香、柠檬、椒盐等多种口味，适应大众消费需求。

三、产地环境

长寿区属中亚热带温润季风气候，四季分明。春早，气温回升快但不稳定；夏热，多伏旱；秋长，阴雨绵绵；冬暖，多雾。全年整体日照充足，雨量充沛，天气温和，无霜期长，霜雪稀少。年均气温17℃，常年降水量1 200毫米左右，年平均相对湿度约80%，多雾潮湿。其温度和湿度便于薄脆的加工、风干及烘烤。

地域内有一江两湖三河十三溪，尤其是长江、长寿湖、大洪湖流域及周边地区，用于加工长寿薄脆的长寿湖水质特殊，水体平均 pH 7.6，溶解氧为5.5毫克/升，水温为15.03℃，透明度为0.76米，富含蛋白质及多种微量营养元素，保证加工产品营养丰富。

长寿薄脆原产地独特的气候条件、土壤条件及水文条件为其独特品质奠定了基础。

四、生产工艺

（一）原材料的选择配制

选用特级品质面粉2斤，配白糖1斤、扑粉0.5斤（比例约为4∶2∶1），适量桐壳碱（根据季节及温度不同，用量适当调整），以及以鸡蛋、芝麻、香葱等为主的配料。

（二）操作流程

1.揉面

首先用清水将桐壳碱兑成"月白水"，把白糖压成粉末，和入面粉内，加入适量配料，反复糅合，使配料分布均匀，面团揉至不粘手即可。面粉和得过干或过清、扑粉多少都会对产品品质产生影响，因此一定要掌握好干湿度和控制扑粉量。

2.擀面

将揉好的面团分成125克重的小坨，并擀成圆形薄片，厚薄均匀、大小一致，薄片直径30厘米，厚1毫米，2次对折成4层，再用荷叶弯刀裁边，使坯模整齐美观。

3.烙制

分2个步骤，一是始终用文火，最好烧炭花，且表面需压平，无虚火（即无火烟），火力需保持一致，火力大的地方可用炭仁压住火头。可将面粉撒在锅内，判断火力大小，面粉变成黄色为适度，如马上变成黑色则说明火过大，不适合烙制。二是火力达到要求后，将操好成型的坯模用手一下摊放到平底铁锅内，做到不皱皮、不卷角，再用棕扫慢慢地在面块上反复扫平、扫结实，使面块没有"风泡眼"。然后用草纸折上几层，平放在薄片上，用手反复辗转抽动（纸块大小以能容纳4个指头或一个巴掌大为适当），待皮面呈淡黄色即起锅，摊放在木板上，切成4块，叠码整齐。

4.烘烤

将案上第一次烙制的半成品再放入平底锅内，烘烤火力比第一次小，仍然用草纸贴上，双手反复摩擦、抽动，待底面呈肤色时起锅，重叠放好。压上1 000～1 500千克的清洁木板或石块，直至成品完全冷却，以免变形。

5.保管

将成品用纸包装，每20块1包（约300克），放入瓦坛内密封，勿使受潮，保持香脆。

长寿薄脆对制作原料的独特要求以及百余年来形成的独特加工工艺技术，使其具有独特的特定品质，成为长寿传统特色食品之一并享誉全国。

五、发展状况

长寿薄脆的制作工艺、流程已进一步优化完善，在人工把握火候的情况下实现了工业化生产。其品质和生产效率也不断提升，经长寿数代人的打造、研发，长寿薄脆已发展为长寿区农产品加工食品领域的一大支柱产业。2018年，由重庆市长寿区农产品商贸流通协会申报地理标志商标。

六、荣誉认证

2014年，经重庆市人民政府批准，长寿薄脆入选第四批重庆市市级非物质文化遗产项目名录。

2017年，"怀达"牌系列产品获重庆市商务委员会授予的"重庆老字号"称号。

第五节　江津米花糖

江津米花糖，江津区特产，因产于江津而得名，也是重庆市的著名特色小吃，知名品牌有"玫瑰""荷花"。

米花糖以优质糯米、核桃仁、花生仁、芝麻、白糖、油、饴糖、玫瑰糖等为原料，经10余道工序精工制成。产品洁白晶莹、香甜酥脆、爽口化渣、甜而不腻、营养丰富，有滋阴补肾、开胃健脾等功效。

一、"玫瑰"牌油酥米花糖

"玫瑰"牌油酥米花糖是江津地方名特产品，以选料精良、制作精细、风味独特、物美价廉而闻名。

（一）发展历程

民国六年（1917年），江津陈汉卿、陈丽泉兄弟在县城小什字开设"太和斋"糖杂铺。陈氏两兄弟购进炒米糖经销，觉得色、味欠佳，遂改用白糖自制炒米糖出售，色白味美，销量大增。不久，针对炒米糖干沙、叮舌的弊病，大胆改革制作工艺，将沙炒阴米改为油酥，制成组织疏松的油米花，再加冰糖、桃仁、花生仁、芝麻等辅料，经反复试验，摸索出一套独特工艺，终于在1924年制成油酥米花糖。为确保质量，陈丽泉住在宜宾，精选原料，收购柏树溪糯米，以昭通的桃仁、内江的花生为原辅料，使米花糖的质量得到进一步提升。江津米花糖以洁白晶莹、香甜酥脆、爽口化渣、甜而不腻、营养丰富为世人称赞，是常见茶点，也是百姓野餐、馈赠亲朋等佳品。

抗战时期，江津人流增多，米花糖这一风味独特的食品倍受欢迎，销量日增，声名远扬。为方便客户和保证供应，商家将散装改为半斤、1斤封装，并增设作坊，扩大生产。在1942年江津县农产品比赛中，"太和斋"的江津米花糖被评为甲等产品，获江津及四川省农业改进所颁发的奖状。之后市场上出现仿制、甚至假冒"太和斋"牌号的产品。1945年，陈氏兄弟申请注册"双凤朝阳"商标，保护合法权益。1947年，米花糖包装纸印上陈丽泉头像，以杜假冒。中华人民共和国成立后，陈氏兄弟在继承传统工艺的基础上继续研制。1953年，原"太和斋"糖果店同鑫宜糖果店、消费生产合作社等实行公私合营，合并组建江津县糖果厂。1960年，经中央工商行政管理局核准，使用"玫瑰"注册商

标。1978年后，新建厂房2 500平方米，添置半机械化生产线全套设备，同时对米花糖实行全面质量管理，主要工序使用机械操作和电热恒温控制新技术。将焦炭烘干改为蒸气沸腾床烘干，燃煤酥米改为天然气酥米，熬糖以电灶代替煤灶，并安装机制饴糖设备，自产无色、透明、高质量的机制饴糖代替土法饴糖。通过一系列技术改革，强化内部管理，使产品质量得到进一步提高，各项质量指标均超过颁布标准。

1998年，进一步改革工艺、设备、包装等，配以优质糯米、蔗糖、饴糖、鲜动植物油、脱壳芝麻、花生仁、桃仁、玫瑰糖等辅料，采用传统工艺结合现代科技精制而成，具有爽口酥脆、味甜化渣、清香醇厚、营养丰富的特点，产品深受顾客好评。

（二）产品荣誉

1980年起，"玫瑰"牌油酥米花糖先后获四川省、商业部、重庆市、优质产品奖。1993年以来，5次获"重庆市名牌产品"称号；1997年至今，5次被评为"重庆市著名商标"；2006年，被商务部授予首批"中华老字号"称号。

二、"荷花"牌系列食品

（一）产品特点

1.荷花米花糖

采用优质糯米深加工而成，配以极富营养价值的核桃、芝麻、花生、白砂糖和冰糖，以及以独特工艺自制的麦芽糖。产品洁白酥脆，香甜化渣，甜而不腻，可直接食用，也可泡牛奶或开水吃，米花遇水不会变形成粥状。老少皆宜，是家庭的甜品首选，旅游的黄金搭档。后为顺应当地人喜食辣椒和花椒的饮食习惯，开发了早茶味、麻辣味、椒盐味米花糖，以飨巴渝食客，深受大众喜爱。

2.荷花珍珠芝麻片

特别选料，特别配方，特别工艺，特别制作，有突出的芝麻清香，酥脆爽口，色、香、味、形均彰显如珍珠般的高贵品质。

3.荷花怪味胡豆

荷花怪味胡豆以特有的传统工艺制作而成，将麻、辣、甜、咸、鲜、酥、脆、香等多种滋味融为一体，堪称巴渝地方传统食品一绝。

4.荷花蛋苕酥

荷花蛋苕酥是以鲜鸡蛋和鲜红薯为主材，辅以营养丰富的糯米、棕榈油、麦芽糖和脱皮芝麻仁深加工而成的一款健康零食。因其色泽自然、口味原始、酥脆化渣、粗纤维含量丰富，且每一块重量适中，食用方便，是现代办公零食和旅游携带的上品。

5.荷花芝麻杆

荷花芝麻杆以麦芽糖为材料，由纯手工制作而成。色泽微黄，中空外直，杆身均匀，外裹脱皮白芝麻，味道醇正，嚼劲十足，营养均衡。

6.荷花凤凰蛋卷

荷花凤凰蛋卷由手工制作，无添加剂，蛋香浓郁。

（二）荣誉认证

1989年12月，油酥米花糖获农业部优质产品证书。

1994年6月，获得农业部全面质量管理达标证书。

2012年12月，荷花米花糖被评为"重庆名牌产品"。

2013年12月，"荷花"商标被认定为"中国驰名商标"。

第六节　江津韩氏瓦缸酱油、晒醋

韩氏瓦缸酱油、晒醋，在2006年中国西部农产品交易会上获最受消费者喜爱产品奖，被评为"重庆市名牌农产品"。韩氏瓦缸酱油、晒醋的传统制作技艺被列入重庆市第三批市级非物质文化遗产项目名录。"瓦缸"商标连续多次被认定为"重庆市著名商标"。

一、历史渊源

江津酱油、江津醋酿制技艺已有190多年历史。据《江津县志》记载，清同治、光绪年间，江津食品工业以酒、油、酿造业为主。"酱油有黑白二种，白者尤良，行销于沿江上下，颇负佳名"。

民国十五年（1926年），县城有福星昌、源康、利生和、园顺号等酿造厂。

民国三十二年（1943年），巴县人雷宗藩创办新生酱油厂。1953年，全县有福成、新生、源康、福星昌、利生和、万胜长、华康、鼎丰、永和、恒丰等12家酱园厂。

1947年，韩庆春的父亲韩焰君在叔父韩炳辉的推荐下，到江津同兴木厂下属的源康酱园厂当学徒。韩炳辉当时在源康分管厂务和调味品生产，精通调味品的酿造技艺，韩焰君由于有文化、踏实肯干，在叔父的教导下，仅用几年时间就掌握了古法酿造的全套技艺。中华人民共和国成立后，韩焰君凭借自身扎实的功底与对古法酿造近乎偏执的坚持，把一个百余人的酱园厂治理得井井有条。

2002年，韩庆春传承父亲的手艺，创办了重庆市江津区韩氏酱园厂。

2005年后，随着市场发展的需要和人们对韩氏瓦缸酱油、晒醋的喜爱日益增长，韩氏瓦缸产品得到较快发展，生产规模、销售市场日益扩大，影响力与日俱增。

2017年，韩庆春的女儿韩知夏留学归来，加入了韩氏瓦缸这个大家庭，韩氏瓦缸食品汲取传统生产工艺精华，结合现代科技与先进设备，历经4代人近百年精心打造，去芜存菁，开拓创新，以安全健康、美味放心的理念赢得了广大消费者的信任。

二、产品特点

韩氏瓦缸酱油是以优质大豆、小麦等为主要原料，传承了100多年历史的传统生产技术精华，以高盐固稀分酿生产工艺为基础，结合现代先进科学技术，通过长时间的露天瓦缸翻晒，老法木榨过滤取汁，充分利用多种有益微生物发酵精酿而成的，该产品性能稳定、质量上档、色泽红润光亮、酱液澄清，具有浓郁的酱香和酯香气，富含人体必需的多种氨基酸，味道鲜美浓厚，口感柔和纯正，风味别致，独具韩氏瓦缸晒露酱油之优良品质。

"瓦缸"牌晒醋是以优质大米、麦麸为主要原料，传承了100多年历史的传统生产技术精华，以固态陈酿生产工艺为基础，结合现代先进科学技术，采用天

然植物制作醋曲，充分利用多种有益微生物发酵，用瓦缸天然晒露，经过长时间的陈酿精制而成的，产品色泽红亮、醋液澄清，具有浓厚的瓦缸晒醋香气，味道酸中有甜，酸甜柔和，回味绵长，品质优良，具有韩氏瓦缸晒醋的独特风味。

三、产地环境

重庆韩氏瓦缸食品有限责任公司位于江津区双宝，江津区属北半球亚热带季风气候区，有春来早、冬来晚的特点，无霜期长。南面正对长江，北面背靠山峦，树木繁盛，林草丰茂，厂区平坦。由于东、西两面地势开阔，太阳从东面升起，到西边落下，日照充足，太阳照射时间冬有 10 余小时，夏达14小时之多。夏季温高光强，晚间江风掠过，清新空气发散，江水升腾，是形成韩氏瓦缸酱油、晒醋独特品质的一个重要因素。

四、生产情况

（一）生产流程

1. 原材料与设备

（1）原材料。酱油的主要原材料是大豆、小麦、食盐，晒醋的主要原料是大米、麦麸和醋曲。

江津物产丰富，韩氏瓦缸酱油、晒醋使用的大米、小麦均产于江津；大豆选用国内优质非转基因大豆；食盐产自合川盐化；麦麸为面粉加工副产品，是酿制瓦缸晒醋必不可少的疏松料；醋曲由乌梅、八角等食药兼用的传统中草药经秘制加工而成。

（2）设备。有蒸煮、制曲、翻醋醅、晒场，压榨、灭菌、包装、运输等设备和生产加工场所。

以传统制作工艺制作的韩氏瓦缸酱油、晒醋，使用木甑蒸煮原料，簸箕制曲、木榨，人工翻醋醅。2014年后改用旋转蒸煮罐、通风制曲池、机械压榨和自动包装生产线等设备。

（二）加工工艺

1.韩氏瓦缸传统酱油制作过程

制作韩氏瓦缸传统酱油的大豆选自非转基因大豆，因蛋白质含量高、颗粒均匀、无杂质，适用于制作高质量的传统发酵酱油，小麦选自当地的当年产小麦，颗粒饱满、淀粉质含量高，炒制后焦麦香气浓厚，易于增香和被微生物分解代谢。

制作时，先人工精心挑选小麦，挑出其中的败粒和杂质，使制作酱油的原料质量更加完美，手工炒制至小麦色泽金黄、焦香四溢；大豆剔出杂质后加入清水淘洗，再加水浸泡豆粒，入罐蒸至豆粒熟透，手捏呈粉状。熟豆出甑后冷却，拌入炒小麦，放入制曲池制曲。制曲结束，将成曲倒入放有盐水的百年老缸里，将老缸放置在露天场日晒夜露发酵1年以上，发酵在不同时间段需经历"固态发酵"和"稀态发酵"2次工艺流程，晒制期间人工翻拌，将缸沿酱醪收拢到一侧，然后再往下按压，不断重复这个动作，至酱醪翻拌均匀为止；发酵成熟的酱醪经压榨去除酱渣，取出酱汁后调整指标、灭菌，自然澄清，包装后即成品酱油。

2.瓦缸传统食醋制作工艺技术：

（1）醋药制作工艺技术。采用传统的醋曲配方，按比例与小麦粉混合，加水调湿，将拌合后的醋

药转入尺寸为35厘米×20厘米×20厘米的木盒中，压紧压实，形成块状，堆码于温暖室内，使其发热，温度上升即交换上下堆码、开窗通风散热，热退转凉后置于通风干燥处干燥备用。

（2）韩氏瓦缸传统食醋发酵。韩氏瓦缸制作传统晒醋以精制大米和麦麸制作而成。大米经淘洗后加水，加热煮成浓稠的稀粥，冷却后加入醋药，使淀粉糖化、酒化和醋酸发酵，待发酵汁澄清、酸度增加，拌入麸皮密闭即为醋醅。几天后，待醋醅温度上升，开始破槽（翻拌），以后每天翻拌，至酸度不再增加，将醋醅装入传统晒制醋坛，每装一层都须压实压紧，然后用老醋醅盖坛口（或罐面），再用食盐封面，置于露天晒场日晒夜露，晒制时间为1年，期间视情况倒坛，利于晒制均匀。经浸取醋汁，调整指标、灭菌，自然澄清，包装后即成品晒醋。

3.产品包装

20世纪80年代前，酱油、晒醋兼具散装和瓶装，大部分人自带容器去购买酱油、晒醋。韩氏瓦缸发展到现在，已有几十个不同规格、不同等级的包装系列和礼盒装系列，销往全国各地。

五、质量管理

韩氏瓦缸酱油、晒醋的生产采用ISO9001质量管理体系，严格监管从原料进厂入库、生产到产品出厂的全过程，重源头、控过程，质量第一、顾客至上是公司生产经营的宗旨。产品采用国家标准，但各项指标均优于国家标准（表10-4-1、表10-4-2）。江津韩氏瓦缸五星酱油检测依据为《酿造酱油》（GB 18186—2000），江津韩氏瓦缸五星晒醋检测依据为《酿造食醋》（GB 18187—2000）。

表10-4-1　江津韩氏瓦缸五星酱油检测指标

检验项目	检测指标	实测结果
色泽	红褐色或浅红褐色，色泽鲜艳有光泽	红褐色，色泽鲜艳有光泽
香气	浓郁的酱香及酯香气	浓郁的酱香及酯香气
滋味	味鲜美、醇厚，鲜、咸、甜适口	味鲜美、醇厚，鲜、咸、甜适口
体态	澄清	澄清
可溶性无盐固形物/（克/100毫升）	≥ 15.00	23.29
全氮（以氮计）/（克/10毫升）	≥ 1.50	1.89
氨基酸态氮（以氮计）/（克/100毫升）	≥ 0.80	1.09
总酸（以乳酸计）（克/100毫升）	≤ 2.50	1.95
菌落总数/（CFU/毫升）	≤ 30 000	1 100
大肠菌群/（MPN/100毫升）	≤ 30	＜ 30

表10-4-2　江津韩氏瓦缸五星晒醋检测指标

检验项目	检测指标	实测结果
色泽	琥珀色或红棕色	红棕色
香气	具有固态发酵食醋特有的香气	具有固态发酵食醋特有的香气
滋味	酸味柔和，回味绵长，无异味	酸味柔和，回味绵长，无异味

（续）

检验项目	检测指标	实测结果
体态	澄清	澄清
总酸（以乙酸计）/（克/100毫升）	≥ 6.5（标签标注）	7.01
不挥发酸（以乙酸计）/（克/100毫升）	≥ 0.50	5.13
可溶性无盐固形物/（克/100毫升）	≥ 1.00	22.30
菌落总数/（CFU/毫升）	≤ 10 000	10

六、荣誉认证

2010年7月，重庆市江津区韩氏酱园厂"瓦缸"商标被重庆市工商行政管理局评为"重庆市著名商标"。

2011年9月，"瓦缸"牌酱油（五星）在全国农产品加工业投资贸易洽谈会上被评为"优质产品奖"。

2014年9月，"瓦缸"牌韩氏瓦缸酱油（特级）在全国农产品加工业投资贸易洽谈会上获优质产品奖。

第七节　江津酱油、晒醋

江津酱油、江津醋酿制技艺被列入重庆市市级非物质文化遗产项目名录。产品选用天然无公害原料，使用传统的古法酿造技艺，结合现代科学技术，为消费者提供营养、健康、放心的调味佳品。

一、历史渊源

酱园酿造业是江津最古老的食品加工业。史料记载，江津盛产稻谷、小麦、黄豆、胡豆、花椒、柑橘、蔬菜、辣椒等作物。商号大量收购作物，采用民间发酵、腌渍、调和、生香之法，制作成调料、调味品，盛销当地，远销巴蜀、滇黔和湖广等地区，成为江津之一绝。

清末民初，江津酱园业已有数十年历史。民国十年（1921年），县志称："邑中酱油有黑白二种，白者尤良，行销于沿江上下，颇负佳名""邑醋销路之宽与酱油等"。"迈进"牌商标于1958年注册，被商业部认定为首批"中华老字号"。"迈进"牌江津酱油、江津醋独特的酿制技艺被列入重庆市市级非物质文化遗产项目名录。

二、产品特点

江津酱油、晒醋选用优质天然无公害原料，取长江江心之水，承百年传统之秘方，瓦缸晒露，吸天地昼夜精华，以传统古法酿造技艺融现代科学技术精工配制，高温消毒，无菌灌装，铸造了优良的品质，形成了"迈进"牌调味品独具风格的色、香、味和丰富的营养物质，色泽亮丽、味道鲜美、酱香、酯香浓郁的酱油和酸味浓厚、柔和、回味悠

长的晒醋，都是地地道道的传统风味，是理想的调味佳品。未加任何添加剂的"迈进"牌珍品酱油，氨基酸含量1.10克/100毫升，"迈进"牌珍品晒醋总酸含量在6.50克/100毫升以上。依托西南农业大学（今西南大学）的科技力量，着手食醋的研制和开发。项目的技术特点是运用微孔淀粉、低温发酵、生物提纯等新工艺、新技术生产。生产工艺和技术水平达到国内同类产品先进水平。其产品特点是：把传承200年的百味中草药配方与醋有机结合，增强了产品的保健作用和价值；醋酸纯正，微甜，风味独到。具有增强肠胃道的杀菌能力，帮助消化，增强肝脏机能，扩张血管，防止心血管疾病、糖尿病的发生，推迟和消除疲劳，健美减肥、美容护肤和预防衰老等保健作用。

三、产品质量

"迈进"牌调味品在生产过程中坚持"两绿一严"的质量保障机制。"两绿"就是绿色的原料和绿色的酿造。坚持选用江津当地优质黄豆、小麦、胡豆、海椒、花椒为原料。重庆韩氏瓦缸食品有限责任公司在江津南部富硒地带，通过与专业合作社和农户合作的形式，建立了近10万亩绿色原料基地，为产品奠定了质量基础。坚持绿色的酿造即创造洁净环保的场地。"一严"就是严格的品质保证。公司拥有国内一流的检验化验设备和手段，实行全程质量保证控制，近20道质量检验程序，确保生产环境洁净，产品物理、化学、卫生指标均达国家标准，真正做到安全、卫生、美味、放心。

在继承传统产品、传统工艺的基础上，与西南农业大学（今西南大学）、重庆理工大学的专家合作，开发出特级和珍品酱油、醋，特级"迈进"调味品礼品盒，"迈进"珍品礼品盒等系列高端调味品。

四、生产技术

江津酱油以江津当地优质黄豆（非转基因）、小麦为主要原料，历经210个昼夜瓦缸发酵，吸收天地之精华，分期加入专用酵母菌，使酱油分离、后熟、增香。酱油氨基酸含量高，汁液浓厚，颜色深竭，酯香、酱香浓郁，可保存8个月无沉淀、无浮膜、无异味，物理、化学、卫生指标均达国家标准。菜肴烹饪、餐食佐味或制作罐头均为上乘。

五、荣誉认证

"迈进"牌调味品1985年和1988年，两次被商业部评为"优质产品"；1990年，获重庆市优质食品奖；1992年，获四川省巴蜀食品节金奖；2006年，被商务部认定为首批"中华老字号"；2008年，通过ISO9001质量管理体系认证；2009年，荣获"重庆市著名商标"称号；2011年，江津酱油、江津醋酿制技艺被列入重庆市市级非物质文化遗产项目名录。

第八节　江津芝麻杆

江津芝麻杆，也被称为麻糖，江津特产。获"重庆市著名商标""重庆名特产品""重庆老字号"

等多项荣誉。江津芝麻杆起源于明朝中期，至今已有 400 多年历史。据医书记载，其性温，归脾、胃、肺经，有补脾益气、润肺止咳之功效，食之香而不艳、甜而不腻、酥脆化渣，是重庆地区特色名小食品。

一、历史源流

据传，明朝中期，重庆江津地区有一家糖作坊，人人都知道老板娘是个嘴馋的妇人，特别爱吃糖，常背着老板偷吃店里的糖块。一次她趁家中无人，大把大把地吃糖，正吃得津津有味时，老板回来了。她急忙将未来得及放进口中的糖丢进芝麻罐中，但还是被丈夫看到了。老板见糖块沾满了芝麻，本想将芝麻抖掉，可怎么也弄不掉，无奈想丢掉这块糖，又觉可惜。老板娘说："别丢了它，把它放在锅里炒一炒，芝麻炒熟了，与糖块一起吃，可好吃呢！"老板虽哭笑不得，但还是想试一试。他索性多拿一些糖粘上芝麻，放在锅中炒一炒，尝一尝，果真不错，味道好极了。后来，一位老师傅受这件事启发，创制出麻糖。麻糖历经数百年改革创新，1943 年，年仅 16 岁的江津吴滩农民曹世荣在民间麻糖的基础上生产出了今天的芝麻杆，又因他常扮相"芝麻官"走街串巷叫卖，人们都将他制作的芝麻杆称为"芝麻官"芝麻杆。现在"芝麻官"芝麻杆享誉国内外，备受消费者青睐，畅销各地，已经成为巴渝有名的特色风味食品。

二、产品特点

"芝麻官"芝麻杆以土法麦芽糖、大米、芝麻仁为原料，经 35 道手工工艺精制而成。色泽微黄、中空外直，杆身均匀，外衣裹以脱皮芝麻，具有香而不艳、甜而不腻、开胃健脾、酥脆爽口、好吃不粘牙的特色。

三、制作工艺

（一）生麦芽

1.精选、清洗小麦
选用新鲜、无霉变、无杂质、虫蚀粒低（≤8%）、发芽率高的甘肃种麦，除去沙石等杂物后用清水将麦粒反复清洗干净。

2.小麦浸泡
浸泡时间为 8 小时，浸泡量为碎米一次使用量的 5%，在浸泡前，用泡腾消毒片为浸泡池、箩筐消毒。

3.小麦吹芽、发芽
将浸泡吸足水分后的麦粒摊板堆积（每板 10 千克），堆积高度 2～3 厘米，堆积温度 18～20℃（使用空调恒温），堆积时间 2～3 天。每 6 小时适量浇水，堆积至麦粒大部分露出白根为止。发芽需 5 天时间，温度 18～20℃，每 6 小时适量浇水。麦芽的长度以 2.0～2.5 厘米为佳。

4.磨浆
适宜长度的麦芽经粉碎机加水磨碎制成麦芽浆（麦芽与水约为 1：2.5），磨浆时间要控制在用浆前 2 小时内。

（二）制作麦芽糖

1.碎米浸泡清洗

将碎米倒入浸泡池中，放入适量的水（高于碎米表面10厘米及以上）浸泡，夏天浸泡2小时左右，冬天需浸泡3～4小时，至能捏碎、无硬心为止，清洗掉糠粉和可能残留的沙尘等，然后捞至筐中，沥去表面水滴。

2.初蒸

将沥去表面水分的碎米倒入饭甑蒸，每甑500千克，蒸至20分钟后关蒸汽，开始松饭（松饭即用木铲将整甑饭翻松），然后打"烟水"。打"烟水"应用90℃以上的热水，打"烟水"的目的是使几乎半熟的米粒能充分吸收水分，以保证在复蒸时能充分糊化，确保糖化效率。

3.复蒸

经初蒸和打"烟水"后再复蒸，复蒸时间约（35±5）分钟。蒸饭要防止夹生（蒸汽无生臭味）和蒸煮过度，要求蒸后饭粒无白心，用手捏时无粘手情况。

4.拌和

将蒸熟的饭粒舀至拌和池中，按比例加入麦芽浆（100千克碎米的饭粒用5千克小麦制得的麦芽浆）拌和均匀，捣碎黏结的饭团，以便与麦芽浆充分混合。拌麦芽浆的米饭温度要严格掌握，一般应使拌和麦芽浆后的料温在60～70℃。

5.糖化

将拌和好麦芽浆的饭粒迅速装于糖化缸中保温（70℃±5℃）糖化（糖化前期1小时温度不得低于65℃，糖化时使用蒸汽保持恒温），糖化时间夏天为6～7小时，冬天为7～8小时。

6.浸出

糖化结束后加满热水（温度约90℃），至浸出糖醅中的糖分、饭粒能成团浮于液面时，即可从缸底陆续将糖液放出，每次放出1～2桶（约25～55千克），后需向糖醅中添加相应量的热水（热水温度可逐渐升高，倒数第二次可达90℃，最后一次所用热水可为沸水），以利充分浸出糖。至放出的糖液口尝无甜味时止（前几次放糖时不能将缸内的糖液放完，最后一次应彻底放完）。为降低浓缩糖液的热能消耗，最后浸提出的稀糖液可在下一轮次的糖醅液浸糖中使用。

7.浓缩

开启浓缩罐，真空压力为-0.07兆帕时，开始向浓缩罐中加入糖液，保持浓缩压力在0.2～0.3兆帕，浓缩至糖液浓度为≥38波美度即可出锅备用。

（三）熬糖

30千克麦芽糖、1千克白砂糖倒入熬糖锅中，大火熬制，同时开启搅拌机不停搅拌，至能拉丝时，将火力调小，糖浆散发出腊香味，用竹筷取少许口尝不粘牙时停止熬糖，升起搅拌机，用木瓢迅速将糖浆舀入冷却锅中。

（四）冷却揉糖

将冷却锅移至冷却池上，利用池中流水对浓糖浆降温，浓糖浆稍冷却即呈固态。糖坯降温至约90℃时（在降温过程中，用不锈钢铲不停翻转糖坯，使整个糖坯冷却均匀），将冷却锅推离冷却水面，反复翻揉糖坯，增加糖坯的延伸性和均匀度。

（五）扯坨拉白

将糖坯的一端挂于拉白台案板边缘的木桩上，反复拉伸折叠，30千克的糖坯折叠约（50±3）次即可达到要求。在拉伸折叠过程中，逐渐淋适量热碱水于糖坯上，并同时用蒸汽不断加热，以保持其良好的延伸性和表面光洁度。糖坯在不断拉伸折叠的过程中，体积会逐渐增大至原体积的1.5倍左右，颜色逐渐变浅至浅黄色。

（六）合坨

将已拉白的糖坯置于拉白台上的案板上，用糖心棒在糖体一端压出一深约5厘米的槽，取出糖心棒后将另一端折叠过来覆盖其上，迅速将糖体捏合滚压成圆锥形状，并在糖体后端插入充气管充气。

（七）滚坨、出条

在案板侧安置一加热电炉，不断滚动糖体，用蒸汽和电炉持续加热糖体的锥形端，确保其柔软性和表面良好的光洁度。

从糖体锥形端处不断抽拉糖条，并顺次紧密地排列在相应规格的断糖架上。出条时须根据感官判断其空心程度，及时充气。根据各规格产品的装袋要求确定出条粗细，并要求同规格产品所出条的粗细基本均匀一致。

（八）断条成形

糖条每排满一断糖架，将断糖架放置于断糖盒上，接通断糖架电源，利用电热丝的热效应，将所出糖条均匀切断为小节，再切断电源。

（九）表层软化

每次取切好的糖条5～6千克装于软化机内，用蒸汽加热糖条，使其表面吸热软化（似浓浆状），从而具有良好的黏着性，软化前后应挑除不合规格的断节，每次软化时间约3分钟。

（十）上麻

将表面充分吸热软化的糖条倒入盛有约10千克芝麻仁的锅内不断地轻轻翻动，使糖条表面裹上足量的芝麻仁，同时应将多支粘在一起的糖条分开，再将裹好芝麻的芝麻杆装入竹筛，筛去多余的或未黏附紧密的芝麻仁。

五、荣誉认证

2000年11月，"芝麻官"被认定为"重庆市著名商标"；2017年6月，被认定为"重庆老字号"。

第九节　合川桃片

合川桃片，重庆市合川区特产，中国传统名特产品，地理标志产品，多次荣获国内及国际奖项。

一、历史渊源

清光绪二十一年（1895年），合川县城"祥云斋"糖果铺开始生产桃片。之后，内江人朱国祯、蒋盛文等在合川城

申明亭开设"同德福"典当，又在苏家街创办"同德福"京果铺，生产蜜饯、糖果，同时研究和改进合川"祥云斋"生产的桃片，初步生产出具有色白、离片、绵软等特点的合川桃片。

清光绪二十四年（1898年），合川县举人张石亲（张森楷）把合川"同德福"桃片作为合川特产，带至成都、北平（今北京）等地送师友，其味鲜美，不同凡品，受人称赞，"合川桃片"渐渐远近闻名。

民国五年（1916年），"同德福"由余鸿春接手经营。余去世后，其子余复光继承"同德福"。首先，他采用上等原料，糯米一律用上熟大糯米，糖是当时市场上最好的白糖，桃仁、麻油等都选用优质上等品。其次，他讲求精工细作，每道工序都订有详细规程。设专人检查质量，严格把关。"同德福"桃片质量在同业中一路领先。

1915年，合川桃片在巴拿马太平洋万国博览会上获巴拿马金质奖。

1964年，经商业部批准，合川桃片注册"三江"牌商标。

二、产品特点

合川桃片以糯米、白糖、核桃仁为原料精制而成，特点为粉质细润，绵软，片薄，色洁白，味香甜，桃仁味道浓郁突出。椒盐桃片色泽微黄，酥脆，有甜、咸、麻味。

合川桃片经过多年开发，现已拥有香甜、椒盐、八珍、红豆、黑米、黑芝麻、薄荷、荞麦、粉葛、奶油10个系列产品。最具代表性的是绿豆薄荷桃片、营养八珍桃片、精制椒盐桃片、保健系列桃片。

（一）绿豆薄荷桃片

绿豆薄荷桃片在合川桃片的基础上增加了绿豆、薄荷等纯天然原料。夏日炎炎时食用绿豆薄荷桃片，清凉解暑，其口感爽心润口，是老少皆宜的营养、休闲、旅游食品，也是馈赠亲友之极品。

（二）营养八珍桃片

营养八珍桃片在合川桃片的基础上增加了芝麻、枸杞等纯天然原料，风味独特、养心明目、芳香浓溢，其口感是传统的合川桃片所没有的，是老少皆宜的营养、休闲、旅游食品，也是馈赠亲友之极品。

（三）精制椒盐桃片

精制椒盐桃片在合川桃片的基础上增加了花椒、精盐等纯天然原料，风味独特、酥脆化渣，是品茗佐酒、馈赠亲友之极品，也是老少皆宜的营养、休闲、旅游食品。

（四）保健系列桃片

保健系列桃片在合川桃片的基础上增加了药食两用的纯天然植物原料，使人们在品尝传统名特食品的同时也让身体享受保健功效。长期食用能产生开胃健脾、补肾壮骨、容颜益寿等效果。是老少皆宜的营养、休闲、旅游食品，也是馈赠亲友之极品。

三、制作工艺

（一）原料配方

搅糖23.75千克、川白糖1.4千克、面粉0.25千克、糕粉18.75千克、蜜玫瑰0.5千克、提糖1.25千克、浆核桃仁9.5千克。

（二）原料要求

1.糯米

选取保护区生产的，按照无公害食品稻米加工技术规范生产的大粒糯米，其支链淀粉含量占总淀粉含量≥99%，可溶性糖含量≥3%。

2.水

选取合川桃片地域保护范围内的泉水和地下水，总硬度为180～300毫克/升，pH7.2～8.5。卫生指标符合生活饮用水的国家标准。

（三）制作工艺

1.选料

选大粒糯米，用箩筛掉杂质和碎米，用50～60℃的热水淘洗约10分钟，捞起沥去水分后加盖捂20分钟即可摊开待用。

2.炒米

以油制过的嘉陵江、涪江、渠江河道所产的河沙拌炒捂好的糯米，火势要旺，每锅炒米1千克，炒到糯米熟透"跑面"时快铲起锅，用箩筛去沙子即可。

3.磨粉与回粉

将炒制的糯米用电磨磨成细粉，以120目筛过筛（软片）或以90～100目筛过筛。筛出的粉称为"火粉"，将"火粉"置于凉席上摊开，自然吸水回潮发酵（气温在10～20℃，相对湿度在75%～85%），时间在3天以上，手捏粉子成团、不散垮即为回粉。夏季用回粉需以微火炒熟，冷却后方可使用。

4.制搅糖

川白糖加水，按10∶3的比例放入锅里溶化煮沸后，以蛋清或豆浆提纯，除去杂质、糖泡子，加饴糖（数量为川白糖的5%）继续熬制，夏季熬至125～130℃，冬季熬至115～120℃，糖水滴入冷水中能"成团"时即起锅。起锅后边搅拌边加入10%的芝麻油，糖油充分混合翻砂后置于案板上冷却，用擀筒擀散成细糖粉，过筛后即可使用。

5.制蜜玫瑰

将采摘的玫瑰鲜花去蒂，手工搓揉，压榨去水至得率为20%～30%，按去水玫瑰花与白砂糖1∶1的比例混合均匀，装坛，压紧，封坛口，在室温下放置1年即可用。

6.制浆桃仁

精造漂白的核桃仁切碎过筛，选出颗粒均匀的碎桃仁，以提糖水浆制，加蜜玫瑰、川白糖拌匀即可。

7.拌合与装盆

回粉与搅糖充分糅合后分3层装盆，1/3装底、面层，2/3拌合浆桃仁放中层，3层都要使用"铜镜"走平，然后捶至紧实，再走平。

8.炖糕

将装盆的糕坯置于热水锅里搭气，水温50～60℃，2～3分钟后即可起锅静置回潮，到次日糕质绵软紧密时即可切片。

9.烘焙（脆片）

将桃片坯平放在烤盘中，以160～180℃烘焙15～25分钟。

10.切片包装

将炖好的糕坯倒出，用机器切片，然后包装。

四、产品质量

（一）感官特色

1.软片

色泽洁白，粉质细，组织紧密均匀，有明显的桃仁块；条形完整，片厚≤1.5毫米，大小厚薄均匀，片无粘连。桃片散如展卷，卷裹不断，细腻化渣，香甜爽口，有核桃仁和玫瑰的清香味，有韧性，不粘牙。

2.脆片

色泽微黄，粉质细，组织紧密均匀，肉眼可见桃仁粒；条形完整，片厚≤2.5毫米，大小厚薄均匀，片无粘连。香甜酥脆，微有甜、咸、麻味，不粘牙。

（二）理化指标

桃仁5%～16%（软片）；脆片水分≤8%，软片水分≤15%；总糖30%～50%；蛋白质4%～8%；脂肪≤10%；支链淀粉占总淀粉的含量为96%～98%。

（三）安全要求

产品安全指标必须达到国家对同类产品的相关规定。

五、标志保护

根据《地理标志产品保护规定》，国家质量监督检验检疫总局组织了对合川桃片地理标志产品保护申请的审查。2010年3月28日，经审查合格，批准对合川桃片实施地理标志产品保护。

（一）保护范围

合川桃片地理标志产品保护范围为重庆市合川区现辖行政区域。

（二）专用标志使用

合川桃片地理标志产品保护范围内的生产者，向重庆市合川区质量技术监督局提出使用地理标志产品专用标志的申请，经重庆市质量技术监督局审核，由国家质量监督检验检疫总局批准并公告。合川桃片的法定检测机构由重庆市质量技术监督局负责指定。

六、荣誉认证

1981年、1988年，合川桃片先后2次荣获国家银质奖。

1994年，获第五届亚洲及太平洋地区博览会国际金奖。

1998年，"三江"牌注册商标被评为"重庆市著名商标"。

2011年，"三民斋"被评为"重庆老字号"。

2017年9月，"同德福"牌合川桃片参加国家旅游局举办的首届特色旅游商品博览会，获得中国特色旅游商品大赛金奖。

第十节　永川松溉健康醋

松溉健康醋，永川区特产，地理标志商标产品。产品酸味纯正，略带回甜，不含化学添加剂。具有促进消化、降低血脂等功能，既是优良的调味品，又是防止消化不良、高血压及血管硬化的理想保健品。松溉健康醋是由四川省中医药科学院和松溉酿造厂共同研发的新型保健调味品，以上等大米、小麦、麸皮及天然保健植物为原料，采用传统生产工艺发酵而成。

一、品质特色

松溉健康醋是按传统工艺酿造而成的，经提炼加工，品味逐步升级，深受广大消费者喜爱，占永川食醋产品销售量的20%。酸、甜、香，无涩味；理化指标是每100毫升含总酸（以乙酸计）3.7～4.2克，可溶性无盐固形物4.2～9.8克，不挥发酸0.9～2.5克，不含防腐剂。

二、工艺流程

松溉健康醋是由四川省中医药科学院和松溉酿造厂共同研发的新型天然机能性调味品。松溉健康醋是选用松溉地区所产的具有成籽粒饱满、淀粉含量高、糖化效果好、含单宁适中等特点的上等大米，辅以小麦、麸皮、山楂、大枣、肉桂等天然保健植物原料，以醋曲为发酵剂，采用传统固态发酵工艺酿造而成的新型保健调味品。从产品设计开发到原材料选用、制造、检验、储存，全面执行 QS 和 ISO9001 质量体系、ISO2200 环境体系，按照 HACCP 的要求生产，严格控制，层层把关，确保质量。

三、荣誉认证

松溉健康醋1995年获重庆市百花奖、第二届中国农业农博会金奖；2012年成功申报地理标志商标。

第十一节　綦江"饭遭殃"

"饭遭殃"，綦江区特产，先后被评为"重庆市著名商标""重庆市名牌产品"。

一、发展历程

1991年，綦江一个名叫任德兴的农民，在川黔国道的綦江段开了一家小店，最受食客欢迎的菜是简而又简的"糟海椒"。任德兴继承了父辈的一手绝活，做的糟海椒比别人做得好吃，客人往往就着这道开胃菜就能吃下几碗饭。不久，他酿制的糟海椒就名声在外了。

1997年，任德兴开始专做糟海椒产品，并将产品取名"饭遭殃"。

1999年，任德兴申请注册了"饭遭殃"商标。

2000年，任德兴开始生产"饭遭殃"辣椒酱，并在篆塘、郭扶、高青、高庙等地发展优质"子弹头"辣椒基地2 000亩，进一步扩大生产，年销售量突破300万瓶。

2009年，"饭遭殃"年产值达1亿多元。

2010年，正宗原生调料鲜辣椒酱、特色榨菜、糍粑海椒鲜青椒酱3个产品获"重庆名牌农产品"称号。

2013年，有"饭遭殃"系列产品生产线10条，具备10万吨以上的生产能力。

二、产品特点

重庆美乐迪天然食品有限公司主要从事"饭遭殃"牌调味料、酱腌菜、泡菜等的生产、销售。"饭遭殃"产品以产于海拔800米以上的鲜辣椒为主要原料，其工艺独特之处是以传统瓦缸发酵后，淘洗、除水、切分成熟度达到九成以上的辣椒，后放入密闭不透光的发酵缸里发酵6个月以上，再炒制。在原料采购上做到层层把关、精挑细选；严格监督产品加工过程、严格检查卫生，以确保产品品质和质量。"饭遭殃"开味菜将传统工艺与现代食品生产技术有机融合，保持了原料所含的各种营养成分，使"饭遭殃"产品集香、辣、鲜、脆于一身，美味可口，是绝佳的佐餐伴侣，具有鲜、香、辣等特点，拌饭、拌菜、拌面条、炒菜均可。

重庆美乐迪天然食品有限公司已有"饭遭殃"牌调味料、酱腌菜、泡菜等产品种类和瓶装、袋装和礼盒装共30多个单品。产品销往全国各大中城市，并远销美国、加拿大、澳大利亚、新加坡、韩国及东南亚等国外市场。

三、荣誉认证

2001年，"饭遭殃"荣获"重庆市名牌农产品"称号；2006年，被评为重庆市著名商标；2007年，获"重庆市名牌产品"称号；2008年1月，取得绿色食品证；2008年3月，取得QS许可；2013—2016年，"饭遭殃"鲜辣椒酱、特色榨菜、糍粑海椒鲜青椒酱连续4年被认定为"重庆名牌农产品"。

第十二节　綦江"赶水"萝卜干

"赶水"萝卜干，綦江区特产。2005年、2006年两度获得全国农业科技项目最高奖项——"后稷特别奖"。先后获"重庆市名优产品""重庆名牌农产品""重庆市著名商标"称号。

中华人民共和国成立之前，赶水当地人就有将鲜萝卜制成萝卜干（爪）的习惯。将萝卜切丝，自然风干，拌盐，加入香料，装入瓦坛腌制即可。20世纪80年代，萝卜干生产企业在赶水逐渐兴起，后发展至50余家，綦江萝卜干年产量达5 000余吨。"赶水"牌萝卜干由重庆綦丰农产品开发有限责任公司开发。公司除经营"赶水"牌萝卜干外，还有脆竹笋、香乳腐、香辣子、香豇豆等18种不同口感、不同香型的系列腌制产品。

一、产品特点

"赶水"牌萝卜干的原材料主要是优质赶水草蔸萝卜。赶水草蔸萝卜形圆、个大、色白、汁多、化渣、品质细嫩、味甘甜、含有独特的芥子油，自投放市场以来，深受广大消费者的青睐。

二、发展历程

重庆綦丰农产品开发有限责任公司前身为綦江赶水红星农业科技发展中心，中心建立于2000年11

月，为个人独资企业。2018年，公司有2个专业合作社，3个加工生产厂，建有4 000平方米的生产厂房，有员工55人，生产合作社有社员2.5万人。建成了以萝卜、竹笋、豇豆、辣椒为主要种植品种的生产基地。公司采取"公司＋基地＋农户"模式助力农户创收，以订单形式按最低保护价收购，每年加工鲜萝卜8 000万斤、鲜豇豆10万斤、辣椒（干面）8万斤、鲜笋6 000万斤，带动4 000多户，1.5万农民增收。

产品销往粤、陕、豫、黔、鲁、闽、滇、湘、京。并在香港参加世界美食展，受韩国、日本消费者赞扬，在激烈的市场竞争中独树一帜，产品供不应求。

三、荣誉认证

2005年、2006年，中国杨凌农业高新科技成果博览会上，綦江"赶水"牌萝卜干两度获得全国农业科技项目最高奖项——"后稷特别奖"；2009年，荣获"重庆市名优产品"称号；2010年，"赶水"牌萝卜干被评为"重庆名牌农产品"；2016年，被评为"重庆市著名商标"。

第十三节　武隆羊角老醋

羊角老醋，武隆区特产，已有200多年生产历史，先后获"重庆市著名商标""重庆市知名产品"称号；羊角老醋传统制作技艺被列入重庆市市级非物质文化遗产项目名录。

羊角老醋以大米、玉米、糯米，小麦、白马山优质矿泉水为原料，辅以40多种名贵中药材，采用独特的传统工艺精酿而成，不含添加剂，品质、口感独具特色，早年间就享誉川东地区，走俏巴渝，是深受广大消费者喜爱的一种名优特色调料制品。

一、历史渊源

据《武隆县志》和《涪陵地区简志》记载，羊角老醋原名羊角头醋、二醋，创制于18世纪，至今已200多年历史。相传前清年间，山西任氏兄弟来川经商，途经羊角镇时，老大由于旅途疲劳暴病身亡。老二因安葬其兄，耗尽盘缠，有家难归，无奈定居羊角。老二身怀祖传酿醋绝技，迫于生计，只好与当地的秦老大合伙开作坊酿醋。酿出的醋味道鲜美，风味独特，当地民众争相购买，不久任老二病故，临终前将其祖传绝技传授给秦老大。秦老大继承并发展了这一技术，酿出的醋更具特色，过往客商无不购买带回家中，让家人和邻居品尝，如未能买到，还深觉遗憾。羊角老醋的声誉与日俱增，驰名川东。

中华人民共和国成立前，羊角镇有4家作坊生产羊角老醋。周顺昌酿造的醋最负盛名，远销贵州、重庆、江浙等地。

中华人民共和国成立初期，羊角老醋仍以私营作坊形式酿造。主要是自食，偶送亲朋好友。20世纪50年代末60年代初，羊角区供销社创办酱园厂，雇请醋工生产羊角醋，实行统一生产经营。1975年，国务院发出恢复地方土特名产的通知后，羊角老醋引起有关部门的重视，拨专款发展这一特色产品，通过扩大生产、更新设备，加强卫生监督、产品质量检测手段，在全面继承中发展、提高传统的制曲、发酵、酿制及配方、工艺流程。到1985年，年产量在15万斤以上，质量更加优良。

20世纪80年代末90年代初，武隆县供销合作社筹集资金，新建年产1 000吨的羊角醋厂。

二、产品特点

据《中国土特名产辞典》与《涪陵地区土特产品及资源汇编》记载，羊角老醋具有酸甜适度、色味鲜美浓郁、久存不腐、不生花变质等特点，有开胃健脾、预防流感，美容、去头屑、消毒杀菌之功效，并对高血压和低酸性胃病有辅助治疗作用；富含人体必需的氨基酸、乳酸、铁、钙等多种营养物质和铜、锰等抗癌微量元素。

羊角老醋呈深棕色，色泽度好，无沉淀，无悬杂物，有浓郁、独特的芳香味，酸味浓厚，稍带回甜，主要理化指标优于国家一级标准。

羊角老醋的加工工艺非常考究，且还得借助得天独厚的自然条件。羊角老醋以大米、麦麸为主要原料，辅以40多种名贵中药材，用羊角的"青龙"泉水精酿而成。整个生产过程的操作都非常精细，醋坯酵存放期在1年以上，而且每年都要选择适宜的季节和温度制曲，才能酿出上乘的调味佳品——羊角老醋。

三、生产情况

1.原材料

以当年或隔年产的带有绿色食品标志的新鲜小麦、大麦、玉米、小米、高粱、大米等优质农作物为原料。

配料为采自白马山、仙女山和乌江峡谷的40种以上香料和中草药，少数香料由外地配送。

2.加工工艺

整个加工工艺流程分为选料、制曲、煮粥、制胚、陈酿、淋醋、熬醋、灌装8个步骤。

（1）选料。以当年或隔年产的新鲜小麦、大麦、玉米、小米、高粱、大米等优质农作物为原料。

（2）制曲。麦面和麸皮混合，加入适量泉水，手工搅拌均匀后放入坯箱，人工夯实至曲坯成型再松开坯箱，把做好的曲砖放在整理好的谷草或者黄荆叶上备用，待装入发酵池。

（3）煮粥。按比例将原料倒进锅里，火烧旺，不停地翻铲40分钟到1个小时，直至煮熟。

（4）制坯。

①制坯：把玉米或小米面粉均匀铺在发酵池池底，放入白马山泉水，水量以刚好淹过玉米或小米面为宜；再把事先制好的曲砖捻碎，放进池内；然后倒入热粥，搅拌均匀后加入麸皮。

②翻胚：以竹木为梁，加盖封存，略留空隙，使新鲜空气进入后发酵，11～12天后翻胚至疏松。

（5）陈酿。把做好的醋胚转入陈酿池，继续堆积发酵，1～5年后再使用，使之增加香气，分解微生物，减少沉淀物，提升品质。

（6）淋醋。加入山泉水浸泡、稀释醋胚，使醋酸充分分解，泉水与醋胚完全融合。

（7）熬醋。熬制温度达到120℃以上，在控温的同时清理醋酸表面悬浮物，再按比例加入中药材及香料混合熬制。

（8）灌装。熬制完成后，灌装、上盖、贴商标、打包。

四、质量技术

羊角老醋企业在改造传统生产工艺的同时注重产品质量，从原料加工至产品出厂，严格执行《酿造食醋》（GB 18187—2000）标准的工艺工序和质量要求，所有企业均通过ISO9001、ISO9002质量体系认证。

羊角老醋感官特色见表10-4-3，理化检测指标见表10-4-4。

表10-4-3　羊角老醋感官检测项目

检验项目	国家技术指标	检测结果
色泽	琥珀色或红棕色	红棕色
香气	具有固态发酵食醋特有香气	具有固态发酵食醋特有香气
滋味	酸味柔和、回味绵长、无异味	酸味柔和、回味绵长、无异味
体态	澄清	澄清

表10-4-4　羊角老醋理化检测指标

检验项目	国家技术指标	检测结果
总酸/（克/100毫升）	≥3.50	5.19
可溶性无盐固形物/（克/100毫升）	≥1.00	15.18
游离矿酸	不得检出	未检出
菌落总数/（CFU/毫升）	≤10 000	<1
大肠杆菌（MPN/100毫升）	≤3	<3
总砷/（毫克/升）	≤0.5	<0.05
铅/（毫克/升）	≤1	<0.1

五、发展状况

羊角老醋经过几年迁建技改，基本生产条件得到极大的改善与提高。实现了制曲、煮粥、制胚、熬醋环节手工制作与陈酿、淋醋、灌装环节自动化、现代化的相结合，正逐渐向现代化食品工业企业转变。

羊角老醋历经200多年发展，形成了坛装、袋装、瓶装系列二十几个品种，生产的"羊角""羊角老醋""羊角老醋·创始于十八世纪"牌老醋深受广大消费者喜爱，有较高的知名度。产品主要销往重庆、四川、贵州、湖北、湖南等地，是武隆区地方特色品牌。年产能2 000吨、实现销售收入4 000万元。2018年，武隆区在土坎古镇新址打造羊角老醋食品工业园，传承百年传统技艺，研发、生产、销售绿色健康系列酿造食醋。

六、荣誉认证

1985年，羊角老醋被编入《中国土特名产辞典》；2001年、2007年、2010年，"羊角"牌老醋被评为"重庆市著名商标""重庆市知名产品"；2014年，羊角老醋传统制作技艺被列入重庆市市级非物质文化遗产项目名录。

第十四节　忠县桑产品

忠县自然资源丰富，地处"黄金水系"——长江中上游，气候温和，雨量充沛，四季分明，冬少严寒，日照充足，土地肥沃，宜桑宜蚕。

一、历史渊源

忠县种植桑树历史悠久，最早记载见于《华阳国志》：永兴二年（东汉桓帝，154年）三月甲午，

望上疏曰：…敢欲分（巴郡）为二郡：一治临江，一治安汉。各有桑麻、丹漆、布帛、鱼池、盐铁，足相供给，两近京师。荣等自欲义出财帛，造立府寺，不费县官，得百姓欢心。民国《忠县志》载：桑之种类甚多。《尔雅》载：桑辨有葚，栀。女桑，棟桑。压桑、山桑。今有荆桑地桑之名。《本草纲目》白桑。叶大如掌而厚，鸡桑叶小而薄，子桑先椹而后叶，山桑叶尖而长。现在种桑者众，有移植湖桑、嘉定桑者。惜吾县丝业不发达，昔日种桑之场今已改种粮食矣。民国《忠县志》又载："清末，县人秦经甫由浙江归来，创办短期蚕桑培训班，教习栽桑养蚕之术，之后有一二有识之士，又远游日本，勤求蚕术，博考新法，近历嘉定、顺庆、学成返县，或独自经营，或集资兴办，风动一时，乡民莫不购求桑种植。东坡、拔山、同德、官坝、汝溪等乡，桑林蚕社先后成立，每至一乡蔚绿深青，触目皆是"。民国时期，在海拔1 127米的望水乡谭家寨，建有一个冷藏洞，民国十七年（1928年），百安、复兴等地桑林成片。后因军阀混战，加上匪扰，种桑者无暇培育。据《白居易与忠州》《忠州觅珠》载：唐朝白居易任职忠州时，房公酿制桑落酒，以纯高粱为原料，引方斗山泉水，窖池中铺上经霜打过的干桑叶。可见桑叶是酿酒的重要辅料。县民有用桑葚浸泡白酒食用的习俗。

二、产业发展

1955年，忠县农业科在白庙乡印盒村调查蚕桑生产情况后，提出大力发展蚕桑生产的意见，经县委同意，于1956年在7个镇（区）和部分乡（镇）重点发展蚕桑。1963年，县委发出"栽桑种桐，子孙万代不穷"的号召，县、区、乡、村均制定出护桑规定，并大力引进良种，推广嫁接技术，组建专业班子，使蚕桑事业持续发展。1980年，忠县蚕桑生产在万县地区名列前茅，成为四川省桑蚕生产基地之一。通过多年发展，到2002年，全县春育桑苗、冬栽桑树2 641万株。

2002年后，忠县内主要是马灌、官坝2个镇种植果桑。

忠县桑品种主要有小冠桑、油桑、湖桑、火桑、充桑、新一之濑、736、6031、云桑一号等10多个品种。其中油桑、湖桑、6031较多，实生桑种有广东荆桑、河南草桑、当地草桑和芦东杂交桑沙2×伦109等。蚕品种有春用种781·782×734、826·8214×827·829、菁松×皓月、881、882、871×872；夏秋用种有7532×781、夏芳×秋白等。食用桑葚的主要品种有陕西大籽果桑、台湾糖果桑、美国龙果桑、韩国大珍珠、新加坡果桑、红果二号、台湾四季果桑等。

三、产品生产

忠县桑产品主要有桑葚酒、桑叶茶、桑叶面。

（一）桑葚酒

1.制作

桑葚酒发酵适宜温度为22～30℃，发酵的最好温度为25℃。果酒多采用低温杀菌，以减少酒精挥发。温度降到11～14℃时，发酵缓慢，果酒酵母对低温的抵抗力很强，常在0℃左右保存菌种。

2.制作工艺

原料—验收—破碎—入缸—配料—主发酵—分离—后发酵—第一次倒缸（池）—密封陈酿2～3个月—第二次倒缸（池）—满缸（池）密封陈酿4～6个月—第三次倒缸（池）—澄清处理—过滤—

调配—储存1～3个月—过滤—装瓶—成品。

3.操作要点

原料验收：红色、紫红、紫色或白色，无变质现象的桑葚果为合格桑葚果。青色、绿色果未成熟，含糖低，不予收购。剔除外来杂物后，用塑料桶、袋或不锈钢容器盛装，不得使用铁制品。

4.破碎

用破碎机、木制品工具均可，尽可能将桑葚果的囊包打破，渣汁一起入缸（池）发酵。按100千克原料加水150～200千克、白糖40～50千克、偏重亚硫酸钾（$K_2S_2O_5$）20～25毫克/千克，搅拌均匀。加入培养旺盛的酵母液3%～5%。

5.主发酵

原材料入缸（池）后，用搅拌或振荡设备搅拌均匀，温度控制在22～28℃，几小时后便开始发酵，每天搅拌或翻搅2次，发酵时间控制在3天，主发酵结束立即分离皮渣。

6.分离

用纱布、白土布或不锈钢设备过滤，使皮渣与发酵液分开，压榨皮渣，榨汁与发酵液一起发酵，后发酵时间控制在1周内，残糖含量在0.2%以下即可。

7.倒缸（池）

发酵结束后倒缸（池）3次，将上层酒液转入消毒后的缸（池）中，下层的沉淀蒸馏回收酒分。每次倒缸后，取样测定酒度，补加脱臭酒精至17～18度。

8.澄清处理

采用冷、热或下胶处理，下胶量经试验测定。

9.调配

按成品质量要求配料，各种原材料的加入量按酒的等级计算。调配后储存1～3个月，过滤装瓶出厂。

10.特点

桑葚酒中的代表——"桑之恋"牌（2016年商标注册，同时取得食品生产许可证）桑葚酒，是古法与现代科技相结合，创新与传承相结合，根据桑葚的特性，以具有自主技术核心的独特工艺生产出的高端产品。

"桑之恋"牌桑葚酒营养价值高于葡萄酒，硒含量是葡萄酒的12.41倍，蛋白质是葡萄酒的8.44倍，赖氨酸是葡萄酒的9.23倍，抗氧化物质等高于葡萄酒，白藜芦醇、抗氧化物及钙、铁、锌等微量元素含量高于红葡萄酒，此外还富含苹果酸、维生素B_1、维生素B_2、硫胺素、核黄素、抗坏血酸和胡萝卜素等。"桑之恋"牌桑葚酒是一种新兴的果酒，也是一种重要的中药养生酒，具有黑发养颜、防止未老先衰、保持青春靓丽、益肝护肾、保护视力、提高性功能、抗自由基、抗细胞突变、防癌抗癌、降三高、保护心血管、提高免疫力、延年益寿、润肠通便、排毒利尿、补血、强身、明目等效果。

11.销售

"桑之恋"牌桑葚酒，2016年产量20吨，销售额300余万元；2017年产量为30吨，销售额为400余万元。

（二）桑叶茶

1.制作

采叶和处理：以晚秋桑树中上部无污染、无病虫害的叶片为好。

2.装笼

将切好的桑叶抖松，不让其粘贴在一起，装入事先铺好干净纱布的蒸笼内，厚度在5～7厘米，以能均匀受蒸为宜。

3.蒸青

锅内放清水，烧开后，将蒸笼放在锅内盖严，用大火、急火迅速蒸，待上大气后，根据蒸具密闭程度改用小火蒸2.5～5分钟，开盖查看，以桑叶软熟、保持鲜绿为好，立即出笼，倒入干净的容器内摊晾。焖蒸后立即驱散蒸汽是关键。蒸青过程中，气味呈淡淡的清香时起锅摊放，才会使桑叶茶冲泡时的青味少。蒸青时间一定要掌握好，时间短，青味没有蒸出，涩味重，汤色偏绿；时间过长，桑叶焖成黄色，颜色不好看，营养损失多。

4.干燥

将揉搓好的桑叶放入热锅中，用木扒不停地翻动，使水分尽快蒸发，至大半干时改用小稳火，使水分进一步蒸发、均匀一致；至桑叶趋于干燥时再用大火，并急速翻动，使其受热均匀，然后迅速撤火。当手捏不粘、手捻发脆，眼看叶脉呈蟹壳黄色、鼻闻具有清香味、品尝辨味适当（焦而不生）即为成品，迅速撤火。

5.摊凉过筛

将制成的桑叶茶迅速倒入干净的容器内（不用塑料容器）摊凉，冷却后用适当的筛子筛去过细的碎末。

6.特点

桑叶茶（2016年商标注册）茶色碧绿，含多种叶绿素、有机酸、黄酮、生物碱、维生素、氨基酸及锌、钙、铁等多种微量元素，饮用方便，营养成分人体吸收快，具有促进新陈代谢、血液循环，消除疲劳等功用。

7.销售

桑叶茶2016年产量5 000斤，销售额70余万元；2017年产量为1万斤，销售额为150余万元。

（三）桑叶面

1.生产

取鲜桑叶，洗净后切成宽2厘米的细条；杀青，将桑叶条于沸水中蒸2～10分钟，蒸至软熟，颜色由鲜绿变为暗绿；晾干表面水汽，于60℃下烘干，然后粉碎，细度如面粉，得桑叶粉；将桑叶粉与面粉按质量比（2～4）∶（96～98）的比例混合，然后按常规的方法生产面条，即得桑叶面。

2.特点

选用优质桑叶制作成桑叶粉，和精制面粉搭配制作成的桑叶面（2016年商标注册），口感柔滑，易于消化吸收，利于身体健康，具有清热解毒、降三高、抗衰老、改善胃肠功能等效果。

3.销售

桑叶面2016年产量3万斤，销售额30余万元。

忠县桑产品2016年已销往重庆市内各区（县），跨市销往国内市场，以经济发达的长三角（江、浙、沪）各省份为主。2017年，在江、浙、沪等省份成功签约总代理，分销商达100余户。

第十五节　云阳桃片糕

云阳桃片糕，云阳县特产。其中，"瑞兰斋"桃片糕为"重庆名牌产品"，其制作技艺为重庆市非物质文化遗产项目，"中华老字号品牌"；"王大汉"桃片糕为"重庆名牌产品"，"王大汉"为"重庆市著名商标"。

一、历史渊源

云阳桃片糕起源于盛唐，俗称糯米糕。唐代宗永泰元年（765年），诗圣杜甫避安史之乱，从忠州（今忠县）顺江而下，寓居云安（今云阳），因积劳成疾（胃病），四处寻医问药均无果，在云阳食用糯米糕数天后病情痊愈，云阳糯米糕给诗圣杜甫留下了深刻的印象。

桃片糕兴旺于明清，称玉带糕，经历代制作师傅的传承和开发，至今已有1 200多年的悠久历史。

明末清初，云阳商界名人宋瑞兰在原糯米糕、玉带糕的基础上，创新做出了具有地方独特风味的产品"人形桃片糕"，一问世即享盛誉，从此，以宋瑞兰之名开办的"瑞兰斋"生产的桃片糕代代相传，名扬400多年而不衰。

民国《云阳县志》记载：海味及糖食、果饵，岁时、婚、寿、问遗以供投赠，销行极广，业者亦多谓之，斋铺制玉带糕尤精，以米粉合糖及核桃仁为之，切片如纸，又名桃片，味极醇美，为土产名品，过县门者必购之，邻县仿制皆不逮也。旧肆推魏长远、宋瑞兰、左天禄、彭宜泰，近百年来魏、左已易主，宋、彭尚袭其业。

源于明末清初的"瑞兰斋"是云阳县唯一传承400多年的老字号，所产的桃片糕具有柔软香甜、营养丰富、利于消化的特点，有补肾、润肺利尿之功能，是渝东名特产品。

"瑞兰斋"桃片糕以上等糯米为原料，经选、筛、淘、炒、夜露、铺地发汗、磨粉、合糖、搓、拌、蒸、炖、切片而成。清光绪三十四年（1908年），县城有"瑞兰斋""人和斋""福兴斋"等18家生产糖果糕点的斋铺。生产的大宗糕点品种有桃片糕、砂仁糕、健脾糕等。

1890年，宋笃生继承祖业，成为"瑞兰斋"桃片糕第十一代传承人。1920—1923年先后担任云阳县商会副会长、会长等职务。

1935年，宋笃生的孙子宋小雅继承祖业，成为"瑞兰斋"桃片糕第十三代传承人。因后人无心学艺，将"瑞兰斋"桃片糕的制作秘方和工艺传授给12岁即到"瑞兰斋"学徒的王隆贵（外号王大汉）。

1956年，全行业公私合营，组建云阳县国有食品厂，并于1988年8月10日注册"瑞兰斋"商标生产桃片糕。作为"瑞兰斋"桃片糕的传承人，王隆贵先后担任云阳县国营食品厂技术厂长、万县地区糖果糕点质检员，成为"瑞兰斋"桃片糕第十四代传承人。

1991年，第十五代传承人王茂，沿袭"瑞兰斋"桃片糕的配方和传统工艺，组建云阳县前进食品厂，同年，以第十四代传承人王隆贵的外号注册商标，即"王大汉"。

1994年，云阳县前进食品厂整体兼并四川省云阳县食品厂，依法获得"瑞兰斋""王大汉"商标并使用至今。

二、生产工艺

"瑞兰斋""王大汉"桃片糕品种齐全，口感丰富，主要有香甜、椒盐、黑米、果味、蜜橘5种口味。制作工艺精细，原料配制要求严格，制作工序复杂，具体内容如下：

（一）配制原料

1.糯米

选用优质糯米，要求纯度高、洁白、颗粒大而匀称、糯度高。

2.核桃仁

要求核桃仁饱满，皮微黄，香味、口感纯正，无杂质、无霉烂。

3.白砂糖

必须用以甘蔗为原料加工制成的一级或优级白砂糖，要求洁白、无杂质。

4.饴糖

选用以大米为原料加工制成的优质饴糖，要求浓度高、颜色好、酸度适中。

5.制作用油

选用优质食用植物油，要求纯度高、颜色纯正。

（二）制作工序

1.选米

采用产自高、中山的上等糯米，隔除杂质，筛去碎米。

2.淘米

将米盛入笮筐，在30～40℃的温水中淘1～2分钟，使米进水而温度均匀，提出后水平滤干，再用将近100℃的热水淋涤去糠灰消毒，米呈白色，浸水匀透，滤干后倒入斗筐，热度散失，用布覆盖8～10小时，使之吃水均匀，然后散开，使水气消失。

3.炒米

在大黄锅内用油沙炒米，将米炒泡、焦心，呈淡白色，装入团窝，散发风火味。

4.粉碎

用石磨碾碎成细粉，再用90～100眼笮过筛，以保粉子细腻。

5.润粉

进润房，上润床，以长6米、宽1.87米的地面为厢，将经淘、洗、蒸、煮的河沙置于润床上，沙的湿度为手捏成托、放手即散，上面铺竹席，将粉子散于竹席上（约1～2厘米厚）铺散均匀，在润的过程中，每日翻动1次，洒水1次，避免粉子粘在席子上，时间为7天，之后筛选粉子，进仓储存3～5月，使用时需加温烘热待冷却，使制成品不变形、光滑。

6.拌糖

白糖、食用油加温溶化、煮沸，用蛋清提纯，去黑泡、杂质，加饴糖，起锅搅拌半小时，使糖油充分混合，状似果酱时倒出摊凉，在摊案上反复滚压，使糖粉柔软细腻，再将溶化的白糖渗入选好的桃仁内，两种原料混合一体后加香料，存放半月之后方可使用。

7.做糕

将润粉、搅糖按一定比例放在案台上，用杆筒杆匀，用手搓擦（"三擀三擦"），使之充分混合后再置入撮瓢，将2/5装入锡烫中（用锡做成，故叫锡烫），再用铜磬（铜板上面固定一个手柄）压平整，将1/5加拌好的核桃仁拌匀，均布于锡烫中，用铜磬压平整，再将剩下的2/5装入锡烫中压平，用砸木（木制的工具）打紧，用烫刀和比子将其分成200毫米×100毫米的两等分，连同锡烫一起放入锅中上灶炖糕（又称搭气），温度40～50℃，5～6分钟后起锅倒出。

8.静置

用专门木柜、散糕胚料、少许特粉，以免糕体粘连，置柜时间约24小时，使糕体不变形，结构绵实紧密。

9.切片

切片均匀，薄如纸，卷而筒，折而不断，点能燃。

10.出厂检验

严格按照出厂检验要求检验、定额包装，标上出厂时间即可出厂。

三、产品特点

"瑞兰斋"桃片糕已有400多年的历史，具有柔软香甜、营养丰富、利于消化的特点，有补肾、润肺利尿之功能，是川东独特产品。"瑞兰斋"桃片糕形状呈长方形片状，长95毫米、宽25毫米、厚1毫米；两边各有5毫米左右的银白色糯米边，中间有15毫米左右是淡黄色，分布着核桃仁及其他口味的馅料。

"瑞兰斋"桃片糕的配料有核桃仁、黑米、芝麻、果脯及糯米等，含多种营养元素，具有食疗保健的功效。"瑞兰斋""王大汉"桃片糕以甜味为主，展得开、卷得拢、点得燃、白如玉，有明显香味，甜度适中，入口易溶，易化渣、不粘牙。不同口味桃片糕营养成分见表10-4-5、表10-4-6、表10-4-7、表10-4-8、表10-4-9、表10-4-10、表10-4-11和表10-4-12。

表10-4-5　香甜桃片糕营养成分表

项目	每100克	NRV/%
能量/焦	1 372	16
蛋白质/克	6.3	10
脂肪/克	6.7	11
碳水化合物/克	59.8	20
钠/毫克	149	7

表10-4-6　果味桃片糕营养成分表

项目	每100克	NRV/%
能量/焦	1 286	15
蛋白质/克	4.5	8
脂肪/克	4.1	7
碳水化合物/克	62.2	21
钠/毫克	168	8

表10-4-7　黑米桃片糕营养成分表

项目	每100克	NRV/%
能量/焦	1 355	16
蛋白质/克	5.1	9
脂肪/克	6.3	11
碳水化合物/克	60.9	20
钠/毫克	198	10

表10-4-8 蜜橘桃片糕营养成分表

项目	每100克	NRV/%
能量/焦	1 542	18
蛋白质/克	3.7	6
脂肪/克	3.0	5
碳水化合物/克	80.5	27
钠/毫克	81	4

表10-4-9 椒盐桃片糕营养成分表

项目	每100克	NRV/%
能量/焦	1 328	16
蛋白质/克	6.0	10
脂肪/克	5.6	9
碳水化合物/克	59.9	20
钠/毫克	757	38

表10-4-10 香酥黑米桃片糕营养成分表

项目	每100克	NRV/%
能量/焦	1 821	22
蛋白质/克	9.3	16
脂肪/克	9.1	15
碳水化合物/克	78	26
钠/毫克	126	6

表10-4-11 香酥芝麻桃片糕营养成分表

项目	每100克	NRV/%
能量/焦	1 867	22
蛋白质/克	9.5	16
脂肪/克	10.8	18
碳水化合物/克	76.8	26
钠/毫克	53	3

表10-4-12 香酥花生桃片糕营养成分表

项目	每100克	NRV/%
能量/焦	1 743	21
蛋白质/克	6.4	11
脂肪/克	3.5	6
碳水化合物/克	88.5	30
钠/毫克	160	8

四、荣誉认证

1994年10月，"王大汉"特制桃片糕被国家科学技术委员会评为中国（成都）双新博览会金奖。

2007年12月，"王大汉""瑞兰斋"桃片糕同时被重庆市人民政府评为"重庆名牌产品"。

2008年12月，"王大汉"商标被重庆市工商行政管理局评为"重庆市著名商标"，并于2011年、2014年复审中再次获评；2009年9月，"瑞兰斋"桃片糕制作技艺入选重庆市非物质文化遗产项目。

2011年6月，"瑞兰斋"商标被商务部评为"中华老字号"。

2014年12月，"瑞兰斋"桃片糕制作技艺获"重庆市非物质文化遗产"称号。

第五章
涉农（民间）工艺品

第一节 綦江农民版画

綦江农民版画，綦江区特产，重庆市第三批非物质文化遗产，是綦江区的文化标志，也是重庆市对外宣传的名片。作品取材于广大农民群众的生产生活实践，在简单的绘画技法的基础上大量吸收了当地民族民间美术技法，如在民间广为流传的木雕、石刻、布贴、挑花、木板年画、剪纸、蓝印花布等的表现手法，具有浓郁的民族民间风情和生活气息。作品突现出古朴稚拙、夸张浪漫的艺术效果，具有较高的艺术价值。

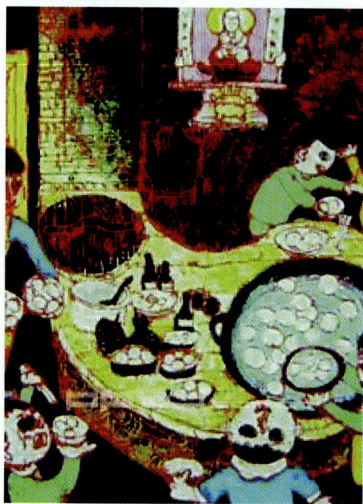

一、历史渊源

綦江的少数民族在融合与交流的过程中，不仅增加了各民族的共同文化因素，而且保存了少数民族原始文化中若干中原文化的东西，农民版画就是这种融合与交流的结果，体现在綦江岩画木刻版画中。綦江农民版画就是这种物质文化的承脉。

綦江版画起源于明清时期，老百姓用门神辟邪，用财神以示招财进宝。初期的木刻版画大多出现在寺庙、商会、会馆等建筑物的梁柱之上。如清乾隆年间东溪镇万天宫建筑物上的驼峰，清光绪年间南华宫戏楼的横檐上雕刻有"寿"字和情节生动的"三国故事"。木板工匠用半浮雕凹凸刀法（阴刻阳刻）在横梁上刻出《三国演义》人物、《西游记》人物图案，具有连环画的特征，画像的构图一般是平列所有物象，还没有改变惯用的填充结构。大部分画像以散光透视法表现空间，木板上多用底线横列法、底线斜视法、鸟瞰斜视法、鸟瞰推远法等。在万寿宫、南华宫的长廊和台梁画板上，都能找到这样的物象技法画面。

二、艺术特色

地处"渝南门户"的綦江，古称南州。山川秀美，景观众多，历史文化积淀丰厚。汉族、苗族、彝族、土家族等16个民族聚居在这里，使这里的民风民俗具有浓郁的民族特色。綦江农民版画是中国民间民族艺术中的一朵奇葩，受到国内外美术界的高度赞誉。

綦江农民版画融入石刻、木雕、泥塑、剪纸、挑花刺绣、蜡染等古老的民间工艺，具有生动、活泼、亮丽、质朴、稚拙、幽默等特点；将蓝印花布、扎染、蜡染、木雕、木板年画、石刻、剪纸、挑花、刺绣等传统民间艺术形式兼收并蓄，更显底蕴深厚。

綦江农民版画是一种用刀子先在木板上雕刻出图画，再以人工拓印而成的纯手工之作，作品构图明快，色彩艳丽，大都取材于广大农民群众的生产生活实践，具有浓郁的民族民间风情和生活气息，是巴渝传统民间艺术的特色代表。綦江农民版画在简单的绘画技法的基础上大量吸收了当地民族民间美术技法，如在民间广为流传的木雕、石刻、布贴、挑花、木板年画、剪纸、蓝印花布等的表现手法，呈现出古朴稚拙、夸张浪漫的艺术效果。綦江农民版画不但具有幽默、稚拙、热情、奔放、诚挚的特点，而且还具有鲜明的个性特征和浓厚的乡土气息。它与传统中国画创作论所主张的意境创造、气韵贯通、色彩主观意向等要素一脉相承。它摒弃写实主义，同时又非"天马行空"、漫无边际、随心所欲，虽说没有既定的技法，但绝不矫揉造作。色彩构成自然大方，意到，笔到，情到，伴着创作者强烈的情感，把创作者对生活的认识和热爱融进画中，情到深处画面生姿，意趣盎然。

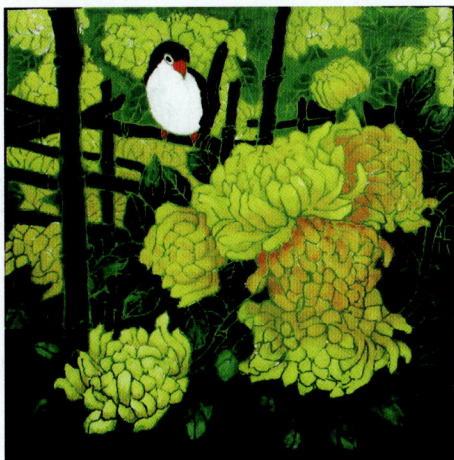

三、艺术发展

农民版画兴起于1983年，越来越多的农民踊跃参与创作活动，不断拓展创作领域，新作不断，创作出精品版画上千幅。

綦江农民版画于1984年1月首次应邀到北京中国美术馆展出。以后10多年，有847幅作品先后应邀在美国、日本、英国、加拿大、意大利等10多个国家和香港地区参展、参赛；600多幅佳作被国家博物馆及个人收藏；50多幅精品荣获国家和地区各种奖项。

1985年，四川省文化厅、四川省美术家协会、重庆市政府授予綦江县"农民版画之乡"的称号。

1988年2月，中国文化部将綦江县命名为"中国现代民间绘画画乡"。

2003年，綦江农民版画被重庆市确定为对外文化交流礼品。

2006年5月18日，綦江农民版画产业发展有限公司被文化部命名为第二批国家文化产业示范基地；2006年，綦江农民版画院和版画广场建成，如今，版画院已成为綦江农民版画展览、培训、传承基地；2006年9月26—28日，首届綦江农民版画艺术节成功举办，使綦江农民版画的知名度得到提高。之后，日本、德国、美国和加拿大等国纷纷邀请綦江农民版画参加国际美术展览和文化交流活动，国内的大型美术交流展览活动也特邀綦江农民版画参加。

2008年8月28日，重庆市创意产业发展领导小组办公室授予綦江农民版画产业发展有限公司"重庆创意产业基地"称号；11月28日，因为农民版画，綦江被文化部命名为"中国民间文化艺术之乡"（绘画类）。

2011年，綦江农民版画成为重庆市第三批非物质文化遗产，綦江投资1亿元打造集创意、创业、展览、旅游观光、休闲为一体的"古剑山版画艺术村"，文化产业聚集区成为重庆市第7个版画版权兴业基地。当年，綦江农民版画及其产业各类产值和带动投入达8 930余万元，版画直接销售和版画衍生产品产值突破2 000万。2011年10月，綦江建立了"区版画院＋街镇综合文化站＋版画学校＋农民版画村"4级人才培训网络，培训骨干作者200多人，版画爱好者和少年儿童作者2 000多人，创作出新作品300余幅。

2012年8月，綦江农民版画作者为中国·重庆綦江国际恐龙足迹学术研讨会精心创作的"恐龙版

画"系列作品,入选全国优秀创作研究扶持计划项目,荣获国家专项资金。綦江农民版画艺术的影响力得到进一步提升。

在传承、发展、交流的同时,綦江加快推进版画产业发展,拓宽版画销售渠道,通过设立专卖店、建立网站等形式构建了销售网络。先后开发出20多种版画衍生产品,将版画元素融入城市建设、商品包装和企业文化中。为更好地发展版画产业,綦江农民版画突出自身特色,树立品牌,打造版画特色学校,建设农民版画艺术街。版画艺术街引导文化创意微型企业入驻,先后有集版画创作及销售、培训、装裱为一体的重庆市綦江区印象版画有限公司,以及从事陶艺、漆画、收藏品等行业的20家微型文化企业入驻版画艺术街。

第二节　璧山牛皮鼓

璧山牛皮鼓,重庆市璧山区民间手工艺品,是一种中华传统打击乐器。其制作工艺为西南地区独有,具有十分重要的民间艺术价值,被列入重庆市市级非物质文化遗产项目名录。

一、历史渊源

中国传统的牛皮鼓起源于中原,秦汉前已有20余种。虽大小、高矮不同,但几乎都是粗腰筒状。当时已用于礼、乐、舞以及祭祀、战争和庆典。

璧山区大兴镇大鹏王氏家族为川东地区影响力最大的传统牛皮鼓制作世家。家族制作牛皮鼓已有近200年历史,传承至今已有7代。璧山县王氏先人原居于四川省安岳县,清嘉庆年间,家族前辈从民间手艺人处习得西南地区汉人制作牛皮鼓的工艺,传承至今并进一步将其发展。家族于20世纪70年代迁入重庆市璧山县,制作和外销传统牛皮鼓,在原有小型堂鼓和腰鼓的基础上制作寺庙用大鼓、表演用战鼓等多种类型的牛皮鼓。

二、产品特点

璧山传统牛皮鼓的鼓身由精选的上等柏木切割、定型、镶嵌而成,外部以5年以上毛竹制成的竹丝箍扎加固。鼓面选用最上乘水牛皮制作,选取成年水牛皮,经过去边、打毛、去脂、晾晒等工序后,最后使用专用工具绷制于鼓身上。整个鼓身的制作不使用任何串接器械和胶液黏合,具有防潮、耐磨的特点,在正常情况下,可连续使用30年以上,音量、音质不变。璧山牛皮鼓鼓声深沉、浑厚,鼓身耐用,具有十分重要的民间艺术价值。传统牛皮鼓制作工艺的主要内容有鼓身制作、鼓面制作、鼓面绷制、打蜡(四川白蜡)、鼓身修饰、抛光上色、鼓面修饰等。

三、发展状况

改革开放以后,璧山王氏家族逐渐成为川东地区最大的寺庙大鼓供应商,先后制作鼓面直径1.5米的双面牛皮大鼓20余面,供重庆华岩寺、南山老君洞等庙观使用,产品远销至四川峨眉山、遂宁、广元等地。2003年,制作了鼓面直径2米的全牛皮双面大鼓,和当时中央电视台新闻联播中报道的河南制作的牛皮大鼓尺寸相当。除寺庙用大鼓外,王氏家族还制作表演用的腰鼓、堂鼓、战鼓和单面班鼓等产品,长期供给川渝两地川剧伴奏用的鼓类乐器,技艺精湛,牛皮鼓质量有口皆碑,声名远扬。

四、传承状况

璧山区大兴镇通过广泛宣传，增强相关部门对传统牛皮鼓制作工艺的重要价值以及濒危状况的认识和保护意识。2011年开始收集、整理传承谱系以及相关影像资料。2012年建立相关文字、图片档案，完善传承人计划。已确定代表性传承人有分别生于1973年、1968年、1988年的大兴镇人王安中、王安杰、王政。

璧山区制定动态保护和静态保护计划，全面调查制鼓工艺，掌握传承脉络、传承现状及存在的问题。运用文字、影像、数字化多媒体等科技手段，正式、全面地记录、整理、归类技艺，建立档案和数据库，建立传承人培养制度，资助传承人学习、研究技艺方式，有效地革新、研究，以便优化制作工艺流程。

第三节　荣昌夏布

夏布，荣昌区特产，国家级非物质文化遗产、地理标志商标。荣昌为"中国夏布之乡""夏布加工基地"。

夏布是由苎麻纺织而成的平纹布，是中国古老的传统布料。

荣昌夏布由葛布、大麻布演变而来。因"古时无今之木棉，但有葛布大麻而已"。早在汉代，就有"蜀布"记载，唐《元和郡县志》载有"昌州贡筒布、斑布"。所谓"筒布"，即中细布也，因为往往被卷成筒形，装入竹筒，便于运输，故称"筒布"，又因形色特点，也被称为"斑布"。《太平环宇记》亦载"昌州产斑布、筒布"。既是特产，又作为贡布，说明唐宋时期昌州的麻布编织技术已比较发达。这种布"轻如蝉翼，薄如宣纸，平如水镜，细如罗绢"，是皇室和达官贵族喜爱的珍品。据清光绪《荣昌县志》记载，县内"各乡遍地种麻，妇女勤绩成布，白细轻软较甚于葛。山陕直隶客商，每岁必来荣采买，远至京都发卖。"

一、产地环境

荣昌区位于四川盆地中部与东部交界的紫色丘陵地带，地理坐标为东经105°17′—105°44′，北纬29°15′—29°41′。平均海拔380米，地貌以浅丘为主。年平均降水量1 099毫米，年平均气温17.4℃，无霜期280～300天，属典型亚热带季风性湿润气候。苎麻生长需年降水量在800毫米以上，大气相对湿度在80%以上。苎麻种子发芽最适温度为25～30℃，生长最适温度为15～30℃，韧皮纤维发育的最适温度为17～32℃。荣昌区具有苎麻种植和夏布编织的适宜环境。

荣昌水利资源充足，有濑溪河和清流河等148条溪河，水流量达3.25亿立方米。濑溪河荣昌段水质酸碱度适中，适宜漂白夏布。以荣昌濑溪河水漂白的夏布，色白细嫩，光洁度高，为各地所不及。

二、历史渊源

荣昌夏布历史悠久，可追溯到1 000多年前，汉代就有"蜀布"的史料记载。明末清初，"湖广填四川"，湖广的麻布生产经验与荣昌的麻布生产技术融汇交流，历经数辈祖传，工艺精益求精，技术不断精进。清康熙后期，荣昌夏布才形成商品生产；道光时期，经山西客商贩运，夏布远销四川省外，

山西客商垄断此行业，并将夏布发往全国，这时正是荣昌夏布进贡皇家的关键时期，并开始销往海外，成为中国最早出口的纺织品。清光绪《荣昌县志》记载，县内"各乡遍地种麻，妇女勤绩成布，白细轻软较甚于葛。山陕直隶客商，每岁必来荣采买，远至京都发卖。"亦转销朝鲜、日本及南洋一带。可见当时荣昌的苎麻夏布已逐渐开启世界的大门。

明末清初，荣昌的苎麻种植和夏布生产面临停滞。清朝初期的填川移民来到荣昌，直接面临的是吃饭穿衣问题，他们发现解决穿衣问题最快捷、最经济适用的办法是种麻织布。在较短时期内，荣昌恢复发展了苎麻和夏布生产，为继承发扬夏布文化作出巨大贡献。直至清末，荣昌已跻身全国麻纺夏布生产七大中心的第三位。荣昌县境"南北一带多种麻，比户皆绩，机杼之声盈耳。富商大贾，购贩京华，遍逮各省。百年以来，蜀中麻产惟昌州第一。"（光绪《荣昌县志》卷16）。荣昌麻产地南在原安富镇一带，北在盘龙镇、荣隆镇、龙集镇、盘龙镇。毗邻的隆昌、永川也产麻、织夏布，但主要以夏布原料供应荣昌。周询是清末民初时人，曾任隆昌县令，此人称荣昌县"县境田多山少，人民殷庶，出产以麻布为大宗"（《蜀海丛谈·各厅州县》）。

民国时，大多数农户都会种一些苎麻（也有人种黄麻），妇女绩麻只是为着打鞋底、结渔网兜和捆扎什物用的细麻绳，缝暑布衣、做蚊帐还得买荣昌夏布。荣昌、隆昌产的夏布，老少妇孺皆知，民间流行的"四川金钱板"唱词就有"四川盆地居西土，物产丰富号天府……自贡盐巴内江糖，荣隆二昌出麻布"。当时，荣昌的夏布业牌号有同昌、福通、义记、慎孚、蜀源、信记、永和、建忠、济丰永、裕隆长、怡丰、天和祥、永森泰、华昌荣、光中、庆丰、永庆、永昌、成昌、光顺具、顺具泰、益丰厚、广源老号、洪顺号、义顺源、益顺源、炳林号、光华荣、天德祥、义信永、义成、吉轩荣、同心协号、荣发祥、义华、万诚源、荣泰长、五福恒等40余家。

三、荣誉认证

1998年，农业部先后授予荣昌"中国夏布之乡""夏布加工基地"称誉称号。2008年6月，荣昌夏布织造技艺入选第二批国家级非物质文化遗产，2013年3月，荣昌夏布成功注册地理标志商标。

四、生产流程

夏布是以苎麻（原麻）为原料，经绩成麻线，由手工编织而成的麻布。荣昌夏布的主要织造工艺流程有打麻、漂白、熏麻、绩纱、挽麻团、牵线、穿扣、刷浆、编织、漂洗、整形、刻花、印花、染色等。

荣昌夏布分粗布、细布、罗纹布三大类。夏布是由经纬线编织而成的，需先确定经线数量，然后再配以适量的纬线。经线数量是决定夏布粗细的关键。如三二布是指由宽度在1尺3寸内有640根头的上下两根麻线，即上下共由640根经线编织而成的布。六百头布是指在1尺5寸宽度内用600根麻线，上下共1 200根经线加丢梭的纬线编织而成的布。余类照推。粗布是指六八布以下的尺三布、四五布、三二布；细布是指六八布及以上的六百头布、八百头布以至一千四百头、一千六百头、一千八百头布；罗纹指三梭（五梭的很少），即丢一个胡椒眼的麻织布，它与一般的夏布编织法和格局有所不同。从用途看，粗布多用于缝制口袋或蚊帐；六百头、七百头的细布多用于制作毯子布，也有用作蚊帐布的；七百头以上的细布多用作夏季衣料，罗纹布用作蚊帐或衣料均可。荣昌夏布，粗布约占80%，细布只占20%。细布中又以六百至八百头布较多。

罗纹布系滞销品，一般需特约议价编制，甚至编织各类花纹图案，市面上尚无此布销售。荣昌夏布不论种类，规格为每匹长5丈*，两匹配对10丈。每匹宽依品种而定，三二布1尺3寸宽，四五布1尺4寸宽，六百头以上的布均为1尺5寸宽。

第四节　荣昌陶器

荣昌陶器，荣昌区特产。国家级非物质文化遗产，获地理标志商标，有重庆市"巴渝十二品"之称。

一、产地环境

荣昌陶器业主要分布于安富镇街道鸦屿山一带，这里山峦起伏，松林遍布，蕴藏着丰富的优质陶土，生活在这一带的人们很早就开始利用丰富的地下资源生产陶器。

荣昌陶土资源丰富，境内多数地区有比较优质的陶土矿，其中以鸦屿山、三层岩、铜鼓山等区域最为丰富。沿着鸦屿山脉一线，有长约25千米，宽2.5～4.5千米的优质陶土矿带，总储量约1.1亿吨，平均厚度1.2米以上，比重2.65吨/立方米，这是全区优质陶土集中之地。这些陶土矿属侏罗纪沉淀黏土页岩，有红、白、粗泥3种。

红、白泥是制陶的最佳原料，不仅埋藏浅，地层稳定，极易开采，而且具有可塑性好、烧结范围较宽等特点，因而适用各种成型方法，不经配方，仅单一原料，就可以制作出生态、环保的坛、罐、壶、盅、缸等陶器，用于泡茶、家装等，深受广大消费者喜爱。同时，由于红、白泥储藏量大，红泥尤其丰富，开采简便，这是荣昌陶器发展的一个非常重要的因素。

二、历史渊源

荣昌境内，尤其是安富古镇，早在上20世纪七八十年代就已经发现大量汉代陶器，其中以俑、灯、鸽、猪、鸡、罐等居多。在紧邻安富镇的荣隆镇苟家观墓葬中，发掘出一批陶俑和鸽、狮等动物陶器。在鸦屿山南麓，发现了大批汉代以来的俑、灯、碗、钵、坛、罐等陶器及碎片。

荣昌陶博物馆收藏有一盏汉代陶灯，有单耳、底座，比较完整，硬度大，为炻器类。安富中学和荣昌陶博物馆分别收藏有一套当地出土的汉代陶俑，其中荣昌陶博物馆的这套汉代陶俑，共4个，初步认定为一家4人，距今约2000年。这4个陶俑中，有2个看起来年龄稍长，应是父母，另外2个看起来年龄略小，是一对儿女。从外形上看，4个陶俑均神态平和、安详。这4个陶俑与四川汉俑区别较大。成都及周边地区出土的汉代陶俑，基本上是说唱俑、歌舞俑、抚琴俑、吹箫俑、哺乳俑、提罐俑等，有特定的功用。而荣昌安富出土的陶俑大多服饰整齐、神态安详，展现着较为休闲、稳定的生产生活场景。

三、生产工艺

（一）制作

荣昌陶器制作技艺精湛，传统工序有20多道。荣昌陶有粗陶和细陶之分，细陶又被称为"泥精"，可以分为"泥精货"和"釉子货"。"泥精货"一般是素胎素烧，红泥胎质居多，也有白泥胎质，以及将红泥、白泥按一定比例和方法结合而成的绞泥，还有在红泥胎质上施白泥化妆土，经剔、刻、耙、堆等制作工序后烧制而成的。"釉子货"指上釉后烧制而成的陶产品。

---

　　*　丈为非法定计量单位，1丈≈3.33米。——编者注

（二）烧制

陶坯一般要经过自然晾干，不宜放置在阳光下曝晒。根据天气和自然温度，陶坯晾干的时间不同，细陶在夏季的晾干时间较短，粗陶坯则相对较长。到了冬季，晾干时间则更久，可达10天甚至更长，遇阴雨潮湿天气，可能还需要借助外力烘烤或通风，以加速坯体晾干。半成品经装饰、干燥、施釉后即可烧成。烧成是陶器生产中的最后一道工序，使坯件在高温下发生一系列物理、化学反应，变成坚硬、致密、光亮的陶器制品，从而具有良好的外观效果和优良的使用性能，是整个工艺中的关键工序。

古代先民最早烧制陶器时没有窑炉，采用的是堆烧的方法，后来才发明了穴式窑。"窑"字源于古代意为烧羊制佳肴的"穴"。中国是世界上最早使用窑炉生产硅酸盐制品的国家。约在公元前3 000年，中国已有烧制陶器的穴窑。这种古老的窑是由燃烧室、窑室、火道，以及调节炉温用的大小不一的火眼组成的，烧成温度可达1 200℃左右。窑经历了从原始社会的地上露天堆烧、挖坑筑烧，到馒头状升焰圆窑、半倒焰马蹄形窑、半坡龙窑、鸭蛋形窑，再到现今的室内气窑、电窑的发展过程。

荣昌地区先后发现了许多种烧制陶器的窑。根据窑炉的形状来分，主要有龙窑、阶梯窑、方形窑、圆形窑等。按照制品的种类来分，主要有陶瓷窑、水泥窑、玻璃窑、砖瓦窑等。从火焰流动的特征来分，主要有横焰窑、升焰窑、倒焰窑、马蹄形焰窑等。按使用的燃料种类来分，主要有柴窑、煤窑、煤气窑（瓦斯窑）。根据物料输送方式，可分为窑车窑、辊道窑、推板窑、隧道窑等。较为通用的是根据焙烧制品的物理状态结合生产方式分类。19世纪后期，荣昌地区陆续出现了可连续生产的各类新型窑，荣昌窑的类型越来越多，根据使用燃料的不同，主要有电窑、气窑、柴窑。这些窑的大小各不相同，造型也有一定的区别。小的电窑炉容积只有0.1立方米，甚至更小；大的电窑炉容积则可以达2立方米以上。烧制酒瓶、酒缸的遂道窑，燃料多为天然气，窑形可长达100米以上。

四、产品类型

荣昌生产有日用陶、包装陶、工艺美术陶、园林建筑陶四大类800余个品种，先后获国家、省、市奖项150多个，产品远销世界30多个国家和地区，荣昌陶器还有新开发的仿古陶、彩绘陶、仿铜陶等工艺陶，造型独特典雅、装饰精美，深受国内外客商喜爱。

荣昌陶器一般根据造型和用途，也有以泥色、釉色、纹样来定名的。具有代表性的产品有如下几类：坛类、罐类、壶类、缸类、盘类、盅类、陈列品类、雕塑类、盆类、碗类及建筑类等。荣昌陶器的工艺流程十分复杂，主要有23道工序。

在不同历史时期、不同发展阶段，荣昌陶器的分类方法也不同。中华人民共和国成立以前，大体根据用途分为日用陶、陈设陶、玩具陶和文具陶等。中华人民共和国成立以后，荣昌窑的产品在样式、用途和工艺性上不断发展，尤其是科研人员、制陶专家与当地传统手工艺人合作，取长补短，有针对性地发展各类陶器，使陶器品种日益丰富多彩起来。一是按陶泥原料不同，可以分为红陶、白陶。二是按陶泥颗粒来分，可以分为粗陶、细陶，细陶又有"泥精货"和"釉子货"之分。三是按是否着釉来分，有素烧陶和釉陶，素烧陶又有精泥和细泥之分。四是按用途来分，有工业陶、日用陶、工艺陈设陶等，工业陶又可以分为建筑陶、园林陶、卫生陶等。五是按产品种类来分，有罐、缸、坛、钵、瓶、盆、碗、碟、盘、壶、盂，以及动物、人物等。综合来看，荣昌陶通用的分类方法有两种，一种是从传统角度，按泥色、釉色和纹样等来划分。另一种是从现代角度，按照综合性的原则来分类。

五、荣誉认证

《辞海》"荣昌"词目记载"农产有稻、小麦、甘薯、油菜籽……并产夏布、折扇、荣昌陶器，特产'荣昌猪'。"确认了陶器、夏布、生猪、折扇为荣昌的四大特色产品。1978年，北京举办第一届全国民间工艺美术品展销会，荣昌陶与江苏宜兴紫砂陶、广西钦州陶、云南建水陶被评为"中国四大名陶"，荣昌与江苏宜兴、广东佛山石湾被评为"中国三大陶都"。进入20世纪以来，荣昌陶先后获得各级工艺美术奖项100多次。荣昌陶器多次作为国礼赠送给外国领导人。2011年，荣昌陶器制作技艺被列入国家级非物质文化遗产扩展项目名录。同年，荣昌陶器获重庆市"巴渝十二品"称号。2014年，荣昌陶入选"重庆新名片十强"。2015年，"荣昌陶器"正式获批地理标志商标。

第五节　荣昌折扇

荣昌折扇，荣昌区特产，其制作技艺被列入国家级非物质文化遗产名录。荣昌折扇是四川折扇的代表作，据史料记载可以推断荣昌折扇始于宋代，兴于明代，盛于清代。折扇又叫"折叠扇""聚头扇"，扇面少数用绢，多数用纸裱糊。

荣昌折扇有绸面串子、水磨夹子、雕嵌、漆面、泥金、金粉写画等品种，产品具有精致典雅、小巧玲珑、易于携带、清暑消热等优点，是以中国传统民族美术工艺制作的独特装饰品，素享盛誉，与苏州绢绸扇、杭州书画扇并称为"中国三大名扇"，荣昌折扇主要有传统的黑纸扇、棕竹扇、绸扇及夏布扇，远销东南亚及欧洲等地。其中，黑纸扇最具代表性，它的重要原料是由松烟和鲜桐子制成的具有黏性的黑色膏水，用这种膏水制成的纸扇不霉变、不脱层，被水浸湿也完好无损，有"晴天一把扇，雨天是把伞"之说。夏布扇以夏布为扇面，艺人将夏布和折扇两项国家级非遗项目结合起来，在夏布上作画，制作而成的夏布工艺扇也是荣昌折扇独具特色的代表性作品。

一、产品种类

荣昌折扇的产品主要有全楠、正棕、皮底、硬青、串子、全棕、檀香、绸面（白绸、色绸）、毛、胶质十大类，共计345个品种。主要代表作是传统的黑纸扇、棕竹扇、绸扇、夏布扇。折扇主体分扇页和扇骨两大部分：扇页主要分黑白两种，扇骨包括扇夹和扇心。扇页取材于书写纸、净水对方纸、宣纸、绢丝及夏布等；扇骨取材于棕竹、楠竹（毛竹）、檀木、骨质、胶质、湘妃竹及乌木等。

（一）按用途划分

荣昌折扇主要有3种：一种是实用型产品，有5.5～10寸10种长度规格；一种是装饰型产品，有50～200厘米11种规格，这种产品的扇夹一般要经过雕刻、镶嵌、漆面等工艺处理，扇面一般是名人

手书的书法或国画；还有一种是表演型产品，是专为舞蹈演员表演使用而设计的。

（二）按扇页划分

1. 纸扇

传统的纸扇主要有黑、白色两种。黑纸扇是荣昌折扇中最具代表性的种类。它的重要原料是由松烟和鲜桐子制成的具有黏性的黑色膏水，用这种膏水制成的纸扇不霉变、不脱层，即使被水浸湿也完好无损，有"晴天一把扇，雨天是把伞"之说。荣昌折扇古称"聚头扇"，又名"撒扇"，取收则折叠，用则撒开之故。由于产品精致典雅，是西南特有的民族手工艺传统产品，也是一种装饰性很强的工艺美术品，还是戏剧、舞蹈表演中的重要道具，体态轻盈，美观适用，素为群众喜爱。其主要代表作有传统的黑纸扇和棕竹扇。

2. 白纸扇

白纸扇是以加松烟配制的膏水制成的折扇，也有用天然色素浸泡扇面，将其染成彩色的折扇。

3. 绸扇

绸扇是以绢绸为扇页的折扇。

4. 夏布扇

夏布扇是以夏布为扇页的折扇。

（三）按扇骨划分

1. 棕竹扇

棕竹扇又分为棕玉扇和全棕扇。棕玉扇是指由两匹扇夹棕竹制成的折扇，扇心由楠竹制成，并被精选加工成颜色一致的水磨全玉骨；全棕扇是指扇骨全是由棕竹片制成的折扇。棕竹本身为黑红色，用它做成的扇骨经过抛光及油熏后，花纹清晰美观，自然呈红豆木纹，黑里透红、发亮，几百年来一直倍受人们青睐。

2. 檀木扇

以高档紫檀木为原料制成的折扇为檀木扇，扇夹每把只有2片，而扇心少至八九片，多至36～40片，依规格而定。

3. 乌木扇

以高档乌木为原料制成的折扇为乌木扇，扇夹每把只有2片，而扇心少至八九片，多至36～40片，依规格而定。

4. 象牙扇

以高档象牙为原料制成的折扇为象牙扇，扇夹每把只有2片，扇心少至八九片，多至36～40片。

5. 白页扇

白页扇俗称"串子"，是荣昌折扇的一种特殊形式。折扇的扇页是由2个扇面合起来构成的，中间穿插扇骨。串子是指裱糊扇页时在穿扇骨部分不上黏合剂，直接穿上扇骨，使之可随心拆装的形式。这种折扇形式便于人们收藏扇页上有纪念意义的题词、字画等，或更换扇骨。

荣昌折扇的扇夹一般以楠竹（毛竹）为主，也有使用动物骨料、乌木、湘妃竹、黄竹等原料的，档次高的还有象牙、紫檀木、黄花梨等。沈德符在《万历野获编》中说："吴中折扇（指江浙苏杭扇）凡紫檀象牙乌木者均具为俗制，惟以棕竹、毛竹为之者称怀袖雅物。"荣昌折扇亦以棕竹、毛竹扇见长。

荣昌传统折扇制作工艺主要流程有青山、同骨、皂锅、棕风、批齿、纸口、头子、苏（梳）练、尾庄、折扇、捆扎、白页、角告、纸箱、工艺、绘画16个工段145道工序，根据制作折扇的种类不同，使用的工艺流程也有所不同。

二、产品特色

在各类扇中，折扇独具收则折叠、用则撒开、折撒自如、携带方便的特点。荣昌折扇造型轻盈灵巧，线条明快流畅，选料考究，制作精细，工艺精湛，是将实用性与工艺性结合于一体的日用品。品种齐全，花色繁多，高、中、低档产品均有，可谓男女老少皆宜，雅俗共赏，在各式电风扇、空调已经普及的今天，仍深受各阶层人士的喜爱。

（一）原材料丰富

荣昌土壤质地良好，属典型性亚热带季风气候，气候温和，雨量充沛。土壤和气候十分适宜各类优质竹木的生长。荣昌折扇的原材料多样又丰富，均为就地取材。竹木是制作荣昌折扇最主要的原材料之一。扇骨取材于棕竹、楠竹（毛竹）、湘妃竹、檀木、乌木等。扇面有用竹木造的书写纸、净水对方纸、宣纸、绢绸等。

（二）产品品种多样

荣昌折扇的生产工艺在继承、发扬传统手工艺的同时，采用新工艺、新材料，使折扇由原来的正棕、全楠、皮底、硬青、串子五大类154个品种增至11大类（新增全棕、檀香、羽毛、胶质等）345个品种。其中，传统黑纸扇、棕竹扇以及创新的夏布折扇最有特色。近年来，荣昌折扇的扇骨和扇夹造型也有了改革和提升，如在扇夹上使用雕刻、水磨、漆嵌等工艺，扇头有瓜子形、蒜头形、瓶形等多种形状，品种多样，可谓琳琅满目，令人爱不释手。

（三）工艺独特

荣昌折扇工艺的独特性体现在采用皂锅工艺。皂锅工艺是荣昌折扇一道独特的制作工艺。皂锅工艺即以石灰水及苏木、五倍子、青矾等药材煮扇夹、扇心，根据需要使扇夹、扇心固定成各种色彩。对于色泽稍差的扇夹、扇心，通过皂色便可掩饰其不足，达到色泽一致的效果，使制作出来的成品折扇看起来更美观。另外，皂锅工艺还可以使扇夹、扇心防虫、防腐。

三、文化艺术

改革开放以来，荣昌各折扇厂家在继承传统工艺的基础上引进新技术、新工艺，采用新材料，生产工艺折扇、舞蹈绸扇、绢扇、书画工艺挂扇、旅游扇、广告扇等10多类品种，有各式舞蹈绸扇、竹扇、金楠纸扇、竹节绸扇、雕刻绸扇、棕玉绸扇（含全棕）、壁挂宣纸装饰大扇、壁挂绸装饰大扇（以上均含书画扇）等，除具有折扇的普通功能外，还普遍用于广告载体、礼品、纪念品、强身健体、文艺汇演、室内装饰、艺术收藏等领域。

中国折扇有极高的文化价值，中国扇文化起源于远古时代，在折扇的演变过程中，形成了独具特色的折扇文化。

文人自古就有互赠折扇之仪，互相赠送自己题诗作画的折扇，或在对方的扇子上留下丹青墨宝。文人赠扇还是对自己的一种介绍，是个人文化身份和文化品位的象征。扇子及扇子的品相成为人们身份、地位的一种标志。

折扇把书画、雕刻、装饰艺术结合为一体。历代文人喜欢在扇子上题写诗词，小说、诗歌、散文作品中的扇子题材也极为广泛。数千年的扇文化积累了很多扇诗、扇词、扇联、扇迷，以扇为名或以扇为媒的扇戏也很多。

荣昌人民经过多年的传承和经验积累，采用了新的扇面材料，如以夏布为扇面，在扇面上进行绘画和书法创作，在扇骨、扇夹上使用雕刻、镂空等装饰手法，体现了重要的文化艺术价值。

四、荣誉认证

荣昌折扇制扇技艺于2008年6月入选第二批国家级非物质文化遗产名录。

第六节　垫江角雕

角雕，垫江县特产。垫江角雕历史已有150多年之久，部分作品曾获国家、省、市级金、银质奖。

角雕是自然形态和后天加工结合而成的工艺品。以稀有的黑、白牛角为材料，根据牛角自然形态及线、面、色泽设计构图，经手工雕刻、绘制而成。其雕刻工艺原始、传统，但技法考究、精细，融实用与观赏为一体，将传统文化特别是巴蜀文化的精髓融于其中，具有极高的艺术价值和浓郁的地域特色。垫江角雕历史悠久，影响深远。角雕工艺品玲珑剔透、栩栩如生，不是玉石但胜似玉石。牛角工艺品具有保健、实用、美观、高雅等特点。具有牛角质材的细腻、坚韧、透明，造型构图粗犷豪放，作品色泽自然柔和，画面线条流畅隽永，有别于其他艺术种类。垫江角雕以独特的艺术魅力傲立于中国传统工艺美术之林，具有极高的观赏价值与收藏价值。

一、历史渊源

垫江角雕经历了漫长的历史发展过程。从清朝咸丰三年（1853年），垫江角雕工艺品被郭氏角雕第一代传人郭万寿带到南洋，即今江苏、浙江、福建、广东等沿海一带地区销售以来，垫江角雕可追溯的历史已有150多年之久。

进入20世纪80年代以来，垫江角雕继承传统，加入现代艺术元素，从侧重实用型向观赏与实用并重发展。十一届三中全会前，垫江角雕就已注册商标，并率先在全国独家经营角雕工艺美术品。垫江角雕的代表作品曾在国内业界获得过数十项奖励。

二、代表作品

垫江角雕作品品类丰富，有笔筒、酒具、手杖等。代表作有：白角雕笔筒"龙凤呈祥""国色天香""熊猫""牡丹孔雀"等；白角雕酒具"九龙杯""牡丹瓶""龙凤樽""战国鎏杯""松鼠葡萄"等；白角雕手杖"龙头""凤头""滚龙抱柱"等；摆设观赏工艺品（也称摆件）有黑角雕"雄鹰展翅"、白角雕"三峡情""马到成功""年年有余"以及"昭君出塞""卓文君""薛宝钗"等人物系列；角雕粘贴画有"山城故居""迎客松""吉祥如意""春华秋实""垫江牡丹""岁寒三友""山城故居""长寿菊""松鹤图"等。

三、工具材料

垫江角雕雕刻工艺极度复杂，主要雕刻工具材料共有25项：手锯；锉刀，分平口和拱背锉两种；雕刀，分尖、圆、平口雕和通雕等；凿刀，分圆凿和平口凿两种；手钻；推刨刀，分大、小两种；炉；灶；锅；砂布；白布；布轮子；桐油；瓦灰；稻壳灰；笋壳毛；锅烟墨；泥土；牦牛角；羊角；棕竹；杂木；红豆木；黄杨木；铜皮。

四、传承状况

垫江角雕共有3支传承系列，分别是垫江郭氏角雕、龙氏角雕、王氏角雕。

（一）郭氏角雕

郭氏角雕祖传技艺独特，迄今已传至第六代。郭氏角雕的独特之处在于对原材料牛角进行防腐、裂、蛀处理时，除了要加药蒸、煮外，部分原料还要用桐油在锅里炸。在雕刻时，以特殊技艺处理作品根部，使根部同表面一样光滑。这种行话叫"扫根"的技艺只有郭家拥有，不外传。郭氏角雕第一代传人为郭万寿，生于清咸丰六年（1856年），随家庭习艺。当时主要生产拐杖、烟斗以及簪子、梳子、发夹、小刀柄等简单的牛角制品。郭万寿去世较早，其子郭洪模尚小，郭万寿遂将手艺传给小其23岁的妻子郭周氏，郭洪模从小跟母亲学艺，9岁能简单雕刻和进城卖产品，后随母亲迁入县城，住北门教化院，手艺随年岁增长。成年后的郭洪模技艺精湛，除生产原有品种外，还能制作刀柄手杖和暗器手杖等，能在烟杆上刻龙凤和在梳子背上雕刻花卉图案等。角雕工艺品生意兴隆，除满足县内外人士需求外，郭洪模还将产品运往南洋一带，即今江苏、浙江、福建、广东等沿海地区销售。当时郭氏角雕技压群芳，兴盛一时。为扩大产量，郭洪模曾在闹市区开门市、带徒传艺。

（二）龙氏角雕

龙氏角雕技艺是由第一代传人龙福智精湛的木雕技艺演变而来的。龙福智善木雕，其雕刻的三道花板爬步木床花鸟动物栩栩如生。第二代传人龙禄吉秉承父业，能将桃核雕刻成精美的猴子、耗子等，用白牛角雕刻镶嵌的圆柄手杖雅致大方。同为第二代传人的胞弟龙禄强、杨灿碧夫妇工于雕刻。制作的弯把黑牛角手杖以及水烟袋等产品精细过人。第三代传人龙方义、龙方田堂兄弟子承父业，一直从事水烟袋和烟杆等牛角工艺品的生产销售，经营的作坊在垫江成为数一数二的角雕工艺品作坊，带动民国时期周家镇40多家作坊生产、销售水烟杆和旱烟杆等角雕工艺品。县里成立合作社时，龙氏成为被收编的3家（郭、龙、墙）之一。后来成立工艺厂时，龙氏角雕第三代传人龙方义成为第一任厂长，20世纪60年代初，垫江县工艺厂龙氏兄弟和郭家、墙家等的老艺人合作，为毛泽东主席特别制作了一根黑牛角弯把棕竹手杖，由县里送给了毛主席。如今，龙氏角雕已传至第五代。龙氏角雕的特点在于用传统的蒸煮烧制方法处理，防腐、蛀、裂，用泥土、锅灰和稻草等对作品上色、抛光。作品多以传统手法构图设计，代表作以实用工艺品为主。

（三）王氏角雕

垫江王氏角雕是以原垫江县工艺厂角雕组为班底发展起来的。王氏角雕创始人王兴奇，在继承垫江角雕传统工艺的基础上博采众家之长，结合现代美学原理推陈出新，吸取绘画、篆刻、木雕、牙雕等传统艺术元素，开启了垫江角雕的历史新纪元。王氏角雕的独特之处在于构图设计的匠心独运，注重观赏与实用相结合。王氏角雕的传人能够根据牛角形状、纹路，在牛角上徒手雕刻、绘制人物、动物、花卉、风景等图案，技艺巧夺天工，令人叫绝。从20世纪80年代起，王氏角雕有数十件代表作品获得国家、省、市级金、银奖。

五、传承意义

垫江角雕根据牛角的色泽、纹路等，在有限的空间内构图设计造型，更显自然、别致、典雅；其雕刻技法多采用原始、传统的手刻心绘独特技艺，结合绘画透视原理，融心境与传统民俗文化理念于其间，工艺原始、粗犷却不失细腻，技法奇特、古朴却透出新意，更显珍贵；垫江角雕的质材防腐、裂、蛀处理技艺独特精妙，堪称中国传统技艺一绝；雕刻工艺继承传统又博采众长，已形成一整套独特的牛角雕刻传统技艺。垫江角雕记录了我国西部边陲农耕文化的历史进程，是少数民族与汉族文化交融的物证。一件角雕工艺品承载着数千年西部发展史，既是历史文明的象征，也是西部经济发展的载体，更是中国民间与世界交流的纽带。

第七节　秀山花烛

秀山制烛工艺久负盛名，以龙凤花烛最为著名。2007年被列入重庆市首批市级非物质文化遗产项目名录，先后赴台湾、上海世界博览会展出。

花烛以木油作为原料，使用紫草染料或化工颜料，将灯草缠在竹棍上作灯芯，根据需要制成各种类型的蜡烛。有祭祀用的九品烛，修房造屋用的喜烛，结婚用的龙凤花烛和祝寿用的寿烛等。清溪场镇的龙凤花烛最具特色，呈圆锥形，上大下小，2支朱红底色的蜡柱上分别缠绕造型栩栩如生的龙和凤，并饰有各色花朵和云团。烛的大小、重量不等，可根据客户的需要定做，重量可达10～15千克，点燃后可几天几夜不灭。中央电视台、重庆电视台曾到清溪场镇拍成秀山花烛专题片在电视节目中播出。

一、历史源流

龙凤花烛的起源与周代嫁女之家三日不息以寄离别之情有关。华夏民族自古有浓厚而虔诚的龙凤崇拜情节，在婚礼上点燃龙凤花烛的习俗由来已久。

在明清时期，龙凤花烛已经成为婚嫁习俗中拜堂成亲必不可少的联姻信物和见证。旧时，人们认为只有在新婚仪式上燃点过龙凤花烛的男女，才能算作正式夫妻，人们把明媒正娶、在拜堂成亲时点过龙凤花烛的夫妻称为"花烛夫妻"，以传统工艺制成的龙凤花烛成为秀山土家族、苗族成亲时对爱情的见证。

通过数百年的传承和发展，秀山龙凤花烛的制作工艺和造型受特殊的人文、地理环境影响，风格独树一帜。其精到的制作工艺具有极高的观赏价值和美学研究价值，融多种民间艺术于一体，是当地民间手工技艺的重要代表，也是当地传统文化的活标本。

二、制作工艺

秀山花烛的制作材料是熔点较高，含油量较低，安定性强的石蜡。

秀山花烛有熔蜡、调色、浇铸、剪纸、彩绘、开相、贴片等10余道工序。

三、产品分类

秀山历来是土家族、苗族聚居的地区，历史上有对"万物有灵"的多神崇拜，凡逢年过节、婚丧嫁娶、修房造屋、生朝满日等都要举行家祭。由于祭祀活动的需求，秀山地区很早就有了制烛的生产工艺，所制造的蜡烛中，有祭祀用的九品烛、修房造屋用的喜烛、过生日用的寿烛、结婚用的龙凤花烛等。

四、发展状况

由于祭祀和婚俗的需求，专事于龙凤花烛生产加工的艺人遍布秀山各地，主要有县城、清溪、梅江、溶溪等地，其他地区及村寨也有零星散户。

龙凤花烛传承人，现以梅江龙凤花烛第三代传人陈建友及清溪场镇龙凤花烛第五代传人喻淑芬最为著名。

秀山土家族苗族自治县政府出台了多项措施助推民族文化传承保护，在政策的支持下，经过传承人不断发展革新，龙凤花烛产业得到了快速发展。

龙凤花烛市场以前仅限于周边秀山省市，经过发展，市场不断扩大，走出秀山，面向全国，更走向国外。2018年3月，重庆巾帼园举办的"指尖话语"秀山手工作品汇展，梅江龙凤花烛传人陈建友制作的最大一对龙凤花烛，重达40斤，以6 800元卖给了泰国游客。

2018年4月10日，龙凤花烛传承人联合凤翔小学，在校园一角开辟了一个名为"凤之烛语民俗文化工作室"的实验操作基地，在校园内传承龙凤花烛。

据统计，梅江龙凤花烛现年生产所需原材料16吨，年收入30万以上。

五、荣誉认证

1991年，龙凤花烛由秀山土家族苗族自治县民族宗教事务委员会送重庆市参展，荣获三等奖。

2007年，龙凤花烛成功申报为重庆市首批非物质文化遗产。

2010年，龙凤花烛在上海世界博览会展出。

2013年，秀山花烛获重庆博览会工艺类一等奖，作品被铜梁区博物馆收藏。

编后记 | POSTSCRIPT |

按照《重庆市人民政府办公厅关于调整第二轮重庆市志编纂规划的通知》（渝府办〔2017〕29 号）要求，2017年10月，重庆市农业农村委员会和重庆市地方志办公室联合印发《关于编纂〈重庆市志·农特产品志〉的通知》，正式启动《重庆市志·农特产品志》（以下简称《农特产品志》）编纂工作。

农产品品牌是农产品的品格和灵魂，是重要的无形资产，是现代农业的重要标志。编纂《农特产品志》，对宣传、推广重庆市特色农产品，提高其知名度、美誉度和市场竞争力，具有重要的现实意义。《农特产品志》全面、系统地记述了重庆农特产品的种养、加工、产业发展和品牌培育推广等的全过程，志稿的编纂大致经历了以下阶段：（1）2017年9—12月，成立编纂机构，拟定编纂篇目，开展业务培训，部署编纂任务。（2）2017年12月至2018年9月，市农业农村委员会相关处室、事业单位，各区（县）农委（农业局）搜集资料，分撰志书各章节涉及内容，形成资料长编稿。（3）2018年9月至2019年1月，市农业农村委和市志办多次联合召开业务研讨会，解决志稿编纂中存在的具体问题。2019年5月，形成《农特产品志》初稿，广泛征求市农业农村委、各区（县）农业农村委以及有关专家意见，经进一步修改，于2020年3月完成初审。（4）2020年4月，形成《农特产品志（送审稿）》，报市志办复审。2020年5月，经再次修改完善，报市政府审批出版。

在编纂过程中，各有关单位、相关领导和全体编纂人员尽职尽责、尽心尽力，付出了辛勤劳动，志书是大家共同的智慧结晶。为此，特向关心和支持志书编纂工作的各相关单位、各级领导和各位同仁，致以诚挚的感谢！

编修《农特产品志》是一项系统的文化工程。此次编修时间仓促，内容覆盖面较广，资料搜集和撰写非常困难，加之编纂人员水平有限，难免有疏漏之处，敬请专家、读者指正。

编　者
2020年5月

图书在版编目（CIP）数据

重庆市志．农特产品志 / 重庆市农业农村委员会，
重庆市地方志办公室编纂．—北京：中国农业出版社，
2021.12
ISBN 978-7-109-27615-4

Ⅰ．①重… Ⅱ．①重… ②重… Ⅲ．①重庆－地方志
②农产品－概况－重庆③土特产品－概况－重庆 Ⅳ．
①K297.19②F326.277.19

中国版本图书馆CIP数据核字（2020）第248446号

中国农业出版社出版
地址：北京市朝阳区麦子店街18号楼
邮编：100125
责任编辑：全 聪 陈 亭 刁乾超 文字编辑：孙蕴琪
版式设计：李 文 责任校对：周丽芳
印刷：北京中科印刷有限公司
版次：2021年12月第1版
印次：2021年12月北京第1次印刷
发行：新华书店北京发行所
开本：889mm×1194mm 1/16
印张：55.75
字数：1300千字
定价：398.00元